CHINA PROPERTY MANAGEMENT
INDUSTRY STATISTICS YEARBOOK 2025

中国物业管理行业统计年鉴 2025

中指研究院　编著

企业管理出版社
ENTERPRISE MANAGEMENT PUBLISHING HOUSE

图书在版编目（CIP）数据

中国物业管理行业统计年鉴．2025 / 中指研究院编著．-- 北京 ：企业管理出版社，2025. 9. -- ISBN 978-7-5164-3330-0

Ⅰ．F299. 233. 3-54

中国国家版本馆 CIP 数据核字第 2025TM0398 号

书　　名：中国物业管理行业统计年鉴2025
作　　者：中指研究院
责任编辑：韩明慧　尚　尉
书　　号：ISBN 978-7-5164-3330-0
出版发行：企业管理出版社
地　　址：北京市海淀区紫竹院南路17号　　邮编：100048
网　　址：http：//www.emph.cn
电　　话：编辑部（010）68414643　发行部（010）68701816
电子信箱：qiguan1961@163.com
印　　刷：三河市东方印刷有限公司
经　　销：新华书店
规　　格：210毫米×297毫米　16开本　41.25（彩插1）印张　1026千字
版　　次：2025年9月第1版　2025年9月第1次印刷
定　　价：500.00元

前 言

2024年，中国物业管理行业在宏观经济环境承压背景下，凭借其服务的刚需性和准公共服务属性，仍保持稳健增长。伴随我国城镇化建设的持续深化及存量资产精细化运维需求的增加，2024年行业管理面积突破了314亿平方米，服务覆盖国内所有城区，并向郊区、景区乃至乡村延伸，市场基础持续夯实。物业服务关乎民生建设，作为社会基层治理的重要环节，愈发受到各级政府的高度关注。房地产存量市场下，物业管理具备构建稳定现金流、打造长期服务竞争力、助力资产保值增值的价值，因此成为企业转型的重要方向。此外，业主对物业服务的价值认知得到强化，对物业费价格的敏感度显著提升，对服务的性价比、专业化、价值化提出了更高要求，倒逼物业企业持续优化服务。

2024年，各地方政府显著强化了对物业服务收费价格的指导与监管，通过出台分级定价、价格上限及动态调整机制，规范市场前期物业服务收费行为，促进行业加快“政府指导＋市场调节”定价机制的优化落地。与此同时，住房和城乡建设部首次提出“好服务”概念，明确“好房子”需要“好服务”，提升服务品质成为企业发展共识。此外，各地政府以“规范市场、保障权益、驱动升级”为目标，出台了一系列相关政策，为行业健康、有序、可持续发展构建了坚实的制度保障。

《中国物业管理行业统计年鉴2025》，在延续2024年架构的基础上，对内容进行了优化：“政策篇”新增对非重点城市政策动向的覆盖，并对行业相关会议及政策进行总结提炼；“报告篇”收录针对行业热点的深度研究报告，聚焦科技赋能、质价相符机制、地区物业费限价政策等议题，深入剖析行业新模式、新观点与新实践。年鉴以更详实的数据、更专业的分析，全景解析行业面临的挑战与机遇，旨在为政策制定者、市场研究机构、企业管理者及从业者提供深度洞察与决策依据，助力行业在规范中寻求突破，为行业发展提供权威参考。

（一）数据篇

物业服务数据直观反映出市场整体情况和发展趋势，是企业了解行业情况的窗口。数据篇收录了物业服务百强企业经营数据、代表城市的物业服务价格数据、上市物业企业数据、宏观经济及人口数据以及房地产开发经营数据。2024年，物业市场整体稳步增长，代表城市的物业服务价格略微上涨，物业企业经营情况稳中有升。

（二）政策篇

物业政策与群众生活息息相关，同时物业服务又受到上游房地产、金融政策的影响，企业需要密切关注政策动态，及时调整经营策略。中指研究院系统梳理了2024年全国县市级及以上政府机关发布的物业管理行业政策，以及全国100个主要城市的宏观经济政策、金融财政政策、市场调控监管政策、住房保障政策、公积金政策和城市更新政策。2024年更多地区出台了鼓励物业企业向“物业服务＋生活服务”方向转型的政策。

（三）报告篇

报告篇包括主题报告和专题报告，主题报告收录了《2025 中国物业服务百强企业研究报告》《2025 中国物业服务上市公司 TOP10 研究报告》等，帮助读者系统地了解中国物业行业整体状况与物业企业的综合表现；专题报告收录了当前市场关注的热点分析报告，内容涉及多个领域，包括物业科技化与 AI 研究、上市公司 ESG 政策研究、物业费质价相符研究等，通过分析行业内的热点问题与典型案例，为物业企业的决策分析提供借鉴与参考。

中指研究院是房地产及物业管理行业专业研究机构，基于多年数据积累与行业研究，整合空间、宏观、POI 等多维信息，构建扎实的数据底层，致力于以大数据和创新技术赋能中国物业市场。中指研究院拥有近千位优秀的数据开发工程师和专业分析师，分支机构遍布中国主要城市。

《中国物业管理行业统计年鉴 2025》的成功出版，要感谢中指研究院年鉴编辑部的全体成员，他们持续对庞大的物业管理行业统计数据进行搜集、整理、计算、分类，形成了中指数据库比较完备的数据体系和中国物业指数系统资料库。鉴于所载内容涉及面广，数据量浩大，如有遗漏和不足，敬请读者及业内人士谅解，并提出宝贵意见，我们会在编写下一年度《中国物业管理行业统计年鉴》时予以修正。

中指研究院院长　莫天全

2025 年 8 月

目 录

数据篇

政策篇

报告篇

附　录：指标说明

第一章

2024年行业数据

1-1　2020—2024 年中国物业服务百强企业经营数据

		2020	2021	2022	2023	2024	单位
经营绩效	营业收入均值	117339.37	134013.29	148245.51	155005.50	160461.70	万元
	基础物业服务收入	91442.57	102157.64	117231.75	127200.00	134304.21	万元
	多种经营服务收入	25896.80	31855.65	31013.75	27805.50	26132.32	万元
	基础物业服务收入占比	77.93	76.23	79.08	82.05	83.71	%
	多种经营服务收入占比	22.07	23.77	20.92	17.95	16.29	%
	TOP10 营业收入	71.77	107.78	131.00	142.44	--	亿元
	净利润均值	10454.94	12166.52	9441.22	8385.50	7990.71	万元
	基础物业服务净利润均值	5405.40	6000.54	--	--	--	万元
	多种经营净利润均值	5049.54	6165.99	--	--	--	万元
	净利润率	8.91	9.08	6.37	5.41	4.98	%
	基础物业服务净利润占比	51.70	49.32	--	--	--	%
	多种经营净利润占比	48.30	50.68	--	--	--	%
	TOP10 净利润	105852.48	141403.00	75935.00	--	--	万元
	营业成本均值	88567.76	100358.97	116189.77	122690.11	128579.24	万元
	营业成本率	75.48	74.89	78.38	79.15	80.13	%
	毛利润均值	28771.61	33654.32	32055.74	32315.39	31882.37	万元
	毛利率均值	24.52	25.11	21.62	20.85	19.87	%
	单盘收入均值	480.90	523.49	555.23	584.93	598.74	万元
	单位面积收入均值	24.05	23.54	23.16	22.80	23.10	元 / 平方米
	人员成本占比	58.32	58.39	57.42	56.83	54.71	%
	物业共用部分共用设施设备日常运行和维护成本占比	9.75	9.74	9.77	10.21	10.86	%
	清洁卫生成本占比	8.53	8.46	8.93	9.05	9.28	%
	秩序维护成本占比	4.01	4.21	4.38	4.43	4.62	%
	办公成本占比	2.99	2.82	2.96	3.02	3.01	%
	绿化养护成本占比	2.06	2.26	2.21	2.32	2.41	%
	物业共用部分共用设施设备及公众责任保险成本占比	0.85	0.93	0.94	1.13	1.35	%
	其他成本占比	13.49	13.19	13.39	13.01	13.76	%
管理规模	管理面积均值	4878.72	5692.98	6400.62	6798.10	6946.30	万平方米
	在管项目数量均值	244.00	256.00	267.00	265.00	268.00	个
	单个项目管理面积均值	19.99	22.24	23.93	25.65	25.92	万平方米
	TOP10 管理面积均值	26439.90	35648.30	40084.95	45317.01	--	万平方米
管理规模	进入城市数量均值	34	35	36	35	35	个
	单位城市项目均数	7.18	7.31	7.43	7.35	7.66	个
	单个城市管理面积均值	143.49	162.66	177.79	194.23	198.47	万平方米

1-1 续表 1

		2020	2021	2022	2023	2024	单位
服务质量	收缴率	93.57	93.77	93.51	92.71	88.17	%
	续约率	98.39	98.44	98.33	98.17	96.81	%
	本科及以上人员占比	11.23	11.82	12.12	12.16	12.44	%
	大专人员占比	22.77	22.86	23.01	23.15	23.58	%
	中专人员占比	22.68	22.08	22.14	--	--	%
	高中及以下人员占比	43.32	43.24	42.73	64.69	63.98	%
发展潜力	合同储备项目个数均值	105.00	112.00	117.00	--	--	个
	合同储备项目面积均值	1830.51	1990.65	2094.36	--	--	万平方米
	TOP10 储备面积均值	17091.33	24238.86	--	--	--	万平方米
	TOP11~30 储备面积均值	2764.41	3206.40	--	--	--	万平方米
	TOP31~50 储备面积均值	968.69	1079.54	--	--	--	万平方米
	TOP51~100 储备面积均值	361.01	387.35	--	--	--	万平方米
	TOP10 储备项目个数均值	1082.00	1105.00	--	--	--	个
	TOP11~30 储备项目个数均值	127.00	134.00	--	--	--	个
	TOP31~50 储备项目个数均值	52.00	56.00	--	--	--	个
	TOP51~100 储备项目个数均值	27.00	29.00	--	--	--	个
社会责任	百强企业员工数均值	148.32	150.06	--	--	--	万人
	外包岗位数均值	59.02	64.23	--	--	--	万人

数据来源：中指数据库监测。

1-2　全国主要城市2020—2024年物业服务价格指数

城市	2020年6月	2020年12月	2021年6月	2021年12月	2022年6月	2022年12月	2023年6月	2023年12月	2024年6月	2024年12月
北京	1124.17	1128.07	1132.25	1132.30	1132.30	1132.30	1132.30	1132.30	1132.36	1133.02
上海	1046.30	1046.16	1052.55	1053.73	1054.35	1054.41	1054.41	1054.41	1054.35	1054.35
广州	1020.35	1017.92	1020.16	1021.59	1022.38	1022.66	1023.00	1023.07	1022.94	1022.94
深圳	1038.82	1041.66	1042.30	1042.30	1042.30	1042.30	1042.30	1042.30	1045.34	1047.79
南京	1091.50	1092.29	1094.80	1096.22	1097.47	1097.60	1097.55	1099.94	1099.40	1099.40
济南	1024.50	1023.94	1027.35	1027.89	1028.34	1028.28	1028.28	1029.53	1029.58	1029.58
杭州	1051.34	1054.84	1063.70	1070.17	1074.09	1075.64	1077.00	1077.92	1076.19	1076.99
常州	1114.73	1114.73	1118.05	1119.70	1121.12	1121.12	1120.63	1120.99	1120.72	1120.72
无锡	1103.07	1103.07	1104.77	1104.77	1106.19	1106.95	1107.63	1107.84	1107.67	1108.44
苏州	1086.41	1086.41	1092.00	1092.00	1093.21	1093.63	1094.26	1094.39	1095.00	1095.69
青岛	1077.88	1077.88	1077.95	1077.95	1077.95	1077.95	1078.34	1078.42	1078.19	1076.63
天津	1027.96	1027.96	1027.96	1028.14	1028.32	1028.06	1027.29	1027.32	1027.39	1027.39
宁波	1057.77	1061.71	1064.43	1066.90	1068.90	1069.04	1071.03	1071.03	1070.68	1072.60
重庆	1105.88	1105.88	1108.93	1108.98	1108.98	1109.39	1109.39	1109.39	1108.59	1107.55
南昌	1054.98	1054.98	1056.97	1058.23	1058.68	1058.68	1058.68	1058.68	1057.88	1053.78
合肥	1035.45	1040.60	1040.60	1040.60	1040.60	1040.60	1040.60	1040.60	1040.49	1040.49
昆明	1112.32	1112.88	1115.90	1115.90	1115.90	1115.90	1115.90	1115.90	1115.90	1115.90
成都	1043.96	1045.91	1047.50	1047.50	1047.50	1047.50	1047.50	1047.50	1047.50	1047.50
武汉	1098.64	1098.81	1099.83	1100.10	1100.42	1100.82	1100.23	1099.94	1100.03	1092.22
长沙	1093.69	1093.69	1100.53	1103.55	1103.55	1103.55	1103.55	1102.90	1102.95	1102.95

数据来源：中指数据库监测。

1-3 全国主要城市2022—2024年不同星级物业服务价格指数

城市	2022年6月三星物业指数值	2022年6月四星物业指数值	2022年6月五星物业指数值	2022年12月三星物业指数值	2022年12月四星物业指数值	2022年12月五星物业指数值	2023年6月三星物业指数值	2023年6月四星物业指数值	2023年6月五星物业指数值
北京	1000.00	1000.00	1000.00	1000.00	1000.00	1000.00	1000.00	1000.00	1000.00
上海	1000.20	1000.94	1000.00	1001.21	999.27	1001.01	1000.00	1000.00	1000.00
广州	1001.25	1000.47	1000.00	1000.64	1000.00	1000.00	1000.79	1000.00	1000.00
深圳	1000.00	1000.00	1000.00	1000.00	1000.00	1000.00	1000.00	1000.00	1000.00
南京	1000.18	1001.27	1002.25	1000.00	1000.25	1000.00	999.98	999.91	1000.00
济南	1000.60	1000.00	1000.00	999.99	999.77	1000.00	1000.00	1000.00	1000.00
杭州	1002.43	1005.86	1001.10	1002.97	1000.55	995.41	1000.17	1003.01	1000.00
常州	1002.79	1000.00	1000.80	1000.00	1000.00	1000.00	999.45	999.44	1000.00
无锡	1001.81	1000.14	1000.00	1000.89	1000.27	1000.00	1000.89	1000.00	1000.00
苏州	1001.33	1000.81	1000.00	1000.09	1000.00	1005.82	1000.60	1000.65	1000.00
青岛	1000.00	1000.00	1000.00	1000.00	1000.00	1000.00	1000.56	999.71	1000.00
天津	1000.63	1000.00	1000.00	999.10	1000.00	1000.00	999.62	998.68	1000.00
宁波	1004.03	1000.46	1000.00	1000.00	1000.22	1000.00	1001.42	1002.15	1000.00
重庆	1000.00	1000.00	1000.00	1000.00	1000.56	1000.00	1000.00	1000.00	1000.00
南昌	1000.88	1000.00	1000.00	1000.00	1000.00	1000.00	1000.00	1000.00	1000.00
合肥	1000.00	1000.00	1000.00	1000.00	1000.00	1000.00	1000.00	1000.00	1000.00
昆明	1000.00	1000.00	1000.00	1000.00	1000.00	1000.00	1000.00	1000.00	1000.00
成都	1000.00	1000.00	1000.00	1000.00	1000.00	1000.00	1000.00	1000.00	1000.00
武汉	1000.39	1000.00	1002.14	1000.00	1000.65	1000.00	1000.00	999.98	991.90
长沙	1000.00	1000.00	1000.00	1000.00	1000.00	1000.00	1000.00	1000.00	1000.00

城市	2023年12月三星物业指数值	2023年12月四星物业指数值	2023年12月五星物业指数值	2024年6月三星物业指数值	2024年6月四星物业指数值	2024年6月五星物业指数值	2024年12月三星物业指数值	2024年12月四星物业指数值	2024年12月五星物业指数值
北京	1000.00	1000.00	1000.00	1000.00	1000.00	1000.00	1001.39	1000.75	1000.00
上海	1000.00	1000.00	1000.00	1000.00	1000.00	1000.00	1000.00	1000.00	1000.00
广州	1000.00	1000.00	1001.09	1000.11	1000.00	1000.00	1000.00	1000.00	1000.00
深圳	1000.00	1000.00	1000.00	1000.80	1003.03	1009.38	1007.26	1000.13	1000.00
南京	1000.00	1000.00	1009.96	1000.00	999.70	998.38	1000.00	1000.00	1000.00
济南	1001.65	1000.00	1000.00	999.89	1001.16	1000.00	1000.00	1000.00	1000.00
杭州	1001.61	1000.00	1000.00	999.16	999.28	1000.00	1001.66	1000.00	1000.00
常州	1000.00	1000.00	1001.46	1000.00	999.38	1000.00	1000.00	1000.00	1000.00
无锡	1000.28	1000.00	1000.00	1000.00	1000.00	1000.00	1001.07	1000.00	1000.00
苏州	1000.18	1000.00	1000.00	1001.01	1000.00	1000.00	1000.45	1001.12	1000.00
青岛	1000.30	999.32	1000.00	1000.00	1000.00	--	998.82	997.54	--
天津	1000.23	999.93	1000.00	1000.00	1000.00	1000.00	1000.00	1000.00	1000.00
宁波	1000.00	1000.00	1000.00	1000.78	999.58	--	1001.80	1001.82	--
重庆	1000.00	1000.00	1000.00	1000.00	1000.00	1000.00	998.69	999.13	1000.00
南昌	1000.00	1000.00	1000.00	1007.89	991.38	--	991.63	1000.00	--
合肥	1000.00	1000.00	1000.00	1000.00	1000.00	1000.00	1000.00	1000.00	1000.00
昆明	1000.00	1000.00	1000.00	1000.00	1000.00	1000.00	1000.00	1000.00	1000.00
成都	1000.00	1000.00	1000.00	1000.00	1000.00	1000.00	1000.00	1000.00	1000.00
武汉	1000.00	1000.00	995.97	1000.00	1000.00	1000.00	995.82	996.52	950.68
长沙	999.74	998.64	1000.00	1000.00	1000.00	1000.00	1000.00	1000.00	1000.00

数据来源：中指数据库监测。

1-4　全国主要城市 2022—2024 年物业服务均价

单位：元 /（平方米 · 月）

城市	2022 年 6 月	2022 年 12 月	2023 年 6 月	2023 年 12 月	2024 年 6 月	2024 年 12 月
北京	3.45	3.45	3.45	3.45	3.65	3.94
上海	3.07	3.07	3.07	3.07	3.31	3.51
广州	2.74	2.74	2.74	2.74	2.77	2.86
深圳	3.92	3.92	3.92	3.92	3.95	3.95
南京	1.93	1.93	1.93	1.93	1.93	1.93
济南	1.80	1.80	1.80	1.80	1.80	1.83
杭州	2.84	2.84	2.84	2.84	2.93	2.98
常州	1.26	1.26	1.26	1.26	1.26	1.26
无锡	2.24	2.24	2.24	2.24	2.26	2.32
苏州	2.32	2.32	2.32	2.32	2.33	2.35
青岛	2.34	2.34	2.34	2.34	2.34	2.34
天津	2.74	2.74	2.74	2.74	2.76	2.78
宁波	2.61	2.61	2.62	2.62	2.64	2.67
重庆	2.27	2.27	2.27	2.27	2.30	2.35
南昌	1.69	1.69	1.69	1.69	1.72	1.75
合肥	1.66	1.66	1.66	1.66	1.71	1.79
昆明	1.73	1.73	1.73	1.73	1.75	1.82
成都	2.34	2.34	2.34	2.34	2.36	2.41
武汉	2.57	2.57	2.56	2.56	2.61	2.68
长沙	2.13	2.13	2.13	2.13	2.18	2.19

数据来源：中指数据库监测。

1-5 全国主要城市2022—2024年不同星级物业服务收费

单位：元/（平方米·月）

城市	2022年6月三星物业费均价	2022年6月四星物业费均价	2022年6月五星物业费均价	2022年12月三星物业费均价	2022年12月四星物业费均价	2022年12月五星物业费均价	2023年6月三星物业费均价	2023年6月四星物业费均价	2023年6月五星物业费均价
北京	2.64	3.64	4.83	2.64	3.64	4.83	2.64	3.64	4.83
上海	2.11	2.98	4.92	2.11	2.98	4.93	2.11	2.98	4.93
广州	2.30	2.86	4.58	2.30	2.86	4.58	2.31	2.86	4.58
深圳	3.43	3.98	5.19	3.43	3.98	5.19	3.43	3.98	5.19
南京	1.37	1.98	2.61	1.37	1.98	2.61	1.37	1.98	2.61
济南	1.63	2.25	2.89	1.63	2.25	2.89	1.63	2.25	2.89
杭州	2.18	3.35	4.73	2.18	3.36	4.71	2.18	3.36	4.71
常州	0.78	1.22	2.22	0.78	1.22	2.22	0.78	1.22	2.22
无锡	1.93	2.89	3.44	1.93	2.89	3.44	1.93	2.89	3.44
苏州	2.07	2.75	3.21	2.07	2.75	3.22	2.07	2.75	3.22
青岛	2.08	3.18	--	2.08	3.18	--	2.08	3.18	--
天津	2.08	2.64	3.77	2.07	2.64	3.77	2.07	2.63	3.77
宁波	1.86	3.11	--	1.86	3.11	--	1.86	3.11	--
重庆	1.75	2.41	3.23	1.75	2.41	3.23	1.75	2.41	3.23
南昌	1.43	1.95	--	1.43	1.95	--	1.43	1.95	--
合肥	1.39	2.16	2.61	1.39	2.16	2.61	1.39	2.16	2.61
昆明	1.04	1.89	3.63	1.04	1.89	3.63	1.04	1.89	3.63
成都	1.68	2.52	3.70	1.68	2.52	3.70	1.68	2.52	3.70
武汉	2.15	2.69	3.87	2.15	2.70	3.87	2.15	2.69	3.83
长沙	1.96	2.25	3.58	1.96	2.25	3.58	1.96	2.25	3.58

城市	2023年12月三星物业费均价	2023年12月四星物业费均价	2023年12月五星物业费均价	2024年6月三星物业费均价	2024年6月四星物业费均价	2024年6月五星物业费均价	2024年12月三星物业费均价	2024年12月四星物业费均价	2024年12月五星物业费均价
北京	2.64	3.64	4.83	2.64	3.65	4.83	2.64	3.66	4.88
上海	2.11	2.98	4.93	2.11	3.31	5.12	2.11	3.58	5.23
广州	2.31	2.86	4.59	2.33	2.88	4.63	2.32	2.90	4.42
深圳	3.43	3.98	5.19	3.44	4.00	5.20	3.47	4.01	5.24
南京	1.37	1.98	2.64	1.37	1.98	2.61	1.37	1.98	2.64
济南	1.64	2.25	2.89	1.64	2.25	2.89	1.67	2.24	2.89
杭州	2.18	3.36	4.71	2.18	3.39	4.73	2.18	3.36	4.76
常州	0.78	1.22	2.22	0.78	1.22	2.22	0.78	1.22	2.22
无锡	1.93	2.89	3.44	1.94	2.90	3.44	1.98	2.92	3.44
苏州	2.07	2.75	3.22	2.08	2.76	3.22	2.08	2.76	3.29
青岛	2.09	3.17	--	2.09	3.17	--	2.11	3.22	--
天津	2.07	2.63	3.77	2.08	2.64	3.77	2.08	2.65	3.77
宁波	1.86	3.11	--	1.87	3.12	--	1.87	3.08	--
重庆	1.75	2.41	3.23	1.78	2.43	3.21	1.80	2.47	3.25
南昌	1.43	1.95	--	1.46	1.96	--	1.45	1.98	--
合肥	1.38	2.16	2.61	1.38	2.20	2.76	1.38	2.21	2.79
昆明	1.04	1.89	3.63	1.11	1.90	3.62	1.11	1.92	3.16
成都	1.68	2.52	3.70	1.69	2.54	3.67	1.69	2.58	3.70
武汉	2.15	2.69	3.81	2.18	2.72	3.86	2.18	2.75	3.88
长沙	1.96	2.25	3.58	1.99	2.35	3.58	1.99	2.37	3.58

数据来源：中指数据库监测。

1-6　全国主要城市 2023—2024 年不同星级物业软硬件评价情况

	2023 年 12 月						2024 年 12 月					
	三星		四星		五星		三星		四星		五星	
	软件得分	硬件得分	软件得分	硬件得分	软件得分	硬件得分	软件得分	硬件得分	软件得分	硬件得分	软件得分	硬件得分
北京	81.20	77.70	85.19	85.01	92.73	92.52	77.74	77.70	85.67	85.54	92.54	92.41
上海	78.62	78.36	82.67	84.18	91.57	92.96	78.62	78.36	82.89	84.46	91.45	93.08
广州	76.80	76.29	85.54	84.58	93.05	92.33	76.89	76.44	86.03	85.02	92.89	91.98
深圳	85.02	78.70	90.32	84.94	95.58	92.81	84.84	78.73	90.14	84.96	95.43	92.92
南京	75.85	76.38	84.55	84.35	91.45	91.53	75.85	76.38	84.55	84.35	91.45	91.53
济南	77.74	77.23	82.52	83.28	92.50	91.50	77.74	77.22	82.43	83.50	92.50	91.50
杭州	75.94	74.13	85.75	85.29	92.75	92.21	76.01	74.19	86.19	86.86	92.32	92.18
常州	75.72	76.53	82.98	82.81	91.79	92.23	75.72	76.53	82.98	82.81	91.79	92.23
无锡	76.82	76.51	82.71	83.53	94.50	91.00	76.87	76.65	83.12	83.62	94.00	93.00
苏州	76.26	76.55	83.41	83.73	93.17	93.17	76.31	76.44	83.39	83.59	92.86	93.29
青岛	76.66	76.92	81.83	82.17	--	--	74.88	75.02	81.61	81.84	--	--
天津	78.39	78.55	86.43	86.71	93.02	93.27	78.35	78.51	86.35	86.57	92.96	93.25
宁波	81.53	74.99	87.81	85.13	--	--	81.53	74.99	87.48	85.26	--	--
重庆	78.12	78.40	84.44	84.86	91.33	91.38	78.14	78.42	84.69	84.98	91.29	91.28
南昌	5.54	76.26	83.48	82.94	--	--	75.81	76.22	83.54	83.21	--	--
合肥	75.44	74.53	85.25	83.83	92.25	92.25	75.36	74.37	85.38	84.90	91.98	92.25
昆明	75.90	74.99	83.92	83.38	91.88	92.25	76.26	75.09	84.34	83.82	91.55	92.60
成都	76.69	76.65	84.98	85.71	92.46	92.74	76.78	76.67	85.40	86.12	92.36	92.69
武汉	77.50	76.95	84.34	84.22	91.29	92.65	77.66	77.06	84.41	84.33	91.85	92.90
长沙	77.38	77.49	80.71	80.85	90.38	90.25	77.27	77.35	80.84	81.04	90.38	90.25

数据来源：中指数据库监测。

第二章

2024年物业企业数据

2-1 上市物业服务企业 2020—2024 年合约面积

单位：百万平方米

公司名称	2020 年	2021 年	2022 年	2023 年	2024 年
彩生活（01778）	551.66	--	400.02	356.03	306.82
中海物业（02669）	--	--	--	--	--
中奥到家（01538）	72.00	72.28	70.00	66.75	--
绿城服务（02869）	534.80	651.80	763.10	820.00	839.50
祈福生活服务（03686）	9.71	9.65	9.86	9.88	9.88
浦江中国（01417）	--	--	--	--	--
雅生活服务（03319）	522.60	663.07	731.50	766.60	723.10
碧桂园服务（06098）	905.70	1437.90	1601.90	1633.00	--
新城悦服务（01755）	203.10	278.85	312.74	--	--
佳兆业美好（02168）	77.30	126.89	132.75	132.10	129.07
永升服务（01995）	181.20	270.80	303.44	308.27	350.90
星悦康旅（03662）	80.60	86.70	80.40	67.50	--
滨江服务（03316）	35.50	49.78	69.06	82.20	92.87
和泓服务（06093）	22.50	46.10	62.40	64.70	70.20
鑫苑服务（01895）	53.00	63.04	50.71	55.34	64.55
瑞森生活服务（01922）	42.80	61.94	68.53	--	--
保利物业（06049）	567.20	656.26	771.64	922.21	988.13
时代邻里（09928）	81.70	132.02	134.14	117.58	125.76
宝龙商业（09909）	34.60	44.01	45.88	46.27	45.94
兴业物联（09916）	4.80	10.60	11.80	14.30	15.10
烨星集团（01941）	11.00	14.18	14.95	15.86	15.77
建业新生活（09983）	186.60	236.80	271.50	288.30	290.10
金融街物业（01502）	28.10	36.20	37.72	43.70	48.99
弘阳服务（01971）	39.90	52.60	54.83	53.90	54.20
正荣服务（06958）	87.40	104.06	109.10	109.64	108.72
卓越商企服务（06989）	44.70	56.80	70.00	76.70	83.32
第一服务控股（02107）	37.30	74.02	71.02	77.86	86.88
世茂服务（00873）	201.10	308.00	341.30	332.30	314.30
合景悠活（03913）	53.40	277.90	287.00	--	--
金科服务（09666）	277.20	359.80	359.82	242.35	226.88
融创服务（01516）	264.00	358.00	393.00	374.00	--
恒大物业（06666）	565.00	822.00	819.00	800.00	799.00
佳源服务（01153）	49.70	62.70	60.70	57.80	54.60
华润万象生活（01209）	160.36	198.92	350.62	425.27	469.06
远洋服务（06677）	71.10	105.86	149.84	136.06	122.27
建发物业（02156）	47.20	73.90	90.60	101.80	109.11

2-1　续表 1

单位：百万平方米

公司名称	2020 年	2021 年	2022 年	2023 年	2024 年
荣万家（02146）	90.20	99.39	97.52	101.05	101.33
宋都服务（09608）	11.30	12.10	11.40	11.00	9.70
新希望服务（03658）	15.32	26.38	36.15	38.17	38.97
越秀服务（06626）	49.90	58.38	70.60	83.45	88.73
中骏商管（00606）	36.60	46.08	48.10	48.10	47.30
朗诗绿色生活（01965）	23.66	31.97	37.09	37.46	38.32
领悦服务集团（02165）	36.24	37.10	37.83	36.37	36.84
德信服务集团（02215）	38.03	46.36	48.70	44.70	42.15
康桥悦生活（02205）	39.03	53.10	63.30	54.60	70.30
星盛商业（06668）	3.28	3.90	3.70	2.80	2.71
京城佳业（02210）	30.96	34.08	39.20	43.32	--
力高健康生活（02370）	20.09	24.50	26.70	27.10	27.30
方圆生活服务（09978）	--	16.10	19.20	19.30	18.70
金茂服务（00816）	40.53	57.60	80.80	106.40	134.30
东原仁知服务（02352）	35.50	42.90	65.70	68.00	69.40
德商产投服务（02270）	6.78	9.53	11.52	10.12	--
万物云 (02602)	733.95	1013.87	--	--	--
润华服务 (02455)	--	--	--	--	--
苏新服务 (02152)	7.49	7.94	9.10	16.70	25.60
鲁商服务 (02376)	19.03	26.18	26.10	26.50	26.60
众安智慧生活（02271）	13.82	17.14	19.45	20.80	21.75
港誉智慧城市服务（00265）	8.10	8.50	8.80	11.80	8.50
泓盈城市服务（02529）	--	--	--	--	--
经发物业（01354）		11.77	14.88	14.99	18.10
南都物业（603506）	70.02	75.92	84.91	88.69	86.11
新大正（002968）	80.00	--	--	--	--
招商积余（001914）	--	--	--	--	--
特发服务（300917）	--	--	--	--	--
中天服务（002188）	--	--	--	--	--
珠江股份（600684）	--	--	--	--	--

注：瑞森生活服务原名银城生活服务。下同。

数据来源：中指数据库监测。

2-2 上市物业服务企业 2020—2024 年管理面积

单位：百万平方米

公司名称	2020 年	2021 年	2022 年	2023 年	2024 年
彩生活（01778）	361.10	230.22	209.39	182.64	157.35
中海物业（02669）	182.30	260.00	320.30	401.50	431.10
中奥到家（01538）	65.60	66.14	64.41	62.03	60.35
绿城服务（02869）	250.50	304.10	384.10	448.40	509.00
祈福生活服务（03686）	--	--	--	--	--
浦江中国（01417）	--	--	--	--	--
雅生活服务（03319）	374.79	488.88	545.80	590.50	550.60
碧桂园服务（06098）	462.50	850.94	869.10	956.90	1036.90
新城悦服务（01755）	101.00	153.53	198.27	223.70	--
佳兆业美好（02168）	57.49	90.27	94.52	102.29	102.70
永升服务（01995）	101.60	171.04	209.95	221.41	250.60
星悦康旅（03662）	42.21	48.79	47.14	40.60	36.40
滨江服务（03316）	19.96	29.95	41.97	54.85	67.95
和泓服务（06093）	17.86	33.98	51.39	55.77	62.20
鑫苑服务（01895）	34.67	37.41	31.40	34.35	40.13
瑞森生活服务（01922）	39.14	58.76	65.33	--	--
保利物业（06049）	380.10	465.31	576.08	719.58	803.42
时代邻里（09928）	68.80	105.51	118.71	110.93	118.83
宝龙商业（09909）	22.97	27.66	29.98	31.88	35.11
兴业物联（09916）	3.10	6.60	7.20	8.50	11.00
烨星集团（01941）	7.60	11.82	12.42	12.87	13.21
建业新生活（09983）	100.02	135.88	156.72	181.84	196.90
金融街物业（01502）	24.70	33.50	34.96	40.56	47.02
弘阳服务（01971）	27.01	36.39	44.86	47.46	49.26
正荣服务（06958）	41.30	70.98	80.13	80.76	80.31
卓越商企服务（06989）	32.02	36.65	53.76	64.07	72.20
第一服务控股（02107）	19.08	52.06	51.36	63.20	74.14
世茂服务（00873）	146.10	240.50	261.60	250.60	218.40
合景悠活（03913）	41.60	206.12	215.48	--	--
金科服务（09666）	156.17	237.86	254.54	211.72	207.36
融创服务（01516）	135.10	214.74	243.59	273.00	291.00
恒大物业（06666）	300.00	473.00	500.00	532.00	579.00
佳源服务（01153）	31.50	41.90	42.00	42.80	43.50
华润万象生活（01209）	118.38	155.05	290.48	370.20	425.76
远洋服务（06677）	45.50	73.48	100.77	100.96	92.53
建发物业（02156）	25.60	33.04	46.20	61.45	75.54

2-2　续表 1

单位：百万平方米

公司名称	2020 年	2021 年	2022 年	2023 年	2024 年
荣万家（02146）	59.70	69.33	73.29	83.62	89.29
宋都服务（09608）	8.15	9.17	9.59	9.60	8.37
新希望服务（03658）	10.20	16.21	28.83	32.26	35.13
越秀服务（06626）	32.65	38.90	51.69	65.21	69.31
中骏商管（00606）	16.20	22.41	25.71	29.93	34.40
朗诗绿色生活（01965）	17.35	19.45	29.18	30.06	28.62
领悦服务集团（02165）	20.22	20.80	23.59	30.12	31.57
德信服务集团（02215）	24.91	31.11	34.54	39.24	39.09
康桥悦生活（02205）	15.72	23.50	31.90	41.00	46.20
星盛商业（06668）	--	--	1.91	1.70	1.60
京城佳业（02210）	29.08	31.64	36.88	41.35	45.87
力高健康生活（02370）	13.48	15.80	19.60	20.50	21.10
方圆生活服务（09978）	--	10.90	13.80	14.20	15.10
金茂服务（00816）	17.65	36.40	56.90	84.20	100.90
东原仁知服务（02352）	21.05	28.20	50.57	60.20	62.00
德商产投服务（02270）	3.83	4.87	8.22	8.84	10.66
万物云 (02602)	576.86	784.98	--	--	--
润华服务 (02455)	--	--	--	--	--
苏新服务 (02152)	7.05	6.72	7.00	15.16	17.05
鲁商服务 (02376)	15.45	22.87	22.15	23.05	23.58
众安智慧生活（02271）	10.82	11.82	12.83	16.43	20.00
港誉智慧城市服务（00265）	--	--	7.90	11.00	--
泓盈城市服务（02529）	--	11.20	10.80	11.80	12.20
经发物业（01354）	--	10.85	13.24	14.61	17.35
南都物业（603506）	--	--	--		--
新大正（002968）	--	--	130.00	--	--
招商积余（001914）	190.90	281.03	311.44	344.89	364.91
特发服务（300917）	25.29	--	--	--	--
中天服务（002188）	--	7.05	8.49	12.20	--
珠江股份（600684）	--	--	--	32.91	39.05

数据来源：中指数据库监测。

2-3 上市物业服务企业2020—2024年营业总收入

单位：亿元人民币

公司名称	2020年	2021年	2022年	2023年	2024年
彩生活（01778）	35.96	31.23	13.11	15.23	19.51
中海物业（02669）	55.08	77.20	113.35	130.51	140.24
中奥到家（01538）	17.52	18.74	17.02	17.10	17.79
绿城服务（02869）	101.06	125.66	148.56	173.93	178.93
祈福生活服务（03686）	4.21	4.31	3.83	3.45	3.67
浦江中国（01417）	7.64	8.86	9.18	9.20	9.67
雅生活服务（03319）	100.26	140.80	153.79	154.43	138.67
碧桂园服务（06098）	156.00	288.43	413.67	426.12	439.93
新城悦服务（01755）	28.66	43.51	51.80	54.24	--
佳兆业美好（02168）	17.30	26.66	17.84	17.94	17.35
永升服务（01995）	31.20	47.03	62.76	65.37	68.41
星悦康旅（03662）	14.08	19.42	16.30	15.63	13.55
滨江服务（03316）	9.60	13.99	19.83	28.09	35.95
和泓服务（06093）	4.16	7.67	10.41	13.13	13.65
鑫苑服务（01895）	6.54	7.70	6.86	7.50	8.69
瑞森生活服务（01922）	9.62	13.51	17.13	19.73	--
保利物业（06049）	80.37	107.83	136.87	150.62	163.42
时代邻里（09928）	17.58	27.20	26.06	24.71	23.89
宝龙商业（09909）	19.21	24.64	25.49	26.36	26.17
兴业物联（09916）	2.13	2.82	3.21	3.59	3.59
烨星集团（01941）	2.61	3.37	3.43	3.41	3.77
建业新生活（09983）	26.54	35.99	31.48	28.45	29.52
金融街物业（01502）	11.31	13.20	13.88	15.14	17.52
弘阳服务（01971）	7.68	11.30	11.03	10.64	10.27
正荣服务（06958）	11.03	13.36	11.41	11.46	11.14
卓越商企服务（06989）	25.25	34.67	35.27	39.27	42.32
第一服务控股（02107）	7.72	11.20	11.22	12.11	13.27
世茂服务（00873）	50.26	83.43	86.37	82.03	78.96
合景悠活（03913）	15.17	32.55	40.26	38.49	35.73
金科服务（09666）	33.59	59.68	50.05	49.80	45.85
融创服务（01516）	46.23	79.04	71.26	70.10	69.70
恒大物业（06666）	105.09	131.93	118.09	124.87	127.57
佳源服务（01153）	6.15	8.21	9.45	8.68	8.59
华润万象生活（01209）	67.79	88.75	120.16	147.67	170.43
远洋服务（06677）	20.23	29.66	32.70	31.33	28.40
建发物业（02156）	10.29	15.57	22.90	35.69	32.93

2-3　续表 1　　单位：亿元人民币

公司名称	2020 年	2021 年	2022 年	2023 年	2024 年
荣万家（02146）	18.07	24.85	19.11	18.32	19.57
宋都服务（09608）	2.57	3.16	2.69	2.62	2.48
新希望服务（03658）	5.88	9.25	11.39	12.61	14.81
越秀服务（06626）	11.68	19.18	24.86	32.24	38.68
中骏商管（00606）	8.05	12.30	11.82	12.48	12.13
朗诗绿色生活（01965）	6.01	7.37	8.89	9.31	7.89
领悦服务集团（02165）	4.28	5.41	5.78	6.09	6.53
德信服务集团（02215）	6.92	8.70	9.59	9.56	9.33
康桥悦生活（02205）	5.76	7.84	7.93	9.34	9.61
星盛商业（06668）	4.42	5.72	5.62	6.35	6.45
京城佳业（02210）	10.91	12.25	15.67	18.29	19.84
力高健康生活（02370）	2.22	3.54	4.37	4.49	4.20
方圆生活服务（09978）	2.77	5.71	5.12	4.27	3.69
金茂服务（00816）	9.44	15.16	24.36	27.04	29.66
东原仁知服务（02352）	7.67	11.93	13.42	14.84	15.30
德商产投服务（02270）	1.28	2.53	2.67	3.40	4.54
万物云 (02602)	181.45	237.05	301.06	331.83	362.24
润华服务 (02455)	4.86	6.01	6.92	7.68	9.04
苏新服务 (02152)	4.37	4.62	5.22	7.25	9.25
鲁商服务 (02376)	4.03	5.83	6.28	6.21	6.09
众安智慧生活（02271）	2.31	2.96	3.20	3.51	4.12
港誉智慧城市服务（00265）	1.75	1.16	2.03	3.10	3.20
泓盈城市服务（02529）	2.78	4.32	5.29	6.52	6.84
经发物业（01354）	4.77	5.94	7.07	8.62	9.52
南都物业（603506）	14.13	15.93	18.47	18.51	18.05
新大正（002968）	13.18	20.88	25.98	31.27	33.87
招商积余（001914）	86.35	105.91	130.24	156.27	171.72
特发服务（300917）	11.09	16.91	20.06	24.48	28.64
中天服务（002188）	0.13	2.74	3.06	3.40	3.63
珠江股份（600684）	24.75	36.07	38.70	32.72	15.58

数据来源：中指数据库监测。

2-4 上市物业服务企业 2020—2024 年毛利润

单位：亿元人民币

公司名称	2020 年	2021 年	2022 年	2023 年	2024 年
彩生活（01778）	12.08	8.39	4.21	4.54	4.10
中海物业（02669）	10.06	13.42	18.05	20.70	23.26
中奥到家（01538）	4.42	4.33	3.57	3.51	3.67
绿城服务（02869）	19.23	23.31	24.02	29.13	30.11
祈福生活服务（03686）	1.84	1.95	1.78	1.64	1.69
浦江中国（01417）	1.17	1.27	1.30	0.74	1.15
雅生活服务（03319）	29.73	38.69	33.84	26.46	20.84
碧桂园服务（06098）	53.00	88.64	102.57	87.32	84.01
新城悦服务（01755）	8.81	13.42	13.38	14.38	--
佳兆业美好（02168）	5.28	7.89	4.71	4.81	4.44
永升服务（01995）	9.80	13.00	12.93	12.53	13.49
星悦康旅（03662）	4.81	4.70	3.97	4.00	3.85
滨江服务（03316）	2.97	4.50	5.92	6.96	8.35
和泓服务（06093）	1.49	2.64	2.95	3.36	3.50
鑫苑服务（01895）	2.58	2.66	2.29	2.41	2.45
瑞森生活服务（01922）	1.62	2.19	2.59	3.08	--
保利物业（06049）	14.99	20.15	25.74	29.53	29.84
时代邻里（09928）	5.31	7.42	5.56	5.16	4.88
宝龙商业（09909）	5.95	8.22	8.34	8.87	8.34
兴业物联（09916）	0.87	0.94	1.00	0.97	1.07
烨星集团（01941）	0.63	0.90	0.67	0.62	0.81
建业新生活（09983）	8.61	11.83	10.43	7.57	6.41
金融街物业（01502）	2.44	2.63	2.49	2.55	2.53
弘阳服务（01971）	2.14	3.20	2.56	2.52	2.00
正荣服务（06958）	3.83	4.28	2.53	2.45	2.33
卓越商企服务（06989）	6.64	9.60	8.44	7.47	7.93
第一服务控股（02107）	2.67	3.35	2.61	3.05	3.10
世茂服务（00873）	15.78	23.90	19.43	16.46	15.64
合景悠活（03913）	6.39	12.26	12.41	11.82	8.83
金科服务（09666）	9.97	18.46	9.43	9.28	6.60
融创服务（01516）	12.75	24.91	16.04	16.68	15.27
恒大物业（06666）	40.06	36.64	27.19	31.08	24.43
佳源服务（01153）	1.87	2.58	2.80	2.42	2.41
华润万象生活（01209）	18.27	27.59	36.11	46.94	56.09
远洋服务（06677）	5.11	8.25	7.69	5.98	5.17
建发物业（02156）	2.52	3.89	5.37	10.01	7.07

2–4　续表 1

单位：亿元人民币

公司名称	2020 年	2021 年	2022 年	2023 年	2024 年
荣万家（02146）	5.08	8.55	6.21	4.57	4.16
宋都服务（09608）	0.78	1.15	0.58	0.45	0.57
新希望服务（03658）	2.47	3.77	4.31	4.40	4.50
越秀服务（06626）	4.03	6.71	6.79	8.57	9.02
中骏商管（00606）	3.57	5.81	4.30	4.10	3.55
朗诗绿色生活（01965）	1.61	1.86	1.98	1.45	0.68
领悦服务集团（02165）	1.45	1.55	1.67	1.95	1.84
德信服务集团（02215）	2.36	2.99	2.71	2.26	1.88
康桥悦生活（02205）	1.77	2.04	1.91	2.21	2.16
星盛商业（06668）	2.49	3.30	3.13	3.34	2.98
京城佳业（02210）	2.26	2.73	3.47	3.76	3.54
力高健康生活（02370）	0.77	1.16	1.43	1.26	1.13
方圆生活服务（09978）		1.39	1.02	0.87	0.59
金茂服务（00816）	2.35	4.70	7.34	7.47	7.06
东原仁知服务（02352）	2.16	3.09	2.76	2.12	2.08
德商产投服务（02270）	0.63	1.03	0.95	0.91	1.00
万物云 (02602)	33.65	40.20	42.31	48.12	46.97
润华服务 (02455)	1.03	1.14	1.22	1.33	1.28
苏新服务 (02152)	0.92	1.06	1.21	1.47	1.62
鲁商服务 (02376)	0.80	1.48	1.45	1.17	1.16
众安智慧生活（02271）	0.87	1.11	1.16	1.19	1.20
港誉智慧城市服务（00265）	0.26	0.32	0.61	0.77	0.90
泓盈城市服务（02529）	0.82	1.07	1.22	1.52	1.72
经发物业（01354）	0.65	0.86	1.01	1.18	1.43
南都物业（603506）	3.08	3.63	3.60	2.96	2.71
新大正（002968）	2.82	3.90	4.20	4.01	3.96
招商积余（001914）	11.75	14.57	15.42	18.06	20.53
特发服务（300917）	2.30	2.83	2.74	2.98	3.37
中天服务（002188）	0.02	0.94	0.90	0.95	0.82
珠江股份（600684）	8.66	14.18	5.19	5.48	3.14

数据来源：中指数据库监测。

2-5 上市物业服务企业2020—2024年营业利润

单位：亿元人民币

公司名称	2020 年	2021 年	2022 年	2023 年	2024 年
彩生活（01778）	7.45	0.80	0.49	0.70	1.56
中海物业（02669）	6.94	9.67	13.44	16.41	18.22
中奥到家（01538）	1.91	1.62	1.11	1.00	0.97
绿城服务（02869）	7.41	9.60	7.26	11.45	12.76
祈福生活服务（03686）	1.19	1.27	1.05	1.12	1.11
浦江中国（01417）	0.33	0.42	0.25	–0.69	–0.43
雅生活服务（03319）	23.51	29.52	24.44	12.80	9.67
碧桂园服务（06098）	32.23	52.49	55.99	45.34	35.85
新城悦服务（01755）	5.87	8.53	6.24	5.42	--
佳兆业美好（02168）	3.24	3.37	1.11	–3.53	1.65
永升服务（01995）	6.14	7.76	5.74	6.40	7.45
星悦康旅（03662）	3.18	–0.10	1.92	1.47	1.30
滨江服务（03316）	2.45	3.82	5.03	5.76	6.98
和泓服务（06093）	0.66	1.25	1.04	1.07	1.00
鑫苑服务（01895）	1.88	1.68	0.11	0.89	0.35
瑞森生活服务（01922）	0.99	1.40	1.60	2.07	--
保利物业（06049）	6.87	9.68	13.13	16.92	18.48
时代邻里（09928）	3.03	4.06	–1.79	0.95	–0.12
宝龙商业（09909）	4.03	5.54	5.74	5.93	5.31
兴业物联（09916）	0.51	0.56	0.62	0.53	0.66
烨星集团（01941）	0.29	0.41	–0.61	–0.16	–0.28
建业新生活（09983）	5.20	7.95	6.95	–6.86	4.37
金融街物业（01502）	1.84	1.78	1.62	1.67	1.49
弘阳服务（01971）	0.91	1.76	1.16	0.32	0.31
正荣服务（06958）	2.35	2.66	–2.52	0.05	–1.59
卓越商企服务（06989）	4.47	7.27	6.04	3.97	3.70
第一服务控股（02107）	0.99	0.18	0.34	0.68	–0.32
世茂服务（00873）	8.93	12.56	–4.20	4.31	4.39
合景悠活（03913）	4.33	8.70	2.12	3.84	–6.44
金科服务（09666）	7.51	12.93	–17.89	–11.65	–5.40
融创服务（01516）	7.30	14.72	–7.87	1.10	–4.87
恒大物业（06666）	33.80	26.98	19.63	22.44	14.68
佳源服务（01153）	0.97	1.28	0.00	0.70	0.66
华润万象生活（01209）	10.30	18.73	23.90	34.42	42.63
远洋服务（06677）	4.55	4.97	5.28	2.98	2.58
建发物业（02156）	1.14	1.73	2.40	6.40	3.28

2-5　续表 1

单位：亿元人民币

公司名称	2020 年	2021 年	2022 年	2023 年	2024 年
荣万家（02146）	3.35	5.17	3.03	1.59	1.48
宋都服务（09608）	0.39	0.73	0.32	0.08	0.09
新希望服务（03658）	1.29	2.06	2.63	2.72	3.09
越秀服务（06626）	2.63	5.13	4.69	5.78	3.68
中骏商管（00606）	2.25	3.82	2.35	2.08	0.51
朗诗绿色生活（01965）	0.85	0.76	0.75	0.06	–0.48
领悦服务集团（02165）	0.80	0.84	0.86	1.28	1.22
德信服务集团（02215）	1.27	1.39	1.11	0.51	0.63
康桥悦生活（02205）	1.30	1.20	1.25	1.49	1.57
星盛商业（06668）	1.83	2.35	2.12	2.39	1.96
京城佳业（02210）	0.70	0.89	1.18	1.16	1.02
力高健康生活（02370）	0.55	0.57	0.14	0.02	0.13
方圆生活服务（09978）	0.30	0.26	0.21	–0.73	–0.86
金茂服务（00816）	0.99	2.42	4.27	4.24	4.39
东原仁知服务（02352）	0.86	1.38	0.75	0.10	0.04
德商产投服务（02270）	0.45	0.36	0.19	0.25	0.46
万物云 (02602)	16.96	18.79	14.72	19.70	15.63
润华服务 (02455)	0.56	0.55	0.48	0.54	0.53
苏新服务 (02152)	0.54	0.75	0.86	0.74	0.89
鲁商服务 (02376)	0.53	0.92	0.89	0.44	0.44
众安智慧生活（02271）	0.58	0.56	0.67	0.66	0.59
港誉智慧城市服务（00265）	–0.44	–0.21	0.30	0.31	0.45
泓盈城市服务（02529）	0.39	0.48	0.63	0.86	1.00
经发物业（01354）	0.23	0.36	0.46	0.61	0.66
南都物业（603506）	1.96	2.35	1.97	2.56	0.51
新大正（002968）	1.55	1.99	2.22	1.96	1.50
招商积余（001914）	5.99	7.45	8.25	9.15	11.36
特发服务（300917）	1.43	1.56	1.62	1.72	1.84
中天服务（002188）	–0.25	1.41	0.47	0.50	0.36
珠江股份（600684）	–5.25	1.41	–20.79	0.30	0.41

数据来源：中指数据库监测。

2-6 上市物业服务企业 2020—2024 年净利润

单位：亿元人民币

公司名称	2020 年	2021 年	2022 年	2023 年	2024 年
彩生活（01778）	5.42	0.19	0.49	0.33	0.36
中海物业（02669）	5.95	8.07	11.44	13.52	15.22
中奥到家（01538）	1.51	1.32	0.89	0.84	0.92
绿城服务（02869）	7.41	8.90	6.31	7.16	8.67
祈福生活服务（03686）	1.29	0.81	0.95	0.86	0.98
浦江中国（01417）	0.37	0.53	0.25	−0.81	−0.50
雅生活服务（03319）	19.73	25.66	19.35	6.99	−31.27
碧桂园服务（06098）	27.82	43.49	22.61	5.17	18.75
新城悦服务（01755）	4.89	5.59	4.75	5.08	--
佳兆业美好（02168）	2.30	0.68	1.07	−4.38	0.26
永升服务（01995）	4.43	6.93	5.76	5.30	5.91
星悦康旅（03662）	2.53	−1.97	1.63	1.49	0.86
滨江服务（03316）	2.20	3.25	4.19	5.03	5.54
和泓服务（06093）	0.60	1.09	1.04	1.14	0.87
鑫苑服务（01895）	1.32	1.24	−3.34	0.28	0.89
瑞森生活服务（01922）	0.70	0.95	1.13	1.24	--
保利物业（06049）	6.96	8.71	11.33	13.97	14.89
时代邻里（09928）	2.37	3.34	−2.00	−2.04	0.12
宝龙商业（09909）	3.07	4.39	4.39	4.52	2.24
兴业物联（09916）	0.44	0.55	0.47	0.40	0.45
烨星集团（01941）	0.21	0.31	−0.52	−0.14	−0.22
建业新生活（09983）	4.41	6.53	5.71	−5.78	2.38
金融街物业（01502）	1.16	1.51	1.36	1.44	1.32
弘阳服务（01971）	0.73	1.38	0.94	0.14	0.15
正荣服务（06958）	1.75	1.78	−2.81	−0.82	−2.35
卓越商企服务（06989）	3.56	5.47	4.26	3.23	3.35
第一服务控股（02107）	1.02	0.34	0.51	0.70	−0.06
世茂服务（00873）	7.24	12.17	−8.77	3.17	−2.23
合景悠活（03913）	3.24	6.84	0.60	0.62	−5.59
金科服务（09666）	6.33	10.77	−18.40	−9.82	−5.51
融创服务（01516）	6.26	13.58	−4.62	−3.93	−4.33
恒大物业（06666）	26.47	−3.89	14.79	15.64	10.32
佳源服务（01153）	0.70	1.04	−6.61	−0.77	0.13
华润万象生活（01209）	8.18	17.26	22.13	29.43	37.30
远洋服务（06677）	2.63	4.41	0.79	0.40	0.29
建发物业（02156）	1.07	1.61	2.51	5.47	3.28

2-6　续表 1

单位：亿元人民币

公司名称	2020 年	2021 年	2022 年	2023 年	2024 年
荣万家（02146）	2.64	4.00	2.36	1.31	1.16
宋都服务（09608）	0.33	0.55	0.34	0.12	0.08
新希望服务（03658）	1.10	1.66	2.22	2.41	2.56
越秀服务（06626）	2.04	3.70	4.24	5.00	2.86
中骏商管（00606）	1.63	2.86	2.13	2.63	0.58
朗诗绿色生活（01965）	0.66	0.58	0.29	−1.35	−3.19
领悦服务集团（02165）	0.70	0.75	0.80	1.05	0.86
德信服务集团（02215）	1.06	1.10	1.25	0.62	0.38
康桥悦生活（02205）	0.92	0.89	0.66	0.53	0.69
星盛商业（06668）	1.28	1.84	1.49	1.62	1.48
京城佳业（02210）	0.69	0.84	1.15	1.16	0.85
力高健康生活（02370）	0.44	0.40	0.10	0.00	−0.20
方圆生活服务（09978）	0.12	0.29	0.32	−0.57	−0.79
金茂服务（00816）	0.77	1.79	3.41	3.43	3.84
东原仁知服务（02352）	0.84	1.30	0.94	0.22	−0.62
德商产投服务（02270）	0.43	0.33	0.34	0.40	0.38
万物云 (02602)	15.19	17.14	15.86	20.36	12.56
润华服务 (02455)	0.49	0.44	0.40	0.42	0.45
苏新服务 (02152)	0.48	0.57	0.66	0.80	0.66
鲁商服务 (02376)	0.45	0.77	0.78	0.40	0.45
众安智慧生活（02271）	0.47	0.42	0.51	0.49	0.37
港誉智慧城市服务（00265）	−0.38	−0.17	0.25	0.34	0.45
泓盈城市服务（02529）	0.35	0.41	0.54	0.70	0.71
经发物业（01354）	0.27	0.31	0.37	0.51	0.61
南都物业（603506）	1.45	1.70	1.55	1.96	0.33
新大正（002968）	1.32	1.66	1.86	1.69	1.27
招商积余（001914）	4.09	4.53	5.69	7.39	8.69
特发服务（300917）	1.08	1.17	1.22	1.30	1.33
中天服务（002188）	−1.14	1.48	0.60	0.20	0.07
珠江股份（600684）	−6.17	0.25	−21.63	−0.15	0.20

数据来源：中指数据库监测。

2-7 上市物业服务企业2020—2024年营业总收入同比增长率

单位：%

公司名称	2020年	2021年	2022年	2023年	2024年
彩生活（01778）	-6.44	-12.57	-58.15	15.81	28.11
中海物业（02669）	19.85	44.12	34.39	19.76	7.45
中奥到家（01538）	15.12	7.15	-8.90	0.52	4.06
绿城服务（02869）	17.78	24.34	18.23	17.10	6.43
祈福生活服务（03686）	6.26	2.37	-11.01	-9.80	6.48
浦江中国（01417）	57.87	16.05	3.65	0.43	5.12
雅生活服务（03319）	95.51	40.46	9.20	0.42	-10.21
碧桂园服务（06098）	61.74	84.77	43.59	2.91	3.24
新城悦服务（01755）	41.82	51.69	19.01	4.76	--
佳兆业美好（02168）	37.18	54.05	-33.07	0.51	-3.28
永升服务（01995）	66.23	50.68	33.47	4.20	4.65
星悦康旅（03662）	55.82	37.05	-16.15	-4.23	-13.29
滨江服务（03316）	36.85	45.74	41.89	41.50	27.96
和泓服务（06093）	67.64	84.41	35.78	26.13	3.94
鑫苑服务（01895）	22.49	17.81	-10.83	9.11	15.91
瑞森生活服务（01922）	38.66	40.01	26.84	15.21	--
保利物业（06049）	34.70	34.16	26.92	10.10	8.50
时代邻里（09928）	62.66	54.70	-4.16	-5.12	-3.34
宝龙商业（09909）	18.46	28.37	3.61	3.37	-0.70
兴业物联（09916）	15.79	32.12	13.99	11.80	0.04
烨星集团（01941）	-4.12	28.33	1.98	-0.61	10.52
建业新生活（09983）	51.34	35.57	-12.52	-9.72	3.78
金融街物业（01502）	13.43	11.88	5.12	9.08	15.65
弘阳服务（01971）	52.71	47.07	-2.25	-3.66	-3.47
正荣服务（06958）	53.96	21.53	-14.34	0.22	-2.76
卓越商企服务（06989）	37.50	37.30	1.75	11.35	7.78
第一服务控股（02107）	23.69	44.26	0.20	7.90	9.58
世茂服务（00873）	101.86	65.63	3.65	-5.05	-3.74
合景悠活（03913）	34.88	114.79	23.76	-4.49	-7.16
金科服务（09666）	44.39	76.90	-16.14	-0.49	-7.92
融创服务（01516）	63.46	70.88	-9.84	-1.64	-0.57
恒大物业（06666）	43.28	22.44	-10.43	5.93	2.16
佳源服务（01153）	34.87	33.30	15.14	-8.11	-1.09
华润万象生活（01209）	15.46	31.01	35.43	22.94	15.41
远洋服务（06677）	6.90	46.53	10.31	-5.89	-9.36
建发物业（02156）	28.16	51.34	47.24	55.88	-7.74

2-7　续表 1

单位：%

公司名称	2020 年	2021 年	2022 年	2023 年	2024 年
荣万家（02146）	41.14	36.46	−25.03	−9.41	6.83
宋都服务（09608）	15.46	23.13	−13.92	−2.91	−5.65
新希望服务（03658）	54.18	57.10	23.29	10.50	17.45
越秀服务（06626）	30.25	64.22	29.63	29.66	19.99
中骏商管（00606）	40.18	52.69	−3.84	5.47	−2.78
朗诗绿色生活（01965）	38.81	22.69	20.71	4.63	−15.32
领悦服务集团（02165）	52.89	26.41	6.71	5.59	7.20
德信服务集团（02215）	34.99	25.86	10.01	−0.31	−2.32
康桥悦生活（02205）	58.66	36.13	1.21	17.76	2.87
星盛商业（06668）	12.85	29.23	0.89	10.31	1.50
京城佳业（02210）	4.36	12.18	28.01	16.76	8.43
力高健康生活（02370）	22.54	59.83	23.52	2.57	−6.60
方圆生活服务（09978）	8.07	105.99	−10.27	−16.69	−13.52
金茂服务（00816）	19.86	60.39	60.75	10.99	9.67
东原仁知服务（02352）	37.14	55.64	12.49	9.96	0.13
德商产投服务（02270）	85.55	97.06	5.23	26.85	33.41
万物云 (02602)	30.29	30.64	26.98	10.22	9.16
润华服务 (02455)	22.48	23.67	15.09	11.08	17.61
苏新服务 (02152)	0.46	5.63	13.15	35.60	27.51
鲁商服务 (02376)	25.44	44.67	7.83	−1.07	−36.35
众安智慧生活（02271）	27.93	28.19	8.19	9.56	17.40
港誉智慧城市服务（00265）	−56.24	−12.41	77.70	50.54	1.03
泓盈城市服务（02529）	--	55.07	22.44	23.34	4.85
经发物业（01354）	--	24.45	19.07	22.05	10.35
南都物业（603506）	13.58	12.70	15.93	0.23	2.15
新大正（002968）	25.01	58.40	24.41	20.35	8.32
招商积余（001914）	42.07	22.42	22.97	19.99	9.89
特发服务（300917）	24.40	52.54	18.60	22.04	17.00
中天服务（002188）	−38.02	62.78	11.82	10.95	6.80
珠江股份（600684）	−16.04	45.75	7.29	−35.58	−52.38

数据来源：中指数据库监测。

2-8 上市物业服务企业2020—2024年营业利润同比增长率

单位：%

公司名称	2020年	2021年	2022年	2023年	2024年
彩生活（01778）	-12.92	-89.30	-38.05	-16.62	105.09
中海物业（02669）	21.29	43.39	27.23	25.29	12.65
中奥到家（01538）	-1.89	-8.91	-31.39	-10.54	27.44
绿城服务（02869）	30.78	29.59	-24.39	24.58	20.18
祈福生活服务（03686）	-0.73	6.80	-17.01	6.29	5.12
浦江中国（01417）	249.75	24.93	-40.19	-326.94	41.51
雅生活服务（03319）	51.93	25.57	-17.18	-47.63	-24.19
碧桂园服务（06098）	80.61	62.86	6.66	-19.02	-20.75
新城悦服务（01755）	68.99	45.30	-19.95	-13.02	--
佳兆业美好（02168）	55.20	3.91	-66.94	-417.32	147.78
永升服务（01995）	116.56	26.46	-25.99	11.38	17.82
星悦康旅（03662）	50.76	-103.28	30.57	-23.40	-11.56
滨江服务（03316）	80.13	55.98	32.60	14.39	21.33
和泓服务（06093）	106.77	89.36	-16.70	2.00	-3.57
鑫苑服务（01895）	45.38	-10.78	-94.11	725.13	-60.06
瑞森生活服务（01922）	89.02	40.35	14.87	29.11	--
保利物业（06049）	10.20	40.83	35.62	28.92	8.28
时代邻里（09928）	116.12	33.95	-141.12	153.20	95.72
宝龙商业（09909）	52.35	37.58	-0.47	3.42	-9.29
兴业物联（09916）	14.34	9.61	10.28	-16.38	26.23
烨星集团（01941）	-49.75	42.19	-250.34	73.19	-73.05
建业新生活（09983）	73.65	53.09	-12.66	-204.44	-19.19
金融街物业（01502）	31.87	3.57	-8.64	2.86	-10.60
弘阳服务（01971）	19.29	97.73	-34.30	-71.96	-1.68
正荣服务（06958）	60.34	14.25	-194.54	102.00	-4941.52
卓越商企服务（06989）	38.11	62.78	-16.94	-34.21	-6.51
第一服务控股（02107）	34.58	-81.79	90.85	101.16	-147.06
世茂服务（00873）	73.99	40.72	-133.44	202.73	3.87
合景悠活（03913）	77.30	100.86	-75.58	80.87	-626.19
金科服务（09666）	90.08	72.43	-238.37	34.85	52.91
融创服务（01516）	130.34	103.97	-153.32	113.98	-504.12
恒大物业（06666）	171.75	-20.10	-27.25	14.32	-33.24
佳源服务（01153）	41.27	31.46	-99.72	19701.42	-5.40
华润万象生活（01209）	132.28	81.84	27.59	44.03	24.97
远洋服务（06677）	4.60	75.86	2.19	-43.51	-12.63
建发物业（02156）	65.03	52.42	38.92	166.21	-48.27

2-8　续表 1

单位：%

公司名称	2020 年	2021 年	2022 年	2023 年	2024 年
荣万家（02146）	201.01	46.79	−41.08	−50.13	−1.00
宋都服务（09608）	−13.01	86.33	−56.44	−75.62	48.67
新希望服务（03658）	66.26	59.80	29.47	3.43	14.19
越秀服务（06626）	101.82	95.10	−7.90	23.24	−36.19
中骏商管（00606）	119.99	70.06	−34.78	−11.68	−75.52
朗诗绿色生活（01965）	154.86	−11.50	−0.28	−91.81	−663.66
领悦服务集团（02165）	96.94	3.78	2.89	15.81	−9.09
德信服务集团（02215）	100.53	9.24	−20.21	−53.95	22.57
康桥悦生活（02205）	62.28	−2.86	−1.70	27.96	5.38
星盛商业（06668）	44.36	28.39	−10.09	12.66	−17.46
京城佳业（02210）	54.38	30.13	32.02	−1.21	−11.69
力高健康生活（02370）	43.26	4.12	−74.35	−82.40	403.17
方圆生活服务（09978）	−15.30	30.38	−16.88	−444.77	−17.06
金茂服务（00816）	215.32	145.12	77.39	−0.82	4.26
东原仁知服务（02352）	470.49	60.68	−45.56	−86.28	−36.84
德商产投服务（02270）	46.62	−21.02	−45.38	26.84	87.46
万物云 (02602)	52.06	10.79	−22.87	33.93	−20.64
润华服务 (02455)	55.06	−0.94	−12.71	11.38	−0.42
苏新服务 (02152)	0.22	37.11	15.11	−13.29	22.50
鲁商服务 (02376)	53.66	74.93	−6.33	−47.46	40.32
众安智慧生活（02271）	52.35	−4.96	21.01	−2.09	−14.27
港誉智慧城市服务（00265）	−72.78	53.39	256.52	1.66	46.14
泓盈城市服务（02529）	--	23.25	29.46	37.98	6.50
经发物业（01354）	--	57.75	28.12	31.90	10.31
南都物业（603506）	11.75	20.15	−16.10	29.74	−80.08
新大正（002968）	25.62	28.17	11.37	−11.66	−23.19
招商积余（001914）	49.11	23.75	10.76	10.97	24.08
特发服务（300917）	61.29	8.50	4.03	6.23	6.77
中天服务（002188）	46.03	763.42	−66.51	5.60	−28.64
珠江股份（600684）	−226.96	126.94	−1571.44	101.53	35.22

数据来源：中指数据库监测。

2-9 上市物业服务企业2020—2024年归属母公司股东的净利润同比增长率

单位：%

公司名称	2020年	2021年	2022年	2023年	2024年
彩生活（01778）	0.63	−96.48	77.61	−26.63	−17.62
中海物业（02669）	30.15	40.55	29.40	22.76	12.54
中奥到家（01538）	21.13	−19.18	−27.64	4.09	11.05
绿城服务（02869）	48.81	19.12	−35.30	10.57	29.69
祈福生活服务（03686）	34.37	−36.99	17.28	−9.78	13.63
浦江中国（01417）	47.23	47.24	−67.54	−694.52	32.39
雅生活服务（03319）	42.55	31.58	−20.31	−74.95	−809.67
碧桂园服务（06098）	60.78	50.16	−51.82	−84.96	518.59
新城悦服务（01755）	60.41	16.15	−19.41	5.09	--
佳兆业美好（02168）	35.42	−74.41	64.39	−581.86	103.24
永升服务（01995）	74.39	58.06	−22.19	−9.51	10.02
星悦康旅（03662）	54.10	−176.04	184.01	−2.04	−38.77
滨江服务（03316）	91.44	46.55	28.05	19.55	10.96
和泓服务（06093）	308.59	52.94	−20.28	13.36	−30.18
鑫苑服务（01895）	61.28	−6.54	−372.71	108.41	209.47
瑞森生活服务（01922）	103.15	31.82	20.34	9.45	--
保利物业（06049）	37.31	25.56	31.60	24.01	6.79
时代邻里（09928）	141.51	32.41	−169.36	5.55	102.33
宝龙商业（09909）	70.80	43.62	1.13	2.23	−52.31
兴业物联（09916）	23.68	25.34	−13.48	−14.84	12.15
烨星集团（01941）	−19.99	48.38	−268.96	72.94	−56.36
建业新生活（09983）	82.34	43.24	−9.25	−202.15	137.36
金融街物业（01502）	−0.74	31.28	−12.10	5.77	−9.39
弘阳服务（01971）	18.10	83.45	−28.11	−88.19	32.41
正荣服务（06958）	62.92	1.71	−261.15	71.14	−190.58
卓越商企服务（06989）	82.06	56.96	−20.90	−24.98	3.11
第一服务控股（02107）	22.69	−61.69	16.56	38.19	−121.13
世茂服务（00873）	80.21	60.25	−183.49	129.47	−199.68
合景悠活（03913）	74.75	108.88	−99.49	788.13	−1988.53
金科服务（09666）	68.53	71.45	−272.02	47.70	38.25
融创服务（01516）	122.63	113.86	−137.76	9.72	−3.71
恒大物业（06666）	184.66	−111.95	549.80	8.33	−33.75
佳源服务（01153）	30.29	53.58	−761.18	87.82	110.08
华润万象生活（01209）	124.07	110.95	27.90	32.76	23.92
远洋服务（06677）	24.76	70.40	−82.82	−44.36	−31.40

2-9　续表 1

单位：%

公司名称	2020 年	2021 年	2022 年	2023 年	2024 年
建发物业（02156）	55.64	50.19	55.11	89.05	−30.78
荣万家（02146）	132.93	52.01	−40.95	−47.83	−9.91
宋都服务（09608）	−7.07	67.27	−39.77	−71.56	−68.57
新希望服务（03658）	71.70	51.13	22.39	5.88	5.50
越秀服务（06626）	118.04	80.55	15.73	17.04	−27.53
中骏商管（00606）	122.31	80.19	−25.85	23.54	−77.84
朗诗绿色生活（01965）	92.80	−11.03	−51.28	−572.32	−137.15
领悦服务集团（02165）	103.23	8.28	9.05	32.28	−19.94
德信服务集团（02215）	96.76	1.06	24.23	−49.38	−37.71
康桥悦生活（02205）	46.87	−5.09	−35.48	−28.89	25.80
星盛商业（06668）	49.87	45.79	−16.57	10.90	−9.72
京城佳业（02210）	51.60	43.91	38.00	−0.53	−29.86
力高健康生活（02370）	41.96	−18.86	−90.08	−413.04	−184.76
方圆生活服务（09978）	−50.76	85.06	−10.07	−433.69	−26.93
金茂服务（00816）	240.89	130.77	88.79	0.39	10.42
东原仁知服务（02352）	230.05	51.95	−29.52	−78.57	−2744.60
德商产投服务（02270）	38.29	−22.10	0.47	16.70	−5.59
万物云 (02602)	43.55	13.91	−9.42	29.31	−41.19
润华服务 (02455)	79.56	−8.99	−9.33	3.22	9.89
苏新服务 (02152)	11.33	17.17	16.76	16.10	−12.25
鲁商服务 (02376)	56.57	67.34	1.23	−48.71	0.03
众安智慧生活（02271）	77.96	6.72	30.33	−2.89	−22.86
港誉智慧城市服务（00265）	30.91	55.82	386.50	12.34	46.61
泓盈城市服务（02529）	--	17.83	31.42	32.17	2.39
经发物业（01354）	--	20.86	16.51	32.60	18.71
南都物业（603506）	21.01	18.06	−10.70	27.69	−88.21
新大正（002968）	25.61	26.57	11.80	−13.83	−28.95
招商积余（001914）	52.03	17.25	15.72	23.96	14.24
特发服务（300917）	52.01	13.14	1.46	5.30	1.24
中天服务（002188）	−122.07	234.20	−58.75	−67.19	−64.98
珠江股份（600684）	−369.45	111.13	−2934.41	96.50	124.74

数据来源：中指数据库监测。

2-10 上市物业服务企业 2020—2024 年总资产净利率

单位：%

公司名称	2020 年	2021 年	2022 年	2023 年	2024 年
彩生活（01778）	5.10	0.22	0.54	0.39	0.32
中海物业（02669）	13.35	13.56	13.81	13.57	13.36
中奥到家（01538）	6.63	4.99	3.71	3.98	4.44
绿城服务（02869）	6.58	6.17	3.51	3.47	4.39
祈福生活服务（03686）	20.43	11.13	11.84	10.01	13.20
浦江中国（01417）	4.70	4.80	1.27	−7.64	−5.39
雅生活服务（03319）	15.02	13.52	8.58	1.97	−14.77
碧桂园服务（06098）	12.36	8.23	2.84	0.42	2.57
新城悦服务（01755）	16.41	12.05	7.33	6.94	--
佳兆业美好（02168）	13.58	2.71	4.18	−22.07	0.80
永升服务（01995）	10.93	10.34	6.27	5.15	5.30
星悦康旅（03662）	12.72	−7.89	7.11	6.98	4.15
滨江服务（03316）	16.23	20.19	17.61	13.98	13.15
和泓服务（06093）	12.25	9.64	4.90	4.74	3.22
鑫苑服务（01895）	12.17	8.94	−26.48	2.67	7.39
瑞森生活服务（01922）	8.03	8.38	8.97	8.63	--
保利物业（06049）	7.92	8.22	9.18	9.86	9.31
时代邻里（09928）	11.21	10.41	−6.89	−7.29	0.18
宝龙商业（09909）	8.02	9.13	8.62	8.37	3.71
兴业物联（09916）	13.46	11.33	8.40	6.23	6.37
烨星集团（01941）	6.13	6.85	−11.72	−3.28	−5.10
建业新生活（09983）	14.93	13.34	10.84	−11.28	4.48
金融街物业（01502）	7.72	7.64	6.24	6.24	5.24
弘阳服务（01971）	8.47	10.44	6.29	0.66	0.86
正荣服务（06958）	13.71	7.77	−12.50	−4.24	−13.03
卓越商企服务（06989）	8.69	10.20	8.00	5.93	6.04
第一服务控股（02107）	9.82	2.76	3.03	4.02	−0.76
世茂服务（00873）	9.57	7.64	−5.66	1.89	−2.00
合景悠活（03913）	10.44	14.62	0.06	0.44	−8.75
金科服务（09666）	9.77	11.13	−19.35	−11.88	−8.17
融创服务（01516）	7.89	9.66	−3.71	−3.60	−4.06
恒大物业（06666）	21.60	−2.67	20.69	20.02	12.04
佳源服务（01153）	7.31	9.27	−72.64	−13.17	1.24
华润万象生活（01209）	6.25	8.48	9.30	10.92	12.80
远洋服务（06677）	7.11	12.69	1.91	1.04	0.72
建发物业（02156）	8.01	8.59	8.35	13.15	8.43

2-10　续表 1

单位：%

公司名称	2020 年	2021 年	2022 年	2023 年	2024 年
荣万家（02146）	14.34	14.37	6.14	3.12	2.73
宋都服务（09608）	13.15	14.20	6.46	1.71	0.53
新希望服务（03658）	11.50	15.93	12.26	11.37	11.21
越秀服务（06626）	7.41	9.53	7.51	7.88	5.42
中骏商管（00606）	14.05	13.44	6.66	7.81	1.65
朗诗绿色生活（01965）	8.20	7.97	2.98	−12.49	−32.99
领悦服务集团（02165）	23.72	16.06	11.93	13.23	9.02
德信服务集团（02215）	21.85	11.67	9.56	4.51	2.78
康桥悦生活（02205）	13.25	8.24	4.70	3.18	3.50
星盛商业（06668）	34.44	19.74	8.63	7.66	6.71
京城佳业（02210）	3.65	4.85	5.69	5.00	3.25
力高健康生活（02370）	15.16	8.57	0.65	−1.66	−4.70
方圆生活服务（09978）	5.07	5.99	3.53	−11.52	−18.21
金茂服务（00816）	3.74	10.19	15.40	10.19	9.38
东原仁知服务（02352）	10.97	14.72	8.15	1.43	−4.65
德商产投服务（02270）	35.49	12.25	8.16	6.05	4.41
万物云 (02602)	8.34	6.99	4.60	5.12	2.95
润华服务 (02455)	11.29	8.87	7.98	6.60	6.28
苏新服务 (02152)	2.88	4.40	4.71	4.88	3.92
鲁商服务 (02376)	7.52	10.13	10.29	4.49	4.93
众安智慧生活（02271）	17.03	19.49	30.01	16.23	8.65
港誉智慧城市服务（00265）	−2.31	−1.19	3.50	4.12	6.80
泓盈城市服务（02529）	--	10.32	10.66	11.80	9.29
经发物业（01354）	--	6.65	7.40	8.36	8.11
南都物业（603506）	8.19	8.41	6.59	7.50	0.86
新大正（002968）	11.78	12.36	11.89	8.60	5.49
招商积余（001914）	2.65	3.10	3.43	4.04	4.46
特发服务（300917）	12.54	9.13	7.87	7.21	6.48
中天服务（002188）	−135.37	85.63	22.76	7.05	1.72
珠江股份（600684）	−2.19	0.21	−5.78	−0.37	0.66

数据来源：中指数据库监测。

2-11 上市物业服务企业2020—2024年净资产收益率

单位：%

公司名称	2020年	2021年	2022年	2023年	2024年
彩生活（01778）	11.53	0.42	0.74	0.54	0.44
中海物业（02669）	32.58	32.80	35.25	32.57	29.57
中奥到家（01538）	16.15	11.82	8.39	8.25	8.55
绿城服务（02869）	10.42	12.06	7.69	8.17	10.08
祈福生活服务（03686）	25.54	14.42	14.90	12.24	21.53
浦江中国（01417）	10.55	13.60	4.42	–36.70	–33.06
雅生活服务（03319）	23.85	20.63	14.76	3.60	–34.77
碧桂园服务（06098）	18.44	11.15	5.19	0.81	4.94
新城悦服务（01755）	35.29	23.01	16.35	15.33	--
佳兆业美好（02168）	17.74	4.60	7.00	–51.79	1.67
永升服务（01995）	13.49	13.88	10.45	8.92	9.56
星悦康旅（03662）	24.15	–25.55	17.22	14.27	8.00
滨江服务（03316）	26.09	34.17	33.06	33.09	35.75
和泓服务（06093）	18.35	16.46	11.18	11.18	7.85
鑫苑服务（01895）	16.48	13.45	–65.48	5.22	14.90
瑞森生活服务（01922）	38.80	36.53	32.87	26.37	--
保利物业（06049）	10.91	12.46	14.47	15.83	15.19
时代邻里（09928）	13.52	16.88	–13.61	–14.93	0.35
宝龙商业（09909）	14.17	17.84	16.24	14.84	6.72
兴业物联（09916）	13.75	14.72	11.41	8.83	9.01
烨星集团（01941）	8.88	11.64	–24.47	–5.98	–10.32
建业新生活（09983）	15.85	20.97	19.11	–27.95	11.52
金融街物业（01502）	9.83	12.06	10.26	10.28	8.94
弘阳服务（01971）	10.11	16.39	10.54	1.23	1.60
正荣服务（06958）	12.59	12.03	–24.18	–7.50	–28.03
卓越商企服务（06989）	10.21	14.80	11.56	8.46	8.37
第一服务控股（02107）	14.51	5.56	6.57	8.69	–1.95
世茂服务（00873）	10.75	13.02	–12.25	3.45	–3.56
合景悠活（03913）	10.93	19.47	0.11	0.89	–20.16
金科服务（09666）	8.56	13.81	–34.14	–23.32	–17.52
融创服务（01516）	6.20	15.01	–6.34	–7.21	–8.74
恒大物业（06666）	26.69	--	--	--	184.09
佳源服务（01153）	13.05	16.56	--	--	--
华润万象生活（01209）	6.56	12.42	15.45	18.36	21.96
远洋服务（06677）	12.70	18.28	3.42	2.01	1.38
建发物业（02156）	26.28	15.76	19.84	27.07	18.36

2-11　续表 1

单位：%

公司名称	2020 年	2021 年	2022 年	2023 年	2024 年
荣万家（02146）	41.55	20.31	11.38	6.09	5.20
宋都服务（09608）	28.15	17.71	9.61	2.44	0.77
新希望服务（03658）	75.55	17.41	18.49	18.52	18.21
越秀服务（06626）	32.40	12.26	12.91	14.14	10.08
中骏商管（00606）	29.85	11.54	8.09	9.68	2.10
朗诗绿色生活（01965）	51.07	16.14	7.25	−51.85	--
领悦服务集团（02165）	67.38	19.80	17.77	19.05	13.25
德信服务集团（02215）	128.10	11.75	15.96	8.32	5.65
康桥悦生活（02205）	60.55	12.56	7.61	5.41	6.68
星盛商业（06668）	79.40	16.49	13.36	13.61	12.39
京城佳业（02210）	14.67	12.16	15.16	13.78	9.23
力高健康生活（02370）	41.74	24.76	1.06	−3.43	−10.82
方圆生活服务（09978）	7.75	12.72	10.48	−53.75	−225.90
金茂服务（00816）	156.97	91.08	25.02	21.88	21.85
东原仁知服务（02352）	53.33	51.65	19.52	4.02	−17.45
德商产投服务（02270）	53.27	13.43	11.31	12.84	13.77
万物云 (02602)	23.41	16.86	9.18	11.10	7.00
润华服务 (02455)	44.28	28.02	20.04	12.18	12.90
苏新服务 (02152)	9.55	10.10	8.56	9.35	7.92
鲁商服务 (02376)	17.57	25.36	15.35	7.59	7.98
众安智慧生活（02271）	30.94	95.85	55.54	18.08	12.76
港誉智慧城市服务（00265）	−3.77	−1.67	5.06	5.63	14.99
泓盈城市服务（02529）	33.48	28.39	28.60	27.43	19.19
经发物业（01354）	33.78	32.98	55.82	42.51	23.06
南都物业（603506）	16.70	17.19	14.15	16.08	2.01
新大正（002968）	15.43	17.05	16.63	13.41	9.43
招商积余（001914）	5.24	5.92	6.49	7.54	8.07
特发服务（300917）	12.63	13.05	12.09	11.67	10.92
中天服务（002188）	--	289.69	54.49	15.32	2.35
珠江股份（600684）	−28.02	3.03	−551.69	−14.19	3.38

数据来源：中指数据库监测。

2-12 上市物业服务企业2020—2024年资产负债率

单位：%

公司名称	2020年	2021年	2022年	2023年	2024年
彩生活（01778）	55.77	23.24	23.77	23.70	24.26
中海物业（02669）	64.74	63.31	63.81	60.63	56.90
中奥到家（01538）	56.93	55.06	49.57	50.04	43.41
绿城服务（02869）	45.62	48.73	53.27	54.51	51.72
祈福生活服务（03686）	27.40	26.34	24.26	19.65	25.17
浦江中国（01417）	49.15	62.15	63.66	69.96	76.43
雅生活服务（03319）	38.05	36.03	37.78	39.92	44.93
碧桂园服务（06098）	48.21	42.57	43.05	43.99	45.16
新城悦服务（01755）	57.47	53.33	52.71	50.75	--
佳兆业美好（02168）	35.04	42.04	37.88	48.62	47.86
永升服务（01995）	35.35	35.43	39.92	40.95	41.56
星悦康旅（03662）	58.42	65.29	55.32	49.46	47.23
滨江服务（03316）	42.88	42.21	57.04	61.98	62.62
和泓服务（06093）	46.64	49.92	56.44	52.96	55.48
鑫苑服务（01895）	36.21	38.71	50.25	49.63	54.04
瑞森生活服务（01922）	80.07	75.96	70.68	66.07	--
保利物业（06049）	33.86	38.15	40.16	40.33	41.18
时代邻里（09928）	33.49	40.85	42.30	43.83	44.31
宝龙商业（09909）	52.09	51.29	47.52	45.53	46.61
兴业物联（09916）	26.48	30.39	30.07	34.91	30.18
烨星集团（01941）	45.45	43.66	48.88	46.33	49.32
建业新生活（09983）	36.06	39.32	42.66	55.43	57.91
金融街物业（01502）	37.25	38.06	39.19	38.04	41.23
弘阳服务（01971）	34.96	39.51	43.66	46.95	45.18
正荣服务（06958）	29.97	41.50	40.99	41.06	52.42
卓越商企服务（06989）	33.95	31.66	28.39	29.73	26.12
第一服务控股（02107）	44.36	50.40	50.75	51.50	60.15
世茂服务（00873）	38.19	49.19	42.69	39.28	38.10
合景悠活（03913）	29.21	29.71	50.63	46.20	49.19
金科服务（09666）	15.20	25.95	35.38	46.49	49.64
融创服务（01516）	24.87	35.60	37.82	46.44	49.77
恒大物业（06666）	41.78	153.05	121.16	99.77	88.78
佳源服务（01153）	44.93	48.87	105.67	117.84	115.78
华润万象生活（01209）	34.67	35.67	44.56	42.28	42.16
远洋服务（06677）	33.67	36.42	44.75	46.88	46.89
建发物业（02156）	62.20	60.53	61.51	51.84	53.27

2-12　续表 1

单位：%

公司名称	2020 年	2021 年	2022 年	2023 年	2024 年
荣万家（02146）	65.88	46.88	47.63	49.61	47.10
宋都服务（09608）	58.29	36.48	34.34	30.20	28.46
新希望服务（03658）	75.42	35.99	35.50	35.91	36.28
越秀服务（06626）	68.45	39.77	42.98	43.49	45.78
中骏商管（00606）	51.89	20.15	18.74	21.20	22.16
朗诗绿色生活（01965）	79.16	56.88	62.39	75.63	106.56
领悦服务集团（02165）	61.38	36.09	35.55	34.37	34.96
德信服务集团（02215）	80.13	30.55	40.59	46.72	48.53
康桥悦生活（02205）	81.47	38.20	35.32	39.01	48.68
星盛商业（06668）	63.00	20.50	44.87	45.30	44.89
京城佳业（02210）	73.83	61.54	64.10	63.88	64.61
力高健康生活（02370）	66.75	58.33	43.31	46.49	48.59
方圆生活服务（09978）	35.40	54.85	58.61	63.85	76.63
金茂服务（00816）	97.70	84.99	54.71	56.61	59.32
东原仁知服务（02352）	78.92	73.23	61.48	64.63	72.43
德商产投服务（02270）	53.43	33.16	33.65	63.02	67.17
万物云 (02602)	65.46	64.10	53.94	53.74	55.55
润华服务 (02455)	79.35	66.08	62.84	52.35	51.93
苏新服务 (02152)	58.59	57.93	46.83	49.84	51.20
鲁商服务 (02376)	70.09	52.64	41.25	41.86	38.78
众安智慧生活（02271）	43.38	69.91	52.90	33.00	36.29
港誉智慧城市服务（00265）	17.38	27.61	25.32	23.64	31.25
泓盈城市服务（02529）	68.23	68.48	65.58	60.64	58.23
经发物业（01354）	84.00	78.80	87.12	81.23	67.39
南都物业（603506）	52.17	54.48	54.16	55.54	54.06
新大正（002968）	30.77	32.08	32.28	40.54	40.00
招商积余（001914）	49.09	48.85	47.73	46.73	44.56
特发服务（300917）	26.50	35.45	37.09	37.08	37.76
中天服务（002188）	293.18	81.88	55.28	58.91	39.51
珠江股份（600684）	89.61	88.40	94.25	84.12	71.65

数据来源：中指数据库监测。

2-13 上市物业服务企业2020—2024年流动比率

公司名称	2020年	2021年	2022年	2023年	2024年
彩生活（01778）	1.24	2.97	2.99	3.11	3.08
中海物业（02669）	1.45	1.48	1.50	1.56	1.66
中奥到家（01538）	1.09	1.28	1.35	1.40	1.63
绿城服务（02869）	1.84	1.60	1.47	1.42	1.48
祈福生活服务（03686）	3.20	3.93	5.00	6.31	2.86
浦江中国（01417）	1.25	1.27	1.27	1.06	1.04
雅生活服务（03319）	1.87	1.98	1.87	1.82	1.51
碧桂园服务（06098）	1.64	1.26	1.39	1.36	1.49
新城悦服务（01755）	1.61	1.62	1.56	1.76	--
佳兆业美好（02168）	2.78	1.51	1.65	1.04	1.15
永升服务（01995）	2.48	2.19	1.60	1.55	1.59
星悦康旅（03662）	1.42	1.20	1.40	1.60	1.68
滨江服务（03316）	2.13	2.08	1.57	1.05	1.16
和泓服务（06093）	1.72	1.22	1.07	1.18	1.13
鑫苑服务（01895）	2.56	2.01	1.77	1.82	1.59
瑞森生活服务（01922）	1.13	1.14	1.20	1.25	--
保利物业（06049）	2.84	2.42	2.34	2.40	1.99
时代邻里（09928）	2.24	1.94	1.80	1.83	1.83
宝龙商业（09909）	2.20	2.26	2.72	2.85	2.94
兴业物联（09916）	3.91	3.38	3.37	2.12	2.38
烨星集团（01941）	2.08	1.89	1.58	1.51	1.36
建业新生活（09983）	2.74	2.51	2.27	1.63	1.57
金融街物业（01502）	2.68	2.60	2.52	2.52	2.31
弘阳服务（01971）	2.70	1.96	2.07	1.88	1.91
正荣服务（06958）	3.26	1.64	1.63	1.43	1.38
卓越商企服务（06989）	3.49	3.06	3.32	2.94	3.01
第一服务控股（02107）	2.16	1.67	1.60	1.56	1.30
世茂服务（00873）	2.09	1.78	1.67	1.75	2.02
合景悠活（03913）	3.15	1.89	1.48	1.82	1.84
金科服务（09666）	6.56	3.76	2.30	1.68	1.47
融创服务（01516）	3.73	2.25	2.03	1.67	1.48
恒大物业（06666）	2.37	0.42	0.60	0.76	0.87
佳源服务（01153）	2.07	1.85	0.65	0.60	0.61
华润万象生活（01209）	3.23	2.64	1.97	2.34	1.84
远洋服务（06677）	2.69	2.57	1.73	1.63	1.62
建发物业（02156）	1.56	1.60	1.57	1.89	1.82
荣万家（02146）	1.46	2.00	1.95	1.87	1.95

2-13　续表 1

公司名称	2020 年	2021 年	2022 年	2023 年	2024 年
宋都服务（09608）	1.54	2.59	2.56	2.76	3.27
新希望服务（03658）	1.23	2.88	2.54	2.41	2.30
越秀服务（06626）	1.21	3.01	2.68	2.20	1.39
中骏商管（00606）	1.88	4.93	4.14	3.15	2.15
朗诗绿色生活（01965）	1.22	1.68	1.38	0.86	0.63
领悦服务集团（02165）	1.36	2.56	2.62	2.76	2.76
德信服务集团（02215）	1.19	3.20	1.83	2.13	2.03
康桥悦生活（02205）	1.69	2.41	2.55	2.25	1.80
星盛商业（06668）	1.77	5.73	4.52	3.99	3.94
京城佳业（02210）	1.24	1.52	1.45	1.38	1.38
力高健康生活（02370）	1.23	1.28	1.82	1.67	1.68
方圆生活服务（09978）	3.05	1.62	1.50	1.24	0.90
金茂服务（00816）	1.11	1.11	1.59	1.57	1.43
东原仁知服务（02352）	1.00	1.13	1.18	1.16	1.02
德商产投服务（02270）	1.71	2.89	2.80	1.70	1.48
万物云 (02602)	1.06	0.84	1.23	1.33	1.20
润华服务 (02455)	1.02	1.21	1.27	1.59	1.67
苏新服务 (02152)	1.15	1.09	1.56	1.70	1.59
鲁商服务 (02376)	1.39	1.71	2.25	2.13	2.29
众安智慧生活（02271）	2.27	1.36	1.82	2.97	2.75
港誉智慧城市服务（00265）	4.35	3.66	3.39	3.75	2.59
泓盈城市服务（02529）	1.28	1.26	1.40	1.52	1.62
经发物业（01354）	1.07	1.15	1.01	1.04	1.28
南都物业（603506）	1.33	1.69	1.47	1.33	1.31
新大正（002968）	2.64	2.62	2.44	1.91	1.97
招商积余（001914）	0.97	1.27	1.45	1.17	1.33
特发服务（300917）	3.58	2.72	2.59	2.53	2.49
中天服务（002188）	0.39	1.50	1.63	1.57	2.44
珠江股份（600684）	1.32	1.54	1.38	1.08	1.16

数据来源：中指数据库监测。

2-14 上市物业服务企业2020—2024年总资产周转率

单位：次

公司名称	2020年	2021年	2022年	2023年	2024年
彩生活（01778）	0.37	0.39	0.23	0.26	0.33
中海物业（02669）	1.25	1.30	1.38	1.32	1.24
中奥到家（01538）	0.89	0.89	0.83	0.86	0.89
绿城服务（02869）	0.94	0.92	0.95	1.00	1.00
祈福生活服务（03686）	0.67	0.59	0.48	0.40	0.50
浦江中国（01417）	1.37	1.10	0.94	0.95	1.03
雅生活服务（03319）	0.86	0.82	0.72	0.66	0.63
碧桂园服务（06098）	0.72	0.59	0.61	0.61	0.63
新城悦服务（01755）	1.04	1.00	0.90	0.85	--
佳兆业美好（02168）	1.06	1.27	0.80	0.88	0.95
永升服务（01995）	0.87	0.79	0.82	0.78	0.76
星悦康旅（03662）	0.72	0.80	0.72	0.69	0.58
滨江服务（03316）	0.71	0.88	0.85	0.80	0.86
和泓服务（06093）	0.91	0.86	0.74	0.80	0.81
鑫苑服务（01895）	0.61	0.56	0.55	0.71	0.74
瑞森生活服务（01922）	1.15	1.28	1.44	1.46	--
保利物业（06049）	0.94	1.05	1.13	1.08	1.03
时代邻里（09928）	0.85	0.92	0.84	0.89	0.92
宝龙商业（09909）	0.51	0.51	0.50	0.49	0.45
兴业物联（09916）	0.66	0.59	0.57	0.56	0.51
烨星集团（01941）	0.78	0.75	0.78	0.80	0.88
建业新生活（09983）	0.93	0.78	0.61	0.56	0.62
金融街物业（01502）	0.84	0.73	0.72	0.74	0.79
弘阳服务（01971）	0.93	0.92	0.76	0.65	0.61
正荣服务（06958）	0.88	0.60	0.51	0.60	0.62
卓越商企服务（06989）	0.68	0.69	0.70	0.77	0.82
第一服务控股（02107）	0.80	0.87	0.82	0.85	0.84
世茂服务（00873）	0.70	0.57	0.53	0.57	0.58
合景悠活（03913）	0.49	0.71	0.68	0.56	0.55
金科服务（09666）	0.53	0.63	0.53	0.62	0.64
融创服务（01516）	0.61	0.60	0.55	0.58	0.63
恒大物业（06666）	0.86	1.12	1.72	1.63	1.50
佳源服务（01153）	0.69	0.76	1.03	1.41	1.31
华润万象生活（01209）	0.52	0.44	0.51	0.55	0.60
远洋服务（06677）	0.61	0.86	0.83	0.77	0.70
建发物业（02156）	0.78	0.84	0.77	1.01	0.86

2-14　续表 1

公司名称	2020 年	2021 年	2022 年	2023 年	2024 年
荣万家（02146）	0.98	0.89	0.50	0.45	0.47
宋都服务（09608）	1.04	0.82	0.54	0.49	0.45
新希望服务（03658）	0.62	0.89	0.69	0.67	0.73
越秀服务（06626）	0.43	0.51	0.45	0.52	0.59
中骏商管（00606）	0.73	0.59	0.38	0.38	0.35
朗诗绿色生活（01965）	0.75	1.01	0.93	0.87	0.82
领悦服务集团（02165）	1.56	1.23	0.90	0.79	0.72
德信服务集团（02215）	1.56	1.04	0.75	0.70	0.68
康桥悦生活（02205）	0.86	0.77	0.69	0.77	0.69
星盛商业（06668）	1.20	0.61	0.32	0.29	0.28
京城佳业（02210）	0.69	0.72	0.78	0.81	0.81
力高健康生活（02370）	0.85	0.95	0.90	0.75	0.69
方圆生活服务（09978）	1.29	1.70	1.00	0.81	0.87
金茂服务（00816）	0.46	0.87	1.12	0.82	0.75
东原仁知服务（02352）	0.99	1.36	1.21	1.12	1.06
德商产投服务（02270）	1.07	0.93	0.65	0.53	0.54
万物云 (02602)	1.03	0.99	0.92	0.87	0.93
润华服务 (02455)	1.13	1.20	1.37	1.22	1.25
苏新服务 (02152)	0.27	0.37	0.38	0.48	0.55
鲁商服务 (02376)	0.67	0.78	0.84	0.71	0.67
众安智慧生活（02271）	1.08	1.48	1.89	1.16	0.94
港誉智慧城市服务（00265）	0.20	0.16	0.27	0.42	0.48
泓盈城市服务（02529）	--	1.10	1.06	1.10	0.88
经发物业（01354）	--	1.23	1.40	1.45	1.31
南都物业（603506）	0.84	0.82	0.84	0.75	0.71
新大正（002968）	1.18	1.55	1.66	1.68	1.63
招商积余（001914）	0.53	0.64	0.75	0.86	0.91
特发服务（300917）	1.40	1.37	1.38	1.47	1.53
中天服务（002188）	0.16	1.57	1.13	1.19	0.88
珠江股份（600684）	0.09	0.11	0.12	0.19	0.66

数据来源：中指数据库监测。

2-15 上市物业服务企业2020—2024年存货周转率

单位：次

公司名称	2020年	2021年	2022年	2023年	2024年
彩生活（01778）	--	--	--	--	--
中海物业（02669）	10.44	10.12	11.19	13.60	16.85
中奥到家（01538）	186.65	46.42	48.17	229.56	184.30
绿城服务（02869）	23.96	26.26	24.80	23.28	23.40
祈福生活服务（03686）	20.07	14.29	11.56	13.15	19.75
浦江中国（01417）	3307.22	4312.23	7465.24	9291.65	4730.86
雅生活服务（03319）	451.92	355.90	280.57	299.42	326.69
碧桂园服务（06098）	136.56	115.01	129.28	86.10	63.02
新城悦服务（01755）	141.05	131.30	105.92	95.08	--
佳兆业美好（02168）	--	--	--	--	--
永升服务（01995）	--	--	1525.31	1711.27	2321.91
星悦康旅（03662）	1410.52	710.68	194.25	106.25	79.07
滨江服务（03316）	15.52	14.48	12.28	10.78	10.32
和泓服务（06093）	1880.04	1317.43	676.87	651.38	773.39
鑫苑服务（01895）	--	--	--	--	12.82
瑞森生活服务（01922）	278.81	267.95	206.11	163.90	--
保利物业（06049）	134.94	173.29	244.33	337.42	424.06
时代邻里（09928）	412.08	1089.94	853.16	602.46	827.26
宝龙商业（09909）	--	--	--	--	176.38
兴业物联（09916）	--	--	--	--	1.85
烨星集团（01941）	--	--	--	--	--
建业新生活（09983）	254.89	182.61	131.49	153.81	193.11
金融街物业（01502）	--	--	--	--	--
弘阳服务（01971）	19086.69	168.98	103.37	132.99	293.98
正荣服务（06958）	--	--	--	--	--
卓越商企服务（06989）	--	696.90	92.84	42.49	17.54
第一服务控股（02107）	577.18	975.75	1059.51	747.73	624.49
世茂服务（00873）	12.68	24.51	32.48	32.40	32.87
合景悠活（03913）	--	--	--	--	--
金科服务（09666）	213.90	210.73	153.80	138.74	141.89
融创服务（01516）	54.32	109.46	97.47	97.24	108.72
恒大物业（06666）	--	--	--	--	2951.28
佳源服务（01153）	619.80	1088.86	1242.72	1129.19	987.74
华润万象生活（01209）	32.81	36.61	58.78	57.44	51.67
远洋服务（06677）	11.73	14.31	11.75	5.63	3.67
建发物业（02156）	279.76	162.13	67.62	60.71	47.57

2-15　续表 1

单位：次

公司名称	2020 年	2021 年	2022 年	2023 年	2024 年
荣万家（02146）	57.50	47.39	30.38	27.57	7.83
宋都服务（09608）	735.99	755.42	652.78	628.45	670.61
新希望服务（03658）	1993.51	1937.39	2246.84	2251.05	2436.66
越秀服务（06626）	964.99	1302.24	493.79	285.51	353.08
中骏商管（00606）	--	--	--	--	--
朗诗绿色生活（01965）	244.07	359.40	607.16	734.48	783.05
领悦服务集团（02165）	--	210.18	281.91	340.49	234.11
德信服务集团（02215）	31.75	71.44	84.33	62.59	40.21
康桥悦生活（02205）	--	--	576.21	95.59	45.47
星盛商业（06668）	--	--	--	--	--
京城佳业（02210）	217.08	151.47	212.35	449.71	2548.04
力高健康生活（02370）	--	--	--	--	--
方圆生活服务（09978）	--	--	--	--	--
金茂服务（00816）	132.70	215.08	381.91	452.90	503.41
东原仁知服务（02352）	9.87	16.79	23.23	30.62	32.71
德商产投服务（02270）	--	--	19.63	13.67	16.25
万物云 (02602)	41.71	66.95	156.23	450.33	397.83
润华服务 (02455)	284.94	2925.86	4614.16	5405.90	6281.82
苏新服务 (02152)	1727.83	2136.67	2782.07	5049.18	7264.05
鲁商服务 (02376)	12.72	9.37	11.32	21.65	93.57
众安智慧生活（02271）	574.43	1218.41	2711.96	1585.80	619.21
港誉智慧城市服务（00265）	0.87	0.90	9.93	16.67	16.36
泓盈城市服务（02529）	--	181.00	144.63	135.99	130.54
经发物业（01354）	--	448.86	483.88	690.36	1381.72
南都物业（603506）	92.61	108.40	115.09	98.94	85.95
新大正（002968）	697.27	373.07	430.08	391.59	323.75
招商积余（001914）	4.62	6.16	8.99	12.12	12.97
特发服务（300917）	266.72	363.75	386.60	450.03	498.31
中天服务（002188）	5.38	280.59	828.38	275.68	208.52
珠江股份（600684）	0.10	0.10	0.14	0.23	21.80

数据来源：中指数据库监测。

2-16 上市物业服务企业 2020—2024 年净利润 / 营业总收入

单位：%

公司名称	2020 年	2021 年	2022 年	2023 年	2024 年
彩生活（01778）	15.06	0.60	3.68	2.16	1.85
中海物业（02669）	10.79	10.45	10.09	10.34	10.85
中奥到家（01538）	8.58	6.98	5.16	4.84	5.18
绿城服务（02869）	7.32	7.08	4.25	4.11	4.85
祈福生活服务（03686）	30.54	18.80	24.78	24.79	26.55
浦江中国（01417）	4.84	5.97	2.69	–8.76	–5.19
雅生活服务（03319）	19.67	18.21	12.58	4.52	–22.55
碧桂园服务（06098）	17.82	15.08	5.46	1.21	4.26
新城悦服务（01755）	17.02	12.82	9.15	9.35	––
佳兆业美好（02168）	13.26	2.55	5.97	–24.39	1.47
永升服务（01995）	14.17	14.72	9.17	8.10	8.64
星悦康旅（03662）	17.91	–10.14	10.00	9.55	6.36
滨江服务（03316）	22.89	23.18	21.10	17.90	15.40
和泓服务（06093）	14.40	14.14	9.93	8.67	6.35
鑫苑服务（01895）	20.12	16.07	–48.53	3.78	10.20
瑞森生活服务（01922）	7.27	7.01	6.57	6.26	––
保利物业（06049）	8.66	8.08	8.28	9.27	9.11
时代邻里（09928）	13.46	12.27	–7.65	–8.26	0.48
宝龙商业（09909）	15.99	17.77	17.17	17.11	8.57
兴业物联（09916）	20.41	19.36	14.70	11.19	12.55
烨星集团（01941）	7.91	9.27	–15.10	–4.03	–5.72
建业新生活（09983）	16.60	18.15	18.14	–20.32	8.07
金融街物业（01502）	10.23	11.42	9.78	9.48	7.55
弘阳服务（01971）	9.54	12.24	8.49	1.34	1.47
正荣服务（06958）	15.82	13.22	–24.39	–7.10	–21.13
卓越商企服务（06989）	14.09	15.79	12.09	8.23	7.91
第一服务控股（02107）	13.18	3.00	4.50	5.79	–0.47
世茂服务（00873）	14.38	14.58	–10.14	3.86	–2.82
合景悠活（03913）	21.33	20.99	1.48	1.62	–15.63
金科服务（09666）	18.84	18.04	–36.76	–19.71	–12.02
融创服务（01516）	13.53	17.19	–6.49	–5.61	–6.21
恒大物业（06666）	25.18	–2.94	12.50	12.48	8.09
佳源服务（01153）	11.36	12.69	–69.91	–8.91	1.55
华润万象生活（01209）	12.05	19.42	18.39	19.89	21.89
远洋服务（06677）	11.95	14.88	2.41	1.28	1.01
建发物业（02156）	10.38	10.33	10.96	15.31	9.96

2-16　续表 1

单位：%

公司名称	2020 年	2021 年	2022 年	2023 年	2024 年
荣万家（02146）	14.58	16.05	12.25	7.10	5.93
宋都服务（09608）	12.75	17.31	12.38	4.51	3.15
新希望服务（03658）	18.53	17.82	19.37	18.98	17.28
越秀服务（06626）	17.44	19.27	17.07	15.50	7.39
中骏商管（00606）	20.16	23.25	17.96	21.09	4.80
朗诗绿色生活（01965）	10.91	7.91	3.29	–14.52	–40.50
领悦服务集团（02165）	16.40	13.88	13.89	17.15	13.20
德信服务集团（02215）	15.28	12.63	13.05	6.54	4.04
康桥悦生活（02205）	15.94	11.30	8.28	5.63	7.16
星盛商业（06668）	28.81	32.14	25.79	25.49	23.02
京城佳业（02210）	6.30	6.87	7.35	6.32	4.27
力高健康生活（02370）	19.83	11.32	2.27	0.06	–4.79
方圆生活服务（09978）	4.21	5.12	6.18	–13.37	–21.49
金茂服务（00816）	8.16	11.81	14.01	12.68	12.95
东原仁知服务（02352）	11.02	10.93	7.01	1.48	–4.03
德商产投服务（02270）	33.20	12.93	12.52	11.77	8.36
万物云 (02602)	8.37	7.23	5.27	6.14	3.47
润华服务 (02455)	10.01	7.39	5.83	5.43	5.03
苏新服务 (02152)	10.98	12.21	12.55	11.03	7.15
鲁商服务 (02376)	11.26	13.21	12.46	6.48	7.41
众安智慧生活（02271）	20.34	14.09	15.88	14.06	9.06
港誉智慧城市服务（00265）	–21.57	–14.57	12.24	11.06	14.13
泓盈城市服务（02529）	12.44	9.46	10.14	10.77	10.46
经发物业（01354）	5.58	5.25	5.30	5.91	6.42
南都物业（603506）	10.28	10.64	8.39	10.59	1.85
新大正（002968）	10.01	7.97	7.15	5.40	3.76
招商积余（001914）	4.73	4.27	4.37	4.73	5.06
特发服务（300917）	9.77	6.93	6.06	5.30	4.65
中天服务（002188）	–863.35	54.12	19.55	5.89	1.89
珠江股份（600684）	–24.93	0.71	–55.88	–0.47	1.29

数据来源：中指数据库监测。

2-17 上市物业服务企业 2020—2024 年营业总成本 / 营业总收入

单位：%

公司名称	2020 年	2021 年	2022 年	2023 年	2024 年
彩生活（01778）	85.14	106.42	96.66	95.53	92.14
中海物业（02669）	87.46	87.51	88.26	87.50	87.07
中奥到家（01538）	90.16	91.80	93.71	94.44	94.70
绿城服务（02869）	93.16	92.80	95.69	93.87	93.08
祈福生活服务（03686）	72.18	71.05	73.23	68.30	70.46
浦江中国（01417）	96.39	95.85	98.77	109.04	106.06
雅生活服务（03319）	76.80	79.12	84.19	91.84	93.24
碧桂园服务（06098）	80.09	82.57	87.00	89.91	92.24
新城悦服务（01755）	79.58	80.44	87.99	90.03	--
佳兆业美好（02168）	81.30	87.40	93.81	119.73	90.51
永升服务（01995）	80.40	83.58	90.92	90.31	89.16
星悦康旅（03662）	78.66	102.17	89.17	91.10	90.79
滨江服务（03316）	74.58	72.79	74.79	79.53	80.59
和泓服务（06093）	84.15	83.74	90.03	92.01	92.91
鑫苑服务（01895）	71.37	78.32	98.45	88.18	96.11
瑞森生活服务（01922）	90.73	90.41	91.07	89.81	--
保利物业（06049）	91.51	91.12	90.44	88.80	88.72
时代邻里（09928）	83.26	85.22	106.91	96.17	100.51
宝龙商业（09909）	80.82	79.28	79.82	79.16	82.41
兴业物联（09916）	75.94	80.05	80.67	85.37	81.53
烨星集团（01941）	89.12	87.92	117.85	104.82	107.40
建业新生活（09983）	80.46	78.00	78.27	124.35	85.35
金融街物业（01502）	83.91	86.72	88.56	89.19	91.70
弘阳服务（01971）	88.16	84.41	89.77	97.17	97.14
正荣服务（06958）	78.93	80.95	122.87	100.15	115.45
卓越商企服务（06989）	83.48	79.62	83.14	90.03	91.32
第一服务控股（02107）	87.20	98.47	97.09	94.43	102.42
世茂服务（00873）	82.56	85.59	107.36	95.30	94.83
合景悠活（03913）	71.49	73.33	95.30	90.95	118.96
金科服务（09666）	79.93	78.37	135.90	123.58	111.98
融创服务（01516）	84.26	81.47	111.12	98.53	107.08
恒大物业（06666）	67.87	79.94	83.67	82.22	88.58
佳源服务（01153）	84.22	84.61	100.21	92.17	92.46
华润万象生活（01209）	85.88	79.78	80.87	77.53	75.67
远洋服务（06677）	85.26	83.31	83.93	90.52	90.92
建发物业（02156）	92.51	88.93	89.55	82.18	90.09

2–17　续表 1

单位：%

公司名称	2020 年	2021 年	2022 年	2023 年	2024 年
荣万家（02146）	81.67	79.28	84.27	91.40	92.50
宋都服务（09608）	85.00	77.00	88.38	96.85	96.56
新希望服务（03658）	85.80	78.23	77.41	78.85	79.39
越秀服务（06626）	79.98	73.42	81.26	82.22	90.61
中骏商管（00606）	72.15	69.02	80.15	83.36	95.84
朗诗绿色生活（01965）	91.51	89.76	91.54	99.35	106.09
领悦服务集团（02165）	81.23	84.58	85.13	79.09	81.24
德信服务集团（02215）	82.01	84.17	88.68	94.79	93.40
康桥悦生活（02205）	81.11	85.77	84.39	84.21	83.65
星盛商业（06668）	59.53	59.54	67.24	68.42	75.23
京城佳业（02210）	93.77	92.93	92.64	93.80	95.14
力高健康生活（02370）	75.00	84.02	97.15	99.81	97.06
方圆生活服务（09978）	89.35	95.56	96.08	117.53	123.73
金茂服务（00816）	96.35	86.26	82.54	84.51	85.57
东原仁知服务（02352）	88.86	88.49	94.43	99.38	100.21
德商产投服务（02270）	65.13	86.06	92.81	95.53	93.18
万物云 (02602)	90.73	92.11	95.15	94.09	95.72
润华服务 (02455)	90.76	92.72	94.29	94.30	95.09
苏新服务 (02152)	93.09	84.74	85.79	91.86	91.90
鲁商服务 (02376)	87.15	84.66	85.88	92.92	92.77
众安智慧生活（02271）	74.75	81.28	79.06	81.29	85.59
港誉智慧城市服务（00265）	129.79	119.07	86.42	90.71	86.51
泓盈城市服务（02529）	85.91	88.80	88.16	86.75	85.41
经发物业（01354）	96.79	94.29	93.60	93.00	93.04
南都物业（603506）	89.12	89.17	91.70	94.44	95.28
新大正（002968）	89.98	91.44	92.48	94.83	96.30
招商积余（001914）	94.16	94.70	94.81	94.82	93.72
特发服务（300917）	88.37	92.21	93.91	94.26	94.50
中天服务（002188）	290.55	86.14	84.75	85.71	90.49
珠江股份（600684）	125.21	96.71	152.78	99.34	96.86

数据来源：中指数据库监测。

2–18 2024年香港上市物业服务企业营业收入

单位：亿元人民币

公司名称	2024年中	2024年末
彩生活（01778）	9.74	19.51
中海物业（02669）	68.38	140.24
中奥到家（01538）	8.89	17.79
绿城服务（02869）	90.68	178.93
祈福生活服务（03686）	1.82	3.67
浦江中国（01417）	4.55	9.67
雅生活服务（03319）	70.23	138.67
碧桂园服务（06098）	210.46	439.93
新城悦服务（01755）	27.70	--
佳兆业美好（02168）	8.98	17.35
永升服务（01995）	33.71	68.41
奥园健康（03662）	7.00	13.55
滨江服务（03316）	16.50	35.95
和泓服务（06093）	6.72	13.65
鑫苑服务（01895）	4.05	8.69
银城生活服务（01922）	--	--
保利物业（06049）	78.71	163.42
时代邻里（09928）	11.51	23.89
宝龙商业（09909）	13.33	26.17
兴业物联（09916）	1.67	3.59
烨星集团（01941）	1.87	3.77
建业新生活（09983）	14.83	29.52
金融街物业（01502）	8.14	17.52
弘阳服务（01971）	4.65	10.27
正荣服务（06958）	5.48	11.14
卓越商企服务（06989）	20.82	42.32
第一服务控股（02107）	6.59	13.27
世茂服务（00873）	40.32	78.96
合景悠活（03913）	19.23	35.73
金科服务（09666）	24.10	45.85
融创服务（01516）	34.84	69.70
恒大物业（06666）	62.20	127.57
佳源服务（01153）	4.34	8.59
华润万象生活（01209）	79.57	170.43
远洋服务（06677）	14.36	28.40
建发物业（02156）	16.02	32.93
荣万家（02146）	9.95	19.57

2-18　续表 1　　　　单位：亿元人民币

公司名称	2024 年中	2024 年末
宋都服务（09608）	1.18	2.48
新希望服务（03658）	7.09	14.81
越秀服务（06626）	19.60	38.68
中骏商管（00606）	6.23	12.13
朗诗绿色生活（01965）	3.92	7.89
领悦服务集团（02165）	3.13	6.53
德信服务集团（02215）	4.73	9.33
康桥悦生活（02205）	4.87	9.61
星盛商业（06668）	3.14	6.45
京城佳业（02210）	8.90	19.84
力高健康生活（02370）	2.12	4.20
方圆生活服务（09978）	1.86	3.69
金茂服务（00816）	14.91	29.66
东原仁知服务（02352）	7.70	15.30
德商产投服务（02270）	2.03	4.54
万物云 (02602)	175.60	362.24
润华服务 (02455)	4.07	9.04
苏新服务 (02152)	4.48	9.25
鲁商服务 (02376)	3.09	6.09
众安智慧生活（02271）	1.82	4.12
港誉智慧城市服务（00265）	1.53	3.20
泓盈城市服务（02529）	3.12	6.84
经发物业（01354）	4.63	9.52
奥克斯国际（02080）	1.83	3.30

数据来源：中指数据库监测。

2-19　2024 年沪深上市物业服务企业营业收入

单位：亿元人民币

企业名称	2024 第一季度	2024 第二季度	2024 第三季度	2024 第四季度
南都物业（603506）	4.42	8.89	13.38	18.05
新大正（002968）	8.67	17.25	25.77	33.87
招商积余（001914）	37.25	78.39	121.60	171.72
特发服务（300917）	6.37	13.45	20.83	28.64
中天服务（002188）	0.86	1.72	2.64	3.63
珠江股份（600684）	3.22	6.63	11.31	15.58

数据来源：中指数据库监测。

2-20 2024年香港上市物业服务企业毛利润

单位：亿元人民币

公司名称	2024年中	2024年末
彩生活（01778）	2.20	4.10
中海物业（02669）	11.48	23.26
中奥到家（01538）	1.88	3.67
绿城服务（02869）	17.44	30.11
祈福生活服务（03686）	0.85	1.69
浦江中国（01417）	0.55	1.15
雅生活服务（03319）	11.93	20.84
碧桂园服务（06098）	44.53	84.01
新城悦服务（01755）	7.53	--
佳兆业美好（02168）	2.55	4.44
永升服务（01995）	7.17	13.49
奥园健康（03662）	2.19	3.85
滨江服务（03316）	4.22	8.35
和泓服务（06093）	1.88	3.50
鑫苑服务（01895）	1.32	2.45
银城生活服务（01922）	--	--
保利物业（06049）	16.10	29.84
时代邻里（09928）	2.51	4.88
宝龙商业（09909）	4.49	8.34
兴业物联（09916）	0.50	1.07
烨星集团（01941）	0.41	0.81
建业新生活（09983）	3.38	6.41
金融街物业（01502）	1.28	2.53
弘阳服务（01971）	1.28	2.00
正荣服务（06958）	1.11	2.33
卓越商企服务（06989）	4.22	7.93
第一服务控股（02107）	1.81	3.10
世茂服务（00873）	8.12	15.64
合景悠活（03913）	5.64	8.83
金科服务（09666）	4.64	6.60
融创服务（01516）	8.88	15.27
恒大物业（06666）	12.56	24.43
佳源服务（01153）	1.46	2.41
华润万象生活（01209）	27.03	56.09
远洋服务（06677）	3.27	5.17
建发物业（02156）	4.03	7.07
荣万家（02146）	2.40	4.16

2-20　续表 1

单位：亿元人民币

公司名称	2024 年中	2024 年末
宋都服务（09608）	0.22	0.57
新希望服务（03658）	2.32	4.50
越秀服务（06626）	5.07	9.02
中骏商管（00606）	2.09	3.55
朗诗绿色生活（01965）	0.68	0.68
领悦服务集团（02165）	1.00	1.84
德信服务集团（02215）	1.02	1.88
康桥悦生活（02205）	1.06	2.16
星盛商业（06668）	1.62	2.98
京城佳业（02210）	1.82	3.54
力高健康生活（02370）	0.57	1.13
方圆生活服务（09978）	0.38	0.59
金茂服务（00816）	3.66	7.06
东原仁知服务（02352）	1.26	2.08
德商产投服务（02270）	0.62	1.00
万物云 (02602)	23.97	46.97
润华服务 (02455)	0.61	1.28
苏新服务 (02152)	0.88	1.62
鲁商服务 (02376)	0.60	1.16
众安智慧生活（02271）	0.58	1.20
港誉智慧城市服务（00265）	0.43	0.90
泓盈城市服务（02529）	0.87	1.72
经发物业（01354）	0.70	1.43
奥克斯国际（02080）	--	--

数据来源：中指数据库监测。

2-21　2024 年沪深上市物业服务企业毛利润

单位：亿元人民币

企业名称	2024 第一季度	2024 第二季度	2024 第三季度	2024 第四季度
南都物业（603506）	0.86	1.57	2.15	2.71
新大正（002968）	1.06	2.20	3.17	3.96
招商积余（001914）	4.35	9.86	13.75	20.53
特发服务（300917）	0.84	1.54	2.31	3.37
中天服务（002188）	0.21	0.40	0.60	0.82
珠江股份（600684）	0.64	1.36	2.21	3.14

数据来源：中指数据库监测。

2–22 2024年香港上市物业服务企业营业利润

单位：亿元人民币

公司名称	2024年中	2024年末
彩生活（01778）	0.99	1.56
中海物业（02669）	9.81	18.22
中奥到家（01538）	0.78	0.97
绿城服务（02869）	7.07	12.76
祈福生活服务（03686）	0.56	1.11
浦江中国（01417）	0.07	–0.43
雅生活服务（03319）	8.35	9.67
碧桂园服务（06098）	23.79	35.85
新城悦服务（01755）	4.83	--
佳兆业美好（02168）	1.07	1.65
永升服务（01995）	4.03	7.45
奥园健康（03662）	1.75	1.30
滨江服务（03316）	3.49	6.98
和泓服务（06093）	0.67	1.00
鑫苑服务（01895）	0.35	0.35
银城生活服务（01922）	--	--
保利物业（06049）	10.72	18.48
时代邻里（09928）	0.57	–0.12
宝龙商业（09909）	3.03	5.31
兴业物联（09916）	0.34	0.66
烨星集团（01941）	0.10	–0.28
建业新生活（09983）	2.28	4.37
金融街物业（01502）	0.86	1.49
弘阳服务（01971）	0.56	0.31
正荣服务（06958）	0.57	–1.59
卓越商企服务（06989）	2.10	3.70
第一服务控股（02107）	0.50	–0.32
世茂服务（00873）	2.28	4.39
合景悠活（03913）	1.03	–6.44
金科服务（09666）	1.20	–5.40
融创服务（01516）	5.62	–4.87
恒大物业（06666）	7.13	14.68
佳源服务（01153）	1.12	0.66
华润万象生活（01209）	21.52	42.63
远洋服务（06677）	2.06	2.58
建发物业（02156）	2.22	3.28
荣万家（02146）	1.16	1.48

2-22　续表 1

单位：亿元人民币

公司名称	2024 年中	2024 年末
宋都服务（09608）	0.02	0.09
新希望服务（03658）	1.63	3.09
越秀服务（06626）	4.04	3.68
中骏商管（00606）	0.86	0.51
朗诗绿色生活（01965）	0.11	–0.48
领悦服务集团（02165）	0.71	1.22
德信服务集团（02215）	0.46	0.63
康桥悦生活（02205）	0.77	1.57
星盛商业（06668）	1.13	1.96
京城佳业（02210）	0.58	1.02
力高健康生活（02370）	0.24	0.13
方圆生活服务（09978）	0.20	–0.86
金茂服务（00816）	2.31	4.39
东原仁知服务（02352）	0.31	0.04
德商产投服务（02270）	0.33	0.46
万物云 (02602)	10.22	15.63
润华服务 (02455)	0.26	0.53
苏新服务 (02152)	0.45	0.89
鲁商服务 (02376)	0.25	0.44
众安智慧生活（02271）	0.19	0.59
港誉智慧城市服务（00265）	0.25	0.45
泓盈城市服务（02529）	0.53	1.00
经发物业（01354）	0.39	0.66
奥克斯国际（02080）	0.41	0.94

数据来源：中指数据库监测。

2–23　2024 年沪深上市物业服务企业营业利润

单位：亿元人民币

企业名称	2024 第一季度	2024 第二季度	2024 第三季度	2024 第四季度
南都物业（603506）	0.34	0.37	0.81	0.51
新大正（002968）	0.49	1.04	1.37	1.50
招商积余（001914）	2.56	6.12	8.29	11.36
特发服务（300917）	0.48	0.87	1.22	1.84
中天服务（002188）	0.11	0.18	0.27	0.36
珠江股份（600684）	0.01	0.03	0.32	0.41

数据来源：中指数据库监测。

2-24　2024年香港上市物业服务企业净利润

单位：亿元人民币

公司名称	2024年中	2024年末
彩生活（01778）	0.24	0.19
中海物业（02669）	7.38	15.11
中奥到家（01538）	0.51	0.89
绿城服务（02869）	5.05	7.85
祈福生活服务（03686）	0.53	0.98
浦江中国（01417）	0.02	–0.50
雅生活服务（03319）	–16.34	–32.71
碧桂园服务（06098）	14.40	18.08
新城悦服务（01755）	3.02	--
佳兆业美好（02168）	0.44	0.15
永升服务（01995）	2.65	4.78
奥园健康（03662）	0.82	0.96
滨江服务（03316）	2.65	5.47
和泓服务（06093）	0.40	0.54
鑫苑服务（01895）	0.51	0.87
银城生活服务（01922）	--	--
保利物业（06049）	8.46	14.74
时代邻里（09928）	0.41	0.05
宝龙商业（09909）	1.95	2.16
兴业物联（09916）	0.24	0.45
烨星集团（01941）	0.07	–0.22
建业新生活（09983）	1.03	2.15
金融街物业（01502）	0.63	1.16
弘阳服务（01971）	0.37	0.14
正荣服务（06958）	–0.15	–2.36
卓越商企服务（06989）	1.70	3.12
第一服务控股（02107）	0.37	–0.12
世茂服务（00873）	1.84	–2.72
合景悠活（03913）	0.58	–5.72
金科服务（09666）	–1.94	–5.87
融创服务（01516）	–4.72	–4.51
恒大物业（06666）	5.01	10.21
佳源服务（01153）	0.63	0.08
华润万象生活（01209）	19.08	36.29
远洋服务（06677）	0.59	0.29
建发物业（02156）	1.91	3.23
荣万家（02146）	0.91	1.14

2-24　续表 1

单位：亿元人民币

公司名称	2024 年中	2024 年末
宋都服务（09608）	0.05	0.03
新希望服务（03658）	1.18	2.27
越秀服务（06626）	2.78	3.53
中骏商管（00606）	0.80	0.57
朗诗绿色生活（01965）	0.11	-3.18
领悦服务集团（02165）	0.58	0.82
德信服务集团（02215）	0.42	0.38
康桥悦生活（02205）	0.43	0.48
星盛商业（06668）	0.89	1.54
京城佳业（02210）	0.45	0.80
力高健康生活（02370）	0.01	-0.28
方圆生活服务（09978）	-0.15	-0.77
金茂服务（00816）	1.73	3.72
东原仁知服务（02352）	0.24	-0.67
德商产投服务（02270）	0.21	0.37
万物云 (02602)	7.72	11.50
润华服务 (02455)	0.18	0.46
苏新服务 (02152)	0.31	0.65
鲁商服务 (02376)	0.22	0.45
众安智慧生活（02271）	0.14	0.38
港誉智慧城市服务（00265）	0.22	0.45
泓盈城市服务（02529）	0.38	0.72
经发物业（01354）	0.30	0.59
奥克斯国际（02080）	0.08	0.15

数据来源：中指数据库监测。

2-25　2024 年沪深上市物业服务企业净利润

单位：亿元人民币

企业名称	2024 第一季度	2024 第二季度	2024 第三季度	2024 第四季度
南都物业（603506）	0.24	0.27	0.68	0.33
新大正（002968）	0.44	0.89	1.18	1.27
招商积余（001914）	2.00	4.53	6.41	8.69
特发服务（300917）	0.37	0.65	0.94	1.33
中天服务（002188）	0.07	0.15	0.03	0.07
珠江股份（600684）	-0.02	-0.05	0.19	0.20

数据来源：中指数据库监测。

2-26 2024年香港上市物业服务企业经营活动产生的现金流量净额

单位：亿元人民币

公司名称	2024年中	2024年末
彩生活（01778）	-1.72	0.91
中海物业（02669）	-0.80	13.13
中奥到家（01538）	-0.36	0.59
绿城服务（02869）	-3.60	14.75
祈福生活服务（03686）	0.40	0.80
浦江中国（01417）	-0.22	0.25
雅生活服务（03319）	-3.77	4.29
碧桂园服务（06098）	2.70	38.73
新城悦服务（01755）	0.21	--
佳兆业美好（02168）	-0.35	-0.16
永升服务（01995）	1.02	6.85
奥园健康（03662）	0.33	1.40
滨江服务（03316）	1.71	5.61
和泓服务（06093）	-1.75	-0.11
鑫苑服务（01895）	-0.15	0.36
银城生活服务（01922）	--	--
保利物业（06049）	4.27	23.03
时代邻里（09928）	0.53	1.93
宝龙商业（09909）	1.45	3.67
兴业物联（09916）	0.07	0.32
烨星集团（01941）	-0.04	-0.22
建业新生活（09983）	4.29	0.04
金融街物业（01502）	0.36	1.65
弘阳服务（01971）	-1.43	-0.42
正荣服务（06958）	0.01	0.45
卓越商企服务（06989）	-5.94	-5.55
第一服务控股（02107）	-0.26	0.26
世茂服务（00873）	-0.46	2.01
合景悠活（03913）	-1.01	-0.31
金科服务（09666）	-3.23	2.45
融创服务（01516）	-4.92	1.86
恒大物业（06666）	0.96	11.25
佳源服务（01153）	0.26	0.37
华润万象生活（01209）	15.82	42.59
远洋服务（06677）	0.41	1.16
建发物业（02156）	-1.68	2.65
荣万家（02146）	-0.76	-0.45

2-26　续表 1

单位：亿元人民币

公司名称	2024 年中	2024 年末
宋都服务（09608）	−0.25	−0.69
新希望服务（03658）	−0.26	1.62
越秀服务（06626）	2.09	3.90
中骏商管（00606）	0.75	2.77
朗诗绿色生活（01965）	−1.45	−0.28
领悦服务集团（02165）	0.39	1.17
德信服务集团（02215）	−0.13	0.13
康桥悦生活（02205）	0.06	−1.89
星盛商业（06668）	0.72	1.68
京城佳业（02210）	−0.82	2.30
力高健康生活（02370）	−0.39	−0.20
方圆生活服务（09978）	−0.23	0.12
金茂服务（00816）	1.53	5.33
东原仁知服务（02352）	−0.91	0.84
德商产投服务（02270）	−0.10	0.72
万物云 (02602)	−19.58	19.19
润华服务 (02455)	−0.47	0.36
苏新服务 (02152)	−0.94	0.42
鲁商服务 (02376)	−0.53	−0.05
众安智慧生活（02271）	−0.29	−0.26
港誉智慧城市服务（00265）	0.56	1.11
泓盈城市服务（02529）	0.29	0.76
经发物业（01354）	−0.28	1.32
奥克斯国际（02080）	−0.04	0.03

数据来源：中指数据库监测。

2-27　2024 年沪深上市物业服务企业经营活动产生的现金流量净额

单位：亿元人民币

企业名称	2024 第一季度	2024 第二季度	2024 第三季度	2024 第四季度
南都物业（603506）	−1.35	−0.24	−0.93	1.79
新大正（002968）	−2.80	−1.61	−0.94	1.42
招商积余（001914）	−11.86	−14.41	−10.99	18.36
特发服务（300917）	−0.54	−0.03	0.51	1.22
中天服务（002188）	−0.40	−0.44	−0.67	−0.25
珠江股份（600684）	−0.91	−0.73	1.24	2.19

数据来源：中指数据库监测。

2-28　2024年香港上市物业服务企业投资活动产生的现金流量净额

单位：亿元人民币

公司名称	2024年中	2024年末
彩生活（01778）	−0.37	−0.16
中海物业（02669）	−0.47	−9.95
中奥到家（01538）	−0.06	−0.08
绿城服务（02869）	−9.70	−5.03
祈福生活服务（03686）	0.26	−0.29
浦江中国（01417）	−0.10	−0.19
雅生活服务（03319）	−2.80	−5.72
碧桂园服务（06098）	−3.96	16.87
新城悦服务（01755）	1.61	--
佳兆业美好（02168）	−0.09	−0.13
永升服务（01995）	0.22	0.39
奥园健康（03662）	0.12	−0.31
滨江服务（03316）	−4.03	−6.08
和泓服务（06093）	−0.00	−0.78
鑫苑服务（01895）	0.15	0.21
银城生活服务（01922）	--	--
保利物业（06049）	−8.03	−28.18
时代邻里（09928）	−2.56	−0.07
宝龙商业（09909）	−0.08	−0.09
兴业物联（09916）	−0.00	−0.19
烨星集团（01941）	−0.00	−0.02
建业新生活（09983）	−0.02	0.01
金融街物业（01502）	0.68	0.64
弘阳服务（01971）	−0.04	−0.18
正荣服务（06958）	−0.03	−0.08
卓越商企服务（06989）	−4.64	−4.82
第一服务控股（02107）	−1.54	−0.78
世茂服务（00873）	8.51	−13.35
合景悠活（03913）	−0.07	−0.17
金科服务（09666）	−7.20	−3.90
融创服务（01516）	−7.81	4.00
恒大物业（06666）	3.70	−2.01
佳源服务（01153）	−0.04	−0.06
华润万象生活（01209）	−39.05	−29.64
远洋服务（06677）	0.11	0.35
建发物业（02156）	−0.12	0.67
荣万家（02146）	−0.27	−0.32

2-28　续表 1

单位：亿元人民币

公司名称	2024 年中	2024 年末
宋都服务（09608）	0.11	0.99
新希望服务（03658）	−0.16	−0.43
越秀服务（06626）	−21.29	−27.07
中骏商管（00606）	3.84	5.20
朗诗绿色生活（01965）	−0.00	−0.25
领悦服务集团（02165）	−0.01	−0.03
德信服务集团（02215）	0.24	0.81
康桥悦生活（02205）	−0.13	−0.20
星盛商业（06668）	−2.72	1.90
京城佳业（02210）	−0.11	−4.18
力高健康生活（02370）	0.02	−0.04
方圆生活服务（09978）	−0.01	−0.09
金茂服务（00816）	−1.17	−1.64
东原仁知服务（02352）	−0.19	−0.42
德商产投服务（02270）	−0.06	−0.25
万物云 (02602)	0.77	−8.99
润华服务 (02455)	−0.05	−0.12
苏新服务 (02152)	0.32	−0.40
鲁商服务 (02376)	0.23	0.17
众安智慧生活（02271）	−0.01	−0.01
港誉智慧城市服务（00265）	−0.04	0.03
泓盈城市服务（02529）	−0.01	−0.02
经发物业（01354）	−0.05	−0.20
奥克斯国际（02080）	0.03	0.06

数据来源：中指数据库监测。

2-29　2024 年沪深上市物业服务企业投资活动产生的现金流量净额

单位：亿元人民币

企业名称	2024 第一季度	2024 第二季度	2024 第三季度	2024 第四季度
南都物业（603506）	0.41	1.92	2.35	2.15
新大正（002968）	−0.08	−0.44	−0.48	−0.60
招商积余（001914）	−0.06	−0.11	−0.17	−0.94
特发服务（300917）	−2.33	−1.30	−2.62	−2.25
中天服务（002188）	0.01	0.02	0.01	−0.03
珠江股份（600684）	−0.01	−0.03	−0.04	−0.01

数据来源：中指数据库监测。

2-30 2024年香港上市物业服务企业筹资活动产生的现金流量净额

单位：亿元人民币

公司名称	2024年中	2024年末
彩生活（01778）	-0.11	-0.29
中海物业（02669）	-0.32	-5.89
中奥到家（01538）	0.01	-0.37
绿城服务（02869）	-1.84	-6.51
祈福生活服务（03686）	-3.13	-3.60
浦江中国（01417）	-0.08	0.09
雅生活服务（03319）	-3.75	-6.15
碧桂园服务（06098）	-5.17	-28.22
新城悦服务（01755）	0.02	--
佳兆业美好（02168）	-0.05	-0.15
永升服务（01995）	-2.05	-4.44
奥园健康（03662）	-0.19	-0.51
滨江服务（03316）	-3.46	-5.03
和泓服务（06093）	-0.36	-0.16
鑫苑服务（01895）	-0.24	-0.50
银城生活服务（01922）	--	--
保利物业（06049）	-0.30	-6.05
时代邻里（09928）	-0.03	-0.33
宝龙商业（09909）	-0.52	-1.13
兴业物联（09916）	--	--
烨星集团（01941）	-0.00	0.01
建业新生活（09983）	-0.04	-4.29
金融街物业（01502）	-0.18	-0.88
弘阳服务（01971）	-0.08	-0.18
正荣服务（06958）	-0.28	-0.47
卓越商企服务（06989）	-0.19	-1.83
第一服务控股（02107）	-0.01	-0.22
世茂服务（00873）	-1.83	-4.79
合景悠活（03913）	-0.66	-2.50
金科服务（09666）	-0.78	-3.47
融创服务（01516）	-5.28	-5.41
恒大物业（06666）	-0.26	-1.09
佳源服务（01153）	-0.06	-0.18
华润万象生活（01209）	-1.11	-33.06
远洋服务（06677）	-0.23	-0.40
建发物业（02156）	-3.37	-3.90
荣万家（02146）	-0.31	-0.29

2-30　续表 1

单位：亿元人民币

公司名称	2024 年中	2024 年末
宋都服务（09608）	--	--
新希望服务（03658）	-0.98	-2.06
越秀服务（06626）	-0.42	-3.76
中骏商管（00606）	-0.03	-0.03
朗诗绿色生活（01965）	-0.01	0.14
领悦服务集团（02165）	-0.01	-0.03
德信服务集团（02215）	-0.39	-1.22
康桥悦生活（02205）	-0.12	-0.14
星盛商业（06668）	-0.14	-1.95
京城佳业（02210）	-0.32	-0.34
力高健康生活（02370）	-0.18	-0.18
方圆生活服务（09978）	-0.10	-0.27
金茂服务（00816）	-0.03	-2.21
东原仁知服务（02352）	-0.13	-0.38
德商产投服务（02270）	-0.62	-0.88
万物云 (02602)	-14.98	-31.59
润华服务 (02455)	-0.20	-0.53
苏新服务 (02152)	-0.23	-0.44
鲁商服务 (02376)	0.02	0.02
众安智慧生活（02271）	--	-0.13
港誉智慧城市服务（00265）	-0.28	-2.17
泓盈城市服务（02529）	1.08	0.70
经发物业（01354）	-0.29	0.55
奥克斯国际（02080）	-0.05	0.17

数据来源：中指数据库监测。

2-31　2024 年沪深上市物业服务企业筹资活动产生的现金流量净额

单位：亿元人民币

企业名称	2024 第一季度	2024 第二季度	2024 第三季度	2024 第四季度
南都物业（603506）	-0.13	-2.55	-2.67	-2.70
新大正（002968）	-0.14	-0.88	-0.89	-0.93
招商积余（001914）	-9.12	-6.42	-7.59	-14.95
特发服务（300917）	-0.02	-0.46	-0.47	-0.62
中天服务（002188）	-0.00	-0.01	-0.01	1.61
珠江股份（600684）	-4.04	-4.21	-6.26	-6.38

数据来源：中指数据库监测。

2-32 2024年香港上市物业服务企业流动资产合计

单位：亿元人民币

公司名称	2024年中	2024年末
彩生活（01778）	43.06	43.62
中海物业（02669）	107.23	112.17
中奥到家（01538）	14.14	13.09
绿城服务（02869）	123.69	126.49
祈福生活服务（03686）	4.93	3.33
浦江中国（01417）	5.37	5.51
雅生活服务（03319）	136.83	128.62
碧桂园服务（06098）	375.32	422.28
新城悦服务（01755）	58.97	--
佳兆业美好（02168）	9.53	9.89
永升服务（01995）	55.44	59.75
奥园健康（03662）	18.65	18.35
滨江服务（03316）	27.37	30.82
和泓服务（06093）	9.37	10.07
鑫苑服务（01895）	9.75	10.40
银城生活服务（01922）	--	--
保利物业（06049）	151.17	136.36
时代邻里（09928）	20.28	20.58
宝龙商业（09909）	48.38	47.79
兴业物联（09916）	4.82	5.07
烨星集团（01941）	3.35	2.80
建业新生活（09983）	47.35	40.20
金融街物业（01502）	19.68	20.62
弘阳服务（01971）	14.07	13.75
正荣服务（06958）	9.97	10.87
卓越商企服务（06989）	40.25	38.23
第一服务控股（02107）	13.91	13.10
世茂服务（00873）	107.38	96.49
合景悠活（03913）	48.93	46.87
金科服务（09666）	47.82	46.77
融创服务（01516）	71.11	75.85
恒大物业（06666）	60.25	65.55
佳源服务（01153）	4.54	4.79
华润万象生活（01209）	182.43	162.56
远洋服务（06677）	30.75	29.60
建发物业（02156）	35.15	36.86
荣万家（02146）	38.07	37.77

2-32　续表 1

单位：亿元人民币

公司名称	2024 年中	2024 年末
宋都服务（09608）	4.17	5.12
新希望服务（03658）	16.08	16.31
越秀服务（06626）	50.08	39.98
中骏商管（00606）	24.42	16.68
朗诗绿色生活（01965）	6.48	5.51
领悦服务集团（02165）	8.50	9.34
德信服务集团（02215）	14.81	13.01
康桥悦生活（02205）	11.55	13.00
星盛商业（06668）	15.12	14.17
京城佳业（02210）	18.26	20.89
力高健康生活（02370）	4.48	4.66
方圆生活服务（09978）	3.33	2.45
金茂服务（00816）	34.59	33.89
东原仁知服务（02352）	9.75	10.00
德商产投服务（02270）	4.12	4.40
万物云 (02602)	243.63	228.57
润华服务 (02455)	4.37	4.86
苏新服务 (02152)	8.82	9.48
鲁商服务 (02376)	8.01	8.25
众安智慧生活（02271）	4.06	4.60
港誉智慧城市服务（00265）	4.73	3.58
泓盈城市服务（02529）	7.52	8.37
经发物业（01354）	5.38	6.89
奥克斯国际（02080）	3.30	4.07

数据来源：中指数据库监测。

2-33　2024 年沪深上市物业服务企业流动资产合计

单位：亿元人民币

企业名称	2024 第一季度	2024 第二季度	2024 第三季度	2024 第四季度
南都物业（603506）	18.24	17.30	17.43	16.80
新大正（002968）	14.35	14.28	14.92	15.37
招商积余（001914）	81.77	87.26	91.76	92.10
特发服务（300917）	16.27	17.20	17.84	17.92
中天服务（002188）	2.72	2.95	2.96	4.58
珠江股份（600684）	18.90	19.25	13.70	13.88

数据来源：中指数据库监测。

2-34 2024年香港上市物业服务企业总资产

单位：亿元人民币

公司名称	2024年中	2024年末
彩生活（01778）	58.90	59.17
中海物业（02669）	114.70	120.05
中奥到家（01538）	20.69	19.40
绿城服务（02869）	185.48	176.94
祈福生活服务（03686）	6.04	6.06
浦江中国（01417）	9.53	9.37
雅生活服务（03319）	219.00	202.47
碧桂园服务（06098）	710.11	712.55
新城悦服务（01755）	69.70	--
佳兆业美好（02168）	18.49	18.32
永升服务（01995）	88.29	92.17
奥园健康（03662）	23.63	23.59
滨江服务（03316）	41.85	42.59
和泓服务（06093）	16.57	17.28
鑫苑服务（01895）	12.42	12.81
银城生活服务（01922）	--	--
保利物业（06049）	164.07	167.81
时代邻里（09928）	25.84	25.92
宝龙商业（09909）	61.03	60.41
兴业物联（09916）	6.73	7.16
烨星集团（01941）	4.68	4.22
建业新生活（09983）	54.37	47.27
金融街物业（01502）	22.20	23.30
弘阳服务（01971）	16.91	16.58
正荣服务（06958）	19.43	17.74
卓越商企服务（06989）	54.38	51.40
第一服务控股（02107）	17.17	16.84
世茂服务（00873）	145.35	129.87
合景悠活（03913）	70.37	61.85
金科服务（09666）	70.96	67.15
融创服务（01516）	102.63	105.90
恒大物业（06666）	82.38	87.10
佳源服务（01153）	6.48	6.85
华润万象生活（01209）	298.02	289.08
远洋服务（06677）	41.28	40.23
建发物业（02156）	37.11	38.75
荣万家（02146）	41.64	41.74

2-34　续表 1

单位：亿元人民币

公司名称	2024 年中	2024 年末
宋都服务（09608）	5.52	5.50
新希望服务（03658）	20.18	20.85
越秀服务（06626）	70.05	66.16
中骏商管（00606）	35.55	35.12
朗诗绿色生活（01965）	10.45	8.42
领悦服务集团（02165）	8.94	9.70
德信服务集团（02215）	15.12	13.41
康桥悦生活（02205）	13.61	15.16
星盛商业（06668）	23.53	22.78
京城佳业（02210）	22.69	25.41
力高健康生活（02370）	5.94	5.91
方圆生活服务（09978）	4.45	3.67
金茂服务（00816）	43.42	43.30
东原仁知服务（02352）	14.59	14.84
德商产投服务（02270）	8.06	8.35
万物云 (02602)	386.41	386.08
润华服务 (02455)	7.01	7.35
苏新服务 (02152)	16.60	17.19
鲁商服务 (02376)	9.02	9.29
众安智慧生活（02271）	4.15	4.70
港誉智慧城市服务（00265）	7.21	5.84
泓盈城市服务（02529）	8.06	8.97
经发物业（01354）	6.58	8.07
奥克斯国际（02080）	4.61	4.80

数据来源：中指数据库监测。

2-35　2024 年沪深上市物业服务企业总资产

单位：亿元人民币

企业名称	2024 第一季度	2024 第二季度	2024 第三季度	2024 第四季度
南都物业（603506）	25.97	24.54	24.74	24.49
新大正（002968）	20.15	20.04	20.65	20.96
招商积余（001914）	180.67	186.07	190.46	190.67
特发服务（300917）	18.05	18.96	19.61	19.60
中天服务（002188）	3.11	3.35	3.35	4.99
珠江股份（600684）	22.87	23.40	17.72	17.64

数据来源：中指数据库监测。

2-36 2024年香港上市物业服务企业流动负债合计

单位：亿元人民币

公司名称	2024年中	2024年末
彩生活（01778）	13.78	14.15
中海物业（02669）	67.16	67.41
中奥到家（01538）	9.62	8.03
绿城服务（02869）	90.74	85.28
祈福生活服务（03686）	1.58	1.16
浦江中国（01417）	5.03	5.32
雅生活服务（03319）	84.64	85.20
碧桂园服务（06098）	273.14	283.32
新城悦服务（01755）	34.20	--
佳兆业美好（02168）	8.44	8.62
永升服务（01995）	33.99	37.53
奥园健康（03662）	11.11	10.93
滨江服务（03316）	27.10	26.53
和泓服务（06093）	7.83	8.91
鑫苑服务（01895）	6.55	6.52
银城生活服务（01922）	--	--
保利物业（06049）	71.01	68.41
时代邻里（09928）	10.76	11.23
宝龙商业（09909）	16.22	16.27
兴业物联（09916）	1.88	2.13
烨星集团（01941）	2.23	2.06
建业新生活（09983）	29.91	25.58
金融街物业（01502）	8.49	8.92
弘阳服务（01971）	7.13	7.19
正荣服务（06958）	6.94	7.90
卓越商企服务（06989）	15.96	12.69
第一服务控股（02107）	9.83	10.04
世茂服务（00873）	54.14	47.68
合景悠活（03913）	26.96	25.49
金科服务（09666）	30.48	31.86
融创服务（01516）	48.16	51.31
恒大物业（06666）	75.02	75.23
佳源服务（01153）	6.81	7.84
华润万象生活（01209）	94.69	88.28
远洋服务（06677）	18.81	18.27
建发物业（02156）	19.39	20.20
荣万家（02146）	19.62	19.42

2-36　续表 1

单位：亿元人民币

公司名称	2024 年中	2024 年末
宋都服务（09608）	1.56	1.56
新希望服务（03658）	6.75	7.11
越秀服务（06626）	30.34	28.82
中骏商管（00606）	7.91	7.75
朗诗绿色生活（01965）	7.50	8.80
领悦服务集团（02165）	2.83	3.38
德信服务集团（02215）	7.37	6.41
康桥悦生活（02205）	5.74	7.22
星盛商业（06668）	4.52	3.60
京城佳业（02210）	12.85	15.17
力高健康生活（02370）	2.50	2.77
方圆生活服务（09978）	2.80	2.73
金茂服务（00816）	25.53	23.71
东原仁知服务（02352）	8.64	9.76
德商产投服务（02270）	2.51	2.96
万物云 (02602)	181.03	190.93
润华服务 (02455)	2.44	2.92
苏新服务 (02152)	5.62	5.96
鲁商服务 (02376)	3.54	3.60
众安智慧生活（02271）	1.39	1.67
港誉智慧城市服务（00265）	1.25	1.38
泓盈城市服务（02529）	4.28	5.18
经发物业（01354）	4.87	5.40
奥克斯国际（02080）	1.76	1.62

数据来源：中指数据库监测。

2-37　2024 年沪深上市物业服务企业流动负债合计

单位：亿元人民币

企业名称	2024 第一季度	2024 第二季度	2024 第三季度	2024 第四季度
南都物业（603506）	13.20	12.70	12.50	12.87
新大正（002968）	7.01	6.99	7.26	7.79
招商积余（001914）	60.84	63.23	64.48	69.47
特发服务（300917）	6.14	7.18	7.50	7.20
中天服务（002188）	1.62	1.80	1.76	1.88
珠江股份（600684）	17.33	17.70	11.85	11.98

数据来源：中指数据库监测。

2-38 2024年香港上市物业服务企业总负债

单位：亿元人民币

公司名称	2024年中	2024年末
彩生活（01778）	14.01	14.35
中海物业（02669）	68.13	68.31
中奥到家（01538）	9.98	8.42
绿城服务（02869）	103.19	91.51
祈福生活服务（03686）	1.95	1.52
浦江中国（01417）	6.69	7.16
雅生活服务（03319）	90.23	90.97
碧桂园服务（06098）	317.06	321.76
新城悦服务（01755）	35.72	--
佳兆业美好（02168）	8.60	8.77
永升服务（01995）	34.83	38.31
奥园健康（03662）	11.34	11.14
滨江服务（03316）	27.25	26.67
和泓服务（06093）	8.51	9.58
鑫苑服务（01895）	6.68	6.92
银城生活服务（01922）	--	--
保利物业（06049）	71.79	69.10
时代邻里（09928）	11.01	11.48
宝龙商业（09909）	28.34	28.16
兴业物联（09916）	1.93	2.16
烨星集团（01941）	2.26	2.08
建业新生活（09983）	34.44	27.38
金融街物业（01502）	9.21	9.60
弘阳服务（01971）	7.32	7.49
正荣服务（06958）	8.71	9.30
卓越商企服务（06989）	16.87	13.43
第一服务控股（02107）	9.93	10.13
世茂服务（00873）	57.02	49.48
合景悠活（03913）	32.74	30.42
金科服务（09666）	32.28	33.33
融创服务（01516）	49.68	52.71
恒大物业（06666）	77.81	77.33
佳源服务（01153）	6.95	7.93
华润万象生活（01209）	129.32	121.87
远洋服务（06677）	19.44	18.86
建发物业（02156）	20.02	20.64
荣万家（02146）	19.79	19.66

2-38　续表 1　　　　单位：亿元人民币

公司名称	2024 年中	2024 年末
宋都服务（09608）	1.56	1.56
新希望服务（03658）	7.07	7.56
越秀服务（06626）	32.16	30.29
中骏商管（00606）	7.95	7.79
朗诗绿色生活（01965）	7.69	8.97
领悦服务集团（02165）	2.84	3.39
德信服务集团（02215）	7.47	6.51
康桥悦生活（02205）	5.94	7.38
星盛商业（06668）	11.16	10.23
京城佳业（02210）	14.04	16.42
力高健康生活（02370）	2.62	2.87
方圆生活服务（09978）	2.89	2.81
金茂服务（00816）	27.06	25.69
东原仁知服务（02352）	9.59	10.75
德商产投服务（02270）	5.34	5.61
万物云 (02602)	205.48	214.48
润华服务 (02455)	3.38	3.82
苏新服务 (02152)	8.51	8.80
鲁商服务 (02376)	3.56	3.60
众安智慧生活（02271）	1.39	1.71
港誉智慧城市服务（00265）	1.66	1.83
泓盈城市服务（02529）	4.30	5.22
经发物业（01354）	5.05	5.44
奥克斯国际（02080）	2.59	2.71

数据来源：中指数据库监测。

2-39　2024 年沪深上市物业服务企业总负债

单位：亿元人民币

企业名称	2024 第一季度	2024 第二季度	2024 第三季度	2024 第四季度
南都物业（603506）	13.95	13.29	13.15	13.24
新大正（002968）	7.62	7.58	7.88	8.38
招商积余（001914）	79.55	84.22	86.84	84.96
特发服务（300917）	6.39	7.40	7.75	7.40
中天服务（002188）	1.72	1.88	2.00	1.97
珠江股份（600684）	18.13	18.66	12.73	12.64

数据来源：中指数据库监测。

2-40 2024年中国物业服务企业新增合约面积TOP50排行榜

排名	企业名称	新增合约面积（万平方米）
1	中海物业管理有限公司	9085.40
2	碧桂园生活服务集团股份有限公司	6403.04
3	龙湖智创生活	6320.50
4	华润万象生活有限公司	5783.91
5	长城物业集团股份有限公司	5621.88
6	招商局积余产业运营服务股份有限公司	5332.41
7	绿城物业服务集团有限公司	5273.62
8	保利物业服务股份有限公司	5090.58
9	雅生活智慧城市服务股份有限公司	4812.91
10	万物云空间科技服务股份有限公司	4448.04
11	金科智慧服务集团股份有限公司	4166.00
12	上海永升物业管理有限公司	3724.11
13	深圳市金地物业管理有限公司	2988.56
14	山东明德物业管理集团有限公司	2724.87
15	新大正物业集团股份有限公司	2552.09
16	世茂服务控股有限公司	2501.50
17	广东宏德科技物业有限公司	2465.36
18	深业物业运营集团股份有限公司	1949.60
19	金茂物业服务发展股份有限公司	1926.60
20	卓越商企服务集团有限公司	1895.10
21	河南建业新生活服务有限公司	1737.00
22	新城悦服务集团有限公司	1714.76
23	华发物业服务有限公司	1595.73
24	中土物业管理集团有限公司	1554.82
25	越秀服务集团有限公司	1526.33
26	深圳市莲花物业管理有限公司	1380.00
27	杭州滨江物业管理有限公司	1231.32
28	南都物业服务集团股份有限公司	1189.92
29	东原仁知城市运营服务集团股份有限公司	1189.34
30	荣万家生活服务股份有限公司	1172.02
31	金融街物业股份有限公司	1105.89
32	华保盛服务管理集团有限公司	1060.45
33	中铁建物业管理有限公司	1021.59
34	新日月生活服务集团股份有限公司	1000.00
35	宝石花物业管理有限公司	964.79
36	彩生活服务集团有限公司	940.00
37	江西燕兴物业管理有限公司	921.41

2-40　续表 1

排名	企业名称	新增合约面积（万平方米）
38	恒大物业集团有限公司	786.35
39	南京银城物业服务有限公司	732.38
40	弘阳服务集团	703.00
41	武汉城市服务集团	664.00
42	江苏银河物业管理有限公司	621.32
43	佳兆业美好集团有限公司	614.54
44	力高健康生活有限公司	609.00
45	远洋服务控股有限公司	608.38
46	深圳市特发服务股份有限公司	593.13
47	山东省诚信行物业管理有限公司	591.98
48	东吴服务产业集团（江苏）有限公司	577.00
49	北京网信物业管理有限公司	499.42
50	明喆集团有限公司	482.78

数据来源：中指数据库监测。

2-41 2024年中国物业服务企业品牌传播TOP50排行榜

排名	企业名称	微信公众号名称	阅读量
1	中海物业管理有限公司	中海物业公众号矩阵	3677896
2	保利物业服务股份有限公司	保利物业公众号矩阵	3485661
3	长城物业集团股份有限公司	长城物业集团	2558320
4	万物云空间科技服务股份有限公司	万物有云 / 邻居	2540358
5	彩生活服务集团有限公司	彩生活公众号矩阵	2108058
6	宝石花物业管理有限公司	宝石花物业	1888026
7	融创物业服务集团有限公司	融创服务集团	1769417
8	金科智慧服务集团股份有限公司	金科大社区 / 金科服务	1032126
9	伟星物业	伟星物业公众号矩阵	1022439
10	河南建业新生活服务有限公司	建业物业 / 建业新生活	1017720
11	绿城物业服务集团有限公司	绿城服务集团	972605
12	华发物业服务有限公司	华发物业公众号矩阵	882147
13	招商局积余产业运营服务股份有限公司	招商积余 / 招商到家汇	878861
14	新城悦服务集团有限公司	新城悦服务	749436
15	深圳市金地物业管理有限公司	金地智慧服务公众号矩阵	731307
16	杭州滨江物业管理有限公司	滨江物业	601898
17	雅生活智慧城市服务股份有限公司	雅生活集团公众号矩阵	598621
18	金碧物业有限公司	金碧物业服务	584669
19	弘阳服务集团	弘阳服务公众号矩阵	508542
20	康桥悦生活服务集团有限公司	康桥悦生活 / 康桥悦生活服务	506220
21	云南俊发七彩服务有限公司	俊发七彩服务	474697
22	西安高科物业服务管理有限公司	高科物业	446310
23	时代邻里控股有限公司	时代邻里 / 时代物业	402869
24	第一服务控股有限公司	第一服务控股	393604
25	南都物业服务集团股份有限公司	南都物业服务集团	390445
26	绿都智慧生活服务有限公司	绿都人家公众号矩阵	381864
27	新大正物业集团股份有限公司	新大正	368292
28	融信服务集团股份有限公司	融信服务集团公众号矩阵	339694
29	正商服务	正商服务	328433
30	深圳星河智善生活股份有限公司	星河智善生活公众号矩阵	318825
31	大悦城控股集团物业服务有限公司	大悦服务美好生活公众号矩阵	316300
32	深业物业运营集团股份有限公司	深业运营公众号矩阵	305781
33	北京亦庄城市服务集团股份有限公司	亦庄城市服务集团公众号矩阵	297872
34	碧桂园生活服务集团股份有限公司	碧桂园服务	273994
35	大华集团上海物业管理有限公司	大华服务	270455
36	北京中铁慧生活科技服务有限公司	中铁慧	270295
37	佳兆业美好集团有限公司	佳兆业美好公众号矩阵	253315

2-41　续表 1

排名	企业名称	微信公众号名称	阅读量
38	德信盛全物业服务有限公司	德信盛全服务公众号矩阵	248071
39	中天城投集团物业管理有限公司	中天城投物业	245525
40	路劲物业服务集团有限公司	路劲会	205414
41	南京朗诗物业管理有限公司	朗诗绿色生活 / 诗友公社	203170
42	河南正弘物业管理有限公司	正弘物业	195765
43	越秀服务集团有限公司	越秀服务	194275
44	美置服务集团有限公司	美置服务 / 美的置业	160479
45	武汉城市服务集团有限公司	武汉城市服务集团有限公司	158552
46	中建壹品物业运营有限公司	中建壹品物业公司	155668
47	华侨城物业（集团）有限公司	华侨城服务	153400
48	卓越商企服务集团有限公司	卓越商企服务	144000
49	中电建物业管理有限公司	中电建物业	133584
50	广州敏捷新生活物业管理有限公司	敏捷物业	132045

数据来源：中指数据库监测。

第三章

2024年宏观数据

3–1 2024年国内生产总值及同比增幅数据

	2024年	单位
国内生产总值	1349084	亿元
国内生产总值同比增幅	5.0	%
第一产业增加值	91414	亿元
第一产业增加值同比增幅	3.5	%
第二产业增加值	492087	亿元
第二产业增加值同比增幅	5.3	%
第三产业增加值	765583	亿元
第三产业增加值同比增幅	5.0	%
全部工业增加值	405442	亿元
全部工业增加值同比增幅	5.7	%
规模以上工业增加值同比增幅	5.8	%
装备制造业同比增幅	7.7	%
高技术制造业同比增幅	8.9	%
采矿业同比增幅	3.1	%
制造业同比增幅	6.1	%
电力、热力、燃气及水生产和供应业同比增幅	5.3	%
农副食品加工业增加值同比增幅	2.2	%
纺织业同比增幅	5.1	%
化学原料和化学制品制造业同比增幅	8.9	%
非金属矿物制品业同比增幅	–1.4	%
黑色金属冶炼和压延加工业同比增幅	4.0	%
通用设备制造业同比增幅	3.6	%
专用设备制造业同比增幅	2.8	%
汽车制造业同比增幅	9.1	%
电气机械和器材制造业同比增幅	5.1	%
计算机、通信和其他电子设备制造业制造业同比增幅	11.8	%
电力、热力生产和供应业同比增幅	5.2	%
批发和零售业增加值	137981	亿元
批发和零售业同比增幅	5.5	%
交通运输、仓储和邮政业增加值	59232	亿元
交通运输、仓储和邮政业同比增幅	7.0	%
住宿和餐饮业增加值	24729	亿元
住宿和餐饮业同比增幅	6.4	%
金融业增加值	98544	亿元
金融业同比增幅	5.6	%
房地产业增加值	84565	亿元
房地产业同比增幅	–1.8	%
信息传输、软件和信息技术服务业增加值	63438	亿元
信息传输、软件和信息技术服务业同比增幅	10.9	%
租赁和商务服务业增加值	56576	亿元
租赁和商务服务业同比增幅	10.4	%

数据来源：国家统计局。

3-2　2020—2024 年各地区生产总值

单位：亿元

	2020 年	2021 年	2022 年	2023 年	2024 年
北京市	35943.3	41045.6	41540.9	43760.7	49843.1
天津市	14008.0	15685.1	16132.2	16737.3	18024.32
河北省	36013.8	40397.1	41988.0	43944.1	47526.9
山西省	17835.6	22870.4	25583.9	25698.2	25494.69
内蒙古自治区	17258.0	21166.0	23388.9	24627.0	26314.6
辽宁省	25011.4	27569.5	28826.1	30209.4	32612.7
吉林省	12256.0	13163.8	12818.1	13531.2	14361.22
黑龙江省	13633.4	14858.2	15831.5	15883.9	16476.9
上海市	38963.3	43653.2	44809.1	47218.7	53926.71
江苏省	102807.7	117392.4	122089.3	128222.2	137008.0
浙江省	64689.1	74040.8	78060.6	82553.2	90100
安徽省	38061.5	42565.2	44607.7	47050.6	50625
福建省	43608.6	49566.1	51765.1	54355.1	57761.02
江西省	25782.0	29827.8	31213.8	32200.1	34202.5
山东省	72798.2	82875.2	87576.9	92068.7	98565.8
河南省	54259.4	58071.4	58220.1	59132.4	63589.99
湖北省	43004.5	50091.2	52741.7	55803.6	60012.97
湖南省	41542.6	45713.5	47558.6	50012.9	53230.99
广东省	111151.6	124719.5	129513.6	135673.2	141633.81
广西壮族自治区	22120.9	25209.1	26186.1	27202.4	28649.40
海南省	5566.2	6504.1	6889.6	7551.2	7935.69
重庆市	25041.4	28077.3	28576.1	30145.8	32193.15
四川省	48501.6	54088.0	56610.2	60132.9	64697.0
贵州省	17860.4	19458.6	20010.4	20913.3	22667.12
云南省	24555.7	27161.6	28556.1	30021.1	31534.10
西藏自治区	1902.7	2080.2	2150.2	2392.7	2764.94
陕西省	26014.1	30121.7	32838.2	33786.1	35538.77
甘肃省	8979.7	10225.5	11121.4	11863.8	13002.9
青海省	3009.8	3385.1	3623.3	3799.1	3950.79
宁夏回族自治区	3956.3	4588.2	5104.6	5315.0	5502.76
新疆维吾尔自治区	13800.7	16311.6	18042.7	19125.9	20534.08

数据来源：国家统计局。

3-3 2020—2024年各地区城镇居民可支配收入

单位：元

	2020年	2021年	2022年	2023年	2024年
北京市	75602	81518	84023	88650	92464
天津市	47659	51486	53003	55355	57705
河北省	37286	39791	41278	43631	45610
山西省	34793	37433	39532	41327	43036
内蒙古自治区	41353	44377	46295	48676	50888
辽宁省	40376	43051	44003	45896	47982
吉林省	33396	35646	35471	37503	39157
黑龙江省	31115	33646	35042	36492	38212
上海市	76437	82429	84034	89477	93095
江苏省	53102	57743	60178	63211	66173
浙江省	62699	68487	71268	74997	78251
安徽省	39442	43009	45133	47446	49539
福建省	47160	51140	53817	56153	58763
江西省	38556	41684	43697	45554	47514
山东省	43726	47066	49050	51571	54062
河南省	34750	37095	38484	40234	42027
湖北省	36706	40278	42626	44990	46987
湖南省	41698	44866	47301	49243	51243
广东省	50257	54854	56905	59307	61629
广西壮族自治区	35859	38530	39703	41287	43044
海南省	37097	40213	40118	42661	44307
重庆市	40006	43502	45509	47435	49778
四川省	38253	41444	43233	45227	47336
贵州省	36096	39211	41086	42772	44558
云南省	37500	40905	42168	43563	45312
西藏自治区	41156	46503	48753	51900	55444
陕西省	37868	40713	42431	44713	46821
甘肃省	33822	36187	37572	39833	41842
青海省	35506	37745	38736	40408	42191
宁夏回族自治区	35720	38291	40194	42395	44449
新疆维吾尔自治区	34838	37642	38410	40578	42820
全国	43834	47412	49283	51821	54188

数据来源：国家统计局。

3-4　2024 年全国人口概况

	2024 年
年末总人口 (万人)	140828
男性人口 (万人)	71909
女性人口 (万人)	68919
城镇人口 (万人)	94350
乡村人口 (万人)	46478
人口出生率 (‰)	6.77
人口死亡率 (‰)	7.76
人口自然增长率 (‰)	–0.99
65 岁及以上人口 (万人)	22023

数据来源：国家统计局。

3-5 2020—2024 年各地区年末常住人口

单位：万人

	2020 年	2021 年	2022 年	2023 年	2024 年
北京市	2189	2189	2184	2186	2183
天津市	1387	1373	1363	1364	1364
河北省	7464	7448	7420	7393	7378
山西省	3490	3480	3481	3466	3446
内蒙古自治区	2403	2400	2401	2396	2388
辽宁省	4255	4229	4197	4182	4155
吉林省	2399	2375	2348	2339	2317.31
黑龙江省	3171	3125	3099	3062	3029
上海市	2488	2489	2475	2487	2480
江苏省	8477	8505	8515	8526	8526
浙江省	6468	6540	6577	6627	6670
安徽省	6105	6113	6127	6121	6123
福建省	4161	4187	4188	4183	4193
江西省	4519	4517	4528	4515	4502
山东省	10165	10170	10163	10123	10080
河南省	9941	9883	9872	9815	9785
湖北省	5745	5830	5844	5838	5834
湖南省	6645	6622	6604	6568	6539
广东省	12624	12684	12657	12706	12780
广西壮族自治区	5019	5037	5047	5027	5013
海南省	1012	1020	1027	1043	1048
重庆市	3209	3212	3213	3191	3190.47
四川省	8371	8372	8374	8368	8364
贵州省	3858	3852	3856	3865	3860
云南省	4722	4690	4693	4673	4655
西藏自治区	366	366	364	365	370
陕西省	3955	3954	3956	3952	3953
甘肃省	2501	2490	2492	2465	2458
青海省	593	594	595	594	593
宁夏回族自治区	721	725	728	729	729
新疆维吾尔自治区	2590	2589	2587	2598	2623

数据来源：国家统计局。

3-6　2020—2024年各地区年末城镇人口

单位：万人

	2020年	2021年	2022年	2023年	2024年
北京市	1916	1916	1913	1920	1926
天津市	1175	1165	1160	1166	1173
河北省	4484	4554	4575	4641	4679
山西省	2182	2207	2226	2252	2285
内蒙古自治区	1622	1637	1647	1667	1689
辽宁省	3070	3079	3064	3074	3082
吉林省	1503	1505	1496	1514	1524
黑龙江省	2080	2053	2052	2055	2061
上海市	2222	2223	2211	2225	—
江苏省	6226	6289	6337	6398	6437
浙江省	4668	4752	4826	4919	5033
安徽省	3561	3631	3686	3765	3831
福建省	2861	2918	2937	2972	3011
江西省	2731	2776	2811	2850	2871
山东省	6409	6503	6559	6634	6701
河南省	5510	5579	5633	5701	5795
湖北省	3613	3736	3779	3822	3871
湖南省	3905	3954	3983	4017	4059
广东省	9361	9466	9465	9583	9701
广西壮族自治区	2720	2774	2809	2854	2877
海南省	610	622	631	651	661
重庆市	2229	2259	2280	2287	2301
四川省	4749	4841	4886	4978	5027
贵州省	2051	2093	2114	2162	2187
云南省	2363	2394	2427	2473	2519
西藏自治区	131	134	136	142	147
陕西省	2478	2516	2532	2575	2615
甘肃省	1306	1328	1351	1368	1397
青海省	356	362	366	373	379
宁夏回族自治区	468	479	483	491	497
新疆维吾尔自治区	1464	1482	1498	1539	1583

数据来源：国家统计局。

3-7 2022—2024年各地区出生率、死亡率、自然增长率（‰）

地区	出生率			死亡率			自然增长率		
	2022年	2023年	2024年	2022年	2023年	2024年	2022年	2023年	2024年
北京市	5.67	5.63	6.09	5.72	6.13	6.08	–0.05	–0.50	0.01
天津市	4.75	4.47	4.99	6.43	7.04	6.96	–1.68	–2.57	–1.97
河北省	6.09	5.54	5.90	7.80	8.33	8.20	–1.71	–2.79	–2.30
山西省	6.75	6.13	6.94	7.73	8.38	8.33	–0.98	–2.25	–1.39
内蒙古自治区	5.58	5.00	5.52	7.83	8.42	8.36	–2.25	–3.42	–2.84
辽宁省	4.08	4.06	4.32	9.04	9.69	9.62	–4.96	–5.63	–5.30
吉林省	4.32	3.76	--	8.39	9.17	--	–4.07	–5.41	--
黑龙江省	3.34	2.92	--	9.09	9.84	--	–5.75	–6.92	--
上海市	4.35	3.95	4.75	5.96	6.37	6.28	–1.61	–2.42	–1.53
江苏省	5.23	4.81	5.00	7.04	7.55	7.50	–1.81	–2.74	–2.50
浙江省	6.28	5.80	6.17	6.24	6.66	6.53	0.04	–0.86	–0.36
安徽省	7.16	6.45	6.17	8.09	8.56	8.41	–0.93	–2.11	–2.24
福建省	7.07	6.81	6.95	6.52	6.95	6.71	0.55	–0.14	0.24
江西省	7.19	6.52	6.65	6.94	7.36	7.23	0.25	–0.84	–0.58
山东省	6.71	6.01	6.42	7.64	8.19	8.09	–0.93	–2.18	–1.67
河南省	7.42	7.06	7.78	7.50	8.00	7.89	–0.08	–0.94	–0.11
湖北省	6.08	5.48	5.38	8.09	8.63	8.52	–2.01	–3.15	–3.14
湖南省	6.23	6.00	5.89	8.54	9.08	8.93	–2.31	–3.08	3.04
广东省	8.30	8.12	8.89	4.97	5.36	5.20	3.33	2.76	3.69
广西壮族自治区	8.51	8.04	8.37	7.08	7.62	7.49	1.43	0.42	0.88
海南省	8.60	9.28	--	6.16	6.47	--	2.44	2.81	--
重庆市	5.98	5.58	5.99	8.09	8.90	8.87	–2.11	–3.32	–2.88
四川省	6.39	6.32	6.41	9.04	9.44	9.43	–2.65	–3.12	–3.02
贵州省	11.03	10.65	10.74	7.32	7.77	7.74	3.71	2.88	3.00
云南省	8.14	8.22	8.62	8.21	8.61	8.45	–0.07	–0.39	0.17
西藏自治区	14.24	13.72	13.87	5.48	5.76	5.44	8.76	7.96	8.43
陕西省	7.36	6.83	7.36	7.64	8.14	8.05	–0.28	–1.31	–0.69
甘肃省	8.47	7.71	8.00	8.51	9.04	8.90	–0.04	–1.33	–0.90
青海省	10.60	9.25	10.11	7.23	7.57	7.41	3.37	1.68	1.02
宁夏回族自治区	10.60	10.02	10.97	6.19	6.59	6.45	4.41	3.43	4.52
新疆维吾尔自治区	6.53	7.10	9.42	5.76	6.17	6.05	0.77	0.93	3.37

数据来源：国家统计局。

第四章

2024年房地产开发数据

4-1　2020—2024 年全国房地产开发投资

单位：万平方米、亿元、元 / 平方米

指标	2020 年	2021 年	2022 年	2023 年	2024 年
房地产开发投资	132014	137633	123848	112142	100280
房地产开发投资：住宅	97122	103282	93420	84961	76040
房地产开发投资：办公楼	6180	5685	5035	4571	4160
房地产开发投资：商业营业用房	11952	11363	9722	8067	6944
房地产开发企业本年到位资金	193115	201132	148210	129766	107661
房地产开发企业本年到位资金：国内贷款	26676	23296	17424	16213	15217
房地产开发企业本年到位资金：利用外资	192	107	78	43	32
房地产开发企业本年到位资金：自筹资金	63377	65428	52406	42699	37746
房地产开发企业本年到位资金：定金及预收款	66547	73946	49085	43621	33571
房地产开发企业本年到位资金：个人按揭贷款	29976	32388	23655	21709	15661
土地购置费	44452	43505	41348	39058	35655
房屋施工面积	926759	975387	904500	840157	733247
房屋施工面积：住宅	655558	690319	638784	589884	513330
房屋施工面积：办公楼	37084	37730	34909	33132	29858
房屋施工面积：商业营业用房	93198	90677	79806	72181	63195
房屋新开工面积	224433	198895	119944	95958	73893
房屋新开工面积：住宅	164329	146379	87621	69669	53660
房屋新开工面积：办公楼	6604	5224	3175	2620	1893
房屋新开工面积：商业营业用房	18012	14106	8121	6493	4980
房屋竣工面积	91218	101412	85358	101999	73743
房屋竣工面积：住宅	65910	73016	61829	72433	53741
房屋竣工面积：办公楼	3042	3376	2608	2890	1940
房屋竣工面积：商业营业用房	8621	8718	6713	7023	4894
商品房销售面积	158819	161354	122154	111762	97385
商品房销售面积：住宅	139927	141007	103306	94819	81450
商品房销售面积：办公楼	3057	3088	2986	2715	2403
商品房销售面积：商业营业用房	8172	7934	7228	6360	5986
商品房销售额	162752	170159	124720	116661	96750
商品房销售额：住宅	145320	152637	109583	103013	84864
商品房销售额：办公楼	4798	4460	4295	3742	3208
商品房销售额：商业营业用房	8897	8702	7298	6628	5728

4-1 续表 1

单位：万平方米、亿元、元 / 平方米

指标	2020 年	2021 年	2022 年	2023 年	2024 年
商品房待售面积	49850	51023	56573	68102	75327
商品房待售面积：住宅	22379	22761	27103	33643	39088
商品房待售面积：办公楼	3796	3795	4122	4892	5313
商品房待售面积：商业营业用房	12934	12767	12561	14357	14437
商品房销售价格	10248	10546	10210	10438	9935
商品房销售价格：住宅	10385	10825	10608	10864	10419
商品房销售价格：办公楼	15697	14444	14385	13781	13350
商品房销售价格：商业营业用房	10887	10969	10097	10422	9569

数据来源：国家统计局。

4-2　2024 年全国房地产开发投资

单位：万平方米、亿元、元 / 平方米

指标	1~2 月	1~3 月	1~4 月	1~5 月	1~6 月	1~7 月	1~8 月	1~9 月	1~10 月	1~11 月	1~12 月
房地产开发投资	11842	22082	30928	40632	52529	60877	69284	78680	86309	93634	100280
房地产开发投资：住宅	8823	16585	23392	30824	39883	46230	52627	59701	65644	71190	76040
房地产开发投资：办公楼	579	990	1336	1693	2160	2493	2807	3178	3487	3803	4160
房地产开发投资：商业营业用房	894	1597	2172	2800	3611	4175	4731	5389	5895	6430	6944
房地产开发企业本年到位资金	16193	25689	34036	42571	53538	61901	69932	78898	87235	96575	107661
房地产开发企业本年到位资金：国内贷款	3144	4554	5583	6810	8207	9216	10229	11466	12400	13476	15217
房地产开发企业本年到位资金：利用外资	5	7	9	11	13	17	20	29	30	30	32
房地产开发企业本年到位资金：自筹资金	5374	8681	11736	14816	18862	22057	25150	28680	31483	34676	37746
房地产开发企业本年到位资金：定金及预收款	4630	7435	10002	12584	15999	18693	21078	23593	26444	29624	33571
房地产开发企业本年到位资金：个人按揭贷款	2214	3643	4953	6191	7749	8748	9920	11079	12436	13911	15661
土地购置费	3709	7517	11214	15290	19813	23166	26408	29409	32232	34617	35655
房屋施工面积	666902	678501	687544	688896	696818	703286	709421	715968	720660	726014	733247
房屋施工面积：住宅	466636	474580	480647	481557	487437	491532	496052	501051	504493	508389	513330
房屋施工面积：办公楼	27574	28114	28473	28470	28595	28977	29084	29317	29371	29521	29858
房屋施工面积：商业营业用房	58618	59247	60227	60142	60690	61284	61734	61908	62210	62553	63195
房屋新开工面积	9429	17283	23510	30090	38023	43733	49465	56051	61227	67308	73893
房屋新开工面积：住宅	6796	12534	17006	21760	27748	31684	35909	40745	44569	48989	53660
房屋新开工面积：办公楼	327	546	708	822	964	1179	1279	1454	1577	1724	1893
房屋新开工面积：商业营业用房	602	1043	1442	1919	2381	2883	3288	3716	4058	4517	4980
房屋竣工面积	10395	15259	18860	22245	26519	30017	33394	36816	41995	48152	73743
房屋竣工面积：住宅	7694	11148	13746	16199	19259	21867	24393	26871	30702	35197	53741
房屋竣工面积：办公楼	275	448	521	598	733	799	854	945	1030	1200	1940
房屋竣工面积：商业营业用房	741	1103	1375	1653	2007	2246	2408	2618	2924	3272	4894
商品房销售面积	11369	22668	29252	36642	47916	54149	60602	70284	77930	86118	97385
商品房销售面积：住宅	9559	18942	24507	30744	40114	45401	50812	58788	65368	72224	81450
商品房销售面积：办公楼	268	581	715	879	1202	1327	1490	1757	1891	2081	2403

4–2 续表 1 单位：万平方米、亿元、元/平方米

指标	1~2 月	1~3 月	1~4 月	1~5 月	1~6 月	1~7 月	1~8 月	1~9 月	1~10 月	1~11 月	1~12 月
商品房销售面积：商业营业用房	697	1378	1767	2192	2853	3220	3601	4286	4673	5204	5986
商品房销售额	10566	21355	28067	35665	47133	53330	59723	68880	76855	85125	96750
商品房销售额：住宅	9227	18523	24453	31163	41270	46787	52425	60240	67486	74871	84864
商品房销售额：办公楼	332	759	958	1160	1567	1722	1934	2304	2469	2688	3208
商品房销售额：商业营业用房	689	1386	1762	2220	2833	3181	3528	4200	4543	4996	5728
商品房待售面积	75969	74833	74553	74256	73894	73926	73783	73177	73057	73286	75327
商品房待售面积：住宅	40500	39458	39088	38712	38287	38238	38103	37679	37523	37652	39088
商品房待售面积：办公楼	5113	5204	5217	5214	5211	5242	5215	5175	5180	5197	5313
商品房待售面积：商业营业用房	14437	14246	14219	14308	14273	14311	14270	14234	14232	14269	14437
商品房销售价格	9294	9421	9595	9733	9837	9849	9855	9800	9862	9885	9935
商品房销售价格：住宅	9653	9779	9978	10136	10288	10305	10317	10247	10324	10366	10419
商品房销售价格：办公楼	12352	13068	13404	13193	13041	12972	12980	13111	13055	12918	13350
商品房销售价格：商业营业用房	9882	10053	9971	10131	9931	9880	9800	9799	9722	9601	9569

数据来源：国家统计局。

4-3　2020—2024 年全国各地区房地产开发投资额

单位：亿元

省份	2020 年	2021 年	2022 年	2023 年	2024 年
北京	3939	4139	4178	4202	3758
上海	4699	5035	4980	6062	6229
天津	2609	2770	2128	1232	1262
重庆	4352	4355	3217	2797	2566
广东	17313	17466	14963	13693	11198
浙江	11414	12389	12940	13319	11983
江西	2378	2529	2209	1605	1470
安徽	7042	7263	6203	4677	4016
黑龙江	983	936	629	458	330
江苏	13171	13477	12407	11932	10702
广西	3846	3734	2206	1337	1163
福建	6027	6196	5134	4414	3474
吉林	1461	1541	1015	823	641
内蒙古	1176	1234	978	1010	937
海南	1342	1380	1158	1169	1208
河南	7782	7874	5685	4225	3908
河北	4601	5024	4092	3094	2885
山西	1830	1945	1764	1760	1671
陕西	4404	4441	4255	3278	3295
西藏	165	142	61	79	45
湖南	4880	5428	4858	3852	3351
湖北	4889	6122	5934	5468	5147
四川	7315	7832	7216	5322	4794
山东	9450	9820	9180	8541	7544
辽宁	2979	2901	2362	1743	1394
云南	4505	4310	3152	1719	1229
贵州	3419	3383	1814	1191	1191
甘肃	1356	1526	1482	1264	1167
新疆	1261	1501	1159	1238	1155
青海	421	443	296	201	146
宁夏	433	467	420	436	423

数据来源：国家统计局。

4-4 2024年全国各地区房地产开发投资额

单位：亿元

省份	1~2月	1~3月	1~4月	1~5月	1~6月	1~7月	1~8月	1~9月	1~10月	1~11月	1~12月
北京	462	943	1248	1685	2228	2538	2906	3306	3467	3620	3758
上海	929	1351	1806	2273	2775	3359	3889	4413	4941	5489	6229
天津	187	320	404	500	641	731	823	939	1031	1126	1262
重庆	304	633	829	1034	1357	1534	1750	2027	2222	2388	2566
广东	1417	2506	3533	4619	5893	6746	7613	8665	9492	10320	11198
浙江	1508	2590	3569	4666	6099	7202	8324	9560	10380	11270	11983
江西	230	400	566	729	899	1013	1111	1239	1320	1402	1470
安徽	519	927	1329	1733	2192	2514	2861	3198	3492	3769	4016
黑龙江	3	32	58	91	140	169	199	247	278	305	330
江苏	1630	2831	3852	4948	6046	6970	7815	8699	9487	10176	10702
广西	152	306	402	495	622	707	786	895	960	1035	1163
福建	582	1000	1324	1645	2070	2299	2543	2819	3059	3281	3474
吉林	20	49	82	158	292	340	421	527	572	615	641
内蒙古	32	99	161	259	419	533	643	772	845	910	937
海南	142	282	359	447	559	661	752	860	949	1078	1208
河南	445	971	1340	1673	2133	2418	2731	3055	3321	3589	3908
河北	151	421	691	927	1304	1557	1830	2121	2445	2671	2885
山西	93	278	415	549	829	987	1131	1323	1444	1555	1671
陕西	229	584	865	1227	1607	1873	2151	2450	2779	3081	3295
西藏	2	6	10	15	23	27	32	36	39	43	45
湖南	337	649	979	1235	1621	1861	2124	2458	2758	3060	3351
湖北	470	1035	1554	2113	2759	3161	3581	4053	4459	4812	5147
四川	701	1085	1519	1978	2473	2902	3325	3718	4114	4503	4794
山东	818	1661	2339	3183	4146	4816	5405	5997	6621	7197	7544
辽宁	99	277	388	542	774	880	1018	1176	1255	1333	1394
云南	145	312	434	548	691	776	860	974	1055	1159	1229
贵州	179	278	379	525	668	735	789	893	996	1097	1191
甘肃	36	129	229	366	549	668	780	920	1022	1108	1167
新疆	14	60	148	278	465	590	724	888	1006	1104	1155
青海	0	16	31	50	70	91	107	124	137	142	146
宁夏	11	53	83	121	184	219	259	328	362	397	423

数据来源：国家统计局。

4-5　2020—2024 年全国各地区房地产开发企业房屋施工面积

单位：万平方米

省份	2020 年	2021 年	2022 年	2023 年	2024 年
北京	13919	14055	13333	12531	11310
上海	15740	16628	16678	17618	16818
天津	12035	12628	11085	9587	7677
重庆	27368	26893	22647	20498	17107
广东	91642	94248	88663	82899	72574
浙江	56725	58819	55955	55986	46075
江西	23581	25220	22715	21595	19272
安徽	44975	46813	40842	34954	28143
黑龙江	11262	10741	9968	9085	7736
江苏	67889	68480	62512	57415	50061
广西	32184	34176	32203	29555	24881
福建	34557	34667	31670	27696	22302
吉林	12341	13062	11580	10514	9870
内蒙古	15311	16395	15312	14170	12010
海南	8589	8939	9057	9098	8429
河南	58438	62688	57197	52064	46311
河北	31408	35681	33652	31697	29334
山西	21938	24930	25351	24601	22167
陕西	28358	29978	28712	28580	25719
西藏	945	945	698	647	545
湖南	40757	42661	38367	31959	27120
湖北	35419	37741	34919	31528	29393
四川	50756	54249	51948	47767	41981
山东	79792	82772	75799	71310	63100
辽宁	24003	25424	22974	20845	17457
云南	25801	29148	27403	24984	20732
贵州	26923	28750	26243	24780	21726
甘肃	11328	13198	12268	12115	11196
新疆	14268	16454	16076	16067	15646
青海	2944	3399	3349	3150	2622
宁夏	5563	5607	4918	4861	3933

数据来源：国家统计局。

4-6 2024年全国各地区房地产开发企业房屋施工面积

单位：万平方米

省份	1~2月	1~3月	1~4月	1~5月	1~6月	1~7月	1~8月	1~9月	1~10月	1~11月	1~12月
北京	10038	10323	10360	10581	10755	10824	10870	11004	11078	11202	11310
上海	12819	13820	14283	14730	14678	15239	15426	15581	15987	16196	16818
天津	7033	7190	7184	7283	7385	7418	7443	7495	7595	7644	7677
重庆	16361	16545	16590	16512	16605	16639	16813	16946	17047	17104	17107
广东	70262	70768	71265	71316	71900	72362	72631	73098	73253	73813	72574
浙江	39896	41418	42363	42603	42548	44004	44467	45078	45420	45701	46075
江西	17835	18037	18177	18243	18390	18545	18654	18881	19015	19163	19272
安徽	24887	25532	25908	26229	26586	26840	27040	27311	27520	27757	28143
黑龙江	7524	7514	7606	7486	7584	7535	7633	7718	7797	7726	7736
江苏	44336	45012	46240	46767	47427	47817	48244	48583	49025	49541	50061
广西	24555	24626	24657	24551	24596	24662	24833	24997	25114	25149	24881
福建	21166	21391	21495	21473	21613	21658	21852	21999	21977	22131	22302
吉林	8953	8657	8970	9300	9433	9554	9602	9716	9791	9791	9870
内蒙古	10567	10419	10782	10951	11220	11295	11421	11628	11843	11905	12010
海南	7452	7643	7749	7696	7790	7904	8006	8162	8248	8387	8429
河南	43057	43484	43868	43630	44064	44337	44807	45170	45520	45861	46311
河北	24965	25881	26329	26279	27107	27497	27910	28252	28401	28736	29334
山西	19460	20829	21082	20500	20972	21358	21492	21678	21834	21689	22167
陕西	21723	23236	23575	23776	24273	24355	24656	24879	25213	25420	25719
西藏	553	558	552	531	535	531	540	546	548	548	545
湖南	25174	25336	25730	25682	25922	26031	26251	26518	26701	26948	27120
湖北	24691	24963	25126	24883	25114	25359	25784	26050	26386	26814	29393
四川	38903	39245	39715	39780	40214	40456	40770	40977	41206	41585	41981
山东	57994	58682	59304	59485	60270	60735	61272	61855	62030	62668	63100
辽宁	16366	16543	16617	16734	16906	17007	17087	17206	17319	17403	17457
云南	20331	20572	20661	20369	20451	20408	20427	20526	20599	20756	20732
贵州	20628	20908	21065	21139	21329	21427	21601	21627	21312	21508	21726
甘肃	9770	9979	10040	10034	10318	10437	10630	10900	10993	11124	11196
新疆	13419	13260	13933	14052	14488	14666	14821	15098	15329	15189	15646
青海	2507	2424	2551	2562	2568	2574	2593	2604	2626	2620	2622
宁夏	3676	3705	3767	3739	3776	3812	3846	3884	3930	3934	3933

数据来源：国家统计局。

4-7　2020—2024 年全国各地区房地产开发企业房屋竣工面积

单位：万平方米

省份	2020 年	2021 年	2022 年	2023 年	2024 年
北京	1546	1984	1938	2112	1653
上海	2878	2740	1676	2112	1709
天津	1634	1893	1504	1864	814
重庆	3774	4196	2793	3302	1668
广东	7764	8043	8161	8284	6562
浙江	6693	6387	6130	10095	7682
江西	2239	2517	1463	1994	1421
安徽	5101	7013	5945	5742	4548
黑龙江	1438	968	732	840	601
江苏	11151	9141	7892	8943	7325
广西	2129	2433	2345	2651	1488
福建	3804	4042	4034	4311	3205
吉林	965	845	724	689	607
内蒙古	841	1052	1101	1310	848
海南	687	475	751	752	819
河南	5413	6842	6317	6193	3437
河北	2367	2523	2523	3447	2175
山西	1481	2639	2127	2364	2096
陕西	1746	1770	1976	2197	2340
西藏	28	88	36	68	8
湖南	3964	4604	3436	4374	2709
湖北	2647	3398	3086	3866	2407
四川	4546	4379	4073	4371	4370
山东	9326	11374	6686	8965	5278
辽宁	1848	2339	1946	2243	1675
云南	1638	2541	2565	3332	1727
贵州	862	916	963	1585	857
甘肃	881	1463	918	1241	791
新疆	902	1502	1141	1434	1965
青海	154	160	248	270	143
宁夏	772	1144	627	1048	813

数据来源：国家统计局。

4-8 2024年全国各地区房地产开发企业房屋竣工面积

单位：万平方米

省份	1~2月	1~3月	1~4月	1~5月	1~6月	1~7月	1~8月	1~9月	1~10月	1~11月	1~12月
北京	120	204	302	344	410	509	555	743	893	1129	1653
上海	377	534	645	674	717	782	887	899	1048	1202	1709
天津	122	196	211	242	330	359	456	479	544	610	814
重庆	321	474	623	699	818	878	1012	1100	1375	1478	1668
广东	1060	1459	1852	2241	2566	2834	3207	3394	3947	4559	6562
浙江	661	1428	1662	2086	2833	3312	3670	4175	4643	5139	7682
江西	434	573	568	724	745	805	882	939	979	1058	1421
安徽	709	855	1063	1226	1406	1588	1731	1933	2091	2675	4548
黑龙江	49	73	116	120	148	167	192	213	324	423	601
江苏	872	1297	1593	2044	2623	3090	3341	3699	4341	4809	7325
广西	365	534	662	862	936	977	1025	1111	1158	1256	1489
福建	514	669	862	1044	1214	1307	1462	1622	1793	2038	3205
吉林	52	63	90	122	145	166	186	211	262	316	607
内蒙古	61	143	165	191	258	318	395	408	467	538	848
海南	59	154	184	241	282	357	391	440	509	609	819
河南	665	898	1119	1243	1469	1641	1726	1904	2005	2208	3437
河北	176	257	338	355	488	560	616	681	780	1048	2175
山西	67	162	211	335	478	605	721	735	854	1172	2096
陕西	191	275	344	383	435	537	586	648	888	1097	2340
西藏	2	2	5	7	8	8	8	8	8	8	8
湖南	540	682	846	874	1137	1230	1350	1460	1694	1895	2709
湖北	407	545	788	819	952	1026	1076	1179	1469	1581	2407
四川	870	1177	1370	1483	1664	1790	1945	2160	2548	3037	4370
山东	863	1272	1445	1577	1786	2036	2306	2516	2734	3028	5278
辽宁	160	252	317	415	532	657	721	817	883	997	1675
云南	316	420	578	669	767	893	989	1048	1137	1256	1727
贵州	116	173	235	256	282	334	389	403	506	560	857
甘肃	29	90	123	146	169	203	278	335	361	413	791
新疆	130	255	351	623	673	765	937	1014	1068	1185	1965
青海	23	37	37	37	43	47	61	81	116	140	143
宁夏	63	103	156	165	207	232	291	461	572	686	813

数据来源：国家统计局。

4-9　2020—2024 年全国各地区商品房销售额

单位：亿元

省份	2020 年	2021 年	2022 年	2023 年	2024 年
北京	3657	4486	3977	4255	3577
上海	6047	6789	7468	7278	6873
天津	2114	2323	1516	1896	1754
重庆	5071	5391	3102	2450	2056
广东	22573	22320	15870	15103	11895
浙江	17145	19052	12660	11510	8609
江西	5223	5894	4905	2469	2024
安徽	7346	8143	5160	3872	2874
黑龙江	1064	858	569	553	474
江苏	19409	21361	14812	12690	10775
广西	4251	3672	2295	1667	1349
福建	7498	8217	5872	4654	3324
吉林	1382	1291	696	725	603
内蒙古	1365	1215	868	1020	928
海南	1232	1559	1098	1501	1410
河南	9364	8658	5679	4548	3918
河北	4950	5053	3702	3549	3332
山西	1886	2171	1515	1597	1359
陕西	4375	4146	3270	2978	2655
西藏	84	122	51	67	68
湖南	5947	6041	4239	3689	2909
湖北	6088	7250	5203	4617	4297
四川	10394	10797	7600	7174	5495
山东	11066	12156	9808	9530	7824
辽宁	3366	3066	1815	1556	1435
云南	3970	2963	1999	1700	1331
贵州	3224	3244	1686	1252	1162
甘肃	1293	1345	835	902	838
新疆	1146	1377	883	1211	1071
青海	383	294	145	168	164
宁夏	698	675	502	480	368

数据来源：国家统计局。

4-10 2024年全国各地区商品房销售额

单位：亿元

省份	1~2月	1~3月	1~4月	1~5月	1~6月	1~7月	1~8月	1~9月	1~10月	1~11月	1~12月
北京	355	691	966	1222	1643	1885	2117	2374	2684	3023	3577
上海	613	1444	2009	2481	3261	3705	4233	4825	5428	6076	6873
天津	178	428	532	694	914	1018	1126	1266	1442	1570	1754
重庆	275	565	722	898	1112	1260	1426	1617	1776	1918	2056
广东	1195	2475	3282	4253	5642	6413	7158	8311	9411	10288	11895
浙江	1055	2059	2657	3330	4475	5022	5522	6400	7030	7722	8609
江西	237	446	577	737	927	1099	1266	1471	1637	1805	2024
安徽	382	692	930	1169	1506	1669	1859	2088	2291	2574	2874
黑龙江	36	93	131	174	208	241	281	329	371	416	474
江苏	1065	2048	2738	3617	4905	5556	6260	7384	8297	9314	10775
广西	183	399	469	578	732	797	873	1014	1103	1195	1349
福建	591	994	1213	1473	1842	2008	2175	2404	2658	2954	3324
吉林	51	123	155	223	285	325	363	432	480	531	603
内蒙古	75	199	258	318	414	473	557	636	717	802	928
海南	146	261	361	469	650	774	910	1005	1090	1223	1410
河南	452	918	1236	1471	2027	2280	2549	2845	3151	3470	3918
河北	245	653	863	1092	1512	1735	1945	2260	2516	2799	3332
山西	94	273	384	497	661	754	852	976	1083	1201	1359
陕西	289	576	781	1015	1260	1442	1600	1865	2088	2357	2655
西藏	3	5	8	13	23	27	33	37	45	52	68
湖南	298	606	779	995	1360	1540	1721	2058	2333	2582	2909
湖北	468	943	1226	1558	2001	2232	2485	2820	3186	3550	4297
四川	777	1330	1709	2126	2655	2965	3297	3789	4293	4868	5495
山东	757	1674	2170	2850	4079	4611	5148	6100	6608	7135	7824
辽宁	123	309	404	523	707	807	907	1072	1184	1301	1435
云南	190	329	428	531	630	723	819	916	1039	1162	1331
贵州	191	314	399	489	588	677	764	866	965	1062	1162
甘肃	88	197	257	325	428	481	542	628	693	756	838
新疆	99	197	273	358	461	544	627	733	841	949	1071
青海	15	30	41	50	62	78	90	108	128	141	164
宁夏	38	87	111	136	163	187	219	251	288	329	368

数据来源：国家统计局。

4-11　2020—2024 年全国各地区商品房销售价格

单位：元 / 平方米

省份	2020 年	2021 年	2022 年	2023 年	2024 年
北京	37665	40526	38240	37595	31976
上海	33798	36102	40302	40170	41484
天津	16172	16182	15572	16087	14819
重庆	8255	8699	7486	6888	6898
广东	15141	15930	14985	15762	15884
浙江	16726	19070	18576	18847	16827
江西	7757	7678	7318	7225	6949
安徽	7705	7784	7637	8284	7482
黑龙江	7121	6365	6152	6470	6311
江苏	12581	12906	12226	11511	10373
广西	6318	5944	5473	5791	5469
福建	11348	11779	10771	11015	10294
吉林	7544	7030	6955	6923	6608
内蒙古	6674	6535	6288	6605	6585
海南	16394	17541	17050	16571	15024
河南	6641	6521	6133	6528	6317
河北	8212	8239	8021	8180	8121
山西	7023	6775	6713	6780	6971
陕西	9828	9733	9884	10954	10675
西藏	9000	8645	8510	8373	9083
湖南	6302	6574	6372	6556	6164
湖北	9241	9130	8553	8778	8128
四川	7840	7885	8153	8961	8595
山东	8338	8517	8393	8445	7957
辽宁	8993	8930	8315	7526	7469
云南	8173	7634	6804	6833	6767
贵州	5807	5807	5799	5652	5623
甘肃	6572	6047	5682	6022	5942
新疆	5835	5740	5827	6092	5993
青海	8160	7623	7093	7049	6738
宁夏	6375	6655	7016	6946	6700

数据来源：国家统计局。

4–12　2024 年全国各地区商品房销售价格

单位：元 / 平方米

省份	1~2 月	1~3 月	1~4 月	1~5 月	1~6 月	1~7 月	1~8 月	1~9 月	1~10 月	1~11 月	1~12 月
北京	30861	29674	31820	32689	32216	32145	32166	30967	31673	32228	31976
上海	30548	36622	39777	40585	41638	40262	40773	40015	40880	41338	41484
天津	16471	13155	13555	14143	13930	13938	14021	14059	14441	14643	14819
重庆	6663	6524	6636	6744	6754	6863	6894	6835	6912	6922	6898
广东	13254	14413	14569	14943	15401	15413	15480	15675	15754	15572	15884
浙江	16382	14676	15452	16015	16166	16449	16569	16304	16544	16853	16827
江西	7043	7139	7142	7180	7141	7169	7168	7114	7071	7001	6949
安徽	7398	7205	7326	7303	7184	7246	7234	7126	7215	7386	7482
黑龙江	6316	6239	6234	6374	6295	6261	6235	6327	6354	6351	6311
江苏	10336	10263	10330	10418	10409	10491	10471	10364	10384	10356	10373
广西	5398	5359	5299	5341	5449	5441	5441	5502	5477	5474	5469
福建	10681	9903	9758	9744	9887	9874	9862	9797	9945	10142	10294
吉林	6362	7119	6578	6717	6739	6652	6643	6577	6594	6594	6608
内蒙古	6434	7043	6885	6727	6715	6698	6640	6582	6620	6588	6585
海南	16157	15833	15991	15192	15725	15494	15494	15312	15183	15265	15024
河南	6110	6150	6235	6246	6288	6269	6257	6231	6263	6282	6317
河北	7795	8244	8201	8158	8148	8193	8155	8110	8135	8125	8121
山西	6854	6861	6955	7013	7029	7015	7017	7005	7009	6996	6971
陕西	11528	11442	11546	11765	11868	11703	11595	11476	11326	10982	10675
西藏	8378	8090	8896	8929	8363	8390	8433	8475	8694	8946	9082
湖南	6150	6054	6034	6226	6367	6342	6400	6262	6218	6192	6164
湖北	7804	8115	8116	8263	8426	8316	8276	8207	8133	8020	8128
四川	6894	7465	7751	7910	8035	8091	8181	8240	8412	8583	8595
山东	7730	7734	7833	7982	8000	7944	7924	7922	7932	7922	7957
辽宁	7329	7493	7370	7479	7381	7469	7438	7401	7413	7453	7469
云南	6493	6518	6642	6701	6697	6706	6692	6686	6763	6804	6767
贵州	5190	5352	5462	5537	5543	5577	5582	5619	5637	5652	5623
甘肃	5582	5787	5819	5839	5911	5871	5887	5907	5923	5923	5942
新疆	6175	6137	5946	5891	6037	6025	6029	6030	6032	6009	5993
青海	6750	6990	7145	7031	7055	7176	7055	6877	6897	6745	6738
宁夏	6338	6964	6907	6916	6931	6917	6889	6798	6831	6776	6700

数据来源：国家统计局。

4-13　2020—2024 年全国各地区商品房销售面积

单位：万平方米

省份	2020 年	2021 年	2022 年	2023 年	2024 年
北京	971	1107	1040	1132	1119
上海	1789	1880	1853	1812	1657
天津	1307	1435	974	1179	1184
重庆	6143	6198	4143	3557	2980
广东	14908	14011	10591	9582	7488
浙江	10250	9991	6815	6107	5116
江西	6733	7676	6703	3418	2913
安徽	9534	10461	6757	4674	3841
黑龙江	1494	1348	926	855	751
江苏	15427	16552	12115	11024	10388
广西	6729	6178	4193	2878	2467
福建	6607	6976	5452	4225	3229
吉林	1831	1836	1001	1047	912
内蒙古	2046	1859	1381	1544	1409
海南	752	889	644	906	938
河南	14101	13277	9260	6967	6203
河北	6028	6133	4616	4339	4103
山西	2685	3204	2257	2356	1949
陕西	4452	4260	3309	2719	2488
西藏	93	141	60	80	75
湖南	9437	9189	6653	5626	4719
湖北	6588	7941	6084	5259	5286
四川	13258	13693	9321	8005	6394
山东	13272	14273	11686	11285	9833
辽宁	3743	3434	2182	2067	1921
云南	4857	3881	2938	2489	1967
贵州	5553	5586	2908	2215	2066
甘肃	1968	2224	1470	1498	1410
新疆	1964	2399	1516	1987	1786
青海	470	386	204	238	243
宁夏	1095	1014	716	691	549

数据来源：国家统计局。

4–14 2024年全国各地区商品房销售面积

单位：万平方米

省份	1~2月	1~3月	1~4月	1~5月	1~6月	1~7月	1~8月	1~9月	1~10月	1~11月	1~12月
北京	115	233	303	374	510	587	658	767	847	938	1119
上海	201	394	505	611	783	920	1038	1206	1328	1470	1657
天津	108	325	393	491	656	730	803	901	999	1072	1184
重庆	413	866	1088	1331	1646	1836	2069	2365	2569	2770	2980
广东	901	1717	2253	2846	3663	4161	4624	5302	5974	6607	7488
浙江	644	1403	1719	2079	2768	3053	3333	3926	4249	4582	5116
江西	337	624	809	1026	1298	1534	1766	2068	2315	2578	2913
安徽	517	961	1270	1600	2096	2304	2570	2930	3176	3484	3841
黑龙江	57	149	211	273	330	385	450	521	583	655	751
江苏	1031	1995	2651	3472	4713	5296	5978	7124	7990	8994	10388
广西	340	745	884	1082	1343	1465	1604	1843	2014	2182	2467
福建	553	1004	1243	1512	1863	2034	2205	2454	2673	2913	3229
吉林	81	173	235	332	423	488	547	657	727	805	912
内蒙古	117	283	375	472	616	707	839	967	1082	1218	1409
海南	91	165	226	308	414	500	587	656	718	801	938
河南	739	1492	1982	2356	3223	3636	4073	4566	5031	5524	6203
河北	315	792	1052	1339	1855	2118	2385	2786	3093	3445	4103
山西	137	398	552	709	940	1075	1214	1393	1545	1716	1949
陕西	251	504	676	863	1062	1233	1380	1625	1843	2146	2488
西藏	3	6	9	15	28	32	39	43	52	58	75
湖南	484	1001	1291	1599	2137	2429	2689	3287	3752	4169	4719
湖北	599	1162	1510	1885	2374	2684	3003	3436	3918	4427	5286
四川	1127	1782	2205	2688	3304	3665	4031	4598	5103	5672	6394
山东	980	2165	2770	3571	5099	5804	6497	7699	8331	9007	9833
辽宁	168	412	548	699	959	1080	1219	1448	1597	1745	1921
云南	293	504	644	793	940	1079	1224	1371	1536	1708	1967
贵州	368	586	730	884	1061	1214	1369	1541	1713	1879	2066
甘肃	158	340	441	557	724	820	921	1062	1170	1277	1410
新疆	160	320	459	608	763	903	1040	1216	1395	1579	1786
青海	22	43	58	71	88	108	128	158	186	209	243
宁夏	59	124	161	197	235	270	318	369	422	486	549

数据来源：国家统计局。

4-15 2020—2024年全国各地区房地产开发企业房屋新开工面积

单位：万平方米

省份	2020年	2021年	2022年	2023年	2024年
北京	3007	1896	1774	1257	1287
上海	3441	3846	2940	2388	2186
天津	2162	1885	667	1037	785
重庆	5948	4873	2222	1975	1432
广东	18408	16097	8535	6884	5227
浙江	15875	12305	7989	7719	4894
江西	5302	5282	3629	2694	1877
安徽	11786	10435	6843	5197	3589
黑龙江	2222	1738	991	738	726
江苏	17673	16873	9907	8210	5869
广西	7878	5329	3034	1870	1619
福建	6638	6439	4134	3536	2349
吉林	2662	3121	870	949	859
内蒙古	3288	2912	1629	1614	1375
海南	1065	1341	1058	1055	1004
河南	14114	13653	8525	5630	4621
河北	10232	9069	5395	4967	4172
山西	5796	4348	3454	2499	1971
陕西	5797	5970	4413	4291	2954
西藏	223	222	81	44	34
湖南	10916	10168	5523	3883	2842
湖北	8453	7844	4269	3596	3337
四川	13940	11494	8330	5804	4621
山东	20204	16572	10521	7938	5823
辽宁	4404	4598	2379	1578	1035
云南	7538	6462	2923	2149	1469
贵州	5441	4528	2155	1809	1802
甘肃	3534	3370	2105	1582	1450
新疆	4526	4035	2623	2069	2012
青海	923	791	423	233	162
宁夏	1039	1397	766	765	508

数据来源：国家统计局。

4–16　2024年全国各地区房地产开发企业房屋新开工面积

单位：万平方米

省份	1~2月	1~3月	1~4月	1~5月	1~6月	1~7月	1~8月	1~9月	1~10月	1~11月	1~12月
北京	115	267	313	591	725	790	857	984	1031	1154	1287
上海	108	343	605	801	924	1213	1347	1492	1755	1969	2186
天津	96	306	347	387	471	515	539	584	684	736	785
重庆	294	481	551	645	772	852	1037	1171	1290	1369	1432
广东	872	1472	2027	2225	2707	3090	3367	3886	4055	4592	5227
浙江	520	1114	1555	1960	2552	3110	3393	4024	4268	4558	4894
江西	461	642	850	1041	1199	1308	1410	1518	1630	1745	1878
安徽	725	1090	1334	1675	2064	2312	2507	2776	2986	3233	3589
黑龙江		24	110	204	300	425	525	608	678	708	726
江苏	1093	1702	2258	2642	3182	3514	3957	4506	4938	5424	5869
广西	262	389	475	711	776	878	1079	1215	1343	1430	1619
福建	634	926	1051	1280	1499	1628	1824	1952	2026	2170	2349
吉林	0	82	186	292	432	516	585	700	771	828	859
内蒙古	10	63	202	383	637	745	839	1001	1218	1332	1375
海南	178	247	357	384	453	559	645	760	859	949	1004
河南	887	1323	1711	2056	2493	2751	3212	3553	3905	4259	4621
河北	171	576	935	1389	1930	2242	2628	3030	3341	3719	4172
山西	81	287	441	598	891	1178	1299	1458	1604	1697	1971
陕西	260	714	963	1283	1595	1792	2086	2264	2515	2701	2954
西藏		1	9	9	13	16	25	31	33	33	34
湖南	410	671	892	1105	1436	1565	1779	2046	2229	2505	2842
湖北	310	520	727	1036	1247	1502	1777	2044	2375	2783	3337
四川	724	1265	1681	2067	2562	2887	3273	3515	3835	4197	4621
山东	644	1260	1787	2307	3079	3566	3988	4502	4800	5337	5823
辽宁	51	177	256	353	560	645	735	844	911	992	1035
云南	254	483	599	685	893	954	1053	1163	1241	1397	1469
贵州	194	421	555	686	857	977	1107	1271	1423	1600	1802
甘肃	61	222	258	389	635	782	942	1175	1250	1381	1450
新疆	4	115	274	568	793	999	1176	1450	1652	1865	2012
青海		11	50	65	70	87	106	117	132	149	162
宁夏	11	89	152	193	275	336	370	410	450	495	508

数据来源：国家统计局。

4-17 2024年重点城市商品房施工面积

单位：万平方米

地区	1~2月	1~3月	1~4月	1~5月	1~6月	1~7月	1~8月	1~9月	1~10月	1~11月	1~12月
北京	10038	10323	10360	10581	10755	10824	10870	11004	11078	11202	11310
上海	12819	13820	14283	14730	14678	15239	15426	15581	15987	16196	16818
广州	11477	11737	11822	11860	12020	12087	12100	12430	12461	12602	12589
深圳	9658	9723	9802	9761	9821	9868	9891	9935	9959	10108	10011
重庆	16361	16545	16590	16512	16605	16639	16813	16946	17047	17104	17107
海口	2857	2856	2893	2852	2880	2924	2946	3001	3018	3099	3087
杭州	11160	12223	12698	12674	12469	12856	13020	13182	13229	13316	13400
合肥	4987	5485	5553	5673	5795	5930	5961	6082	6148	6173	6491
济南	--	--	--	--	--	--	--	--	--	--	8043
南宁	--	--	--	--	--	--	--	--	--	--	--
宁波	--	--	--	--	--	--	--	--	--	--	--
青岛	7802	7830	7848	7866	7945	7973	7996	8030	8044	8121	8120
三亚	1084	1119	1163	1149	1161	1173	1205	1261	1316	1322	1334
苏州	7399	7555	8132	8296	8500	8566	8647	8739	8598	8679	8768
天津	7033	7190	7184	7283	7385	7418	7443	7495	7595	7644	7677
温州	4129	4253	4317	4269	4326	4412	4409	4533	4558	4599	4698
银川	2328	2349	--	2334	2370	2385	--	2396	--	--	2405
百色	--	--	--	--	--	--	--	--	--	--	--
保定	2565	2642	2681	2721	2840	2877	2916	2965	2942	2971	3050
北海	--	--	--	--	--	--	--	--	--	--	--
常州	--	2810	--	--	2986	--	--	3038	--	--	3118
儋州	--	--	--	--	--	--	--	--	--	--	--
德阳	1612	1613	1628	1616	1619	--	--	--	--	--	--
鄂尔多斯	1878	1845	1969	2066	2134	2185	2204	2250	--	2386	2410
防城港	--	--	--	--	--	--	--	--	--	--	--
佛山	5560	5595	5640	5698	5720	5736	5773	5782	5786	5782	5793
贵港	--	--	--	--	--	--	--	--	--	--	--
桂林	--	--	--	--	--	--	--	--	--	--	--
河源	1422	1425	1426	1428	1431	1439	1440	1317	1320	1322	1276
贺州	--	--	--	--	--	--	--	--	--	--	--
衡阳	2073	2105	2128	2129	2141	2171	2199	2228	2253	2310	2331
湖州	--	--	--	--	--	--	--	--	--	--	6426
淮南	1426	1442	1476	1526	1544	1544	1564	1569	1580	1599	1605

4-17 续表 1

单位：万平方米

地区	1~2 月	1~3 月	1~4 月	1~5 月	1~6 月	1~7 月	1~8 月	1~9 月	1~10 月	1~11 月	1~12 月
惠州	6680	6641	6640	6635	6665	6656	6683	6712	6720	6736	6440
嘉兴	3197	3209	3256	3282	3336	3339	3356	3376	3401	3436	3462
金华	2463	2862	2699	2841	2919	3289	3477	3533	3626	3657	3657
晋城	1187	--	1211	--	1237	1287	1288	1325	1350	1340	--
丽江	--	418	418	418	418	422	422	422	428	--	431
丽水	1837	1711	1739	1730	1722	1752	1772	1780	1805	1815	1837
临沂	4407	4439	4498	4549	4586	4597	4612	4671	4701	4766	4806
柳州	--	--	--	--	--	--	--	--	--	--	3056
龙岩	1015	1017	1030	1032	1034	1044	--	1049	1052	1071	1080
茂名	2978	2969	2978	2953	2987	3022	3062	3071	3089	3106	3099
梅州	1621	1584	1584	1596	1601	1635	1653	1658	1663	1666	1667
齐齐哈尔	--	510	528	503	512	475	480	481	484	485	410
钦州	--	--	--	--	--	--	--	--	--	--	--
清远	--	--	--	--	--	--	--	--	--	--	--
衢州	880	890	1009	991	985	1068	1072	1032	1086	1092	1104
日照	1593	1595	1600	1632	1647	1655	--	--	--	--	--
汕头	2513	2627	2641	2640	2666	2722	2722	2723	2745	2779	2710
韶关	--	--	--	--	--	--	--	--	--	--	--
绍兴	3090	3149	3178	3152	3247	--	--	3436	3446	3449	3492
台州	--	--	--	--	--	--	--	--	--	4021	4026
泰安	2146	2160	2187	2197	2234	2221	2245	2239	2252	2270	2281
泰州	1468	1490	1485	1498	1534	1552	1558	1572	1594	1628	1648
唐山	2334	2370	2410	2395	2447	2461	2481	2511	2527	2529	2596
咸宁	1008	1006	1025	1032	1038	1051	1051	1062	1068	1106	1184
湛江	3223	3226	3241	3257	3265	3270	3277	3301	3298	3305	3256
肇庆	--	--	--	--	--	--	--	--	--	--	2680
中山	3286	3251	3376	--	3210	3226	3234	3238	3253	3248	3258
舟山	--	--	--	--	--	--	--	--	--	--	--
珠海	2798	2829	2842	2882	2942	2950	2959	3024	2920	2922	2929
万宁	--	--	--	--	--	--	--	--	--	--	--
文昌	--	--	--	--	--	--	--	--	--	--	--
澄迈	--	--	--	--	--	--	--	--	--	--	--

数据来源：国家统计局。

4-18 2024年重点城市商品房新开工面积

单位：万平方米

地区	1~2月	1~3月	1~4月	1~5月	1~6月	1~7月	1~8月	1~9月	1~10月	1~11月	1~12月
北京	115	267	313	591	725	790	857	984	1031	1154	1287
上海	108	343	605	801	924	1213	1347	1492	1755	1969	2186
广州	--	--	--	--	--	--	--	--	--	--	--
深圳	--	--	--	--	--	--	--	--	--	--	--
重庆	294	481	551	645	772	852	1037	1171	1290	1369	1432
海口	46	62	95	101	110	151	160	214	232	289	303
杭州	74	238	349	477	598	683	843	998	1042	1129	1207
合肥	153	221	288	431	568	650	681	790	882	978	1122
济南	--	--	--	--	--	--	--	--	--	--	--
南宁	--	--	--	--	--	--	--	--	--	--	--
宁波	--	--	--	--	--	--	--	--	--	--	--
青岛	27	64	86	115	185	213	231	279	293	364	387
三亚	47	60	102	111	123	140	172	190	237	243	246
苏州	207	310	451	490	627	675	795	874	985	1059	1110
天津	96	306	347	387	471	515	539	584	684	736	785
温州	50	111	133	153	226	268	275	399	424	465	488
银川	--	51	--	--	119	144		157	--	--	217
百色	--	--	--	--	--	--	--	--	--	--	--
保定	--	--	--	--	--	--	--	--	--	--	--
北海	--	--	--	--	--	--	--	--	--	--	--
常州	--	110	171	198	242	255	268	291	300	323	367
儋州	--	--	--	--	--	--	--	--	--	--	--
德阳	--	--	--	--	--	--	--	--	--	--	--
鄂尔多斯	--	13	31	84	128	179	195	245	--	350	361
防城港	--	--	--	--	--	--	--	--	--	--	--
佛山	63	66	109	168	190	198	235	244	259	293	374
贵港	--	--	--	--	--	--	--	--	--	--	--
桂林	--	--	--	--	--	--	--	--	--	--	--
河源	9	12	13	14	17	25	27	33	35	37	40
贺州	--	--	--	--	--	--	--	--	--	--	--
衡阳	--	83	--	--	135	--	--	--	--	--	--
湖州	101	135	195	213	239	263	246	322	329	346	352
淮南	126	142	144	181	198	212	232	237	248	266	272

4-18 续表 1

单位：万平方米

地区	1~2月	1~3月	1~4月	1~5月	1~6月	1~7月	1~8月	1~9月	1~10月	1~11月	1~12月
惠州	--	--	--	--	--	--	--	--	--	--	--
嘉兴	35	69	101	129	162	168	185	205	205	209	229
金华	60	76	76	130	271	354	390	446	539	577	--
晋城	--	--	--	--	--	--	--	--	--	--	--
丽江	--	16	16	16	16	20	20	20	26	--	29
丽水	13	51	57	70	89	106	120	128	153	163	190
临沂	51	80	136	194	230	244	252	315	344	402	441
柳州	--	--	--	--	--	--	--	--	--	--	--
龙岩	22	23	37	39	43	52	--	58	60	70	79
茂名	31	47	54	62	100	135	173	182	198	213	225
梅州	--	--	--	--	--	--	--	--	--	--	--
齐齐哈尔	--	0	18	22	30	40	46	47	50	50	55
钦州	--	--	--	--	--	--	--	--	--	--	--
清远	--	--	--	--	--	--	--	--	--	--	--
衢州	3	7	29	30	52	88	91	92	94	100	--
日照	--	--	--	--	--	--	--	--	--	--	--
汕头	--	--	--	--	--	--	--	--	--	--	--
韶关	--	--	--	--	--	--	--	--	--	--	--
绍兴	45	85	110	135	184	--	--	373	383	386	419
台州	--	--	--	--	--	--	--	--	--	532	553
泰安	--	--	--	--	--	--	--	--	--	--	--
泰州	43	82	91	99	133	151	158	168	199	233	253
唐山	--	--	--	--	--	--	--	--	--	--	--
咸宁	--	--	--	--	--	--	--	--	--	--	--
湛江	--	--	--	--	--	--	--	--	--	--	--
肇庆	--	--	--	--	--	--	--	--	--	--	132
中山	--	--	--	--	--	--	--	--	--	--	--
舟山	--	--	--	--	--	--	--	--	--	--	--
珠海	--	--	--	--	--	--	--	--	--	--	--
万宁	--	--	--	--	--	--	--	--	--	--	--
文昌	--	--	--	--	--	--	--	--	--	--	--
澄迈	--	--	--	--	--	--	--	--	--	--	--

数据来源：国家统计局。

4-19　2024 年重点城市商品房竣工面积

单位：万平方米

地区	1~2 月	1~3 月	1~4 月	1~5 月	1~6 月	1~7 月	1~8 月	1~9 月	1~10 月	1~11 月	1~12 月
北京	120	204	302	344	410	509	555	743	893	1129	1653
上海	377	534	645	674	717	782	887	899	1048	1202	1709
广州	81	99	123	173	215	249	293	353	465	522	823
深圳	87	92	158	167	211	220	250	251	345	442	752
重庆	321	474	623	699	818	878	1012	1100	1375	1478	1668
海口	12	15	22	22	27	59	59	87	43	161	173
杭州	118	227	248	363	569	631	714	775	842	1092	1728
合肥	176	222	290	362	390	413	477	557	585	900	1634
济南	--	--	--	--	--	--	--	--	--	--	--
南宁	--	--	--	--	--	--	--	--	--	--	--
宁波	--	--	--	--	--	--	--	--	--	--	--
青岛	165	217	255	273	344	371	393	443	476	508	1112
三亚	8	13	21	52	53	54	64	86	128	129	206
苏州	116	170	227	303	460	557	618	700	819	915	1326
天津	122	196	211	242	330	359	456	479	544	610	814
温州	56	144	189	211	308	369	386	459	495	606	1016
银川	8	35	--	69	98	--	--	304	--	--	306
百色	--	--	--	--	--	--	--	--	--	--	--
保定	1	11	26	30	31	35	35	36	38	73	271
北海	--	--	--	--	--	--	--	--	--	--	--
常州	--	99	--	--	198	--	--	243	--	--	580
儋州	--	--	--	--	--	--	--	--	--	--	--
德阳	86	117	134	146	153	--	--	--	--	--	--
鄂尔多斯	1	3	3	3	8	10	10	25	--	43	50
防城港	--	--	--	--	--	--	--	--	--	--	--
佛山	67	82	110	114	139	139	147	168	272	374	567
贵港	--	--	--	--	--	--	--	--	--	--	--
桂林	--	--	--	--	--	--	--	--	--	--	--
河源	99	106	106	106	106	108	108	25	25	28	49
贺州	--	--	--	--	--	--	--	--	--	--	--
衡阳	1	14	25	19	20	28	37	38	87	101	175
湖州	--	--	--	--	--	--	--	--	--	--	--
淮南	32	48	73	79	95	102	102	104	110	111	240

4-19 续表 1 单位：万平方米

地区	1~2月	1~3月	1~4月	1~5月	1~6月	1~7月	1~8月	1~9月	1~10月	1~11月	1~12月
惠州	55	128	166	189	209	262	289	302	342	382	476
嘉兴	19	87	63	76	105	188	189	200	247	281	415
金华	93	205	222	147	167	229	289	302	400	354	552
晋城	--	--	--	--	--	--	--	--	--	--	--
丽江	--	7	7	7	7	8	8	8	8	--	13
丽水	24	47	57	51	74	91	91	115	130	130	172
临沂	37	47	38	65	67	98	123	140	153	174	265
柳州	--	--	--	--	--	--	--	--	--	--	165
龙岩	63	107	128	149	169	169	--	185	200	242	273
茂名	--	--	--	--	--	--	--	--	--	--	--
梅州	21	35	41	45	77	81	86	115	127	158	176
齐齐哈尔	--	21	22	19	19	4	15	15	15	31	53
钦州	--	--	--	--	--	--	--	--	--	--	--
清远	61	84	109	141	144	154	181	190	214	236	317
衢州	13	40	54	35	63	79	79	106	118	123	142
日照	41	60	70	87	93	93	--	--	--	--	--
汕头	67	120	160	211	236	246	322	336	336	383	472
韶关	--	--	--	--	--	--	--	--	--	--	--
绍兴	--	--	--	--	--	--	--	--	--	--	--
台州	--	--	--	--	--	--	--	--	--	302	689
泰安	60	76	105	128	139	138	174	185	172	191	206
泰州	21	25	26	25	44	49	55	71	124	134	235
唐山	8	7	8	13	17	19	30	44	46	54	200
咸宁	26	29	44	47	49	57	48	52	57	60	101
湛江	--	--	--	--	--	--	--	--	--	--	--
肇庆	--	--	--	--	--	--	--	--	--	--	332
中山	50	78	93	--	104	110	129	156	184	201	314
舟山	--	--	--	--	--	--	--	--	--	--	--
珠海	86	137	140	154	182	207	240	243	251	268	347
万宁	--	--	--	--	--	--	--	--	--	--	--
文昌	--	--	--	--	--	--	--	--	--	--	--
澄迈	--	--	--	--	--	--	--	--	--	--	--

数据来源：国家统计局。

4-20 2024年重点城市商品房销售面积

单位：万平方米

地区	1~2月	1~3月	1~4月	1~5月	1~6月	1~7月	1~8月	1~9月	1~10月	1~11月	1~12月
北京	115	233	303	374	510	587	658	767	847	938	1119
上海	201	394	505	611	783	920	1038	1206	1328	1470	1657
广州	109	267	354	458	631	717	803	967	--	--	--
深圳	53	131	181	229	320	365	408	480	565	669	839
重庆	413	866	1088	1331	1646	1836	2069	2365	2569	2770	2980
海口	30	51	75	112	153	193	225	253	275	313	381
杭州	107	209	268	348	475	551	618	700	782	886	1038
合肥	80	190	262	341	521	560	611	684	730	843	974
济南	115	240	299	386	486	559	638	816	881	940	1036
南宁	74	264	296	360	454	474	510	621	650	700	807
宁波	103	235	281	336	420	439	474	598	652	697	796
青岛	84	207	271	391	681	744	811	975	1033	1089	1194
三亚	21	41	55	72	90	103	122	139	144	151	162
苏州	--	--	--	--	--	--	--	--	--	--	1617
天津	108	325	393	491	656	730	803	901	999	1072	1184
温州	102	203	243	303	399	431	464	530	571	607	654
银川	25	58	79	95	114	132	--	173	--	--	263
白色	23	39	51	64	85	98	111	124	136	149	166
保定	32	94	127	179	249	275	300	351	385	419	532
北海	13	30	40	51	64	71	78	88	98	107	123
常州	--	--	--	--	--	--	--	--	--	--	388
儋州	6	9	13	18	23	27	30	34	37	43	46
德阳	65	89	110	126	151	--	--	--	--	--	--
鄂尔多斯	19	62	84	101	117	135	156	196	--	261	305
防城港	7	10	15	16	21	27	31	38	43	49	55
佛山	84	152	206	263	329	381	427	480	--	--	--
贵港	26	56	67	85	101	113	123	133	144	151	157
桂林	22	42	49	60	77	85	93	107	120	133	146
河源	18	35	44	54	65	71	77	94	105	112	133
贺州	10	21	25	30	39	44	49	57	67	75	89
衡阳	34	86	112	133	165	196	239	296	345	392	435
湖州	39	79	109	128	188	202	220	251	262	277	296
淮南	28	50	64	78	86	94	103	117	128	135	138

4-20 续表 1

单位：万平方米

地区	1~2 月	1~3 月	1~4 月	1~5 月	1~6 月	1~7 月	1~8 月	1~9 月	1~10 月	1~11 月	1~12 月
惠州	104	187	254	322	433	501	569	648	730	810	885
嘉兴	50	116	126	143	192	206	219	269	289	314	351
金华	56	169	191	235	288	324	342	411	444	463	496
晋城	10	--	39	--	67	75	88	--	--	--	--
丽江	--	8	11	14	17	20	23	27	35	--	44
丽水	14	59	73	80	114	120	130	181	197	205	241
临沂	83	210	261	343	512	566	622	731	819	897	981
柳州	24	52	62	77	94	104	113	129	141	153	164
龙岩	18	36	43	52	63	69	75	83	89	94	109
茂名	49	81	106	129	150	166	184	203	237	268	298
梅州	21	37	46	57	68	75	82	90	102	116	133
齐齐哈尔	--	15	21	25	29	35	39	44	48	56	62
钦州	38	53	60	71	87	93	104	114	130	142	158
清远	37	71	97	130	161	186	204	229	263	287	324
衢州	7	19	22	25	41	44	46	55	60	64	73
日照	19	46	56	78	115	125	--	--	--	--	--
汕头	28	54	77	100	134	152	170	189	215	238	270
韶关	23	41	50	63	75	86	98	112	130	145	160
绍兴	76	159	217	250	339	386	436	494	521	553	610
台州	79	134	162	200	265	295	324	371	402	440	481
泰安	41	86	113	139	190	222	254	301	329	365	409
泰州	59	103	124	160	213	251	290	331	386	451	540
唐山	31	65	87	106	130	154	176	202	234	260	331
咸宁	33	66	83	99	118	129	140	160	178	195	214
湛江	37	60	81	104	121	139	155	173	204	226	255
肇庆	40	77	96	121	150	168	181	209	230	250	271
中山	36	77	101	138	176	199	222	257	286	313	354
舟山	10	21	27	32	49	54	59	65	69	75	79
珠海	41	71	80	93	131	143	152	180	194	211	251
万宁	4	7	10	12	20	23	27	30	34	38	43
文昌	3	5	7	10	14	17	21	23	26	28	32
澄迈	3	7	11	17	24	27	33	37	41	43	47

数据来源：国家统计局。

4-21 2024年重点城市房地产开发投资额

单位：亿元

地区	1~2月	1~3月	1~4月	1~5月	1~6月	1~7月	1~8月	1~9月	1~10月	1~11月	1~12月
北京	462	943	1248	1685	2228	2538	2906	3306	3467	3620	3758
上海	929	1351	1806	2273	2775	3359	3889	4413	4941	5489	6229
广州	419	690	990	1284	1623	1807	2037	2371	2643	2885	3066
深圳	332	580	857	1204	1558	1828	2090	2393	2649	2925	--
重庆	304	633	829	1034	1357	1534	1750	2027	2222	2388	2566
海口	46	91	120	150	189	234	266	306	336	393	443
杭州	470	833	1202	1564	2083	2451	2845	3278	3591	3940	4222
合肥	191	325	456	608	788	920	1067	1204	1328	1451	1582
济南	177	362	496	691	880	1017	1146	1301	1406	1503	1558
南宁	52	121	155	189	242	271	294	336	357	384	444
宁波	266	457	630	814	1050	1223	1397	1587	1661	1769	1873
青岛	117	256	373	614	840	927	1076	1169	1308	1425	1512
三亚	44	93	111	141	170	199	231	267	293	327	351
苏州	395	722	994	1299	1639	1827	2002	2181	2364	2470	2509
天津	187	320	404	500	641	731	823	939	1031	1126	1262
温州	155	281	380	531	676	792	898	1012	1093	1194	1259
银川	7	33	49	68	106	126	150	192	211	234	253
百色	6	17	22	27	35	40	45	53	57	63	72
保定	--	--	--	--	--	--	--	--	--	--	--
北海	8	16	21	25	31	34	38	42	45	47	51
常州	94	171	248	316	399	460	523	559	602	634	672
儋州	6	10	13	17	21	24	27	30	34	37	39
德阳	--	--	--	--	--	--	--	--	--	--	--
鄂尔多斯	5	19	32	55	90	111	135	156	--	193	201
防城港	5	6	7	8	10	13	14	16	17	19	22
佛山	87	192	291	378	481	571	663	742	810	880	942
贵港	8	17	25	32	40	49	57	65	69	71	72
桂林	11	16	23	27	34	38	42	53	55	59	65
河源	12	20	29	36	47	53	58	67	73	77	--
贺州	4	8	13	16	20	24	27	31	34	38	44
衡阳	20	37	53	65	87	101	117	134	150	166	184
湖州	109	147	191	238	284	335	382	435	476	518	549
淮南	19	38	53	68	83	90	100	109	123	133	143

4-21 续表 1 单位：亿元

地区	1~2月	1~3月	1~4月	1~5月	1~6月	1~7月	1~8月	1~9月	1~10月	1~11月	1~12月
惠州	103	177	236	294	388	444	503	565	613	658	--
嘉兴	117	179	247	336	461	544	623	697	731	752	773
金华	84	173	201	271	370	469	561	680	788	881	939
晋城	4	18	29	40	56	74	93	113	131	144	156
丽江	--	8	12	14	18	20	21	23	24	--	28
丽水	40	59	84	106	130	157	187	223	253	289	333
临沂	64	135	199	258	300	348	379	424	471	508	530
柳州	12	22	27	36	46	53	59	67	73	78	86
龙岩	19	34	42	52	62	68	--	81	87	91	98
茂名	28	52	67	0	101	115	128	150	162	176	200
梅州	8	13	17	22	28	32	37	41	43	48	--
齐齐哈尔	--	1	4	7	12	14	15	18	19	20	21
钦州	7	11	15	18	22	26	30	34	38	43	49
清远	25	39	50	65	82	94	107	121	134	149	169
衢州	31	55	76	96	119	144	167	186	211	232	264
日照	19	35	48	56	98	116	127	146	158	176	192
汕头	28	56	80	102	142	162	177	191	208	227	243
韶关	13	20	25	32	42	48	54	61	68	75	--
绍兴	124	219	318	381	470	559	644	740	813	908	958
台州	96	161	208	292	407	473	561	652	688	708	733
泰安	33	52	76	101	140	162	177	190	201	214	221
泰州	52	89	104	134	169	191	210	235	262	290	309
唐山	--	--	--	--	--	--	--	--	--	--	--
咸宁	--	--	--	--	--	--	--	--	--	--	--
湛江	34	64	80	96	117	131	144	158	171	184	204
肇庆	23	45	58	71	81	90	99	111	119	127	--
中山	49	72	87	106	132	148	166	193	204	224	--
舟山	17	29	33	39	49	55	59	69	75	78	80
珠海	94	157	201	243	288	327	350	387	404	421	452
万宁	6	13	18	23	33	39	43	48	52	57	62
文昌	3	8	11	13	16	20	23	24	25	31	42
澄迈	6	13	17	21	28	32	34	36	40	43	49

数据来源：国家统计局。

4-22　2024年重点城市商品房销售额

单位：亿元

地区	1~2月	1~3月	1~4月	1~5月	1~6月	1~7月	1~8月	1~9月	1~10月	1~11月	1~12月
北京	355	691	966	1222	1643	1885	2117	2374	2684	3023	3577
上海	613	1444	2009	2481	3261	3705	4233	4825	5428	6076	6873
广州	--	--	--	--	--	--	--	--	--	--	--
深圳	--	--	--	--	--	--	--	--	--	--	--
重庆	275	565	722	898	1112	1260	1426	1617	1776	1918	2056
海口	42	74	112	151	217	260	288	313	338	389	469
杭州	296	555	738	984	1390	1605	1801	2032	2280	2600	2962
合肥	105	212	299	379	539	602	665	736	810	973	1135
济南	126	290	369	477	586	668	751	915	1014	1090	1208
南宁	56	165	182	227	301	318	344	425	448	484	561
宁波	155	310	393	491	631	665	722	878	985	1075	1241
青岛	115	280	368	551	917	995	1086	1316	1398	1482	1643
三亚	50	91	126	159	210	244	297	328	347	367	402
苏州	--	--	--	--	--	--	--	--	--	--	--
天津	178	428	532	694	914	1018	1126	1266	1442	1570	1754
温州	138	271	331	425	567	614	664	747	801	858	932
银川	20	52	68	84	100	115	--	148	--	--	219
百色	8	16	23	28	38	44	49	55	60	66	74
保定	--	--	--	--	--	--	--	--	--	--	--
北海	8	17	23	28	35	38	43	49	55	60	69
常州	--	--	--	--	--	--	--	--	--	--	--
儋州	6	9	12	16	21	24	26	29	32	38	40
德阳	32	44	53	61	72	--	--	--	--	--	--
鄂尔多斯	16	52	67	78	89	103	119	146	--	189	220
防城港	3	6	7	8	9	11	13	16	17	19	21
佛山	--	--	--	--	--	--	--	--	--	--	--
贵港	13	28	34	41	48	54	59	63	68	71	74
桂林	13	24	28	34	43	48	53	60	68	75	82
河源	10	17	23	27	32	36	39	45	50	54	66
贺州	4	8	10	12	16	18	21	23	27	30	34
衡阳	16	40	52	61	75	89	107	130	150	170	189
湖州	43	84	118	140	195	213	231	270	281	298	322
淮南	19	34	43	51	57	63	69	78	83	87	89

4–22 续表 1 单位：亿元

地区	1~2 月	1~3 月	1~4 月	1~5 月	1~6 月	1~7 月	1~8 月	1~9 月	1~10 月	1~11 月	1~12 月
惠州	94	171	230	290	382	439	493	557	625	691	773
嘉兴	69	130	147	170	230	252	272	339	363	401	448
金华	86	187	251	316	390	464	499	599	661	697	736
晋城	7	--	26	--	44	50	59	--	--	--	--
丽江	--	5	7	9	11	13	16	18	24	--	31
丽水	19	56	68	77	103	110	118	149	164	175	208
临沂	--	--	--	--	--	--	--	--	--	--	--
柳州	16	34	40	51	62	68	74	84	92	100	107
龙岩	12	24	30	35	44	47	52	57	60	64	75
茂名	30	51	67	82	94	104	115	125	146	163	181
梅州	11	19	24	30	36	40	44	48	55	62	71
齐齐哈尔	--	9	12	14	16	20	22	24	27	31	34
钦州	16	23	26	31	38	41	45	50	56	61	68
清远	25	45	61	79	94	107	117	132	151	164	185
衢州	10	24	27	32	48	51	55	63	70	75	87
日照	15	38	47	65	90	99	--	--	--	--	--
汕头	--	--	--	--	--	--	--	--	--	--	--
韶关	13	22	27	35	42	48	54	61	71	79	87
绍兴	123	241	326	369	489	563	628	725	775	832	905
台州	103	177	224	286	374	420	460	520	564	618	669
泰安	30	68	85	102	134	155	173	202	220	241	274
泰州	68	116	136	173	225	260	297	332	383	431	496
唐山	24	52	69	85	105	124	144	165	191	212	270
咸宁	16	30	37	45	53	58	62	70	78	84	92
湛江	33	55	74	95	110	126	141	157	185	205	229
肇庆	23	45	--	70	85	94	102	119	129	142	154
中山	36	75	101	--	173	199	223	258	287	313	347
舟山	13	25	33	39	59	66	72	79	85	92	98
珠海	--	--	--	--	--	--	--	--	--	--	--
万宁	5	9	13	17	28	33	39	42	48	55	63
文昌	3	6	8	11	16	19	24	25	29	30	35
澄迈	4	8	13	20	28	32	37	42	45	48	53

数据来源：国家统计局。

4-23　2024 年全国主要城市二手房供求全年汇总统计

城市	成交套数（套）	成交面积（万平方米）	参考成交价（元 / 平方米）	成交金额（亿元）	套均面积（平方米 / 套）
一线城市					
北京市	194186	1699.51	58597	9958.56	87.52
上海市	244188	1998.90	55082	11010.32	81.86
广州市	99786	910.59	32638	2971.96	91.25
深圳市	63217	554.13	65893	3651.36	87.66
二线城市					
长春市	21875	195.84	8768	171.72	89.53
长沙市	65586	750.87	12158	912.88	114.49
成都市	192745	1819.20	15933	2898.50	94.38
重庆市	110958	1125.05	12679	1426.48	101.39
大连市	44623	398.97	14695	586.29	89.41
福州市	35723	363.11	25187	914.55	101.65
贵阳市	14851	158.38	8494	134.54	106.65
哈尔滨市	50572	462.62	9815	454.07	91.48
海口市	7868	79.89	15679	125.26	101.54
杭州市	88559	866.29	36684	3177.93	97.82
合肥市	76977	752.23	18771	1412.02	97.72
济南市	55280	609.11	16784	1022.33	110.19
昆明市	11780	128.15	11904	152.55	108.79
南昌市	23602	240.04	12763	306.37	101.70
南京市	98605	900.26	26877	2419.67	91.30
南宁市	37541	399.79	10995	439.56	106.49
宁波市	63572	672.62	21767	1464.07	105.80
青岛市	67286	687.26	17799	1223.27	102.14
三亚市	997	8.79	31611	27.79	88.16
沈阳市	96224	861.79	9623	829.33	89.56
石家庄市	14396	148.57	12577	186.86	103.20
苏州市	66888	736.83	25995	1915.42	110.16
天津市	153913	1434.98	16589	2380.55	93.23
温州市	7806	88.44	20718	183.23	113.30
无锡市	18895	199.99	16745	334.89	105.84
武汉市	104464	1072.18	14646	1570.37	102.64
西安市	108315	1110.75	16244	1804.27	102.55
厦门市	28463	261.55	40469	1058.45	91.89

4–23 续表 1

城市	成交套数（套）	成交面积（万平方米）	参考成交价（元 / 平方米）	成交金额（亿元）	套均面积（平方米 / 套）
郑州市	73240	734.69	12647	929.14	100.31
三四线城市					
常州市	16347	177.41	14433	256.06	108.53
东莞市	32135	333.21	21149	704.69	103.69
佛山市	74349	807.87	15973	1290.45	108.66
惠州市	16716	168.01	9619	161.60	100.51
南通市	20892	227.37	14719	334.66	108.83
绍兴市	4640	51.01	18327	93.49	109.94
徐州市	6089	62.71	11327	71.03	102.99
烟台市	5903	56.52	8454	47.78	95.75
镇江市	8194	88.68	8594	76.22	108.23
珠海市	10017	103.64	21823	226.17	103.46

数据来源：中指数据库监测。

4-24　2024年全国主要城市二手房月度供求成交套数统计

单位：套

城市	1月	2月	3月	4月	5月	6月	7月	8月	9月	10月	11月	12月	全年
一线城市													
北京市	13948	7025	15859	15013	14929	16478	17256	15929	14726	18914	20534	23575	194186
上海市	16893	7611	20931	18381	19224	26525	20176	18012	14704	24707	27391	29633	244188
广州市	8454	4869	6857	8420	6932	8570	9863	8888	8415	7367	9383	11768	99786
深圳市	4071	2030	4371	4725	4542	4809	5282	4417	3851	8186	7830	9103	63217
二线城市													
长春市	2169	1295	2125	1958	1795	1936	1886	1789	1698	1777	1757	1690	21875
长沙市	6449	2855	5560	5864	6175	6157	6074	4787	4876	5692	5823	5274	65586
成都市	14140	7372	15339	17120	15621	15414	18051	15388	13064	14280	20743	26213	192745
重庆市	8264	5126	10379	10016	10686	10360	10241	8690	7517	7790	9800	12089	110958
大连市	2432	1277	3251	3358	3571	5736	6336	5088	4503	3015	3139	2917	44623
福州市	3085	1405	3257	3712	3218	3398	3501	2750	2565	2735	2746	3351	35723
贵阳市	822	754	1476	1330	1406	1203	1143	1215	1174	1470	1356	1502	14851
哈尔滨市	4726	4547	4370	3887	3970	4058	4123	3897	3746	4251	4390	4607	50572
海口市	--	--	--	--	--	--	--	1430	1174	1783	1749	1732	7868
杭州市	6190	2303	8209	8106	7932	8605	7599	6296	5532	8861	9446	9480	88559
合肥市	5345	2755	7988	7815	7008	7738	5011	5533	5161	7046	8132	7445	76977
济南市	5348	2337	5807	5411	5017	4849	4586	4398	4144	4410	4361	4612	55280
昆明市	1350	850	1375	1127	1072	914	883	819	786	803	865	936	11780
南昌市	1392	849	2444	2312	1957	1881	2102	1787	1728	2158	2026	2966	23602
南京市	7890	4457	8478	10086	8526	9470	10127	8181	7250	6478	8055	9607	98605
南宁市	1593	1330	2779	3010	2462	3467	3829	3017	3376	4015	3885	4778	37541
宁波市	4472	2324	5890	5700	5379	7143	4598	4341	3999	5839	5811	8076	63572
青岛市	5233	2458	6182	6802	6284	5779	6266	5464	4191	5909	6046	6672	67286
三亚市	--	--	--	--	--	--	--	222	226	191	192	166	997
沈阳市	7058	4045	8415	8244	8129	7685	7945	7897	7378	9997	9701	9730	96224
石家庄市	--	--	--	--	--	--	--	2206	2386	3423	3100	3281	14396
苏州市	5534	2902	5380	7279	5573	5423	6082	5043	4558	4973	5474	8667	66888
天津市	11994	5556	13744	15195	14127	13739	13549	11693	10525	12959	14803	16029	153913
温州市	--	--	--	--	--	--	--	1434	1350	1400	1454	2168	7806
无锡市	--	--	--	--	--	--	--	3064	3191	4008	4388	4244	18895
武汉市	7529	3524	9456	9934	8879	9349	9608	8296	7497	8350	8947	13095	104464
西安市	9502	4304	10404	10034	9079	8619	9710	8446	8055	9936	10063	10163	108315
厦门市	2200	1037	1857	2593	2186	2386	2520	2265	1993	2525	3130	3771	28463

4-24 续表 1

单位：套

城市	1月	2月	3月	4月	5月	6月	7月	8月	9月	10月	11月	12月	全年
郑州市	6045	3041	5871	7380	6682	6557	7138	6212	6335	5065	5539	7375	73240
三四线城市													
常州市	--	--	--	--	--	--	--	2897	3142	3213	3367	3728	16347
东莞市	2363	952	2318	2819	2417	2647	2974	2604	2563	2769	3302	4407	32135
佛山市	6255	2723	4334	6258	7372	6810	7016	6606	6033	5907	6862	8173	74349
惠州市	--	--	--	--	--	--	--	3114	3272	2794	2911	4625	16716
南通市	1226	1444	1793	2150	2206	1614	1746	1877	1723	1729	1630	1754	20892
绍兴市	--	--	--	--	--	--	--	597	709	985	993	1356	4640
徐州市	--	--	--	--	--	--	--	1032	972	1521	1436	1128	6089
烟台市	794	485	623	1027	989	1002	983	--	--	--	--	--	5903
镇江市	1339	706	1183	1270	1371	1161	1164	--	--	--	--	--	8194
珠海市	--	--	--	--	--	--	--	1701	1621	2169	2321	2205	10017

数据来源：中指数据库监测。

4-25 2024 年全国主要城市二手房月度供求成交面积统计

单位：万平方米

城市	1月	2月	3月	4月	5月	6月	7月	8月	9月	10月	11月	12月	全年
一线城市													
北京市	120.96	61.17	135.8	129.12	130.98	145.31	153.05	140.85	129.09	161.73	177.24	214.21	1699.51
上海市	139.95	62.44	167.92	149.23	156.05	214.79	165.68	149.83	119.35	198.81	223.5	251.35	1998.9
广州市	77.6	44.37	63.79	76.8	64.24	74.14	87.77	79.85	76.7	68.65	86.18	110.5	910.59
深圳市	36.38	18.44	38.68	41.67	40.36	42.3	47.31	37.88	34.41	66.35	69.21	81.14	554.13
二线城市													
长春市	18.94	11.71	18.58	17.32	16.16	17.76	16.96	16.61	15.35	16.09	15.55	14.81	195.84
长沙市	73.56	32.57	62.44	68.1	71.26	70.51	70.83	54.51	55.82	65.75	66.63	58.89	750.87
成都市	136.39	71.01	143.54	161.63	147.41	146.32	169.39	143.54	122.54	133.62	188.43	255.38	1819.2
重庆市	82.97	51.39	104.93	101.34	111.72	104.95	101.92	89.12	74.8	77.98	99.81	124.12	1125.05
大连市	21.39	11.04	29.55	30.25	31.96	51.44	57.49	45.84	40.57	26.87	27.52	25.05	398.97
福州市	30.68	14.28	32.77	37.84	33.31	35.14	36.35	27.72	26.27	27.76	28.04	32.95	363.11
贵阳市	8.6	8.22	15.97	13.99	15.2	12.59	12.3	13.14	12.49	15.82	14.13	15.93	158.38
哈尔滨市	42.11	41.11	38.9	35.81	36.7	37.12	39.1	36.52	34.49	38.69	39.87	42.2	462.62
海口市	--	--	--	--	--	--	--	14.35	12.13	17.88	17.91	17.62	79.89
杭州市	59.76	22.78	78.02	76.23	75.81	83.44	74.52	61.59	53.92	88.93	95.71	95.58	866.29
合肥市	51.93	26.2	78.4	76.65	68.24	75.67	48	53.57	51.08	68.5	80.4	73.59	752.23
济南市	59.04	25.95	65.58	61.06	56.42	53.54	50.49	47.45	44.57	48.69	47.36	48.96	609.11
昆明市	14.52	9.43	15.06	12.74	11.84	10.05	9.52	9.04	8.44	8.61	8.88	10.02	128.15
南昌市	14.25	8.57	24.26	23.65	20.44	19.11	21.23	18.25	17.57	22.73	20.48	29.5	240.04
南京市	72.22	40.49	76.18	91.34	78.47	86.92	92.89	75	66.09	58.8	73.38	88.48	900.26
南宁市	16.75	14.07	29.19	31.7	26.13	37.24	40.83	32.31	36.23	43.15	41.46	50.73	399.79
宁波市	45.79	23.6	61.46	59.57	57.49	76.28	50.04	45.58	42.34	62.26	60.98	87.23	672.62
青岛市	51.97	24.56	63.6	70.17	63.49	59.43	65.04	55.28	43.14	61.74	63.38	65.46	687.26
三亚市	--	--	--	--	--	--	--	2.08	2.14	1.65	1.63	1.29	8.79
沈阳市	62.23	35.48	73.76	75	72.12	69.5	71.95	71.44	65.8	89.77	86.59	88.15	861.79
石家庄市	--	--	--	--	--	--	--	23.03	23.72	35.7	32.43	33.69	148.57
苏州市	59.16	31.25	58.13	79.14	60.13	60.19	67.3	57.29	50.34	54.89	61.62	97.39	736.83
天津市	117.08	54.76	124.37	137.16	124.85	120.73	123.52	117.96	104.03	117	134.65	158.87	1434.98
温州市	--	--	--	--	--	--	--	16.55	15.28	15.5	16.71	24.4	88.44
无锡市	--	--	--	--	--	--	--	32.8	33.98	41.95	46.37	44.89	199.99
武汉市	77.94	36.28	101.62	97.92	89.98	94.22	98.58	84.05	74.74	83.08	90.12	143.65	1072.18
西安市	96.32	43.76	105.57	102.87	92.95	88.28	100.54	86.09	82.29	102.58	104.07	105.43	1110.75
厦门市	21	9.83	17.24	24.33	20.48	22.36	22.35	19.9	17.58	23.65	28.74	34.09	261.55

4–25 续表 1

单位：万平方米

城市	1月	2月	3月	4月	5月	6月	7月	8月	9月	10月	11月	12月	全年
郑州市	60.95	29.87	57.7	75.09	67.54	62.93	72.18	62.71	64.35	50.8	56.45	74.12	734.69
三四线城市													
常州市	--	--	--	--	--	--	--	31.7	33.9	34.65	36.54	40.62	177.41
东莞市	24.01	9.74	24.09	29.09	25.21	26.85	30.46	26.88	26.64	29.37	34.51	46.36	333.21
佛山市	59.44	29.99	45.98	70.14	83.43	77.02	77.48	72.75	65.68	64.74	74.25	86.97	807.87
惠州市	--	--	--	--	--	--	--	30	33.49	28.16	29.13	47.23	168.01
南通市	13.04	15.65	19.46	23.67	24.44	17.59	19.11	20.67	18.44	18.77	17.55	18.98	227.37
绍兴市	--	--	--	--	--	--	--	6.49	7.75	10.58	11.08	15.11	51.01
徐州市	--	--	--	--	--	--	--	10.72	9.98	15.83	14.76	11.42	62.71
烟台市	7.74	4.52	6	9.74	9.78	9.29	9.45	--	--	--	--	--	56.52
镇江市	14.19	7.49	12.65	13.98	15.01	12.71	12.65	--	--	--	--	--	88.68
珠海市	--	--	--	--	--	--	--	17.15	16.92	22.87	24.44	22.26	103.64

数据来源：中指数据库监测。

4-26　2024年全国主要城市二手房月度供求参考成交价统计

单位：元 / 平方米

城市	1月	2月	3月	4月	5月	6月	7月	8月	9月	10月	11月	12月	全年
一线城市													
北京市	60972	62237	60370	58961	57944	60028	59390	58963	57565	54922	56953	58247	58597
上海市	58835	56190	55150	56310	56930	55417	54887	54696	53886	51661	54058	55050	55082
广州市	34132	35086	33265	33999	33169	33814	32837	31804	30954	31373	32034	31068	32638
深圳市	65650	66917	65303	65269	64892	66793	69386	65563	67857	64325	64977	65751	65893
二线城市													
长春市	9097	8866	8843	8978	8858	8913	8740	8876	8522	8458	8507	8437	8768
长沙市	12726	12456	12621	12519	12136	12718	12184	11955	12080	11782	11532	11083	12158
成都市	16525	16124	16002	16006	15869	16112	15988	15789	15606	15495	15900	15867	15933
重庆市	13129	13004	13034	13010	12923	12671	12626	12599	12261	12384	12466	12173	12679
大连市	15718	15342	15528	15154	14827	15002	15065	14780	14633	13637	13412	12842	14695
福州市	26182	26522	26379	26128	25434	25873	25052	24409	24112	24801	24292	23178	25187
贵阳市	8573	8634	8587	8426	8652	8417	8643	8587	8499	8413	8394	8234	8494
哈尔滨市	10022	9864	9737	9866	9948	9996	10041	9833	9737	9598	9698	9465	9815
海口市	--	--	--	--	--	--	--	15937	15736	15516	15647	15625	15679
杭州市	36455	37667	36234	37664	37055	36821	36695	36034	35788	37164	36782	36139	36684
合肥市	19960	20154	19175	19087	18878	18666	18916	18616	18686	18155	18381	17767	18771
济南市	17461	17132	17478	17032	16876	16761	16614	16532	16193	16294	16497	16187	16784
昆明市	12411	12481	12299	12493	12301	11550	11901	11434	11406	11638	11096	10966	11904
南昌市	12872	13125	12787	13062	12872	12440	12705	12922	12517	13485	12667	12083	12763
南京市	28450	27905	27619	27680	26513	26657	26541	25534	25698	27055	26763	26547	26877
南宁市	11543	11462	11392	11063	11215	11261	11045	11043	10894	10735	10792	10491	10995
宁波市	24021	22796	22707	22628	22165	22219	21007	21146	20680	20775	20219	21473	21767
青岛市	18956	18854	17910	18734	18137	18143	18184	17685	17445	16873	16914	16413	17799
三亚市	--	--	--	--	--	--	--	33456	30319	32260	31545	30032	31611
沈阳市	9952	9876	9769	9821	9644	9602	9606	9458	9287	9514	9582	9550	9623
石家庄市	--	--	--	--	--	--	--	12312	12494	12730	12794	12446	12577
苏州市	26205	27510	26932	26467	25539	25938	25460	25994	25236	25546	25949	25803	25995
天津市	17506	16633	16447	16461	16871	17333	16558	15871	15954	15829	16742	16740	16589
温州市	--	--	--	--	--	--	--	21193	20521	20488	20913	20533	20718
无锡市	--	--	--	--	--		--	17181	17001	16257	16862	16570	16745
武汉市	16351	16145	15210	14773	14502	14624	14621	14372	14039	14045	14276	14037	14646
西安市	16584	16713	16732	16630	16601	16266	16359	16175	15882	15777	15773	15686	16244
厦门市	44211	43045	44104	43244	40846	41793	41102	40886	39288	38179	37085	36895	40469

4-26 续表 1

单位：元 / 平方米

城市	1月	2月	3月	4月	5月	6月	7月	8月	9月	10月	11月	12月	全年
郑州市	13196	12696	12893	12674	12699	12474	12774	12739	12592	12429	12315	12301	12647
三四线城市													
常州市	--	--	--	--	--	--	--	14528	14558	14417	14320	14371	14433
东莞市	23559	23216	23064	22533	22027	21604	21193	20529	20206	19887	19691	19616	21149
佛山市	16597	16739	16762	16548	16372	16284	15915	15849	15546	15410	15532	15021	15973
惠州市	--	--	--	--	--	--	--	10094	9600	9490	9506	9477	9619
南通市	16206	16030	15902	16100	15254	15215	14657	14599	14390	12810	12791	12714	14719
绍兴市	--	--	--	--	--	--	--	18465	17923	18092	18720	18352	18327
徐州市	--	--	--	--	--	--	--	11658	11498	11351	11227	10961	11327
烟台市	8833	8491	8628	8436	8474	8075	8389	--	--	--	--	--	8454
镇江市	8774	8673	8946	8560	8645	8386	8182	--	--	--	--	--	8594
珠海市	--	--	--	--	--	--	--	21971	20983	21649	22287	22017	21823

数据来源：中指数据库监测。

4-27　2024年全国主要城市精装楼盘推出统计

单位：个

城市	1月	2月	3月	4月	5月	6月	7月	8月	9月	10月	11月	12月	汇总
一线城市													
北京	5	2	3	7	5	4	3	4	4	6	--	12	55
上海	4	2	8	8	12	5	9	9	9	11	7	11	95
广州	3	1	4	6	5	4	9	4	5	6	1	4	52
深圳	1	2	4	5	3	3	4	6	8	6	9	12	63
二线城市													
长沙	1	--	--	--	1	--	1	--	2	3	1	--	9
成都	12	4	6	7	7	14	22	2	4	4	3	16	101
重庆	--	--	1	1	--	--	--	--	1	1	1	3	8
大连	--	--	--	--	--	1	--	1	2	--	1	2	7
福州	1	1	--	--	--	--	--	1	2	--	--	2	7
贵阳	--	--	--	--	1	2	--	2	--	--	--	2	7
海口	2	2	--	3	1	1	--	2	1	2	5	3	22
杭州	2	5	3	9	6	16	8	3	5	3	1	13	74
合肥	2	3	1	1	1	1	3	--	1	3	--	6	22
济南	2	1	--	1	1	--	--	2	--	7	4	3	21
南昌	1	1	1	--	--	--	--	--	--	1	--	3	7
南京	4	2	2	3	1	--	5	1	1	3	--	7	29
宁波	3	--	5	2	3	4	1	--	2	3	--	--	23
青岛	1	--	--	--	2	--	1	2	1	--	--	1	8
三亚	1	1	--	2	--	--	--	--	6	--	1	9	20
沈阳	1	--	--	--	--	--	--	1	3	2	1	3	11
石家庄	1	1	--	1	1	1	--	3	--	1	--	1	10
苏州	--	4	--	--	3	10	4	3	2	--	1	4	31
太原	1	--	--	--	--	1	1	2	1	--	--	--	6
天津	3	--	--	--	2	--	1	3	--	2	4	2	17
无锡	2	4	2	1	2	--	2	--	--	4	2	1	20
武汉	--	--	--	3	1	1	3	--	--	1	2	2	13
西安	--	1	2	1	3	2	2	--	3	1	1	--	16
厦门	2	--	--	2	--	2	--	5	--	2	--	--	13
三四线城市													
常州	2	--	--	--	1	--	--	1	1	--	--	2	7

4–27　续表 1

单位：个

城市	1月	2月	3月	4月	5月	6月	7月	8月	9月	10月	11月	12月	汇总
东莞	1	2	1	--	2	1	2	--	2	--	--	1	12
佛山	--	6	--	3	2	3	8	--	1	--	--	7	30
惠州	3	1	--	1	--	--	--	1	--	1	1	--	8
江门	1	1	--	--	--	1	1	--	--	1	--	--	5
聊城	--	--	1	1	--	--	--	--	--	1	2	5	10
南通	--	1	1	--	1	1	1	4	--	--	--	1	10
清远	--	--	--	--	1	4	--	--	--	--	--	--	5
绍兴	2	--	--	--	1	1	1	2	--	--	--	1	8
湛江	4	5	1	--	3	1	--	--	--	1	--	--	15
中山	1	1	2	1	2	--	1	1	--	1	--	1	11
珠海	4	--	--	2	3	1	1	1	1	1	--	--	14
昆山	2	--	2	--	2	--	--	1	--	--	--	--	7
太仓	--	1	2	--	--	--	1	1	--	--	--	--	5

数据来源：中指数据库监测。

4-28　2024年全国主要城市精装房推出套数统计

单位：套

城市	1月	2月	3月	4月	5月	6月	7月	8月	9月	10月	11月	12月	汇总
一线城市													
北京	2852	907	1638	4257	4587	2866	1197	3147	3131	2563	--	6476	33621
上海	2406	849	7896	5036	9510	3236	3992	6106	4005	4911	3229	5300	56476
广州	1834	75	5196	5172	4434	2589	4164	4003	5672	6265	1221	3029	43654
深圳	974	2433	6661	2677	5242	1593	2561	4408	6949	6449	2930	10712	53589
二线城市													
长沙	326	--	--	--	890	--	150	--	1509	1213	1207	--	5295
成都	6248	2520	2454	4990	4957	8142	9830	618	2862	1254	1696	8291	53862
重庆	--	--	237	348	--	--	--	--	1711	1546	3841	1632	9315
大连	--	--	--	--	--	415	--	378	290	--	1302	981	3366
福州	119	112	--	--	--	--	--	248	1213	--	--	726	2418
贵阳	--	--	--	--	1000	3088	--	2650	--	--	--	3323	10061
海口	1070	1319	--	628	2322	517	--	3233	966	1095	2972	801	14923
杭州	898	2581	1994	5778	1973	5179	4348	2114	6880	2220	518	3503	37986
合肥	1767	790	598	424	226	734	1979	--	891	1192	--	2087	10688
济南	1751	182	--	264	798	--	--	1610	--	4848	2890	1202	13545
南昌	828	752	1123	--	--	--	--	--	--	1061	--	945	4709
南京	2437	2180	1202	2629	528	--	4324	1055	500	1072	--	2801	18728
宁波	1465	--	3237	1102	2243	1691	413	--	1243	1426	--	--	12820
青岛	186	--	--	--	717	--	182	1670	100	--	--	538	3393
三亚	1026	1460	--	1970	--	--	--	--	3552	--	540	8739	17287
沈阳	2116	--	--	--	--	--	--	780	1072	1347	768	2048	8131
石家庄	672	374	--	184	42	684	--	3268	--	436	--	2532	8192
苏州	--	2371	--	--	1494	3959	4400	1586	1941	--	449	1268	17468
太原	564	--	--	--	--	820	1146	1114	264	--	--	--	3908
天津	2543	--	--	--	900	--	120	2230	--	1122	3284	929	11128
无锡	708	1239	1456	402	309	--	546	--	--	2892	600	565	8717
武汉	--	--	--	4059	264	306	1846	--	--	394	836	454	8159
西安	--	812	3562	2606	1186	1300	1026	--	1671	288	948	--	13399
厦门	1412	--	--	1980	--	2339	--	5378	--	1230	--	--	12339
三四线城市													
常州	621	--	--	--	381	--	--	1128	563	--	--	1388	4081

4-28 续表 1 单位：套

城市	1月	2月	3月	4月	5月	6月	7月	8月	9月	10月	11月	12月	汇总
东莞	372	1179	373	--	1282	593	849	--	2595	--	--	354	7597
佛山	--	5317	--	1627	1316	1450	6727	--	593	--	--	8308	25338
惠州	3236	1286	--	1859	--	--	--	2178	--	808	167	--	9534
江门	564	1019	--	--	--	1385	652	--	--	833	--	--	4453
聊城	--	--	694	936	--	--	--	--	--	311	583	2672	5196
南通	--	421	470	--	822	723	230	2235	--	--	--	1302	6203
清远	--	--	--	--	570	1844	--	--	--	--	--	--	2414
绍兴	1489	--	--	--	729	1064	800	2806	--	--	--	78	6966
湛江	2022	4052	230	--	2167	224	--	--	--	1409	--	--	10104
中山	674	1610	772	532	1708	--	732	327	--	144	--	110	6609
珠海	1775	--	--	1197	2745	438	390	246	475	258	--	--	7524
昆山	907	--	854	--	998	--	--	420	--	--	--	--	3179
太仓	--	158	961	--	--	--	1371	796	--	--	--	--	3286

数据来源：中指数据库监测。

4-29　2024年全国主要城市精装房装修标准统计

单位：元/平方米

城市	1月	2月	3月	4月	5月	6月	7月	8月	9月	10月	11月	12月	全年
一线城市													
北京	5000	4500	2600	3643	7300	4125	5500	2875	3125	4000	--	3833	4227
上海	2625	4000	3725	5883	4525	4800	4500	4333	4367	4864	3071	8182	4573
广州	4000	4000	2500	5667	3200	2500	3389	2125	2200	2417	3000	2750	3146
深圳	3000	2750	2900	3960	3333	7667	4300	2500	2688	2667	4011	2667	3537
二线城市													
长沙	3500	--	--	--	2500	--	4000	--	3250	3667	2300	--	3203
成都	3438	3250	3250	3471	3068	3091	3332	3000	2475	3245	3162	3402	3182
重庆	--	--	6000	2000	--	--	--	--	2000	2000	1200	3000	2700
大连	--	--	--	--	--	3500	--	1500	5250	--	800	1750	2560
福州	4000	5000	--	--	--	--	--	2800	4750	--	--	4000	4110
贵阳	--	--	--	--	1200	1750	--	1250	--	--	--	2750	1738
海口	1250	900	--	1333	2000	3000	--	1500	2000	2250	1860	2333	1843
杭州	3000	3900	3333	3833	3583	3969	3496	3333	3900	3500	4000	4269	3676
合肥	3250	2667	2800	2500	3000	1500	2333	--	2000	2833	--	4417	2730
济南	2750	3000	--	3000	3000	--	--	2750	--	3500	3125	3000	3016
南昌	1500	1800	2000	--	--	--	--	--	--	1000	--	2532	1766
南京	3875	2500	6500	4167	2000	--	4000	3000	5500	3500	--	4320	3936
宁波	3167	--	4800	7350	5000	2425	3500	--	7300	3667	--	--	4651
青岛	6000	--	--	--	3250	--	1500	4500	900	--	--	2000	3025
三亚	2000	1500	--	1650	--	--	--	--	2500	--	3000	4144	2466
沈阳	1500	--	--	--	--	--	--	1500	1400	1750	1000	2500	1608
石家庄	1000	2000	--	4000	1500	3000	--	1333	--	2000	--	1500	2042
苏州	--	3250	--	--	1933	3100	3375	2667	2750	--	5000	3125	3150
太原	1999	--	--	--	--	2000	4000	2000	1500	--	--	--	2300
天津	3000	--	--	--	2500	--	1500	2000	--	1750	2500	2250	2214
无锡	1850	2825	4750	2100	4955	--	2750	--	--	2688	4500	2000	3158
武汉	--	--	--	2833	3000	5000	4000	--	--	5000	4500	5000	4190
西安	--	800	1500	2000	5833	6500	2750	--	3333	2000	1500	--	2913
厦门	3000	--	--	2000	--	1450	--	2700	--	2900	--	--	2410
三四线城市													
常州	3500	--	--	--	2500	--	--	2500	3000	--	--	3500	3000

4-29 续表 1 单位：元 / 平方米

城市	1月	2月	3月	4月	5月	6月	7月	8月	9月	10月	11月	12月	全年
东莞	4000	1900	2500	--	5500	2000	2500	--	1250	--	--	3000	2831
佛山	--	2250	--	2333	2500	1267	2363	--	1000	--	--	2429	2020
惠州	1333	1200	--	1000	--	--	--	1500	--	2000	800	--	1306
江门	2200	5000	--	--	--	1500	1500	--	--	600	--	--	2160
聊城	--	--	1000	1800	--	--	--	--	--	1000	900	660	1072
南通	--	3000	2500	--	2500	3500	2500	3000	--	--	--	3500	2929
清远	--	--	--	--	800	1025	--	--	--	--	--	--	913
绍兴	1500	--	--	--	2000	3180	2000	2250	--	--	--	2000	2155
湛江	1275	1000	800	--	1667	3000	--	--	--	1950	--	--	1615
中山	1500	2000	1500	1100	2150	--	3000	4500	--	2500	--	1000	2139
珠海	2000	--	--	3000	1833	2000	2000	6000	2000	3000	--	--	2729
昆山	2500	--	3000	--	3000	--	--	3500	--	--	--	--	3000
太仓	--	2000	3000	--	--	--	2000	1100	--	--	--	--	2025

数据来源：中指数据库监测。

4-30　2024年重点城市集中式长租公寓年度统计数据

城市	门店数量（个）	长租公寓平均租金（元/平方米）
一线城市		
北京市	729	157.15
上海市	1581	141.20
广州市	983	69.50
深圳市	945	88.04
二线城市		
长春市	23	41.96
长沙市	57	44.44
成都市	263	71.90
重庆市	217	44.96
大连市	49	45.55
福州市	45	64.36
杭州市	772	91.02
合肥市	52	54.20
济南市	41	58.86
昆明市	39	47.94
南昌市	15	47.32
南京市	288	90.27
南宁市	15	33.69
宁波市	43	52.66
青岛市	44	52.36
沈阳市	42	58.49
苏州市	88	92.42
天津市	78	60.38
无锡市	18	76.55
武汉市	136	57.54
西安市	52	62.32
厦门市	139	57.16
郑州市	23	67.89

4–30 续表 1

单位：元 / 平方米

城市	门店数量（个）	长租公寓平均租金（元 / 平方米）
三四线城市		
东莞市	36	42.78
佛山市	44	40.44
珠海市	15	54.29

数据来源：中指监测数据。

注 1：覆盖城市：北京市、上海市、广州市、深圳市、长春市、长沙市、成都市、重庆市、大连市、福州市、杭州市、合肥市、济南市、昆明市、南昌市、南京市、南宁市、宁波市、青岛市、沈阳市、苏州市、天津市、无锡市、武汉市、西安市、厦门市、郑州市、东莞市、佛山市、珠海市。

注 2：门店数量统计口径：集中式长租公寓门店。

注 3：长租公寓平均租金口径：2024 年 12 月单月平均租挂牌租金。

注 4：长租公寓平均租金算法：该城市所有监测品牌集中式长租公寓门店的平均单平米挂牌租金的简单平均数。

4-31　2024 年重点监控品牌集中式长租公寓数量

单位：个

品牌	1月	2月	3月	4月	5月	6月	7月	8月	9月	10月	11月	12月
泊寓	418	418	418	412	440	441	441	447	448	452	455	457
冠寓	349	349	351	353	371	372	376	382	386	386	387	388
魔方	368	368	368	371	394	395	395	403	403	403	405	406
旭辉瓴寓	92	92	93	97	103	104	105	110	113	114	116	117
乐乎公寓	267	267	267	270	274	277	278	278	278	279	279	281
华润有巢	40	40	40	41	42	43	43	43	43	44	44	44
朗诗寓	94	94	94	97	101	101	101	102	104	106	106	106
招商伊敦	45	47	47	49	50	50	50	53	54	55	55	55
方隅	23	23	23	23	23	23	23	26	26	28	29	29
乐璟生活社区	16	16	16	18	18	20	20	22	22	23	23	23
保利公寓	52	53	53	53	53	53	53	66	67	68	69	69

数据来源：中指监测数据。

注 1：覆盖城市：北京市、上海市、广州市、深圳市、长春市、长沙市、成都市、重庆市、大连市、福州市、杭州市、合肥市、济南市、昆明市、南昌市、南京市、南宁市、宁波市、青岛市、沈阳市、苏州市、天津市、无锡市、武汉市、西安市、厦门市、郑州市、东莞市、佛山市、珠海市。

注 2：覆盖品牌：泊寓、冠寓、魔方、旭辉瓴寓、乐乎公寓、华润有巢、朗诗寓、招商伊敦、方隅、乐璟生活社区、保利公寓。

注 3：统计口径：集中式长租公寓门店。

4–32 2024年20城市甲级写字楼平均租金

单位：元/平方米/天

城市	1月	2月	3月	4月	5月	6月	7月	8月	9月	10月	11月	12月
一线城市												
北京市	9.65	9.53	9.50	9.50	9.44	9.18	9.19	9.14	9.09	9.13	9.07	9.03
上海市	6.76	6.80	6.80	6.82	6.82	6.82	6.82	6.81	6.81	6.80	6.80	6.79
广州市	4.57	4.62	4.57	4.57	4.58	4.60	4.57	4.56	4.55	4.55	4.55	4.55
深圳市	4.95	4.92	4.91	4.91	4.94	4.92	4.95	4.94	4.95	4.94	4.92	4.93
二线城市												
长沙市	2.06	2.07	2.07	2.01	1.95	1.95	1.92	1.90	1.92	1.89	1.91	1.90
成都市	2.63	2.64	2.63	2.63	2.59	2.59	2.59	2.59	2.57	2.54	2.55	2.56
重庆市	2.02	2.00	2.00	2.00	2.01	1.99	1.99	2.02	2.02	2.01	1.99	2.04
福州市	2.62	2.66	2.69	2.69	2.69	2.69	2.69	2.69	2.69	2.69	2.69	2.69
杭州市	3.35	3.35	3.37	3.39	3.37	3.35	3.36	3.38	3.35	3.34	3.36	3.33
合肥市	1.64	1.65	1.65	1.62	1.62	1.62	1.65	1.65	1.65	1.65	1.65	1.65
济南市	2.94	2.95	2.93	2.92	2.84	2.84	2.84	2.83	2.83	2.80	2.82	2.80
南昌市	1.39	1.37	1.38	1.38	1.34	1.34	1.30	1.30	1.30	1.28	1.24	1.23
南京市	3.06	3.06	3.06	3.07	3.11	3.11	3.09	3.09	3.10	3.09	3.09	3.08
青岛市	2.46	2.45	2.46	2.45	2.47	2.48	2.48	2.48	2.47	2.47	2.47	2.46
苏州市	2.22	2.22	2.23	2.23	2.18	2.18	2.17	2.17	2.17	2.17	2.17	2.20
天津市	2.47	2.42	2.42	2.46	2.43	2.45	2.41	2.43	2.45	2.41	2.38	2.36
武汉市	2.61	2.61	2.59	2.59	2.56	2.58	2.60	2.58	2.54	2.52	2.53	2.52
西安市	2.32	2.32	2.34	2.32	2.36	2.37	2.35	2.36	2.35	2.34	2.32	2.33
厦门市	2.64	2.65	2.65	2.70	2.70	2.70	2.70	2.70	2.70	2.70	2.70	2.70
郑州市	2.02	2.00	2.02	2.05	2.05	2.05	2.03	2.01	2.03	2.02	2.05	1.99

备注：城市租金数据根据20城选取固定样本计算所得。

数据来源：中指监测全网挂牌租金数据。

4-33 2024年20城市甲级写字楼平均售价

单位：元/平方米

城市	1月	2月	3月	4月	5月	6月	7月	8月	9月	10月	11月	12月
一线城市												
北京市	41776	41630	41813	41845	42180	42671	43117	43181	43595	43893	44586	45069
上海市	32389	32361	32173	32051	32225	32325	32481	32730	32979	33272	33587	33907
广州市	30248	30288	30437	30685	30923	31182	31693	31970	32229	32569	32995	33602
深圳市	36535	36801	36651	36253	35771	35961	36283	36554	37096	37522	37878	38256
二线城市												
长沙市	12197	12359	12302	12378	12750	12925	13129	13404	13516	13594	13634	13675
成都市	12840	12902	12888	13107	13113	13368	13625	13859	14049	14266	14583	14837
重庆市	12500	12587	12685	12711	12634	12761	12972	13092	13279	13379	13510	13619
福州市	17642	17454	17467	17402	17367	17279	17329	17443	17664	17852	17839	18068
杭州市	22387	22307	22292	22448	23122	23737	24065	24441	24833	25224	25649	26120
合肥市	9516	9585	9521	9727	10019	10319	10578	10737	10979	11249	11587	11925
济南市	12670	12753	12516	12788	12404	12496	12630	13009	13287	13385	13528	13659
南昌市	11458	11426	11564	11614	11792	11797	11770	11879	11946	12032	12047	12168
南京市	17799	17895	17895	17899	18436	18973	18916	19039	19106	19294	19414	19570
青岛市	17488	17617	17672	17142	16866	16791	16695	16753	16638	16724	16677	16787
苏州市	17697	17715	17736	17744	18093	18616	18999	19096	19269	19400	19473	20057
天津市	14759	14810	14807	14994	15017	14985	15111	15224	15372	15478	15630	15709
武汉市	12681	12687	12673	12777	12728	12842	13004	13088	13184	13267	13372	13465
西安市	12671	12765	12659	12644	12733	12561	12634	12760	12932	12927	12963	13039
厦门市	25121	25166	25448	26212	26998	27808	28642	29363	29849	30440	31036	31787
郑州市	11582	11630	11727	12022	11893	12105	12255	12488	12670	12775	13058	13228

备注：城市售价数据根据20城选取固定样本计算所得。

数据来源：中指监测全网挂牌售价数据。

4-34 2024年20城市甲级写字楼空置率

单位：%

城市	第一季度	第二季度	第三季度	第四季度
一线城市				
北京市	14.59	14.21	13.86	14.17
上海市	13.48	13.58	13.82	14.05
广州市	11.49	10.99	10.82	10.94
深圳市	24.77	24.28	24.03	23.84
二线城市				
长沙市	32.86	32.35	32.56	32.77
成都市	21.58	21.08	21.42	21.40
重庆市	27.18	28.18	28.07	27.96
福州市	24.12	24.12	24.12	24.12
杭州市	12.01	12.13	11.83	11.71
合肥市	--	--	--	--
济南市	23.67	23.67	23.67	23.67
南昌市	--	--	--	--
南京市	20.83	21.83	22.22	21.81
青岛市	31.59	31.10	31.00	30.65
苏州市	15.60	15.45	15.75	15.77
天津市	29.71	30.21	29.62	29.77
武汉市	31.68	32.18	31.82	32.15
西安市	25.67	25.21	25.11	24.80
厦门市	26.85	27.07	26.97	26.51
郑州市	18.39	18.09	18.09	18.09

备注：城市空置率数据根据20城选取固定样本计算所得。

数据来源：全网挂牌出租数据。

4-35　2024年125城市购物中心项目数量及存量面积

城市	项目总量（个）	存量面积（万平方米）
一线城市		
北京市	276	2176
上海市	546	3645
广州市	278	2029
深圳市	275	2026
二线城市		
长春市	55	621
长沙市	127	1140
成都市	236	2131
重庆市	248	2210
大连市	46	437
福州市	78	636
贵阳市	67	619
哈尔滨市	44	507
海口市	35	298
杭州市	205	1759
合肥市	96	924
呼和浩特市	26	221
济南市	78	703
昆明市	85	855
兰州市	30	321
南昌市	72	608
南京市	197	1606
南宁市	68	524
宁波市	116	986
青岛市	101	925
三亚市	21	191
沈阳市	74	859
石家庄市	51	449
苏州市	231	1734
太原市	49	433
天津市	128	1162
温州市	53	457
无锡市	93	820

4-35 续表 1

城市	项目总量（个）	存量面积（万平方米）
武汉市	178	1657
西安市	168	1371
西宁市	17	202
厦门市	77	601
银川市	28	248
郑州市	113	939
三四线城市		
宝鸡市	12	95
保定市	25	201
北海市	6	45
沧州市	18	132
常德市	16	128
常州市	52	534
承德市	7	45
东莞市	100	691
鄂州市	7	45
佛山市	160	1365
赣州市	40	324
桂林市	16	138
邯郸市	16	146
衡水市	7	60
衡阳市	16	126
湖州市	30	194
淮安市	30	269
黄冈市	12	94
黄石市	12	115
惠州市	52	338
吉安市	11	83
吉林市	10	159
济宁市	25	191
嘉兴市	46	323
江门市	33	242
金华市	41	347
荆州市	12	90
九江市	22	216

4–35　续表 2

城市	项目总量（个）	存量面积（万平方米）
开封市	9	86
廊坊市	26	199
乐山市	9	72
丽水市	8	73
连云港市	14	131
临沂市	35	322
柳州市	13	105
六安市	11	108
泸州市	11	95
洛阳市	20	202
马鞍山市	11	96
眉山市	13	113
绵阳市	20	146
南充市	18	143
南通市	66	536
南阳市	16	90
莆田市	19	138
秦皇岛市	9	84
清远市	17	150
衢州市	13	90
泉州市	44	385
汕头市	27	158
商丘市	10	86
上饶市	14	101
绍兴市	49	414
宿迁市	22	242
宿州市	11	104
台州市	36	294
泰安市	14	118
泰州市	31	288
唐山市	23	260
潍坊市	30	320
芜湖市	20	172
咸阳市	21	162
湘潭市	8	102
襄阳市	28	239

4-35 续表 3

城市	项目总量（个）	存量面积（万平方米）
孝感市	9	73
新乡市	12	85
邢台市	14	144
徐州市	56	442
许昌市	11	78
烟台市	38	331
盐城市	44	342
扬州市	46	386
宜宾市	13	110
宜昌市	20	151
宜春市	15	147
岳阳市	14	103
湛江市	29	219
张家口市	15	98
肇庆市	15	125
镇江市	26	250
中山市	52	402
舟山市	11	85
珠海市	69	430
株洲市	21	171
驻马店市	13	127
淄博市	25	220
遵义市	26	205

注：统计口径为已开业和未开业的购物中心，存量面积指项目建筑面积。

数据来源：中指数据库监测。

政策篇

第五章　2024年物业管理政策

5-1 2024年物业管理政策

时间	地区	政策内容	政策来源
1月15日	全国	拓展居家助老服务。鼓励养老机构、家政企业、物业服务企业开展居家养老上门服务。	国务院办公厅关于发展银发经济增进老年人福祉的意见
1月17日	漳州	培育优质市场主体。强化国有经济主体作用，培育发展以基本养老服务为主责主业的国有企业。鼓励党政机关、国有企事业单位将闲置房产、培训疗养机构统筹安排出租用于养老服务，并适当减免租金。鼓励社会力量参与提供基本养老服务，支持物业服务企业因地制宜提供居家社区养老服务。	关于印发漳州市推进基本养老服务体系建设实施方案的通知
1月23日	济南	规定商品房小区包含的物业服务事项，具体服务标准由合同当事人依据国家、省、市有关规定并结合项目实际情况约定。	济南市商品房小区物业服务清单
1月23日	泉州	星级是住宅小区物业服务质量的等级标志，根据项目在基础管理、共有部分管理、设施设备管理、社会责任、红色物业创建等方面达到的水平给予评定，设立5个等级，即一星级至五星级，最低一星级，最高五星级。	关于印发泉州市住宅小区物业服务质量星级评价管理办法（试行）的通知
1月23日	泰州	优化自持物业的管理。在符合详细规划和出让合同约定、满足相应设计规范的前提下，允许对自持的商业、文旅、康养、科创等优化布局和工程设计方案，并依法依规办理规划许可变更相关手续。为筹措保障开发项目正常交付的资金，经批准，既有自持建筑在不改变整体功能、不影响公共利益的前提下，可整体转让、调整自持年限或分割销售。鼓励通过基础设施REITs等方式，推动房地产开发向不动产经营转型。	关于优化调整市区房地产政策的通知
1月24日	全国	中国人民银行、金融监管总局各分支机构要加强经营性物业贷款监管，指导督促商业银行严格落实本通知要求，依法合规开展经营性物业贷款业务，一视同仁满足不同所有制房地产企业合理融资需求，促进房地产市场平稳健康发展。	关于做好经营性物业贷款管理的通知
1月29日	宜昌	规范房地产开发企业在前期物业服务等方面的行为。	关于进一步规范房地产领域秩序的通知
1月29日	全国	支持跨行业跨领域人才流动。支持养老服务机构与家政服务、物业服务等机构开展合作，引导相关人才转型从事养老护理相关工作。 依规配齐消防安全、食品安全、物业保障、维修维护、信息管理等工勤岗位。	关于加强养老服务人才队伍建设的意见
2月26日	上海	明确物业装修管理职责；落实装修事项告知制度；加强装修活动日常巡查；建立行政监督检查机制。	关于加强物业服务企业履行住宅装修管理职责的通知
3月8日	上海	创新家政服务消费场景。促进家政服务与养老、育幼、助餐、物业、快递等社区服务业深度融合。 推进物业服务供给侧结构性调整。鼓励有条件的物业服务企业探索“物业 + 生活服务”等多元服务模式，向养老、托幼、家政、文化、健康、快递收发等领域延伸，更好满足居民多样化需求。加快智慧物业平台建设。 支持促进服务消费的行业组织建设和发展。支持以企业为主体、行业组织为依托，在养老、家政、物业等服务消费领域推出一批标杆化服务标准，加强对信息、金融等新型服务消费业态规范和标准制定的研究。	关于印发《本市促进服务消费提质扩容的实施方案》的通知
3月9日	全国	希望现在的房地产企业看到，今后拼的是高质量，拼的是新科技，拼的是好服务。谁能抓住机遇、转型发展，谁能为群众建设好房子、提供好服务，谁就能有市场，谁就能有发展，谁就能有未来。	十四届全国人大二次会议，住房和城乡建设部部长倪虹回答中外记者提问
3月18日	全国	促进电梯监测工作顺利进行，规范电梯检验检测的工作程序和技术要求。	关于进一步做好《电梯监督检验和定期检验规则》《电梯自行检测规则》实施工作的通知

5-1　续表 1

时间	地区	政策内容	政策来源
3 月 20 日	湖北	督促物业服务企业配合公安、消防救援等消防安全监管部门和属地街道、社区、业主委员会，开展深化畅通消防“生命通道”专项治理行动、铁栅栏等影响疏散逃生和灭火救援障碍物集中拆除专项行动，开展住宅小区内占用、堵塞、封闭消防疏散通道以及电动自行车违规停放、充电等突出问题集中整治行动。督促指导物业服务企业按照物业服务合同约定做好服务区域内共用设施设备的维修、养护、管理，配合业主规范使用住宅专项维修资金对住宅小区共用设施进行维修、更新、改造。	关于切实加强全省住建领域住宅小区消防安全管理的通知
3 月 29 日	广州	为规范和促进本市物业小区电动汽车充电设施的建设和管理，满足电动汽车充电需求，促进电动汽车产业高质量发展，住房城乡建设部门负责督促物业服务人配合做好物业管理区域内充电设施的建设和安全管理工作。	广州市物业小区电动汽车充电设施建设管理规定
3 月 29 日	北京	规定物业管理区域、前期物业、业主、业主组织和物业管理委员会、物业服务、物业的使用和维护、法律责任等细则。	北京市物业管理条例
4 月 1 日	常熟	提升物业服务。制定与住宅品质改善提升相适应的物业服务政策，促进物业收费质价相符；支持物业企业向养老、托幼、健康等领域延伸拓展服务，探索“物业服务 + 生活服务”模式。	常熟市促进房地产市场平稳健康发展 11 条工作措施
4 月 24 日	山西	进一步发挥住宅专项维修资金在老旧小区和电梯更新改造中支持作用，物业服务企业积极配合相关工作。	关于在城镇老旧小区改造中发挥住宅专项维修资金支持作用和建立物业管理服务长效机制的通知
4 月 24 日	山西	在满足城市规划、消防安全等前提下，结合城镇老旧小区改造，尊重居民意愿，加快推动既有住宅小区电动自行车集中充电设施和停放场所建设，同步在电梯加装电动自行车识别禁入装置，消除电动自行车进梯入户、人车同屋、飞线充电等安全隐患，最大程度维护居民生命财产安全。物业服务企业积极配合相关工作。	关于加强既有住宅小区电动自行车集中充电设施和停放场所建设管理工作的通知
5 月 11 日	北京	抓好物业管理“关键小事”。夯实智慧物业、安全生产、人员培训等物业管理基础，深化专维资金、行业规范、综合监管等方面改革，推出人民群众看得见、有感受的“4 个 100”品牌，建成 100 个群众满意的物业服务示范项目，选树 100 个综合服务能力强的示范企业，推出 100 个规范运行的业主委员会（物业管理委员会）标杆，评选出 100 名“最美物业人”。扎实做好接诉即办工作，围绕“每月一题”工作安排，进一步推动解决物业管理痛点难点问题；按季度对诉求前 100 小区开展物业管理突出问题滚动治理；健全完善“治理类”小区动态调整机制，鼓励属地开展主动治理。支持各区、各街道（乡镇）因地制宜创新试点，努力打造物业管理的首都标杆、全国示范。切实发挥行业党委与行业协会作用，党建引领行业高质量发展。	关于印发《2024 年北京市住房发展年度计划》的通知
5 月 20 日	银川	对兴庆区、金凤区、西夏区物业服务和停车收费根据不同物业的性质和特点，分别实行政府指导价或市场调节价。	关于印发《银川市普通住宅前期物业服务和停车收费政府指导价标准方案》的通知
5 月 24 日	河南	物业服务企业信用评价以星级评定方式进行，分为市场行为规范、物业安全管理、“红色物业”创建、智慧物业建设、履行社会责任五个星级。每个类别单独评定，达到 80 分（含）以上可获得该项星级认定。 各级物业管理行政主管部门应当以信用信息、评价结果为依据，参考信用主体公共信用综合评价结果，在行政管理、公共服务工作中，对信用主体进行差异化分类指导和监管。	关于印发《河南省物业服务企业信用管理实施办法（试行）》的通知
5 月 31 日	资阳	房地产开发建设单位在办理商品房预（销）售之前，应通过招投标方式选聘物业服务人，提供前期物业服务。 新建房地产开发楼盘实行物业交付承接查验制度。	关于印发《资阳市房地产开发建设项目全过程监管办法（试行）》的通知

5-1 续表2

时间	地区	政策内容	政策来源
6月2日	苏州	制定品质住宅物业服务指引，精准满足个性化需求。支持物业企业向养老、托幼、健康等领域延伸拓展服务，探索“物业服务＋生活服务”模式。建立智慧物业管理服务平台，引导物业服务企业提供定制化产品和个性化服务，提高物业服务效能。	关于进一步促进我市房地产市场平稳健康发展若干政策措施的通知
6月7日	南宁	即日起至2025年12月31日，房地产开发企业使用可销售房屋作为担保，可以在办理商品房预售许可时申请延期缴纳物业专项维修资金。	关于持续促进房地产市场平稳健康发展的若干措施的通知
7月4日	呼和浩特	提升物业管理水平。实行“月评价”和“星级评定”制度，每月对物业企业服务质量进行评价。推行“大片区物业”经营管理模式，对于“小、零、老”居民小区，通过整合相邻零散小区，合理划分物业管理区域，引进物业管理公司进行市场化管理。进一步宣传落实《呼和浩特市住宅小区物业管理条例》，积极营造“共建共治共享”氛围。	关于印发呼和浩特市中心城区2024年住房发展计划的通知
7月29日	恩施土家族苗族自治州	规范物业服务管理。督促物业服务企业严格按照物业服务合同和服务标准，提供“质价相符”的物业服务。以级定价，分级管理，通过服务内容标准调节分级收费标准。各县市要根据不同物业的性质和特点，科学合理制定前期物业服务收费指导价。加大宣传力度，引导业主树立有偿服务理念，形成物业服务的良性循环。加强住宅专项维修资金的使用管理，保障住宅共用部位、共用设施设备的维修和正常使用，维护业主的合法权益。加强物业行业协会建设，开展物业服务提质增效行动。充分运用共同缔造理念，完善社区、业主委员会、物业企业“三方联动”机制，推动物业服务融入基层社会治理。抓紧制定《恩施州物业管理办法》，修订《恩施州物业服务企业信用评价管理办法》。	关于持续推动房地产市场平稳健康发展若干措施的通知
8月3日	全国	居住服务消费。鼓励有条件的物业服务企业与养老、托育、餐饮、家政等企业开展合作，发展“物业服务＋生活服务”模式。推广智能安防、智慧停车、智能门禁等新模式，提升社区服务水平和居住体验。培育提供改造设计、定制化整装、智能化家居等一站式、标准化产品和服务的龙头企业。鼓励有条件的地区支持居民开展房屋装修和局部改造。	关于促进服务消费高质量发展的意见
8月22日	揭阳	支持物业企业因地制宜提供居家养老服务，积极探索“社区＋物业＋养老”服务模式。	关于印发揭阳市推进基本养老服务体系建设实施方案的通知
8月25日	全国	引导房地产业和建筑业，从过去注重速度、数量，转向追求高质量、新科技、好服务，使我们的房地产业和建筑业能够真正转型发展。 “好房子”需要好服务。我们将实施居住服务提升行动，下大力气提高物业服务水平，支持养老、托育、家政等线上线下的生活服务。	国务院新闻办公室举行“推动高质量发展”系列主题新闻发布会，住房和城乡建设部部长倪虹出席介绍情况，并答记者问
8月25日	漳州	鼓励社会资本发展养老产业。积极培育老年人能力等级评估机构，为有需求的老年人提供综合评估服务。养老机构住养人员、政府购买服务保障对象所需评估费用纳入属地财政预算。社会力量运营居家养老服务站的，给予租金全额减免；运营养老服务照料中心、承租国有物业建设嵌入式养老服务机构的，前三年租金全额减免；承租国有物业举办普惠性养老服务机构的，前三年最高可分别按照50%、30%、20%的比例减免租金，每处每年减免金额不超过50万元。	关于印发《漳州市加快推进幸福养老服务体系建设及促进漳台康养产业融合发展的若干措施》的通知
8月28日	临沂	为进一步加强我市住宅专项维修资金应急使用管理工作，保障物业服务区域内共用部位、共用设施设备使用安全，对临沂市住宅专项维修资金的应急使用的原则、情形、程序等做出进一步规范。	关于加强临沂市住宅专项维修资金应急使用有关工作的通知
8月29日	上海	进一步明确市、区房管部门、市物业中心各单位承担住宅维修资金和公共收益相关工作的具体职责。 对住宅维修资金的收取、管理、使用做出进一步规范。	关于印发《关于规范本市住宅维修资金管理的若干规定》的通知

5-1 续表 3

时间	地区	政策内容	政策来源
10 月 14 日	成都	信用管理系统记录物业服务企业及项目负责人的信用信息、信用分数和信用等级。在本市行政区域内从事物业服务活动的企业及其项目负责人，应当在信用管理系统中注册，填报有关信息，接受信用评价管理并及时对信用信息进行维护。	关于印发《成都市物业服务企业及项目负责人信用信息管理办法》的通知
10 月 22 日	东营	统一空置住宅前期物业服务费优惠政策。鼓励物业服务企业不再区分普通住宅和非普通住宅，空置非普通住宅执行空置普通住宅前期物业服务费优惠政策，即住宅交付后，空置超过 6 个月以上的，物业服务费（含电梯费）按照 60% 收取，具体标准按照前期物业服务合同有关约定执行。	关于进一步优化调整房地产市场政策的通知
12 月 19 日	厦门	明确在厦门市社会保障性住房的管理工作中，物业服务企业应配合政府工作；对住户支付物业服务费情况进行规范。	关于印发《厦门市社会保障性住房管理条例实施办法》的通知

5-2　2024年宏观经济政策

时间	地区	政策内容	政策来源
3月5日	全国	①要坚持稳中求进、以进促稳、先立后破。稳是大局和基础，各地区各部门要多出有利于稳预期、稳增长、稳就业的政策，谨慎出台收缩性抑制性举措，清理和废止有悖于高质量发展的政策规定。进是方向和动力，该立的要积极主动立起来，该破的要在立的基础上坚决破，特别是要在转方式、调结构、提质量、增效益上积极进取。强化宏观政策逆周期和跨周期调节，继续实施积极的财政政策和稳健的货币政策，加强政策工具创新和协调配合。②增强宏观政策取向一致性。围绕发展大局，加强财政、货币、就业、产业、区域、科技、环保等政策协调配合，把非经济性政策纳入宏观政策取向一致性评估，强化政策统筹，确保同向发力、形成合力。实施政策要强化协同联动、放大组合效应，防止顾此失彼、相互掣肘。研究储备政策要增强前瞻性、丰富工具箱，并留出冗余度，确保一旦需要就能及时推出、有效发挥作用。精准做好政策宣传解读，营造稳定透明可预期的政策环境。③坚持以高质量发展促进高水平安全，以高水平安全保障高质量发展，标本兼治化解房地产、地方债务、中小金融机构等风险，维护经济金融大局稳定。④优化房地产政策，对不同所有制房地产企业合理融资需求要一视同仁给予支持，促进房地产市场平稳健康发展。⑤健全风险防控长效机制。适应新型城镇化发展趋势和房地产市场供求关系变化，加快构建房地产发展新模式。加大保障性住房建设和供给，完善商品房相关基础性制度，满足居民刚性住房需求和多样化改善性住房需求。⑥稳步实施城市更新行动，推进“平急两用”公共基础设施建设和城中村改造，加快完善地下管网，推动解决老旧小区加装电梯、停车等难题，加强无障碍环境、适老化设施建设，打造宜居、智慧、韧性城市。	十四届全国人大二次会议开幕，国务院总理李强作政府工作报告
3月5日	全国	一是促进房地产市场平稳健康发展。压实企业主体责任和城市属地责任，高质量完成保交楼任务。一视同仁满足不同所有制房地产企业的合理融资需求。因城施策用足用好政策工具箱，支持刚性和改善性住房需求。加快推进保障性住房建设。加快构建房地产发展新模式。二是有效防范化解地方债务风险。统筹好地方债务风险化解和稳定发展。建立防范化解地方债务风险长效机制，建立同高质量发展相适应的政府债务管理机制。	国家发展改革委发布2024年国民经济和社会发展计划草案
4月16日	全国	一季度，各地区、各部门认真贯彻落实党中央、国务院决策部署，加大宏观政策实施力度，政策靠前发力，狠抓落实，推动一季度国民经济持续回升，开局良好。我想用四个关键词来评价一季度的经济运行情况。 第一个关键词是持续回升。今年一季度，国民经济总体上延续了去年以来回升向好态势，生产需求主要指标稳中有升。 第二个关键词是起步平稳。具体从增长、就业、物价、国际收支四大宏观指标来看，一季度经济运行总体稳定、起步平稳。 第三个关键词是稳中有进。国民经济在实现量的合理增长的同时，也实现质的有效提升，高质量发展继续取得新进展。 第四个关键词是开局良好。正是因为经济持续恢复、起步平稳、稳中有进，所以实现了经济良好开局。从经济运行主要指标看，经济运行的稳定性、协调性增强，市场活力增强，市场经营主体信心提升。	国家统计局副局长就2024年一季度国民经济运行情况答记者问

5-2 续表 1

时间	地区	政策内容	政策来源
7 月 15 日	全国	总的来看，上半年国民经济延续恢复向好态势，运行总体平稳、稳中有进，成绩来之不易。 一是从宏观指标看，经济运行总体平稳。从经济增长看，上半年我国国内生产总值 61.7 万亿元，同比增长 5.0%。从就业看，上半年，城镇调查失业率稳中有降，平均值为 5.1%，比上年同期下降 0.2 个百分点。从物价看，上半年，居民消费价格指数（CPI）同比上涨 0.1%，其中二季度上涨 0.3%；核心 CPI 基本稳定，同比上涨 0.7%。从国际收支看，上半年货物进出口总额达 21.2 万亿元，规模创历史同期新高，重点产品出口优势巩固，外汇储备稳定在 3.2 万亿美元以上。 二是从发展质量看，转型升级稳中有进。上半年，产业向“新”向“绿”转型态势更加明显，规模以上高技术制造业增加值占规模以上工业增加值的比重为 15.8%，比一季度提高 0.6 个百分点。规模以上工业水电、核电、风电、太阳能发电量合计同比增长 13.4%，占规模以上工业发电量比重提升；单位 GDP 能耗继续下降。夏收粮油再获丰收，能源安全保障能力和产业链供应链韧性提升，守住了不发生系统性风险的底线。 三是从发展环境看，成绩取得殊为不易。放在全球坐标中观察，我国经济表现依然较好，一季度 GDP 增速快于美国、欧元区、日本等主要经济体，结合二季度国内外形势，预计上半年我国经济增速仍将保持领先，仍是世界经济增长的重要引擎和稳定力量。 综上所述，尽管国内外环境复杂多变，但我国经济运行总体平稳，既有量的增长，更有质的提升，应该说是一份可圈可点、沉甸甸的成绩单。	国家统计局新闻发言人就 2024 年上半年国民经济运行情况答记者问
9 月 26 日	全国	会议强调，要加大财政货币政策逆周期调节力度，保证必要的财政支出，切实做好基层“三保”工作。要发行使用好超长期特别国债和地方政府专项债，更好发挥政府投资带动作用。要降低存款准备金率，实施有力度的降息。要促进房地产市场止跌回稳，对商品房建设要严控增量、优化存量、提高质量，加大“白名单”项目贷款投放力度，支持盘活存量闲置土地。要回应群众关切，调整住房限购政策，降低存量房贷利率，抓紧完善土地、财税、金融等政策，推动构建房地产发展新模式。要努力提振资本市场，大力引导中长期资金入市，打通社保、保险、理财等资金入市堵点。要支持上市公司并购重组，稳步推进公募基金改革，研究出台保护中小投资者的政策措施。	中共中央政治局召开会议，分析研究当前经济形势和经济工作
10 月 18 日	全国	从前三季度的数据来看，经济运行有三个突出的特点。 第一，尽管二季度和三季度的增长略有波动，但是从累计看，国民经济运行稳的总基调没有改变。从增长、就业、通胀、国际收支这四大宏观指标来看，前三季度经济运行是总体平稳的。 第二，高质量发展扎实推进的大趋势没有变。我们现在正处在转型升级的关键阶段，主要任务就是要推动发展方式转型，推动经济向高质量发展迈进。各地区各部门完整、准确、全面贯彻新发展理念，坚定不移推动经济高质量发展，创新、协调、绿色、开放、共享这五个方面的发展都继续取得新的成绩。 第三，9 月份国民经济出现积极变化，多数指标边际改善，经济运行呈现出筑底企稳态势。在一系列政策效应的作用下，尤其是在 9 月下旬中央政治局重要会议召开以后，一揽子增量政策加快推出，这些政策极大增强了市场信心，改善了预期，增强了市场活力。	国家统计局副局长就 2024 年前三季度国民经济运行情况答记者问
12 月 9 日	全国	实施更加积极有为的宏观政策，扩大国内需求，推动科技创新和产业创新融合发展，稳住楼市股市，防范化解重点领域风险和外部冲击。 实施更加积极的财政政策和适度宽松的货币政策，充实完善政策工具箱，加强超常规逆周期调节，打好政策“组合拳”，提高宏观调控的前瞻性、针对性、有效性。	中共中央政治局召开会议，分析研究当前经济形势和经济工作

5-2　续表 2

时间	地区	政策内容	政策来源
12 月 12 日	全国	要实施更加积极的财政政策。提高财政赤字率，确保财政政策持续用力、更加给力。加大财政支出强度，加强重点领域保障。增加发行超长期特别国债，持续支持“两重”项目和“两新”政策实施。增加地方政府专项债券发行使用，扩大投向领域和用作项目资本金范围。 要实施适度宽松的货币政策。发挥好货币政策工具总量和结构双重功能，适时降准降息，保持流动性充裕，使社会融资规模、货币供应量增长同经济增长、价格总水平预期目标相匹配。保持人民币汇率在合理均衡水平上的基本稳定。探索拓展中央银行宏观审慎与金融稳定功能，创新金融工具，维护金融市场稳定。 有效防范化解重点领域风险，牢牢守住不发生系统性风险底线。持续用力推动房地产市场止跌回稳，加力实施城中村和危旧房改造，充分释放刚性和改善性住房需求潜力。合理控制新增房地产用地供应，盘活存量用地和商办用房，推进处置存量商品房工作。推动构建房地产发展新模式，有序搭建相关基础性制度。稳妥处置地方中小金融机构风险。央地协同合力打击非法金融活动。	召开中央经济工作会议，分析当前经济形势，部署 2025 年经济工作
12 月 16 日	全国	指出稳住楼市、持续用力推动房地产市场止跌回稳，需要着重把握好三个方面：一是着力释放需求。二是着力改善供给。三是着力推动转型。	中央财办有关领导解读中央经济工作会议精神

5-3 2024年金融财政政策

时间	地区	政策内容	政策来源
1月5日	全国	稳健的货币政策精准有力。两次下调存款准备金率，保持流动性合理充裕，促进货币信贷总量适度、节奏平稳。两次下调政策利率，带动贷款市场报价利率等市场利率下行，引导商业银行有序降低存量首套房贷利率。强化对科技创新、先进制造、绿色发展等重点领域的精准支持，引导资金更多流向民营小微、乡村振兴等薄弱环节，积极支持房地产市场平稳健康发展。外汇市场和人民币汇率保持基本稳定。 加强对房地产市场运行情况的监测分析。因城施策精准实施好差别化住房信贷政策，满足各类房地产企业合理融资需求，抓好“金融16条”及金融支持保障性住房建设、“平急两用”公共基础设施建设、城中村改造等各项政策落实。	2024年中国人民银行工作会议在京召开
1月24日	全国	坚持稳健的货币政策，落实好灵活适度、精准有效的要求，继续为实体经济稳定增长营造良好的货币金融环境。过去的一年，我们适时强化逆周期调节，两次下调存款准备金率，两次下调政策利率，引导有序降低存量房贷利率，引导金融机构保持信贷总量适度、节奏平稳，取得了较好的成效。2024年，总量方面，将综合运用多种货币政策工具，保持流动性合理充裕，使社会融资规模、货币供应量同经济增长和价格水平预期目标相匹配。在节奏上把握好新增信贷的均衡投放，增强信贷增长的稳定性。结构方面，将不断优化信贷结构，加大对民营企业、小微企业的金融支持，落实好我们不久前发布的金融支持民营经济25条举措，提升金融服务实体经济质效。同时，要注重盘活被低效占用的金融资源，提高存量资金使用效率。价格方面，兼顾内外均衡，促进综合融资成本稳中有降，保持人民币汇率在合理均衡水平上的基本稳定。 有序化解重点领域风险，促使金融风险总体趋向收敛。近年来，一批突出风险点得到有效处置，金融机构经营整体稳健。去年以来，各部门和地方政府采取有效措施，积极化解房地产和地方债务风险。金融机构在金融管理部门的指导下，着力支持房地产企业特别是头部房企的融资渠道稳定。近日，人民银行将联合金融监管总局出台完善经营性物业贷款的有关政策，支持优质房企盘活存量资产，扩大资金使用范围，改善流动性状况。 落实首套房贷利率政策动态调整机制，配合城市政府因城施策调整房贷利率政策下限，优化房贷、消费贷、经营贷等个人贷款的利率关系，支持房地产市场平稳健康发展。 在大湾区实施港澳居民购房支付便利化政策，更好满足港澳居民置业需求。	国务院新闻办公室举行新闻发布会，央行相关领导介绍贯彻落实中央经济工作会议部署、金融服务实体经济高质量发展情况
1月24日	全国	自2024年2月5日起，下调金融机构存款准备金率0.5个百分点（不含已执行5%存款准备金率的金融机构），本次下调后，金融机构加权平均存款准备金率约为7.0%。	中国人民银行决定下调金融机构存款准备金率

5-3　续表 1

时间	地区	政策内容	政策来源
1月25日	全国	坚持把防控风险作为金融工作的永恒主题。稳妥防范化解重点机构、重点领域金融风险，牢牢守住不发生系统性风险底线。坚持市场化、法治化原则，把握好时度效，有序推进中小金融机构改革化险。坚持“两个毫不动摇”，一视同仁满足不同所有制房企合理融资需求，大力支持“平急两用”公共基础设施和城中村改造等“三大工程”建设。积极配合化解存量地方债务风险，严控新增债务。坚持依法合规开展监管，强化机构监管、行为监管、功能监管、穿透式监管、持续监管，推动构建全覆盖、无盲区的金融监管体制机制，切实提高金融监管有效性。 坚持推动金融高质量发展。引导金融机构优化业务结构和增长模式，实现由外延式粗放扩张向内涵精细化管理转变，实现高质量可持续发展。深化金融供给侧结构性改革，不断强化金融机构公司治理，稳步提升经营管理能力，持续建立健全中国特色现代金融企业制度。稳步推进金融领域高水平制度型开放，提升跨境投融资便利化，吸引更多外资金融机构和长期资本来华展业兴业，鼓励中外金融机构加强合作，互利互惠，共同发展。 加快推进城市房地产融资协调机制落地见效。在城市政府牵头协调机制下，按照公正公平的原则，向本行政区域内金融机构推送可以给予融资支持的房地产项目名单。这在我们跟住房和城乡建设部联合发的通知里已经明确。金融机构按照市场化、法治化原则评估协调机制推送的支持对象，对正常开发建设、抵押物充足、资产负债合理、还款来源有保障的项目，要积极满足合理融资需求；对开发建设暂时遇到困难但资金能够平衡的项目，不盲目抽贷、压贷、断贷，要通过存量贷款展期、调整还款安排、新增贷款等方式予以更大力度地支持。近期，我们还将召开相关工作部署会，要求银行尽快行动起来，在城市人民政府牵头协调下，与住房和城乡建设部门一起，因城施策用好政策工具箱，更加精准支持房地产项目合理融资需求。 要继续做好个人住房贷款金融服务。支持各地城市政府和住房和城乡建设部门，因城施策进一步优化首付比例、贷款利率等个人住房贷款政策，指导督促银行更好服务广大人民群众刚性和改善性住房的融资需求。	国务院新闻办公室举行新闻发布会，国家金融监督管理总局相关领导介绍金融服务经济社会高质量发展有关情况
2月8日	全国	稳健的货币政策要灵活适度、精准有效。合理把握债券与信贷两个最大融资市场的关系，准确把握货币信贷供需规律和新特点，引导信贷合理增长、均衡投放，保持流动性合理充裕，保持社会融资规模、货币供应量同经济增长和价格水平预期目标相匹配。加强政策协调配合，有效支持促消费、稳投资、扩内需，保持物价在合理水平。持续深化利率市场化改革，进一步完善贷款市场报价利率形成机制，发挥存款利率市场化调整机制作用，促进社会综合融资成本稳中有降。 因城施策精准实施差别化住房信贷政策，更好支持刚性和改善性住房需求，一视同仁满足不同所有制房地产企业合理融资需求，促进房地产市场平稳健康发展。用好新增的抵押补充再贷款工具，加大对保障性住房建设、“平急两用”公共基础设施建设、城中村改造的金融支持力度，推动加快构建房地产发展新模式。	央行发布2023年第四季度中国货币政策执行报告
2月20日	全国	中国人民银行授权全国银行间同业拆借中心公布，2024年2月20日贷款市场报价利率（LPR）为：1年期LPR为3.45%，5年期以上LPR为3.95%。以上LPR在下一次发布LPR之前有效。	中国人民银行授权全国银行间同业拆借中心公布最新贷款市场报价利率（LPR）

5-3 续表 2

时间	地区	政策内容	政策来源
3 月 6 日	全国	①我们将聚焦人口规模密度大的中心城区和影响面广的关键领域，抓好城市“里子”工程等建设，重点是稳步实施城市更新行动，推进城镇老旧小区改造，推动保障性住房建设，加强城市洪涝治理，加快地下管网等工程建设，打造宜居、韧性、智慧城市。②中国的货币政策工具箱依然丰富，货币政策仍有足够空间。我们在货币政策的调控中，将更加注重平衡好短期与长期、稳增长与防风险、内部均衡和外部均衡的关系，强化逆周期和跨周期调节，着力提振信心、稳定预期、稳定物价，为经济运行发展营造良好的货币金融环境。③我们将把维护价格稳定、推动价格温和回升作为货币政策的重要考量，统筹兼顾银行业资产负债表健康性，继续推动社会综合融资成本稳中有降。④目前，整个中国银行业的存款准备金率平均是 7%，后续仍然有降准空间。我们将综合运用多种货币政策工具，加大逆周期调节力度，保持流动性合理充裕，支持社会融资规模和货币信贷总量稳定增长、均衡投放，实现社会融资规模、广义货币供应量同经济增长和价格水平预期目标相匹配。	十四届全国人大二次会议举行经济主题记者会
3 月 11 日	全国	①当前我国金融风险总体可控。我国银行业保险业运行平稳，尤其主要金融机构经营稳健，可以说，我国金融安全基本盘非常稳固。②在投资方面，我们将加大对国家重大工程、重点项目的资金供给。同时推动落实城市房地产融资协调机制，大力支持保障房等“三大工程”建设。	全国人大代表、国家金融监督管理总局党委书记、局长李云泽在全国两会“部长通道”接受采访
3 月 14 日	全国	①要聚焦保持稳健的货币政策灵活适度、精准有效，综合运用多种货币政策工具，保持流动性合理充裕，促进社会融资规模、货币供应量同经济增长和价格水平预期目标相匹配，加强总量和结构双重调节，持续深化利率市场化改革，促进社会综合融资成本稳中有降。②要聚焦稳妥有效防范化解重点领域风险，做好金融支持地方政府债务风险化解工作，因城施策精准实施好差别化住房信贷政策，满足各类房地产企业合理融资需求。	中国人民银行深入学习贯彻习近平总书记在全国两会期间的重要讲话精神和全国两会精神
3 月 25 日	全国	①中国经济保持回升向好态势，有能力实现全年 5% 左右的预期增长目标。今年以来，货币政策加大逆周期调节力度，政策效果持续显现，未来仍有充足的政策空间和丰富的工具储备。中国人民银行将结合调控形势需要，灵活适度、精准有效实施稳健的货币政策，强化逆周期调节力度，把维护价格稳定、推动价格温和回升作为把握货币政策的重要考量，继续为经济回升向好营造良好的货币金融环境。②中国金融体系运行稳健，金融机构总体健康，风险抵御能力较强。房地产市场已出现一些积极信号，长期健康稳定发展具有坚实的基础，房地产市场波动对金融体系影响有限。中国政府的债务水平在国际上处于中游偏下水平，化解地方政府债务风险的相关政策正在逐步奏效。中国已经构建了行之有效的金融安全网，包括完善金融机构公司治理、加强金融监管、强化处置资源保障、发挥好最后贷款人职能、强化法治保障等。	中国人民银行行长潘功胜出席中国发展高层论坛，就中国经济形势与货币政策、金融稳定、金融开放与国际合作发表讲话
4 月 3 日	全国	①当前外部环境更趋复杂严峻，世界经济增长动能不足，通胀出现高位回落趋势但仍具黏性，发达经济体利率保持高位。我国经济运行延续回升向好态势，高质量发展扎实推进，但仍面临有效需求不足、社会预期偏弱等挑战。要稳中求进、以进促稳、先立后破，不断巩固稳中向好的基础。精准有效实施稳健的货币政策，更加注重做好逆周期调节，更好发挥货币政策工具的总量和结构双重功能，着力扩大内需、提振信心，推动经济良性循环。 ②完善市场化利率形成和传导机制，充实货币政策工具箱，发挥央行政策利率引导作用，释放贷款市场报价利率改革和存款利率市场化调整机制效能，推动企业融资和居民信贷成本稳中有降。 ③因城施策精准实施差别化住房信贷政策，更好支持刚性和改善性住房需求，一视同仁满足不同所有制房地产企业合理融资需求，促进房地产市场平稳健康发展。加大对“市场 + 保障”的住房供应体系的金融支持力度，着力构建房地产发展新模式。落实促进平台经济健康发展的金融政策措施。	中国人民银行货币政策委员会召开 2024 年第一季度例会

5-3　续表 3

时间	地区	政策内容	政策来源
4月3日	全国	目前，全国31个省份和新疆生产建设兵团均已建立省级房地产融资协调机制，所有地级及以上城市（不含直辖市）已建立城市房地产融资协调机制，分批提出可以给予融资支持的房地产项目"白名单"并推送给商业银行。据了解，目前这项工作取得积极进展。截至3月31日，各地推送的"白名单"项目中，有1979个项目共获得银行授信4690.3亿元，1247个项目已获得贷款发放1554.1亿元。	住房和城乡建设部表态我国地级及以上城市已建立城市房地产融资协调机制
4月12日	全国	推动债券和不动产投资信托基金（REITs）市场高质量发展。稳慎有序发展期货和衍生品市场。	国务院印发《关于加强监管防范风险推动资本市场高质量发展的若干意见》
4月25日	全国	村民委员会、村民小组按照农村集体产权制度改革要求，将国有土地使用权、地上的建筑物及其附着物转移、变更到农村集体经济组织名下的，暂不征收土地增值税。	财政部、税务总局近日发布《关于农村集体产权制度改革土地增值税政策的公告》
5月10日	全国	房地产市场供求关系发生重大转变，地方债务风险防控加强，过去靠房地产、地方融资平台等债务驱动的经济增长模式难以持续。 因城施策调整首套房贷利率下限。发挥新发放首套房贷利率政策动态调整机制的作用，引导新发放房贷利率下行。截至3月末，全国343个城市（地级及以上）中，75个下调了首套房贷利率下限，64个取消了下限。3月，新发放个人住房贷款利率为3.69%，同比下降0.45个百分点。 因城施策精准实施差别化住房信贷政策，更好支持刚性和改善性住房需求，一视同仁满足不同所有制房地产企业合理融资需求，统筹研究消化存量房产和优化增量住房的政策措施，促进房地产市场平稳健康发展。强化保障性住房、城中村改造、"平急两用"公共基础设施建设资金保障，推动加快构建房地产发展新模式。	央行发布2024年第一季度中国货币政策执行报告
5月27日	全国	要促进金融与房地产良性循环，进一步发挥城市房地产融资协调机制作用，满足房地产项目合理融资需求，大力支持保障性住房等"三大工程"建设。要配合防范化解地方债务风险，指导金融机构按照市场化方式开展债务重组、置换。	金融监管总局召开党委会议，研究部署《防范化解金融风险问责规定（试行）》贯彻落实举措
6月7日	全国	通知要求城市协调机制负责把好"白名单"项目准入关口，"白名单"是合规项目名单，项目要符合五个条件和五项标准。 通知要求金融机构按照市场化、法治化原则，评估"白名单"项目融资需求，独立评审、自主决策。明确一个项目确定一家主办银行负责项目后续融资，主办银行要建立绿色通道，可单列授信额度。金融机构要根据通知制定尽职免责具体实施细则。 城市协调机制要推动"白名单"项目单独建账核算、封闭运作管理，严禁项目资金挪作他用。城市协调机制要优化预售资金管理，合理确定预售资金监管额度。	金融监管总局、住房和城乡建设部联合印发《关于进一步发挥城市房地产融资协调机制作用 满足房地产项目合理融资需求的通知》
6月19日	全国	推出房地产支持政策组合，包括降低个人住房贷款最低首付比例、取消个人房贷利率下限、下调公积金贷款利率，并设立保障性住房再贷款，用市场化方式加快推动存量商品房去库存。	中国人民银行行长潘功胜在2024陆家嘴论坛上发表演讲
7月5日	全国	要深刻认识房地产工作的人民性、政治性，认真落实党中央、国务院决策部署，进一步发挥城市房地产融资协调机制作用，齐心协力打好商品住房项目保交房攻坚战。要坚持因城施策，以城市为主体、以项目为中心，分门别类采取有效措施，全力推进在建已售难交付商品房项目处置。要一视同仁支持不同所有制房地产企业符合要求的合规项目，切实保障购房人合法权益，提振房地产市场信心。	金融监管总局党委书记、局长李云泽在徐州市主持召开江苏省重点城市保交房工作座谈会
7月19日	全国	要强化统筹推进，精心研究谋划下一步金融监管工作，稳妥有序推进房地产、地方政府债务、中小金融机构等重点领域风险防控，牢牢守住不发生系统性金融风险的底线，为全面深化改革营造良好金融环境。	金融监管总局党委书记、局长李云泽7月19日主持召开党委（扩大）会议

5-3 续表 4

时间	地区	政策内容	政策来源
7月22日	全国	2024年7月22日贷款市场报价利率（LPR）为：1年期LPR为3.35%，5年期以上LPR为3.85%。以上LPR在下一次发布LPR之前有效。1年期、5年期以上LPR均下调10BP。	中国人民银行授权全国银行间同业拆借中心公布最新贷款市场报价利率（LPR）
7月25日	全国	7月25日，进行2000亿元1年期MLF操作，中标利率为2.30%，此前为2.50%。本月MLF两次操作后，当月MLF口径净投放1970亿元，结束了此前MLF连续4个月无净投放的趋势。	央行进行2000亿元1年期MLF操作，中标利率为2.30%
8月1日	全国	扎实做好金融支持融资平台债务风险化解。防范化解房地产金融风险，落实好3000亿元保障性住房再贷款政策，促进加快建立租购并举的住房制度。推动建立权责对等、激励相容的风险处置机制，积极稳妥推动存量风险处置。	央行召开2024年下半年工作会议
8月9日	全国	充分认识房地产市场供求关系的新变化，顺应人民群众对优质住房的新期待，着力推动已出台金融政策措施落地见效，促进房地产市场平稳健康发展。引导金融机构强化金融保障，加大保障性住房建设和供给，满足工薪群体刚性住房需求，支持城乡居民多样化改善住房需求，加大住房租赁金融支持，推动加快建立租购并举的住房制度，加快构建房地产发展新模式。	央行发布2024年第二季度中国货币政策执行报告
9月5日	全国	①中国货币政策将继续坚持以我为主，优先支持国内经济发展，总量上加大逆周期调节力度，灵活运用多种货币政策工具，保持货币信贷总量合理增长。 ②降准降息等政策调整，还是需要观察经济的走势。 ③目前高风险中小银行的数量较峰值已经压降近半。 ④年初降准的政策效果还在持续显现。目前金融机构的平均法定存款准备金率大约为7%，因此还有一定的空间。	国新办举行“推动高质量发展”系列主题新闻发布会，央行发言
9月13日	全国	中国人民银行将坚持支持性的货币政策立场，为经济回升向好营造良好的货币金融环境。货币政策将更加灵活适度、精准有效，加大调控力度，加快已出台金融政策措施落地见效，着手推出一些增量政策举措，进一步降低企业融资和居民信贷成本，保持流动性合理充裕。把维护价格稳定、推动价格温和回升作为把握货币政策的重要考量，更有针对性地满足合理消费融资需求。持续增强宏观政策协调配合，支持积极的财政政策更好发力见效，着力扩大国内需求，促进消费与投资并重，并更加注重消费，淘汰落后产能，促进产业升级，支持总供给和总需求在更高水平上实现动态平衡。	中国人民银行有关部门负责人解读8月金融统计数据
9月24日	全国	一、宏观经济层面：落地降准与降息两项举措。 ①降准：下调存款准备金率0.5个百分点，年内还将视市场流动性的状况，择机进一步下调存款准备金率0.25~0.5个百分点。 ②降息：下调央行政策利率（7天期逆回购操作利率）0.2个百分点，预计调整后会带动MLF利率下调约0.3个百分点，带动LPR、存款利率等随之下行0.2~0.25个百分点。 二、行业层面：推出五项房地产金融新政策。 ①降低存量房贷利率：预计平均降幅大约在0.5个百分点左右。 ②降低二套房首付比例：由当前的25%下调到15%，与首套房比例统一。 ③延长两项房地产金融政策文件的期限：将“金融16条”和经营性物业贷款两项政策由2024年底延长至2026年底。 ④优化保障性住房再贷款政策：将3000亿元保障性住房再贷款中央行出资的比例由60%提高至100%。 ⑤支持收购房企存量土地：允许政策性银行、商业银行贷款支持有条件的企业市场化收购房企土地，但政策尚处于研究中，推出可能还需要一些时间。	国新办召开新闻发布会，中国人民银行行长潘功胜、证监会主席吴清、国家金融监督管理总局局长李云泽就稳经济、保地产、提振资本市场三方面内容发表讲话

5–3　续表5

时间	地区	政策内容	政策来源
9月27日	全国	下调金融机构存款准备金率0.5个百分点（不含已执行5%存款准备金率的金融机构）。本次下调后，金融机构加权平均存款准备金率约为6.6%，释放中长期资金约1万亿元。 为加大货币政策逆周期调节力度，支持经济稳定增长，从9月27日起，公开市场7天期逆回购操作利率由此前的1.70%调整为1.50%，下调20BP。公开市场14天期逆回购和临时正、逆回购的操作利率继续在公开市场7天期逆回购操作利率上加减点确定，加减点幅度保持不变。	央行降准降息
10月12日	全国	①允许专项债券用于土地储备。支持地方政府使用专项债券回收符合条件的闲置存量土地，确有需要的地区也可以用于新增的土地储备项目。 ②支持收购存量房，优化保障性住房供给。主要采取两项支持措施：一项是，用好专项债券来收购存量商品房用作各地的保障性住房。另一项是，继续用好保障性安居工程补助资金，原来这个资金主要是用来支持以新建方式筹集保障性住房的房源，现在我们对支持的方向作出优化调整。 ③优化完善相关税收政策。抓紧研究明确与取消普通住宅和非普通住宅标准相衔接的增值税、土地增值税政策。下一步，还将进一步研究加大支持力度，调整优化相关税收政策，促进房地产市场平稳健康发展。	国新办举行“推动高质量发展”系列主题新闻发布会，财政部发言
10月21日	全国	10月21日，1年期、5年期以上LPR下调25BP，降至3.1%、3.6%。	央行降息
11月8日	全国	增加6万亿元地方政府债务限额置换存量隐性债务，新增债务限额全部安排为专项债务限额，一次报批，分三年实施；连续五年每年从新增地方政府专项债券中安排8000亿元，用于化债，累计4万亿元；2029年及以后年度到期的棚户区改造隐性债务2万亿元，仍按原合同偿还。三项化债政策协同发力，合计可化解地方隐性债务12万亿元。支持房地产市场健康发展的相关税收政策，已按程序报批，近期即将推出。隐性债务置换工作，马上启动。发行特别国债补充国有大型商业银行核心一级资本等工作，正在加快推进中。专项债券支持回收闲置存量土地、新增土地储备，以及收购存量商品房用作保障性住房方面，财政部正在配合相关部门研究制定政策细则，推动加快落地。	十四届全国人大常委会第12次会议通过了《国务院关于提请审议增加地方政府债务限额置换存量隐性债务的议案》
11月13日	全国	①对个人购买家庭唯一住房，面积为140平方米及以下的，减按1%的税率征收契税；面积为140平方米以上的，减按1.5%的税率征收契税。对个人购买家庭第二套住房，面积为140平方米及以下的，减按1%的税率征收契税；面积为140平方米以上的，减按2%的税率征收契税。 ②北京市、上海市、广州市和深圳市，凡取消普通住宅和非普通住宅标准的，取消普通住宅和非普通住宅标准后，与全国其他地区适用统一的个人销售住房增值税政策，对该城市个人将购买2年以上（含2年）的住房对外销售的，免征增值税。	财政部、税务总局、住房和城乡建设部联合发布《关于促进房地产市场平稳健康发展有关税收政策的公告》
11月13日	全国	将土地增值税预征率下限降低0.5个百分点。调整后，除保障性住房外，东部地区省份预征率下限为1.5%，中部和东北地区省份预征率下限为1%，西部地区省份预征率下限为0.5%（地区的划分按照国务院有关文件的规定执行）。	国家税务总局发布《关于降低土地增值税预征率下限的公告》
12月16日	全国	要实行地方政府专项债券投向领域“负面清单”管理，允许用于土地储备、支持收购存量商品房用作保障性住房，扩大用作项目资本金范围。	国务院常务会议召开，会议对优化完善地方政府专项债券管理机制做出部署

5-3 续表 6

时间	地区	政策内容	政策来源
12 月 24 日	全国	2025 年要重点做好六方面工作，一是支持扩大国内需求；二是支持现代化产业体系建设；三是支持保障和改善民生；四是支持城乡区域融合发展；五是支持生态文明建设；六是支持高水平对外开放。	全国财政工作会议召开
12 月 25 日	全国	国务院办公厅发布关于优化完善地方政府专项债券管理机制的意见。①扩大专项债券用作项目资本金范围，提升可用作项目资本金的专项债券规模上限至 30%；②开展专项债券项目“自审自发”试点，下放专项债券项目审核权限，报经省级政府审核批准后不再报国家发展改革委、财政部审核，可立即组织发行专项债券，试点名单为：北京市、上海市、江苏省、浙江省、安徽省、福建省、山东省、湖南省、广东省、四川省、河北雄安新区。	国务院办公厅发文优化完善地方政府专项债券管理机制

5-4　2024 年市场调控监管政策

时间	地区	政策内容	政策来源
1 月 2 日	呼和浩特	①加大住房资源供给。2024 年通过集中新建、企业配建和市场购置等方式，筹集公租房 2000 套、保障性租赁住房 3000 套。在呼和浩特市无房的青年人、新市民申请租住保障性租赁住房，租金不超过市场价的 70%。②加大高校毕业生租购房补贴政策落实力度。③鼓励园区、企业建设员工宿舍、人才公寓等配套设施。对于所有权归属开发区管委会的，按照项目投资额的 15% 给予补助，最高补助 2000 万元。	呼和浩特市人民政府印发 2024 年“五万大学生留呼”专项行动实施方案
1 月 3 日	洛阳	①在 2023 年 1 月 1 日至 2024 年 10 月 31 日期间购买中心城区新建商品房给予契税额 20% 的财政补贴，三个月内缴清契税的，再额外给予 10% 的财政补贴。②支持提取住房公积金支付购房首付款。③在中心城区开展买房特惠活动，自 2024 年 1 月 1 日起，新建商品住宅和公寓网签满 2000 套即开展一期抽奖。④在 2023 年 1 月 1 日至 2023 年 12 月 31 日期间购买中心城区单套建筑面积在 144 平方米以下新房的购房户，继续享受购房补贴。⑤出售自有住房后 1 年内重新购买住房的购房户全部退还已缴纳的个人所得税，个人转让满五唯一住房，暂免征收个人所得税，转让购买 2 年以上（含 2 年）的，免征增值税。⑥居民家庭（包括借款人、配偶及未成年子女）申请贷款购买商品住房时，家庭成员在中心城区名下无成套住房的，一律按首套住房执行住房信贷政策。购买中心城区建筑面积在 80 平方米以下公寓的，不作为房屋套数认定依据。⑦首套首付不低于 20%，二套及以上不低于 30%。⑧支持开展代建团购，团购达成的优惠价格不计入商品房备案价格跌幅比例范围。⑨推进多元化安置，对选择使用“房票”的居民在规定期限内购房的，属地政府可适当提高购房补助标准。⑩推广“带押过户”。	洛阳市人民政府办公室发布关于印发洛阳市进一步促进房地产市场平稳健康发展若干措施的通知
1 月 4 日	南充	①对购买商品住房的重点群体补贴网签合同成交总价的 4%，最高不超过 4 万元。购买车库（车位）的，补贴网签合同成交总价的 15%，最高不超过 7000 元。②支持商业性个人住房贷款转住房公积金个人住房贷款。③符合条件的车位可销售给非本小区业主。④保证金 20%，可用见索即付银行保函，一个月内缴纳 50% 土地款，一年缴清。⑤支持在未缴清土地使用权出让金和城市基础设施配套费的情况下可容缺办理规划许可证和施工许可证。⑥对商品房预售资金实行差异化管理。⑦支持存量商业用地部分调整为住宅用地。⑧优化住宅用地指标，可出让低容积率住宅用地。⑨鼓励属地人民政府在实施年度保障性租赁住房建设时，优先回购库存小户型商品住房、公寓，并直接或经改造后作为保障性租赁住房。支持利用闲置低效商业、办公等非住宅用地建设保障性住房。⑩鼓励采取“以旧换新”“购房券救助”和“现金救助”等模式，通过发放“房票”等方式实施安置。	南充市房地产管理局等多部门发布《南充市进一步促进房地产市场平稳健康发展若干政策措施》
1 月 4 日	广州	①为鼓励被征收人选择“房票安置”，按规定在基础补偿额以外给予被征收人一定的政策性奖励，具体比例由各区自行制定。②房票全市通用，可跨区购买“房源超市”中的房屋。③房票的使用人为被征收人本人及其直系亲属（配偶、父母、子女等直系亲属），其直系亲属使用时需具备广州购房资格。④房票可以转让。被征收人所在户满足拥有一套在广州的住房前提下，允许房票在本项目被征收人间互相转让。房票限转一次。	由广州市规划和自然资源局组织编制的《广州市房票安置实施方案》经广州市政府常务会议审议通过

5–4 续表 1

时间	地区	政策内容	政策来源
1月5日	全国	加大住房租赁开发建设信贷支持力度。支持商业银行向房地产开发企业、工业园区、农村集体经济组织、企事业单位等各类主体依法合规新建、改建长期租赁住房发放住房租赁开发建设贷款。住房租赁开发建设贷款期限一般为3年，最长不超过5年，租赁住房建设的项目资本金比例应符合国务院关于固定资产投资项目资本金制度相关要求。 满足团体批量购买租赁住房的合理融资需求。住房租赁团体购房贷款的期限最长不超过30年，贷款额度原则上不超过物业评估价值的80%，贷款利率由商业银行综合考虑借款人风险状况、风险缓释措施等因素合理确定。 支持发放住房租赁经营性贷款。住房租赁企业运营自有产权长期租赁住房的，住房租赁经营性贷款的期限最长不超过20年，贷款额度原则上不超过物业评估价值的80%。住房租赁企业依法合规改造工业厂房、商业办公用房、城中村等形成的非自有产权租赁住房，住房租赁经营性贷款的期限最长不超过5年，贷款额度原则上不超过贷款期限内应收租金总额的70%。拓宽住房租赁市场多元化投融资渠道。增强金融机构住房租赁贷款投放能力。拓宽住房租赁企业债券融资渠道。支持发行住房租赁担保债券。稳步发展房地产投资信托基金。引导各类社会资金有序投资住房租赁领域。	央行、金融监管总局联合发布《关于金融支持住房租赁市场发展的意见》
1月8日	佛山	自2024年2月1日起施行，有效期5年。被征收人可以选择货币补偿，也可以选择房屋产权调换。具备实施条件的项目，被征收人可选择房票等方式安置。	佛山市印发《佛山市国有土地上房屋征收与补偿办法》
1月11日	浙江	在构建房地产发展新模式方面，浙江将推动房地产市场平稳健康发展，推进商品房预售制度等改革。强化预售许可和资金监管，推进房地产企业信用评价试点，进一步完善预售资金差异化精准化监管机制。探索建立“人、房、地、钱”要素联动机制，完善房地产基础性制度，逐步实现从提高预售条件向现房销售转变，在温州市及其他城市积极稳妥开展现房销售试点。	浙江省召开全省住房和城乡建设工作会议
1月11日	海南	在符合规划条件和充分征求利害关系人同意的前提下，允许利用小区存量土地、拆除后腾退的土地，用于建设配套基础设施、公共服务设施，按有关规定适当增加建筑规模；鼓励小区周边存量土地依法取得土地使用权后，用于配套建设基础设施、公共服务设施。	海南省住房和城乡建设厅发布关于征求《鼓励社会资本参与城镇老旧小区改造工作的意见》（试行）的通知
1月11日	大连	2024年大连市确定的重点民生实事项目中，头号安居工程是解决工薪家庭、来连留连学生和农民工群体住房难，将在交通便利、公共设施较为齐全的区域，按照保本微利原则，规划建设配售型保障性住房2170套。	大连市印发《大连市2024年重点民生实事项目》
1月12日	全国	协调机制根据房地产项目的开发建设情况及项目开发企业资质、信用、财务等情况，按照公平公正原则，提出可以给予融资支持的房地产项目名单，向本行政区域内金融机构推送。 金融机构按照市场化、法治化原则评估协调机制推送的支持对象，对正常开发建设、抵押物充足、资产负债合理、还款来源有保障的项目，建立授信绿色通道，优化审批流程、缩短审批时限，积极满足合理融资需求；对开发建设暂时遇到困难但资金基本能够平衡的项目，不盲目抽贷、断贷、压贷，通过存量贷款展期、调整还款安排、新增贷款等方式予以支持。同时，加强贷款资金封闭管理，严防信贷资金被挪用于购地或其他投资。	住房和城乡建设部与金融监管总局联合印发《关于建立城市房地产融资协调机制的通知》
1月12日	南阳	本次活动时间为2024年1月15日至2024年3月15日，共发放购房券2000张。线上支付100元后即可领取面额20000元的电子购房券，在购房成交时可抵扣等值面额购房款，即实际享受20000元购房优惠。	南阳市中心城区开展“新春放心购惠民一码通”购房券发放活动

5-4　续表 2

时间	地区	政策内容	政策来源
1月16日	晋江	①新购的一二手房不限售，原限售5年的商品住房调整为取得不动产权证满2年。②试点部分优质的新出让房地产用地用于建设改善性住房，住房户型面积144平方米以上的不少于50%，其中180平方米以上的不少于30%。③房地产住宅用地招拍挂时不限房价且不限地价。④现房销售项目开发企业可申请延期缴纳城市基础设施配套费。⑤对使用住房公积金贷款购买新出让房地产用地一手现房销售商品住宅的，公积金贷款额度在最高额度基础上上浮5万元；购买新出让房地产用地一手现房销售全装修商品住宅的，公积金贷款额度在最高额度基础上上浮10万元。	晋江市人民政府办公室印发《关于进一步促进我市房地产市场平稳健康发展的通知》
1月17日	全国	防范化解重点领域风险。统筹化解房地产、地方债务、中小金融机构等风险，坚决守住不发生系统性风险的底线。因城施策用足用好政策工具箱，支持刚性和改善性住房需求。加快推进保障性住房建设、“平急两用”公共基础设施建设和城中村改造。建立防范化解地方债务风险长效机制，优化债务结构。	国家发展改革委党组在《人民日报》撰文
1月22日	乐山	①凡是购买首套新建商品住房的，享受购房补贴8000元/套。②购买第二套新建商品住房的，享受购房补贴12000元/套。③对教师、医护工作者、消防员、烈士遗属、因公牺牲军人遗属、病故军人遗属、因公牺牲人民警察家属、现役或退役军人、毕业未满五年的大学毕业生、见义勇为人员、非乐山市户籍人员，以及符合国家规定的二孩及以上家庭购买新建商品住房的，享受购房补贴5000元/套。④购买车位的购房人给予2000元/个的现金补贴。每个购房人最多享受3个车位补贴。⑤实施阶段性住房公积金“又提又贷”“商转公”政策。⑥全面部署推出不动产“带押过户”新模式。⑦土地款一个月50%，余款一年内缴清。	乐山市出台《促进房地产市场平稳健康发展十二条措施》
1月23日	泰州	①对买一卖一的购房者给予3万~8万元购房补贴。②鼓励住房“组团购”，团购给予2%的购房补贴。③购买200平方米以上房屋用于爱老护老的购房人，给予8万元“孝心购”补贴。④多孩家庭及退役军人补贴购房款总额的1.5%、2%。⑤首次、二次公积金贷款首付20%、30%，双职工首次、二次公积金贷款最高额度分别为100万元、80万元、单职工分别50万元、40万元，购买二星级、三星级或超低能耗居住类绿色建筑上浮10%、20%。支持组合贷款业务。⑥土地款1个月50%，3个月缴纳至75%，6个月内缴清。⑦取消商品住房（含二手住房）转让年限1年的限制。⑧商品房预售资金监管额度可按照价格备案时申报的成本总额的75%执行。支持保函或保险保单置换监管额度内资金。	泰州市发布《关于优化调整市区房地产政策的通知》
1月24日	徐州	主城区商品住房卖旧换新新政策截止时间调整至2024年12月31日。对购买新建商品住房面积为90平方米及以下的，按合同价的0.8%补贴；面积为90平方米以上按合同价的1.2%补贴。	徐州主城区商品住房卖旧换新政策截止时间调整至2024年12月31日
1月24日	连云港	企业、社会团体、群众自行组织一次性（连续30天内且完成网签）在连云港市市区（不含赣榆区）团购同一个开发项目商品房的，根据团购总房款（包含车位、储藏室价款）给予一定比例的资金补贴。其中团购价值2000万至5000万元（不含）的，给予0.3%的资金补贴；团购价值5000万元至1亿元（不含）的，给予0.5%的资金补贴；团购价值1亿元以上的，给予0.7%的资金补贴。鼓励各区在市级补贴政策基础上，根据各自实际对团购群体给予额外补贴。	连云港市住房和城乡建设局和连云港市财政局发布《连云港市市区团购新建商品房补贴实施细则》
1月24日	重庆	①将重庆市个人住房房产税应税住房的计税依据由“房产交易价”调整为“房产交易价的70%”；②将不同交易价格区间独栋商品住宅和高档住房对应执行的0.5%、1%、1.2%三档税率，调整为统一的0.5%一档税率；③将试点以来新购独栋商品住宅、高档住房的家庭免税面积由100平方米调整为180平方米；④应纳税额的计算公式调整为：应纳税额=应税建筑面积×建筑面积交易单价×70%×税率（其中应税建筑面积是指纳税人应税住房的建筑面积扣除免税面积后的面积）；⑤增加“市政府认为需要减税或者免税的其他情形”的兜底条款。	重庆市人民政府发布了《重庆市人民政府关于修改〈重庆市关于开展对部分个人住房征收房产税改革试点的暂行办法〉和〈重庆市个人住房房产税征收管理实施细则〉的决定》

5–4 续表 3

时间	地区	政策内容	政策来源
1月26日	全国	要深入贯彻落实中央金融工作会议精神，加快推动城市房地产融资协调机制落地见效，更加精准支持房地产项目合理融资需求，促进房地产市场平稳健康发展。 协调机制要发挥好地方政府的牵头协调作用，加强工作统筹，细化政策措施，推动房地产开发企业和金融机构精准对接。要按照公平公正原则，筛选确定可以给予融资支持的房地产项目名单，向本行政区域内金融机构推送。要加强信息共享，及时向相关金融机构提供项目建设运行、预售资金监管等信息。要指导金融机构与房地产开发企业平等协商，按市场化、法治化原则自主决策和实施，保障金融机构合法权益。	金融监管总局召开会议，部署推动落实城市房地产融资协调机制相关工作
1月26日	全国	深入贯彻落实中央经济工作会议精神，加快推动城市房地产融资协调机制落地见效，支持房地产项目开发建设，一视同仁满足不同所有制房地产企业合理融资需求，促进房地产市场平稳健康发展。 建立城市房地产融资协调机制，是贯彻落实党中央、国务院决策部署，一视同仁满足不同所有制房地产企业合理融资需求、促进金融与房地产良性循环的重大举措。地级及以上城市人民政府要切实发挥牵头协调作用，把这一重要机制迅速建立和运转起来，及时研判本地房地产市场形势和房地产融资需求，强化统筹谋划，细化政策措施，搭建政银企沟通平台，推动房地产企业和金融机构精准对接，协调解决好房地产融资中存在的困难和问题。 各地要以项目为对象，抓紧研究提出可以给予融资支持的房地产项目名单，协调本行政区域内金融机构发放贷款，精准有效支持合理融资需求。 适应房地产市场供求关系发生重大变化的新形势，加快构建房地产发展新模式，长短结合、标本兼治，促进房地产市场平稳健康发展。要坚持因城施策、精准施策、一城一策，用好政策工具箱，充分赋予城市房地产调控自主权，各城市可以因地制宜调整房地产政策。要以编制住房发展规划为抓手，完善“保障＋市场”的住房供应体系，建立人、房、地、钱要素联动新机制，健全房屋全生命周期基础性制度，实施保障性住房建设、平急两用公共基础设施建设、城中村改造，打造绿色、低碳、智能、安全好房子。要重拳整治房地产市场秩序，纠治房地产开发、交易、中介、物业等方面乱象，曝光违法违规典型案例，切实维护人民群众合法权益。	住房和城乡建设部召开城市房地产融资协调机制部署会
1月27日	广州	①建立广州市房地产融资协调机制，搭建政银企沟通平台，推动房地产开发企业和金融机构精准对接，提出可以给予融资支持的房地产项目名单，一视同仁满足不同所有制房地产企业合理融资需求。②在限购区域范围内，购买建筑面积120平方米以上（不含120平方米）住房，不纳入限购范围。③在限购区域范围内，居民家庭将自有住房用作租赁住房并办理房屋租赁登记备案手续的，或者在广州市存量房交易系统取得房源信息编码并挂牌计划出售的，购买住房时相应核减家庭住房套数。④对于具备合并不动产权证书条件的房屋，购房人可以申请转移登记业务、合并登记业务一同办理。⑤商服类物业不再限定转让对象。	广州市人民政府办公厅发布《关于进一步优化我市房地产市场平稳健康发展政策措施的通知》

5-4　续表 4

时间	地区	政策内容	政策来源
1 月 28 日	海口	①在海口市的符合条件的单位签订 1 年以上正式劳动合同且在岗工作的员工，在购买商品住房方面享受本地居民同等待遇。②经认定的高层次人才、柔性引进的高层次人才及外籍“高精尖缺”人才，在购买商品住房方面享受本地居民同等待遇。③公开招录、公开选调、调任、转任到海南省（含中央驻琼单位）的公务员，通过公开招聘或组织调动等形式进入海南省事业单位（含中央驻琼单位）、法定机构的工作人员，在购买商品住房方面享受本地居民同等待遇。④全职引进的院士团队或经认定的“海南省人才团队”成员，在购买商品住房方面享受本地居民同等待遇。⑤实际引进并在海南工作但尚未落户的人才，在海南省累计缴纳 12 个月及以上个人所得税或社会保险，且家庭成员在海南无住房的，可购买第 1 套商品住房。在第 1 套住房合同备案满 2 年且人才本人在海南省累计缴纳 36 个月及以上个人所得税或社会保险的，可购买第 2 套商品住房。⑥本省户籍人才家庭及未落户人才家庭在出售本市原有住房后一年内，在现有住房套数基础上，可在本市换购 1 套住房。⑦引进人才的父母（含配偶父母）随迁落户后，家庭成员在海南无住房的，可购买 1 套商品住房。落户满 2 年后，在购买商品住房方面享受本地居民同等待遇。	海口市住房和城乡建设局发布关于优化人才购房政策的通知
1 月 29 日	辽宁	①完善土地二级市场，建立交易服务平台，为建设用地使用权转让、出租、抵押交易提供高效服务。对盘活停缓建项目，可根据需求，依法调整规划用途、土地使用年限、商业配套比例等规划设计条件。加强存量资产项目推介，创造条件吸引银行、信托、保险、金融资产管理、股权投资基金等机构积极参与盘活存量资产。②降低房地产市场交易成本。对一年内出售自有住房并购买新建商品住房的，可由购房地给予一定额度的购房补贴，卖旧买新时间不分先后。推动各市出台商业银行个人住房贷款转换为住房公积金贷款政策，鼓励采取顺位抵押等方式开展业务。③推进保障性住房建设。建设配售型保障性住房，重点保障住房困难的城镇家庭和引进人才。对在城镇稳定就业的农民工，通过建设筹集配租型和配售型保障性住房实施住房保障。	辽宁省人民政府印发《辽宁省推动经济稳中求进若干政策举措》
1 月 30 日	上海	截至购房之日，在本市连续缴纳社会保险或个人所得税已满 5 年及以上的非本市户籍居民，可在外环以外区域（崇明区除外）限购 1 套住房（含新建商品住房和二手住房）。	上海市住房城乡建设管理委、市房屋管理局联合印发《关于优化本市住房限购政策的通知》
2 月 1 日	全国	①全面推进“全程网办”。提升高频事项全程网办率。推广应用电子证书证明。完善信息在线查询服务。②创新项目建设全生命周期登记服务。“交地（房）即交证”。“抵押即交证”。③提高涉企登记服务水平。鼓励设立企业办事专区或企业专窗，为企业办理不动产登记提供“绿色通道”。免收小微企业不动产登记费。	自然资源部、国务院国资委、国家税务总局、国家金融监管总局联合印发《关于进一步提升不动产登记便利度 促进营商环境优化的通知》
2 月 1 日	北京	①完善人才落户、住房等支持政策，更大力度保障各类科技企业引进优秀高校毕业生。②落实好城市更新年度任务，推进地上地面地下空间一体化改造提升，老旧小区综合整治新开工 300 个、完工 200 个，老楼加装电梯新开工 1000 部、完工 600 部，推进核心区平房整院落退租、完成申请式退租 2000 户，启动危旧楼房改建 20 万平方米。③完善租购并举的住房制度，支持刚性和改善性住房需求，着重解决好新市民、青年人等住房问题，推进配售型保障性住房建设，建设筹集保障性租赁住房 7 万套（间），竣工各类保障性住房 8 万套（间）。④加强市场监测分析，不断完善房地产市场调控机制，保持房地产融资合理适度，加强房屋租赁市场监管，持续开展“无群租小区”创建试点工作。	北京市人民政府印发《2024 年市政府工作报告重点任务清单》

5-4 续表 5

时间	地区	政策内容	政策来源
2月3日	吉林	2024年新春房交会自2024年2月3日至2月25日，展期23天。共有19家企业参展，参展项目共20个，参展房源3090套、参展面积31万平方米。政府层面推出购房补贴、免收不动产登记费、放宽公积金贷款条件等8项政策福利。企业层面推出免1年所购房屋物业费、打折购买家电、赠送家电家装等3项优惠政策。	吉林市举办2024年新春房屋交易展示会
2月6日	北京	具有本市购房资格且符合以下条件之一的家庭，可在通州区购买1套商品住房：①在本市未拥有住房的本市户籍居民家庭。②在本市已拥有1套住房的通州区户籍居民家庭。③在本市已拥有1套住房，与在通州区注册或经营的企业、疏解搬迁至通州区的党政机关、企事业单位存在劳动关系的本市户籍居民家庭。④在本市未拥有住房，与在通州区注册或经营的企业、疏解搬迁至通州区的企事业单位存在劳动关系的非本市户籍居民家庭。	北京市住建委发布关于调整通州区商品住房销售政策的通知
2月7日	深圳	①本市户籍居民家庭（含部分家庭成员为本市户籍居民的家庭）限购2套住房，本市户籍成年单身人士（含离异）限购1套住房；取消落户年限以及缴纳个人所得税、社会保险年限要求。②非本市户籍居民家庭及成年单身人士（含离异）能提供购房之日前3年在本市连续缴纳个人所得税或社会保险证明的，限购1套住房。	深圳市住房和建设局发布关于优化住房限购政策的通知
2月7日	宁德	取消新建商品住房限价，不再执行《宁德市住房和城乡建设局关于进一步加强中心城区房地产市场精准调控的实施意见》（宁建综〔2018〕34号）文件有关新建商品住房销售价格最高限价的规定，自文件印发之日起，除土地拍卖已有约定外，不再对新开盘的新建商品住房销售最高价格进行限价。	宁德市发布取消中心城区新建商品住房限价的政策解读
2月9日	阳江	① 30日内缴纳50%土地款，余额可1年内分期缴纳。②实行“认房不认贷”住房信贷政策。③优化个人住房贷款中住房套数认定标准，农村宅基地、自建房不计入住房套数。④第一次使用公积金贷款，按照首套住房贷款政策执行；如果缴存人家庭首次公积金贷款已结清，且在阳江市名下无住房的，全国范围内第二次使用公积金贷款，可按照首套住房贷款政策执行。⑤全面开展住房公积金异地个人住房贷款业务。⑥实行阶段性购房发放消费券活动。⑦落实个人所得税买一卖一退税优惠政策。⑧“一房一价”由原来按最高价下浮15%调整为可上下浮15%，调整商品房备案价格时间间隔由三个月缩短为两个月。⑨购房人将不低于商品房买卖合同总价20%的首期款存入专用监管账户后，可办理网签。	阳江市住房和城乡建设局就《阳江市关于进一步促进房地产市场平稳健康发展若干措施》（征求意见稿）向社会公开征求意见
2月10日	宿州	①建筑面积90平方米及以下给予5000元/套购房补贴；②建筑面积90平方米以上给予10000元/套购房补贴。	宿州市房产管理服务中心发布《2024年宿州市春节期间购房补贴发放须知》
2月10日	德阳	自2024年1月30日（含）起至2024年2月29日（含）止，对符合条件的补贴对象，财政按所购房屋100元/平方米标准（以网签建筑面积为准）给予一次性补贴。对符合条件且户籍所在地为德阳市的农村户籍居民（若2人及以上共同购房的，至少其中1人为德阳市农村户籍居民），按所购房屋200元/平方米标准（以网签建筑面积为准）给予一次性补贴。补贴政策不重复享受。	德阳市发布《德阳市龙年（2024年）迎新春购房补贴方案》
2月17日	荆门	房展会共有26家房企参与，汇集了中心城区32个主要在售精品楼盘，提供房源8275套。为吸引返乡人口留驻，荆门市针对“非中心城区户籍家庭购房”“高校毕业生购房”“多孩家庭购房”三类人群推出相应补贴政策。对于符合条件的外出务工返乡人员，荆门市还提供公积金贷款支持，鼓励他们通过申请保租房、申请公租房等形式顺利融入荆门，实现安家落户。	荆门市2024年迎新春嘉年华房展会在荆门园博园南门广场开幕

5-4　续表 6

时间	地区	政策内容	政策来源
2月19日	深圳	①着力强化投资与消费协同效应，以高质量民生投资不断激发消费潜能，加大“三大工程”项目挖潜和实施力度，确保完成保障性住房投资280亿元以上、城中村改造投资110亿元以上、平急两用项目投资30亿元以上。②按照“越多越好、越快越好”工作要求和“四跟”（跟着产业园区走、跟着大型机构走、跟着轨道交通走、跟着盘活资源走）发展策略，全年建设筹集保障房10万套（间）、供应分配6.5万套（间）。按照好房子、好小区的标准，高质量建设各类住房，让人民群众住得更舒心。③坚决扛起城镇建设专班责任，加快实施375个重点项目。全年完成100个以上老旧小区改造，加装电梯1000部。	深圳市高质量发展工作推进会议召开
2月20日	全国	截至2月20日，29个省份214个城市已建立房地产融资协调机制，分批提出可以给予融资支持的房地产项目“白名单”并推送给商业银行，共涉及5349个项目；已有57个城市162个项目获得银行融资共294.3亿元，较春节假期前增加113亿元。另据中国银行、建设银行、农业银行、邮储银行和部分股份制银行有关数据，已对“白名单”项目审批贷款1236亿元，正在根据项目建设进度需要陆续发放贷款。	住房和城乡建设部召开视频调度会议
2月20日	扬州	①取消限售政策。②在市区出售自有住房并在1年内购买新建商品住宅的，或在市区购买新建商品住宅并在1年内出售自有住房的，给予新购商品住宅契税补贴（补贴比例不超过1.5%）。③明确推广“三方联动”式“以旧换新”做法。④支持开发企业开展直接收购式以旧换新业务。⑤鼓励通过多种方式处置收购房源。鼓励各地探索将收购的旧房用作人才房、保障房和征迁安置房；鼓励开发企业通过出售、出租、活化利用等多种方式处置收购的房源。⑥允许开发企业委托收款。“以旧换新”过程中，开发企业已足额支付旧房收购款项，后续旧房再出售时，允许开发企业接受委托直接收取售房款。⑦开发企业收购的存量住房可以办理转移预告登记。	扬州市住房和城乡建设局发布《关于鼓励市区商品住房“以旧换新”的通知》
2月21日	全国	党中央、国务院作出推进保障性住房建设和城中村改造等“三大工程”部署安排后，全行闻令而动、迅速行动，在相关部委指导下，在各地政府的关心支持下，靠前发力、精准发力，全力做好金融服务，取得一系列阶段性成果，业务实现良好开局。去年12月11日，国开行福建分行在福州实现全国首笔配售型保障性住房开发贷款发放；去年12月23日，国开行湖南分行在长沙成功落地全国首笔超大特大城市城中村改造贷款；截至今年2月20日，全行已发放城中村改造专项借款360多亿元，涉及北京、上海、广州等32个城市223个项目，惠及城中村居民26万户，支持建设安置房54万套。 下一步，全行要凝心聚力、全力以赴，推进服务保障性住房建设和城中村改造工作取得扎实新成效。出手要“快”，持续靠前发力，看准了就抓紧干，能多干就多干一些，加快推动项目落地，切实发挥主力银行作用。发力要“准”，主动担当作为，深化政银企合作，做好政策衔接，系统谋划融资方案，优化业务流程，提高服务质效。保障要“细”，完善政策支持，加大资源倾斜力度，强化考核激励。合规要“严”，遵循金融规律，处理好推动发展和防控风险的关系，筑牢发展之基。协作要“紧”，下好全行“一盘棋”，强化协同配合，完善工作落实机制，加强督促指导。	国家开发银行在广州召开服务“三大工程”现场推动会
2月21日	郑州	①在郑工作并经省市认定的A、B、C、D类高层次人才（含卓越工程师）首次购房补贴标准：按照购房价格的50%，分别给予不超过300万元、150万元、100万元、50万元购房补贴。②郑州市青年人才首次购房补贴标准为：博士每人10万元，硕士每人5万元，本科毕业生（技工院校预备技师、技师）每人2万元，专科毕业生（技工院校高级工，不含中专）每人1万元。	郑州市住房保障和房地产管理局、郑州市财政局关于印发《郑州市人才首次购房补贴发放实施细则》

5-4 续表 7

时间	地区	政策内容	政策来源
2月22日	郑州	①探索实施新增商品房“带押过户”。探索开展“一手房带押过户”，实现新增商品房在建工程（或现房）抵押状态下办理交易过户相关业务，进一步降低开发企业经营和制度性交易成本，提高一手房市场流通性。②试点推进现房销售改革。探索建立试点项目融资、销售与建设项目审批流程无缝衔接制度；建立告知承诺绿色通道，推进数据赋能，实行并联审批；建立公共配套设施向项目首期安排衔接机制。实现分期销售与分期规划、分阶段施工许可、联合测绘、分期验收、分期交付协同，形成房地产开发项目“减时间、优服务、降成本”可操作可推广流程机制。	郑州市发展改革委发布《郑州市 2024 年优化营商环境工作要点（征求意见稿）》
2月27日	全国	住房发展规划和年度计划是建立“人、房、地、钱”要素联动机制的重要抓手。各地要充分认识做好住房发展规划和年度计划的编制实施工作的重要性，科学编制规划，认真组织实施，根据人口变化确定住房需求，根据住房需求科学安排土地供应、引导配置金融资源，实现以人定房、以房定地、以房定钱，促进房地产市场供需平衡、结构合理，防止市场大起大落。 科学编制 2024 年、2025 年住房发展年度计划。各城市要根据当地实际情况，准确研判住房需求，完善“保障 + 市场”的住房供应体系，以政府为主保障工薪收入群体刚性住房需求，以市场为主满足居民多样化改善性住房需求。住房发展年度计划要明确年度各类住房及用地供应规模、结构和区位，测算房地产项目合理融资需求。保障性住房要进一步明确供应套数和户型结构。要将房地产市场平稳健康发展、住房保障轮候时间等纳入目标管理。 提前谋划 2026–2030 年住房发展规划。各城市要统筹考虑当地经济社会发展、人口变化、产业布局、住房供需等方面情况，结合存量住房和存量土地等潜在供应情况，提前谋划 2026–2030 年住房发展规划。住房发展规划要立足当地实际，明确住房发展目标、重点任务和政策举措。要将保障性住房建设作为住房发展规划的重要内容，科学确定保障性住房发展目标。	住房和城乡建设部发布《关于做好住房发展规划和年度计划编制工作的通知》
3月1日	大连	房交会期间个人购买中山区、西岗区、沙河口区、甘井子区参展楼盘新建商品房的（含新建商品住宅和新建非住宅商品房），并在 4 月 15 日前正式办理房屋买卖合同网签备案的，在取得房屋所有权证后，政府给予 200 元 / 平方米购房补贴，并且总补贴额不超过买方缴纳的契税总额。高新区补贴政策与市内四区同步；金普新区在区域房交会期间购买参展楼盘新建商品房（住宅、公寓）的个人购房者，新区管委会给予购房补贴；长兴岛按照不同购房群体分别给予 200 元、500 元、700 元每平方米购房补贴。	大连市在 2024 年 3 月 1 日至 3 月 31 日期间召开全市线上、线下房交会
3月3日	新乡	①继续实施商品房契税补贴政策。现有的契税补贴政策执行时间延长至 2025 年 5 月 15 日。②多子女职工家庭购买首套自住住房公积金贷款最高额度上浮 15 万元。③最低首付款比例统一为不低于 20%；二套及以上不低于 30%。④对居民换购住房的个人所得税予以退税优惠。⑤土地保证金不低于 20%，1 个月内缴纳土地出让金的 50%，剩余出让金在 10 个月内缴清。⑥实行房票安置政策。⑦增加保障性住房供给。支持国有平台购买存量房屋（商业公寓）用作保障性租赁住房。	新乡市发布《关于印发关于进一步优化政策措施促进房地产市场平稳健康发展的通知》
3月6日	三亚	严格核查参与商品房代理销售、渠道销售经纪机构从业资质，加强商品房销售现场信息公示管理，严厉查处代理销售机构串通开发企业加价销售、违规收费、捂盘惜售等违法违规问题，进一步规范三亚市商品房销售市场，营造运作规范、诚信经营房地产市场环境，不断提升人民群众住房消费领域的满意度。	三亚市住房和城乡建设局发布《关于开展商品房代理预（销）售专项整治工作的通知》

5–4　续表 8

时间	地区	政策内容	政策来源
3 月 8 日	佛山	①全市范围内已办理在建工程抵押的新建商品房，可以申请办理在建工程抵押权注销登记、不动产首次登记和一般抵押权设立登记的组合办理以及批量办理，即“带押确权”。②全市范围内已办理新建商品房首次登记和抵押权设立登记的新建现售商品房（即“一手现房”），在完成房屋带押销售及网签等事项后，可以带押申请办理一手房转移登记和购房人抵押权设立登记，放贷后办理出售方抵押权注销登记，即“一手房带押过户”。	佛山市自然资源局印发《关于开展新建商品房“带押过户”的通告》
3 月 9 日	全国	①城市更新：第一个是民生工程，报告提出推动解决老旧小区加装电梯、停车等难题，加强无障碍、适老化设施建设。我们打算今年再改造 5 万个老旧小区，建设一批完整的社区。第二个是“里子”工程。报告提出要加快完善城市地下管网，今年我们继续加大城市的燃气、供水、污水、供热等老旧管网的改造力度，今年再改造 10 万公里以上。地下管网，既是城市建设的“里子”工程，更是“良心”工程。我们希望，各地用心用力去做，保证高质量。第三是安全工程。报告提出要打造宜居、韧性、智慧城市。宜居、韧性、智慧，都离不开安全这个根本。今年，重点抓两件事：一是推进城市生命线安全工程建设，就是通过数字化手段，对城市的供水、排水、燃气、供热、桥梁、管廊等各类设施进行实时监测，及早发现问题、解决问题，有效提升城市安全运行保障能力。二是提升城市排水防涝能力，今年再启动 100 个城市、1000 个以上易涝积水点治理。②房地产发展新模式：第一，在理念上。要始终坚持房子是用来住的、不是用来炒的定位，完善“市场 + 保障”的住房供应体系，政府保障基本住房需求、市场满足多层次多样化住房需求，建立租购并举的住房制度，努力让人民群众住上好房子。第二，在机制上。一是建立“人、房、地、钱”要素联动的新机制，二是完善房屋从开发建设到维护使用的全生命周期管理机制。第三，在实施上。有两个重点，一是规划建设保障性住房，推进“平急两用”公共基础设施建设和城中村改造。二是下力气建设好房子。③抓好落实房地产市场平稳健康发展。关于落实好《政府工作报告》所部署的任务，我们将聚焦稳市场、防风险、促转型这三方面开展工作：第一，稳市场，城市政府要用好调控自主权。第二，防风险，一视同仁支持不同所有制房地产企业合理融资需求。第三，促转型，让人民群众能够安居乐业。	十四届全国人大二次会议举行民生主题记者会
3 月 10 日	宣城	“以旧换新”按照旧房收购价不高于新房及车位销售价的置换原则，居民家庭可以用一套或多套旧房置换一套或多套新房及车位。产权车位或车库与旧房在同一小区内的，可用车位或车库置换同等数量的新房车位。支持收购款分批次支付给旧房原产权人，首批用于支付新房首付款，剩余旧房款需等新房贷款放款成功后，支付给旧房原产权人。	宣城市城建集团联合宣城市国控集团发布商品房“以旧换新”公告
3 月 13 日	全国	促进金融与房地产良性循环，加快推进城市房地产融资协调机制落地见效，提高项目“白名单”对接效率，一视同仁满足不同所有制房地产企业合理融资需求，大力支持保障性住房等“三大工程”建设，促进构建房地产发展新模式。配合防范化解地方债务风险，指导银行保险机构按照市场化方式开展债务重组、置换。	金融监管总局党委召开扩大会议，传达学习习近平总书记在全国两会期间的重要讲话和全国两会精神
3 月 13 日	深圳	安居型商品房权利人（以下简称权利人）申请取得完全产权或者上市交易的，应当同时符合以下条件：（一）申请人为安居型商品房《房地产证》或者《不动产权证书》登记的权利人，且经其他共同权利人一致书面同意；（二）签订安居型商品房买卖合同满十年，且产权限制期内无违法规、规章规定及合同约定的违规违约行为；（三）因按揭贷款为该套安居型商品房设定抵押的，须经抵押权人书面同意；（四）无法规、规章规定及合同约定的不得受理其取得完全产权或者上市交易申请的情形。	深圳市住房和建设局发布《深圳市安居型商品房产权管理有关事项处理办法（征求意见稿）》

5-4　续表 9

时间	地区	政策内容	政策来源
3 月 14 日	全国	妥善处理房地产开发、配租配售等合同纠纷，积极服务构建房地产发展新模式。	最高人民法院院长张军在十四届全国人大二次会议上作工作报告
3 月 14 日	杭州	①加大规划建设保障性住房力度，加快房源筹建，2024 年开工建设配售型保障性住房不少于 6000 套，着力解决工薪收入群体住房困难。②在本市范围内购买二手住房，不再审核购房人资格。③本市范围内个人出售住房的增值税征免年限统一调整为 2 年。④继续加大推进城市有机更新力度，优化房屋征迁补偿安置方式，满足多样化安置需求。	杭州市房地产市场平稳健康发展领导小组办公室发布《关于进一步优化房地产市场调控措施的通知》
3 月 17 日	广西	①在各市、县（市、区）根据当地出台的契税补贴标准对符合条件的购房人全额发放契税补贴的基础上，自治区将按当地契税补贴标准的 30% 补助各市、县（市、区）。②目前各地因地制宜对职工购买首套住房和二套住房的公积金贷款额度、贷款利率等均出台了相应政策，具体以当地住房公积金管理部门公布的政策为准。③住房商业贷款政策方面，目前，全区 14 个设区市的住房商业贷款利率已根据中国人民银行最新公布的 5 年期以上 LPR（3.95%）商业贷款利率政策作出调整，具体以当地金融部门执行的政策为准。	2024 年广西壮族自治区“好房子・悦生活”春季购房节在南宁启幕
3 月 18 日	海南	3 月 19 日起，符合当地购房政策条件的居民家庭（含本省户籍、非本省户籍和人才）贷款购买商品住房，其住房商业性个人住房贷款最低首付款比例和住房贷款利率下限执行当地个人住房信贷政策标准。	海南省市场利率定价自律机制发布公告，调整差别化住房信贷政策
3 月 18 日	吉林	①支持居住用地商业兼容比例灵活处置。②对盘活低效用地房地产开发项目土地出让价款可以采取分期支付方式，竞买保证金 20%，1 个月缴纳出让款 50%，一年内缴清。③稳步推进货币化安置。④实行存量房“带押过户”。⑤延长住房公积金贷款期限。住房公积金贷款期限延长至法定离退休年龄后五年。⑥缴存职工贷款额度计算倍数由夫妻双方账户余额之和的 10 倍提高至 15 倍。⑦缴存职工连续、正常、足额缴存住房公积金 6 个月（含）以上即可申请“商转公”贷款。推出“商转公”组合贷款业务。	吉林市住房和城乡建设局发布《关于对〈吉林市促进房地产市场平稳健康发展的若干措施（征求意见稿）〉公开征求意见的公告》
3 月 19 日	广州	《意见稿》将“首期住宅工程”的表述更新为“第一批申请预售的工程”。现行方案提到，首期住宅工程不限楼栋数量以及涉及的建设工程规划许可证数量，但不得超过项目建设总量的 50%。《意见稿》未提及不得超过建设总量的一半，调整为“第一批申请预售的住宅工程，不限楼栋数量以及涉及的建设工程规划许可证数量”。	《广州市商品房项目概况及预售许可优化审批实施方案（试行）》（修订征求意见稿）公开征求意见
3 月 19 日	石家庄	2024 年 4 月份起，石家庄市恢复执行全国统一的首套住房商业性个人住房贷款利率下限（LPR-20），二套住房商业性个人住房贷款利率政策下限按现行规定执行。	河北省市场利率定价自律委员会《关于调整石家庄市差别化住房信贷政策的通知》
3 月 20 日	广州市黄埔区、开发区	城中村改造项目的融资居住地块平均净容积率不高于 4.5 的，原则上须规划配置不低于融资区住宅总建筑面积 3% 的政策性住房；其融资居住地块平均净容积率在 4.5 或以上的，项目可按照不规划配置政策性住房方式推进。	广州发布《广州市黄埔区广州开发区关于进一步优化和完善城中村改造项目审批与实施工作机制的若干措施》
3 月 22 日	全国	房地产产业链条长、涉及面广，事关人民群众切身利益，事关经济社会发展大局。去年以来，各地因城施策优化房地产调控，落实保交楼、降低房贷利率等一系列举措，守住了不发生系统性风险的底线。要进一步优化房地产政策，持续抓好保交楼、保民生、保稳定工作，进一步推动城市房地产融资协调机制落地见效，系统谋划相关支持政策，有效激发潜在需求，加大高品质住房供给，促进房地产市场平稳健康发展。要适应新型城镇化发展趋势和房地产市场供求关系变化，加快完善“市场 + 保障”的住房供应体系，改革商品房相关基础性制度，着力构建房地产发展新模式。	国务院总理李强主持召开国常会，听取关于优化房地产政策、促进房地产市场平稳健康发展有关情况的汇报

5–4　续表 10

时间	地区	政策内容	政策来源
3 月 22 日	中山	自发文之日起，购房人在中山市购买商品房无须提供个人住房证明。	中山市住房和城乡建设局、中山市自然资源局发布《关于暂停提交个人住房证明的通知》
3 月 22 日	大同	①对于房地产开发项目，监管账户内资金未达到剩余工程建设拨付节点，房地产开发企业因支付建设工程款、建筑材料款、设备款、农民工工资出现困难，存在引发社会矛盾风险隐患，确需使用商品房预售监管资金支付相关费用的，房地产开发企业可提出申请并承诺以后期售楼款补足重点监管额度资金，预售资金监管部门报经市（县）政府同意后，开辟预售资金拨付应急通道，企业可依申请拨付使用重点监管额度内资金。②开发项目取得五方竣工验收证明并已实际交付业主使用不存在烂尾风险，但项目手续还未完善没有进行不动产首次登记，对信用评价良好的企业，商品房预售资金监管部门可按开发企业申请提前节点拨付预售资金。③对于已取得《商品房预售许可证》的商品房项目，开发企业抵顶给施工单位、材料供应商等的商品房，无需验证预售资金是否存入监管账户，按抵顶合同或协议抵顶商品房可直接网签备案至施工单位、材料供应商等企业。抵顶屋销售后，网签备案合同可进行一次更名，抵顶房屋销售资金则直接存入监管账户，监管部门可根据开发企业申请，把入账资金全部拨付至原抵顶房合同网签备案的施工单位、材料供应商等企业。	大同市规划和自然资源局发布《关于开辟监管预售资金拨付应急通道、解决“工抵房”网签备案变现融资等问题的通知》
3 月 25 日	日照	①对符合条件的农村转移人口、城乡多孩家庭购买首套商品住房的给予购房优惠券补贴，补贴数额为购房款总额的 20%，购买现房并直接办证的，补贴额度可用于抵顶首付款的 50%。②符合条件的人才本人或其家庭在日照市首次购买商品住房可申请青年人才购房优惠券，补贴数额为购房款总额的 20%，购买现房并直接办证的，优惠券可用于抵顶首付款的 50%。③鼓励货币化和现房安置，用好“房票”安置方式，控制新建安置房比例。选择“房票”安置方式的，给予购房优惠券补贴，补贴数额为购房款总额的 20%，购买现房并直接办证的，优惠券可用于抵顶首付款的 50%。④支持各类企业收购存量商品住房（含二手房）作为保障性租赁住房、长租房、人才住房或物业经营性用房。⑤新购买面积为 90~144 平方米的新建商品住房给予购房补贴，缴纳契税并办理不动产权证，补贴标准为实际缴纳的契税与按 1% 税率计算的差额。⑥支持房地产开发企业开展“以旧换新”业务，开发企业已足额支付二手房收购款项，后续二手房再出售时，对二手房购房人给予房款 20% 的购房优惠券补贴。⑦购买首套二套公积金贷款额度保持一致，双方最高贷款额度由 60 万元提高至 80 万元；单方由 40 万元提高至 60 万元。多孩家庭双方最高贷款额度 100 万元，单方 80 万元。公积金贷款购买装配式住宅、高品质住宅，最高贷款额度上浮 20%。未办理过公积金贷款或公积金贷款已结清的可申请商转公。	日照市住房和城乡建设局组织召开《关于促进日照市房地产市场平稳健康发展的若干措施》
3 月 27 日	北京	离婚后购房不再受离婚年限限制。	北京住建委“离异 3 年内不得京内购房”的限购政策文件被废止
4 月 1 日	郑州	① 2024 年全市计划完成二手住房“卖旧买新、以旧换新”10000 套。②群众可通过两种方式实现“卖旧买新、以旧换新”：一是通过郑州城市发展集团有限公司（政府国有平台公司）收购二手住房，促成群众通过“卖旧买新、以旧换新”购买改善性新建商品住房；二是在政府政策鼓励下，通过市场自行交易实现“卖旧买新、以旧换新”。对 2024 年内通过“卖旧买新、以旧换新”购买新建商品住房的群众，郑州市现行的契税补贴 30% 政策延续到 2024 年 12 月 31 日。③根据市内八区保障性租赁住房需求和缺口，在满足职住平衡前提下，由城发集团制定并发布收购计划、收购房源条件等；同时，尽快制定并公开发布收（换）购工作流程，方便卖房和换房群众参与。	郑州市开展促进房产市场“卖旧买新、以旧换新”工作

5–4 续表 11

时间	地区	政策内容	政策来源
4月1日	烟台	自2024年4月1日起，烟台市阶段性取消首套住房商业性个人住房贷款利率下限。本次调整适用于烟台市新发放首套住房商业性个人住房贷款，二套住房商业性个人住房贷款利率政策下限仍按现行规定执行。	烟台市住房和城乡建设局、中国人民银行烟台市分行、国家金融监督管理总局烟台监管分局联合下发通知
4月1日	济宁	自2024年4月1日起，济宁市阶段性取消首套住房商业性个人住房贷款利率下限。本次调整适用于济宁市新发放首套住房商业性个人住房贷款，二套住房商业性个人住房贷款利率政策下限仍按现行规定执行。	济宁市阶段性取消首套住房商贷利率下限
4月2日	赣州	阶段性取消赣州市首套住房商业性个人住房贷款利率下限，自公告次日起执行。	赣州市发布《赣州市人民政府关于阶段性取消我市首套住房商业性个人住房贷款利率下限的公告》
4月3日	全国	我国经济已由高速增长阶段转向高质量发展阶段，人民群众对住房城乡建设的要求从“有没有”转向“好不好”，住房城乡建设事业转型发展离不开标准的引领支撑。	住房和城乡建设部党组书记、部长倪虹到部标准定额研究所调研工程建设标准和工程造价改革、智库建设等工作，并主持召开座谈会
4月3日	福州	阶段性取消福州市首套住房商业性个人住房贷款利率下限。	福州市住房信贷政策阶段性调整
4月3日	潮州	此前潮州市首套房贷款利率下限为LPR–20BP，现在取消首套房贷款利率下限。	潮州市阶段性取消首套房贷利率下限
4月3日	汕尾	自4月1日起，汕尾市开始实施阶段性取消辖区首套房贷利率下限，实际利率由商业银行按照市场化、法治化原则，与借款人自主协商确定。	汕尾市明确4月1日起实施阶段性取消辖区首套房贷利率下限
4月5日	银川	①对出售自有住房并在现住房出售后1年内在市场重新购买住房的纳税人，对其出售现住房已缴纳的个人所得税予以退税优惠。②单职工贷款最高额度由60万元提高至70万元，双职工贷款最高额度由80万元提高至90万元，二孩家庭、三孩及以上家庭贷款额度分别额外上浮10万元和20万元。公积金贷款的可贷额度按照公积金账户余额的30倍计算。	银川市发布《银川市2024年促进房地产市场平稳健康发展若干措施》
4月5日	潍坊	①优化预售资金监管。预售人提取使用超过留存比例但在监管额度以内的商品房预售监管资金，用于本项目工程建设后，本项目监管额度等额进行核减。②支持保函置换监管资金。房地产企业可向符合条件的商业银行申请出具保函置换监管额度内资金，最高可置换监管账户中确保项目竣工交付所需资金额度的30%。③优化住房公积金政策。住房公积金最高贷款额度由60万元提高到80万元；多孩家庭购买首套住房的，最高贷款额度由80万元提高到100万元。④2022年10月1日至2025年12月31日，对在潍坊市内出售自有住房并在现住房出售后1年内，在潍坊市内重新购买住房的纳税人，对其出售现住房已缴纳的个人所得税予以退税。⑤推行“房票”安置方式。在城市更新、城中村改造等涉及房屋征收工作中，全面推行“房票”安置，制定“房票”使用管理办法，实现全城通兑。	潍坊市住房和城乡建设局等十部门发布《关于进一步促进房地产市场平稳健康发展的十二条措施》
4月9日	长沙	①存量房交易主体、房地产经纪机构及其从业人员应通过长沙市房屋交易管理系统签订交易合同。②进一步规范存量房交易资金监管。市住房和城乡建设部门负责完善长沙市房屋交易资金监管系统，将存量房交易资金、佣金等纳入交易资金监管平台进行监测监管。③进一步规范房地产经纪行业管理。房地产经纪机构及房地产经纪从业人员应按照相关规定及时完成机构备案和实名认证。	长沙市住建局、资规局、市场监督管理局等七部门联合印发《关于进一步规范存量房交易秩序的通知》

5-4　续表 12

时间	地区	政策内容	政策来源
4 月 11 日	泰安	①泰安市主城区范围内购买新建商品住房给予 5 万元购房补贴。②个人购买新建商品住房按购房款 0.7% 给予奖励。③二孩家庭 8 万元购房补贴、三孩家庭 10 万元购房补贴。④以旧换新予以奖励，已有住房再购买二手住房给予购房款 1% 的奖励。⑤专科及以上学历人员购买首套新建住宅给予 5 万元购房补贴。⑥鼓励房地产开发企业推出团购优惠活动，支持开发企业给予 2%~5% 的阶梯性优惠。⑦企业发展住房租赁业务或开展以旧换新业务可以享受以下优惠措施：存量商品住房依法依规转为自持长期租赁，备案后可申请住房租赁经营性贷款；依规批量购买存量闲置房屋用作保障性租赁住房，可申请住房租赁团体购房贷款；市场化“房票”方式开展住房“以旧换新”业务按购房款的 1.5% 给予奖励。	泰安市精准分析不同购房群体需求，出台多项惠民利企措施
4 月 16 日	全国	①支持房地产稳定发展政策措施效果还在持续显现。关于“三大工程”，去年中央金融工作会议后，中央及各个地方加快了保障性住房建设、“平急两用”公共基础设施建设、城中村改造等“三大工程”推进力度，积极构建房地产新发展模式。从数据看，房地产“三大工程”拉动了房地产投资 0.6 个百分点，这是有成效的。第二个数据，“白名单”落地对融资额的积极影响。今年以来，为了解决房地产融资难问题，有关部门推出了“白名单”融资项目支持政策。从一季度数据看，房地产国内企业贷款降幅收窄了 1.2 个百分点，这跟“白名单”融资政策落地有直接关系。第三个数据，房地产销售数据。今年以来，各地方加大了支持房地产稳定发展政策力度，包括放松限购、降低公积金贷款利率等。今年以来，还有 30 多个城市提出住房以旧换新政策，在各地方政府共同努力下，一季度新建商品房销售面积和销售额比 1~2 月份降幅分别收窄了 1.1 和 1.7 个百分点。这三个方面数据显示了支持房地产稳定政策效果在持续显现。 ②我们要理性看待这一轮房地产调整。一方面，房地产行业经过二十几年的高速扩张后，按照产业成长周期，现在调整是正常的。房地产阶段性调整，有利于房地产后续构建新模式，实现高质量发展。因为传统的产能可以市场出清，开发商能够建更好的房子，提供更好的服务，这对消费者也是有利的。另外，中国房地产市场是有支撑的，因为我们的城镇化没有完成，2023 年常住人口城镇化率是 66.2%，但是按户籍人口城镇化率还不到 50%，还有 1.8 亿的农民工在城里没有完全市民化，这些进城的农民工中间购房比例不高。我们现有的住房存量中，90 平方米以下的中小户型房子还是占绝大多数，随着人们生活水平的提高、城镇化深入推进，中国房地产市场改善性需求、刚需都还比较大。中国房地产市场仍然具有持续健康发展的支撑条件，我们要理性看待房地产这一轮的调整。	国新办举行新闻发布会介绍 2024 年一季度国民经济运行情况，国家统计局副局长盛来运在会上发言
4 月 17 日	福州	①新建商品房项目的预售资金监管额度原则上不高于项目工程总造价的 1.1 倍，同时结合房地产开发企业的信用评价等级对预售资金监管额度实行差异化监管。②主体结构封顶前，累计申请使用不超过监管额度的 60%；项目规划核验前，累计申请使用不超过监管额度的 85%；项目工程竣工验收备案前，累计申请使用不超过监管额度的 95%；竣工验收备案后监管额度内资金余额不得低于监管资金总额的 5%，待项目完成不动产产权首次登记后，经房地产开发企业申请，市城乡建设局核实后函告监管银行终止该项目的商品房预售资金监管。	福州市城乡建设局等 6 部门印发《福州市商品房预售资金监管办法》
4 月 17 日	贵阳	自 2024 年 4 月 1 日起（含），贵阳市阶段性取消首套住房商业性个人住房贷款利率下限。	贵阳市从 4 月起阶段性取消首套住房商业性个人住房贷款利率下限
4 月 18 日	长沙	①“以旧换新”购买新房的，可按照“认房不认贷”政策，享受首套房首付比和按揭利率优惠。②购买新房申请住房公积金贷款的，在原有基础上上调最高贷款额度。③不再审查购房者资格条件。	长沙市住房城乡建设局印发《关于支持居民购买改善住房的通知》

5-4 续表 13

时间	地区	政策内容	政策来源
4月18日	长沙	①因城市景观风貌要求需要封闭阳台的新建住宅项目，其封闭阳台按水平投影面积的1/2计入容积率和建筑面积，其水平投影面积之和按不超过套内建筑面积20%控制。②适当降低TOD开发区域的停车比例。③居住用地内可配套不超过总计容建筑面积的5%的商业服务性建筑。	长沙市房地产平稳健康和安全运行协调小组关于印发《优化房地产开发项目规划管理若干措施》
4月18日	泰州	阶段性取消泰州市首套住房商业性个人住房贷款利率下限自2024年4月19日（含）起执行。	泰州市住房和城乡建设局、中国人民银行泰州市分行、国家金融监督管理总局泰州监管分局联合发布通知阶段性取消我市首套住房商业性个人住房贷款利率下限
4月18日	南通	自2024年4月19日起（含），南通市将阶段性取消首套住房商业性个人住房贷款利率下限。	南通市阶段性取消首套个人住房商业贷款利率下限
4月19日	常州	2024年4月19日（含）起，常州市（含溧阳市）将阶段性取消首套住房商业性个人住房贷款利率下限。	常州市（含溧阳市）将阶段性取消首套住房商业性个人住房贷款利率下限
4月19日	芜湖	芜湖市阶段性取消首套房贷利率下限，实际利率由商业银行按照市场化、法治化原则，与借款人自主协商确定。	芜湖市阶段性取消首套房贷利率下限
4月19日	淮安	自4月19日起，淮安市将阶段性取消新发放首套住房商业性个人住房贷款利率下限，即银行机构可按照市场化、法治化原则，结合自身经营情况、客户风险状况等因素，自主灵活确定贷款利率。	淮安市阶段性取消首套住房商业性个人住房贷款利率下限
4月20日	徐州	徐州市政府决定自2024年4月19日（合）起，取消徐州市新发放首套个人住房贷款利率政策下限。	徐州市阶段性取消首套个人住房商业贷款利率下限
4月22日	金华	本人或配偶在金华市城镇地区有合法产权住宅的，经房屋权利人同意，双方直系亲属均可以在房屋产权地址落户。	金华市人民政府办公室关于进一步放宽我市户口迁移条件的通知
4月22日	鄂州	①全市原则上不再新建集体土地上的安置房，已批未建的不再建设，采取货币化、房票、团购商品住房等方式安置。②积极推行团购商品房安置。③试点不完全产权安置房办证。④本市农村居民自愿退出合法宅基地且拆除宅基地及相关建（构）筑物后，在“双集中”区域购买新建商品住房的，按退出的宅基地面积给予购房补贴。⑤鼓励房地产中介机构、房地产开发企业、国有平台公司开展“以旧换新”业务，通过集中帮卖和定向收购等方式，帮助市民卖出二手房，市民在卖出二手房后半年内购买商品房的，新旧房交易同时成交，二手房卖房款全额用于新房首付，帮助市民释放改善性需求。⑥对非鄂州户籍且在鄂州连续工作满1年以上，2024年12月31日前，家庭购买新建商品住房的，每套给予3万元购房补贴。	鄂州市住房和城乡建设局等六部门发布《关于推进就地城镇化和房地产平稳健康发展的通知》
4月22日	北京	离婚不满一年的，如果现家庭在京无住房，将执行首套房贷政策。执行的节点为网签时间。	据媒体消息，中国人民银行北京市分行、国家金融监督管理总局北京监管局、北京市住房和城乡建设委员会联合发布《关于我市个人住房贷款中住房套数认定标准执行口径的通知》

5-4　续表 14

时间	地区	政策内容	政策来源
4 月 22 日	广州	拓展产业项目“带押过户”应用。联动金融机构等部门，创新开展土地“带押过户”，优化土地二级市场营商环境，缓解企业融资困境；积极推广工业厂房、商业等类型不动产“带押过户”应用，推进“带押过户”在企业不良资产处置、企业兼并、重组、分设等场景中的应用，降低企业融资发展成本，缩短办事流程。	广州市规划和自然资源局发布《关于优化不动产登记服务支持产业发展若干举措的通知》
4 月 23 日	深圳	鼓励房地产开发企业和中介机构积极参与，与计划出售二手商品住房并购买新建商品住房的购房居民签署协议，开展“卖旧＋买新”的换房联动。房地产开发企业对换房人意向购买的新房设定一定期限的“解约保护期”（建议不少于 90 天），中介机构优先推动换房人旧房交易，缩短交易周期。在协议约定期限内，旧房售出的，开发企业和换房人按约定继续完成新房交易手续；旧房未售出的，开发企业和换房人按约定解除协议并无条件退款，换房人无需承担违约责任。	深圳市房地产业协会与深圳市房地产中介协会联合发布《开展我市商品住房“换馨家”活动》的通知
4 月 24 日	海口	个体工商户须满足在海南省注册登记且设立年限 1 年及以上、在海口上年度纳税金额 1 万元及以上（或近 5 年累计纳税金额 5 万元及以上）的条件，其在海口购房可购买套数按照本地居民家庭执行。	海口市住建局发布《企事业单位、社会组织及个体工商户购买商品住宅申办购房资格办事指南》
4 月 27 日	南京	存量住房位于南京市主城六区（玄武区、秦淮区、建邺区、鼓楼区、栖霞区、雨花台区）范围内，不含自建住房、商业、办公、公寓等；存量住房应产权清晰，状态为可交易（不存在抵押、担保或查封等其他不可置换状态）；可置换的新建商品住房房源，将通过“南京房产微政务”微信公众号，在“房帮宁”平台的“宁换新”模块中公示。首批试点限额共 2000 套。	南京安居建设集团发布《南京安居建设集团关于存量住房“以旧换新”试点活动的公告》
4 月 28 日	成都	①鼓励市场主体将自有闲置和低效利用的商业办公等非居住存量房屋按相关要求改建为保障性租赁住房，鼓励市、区（市）县国有企业通过租购闲置商业办公用房作为办公、公共服务及产业使用，推动商业办公用房市场良性循环。②全市商品住房项目不再实施公证摇号选房，由企业自主销售。对社会关注度较高的热点项目，鼓励企业采取公证摇号选房销售。③全市范围内住房交易不再审核购房资格。	成都市房地产市场平稳健康发展领导小组办公室发布《关于进一步优化房地产市场平稳健康发展政策措施的通知》
4 月 29 日	阳江	①实行“认房不认贷”住房信贷政策。农村宅基地住房、自建房不计入住房套数。②首次公积金贷款已结清，且名下无房，可认定为首套住房贷款政策，面向全国范围全面开展住房公积金异地个人住房贷款业务。③在阳江市购买新建商品房并完成契税缴纳后，可按千分之三金额领取消费券，最多为 3000 元。④落实好土地增值税清算中的相关成本费用和扣除规定。⑤落实卖一买一个人所得税优惠政策。⑥强化商品房销售监管。购房人将不低于商品房买卖合同总价 20% 的首期款存入专用监管账户后，方可办理网签。⑦“一房一价”由原来按最高价下浮 15% 调整为可上下浮 15%，调整商品房备案价格时间间隔由三个月缩短为两个月。	阳江市政府关于印发《阳江市关于进一步促进房地产市场平稳健康发展若干措施》的通知
4 月 29 日	大连	对“卖旧买新”个人给予补贴。政府按照出售自有住房建筑面积给予 100 元 / 平方米、购买新建商品住房建筑面积给予 200 元 / 平方米的购房补贴。	大连市保持房地产市场平稳健康发展工作领导小组办公室发布《关于进一步促进房地产市场平稳健康发展的通知》
5 月 3 日	上海	本次“以旧换新”活动，主要针对计划出售二手住房并购买新房的购房居民。购房居民先与房地产开发企业达成购买新房的意向，再由房地产经纪机构优先推动其旧房交易，旧房成功出售后按约定完成新房交易。首批参加倡议的房地产开发企业 20 余家，房地产经纪机构近 10 家。首批参加倡议的项目 30 余个，主要分布在嘉定、松江、青浦、奉贤、临港等区域。	上海市房地产行业协会、上海市房地产经纪行业协会联合倡议在本市发起商品住房“以旧换新”活动

5-4 续表 15

时间	地区	政策内容	政策来源
5月6日	武汉	①公积金实行“认房不认首次贷”，取消住房公积金贷款户籍地和缴存地限制。②在武汉市仅有一套住房且正挂牌出售的家庭，办理新购一套个人商业性住房贷款时认定为首套住房。③推行“卖旧买新”交易新模式。对出售自有住房并在6个月内购买新房，或购买新房后12个月内出售自有住房的，对增值税按计税价格的1%给予补助。鼓励房地产开发企业、房地产经纪机构、购房者三方联动，实现旧房“先卖”、新房“优买”，支持符合条件的企业收购置换购房家庭的自有住房。④对存量商办类开发用地和在建项目，按照规定程序推进“商改租”“商改住”。⑤根据企业信用等级实行0.6~0.8的差别化预售资金监管系数。⑥不符合购房落户条件的，可凭经备案的《商品房买卖合同》及缴费凭证等合法稳定住所证明材料、个人办证承诺，申请提前办理辖区购房落户手续。⑦2024年12月31日前，购买新城区特定商品住房项目的家庭，可通过公共服务平台申请购房消费券用于购房。⑧调整保障性租赁住房配建方式。认真落实保障性租赁住房配建要求，新供应住宅用地项目可继续采取从土地出让金中计提专项资金方式，异地建设或购买符合条件的存量房源用作保障性租赁住房。	武汉市住房保障和房屋管理局发布《关于进一步优化完善促进武汉市房地产市场平稳健康发展政策措施的通知》
5月6日	深圳	①非本市户籍居民家庭及成年单身人士（含离异）限购1套住房。在盐田区、宝安区（不含新安街道、西乡街道）、龙岗区、龙华区、坪山区、光明区、大鹏新区范围内购买住房，需提供购房之日前1年在本市连续缴纳个人所得税或社会保险证明。②有两个及以上未成年子女的本市户籍居民家庭，在执行现有住房限购政策的基础上，可在盐田区、宝安区（不含新安街道、西乡街道）、龙岗区、龙华区、坪山区、光明区、大鹏新区范围内再购买1套住房。③同时满足设立年限满1年、在本市累计缴纳税款金额达100万元人民币、员工人数10名及以上条件的企事业单位，可在盐田区、宝安区（不含新安街道、西乡街道）、龙岗区、龙华区、坪山区、光明区、大鹏新区购买商品住房，用于解决员工住房等需求。	深圳市住房和建设局发布《关于进一步优化房地产政策的通知》
5月7日	唐山	自2024年5月7日起，阶段性取消首套住房商业性个人住房贷款利率下限。	唐山市住房和城乡建设局发布《唐山市取消首套房贷利率下限》
5月7日	秦皇岛	自2024年5月7日起，阶段性取消首套住房商业性个人住房贷款利率下限。	秦皇岛市阶段性取消首套住房商业性个人住房贷款利率下限
5月7日	廊坊	自2024年5月7日起，阶段性取消首套住房商业性个人住房贷款利率下限。	廊坊市住房和城乡建设局宣布廊坊市取消首套房贷利率下限
5月8日	开封	①购房人根据自身实际情况，选择“认贷不认房”或“认房不认贷”商业贷款政策。②只要缴纳住房公积金（不限地域）且在开封市范围内购房的新市民、青年人，均可使用住房公积金贷款。首套允许提取住房公积金冲抵首付款和租金。③购买新房按照契税总额的20%给予补贴。④实行土地出让金分期缴纳，保证金最低20%，30天内50%，一年内缴清。⑤适当延缓缴纳城市基础设施配套费。房地产企业可申请分批缴纳城市基础设施配套费，最长不超过6个月。⑥鼓励房地产企业销售现房或准现房。加大60平方米以下、低容积率、高品质商品住宅供应，推广森林花园建筑等生态智能住宅。⑦鼓励国有公司、房地产开发企业收购“卖旧买新、以旧换新”群众二手住房，二手住房收购款直接转入群众新购买商品住房开发企业预售资金监管账户，促成群众购买改善性新建商品住房；组织全市优秀房地产经纪机构、房地产企业和换购房群众积极参与，开辟绿色通道，按照市场化流程实现群众“卖旧买新、以旧换新”；“卖旧买新、以旧换新”购房群众享受本措施中的购房激励政策。	开封市出台《关于进一步促进房地产市场平稳健康发展十八条激励措施》

5-4　续表 16

时间	地区	政策内容	政策来源
5月9日	西安	①全面取消西安市住房限购措施，居民家庭在全市范围内购买新建商品住房、二手住房不再审核购房资格。②优化停车位配比，商品住房项目可销售的产权车位与商品住房同步办理商品房预售许可。③登记家庭数量与住房房源数量比例低于1.5：1的，不再实施公证摇号。建筑面积大于144平方米的住房在摇号选房时不再实施“刚需优先”。④支持房地产企业、经纪机构、金融机构合作建立“以旧换新”购房模式。⑤允许企事业单位、社会主体购买二手住房以及居民家庭登记选房后的剩余新建商品住房。⑥原土地出让合同中约定的企业自持租赁住房，由企业提出申请，经住建、资源规划部门审核并核算补缴相关费用后，可转为商品住房上市交易。⑦首次使用公积金贷款购房的，首付比例不低于20%；结清首次公积金贷款后，再次使用公积金贷款购房的，首付比例不低于25%。	西安市住建局等多部门发布《关于进一步促进房地产市场平稳健康发展的通知》
5月9日	杭州	①深化房地联动机制，根据住房市场供求情况动态调整宅地供应的规模和节奏，对住房供应较大、去化速度较慢的区域，优化供地模式，促进供需平衡。②在本市范围内购买住房，不再审核购房资格。③对于购房意向登记家庭数量小于或等于准售房源数量的新建商品住房项目，取消公证摇号销售要求，由开发企业自主销售。④购房人在所购住房城区范围内无住房的，或在所购住房城区范围内仅有一套住房且正在挂牌出售的，办理新购住房的按揭贷款时可按首套住房认定。⑤在本市取得合法产权住房的非本市户籍人员，可申请落户。	杭州市房地产市场平稳健康发展领导小组办公室发布《关于优化调整房地产市场调控政策的通知》
5月10日	南阳	被征收人选择货币补偿的，按其被征收房屋合法建筑面积的房地产市场评估价给予补偿。被征收人选择房屋产权调换采用房票安置的，安置补偿权益按照房屋征收与补偿相关规定计算后，由征收人再给予不超过安置补偿权益金额10%的政策性奖励和6个月的临时安置补助费，一并计人房票票面金额。	南阳市人民政府办公室印发南阳市中心城区房屋征收房票安置实施办法（暂行）的通知
5月11日	金华	对2024年5月10日至2024年6月30日期间在金华市区（婺城区、金义新区〈金东区〉、金华开发区、金华双龙风景旅游区全域）购买新建商品住宅的购房人，按合同成交金额1%给予补贴。	金华市区宣布将新房购房补贴延至6月底
5月11日	北京	①持续建设筹集保障性住房。强化保障性租赁住房产品设计，构建住宅型、公寓型、宿舍型多层次保障性租赁住房供应格局。②本年度计划供应商品住房约600万平方米。强化因区施策、一区一策、精准施策，优化房地产政策，更多更好地满足“一老一小”家庭、职住平衡等多层次、多样化的住房需求。③紧扣新市民、青年人、农民工租房需求，增加公寓型、宿舍型保障性租赁住房供给，同时支持长租公寓行业规范发展，加大“一张床、一间房”市场化租赁住房供给力度。④按照“十四五”期末力争基本完成全市需改造老旧小区的改造任务，全力推动完成本年度改造任务，老旧小区综合整治新开工300个、完工200个。	北京市住建委发布《2024年北京市住房发展年度计划》
5月13日	佛山	①新出让的住宅用地，住宅套内阳台的“折半”计容面积上限由套内建筑面积的18%提高至20%；取消对单个阳台的进深和面积限制；取消凸（飘）窗窗台与地面高差小于0.45米需计容的要求。②新出让的房地产开发项目，开竣工违约金标准由每日万分之三调减为每日万分之零点五。③允许“见索即付”的银行保函作为土地竞买保证金。④支持房地产开发企业、中介机构和购房人三方联动开展“以旧换新”活动。⑤调高公积金缴存余额计算倍数，整体提高住房公积金贷款的可贷额度。推行住房公积金贷款二手房交易“带押过户”。⑥可申请提取公积金用于支付购房首付款。⑦实施阶段性取消佛山市首套商品住房商业性个人住房贷款利率下限政策。⑧在佛山市持有合法产权住宅房屋的非本市户籍人员可以在房屋所在地申请入户，共同居住生活的配偶、未成年子女可以随迁。	佛山市住房和城乡建设局等九部门印发关于持续推动房地产市场平稳健康发展的若干措施的通知

5–4　续表 17

时间	地区	政策内容	政策来源
5月14日	江门	全市范围内已办理不动产首次登记和抵押权设立登记的新建商品房，经交易双方、抵押权人等协商一致，可以办理“带押网签”，在完成“带押网签”等事项后，当事人可以向不动产登记机构申请办理一手现房“带押过户”相关业务。	江门市住房和城乡建设局、江门市自然资源局联合印发《关于实施一手现房“带押网签”和“带押过户”服务模式的通知》
5月14日	深圳	①增加了“计一半面积的阳台进深不超过2.4米，超过部分的水平投影面积应全部计入规定建筑面积”；“阳台总投影面积≥26平方米时，取60平方米与除阳台外套内建筑面积x20%中的较小值。”②凸窗的进深由原先的0.6米增加到了0.8米。③避难层、机房等公共建设空间将“不计容面积”，这些空间不会体现在房产证上的建筑面积之中。④住宅和宿舍的建筑高度不宜大于150米。	深圳市将正式发布更新版的《深圳市建筑设计规则》
5月15日	合肥	①购买新房的购房者给予1%购房补贴，多孩家庭补贴1.5%，新市民、进城农民、城市公共服务人员补贴2%，新购买新建车位补贴3%，对卖一买一购房者补贴2%，最高10万元。②市区商品住房项目不再执行公证摇号公开销售，由企业自主销售。③双方公积金最高贷款额度100万元，单方70万元，多子女家庭购买首套双方最高120万元，单方84万元。④优化个人住房贷款首套房认定标准。在本市范围内新购买住房，只核查购房家庭所购房屋所在县（市）区、开发区的住房情况，无住房的，办理个人住房贷款时可按首套住房认定。	合肥市关于进一步调整优化房地产政策措施的通知
5月17日	全国	对于贷款购买商品住房的居民家庭，首套住房商业性个人住房贷款最低首付款比例调整为不低于15%，二套住房商业性个人住房贷款最低首付款比例调整为不低于25%。	中国人民银行、国家金融监督管理总局发布关于调整个人住房贷款最低首付款比例政策的通知
5月17日	全国	取消全国层面首套住房和二套住房商业性个人住房贷款利率政策下限。中国人民银行各省级分行按照因城施策原则，指导各省级市场利率定价自律机制，根据辖区内各城市房地产市场形势及当地政府调控要求，自主确定是否设定辖区内各城市商业性个人住房贷款利率下限及下限水平（如有）。 银行业金融机构应根据各省级市场利率定价自律机制确定的利率下限（如有），结合本机构经营状况、客户风险状况等因素，合理确定每笔贷款的具体利率水平。	中国人民银行发布关于调整商业性个人住房贷款利率政策的通知
5月17日	全国	深入贯彻落实中央政治局会议部署，深刻认识房地产工作的人民性、政治性，继续坚持因城施策，打好商品住房烂尾风险处置攻坚战，扎实推进保交房、消化存量商品房等重点工作。 房地产关系人民群众切身利益和经济社会发展大局。当前，要着力分类推进在建已售难交付商品房项目处置，全力支持应续建项目融资和竣工交付，保障购房人合法权益。相关地方政府应从实际出发，酌情以收回、收购等方式妥善处置已出让的闲置存量住宅用地，以帮助资金困难房企解困。商品房库存较多城市，政府可以需定购，酌情以合理价格收购部分商品房用作保障性住房。要继续做好房地产企业债务风险防范处置，扎实推进保障性住房建设、城中村改造和“平急两用”公共基础设施建设“三大工程”。 要压实地方政府、房地产企业、金融机构各方责任，加强统筹协调，充分发挥城市房地产融资协调机制、再贷款政策等作用，加强对城市和房地产企业的指导支持，有力有序有效推进保交房各项工作。	全国切实做好保交房工作视频会议在京召开，何立峰发表讲话

5-4　续表 18

时间	地区	政策内容	政策来源
5 月 17 日	全国	自然资源部：妥善处置闲置土地、盘活存量土地的政策措施，主要是两条线：一条线是严格依法处置闲置土地，另一条线是加大对存量土地盘活利用的支持力度。一是允许企业按照程序合理调整规划条件和设计要求，更好地适应市场需求；二是促进市场流通转让，发挥土地二级市场作用，支持预告登记转让和“带押过户”，鼓励转让或者合作开发；三是支持地方按照“以需定购”原则，以合理价格收回闲置土地，用于保障性住房建设。 央行：保障性住房再贷款规模是 3000 亿元，利率 1.75%，期限 1 年，可展期 4 次，发放对象包括国家开发银行、政策性银行、国有商业银行、邮政储蓄银行、股份制商业银行等 21 家全国性银行。银行按照自主决策、风险自担原则发放贷款。人民银行按照贷款本金的 60% 发放再贷款，可带动银行贷款 5000 亿元。所收购的商品房严格限定为房地产企业已建成未出售的商品房，对不同所有制房地产企业一视同仁。 住房和城乡建设部：进一步发挥城市房地产融资协调机制作用，满足房地产项目合理融资需求。城市政府推动符合“白名单”条件的项目“应进尽进”，商业银行对合规“白名单”项目“应贷尽贷”，满足在建项目合理融资需求。建立长效机制。一方面，有力有序推进现房销售，通过“白名单”融资政策，支持商品住房项目达到现房销售条件；另一方面，对继续实行预售的，严格项目预售资金监管，防止出现新的风险。	国务院举办政策例行吹风会，央行、住房和城乡建设部、自然资源部答记者问
5 月 17 日	中山	①土地款 30 日内 50%，余款 1 年内缴清。②新出让用地，开工违约的，不计收开工违约金，一年未动工开发造成土地闲置的，按闲置土地处置的相关规定处理。③在公益性项目和城中村改造项目中，试点推行实施房票补偿手段。	中山市住建局印发《中山市持续促进房地产市场平稳健康发展若干措施》的通知
5 月 20 日	重庆	①多孩家庭购房给予二孩家庭 2 万元、三孩家庭 3 万元的补贴。②给予“换新购”购房补贴。给予新购商品住房购房款总额 0.5% 的补贴。③实施人才购房补贴。博士研究生、硕士研究生、本科毕业生分别补贴 5 万元、3 万元、1 万元。④重庆市中心城区居民将自有存量住房盘活用作租赁住房可不纳入家庭住房套数计算。	重庆市住建委发布《重庆市促进房地产市场平稳健康发展领导小组办公室关于支持刚性和改善性购房需求的通知》
5 月 21 日	全国	各地应根据国民经济和社会发展规划、国土空间规划，编制土地储备三年滚动计划，合理确定未来三年土地储备规模，对三年内可收储的土地资源，在总量、结构、布局、时序等方面做出统筹安排，结合城市更新、成片开发等工作划定储备片区，优先储备空闲、低效利用等存量建设用地。 各地应根据城市建设发展和土地市场调控的需要，结合当地社会发展规划、土地储备三年滚动计划、年度国有建设用地供应计划、地方政府债务限额等因素，合理制定年度土地储备计划。 下列土地可以纳入储备范围：①依法收回且原使用权已注销的国有建设用地；②收购的国有建设用地；③行使优先购买权取得的国有建设用地；④已办理农用地转用、征收批准手续并完成征收的土地；⑤其他依法取得的国有建设用地。	自然资源部公开征求《土地储备管理办法》（征求意见稿）意见

5-4 续表 19

时间	地区	政策内容	政策来源
5月22日	湖北	①降低个人住房贷款最低首付比例，将首套住房最低首付比例从不低于20%调整为不低于15%，二套住房最低首付比例从不低于30%调整为不低于25%。②推进住房“以旧换新”。支持国有企业收购二手住房，为卖旧买新“搭桥”。收购二手住房可对外出售或用作租赁住房、征收安置房、人才房、保障性住房等。鼓励开发企业、经纪机构、购房人三方联动，实现旧房“先卖”、新房“优买”。③取消个人住房贷款利率政策下限，继续引导贷款利率下调，对企业收购二手住房用于租赁住房的，发放住房租赁经营性贷款，积极争取国家保障性住房再贷款，购买存量商品住房用于保障性住房。④全面落实二手住房“带押过户”，疏通跨行办理二手住房“带押过户”政策堵点。探索推动一手住房“带押过户”，已办理在建工程抵押的预售商品房，以及已办理新建商品房首次登记和抵押权设立登记的持证商品房，在完成房屋带押销售、网签及竣工验收等事项后，不动产登记机构可以为当事人办理一手住房“带押过户”。⑤支持各地通过购买商品房、改建、改造等方式筹集保障性住房。	湖北省住建厅联合省财政厅、自然资源厅、人民银行湖北省分行、国家金融监督管理总局印发《关于进一步促进房地产市场平稳健康发展的若干措施》
5月22日	池州	①购房给予总房价1%的购房补贴。②新引进的博士研究生、40岁以下全日制硕士研究生或高级技师、35岁以下全日制本科生或技师、30岁以下全日制大专生或高级工给予提高至40万元、15万元、8万元、3万元的购房补贴。③夫妻双方正常缴存住房公积金的，最高贷款额度由60万元调高至70万元；单方正常缴存住房公积金的，最高贷款额度由50万元调高至60万元，绿色建筑、智慧住宅、多子女家庭上浮10万元。④首套住房商业性个人住房贷款最低首付款比例调整为不低于15%，二套住房商业性个人住房贷款最低首付款比例调整为不低于25%。⑤在市中心城区范围内新购买商品住房，只核查购房家庭所购房屋所在片区。⑥支持“卖旧买新”，指导行业建立新房和二手房换购通道，帮助购房群众“以旧换新”，倡导经纪机构降低居间服务费率；倡导国企根据需求，按照市场化原则收购有“卖旧买新”需求家庭的二手住房，用于市场化租赁住房和保障性租赁住房等。	池州市发布关于进一步调整优化房地产政策措施的通知
5月22日	淮北	①达成购房意向后可领取一张价值10000元的购房消费券。②购买“房源项目库”内新建商品住房可享受消费券。购买建筑面积90平方米以上的按照10000元/套发放，90平方米及以下的按照5000元/套发放，总金额3000万元。③职工家庭双方正常缴存住房公积金的，住房公积金贷款最高额度由60万元提高到70万元。多子女家庭购买首套住房，夫妻双方84万元，单方60万元。④深入推进“带押过户”，降低交易成本和风险。加强行业管理，规范房地产经纪服务。支持“以旧换新”，鼓励开发企业、中介机构推出“以旧换新”服务，鼓励国企收购有“卖旧买新”需求家庭的二手住房，盘活改造存量住房用于保障性租赁住房。⑤首套住房商业性个人住房贷款最低首付款比例调整为不低于15%，二套住房商业性个人住房贷款最低首付款比例调整为不低于25%。⑥名下有住房，但未利用贷款购买或相应贷款已结清的，也可按首套住房信贷政策执行。	淮北市住建局发布淮北市关于进一步促进房地产市场的若干政策措施
5月22日	福州	在2024年4月3日已取消首套住房商业性个人住房贷款利率下限的基础上，取消福州市第二套住房商业性个人住房贷款利率下限。福州市首套住房商业性个人住房贷款首付比例调整为不低于15%，第二套住房商业性个人住房贷款首付比例调整为不低于25%。	福州市住房信贷政策调整
5月23日	南平	①鼓励国有企业、房地产开发企业、房地产经纪机构积极参与开展“以旧换新”业务，市、县（市、区）财政予以“以旧换新”补贴奖励。②实行认房不认贷政策。③首套房首付15%，二套房首付25%。④多孩家庭公积金贷款额度另加25万元。	南平市住建局发布《关于进一步调整优化我市房地产相关政策的通知》

5-4　续表 20

时间	地区	政策内容	政策来源
5月23日	江门	①土地保证金最低 20%，土地款 1 个月 50%，1 年内缴清。②职工在江门市购买全装修新建商品房，一个人申请最高贷款额度在江门市住房公积金最高贷款额度的基础上增加 8 万元，两个人或以上共同申请最高贷款额度在江门市住房公积金最高贷款额度的基础上增加 16 万元。③取消住房限售政策。④推动差别化住房信贷政策优化调整。按照因城施策原则，根据江门市房地产市场形势，调整首套住房和二套住房商业性个人住房贷款利率和最低首付款比例政策。	江门市住建局发布《江门市关于进一步推动房地产市场平稳健康发展的若干措施》
5月23日	蚌埠	①购新房给予总房价 1% 的购房补贴。多孩家庭购房给予总房价 1.5% 的购房补贴。新市民、进城农民、城市公共服务人员购房给予总房价 1.5% 的购房补贴。买一卖一给予总房价 1.5% 的购房补贴。单套补贴金额最高不超过 5 万元。②购买新房每户同步发放 5000 元家电或者汽车消费券。③支持“以旧换新”。支持市蚌投、国控等所属国有房地产企业组建“以旧换新”换购联盟，建立新房与二手房便捷换购通道，帮助购房群众“以旧换新”。鼓励企业根据需要，按照市场化原则，收购有“卖旧买新”需求家庭的二手住房，用于市场化租赁住房、保障性租赁住房、丰富房票房源超市等。④鼓励被征收人选择房票安置方式。⑤对于贷款购买商品住房的居民家庭，首套住房商业性个人住房贷款最低首付款比例调整为不低于 15%，二套住房商业性个人住房贷款最低首付款比例调整为不低于 25%。⑥取消首套住房和二套住房商业性个人住房贷款利率政策下限。	蚌埠市出台《蚌埠市关于进一步优化房地产政策措施》
5月24日	海南	自 2024 年 5 月 25 日起，对于贷款购买商品住房的居民家庭，首套住房商业性个人住房贷款最低首付款比例调整为不低于 15%，二套住房商业性个人住房贷款最低首付款比例调整为不低于 25%；同时取消全省首套住房和二套住房商业性个人住房贷款利率政策下限，实现房贷利率市场化。	海南省市场利率定价自律机制表决通过，购买首套商业住房首付款比例不低于 15%
5月24日	山西	首套房最低首付比例从不低于 20% 降为不低于 15%，二套住房最低首付比例从不低于 30% 降为不低于 25%。商业银行可结合本机构经营状况、客户风险状况、全省首付比例下限等因素，自主确定每笔贷款的具体利率水平和首付比例。	山西在全省范围内取消首套住房和二套住房商业性个人住房贷款利率政策下限，并降低商业性个人住房贷款最低首付比例
5月24日	陕西	自 5 月 21 日起，在陕西省内贷款购买商品住房的居民家庭，首套住房商业性个人住房贷款最低首付款比例调整为不低于 15%，二套住房商业性个人住房贷款最低首付款比例调整为不低于 25%。同时，取消各地市首套住房和二套住房商业性个人住房贷款利率政策下限，实现房贷利率市场化。各银行业金融机构结合本机构经营状况、客户风险状况等因素，合理确定每笔个人住房贷款的首付款比例和利率水平。	陕西省取消首套、二套房商业性个人住房贷款利率政策下限
5月24日	重庆	将首套住房商业性个人住房贷款最低首付款比例，调整为不低于 15%；将二套住房商业性个人住房贷款最低首付款比例，调整为不低于 25%。取消首套住房和二套住房商业性个人住房贷款利率政策下限，银行业金融机构可结合本机构经营状况、客户风险状况等因素，合理确定每笔贷款的具体利率水平。	中国人民银行重庆市分行对重庆市住房信贷政策进行调整
5月24日	广西	广西各设区市首套住房商业性个人住房贷款最低首付款比例从不低于 20%调整为不低于 15%，二套住房商业性个人住房贷款最低首付款比例从不低于 30%调整为不低于 25%。在本政策范围内，商业银行可按市场化、法治化原则，确定具体的新发放首套和二套住房商业性个人住房贷款首付比例。全面取消广西各设区市首套和二套住房商业性个人住房贷款利率下限。	广西全面取消首套和二套房商贷利率下限
5月24日	甘肃	自 5 月 24 日起，14 个市州首套、二套房贷利率政策下限全部取消，首套房首付比例调整为不低于 15%，二套房不低于 25%。	甘肃省 14 个市州首套、二套房贷利率政策下限全部取消，最低首付比例分别下调至 15% 和 25%

5–4 续表 21

时间	地区	政策内容	政策来源
5月24日	河南	全省各地均已取消首套和二套住房商业性个人住房贷款利率下限，并保持首套和二套住房贷款最低首付比例与全国政策一致。	河南省各地均已取消首套和二套住房商业性个人住房贷款利率下限，并保持首套和二套住房贷款最低首付比例与全国政策一致
5月24日	芜湖	金融机构可结合本机构经营状况、客户风险等因素，合理确定每笔贷款的具体利率水平。降低个人住房贷款最低首付比例，首套首付比例不低于15%、二套不低于25%。	芜湖市取消首套、二套商业性个人住房贷款利率政策下限，降低个人住房贷款最低首付比例
5月24日	合肥	①房票可购买全市统一搭建的房源超市内的房屋。②被征收人在有效期内主动放弃或期限届满未实际使用的，原则上在本区域范围内的存量安置房中调剂安置，也可选择货币化安置。③持房票可以购买新建商品房（含住宅、商业、办公、车位等）、配售型保障性住房、安置房等。使用房票购房的金额，不得低于房票票面金额的80%。房票票面金额不足以支付房款的部分，符合条件的房票使用人可申请商业贷款和住房公积金贷款。持房票购买房屋，符合条件的可根据契税政策有关规定享受减免。	合肥市住房保障和房产管理局、财政局、自然资源和规划局、城乡建设局联合制定房票安置实施方案
5月24日	珠海	①商品住房价格备案时间间隔由三个月调整为一个月。②全面取消商品住房限购。③取消商品住房限售年限。④支持房地产开发企业、中介机构和购房人三方联动开展“以旧换新”活动，鼓励房地产企业开展存量房产置换新房的活动，促进居民家庭通过“卖旧买新、以旧换新”购买改善性新建商品住房。⑤单缴职工贷款最高限额调整为60万元，双缴职工贷款最高限额调整为100万元。	珠海市住房和城乡建设局发布《关于促进我市房地产市场平稳健康发展的若干措施》
5月25日	宁夏	取消宁夏各城市首套、二套房贷利率政策下限，并降低商业性个人住房贷款最低首付比，首套房调整为不低于15%，二套房不低于25%。	宁夏取消首套和二套住房商业性贷款利率政策下限
5月25日	吉林	取消吉林省各城市首套住房和二套住房商业性个人住房贷款利率政策下限；吉林省各城市首套住房商业性个人住房贷款最低首付款比例调整为不低于15%，二套住房商业性个人住房贷款最低首付款比例调整为不低于25%。	吉林省调整住房贷款政策首套房首付不低于15%
5月26日	江西	江西各地已作出决定，执行取消首套住房和二套住房商业性个人住房贷款利率政策下限；调整商业性个人住房贷款最低首付款比例至全国下限，即首套住房商业性个人住房贷款最低首付款比例调整为不低于15%，二套住房商业性个人住房贷款最低首付款比例调整为不低于25%。银行业金融机构结合本机构经营状况、客户风险状况等因素，合理确定每笔贷款的具体利率水平。	江西各地已落地差异化信贷政策
5月27日	河北	全省各市首套住房商业性个人住房贷款最低首付款比例调整为不低于15%，二套住房商业性个人住房贷款最低首付款比例调整为不低于25%。全省各市取消首套住房和二套住房商业性个人住房贷款利率政策下限。	河北全域下调个人房贷首付比例并取消个人住房贷款利率政策下限
5月27日	黑龙江	取消黑龙江省首套、二套房商业性个人住房贷款利率政策下限，并降低商业性个人住房贷款最低首付比例至全国政策下限水平，即首套房调整为不低于15%，二套房不低于25%。	黑龙江省降低商业性个人住房贷款最低首付比至全国政策下限水平
5月27日	大连	首套住房商业性个人住房贷款最低首付款比例由不低于20%下调至不低于15%，二套住房商业性个人住房贷款最低首付款比例由不低于30%下调为不低于25%，并全面取消首套住房和二套住房商业性个人住房贷款利率政策下限。	大连市个人住房贷款新政正式实施

5-4　续表 22

时间	地区	政策内容	政策来源
5月27日	上海	①非本地户籍居民家庭购房社保 / 个税年限由5年降为3年。非本市户籍单身人士购房范围，扩大至外环内二手住房。对夫妻离异后购房的，不再按离异前家庭计算拥有住房套数。多孩家庭可多购一套。支持企业购买小户型二手住房用于职工租住，不再限定购房套数。新城以及南北转型等重点区域的非本市户籍人才购房社保 / 个税年限由3年降至2年，购房范围扩大至所在区全域。②首套首付比例由30%降至20%，二套首付比例自贸区临港新片区及6个郊区由40%降至30%，其他区域由50%降至35%。首套商贷利率降至3.5%（LPR-45BP），二套房贷利率自贸区临港新片区及6个郊区降至3.7%（LPR-25BP），其他区域由50%降至3.9%（LPR-5BP）。③公积金最高贷款额度首套由120万元提高至160万元，多孩家庭可上浮20%；二套由100万元提高至130万元。	上海市住房城乡建设管理委、市房屋管理局、市规划资源局、市税务局等四部门联合印发《关于优化本市房地产市场平稳健康发展政策措施的通知》
5月28日	广州	①在越秀、海珠、荔湾、天河、白云（不含江高镇、太和镇、人和镇、钟落潭镇）、南沙等区购买住房的非本地户籍居民家庭社保 / 个税年限降至6个月。②非限购区域内，对于拥有2套及以上住房并已结清相应购房贷款的居民家庭，又申请贷款购买住房，银行审慎把握并具体确定。③居民家庭在购房所在区内无住房且符合购房条件的，新购住房贷款可按首套住房认定。④购房人申请住房公积金贷款时缴存年限调整为连续足额缴存住房公积金6个月（含）以上。允许提取公积金支付购买首套新建商品住房首付款。⑤居民家庭和企事业单位、社会组织等法人单位转让或办理析产名下住房手续时不再审核取得不动产权证时间。⑥支持鼓励房地产业各协会、房地产企业、中介机构搭建平台实施中介机构代售、旧房换购等多种形式的商品住房“以旧换新”，推动建立交易新模式。鼓励规模化租赁机构收购存量商品住房。⑦首套首付最低15%，二套首付最低25%，取消贷款利率下限。	《广州市人民政府办公厅关于进一步促进我市房地产市场平稳健康发展的通知》
5月28日	深圳	首套住房个人住房贷款最低首付款比例由原来的30%调整为20%，二套住房个人住房贷款最低首付款比例由原来的40%调整为30%。首套住房商业性个人住房贷款利率下限由原来的LPR-10BP调整为LPR-45BP，二套住房商业性个人住房贷款利率下限由原来的LPR+30BP调整为LPR-5BP。	深圳下调个人住房贷款最低首付款比例和利率下限
5月28日	上海	对于贷款购买商品住房的居民家庭，首套住房商业性个人住房贷款最低首付款比例调整为不低于20%，二套住房商业性个人住房贷款最低首付款比例调整为不低于35%；在自贸区临港新片区以及嘉定、青浦、松江、奉贤、宝山、金山6个行政区全域实行差异化政策，最低首付款比例调整为不低于30%。	中国人民银行上海市分行、国家金融监督管理总局上海监管局发布关于调整上海市商业性个人住房贷款最低首付比例政策的通知
5月28日	新疆	新疆首套住房商业性个人住房贷款最低首付比例调整为不低于15%，二套住房商业性个人住房贷款最低首付款比例调整为不低于25%。取消新疆首套住房和二套住房商业性个人住房贷款利率政策下限。	新疆调整优化个人住房信贷政策
5月29日	天津	①对于在天津市贷款购买商品住房的居民家庭，首套住房商业性个人住房贷款最低首付款比例调整为不低于15%，二套住房商业性个人住房贷款最低首付款比例调整为不低于25%。②取消天津市首套住房和二套住房商业性个人住房贷款利率政策下限。	中国人民银行天津市分行等部门发布《关于进一步调整优化天津市差别化住房信贷政策的通知》
5月29日	沈阳	①不再实施新建商品住房销售价格指导。②首套房首付最低15%，二套房首付最低25%。取消房贷利率下限。③2024年4月1日至2024年9月30日期间，职工在沈阳市行政区域贷款购买自住住房，职工本人及其配偶可申请提取住房公积金余额支付购房首付款。④优化住房公积金个人住房贷款中住房套数认定标准，根据缴存人家庭在购房地拥有住房套数和住房公积金贷款次数。⑤将住房公积金“商转公”贷款申请条件中商贷已偿还5年（含）以上调整为商贷已偿还3年（含）以上。	沈阳为进一步活跃沈阳房地产市场，推动楼市进一步稳定发展，发布多项优化政策

5–4 续表 23

时间	地区	政策内容	政策来源
5月29日	福建	截至2024年5月29日，福建省9个地市已全面取消首套和第二套住房商业性个人住房贷款利率下限，商业银行可结合本机构经营状况、客户风险等因素，合理确定每笔贷款的具体利率水平；降低商业性个人住房贷款最低首付比例，即首套住房商业性个人住房贷款最低首付比例调整为不低于15%，第二套住房商业性个人住房贷款最低首付比例调整为不低于25%，在本政策范围内，商业银行可按市场化、法治化原则，确定具体的新发放首套和第二套住房商业性个人住房贷款首付比例。	据媒体消息，福建省全面取消首套、二套房贷利率下限并降低商业性个人住房贷款最低首付比例
5月29日	青海	在全省范围内取消首套住房和二套住房商业性个人住房贷款利率政策下限，并降低商业性个人住房贷款最低首付比例，即首套房最低首付比例从不低于20%降为不低于15%，二套住房最低首付比例从不低于30%降为不低于25%。商业银行可结合本机构经营状况、客户风险状况、全省首付比例下限等因素，自主确定每笔贷款的具体利率水平和首付比例。	青海在全省范围内取消首套住房和二套住房商业性个人住房贷款利率政策下限，并降低商业性个人住房贷款最低首付比例
5月29日	山东	对于贷款购买商品住房的居民家庭，首套住房商业性个人住房贷款最低首付款比例调整为不低于15%，二套住房商业性个人住房贷款最低首付款比例调整为不低于25%。取消首套住房和二套住房商业性个人住房贷款利率政策下限。	中国人民银行山东省分行发布公告山东省下调个人住房贷款首付比例并取消首套住房和二套住房商业性个人住房贷款利率政策下限
5月31日	四川	对于贷款购买商品住房的居民家庭，首套住房商业性个人住房贷款最低首付款比例调整为不低于15%，二套住房商业性个人住房贷款最低首付款比例调整为不低于25%。取消首套住房和二套住房商业性个人住房贷款利率政策下限。	四川省调整优化住房商贷政策
6月2日	苏州	①坚持“以需定购”，组织地方国有企业以合理价格收购部分存量商品住房用作保障性住房。②建立全市统一的房票房源库，房票房源库可纳入非住宅商品房、车库、地下车位等房源。③实施换购住房个税退税优惠（执行至2025年12月31日）；实施购房契税补贴（执行至2024年12月31日），对购买新建商品住房的给予50%契税补贴（最高不超过房屋契税计税依据的1%），对“卖旧买新”的实施分层次购房契税补贴。④在本市购买或拥有合法产权住房且实际居住的非苏州户籍人员，可以申请办理落户。⑤首套房首付最低15%，二套房首付最低25%。取消房贷利率下限。⑥个人和家庭公积金贷款最高限额分别提高至120万元和150万元；二孩及以上家庭额度上浮30%；全日制普通高校本科以上学历（在读）、毕业10年内的高校毕业生及留学回国人员额度上浮50%。	苏州市房地产长效机制试点工作领导小组出台《关于进一步促进我市房地产市场平稳健康发展若干政策措施的通知》
6月3日	西安	换房人在参与“以旧换新”活动的新建商品住房项目中选定意向房源，与开发企业签订新房《“以旧换新”意向协议》，缴纳意向金，约定价格优惠条件、意向房源（可以一套或多套）等，房地产开发企业在约定期限内（建议不少于90天）锁定换房人选定的新房房源。同时，参与活动的房地产开发企业、房地产经纪机构、银行等多方应向换房人提供优惠方案。	西安市房地产行业协会、西安市房地产中介行业协会发布《西安市住房“以旧换新”活动倡议书》
6月3日	胶州	①胶州市在青岛市率先制定了房票安置政策，在缩短安置周期的同时，也有利于被征迁人家庭资产的保值增值，从而满足群众的多样化住房需求。②购买新建商品住房≤144平方米补贴5000元/套；购买新建商品住房建筑面积>144平方米，补贴15000元/套。二孩家庭按每套2万元标准给予补贴，三孩家庭按每套3万元标准给予补贴。	胶州市推出房票安置、购房补贴、商品房团购、共有产权人才房等多项激励政策和举措

5-4　续表 24

时间	地区	政策内容	政策来源
6月5日	南昌	①取消本市首套住房和二套住房商业性个人住房贷款利率政策下限。对于贷款购买商品住房的居民家庭，首套住房商业性个人住房贷款最低首付款比例调整为不低于15%，二套住房商业性个人住房贷款最低首付款比例调整为不低于25%。②居民家庭（包括借款人、配偶及未成年子女）在本市范围内申请贷款购买住房时，家庭成员在拟购房所在县区（开发区管委会、湾里管理局）名下无成套住房的，不论是否存在未结清贷款，银行业金融机构均按首套住房执行住房信贷政策。	南昌市发布《南昌市人民政府办公室关于优化我市个人住房信贷相关措施意见的通知》
6月6日	江山	①购买新建商品住房<90平方米补贴契税80%；购买新建商品住房建筑面积90~144平方米，补贴契税64%；购买新建商品住房建筑面积>144平方米，补贴契税50%。最高均不超过3万元。②购买新建商品住房<90平方米发放价值3万元消费券；购买新建商品住房建筑面积≥90平方米，发放价值5万元消费券。③“一地一策”确定分期验收用地范围的，可进行分期验收，分期开展规划核实、竣工验收和不动产办理。④鼓励国企酌情以合理价格收购房地产企业已建成存量商品房，用作保障性租赁住房、配售型保障房、人才公寓等。	江山市发布《关于进一步促进我市房地产市场平稳健康发展的通知》
6月6日	石家庄	①购买新建商品住房<90平方米补贴5000元/套；购买新建商品住房建筑面积90~144平方米，补贴10000元/套；购买新建商品住房建筑面积>144平方米，补贴15000元/套。②通过市场交易实施以旧换新。鼓励房地产经纪机构、房地产开发企业和换购房人积极参与。通过市属国有企业收购二手住房实施以旧换新，市属国有企业根据实际情况收购二手住房。以市场交易方式、国有企业收购方式以旧换新的，以及作为保障性租赁住房或市场租赁住房使用的，补贴换购房人10000元/套。③实施“商转公”政策。降低住房公积金贷款首付款比例至首套20%，二套30%。公积金最高贷款家庭购买长安区、新华区、桥西区、裕华区及高新区住房，单缴额度提高至80万元，双缴提高至100万元，二孩、三孩家庭上浮10万元和20万元。	石家庄市发布关于优化当前房地产政策的措施
6月6日	淮安	①对使用房票购买商品房的，给予房票使用金额10%的奖励。跨区域使用房票的，奖励资金由输入地政府、市级财政按1：1比例负担，通过年终结算办理。②针对成片危旧房，可整体实施“以旧换新”。对实施“以旧换新”的业主，在享受财政部、税务总局“以旧换新”个人所得税优惠政策基础上，再给予新购买一手住房所缴契税100%的购房补贴，由属地政府兑付，涉及市区财政体制的，通过年终结算办理。③对多孩家庭、军属家庭购买1套新建商品住房、在同一小区内购买总面积超过180平方米新建商品住房用于爱老护老的购房人，均给予购房款2%的购房补贴。对团购5套以上商品住房的企业（社会团体、个人），各地给予购房款2%的购房补贴。④多孩家庭购买首套或第二套自住住房的，公积金贷款最高额度上浮30%；异地缴存职工在本市购买首套或第二套自住住房可申请公积金贷款，且同等享受本市商转公贷款政策。⑤执行首套房、二套房最低首付比例分别为15%、25%政策，取消商业性房贷利率的政策下限。本地无房的，在购买商品住房时首付比例与贷款利率按首套房贷款政策执行。⑥支持国有企业收购符合条件的商品住房用作保障性住房，享受保障性住房再贷款支持。	淮安市发布《关于进一步促进全市房地产市场平稳健康发展的意见（暂行）》
6月7日	全国	房地产业发展关系人民群众切身利益，关系经济运行和金融稳定大局。要充分认识房地产市场供求关系的新变化，顺应人民群众对优质住房的新期待，着力推动已出台政策措施落地见效，继续研究储备新的去库存、稳市场政策措施。对于存量房产、土地的消化、盘活等工作，既要解放思想、拓宽思路，又要稳妥把握、扎实推进。要加快构建房地产发展新模式，完善“市场+保障”住房供应体系，改革相关基础性制度，促进房地产市场平稳健康发展。	国务院总理李强6月7日主持召开国务院常务会议

5–4 续表 25

时间	地区	政策内容	政策来源
6月7日	扬州	①大专及以上人才购买新建商品住房（不含二手房）给予新购商品住房购房补贴。②单缴存人、双缴存人的住房公积金贷款最高额度阶段性上调至78万元、130万元。购买改善型住宅上浮20%，可与绿色建筑、多子女家庭相叠加。③购买新建商品住房、二手住房不再审核购房资格，取得《不动产权证书》的房屋即可上市交易。④继续执行住房“以旧换新”政策，鼓励房地产开发企业开展“直接收购”式“以旧换新”业务，收购存量商品住房可办理转移预告登记，允许房地产开发企业接受委托直接收取售房款。⑤加大房票推广力度，提高房票使用效率，被征迁人使用房票购买新建商品房的，按房票使用金额给予15%的补贴。	扬州市住建局发布《关于进一步促进市区房地产市场平稳健康发展的通知》
6月7日	芜湖	①新市民、进城农民、城市公共服务人员新购买新建商品住房的，给予总房价1.5%的购房补贴。多孩家庭购房给予总房价1.5%的购房补贴。卖一买一给予新购买新建商品住房总房价1%的购房补贴。②取消楼层差价限制，由企业自主确定一房一价。③购买绿建一星建筑公积金贷款最高额度上浮20%。多孩家庭首次购房上浮20%。④首套住房商业性个人住房贷款最低首付款比例调整为不低于15%，二套住房商业性个人住房贷款最低首付款比例调整为不低于25%。⑤本市市区范围内新购买住房，只核查购房家庭所购房屋所在区、开发区的住房情况。⑥鼓励房地产开发企业收购有“卖旧买新”需求家庭的二手住房，收购的二手住房可以用于租赁住房。支持房票持有人用房票“以旧换新”购买新建商品住房。⑦房票安置可享受不超过25%的房票安置补助。⑧鼓励房地产开发企业探索购买部分产权的销售方式。购房人可以先购买房屋部分产权，剩余产权继续由房地产开发企业持有，购房人可租赁使用，购房人购买剩余产权时已支付的租金可抵扣购房款。⑨国有企业收购的存量住房可以转化为配租型保障性住房。退出公租房管理序列的房源，可以转为配售型保障性住房。结合保交房攻坚行动工作要求，支持国有企业与房地产开发企业自主协商，适当收购部分在建未出售的商品住房，可以用作保障性住房。	芜湖市住建局发布《关于优化芜湖市房地产市场平稳健康发展政策措施的通知》
6月7日	银川	①取消首套、二套房贷利率政策下限，并降低商业性个人住房贷款最低首付比，首套房调整为不低于15%，二套房不低于25%。②下调个人住房公积金贷款利率0.25个百分点。③安排3000万元“以旧换新”购房补贴专项资金，对出售区内外自有住房后1年内购买银川市区新建商品住房的家庭，给予每平方米200元购房补贴，单套补贴面积不超过170平方米。支持房地产开发企业、房地产经纪机构和购房人三方联动开展“以旧换新”活动。④对购买银川市区新建商品住房的，给予每平方米100元购房补贴，单套补贴面积不超过170平方米。房展会现场成交的前500套商品住宅额外给予每套5000元购房补贴。⑤鼓励房地产项目现房销售。实行现房销售的项目，缴纳20%土地竞买保证金，一个月内缴纳总出让价款50%的首付款，剩余价款在取得“现房销售备案手续”前缴清。⑥鼓励符合条件的市属国有企业作为收购主体，按照市场化原则“以需定购”，回购库存较大、流速较慢且符合保障性住房标准的房屋作为保障性住房。	银川市住房和城乡建设局印发《关于促进银川市房地产市场平稳健康发展若干意见》
6月12日	西安	①全面取消西安市住房限购措施，居民家庭在全市范围内购买新建商品住房、二手住房不再审核购房资格。降低首付资金比例，延长贷款年限。②全市范围内“以旧换新”购买新房的，可按照“认房不认贷”政策，享受首套房首付比和按揭利率优惠；购买新房申请住房公积金贷款的，在原有基础上上调最高贷款额度；同时不再审查购房者资格条件。③试行二手房“以旧换新”。支持政府（平台公司）收购二手住房，支持房地产企业、经纪机构、金融机构合作建立“以旧换新”购房模式。④推广商品房“以旧换新”房票发放。针对城中村改造安置，首批参与“以旧换新”政策的业主，住房置换资金以“房票”形式发放兑换，业主可定向购买当地一套新房，一次性完成“买一卖一”。	西安市人民政府发布关于印发推动大规模设备更新和消费品以旧换新工作方案的通知

5-4　续表 26

时间	地区	政策内容	政策来源
6 月 12 日	桂林	第一阶段：政府政策鼓励，群众通过市场交易实现“以旧换新”。政策执行期：发文之日起至 2024 年 12 月 31 日。第二阶段：在第一阶段的基础上，增加国有企业收购二手住房的方式，促进群众通过“以旧换新”购买改善性新建商品住房。	桂林市发布《促进房产市场“以旧换新”工作实施方案》的通知
6 月 12 日	南宁	①家庭成员在拟购住房所属城区名下无住房的，不论是否存在未结清贷款，均认定为首套住房。家庭成员在拟购住房所属城区名下仅有一套住房，且正在南宁市住房服务监管平台挂牌出售的，不论是否存在未结清贷款，均认定为首套住房。②多孩家庭在购房所属城区已有一套房，无论是否贷款结清，均认定为首套住房。已有两套房，无论是否贷款结清，均认定为二套住房。③购买南宁城区的首套、二套新建商品住房按每套 10000 元上限给予财政补贴，购买新建商品房车位按每套 1000 元上限给予财政补贴。④继续支持提取住房公积金支付购买新建预售商品住房首付款。	南宁市发布《关于持续促进房地产市场平稳健康发展的若干措施的通知》
6 月 13 日	常州	①首付比例降低至首套 15%，二套 25%。②非社会资本受让土地未实质性开工建设的安置房项目一律不再建设；一律不再新增安置房用地供应。对有安置需求的地区，可采取直接购买或房票方式购买商品房用于安置房。房票应用类型在商品住房基础上增加非住宅类商品房。房票使用主体，除房票持有人，其近亲属均可以作为房票的使用人。③人才购买新建商品住房，支持购房补贴用作首付款。④申请住房公积金贷款的，借款人中只有一人满足贷款条件的，最高贷款额度为 80 万元；借款人中两人或两人以上满足贷款条件的，最高贷款额度为 120 万元。支持购买本市新建商品住房的购房人提取住房公积金支付购房（首付）款。⑤属地政府可根据各自保障性住房的需求和供给缺口的摸排情况，以需定购，组织国有企业收购商品住房用作保障性住房。	常州市房地产业发展与房地产市场调控联席会议发布《关于印发进一步促进房地产市场平稳健康发展若干政策措施的通知》
6 月 17 日	贵阳	①购新房按照实际缴纳契税的 50% 发放消费券补贴。②取消首套住房和第二套住房商业性个人住房贷款利率政策下限。首套、第二套住房商业性个人住房贷款首付比例分别调整为不低于 15%、25%。③支持缴存人家庭提取住房公积金支付新房、二手房首付款；支持住房公积金“既提又贷”；取消两次住房公积金贷款时间间隔限制；支持灵活就业人员使用公积金贷款购房，灵活就业人员在补缴 6 个月公积金后即可申请贷款；支持已办理个人商业性住房贷款且符合贵阳市住房公积金个人贷款条件的借款人，按照相关规定办理“商转公”贷款业务；首套住房公积金贷款的最高贷款额度为单缴存人家庭 50 万元、双缴存人家庭 70 万元，第二套住房公积金贷款的最高贷款额度为单缴存人家庭 50 万元、双缴存人家庭 60 万元。多子女家庭在上述最高贷款额度基础上再上浮 10 万元。④对两层及以上通高的阳台不计入容积率。在区位优势明显的城市郊区，住宅项目容积率可低于 1.0；在交通、配套设施条件较好的区域，住宅项目建筑密度可高于 43%。对高运量公交站点周边 800 米内新建商住项目，公益性公建配套设施面积不计入容积率，车位可按住宅 0.7 个 / 户、商业 1 个 /300 平方米设置。⑤鼓励国有企业以合理价格按照“以需定购”原则收购商品房用作保障性住房、安置房，大力推行“房票”安置，加快推进未建成交付安置房清零。支持企业购买存量公寓作为保障性住房。⑥支持 2023 年 8 月 3 日前签订土地出让合同尚未开工建设的非住宅商品房项目依法申请调整使用性质。⑦装配式建筑比例按 40% 执行，装配式建筑楼栋外墙建筑面积可不计入成交地块容积率核算，按实施装配式建筑楼栋规划地上建筑面积的 3% 给予奖励，单宗地块最多不超过 5000 平方米，奖励建筑面积原则上只能在该地块装配式建筑楼栋使用。对建设规模 40 万平方米以上的住宅小区项目免缴城市基础设施配套费，统一办理发改备案的项目可合并计算建设规模。	贵阳市住建局发布《进一步促进贵阳市房地产市场平稳健康发展若干措施》（征求意见稿）

5–4 续表 27

时间	地区	政策内容	政策来源
6月21日	南通	①在征迁补偿中优先采取房票安置，对跨区域使用房票给予奖补，房票开具后6个月内使用的，按照房票票面值的10%给予奖补；7至12个月内使用的，按照房票票面值的5%给予奖补。②在主城区范围内购买新建商品住房的，给予购房款总额1.5%的奖补。自愿退出（放弃）农村宅基地进城购房的，给予一定额度的奖补。③首套住房商业性个人住房贷款最低首付比例不低于15%，二套房最低首付比例不低于25%。④公积金最高贷款额度上调至60万元/人、120万元/户；硕士研究生或高级职称以上的在职人员额度上调至120万元/人、240万元/户，全日制本科学历且毕业10年内的在职人员额度上调至90万元/人、180万元/户。二孩、三孩家庭在其可贷额度的基础上另行增加20万元/户、30万元/户。⑤符合人才引进政策的硕士、博士、江海人才、双创人才、国家级人才、院士等在市区购房自住的，分别给予15万元、30万元、40万元、60万元、100万元、150万元购房补贴。⑥主城区范围内允许企业按栋申请办理预售许可，支持车位、车库与住宅同步预售。适当拉长土地出让金付款时限，普通商品住房用地出让金1个月内付清总额的50%，余款最晚可延长至1年内付清。⑦优化小区配套公共基础设施，以及底层架空、挑空空间、飘窗、露台、退台等空间指标计算规则。	南通市房地产市场平稳健康发展领导小组出台《关于进一步促进全市房地产市场平稳健康发展的通知》
6月22日	兰州	①取消限购、限售、价格备案等限制措施。②购房家庭在购房县区、开发区范围内名下无成套住房的，或仅有一套住房且正在挂牌出售的，购买新建商品住房按照首套房认定，享受首套房商业贷款政策。③继续落实买一卖一个人所得税优惠政策。④购买90平方米以下首套住房的，按照房屋成交价格的0.5%给予购房补贴；购买90平方米以上首套住房的，按照房屋成交价格的0.75%给予购房补贴；购买90平方米以下二套住房的，按照房屋成交价格的0.5%给予购房补贴；购买90平方米以上二套住房的，按照房屋成交价格的1%给予购房补贴；对于购买第三套或以上套数住房的，按照房屋成交价格的1.5%给予购房补贴。⑤首套商贷比例不低于15%，二套不低于25%。⑥单身缴存职工公积金贷款可享受最高额度60万元，已婚最高70万元。多子女家庭上浮20%。⑦已使用一次公积金贷款且已结清的购房家庭，在本市范围内无住房的，执行首套房公积金贷款政策。⑧引导和鼓励国有土地上房屋被征收人选择房票安置。⑨鼓励住房“以旧换新”。鼓励企业按照市场化原则，通过平等磋商，收购、委托出售及租赁群众旧房，助力群众换购新建商品房。	兰州市人民政府办公室关于印发《进一步优化房地产政策措施》的通知
6月24日	全国	保交房工作是贯彻落实中央决策部署的重要举措，是落实以人民为中心的发展思想的具体实践，是当前促进房地产市场平稳健康发展的首要任务。各地要坚决贯彻落实党中央、国务院决策部署，将保障购房人合法权益作为根本出发点和落脚点，以高度的责任感和使命感，以时不我待、只争朝夕的紧迫感，压茬推进，有力有序有效推进保交房各项工作。 坚持目标导向和问题导向，加强工作针对性，明确保交房工作的目标与标准，准确查找问题和不足。要统筹协调保交房工作，建立国家、省、市三级专班联动机制，加强政策统筹协调，用好保交房信息系统，建立定期调度和通报机制。要做好宣传引导，营造良好的舆论氛围。 为进一步发挥城市房地产融资协调机制作用，更好满足城市房地产项目的合理融资需求，要压实地方政府、房地产企业、金融机构各方责任；完善机制组成，健全项目推送反馈管理，加大项目修复力度；加强“白名单”的审核把关；指导银行做好融资支持；做好经验总结和经验推广。	住房和城乡建设部、金融监管总局联合召开保交房政策培训视频会议

5-4　续表 28

时间	地区	政策内容	政策来源
6月24日	全国	研究出台了三个方面18条政策措施。在“鼓励开发”方面，消除开发建设障碍，完善规划条件和相关配套设施要求，合理调整开竣工日期，依法免除因自然灾害、疫情导致的违约责任；在“促进转让”方面，充分发挥土地二级市场作用，推进房地产用地“带押过户”，配合司法及破产处置，优化分割开发程序，支持合作开发；在“规范收购收回”方面，强调了应依法收回的情形，协商收回的可采取等价置换等方式，收回收购土地用于保障性住房的，可通过地方政府专项债券等资金予以支持，但要量力而行，坚决避免新增地方政府隐性债务。	自然资源部召开妥善处置闲置存量土地有关工作视频培训
7月2日	徐州	①对申请住房卖旧换新的购房人，只要享受到政府购房补贴，公积金贷款最高上限提高20%。 ②市区个人贷款最高额度由60万元调整为80万元，夫妻双方贷款最高额度由100万元调整为120万元；各市、县个人贷款最高额度由50万元调整为70万元，夫妻双方贷款最高额度由70万元调整为90万元。 ③房票（购房卡）的使用单位由主城区扩大至市区范围（含铜山区、贾汪区、经开区、高新区、港务区），被征收人凭房票享受安置房契税减免。不再新建安置房。鼓励国有企业收购存量商品住房用作安置房、公租房和人才房。	徐州市近日出台《关于进一步优化政策措施促进房地产市场平稳健康发展的通知》
7月2日	长沙	①在市辖区范围停止新的公寓等类住宅项目规划审批。 ②已完成项目总平面图审批，但开发、去化存在困难的公寓等类住宅商品房，在确保满足公共服务设施和基础配套设施承载力的前提下，经论证可行后可依规依程序调整为住宅。 ③公寓等类住宅项目调整为住宅原则上应符合居住建筑相关设计规范以及套型住宅设计要求，无法满足套型住宅设计要求的小户型公寓不得进行调整。	长沙市自然资源和规划局、长沙市住房和城乡建设局联合下发《关于支持公寓等类住宅商品房调整为住宅有关事项的通知》
7月2日	佛山	①查询系统提供以佛山市、购房所在区作为查询范围，供居民家庭自行选择。 ②查询结果显示居民家庭已办理不动产登记的国有土地上的住房套数，网签交易中的商品住房不计入居民家庭住房套数。 ③在“佛山市住房保障和房产信息网”挂牌出售、出租的商品住房，不计入居民家庭住房套数。	佛山市住房和城乡建设局发布关于个人住房贷款中住房套数认定有关工作的通知
7月4日	襄阳	①商贷首付比例降低至首套15%，二套25%。 ②新市民、青年人、教师、医务人员、多孩家庭、高层次人才等住房公积金贷款最高额度，上浮不低于20%。 ③无住房公积金贷款记录及无未结清的个人住房商业贷款的，按首套房贷款政策执行；有一次住房公积金贷款记录或有一笔未结清的个人住房商业贷款的，按二套房贷款政策执行。 ④鼓励开发企业、经纪机构、购房人三方联动，实现旧房“先卖”、新房“优买”。 ⑤在城市更新过程中需要对居民进行安置的，鼓励优先采取货币化安置、房票安置。 ⑥按照“以需定购”原则，依法收回闲置土地。允许采取“收回—供应”并行方式简化程序，办理规划和供地手续。对于未完成开发投资总额25%以上的出让土地，实施预告登记转让制度。对已出让尚未建设的非住宅商品房用地，除滨江区域和重要节点外，经过充分论证后，支持按“商改住”“商改公”依法依规进行规划调整。	襄阳市出台《关于进一步促进房地产市场平稳健康发展的若干措施》
7月5日	南京	全市取消商品住房项目公证摇号销售要求，由开发企业自主销售。	南京市住房保障和房产局、南京市司法局联合发布《有关取消商品房项目公证摇号销售要求的通知》

5-4 续表 29

时间	地区	政策内容	政策来源
7月5日	大连	2022年5月26日后毕业，正在领取大连市住房补贴或已经保障期满的博士、硕士、本科毕业生；毕业后5年内在大连市购买普通商品房，申报时已取得不动产权证书。一次性给予10000元购房补贴，每人限申领一次。	大连市人社局发布关于开展2024年度高校毕业生一次性购房补贴受理工作的通知
7月8日	昆明	①除企业自身确有需求外，原则上暂停新的商业办公用地供应。对已出让尚未建设的非住宅商品房用地，允许按规定转型用于养老、文旅、体育等新兴产业项目的开发建设。对已出让尚未建设的商业商务用地，可适当降低商业商务用房开发量。对已出让的用地，在用地性质和容积率不变的情况下，允许企业申请合理调整规划条件和设计要求。建设项目用地上配建的配电室、生活垃圾收集点与垃圾处理设施用房、公共厕所不计入容积率。 ②根据建设工程造价、施工合同金额、项目交付条件等因素，核算确定商品房项目自预售形象进度至竣工交付所需资金额度为预售资金监管额度，不再上浮20%。 ③符合条件的人才购买新建商品住房申请住房公积金贷款的，住房公积金贷款最高额度上浮50%。 ④二孩、三孩家庭购买首套自住住房的，住房公积金贷款最高额度分别上浮20%、30%。 ⑤支持“以小换大”“以旧换新”等改善性住房需求，鼓励房地产开发企业、中介机构推出“以旧换新”服务，中介机构提供“优先卖”服务。	昆明市人民政府办公室发布关于印发优化昆明市房地产市场平稳健康发展政策措施的通知
7月8日	广州	广州放松对港澳台及外籍人士购房限制，建面120平方米以上面积的住宅不限购。	据媒体消息，广州放松港澳台及外籍人士购房政策
7月10日	益阳	①首套房按购房款的1%予以补贴，第二套房按购房款的1.5%予以补贴，第三套房及以上按购房款的2%予以补贴。 ②在益阳首次购房的符合条件的人才，给予最高20万元购房补贴。 ③住房公积金最高贷款额度由45万元调整为60万元，多孩家庭最高贷款额度提高到72万元。 ④二孩家庭购房按商品住房买卖合同成交总价款2%的标准给予奖励，每套奖励最高不超过2万元；三孩及以上家庭按商品住房买卖合同成交总价款3%的标准给予奖励，每套奖励最高不超过3万元。	益阳市人民政府办公室印发《关于优化政策促进市中心城区房地产市场平稳健康发展的若干措施》的通知
7月10日	滁州	①凡在市本级购买新建商品住宅的，给予购房者合同价款1%的补贴；二孩及以上的本市户籍家庭在市本级购买新建商品住宅的，给予购房者合同价款1.5%的补贴；新市民、进城农民、城市公共服务人员在市本级购买新建商品住宅的，给予购房者合同价款2%的补贴。 ②自2022年10月1日至2025年12月31日，对出售自有住房并在现住房出售后1年内，在同一城市范围内市场重新购买住房的纳税人，对其出售现住房已缴纳的个人所得税予以退税优惠。 ③单缴家庭公积金最高贷款额度由50万元调整为60万元；双缴家庭由60万元调整为70万元。 ④指导行业协会探索建立新房与二手房便捷换购通道，帮助购房群众“以旧换新”，引导经纪机构降低居间服务费率。 ⑤结合“以旧换新”或商品房收购转化，将闲置存量房或过剩商品房转化为配售型保障性住房或配租型保障性住房，以需定购，满足市场多层次住房需求。	滁州市人民政府发布《关于进一步优化调整房地产政策若干措施》
7月15日	合肥	在高新区、经开区、新站高新区范围内新购买新建商品住房和新建车位的购房（置）人，按房屋成交价的2%给予购房补贴；新购车位按车位总价款的3%给予购置补贴。以上补贴标准，单套补贴金额最高不超过10万元。	合肥多个区发布购房补贴政策

5-4　续表 30

时间	地区	政策内容	政策来源
7 月 17 日	孝感	①多孩家庭购买首套、二套新建商品住房的，由原来 2 万元、3 万元补贴调整为 3 万元、5 万元补贴，不受购房面积限制。②全日制博士研究生、硕士研究生、本科生（重点高校毕业），购房分别给予 12 万元、8 万元、4 万元补贴；来孝创业就业的全日制博士研究生、硕士研究生、本科生，购买首套面积不超过 144 平方米的新建商品住房的，分别给予 10 万元、5 万元、3 万元补贴。③进一步调整购房首付比例和贷款利率，首套住房商贷最低首付比例从 20% 下调为 15%，二套房最低首付比例从 30% 下调为 25%，取消个人住房贷款利率政策下限。④新市民、青年人、教师、医务人员、多孩家庭住房公积金贷款最高额度上浮 20%。缴存职工购房时，可同时申请使用父母或子女住房公积金，支持提取住房公积金支付购房首付款。	孝感中心城区推行房地产市场平稳发展新政策
7 月 18 日	贵阳	①购房人持商品房买卖合同和契税完税凭证到属地政府（管委会）指定单位按照实际缴纳契税的 50% 申领消费券。②搭建“以旧换新”活动平台，鼓励多方主体开展三方联动式、直接收购式“以旧换新”活动，行政主管部门为“以旧换新”提供便捷服务支持。③执行取消首套住房和第二套住房商业性个人住房贷款利率政策下限政策，首套、第二套住房商业性个人住房贷款首付比例分别调整为不低于 15%、25%。④支持提取住房公积金支付新房、二手房首付款；支持住房公积金“既提又贷”；取消两次住房公积金贷款时间间隔限制；支持灵活就业人员使用公积金贷款购房，灵活就业人员在补缴 6 个月公积金后即可申请贷款；阶段性提高住房公积金最高贷款额度。⑤鼓励按照“以需定购”原则收购商品房用作保障性住房、安置房，大力推行“房票”安置，加快推进未建成交付安置房清零。	贵阳市住房和城乡建设局等 6 部门发布《进一步促进贵阳市房地产市场平稳健康发展若干措施》
7 月 19 日	南通	①《办法》坚持政府监管模式、灵活调整监管额度，明确监管额度根据商品房项目房屋结构、工程造价、交付条件等因素，结合一定比例调节系数确定，并根据实际情况动态调整。 ②规范监管银行行为，严格通过公开招标方式确定监管银行，对监管银行名录实行动态管理，考评不合格的，暂停承接商品房预售资金监管业务，对未履行商品房预售资金监管职责及无法承担资金监管工作的，终止承接商品房预售资金监管业务。 ③《办法》控制发放的监管资金和开发贷款资金额度，其总额不超过合理支出额度，保障项目建设资金；对出现重大经营风险的企业的预售资金实施重点监管，制定“一项目一策”工作方案，及时化解风险。	南通市出台新版《南通市商品房预售资金监管办法》
7 月 19 日	北京	北京启动“以旧换新”活动，90 天内旧房未成功售出，购房居民可无条件申请退还订金。	北京市启动“以旧换新”活动
7 月 21 日	郑州	郑州 7 月 21 日起推出近 5 万套商品房，在全市范围内开展为期 3 个多月的团购活动。此次团购活动期间，将对前 5000 名购房人给予每人 5000 元的消费券补贴。	郑州市推出近 5 万套商品房，在全市范围内开展为期 3 个多月的团购活动
7 月 23 日	河南	推动房地产市场平稳健康发展，要求全力打赢“保交楼”攻坚战，基本完成两批专项借款项目交付；加快征收安置问题项目整改，力争 2024 年 9 月底前全面完成交付。积极推进房地产领域“三大工程”（规划建设保障性住房、城中村改造和“平急两用”公共基础设施建设）。	河南省印发扎实推进 2024 年下半年经济稳进向好若干措施
7 月 23 日	吉安	主要内容包括：延续非住宅商品房契税补贴；实行住房消费、商贸消费联动；推动住房“以旧换新”；推行商品房“租购并举”模式；优化购房入学模式；优化存量房交易管理及税收征管；优化住宅项目阳台进深、建筑层高规划约束条件；推动住宅小区居住空间更优；扩大保障性租赁住房供给；优化商品房预售形象进度管理；全面落实城市房地产融资协调机制；合理确定按揭贷款保证金比例。	吉安市出台关于推动房地产平稳健康发展若干措施

5-4 续表 31

时间	地区	政策内容	政策来源
7 月 24 日	长沙	长租房政策在完成阶段性任务后，明确了退出机制。	长沙市《关于明确长沙市盘活存量房供作租赁住房有关工作的通知》
7 月 25 日	海南	规范国有住宅用地自建房管理，发布土地供应、规划管理、建设管理、对外转让、不动产登记、执法检查、处置虚假宣传等七方面举措。	海南省自然资源和规划厅、省住房和城乡建设厅、省市场监督管理局日前联合印发《关于规范国有住宅用地自建房管理的通知》
7 月 26 日	赣州	①符合生育政策的二孩、三孩家庭，在章贡区、赣州经开区、赣州蓉江新区范围内购买新建商品住房的，分别给予 5000 元、10000 元的一次性购房补贴。 ②在城市征地拆迁、城市更新、城中村改造等涉及房屋征收中全面推行房票安置。持房票购买新建商品房的，由属地财政给予不低于 400 元 / 平方米的购房补贴或购房奖励。 ③对市场价格连续 3 个月环比下降且累计幅度超过 10% 的县（市、区），及时下调存量房交易计税价格，打通房产置换链条。	赣州市人民政府办公室印发关于加大力度促进房地产市场平稳健康发展若干措施的通知
7 月 26 日	雅安	双职工 / 单职工缴存住房公积金最高贷款额度分别提高至 80 万元 /70 万元；对二孩 / 三孩家庭最高贷款额度分别提高 10 万元 /20 万元；个人住房公积金贷款利率下调 0.25 个百分点；至 2025 年 6 月 30 日，购买自住住房的市民可以一次性提取公积金账户余额，用于支付首付款。	雅安市出台《支持刚性住房需求和多样化改善性住房需求确保房地产市场平稳健康发展的十八条措施》
7 月 29 日	九江	①进一步优化住房公积金政策方面，职工家庭在当地无成套住房，在全国范围内第一次使用公积金贷款或者公积金首次贷款已结清并再次申请公积金贷款的，执行首套房贷款政策。提高住房公积金最高贷款额度，在中心城区购房的，夫妻双职工缴存家庭、单职工缴存家庭的贷款最高限额分别提高至 100 万元 / 户、60 万元 / 户。 ②通知明确，在城镇开发边界范围内，除国家规定必须新建的外，一律停止新建安置房，实行房票安置政策。确需实物安置的，原则上以购买存量新建商品住房方式予以安置。房票实行实名制管理，用于购买新建商品房，初始持有人为房屋被征收人，可转让一次，转让时应到辖区房屋征收部门办理备案手续。	九江市人民政府办公室印发《关于进一步促进九江市房地产市场良性循环和平稳健康发展的若干措施》的通知
7 月 31 日	郑州	住房保障部门不再对新建商品住房销售价格进行指导，开发企业按照自主定价进行销售、办理商品房预（销）售许可（备案）手续。	郑州市发布取消商品住房销售价格指导的通知
8 月 1 日	黄山	①允许提取住房公积金支付购买新建预售商品住房首付款。 ②在黄山市内购买普通自住房首次申请住房公积金贷款并符合住房公积金贷款条件的，对“迎客松英才计划”D 类以下人才个人可贷款额计算倍数提高至 10 倍，但不高于本市现行最高贷款额度。D 类（含）以上人才可按照黄山市住房公积金最高贷款额度贷款。	黄山市发布《关于印发〈黄山市促进房地产业高质量发展若干措施〉的通知》的实施细则
8 月 6 日	九江	计划本月通过发放千张市中心城区购房优惠券活动，促进购房消费，激发市场活力。发放对象为在中心城区购买参与活动项目楼盘新建商品住房并完成网签的个人；优惠金额为所购总房款的 10%，优惠金额由政府和房地产开发企业各承担 5%。	九江市发放千张市中心城区购房优惠券

5-4　续表 32

时间	地区	政策内容	政策来源
8月7日	宜春	①优化商品房价格指导机制，商品房项目根据市场自主合理定价。 ②鼓励企业按照市场化原则搭建面向全社会公开的在售商品房团购平台，团购房源须是“五证”齐全的现房或准现房。各房地产企业自愿参加，对满足团购条件购房的（一次性购买5套以上等），可在新建商品住房原明码标价基础上再下降不超过10个点，团购优惠价格不计入商品备案价格跌幅比例范围。 ③支持收购商品房去库存。在当地政府完全自愿、风险可控的基础上，用好保障性住房再贷款政策。支持和鼓励国有平台利用收购已建成存量商品房作为保障房和安置房，其中60平方米以下的用于公租房，60至90平方米范围的用于保障性租赁住房，90平方米以上用于安置房。 ④提高住房公积金支持力度方面，支持公积金“既提又贷”。多子女家庭的本市缴存职工（不含灵活就业缴存人员），符合租房提取住房公积金条件的，最高提取限额上浮20%调整后，多子女家庭的本市缴存职工及配偶租房提取住房公积金上限为1920元/月。多子女家庭的本市缴存职工（不含灵活就业缴存人员），符合住房公积金贷款条件的，申请住房公积金贷款时最高贷款限额上浮20%。调整后，多子女家庭贷款最高贷款额度为双缴存职工96万元，单缴存职工72万元。	宜春市印发《关于持续促进房地产市场平稳健康发展的若干措施（暂行）》的通知
8月8日	新疆	①缴存职工的父母或子女可以作为共同申请人提取住房公积金账户余额帮助该缴存职工支付购房款，可全额提取支付首付款。 ②支持“先租后买”。加大对职工提取支付房租力度，对首次购买商品房的，已租房提取额与账户余额合并计算住房公积金贷款额度。	新疆维吾尔自治区印发《关于促进自治区房地产市场平稳健康发展的若干措施（试行）》
8月8日	信阳	①支持具备条件的县区开展购房契税补贴工作，自文件印发之日起至2025年6月30日前购买新建商品住房或二手商品住房的，中心城区由所在辖区按其购买新建商品住房或购买二手商品住房已缴纳契税金额100%给予奖补，各县可参照市级政策执行。 ②提高住房公积金贷款最高额度，对于单身或夫妻双方只有一方缴存住房公积金的，在购买商品住宅时最高贷款额度调整为70万元；夫妻双方均缴存住房公积金的，在购买商品住宅时最高贷款额度调整为100万元。 ③加大住房公积金租房提取力度，重点支持新市民、青年人的租房提取。支持提取个人住房公积金账户资金支付购买新建商品住房首付款，提取住房公积金账户资金不大于房屋首付款。支持异地缴存公积金的家庭在信阳购房，申请公积金贷款时享受信阳市民公积金贷款同等优惠政策。 ④市、县（区）房地产主管部门不再对新建商品住房销售价格进行指导，开发企业按照市场供求自主定价进行销售、办理商品房预（销）售许可（备案）手续，并在售楼部公示一房一价。	信阳市印发《信阳市进一步促进房地产市场平稳健康发展的若干措施》的通知
8月9日	泰州	①在泰州购房将继续发放购房补贴，将“五大购”升级为“八大购”。“换新购”“组团购”“孝心购”政策有效期延长至2024年12月31日。新增“进城购”“返乡购”“来泰购”，补贴标准为购房款总额的1.5%。 ②全面实施商品住房“以旧换新”。统筹推进财政补贴、国企收购、市场化运作等模式，推动商品住房“以旧换新”。 ③优化购房入学政策。购买新建商品住房可凭网签备案合同落户、入学。“以旧换新”的换购人，可保留已售卖旧房施教区2年入学资格。	泰州市发布《关于进一步促进市区房地产市场平稳健康发展的通知》

5-4 续表 33

时间	地区	政策内容	政策来源
8月9日	阜阳	①对返乡创业人员、现役军人军属、退役军人军属、消防救援人员及家属、城市公共服务人员、多孩家庭、户籍所在地为农村的农民、改善性换购住房的购房人等各类购买新建商品住房的购房群体，给予契税全额补助。对符合条件的博士研究生、硕士研究生、学士本科生，在阜城购买首套新建商品住房的，给予购房补贴。对在阜城购买商业、办公用房的企业，给予契税总额的50%补助。对在阜城购买新建非人防车位（不含二手车位）的购买人，给予契税全额补助。 ②鼓励房企促销让利。鼓励房地产开发企业采取买房送家电、送装修、送车位、送旅游券、送购物券以及特价房等措施，开展营销。支持地下停车位销售去化。支持金融机构推出"车位贷"金融产品，房地产开发企业可采取租售并举的方式（人防车位除外），提高地下停车位使用效率。 ③公积金缴存单职工贷款额度上限由45万元调整为50万元，公积金缴存双职工家庭贷款额度上限由50万元调整为60万元。支持公积金余额付首付。首次申请公积金贷款的缴存职工，可申请公积金全部余额支付新建商品住房首付款。 ④在符合国土空间规划和土地出让条件的前提下，允许依法将满足居住条件的非住宅类商品房改建为居住性质住房。	阜阳市发布《我市进一步优化政策措施促进房地产业高质量发展》
8月9日	白银	①购房家庭在购房所在县、区无住房，购买新建商品住房按照首套房认定，享受首套房商业贷款政策。 ②公积金贷款最高额度由60万元提高至65万元。符合国家生育政策，在白银市缴存公积金的三孩家庭购买首套自住住房最高贷款额度由65万元提高至70万元。 ③取消对新建商品住房价格备案。 ④本次活动以消费券形式发放奖补资金2000万元，其中会宁县300万元、靖远县300万元、景泰县400万元、白银区600万元、平川区400万元。各区县根据库存实际、财政情况，在完成已定基数上可另行增加奖补资金。活动期间内，凡购买商品住房的按照合同总价的2%给予奖补，奖补资金用于支付置办家电、家具、家装、厨卫等费用。	白银市发布《关于进一步优化房地产市场发展的政策措施》
8月15日	成都	①对于出售自有住房并在6个月内购买新建商品住房的，可认定为首套房。支持商业银行按认定的客户住房套数办理个人住房贷款业务。 ②对出售自有住房并在6个月内购买新建商品住房的购房人，申请住房公积金贷款的，双缴存人家庭最高贷款额度调整为90万元，单缴存人家庭最高贷款额度调整为50万元。 ③首套房住房公积金贷款最低首付款比例20%，最高贷款额度双缴存人80万元、单缴存人40万元，多子女家庭额外增加10万元，利率执行中国人民银行公布的首套房标准。	成都市出台《关于开展成都市住房"以旧换新"工作的通知》
8月15日	长春	①在主城区、开发区贷款购买新建商品房的市民，可以按照初始贷款金额每年获得1%的财政贴息，最高1万元/年，持续发放三年；对一次性付款购买新房者，提供每套1.5万元的购房消费券。对于"以旧换新"的购房人，贴息比例提高至2%，最高贴息额度为2万元/年，消费券额度提高至3万元/套。 ②对于进城农民购买市区首套新房，给予200元/平方米购房补贴，最高2万元/套。 ③对于毕业5年内高校毕业生，在市区内购买省内首套新房、二手房，以及居住型公寓，按本科、硕士、博士给予一次性购房补贴3、5、8万元/套，符合条件的夫妻毕业生2人可同时申领。	长春市发布购房补贴新政

5-4　续表 34

时间	地区	政策内容	政策来源
8 月 23 日	唐山	①对购买新建商品住房（地上房屋建筑面积 144 平方米及以下）的购房人给予每套成交价格 1% 的补贴。如购房人为 60 岁及以上老人、生育二孩及以上的多子女家庭和符合“凤凰英才”政策的各类人才，给予每套成交价格 1.5% 的补贴。 ②单、双缴存职工家庭住房公积金个人住房贷款最高额度由 80 万元调整为 100 万元，二孩、三孩家庭最高贷款额度分别额外增加 20 万元、30 万元，允许购房首付款提取住房公积金；购买保障性住房的，首付比例最低为 15%。 ③开展商品房“以旧换新”。	唐山市发布《唐山市关于优化当前房地产政策的若干措施》的通知
8 月 23 日	长沙	居民家庭在拟购新房的区县（市）无住房的，可按首套住房认定，办理商业性个人住房贷款；在长沙市域范围内既有住房贷款已结清的，支持金融机构自行确定首付款比例和利率。	长沙市发布《关于进一步优化我市个人住房贷款中住房套数认定标准的通知》
8 月 23 日	漳州	在城市郊区等不具备公共交通条件但景观、区位等条件较好的区域或受限高管控区域，优化规划用地指标，停止执行住宅项目容积率不得低于 1.0 的供地标准。此次政策调整预计将降低开发商在特定区域的拿地成本，缓解市场供需矛盾。	漳州市调整市中心城区经营性房地产用地政策
8 月 27 日	上海	①优化住房建筑面积标准：将本市多层、小高层、高层建筑的商品住房中小套型住房建筑面积标准分别调整为 100 平方米、110 平方米、120 平方米。 ②优化住房供应比例：原则上，中外环间区域住宅中小套型比例不低于 70%，中环以内区域不低于 60%，新城和南北转型重点区域不低于 60%，外环外其他区域不低于 50%。	上海市《关于优化本市新出让商品住房用地套型供应结构的通知》
8 月 27 日	邵阳	①推进商业银行住房按揭贷款转住房公积金贷款。 ②继续推动异地缴存职工回邵购房，放宽异地缴存职工在邵阳市购买商品住房申请住房公积金贷款的条件，取消需夫妻双方至少有一方具有邵阳户籍的限制；取消所购住房为本市首套住房的限制；取消申请人需在就业地缴存住房公积金的限制。 ③可以提取职工（含配偶）住房公积金支付首付款（不再限定是首套房）。 ④允许父母提取住房公积金为子女购买商品住房。 ⑤缴存职工家庭最高可贷款额度为 60 万元；邵阳市高层次人才和符合国家政策已生育三孩的缴存职工家庭申请住房公积金贷款购房的，最高可贷款额度为 80 万元。 ⑥在所属县市范围内无住房的，均按首套住房认定，享受“认房不认贷”政策。 ⑦对全日制硕士研究生学位及以上毕业生、符合国家生育政策生育三孩且子女均未成年的家庭，每个家庭给予购房补贴 2 万元。 ⑧支持科研机构、产业园区、大专院校、机关企事业等单位集中团购商品住房，团购价格不纳入城市商品房价格监测范围。	邵阳市印发《关于促进房地产市场平稳健康发展的若干措施》的通知

5-4 续表 35

时间	地区	政策内容	政策来源
8月27日	郴州	①双缴职工和符合郴州市人才引进新政的单缴职工购买新建商品房，最高贷款额度由60万元提高到70万元。 ②对拥有1套住房并结清相应购房贷款的居民家庭，为改善居住条件再次申请住房公积金委托贷款购买住房的，最低首付比例由30%降低至20%。 ③在郴州市中心城区购买新建商品住房的，将对购房者所缴纳契税税额的50%进行财政补贴。 ④继续保持2023年存量房评税价格水平，促进存量房交易。同时，对已建未售的非住宅商品房，在满足消防结构及国家规范的前提下，经法定程序批准可变更为商品住宅。对变更后的商品住宅，鼓励房地产开发企业自持用作租赁住房和按适当比例改为保障性住房；支持国有企业收购用作保障性住房，保障新市民、青年人住房需求。在满足消防结构及国家规范的前提下，允许商铺根据实际情况重新分割办证。	郴州市发布《关于促进郴州市房地产市场平稳健康发展的若干措施》的通知
8月29日	上海	①商品住宅房屋维修资金归集标准：按照每平方米建筑面积成本价计价。 ②公有住房售后房屋维修资金归集标准：按照上海市公有住房出售政策中有关规定执行（包括房屋维修资金、电梯水泵大修更新资金、街坊公共设施管理维修资金），三项资金合并使用。	上海市发布住宅维修资金管理新规
9月4日	海口	①优化本省户籍居民购房政策。凡落户海南省的人员，自落户之日起享受本地居民同等购房待遇。②鼓励“以旧换新”，满足改善性购房需求。凡是挂牌出售其本人或家庭成员（配偶及未成年子女）在本省的住宅，均可在海口市换购一套商品住宅。	海口市出台楼市新政，再次优化本省户籍居民购房政策及鼓励“以旧换新”
9月5日	湘潭	①提高住房公积金贷款额度，最高额度由90万元提高至100万元，偿还期限可延长至法定退休时间后5年。②实施阶段性购房补助政策，144平方米及以下补贴4000元/套，144平方米以上补贴8000元/套；给予人才购房补贴，补贴标准100~240元/平方米。③优化住房销售方式，鼓励房企实行按住房套内面积计价宣传销售，团购不纳入价格监测范围。	湘潭市发布《湘潭市促进房地产市场高质量发展的若干措施》有关情况
9月5日	泸州	①积极支持有条件的区县以合理的价格在试点区域收购存量商品房用作配售配租保障性住房，金融机构发放收购贷款予以支持。鼓励国企收购存量商品房用于养老、托育等公共服务用房。②购买新建商品住房的，按建筑面积补助600元/平方米，单套房源补助总额不超过8万元；符合国家政策生育二孩、三孩且户籍在泸州市的家庭，按建筑面积补助800元/平方米，单套房源补助总额不超过10万元；购买一手车位（车库）的给予1万元/个补助。③在本市范围内新购买住房，购房人在拟购住房所在区县范围内无住房的，认定为首套房。	泸州市发布《关于进一步促进房地产市场平稳健康发展的政策措施》的通知

5-4　续表 36

时间	地区	政策内容	政策来源
9月10日	江苏	①强化“好房子”供给。加快建成一批品质优良、数字化智能化的改善型住宅。提升新建建筑中星级绿色建筑比例，加快既有建筑和市政基础设施节能节水降碳改造。允许已出让未建设的存量住宅用地建设改善型住宅。按照国家有关部署，取消普通住宅和非普通住宅标准。按照“以房定地”原则，优化土地供应规模和结构。②积极盘活存量房源。集成政府奖励、购房补贴、房企优惠等政策，支持各地因城施策扩大房票购买不动产范围。统筹推进回购、直接补贴、中介帮卖等模式，放大住房“以旧换新”政策效应。积极推进城市更新，稳步实施城中村改造，采取房票和收购存量住房等用于安置。③优化住房公积金使用政策。支持职工提取住房公积金用于自住住房电梯新建和更新改造，政策支持范围扩大到本人及配偶双方父母。支持职工在实际工作地租房提取住房公积金。支持将职工一定期限内的租房提取金额，与其个人账户余额合并计算家庭住房公积金可贷款金额。	江苏省印发《关于巩固增强经济回升向好态势进一步推动高质量发展的若干政策措施》
9月13日	南平	①居民家庭在购房所在地无住房的，办理新购住房的商业性个人住房贷款和住房公积金贷款时，按首套住房认定。②鼓励房地产企业接收房票，购房人持房票购房网签后，其使用的房票按支付点核算可兑付资金，经住房和城乡建设部门核算认定后，视同相应资金已存入预售资金监管账户。③明确新出让住宅用地就学安排，在出让房地产用地时，自然资源部门应提前向教育部门征求购房户子女就学安排方案，并在土地出让公告中予以明确。	南平市发布《南平市落实“一城一策”促进房地产平稳健康发展的二十条措施》的通知
9月15日	大连	①实施房交会购房补贴政策。在秋季房交会期间个人购买中山区、西岗区、沙河口区、甘井子区参展项目新建商品房（含新建商品住房和新建非住宅商品房），按照成交价的1%给予购房补贴。②在本市范围内购买住房，在拟购住房所在区市县（先导区）范围内无住房的，执行首套房个人住房贷款政策。③多孩家庭（其中至少一名子女未成年）在拟购住房所在区市县（先导区）购买第二套住房的，执行首套房个人住房贷款政策。④缴存人使用住房公积金贷款在本市范围内购买配售型保障性住房的，最低首付款比例为15%。缴存人可提取个人账户住房公积金支付保障性住房首付款，提取首付款金额与贷款金额累计不超过购房款总额。⑤符合条件的大连市软件人才在本市范围内购买住房的，落实大连市城市发展紧缺人才住房公积金贷款支持政策，首次使用住房公积金贷款购买首套自住住房的，单人或双人最高贷款额度在当期最高贷款额度基础上提高20万元，贷款额度不受住房公积金账户存储余额倍数的限制。	大连市发布《关于进一步优化房地产市场平稳健康发展政策措施的通知》

5–4 续表 37

时间	地区	政策内容	政策来源
9月15日	山西	①取消太原市商品住房限购政策。②取消商品住房（含新建商品住房和二手住房）转让限制年限规定（有限制产权转让的除外），自取得不动产权证（房屋所有权证）之日起即可转让，大力支持城乡居民刚性和改善性购房需求。③各市政府可以因城施策，取消普通住宅和非普通住宅标准，更好地支持改善性住房需求释放。④对购买新建商品住房的二孩及以上多子女家庭办理商业性个人住房贷款或者公积金贷款，政府有关部门在出具住房套数认定证明时可给予核减1套家庭住房套数，鼓励支持银行业金融机构对其购买的第二套、第三套住房分别执行首套、二套住房的贷款首付比例及利率政策。⑤各城市根据资金结余情况，可进一步优化住房公积金贷款房屋套数“认贷”标准。⑥支持开展住房“以旧换新”活动。⑦积极推行“房票安置”模式。	山西省发布《山西省进一步促进房地产市场平稳健康发展若干措施》
9月17日	南京	在金秋房展会上发放限时购房补助，在各区现行购房补助政策基础上，额外给予购房合同金额1%的补助。	南京市购房补助政策
9月19日	遵义	①由购房人先行支付购房首付款，调整为由市公积金中心出具缴存余额证明，差额部分由购房人自行补足后，即可在住房和城乡建设部门办理房屋备案登记。②购买自住住房的，借款申请人正常连续足额缴存住房公积金，最高贷款额度由50万元提高至60万元；借款申请人和共同申请人均正常连续足额缴存住房公积金，最高贷款额度由60万元提高至70万元。③二套房公积金贷款最低首付款比例从30%下调为20%。④居民家庭在当地成套住房套数，由各县（市、区）不动产登记部门根据居民家庭申请或授权查询。⑤创新支持购房“以旧换新”。⑥增加“商转公”名额，每月受理“商转公”申请户数从300个增加至600个。	遵义市印发《遵义市促进房地产高质量发展政策措施》的通知
9月20日	北京	据北京日报，中共北京市委贯彻《中共中央关于进一步全面深化改革、推进中国式现代化的决定》优化房地产政策，适时取消普通住宅和非普通住宅标准，优化商品住宅用地交易规则，改革房地产开发融资方式和商品房预售制度。	中共北京市委贯彻《中共中央关于进一步全面深化改革、推进中国式现代化的决定》
9月23日	齐齐哈尔	①对开发企业向人才、农村人口进城购房和二孩（三孩）家庭购房人销售的房屋合同价格不设下限。②个人转让自用达五年以上、并且是唯一的家庭生活用房取得的所得，暂免征收个人所得税。③公积金最高贷款额度为100万元。④规范推进“商业贷款转公积金贷款”业务办理。	齐齐哈尔市发布《关于进一步促进齐齐哈尔市房地产市场平稳健康发展的若干措施》
9月24日	宜昌	取消新建商品住房价格指导。全市不再实行新建商品住房价格指导。	宜昌市印发《关于促进房地产市场平稳健康发展若干措施》的通知
9月25日	大庆	①提高住房公积金贷款额度。缴存人购买新建自住住房申请住房公积金贷款，贷款额度按账户余额30倍计算，最高不超贷款额度上限。②符合大庆市高层次人才相关规定的缴存人，贷款额度提高至账户余额40倍、最高70万元。毕业5年内的全日制本科及以上学历毕业生，贷款额度提高至账户余额30倍、最高70万元。③持续实行购房补贴政策。延长补贴政策时间。	大庆市印发通知，对《关于进一步促进大庆市房地产市场平稳健康发展若干措施》进行落实
9月27日	广州	广州市开通个人住房贷款二手房“带押过户”业务。	广州市开通个人住房贷款二手房“带押过户”业务

5-4　续表 38

时间	地区	政策内容	政策来源
9 月 28 日	成都	①单缴存人最高贷款额度由 40 万元提高至 60 万元，双缴存人最高贷款额度由 80 万元提高至 100 万元。取消首套住房和二套住房最高贷款额度差异。 ②多子女家庭、"以旧换新"购房最高贷款额度对应上浮 20%。 ③拟支持商业性个人住房贷款转为住房公积金个人住房贷款，缴存人可将符合条件的商业性个人住房贷款转为住房公积金个人住房贷款。 ④缴存人在成都市行政区域内新购住房的，在规定时间内可提取本人父母、子女的住房公积金。 ⑤支持使用住房公积金先租后购，同一个自然年度内，办理过租房提取的缴存人，还可办理购房提取或偿还住房贷款本息提取。申请住房公积金贷款的，近一年内租房提取金额可纳入贷款额度计算。	成都市发布《关于促进房地产市场平稳健康发展有关政策征求意见建议的通知》
9 月 29 日	全国	①优化个人住房贷款利率机制：固定利率住房按揭借款人可与银行协商，由银行新发放浮动利率住房按揭房贷款置换存量贷款；浮动利率 LPR 加点机制，加点幅度等于原合同利率水平与最近一个月 LPR 的差值。浮动利率住房按揭与全国新发住房按揭贷款利率偏离达到一定幅度时，借款人可与银行协商，由银行新发放浮动住房按揭贷款置换存量贷款。市场利率定价自律机制发布倡议：各商业银行将存量房贷利率调整为 LPR-30bp，且不低于所在城市目前执行的新发放商业性个人住房贷款利率加点下限（如有）。原则上应于 2024 年 10 月 31 日前统一对存量房贷（包括首套、二套及以上）利率实施批量调整，且不晚于 10 月 12 日发布操作细则。 ②对于贷款购买住房的居民家庭，商业性个人住房贷款不再区分首套、二套住房，最低首付款比例统一为不低于 15%。 ③对于金融机构发放的符合要求的贷款，中国人民银行向金融机构发放再贷款的比例从贷款本金的 60% 提升到 100%。 ④《中国人民银行中国银行保险监督管理委员会关于做好当前金融支持房地产市场平稳健康发展工作的通知》《中国人民银行办公厅国家金融监督管理总局办公厅关于做好经营性物业贷款管理的通知》中有关政策有适用期限的，将适用期限延长至 2026 年 12 月 31 日。	央行会同金融监管总局出台四项金融支持房地产政策
9 月 29 日	无锡	①购房人在拟购住房所在区（含无锡经开区）范围内无商品住房的，可认定为首套房。 ②支持银行业金融机构自主确定住房贷款利率水平；银行业金融机构应结合经营情况、客户信用状况等因素，合理确定每笔贷款的具体利率水平。 ③允许房票在购买纳入房源信息库的新建商品房（含住宅及非住宅）外，还可以购买车位。 ④支持具备一定条件的房地产开发企业试点将库存商品住宅，向特定人群（新就业人群、引进的各类人才、企业团购）以共有产权的形式出售，满足不同人群的住房需求。	无锡市发布《关于进一步优化房地产市场平稳健康发展若干政策措施的通知》
9 月 29 日	上海	①调整住房限购政策：对非本市户籍居民家庭以及单身人士购买外环外住房的，社保年限调整为 1 年（原为 3 年）。对持《上海市居住证》且积分达到标准分值、在本市缴纳社会保险或个人所得税满 3 年及以上的非本市户籍居民家庭，在购买住房套数方面享受沪籍居民家庭的购房待遇。在自贸区临港新片区实施更加差异化的购房政策，对在新片区工作、存在职住分离的群体，在执行现有住房限购政策的基础上，可在新片区增购 1 套住房，促进职住平衡。 ②优化住房信贷政策：首套首付比例调整为 15%（原为 20%），二套首付比例调整为 25%（原为 35%）；实行差异化政策区域从"不低于 30%"调整为"不低于 20%"；住房公积金二套房贷最低首付比例相应调整。 ③调整住房税收政策：个人住房转让增值税征免年限从 5 年调整为 2 年。取消普通住房标准和非普通住房标准。	上海市印发《关于进一步优化本市房地产市场政策措施的通知》

5-4 续表 39

时间	地区	政策内容	政策来源
9月29日	广州	取消居民家庭在本市购买住房的各项限购政策。	广州市发布关于调整房地产市场平稳健康发展措施的通知
9月29日	深圳	①调整住房限购政策：本市户籍家庭限购2套，单身限购1套；非核心区可加购1套住房。非本市户籍居民家庭及成年单身人士限购1套住房，核心区由3年社保放松为1年，非核心区取消1年社保要求。有两个及以上未成年子女的可加购1套。（备注：核心区为福田区、罗湖区、南山区和宝安区新安街道、西乡街道。） ②全面取消限售（原商品住房限售3年，公寓限售5年）。 ③个人住房转让增值税征免年限由5年调整到2年。 ④调整个人贷款政策：首套由20%降至15%，二套由30%降至20%；有两个及以上未成年子女的居民家庭，购买第二套住房的，适用于首套住房贷款政策；深汕合作区首套、二套首付比例均调整为15%，取消利率下限。	深圳市发布《关于进一步优化房地产市场平稳健康发展政策措施的通知》
10月1日	邯郸	①对购买新建商品住房的购房人，给予成交价1%的购房补贴。②对企业入职的高校毕业生、生育二胎及以上家庭、60岁及以上老人购买新建商品住房的，给予成交价1.5%的购房补贴。③对“以旧换新”的购房人，按照购买新建商品住房成交价的1.5%给予购房补贴。	邯郸市出台购房补贴发放实施细则及住房“以旧换新”活动方案
10月8日	全国	促进房地产市场止跌回稳。采取系统性综合措施，对商品房建设严控增量、优化存量、提高质量，加大“白名单”项目贷款投放力度，运用专项债券等支持盘活存量闲置土地，调整住房限购政策，释放刚性和改善性住房需求，加快消化存量商品房，降低存量房贷利率，抓紧完善土地、财税、金融等政策，加快构建房地产发展新模式。降低存量房贷利率等政策已经出台，有些城市全面取消限购，有些城市进一步缩小限购区域、放宽限购条件，其他政策也在积极谋划、积极推进。	国新办举行“推动高质量发展”系列主题新闻发布会，发改委发言
10月8日	廊坊	购买90平方米以下（含90平方米）住房的补贴5000元/套；购买90至144平方米（含144平方米）住房的补贴10000元/套；购买144平方米以上住房的补贴15000元/套。	廊坊市推出购房分段定额补贴政策
10月8日	福州	①商业性个人住房贷款首付比例统一调整为不低于15%，不再区分首套房和二套房。②按照居民家庭在购买住房所在区的住房套数进行认定。③及时取消普通住宅和非普通住宅标准。④商品住宅用地出让前，由属地区政府负责，市教育局指导，确定划片学校；并由市自然资源和规划局在土地出让公告中予以明确。	福州市发布《关于进一步优化房地产相关政策的通知》
10月8日	南宁	购买配售型保障性住房申请住房公积金个人住房贷款的，最低首付款比例调整为15%。	南宁市发布《关于支持缴存人购买保障性住房和加大对缴存人租房需求支持力度的通知》
10月9日	杭州	①商业性个人住房贷款不再区分首套、二套住房，最低首付款比例统一为15%。②申请住房公积金贷款，最高额度提高到130万元，保底额度提高到20万元；购买经认定为绿色低碳建筑的新建商品住房或“以旧换新”的，贷款额度可上浮20%；统一首套房和二套房贷款首付款比例不低于20%；使用1次住房公积金贷款已结清的，可按首套房认定。③新出让住宅用地不再设置新建商品房限价要求，已出让用地按原有合同约定执行。	杭州市发布《关于进一步优化调整我市房地产相关政策的通知》
10月10日	山东	①商业性个人住房贷款按照最低首付比例15%执行。②取消首套住房和二套住房商业性个人住房贷款利率政策下限。	山东省印发《关于落实金融支持政策促进全省房地产市场止跌回稳的通知》

5-4　续表 40

时间	地区	政策内容	政策来源
10月11日	青岛	①商业性个人住房贷款不再区分首套、二套住房，最低首付款比例统一为不低于15%，住房公积金贷款参照执行。 ②在青岛市购买家庭首套或第二套自住住房的，借款申请人及配偶均符合申贷条件的，公积金贷款最高额度调整为100万元；借款申请人仅本人符合申贷条件的，公积金贷款最高额度调整为60万元。 ③多子女家庭购买青岛市自住住房的，公积金贷款额度可上浮30%；购买青岛市新建高品质住宅或达到现行绿色建筑评价标准一星级及以上等级的新建商品住宅的，公积金贷款额度可上浮30%。上述上浮政策可叠加使用，叠加后最高贷款额度不超过150万元。 ④青岛市二孩及以上家庭新购住房办理商业性个人住房贷款时，如非首套房，在住房套数认定时核减1套住房。 ⑤对符合青年人才一次性安家费发放条件的博士、硕士研究生，购买新建商品住房（家庭唯一住房）的，在分别给予15万元、10万元一次性安家费的基础上，再分别按照博士10万元、硕士5万元标准发放有效期为一年的购房券，用于支付新建商品住房购房款。 ⑥将申请产权型人才住房的学历条件放宽至非全日制专科以上学历。	青岛市发布《关于青岛市进一步促进房地产市场平稳健康发展若干政策措施的通知》
10月11日	济南	①商业性个人住房贷款不再区分首套、二套住房，最低首付款比例统一为15%。②两人及以上缴存住房公积金的职工家庭最高贷款额度100万元，多子女及高层次人才职工家庭最高贷款额度提高到130万元。③加快建立租购并举的住房制度，支持符合条件的国有企业按照国家保障性住房再贷款政策要求，收购存量商品房用作人才房、长租房、保障性住房等。④明确居住小区公共设施、开放空间等不计入容积率的情形，提高住宅建筑品质；购买高品质住宅申请公积金贷款的职工家庭最高贷款额度提高到120万元。	济南市发布关于促进我市房地产市场止跌回稳相关政策举措的通知
10月11日	泉州	①在泉州市行政区域范围内新购买的一、二手住房不再执行限售政策。有特定销售要求的商品住房从其规定执行。②新出让的房地产住宅用地在招拍挂时不再限制商品住宅、车位销售价格。已出让的房地产住宅用地根据土地出让合同约定和相关文件要求继续执行商品住房“限房价”要求。③夫妻双方最高贷款额度为100万元；单方最高贷款额度为60万元；二孩及以上家庭贷款额度可再另加10万元。④住房商业性个人住房贷款首付比例统一调整为不低于15%，不再区分首套房和二套房。	泉州市出台《进一步促进房地产市场平稳健康发展若干政策措施》
10月12日	嘉兴	①商业性个人住房贷款不再区分首套、二套住房，最低首付款比例统一为15%。②最高额度提高到130万元，保底额度提高到25万元，统一首套房和二套房贷款首付款比例不低于20%。家庭住房套数以不动产登记部门记载的购房所在县（市、区）、嘉兴经济技术开发区范围内房屋信息为准。	嘉兴市印发关于进一步优化调整我市房地产政策的通知
10月12日	陕西	商业性个人住房贷款不再区分首套、二套住房，最低首付款比例统一为不低于15%。	陕西省商业性个人住房贷款不再区分首套、二套住房
10月14日	宁德	①鼓励实行房屋拆迁房票安置政策。②明确取消商品住房上市限制，在宁德中心城区范围内的商品住房（含二手住房）取得不动产权证后可上市交易。③对符合国家政策已生育、抚养两个及以上子女的家庭申请商业贷款购买商品住房时，家庭成员在当地已有一套住房的，再次购入的按首套住房执行住房信贷政策；已有两套住房的，再次购入的按二套住房执行住房信贷政策。④优化商业入学，商业业态调整，国有企业通过购买、长租、自持等方式，加快化解宁德商业办公类房地产库存。	宁德市发布《关于促进住房市场健康发展的若干措施》

5–4 续表 41

时间	地区	政策内容	政策来源
10月14日	包头	①单方缴存住房公积金的最高贷款额度从60万元提升至70万元，夫妻双方共同缴存的最高贷款额度从100万元提升至120万元。 ②非营利公共服务设施及建筑保温层不纳入容积率计算，进一步降低开发成本，提升住房品质。通过优化容积率计算规则，推动高品质住宅发展，促进成本效益与居住质量的双重提升。	包头市出台一系列楼市政策
10月14日	厦门	进一步优化房票制度，全面覆盖集体土地和国有土地征收项目，从“建房”“等房”安置变为“买房”“现房”安置。放开房票购房区域。鼓励被征收人在本辖区购房安置，允许跨行政区购房安置。增加房票使用功能，在满足基本居住需求的基础上，可购买公寓、厂房、办公用房，增加群众财产性收入。	厦门市印发《关于优化要素资源配置机制推动经济高质量发展的实施方案》
10月15日	成都	①优化土地出让建设条件。②支持不同用途或相同用途的多宗经营性建设用地组合供应，实行同场公告、同场竞买、同时应价、一并竞得。③二孩及以上家庭新购住房办理商业贷款时均认定为购买首套住房，支持商业银行按照认定套数办理住房贷款。④新购商品住房（除定向销售项目外）和二手住房的，取得《不动产权证书》后即可上市交易，在此之前已纳入再交易管理范围的住房仍按原政策执行。	成都市出台关于促进房地产市场平稳健康发展有关政策的通知
10月16日	天津	①一是取消本市新建商品住房和二手住房购买、转让等方面的限制性措施。不再对新建商品住房销售价格上限实施指导。二是取消本市普通住房和非普通住房标准。②对于在本市贷款购买住房的居民家庭，商业性个人住房贷款不再区分首套、二套住房，最低首付款比例统一为不低于15%。	天津市出台《天津市人民政府办公厅转发市住房城乡建设委等六部门关于进一步优化房地产政策更好满足居民合理住房需求若干措施的通知》
10月16日	乌鲁木齐	①取消申请住房公积金贷款房屋面积不得超过144平方米、销售单价不得超过14960元/平方米的限制。②商业性个人住房贷款不再区分首套、二套住房，最低首付款比例统一为不低于15%。③取消新建商品住房销售价格调控限制。④推行不动产“商转公”贷款、“带押过户”。	乌鲁木齐市印发《乌鲁木齐市关于进一步优化房地产市场政策措施》
10月17日	全国	四个取消。主要包括取消限购、取消限售、取消限价、取消普通住宅和非普通住宅标准。 四个降低。降低住房公积金贷款利率；一套、二套房贷最低首付比例降至15%；降低存量贷款利率；降低“卖旧买新”换购住房的税费负担。 两个增加。一是通过货币化安置等方式，新增实施100万套城中村改造和危旧房改造。二是年底前，将“白名单”项目的信贷规模增加到4万亿元。城市房地产融资协调机制要将所有房地产合格项目都争取纳入“白名单”，应进尽进、应贷尽贷，满足项目合理融资需求。	国新办举行“推动高质量发展”系列主题新闻发布会，住房和城乡建设部发言
10月17日	西安	①全市商品住房取得《不动产权证书》即可上市交易。②新建商品住房不再实施价格指导，由房地产开发企业依照市场实际合理确定。企业可根据项目供需情况自主选择是否需要公证摇号。③商业性个人住房贷款不再区分首套、二套住房，最低首付款比例统一为不低于15%。④取消普通住宅和非普通住宅标准，相关政策按国家规定执行。⑤单缴存职工家庭最高贷款额度不超过75万元，双缴存职工家庭最高贷款额度不超过100万元。多子女家庭在此基础上提高至1.2倍。结清首次公积金贷款后，再次使用公积金贷款购买商品住房的，首付比例不低于20%。⑥优化预售资金拨付程序，房地产开发企业申请使用非重点监管资金用于本项目建设的可直接核准拨付；申请使用保函置换重点监管资金的，辖区住房和城乡建设部门应在3个工作日内办结。	西安市发布《关于优化西安市房地产相关政策的通知》

5-4　续表 42

时间	地区	政策内容	政策来源
10 月 17 日	河北	①取消首套住房和二套住房商业性个人住房贷款利率政策下限，统一首套房和二套房商业性个人住房贷款最低首付款比例为 15%。②开展提取住房公积金直付购买新建商品房首付款业务。③使用住房公积金个人住房贷款购买保障性住房的，最低首付款比例为 15%。	河北省印发《关于进一步推动房地产市场平稳健康发展的若干措施》
10 月 18 日	临沂	①商业性个人住房贷款不再区分首套、二套住房，最低首付比例统一为 15%，住房公积金贷款参照执行。②调整优化公积金贷款有关认定标准，对同一套住房使用过两次公积金贷款的，视为使用过一次，可再次申请贷款。③出售自有住房后购买新建商品住房的家庭或个人，由财政给予购房补贴。购买新建商品房备案时间在 2024 年 10 月 15 日至 2024 年 12 月 31 日期间的，给予 3 万元购房补贴；购买新建商品房备案时间在 2025 年 1 月 1 日至 2025 年 3 月 31 日期间的，给予 2 万元购房补贴。	临沂市印发《关于优化调整有关政策措施促进房地产市场止跌回稳的通知》
10 月 20 日	常德	①博士研究生、正高级职称人员、高级技师及以上职业资格等级人员补贴标准为 200 元 / 平方米，硕士研究生、副高级职称人员及技师补贴标准为 150 元 / 平方米，本科生、中级职称人员及高级工补贴标准为 120 元 / 平方米，专科生及中级工补贴标准为 100 元 / 平方米。②符合生育政策的二孩及三孩住房公积金缴存职工家庭，住房公积金贷款额度可按家庭当期最高贷款额度分别上浮 20% 和 50%。③实施“以旧换新”购买模式。	常德市印发《常德市进一步促进房地产市场平稳健康发展的若干措施（试行）》
10 月 21 日	云南	①鼓励对城中村改造安置户采用房票安置或“以购代建”方式安置。②取消住房（含新建商品住宅和二手住房）购买、转让、信贷、定价等方面限制性措施。住房转让不设定限制年限规定（按规定限制产权转让的除外）。取消普通住宅和非普通住宅标准限制。③商业性个人住房贷款不再区分首套、二套住房，最低首付款比例下限统一为不低于 15%。	云南省发布《关于进一步促进云南省房地产市场止跌回稳平稳健康发展的指导意见》
10 月 22 日	东营	①商业性个人住房贷款住房套数由按城市认定调整为按县区认定。二孩及以上家庭新购住房办理商业性个人住房贷款时，如非首套房，在住房套数认定时核减 1 套住房。②住房公积金贷款住房套数由按城市认定调整为按县区认定，全面放宽“商转公”业务办理范围，取消商业性个人住房贷款办理时间限制，允许提取住房公积金用于省内购房。③鼓励物业服务企业不再区分普通住宅和非普通住宅。	东营市发布《关于进一步优化调整房地产市场政策的通知》
10 月 23 日	烟台	①商业性个人住房贷款不再区分首套、二套住房，最低首付款比例统一为不低于 15%。②住房公积金贷款中住房套数的认定范围，由原按市域认定改为按区（市）认定。③商业贷款住房套数的认定范围，由原按市域认定改为按区（市）认定；多子女家庭新购住房，在办理商业性个人住房贷款时，如非首套房，在住房套数认定时核减一套住房。	烟台市发布《关于印发促进烟台市房地产市场“止跌回稳”政策措施的通知》
10 月 24 日	银川	①商业性个人住房贷款不再区分首套、二套住房，最低首付款比例统一为不低于 15%。②取消普通住宅和非普通住宅标准。③使用住房公积金个人住房贷款购买保障性住房的，最低首付款比例为 15%。④高层次人才、银川市高精尖缺人才申请住房公积金贷款购买新建自住住房，符合住房公积金贷款申请条件的，最高贷款额度可在最高贷款限额的基础上上浮 10 万元。⑤加大现房销售配套政策支持，明确新出让土地项目按照不少于 30% 建筑面积实行现房销售，鼓励在建项目未售楼栋实行现房销售，延长房屋供应时序。	银川市印发《银川市关于进一步促进房地产市场平稳健康发展若干措施》

5-4 续表 43

时间	地区	政策内容	政策来源
10 月 25 日	佛山	①取消居民家庭在本市禅城区祖庙街道、南海区桂城街道、顺德区大良街道购买新建商品住房上市交易限制年限规定，商品住房自取得不动产权证之日起即可上市交易。②支持城中村改造项目利用专项借款购买存量商品房用于村民安置。③自持商品住房，经政府同意并核算补缴相关费用后，可转为普通商品住房上市流通。④对二孩及以上家庭购买首套自住住房，最高贷款额度上浮 20%；允许缴存职工申请将本人尚未结清的个人商业性住房按揭贷款，转为个人住房公积金贷款。⑤及时取消普通住宅和非普通住宅标准。	佛山市印发关于进一步优化房地产市场平稳健康发展的若干措施的通知
10 月 25 日	南宁	①商业性个人住房贷款不再区分首套、二套住房，最低首付款比例统一为 15%。②住房公积金个人住房贷款首付比例不再区分首套、二套住房，最低首付款比例统一为不低于 20%。③首套房住房公积金贷款最高额度提高至 90 万元，二套房住房公积金贷款最高额度提高至 80 万元。	南宁市发布《关于进一步优化房地产市场平稳健康发展政策措施的通知》
10 月 29 日	宁夏	①将城中村改造政策支持范围扩大到地级市，加快实施城中村和危旧房改造，优先采用“以购代建”“房票”安置方式推进。“房票”可在全区城市范围通兑。②取消购买商品住房限制性政策和转让限制年限规定。③取消普通住宅和非普通住宅标准，落实国家相关税收政策。④支持地级市合理提高住房公积金贷款额度上限，将二孩、三孩等购房贷款增加额度提高到 20 万 ~ 30 万元，支持缴存人提取公积金支付首付款、房租和购买保障性住房，购买保障性住房最低首付款比例为 15%，提取与贷款金额累计不超过所购住房总价。	宁夏回族自治区发布《关于促进房地产市场止跌回稳平稳健康发展的若干措施（暂行）》
10 月 30 日	大连	①商业性个人住房贷款不再区分首套房和二套房，最低首付比例统一为 15%，取消个人商业性住房贷款利率下限。②对符合领取大连市新毕业高校毕业生住房补贴条件的博士生、硕士生和本科生，在每人每月分别发放 2500 元、1500 元和 1000 元住房补贴基础上，在中山区、西岗区、沙河口区、甘井子区（以下简称市内四区）购买新建商品房的，再分别按照博士 10 万元、硕士 5 万元、本科生 3 万元标准发放有效期为一年的购房券。③在全市范围内出售自有住房，在中山区、西岗区、沙河口区、甘井子区购买新建商品住房（含房屋属性为公寓）的个人，政府按照出售自有住房建筑面积给予 100 元 / 平方米、按照购买新建商品住房建筑面积给予 200 元 / 平方米的购房补贴。④完善城中村改造“房票”安置系统，加大存量安置力度。购买 1 万套存量商品房用于城中村动迁居民安置，助力房地产市场平稳健康发展。⑤全市单人最高贷款额度统一提高到 60 万元，双人最高贷款额度统一提高到 100 万元。⑥调整后博士研究生家庭最高可享受 200 万元贷款额度，多子女家庭最高可享受 120 万元贷款额度。⑦持续落实提取住房公积金支付商品房和保障房购房首付款。	大连市出台《大连市进一步促进房地产市场平稳健康发展若干政策措施》
11 月 3 日	西昌	①居民在西昌市范围内有住房且正在挂牌出售的，住房套数相应核减；居民将西昌市范围内自有存量住房盘活用作租赁住房且取得租赁合同备案证明的，已出租的住房可不纳入家庭住房套数计算。②符合条件的，给予首套 400 元 / 平方米（补贴最高不超过 4 万元）、二套 300 元 / 平方米（补贴最高不超过 3 万元）的购房补贴；对符合政策生育二孩、三孩的家庭，给予 300 元 / 平方米的购房补贴（补贴最高不超过 3 万元）。③措施有效期内卖旧房、买新房的居民，给予新房合同价款 0.5%（新房面积小于旧房）或 1%（新房面积大于旧房）的购房补贴。④外地居民在西昌市商业、办公等非住宅类（不含车位）新建商品房的，在办理《不动产权证》后，可以申请迁移城市户籍。	西昌市印发《西昌市促进房地产市场平稳健康发展若干措施》

5-4　续表 44

时间	地区	政策内容	政策来源
11 月 6 日	海南	①落实与调整普通住宅标准相衔接的税收政策。②商业性个人住房贷款不再区分首套、二套住房，最低首付款比例统一为不低于 15%。③对合法依规经营、一定年限内未受到房地产市场监管部门行政处罚，且未发生监管账户被采取冻结、划拨、税收保全措施或强制执行措施、拖欠工程款、农民工工资等情况的开发企业，可申请以提交符合要求的银行保函等方式替代一定额度的预售资金监管。④新供地的住宅小区项目可适当配建部分小于 100 平方米户型，但原则上不得低于 80 平方米，且不超过总面积的 15%。⑤房地产开发企业在办理商品房预售许可或现售备案前，可根据区位配套、产品定位等因素，合理确定申报价格，实现优房优价。	海南省印发《关于进一步促进我省房地产市场平稳健康发展的通知》
11 月 6 日	铜仁	①取消普通住宅和非普通住宅标准。②使用住房公积金贷款购买保障性住房的，最低首付比例为 15%。③住房公积金贷款额度提高到 100 万元，多子女家庭或购买“好小区”“好房子”的，贷款额度提高到 120 万元。④住房公积金缴存职工购房可同时提取其父母（子女）住房公积金个人账户余额冲抵购房首付款。	铜仁市发布《铜仁市促进房地产市场止跌回稳十条措施》
11 月 7 日	鄂州	①对非鄂州户籍在本市新购买新建商品住房的，每套奖补购房消费券提高至 5 万元。②本市户籍二孩、三孩家庭，购买本市新建商品住房的，分别给予 5 万元、10 万元的购房消费券。③多孩家庭新购商品住房的，在办理商业贷款时，均认定为首套住房。④对本市农村户籍家庭在鄂州市“双集中”区域（中心城区、武汉新城片区、临空经济区）购买新建商品住房的，每户给予 5 万元购房消费券。⑤对高层次人才发放 5 折购房券，对人才强企、人才池、引进生人才，按全日制博士（正高级职称）最高 12 万元，全日制硕士（副高级职称、高级技师）最高 8 万元，全日制本科（中级职称、技师）最高 6 万元，全日制大专（高级工）最高 4 万元的标准，发放一次性购房券。将人才的住房公积金贷款提升至正常额度的 1.3 倍，最高不超过 65 万元。	鄂州市发布《关于进一步优化完善促进我市房地产市场平稳健康发展政策措施的通知》
11 月 7 日	孝感	①对符合生育政策的二孩及以上家庭，在孝感中心城区购买第一套、第二套新建商品住房的，分别给予 3 万元、5 万元购房补贴。②对符合政策生育二孩及以上家庭发放购房补贴，住房公积金贷款额度进行上浮，符合公租房保障条件的，同等条件下予以优先配租选房。	孝感市出台鼓励生育若干措施
11 月 11 日	全国	运用专项债券资金收回收购存量闲置土地，是减少市场存量土地规模、改善土地供求关系、增强地方政府和企业资金流动性、促进房地产市场止跌回稳的关键举措。 使用专项债券资金用于收回收购土地，应由纳入名录管理的土地储备机构具体实施。专项债券对应的土地储备项目中的储备地块，必须在全民所有土地资产管理信息系统中有储备地块标识码。 优先收回收购企业无力或无意愿继续开发、已供应未动工的住宅用地和商服用地。 市、县自然资源主管部门要依托土地市场动态监测监管系统中的处置存量闲置土地清单摸清底数，根据需要向社会发布收回收购土地征集公告，综合考虑企业意愿、市场需求、地块条件等因素，确定拟收回收购意向地块和时序安排，分批纳入土地储备计划，优先申报使用专项债券。 土地储备机构委托经备案的土地估价机构，对拟收回收购地块开展土地市场价格评估，相较企业土地成本，就低确定收地基础价格。 收回收购的土地原则上当年不再供应用于房地产开发。	自然资源部下发《关于运用地方政府专项债券资金收回收购存量闲置土地的通知》

5–4 续表 45

时间	地区	政策内容	政策来源
11 月 11 日	荆州	①对于购买还迁房和符合“以旧换新”政策条件的房屋自费部分，全额适用于荆州市住房公积金提取和贷款政策。②将在职教师、医务人员、警察、消防救援人员以及现役军人的住房公积金购房贷款实际可贷金额上调 20%。③将“一人购房全家帮”政策实施范围由荆州市行政区划内拓宽至省内。④在原“认房不认贷”政策上进一步优化住房公积金贷款“认贷”标准，可以当前实际住房公积金缴存机构行政区域范围（县、市、区）的贷款次数为认定标准。⑤商业贷款申请“商转公”的，放开申请人或配偶住房公积金缴存开户时间限制以及缴存地限制。	荆州市发布关于进一步实施惠民便民若干措施的通知
11 月 12 日	广州	所核发的房票可购买的房源范围为广州市全域范围内可售的新建商品房。	广州市发布《关于房票安置“房源超市”的通告》
11 月 13 日	广州	广州市辖区范围内商品房项目配建车位车库可以按规定与商品房销售同步实施，即商品房项目销售阶段，依法已办理地下车位车库首次登记的，可申请车位车库同步销售。建筑区划内，规划用于停放汽车的车位车库应当首先满足业主的需要。	广州市发布《关于配建车位车库与商品房同步销售的通知》
11 月 13 日	哈尔滨	①对购房前在哈用人单位已缴纳社保或医保，以及自主创业，年龄在 40 周岁以下的各类人才（无户籍限制），在 9 区购买首套或第二套新建商品住房的，按照博士毕业生 10 万元、硕士毕业生 5 万元、本科毕业生及大中专毕业生（含技工院校预备技师班、高级工班毕业生）3 万元的标准，给予一次性购房补贴。②对非哈市户籍的个人在 9 区购买首套或第二套新建商品住房的，按实际购房款的 2% 给予一次性购房补贴；非哈市户籍的个人在 9 区购买新建非住宅商品房（商业、办公、公寓）的，按实际购房款的 3% 给予一次性购房补贴。③对在 9 区出售原自有住房并购买一套新建商品住房的家庭，按新房建筑面积 100 元 / 平方米的标准给予一次性购房补贴。④职工家庭购房地无住房且在全国范围内第一次使用公积金贷款的，执行首套房贷款政策；对公积金首次贷款结清且购房地无房产，在全国范围内第二次使用公积金贷款的职工家庭，执行首套房贷款政策。⑤二手房公积金贷款房龄年限由 20 年提高至 30 年，且贷款年限与房龄之和不得超过 50 年。单职工贷款最高额度由 60 万元提高至 80 万元，双职工贷款最高额度由 80 万元提高至 100 万元。⑥对已办理商业贷款且具备公积金贷款资格的借款申请人，可向公积金中心申请将符合转贷条件的商业贷款本金余额转为公积金贷款。办理商转公贷款适用先还后贷和顺位抵押两种方式。	哈尔滨市印发《关于推动哈尔滨市房地产市场平稳健康发展的若干措施》
11 月 14 日	长沙	明确全市商品住房取得《不动产权证书》可上市交易。	长沙市发布《关于进一步明确我市房地产交易相关政策的通知》
11 月 18 日	上海	①取消普通住房和非普通住房标准。②对个人转让住房未提供完整、准确的房屋原值凭证，不能正确计算房屋原值和应纳税额的，根据规定实行个人所得税核定征税，以转让收入的 1% 核定应纳个人所得税额。③对个人销售住房涉及的增值税、个人购买住房涉及的契税，按照《关于促进房地产市场平稳健康发展有关税收政策的公告》（财政部、税务总局、住房城乡建设部公告 2024 年第 16 号）有关规定执行。	上海市印发《关于取消普通住房标准有关事项的通知》
11 月 18 日	北京	①取消普通住房和非普通住房标准。②对个人销售住房涉及的增值税、个人购买住房涉及的契税，按照《关于促进房地产市场平稳健康发展有关税收政策的公告》（财政部、税务总局、住房城乡建设部公告 2024 年第 16 号）有关规定执行。	北京市发布《关于取消普通住房标准有关事项的通知》

5-4　续表 46

时间	地区	政策内容	政策来源
11月19日	深圳	①取消本市普通住房和非普通住房标准。②对个人销售住房涉及的增值税、个人购买住房涉及的契税，按照《关于促进房地产市场平稳健康发展有关税收政策的公告》（财政部、税务总局、住房城乡建设部公告2024年第16号）有关规定执行。③对个人转让住房未提供完整、准确的房屋原值凭证，不能正确计算房屋原值和应纳税额的，根据规定实行个人所得税核定征税，以转让收入的1%核定应纳个人所得税额。	深圳市发布《关于取消普通住房标准有关事项的通知》
11月19日	六安	①购买市城区90平方米（含）以上新建商品住宅的，每套发放消费券2万元；90平方米以下的，每套发放消费券1万元。②单职工家庭贷款最高额度为60万元，双职工家庭贷款最高额度为80万元；购买本市新建商品住房的，可申请提取住房公积金用于支付首付款；购买自住住房或偿还住房贷款，提取本人及配偶住房公积金余额不足时，可提取家庭成员（父母、子女）的住房公积金；商业银行个人住房贷款可以申请转为住房公积金贷款；借款人还贷能力不足时，可增加父母、子女作为共同借款人。③鼓励群众选择货币化（房票）方式进行安置或用政府购买的商品房安置。④实行地下车位预售制。项目楼栋达到预售许可条件，相应区域地下车库能够连通，且地下车库主体结构验收合格的，房地产企业可一并申请预售许可。⑤购买市城区尚未交付的新建商品住宅的购房人及其子女，可凭预告登记证明，按照入学当年学区划分方案，享有与现房同等公办义务教育阶段学校入学权利。	六安市印发《关于促进房地产市场平稳健康发展的若干措施》
11月19日	咸宁	①城区户籍人口购房，购买市城区90平方米及以上每套给予2万元购房补贴，对于所购新建商品住房属于家庭首套住房的，额外再给予2万元购房补贴。②对购买市城区90平方米及以上新建商品住房的非城区户籍但属于咸宁市户籍人口，每套给予3万元购房补贴；对购买市城区90平方米及以上新建商品住房的咸宁市以外户籍人口，每套给予4万元购房补贴。鼓励老年人来咸安家养老，前款非城区户籍（包含咸宁市以内及咸宁市以外）人口中，60周岁以上老年人在市城区购买新建商品住房的，在前述补贴基础上每套额外再给予2万元购房补贴。③对符合条件的二孩、三孩家庭，购买90平方米及以上新建商品住房的分别给予每套3万元、4万元的购房补贴。④分别给予专科生2万元、本科生4万元、硕士研究生6万元、博士研究生10万元的购房补贴。	咸宁市实行购房补贴
11月22日	广州	取消广州市普通住宅和非普通住宅标准，自2024年12月1日起施行。原《广州市国土房管局、广州市财政局、广州市地方税务局关于我市享受优惠政策普通住房标准的通知》（穗国房字〔2005〕375号）同时废止。	广州市发布《关于取消我市普通住宅和非普通住宅标准的通知》
11月27日	贵州	①支持缴存人提取公积金支付房租和购买保障性住房，支持各市（州）结合实际提高住房公积金最高贷款额度，有序开展存量商业住房贷款转公积金贷款。②居民家庭申请商业贷款购买商品住房时，在拟购住房所在县（市、区、特区）范围内无住房的，拟购住房认定为首套房。③支持商品房"以旧换新"，对2025年底前居民家庭卖旧房买新房的，各地政府可根据自身财力情况，发放不高于5%的政府消费券，定向用于房屋装修和家用电器消费。	贵州省印发《贵州省全力推动经济持续回升向好若干政策措施的通知》
12月9日	河南	纳税人建造普通标准住宅出售，若增值额未超过扣除项目金额的20%，将继续免征土地增值税。根据征求意见稿，享受此优惠政策的住宅需满足以下条件：住宅小区建筑容积率在1.0以上，单套建筑面积不超过144平方米，实际成交价格低于同级别土地上住房平均交易价格的1.44倍。公告自2024年12月1日起正式执行。	河南省公开征求《关于明确免征土地增值税优惠政策执行标准的公告（征求意见稿）》意见

5-4 续表 47

时间	地区	政策内容	政策来源
12 月 11 日	广西	①首套、二套住房最低首付款比例统一为不低于 15%。取消首套、二套住房商业性个人住房贷款利率政策下限。鼓励对购买首套、二套住房和“卖旧买新”、生育多子女的家庭进一步放宽信贷条件。②住房公积金个人住房贷款（以下简称公积金贷款）的住房套数可按申请人家庭在拟购住房所在县（市、区）的住房套数认定。申请人家庭名下只有一套住房，且在全国范围内只使用过一次公积金贷款并已还清的，可再次申请公积金贷款。③全面推行提取个人账户住房公积金支付购房首付款政策。公积金贷款首套、二套住房最低首付款比例不低于 20%。多子女家庭购买首套自住住房的，公积金贷款最高贷款额度可上浮 20%。鼓励提高引进人才公积金贷款额度上限。④取消普通住宅和非普通住宅标准。⑤重点支持居民刚性和多样化改善性住房需求，自治区财政安排资金给予在广西区内购买首套、二套新建商品住房的购房者购房补贴。鼓励市县对购买新建商品住房和新建车位的购房者给予购房补贴。⑥积极推行货币化安置，大力推行“房票”制度。	广西壮族自治区发布《广西推动房地产市场平稳健康发展工作措施》
12 月 12 日	衡阳	房地产开发企业在签订商品房网签合同时，应与购房人约定按套内建筑面积（专有建筑面积）计算商品房价款，面积纠纷条款应当载明以套内建筑面积和套内建筑面积价格作为处理面积纠纷的计价依据。	衡阳市发布《关于全市商品房销售实行套内建筑面积计价的通知》
12 月 12 日	杭州	实施城市更新的项目，配建的公共服务设施可不纳入容积率计算。	杭州市发布《关于优化建设项目容积率及相关指标计算规则的通知》
12 月 13 日	运城	①采取借款和贷款补贴两种方式支持全职引进的高层次人才购买首套产权住房。②对于信用评价为 A 级且项目运转正常的企业，可适度下调账户留存资金比例，下调幅度不得超过所属楼栋预算清册金额的 5%。③对高层次人才和拥有两个或更多孩子的家庭，住房公积金贷款的最高额度将从 100 万元提升至 120 万元，增幅达 20%。④对购买新建商品住房的二孩及以上多子女家庭办理商业性个人住房贷款或者公积金贷款，政府有关部门在出具住房套数认定证明时可给予核减 1 套家庭住房套数。⑤优化住房公积金贷款的房屋套数认定标准，提高租房提取额度及频次，并扩大住房公积金购房提取的范围。⑥积极推行“房票安置”模式。	运城市发布《运城市进一步促进房地产市场平稳健康发展工作措施》
12 月 16 日	桂林	①缴存人购买自有产权住房的，申请提取住房公积金支付购房款或偿还住房贷款本息，不再设置工作地、户籍地等条件。②使用住房公积金贷款购买首套、二套住房，首付款比例统一调整为不低于 20%。	桂林市发布《关于落实推动房地产市场平稳健康发展工作的通知》
12 月 17 日	张家口	①延长购房补贴政策适用期。②积极推进主城区房屋“以旧换新”。③落实取消普通住宅和非普通住宅标准相关政策，取消商品房销售价格限价机制。鼓励实行“现房销售”，逐步推进“取消公摊”。④进一步加大公积金政策支持力度，增加住房公积金贷款可贷额度的计算倍数。⑤充分发挥国有企业平台作用，推进收购存量房用作保障性住房，促进项目盘活。	张家口市发布《关于推动房地产市场平稳健康发展的若干措施》
12 月 22 日	郑州	新建住宅用地建筑高度应小于 80 米，容积率不超过 2.5，新增对阳台进行立体绿化住宅的设置要求，将住宅层高下限升至 3 米，进一步限制“高容积率、高强度”的开发模式。	郑州市发布《郑州市城市规划管理技术规定》
12 月 23 日	深圳	购房人签订安居型商品房买卖合同满 10 年后，可以按照有关政策规定补缴价款申请取得完全产权。	深圳市发布《深圳市安居型商品房产权管理有关事项处理办法》

5-4　续表 48

时间	地区	政策内容	政策来源
12 月 23 日	太原	①施行商品房项目封顶预售。②全面强化商品房预售资金监管，设立全市统一的预售资金监测专户，预售资金（定金、首付款、公积金贷款、商业贷款等）通过监测专户及时归集到监管账户，实现人、房、资金精细化管理，资金“专户专存、专款专用、全程监管、节点控制”。③有序推进“交房即交证”。	太原市出台多项措施，进一步规范房地产市场秩序
12 月 25 日	全国	2025 年，要重点抓好以下工作。①持续用力推动房地产市场止跌回稳。一是着力释放需求。二是着力改善供给。②推动构建房地产发展新模式。一是着力优化和完善住房供应体系。二是推动建立要素联动新机制。三是大力推进商品住房销售制度改革。四是加快建立房屋全生命周期安全管理制度。五是完善房地产全过程监管。③大力实施城市更新。一是建立城市体检和城市更新一体化推进机制。二是建立可持续的城市更新模式和政策法规。三是谋划实施一批城市更新改造项目。四是构建城市管理新模式。五是以“新城建”为引擎打造高水平“数字住建”。④打造“中国建造”升级版。一是全面深化建筑业改革。二是以更高质量的制度供给激发建筑企业和从业人员的强大活力。三是整体提升工程建设标准。四是更大范围推广智能建造、绿色建造、装配式建筑。五是把绿色建筑培育发展成新的经济增长点。⑤建设安全、舒适、绿色、智慧的好房子。一是提高住宅建设标准。二是构建支持住房品质提升的制度体系。三是打造好房子样板。四是推进老旧住宅更新改造。五是大力实施物业服务质量提升行动。	全国住房城乡建设工作会议召开
12 月 27 日	惠州	惠州市区（惠城区、惠阳区、仲恺高新技术产业开发区、大亚湾经济技术开发区）范围内存量住宅用地，在 2025 年 12 月 31 日前办理改变土地使用条件，签订合同补充条款，补交相应土地出让价款后，宗地可按《惠州市区 2024–2025 年度新出让住宅用地规划管理的若干措施》开发建设。	惠州市扩大《惠州市区 2024—2025 年度新出让住宅用地规划管理的若干措施》适用范围

5-5 2024年住房保障政策

时间	地区	政策内容	政策来源
1月2日	北京	北京市发布2023年保障性住房建设筹集计划（第三批），包括新建17个项目2.16万套、筹集6个项目0.2万套、竣工9个项目1.78万套，并同步推进15个市政建设项目。要求属地政府加强组织领导，严格计划执行，加快配套设施建设。	关于印发2023年全市保障性住房建设筹集计划（第三批）的通知
1月2日	呼和浩特	加大住房资源供给。2024年通过集中新建、企业配建和市场购置等方式，筹集公租房2000套、保障性租赁住房3000套。在呼和浩特市无房的青年人、新市民申请租住保障性租赁住房，租金不超过市场价的70%。	呼和浩特市人民政府关于印发2024年“五万大学生留呼”专项行动实施方案的通知
1月11日	邯郸	提升保障性住房发展能力。一是以保障性住房发展为引领，装配式建筑、被动房建设为龙头，着力引进住宅产业化建设企业，以及智能设施、装备制造、机械设备、大型钢构、建筑部件、整体厨卫等企业到邯郸市投资兴业。二是以保障房小区提升智能化建设为契机，重点打造“智能化小区”，拓展配套教育、服务机构入住，着力引进一批电子信息、智能管理、机械装备等项目，以“智能装备＋物业管理”的模式开创保障房管理新业态。	关于印发《关于推进招商引资高质量发展的措施》的通知
1月12日	福州	鼓励被征收人上调安置到105平方米以上（含105平方米）户型，上调安置增加面积部分按安置型商品房或配建安置房项目不同区位给予市场评估价不同标准的折扣优惠，其中：①选择购买二环以内项目的，上调增加的面积部分按市场评估价计价；②选择购买二环与三环之间项目的，上调增加的面积部分按市场评估价95%计价；③选择购买三环外项目的，上调增加的面积部分按市场评估价90%计价。	关于进一步盘活使用存量安置型商品房和配建安置房房源的实施意见
1月12日	沈阳	①今年将筹集保障性租赁住房5000套，解决新市民、青年人的阶段性住房困难问题。同时，筹集配售型保障性住房2200套，缓解城镇工薪群体、城市引进人才住房困难。②加快推进“三大工程”建设，全年筹集7200套保障性住房，实施25个城中村改造项目，稳步推进“平急两用”公共基础设施建设。	沈阳市召开2024年民生实事项目新闻发布会
1月12日	昆明	涉及呈贡、官渡、盘龙、西山4个区约216亩土地调整为二类居住用地（R2-保障性住房），总建面约41万平方米。	昆明市自规局公布《昆明市2024年配售型保障性住房地块控规修改方案》
1月14日	广州	住建局表示，广州市高度重视住房保障工作，住房保障覆盖面从户籍低收入家庭逐步扩大到中等偏下收入家庭，向新市民和人才延伸。 截至2023年12月底，广州市共筹建保障性安居工程住房近36万套，累计发放租赁补贴8万多户，全市累计保障近120万人，基本做到应保尽保；“十四五”期间已筹集保障性租赁住房近38万套。 据悉，2024年广州市计划筹建配售型保障性住房不少于1万套，共涉及12项目，其中新开工项目8个，通过存量房源转化4个项目；筹集保障性租赁住房不少于10万套，发放住房租赁补贴不少于1.8万户。	广州市住建局表示，广州市高度重视住房保障工作，住房保障覆盖面从户籍低收入家庭逐步扩大到中等偏下收入家庭，向新市民和人才延伸
1月15日	浙江	推动房地产市场平稳健康发展，推进商品房预售制度等改革，实施住宅品质提升行动，发挥住房公积金制度作用。推进住房保障体系改革，持续强化公租房基本保障，按需增加保障性租赁住房供给，稳步推进配售型保障性住房建设，积极稳步推进城中村改造。2024年全年开工筹集公租房5000套以上，建设筹集保障性租赁住房20万套（间），规划建设配售型保障性住房1万套；实施城中村改造2.7万户。积极防范化解房地产风险。	浙江省住房和城乡建设工作会议召开

5-5　续表 1

时间	地区	政策内容	政策来源
1 月 27 日	广州	进一步完善公共租赁住房、保障性租赁住房和配售型保障性住房供应结构和政策体系，加大供应力度，不断满足各类保障人群住房需求。2024 年计划筹建配售型保障性住房 1 万套、保障性租赁住房 10 万套，发放住房租赁补贴 1.8 万户。	关于进一步优化我市房地产市场平稳健康发展政策措施的通知
1 月 29 日	辽宁	推进保障性住房建设。建设配售型保障性住房，重点保障住房困难的城镇家庭和引进人才。对在城镇稳定就业的农民工，通过建设筹集配租型和配售型保障性住房实施住房保障。	关于印发《辽宁省推动经济稳中求进若干政策举措》的通知
1 月 31 日	青岛	对考评优秀且排名前两位的单位，分别根据排名按年度应拨付管理费上浮 5%、3% 的比例拨付；对考评合格但排名后两位的单位，分别根据排名按年度应拨付管理费下浮 3%、5% 的比例拨付；对考评不合格的单位，按年度应拨付管理费下浮 20% 的比例拨付，并依法解除合同或不再签订下一年度服务合同。	关于印发《青岛市公租房运营管理服务绩效考评办法（修订）》的通知
2 月 5 日	临沂	市级租赁型人才公寓申请人需同时满足以下条件：①在五区范围内企事业单位（企业单位以营业执照住所所在地为依据，住所所在地与主要经营地不一致的，以主要经营地为依据；事业单位以事业法人单位登记地为依据）就业的人才。②申请人应当与用人单位签订正式劳动合同或聘用合同，并缴纳社保。③申请人及家庭成员（配偶及未成年子女）在五区范围内无自有住房（不包括集体土地上的房产），申请时未承租保障性住房、人才公寓且未享受相关保障性住房货币补贴。	关于印发《临沂市市级租赁型人才公寓分配暂行办法》的通知
2 月 7 日	全国	在保障对象上，从解决困难工薪收入群体住房问题入手，逐步将保障范围扩大到整个工薪收入群体；在以需定建上，按照“分类建档、有序保障”原则，建立保障对象轮候库，组织公开认筹，提前锁定购买群体；在用地保障上，突出盘活存量、交通便利、配套完善、职住平衡；在资金监管上，组建国有公司专职承担开发任务，确保资金封闭运行，开发资金实行三方监管，强化开发资金全额监管、专款专用；在配售价格上，坚持“保本微利”，保障性住房用地选址在坚持突出交通便利、配套完善、新区布局的前提下，优先安排征迁难度小、土地成本相对较低的成熟地块，进一步降低保障性住房楼面地价，保障性住房项目单价约为同地段商品住房的 45% 左右；在工作机制上，简化审批流程，并联开展项目方案设计、规划、预审、立项等工作。	住房和城乡建设部在福建省福州市召开保障性住房建设工作现场会
2 月 7 日	福州	①日照标准：保障性住房项目，日照标准参照旧区新建住宅项目标准执行，即住宅建筑每套至少有一个居室（居室是指卧室、起居室），按大寒日对内日照 1 小时、对外日照 3 小时或不恶化进行控制。②公共服务配套设施要求：保障性住房项目，可配套邻里商业，建筑面积不超过总计容建筑面积的 10% 且不超过 3000 平方米，同时应按相关规定设置物业管理、快递服务用房、垃圾集散间及门卫收发室等。③装配式建筑要求：保障性住房项目，可不采用装配式方式建设。④绿地率要求：保障性住房项目，绿地率最低可按《福州市园林绿化管理条例》规定的建设项目绿地率标准的 70% 执行，即三环路以内的应不低于 21%，三环路以外城区的不低于 24.5%，免缴绿地补偿费，鼓励采用建筑屋面绿化、立体绿化等方式丰富小区绿化层次。⑤停车位配建标准：保障性住房项目，机动车位按照不少于 0.3 辆 /100 平方米配置，非机动车位按照不少于 2 辆 / 户配置，配建的机动车与非机动车停车位数量不可相互折算，宜利用地下空间集中设置停车库。	关于印发《保障性住房规划设计工作导则》的通知
2 月 8 日	兰州	筹集方式包括存量住房收购、鼓励投资新建、存量房屋改建、长期租赁住房、其他筹集方式。支持政策主要包括资金支持、土地支持、金融支持、税费支持、水电气热支持和其他支持政策。	关于加快发展保障性租赁住房的实施意见

5-5 续表 2

时间	地区	政策内容	政策来源
2月18日	杭州	支持推进“住有宜居”。更好支持刚性和改善型住房需求，促进房地产市场平稳健康发展。稳慎有序推进配售型保障性住房规划建设，加强配售管理。2024年新开工保障性住房不少于100万平方米。持续推进城镇老旧小区改造，2024年新开工改造城镇老旧小区260个、2542栋。积极稳步推进有条件的老旧小区住宅加装电梯。	关于进一步推动经济高质量发展若干政策的通知
3月1日	全国	要抓项目建设，强力推进保障性住房项目开工，按照绿色、低碳、智能、安全的标准把保障性住房建设成“好房子”，同时要加强工程质量安全监管，守住安全底线。要抓政策出台，尽快出台规划建设保障性住房的实施办法和相关配套政策。要加快谋划第二批及后续项目，第二批项目要按规定抓紧上报，并做好后续项目谋划和储备，加快形成“实施一批、储备一批、谋划一批”的项目滚动推进机制。要编制好住房发展规划，将保障性住房作为住房发展规划的重要内容，科学确定保障性住房发展目标。要讲好房地产转型新故事，及时总结可复制可推广经验做法，加大舆论宣传，实现样板引路、示范先行。	住房和城乡建设部在陕西省西安市召开全国保障性住房建设工作现场会
3月4日	广州	户籍家庭公共租赁住房保障收入准入限额基准为家庭年人均收入49952元。结合家庭人口数，确定家庭收入和财产限额，具体见附件1。所有家庭成员均年满60周岁的，家庭收入、家庭财产标准放宽到上述标准的130%。	关于进一步加强户籍家庭住房保障工作的通知
3月14日	杭州	加大规划建设保障性住房力度，加快房源筹建，2024年开工建设配售型保障性住房不少于6000套，着力解决工薪收入群体住房困难。	关于进一步优化房地产市场调控措施的通知
3月21日	江西	2024年全省保障性安居工程建设工作计划下达，包括配售型保障性住房、保障性租赁住房、公共租赁住房、城中村改造、棚户区改造、城镇老旧小区改造等多个目标任务。要求各地加强组织领导，有序推进住房建设，加快推进项目建设进度，确保按期竣工交付，建立健全项目管理机制，并加强质量安全监管。	关于下达2024年全省保障性安居工程建设工作计划的通知
3月22日	扬州	2024年度市区住房保障准入低收入、中等偏下收入线标准，分别调整为家庭人均月收入2600元、4150元，同时家庭财产状况不超过规定标准。	关于调整2024年度市区住房保障准入收入线标准的通知
3月27日	济南	保障性租赁住房分为“定向出租”和“面向社会出租”两种类型。保障性租赁住房定价原则上不高于同地段同品质市场租赁住房租金的90%，具体租金标准可由运营管理机构委托专业房地产估价机构，依据本项目实际享受的支持政策逐项测算，运营管理机构应对其委托评估材料的真实性、全面性负责。保障性租赁住房租金标准实行动态调整，调整周期不超过2年。年度涨幅原则上不高于5%，租金调整后应及时通过平台对外公布。	关于印发《济南市保障性租赁住房运营管理办法（试行）》的通知
3月29日	山西	支持非居住存量房屋改建为保障性租赁住房。对闲置和低效利用的，经合法批建并已建成的商业办公、旅馆、厂房、仓储、科研教育等非居住存量房屋和符合条件的烂尾建筑工程，在符合规划原则、权属不变、满足安全要求、尊重各方意愿的前提下，经市县人民政府同意，允许改建为保障性租赁住房。用作保障性租赁住房期间，不变更土地使用性质，不补缴土地价款。支持将库存商品房回购用作保租房。	关于印发《2024年山西省房地产稳市场防风险促转型专项行动方案》的通知
4月1日	滁州	2024年，滁州市将有效增加租赁型保障性住房供给，加强保障性租赁住房建设和管理，形成多层次租赁住房供应体系。重点推动保障性租赁住房建设和验收全过程管理，实行多主体投资、多渠道供给的发展格局，持续做好年度监测评价工作。同时，发挥公租房兜底保障作用，简化保障证明材料，推行绩效管理，完善以住户满意度为导向的评价机制。	关于印发《滁州市2024年城镇保障住房保障工作要点》的通知

5-5　续表 3

时间	地区	政策内容	政策来源
4 月 4 日	马鞍山	保障对象的范围：①公租房配租。本市城镇低保、低保边缘、中等偏下收入住房困难家庭和新就业无房职工，稳定就业外来务工人员，引进人才，以及其他需要住房救助的住房困难群体。②货币化补贴。本市城镇低保、低保边缘、中等偏下收入住房困难家庭和新就业无房职工，稳定就业外来务工人员。	关于做好 2024 年住房保障工作的通知
4 月 7 日	南宁	通知主要分为保障性租赁住房项目认定、运营管理、监督管理三部分。其中项目认定包含认定范围、认定标准、认定主体、认定流程、认定管理等内容；运营管理包含运营主体、租赁流程、房屋维护等内容；监督管理包含明确监管职责以及撤销项目认定书的情形等内容。	关于做好保障性租赁住房项目认定及运营管理工作的通知
4 月 9 日	全国	①要抓政策出台。许多城市在明确保障对象标准、以需定建、轮候库建设、用地保障、资金监管、配售价格、建设分配管理工作机制等方面都形成了一些好的经验做法，尚未出台实施意见和配套政策的城市要充分学习借鉴，加快推动政策出台，尽快形成保障性住房政策体系。 ②要抓项目建设。压茬推进，扎实做好项目前期工作，实现净地供应，完善规划设计方案，尽快达到开工条件，形成实物工作量。已经开工建设的，要抓好施工组织管理，保证工程质量和施工安全，加大投入力度，加快施工进度，让群众早日住上新房，有实实在在的获得感。 ③要抓“好房子”建设。按照绿色、低碳、智能、安全的标准，做好户型设计、配套设施建设、公共服务供给，把保障性住房建设成“好房子”，让群众能够住得健康，用得安全方便。 ④要抓住房发展规划编制。将保障性住房作为住房发展规划的重要内容，坚持以需定建，摸清底数摸清需求，科学确定保障性住房发展年度计划和发展规划，做好项目谋划和储备。 ⑤要抓宣传引导。在项目启动、开工、竣工、配售、入住等关键节点加大宣传力度，做好政策解读，及时总结可复制可推广经验做法，营造良好的舆论氛围。	住房和城乡建设部在浙江省杭州市召开保障性住房建设工作现场会
4 月 10 日	哈尔滨	严禁配售型保障性住房配建商品住宅，商住比例标准可以控制在 10% 以下，在满足居住区设计标准、幼儿园及物业等相关要求配建的公共服务设施基础上，可根据实际需要适当配建一定比例的商业商务面积。	哈尔滨市自然资源和规划局起草《关于做好配售型保障性住房规划用地有关政策的通知》并面向社会征求意见
4 月 16 日	郑州	①准入条件：取得户籍三年以上，本市无房或家庭人均面积小于 20 平方米。②“保住房”配售价格主要由土地价格、建安成本、5% 的利润以及需据实核算的相关成本组成。与“保住房”项目直接相关的城市道路和市政基础设施，以及教育、医疗、养老等公共服务设施不摊入配售价格。③退出住房由运营公司回购，回购价格按照原购买价格结合住房折旧确定，住房折旧按每年 1% 的折旧率予以核减，购房人自行装修部分，不予补偿。“保住房”回购后按房屋现状再次配售，配售价格与该房屋回购价格一致。	郑州市住房保障和房地产管理局发布《郑州市配售型保障性住房管理办法（试行）（征求意见稿）》
4 月 18 日	海口	《实施办法》共七章三十四条。第一章总则，规定《实施办法》的制定目的、适用范围、保障性租赁住房的定义、部门职责以及信息化管理；第二章筹集与建设，规定保障性租赁住房的筹集方式、建设要求和标准；第三章项目认定，主要规定保障性租赁住房项目认定主体、申请人及申请材料、认定具体程序以及续期申请等；第四章申请与配租，主要规定准入条件、申请材料、申请限制以及审核程序等内容；第五章租赁管理，主要规定保障性租赁住房租金价格确定以及收回房屋的条件等内容；第六章监督管理，规定保障性租赁住房的日常监管、禁止分割，以及取消保障性租赁住房项目的具体情形；第七章附则，规定运营管理单位范围、利用存量房屋发展保障性租赁住房的项目的管理规则以及相对集中行政审批的适用等内容。	关于印发《海口市发展保障性租赁住房实施办法》的通知

5–5 续表 4

时间	地区	政策内容	政策来源
4月27日	临沂	任务目标到2025年底，全市建设筹集人才公寓10283套，其中市级1000套、县区（开发区）9283套。2024年底全市具备分配条件的人才公寓7283套，2025年底新增具备分配条件的人才公寓3000套。	关于进一步调整优化租赁型人才公寓建设管理政策的通知
5月6日	武汉	调整保障性租赁住房配建方式。认真落实保障性租赁住房配建要求，新供应住宅用地项目可继续采取从土地出让金中计提专项资金方式，异地建设或购买符合条件的存量房源用作保障性租赁住房。	关于进一步优化完善促进我市房地产市场平稳健康发展政策措施的通知
5月11日	北京	持续建设筹集保障性住房。本年度计划建设筹集保障性租赁住房7万套（间），竣工各类保障性住房8万套（间）。积极推进规划建设配售型保障性住房政策落地。	关于印发《2024年北京市住房发展年度计划》的通知
5月14日	邢台	明确对主城区承租政府产权保障性住房的困难家庭实施分档租金减免（最高减免60%），并规定租金核销、挂起等特殊情形处理程序。办法涵盖申请条件、审核流程、监督管理等内容，适用于城镇低保家庭、优抚对象、重大疾病患者等特定群体。	关于印发《邢台市政府产权保障性住房租金减免核销暂行办法》的通知
5月15日	合肥	加大保障性住房供应力度。坚持以需定建、职住平衡、分类保障，有序推动保障性住房建设，重点保障住房有困难且收入不高的工薪收入群体。保障性住房项目原则上实行现房销售。	合肥市关于进一步调整优化房地产政策措施的通知
5月15日	大理州	加快构建以保障性租赁住房为主的城镇住房保障体系。鼓励收购存量房作为保障性租赁住房或人才住房，住宅商品房去化周期超过24个月的县市、大理经开区，除产业园区内部配套和离县城（主城区）较远的镇区外，不再新建保障性租赁住房；城市更新、城中村改造等项目改建地段或就近地段可提供存量房屋进行房屋产权调换的，原则上不再新建回迁安置房，优先采取市场购买方式安置。支持民营房企与国有企业联合组建保障性住房运营公司。	关于进一步促进房地产业平稳健康发展的实施意见（试行）
5月20日	黄石	对已就业“新黄石人”提供保障房“低价租”服务。来黄石市就业且在黄石市无自有住房的外地人员，凭劳动合同、社保缴费，经就业地所在城区人社部门认定为“新黄石人”的，可向当地住房保障部门申请享受低于市场价的租赁保障性住房服务。加大保障性住房“租转售”。对承租黄石市集中新建保障性租赁住房的“新黄石人”，可享受先租后售、租金抵房款的购房优惠政策。在租满5年后，可申请一次性或最多分三期购买所承租的保障性租赁住房，5年内已交租金可计抵购房款。购买全部产权后，可申请转为商品住房上市交易。	关于促进“新黄石人”来黄安居就业若干措施的通知
5月24日	东莞	结合城中村改造、城市更新、现代化产业园区配套建设等工作，切实加大保障性住房建设和供给，加快解决工薪收入群体住房困难，逐步优化东莞市住房供应结构，提升城市对人才吸引力，助力城市高质量持续发展。加快完善保障性住房“1+N”配套政策体系，编制保障性住房专项规划和住房发展年度计划。推进首批3000套配售型保障性住房今年开工建设，力争早竣工、早配售。支持地方国有企业以合理价格收购已建成未出售商品房用作配售型或配租型保障性住房，进一步加快保障性住房供给。	关于进一步优化房地产相关政策的通知
5月27日	上海	以需求为导向，增量和存量相结合，加快保障性住房和保障性租赁住房的筹措和建设，探索通过国有平台公司等主体收购、趸租适配房源，优化住房保障供给。积极打造新时代城市建设者管理者之家。	关于优化本市房地产市场平稳健康发展政策措施的通知
5月28日	常州	2024年度常州市市区住房保障的收入线作如下调整。①低收入家庭公共租赁住房：申请家庭人均月可支配收入由2858元（含）以下调整为2990元（含）以下。②中等偏下收入家庭公共租赁住房：申请家庭人均月可支配收入由原来的4575元（含）以下调整为4785元（含）以下。③经济适用住房：申请家庭人均月可支配收入由4575元（含）以下调整为4785元（含）以下。	关于调整我市市区2024年度住房保障收入标准的通知

5-5　续表 5

时间	地区	政策内容	政策来源
6 月 6 日	连云港	收购商品住房用作配售型保障性住房。为满足工薪阶层和人才住房刚性需求，探索收购商品住房用于工薪群体和引进人才的配售，由国企实施建立完善的收购房源和价格体系，并实行封闭管理，禁止流入商品住房市场。	关于调整和明确促进市区房地产市场发展相关措施的意见
6 月 11 日	银川	积极消化存量商品房库存。鼓励符合条件的市属国有企业作为收购主体，按照市场化原则“以需定购”，回购库存较大、流速较慢且符合保障性住房标准的房屋作为保障性住房；参照市场评估价，按照双方议价结果，回购居民待售二手住房用作保障性住房和人才公寓房源。	关于印发《关于促进银川市房地产市场平稳健康发展若干意见》的通知
6 月 12 日	全国	房地产业发展关系人民群众切实利益，关系经济运行和金融稳定大局。设立保障性住房再贷款，鼓励引导金融机构按照市场化、法治化原则，支持地方国有企业以合理价格收购已建成存量商品房用作保障性住房配售或租赁，是金融部门落实中共中央政治局关于统筹消化存量房产和优化增量住房、推动构建房地产新发展模式的重要举措，有利于通过市场化方式加快推动存量商品房去库存，加大保障性住房供给，助力保交房及“白名单”机制。 深刻认识房地产工作的人民性、政治性，既要解放思想、拓宽思路，又要稳妥把握、扎实推进。按照“政府指导、市场化运作”的思路，借鉴前期试点经验，着力推动保障性住房再贷款政策落地见效，加快推动存量商品房去库存。加强制度保障和内外部监督，坚持自愿参与、以需定购、合理定价，确保商业可持续，严格避免新增地方隐性债务，切实防范道德风险。	中国人民银行召开保障性住房再贷款工作推进会
6 月 13 日	常州	收购商品住房用作保障性住房。属地政府可根据各自保障性住房的需求和供给缺口的摸排情况，以需定购，组织国有企业收购商品住房用作保障性住房。	关于印发进一步促进房地产市场平稳健康发展若干政策措施的通知
6 月 15 日	江门	主要修订内容：①增加改造类房屋来源。②调整运营期限。③压减公示期。④新增租金拖欠处理方式。⑤进一步规范文字表述。	关于印发《江门市保障性租赁住房管理办法》的通知
6 月 20 日	全国	推动县级以上城市有力有序有效开展收购已建成存量商品房用作保障性住房工作。 收购已建成存量商品房用作保障性住房是党中央、国务院作出的重要决策部署，有利于推动已建成存量商品房去库存、助力房地产市场健康发展，盘活存量资源加大保障性住房供给，配合保交房攻坚战和“白名单”机制，防范化解房地产风险。各地要进一步增强责任感使命感，解放思想、拓宽思路，稳妥把握、扎实推进。 市县根据本地区房地产市场情况，综合考虑保障性住房实际需求、商品房市场库存水平等因素，按照“政府主导、市场化运作”的思路，自主决策、自愿参与。要坚持以需定购，准确摸清需求，细致摸排本地区保障性住房需求底数和已建成存量商品房情况，合理确定可用作保障性住房的商品房房源，提前锁定保障性住房需求。要坚持规范实施，防范各类风险，做到收购主体规范、收购过程规范、配售配租规范，做到收购的已建成存量商品房户型面积合适、价格合适、位置合适。要坚持用好金融支持政策，实现资金可平衡、项目可持续。 开展收购已建成存量商品房用作保障性住房工作的市县，切实加强领导力量，抓紧建立健全工作机制，完善配套政策，形成工作合力，推动条件成熟的项目尽快落地。加强宣传引导，实现样板引路、示范先行，营造良好的舆论氛围，让群众感受到实实在在的政策效果。	住房和城乡建设部召开收购已建成存量商品房用作保障性住房工作视频会议

5–5 续表 6

时间	地区	政策内容	政策来源
6月24日	南通	完善“市场＋保障”住房体系。坚持“以需定购”，支持地方国有企业以合理价格收购新建商品住房用作保障类住房，打造保障类住房租购平台。	关于进一步促进全市房地产市场平稳健康发展的通知
6月25日	杭州	杭州市区保障性住房配售基准价格按照保本微利原则制定，单套销售价格由项目建设实施主体按照配售基准价格及其浮动幅度确定，在售房阶段向社会公布。	关于印发《杭州市区保障性住房配售基准价格管理实施意见（试行）》的通知
6月27日	济南	《通知》主要明确了公租房实物配租常态化的有关工作。一是申请条件，主要涉及2类无房家庭。二是分配原则。三是相关认定标准。包含3类标准：家庭由申请人、配偶和未成年子女组成，申请人需具备完全民事行为能力，30岁以上单身者也可申请；申请家庭不得拥有产权房、公租房、已备案房屋、未回迁拆迁房、未确权房改房或其他实际占有的房屋；包括60岁以上老人、残疾人、劳模、见义勇为者、优抚对象、军人家属、退役军人、归侨侨眷、计生困难家庭、二孩以上家庭等，应优先保障。	关于进一步完善济南市公租房实物配租常态化有关工作的通知
6月28日	张家界	加大住房保障力度。采取实物配租和租赁补贴相结合的方式，进一步扩大住房保障覆盖面。	关于印发《张家界市加快推进永定城区人口集聚的若干措施》的通知
7月4日	呼和浩特	加大保障性租赁住房供给。采取购置、租赁、改建（改造）、新建等多措施增加保障性租赁住房供给，计划筹集保障性租赁住房3000套（间），重点支持新市民、青年人稳业安居。加大公共租赁住房和租赁补贴保障力度。通过配建、新建、购置等多种渠道筹集公租房2000套。发放公租房长期租赁补贴2000户。	关于印发呼和浩特市中心城区2024年住房发展计划的通知
7月5日	天津	本市行政区域内合法建设的，闲置和低效利用的商业办公、旅馆、厂房、仓储、科研教育等非居住存量房屋（包括集体经营性建设用地上的非居住存量房屋），可以申请改建为保障性租赁住房。土地性质为三类工业用地和三类物流仓储用地及其他不符合国家和本市有关规定的非居住房屋，不得改建为保障性租赁住房。	关于印发天津市非居住存量房屋改建为保障性租赁住房的指导意见的通知
7月8日	昆明	按照“以需定购、双方自愿”的原则，由国有企业收购已建成未出售的存量商品住房用作保障性住房，解决工薪收入群体、引进人才的住房问题。	关于印发优化昆明市房地产市场平稳健康发展政策措施的通知
7月9日	上海	本次修订，基本维持了《若干规定》的框架结构和主要内容，同时，根据国家文件要求、住房保障最新工作情况及本市工作实际作相应调整完善。一是规范文件制发。二是调整“保障性住房”名称。三是完善房源用途调整方式。	关于印发《关于保障房房源管理的若干规定》的通知
7月12日	成都	①成都市“天府租赁码”有效期限为1年。申请对象应在“天府租赁码”到期前主动申请更新“天府租赁码”信息，逾期未更新的，“天府租赁码”自动失效。②“天府租赁码”失效后，将无法办理保障性租赁住房项目报名登记、合同签约等事项。若需租住保障性租赁住房，申请对象需在成都市保障性租赁住房管理服务平台激活“天府租赁码”。③本通知发布前已取得“天府租赁码”且持有时间超过一年的，需在2024年8月31日前完成“天府租赁码”信息更新。逾期未更新的，“天府租赁码”自动失效。	关于加强保障性租赁住房天府租赁码管理的通知

5-5　续表 7

时间	地区	政策内容	政策来源
7月16日	全国	强调有关城市要落实好中央补助、地方政府专项债券、土地、配套金融和税费优惠等支持政策，加快项目开工建设；各地要结合本地区房地产市场情况，综合考虑保障性住房实际需求、商品房市场库存水平等因素，坚持以需定购，做好收购已建成存量商品房用作保障性住房工作，积极争取保障性住房再贷款政策支持，推动条件成熟的项目尽快落地；要按照“绿色、低碳、智能、安全”的标准，在保障性住房中全面开展好房子建设，打造“好房子”样板，让人民群众的居住生活更加舒适美好。 明确了城中村改造有关工作要求，强调要坚持稳中求进、积极稳妥，优先对群众需求迫切、城市安全和社会治理隐患多的城中村进行改造，成熟一个推进一个，实施一项做成一项，真正把好事办好、实事办实；要坚持依法征收、净地出让，切实保障好村民合法权益，做好产业先行搬迁，并把城中村改造与保障性住房建设结合好；要加快项目开工建设，推动各项支持政策尽快落地见效。	住房和城乡建设部在长春举办保障性住房建设、城中村改造工作专题培训班
7月18日	全国	要统筹好发展和安全，落实好防范化解房地产、地方政府债务、中小金融机构等重点领域风险的各项举措。	中共中央发布党的二十届三中全会公报
7月19日	全国	我国房地产市场规模大、牵涉面广，对宏观经济运行具有系统性影响。当前房地产市场供求关系发生重大变化，市场处于调整过程。我们要坚持稳中求进、先立后破，用改革的办法解决前进中的问题，加快新旧发展动能转换，为高质量发展提供多元而强劲的动力支撑。 近期，房地产市场正在出现积极变化。我们要坚持消化存量和优化增量相结合，进一步落实和完善房地产新政策，切实做好保交房工作，盘活存量商品房和土地资源。下一步，要贯彻落实好党的二十届三中全会精神，加快构建房地产发展新模式，消除过去“高负债、高周转、高杠杆”的模式弊端，建设适应人民群众新期待的“好房子”，更好满足刚性和改善性住房需求，并建立与之相适应的融资、财税、土地、销售等基础性制度。需要指出，我国新型城镇化仍在持续推进，房地产高质量发展还有相当大的空间。	中共中央举行新闻发布会，介绍和解读党的二十届三中全会精神
7月21日	全国	加快建立租购并举的住房制度，加快构建房地产发展新模式。加大保障性住房建设和供给，满足工薪群体刚性住房需求。支持城乡居民多样化改善性住房需求。充分赋予各城市政府房地产市场调控自主权，因城施策，允许有关城市取消或调减住房限购政策、取消普通住宅和非普通住宅标准。改革房地产开发融资方式和商品房预售制度。完善房地产税收制度。 深化土地制度改革。允许农户合法拥有的住房通过出租、入股、合作等方式盘活利用。有序推进农村集体经营性建设用地入市改革，健全土地增值收益分配机制。 优化土地管理。建立新增城镇建设用地指标配置同常住人口增加协调机制。优化城市工商业土地利用，加快发展建设用地二级市场，推动土地混合开发利用、用途合理转换，盘活存量土地和低效用地。开展各类产业园区用地专项治理。制定工商业用地使用权延期和到期后续期政策。	第二十届中央委员会第三次全体会议审议通过的《中共中央关于进一步全面深化改革、推进中国式现代化的决定》发布
7月22日	上饶	充分利用保障性住房再贷款政策。支持国有企业以合理价格收购已建成未出售的商品房，用作保障性住房。	关于印发上饶市落实“一城一策”促进房地产高质量发展的若干措施的通知
7月22日	重庆	《办法》对照国家住房保障最新政策，结合重庆实际，修订形成完善了准入退出、轮候排序、管理服务等机制。《办法》要求，公租房租金实行动态调整制度，并明确在定价时，公租房租金标准原则上不超过同地段、同品质房屋市场租金的60%。	关于印发《重庆市公共租赁住房管理办法》的通知

5-5 续表 8

时间	地区	政策内容	政策来源
7 月 26 日	忻州	公共租赁住房年度建设规模、套数，由市房产服务中心根据城区住房供求状况、城市总体规划和保障性住房建设规划，提出建设计划报市住房和城乡建设主管部门审核后报市政府批准实施。公共租赁住房房源通过新建、改建、配建、收购和租赁等方式多渠道筹集。忻州城区普通商品住房项目配建的公共租赁住房，原则上应在本项目内按规定标准和比例配建。	关于印发忻州城区公共租赁住房管理暂行办法的通知
7 月 29 日	郑州	配售型保障性住房主要有新建和收购存量房两种途径。新建包括：依法收回的已批未建土地、闲置土地、非居住存量土地（闲置低效工业、商业、办公、仓储、科研用地），以及可深度开发的土地（公交场站、地铁上盖等），在符合上位规划、满足安全要求的前提下变更土地用途建设；城中村改造、城市更新、危旧房改造中配建；国家、省、市规定的其他筹建方式。收购的存量房包括各类政策性住房、建成未售的商品房和市人民政府规定的其他房源。收购的存量住房办理不动产登记时，土地使用权类型登记为划拨。	关于印发《郑州市配售型保障性住房管理办法（试行）》的通知
7 月 30 日	全国	要持续防范化解重点领域风险。要落实好促进房地产市场平稳健康发展的新政策，坚持消化存量和优化增量相结合，积极支持收购存量商品房用作保障性住房，进一步做好保交房工作，加快构建房地产发展新模式。要完善和落实地方一揽子化债方案，创造条件加快化解地方融资平台债务风险。要统筹防风险、强监管、促发展，提振投资者信心，提升资本市场内在稳定性。	中共中央政治局 7 月 30 日召开会议，分析研究当前经济形势，部署下半年经济工作，审议《整治形式主义为基层减负若干规定》
7 月 31 日	信阳	收购等量的已建成未出售商品房转化为保障性住房。争取国家设立的 3000 亿元保障性住房再贷款政策支持，在合理测算保障性住房需求的基础上，摸清存量商品房房源，按照以需定购原则，支持有需求的县区收购已建成未出售商品房用于保障性住房。支持已纳入保障性住房建设计划尚未建设的项目依规调整，不再建设，改为收购等量的已建成未出售商品房转化为保障性住房。	关于印发《信阳市进一步促进房地产市场平稳健康发展的若干措施》的通知
8 月 1 日	铜陵	鼓励国有企业收购住房。鼓励国有企业根据需要，按照市场化原则收购有"卖旧买新"需求家庭的二手住房，用于市场化租赁住房、保障性住房；按照以需定购、合理价格收购部分库存商品住房，用作保障性住房。	关于进一步调整优化房地产政策措施的通知
8 月 1 日	全国	落实好促进房地产市场平稳健康发展的新政策，进一步做好保交房工作，加快构建房地产发展新模式。进一步落实一揽子化债方案，有针对性完善相关措施。稳妥处置金融风险，筑牢有效防控系统性风险的金融稳定保障体系。	"推动高质量发展"系列主题新闻发布会上，发改委回应了当前经济发展热点问题
8 月 2 日	广州	①优化申请审核分配机制。②提高老年群体的保障服务水平。③完善退出机制。④加强监管措施。	广州市公共租赁住房管理办法
8 月 2 日	云浮	加快筹建保障性租赁住房，2024 年新增筹建保障性租赁住房不少于 400 套。	关于印发《云浮市进一步提振和扩大消费若干措施》的通知
8 月 7 日	全国	2024 年，全国计划建设筹集保障性住房 170.4 万套（间）。截至 6 月底，全国已建设筹集保障性住房 112.8 万套（间），占年度计划的 66.2%，完成投资 1183 亿元。	住房和城乡建设部组织召开现场会，加强政策培训，指导督促各地加大保障性住房建设和供给
8 月 16 日	郑州	《办法》是加强和规范郑州市保障性租赁住房管理工作的规范性文件，共分为七个章节，三十七条内容，包括总则、供应及配租、合同及租金、使用及运营、监督管理、法律责任和附则七个部分。明确了合同期限原则上不超过 3 年；缴纳 2000 元家具、家电等室内设施保证金，并按照租赁合同及物业服务协议的约定缴纳相关费用；租金标准按照不高于同区域同类型住房市场租金 90% 的标准确定和租金评估等内容。	关于印发《郑州市保障性租赁住房管理办法》的通知

5-5　续表9

时间	地区	政策内容	政策来源
8月21日	黄石	配售型保障房实施严格的封闭管理，不得变更为商品住房流入市场。配售型保障房配售价格按照划拨土地成本和建安成本、加不超过5%的利润进行测算确定。配售型保障房建筑面积控制在120平方米以内。申请人以家庭为单位，每户家庭只能够配售1套保障性住房。	关于印发黄石市配售型保障房管理暂行办法的通知
8月21日	全国	目前，商业银行已审批“白名单”项目5392个，审批通过的融资金额近1.4万亿元。在城市协调机制推动下，符合规定的“白名单”项目及时获得了资金支持，为促进项目建成交付、保障购房人合法权益、稳定房地产市场发挥了积极作用。	“推动高质量发展”系列主题新闻发布会，金融监管总局发言
8月23日	全国	第一，构建房地产发展新模式。概括为四个方面：一是在理念上，深刻领会“房子是用来住的、不是用来炒的”定位，建设适应人民群众新期待的好房子。二是在体系上，以政府为主满足刚性住房需求，以市场为主满足多样化改善性住房需求。三是在制度上，改革完善房地产开发、交易和使用制度，为房地产转型发展夯实制度基础。四是在要素配置上，建立“人、房、地、钱”要素联动新机制。 第二，建立城市规划建设治理新机制。坚持“人民城市人民建，人民城市为人民”，适应城市发展进入城市更新阶段的新要求，进一步深化城市规划建设治理改革，建立可持续的城市更新模式和政策法规，坚持“先体检、后更新”，体检发现的问题就是更新要解决的重点，打造宜居、韧性、智慧城市，让人民群众在城市生活得更方便、更舒心、更美好。 第三，推进建筑业转型升级。坚持标准引领、科技赋能，以改革完善建设工程招投标、工程监理、工程造价、竣工验收等一揽子基础性制度为重点，着力打造现代化建筑产业体系，构建诚信守法、公平竞争、追求品质的市场环境，促进建筑业高质量发展，努力为全社会提供高品质建筑产品。	“推动高质量发展”系列主题新闻发布会，住房和城乡建设部发言
8月24日	全国	我们将继续坚持支持性的货币政策立场，引导货币信贷合理增长，推动企业融资和居民信贷成本稳中有降，保持人民币汇率在合理均衡水平上的基本稳定。引导金融机构加大对重点领域、薄弱环节的信贷支持力度，更有针对性地满足合理的消费融资需求。同时，研究储备增量政策举措，增强宏观政策协调配合。	央行行长潘功胜专访
8月26日	玉林	《玉林市配售型保障性住房管理办法》共八章三十六条。明确配售型保障性住房的支持政策。一是用地供给。全面落实国家明确的3种用地供给支持政策。二是配套设施资金筹措。三是资金支持。加大对配售型保障性住房的资金支持力度，包括财政、税费、金融、公积金等方面的政策支持。配售型保障性住房实行轮候制度，以家庭为单位申购，由街道办（镇政府）受理购房申请，市辖区住房城乡建设部门复审，移送至市住房城乡建设部门备份。	关于印发《玉林市配售型保障性住房管理办法》的通知
8月30日	郴州	按照国、省保交房政策要求，推动符合条件的国有企业做好保障性住房再贷款工作，按市场化、法治化原则收购已建成存量商品房用作保障性住房，增强住房保障能力，释放房地产所需资金，促进良性循环。	印发《关于促进郴州市房地产市场平稳健康发展的若干措施》的通知
9月1日	南宁	分配管理：①社会投资公租房可定向配租给建设单位取得公租房保障资格的职工，定向配租的公租房房源数不超过本项目公租房房源总数的20%。由建设单位统一向市住房和城乡建设部门提出申请，市住房和城乡建设部门通过社保缴纳信息核对拟定向配租人员的工作单位，符合社会投资公租房定向分配条件的，予以定向配租。②除已定向配租的社会投资公租房房源外，建设单位应及时将其余公租房房源交由市住房和城乡建设部门按公租房管理规定公开分配给取得公租房保障资格的轮候家庭。③建设单位应与承租人签订社会投资公租房租赁合同，并于3个工作日内上传至南宁市公租房管理系统，租赁合同期限不得超过承租人的公租房保障资格有效期剩余期限。市住房和城乡建设部门提供社会投资公租房租赁合同文本供建设单位使用。	关于规范南宁市社会投资建设公共租赁住房管理的通知

5–5 续表 10

时间	地区	政策内容	政策来源
9 月 5 日	山西	加大保障性住房供给力度。库存商品房数量多、去化周期长的市县政府要认真贯彻落实国家“保障性住房政策进一步扩围到三四线城市和县城，乡镇教师、医生、民警及其他公职人员等也纳入县域保障范围”的政策要求，充分发挥保障性住房再贷款政策效能，在摸清保障性住房需求和供给缺口的基础上，“以需定购”组织地方国有企业视情适当收购一部分空置商品房现房用作保障性住房进行配售或租赁，满足工薪群体刚性住房需求。	关于印发《山西省进一步促进房地产市场平稳健康发展若干措施》的通知
9 月 5 日	泸州	积极支持收购存量商品房。积极支持有条件的区县以合理的价格在试点区域收购存量商品房用作配售配租保障性住房，金融机构发放收购贷款予以支持。鼓励国企收购存量商品房用于养老、托育等公共服务用房。	关于印发《关于进一步促进房地产市场平稳健康发展的政策措施》的通知
9 月 6 日	蚌埠	房源条件。需同时满足以下条件：①房源所属项目已取得竣工验收备案证明。②房源为单套（间）建筑面积 120 平方米以下的商品住房。③房源权属清晰，无查封冻结和抵押，可上市交易。④房源所属项目周边交通便利、配套设施完善，满足一定车位配比。⑤优先选取整栋或整单元未售，可实现封闭管理的整栋或整单元。	关于征集首批商品房用作保障性住房的公告
9 月 7 日	抚州	支持收购商品房去库存。坚持“以需定购”，用足用好国家保障性住房再贷款政策，选择符合条件的国有企业市场化收购已建成存量商品房用作保障性住房。	关于进一步促进我市中心城区房地产市场平稳健康发展若干政策措施的通知
9 月 11 日	福建	《管理办法》共 8 章 23 条，分别从总则、房源管理、配租对象、租金管理、租赁合同、项目退出、监督管理、附则八个方面，明确保租房项目运营阶段的管理要求。	关于印发《福建省保障性租赁住房运营管理办法》的通知
9 月 11 日	忻州	①征集范围：忻州城区范围内商品房性质的住宅、公寓、宿舍等，优先选取整栋或整单元未售、可实现封闭管理的楼栋项目（房源）。②收购价格：以同地段保障性住房重置价格为参考上限，即划拨土地成本和建安成本、加不超过 5% 的利润。③房源条件：一是位置合适。周边交通便利，基础设施基本配备、生活配套相对完善。二是户型面积合适。原则上项目（房源）主力户型面积应满足忻州市保障性住房户型、面积（以 70~120 平方米为主）要求。	关于收购商品房用作保障性住房的征集公告
9 月 12 日	福建	《管理办法》共 10 章 38 条，主要包括房源管理、合同管理、资格复核、入户走访、退出管理、租金管理、信息公开、平台监督等内容。	关于印发《福建省公共租赁住房租后管理办法》的通知
9 月 13 日	济南	推进收购已建成存量商品房用作保障性住房工作，根据工薪收入家庭及引进人才住房需求，“以需定供”增加保障性住房供给。	关于印发济南市进一步促进经济稳健向好、进中提质的若干政策措施的通知
9 月 14 日	郑州	市住房保障局联合市市场监管局结合郑州市房地产实际，拟定了郑州市《配售型保障性住房买卖合同》示范文本（试行），现予以推广使用。	关于印发郑州市《配售型保障性住房买卖合同》示范文本（试行）的通知
9 月 24 日	宜昌	在满足城镇低保、低收入住房困难家庭依申请应保尽保的前提下，定量面向符合条件的稳定就业外来务工人员公开配租公租房。将符合条件的农业转移人口，纳入保障性租赁住房保障范围，并在同等条件下优先保障。支持县市区收购已建成存量商品房用作保障性住房，将在乡镇工作的教职工、医务人员、警务人员及其他公职人员纳入县城住房保障范围。	印发《关于促进房地产市场平稳健康发展若干措施》的通知
9 月 25 日	沈阳	《沈阳市保障性住房配售管理办法（试行）》对保障性住房概念、保障人群、资格申请及审核、项目规划建设、住房配售使用、退出回购等 11 个方面 32 条具体条款进行规范。	关于印发《沈阳市保障性住房配售管理办法（试行）》的通知

5-5　续表 11

时间	地区	政策内容	政策来源
9 月 27 日	无锡	允许按照"以需定购、自愿参与、公平公正、精准实施"的原则，收购一定比例的库存商品住宅，用作拆迁安置或转为保障性住房。支持具备一定条件的房地产开发企业试点将库存商品住宅，向特定人群（新就业人群、引进的各类人才、企业团购）以共有产权的形式出售，满足不同人群的住房需求。	关于进一步优化房地产市场平稳健康发展若干政策措施的通知
9 月 29 日	福建	工作目标：对申请人所要填报的表单字段信息进行全面分析，全省统一划分必填项与非必填项、设置填写方式（下拉框、文本框）、明确数据来源（用户填写、自动回填）等，形成全省统一格式的申请表单。同时，会同各联审部门，研究讨论可共享的字段信息、共享方式等，强化多部门间数据互联互通，实现公租房保障资格申请信息实时协查、数据自动回填，减少群众申请信息填写量。	关于印发《申请公租房"一件事"工作推进实施方案》的通知
9 月 29 日	全国	对于金融机构发放的符合要求的贷款，中国人民银行向金融机构发放再贷款的比例从贷款本金的 60% 提升到 100%。	中国人民银行办公厅关于优化保障性住房再贷款有关要求的通知
9 月 29 日	南京	通过收购已建成未出售存量商品住房等方式，多渠道筹集配售型保障性住房。加大对"白名单"项目贷款支持力度。	关于印发南京市巩固增强经济回升向好态势若干政策措施的通知
9 月 30 日	上海	凡新出让土地、用于开发建设商品住房的建设项目（租赁住房建设项目除外），均应按照不低于该建设项目住房建筑总面积 5% 的比例，配建保障房及相应产权车位。鼓励保障对象较多的区域进一步提高建设项目的配建比例。配建的保障房应无偿移交区政府指定机构用于住房保障，并在建设用地使用权出让条件中予以明确。	关于印发《关于本市保障房配建的实施意见》的通知
9 月 30 日	河南	积极探索并逐步推广符合条件的国有企业以市场化方式参与"以旧换新"，国有企业收购的二手住房可对外出售或用作租赁住房、人才房、保障性住房等，各地政府要研究出台相关配套政策，提前明确收购和配售、租赁的定价机制和管理办法等。大力推进房地产开发企业、经纪机构、购房者三方联动，促进"旧房优先卖、新房优惠买"，实现交易达成。	关于印发《关于进一步促进房地产市场平稳健康发展的若干措施》的通知
9 月 30 日	深圳	用作社会类保租房的存量公寓类居住房屋应当是已建成使用、房屋用途为商务公寓、公寓等用途的房屋，并满足《认定办法》关于产权明晰居住存量房屋项目的条件：一是房源原则上须具有权属证明文件。二是运营管理单位作为申请人的，申请认定时房源收储合同或者委托运营合同剩余期限不少于三年。三是房源规模不少于 10 套。四是已按规定经过房屋结构、消防、地质灾害安全隐患排查，确保房屋安全使用。	关于印发《关于公寓类居住房屋用作社会主体出租的保障性租赁住房的通知》的通知
9 月 30 日	青岛	工作目标依托各部门政务数据共享情况，集成公安、民政、人社等部门数据，并结合部门数据共享情况动态管理，主要包括以下数据：保障性住房信息，个人身份信息（户籍信息、居住证信息），车辆信息，低保、特困、低收入人员信息，婚姻信息，学历信息，社会保险参保缴费记录，不动产登记信息，公积金缴存信息，个人企业开办信息。逐步实现上述信息证明材料免提交，进一步提升政务服务水平。	关于印发《青岛市申请公租房"一件事"工作实施方案》的通知
10 月 12 日	厦门	严控增量。新启动的征地拆迁项目，原则上不再新建安置房；已实施的征地拆迁项目，除已经在建的安置型商品房、安置房项目外，优先使用房票盘活新建商品房及存量安置房源，提高居住品质，减少房地产市场供应。优化存量。建立政策性房源库。将商品房、安置型商品房、安置房等存量房源统筹用于安置房、保障性住房、人才房等政策性住房，调节优化市场供需结构。	关于优化要素资源配置机制推动经济高质量发展的实施方案

5-5 续表 12

时间	地区	政策内容	政策来源
10月12日	全国	房地产市场是当前宏观经济的一个风向标，做好房地产工作对于推动经济持续回升向好、维护人民群众切身利益至关重要，要切实提高政治站位，全力以赴抓好保交房、稳房市等工作。要充分发挥城市房地产融资协调机制作用，加快修复问题项目，促其尽快达到“白名单”标准，金融机构要进一步优化信贷审批和放款流程，提高效率，切实做到保交房攻坚战项目“白名单”应进尽进、贷款应贷尽贷。在此基础上进一步推动“白名单”扩围，将所有符合条件的在建已售商品房项目纳入支持范围，有效保障项目建设资金需求，力促房地产企业确保按期保质交房。同时，要积极推进收购存量商品房用作保障性住房工作，深入剖析典型案例，及时总结并推广成功做法，用好用足保障性住房再贷款等支持政策，促进加快消化商品房库存。	国务院副总理何立峰10月10日至12日在山西太原、陕西西安调研房地产、大宗耐用消费品以旧换新和外贸等工作
10月15日	聊城	增加保障性住房供给。开展保障性住房需求调查，摸排已建成存量商品房情况，收购户型面积合适、价格合适、位置合适的已建成存量商品房用作保障性住房。	关于印发《聊城市推动房地产市场平稳健康发展的若干措施》的通知
10月15日	宜昌	①各类人才新购买城区购房奖补项目库内新建商品住房的，按照博士10万元、硕士6万元、本科及大专5万元、中专（中职、技校）3万元的标准享受购房补贴。②多孩家庭，购买城区购房奖补项目库内单套建筑面积100平方米及以上新建商品住房的，按政策生育二孩的家庭，可享受5万元购房补贴；按政策生育三孩及以上的家庭，可享受10万元购房补贴。③农村居民购买城区购房奖补项目库内新建商品住房的，按照5万元的标准享受购房补贴。	宜昌发布《关于提升宜昌城区综合性民生服务保障水平的若干措施》
10月16日	抚顺	综合考虑保障性住房实际需求、商品房市场库存水平等因素，坚持“以需定购”，组织国有企业自主决策以合理价格收购已建成存量商品房，用作配租型保障房和配售型保障房。	关于印发《关于进一步促进房地产市场平稳健康发展的政策举措》的通知
10月17日	东营	由于2019年出台的《规则》将于今年11月9日到期，为确保政策的连续性，结合市直公租房当前剩余房源情况，本次印发主要对轮候规则方面作了适当修改，即对配租批次的确定方面进行了明确，其他规则运行比较成熟，社会接受度较高，未再作调整。	关于印发市直公共租赁住房评分轮候配租规则的通知
10月21日	上海市静安区	旨在加强保障性租赁住房的管理和服务。主要内容包括：坚持党建引领，联合联动提升处置率，管服并举提升参与率；落实出租单位、区房管局和行政职能部门的管理责任，街镇属地管理责任；加大服务举措，如发挥党建作用、丰富配套措施、科技赋能拓展服务渠道。同时，要求理顺体制机制，提炼工作方法，强化考核机制，确保政策落实。	关于转发区房管局《静安区关于推进保障性租赁住房管理和服务的实施意见》的通知
10月21日	云南	支持收购存量房用作保障性住房。完善保障性住房再贷款支持政策及配套，支持各地消化存量房筹集保障性住房房源。在不新增政府隐性债务和防范化解地方债务风险的前提下，用好专项债券收购存量商品房用作各地保障性住房。支持各地按照“以需定购”原则确定储备项目，组织金融机构做好对接。对于金融机构发放符合要求的贷款，人民银行向金融机构发放保障性住房再贷款的比例从贷款本金的60%提升到100%。	关于进一步促进云南省房地产市场止跌回稳平稳健康发展的指导意见
10月25日	南宁	推进收购存量商品房用作保障性住房。支持符合条件的地方国有企业以合理价格收购已建成未出售商品房用作保障性住房，落实好保障性住房再贷款政策。用好专项债券收购存量商品房用作保障性住房。	关于进一步优化房地产市场平稳健康发展政策措施的通知
10月28日	湖北	明确了各级住房保障部门和运营服务主体的职责，包括监督运营服务、资格审核、合同管理、违规处理和安全管理等。旨在加强和规范公共租赁住房的运营管理，提升服务水平，涉及房源接收、租住服务、租金收缴、维修服务、安全服务、物业服务、档案管理、综合服务、增值服务和服务评价等方面。	关于印发《湖北省公共租赁住房运营服务规范》的通知

5-5　续表 13

时间	地区	政策内容	政策来源
10月28日	烟台	完善“保障＋市场”双轨制住房体系。①保障方面，通过统筹发放住房租赁补贴，收购商品住房转做保障性租赁住房、人才住房、人才公寓、配售型保障性住房等措施，着力解决城市中低收入群体和新青年、新市民的住房问题，实现“居者有其屋”目标。②市场方面，通过开发建设高品质住宅、定制型商品房等方式，满足改善型和个性化住房需求。	关于构建房地产发展新模式推动房地产事业平稳健康高质量发展的意见
10月28日	全国	加强住房支持政策。鼓励有条件的地方加大对多子女家庭购房的支持力度，可结合实际出台适当提高住房公积金贷款额度等政策。多渠道增加保障性住房有效供给，对符合条件且有未成年子女的家庭，可根据其未成年子女数量，在户型选择方面给予适当照顾。加快发展住房租赁市场，因地制宜逐步使租购住房群体享有同等公共服务权利。	国务院办公厅印发《关于加快完善生育支持政策体系推动建设生育友好型社会的若干措施》的通知
10月30日	陕西	鼓励收购已建成存量商品房用作保障性住房、回迁安置房。按照“政府主导、市场化运作”思路，以需定购，积极争取城中村改造专项借款、保障性住房再贷款等资金支持，用好专项债券等资金，鼓励国有企业以合理价格收购房地产企业已建成存量商品房用作配售型或配租型保障性住房、回迁安置房。鼓励金融机构向城市政府选定的地方国有企业发放保障性住房收购贷款。	关于印发《进一步促进房地产市场平稳健康发展的若干措施》的通知
10月31日	杭州	《杭州市保障性住房配售管理办法（试行）》共三十三条，包括总则、定价和供应、申请和审核、售后管理、附则共五章。新建保障性住房配售基准价格按照保本微利原则制定，单套销售价格由项目建设实施主体按照配售基准价格及其浮动幅度确定，在售房阶段向社会公布，具体将在项目配售公告中明确。	关于印发杭州市保障性住房配售管理办法（试行）的通知
11月1日	新乡	《实施细则》共六个章节二十四条，包括总则、配售对象和条件、配售价格、配售流程、售后管理、监督管理章节，是对《新乡市保障性住房（配售）管理办法（试行）》的具体细化和补充。配售价格由土地成本、建安成本、不超过5%的利润等相关成本组成，与项目直接相关的城市道路、市政基础设施及公共服务设施不摊入配售价格。项目运营公司综合考虑各项因素并拟定单套房屋销售价格，并向社会公布，接受监督。	关于印发新乡市保障性住房（配售）准入、配售及封闭管理实施细则（试行）的通知
11月1日	新乡	《管理办法》共八章三十二条，主要包括总则、政策支持、房源筹建、申请审核、配售管理、封闭管理、后续管理和附则。规定了配售价格、配售方式及配售方案等，确保了配售过程的规范性和透明度。明确配售价格主要由土地成本、建安成本、不超过5%的利润等相关成本组成，并不得高于政府批准价格。	关于印发新乡市保障性住房（配售）管理办法（试行）的通知
11月5日	青岛	主要对宿舍型保租房保障对象、房源筹集渠道、建设要求、租赁价格、政策支持等事项进行明确。	关于重点做好农业转移人口宿舍型保障性租赁住房建设的通知
11月7日	鄂州	加大保障性住房筹集力度。支持国有企业在存量房较多和产业发展集中的区域，因需定购，适度超前筹集保障性住房，首批推动收购1000套存量商品房作为保障性住房。	关于进一步优化完善促进鄂州市房地产市场平稳健康发展政策措施的通知
11月15日	沈阳	支持存量商品房收购。围绕重点功能区、产业园区、公共交通节点周边，收购存量商品房筹集保障性住房，2024年年底前，通过多种方式加快筹集配售型保障性住房2200套、配租型保障性住房5000套。加大国有企业收购存量商品房用作配售型保障性住房力度，支持企业和符合条件的事业单位批量购买存量商品房用作宿舍型保障性租赁住房。	关于印发沈阳市推动经济持续向好增量政策措施的通知
11月15日	忻州	减轻公租房配建压力，2022年7月1日前取得国有建设用地项目配建的公租房，由企业提出申请，报市政府同意后，配建面积80%的公租房可由企业自行销售。	关于印发进一步促进房地产业良性循环和健康发展若干措施的通知

5-5 续表 14

时间	地区	政策内容	政策来源
11 月 15 日	全国	①扩大城中村改造政策支持范围。城中村改造政策支持范围从最初的 35 个超大特大城市和城区常住人口 300 万以上的大城市，进一步扩大到了近 300 个地级及以上城市。这些城市符合条件的城中村改造项目均可以获得政策支持，纳入地方政府专项债券支持范围，开发性、政策性金融机构提供城中村改造专项借款，适用有关税费优惠政策，鼓励商业银行按照市场化、法治化原则提供城中村改造贷款等，确保项目顺利推进。 ②推进城中村改造货币化安置。各地要结合当地房地产市场形势，统筹考虑商品房的存量和增量，从实际出发，稳妥推进城中村改造货币化安置，城市危旧房改造可参照执行。 ③将城中村改造作为城市更新的重要内容有力有序有效推进。城中村改造是城市更新的重要内容，各地要落实好城中村改造财税、土地、金融等支持政策，严格落实"一项目两方案"，即每个项目都要制定完备的征收补偿方案、资金平衡方案等。	住房和城乡建设部、财政部联合发布通知部署各地进一步做好城中村改造工作
11 月 27 日	贵州	用好保障性住房再贷款和专项债券收购商品房用作保障性住房政策。	关于印发贵州省全力推动经济 持续回升向好若干政策措施的通知
11 月 28 日	太原	加大保障性住房供给力度，发挥好国家保障性住房再贷款和专项债政策作用，积极组织地方国有企业建设配售型保障性住房或适当收购一部分面积合适、价格合适、位置合适的空置商品现房用作保障性住房进行配售或配租，满足工薪群体刚性住房需求。统筹使用保障类住房房源。	关于印发太原市关于进一步促进房地产市场止跌回稳若干措施的通知
11 月 30 日	济南	《关于我市市级公共租赁住房租金标准的通知》（济发改价格〔2019〕401 号）和《关于北大槐树家园公共租赁住房租金标准的通知》（济发改价格〔2020〕45 号）继续执行。	关于继续执行市级公共租赁住房租金标准的通知
12 月 5 日	广州	将《广州市共有产权住房管理办法》有效期延长 5 年。根据通知，已购共有产权住房暂时不能转换为配售型保障性住房或者商品住房，后续规定若有变化另行公布。	关于继续实施广州市共有产权住房管理办法的通知
12 月 6 日	广州	《办法》规定，新建配售型保障性住房项目单套建筑面积原则上不超过 90 平方米，以实用紧凑型的两居室、三居室成套住房为主，价格结合同地段普通商品住房市场价格的一定比例确定。一个家庭只能拥有一套配售型保障性住房，不得变更为商品住房上市交易。	关于印发广州市配售型保障性住房管理办法（试行）的通知
12 月 16 日	广西	收购存量商品房用作保障性住房。自治区财政安排资金，对收购已建成存量商品房用作保障性住房的国有企业给予补贴。鼓励市县安排配套财政补助资金予以补贴。	关于印发《广西推动房地产市场平稳健康发展工作措施》的通知
12 月 19 日	厦门	《厦门市社会保障性住房管理条例实施办法》明确了社会保障性住房的申请、审核、分配、租金补助等具体操作流程，确保低收入家庭、特困人员等群体的住房保障。	关于印发《厦门市社会保障性住房管理条例实施办法》的通知
12 月 20 日	龙岩	该政策针对台湾同胞的公共租赁住房申请，实施住房分类保障。符合条件的台湾同胞家庭可以通过线上或线下申请，审核通过后优先保障配租。保障房仅限自住，不得擅自出租或改变用途。	关于印发《龙岩中心城区台胞公共租赁住房分类保障管理规定》的通知
12 月 23 日	哈尔滨	《哈尔滨市配售型保障性住房购买资格管理办法（试行）》规定了配售型保障性住房的申请条件、审核流程及动态管理机制，明确申请家庭需满足户籍、住房面积等条件，并通过线上平台提交申请。	关于印发哈尔滨市配售型保障性住房购买资格管理办法（试行）的通知

5-5　续表 15

时间	地区	政策内容	政策来源
12 月 23 日	哈尔滨	本办法共五章、二十八条。在保证项目资金整体平衡的前提下，新建保障性住房配售价格均价，由市住房和城乡建设部门依据建设单位申请，组织市发改、资源规划、财政、国资、税务等部门研究形成一致意见，呈报市政府审定后确定。新建保障性住房配售价格由成本、税金和利润构成。存量住房转化的保障性住房配售价格均价，由存量住房建设单位结合房屋成本及周边住房价格等因素合理确定。保障性住房实行一房一价，向社会公布。按照保基本的原则，新建保障性住房单套建筑面积以 70~110 平方米为主，引进人才住房建筑面积可适当放宽。存量住房转化为保障性住房的，结合现有房源实际，原则上单套建筑面积不超过 120 平方米。	关于印发哈尔滨市保障性住房配售管理办法（试行）的通知
12 月 30 日	上海	优化“一张床、一间房、一套房”的多层次租赁住房供应体系，鼓励通过收购、转化用途、盘活闲置存量等方式，加大保障性租赁住房建设筹措供应力度。	关于印发《上海市深入实施以人为本的新型城镇化战略五年行动计划的实施方案》的通知
12 月 31 日	上海	修订《上海市廉租住房租金配租管理实施细则》，规范廉租住房租金配租的供应和管理工作，明确租金配租的适用范围、通知发放、租金补贴的核定与发放、租赁合同的管理、申请人违规行为的认定与处理，以及申请人在配租期间发生重大情况变动的申报要求等。申请人在收到租金配租通知后自行租赁住房，签订租赁合同，合同期限原则上不少于 12 个月。需办理住房租赁合同网签备案，并递交相关材料。租金补贴按月发放，支付到出租人银行账户。配租期间若租赁合同提前终止或发生重大情况变动，需及时申报并办理相关手续。	关于印发《上海市廉租住房租金配租管理实施细则》的通知

5-6 2024年公积金政策

时间	地区	政策内容	政策来源
1月2日	上海	①缴存职工家庭名下在本市已有一套住房，在全国未使用过住房公积金个人住房贷款或首次住房公积金个人住房贷款已经结清的，认定为第二套改善型住房。②对于认定为第二套改善型住房的，最低首付款比例为50%；贷款所购住房位于中国（上海）自由贸易试验区临港新片区以及嘉定、青浦、松江、奉贤、宝山、金山6个行政区全域的，最低首付款比例为40%。	上海市发布《关于调整上海市住房公积金个人住房贷款政策的通知》
1月2日	湛江	单方缴存公积金第一次贷款每户最高贷款额度不超过50万元，第二次贷款每户最高贷款额度不超过40万元。双方缴存公积金第一次贷款每户最高贷款额度不超过80万元，第二次贷款每户最高贷款额度不超过70万元。	湛江市住房公积金管理委员会发布关于调整住房公积金个人住房贷款额度有关问题的通知
1月4日	黄冈	以下政策延期至2024年12月31日：放宽自愿缴存人员申请公积金贷款条件。放宽首套房贷款政策适用范围。放宽“先取后贷”条件。支持提取住房公积金用于支付购买新建商品住房首付款。	黄冈市住房公积金中心发布《关于部分阶段性支持政策执行时限延期有关事项的通知》
1月16日	太原	①无房无贷款记录按照首套房政策执行。②放开申请“商转公”及“部分商转公”贷款的住房消费行为时间限制。本通知自2024年3月1日起执行。	太原市公积金管理中心对《太原市住房公积金管理中心关于调整优化住房公积金贷款政策的通知（征求意见稿）》公开征求意见
1月23日	中山	推动深中两地政策协同，中山缴存职工购买深圳住房提取住房公积金的，可享受中山本地购房提取同等待遇。	中山市住房公积金管理中心发布《关于推进住房公积金深中融合发展的通知》
1月29日	九江	九江市住房公积金缴存职工在九江市行政区域内购买一手房的，可向九江市住房公积金管理中心申请提取住房公积金个人账户存储余额支付购房首付款，提取金额不得超过《商品房认购协议》中注明的购房首付款。	九江市住房和城乡建设局印发《九江市提取住房公积金支付购房首付款业务实施细则》
2月1日	厦门	阶段性上浮住房公积金贷款流动性调节系数至1.2，住房公积金最高贷款额度将由当前的120万元，上浮至144万元。	厦门市住房公积金中心网站发布关于优化住房公积金贷款有关事项的通知
2月2日	佛山	购买首套住房的，单缴存职工家庭贷款最高额度提高至60万元，双缴存职工家庭贷款最高额度提高至100万元，其中购买首套自住住房且符合二星级以上绿色建筑标准的、已认定为装配式建筑项目的和属于多孩家庭（三孩以上）其中一项条件，可分别上浮10%，上浮比例可累加，即单缴存职工家庭贷款最高可贷额为78万元，双缴存职工家庭最高可贷额为130万元。	佛山市住房公积金管理中心发布《关于阶段性提高个人住房公积金贷款额度资金即将达到上限的通告》
2月19日	海南	对于缴存人家庭（包括借款申请人、配偶及未成年子女）贷款购买新建自住住房，属首套住房公积金个人住房贷款的，最低首付比例由25%调整为20%。	海南省住房公积金管理局印发《关于调整住房公积金首套个人住房贷款最低首付比例的通知》
2月21日	益阳	①调整住房公积金贷款次数认定标准，借款人家庭贷款次数只计算借款人及配偶在全国的住房公积金贷款记录，不包含商业银行个人住房贷款记录。②住房公积金最高贷款额度提高至45万元，提供住房公积金贷款的单元建筑面积提高到200平方米以内。③申请纯住房公积金贷款的，最低首付款比例调整为20%。④多子女家庭的住房公积金最高贷款额度按当期最高贷款额度上浮20%确定。	益阳市住房公积金管理中心发布《关于优化调整住房公积金使用政策的通知》
2月21日	沈阳	①将商品住房“卖旧买新”补贴活动延长至2024年12月31日。②取消职工现金购买自住住房须在购房两年内申请提取住房公积金的时间限制。③职工购买二手房公积金贷款期限由“35年减房龄”延长为“40年减房龄”，二手房最高贷款期限为30年。	沈阳市召开优化住房公积金提取和放宽二手房公积金贷款期限政策新闻发布会

5-6　续表1

时间	地区	政策内容	政策来源
2月21日	济南	在济南市行政区域内购买首套普通自住住房申请住房公积金贷款的，最低首付款比例调整为不低于20%；购买第二套普通自住住房申请住房公积金贷款的，最低首付款比例调整为不低于30%。	济南市公积金管理中心发布《关于调整住房公积金贷款最低首付款比例的通知》
2月21日	天津	职工申请个人住房公积金贷款购买家庭首套住房的，应支付不低于住房交易价格20%的首付款；购买家庭第二套住房的，应支付不低于住房交易价格30%的首付款。采用住房抵押担保方式的，抵押值最高不得超过抵押物价值的80%。	天津市住房公积金管理中心近日公布《关于调整个人住房公积金贷款首付款比例的通知（征求意见稿）》
2月23日	江门	①竣工时间在10年以上、30年（含）以内的，最低首付款比例不低于评估价与交易价格较高者的35%；竣工时间在30年以上的，最低首付款比例不低于评估价与交易价格较高者的45%。②竣工时间在10年以上的，贷款期限最长为20年且贷款年限和楼龄之和不得超过40年。	江门市住房公积金管理中心发布《关于调整存量房住房公积金个人住房贷款首付款比例和贷款期限的通知》
2月23日	江门	①在全国范围内没有住房公积金贷款记录的，或在全国范围内有一次住房公积金贷款记录并已结清该笔贷款，申请贷款时在江门市行政区域内没有成套住房的执行首套房住房公积金贷款标准。②职工家庭成员在全国范围内有一次住房公积金贷款记录并已结清该笔贷款，申请贷款时在江门市行政区域内有成套住房。	江门市住房公积金管理中心发布《关于优化我市住房公积金个人住房贷款住房套数认定标准的通知》
2月23日	江门	持有人才优粤卡的人才在江门市购买首套和第二套自住住房的，住房公积金最高贷款额度适度提高。其中，持有人才优粤卡A卡的，住房公积金最高贷款额度是江门市住房公积金最高贷款额度的5倍；持有人才优粤卡B卡的，住房公积金最高贷款额度是江门市住房公积金最高贷款额度的2倍。	江门市住房公积金管理中心发布《关于实施人才优粤卡住房公积金优惠政策的通知》
3月1日	佛山	①住房公积金缴存职工在本市购买、建造、翻建、大修自住住房的，可作为借款申请人按照本办法规定申请公积金贷款。②授权公积金中心按照约定每月使用个人账户的资金直接冲抵住房公积金个人住房贷款还款本息。③购买首套自住住房且购买的住房为达到二星级以上绿色建筑标准的商品住房，最高贷款额度上浮10%。④购买首套自住住房且购买的住房已认定为装配式建筑项目的商品住房，最高贷款额度上浮10%。⑤属于多孩家庭（三孩以上）购买首套自住住房，最高贷款额度上浮10%。	佛山市住房公积金管理中心5份规范性文件正式实施
3月5日	庆阳	①凡夫妇双方正常缴存住房公积金的，最高可贷额度由60万元提高到70万元，一方正常缴存住房公积金的，最高可贷额度由50万元提高到60万元。②养育多子女的缴存职工，在庆阳市购买自住住房申请住房公积金贷款的，最高可贷额度上浮10万元，不超过80万元。③缴存职工购买取得相关标识证书的装配式建筑、星级绿色住宅，贷款额度予以适当上浮，最高不超过80万元。	庆阳市调整优化住房公积金贷款提取政策
3月5日	太原	①调整优化住房公积金贷款购房套数认定标准。②放宽申请“商转公”及“部分商转公”贷款的住房消费行为时间限制。③符合太原市住房公积金管理中心公积金其他贷款条件的，可以申请办理商业住房按揭贷款转公积金贷款及部分转公积金贷款。	太原市住房公积金管理中心发布《关于调整优化住房公积金贷款政策的通知》
3月7日	苏州	①为支持房票安置对象使用住房公积金，房票持有人及其直系亲属符合住房公积金提取、贷款相关条件，凭商品房买卖合同、开发商出具的付款凭证等，可申请办理住房公积金提取、贷款业务。②为满足购房人“以旧换新”住房消费需求，“以旧换新”置换购房人及其直系亲属符合住房公积金提取、贷款相关条件，可申请办理住房公积金提取、贷款业务。	苏州市人民政府发布《关于住房公积金支持房票安置、住房“以旧换新”的通知》

5-6 续表 2

时间	地区	政策内容	政策来源
3月12日	运城	①今年运城市住房公积金贷款最高额度由80万元提高到100万元；②租房提取额度由原来的每个家庭每年2.4万元提高到3.6万元，租房提取频次调整为按年、按季、按月或按需提取，多子女家庭租房提取额度上浮30%；③在正常缴存、还贷情况下，允许使用公积金用于提前部分冲还公积金贷款；④优化贷款次数认定，原发放的同一家庭同一套住房多次贷款视作1次贷款；⑤职工住房公积金贷款年限由原来的退休后延5年，调整为统一延长至65岁。	据运城官微消息，今年运城市公积金提取贷款政策有调整
3月14日	贵阳	①到期日可至申请人法定退休时间后5年。②首次住房公积金贷款，即缴存人家庭在全国范围内无住房公积金贷款记录的，执行首次住房公积金贷款政策。第二次住房公积金贷款，即缴存人家庭在全国范围内有1次住房公积金贷款记录且贷款已结清的，执行第二次住房公积金贷款政策。第三次及以上住房公积金贷款，则是缴存人家庭在全国范围内有两次及以上住房公积金贷款记录的，原则上不予发放住房公积金贷款。	贵阳市住房公积金管理中心发布《关于调整优化住房公积金贷款政策的通知（征求意见稿）》
3月15日	淄博	上调住房公积金最高贷款额度，在淄博市购买首套和二套自住住房申请住房公积金贷款的，贷款额度上限保持一致。夫妻双方均连续正常缴存住房公积金的（含合力贷款），首套房最高贷款额度由60万元提高至80万元，二套房最高贷款额度由50万元提高至80万元；仅一方连续正常缴存住房公积金的，首套房最高贷款额度仍为60万元，二套房最高贷款额度由40万元提高至60万元。多子女家庭购房或购买装配式住宅申请住房公积金贷款的，继续执行最高额度上浮20%的优惠政策。	淄博市住房公积金管理中心3月16日发布《关于上调我市住房公积金最高贷款额度的公告》
3月19日	新乡	职工使用住房公积金贷款购买自住住房的，同一套房屋贷款前可以办理购房提取，购房提取金额与贷款金额累计不超过房屋总价。对需申请住房公积金贷款的职工应留足余额，确保提取金额不影响贷款额度，避免因先提取后贷款而导致缴存余额不足，无法足额申请所需住房公积金贷款；贷款后，贷款职工及其配偶在结清贷款前，只能按本套房偿还住房公积金贷款提取（配偶销户提取除外）。	新乡市住房公积金管理委员会近日印发《关于优化住房公积金使用政策的通知》
3月20日	烟台	①住房公积金个人住房贷款最高额度由60万元调整为80万元。②购买新建装配式住宅、被动式超低能耗自住住宅（二星级及以上绿色建筑标准）等高品质住宅的，住房公积金个人住房贷款最高额度调整为90万元。③高层次人才购买家庭首套住房的，住房公积金个人住房贷款最高额度调整为100万元；申请商业贷款转住房公积金贷款的，最高额度统一为80万元。④符合国家生育政策的二孩和三孩家庭，住房公积金个人住房贷款最高额度调整为100万元。	烟台市住房公积金管理中心发布《关于优化调整住房公积金相关政策的通知》
3月20日	宜宾	①申请公积金贷款可先提取该套住房未纳入住房公积金贷款额度计算的住房公积金缴存余额。②缴存职工购房时未提取住房公积金且有足够的偿还能力的，单方缴存住房公积金按照“存贷挂钩”缴存余额30倍计算住房公积金贷款额度不足35万元的，按35万元计算可贷额度；夫妻双方缴存住房公积金按照“存贷挂钩”缴存余额30倍计算住房公积金贷款额度不足50万元的，按50万元计算可贷额度。③无住房公积金贷款记录的，执行首套房住房公积金贷款政策；有一笔已结清的住房公积金贷款记录的，执行二套房住房公积金贷款政策。④取消缴存职工提取住房公积金后申请住房公积金贷款需间隔6个月的时间限制。⑤借款人在住房公积金贷款偿还期间，申请“还款方式变更”“缩短贷款期限”时间间隔由三年调整为一年。	宜宾市住房公积金管理中心发布关于调整优化住房公积金相关政策的通知
3月25日	安庆	①公积金贷款首付比例首次20%，二次30%。②首次公积金贷款贷款额度增加10万元，但不得高于安庆市住房公积金贷款最高限额。③全日制大专及以上学历的毕业生公积金贷款贷款额度增加10万元。	安庆市住房公积金管理委员会发布关于进一步优化调整住房公积金贷款政策的意见

5-6　续表 3

时间	地区	政策内容	政策来源
3 月 25 日	哈尔滨	单职工贷款最高额度由 60 万元提高至 80 万元，双职工贷款最高额度由 80 万元提高至 100 万元。	哈尔滨市公积金管理中心发布《关于提高公积金个人贷款额度的通知》
3 月 26 日	贵港	有下列情形之一的，视同对借款人执行第二套差别化住房公积金贷款政策：①借款人首次申请使用住房公积金贷款购建自住住房时，其家庭已在贵港市辖区（含三区两县市）内且已在广西云原生不动产登记管理平台中登记有一套住房的。②借款人在全国范围内已使用过一次住房公积金贷款购建自住住房且已结清满六个月，又再次申请住房公积金贷款购建自住住房的。③贷款人通过查询征信记录、面测、面谈（必要时居访）等形式的尽责调查，确信借款人家庭在贵港市已有一套住房的。	贵港市住房公积金管理中心发布《关于调整我市住房公积金贷款住房套数认定标准的通知》
3 月 27 日	株洲	①优化灵活就业人员缴存使用住房公积金政策。②实施第二套房“可提可贷”政策。缴存人家庭在株洲市购买第二套改善性住房的，提取不超过购房首付款的住房公积金后，还可申请住房公积金贷款（含商转公）。③全面支持“商转公”贷款。缴存人因购建自住房办理的商业银行个人住房贷款，符合条件的均可申请转为住房公积金贷款。所购住房已取得不动产权证的，用本套房设定抵押；未取得不动产权证的，可用其他住房设定抵押，待出证后再置换抵押物。④支持因重大疾病造成家庭生活严重困难提取住房公积金。	株洲市住房公积金第五届管委会三次全体会议审议通过，住房公积金缴存使用政策进行调整
3 月 27 日	秦皇岛	缴存职工首次申请个人住房公积金贷款购买住房的，最低首付款比例不低于 20%。缴存职工还清首次个人住房公积金贷款，再次申请住房公积金贷款购买住房的，最低首付款比例不低于 30%。	秦皇岛市住房公积金管理委员会发布《关于调整个人住房公积金贷款政策的通知》
3 月 28 日	台州	符合以下条件可办理商转公贷款：①贷款申请人在台州市行政区域内购买自住住房且已办理商业贷款（不包括组合贷款），且为原商业贷款的借款人或共同借款人。②原商业贷款已正常还贷一个月以上。③原商业贷款所抵押的住房已办妥《不动产权证》和契税完税凭证，且仅为该商业贷款设定了抵押权，无其他担保、查封、设立居住权等权利限制情形。④原商业银行同意借款人提前偿还全部或部分原商业贷款余额。⑤符合《台州市住房公积金个人住房贷款实施细则》及台州市住房公积金管理委员会确定的其他贷款政策的申请条件。	台州市住房公积金中心推出本市商业性个人住房贷款转住房公积金贷款政策
3 月 29 日	萍乡	提高缴存职工购房贷款最高额度。萍乡市双职工购建第一套自住住房的贷款最高额度由 70 万元提高至 80 万元；购建第二套自住住房贷款最高额度由 60 万元提高至 70 万元；购买二手房自住住房的贷款最高额度由 55 万元提高至 65 万元；单职工购买、建造、翻建、大修自住住房的贷款最高额度由 50 万元提高至 60 万元。	萍乡市发布关于调整萍乡市住房公积金缴存、提取贷款管理政策的通知
4 月 1 日	鄂尔多斯	①借款申请人夫妻双方建立公积金账户的，贷款金额上限为 100 万元，一方建立公积金账户的，贷款金额上限为 60 万元。②提前部分还款的，公积金贷款最低还款额度由不少于贷款总额的 20% 调整为 10%。	鄂尔多斯市住房公积金管理委员会发布关于修改《鄂尔多斯市住房公积金缴存管理实施细则》等三个实施细则部分条款的通知
4 月 8 日	北京	①对于申请住房公积金个人住房贷款（以下简称贷款）购买二星级绿色建筑的借款人，最高贷款额度上浮 20 万元；对于申请贷款购买三星级绿色建筑的借款人，最高贷款额度上浮 30 万元。②对于申请贷款购买 A（BJ）级装配式建筑的借款人，最高贷款额度上浮 10 万元；对于申请贷款购买 AA（BJ）级装配式建筑的借款人，最高贷款额度上浮 20 万元；对于申请贷款购买 AAA（BJ）级装配式建筑的借款人，最高贷款额度上浮 30 万元。③对于申请贷款购买超低能耗建筑的借款人，最高贷款额度上浮 40 万元。④同时满足多个适用条件的借款人贷款额度上浮金额可累加，最高可上浮 40 万元，但最高贷款额度不超过 160 万元。	北京住房公积金管理中心官网发布《关于住房公积金支持北京市建筑绿色发展的实施办法（征求意见稿）》

5-6 续表 4

时间	地区	政策内容	政策来源
4 月 8 日	广州	①使用住房公积金贷款购买自住住房的，一人申请贷款的最高额度调整至 70 万元，两人或两人以上购买同一套自住住房共同申请贷款的最高额度调整至 120 万元。②使用住房公积金贷款购买自住住房，且所购住房为新建一星级绿色建筑或新建装配式建筑的，住房公积金贷款最高额度可上浮 10%。③使用住房公积金贷款购买自住住房，且所购住房为新建二星及以上星级绿色建筑的，住房公积金贷款最高额度可上浮 20%。④申请人同时符合我市多种可上浮住房公积金贷款最高额度情形的，以其中最高可上浮比例为上限，上浮额度不重复累加计算。	广州市住房公积金管理中心发布《广州住房公积金管理中心关于调整个人住房公积金贷款最高额度有关事项的通知》
4 月 8 日	沈阳	① 2024 年 4 月 1 日至 2024 年 9 月 30 日期间，职工在沈阳市行政区域贷款购买自住住房，职工本人及其配偶可申请提取住房公积金支付购房首付款。②放宽“商转公”贷款申请条件。将“商转公”贷款申请条件中“商贷已偿还 5 年（含）以上”调整为“商贷已偿还 3 年（含）以上”。	沈阳市政府新闻办公室举行进一步优化住房公积金提取和贷款政策新闻发布会
4 月 8 日	苏州	灵活就业人员缴存公积金可享受“灵活缴存、随时支取”的便利，真正实现“零存零取”同时还能享受住房公积金的各项政策补贴。	苏州市住房公积金管理中心推出灵活就业人员“乐居苏城”存贷产品
4 月 8 日	丽水	①职工首次申请住房公积金贷款购买首套自住住房的，规定比例为 20%；职工二次申请住房公积金贷款或购买第二套自住住房的，规定比例为 30%。②住房套数认定标准为缴存职工购买自住住房申请住房公积金贷款的，其家庭住房套数认定范围，以不动产登记部门记载的购房所在地县（市、区）级行政区域范围内房屋信息为准。③首次申请住房公积金，双缴存职工基准最高限额为 100 万元；单缴存职工基准最高限额为 60 万元。二次双缴存职工基准最高限额为 80 万元；单缴存职工基准最高限额为 50 万元。多孩家庭、新市民、青年人可在贷款基准最高限额基础上上浮 20%。	丽水市明确《丽水市住房公积金提取管理办法》《丽水市住房公积金个人住房贷款管理办法》等两个管理办法若干具体条件和限额
4 月 9 日	荆州	①实施提取住房公积金支付购房首付款政策。②异地住房公积金缴存职工在荆州市行政区划内购买自住房申请公积金贷款时，不受户籍及缴存地限制。③在此前实行的“商转公”政策基础上，将借款人或配偶住房公积金缴存开户时间早于或等于商业贷款发放时间放宽到不晚于商业贷款发放时间两年内，商业贷款尚未结清的期房和现房均可办理“商转公”贷款。④实行住房公积金“认房不认贷”政策。⑤取消新建商品住房限制，缴存人在荆州市行政区划内购买自住房，可提取本人及配偶住房公积金，同时还可提取本人及配偶直系亲属（父母或子女）的住房公积金账户余额。⑥放开下岗失业人员公积金提取条件。⑦支持提取公积金用于大病医疗。	荆州市住房公积金“新十条”发布
4 月 12 日	吉林	①住房公积金贷款期限延长至法定退休年龄后五年，且贷款期限不得超过 30 年。②缴存职工贷款额度计算倍数提高至 15 倍，账户余额之和不足 3 万元的按 3 万元计算，最低可贷款额度提高至 45 万元。③放宽“商转公”贷款缴存条件。缴存职工连续、正常、足额缴存住房公积金 6 个月（含）以上即可申请“商转公”贷款。④推出“商转公”组合贷款业务。已办理商业性住房贷款的借款人可以将原商业贷款转为住房公积金贷款和商业贷款的组合贷款。	吉林市住房公积金管理中心发布《关于优化住房公积金使用政策的通知》
4 月 12 日	三门峡	新政策将于 5 月 6 日开始执行。其中政策提出，提高住房公积金贷款最高限额。原政策购买首套房且首次申请公积金贷款的，最高贷款限额为 40 万元，新政策为首套首贷最高可贷 50 万元。新增多子女家庭贷款类型，提高贷款额度。为给予依法生育、抚育多子女的住房公积金缴存家庭购房更多政策支持，在三门峡市购买首套自住住房或首次申请公积金贷款的，贷款最高限额为 60 万元，购买二套房或二次申请公积金贷款的最高限额为 54 万元。	三门峡市公积金管理中心发布新政

5–6 续表 5

时间	地区	政策内容	政策来源
4月15日	淮北	①双职工：职工家庭双方正常缴存住房公积金的，住房公积金贷款最高额度由60万元提高到70万元。双方合计月缴存额在1200元（含）以下，贷款最高额度由40万元提高到50万元；月缴存额在1200元以上至2500元（含）以下，贷款最高额度由50万元提高到60万元；月缴存额在2500元以上，贷款最高额度由60万元提高到70万元。②取消异地购房、还贷提取户籍限制。缴存人家庭在淮北市住房公积金管理中心无未结清的公积金贷款、在淮北市市域外购房或偿还房贷申请提取住房公积金的，不再受户籍限制，与淮北市住房公积金管理中心购房、偿还房贷提取政策保持一致。③优化子女购房提取政策。缴存人家庭在淮北市住房公积金管理中心无未结清的公积金贷款、子女购房资金不足的，允许父母自愿提取住房公积金支持子女购房或偿还房贷，不再受户籍、未婚和购房次数限制，与淮北市住房公积金管理中心购房、偿还房贷提取政策保持一致。	淮北市实施《关于调整淮北市住房公积金使用政策的通知》
4月15日	郑州	①符合以下条件可办理商转公贷款：一是借款申请人名下使用商业贷款所购的房屋已经取得《房屋所有权证》或《不动产权证书》，除向商业贷款银行设定抵押外，未设定其他抵押权、居住权登记事项，不存在司法查封、冻结等权利限制；二是商业贷款尚未结清，且状态正常，商业贷款银行同意提前结清商业贷款；三是商业贷款原借款人符合住房公积金个人住房贷款（简称“公积金贷款”）申请条件；四是借款申请人具有在规定时间内结清商业贷款的能力。②本地缴存职工可选择自筹资金方式或公积金直还方式办理商转公贷款业务，异地缴存职工使用自筹资金方式办理商转公贷款业务。	郑州市公积金管理中心就《郑州住房公积金商业银行个人住房贷款转住房公积金个人住房贷款有关事项的通知（征求意见稿）》向社会公开征求意见
4月15日	成都	符合住房公积金贷款条件的多子女家庭，在成都市购买首套住房的，双缴存人家庭最高贷款额度从80万元调整为90万元，单缴存人家庭最高贷款额度从40万元调整为50万元。	成都市住房公积金管理中心发布《关于提高多子女家庭首套房最高贷款额度的通知（征求意见稿）》
4月17日	北京	①对于购买老旧小区住房且完成老旧小区综合整治中“节能综合改造”“抗震节能综合改造”“单项改造和环境整治”“危旧楼改建”改造项目的，借款人在申请贷款时予以支持。贷款期限核定标准从贷款期限低于房屋剩余使用年限减三年优化为低于剩余土地使用年限减三年。②评估机构根据优化后的贷款期限核定标准，对房屋的剩余土地使用年限进行评定。贷款经办部门依据评估机构确定的评估结果作为贷款期限审核依据。③通知自2024年4月17日起施行。以往规定与本通知不一致的，以本通知为准。	北京市公积金管理中心发布《关于优化老旧小区改造后住房公积金贷款期限核定标准的通知》
4月17日	济宁	①多子女家庭，购买首套或二套自住住房的，住房公积金贷款最高额度提高至100万元。②购买高品质住宅的职工家庭，住房公积金贷款最高额度提高至90万元。	济宁市住房公积金管理中心发布关于调整住房公积金个人住房贷款最高额度的通知
4月17日	来宾	①二孩家庭公积金最高贷款额度提高10万元到70万元，三孩家庭提高20万元到80万元。②认定的A、B、C、D、E、F类人才，最高贷款限额基础上按相关系数分别提高4、3.5、3、2.5、2、1.5倍。③房地产开发企业在建的项目楼栋，在取得商品房预售许可证后，项目建设进度达50%（含）以上的，即可申请住房公积金贷款备案登记。至楼栋主体结构封顶并验收合格后，方可申请贷款发放。	来宾市住房公积金管理中心发布关于进一步调整优化住房公积金提取及贷款政策的通知
4月18日	宁波	①职工个人住房公积金贷款可贷额度计算不足25万元的，保底额度按25万元/户计算。②购买自住住房提取住房公积金，对首付比例不作明确要求，以购房合同约定的首付比例及金额为准。	宁波市住房公积金管理委员会印发《关于调整宁波市住房公积金缴存、提取、贷款相关政策的通知》

5-6 续表 6

时间	地区	政策内容	政策来源
4月18日	徐州	①放宽公积金贷款申请条件，名下不超过一套房或职工及其配偶公积金贷款次数累计不超过1次，即可认定其名下无房或仅有1套住房，可以申请公积金贷款。②取消提取加贷款不超过120万元的限制。③购买新建商品房或存量房，首次使用公积金贷款的，最低首付比例为20%，第二次使用公积金贷款的，最低首付比例为30%。④开通淮海经济区和江苏省其他城市缴存职工商转公贷款。⑤对军人公积金贷款进行支持。⑥购买高品质住宅，公积金贷款最高额度上浮20%。	徐州市住房公积金管理中心发布《关于调整住房公积金贷款政策》的通知
4月19日	长沙	职工在长沙市购买新建商品房申请住房公积金贷款的，其最高贷款额度提高至80万元，生育三孩的职工家庭住房公积金最高贷款额度提高至90万元。	长沙市住房公积金管理委员会印发《关于调整我市新建商品房住房公积金最高贷款额度的通知》
4月22日	合肥	①取消异地购房、还贷提取户籍限制。缴存人在合肥市外购房、还贷申请提取住房公积金，不再查验户籍。②取消住房公积金异地贷款户籍限制。异地缴存人在合肥市购房申请住房公积金贷款，不再要求具备合肥市本地户籍。	合肥市住房公积金管理委员会办公室发布《关于持续优化住房公积金使用政策的通知》
4月22日	洛阳	①经洛阳市认定的高层次人才，在使用住房公积金贷款购房时，在不超过还款能力的前提下，公积金贷款额度不受缴存时间系数和缴存余额限制，经洛阳市住房公积金管理中心审核后，最高贷款额度为100万元。②洛阳市45周岁（含）以下博士或具有高级职称的专业技术人才，40周岁（含）以下硕士或具有中级职称的专业技术人才或技师以上技能人才、全日制本科学历的缴存职工，在使用住房公积金贷款购房时，在不超过还款能力的前提下，公积金贷款额度不受缴存时间系数和缴存余额限制，经洛阳市住房公积金管理中心审核后，最高贷款额度为65万元。	洛阳市住房公积金管理中心、中共洛阳市委人才工作领导小组办公室、洛阳市人力资源和社会保障局印发《洛阳市人才住房公积金贷款实施细则（试行）》
4月23日	承德	①取消购买首套、二套自住住房建筑面积限制，购买首套自住住房的，首付比例不低于房屋总价款的20%；购买二套自住住房的，首付比例不低于房屋总价款的30%。②生育二孩、三孩的缴存职工家庭在本市首次申请住房贷款时，二孩家庭单缴存职工家庭最高贷款额度由70万元调整为80万元；二孩家庭双缴存职工家庭最高贷款额度由90万元调整为100万元；三孩家庭单缴存职工家庭最高贷款额度由80万元调整为90万元；三孩家庭双缴存职工家庭最高贷款额度由100万元调整为110万元。	承德市住房公积金管理委员会办公室发布《关于调整住房公积金贷款政策的通知》
4月24日	贵阳	①执行最低首付款比例。缴存人家庭申请住房公积金贷款购买自住住房的，最低首付款比例为20%。②支持提取住房公积金支付首付款。③支持住房公积金“既提又贷”。④取消两次住房公积金贷款时间间隔限制。⑤首套住房公积金贷款的最高贷款额度为单缴存人家庭50万元、双缴存人家庭70万元，第二套单缴存人家庭50万元、双缴存人家庭60万元。多子女家庭单缴存人家庭60万元、双缴存人家庭80万元，第二套住房公积金贷款的最高贷款额度为单缴存人家庭60万元、双缴存人家庭70万元。⑥符合条件的人才公积金最高贷款额度150万元。	贵阳市住房公积金管理中心发布关于优化住房公积金阶段性政策的通知
4月25日	淮安	①提高最高贷款基准额度。符合淮安市住房公积金贷款条件的借款人、共同借款人，单方缴存的最高贷款基准额度从40万元提高至60万元，双方缴存的最高贷款基准额度从60万元提高至80万元。淮安市住房公积金贷款最高额度动态调整机制继续执行。②异地缴存职工在淮购房贷款政策由仅支持购买首套自住住房扩大至购买第二套改善性自住住房，且同等享受淮安市商业性个人住房贷款转住房公积金贷款政策。③多子女家庭贷款最高额度上浮30%政策由仅支持购买首套自住住房扩大至购买第二套改善性自住住房。	淮安市住房公积金管理中心发布《关于调整住房公积金贷款有关政策的通知》

5-6　续表 7

时间	地区	政策内容	政策来源
4 月 26 日	昆明	缴存人家庭（包括购房人及配偶，共有人及配偶，下同）名下无住房，且在全国范围内未使用过住房公积金贷款的认定为首套。二套：缴存人家庭名下有一套住房的；或缴存人家庭名下无住房，且在全国范围内仅使用过一次住房公积金贷款的。	昆明市住房公积金管理中心发布关于优化调整住房公积金个人住房贷款住房套数认定标准的通知
4 月 26 日	大理	①缴存人购买、建造、翻建、大修自住住房，可以每月提取一次住房公积金。②双缴存人家庭最高贷款额度由 78 万元提高至 100 万元。③取消住房公积金提取和贷款间隔时限要求。④支持购买首套或第二套改善性住房“又提又贷”住房公积金。⑤二孩及二孩以上家庭购买首套自住住房申请住房公积金贷款的，最高贷款额度在现行最高贷款额度基础上分别上调 20% 和 30%。	大理州住房公积金管理中心发布关于调整部分住房公积金管理使用政策的通知
4 月 28 日	成都	符合住房公积金贷款条件的多子女家庭，在成都市购买首套住房的，双缴存人家庭最高贷款额度从 80 万元调整为 90 万元，单缴存人家庭最高贷款额度从 40 万元调整为 50 万元。	成都市住房公积金管理中心发布《关于提高多子女家庭首套房住房公积金最高贷款额度的通知》
5 月 1 日	南京	①南京都市圈城市缴存职工在南京市购买自住住房，可以向南京住房公积金管理中心申请住房公积金贷款。②南京市缴存职工在南京都市圈其他城市购买自住住房，可以参照在南京本市购房情况向南京住房公积金管理中心申请办理住房公积金购房提取和还贷提取。	南京市住房公积金管理中心发布《关于南京都市圈住房公积金贷款和提取政策的通告》
5 月 7 日	合肥	①借款人家庭夫妻双方正常缴存的，住房公积金最高可贷额度调整为 100 万元；借款人单方正常缴存的最高可贷额度调整为 70 万元。②多孩家庭最高可贷额度调整为 120 万元；借款人单方正常缴存的最高可贷额度调整为 84 万元。	合肥市住房公积金管理中心发布《关于调整我市个人住房公积金最高可贷额度的通知（征求意见稿）》
5 月 7 日	无锡	①二套房申请公积金贷款首付最低 20%。②单人最高贷款额度调整为 80 万元，双人最高贷款额度调整为 100 万元。③多孩家庭首次公积金购买首套住房，单人符合条件的上浮 20 万元，最高不超过 100 万元。双人符合条件的上浮 30 万元，最高不超过 130 万元。④符合条件的员工可办理商转公或商转组合贷。	无锡市发布关于调整住房公积金相关使用政策的通知
5 月 9 日	大连	①扩大住房公积金贷款购房支持范围，灵活就业人员可使用住房公积金贷款购买首套及二套自住普通住房。②符合住房公积金贷款条件的青年人首次使用住房公积金贷款在大连市购买首套自住住房的，提供不低于 30 万元贷款额度支持。	大连市住房公积金管理中心起草《大连市灵活就业人员参加住房公积金制度管理办法（征求意见稿）》和《关于实施青年人个人住房公积金贷款支持政策的通知（征求意见稿）》
5 月 17 日	全国	自 2024 年 5 月 18 日起，下调个人住房公积金贷款利率 0.25 个百分点，5 年以下（含 5 年）和 5 年以上首套个人住房公积金贷款利率分别调整为 2.35% 和 2.85%，5 年以下（含 5 年）和 5 年以上第二套个人住房公积金贷款利率分别调整为不低于 2.775% 和 3.325%。	中国人民银行发布关于下调个人住房公积金贷款利率的通知
5 月 17 日	合肥	①借款人家庭夫妻双方正常缴存的，住房公积金最高可贷额度调整为 100 万元；借款人单方正常缴存的，住房公积金最高可贷额度调整为 70 万元。②多子女家庭购买首套住房，夫妻双方正常缴存的，住房公积金最高可贷额度调整为 120 万元；借款人单方正常缴存的，住房公积金最高可贷额度调整为 84 万元。	合肥市公积金管理中心发布《关于调整我市个人住房公积金最高可贷额度的通知》
5 月 17 日	杭州	①家庭住房套数以购房所在地房产管理部门出具的查询结果或认定证明为准。②住房公积金贷款首套房、二套房政策根据家庭住房套数和住房公积金贷款情况认定。	杭州市调整住房公积金贷款家庭住房套数认定标准有关政策通知
5 月 22 日	滁州	借款人家庭只有 1 人正常缴存住房公积金的，最高贷款额度由 50 万元调整为 60 万元；借款人家庭有 2 人及以上正常缴存住房公积金的，最高贷款额度由 60 万元调整为 70 万元。	滁州市住房公积金管理中心发布《关于调整住房公积金最高贷款额度的通知》

5-6 续表 8

时间	地区	政策内容	政策来源
5月22日	聊城	①夫妻双方均正常缴存住房公积金的家庭，最高贷款额度由60万元提高至80万元，单方正常缴存住房公积金的家庭，最高贷款额度由40万元提高至60万元。②在聊城市正常缴存住房公积金的多子女家庭，最高贷款额度再提高20万元，即单、双方正常缴存家庭最高贷款额度分别为80万元、100万元。③在聊城市行政区域内购买新建装配式、高品质住宅的缴存家庭，最高贷款额度再提高20万元，即单、双方正常缴存家庭最高贷款额度分别为80万元、100万元。	聊城市公积金管理中心发布《关于进一步优化住房公积金贷款政策的通知》
5月28日	贵阳	开展二手房“带押过户”住房公积金贷款业务。	贵阳市住房公积金管理中心关于开展二手房“带押过户”住房公积金贷款业务的通知
6月5日	成都	①在本市行政区域内全面开展国有土地上存量房交易贷款资金监管服务工作。首先在成都高新区、锦江区、青羊区、金牛区、武侯区、成华区范围内开展试点工作，待试点成熟后，逐步向全市其他区（市）县推广。②卖方在取得卖方银行“带押过户”同意后，买卖双方根据网上签订的存量房买卖合同（经纪服务合同）向买方银行申请贷款，买卖双方到监管银行签订存量房交易资金监管协议、选择还贷模式、办理自有资金监管，买方银行在交易双方完成存量房转移登记和抵押权登记后将贷款资金划转至政府部门在监管银行开设的存量房交易资金监管专用账户中，监管银行根据买卖双方选择的还贷模式对贷款资金和自有资金本息进行划转。	成都市住房和城乡建设局、成都市规划和自然资源局、成都市住房公积金管理中心发布关于我市开展存量房交易贷款资金监管服务进一步做好“带押过户”的通知
6月6日	赣州	在赣州市购买新建商品住房且符合赣州市购房提取住房公积金条件的缴存人，可以申请提取住房公积金账户余额支付购房首付款。	赣州市住房公积金管理委员会日前发布《关于优化调整购买新建商品住房申请住房公积金提取和贷款政策的通知》
6月6日	柳州	①住房公积金贷款额度上限从50万元调整至70万元。②多孩家庭住房公积金贷款额度上限提高10万元。	柳州市住房公积金管理中心发布《关于调整住房公积金个人住房贷款额度上限、个人可贷款额度核定办法及申请贷款缴存时间要求的通知》
6月7日	苏州	①属于下列情形的，认定为购买首套自住住房，执行首套房贷款政策。购房合同网签日期在2024年6月1日以前的：缴存人家庭（包括借款人、配偶及未成年子女，下同）在苏州市行政区域内名下无自住住房；购房合同网签日期在2024年6月1日及以后的：缴存人家庭在所购住房所在县（市）区无自住住房，或在所购住房所在县（市）区仅有1套住房且已在当地住房和城乡建设部门网上交易服务平台挂牌出售。②属于下列情形之一的，认定为购买第二套自住住房，执行第二套房贷款政策。购房合同网签日期在2024年6月1日以前的：缴存人家庭在苏州市行政区域内仅有1套自住住房；购房合同网签日期在2024年6月1日及以后的：缴存人家庭在所购住房所在县（市）区仅有1套自住住房。	苏州市公积金管理中心发布《关于优化住房公积金贷款家庭住房套数认定标准的通知》
6月11日	厦门	①多孩家庭公积金最高贷款额度增加20万元。②异地住房公积金缴存职工家庭，在厦门市购买自住住房，可向厦门市申请住房公积金贷款。③阶段性启动商业性住房贷款转住房公积金贷款业务。④取消“同一套住房一年内只能一个家庭申请提取住房公积金用于支付购房款”的条件限制。	厦门市优化住房公积金贷款及提取政策

5-6　续表9

时间	地区	政策内容	政策来源
6月13日	郑州	①在郑州市区内购买自住住房，最高贷款额度由100万元调整为120万元；在郑州市郊县购买自住住房，最高贷款额度由80万元调整为100万元。②高层次人才在郑州市区内购买自住住房，最高贷款额度由原来的150万元调整为180万元；在郑州市郊县购买自住住房，最高贷款额度为150万元。③多孩家庭在郑州市区内购买自住住房，最高贷款额度为144万元；在郑州市郊县购买自住住房，最高贷款额度为120万元。	郑州市调整住房公积金部分使用政策
6月18日	中山	在中山市购买、建造、翻建、大修自住住房申请住房公积金贷款的，一名缴存人最高贷款额度从50万元调整为60万元，两名或以上缴存人共同申请的最高贷款额度从90万元调整为120万元。	中山市住房公积金管理中心发布《关于调整个人住房公积金贷款最高额度的通知》
6月18日	南昌	借款人及共同借款人在购房所在地购买唯一住房的，执行住房公积金首套住房贷款政策；购买第二套住房，执行住房公积金二套住房贷款政策。不再向购买第三套及以上住房，以及在全国范围内已使用过两次及以上住房公积金个人住房贷款的借款人及共同借款人发放住房公积金贷款。	南昌市公积金管理中心发布《关于公积金贷款政策调整的通知》
6月18日	德阳	①公积金贷款支持缴存人家庭购买首套自住住房或第二套改善居住条件的自住住房，不支持购买第三套及以上住房。借款申请人及配偶的住房套数，以公积金住房贷款记录为依据。②缴存人无住房公积金贷款记录的，认定为购买首套住房，执行首套房公积金贷款政策；有一笔公积金贷款记录认定为购买第二套住房，按第二套房公积金贷款政策执行；任一方单计有两笔公积金贷款记录的，认定为购买第三套及以上住房，不予贷款。③未结清贷款余额合计超过15万元的（含其他债务，且为他人担保或信用卡透支1万元以上的视为有贷款），高层次人才未结清商业住房贷款余额超过80万元的。	德阳市住房公积金管理中心发布关于修订《德阳市住房公积金个人住房贷款实施细则》相关条款的通知
6月20日	泸州	①开展商转公贷款业务。②优化住房公积金贷款住房套数认定标准，首套房标准：缴存职工家庭（申请人及其配偶）在全国范围内未使用过住房公积金贷款的，申请住房公积金贷款时执行首套房住房公积金贷款政策。二套房标准：缴存职工家庭（申请人及其配偶）在全国范围内仅有一次住房公积金贷款使用记录且贷款已结清的，申请住房公积金贷款时执行第二套住房公积金贷款政策。③缴存职工及配偶购买新建商品房、拆迁安置房、政策性保障住房提取住房公积金，凡房屋地址在泸州市、自贡市、宜宾市、重庆市江津区、重庆市永川区行政区域内的，取消其房屋地址应与职工本人或配偶的户籍所在地或工作所在地一致的规定。	泸州市住房公积金管理委员会发布关于进一步优化住房公积金部分政策的通知
6月22日	佛山	①公积金贷款首付款比例应当不低于20%。②购首套房，单缴最高贷款额度60万元，双缴最高100万元。购二套房，单缴最高贷款额度50万元，双缴最高80万元。③购买首套二星级以上绿色建筑标准的商品住房，最高贷款额度上浮10%。④购买首套装配式建筑项目的商品住房，最高贷款额度上浮10%。⑤三孩以上家庭购首套房最高贷款额度上浮10%。	佛山市住房公积金管理中心发布《关于调整个人住房公积金贷款有关事项的通知》

5–6 续表 10

时间	地区	政策内容	政策来源
6月26日	北京	①购买首套住房。最低首付款比例调整为不低于20%，贷款利率下限调整为不低于相应期限贷款市场报价利率（LPR）减45个基点，调整后5年期以上房贷利率下限目前为3.5%。②购买二套住房。位于五环以内的，最低首付款比例调整为不低于35%，贷款利率下限调整为不低于相应期限贷款市场报价利率（LPR）减5个基点，调整后5年期以上房贷利率下限目前为3.9%；位于五环以外的，最低首付款比例调整为不低于30%，贷款利率下限调整为不低于相应期限贷款市场报价利率（LPR）减25个基点，调整后5年期以上房贷利率下限目前为3.7%。③调整住房公积金个人住房贷款最低首付款比例。对于申请住房公积金个人住房贷款，购买首套商品住房的缴存职工家庭，最低首付款比例调整为不低于20%；购买二套商品住房的缴存职工家庭，所购住房位于五环以内的，最低首付款比例不低于35%；所购住房位于五环以外的，最低首付款比例不低于30%。④支持多子女家庭改善性住房需求。对本市户籍二孩及以上的多子女家庭，购买第二套住房的，在个人住房贷款中认定为首套住房。⑤对于申请住房公积金个人住房贷款，购买二星级及以上绿色建筑、装配式建筑或者超低能耗建筑的缴存职工家庭，给予上浮贷款额度支持。⑥组织开展住房“以旧换新”活动。本市房地产业协会、房地产中介行业协会将搭建对接平台，鼓励更多开发企业、经纪机构参与，共同为“以旧换新”居民提供更加优质的服务。对居民家庭出售旧房购买新房的，房地产经纪机构优先推动旧房交易，旧房成功出售后，相关订金转为购买新房的首付款；如在一定时期内未能成功出售的，开发企业则无条件退还订金。	北京市住房和城乡建设委员会、中国人民银行北京市分行、国家金融监督管理总局北京监管局、北京住房公积金管理中心联合印发《关于优化本市房地产市场平稳健康发展政策措施的通知》
7月1日	邢台	优化灵活就业人员缴存比例：邢台市灵活就业人员住房公积金月缴存比例由原来的18%调整为在10%至24%之间自主选择，进一步便利灵活就业人员缴存住房公积金，更好发挥住房公积金住房保障功能。	邢台市实施多项住房公积金归集提取新政
7月1日	廊坊	①单方缴存公积金的家庭最高住房贷款额度由60万元提高到70万元，夫妻双方缴存公积金的家庭最高住房贷款额度由80万元提高到90万元；多孩家庭单方缴存公积金的最高住房贷款额度由70万元提高到80万元，夫妻双方缴存公积金的“二孩”家庭最高住房贷款额度由90万元提高到100万元；单方缴存公积金的“三孩”家庭最高住房贷款额度由80万元提高到90万元，夫妻双方缴存公积金的“三孩”家庭最高住房贷款额度由100万元提高到110万元。使用住房公积金贷款购买高于最低等级以上绿色建筑标准的新建绿色建筑自住住房或者新建全装修自住住房的，单方缴存公积金的家庭最高住房贷款额度由70万元提高到80万元：夫妻双方缴存公积金的家庭最高住房贷款额度由90万元提高到100万元。持有廊坊市燕赵英才A卡或B卡人员家庭最高住房贷款额度由100万元提高到110万元。②支持缴存职工提取住房公积金支付新建预售商品住房首付款。	廊坊市发布《关于提高住房公积金最高贷款额度的意见》及《缴存职工提取住房公积金支付新建预售商品住房首付款操作流程》
7月2日	莆田	公积金最高贷款额度由70万元调整为80万元，单方缴存住房公积金的最高贷款额度50万元维持不变。生育、抚养二孩及以上的，最高贷款额度在现行莆田市最高贷款额度的基础上上浮10万元。	莆田市住房公积金管理委员会发布两则通知将调整住房公积金政策和2024年度住房公积金缴存基数
7月2日	六安	支持“商转公”贷款，明确单职工家庭最高额度40万元，双职工家庭最高额度60万元。	六安市发布关于印发《六安市住房公积金“商转公”贷款业务办理操作细则》
7月5日	石家庄	多子女家庭（包括借款人、配偶及未成年子女）在申请住房公积金贷款购买商品住房时，家庭成员在石家庄市已有一套住房的，再次购入的按首套住房执行住房信贷政策；已有两套住房的，再次购入的按二套住房执行住房信贷政策。	石家庄市住房公积金管理中心印发《关于优化多子女家庭住房套数认定标准的通知》

5-6　续表 11

时间	地区	政策内容	政策来源
7月5日	南京	①南京住房公积金缴存职工参与存量住房“以旧换新”活动，如原旧房曾经使用住房公积金贷款且已结清，在购买新房使用住房公积金贷款时，贷款申请人（家庭）的住房公积金贷款次数和名下房产套数情况，仍按购买原旧房使用住房公积金贷款时的认定结果执行。其他贷款事项按现有相关规定执行。 ②南京住房公积金缴存职工参与存量住房“以旧换新”活动，新购房使用住房公积金贷款最高额度上浮 20%，即个人 60 万元、家庭 120 万元。	南京市住房公积金管理中心发布《关于实施存量住房“以旧换新”活动住房公积金配套措施的通知》
7月8日	佛山	职工或配偶购买佛山市行政区域内新建商品住房且使用住房贷款的，职工可申请提取住房公积金支付购房首付款。	佛山市住房公积金管理中心发布提取住房公积金支付购房首付款相关事项的通知（征求意见稿）
7月9日	宁波	① 2024 年 7 月 9 日起，在宁波市购买首套自住住房的，公积金贷款首付比例为不低于 20%；购买第二套自住住房的，贷款首付比例为不低于 25%。 ②职工个人住房公积金可贷额度由借款人及其共同借款人在申请贷款日缴存账户余额的 15 倍调整为 20 倍。 ③居民家庭在购房所在区（县、市）范围名下仅有一套住房且正挂牌出售的，不计入家庭住房套数，新购住房可按首套住房认定。	宁波市调整个人住房公积金贷款政策、个人住房贷款套数认定标准延长购房补贴政策等
7月12日	武汉	①首套个人住房公积金贷款最高额度调整为 120 万元，第二套个人住房公积金贷款最高额度调整为 100 万元。 ②武汉地区缴存人家庭（含本人、配偶及未成年子女）名下在本市仅有两套住房，且从未使用过个人住房公积金贷款的，可以就其中一套住房申请商转公贷款，执行武汉市第二套个人住房公积金贷款政策。	武汉市住房公积金管理中心发布新政
7月25日	长春	第二次使用公积金贷款时，如满足“在当地无住房的”或“当地唯一住房已办理商转公”条件，可按首套房申请贷款，贷款首付比例 20%，贷款利率按首套执行；多孩家庭贷款额度同步可上浮 40%。	长春市发布关于调整长春市住房公积金个人住房贷款政策的通知
7月25日	贵阳	①住房公积金最高贷款额度提高至 80 万元。多子女家庭可在此基础上上浮 20 万元，即 100 万元。 ②缴存人家庭首次在贵安新区购买自住住房的，住房公积金最高贷款额度可在上述基础上上浮 20%，即非多子女家庭 96 万元、多子女家庭 120 万元。 ③持有有效贵阳人才服务绿卡、筑才卡（高层次人才）、省级优才卡、省级高层次人才服务绿卡的缴存人，最高贷款额度提高至 150 万元。	贵阳市住房公积金管理中心关于阶段性提高住房公积金最高贷款额度的通知
7月26日	兰州	①执行最低首付比例。缴存职工因购买首套房或二套房向中心申请住房公积金个人住房贷款的，首付比例由当前执行的首套房 20%、二套房 30% 统一调整为 20%。 ②提高实际贷款额度。将职工家庭月供支出与收入比上限由 50% 调整为 60%。	兰州市住房公积金中心调整贷款政策
7月26日	宜宾	①支持公积金代际互助购房。允许符合条件的缴存人及配偶提取公积金支付子女或父母在宜宾市行政区域内新购自住住房的购房款，但同一住房的提取金额加贷款金额不得超过购房总金额。 ②鼓励灵活就业人员自愿缴存公积金，简化申请条件，凭身份证即可申请，并可从 2022 年 12 月 1 日起补缴。缴存满 6 个月后，可申请公积金贴息贷款；若自愿停止缴存，则可申请销户。	宜宾市住房公积金管理中心发布《宜宾市住房公积金管理中心关于优化住房公积金相关政策的通知》
7月29日	沈阳	①单人 / 夫妻 / 家庭成员 3 人缴存住房公积金的，最高贷款额度分别由 60/80/100 万元上调至 65/85/105 万元。 ②多子女家庭再次使用住房公积金贷款购买自住住房的，按照首套首付比例和二套贷款利率执行，贷款额度放宽到当期最高贷款额度的 1.3 倍。	沈阳市人民政府新闻办公室召开“沈阳住房公积金关于进一步促进沈阳市房地产平稳健康发展的政策举措”新闻发布会

5-6 续表 12

时间	地区	政策内容	政策来源
8月1日	广州	购房人可申请提取本人及配偶住房公积金用于支付购房首付款，提取首付款后不影响该套住房申请公积金贷款的可贷额度计算。	广州市可申请提取本人及其配偶名下住房公积金支付购房首付款
8月2日	昆明	缴存人家庭购买第二套改善型自住住房申请住房公积金贷款的，最低首付款比例为20%。	昆明市发布《关于调整二套房住房公积金贷款最低首付款比例的通知》
8月8日	上饶	①试行"可提可贷"购房政策。职工在上饶市范围内购买自住住房时，支持提取住房公积金支付购房首付款，并仍可申请住房公积金贷款。 ②职工家庭在购房当地（以县、市、区为单位）无成套住房（无独立厨卫），公积金首次贷款已结清并再次申请公积金贷款的，执行首套房贷款政策。 ③调整上饶市住房公积金贷款额度上限。对首次使用住房公积金贷款购房的在职职工，贷款上限调整为80万元，再次使用住房公积金贷款购房的在职职工，贷款上限调整为70万元，存贷比按照20倍执行。允许使用住房公积金贷款购房的三孩家庭或者购买装配式建筑住房、立体生态住宅的家庭，在贷款上限的基础上，贷款额度上浮20%。 ④全面推行公积金异地个人住房贷款业务，异地缴存职工在上饶购房可享受与本地缴存职工同等贷款额度、贷款利率、存贷比等政策待遇。	上饶市调整住房公积金部分使用政策
8月12日	成都	①为取得购房资格纳入保障性租赁住房房源库的住房，未出租或租赁合同已终止的，可自愿申请提前退出保障性租赁住房房源库，并解除上市交易时间限制。 ②在本市范围内新购买住房，只核查购房人在拟购住房所在区（市）县范围内住房情况，无住房的，认定为首套房。在拟购住房区（市）县范围内有住房且正在挂牌出售的，住房套数相应核减。支持商业银行按认定的客户住房套数办理个人住房贷款业务。 ③在成都市拥有2套及以上住房且相应购房贷款已结清的，支持金融机构自行确定首付款比例和利率。 ④在成都市行政区域内购买新建商品住房的住房公积金缴存人，可申请提取本人及其配偶名下住房公积金直付购房款。 ⑤住宅楼栋达到预售许可条件的，可同步预售对应地下机动车停车位。	成都市发布多条关于购房的政策，涉及公积金付首付、购房首套资格认定、住宅小区地下车位预售等方面
8月13日	郑州	在郑州市行政区域内认购保障房，且符合公积金贷款申请条件的，可申请保障房贷款。保障房贷款的金额、期限、利率、还款方式以及其他事项结合保障房来源渠道，对照新建商品房或存量商品房公积金贷款政策审批。	郑州市发布《郑州住房公积金配售型保障性住房贷款管理办法（试行）（征求意见稿）》
8月14日	江门	①此次阶段性提高购买自住住房的多子女家庭住房公积金最高贷款额度是从2024年8月15日到12月31日。在江门市购买首套自住住房的多子女家庭职工，住房公积金最高贷款额度从原来住房公积金最高贷款额度的1.3倍提高到1.5倍。在江门市购买第二套自住住房的多子女家庭职工，住房公积金最高贷款额度提高到住房公积金最高贷款额度的1.3倍。 ②在江门市购买全装修新建商品房的职工，单职工申请最高贷款额度在江门市住房公积金最高贷款额度的基础上从原来增加8万元提高到增加10万元，两个职工或以上共同申请最高贷款额度在江门市住房公积金最高贷款额度的基础上从原来增加16万元提高到增加20万元。	江门市阶段性实施两项公积金便民惠民新政策

5-6　续表 13

时间	地区	政策内容	政策来源
8月17日	泰州	①提高二孩、三孩家庭住房公积金最高贷款额度。生育二孩的泰州市户籍家庭，首次和第二次申请住房公积金贷款的最高额度均提高至单职工 70 万元、双职工 140 万元；生育三孩的泰州市户籍家庭，首次和第二次申请住房公积金贷款的最高额度均提高至单职工 80 万元、双职工 160 万元。 ②提高二孩、三孩家庭租房提取住房公积金最高额度。生育二孩的泰州市户籍家庭，租房提取住房公积金的最高额度提高至 36000 元 / 年；生育三孩的泰州市户籍家庭，租房提取住房公积金的最高额度提高至 48000 元 / 年。	泰州市发布公积金新政
8月19日	亳州	①调整住房公积金贷款额度。夫妻双方正常缴存住房公积金的，最高贷款额度由 55 万元调高至 65 万元；单方正常缴存住房公积金的，最高贷款额度由 45 万元调高至 55 万元。 ②支持高层次人才和急需紧缺人才购房需求。对于亳州市全职引进的高层次人才和急需紧缺人才，在亳州市购买自住商品住房的，首次使用公积金贷款的最高限额在可贷额度基础上分别增加 20 万元、10 万元，最高额度不超过亳州市住房公积金贷款额度上限。	亳州市发布《关于进一步优化我市住房公积金使用政策的通知》
8月20日	泉州	①职工连续足额缴存住房公积金满 6 个月的，即可申请住房公积金贷款。 ②异地缴存职工在泉州市购买自住住房，申请住房公积金异地个人住房贷款时，可享受本地缴存职工同等权益，无需再提供泉州市行政区域内的户籍证明。 ③拓宽提取公积金支付首付款范围。凡在泉州市行政区域内购买新建商品住房、保障性住房、二手房的，购房职工（含共有产权人）、配偶及直系血亲可提取住房公积金支付购房首付款，进一步减轻职工支付首付款资金压力。	泉州市印发《关于优化部分住房公积金使用政策的通知》
8月21日	郑州	①联合商业银行适时开通存量房组合贷款业务，对存量房（二手房）贷款和“商转公贷款”所购房屋实行价格评估。 ②对于已办理住房公积金贷款的灵活就业人员试行以贷定缴，住房公积金月缴存额可用于按月归还贷款本息。	郑州市发布公积金政策征求意见通告，拟开通存量房组合贷款业务
8月22日	绵阳	①单缴存人最高贷款额度由 50 万元提高至 70 万元；双缴存人最高贷款额度由 80 万元提高至 100 万元。 ②具有全日制本科及以上学历的本市缴存职工，毕业 5 年内（含 5 年）在绵阳辖区内购买首套自住住房并申请住房公积金贷款的，在不超过最高贷款额度的前提下，可贷额度上浮 30%；具有足够偿还能力的，单、双缴存职工可分别执行 35 万元、50 万元保底贷款额度。 ③购房人在本市范围内新购商品住房且购房所在县（市、区）、园区范围内无住房的，所购住房按首套房认定；已有住房正挂牌出售的，住房套数认定相应核减。缴存人在本市范围内新购商品住房申请住房公积金贷款，仅以购房所在县（市、区）、园区住房贷款余额作为认定依据。 ④推行住房公积金直付购房款。	绵阳市发布《关于进一步优化住房公积金政策措施促进房地产市场平稳健康发展的通知》
8月23日	武汉	灵活就业人员在购买首套或第二套住房时，或者将个人住房商业贷款转为公积金贷款时，将获得政策支持。此外，贷款倍数由 10 倍提高至 20 倍，并更新了缴存系数。	武汉市住房公积金管理中心全面优化灵活就业人员公积金使用政策
8月27日	南京	贷款年限由退休后延长 5 年放宽至延长 10 年；取消“使用公积金贷款购买二套房，对于原首套房人均建筑面积需不超过 40 平方米”的限制。	南京市调整公积金贷款政策
9月2日	常德	①在常德市购买新建商品住房且符合常德市购房提取住房公积金条件的缴存人员，可以申请提取住房公积金账户内余额支付购房首付款。 ②购买新建商品房提取住房公积金时，首付款金额由本通知公布前的不低于房价的 20% 调整为不低于房价的 15%。③单职工或夫妻一方缴存住房公积金的，住房公积金贷款最高限额调整为 60 万元，夫妻双方均缴存了住房公积金的，贷款最高限额调整为 80 万元。	常德市发布《关于调整我市住房公积金提取、贷款相关政策的通知》

5–6 续表 14

时间	地区	政策内容	政策来源
9月2日	海南	缴存人家庭在海南省行政区域内购买保障性住房申请贷款，符合海南省首套及二套住房公积金贷款政策的，最低首付款比例为15%。	海南省住房公积金管理局发布《关于调整住房公积金个人住房贷款购买保障性住房最低首付款比例的通知》
9月9日	郑州	①首次使用住房公积金贷款或购买首套自住住房的，最高额度调整为130万元，第二次使用住房公积金贷款且为购买第二套自住住房的，最高额度调整为100万元。多子女家庭最高额度上浮20%。②存量房贷款年限加房屋建成年限不超过50年，且最长贷款年限不超过30年。③已经办理住房公积金贷款的灵活就业人员试行以贷定缴，贷后可通过办理缴存账户转移、签订冲还贷协议等业务，既可缴存住房公积金，又可归还贷款本息。	郑州市住房公积金管理中心发布公积金新政
9月9日	湘潭	①调整住房公积金资金低位和正常运行模式下房屋套数认定政策，居民家庭（包括借款人、配偶及未成年子女）申请贷款新购买商品住房时，只核查居民家庭新购房所在区、县（市）的住房情况。家庭成员在新购房所在区、县（市）名下无成套住房的，一律按首套住房执行住房信贷政策；对拥有1套住房并已结清购房贷款的家庭，为改善居住条件再次申请贷款新购买商品住房的，执行首套房贷款政策。个人征信报告显示的存在未结清的商业住房贷款的非本市区域住房，办理公积金贷款时不认作房屋套数。②生育三孩的家庭、高层次人才公积金贷款的最高额度由90万元提高至100万元；使用住房公积金个人住房贷款购买保障性住房的，最低首付比例为15%；公积金贷款偿还期限可延长至法定退休时间后5年，最长贷款偿还期限不超过30年。	湘潭市印发《关于调整部分住房公积金使用政策的通知》
9月10日	济宁	允许使用住房公积金支付购房首付，仅限未全额支付首付款的新建商品住房购房者。	济宁市出台公积金新政
9月13日	北海	①单身职工最高贷款额度由45万元调整为50万元，已婚职工最高贷款额度由55万元调整为60万元。属多子女家庭购买自住住房的，生育二孩家庭的最高贷款额度由60万元调整为65万元；生育三孩家庭的最高贷款额度由65万元调整为70万元。②使用住房公积金贷款购买保障性住房的，最低首付款比例为15%。	北海市印发关于调整优化住房公积金使用政策的通知
9月19日	昆明	昆明支持提取住房公积金支付购买新建商品住房首付款，减轻居民首付资金压力。	昆明市发布《关于支持提取住房公积金支付购买新建商品住房首付款的通知》
9月20日	德州	①购买德州市行政区域内（德城区、天衢新区、陵城区及各县市区）首套新建商品房，可以提取住房公积金支付购房首付款，提取人可以是购房人和直系亲属（配偶、父母、子女）。②购买法拍房可以提取购买人和配偶住房公积金。③仅查询其购房所在县（市、区）住房情况，如购房所在县（市、区）没有住房，按购买首套房办理；购房所在县（市、区）仅有一套住房的，新购房屋贷款按第二套认定。	德州市住房公积金管理中心发布新政
9月20日	日照	①可申请提取本人及配偶账户内的住房公积金用于支付首付款等购房款。②使用住房公积金贷款购买保障性住房的，最低首付款比例为15%。③第二次使用住房公积金贷款，在所购住房的县级行政区域内无自住住房的，认定为首套自住住房。	日照市住房公积金管理中心发布《关于调整优化住房公积金有关政策的通知》
9月20日	萍乡	①继续执行“既提又贷”的政策。购房提取金额与贷款金额合计不得超过房屋总价。②住房公积金贷款房屋套数认定方式由“认房又认贷”优化为以不动产登记的房屋套数信息为依据。	萍乡市发布《关于调整萍乡市住房公积金管理政策的通知》

5-6　续表 15

时间	地区	政策内容	政策来源
9月23日	济南	①二套房最高贷款额度与首套房一致，统一最高贷款限额为：一人缴存住房公积金的职工家庭最高贷款额度50万元，两人及以上缴存住房公积金的职工家庭最高贷款额度80万元。②二孩及以上家庭（至少一个子女未成年）在济南购买普通自住住房申请公积金贷款的，最高贷款额度按家庭当期最高贷款限额上浮25%。③购买高品质住宅申请公积金贷款的，最高贷款额度按家庭当期最高贷款限额上浮20%。	济南市发布关于《济南住房公积金中心关于调整住房公积金个人住房贷款政策的通知》
9月23日	呼和浩特	提取申请人及其配偶在呼和浩特市四区（新城区、赛罕区、回民区、玉泉区）辖区内购买新建预售商品住房，可以申请提取个人住房公积金账户余额用于支付购房首付款。	呼和浩特市发布关于《关于提取住房公积金支付新建预售商品住房首付款业务的通知》
9月25日	温州	①在以县（市）级行政区域划定的缴存地范围内无自有住房的，申请无房提取住房公积金的，每月可提取额度由1600元提高至1800元。②缴存人家庭住房套数认定范围，以不动产登记部门记载的购房所在地县（市、区）级行政区域范围内房屋信息为准。③单职工缴存家庭贷款保底额度由20万元提高至25万元，双职工缴存家庭贷款保底额度由30万元提高至35万元。④新市民、青年人在温州市县（市、区）行政区域内购置家庭首套住房，可贷额度在按规定计算后的贷款额度基础上可附加15万元共富安居额度。⑤购买配售型保障性住房，可贷额度在按规定计算后的贷款额度基础上上浮20%。	温州市调整住房公积金相关政策规定
9月25日	株洲	①在株洲市行政区域内新购新建商品住房的购房人，其配偶及直系亲属可按相关政策申请住房公积金提取和贷款。②住房套数以所购住房所在区（市）县的有效住房套数核算。③购买新建商品住房的，可申请提取住房公积金直接支付首付款。④缴存人住房公积金贷款最高额度由70万元调整至80万元（不区分单、双职工）；生育二孩及以上家庭（至少有1个未成年子女）贷款最高额度由80万元调整为100万元。⑤取消贷款次数、房屋面积限制。⑥全日制大专学历以上毕业生，毕业5年内首次在株购买自住住房的，住房公积金贷款额度按可贷额度上浮30%。⑦全日制硕士学历以上、高级职称、高级技师等高层次人才申请住房公积金贷款不受缴存余额倍数限制，最高贷款额度为120万元。⑧全力推行“商转公”贷款、二手房“带押过户”。	株洲市出台住房公积金助力房地产市场平稳健康发展十条措施
9月27日	沈阳	①取消“商转公”首次申请住房公积金贷款的限制条件，调整为“借款申请人及共同申请人首次或二次申请住房公积金贷款”。②优化在购房地拥有住房套数认定标准。借款申请人及共同申请人在购房地拥有住房套数，以拟购房所在区、县（市）拥有住房套数认定。③可提取个人账户住房公积金支付首付款等购房款，同时还可申请使用住房公积金贷款，购买保障性住房的，最低首付款比例为15%。	沈阳市召开《关于优化调整沈阳住房公积金贷款和提取若干政策》新闻发布会
9月29日	济南	①一人缴存住房公积金的职工家庭最高贷款额度60万元，两人及以上缴存住房公积金的职工家庭最高贷款额度100万元。 ②二孩及以上家庭在济南市购买普通自住住房申请公积金贷款的，最高贷款额度按家庭当期最高贷款限额上浮30%。 ③高层次人才在济南市购买普通自住住房申请公积金贷款的，最高贷款额度按家庭当期最高贷款限额上浮30%。 ④未使用过公积金贷款的缴存职工家庭购买第二套住房申请公积金贷款的，按首套房认定，执行首套房贷款政策。	济南市发布《关于调整住房公积金贷款政策的通知》

5–6 续表 16

时间	地区	政策内容	政策来源
10 月 1 日	宜昌	①住房公积金最高贷款额度由 60 万元提高至 80 万元。②认定为首套房的，公积金贷款额度核定暂不与借款人住房公积金缴存时间系数和账户余额挂钩。③使用 1 次公积金贷款并已结清的，公积金贷款记录不再纳入房屋套数认定范围，仅根据借款人家庭在购房所在县市区实际住房套数进行认定，无住房的，执行首套房公积金贷款政策。④在宜昌区域内购买首套或第二套自住住房（一手房、二手房）的缴存职工，在宜昌区域内办理了商业银行购房贷款，在符合宜昌公积金中心规定的其他贷款条件的情况下，可申请商业银行购房贷款转公积金贷款。	宜昌市发布《关于调整全市公积金使用政策的通知》
10 月 6 日	宁波	①首次申请住房公积金贷款在宁波全市范围内购买家庭首套自住住房的，最高贷款额度由 100 万元 / 户提高至 130 万元 / 户；购买第二套自住住房等其他情形申请住房公积金贷款的，最高贷款额度由 80 万元 / 户提高至 110 万元 / 户。符合多孩家庭、各类人才等有关对象，在此基础上继续给予上浮支持政策。②购买保障性住房的缴存职工，可提取个人住房公积金账户余额支付购房首付款，同时还可申请使用住房公积金贷款。使用住房公积金贷款购买的首套自住住房为保障性住房的，首付比例不低于 15%。③在宁波全市范围内购买新建商品住房的缴存职工及其配偶、父母、子女，可以申请提取个人住房公积金账户余额用于支付购房首付款。	宁波市印发《关于调整宁波市住房公积金贷款及提取等有关政策的通知》
10 月 8 日	锦州	①单身职工或夫妻双方只有一方正常缴存住房公积金的，单笔购房贷款最高限额为 60 万元；夫妻双方均正常缴存住房公积金的，单笔购房贷款最高限额为 100 万元。②青年人、新市民、多子女家庭、高校引进高层次博士人才购房贷款额度在符合政策规定的家庭合计贷款额度基础上增加 20 万元。③购买符合星级绿色建筑和超低能耗建筑标准的住房，购房贷款额度在符合政策规定的家庭合计贷款额度基础上增加 10 万元。④取消再交易自住住房房龄限制，调整为（房龄 + 贷款期限）≤ 50 年。	锦州市公积金政策作出进一步调整
10 月 12 日	青岛	①使用住房公积金贷款购买青岛市保障性住房的，最低首付比例为 15%。②购买青岛市家庭首套或第二套自住新建商品房的，可申请提取购房人及其直系亲属名下的住房公积金用于支付购房首付款。③在青岛市购买家庭首套或第二套自住住房的，借款申请人及配偶均符合申贷条件的，公积金贷款最高额度调整为 100 万元；借款申请人仅本人符合申贷条件的，公积金贷款最高额度调整为 60 万元。④多子女家庭购买青岛市自住住房的，公积金贷款额度可上浮 30%；购买青岛市新建高品质住宅或达到现行绿色建筑评价标准一星级及以上等级的新建商品住宅的，公积金贷款额度可上浮 30%。上述上浮政策可叠加使用，叠加后最高贷款额度不超过 150 万元。⑤购买青岛市首套、二套住房的家庭，住房公积金贷款最低首付款比例统一为 15%。	青岛市发布公积金新政
10 月 14 日	重庆	①住房公积金个人最高贷款额度从 50 万元提高到 80 万元，参贷后家庭最高贷款额度从 100 万元提高到 120 万元；多子女家庭个人最高贷款额度从 60 万元提高到 100 万元，参贷后家庭最高贷款额度从 120 万元提高到 160 万元。②住房公积金缴存人购买第二套住房申请住房公积金个人住房贷款的，最低首付款比例为 20%。③支持灵活就业人员“商转公”，可按重庆市现行住房公积金置换贷款政策，将已购住房的商业性个人住房贷款转为住房公积金个人住房贷款。	重庆市发布《关于优化调整住房公积金个人住房贷款政策的通知》
10 月 15 日	福州	①缴存人家庭申请住房公积金贷款购买自住住房，按首付款比例不低于 20% 执行，其中申请住房公积金贷款购买保障性住房，按首付款比例不低于 15% 执行。②最高贷款额度提高至双缴存人 100 万元、单缴存人 60 万元。多子女家庭、各类人才等其他缴存对象，在此基础上继续给予支持政策。	福州市印发《关于调整住房公积金贷款政策的通知》

5–6　续表 17

时间	地区	政策内容	政策来源
10月16日	上海	①对于认定为第二套改善型住房的，最低首付款比例调整为25%。②对于认定为第二套改善型住房，且贷款所购住房位于中国（上海）自由贸易试验区临港新片区以及嘉定、青浦、松江、奉贤、宝山、金山6个行政区全域的，最低首付款比例调整为20%。	上海市发布公积金新政
10月18日	舟山	①购买首套自住住房的贷款最高额度调整为80万元；职工申请住房公积金贷款购买第二套改善型住房的贷款最高额度调整为60万元。②经认定职工家庭新购住房系首套房的，有1次住房公积金贷款记录且相关贷款已经结清的，执行首套房贷款政策。	舟山市发布《关于调整住房公积金贷款及提取等有关政策的通知》
10月21日	金华	①购买二套住房申请住房公积金贷款的，最低首付比例由原先30%调整为20%。②购买首套、二套住房申请住房公积金贷款，职工双方缴存住房公积金的，最高贷款额度由100万元提高到130万元。③住房公积金贷款期限，调整为“最长不超过30年，且男性不超过68周岁、女性不超过63周岁，或不超过职工法定退休年龄延长5年”。	金华市发布公积金新政
10月24日	池州	取消池州市原高层次人才、新引进人才公积金贷款额度上浮需满足首次使用公积金贷款购买首套自住住房的限制。	池州市发布《关于调整住房公积金相关使用政策的通知》
10月25日	苏州	①使用住房公积金贷款购买家庭首套或第二套自住住房的，首付款比例均不低于住房总价的20%。②现役军人、退役5年内的退役军人在苏州市购买自住住房的，可享受一次军人住房公积金贷款支持政策，贷款额度在可贷额度基础上上浮20%。③使用住房公积金贷款购买保障性住房的，首付款比例不低于住房总价的15%。	苏州市发布《关于调整优化住房公积金使用政策的通知》
10月25日	泰州	①购买保障性住房申请住房公积金贷款的，首付比例不得低于15%。②缴存人购买改善性住宅的，住房公积金贷款最高额度可上浮20%。	泰州市发布《关于进一步优化住房公积金使用政策的通知》
10月28日	沈阳	①使用住房公积金贷款购买首套或二套自住住房的，最低首付款比例均调整为15%。②对于二手房公积金贷款期限由40年减房龄，调整为50年减房龄，且不超过借款人偿还贷款最高年龄，最高贷款期限仍为30年。③调整职工偿还贷款最高年龄，缴存人家庭使用公积金贷款购买自住住房的，偿还贷款最高年龄由男65周岁、女60周岁，调整为男68周岁、女63周岁，或不超过职工法定退休年龄后5年。最高贷款期限仍为30年。④借款申请人及其配偶在婚前各自使用过一次住房公积金贷款且均已结清的，可以以家庭为单位再申请一次住房公积金贷款，执行第二次公积金贷款政策。	沈阳市发布公积金新政
10月28日	天津	①住房公积金贷款购买本市配售型保障性住房的，应支付不低于住房交易价格15%的首付款，最长贷款期限30年。②职工及配偶在北京市、河北省购买自有住房，且在本市无购房提取住房公积金及偿还住房贷款本息提取住房公积金记录的，提取住房公积金不再要求职工或配偶具有所购住房城市户籍或在所购住房城市缴存住房公积金。	天津市住房公积金政策调整
11月1日	鄂尔多斯	①可以提取住房公积金支付购房首付款。②购买鄂尔多斯市首套或第二套自住住房的，首付款比例均不低于20%；使用住房公积金贷款购买鄂尔多斯市保障性住房的，首付款比例不低于15%。	鄂尔多斯市发布《关于调整优化住房公积金政策的通知》
11月1日	钦州	①购买保障性住房的，最低首付款比例为15%。②双方均缴存住房公积金的，最高贷款额度调整为55万元；缴存人单方缴存住房公积金的，最高贷款额度调整为45万元。	钦州市发布公积金新政

5-6 续表 18

时间	地区	政策内容	政策来源
11 月 7 日	洛阳	①单职工缴存家庭住房公积金贷款最高额度由 55 万元调整至 70 万元，双职工缴存家庭住房公积金贷款最高额度由 65 万元调整至 85 万元，多子女家庭住房公积金贷款最高额度按照对应限额上浮 20%。②符合条件的高层次人才，最高贷款额度为 120 万元；45 周岁（含）以下博士或具有高级职称的专业技术人才最高贷款额度为 100 万元；洛阳市 40 周岁（含）以下硕士或具有中级职称的专业技术人才或技师以上技能人才、全日制本科学历的缴存职工，最高贷款额度为 85 万元。③使用公积金个人住房贷款购买保障性住房的，首付款比例为 15%。④购买二手住房，贷款最长期限由 20 年延长为 30 年，但房屋建成年份数加贷款年限应不超过 50 年。	洛阳市发布《关于优化调整部分住房公积金贷款相关政策的议案》
11 月 11 日	深圳	①个人申请公积金贷款，最高额度由现行的 50 万元提高至 60 万元，家庭共同申请公积金贷款，最高额度由现行的 90 万元提高至 110 万元。②购买首套住房最高额度可以上浮 40%；多子女家庭购买住房最高额度可以上浮 40%；购买深圳保障性住房最高额度可以上浮 20%。上浮比例可累加，最高额度则可以上浮 100%，即职工个人申请最高可贷 120 万元，家庭共同申请最高可贷 220 万元。	深圳市发布《关于〈深圳市住房公积金贷款管理规定〉的补充规定》和《关于我市住房公积金利息补贴有关事项的通知》
11 月 18 日	长沙	①购买首套或第二套改善性自住房申请公积金贷款的，最低首付比例统一调整为 20%，组合贷款同步调整。②单身缴存职工购买第二套改善性自住房为新建商品房的，可以申请公积金贷款。③长沙市 ABCD 类高层次人才作为主借款人申请公积金贷款的，不受缴存时间的限制，在长沙市行政区域内购买首套自住房，最高贷款额度可放宽至长沙市最高贷款额度的 4 倍。	长沙市发布关于调整住房公积金贷款政策的通知
11 月 21 日	哈尔滨	①优化公积金贷款购房地房屋套数认定标准。借款人家庭在哈尔滨市主城 6 区（道里区、南岗区、道外区、香坊区、平房区和松北区）购买自住住房的，按主城 6 区范围进行套数查询认定；在哈尔滨市其他区县（市）购买自住住房的，按购房所在区县（市）范围进行套数查询认定。②放宽商转公贷款申请条件。取消商转公贷款“借款人首次申请公积金贷款”的限制条件，支持缴存人在哈尔滨市购买首套住房或第二套改善性住房申请商转公贷款。③贷款期限可推迟至法定退休年龄后 5 年计算，且贷款期限最长不超过 30 年。④多子女家庭在哈尔滨市购买自住住房，住房公积金最高贷款额度上限上浮 30%，即单人申请公积金贷款最高可贷 104 万元，双人申请公积金贷款最高可贷 130 万元。	哈尔滨市发布公积金新政
11 月 25 日	韶关	在韶关购买新建商品房已办理个人住房商业贷款（不包括组合贷款），现符合韶关住房公积金贷款申请条件的缴存职工，可申请将商业贷款未结清部分转为公积金贷款。	韶关市发布《关于开展韶关市商业性个人住房贷款转住房公积金个人贷款业务的通知》
11 月 25 日	柳州	①借款申请人家庭申请公积金贷款的，贷款首付比例统一为不低于 20%。②符合国家生育政策生育二孩（含）以上的借款申请人家庭，申请首套公积金贷款时，贷款额度上限提高 20 万元。符合条件的借款申请人家庭可且仅可享受一次提高住房公积金贷款额度上限的政策。③借款申请人家庭符合公积金贷款申请条件的，均可申请办理商业住房按揭贷款转住房公积金贷款顺位抵押业务。	柳州市发布《关于调整住房公积金个人住房贷款首付比例、多孩家庭贷款额度上限及商转公顺位抵押业务办理条件的通知（征求意见稿）》
11 月 25 日	忻州	①对高层次人才、二孩及以上多子女家庭、现役军人家庭，住房公积金贷款最高额度在 80 万元的基础上上浮 20%。②对于 2014 年 12 月 31 日前发放的公积金贷款，不再计入公积金贷款次数；只将购房所在县（市、区）的住房公积金贷款次数作为认定标准。③购买保障性住房的，最低首付款比例为 15%。	忻州市发布公积金新政

5–6 续表 19

时间	地区	政策内容	政策来源
11 月 26 日	广州	①一人申请贷款的最高额度调整至 80 万元，两人或两人以上购买同一套自住住房共同申请贷款的最高额度调整至 160 万元。②购买首套及第二套自住住房申请住房公积金贷款的，最低首付款比例为 20%。其中，购买保障性住房的，住房公积金贷款最低首付款比例为 15%。③生育二孩及以上的家庭（至少一个子女未成年）购买首套及第二套自住住房的，住房公积金贷款最高额度上浮 40%。④贷款期限最长可以计算到借款人退休年龄后 5 年，且不得超过 68 岁。⑤居民家庭在购房所在区内无住房的，新购住房申请住房公积金贷款可按首套住房认定。在购房所在区内符合“租一买一”“卖一买一”条件的，新购住房申请住房公积金贷款可按核减后的名下住房套数认定。	广州市印发《广州住房公积金管理中心关于调整住房公积金政策的通知》
11 月 28 日	重庆	①已结清首次住房公积金个人住房贷款且在拟购住房区县（自治县）无住房的，申请住房公积金个人住房贷款时，按首套住房标准执行。②使用住房公积金个人住房贷款新购住房的，在购房行为发生之日起一年内，可申请提取住房公积金用于支付购房首付款。③已结清首次住房公积金个人住房贷款，可申请将现有全市唯一住房的商业性个人住房贷款置换成住房公积金个人住房贷款，贷款利率按首套住房标准执行。④住房公积金个人住房贷款到期时间男性延长到 68 岁、女性延长到 63 岁，或延长到缴存人法定退休年龄后 5 年，最长贷款期限不超过 30 年。	重庆市发布《关于优化调整住房公积金使用政策的通知》
12 月 3 日	信阳	购房职工本人及配偶可以申请提取一次住房公积金账户内余额用于支付购房首付款。	信阳市发布公积金新政
12 月 3 日	马鞍山	①夫妻双方均缴存住房公积金的，最高贷款额度由 75 万元提高至 85 万元；单方缴存住房公积金的，最高贷款额度由 60 万元提高至 65 万元。②支持双方父母、子女一次性提取住房公积金用于帮助支付购房款。③多孩家庭可贷最高额度统一调整为上浮 10 万元。④购买绿色建筑住房可贷最高额度上浮 20%。	马鞍山市发布公积金新政
12 月 7 日	贵阳	①单缴存人、双缴存人家庭，购买首套房、二套房，公积金最高贷款额度均提高至 100 万元，多子女家庭再提高 20 万元至 120 万元；首次在贵安新区购买自住住房的，提高至非多子女家庭 120 万元、多子女家庭 144 万元。②住房公积金贷款住房套数认定仅以缴存人家庭在全国范围内的住房公积金贷款使用次数为准。③缴存人家庭在贵阳贵安购买自住住房，在本市无未结清公积金贷款的，可提取公积金支付首付款。④符合购房提取条件的，本人的父母、子女可提取公积金账户余额支付缴存人购房首付款。	贵阳市发布公积金新政
12 月 9 日	通辽	①提高住房公积金贷款计算额度。调整前为“住房公积金贷款申请额度不超过账户余额 20 倍”，调整后为“公积金贷款额度不超过公积金账户余额的 25 倍”。②支持使用公积金余额支付购房首付。③住房公积金个人住房贷款期限男性延长到 68 岁、女性延长到 63 岁，或延长到缴存人法定退休年龄后 5 年，最长贷款期限不超过 30 年。	通辽市发布《关于优化调整住房公积金使用政策的通知》
12 月 9 日	新疆	①取消住房公积金贷款房屋面积限制，取消申请住房公积金贷款房屋面积不得超过 144 平方米的限制。②降低保障性住房首付款比例。使用住房公积金贷款购买保障性住房的，最低首付比例为 15%。③无房职工租房提取住房公积金的提取频次由每年 2 次调整为可按月、按季、按年提取，累计提取总额不超过年度上限即可。	新疆维吾尔自治区发布公积金新政
12 月 10 日	大同	①首套住房和二套住房最低首付款比例均为 20%，购买保障性住房的，最低首付款比例为 15%。②对高层次人才、二孩及以上多子女家庭、现役军人家庭，住房公积金贷款最高额度在现行政策基础上上浮 20%。③缴存职工购买住房时，可同时申请提取父母或子女住房公积金。	大同市发布《关于调整部分住房公积金提取、贷款政策的通知》

5-6 续表 20

时间	地区	政策内容	政策来源
12 月 11 日	石家庄	支持使用公积金余额支付购房首付。	石家庄市发布《关于印发提取住房公积金支付首付款的通知》
12 月 12 日	益阳	①住房公积金最高贷款额度调整为 60 万元，符合生育政策二孩及以上家庭（含合法收养），最高贷款额度提高到 72 万元。②纯公积金贷款单元建筑面积控制由 105 平方米（不含）以下放宽至 120 平方米（不含）以下；提供住房公积金贷款的单元建筑面积由 200 平方米（不含）以下提高至 280 平方米（不含）以下。③ 2011 年 1 月 1 日之前在益阳市发放的住房公积金贷款不计入借款人家庭贷款次数。④高层次人才的住房公积金最高贷款额度提高到 72 万元。	益阳市发布公积金新政
12 月 12 日	贺州	①住房公积金贷款首套、二套住房首付最低比例为不低于 20%。申请住房公积金贷款的住房套数认定按申请人家庭在购房地（八步区、平桂区、钟山县、富川瑶族自治县、昭平县）的住房套数认定。②恢复受理新建独栋商品房、联排低层住宅、联排多层住宅和非标准层复式住宅的个人住房公积金贷款申请。	贺州市征求《关于调整我市住房公积金使用政策的通知（征求意见稿）》意见
12 月 13 日	濮阳	①调高单笔贷款最高限额。市城区由 60 万元调至 80 万元，各县城及建制镇由 50 万元调至 60 万元。“二套房”单笔贷款最高限额与“首套房”相同。②购买保障性住房的，首付款比例不低于所购住房总价款的 15%，购买商品住房的，首付款比例不低于所购住房总价款的 20%。③全面放开购买二套房“商转公”业务。④鼓励灵活就业人员参加住房公积金制度。	濮阳市发布公积金新政
12 月 16 日	扬州	①对主管部门已经认定“以旧换新”购置新房的，参照扬州市改善型住宅住房公积金贷款支持政策，借款人家庭的住房公积金贷款最高贷款额度可上浮 20%（不重复享受）。“以旧换新”、绿色建筑、多子女家庭住房公积金贷款额度支持政策可叠加享受。②原存量住房不再计入其住房套数；原存量住房存有未结清的住房公积金贷款且已还贷年限不足 10 年的，该笔贷款可不计入其住房公积金贷款使用次数。	扬州市发布《关于优化我市住房公积金使用政策的通知》
12 月 16 日	乌鲁木齐	乌鲁木齐市公积金贷款最高额度由 80 万元提高至 120 万元。	乌鲁木齐市发布《关于拟调整乌鲁木齐个人住房公积金贷款最高额度的征求意见》
12 月 18 日	长春	①购房所在地在长春市主城区及开发区（不含双阳区、九台区），有共同借款人的单笔贷款最高额度 100 万元，无共同借款人的单笔贷款最高额度 80 万元。②第二次使用住房公积金贷款购买新建商品房及存量房的，贷款首付款比例不低于 20%。③购买新建商品住房的，可申请提取一次住房公积金用于支付购房首付款。	长春市发布《关于调整住房公积金使用政策的通知》
12 月 19 日	衡阳	①在衡阳市行政区域内购买自住新建商品房的缴存职工，住房套数以所购住房所在区（市）县的住房套数核算。②缴存职工购买首套或者第二套改善性自住新建商品房申请公积金贷款的，最低首付款比例统一调整为 20%，组合贷款同步调整。	衡阳市出台《衡阳市住房公积金管理委员会关于阶段性调整住房公积金使用政策的通知》
12 月 20 日	天津	天津市灵活就业人员可以缴存住房公积金。	天津市发布《天津市灵活就业人员参加住房公积金制度管理办法》
12 月 20 日	唐山	唐山市支持办理提取住房公积金支付首付。	唐山市发布《关于开展提取住房公积金直付购买新建商品住房首付款的通知》
12 月 23 日	镇江	①提高改善型住宅住房公积金贷款额度，缴存职工家庭使用住房公积金贷款购买改善型住宅（新建商品房）的最高额度可上浮 20%。②取消首次“商转公贷款”贴息业务，简化流程，直接申请办理“商转公贷款”业务。③延续公积金贷款支持政策，包括提高住房公积金贷款最高额度和降低公积金贷款首付比例。	镇江市发布公积金新政

5-6　续表 21

时间	地区	政策内容	政策来源
12 月 24 日	淮南	①住房公积金缴存人使用住房公积金贷款购买淮南市行政区域内星级以上新建居住类“绿色建筑”，符合淮南市公积金贷款条件的，其贷款额度可适度上浮，上浮额度统一调整为上浮 20%。②符合条件的人员在淮南市购房，首次申请公积金贷款，在计算其实际可贷额度时，可不与公积金账户余额挂钩。	淮南市发布公积金新政
12 月 24 日	来宾	①对缴存人在全国范围内购买自住住房的，不再限制购房地为缴存人及配偶的工作地及户籍地，购房后可直接申请提取住房公积金用于支付购房款或偿还住房贷款本息。②全面优化使用住房公积金余额直接支付购房首付款业务，支持缴存人在全国范围内购买商品住房，可以使用个人住房公积金账户余额直接支付购房首付款。③第二次使用住房公积金贷款的，住房公积金贷款首付比例调整为 20%。	来宾市发布公积金新政
12 月 26 日	秦皇岛	秦皇岛发布公积金新政，可提取住房公积金直付首付款。	秦皇岛市发布公积金新政
12 月 27 日	北海	①支持异地缴存住房公积金的缴存人在南宁市的购房需求。②申请住房公积金贷款的住房套数认定按申请人家庭在购房地的住房套数认定。③住房公积金贷款首套、二套住房首付最低比例为不低于 20%。④在单身职工最高 50 万元、已婚职工最高 60 万元的基础上，多子女家庭可上浮 20%；引进人才家庭可上浮 10%。	北海市发布公积金新政

5-7 2024年城市更新政策

时间	地区	政策内容	政策来源
1月1日	湘潭	①优先保障产业用地。②提升产业用地效率。③创新产业用地管理模式。④实行产业项目全生命周期服务管理。	关于印发《湘潭市优化土地要素保障助推产业升级的若干措施（试行）》《湘潭市加强土地利用 推进城市更新的若干措施（试行）》的通知
1月9日	晋城	批复同意《晋城市中心城区2023年土地征收成片开发方案》，要求注重保护耕地、维护农民合法权益、节约集约用地、生态环境保护、历史文化遗产保护，并严格执行国土空间规划，依法办理建设项目用地手续。省自然资源厅加强对土地征收成片开发工作的指导和监管。	关于晋城市中心城区2023年土地征收成片开发方案的批复
1月22日	山东	《支持意见》围绕区域物流中心、现代贸易中心、双向投资合作中心、商旅文交流发展中心“四个中心”和要素资源保障，提出6部分21条措施。	关于支持中国—上海合作组织地方经贸合作示范区高质量发展的意见
1月30日	山东	建设绿色低碳城市，支持济南、青岛、烟台、潍坊4个国家低碳城市试点。建设新型智慧城市。建设安全韧性城市。建设共治共享城市。	关于印发山东省新型城镇化建设行动方案（2024—2025年）的通知
2月6日	上海	到2025年底，本市建成区40%以上的面积达到海绵城市建设目标要求，松江、青浦、嘉定、奉贤等4个新城建设用地面积50%以上达到海绵城市建设目标要求，南汇新城建设用地面积60%以上达到海绵城市建设目标要求。到2030年底，本市建成区80%以上的面积达到海绵城市建设目标要求。	关于印发《本市系统化全域推进海绵城市建设的实施意见》的通知
2月9日	北京	国务院批复同意《北京城市副中心建设国家绿色发展示范区实施方案》，聚焦建筑、交通、产业三大领域，强化能源、生态、文化三大支撑，推动绿色发展理念融入经济社会发展全过程，使北京城市副中心成为生态文明思想践行地、绿色发展制度改革先行区、绿色技术示范区和人与自然和谐共生引领区。	关于《北京城市副中心建设国家绿色发展示范区实施方案》的批复
2月20日	北京	《要点》包括七部分31项举措。一是营造城市消费新场景。包括大力推动新商圈建设和老商圈改造提升等4项任务举措。二是培育本土消费新品牌。包括推动老字号守正创新等4项任务举措。三是优化商品消费新结构。包括繁荣首店经济发展时尚消费4项任务举措。四是塑造服务消费新优势。包括拓展信息消费创新应用等7项任务举措。五是构建流通联动新市场。包括推动内外贸一体化发展等4项任务举措。六是完善消费升级新环境。包括营造活跃有序活动氛围等5项任务举措。七是保障措施。包括加强组织协调等3项任务举措。	关于印发《北京培育建设国际消费中心城市2024年工作要点》的通知
3月4日	湖南	①切实提高思想认识。②抓紧制定工作实施方案。③认真做好组织实施。④建立健全工作机制。⑤强化体检结果应用。	转发住房和城乡建设部关于全面开展城市体检工作的指导意见的通知
3月6日	上海	①旧区改造安置住房、采用拆除重建方式的旧住房成套改造项目以及采用农村集体经济组织自行改造或引入合作单位共同改造的“城中村”改造项目免缴城市基础设施配套费。②明确办理配套费免缴手续需提交的材料。③建设单位凭房管部门出具的《上海市城市基础设施配套费免缴证明》办理各项相关手续。④明确已缴纳配套费的在建征收安置房项目，确定用于旧区改造项目安置的，办理配套费相关手续后退还相关费用。	关于旧区改造安置住房、旧住房成套改造项目、“城中村”改造项目免缴城市基础设施配套费的通知
3月22日	全国	完善城建档案移交工作制度。落实建设工程档案收集、整理、移交各方责任。强化科技赋能。提高服务能力。加强组织保障。	关于新形势下进一步加强城市建设档案管理工作的通知

5-7　续表1

时间	地区	政策内容	政策来源
3月29日	广州	《条例》对城中村改造目标、改造方式、补偿安置方案、土地征收、纠纷解决等方面进行了规范。《条例》明确，拆除新建类城中村改造项目启动之前，区人民政府应当组织开展改造意愿征询，经改造项目所在村的农村集体经济组织三分之二以上成员和三分之二以上十八周岁以上村民同意后，纳入城中村改造年度计划并启动改造。《条例》针对如何制定和实施合理、可行的征收补偿标准问题作了规范。	广州市城中村改造条例
4月7日	浙江	一是明确试点对象范围，即《实施意见》中明确的拆改结合型住宅小区，且未列入房屋征收计划，鼓励结合地方实际开展多种形式和不同规模的自主更新项目。二是明确试点申报流程，由县（市、区）政府申报，经设区市政府审核把关，省建设厅组织复核后，经省政府同意并公布试点名单。三是明确试点实施要求，总体按照“提出项目申请”“制定更新方案”“组织审查审批”“开展施工建设”“组织联合验收”等五个环节稳步推进。	关于稳步推进城镇老旧小区自主更新试点工作的指导意见（试行）
4月10日	北京	办法适用于北京市行政区域内的城市更新项目，强调公开、公平、公正原则，保障统筹主体权益，推动多元参与和共建共享。主要内容包括：明确统筹主体的职能、确定程序和退出管理；鼓励引入专业企业参与；规定公开比选或指定方式确定统筹主体；赋予统筹主体整合资源、推动项目等职能；明确监管和退出机制。	关于印发《北京市城市更新实施单元统筹主体确定管理办法（试行）》的通知
4月10日	北京	办法规定了项目库的功能、动态管理、分类管理原则，明确了市、区住房城乡建设部门及其他相关部门的职责。项目库分为储备项目库和实施项目库，通过信息化系统征集项目意愿和需求，对符合条件的项目进行申报、审查、入库确认和动态管理。同时，提供了专项服务保障，如政策答疑、专家咨询、联合会商等。对于具备实施条件的项目，纳入城市更新计划，并享受政策支持。项目库退出管理规定了退出项目库的条件和程序。	关于印发《北京市城市更新项目库管理办法（试行）》的通知
4月10日	北京	专家委员会由多领域专家组成，主要职责包括为城市更新重大决策提供论证、参与政策制定和规划编制、对重大项目提出咨询意见、进行问题研究并提交报告。专家由市级行业部门推荐，需具备高学术水平和实践经验，享有参与咨询工作的权利，包括服务费和信息获取权，同时承担职业道德、公正客观工作、回避制度等义务。专家委员会的组建、运行与管理由市住房城乡建设委指导。	关于印发《北京市城市更新专家委员会管理办法（试行）》的通知
4月16日	广州	《实施办法》共6章44条，包括总则、规划管理、计划和方案、用地管理、监督管理、附则。主要制度创新如下：①强化历史文化保护，坚持在城乡建设中系统保护、利用、传承好历史文化。②践行绿水青山就是金山银山的发展理念，实现绿色发展。③强化用地管理，推动解决“三旧”改造中的难点堵点。④强化权益保障，实现共建共治共享。	广州市旧村庄旧厂房旧城镇改造实施办法
4月25日	北京	规划将以太行山、燕山为生态森林屏障，以永定河、潮白河等5条河道贯通山水人城，以两轴展现首都形象，以3道公园环构建游憩体系，以9条楔形绿色空间提升城市生态功能。《规划》提出将北京建设成为天蓝水清、森拥园簇、秩序壮美、和谐宜居的花园之都的发展目标。构建“两山一湾、两轴统领、五环骨架、多廊串联”的景观结构和“远山—近山—城廓”3个层次的山城景观格局，加强5条大型流域及水库周边建设管控及风貌引导。	关于印发《北京花园城市专项规划（2023年—2035年）》的通知
4月28日	全国	《指引》提出开展平急功能复合的空间需求分析，研究制定平急功能复合的规划目标，统筹城乡“平急两用”公共基础设施布局，明确“平急两用”公共基础设施功能转换与复合利用要求，充分发挥城市各类设施应急保障作用，提升社区应急响应能力，促进村庄建设用地平急功能复合利用。	关于印发《平急功能复合的韧性城市规划与土地政策指引》的通知

5–7 续表 2

时间	地区	政策内容	政策来源
4 月 30 日	全国	中央财政对示范城市给予定额补助，对示范城市的日常跟踪及监督检查机制，及时将任务落实、存在问题及经验做法等报住房和城乡建设部、财政部，实施绩效评价，绩效评价结果将与中央财政资金拨付挂钩。对绩效评价结果较差的示范城市，将视情况缓拨、扣减补助资金。	关于开展城市更新示范工作的通知
5 月 7 日	深圳	重点任务：明确城中村改造对象。编制城中村改造规划计划。编制城中村改造综合方案。依法实施征收。将城中村改造与保障性住房建设相结合。多渠道筹措改造资金。完善制度体系。	关于印发《关于积极稳步推进城中村改造实现高质量发展的实施意见》的通知
5 月 11 日	江苏	①优化规划编制实施管理。②创新土地供应使用方式。③提升产权登记办理服务水平。④完善施工图审查管理体系。⑤加强消防设计审查验收衔接。⑥加大财税金融支持和组织推进力度。	关于支持城市更新行动若干政策措施的通知
5 月 11 日	天津	①完善政策措施和标准体系。②培育智能建造产业体系。③拓展智能建造应用场景。④推动智能建造关键技术研发与应用。⑤创新智能建造管理机制。⑥打造建造产业互联网。⑦建设智能建造人才队伍。⑧加强宣传推广。	关于印发《2024 年天津市智能建造试点城市推进工作要点》的通知
5 月 14 日	全国	深入推进数字技术与一二三产业深度融合，鼓励平台企业构建多层次产业互联网服务平台。因地制宜发展新兴数字产业，加强大数据、人工智能、区块链、先进计算、未来网络、卫星遥感、三维建模等关键数字技术在城市场景中集成应用，加快技术创新成果转化，打造具有国际竞争力的数字产业集群。培育壮大数据产业，发展一批数据商和第三方专业服务机构，提高数据要素应用支撑与服务能力。	关于深化智慧城市发展 推进城市全域数字化转型的指导意见
5 月 28 日	张家口	①推进全域城市体检。②强化城市更新规划。③完善土地保障供给。④优化服务功能配套。⑤创新工程管理模式。⑥强化资金多渠道保障。⑦鼓励项目创先评优。⑧强化技术服务支撑。	关于推进城市更新行动的若干措施的通知
6 月 3 日	全国	首批 15 个城市拟获得财政部支持实施城市更新行动。15 个城市为（按行政区划排序）：石家庄、太原、沈阳、上海、南京、杭州、合肥、福州、南昌、青岛、武汉、东莞、重庆、成都、西安。	财政部网站发布《2024 年城市更新行动评审结果公示》
6 月 4 日	全国	2024 年，全国计划新开工改造城镇老旧小区 5.4 万个。根据各地统计上报数据，1~4 月份，全国新开工改造城镇老旧小区 1.68 万个。分省看，山东、河北、江苏、浙江、辽宁、上海等地开工率超过 50%。	住房和城乡建设部公布 2024 年 1~4 月全国新开工改造城镇老旧小区 1.68 万个
6 月 11 日	全国	深圳、苏州、武汉、合肥、广州、长沙、温州、台州 8 个试点城市组织推进力度较大，各项试点任务进展明显，工作成效突出，综合表现优秀，予以表扬。北京、佛山、西安、南京、重庆、青岛、嘉兴、天津、保定、郑州、厦门、雄安新区、成都、沈阳、乌鲁木齐、哈尔滨 16 个试点城市均顺利完成了年度工作计划，并结合地方特色积极探索不同类型的智能建造发展模式，工作表现总体良好。	住房和城乡建设部办公厅关于智能建造试点城市 2023 年度工作情况的通报
6 月 13 日	甘肃	在城市更新中做好文物本体、历史建筑及其环境的用地和空间管控，严格拆除管理，推动活化利用，加强微改造，整治风貌不协调建筑和景观，促进历史文化保护传承与城市建设融合发展。合理安排供水、排水、燃气、热力等城市老旧地下市政基础设施更新改造范围和时序，降低对城市正常生产生活活动的干扰，全面提升城市基础设施运行效率和服务能力。	关于进一步加强城市风貌管理若干措施的通知

5-7 续表 3

时间	地区	政策内容	政策来源
6月13日	全国	在符合规划、确保安全、保障公共利益、维护合法权益的前提下，鼓励既有城市土地混合使用和存量建筑空间功能转换，由地方自然资源部门制定相应的正负面清单管理办法，积极盘活闲置国有资产用于社区公共服务。零星用地经属地自然资源主管部门组织论证不具备单独供地条件的，经有批准权的人民政府批准后，可按划拨或者协议有偿使用土地的有关规定，依法依规确定土地使用权人（商品住宅用地除外），核发国有建设用地划拨书或签订国有建设用地有偿使用合同。涉及新增建设用地的，应按规定先行办理农用地转用和土地征收手续。 对于充电桩等按照设备管理的相关配套服务设施，以及老旧小区用地范围内的管线等基础设施更新改造，无需办理规划许可手续。涉及新增建设用地、改变土地用途和新增计容建筑面积等改变规划条件的改造，应履行法定程序。	自然资源部办公厅召开媒体座谈会，发布《关于进一步加强规划土地政策支持老旧小区改造更新工作的通知》
6月18日	广东	①坚决维护“三区三线”划定成果的严肃性和权威性，强化城镇建设用地总量管控和时序安排。②严格城镇开发边界管理，规范有序开展城镇开发边界局部优化。③引导城镇建设用地集约集聚布局，明确城镇开发边界外管控要求。④加强城镇开发边界全生命周期管理，建立新增城镇建设用地规模台账管理机制。	关于做好城镇开发边界管理的通知（试行）
6月24日	全国	鼓励利用老旧厂房、城市公园、草坪广场等开放空间打造创意市集、露营休闲区。探索社会闲置公共资源商业化运营，鼓励经营困难的传统百货店、大型体育场馆等改造为商业综合体。鼓励有条件的地方科学制定以公共交通为导向（TOD）的模式，优化城市公共交通场站地上地下空间综合开发，推进汽车客运站综合开发利用。 鼓励家装样板间进商场、进社区、进平台，支持居民开展旧房装修、局部改造和居家适老化改造。以便利城乡居民换新为重点，健全废旧家电回收体系，推动家电以旧换新，鼓励地方和企业组织开展优惠促销等系列活动，促进家电更新消费。鼓励家电和平台企业开展进社区免费检测、上门拆旧换新等服务。推广智慧厨房、智能睡眠、健康卫浴等应用场景，推进室内全智能装配一体化和全屋智能物联。在住房建设和运维中，积极推广智能安防、智慧停车、立体停车等新模式。合理满足居民多样化的家装家居消费金融需求。	国家发展改革委等部门印发《关于打造消费新场景培育消费新增长点的措施》
6月25日	北京	特色园区建设采取先试点、再推广两个步骤。一是试点阶段，择优推选10个专精特新特色园区（试点），鼓励有提升服务能力投入的园区带着项目申报，建设周期为一年，达成目标后优先认定为北京市专精特新特色园区。拟实施的建设项目应按计划推进，逾期未开工的，取消试点资格。二是推广阶段，总结试点创建的成效和经验，制定发布特色园区建设管理办法，通过财政资金补贴，优先支持有提升服务能力投入的园区带着项目申报，建设周期为三年。通过建立“有进有出”的工作机制，逐步打造一批产业配套完善、创新资源丰富、培育能力突出的专精特新特色园区。	关于开展北京市专精特新特色园区（试点）建设工作的通知
6月26日	北京	《通知》共四部分，重点内容包括：一是明确了文件制定的法规依据及出台的目的、意义、适用范围。二是明确了实施征收的必要条件及房屋征收申请主体。三是结合《北京市国有土地上房屋征收与补偿实施意见》等规定，明确城市更新项目实施主体在向项目所在地区人民政府提交房屋征收申请时，需同时提交城市更新项目批准文件、规划意见等前置要件。四是明确区人民政府在收到房屋征收申请后，要依据《国有土地上房屋征收与补偿条例》《北京市国有土地上房屋征收与补偿实施意见》等法规政策，审核项目是否符合房屋征收条件，对符合条件的项目方可纳入房屋征收，具体实施办法按我市现行房屋征收与补偿政策执行。	关于城市更新过程中对国有土地上私有房屋实施房屋征收有关事项的通知

5–7 续表 4

时间	地区	政策内容	政策来源
6 月 27 日	济南	《若干细则》共 13 条，内容涵盖城中村改造方式、安置补偿依据标准、生活保障方式、村居人员认定、违法违章建设处理、安置及生活保障用地管理、安置房建设管理、安置房及生活保障房成本计算、规费减免、审批备案、适用范围及施行日期等诸多方面。	关于印发《关于进一步加快推进城中村改造的若干细则》的通知
6 月 27 日	张家界	总体目标：2024 年，工业、农业、建筑、交通、教育、文旅、医疗等领域设备投资规模较 2023 年增长 8% 以上。报废汽车拆解量达到 1000 辆，二手车交易量达到 1.2 万辆，废旧家电拆解量达到 4 万台。到 2025 年，工业、农业、建筑、交通、教育、文旅、医疗等领域设备投资规模较 2023 年增长 15% 以上。水泥行业环保绩效达到 A 级水平的产能比例达到 40%。报废汽车拆解量达到 1500 辆，二手车交易量达到 1.5 万辆，废旧家电拆解量较 2023 年增长 20%。到 2027 年，工业、农业、建筑、交通、教育、文旅、医疗等领域设备投资规模较 2023 年增长 25% 以上。	关于印发《张家界市推动大规模设备更新和消费品以旧换新实施方案》的通知
7 月 1 日	唐山	规划提出打造“便民宜居之城、创新活力之城”等总目标，分阶段实现城市功能提升。规划通过“保护更新、优化改造、拆除重建”三种模式推进更新，重点涵盖老旧小区、工业遗产、商业区等领域。重点任务包括九大领域，如完善城市功能、打造活力街区、生态修复（如南湖、东湖计划）、历史文化保护（如老交大片区振兴）、基础设施改造（如打通断头路）、智慧城市建设等。	关于印发《唐山市中心城区城市更新专项规划（2021—2035 年）》的函
7 月 12 日	成都	《成都市住宅小区老旧电梯更新工作专项行动方案（2024 – 2027 年）》共四个部分，从总体要求、工作目标、工作内容、保障措施进行了详细规定。工作目标：2024 – 2027 年，每年更新（含换新、改造、大修）住宅小区投入使用年限满 15 年及以上，或投入使用年限未满 15 年（质保期已满）、故障率高、群众更新意愿强烈电梯 1000 部左右，四年共计 4000 部左右。	关于印发《成都市住宅小区老旧电梯更新工作专项行动方案（2024—2027 年）》的通知
7 月 15 日	济南	《管理办法》共分为总则、无障碍设施建设与维护、无障碍信息传播与交流、无障碍社会服务、保障措施、监督管理、附则等 7 章，共 35 条。	关于印发济南市无障碍环境建设管理办法的通知
7 月 17 日	杭州	按照“业主主体、政府支持、依法依规、积极推进”的原则，2024 年全市计划完成更新（含改造、大修，下同）已交付使用 15 年以上或电梯故障率高、安全隐患突出、群众有强烈更新需求且经电梯安全评估需要更新的普通住宅老旧电梯 200 台以上，到 2027 年底全市完成更新 800 台以上。	关于印发杭州市老旧住宅电梯更新实施方案的通知
7 月 18 日	南通	建筑领域方面。一是聚焦住宅电梯更新和加装。二是聚焦建筑施工设备更新和建筑节能改造。市政基础设施领域方面。一是聚焦市政管道等设备更新。二是聚焦城市生命线安全工程。	关于印发《南通市推进建筑和市政基础设施设备更新工作方案》的通知
7 月 23 日	日照	《行动方案》共 7 部分、28 条，分为三个板块。第一板块为第 1 部分，明确了日照市 2024—2025 年新型城镇化建设行动总体工作思路。第二板块为第 2~6 部分，提出深入开展产城融合、城镇能级提升、城市更新、农业转移人口市民化、城乡融合等五大攻坚行动。	关于印发日照市新型城镇化建设行动方案（2024—2025 年）的通知
7 月 24 日	全国	总体规划层面强调对城中村改造目标、区域和时序方面的引领作用，按照有效消除各类安全隐患、推动城市高质量发展的要求，确定城中村改造目标，划定城中村改造重点区域。详细规划层面统筹城中村改造的规划管控要求，建立分层传导的详细规划编制体系，作为实施依据，统筹好生产、生活、生态空间布局，把城中村改造融入城市整体发展。	自然资源部办公厅关于印发《城中村改造国土空间规划政策指引》的通知
7 月 29 日	成都	①构建西部农产品流通走廊。②培育西部能源产品流通走廊。③畅通矿产品原材料流通走廊。④构建内畅外联的现代流通网络。⑤发展有序高效现代流通市场。	关于印发成都市综合型现代流通战略支点城市建设方案的通知

5-7 续表 5

时间	地区	政策内容	政策来源
8 月 19 日	广州	为落实国家、省、市关于“平急两用”公共基础设施建设工作部署，指导存量资源进行改建、扩建并纳入“平急两用”公共基础设施清单，广州市住建局组织编制了《存量旅居类设施“平急两用”改造可行性评价技术要点》。	关于印发《存量旅居类设施“平急两用”改造可行性评价技术要点》的通知
8 月 20 日	广州	为落实国家、省、市关于“平急两用”公共基础设施建设工作部署，指导建设单位编制《旅居类“平急两用”公共基础设施“平时转急时”功能转换实施方案》，确保旅居类“平急两用”公共基础设施在“急时”能够在限定的时间内顺利转换，广州市住建局组织编制了《旅居类“平急两用”公共基础设施“平时转急时”功能转换实施方案编制指引》。	关于印发《旅居类“平急两用”公共基础设施“平时转急时”功能转换实施方案编制指引》的通知
9 月 3 日	沈阳	《办法》共五章 18 条。第一章总则，共五条（1 ~ 5）。明确了办法制定的目的、依据、适用范围、房票安置的定义、安置原则、市区工作职责等。第二章房票的核发与使用，共五条（6 ~ 10）。细化了房票核发程序和房票的使用规则，明确了房票票面金额的构成、房票奖励的条件和标准，规定了房票的使用流程。第三章房票管理系统，共三条（11 ~ 13）。明确了房票管理系统使用功能、资金管理和房源管理措施。第四章房票结算，共两条（14 ~ 15）。明确了房票结算流程。第五章附则，共三条（16 ~ 18）。明确了房票罚则、档案管理、政策解释权、施行日期等问题。	关于印发《沈阳市城中村改造住宅房屋征收房票安置实施办法（试行）》的通知
9 月 6 日	北京	土地过渡期政策主要是为了在城市更新过程中支持新产业、新业态发展，允许市场主体在五年内继续按照原土地用途和土地使用权类型使用土地（土地使用权类型指划拨、出让、租赁、作价出资或者入股等）。《实施细则》主要是针对使用土地过渡期政策的城市更新项目，在相关环节提出具体的工作流程和要求。在项目实施前，主要解决什么样的项目可以使用土地过渡期政策、谁来审查认定、如何监管等问题；在过渡期内，主要解决项目规划、建设、经营许可手续如何办理等问题；过渡期满时，主要解决如何处置、用地手续和不动产登记手续如何办理等问题。	关于印发《北京市城市更新项目国有建设用地过渡期支持政策实施细则（试行）》的通知
9 月 9 日	廊坊	加快重点行业技术改造。推进传统制造业转型升级。推动建筑领域设备更新。推进市政基础设施设备更新改造。	关于印发廊坊市推动大规模设备更新和消费品以旧换新实施方案的通知
9 月 9 日	北京	划定工作重点：①突出服务保障首都功能。②着力解决群众急难愁盼。③聚焦重点功能区域。④促进空间资源统筹。⑤鼓励自主更新改造。	关于印发《北京市城市更新实施单元划定工作指引（试行）》的通知
9 月 12 日	银川	①对具备条件的城市更新项目，优先推荐列入国家、自治区级重点项目。列入重点项目的，优先保障土地等要素供应。②市自然资源局根据城市更新专项规划，结合城市更新方式进行地价评估、确定土地用途、适当延长土地使用年限等工作。③城市更新项目涉及土地出让的，依据经市政府批准的项目实施方案，采取公开招拍挂（含带方案招拍挂）方式办理供地手续。④城市更新项目中，单宗新用地面积原则上不超过 3 亩，且累计面积不超过改造开发项目总面积的 10% 的“边角地”“夹心地”“插花地”等零星土地，以及不具备单独建设条件的土地，可与周边用地整合实施，纳入整体改造范围，重点用于完善片区公共服务设施，符合《划拨用地目录》的以划拨方式办理供地手续，涉及土地出让的，经市政府批准可采取协议出让方式，经营性用地（住宅、商业用地）必须采取招拍挂方式公开出让。⑤更新项目在符合规划且不改变用地主体的条件下，发展国家及本市支持的新产业、新业态的，由相应行业主管部门提供符合条件的证明文件，可享受按原用途、原权利类型使用土地的过渡期政策。	关于印发《银川市城市更新管理办法（暂行）》的通知

5-7 续表 6

时间	地区	政策内容	政策来源
9月19日	兰州	由业主共同决定对依法依规建设的住宅楼中已办理使用登记、使用年限长、配置水平低、运行故障率高、群众更新改造意愿强烈的老旧电梯实施更新或改造，对符合条件的电梯通过向上申请超长期特别国债予以补助。投入使用年限满15年以上的住宅老旧电梯可以申报。电梯更新每台定额补贴15万元，电梯改造每台定额补贴5万元。可提取住房公积金用于住宅老旧电梯更新改造。	关于印发《兰州市住宅老旧电梯更新改造实施方案》的通知
9月20日	汕头	总体目标：推动形成绿色发展方式和生活方式，完善城市固体废物管理体制机制，建立健全“无废城市”管理制度和技术体系，基本建成政府主导、市场运作、科技支撑、公众参与的共建共治共享管理体系，实现城市发展方式绿色转变，全力推动大宗工业固体废物贮存处置总量趋零增长、主要农业固体废物无害化处理、城市生活垃圾及建筑垃圾减量化及资源化利用水平全面提升、危险废物全过程安全管控，最终形成城市发展与生态环境保护和谐共生的新模式。	关于印发《汕头市“无废城市”建设实施方案（2023—2030年）》的通知
10月25日	上海	建设目标：到2025年“十四五”末，围绕做大做强国际化科技创新协同区、在线新经济引领区，在更大空间放大自贸试验区辐射带动效应，加快形成一批具有杨浦特色的改革创新成果，在推进杨浦联动创新区建设上取得显著成效。到2029年中华人民共和国成立80周年、人民城市理念提出10周年时，基本建成以数字经济为核心特色、具有较强科技创新活力的高标准自贸联动创新区。	关于印发《关于加快推进上海自贸试验区杨浦联动创新区建设的实施意见》的通知
10月29日	海南	①优化文明风尚环境，提升青年向心力。②优化高品质生活环境，提升青年承载力。③优化共建共享融入环境，提升青年亲和力。④优化创新创业环境，提升青年贡献力。⑤优化身心健康成长环境，提升青年活力。⑥优化保障服务环境，提升青年吸引力。⑦优化协同推进工作环境，提升青年工作合力。	关于印发《海南全域建设青年发展型城市实施方案》的通知
11月4日	山西	实施新一轮农业转移人口市民化行动。实施县域城镇化水平提升行动。实施现代化太原都市圈培育行动。实施城市更新和宜居韧性智慧城市建设行动。	关于印发山西省深入推进以人为本的新型城镇化战略实施方案（2025—2029年）的通知
11月11日	金华	金华市区城市基础设施配套费收费标准在省定指导标准范围内按下限执行，分别为：住宅每平方米30元，非住宅每平方米80元。	关于印发《金华市区城市基础设施配套费征收管理实施细则》的通知
11月20日	浙江	力争到2030年，围绕大宗商品全产业链，建设一批大宗商品特色功能岛，储运规模稳步扩大，精深加工链条不断延伸，贸易交易生态趋于完善，海事服务国际市场竞争力日益增强，粮食、能源资源等大宗商品资源配置能力和产业链供应链保障能力显著提升，初步建成功能完备的大宗商品储运、加工、海事服务基地和贸易、交易中心，打造具有区域竞争力和国际影响力的大宗商品资源配置枢纽。	关于印发《中国（浙江）自由贸易试验区大宗商品资源配置枢纽建设方案》的通知
11月26日	西安	更新改造范围。本市依法取得使用登记证书、使用年限长、配置水平低、运行故障率高、安全问题突出、群众更新改造意愿强烈的多业主普通单元老旧住宅电梯，适用本方案。重点支持使用年限15年以上（2009年1月1日前办理使用登记）、优先支持使用年限20年以上（2004年1月1日前办理使用登记）的老旧住宅电梯进行更新。	关于印发西安市老旧住宅电梯更新改造实施方案的通知
11月29日	海南	①支持开展国际数据中心业务。②明确促进数据跨境流动的具体路径。③强化网络和数据安全保障。	海南自由贸易港国际数据中心发展规定
11月29日	北京	《若干措施》综合考虑城市更新项目的土地取得成本、公共要素贡献等因素，从保障性租赁住房建设、危旧楼房改建、公共设施建设、产业类城市更新、地下空间开发利用、用地功能混合使用、出让土地使用权延期等七大方面提出了土地价款核定缴纳的措施，充分激发多元主体的更新意愿，推动城市更新项目落地实施。	关于印发《关于城市更新项目土地价款核定缴纳的若干措施》的通知

5-7 续表 7

时间	地区	政策内容	政策来源
12月5日	江苏	①实施农业转移人口市民化质量提升行动。②实施潜力县域城镇化水平提升行动。③实施现代化都市圈同城化水平提升行动。④实施城市功能品质提升行动。⑤实施城乡融合发展水平提升行动。⑥健全推进新型城镇化体制机制。	关于印发江苏省深入实施以人为本的新型城镇化战略五年行动计划实施方案的通知
12月16日	聊城	《意见》包括总体要求、重点任务、保障措施三部分内容。《意见》所提的重点任务包括以下6个方面。①片区规划方面。②乡村产业方面。③人居环境方面。④乡村治理方面。⑤农村要素资源方面。⑥强村富民方面。	关于加快推进乡村振兴片区建设的意见
12月18日	深圳	发放“训力券”。每年发放最高5亿元“训力券”，降低人工智能模型研发和训练成本。发放“语料券”。每年发放最高5000万元“语料券”，促进语料开放共享和交易，推动数据要素市场建设。发放“模型券”。每年发放最高1亿元“模型券”，降低人工智能模型应用成本。支持人工智能行业应用。每年投入最高1亿元，围绕先进制造业、现代服务业和科学研究等重点领域，推动人工智能赋能千行百业。	印发深圳市打造人工智能先锋城市的若干措施
12月27日	福建	《实施方案》分为六个部分，共二十二条。到2028年，全省常住人口城镇化率提高至73%以上，城乡居民收入比缩小到2.0以内，农业转移人口市民化质量显著提升，潜力地区新型工业化城镇化明显加快，福州都市圈、厦漳泉都市圈辐射带动作用更加凸显，城市更加宜居、韧性、智慧，人民高品质生活实现更大突破，推动人的全面发展、全体人民共同富裕取得更为明显的实质性进展。	关于印发《福建省推进以人为本的新型城镇化战略实施方案（2024—2028年）》的通知
12月30日	全国	按照《工业和信息化部办公厅关于组织开展2024年“5G+工业互联网”融合应用先导区试点工作的通知》（工信厅信管函〔2024〕336号），经地方申报、专家评审以及公示等程序，确定南京、武汉、青岛、深圳、苏州、上海、宁波、广州、沈阳、成都10个城市为“5G+工业互联网”融合应用试点城市，现予以公布。	关于公布2024年“5G+工业互联网”融合应用试点城市的通知

报告篇

主题报告

报告一　2025中国物业服务百强企业研究报告

第一部分　研究背景与目的

由北京中指信息技术研究院（下方简称“中指研究院”）与中国房地产 TOP10 研究组开展的“中国物业服务百强企业研究”，自 2008 年以来已连续进行十八年。这十八年中，研究组紧扣行业发展脉搏，深入研究物业服务企业经营规律，为促进行业良性运行、企业快速成长发挥了重要作用，相关研究成果已成为评判物业服务企业综合实力及行业地位的重要标准，对促进市场资源向物业服务百强企业聚集、推动物业服务百强企业高质量发展起到了重要作用。

2024 年，物业管理行业负重前行。在宏观经济持续承压的背景下，行业物业费降价风波迭起，质价不符现象仍然存在，物业费收缴难度增加，优质项目拓展内卷严重，增值服务潜力尚未释放。对物业服务企业而言，在存量市场下，企业间竞争加剧，市场拓展难度加大，业务发展遭遇瓶颈，一系列发展问题摆在面前。不少企业开始转变发展战略，由追求“规模”转为追求“效益”，由追求“数量”转为追求“质量”，不断探索新的发展路径，提升市场竞争力，加大优质赛道的拓展力度，争取早日突破困局。2025 年，行业有望焕发新的面貌，物业服务企业将在新的市场环境下坚守本源，务实前行，推动行业实现价值进阶。

在此背景下，中指研究院以“务实笃行，价值跃升”为主题，全面启动“2025 中国物业服务百强企业研究”，发掘一批规模大、实力强、服务品质高的物业服务企业，发挥示范带头作用，引领行业快速、健康发展。在总结十八年研究经验的基础上，中指研究院进一步完善了“2025 中国物业服务百强企业研究”方法体系，更加全面、客观地评价企业的综合实力。

2025 中国物业服务百强企业研究目的：

①科学评价企业的真实实力，发掘一批综合实力强、服务水平优、业主满意度高的优秀物业服务企业；

②系统总结优秀企业的服务理念和经营模式，供广大物业服务企业学习借鉴，促进物业服务企业提升运营水平和服务质量；

③以客观的数据和研究结果，反映行业最新状况和主流企业的发展态势，为有关部门制定研究政策和加强管理提供参考，为金融机构选择投资标的提供决策依据。

第二部分　百强企业研究方法体系

（一）评价指标体系

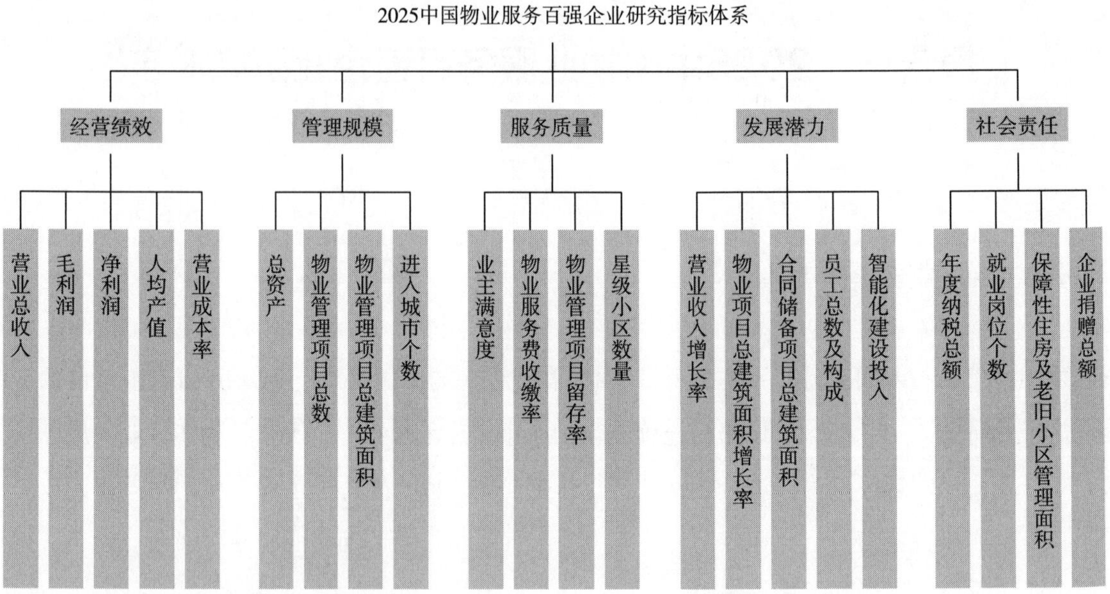

（二）评价指标体系设计原则

指标体系的设计遵循以下三个原则。

第一，管理规模与服务质量相结合。管理规模的持续扩大是物业服务企业提升市场占有率、获得稳定业绩的主要方式，而良好的服务质量是企业绩效提升的有力支撑，只有实现管理规模与服务质量的结合，才能实现企业的持续健康发展。中指研究院采用总资产、物业管理项目总数、总建筑面积、进入城市个数评价企业的管理规模；在服务质量的评定方面，采用星级小区数量、业主满意度、物业服务费收缴率及物业管理项目留存率等指标，综合评价企业的服务质量。

第二，经营绩效与发展潜力相结合。经营绩效不仅是衡量企业盈利能力和运营能力的重要指标，也是企业市场拓展和发展潜力的重要保障；丰富的储备项目及智能化建设投入展现出企业未来的发展潜力，营业成本率的控制则体现了企业的成本管控水平，对经营绩效有较大影响。

第三，经营业绩与社会责任相结合。作为与业主日常生活密切相关的行业，物业服务企业在构建和谐社会方面发挥了重要作用。企业对社会的积极贡献有利于提高群众对物业服务企业的认知度，树立企业品牌形象，促进企业快速发展。中指研究院采用年度纳税总额、就业岗位个数、保障性住房及老旧小区管理面积、企业捐赠总额四个指标评价企业的社会责任贡献，引导行业重视社会责任。

（三）计量评价方法

采用因子分析（Factor Analysis）的方法。因子分析是一种从变量方差—协方差结构入手，在尽可能多地保留原始信息的基础上，用少数新变量解释原始变量方差的多元统计分析方法。它将原始变量分解为公共因子和特殊因子之和，并通过因子旋转，得到符合现实意义的公共因子，然后用这些公共因子去解释原始变量的方差。计算中国物业服务百强综合实力时，主要是计算各构成要素的相关矩阵，通过相关矩阵得到特征值、累计特征值及因子载荷。根据最初几个特征值在全部特征值的累计百分率大于或等于某百分比的原则，确定公共因子的个数。然后根据因子载荷矩阵确定各个因子的现实意义并进行重新命名，最后根据不同企业各个因子得分及载荷矩阵，通过加权累加形成2025中国物业服务百强企业综合实力指数。

（四）门槛值

①依法设立、具有独立法人资格的企业；

②按照国际惯例和国内目前行业整体发展现状，中指研究院确定现阶段入选门槛值为：近三年平均在管项目数量不低于10个或平均在管项目总建筑面积不低于50万平方米；

③为了引导物业服务企业做大做强，中指研究院鼓励企业以集团的名义参与。

（五）复核审查

①企业财务数据通过会计师事务所出具的审计报告进行复核；

②对收集的数据坚持交叉复核：通过公开信息对企业填报数据交叉复核；对有疑问的数据中指研究院将进入项目进行调研访谈，现场复核；

③根据企业历史数据交叉复核。

企业填报数据经过复核存在疑义或未提供数据的企业未纳入本次研究范畴。

（六）实施原则

①自愿、诚信原则。此次活动由企业自愿参加，参加企业必须填报真实数据，并签署承诺书，对承诺内容负责。一经发现弄虚作假，取消评选资格。

②客观、公平、公正原则。中指研究院本着公平、公正的原则对企业申报的数据进行审查，对企业发展情况做出客观分析和全面评价。

③保密原则。活动过程中涉及的所有上报数据、审查结果均不得外传，如有泄漏，由责任人承担相应法律后果。

第三部分　2025中国物业服务百强企业名单

表1-1　2025中国物业服务百强企业

排名	企业名称	排名	企业名称
1	碧桂园服务	11	越秀服务集团有限公司
2	保利物业服务股份有限公司	11	河南建业新生活服务有限公司
3	中海物业管理有限公司	11	时代邻里控股有限公司
4	华润万象生活有限公司	11	新城悦服务集团有限公司
5	龙湖智创生活	11	卓越商企服务集团有限公司
6	绿城物业服务集团有限公司	12	广州天力物业发展有限公司
7	融创物业服务集团有限公司	12	远洋服务控股有限公司
8	金科智慧服务集团股份有限公司	12	杭州滨江物业管理有限公司
9	长城物业集团股份有限公司	13	山东省诚信行物业管理有限公司
10	深圳市金地物业管理有限公司	13	金茂物业服务发展股份有限公司

续表

排名	企业名称	排名	企业名称
13	中铁建物业管理有限公司	28	融通地产物业管理有限公司
13	南京银城物业服务有限公司	28	湖北联投城市运营有限公司
14	高地城市服务产业集团（复悦生活）	29	曙一物业服务有限公司
14	广州珠江城市管理服务集团股份有限公司	29	苏新美好生活服务股份有限公司
14	深业物业运营集团股份有限公司	29	鲁商生活服务股份有限公司
14	深圳市彩生活物业管理有限公司	29	上海中建东孚物业管理有限公司
14	金融街物业股份有限公司	30	上海复医天健医疗服务产业股份有限公司
15	鲁能物业服务有限公司	30	大华集团上海物业管理有限公司
15	鑫苑科技服务集团有限公司	30	上海东湖物业管理有限公司
15	重庆新东原物业管理有限公司	30	伟星物业
15	广州敏捷新生活物业管理有限公司	31	力高健康生活有限公司
15	宝石花物业管理有限公司	32	潍坊恒信物业管理有限公司
15	福建伯恩物业集团有限公司	33	厦门国贸城市服务集团股份有限公司
16	江苏银河物业管理有限公司	34	中电建物业管理有限公司
16	天骄智慧服务集团股份有限公司	35	云南鸿园电力物业服务有限公司
16	北京京城佳业物业股份有限公司	35	河南正弘物业管理有限公司
16	弘阳服务集团（南京弘阳物业管理有限公司）	35	北京科住物业管理有限公司
17	上海陆家嘴物业管理有限公司	36	众安智慧生活服务有限公司
17	广东康景物业服务有限公司	36	北京网信物业管理有限公司
17	佳兆业美好集团有限公司	36	成都德商产投物业服务有限公司
18	路劲物业服务集团有限公司	37	重庆海源怡生活服务集团有限公司
18	新希望物业服务集团有限公司	37	深圳第一亚太物业管理有限公司
19	青岛海尚海生活服务集团有限公司	37	西安高科物业服务管理有限公司
19	德信盛全物业服务有限公司	37	深圳市华创生活股份有限公司
19	中天城投集团物业管理有限公司	38	金服物业服务集团有限公司
19	世邦泰和（上海）物业管理有限公司	38	恒辉物业服务集团有限公司
20	成都蜀信物业服务有限公司	38	深圳市赛格物业管理有限公司
20	深圳市莲花物业管理有限公司	39	北京瑞赢酒店物业管理有限公司
21	重庆华宇物业服务集团有限公司	40	西安经发物业股份有限公司
21	南京朗诗物业管理有限公司	40	北京金泰物业管理有限公司
22	星悦康旅股份有限公司	41	重庆两江新区物业管理有限公司
22	和泓服务集团有限公司	41	中铁诺德城市运营服务有限公司
23	康桥悦生活服务集团有限公司	42	绘生活服务（巨和物业服务有限公司）
23	中交物业服务集团有限公司	42	泓盈城市运营服务集团股份有限公司
24	阳光恒昌物业服务股份有限公司	43	河南绿都物业服务有限公司
24	新日月生活服务集团股份有限公司	43	宁波荣安物业服务有限公司
24	山东绿地泉物业服务有限公司	43	重庆海泰管理服务有限公司
25	厦门联发（集团）物业服务有限公司	44	浙江大家物业服务集团有限公司
26	正商服务	44	贵州绿地物业管理有限责任公司
27	大悦城控股集团物业服务有限公司	45	河南亚新物业服务有限公司
27	永旺永乐服务管理集团有限公司	45	青岛天泰爱家物业服务有限公司

续表

排名	企业名称	排名	企业名称
45	中天美好生活服务集团有限公司	67	北京长峰新联工程管理有限责任公司
45	上海合创嘉锦物业管理有限公司	67	重庆高新数智安防科技有限公司
46	昆明银海物业服务有限公司	68	中國國信服務集團
46	北京北大资源物业经营管理集团有限公司	68	北京建工物业服务有限公司
46	成都嘉善商务服务管理有限公司	69	四川旅投商汇物业服务集团有限责任公司
46	中信泰富（上海）物业管理有限公司	70	四川蜀道物业服务集团有限责任公司
46	中建智慧城市服务有限公司	71	万怡物业服务有限公司
47	泛海物业管理有限公司	72	上海锦江城市服务有限公司
47	武汉城市服务集团有限公司	73	成都优品道物业管理有限公司
47	山西锦地物业管理有限公司	74	四川滨江鼎信物业服务有限公司
48	奥联服务集团股份有限公司	75	抱朴物业集团有限公司（深圳市抱朴物业服务有限公司）
49	上海复瑞物业管理有限公司	75	深圳市恒基物业管理有限公司
49	中建壹品物业运营有限公司	76	安徽新地锐意物业服务有限公司
49	广东省广晟城市服务有限公司	77	深圳市万厦世纪物业管理有限公司
50	长春赢时物业服务股份有限公司	78	天正云生活服务集团有限公司
51	惠之美生活服务集团有限公司	78	深圳市赤湾物业管理有限公司
52	浙江彩虹物业服务集团有限公司	79	上海海鸿福船物业管理有限公司
53	苏州书香服务股份有限公司	79	成都智荟生活服务有限公司
54	深圳德诚物业服务有限公司	80	苏州工业园区综保产业服务有限公司
55	宁波城广物业管理有限公司	80	安徽超禾物业有限公司
55	广西安信物业服务有限公司	81	贵阳欣和逸居物业管理有限公司
55	山西建投城市运营集团有限公司	82	南京汇仁恒安物业管理有限公司
56	安徽省高速地产物业管理服务有限公司	82	重庆瑞盈实业有限公司
56	杭州新大地园区运营服务有限公司	83	深圳企生活运营服务有限公司
57	北京北控物业管理有限责任公司	84	武汉宜居宜业服务管理有限公司
58	江山智联（江苏）物业服务有限责任公司	85	苏州中锐华田物业管理有限责任公司
59	贵阳市物业集团有限公司	85	深圳市绿景物业管理有限公司
59	武汉百步亭花园物业管理有限公司	85	北京首钢物业管理有限公司
60	苏州市天翔物业管理有限公司	86	上海复欣物业管理发展有限公司
61	浙江金昌物业服务有限公司	86	天津滨海一号物业管理有限公司
61	中能未来智慧城市服务集团（浙江）有限公司	87	湖州湖城投物业管理有限公司
62	浙江鸿城物业股份有限公司	88	广东钧明物业服务有限公司
62	重庆通邑卫士智慧生活服务有限公司	88	吉林省力旺智慧生活物业服务有限公司
63	武汉嘉信物业管理有限公司	89	深圳市城投物业管理集团有限责任公司
64	绿益物业服务集团有限公司	89	宜昌城投物业服务有限公司
64	重庆渝地康田智慧生活服务有限公司	90	江苏万邦物业服务有限公司
65	上海科箭物业服务有限公司	90	天津城投物业管理有限公司
65	云南城建物业运营集团有限公司	90	贵州深盛佳物业管理有限公司
66	上海临港漕河泾物业服务有限公司	91	武汉万嘉弘泰物业服务有限公司
66	中建四局城市运营管理服务有限公司	91	安居（深圳）城市运营科技服务有限公司

续表

排名	企业名称	排名	企业名称
92	湖北襄投物业管理有限公司	97	深圳市金众物业管理有限公司
92	江苏洁霸物业管理有限公司	98	浙江绿荣智慧城市运营服务有限公司
93	南京亿文物业管理有限责任公司	98	中铁十一局集团（湖北）城市运营服务有限公司
94	河南华信玖邻好生活服务有限公司	98	上海港城智慧空间物业服务有限公司
95	武汉正阳物业管理有限公司	99	高成物业管理有限公司
96	湖北长运物业服务有限公司	100	广东颐和酒店物业管理有限公司

第四部分　2025 中国物业服务百强企业发展特点分析

一、经营绩效：营收均值微幅增长，利润空间持续压缩

（一）营业收入同比增长 3.52%，基础服务占比进一步提高

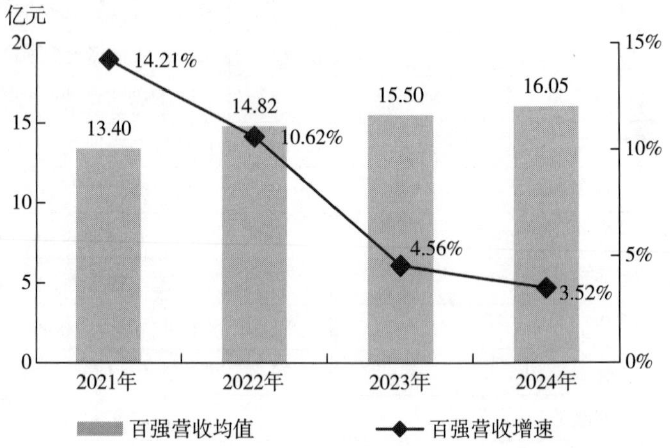

图1-1　2021—2024年百强企业营业收入均值与增速情况

近年来，受宏观经济与房地产市场结构性调整的影响，物业管理行业由“高速增长”转为“高质发展”，百强企业营收增速呈现持续放缓态势。2024 年，百强企业营业收入均值为 16.05 亿元，同比增长 3.52%，增速较上年回落 1.04 个百分点。究其原因，一是管理面积增速下降、物业费收缴情况不理想等因素制约了基础物业服务收入的增长；二是部分高收益、高毛利的增值服务因市场环境变化显著萎缩，导致营业收入增长动能减弱；三是市场竞争格局加剧，企业为争夺优质项目展开激烈竞争，“卷价格、卷服务”现象突出，叠加甲方预算压力，项目议价空间持续压缩。

尽管整体来看百强企业营收增速放缓，但不同类型企业间分化显著。增长较为稳健的企业主要包括以下三类：第一，大多数央国企经营较为稳健，如苏新服务、越秀服务 2024 年营业收入保持较高的同比增速，分别为 27.51%、19.99%；第二，拓展能力较强、品牌口碑较好的企业在当前的市场环境下仍然实现较快增长，2024 年，滨江服务实现营业收入[①]约 35.95 亿元，同比增长约 27.96%；第三，受关联方影响较小或完全独立的企业业绩更稳定，如彩生活 2024 年的营业收入同比增长 28.11%。而部分百强企业前期过度依赖关联方，发展过于激进或并购消化不良导致自身市场化能力不足，低质项目较多，发展陷入困局，

① 百强企业的营业收入分为三部分：基础物业服务收入、增值服务收入及创新型服务收入。其中，增值服务包括社区增值服务和非业主增值服务；创新型服务是指城市服务、IFM、商业运营、智能科技服务或企业特色的创新服务。

即使经过 2021 年至今近四年的调整，相关影响仍未全面出清，营业收入增长乏力甚至出现负增长。

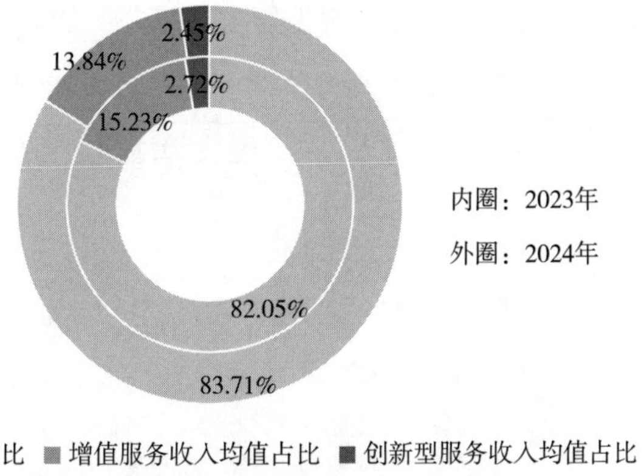

图1-2　2023—2024年百强企业营业收入构成情况

从收入结构看，2024 年，百强企业基础物业服务收入均值为 13.43 亿元，占比约 83.71%，同比提升 1.66 个百分点，在总营收中占据核心地位；增值服务收入占比 13.84%，同比下降 1.39 个百分点；创新型服务收入占比 2.45%，同比下降 0.27 个百分点。

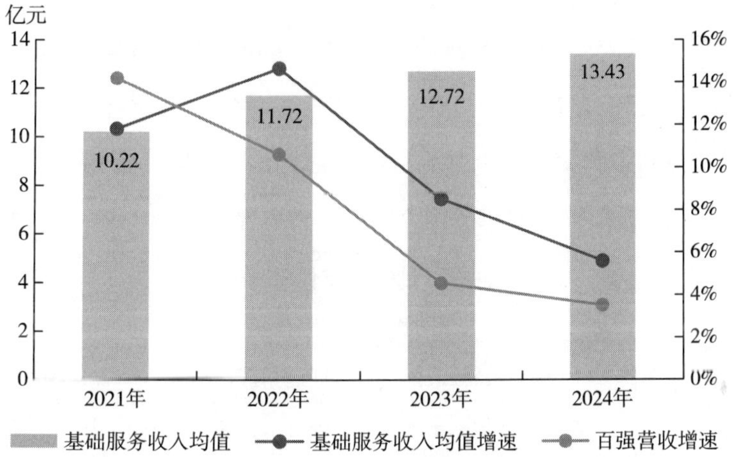

图1-3　2021—2024年百强企业基础服务收入均值及增长情况

从各业务板块增速来看，2024 年，百强企业基础物业服务收入均值同比增长 5.60%，高于营业收入均值增速，韧性更强，印证了百强企业在战略调整中持续夯实主业的经营逻辑；增值服务收入均值和创新型服务收入均值分别下降 5.93%、6.23%，多元业务发展面临困局。

（二）社区增值服务收缩聚焦，创新服务发展不及预期

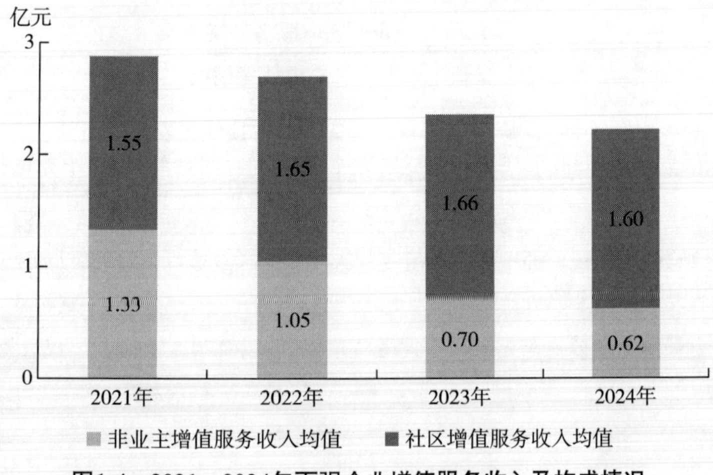

图1-4　2021—2024年百强企业增值服务收入及构成情况

2024年，百强企业增值服务收入均值为2.22亿元，同比下降5.93%，仍处于持续下降阶段。主要原因是上游房地产市场持续调整，使非业主增值服务受到较大影响。2024年，非业主增值服务收入均值为0.62亿元，同比大幅下降11.43%，业务或将持续萎缩。社区增值服务收入均值为1.60亿元，同比小幅下降3.61%，在增值服务收入中的占比约72.07%，已成为增值服务的核心业务。

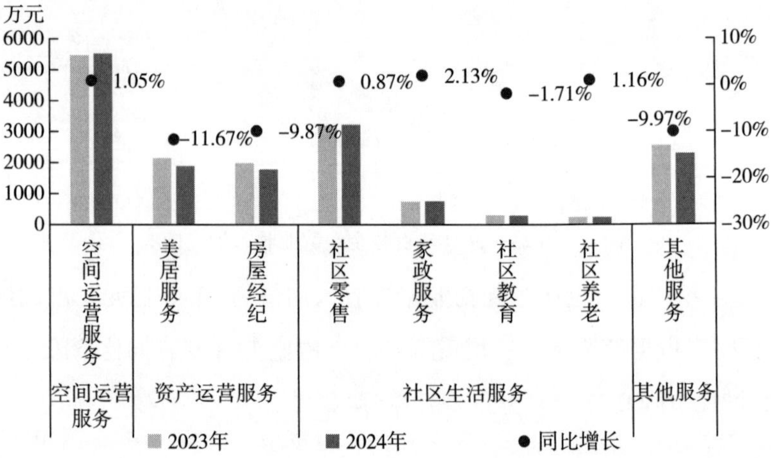

图1-5　2023—2024年百强企业各类社区增值服务收入均值及同比变化

具体来看，百强企业主要围绕“空间”“资产”“人”三类需求开展社区增值服务，秉承“收缩、聚焦”的战略发展原则。在空间运营方面，百强企业深耕存量需求，紧抓市场机遇，加强相关产业链合作，不断提升空间资源的有效利用率，让空间运营服务释放更大可能。

2025中国物业生态链优质服务商
天津锋物科技有限公司
深圳市思源计算机软件股份有限公司
郑州和尔解商业管理有限公司
北京通川科技有限公司

2024年，百强企业空间运营服务收入均值为5526.22万元，同比增长1.05%，占社区增值服务收入的34.54%，是百强企业社区增值服务的支柱业务。部分百强企业充分利用社区公共区域布局充电桩业务，提供便民服务，拓宽收入渠道。碧桂园服务打造“智享楼下充电”品牌，通过自营设备为业主提供更安全、更便利的两轮充电服务，截至2024年底，在全国超4000个社区运营约5万个充电桩，共计约50万个充电插座，累计注册用户数超340万。

表1-2　部分物业企业充电服务开展情况

企业名称	充电业务情况
碧桂园服务	打造“智享楼下充电”品牌，通过自营设备为业主提供更安全、更便利的两轮充电服务。截至2024年底，在全国超4000个社区运营约5万个充电桩，共计约50万个充电插座，累积注册用户数超340万。
世茂服务	其间接全资附属公司成都世茂天成与合营伙伴订立投资协议，订约方同意成立合营公司，以在中国建设及运营电动车充电站。
瑞森生活服务	旗下已有聚焦新能源汽车充电的“大斑马充电”，以及“这锂换电”智慧骑手换电站，后者注册骑手量位列南京第一。

在资产运营服务方面，新房销售及交付下行对房屋经纪和美居服务造成较大冲击。2024 年，美居服务收入均值为 1891.68 万元，同比下降 11.67%；房屋经纪业务收入均值为 1783.85 万元，同比下降 9.87%。百强企业逐步调整目标市场，更加注重挖掘存量市场需求，如在美居服务方面，聚焦二次装修、局部改造等业务，通过整合优质供应链资源，提升专业服务能力，满足业主不同的焕新需求，打开新的业务增长点。融创服务深化存量房市场格局，2024 年美居服务收入 6572.6 万元，同比增长 12.08%。

2025中国物业社区增值服务优秀企业
深圳市优你家互联网科技有限公司
广东天力物业服务有限公司
深圳市卓品商务服务有限公司
越秀服务集团有限公司
中建智慧城市服务有限公司

在社区生活服务方面，社区零售是收入占比最高的业务。2024 年，百强企业社区零售服务收入均值为 3224.61 万元，同比增长 0.87%。经历前几年资本热捧下的多番试错，物业企业对社区零售服务的探索更趋理性。部分企业认识到社区零售业务不具备发展潜力而主动选择退出；部分企业收缩社区零售业务，集中资源投向效益好、潜力大的业务；而具备零售业务优势的企业则更加注重与现有业务和商业资源的协同，优选产品和供应链，培养市场营销能力，进一步深挖服务需求，提高市场渗透度。新希望服务通过联动新希望集团旗下的草根知本、新希望乳业、新希望味业、徽记食品等板块，大力发展零售业务，2024 年，其线上、线下零售服务及餐饮服务收入为 1.62 亿元，同比增长 45.5%，增长较快。

表1-3　物业企业社区增值服务战略调整方向

战略类型	服务种类	战略调整内容	具体情况 / 案例
业务聚焦	家政服务	聚焦日常生活高频需求	集中开展家庭保洁、上门维修、家电清洗、送水服务
	美居服务	深挖存量房需求，聚焦二次装修、局部改造等业务	融创服务深化存量房局部改造、装修业务发展，美居服务实现逆势增长
	房屋经纪	聚焦二手房租售服务	龙湖智创生活的“塘鹅租售”品牌
	社区零售	精准定位业主核心需求，聚焦核心产品	保利物业主要聚焦刚需重物、节日礼品、品质标品、地理产品等几类核心产品
业务收缩	各类社区增值服务	退出不适合的业务类型	部分企业认识到零售业务不适合发展而收缩社区零售服务；永升服务放弃部分低效益、可持续性差的业务
	各类社区增值服务	退出不适宜的业务模式	部分百强企业退出家政服务的外部合作模式，集中发展自营模式

百强企业积极探索创新型业务，入局城市服务、团餐服务、商业运营等赛道，以期拓宽收入来源，挖掘新的业绩增长点。但受宏观经济环境承压、消费需求降低等因素影响，创新型业务发展不及预期，业务板块收入整体出现下滑。2024 年，百强企业创新型服务收入均值为 0.39 亿元，同比下降 6.23%。

IFM 业务对服务的专业性和综合性要求较强。百强企业主要以团餐服务、设施管理为切入点布局 IFM 赛道，但综合服务能力整体偏弱，当市场环境和服务需求发生变化时，业务收入难以保持持续增长。2024 年，部分百强企业的团餐服务收入受客户需求变化和拓展策略调整影响出现下降。与此同时，新城悦服务 2024 年的团餐年营业额超 5.5 亿元，同比增长 20%，展现了专业的服务能力。

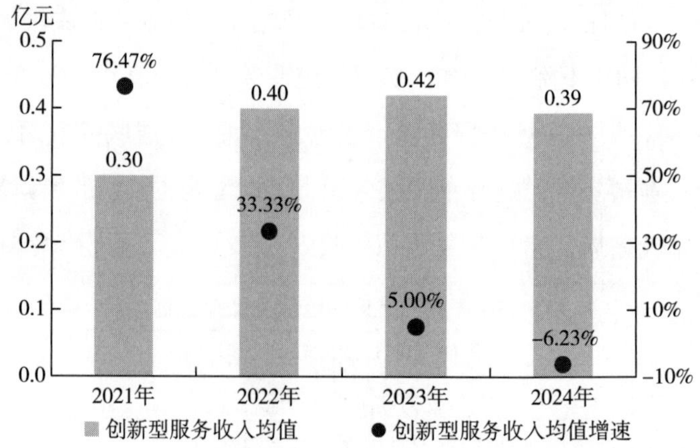

图1-6 2021—2024年百强企业创新型服务收入均值及同比变化

表1-4 **部分百强企业IFM业务开展情况**

类型	企业名称	业务涵盖内容
设施管理	长城物业	通过一站式的解决方案，满足客户多样化的需求，涵盖环境管理、安全管理、设施运维、能源管理、资产管理、空间管理、行政后勤综合运营服务、会议服务、膳食管理、EHS 管理、活动组织与宣传等服务。
	卓越商企服务	为客户提供全生命周期资产维护和全链条的综合服务解决方案，主要服务互联网、科技、金融、现代服务业等客户。
团餐	金地智慧服务 / 速派	为政府、学校、部队、企事业单位及社会大型活动提供创新和智慧的团餐解决方案。
	新城悦服务	已实现“物业 + 餐饮”组合的新型大后勤服务模式，在管项目超过 170 个，为金融机构、事业单位、企业、学校、医院、工厂等多个业态，提供员工餐服务、特色美食节服务、商务接待服务、冷餐服务、一对一专项服务。
	金科服务 / 金颐餐服	在全国 25 座城市设立 230+ 个服务运营项目，服务于大型银行、高等院校、大型医院、高新技术产业园区以及多地的政府机关、交通枢纽、科研院所、高新企业，持续为多元客户群体提供定制化的营养健康膳食保障。

在城市服务方面，百强企业面临较大的回款压力，部分百强企业对城市服务项目更加理性，主动退出效益不佳的项目，聚焦支付能力强、财政压力小的城市。整体看，该板块收入呈现下降趋势。2024 年，在披露城市服务收入的上市公司中，收入下降的企业占多数，碧桂园服务、世茂服务等城市服务规模较大的企业，该板块收入均出现下降，且降幅均超过 10%。

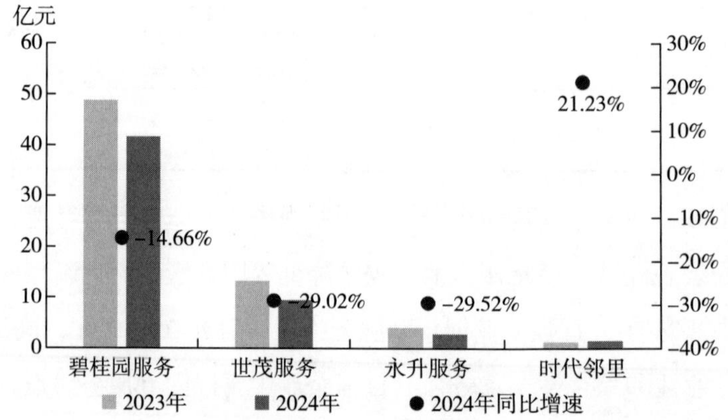

图1-7 2023—2024年部分上市公司城市服务收入及变化情况

商业运营服务收入也出现下滑趋势，且降幅明显。商业运营对专业服务能力要求较高，尤其在宏观环境承压的背景下，如果物业公司没有过硬的商业运营服务能力，该板块收入很难保持增长。如碧桂园服务 2024 年商业运营收入约 6.27 亿元，同比大幅下降 38.07%。而华润万象生活在该业务领域具备专业优势，

2024 年商业运营服务收入实现 62.74 亿元，逆势增长，同比增长 21.45%。

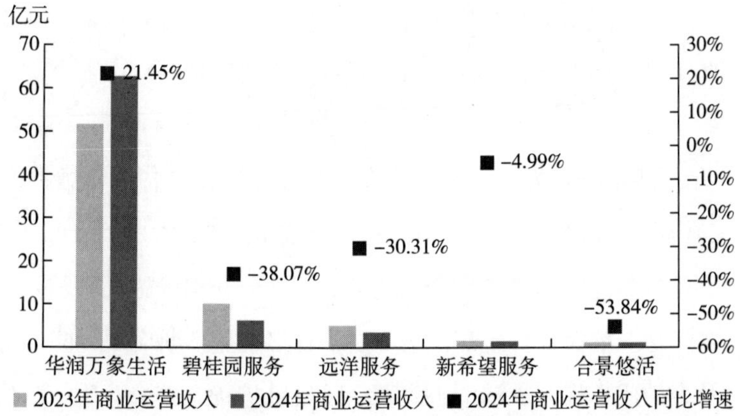

图1-8　2023—2024年部分上市企业商业运营服务收入及变化情况

2024 年，智慧科技服务板块表现疲弱，大部分企业该板块收入呈现下降趋势。绿城服务、世茂服务、时代邻里、东原仁知服务等企业智慧科技服务收入出现不同程度的下跌，这与房地产行业整体低迷及宏观消费环境承压有密切关系。

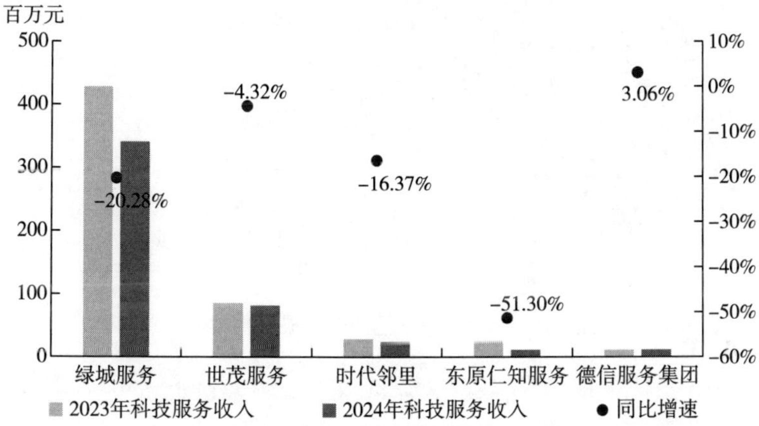

图1-9　2023—2024年部分上市企业智慧科技服务收入及变化情况

（三）员工成本占比下降，运营维护成本占比提升，成本结构持续优化

2024 年，百强企业营业成本均值为 12.86 亿元，同比增长 4.80%，增速较上年下降；营业成本率为 80.13%，较 2023 年提升 0.98 个百分点。百强企业降本增效策略取得一定成效，但仍面临较大的成本管控压力。

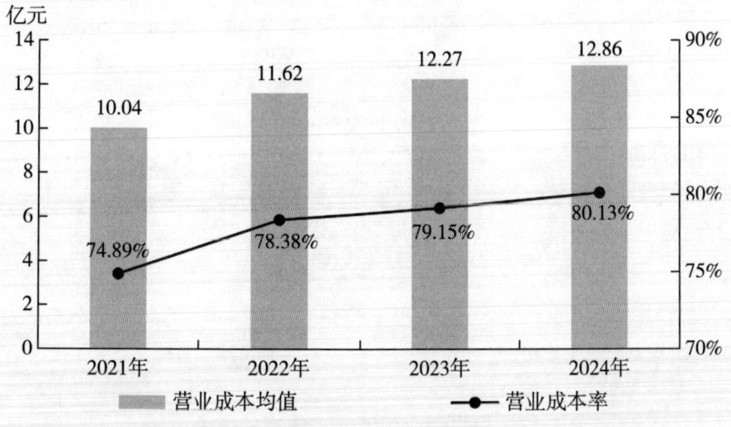

图1-10　2021—2024年百强企业营业成本均值及营业成本率情况

一方面，业务发展带来的运营成本增加、人工成本的刚性支出、智能化建设产生的维护、运营成本提升等诸多因素导致百强企业营业成本持续维持高位；另一方面，随着行业调整加剧，百强企业营业收入增速不断放缓，收入增速低于成本的增速，从而导致营业成本率持续攀升，百强企业仍然需要高度重视成本管控问题。

从营业成本构成来看，百强企业员工成本占比有所下降，设施设备运营维护成本占比有所提升，成本结构进一步优化。2024 年，百强企业人员费用占总营业成本的 54.71%，较 2023 年减少 2.12 个百分点；物业共用部分共用设施设备日常运行和维护费用、物业共用部分共用设施设备及公众责任保险费用占比分别为 10.86%、1.35%，均较上一年度有所提升，主要由于百强企业不断应用智能设备替换传统设备，加强智能化建设，导致运营及维护成本提升；清洁卫生费、秩序维护费、办公费用、绿化养护费和其他费用占比分别为 9.28%、4.62%、3.01%、2.41% 和 13.76%。清洁卫生费和秩序维护费占比较去年小幅提升，与百强企业加大外包业务比例有一定关系。

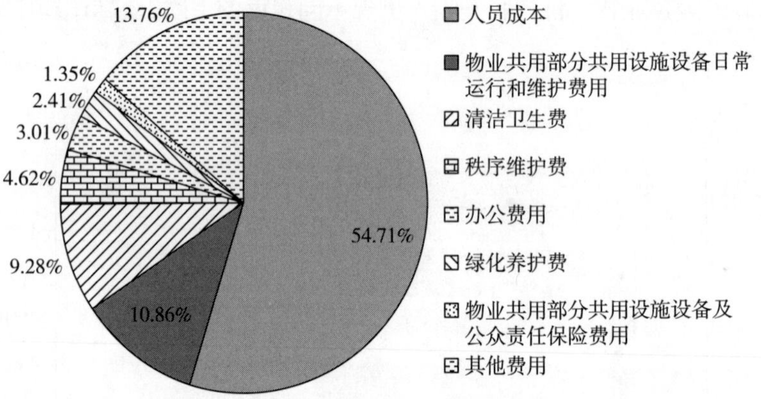

图1-11　2024年百强企业营业成本构成情况

近两年，百强企业将人员成本视为成本管控的核心，多措并举降低人员成本。百强企业持续优化组织架构，落实扁平化管理，提高决策效率；借助多元化用工模式、科学定岗等方式优化人力资源；通过科技赋能、技术替代人工、业务外包等举措管控员工成本。如碧桂园服务针对物业服务保洁场景，自主研发全自动扫洗机器人“零号居民”、全能工作站和 AIoT 等硬件设备，以及配套的人机交互系统、数字化运营平台和机器人调度系统，通过“人机”协同，提升保洁效率，降低服务成本。此外，百强企业亦注重文化建设，增强员工归属感，降低流失率，避免不必要的人员成本。

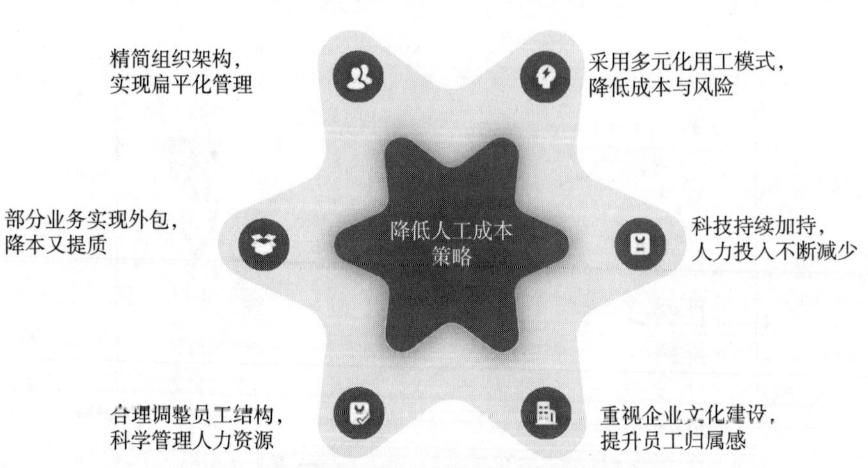

图1-12　百强企业降低人工成本的主要策略

（四）利润率水平下滑，风险进一步出清，行业理性回归

2024 年，百强企业“增收不增利”现象仍在持续，毛利润与净利润均呈下降趋势。2024 年，百强企业毛利润均值为 3.19 亿元，同比下降 1.34%；净利润均值为 7990.71 万元，同比下降 4.71%。关联方流动性危机和前期不良并购对物业公司造成的影响周期较长，导致毛利润和净利润进一步“挤水”。从毛利润构成来看，基础服务毛利润贡献超八成，增值服务及创新型服务毛利润继续下滑。2024 年，基础服务毛利润占比 80.24%，较上年提升 1.71 个百分点；增值服务毛利润占比下降 1.54 个百分点至 17.94%；创新型服务毛利润占比 1.82%，同比微降。

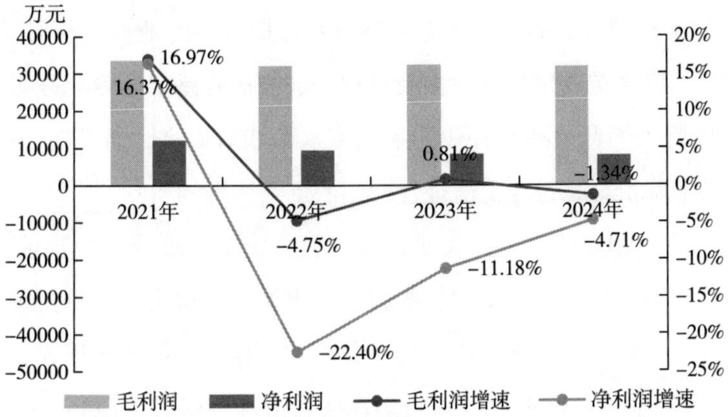

图1-13　2021—2024年百强企业毛利润均值、净利润均值及增速情况

毛利率和净利率持续下探。2024 年，百强企业毛利率均值为 19.87%，较上年下降 0.98 个百分点，其中基础物业服务、增值服务及创新型服务的毛利率均出现下降；净利率均值为 4.98%，首次降至 5% 以下，较上年下降 0.43 个百分点。

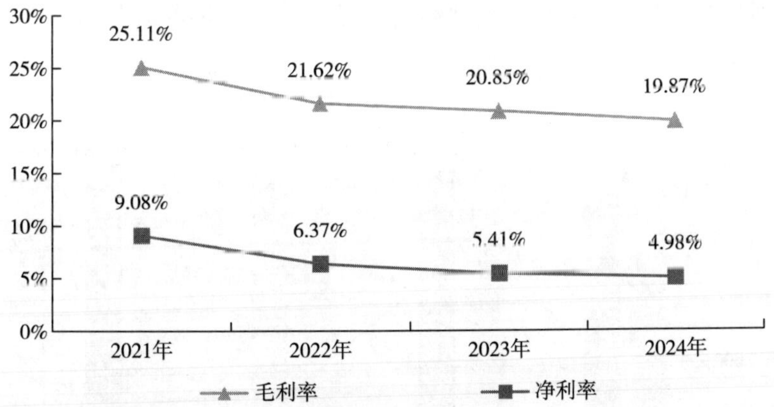

图1-14　2021—2024年百强企业毛利率和净利率均值

从企业经营层面看，非业主增值服务的持续收缩以及部分高毛利社区增值服务的调整，对毛利率产生较大影响，部分企业非业主增值服务毛利率已降至 10% 以内，碧桂园服务和时代邻里 2024 年非业主增值服务毛利率分别为 1.60%、5.50%；关联方流动性危机及前期不良并购带来的不利影响仍然存在，部分企业因商誉减值、资产减值等因素导致净利润持续下滑甚至亏损，净利率下降。2024 年，融创服务金融资产减值损失净额高达 13.88 亿元，是造成净利润亏损 4.33 亿元的重要原因；越秀服务 2024 年商誉减值 2.37 亿元，也是净利润大幅下降的主因。自房地产流动性危机以来，关联物业公司风险尚未完全出清，不良并购导致的商誉减值问题也仍然存在，影响周期相对较长。

表1-5　　2023—2024年部分上市企业各类资产减值情况

科目	企业名称	2023 年（亿元）	2024 年（亿元）
商誉及无形资产减值	碧桂园服务	14.76	9.90
	合景悠活	2.56	7.13
	越秀服务	—	2.37
金融资产及合同资产减值	碧桂园服务	25.94	6.64
	融创服务	8.50	13.88
	金科服务	14.71	5.57
	远洋服务	2.60	2.54

从业务特征上看，物业管理行业的核心业务是基础物业服务，专业壁垒相对较低，服务附加值较低，服务差异化不显著，特色品牌优势难以建立。而餐饮服务、酒店管理、家政服务等其他服务业均对专业人才和特色服务能力要求较高，因此这些服务业的毛利率水平相对更高，通常在 30% 以上。相比而言，当前物业管理行业毛利率的下降恰好是行业价值理性回归的重要体现。

此外，从行业属性上看，物业管理行业关乎民生，具备公共事业属性。当前，我国物业管理行业的利润率回调，本质上是挤出泡沫后的价值重塑，既符合民生属性，也为行业可持续发展奠定了基础。物业管理依托在管项目的持续服务获取稳定现金流，形成典型的“现金流”业务模式。物业管理主业本应呈现“低杠杆、低毛利”的财务特征，但前期在资本市场热捧和地产关联方资源倾斜的双重作用下，行业整体毛利率曾达到非理性高位，近几年正理性回归。

二、管理规模：管理面积增速放缓，从“扩规模”到“增绩效”

（一）管理面积同比增长 2.18%，由“拼面积”转为“拼效益”

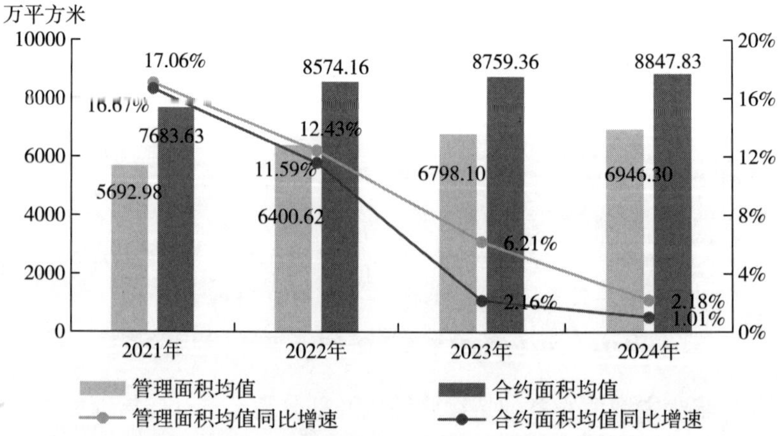

图1-15　2021—2024年百强企业管理面积、合约面积均值及变化情况

在宏观经济与房地产市场下行的大背景下，物业管理行业逐步转入存量市场，竞争加剧。物业服务百强企业更加理性、务实，聚焦质量和效益，管理面积增速进一步下降。截至 2024 年底，百强企业管理面积均值为 6946.30 万平方米，同比增长 2.18%，增速较上年下降 4.03 个百分点；合约面积均值为 8847.83 万平方米，同比增长 1.01%，增速较上年下降 1.15 个百分点。自 2021 年以来，百强企业管理面积增速持续下降。从行业整体看，房地产市场下行导致增量空间持续收缩，新房交付量大幅减少，对物业公司规模

增长造成较大影响。从企业发展策略看，企业由追求“规模”转为追求“效益”，由追求“数量”转为追求“质量”，聚焦优质项目，退出劣质项目。从企业分化角度看，不同类型、不同性质的企业增速差异较大，部分百强企业管理面积出现负增长，从而拉低了百强企业整体增速。

1. 行业增量空间缩小，管理面积增速放缓

自2021年以来，我国房地产市场供需关系发生重大变化，进入深度调整阶段，增量市场持续收缩。2024年，我国新建商品房销售面积约9.74亿平方米，同比减少12.86%，近年来持续处于下降趋势；房地产开发企业新开工房屋面积约7.39亿平方米，同比下降22.99%，降幅较大，较2021年（19.89亿平方米）下降62.85%。2024年，房地产开发企业竣工面积下降至7.37亿平方米，同比降幅约为27.70%，创近年来新低。

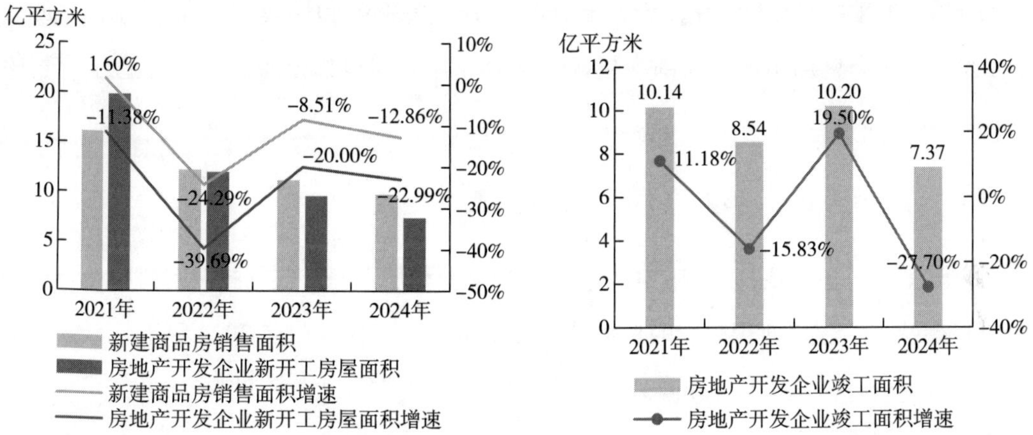

图1-16　2021—2024年全国新建商品房销售面积、房地产企业新开工房屋面积及竣工面积情况

伴随房地产市场的深度调整，物业管理行业规模的增量空间逐步缩小。面对这一重大市场变化，百强企业承接新项目的数量逐步减少，管理面积增长面临较大压力。此外，由于新项目物业管理收费普遍更高，设施设备维护及维修成本较低，项目质量较高。长期看，新项目减少将会影响管理项目的平均质量，对物业公司降本增效造成一定影响。

2. 企业注重高质量可持续发展，主动优化项目组合

面对新的市场环境，百强企业转变发展策略，聚焦优质项目，及时退出不盈利或者问题突出的低质项目，建立动态的优化调整机制，注重“质”的提升，弱化“量”的增长。金科服务2024年退出项目的合计在管面积近2000万平方米，主要原因在于公司通过合理的短期投入，换取有质量的规模增长，对非核心区域的负贡献项目选择主动退管，以谋求公司可持续健康发展。

表1-6　2024年部分百强企业管理面积终止情况及原因分析

企业名称	2024年项目终止情况	战略因素
彩生活	终止合约面积5860.8万平方米	基于战略发展原因不再重续若干物业管理合约的项目，优化项目结构。
金科服务	终止在管面积1922.8万平方米	通过合理的短期投入，换取有质效的规模增长，对非核心区域的负贡献项目选择主动退管，以谋求公司可持续健康发展。
时代邻里	终止在管面积1059.2万平方米	包括到期自愿不续约的项目，目的是将资源重新分配给收益及回款更优质的项目。
滨江服务	终止在管面积341.7万平方米	为进一步整合业务资源，优化资源配置，退出部分项目。

主动退出低质项目表面上看对公司的规模发展不利，但百强企业已经深刻意识到问题的本质：如果项目质量不达标，运营管理问题突出，成本管控难度大，甚至出现亏损，这样的项目即使数量再多也不能产生价值，反而会拖累公司的经营效益。因此，优化项目组合是提升经营效益的重要举措，有利于公司实现长远稳健发展。

此外，部分百强企业不再设定管理面积目标，甚至部分上市公司在年报中不再提及或披露相关数据。管理面积作为行业重要的评价指标，既是物业管理收入的基础，也是多元服务孵化的空间。但随着行业的发展、市场环境的变化以及百强企业意识的觉醒，包括新城悦服务、合景悠活、瑞森生活服务等在内的部分百强企业均不在年报中披露管理面积相关数据。这表明：第一，物业公司的发展策略由“面积导向”向“效益优先”转变；第二，伴随增值服务、城市服务、IFM 等业务的不断探索和发展，管理面积和营业收入的相关性逐渐弱化，企业更注重提升服务密度和坪效，而非单纯追求面积大小；第三，百强企业管理的业态更加多元，精细度更高，部分非住宅项目如公园、景区、墓地等本身没有建筑面积。

3. 管理面积下降的企业数量增多，企业间分化严重

由于百强企业主动对在管项目进行优化调整，退出部分低质项目，当新拓项目规模小于退出项目规模时，管理面积将会减少。管理面积减少的百强企业数量呈增长趋势。截至 2024 年末，百强企业中管理面积下降的企业约占 10%，同比增长 4 个百分点，规模负增长的现象进一步加剧，也在一定程度上拉低了百强企业管理面积平均增速。

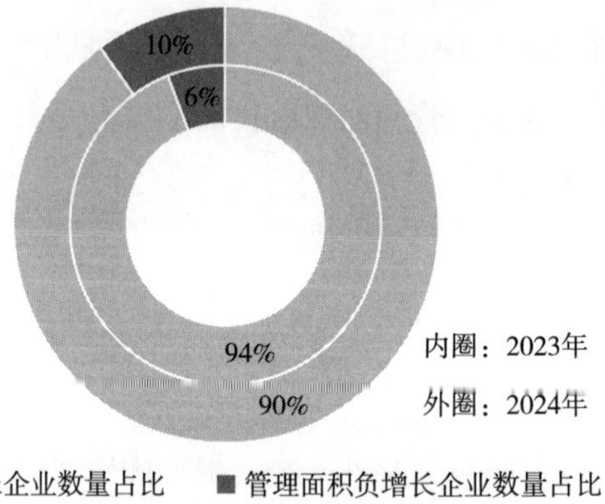

图1-17 2023—2024年百强企业管理面积增降分布情况

不同企业管理面积的增降情况差异较大。2024 年，彩生活、星悦康旅的管理面积分别下降 13.85%、10.34%；滨江服务的管理面积增长较快，增速在 20% 以上，企业间规模增长情况分化显著。管理面积增速相对较快的企业集中在部分国企，以及市场化拓展能力强、服务品质高、品牌影响力大的企业。

（二）加大非住宅细分赛道拓展力度，但管理面积占比未显著提升

无论从行业发展趋势还是企业经营角度看，进军非住宅领域都是必然趋势，既为行业打开更大的市场空间，也为企业创造更多发展机会。首先，新建住宅开发总量明显下降，优质存量住宅项目的稀缺性增强，市场竞争尤为激烈，而在公共服务市场化、产业升级等背景下非住宅市场蕴含更多发展机遇，医院、学校、机场、轨道交通、光伏电站、机关单位后勤等领域的服务需求不断释放。其次，住宅物业项目

存在收缴率偏低、物业费提价困难、成本管控难度大、业主关系复杂、管理难度高等问题，倒逼百强企业加大非住宅领域的布局。再次，非住宅项目平均物业费更高，企业拓展非住宅项目的边际收益显著高于住宅项目，有利于企业提升经营效益。2024 年，经发物业、京城佳业的非住宅管理面积占比分别为 57.60%、37.20%，均较各自非住宅物业服务收入占比低约 20 个百分点。最后，基于非住宅领域，可延伸的专业服务种类丰富，发展空间巨大。如设施管理、餐饮服务、行政服务、消毒服务、能源管理等都是百强企业可以拓展的服务空间，有助于提升服务密度，为企业未来业务发展奠定基础。

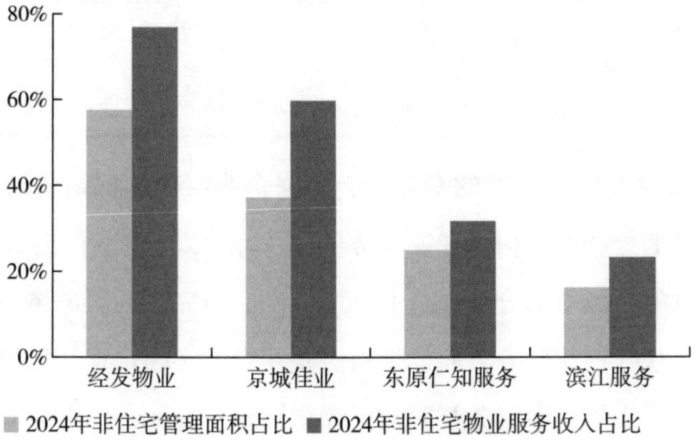

图1-18　2024年部分百强企业非住宅管理面积及物业服务收入占比情况

1. 非住宅赛道不断细化，专业服务构筑竞争护城河

百强企业对细分特色赛道的拓展除常见的商业、办公、产业园等业态之外，已逐步拓展到学校、医院、场馆、军队、公园、景区、机场、轨道交通、高速服务区、机关单位、充电站等多元化的服务对象，多样化且专业化的特色业态、特色服务为企业扩大营收来源提供了保障。如保利物业在公共物业领域加大力度布局景区、高校及教研物业、轨道及交通物业、医院物业、城市公共设施等多种细分业态。

非住宅业态种类繁多，特色突出，对服务的个性化、专业化、精细化要求更高，不同业态的服务侧重点差别较大。如医院物业对清洁、消毒、医疗废弃物处理等有极高的要求，甚至要求物业服务人员也需具备基础的医疗专业知识；学校物业对秩序安全、餐饮安全等方面关注度较高；场馆物业和轨道交通对各类设施设备管理的要求较高；商企服务则侧重具备较强的综合服务和定制化服务能力。

表1-7　非住宅细分业态的专业服务要求及代表性物业企业

业态	服务对象	专业服务要求	代表性企业
医院	病人、医护人员、医疗机构	①清洁、消毒、医疗废物处理等服务要求严格； ②具备基础的医疗专业知识，设施设备使用维护等能力要求高； ③ 24 小时持续不间断的服务保障和较强的应急处理能力。	复医天健 金科服务 融创服务
学校	学生、教师	①安全管理是第一要务，包括秩序安全、餐饮安全等； ②确保学习环境、办公环境的舒适、安静、便利； ③具备图书馆、体育馆设施管养、活动组织的专业服务能力。	东吴服务 京城佳业
场馆	社会公众、运动员、演员等	①各类设施设备的管理能力，包括维修、保养、设备升级； ②完善的安全管理机制和应急处理能力； ③活动策划、安排与执行能力，确保用户体验。	珠江城市服务
轨道交通	乘客、服务人员	①上下水道、照明、报警系统、监控系统等复杂的设施管理能力； ②掌握信息化管理工具和方法，提高管理效率。	中交服务 越秀服务

续表

业态	服务对象	专业服务要求	代表性企业
工地物业	工人、施工单位	①人员流动性小，服务空间更加封闭，需提供餐饮、零售、洗衣、宿舍管理等服务满足工人日常需求； ②因涉及人身安全，宿舍安全管理和工地的安全管理要求高。	京城佳业
景区	游客、旅行社、景区工作人员	①须具备较强的秩序管理、安全管理及应急处理能力； ②活动、演出的安排及现场综合管理能力； ③整洁、宜人的环境打造能力。	保利物业
商写	企事业单位、员工	①具备较强的综合服务能力，能提供设施管理、餐饮、安保、清洁、会务等一揽子服务； ②满足客户定制化的服务需求，对服务人员的专业性要求高。	卓越商企服务

面对非住宅项目的复杂性及服务要求的专业性，百强企业深刻认识到适配且专业的服务能力的重要性，结合自身优势深度布局细分赛道，构筑专业服务壁垒，并“以点带面”深挖细分领域蓝海市场，稳固市场竞争地位。如在医院服务领域，部分百强企业已形成专业而完善的服务体系，并以此构筑市场竞争壁垒，主要服务内容包括：在基础物业服务方面，针对医院客户的实际需求，提供医用级环境保洁、高效中央运送、专业化设施管理、安心的秩序服务等；在医疗支持服务方面，以专业性和规范性为基础，提供陪护、导医等服务；在配餐管理服务方面，以患者为中心提供标准化配餐服务。

在商业写字楼领域，服务边界进一步扩大到项目的“全生命周期”运营管理中，具备相应服务能力的百强企业需要分别围绕建筑物本身、建筑使用者和所有者的多元需求，打造多种经营和服务能力，在传统的物业服务之外提供设施管理、能源管理、商业租赁、资产管理等服务，构建多样化的服务能力以满足不同目标群体的特定需求，构筑市场竞争的坚实护城河。

表1-8　2025中国专项物业服务力优秀企业

住宅物业	
中海物业管理有限公司	四川邦泰物业服务有限公司
龙湖智创生活	中电建物业管理有限公司
保利物业服务股份有限公司	大华集团上海物业管理有限公司
长城物业集团股份有限公司	广东钧明物业服务有限公司
深圳市莲花物业管理有限公司	上海中建东孚物业管理有限公司
时代邻里控股有限公司	广东天力物业服务有限公司
重庆华宇物业服务集团有限公司	粤海物业服务有限公司
深业物业运营集团股份有限公司	吉林省力旺智慧生活物业服务有限公司
商业物业	
碧桂园服务	越秀服务集团有限公司
华润万象生活有限公司	粤海物业服务有限公司
河南正弘物业管理有限公司	深圳星河智善生活股份有限公司
办公物业	
时代邻里控股有限公司	北京长峰新联工程管理有限责任公司
金茂物业服务发展股份有限公司	中建壹品物业运营有限公司
上海中建智地物业服务有限公司	万怡物业服务有限公司
奥联服务集团股份有限公司	上海港城智慧空间物业服务有限公司
产业园区物业	
苏州工业园区综保产业服务有限公司	北京长峰新联工程管理有限责任公司
上海科箭物业服务有限公司	天骄智慧服务集团股份有限公司

2. 非住宅管理面积占比基本稳定，项目存在不确定性风险

百强企业积极拓展非住宅项目，加大力度布局非住宅细分赛道，但从数据上看，非住宅管理面积占比未有显著变化。2024年，百强企业非住宅业态管理面积占比达34.21%，与上一年基本保持一致，非住宅拓展成效从数据看并不明显，表明非住宅项目在实际拓展和管理过程中仍然存在一定难度。

从项目拓展方面看，近几年非住宅赛道的竞争日益激烈，加之宏观环境的变化，使物业公司在拓展非住宅项目时面临诸多挑战，包括价格竞争激烈、客户支付能力减弱、回款周期延长、客户需求升级等问题。因此，百强企业应结合自身资源禀赋理性拓展非住宅项目，不断洞察客户需求变化，培养专业服务能力，提升项目拓展能力和市场竞争力。

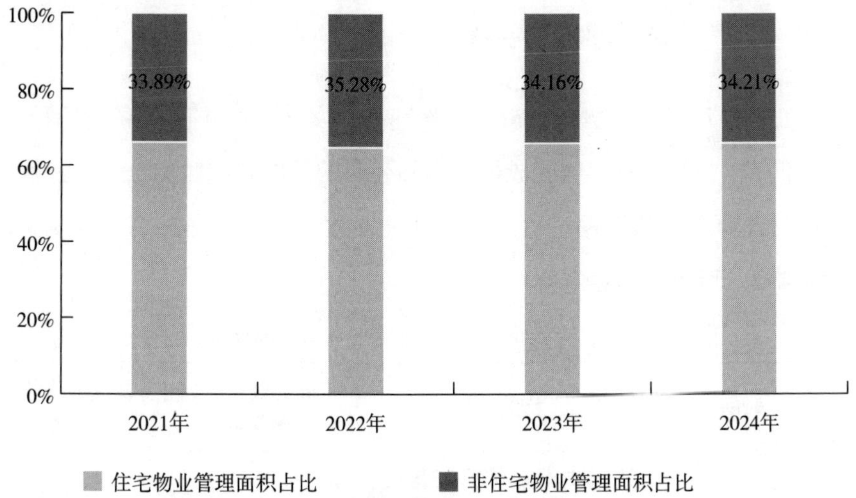

图1-19　2021—2024年百强企业管理面积业态分布情况

从项目保有方面看，非住宅项目多为单一业主，采用严格的招投标流程，常见的招标周期为1~3年；而住宅项目多为前期物业合同，如需变更或续约需经业主大会表决，决策成本更高、难度更大。因此，非住宅项目即使"拿得下"，也未必"保得住"，不确定性更强。百强企业需要不断提升专业服务能力，持续保持与业主的密切联系，尽量规避各类不确定因素导致的项目流失风险。

（三）多维度强化市场拓展能力，并购市场存在资源整合机会

1. 第三方管理面积占比54.83%，基本保持稳定

2024年，百强企业第三方管理面积占比达到54.83%，同比微增0.30个百分点，基本维持稳定。近几年，从房地产市场、物业管理行业发展趋势以及百强企业拓展策略看，第三方管理面积占比理论上应呈现显著提升。一方面，百强企业中具备关联方的物业公司占比约八成，而关联地产公司的竣工面积和新房销售面积整体显著下降，增量空间持续收缩；另一方面，百强企业积极投身市场化外拓，拓展第三方项目，提升市场化水平。但整体来看，第三方项目管理面积占比并未显著提升，而呈现出波动维稳的状态。究其原因，一方面，部分百强企业长期依赖关联公司项目供给，市场化拓展能力较差，很难在激烈的竞争中获取项目；另一方面，市场化拓展方向更多地集中在非住宅领域，项目的不确定性更大，留存率更低。因此，从数据上看，第三方管理面积占比未有显著提升，这也表明百强企业在市场化的道路上仍面临一定压力。

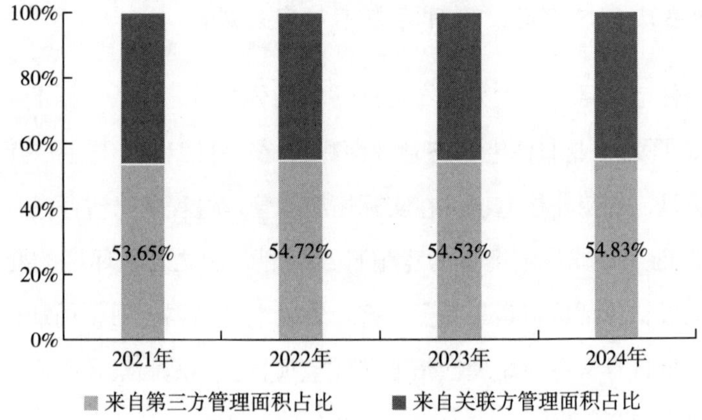

图1-20　2021—2024年百强企业管理面积来源及占比情况

2. 并购市场更趋理性，资源整合或将加速

并购是物业公司布局多元赛道、切入新市场与新业务、实现规模扩张的高效途径。我们曾深度研究国外的优秀物业企业和IFM企业，发现这些成熟的国际公司的发展史同时也是一部并购史。2020年前后，我国物业管理行业并购市场进入热潮期，后因市场环境变化、经营管理冲突、投后管理不到位等原因，2022年开始热度逐渐消退，市场变得愈发理性。

表1-9　　2024年以来部分物业企业收并购情况

并购方	时间	标的	标的公司主营业务	披露交易总金额（亿元）	股权份额
苏新服务	2025年2月	连云港港口维修工程有限公司	环卫、绿化、工程维修	0.24	51%
世茂服务	2025年1月	深圳世路源环境	城乡环卫一体化	0.83	33%
和泓服务	2024年12月	万晟物业	物业管理	0.65	30%
绿城服务	2024年12月	杭州港誉	商用物业运营服务	0.09	100%
东原仁知服务	2024年6月	上海长青社康养	康养服务	0.28	91%
鲁商服务	2024年2月	山东鲁健	电梯系统维护保养	0.05	100%
金茂服务	2024年1月	润物嘉业	物业管理	3.24	100%

资料来源：中指数据库·物业版。

2024年以来，行业发生多个并购案例，但从整体看并购市场热度并不高。其中，约一半是集团内部优质资源的整合，如绿城服务收购杭州港誉、东原仁知服务收购上海长青社康养、鲁商服务收购山东鲁健，均属于内部优质资源的整合，并非市场化并购。几宗市场化并购的交易金额普遍较小，表明并购主体将更加理性。未来，并购市场仍然存在整合机会，可能呈现以下趋势：第一，集团内部优质资源整合将加速，其中地方国企表现更明显，如经发物业、泓盈城市服务已通过并购整合区域资源成功上市，成为区域性头部企业；第二，未来市场并购标的可能主要集中在“小而美”的公司，那些规模不大但优质的物业公司或专业公司将受到青睐；第三，并购主体更谨慎，业绩对赌与有条件并购成为风险控制的标配，投后管理则从“形式合规”升级为“注重价值实质”。

表1-10　　2024年以来部分物业企业出售资产的典型案例

出售方	时间	标的	股权份额	卖价
绿城服务	2024 年 11 月	澳大利亚早教公司 MAG	11.64%	0.16 亿澳元
世茂服务	2024 年 9 月	金沙田科技	60%	2.5 亿元
碧桂园服务	2024 年 9~10 月	珠海万达商管	累计 1.8%	37.91 亿元

此外，在新的市场环境下，物业公司因战略收缩、聚焦主业、回笼资金而出售资产的案例时有发生。2024 年，行业发生几宗典型的物业公司出售资产的案例，包括绿城服务出售澳大利亚早教公司 MAG、世茂服务出售金沙田科技、碧桂园服务向万达回售珠海万达股权等，这些出售对象恰好是几年前并购的对象。此番操作蕴含着三方面动因。第一，战略聚焦与业务优化。行业从规模扩张转向高质量发展，部分企业主动剥离非核心或低效业务。例如，绿城服务收缩教育业务以专注物业服务。第二，业绩压力与财务风险控制。部分并购标的因市场环境变化或管理不善导致盈利下滑。金沙田科技 2023 年净利润同比缩水，叠加环卫行业竞争激烈，最终触发世茂服务止损退出。此外，碧桂园服务对满国环境的减值计提也反映了并购后整合失败的风险。第三，现金流修复需求。行业整体面临收缴率下降、预缴物业费减少等问题，出售资产成为快速回笼资金的手段。碧桂园服务通过回售万达股权改善经营性现金流，尤其在 2024 年上半年其现金流同比大幅下降的背景下，此举尤为关键。

3. 市场化是必然趋势，多措并举夯实外拓能力

从行业发展趋势看，存量市场的竞争角逐将成为常态。市场拓展是企业未来发展的关键动力，也是核心竞争力，外拓能力的高低往往代表了企业未来发展潜力的大小。因此，面对市场激烈的竞争，百强企业在积极拓展优质的存量住宅项目的同时，也将服务边界进一步延伸至医院、学校、场馆、交通等新空间项目，百强企业需不断提升第三方拓展能力，夯实未来在市场中的竞争地位。

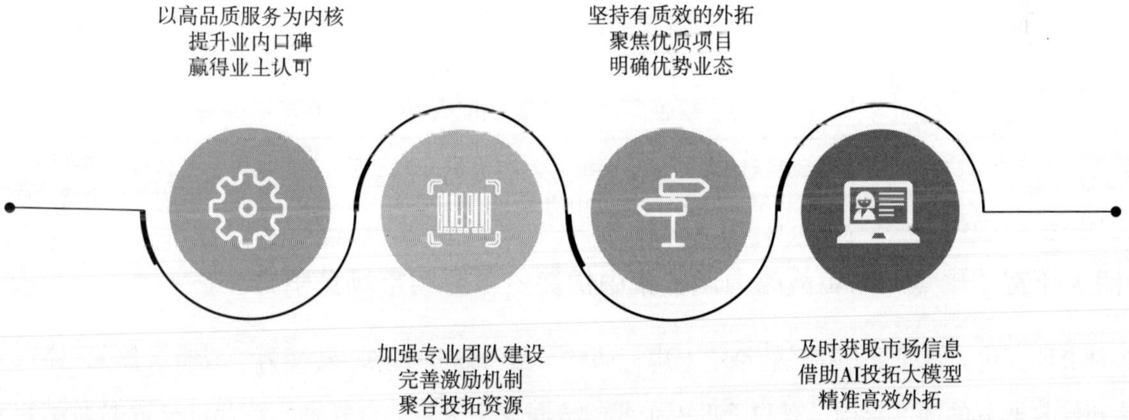

图1-21　百强企业锻造外拓核心能力的重要方向

第一，以高品质服务为内核，构建差异化服务能力和竞争优势是市场拓展取得成功的关键。尤其在投标市场，精细化的服务内容、高品质的服务保障，能大大提高中标率。众所周知，近两年“带资进场、低价竞争”在行业中引发热议。但伴随市场逐步趋于理性，业主更看重物业公司的服务品质和信誉，而非“一笔资金的承诺”。2024 年 11 月，南京一豪宅小区公开选聘物业服务企业，华润万象生活旗下的万象服务品牌团队对该小区开展详细踏勘及现场风险评估，结合公司管理体系及经验，提出定制化服务方案，最

终战胜带资进场的竞争者。

第二，加强市场拓展团队建设，优化激励机制。面对激烈的市场环境，百强企业逐步重视专业市场拓展团队的建设，对市场拓展人员的经验和能力要求越来越严格，更加注重激励机制的建立和完善，包括薪酬激励、晋升激励、培训激励、情感激励、目标激励等。和泓服务制定了市场拓展外部合伙人机制，通过内部与外部资源的有机结合，提升集团拓展能力，同时严格落实项目的后评估机制，从运营及数据角度对已进驻的新拓展项目开展深度复盘，确保拓展项目质量。

第三，坚持有质效的市场外拓，抢占高价值项目。百强企业在经历前几年高增长模式后，市场外拓更加理性，拓展方向更加明确，注重拓展优势业态、非住宅细分领域，通过有效的市场拓展，不断优化项目组合，提升管理效益。同时，百强企业更加注重对“高价值、大金额”项目的拓展，超大管理面积和高合同价值的大型项目成为市场上的“香饽饽”。2024 年，滨江服务中标多个千万元以上的高价值项目，如天御湾、旭江华庭、溪水园等，持续提升外拓项目的含金量。

第四，利用 AI 投拓大模型和智能平台及时跟踪市场动态，获取项目招标信息，发现市场机遇。中指数据库・物业版提供全国各大主要城市的土地信息、存量项目信息、招投标信息等，助力企业实现精准、高效外拓。

2024 年以来，百强企业进一步细化投拓工作，加强合资合作，持续推进市场拓展，积极布局优势业态领域。不仅拓展的项目越来越多元，涉及的服务内容也向综合型、专业化的方向不断升级。卓越商企服务 2024 年内新启动项目 142 个，总面积达 2529 万平方米，项目类型涵盖企业总部、高新园区、公建物业、商业综合体等。

表1-11　2024年以来部分物业企业市场拓展情况

企业简称	市场拓展成效
融创服务	2024 年内成功签约长沙比亚迪、重庆时光咖啡、重庆马上金融等项目。涵盖办公、商业、学校、产业园、医院、城市公建等领域，共计 27 个非住宅项目。
永升服务	2025 年 1~2 月新拓项目超过 50 个，包括南京肯德基 1316 家门店的运营管理、工商银行西安分行、北京仓储大兴机场园区、建通仓储密云园区、重庆渝北区人民医院。
卓越商企服务	2024 年内新启动项目 142 个，总面积达 2529 万平方米，项目类型涵盖企业总部、高新园区、公建物业、商业综合体等。代表项目包括阿里西溪 C 区项目、微众银行项目、上饶晶科项目等。

（四）拓宽“聚焦深耕”战略内涵，集中优势资源夯实市场竞争力

面对市场变化，百强企业在经营策略上进行调整，由“业务扩张”转变为“战略聚焦”，体现了对核心市场和优势业务的深度挖掘，有利于巩固企业的核心竞争优势。百强企业结合自身资源禀赋和竞争优势，不断提升聚焦精度，使优质资源尽可能投入最核心、效益最好的领域，发挥集约化优势，合理优化布局。聚焦深耕策略的战略内涵不断拓宽，主要体现在三个方面。

第一，对核心区域和重点城市的深度布局，这是近几年物业企业的普遍做法。越来越多的企业逐步精简核心城市数量，明确制定单个城市甚至更小范围内的规模目标，以集中资源持续进行区域渗透。滨江服务持续聚焦杭州、深耕长三角，截至 2024 年底，在杭州的管理面积达 4327.4 万平方米，占比约 63.7%；在前五大城市的管理面积占比约 88.5%。

表1-12　部分物业企业区域聚焦/深耕战略

企业简称	区域聚焦 / 深耕战略
保利物业	截至2024年底，核心50城的新拓展第三方项目单年合同额占比达到约79.5%。
世茂服务	在区域布局上，以战略眼光精准划定重点城市，集中优势人力与资源，聚焦优势区域精耕细作，深入挖掘区域潜力，力求在每一个深耕区域内都打造出创优项目。精简架构，形成4个区域和18个片区的新架构。
滨江服务	持续聚焦杭州、深耕长三角，截至2024年底，在杭州的管理面积达4327.4万平方米，占比约63.7%，前五大城市的在管面积总和约占整体的88.5%。
弘阳服务	以“做透大江苏”为核心战略，截至2024年底，江苏省管理面积占比已达60.81%，同比提高4.33个百分点。

第二，对特定业态和赛道的聚焦深耕。随着行业不断发展，各类细分赛道涌现，新的业态、新的赛道为行业带来了更大的想象空间。然而不同赛道、不同业态的服务专业性较强，如果盲目扩展可能会消化不良，适得其反。因此，聚焦优势领域、发力重点赛道尤为重要，不少企业明确拓展方向仅聚焦少数几种业态。如融创服务明确“不追求盲目扩张”，并特别强调对非住宅业务进行创新布局，其非住宅业务主要聚焦三类业态：高端办公及商务服务、专业智慧的医院服务、综合全面的城市服务。

第三，客户聚焦也日益成为百强企业聚焦战略的重点方向。尤其在商企服务领域，不同类型客户的服务需求差别较大，深耕优质赛道并强化专业服务能力，可以显著提升市场竞争力。保利物业深耕金融、税务、交通、能源及通信等国资优势领域，并积极开拓新制造、新能源、新技术等“三新”产业领域。

图1-22　百强企业“聚焦深耕”战略的重要意义

根据目前行业发展情况判断，“聚焦深耕”战略仍将是未来几年百强企业的重点发展策略，具有以下几方面重要意义。第一，提高运营效率与降低成本。资源集中投入特定区域或业务，能避免资源分散，实现高效利用。如集中采购降低成本、共享设备设施提高利用率等，同时有利于后台管理成本的节约，提升人均产值，提高运营效率。第二，增强市场竞争力。通过聚焦特定区域或业务领域，物业公司可以形成差异化竞争优势，避免在广泛领域与竞争对手进行同质化竞争。在深耕过程中，积累的经验、专业人才和良好的客户关系构成竞争壁垒，提升企业在市场中的竞争力。第三，由“铺面”变为“深拓”，有利于挖掘多元业务的发展潜力，培育新的利润增长点。在聚焦深耕的过程中，物业公司可以深入了解业主需求，开展针对性增值服务，提高重点服务类型的覆盖率和复购率，拓宽收入来源。

三、服务质量：加强品质建设提高满意度，应对收缴率留存率下行压力

（一）标准化建设不断细化完善，落地执行和动态优化仍需加强

物业管理行业正面临复杂的外部压力，在此背景下，物业企业通过标准化体系建设，降低企业成本，提高运营效率，提升服务质量，进而构建核心竞争力，打造品牌影响力。但在行业竞争加剧的大背景下，部分企业对标准化建设存在重制定、轻落实，不重视优化调整、缺乏长期运营思维的问题。面对环境压力，企业应进行长期战略部署，以标准化体系为基础，提升整体服务水平，构筑服务能力的护城河，提升品牌知名度。

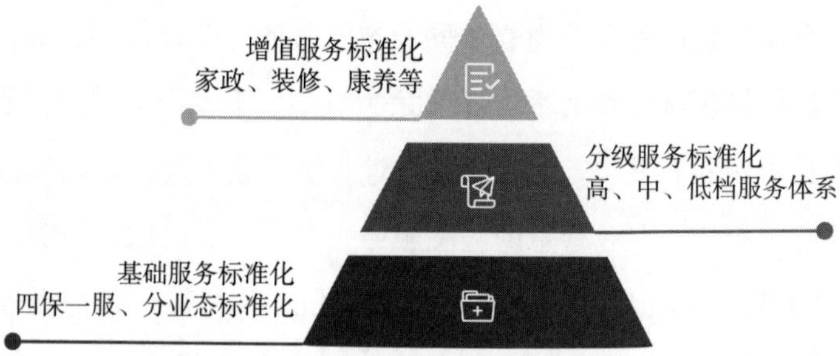

图1-23 标准化服务的分层次建设

百强企业以基础服务的标准化为起点，按项目类型与级别进行标准化服务分级，在此基础上，逐步延伸至增值服务的标准化，实现服务流程与类型的全面覆盖，确保标准化体系内容符合多样化的市场需求。部分企业在制定服务基础标准后，将同一套体系应用到全部项目中，这种教条、机械的标准化会造成服务、需求与费用之间的错位。百强企业细化服务细节，拆解客户需求，将链式、复杂、个性化服务拆解成独立的模块化服务，再根据项目需求对模块化服务进行组合，满足不同项目及增值服务的差异化需求。

表1-13　　2025中国高端物业服务领先企业

融创物业服务集团有限公司	金茂物业服务发展股份有限公司
越秀服务集团有限公司	中建壹品物业运营有限公司
泛海物业管理有限公司	正商服务
保利物业服务股份有限公司	恒辉物业服务集团有限公司
广东省合景悠活控股集团有限公司	中建智慧城市服务有限公司
苏州金狮大厦发展管理有限公司	伟星物业

标准化体系建设以落地执行为重点，避免纸上谈兵。百强企业从多方面严格把控服务落实情况，确保制定标准与执行效果一致：首先，构建系统化管理体系，为标准化体系建立严格的检查与考核机制，强化责任制，确保服务人员将标准化服务落实到位；其次，强化资源保障能力，确保人员经过系统、完整的标准化服务培训，保障标准化的设备设施及物资供应稳定；最后，企业推动服务可视化，加强企业、员工与客户之间的互动，公开服务的标准、过程及结果，使服务全流程可视化；畅通客户、员工与企业之间的沟通渠道，使三方信息得到充分沟通；最终企业根据客户的需求、员工的工作反馈，多维度动态优化标准化服务体系。

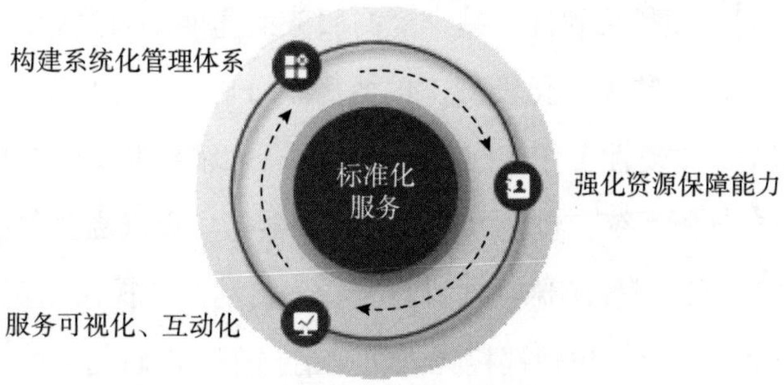

图1-24　标准化管理、落实、保障、互动的循环

物业企业在标准化体系的动态更新中，除根据员工、客户、项目反馈情况不断完善、迭代升级外，还要随着社会发展、市场需求、偶发事件（如自然灾害等）主动进行周期性更新。企业对标准化体系的优化更新不能被动依赖反馈，还应主动变革，通过市场调研、增加研发投入等方式，精准把握市场需求，确保服务与时俱进，主动满足客户期待。对于偶发性事件，企业应吸取经验教训，注重防患于未然；积极学习成功案例，制定标准化的防范措施与应对预案，组织演练，提升人员的应对能力。

图1-25　标准化服务周期更新的方式

百强企业通过持续迭代标准化产品，确保服务质量紧贴时代要求，满足客户对于物业服务不断发展的需求。融创服务制定了从签约前体验到入住后的全流程、多方面的标准化服务，对其中每个重点环节都会设置服务满意度回访、服务情况反馈，企业根据收集到的反馈，结合自身服务情况，找出不足、分析原因并改进提升。

（二）科技应用赋能提质增效，深挖需求提升服务温度

1. 新科技的应用给物业服务带来新助力

新科技给物业服务行业带来了技术革新，硬件技术的革新提升了物业服务的效率和环境管理的精度；软件技术的应用为提升服务质量与效率奠定重要基础，使物业服务行业从经验管理向数据管理转变，二者共同推动行业从“被动响应”到“主动服务”转型。

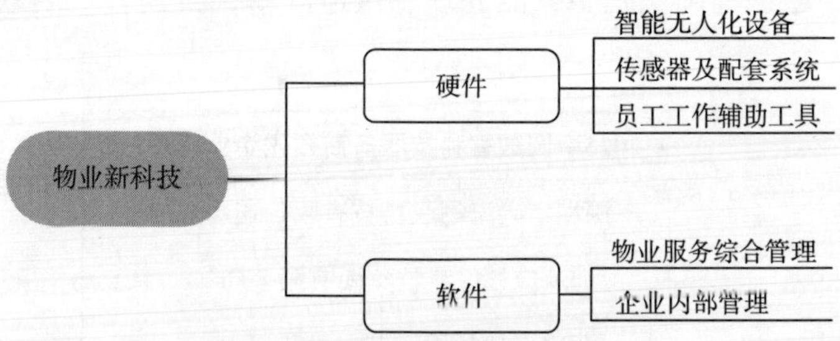

图1-26　物业行业应用新科技分类示意

百强企业通过引入或研发新型科技硬件产品，提高服务的速度、质量、范围，扩大服务内容与时限。物业服务硬件涵盖以下三类：①智能无人化设备，包括智能门禁、业务自助办理机、物资配送机器人等，这类设备通过替代人工的简单、重复性工作，摆脱时间限制，大幅提升工作效率，确保服务的一致性和高标准；②传感器及配套的数据分析系统，包括电梯运行监测器、垃圾满溢监测器、综合环境传感器等，通过配套的边缘计算器或智能中枢，对传感器数据进行分析，自动调整控制系统或向人员发出通知、预警，提高响应速度；③员工工作辅助工具，包括巡检无人机、清扫车、电磁超声波探伤仪等，通过提升员工的量化分析及综合工作能力，提升服务质效，同时减低部分工作中的风险。碧桂园服务的零号居民清洁机器人，可在4小时内清扫20层楼，在保证清洁质量的同时，极大提升服务效率；智慧化电梯管理通过传感设备实时感知电梯状态，实现异常事件监测和运行风险提示，防患于未然。

表1-14　部分智能硬件的优点

硬件类型	优点
智能门禁	将门禁的临时通行权交还给业主，提升通行灵活性。
业务自助办理机	避免业主与物业服务员工作时间的冲突，便于业主随时办理相关业务。
电梯运行监测器	对进入电梯的人、物进行监测，避免电动车进电梯等现象； 对电梯的运行状态进行监测，发现电梯问题，提前介入检修； 高层电梯可预约乘梯，节约等待时间。
垃圾满溢监测器	监测垃圾桶满溢状态，由固定巡检变为灵活清理； 监测垃圾桶异常状态（倾覆），及时报告，主动解决。
巡检无人机	提升巡检效率，扩大巡检范围，突破人员巡检的边界； 避免巡检人员进入危险区域，降低作业风险。
清扫车	提升清扫效率与清洁质量，避免扬尘等次生污染； 避免清洁人员被玻璃、金属制品割伤，降低作业风险。

百强企业通过软件技术创新优化业务流程，构建数据管理与分析能力。物业软件创新可分为两类：一类是物业服务综合管理系统，以数据综合处理为中心，搭建智慧服务平台，通过对数据的量化、分析、追踪，构建数字模型，为企业优化服务奠定数据基础，提升服务效率；另一类是企业管理系统，通过构建全局统一的管理平台，改进内部审批流程，统一各条线审批标准，缩短决策时间；增强全域、全流程数据可视化，提升企业管理能力，降低管理风险。

此外，AI技术的应用强化了软硬件的综合能力：AI算法通过数据投喂与自我学习，使物业科技能更好地适配物业服务的复杂场景，提升反应速度；通过数据分析做到事前预防预警，显著提升物业管理效率；通过对客户问题的准确识别、智能处理、快速派单，帮助客户高效解决问题，提升客户满意度。

2025中国数智科技服务商领先企业
深圳市兴海物联科技有限公司
深圳一应社区科技集团有限公司
西安卓越软件开发有限公司

2. 满足客户多元需求，增强与客户间的情感链接

物业企业不仅要充当物业基础服务的提供者，更要成为业主美好生活的服务供应商。物业企业主动丰富服务类型，以社区增值服务满足客户额外需求，以特色人文服务满足客户精神文明追求。在社区增值服务方面，百强企业通过家政、零售、美居、康养等多元服务满足不同群体、不同生活场景下的特定服务需求；在人文服务方面，百强企业通过举办丰富的社区活动、加强邻里交流等方式增进与业主间的情感联结，以业主的视角审视日常服务中存在的问题，想业主所想，感业主所感，满足业主精神层面的需求，让业主感受到服务的温度。

表1-15　百强企业提供多元服务的部分类型

方式	服务类别	具体内容
社区增值服务	家政	保洁服务、宠物托管、搬家服务等
	餐饮零售	社区食堂、社区零售、社区团购等
	家装	家装设计、家装材料、家装施工等
	康养	老年照护、母婴照护、家庭医生等
特色人文服务	主题互动活动	运动比赛、普法宣传、节庆活动等
	搭建社区互动平台	业主议事会、社区共享空间、公益志愿服务等

（三）构建服务与费用透明化机制，推动物业服务质价相符

物业企业与客户的矛盾主要表现为物业费价格与服务品质的不匹配，具体表现为以下三类：一是客观服务质量与物业费价格不匹配，二是双方信息不对称导致的客户主观认定的质价不符，三是服务供给与业主需求错位。为解决上述问题，物业行业逐步达成“服务质价相符，费用公开透明”的共识。质价相符强调物业服务费用与客户服务需求、实际服务质量之间的合理匹配，服务与费用的透明化是让客户知悉物业服务与价格的匹配情况，并使物业服务全流程透明。“服务质价相符、费用公开透明”在实际落地时会遇到多种困难：物业在提供服务时难以做到对所有业主公开透明；不同主体对物业费的接受度、对物业服务价值的主观认同存在差异，导致服务效果难以量化；物业企业在市场化运作中还会与其他物业企业竞争。

物业企业以物业费的使用公开透明为切入点，探索出信托制物业费模式：物业公司通过信托账户支取物业费，过程公开透明，避免业主产生误解。信托制物业费是对酬金制的改进，将传统物业的双方买卖关系升级为“委托—受托—受益”的信义关系。其最大特点是权责清晰，资金流向全程透明，保证物业服务质价相符。业主将物业费及公共收益归集到透明的业主共有资金池，作为物业信托基金。其中，业主大会、业委会为委托人，邀请的信托机构担任信托受托人，全体业主为信托基金受益人，物业公司为物业服务的受托人。受托人负责管理物业信托基金，物业公司依照合同提取酬金，并根据信托基金的资金情况提报预算、支取物业费；全体业主可通过物业信托基金的查询密码监督账户收支情况。该模式明确了物业公司的权责边界，促使其提供质价相符的服务；物业费由业主大会收取，账户公开透明，专款专用，可隔离风险；增强业主主人翁意识，推动业主积极参与小区管理。不过，该模式较为复杂，专业化程度高且需要业主高度自治，目前尚未大面积普及应用。

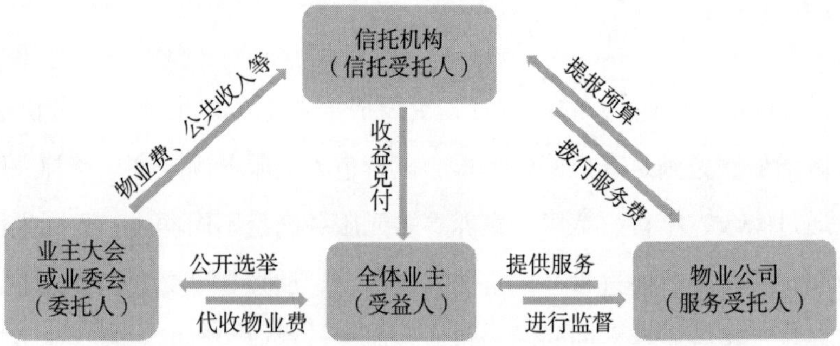

图1-27　引入信托机构的物业信托模式中各方关系示意图

物业企业以服务透明、价格匹配需求为切入点，创新提出清单化服务加弹性定价的模式。业主自主选择服务项目和服务效果，物业公司根据业主选择提供质价相符的服务，化解传统模式供需错配矛盾，使服务与价格透明。清单化服务加弹性定价基于标准化数字化基础设施及远程运营能力，需要将复杂的链式服务拆解为单项的标准化服务，供业主选择与组合。

清单化服务加弹性定价的特点是先定服务后定价格，定价规则和服务结果公开透明，避免供需错位，基于客户需求，保证物业服务质价相符，保障业主的选择权与知情权。清单化服务是指物业服务企业将服务内容进行详细分类和列举，形成一份清晰的服务清单，公开清单内各项服务的定价及规则，业主可以在必选服务的基础上，根据自身需求选择自选服务项目。弹性定价则是在清单化服务的基础上，根据服务项目、服务时长、服务质量等因素，灵活调整服务价格，以满足不同业主的支付能力和需求偏好。物业公司根据服务的提供与否、服务频率高低向业主收取对应的服务费用，并提供可视化的服务结果供业主进行监督评价。该模式目前处于起步阶段，缺乏行业公允标准和规范，有待后续完善。

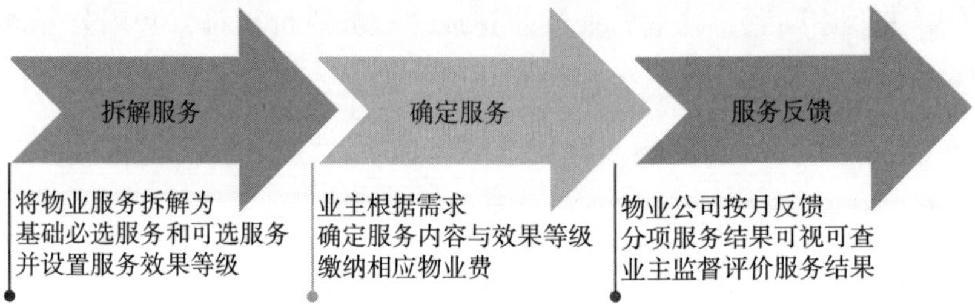

图1-28　清单化服务与弹性定价工作流程示意

物业服务公司应避免行业内卷及恶性竞争，回归本质，通过高质量服务吸引客户、开拓市场。部分物业公司在竞争时，通过恶意低价、带资进场等方式抢占项目。该种模式下，项目依赖于外部扶持，不利于其自身经营形成良性循环，不利于物业企业健康发展。在当前经济环境下，物业企业对项目扩张应更谨慎，回归物业服务本质，凭借优质服务与良好口碑拓展项目。

（四）行业满意度保持稳定，外部环境变化导致收缴率留存率下降

2024年，据中指研究院物业服务企业普查数据，物业行业满意度得分为73.1分，保持稳定。从各细项得分来看，客户服务得分最高，为78.6分，这得益于各物业企业对客户服务工作的高度重视和持续投入，充分体现了客服团队在提升服务品质方面的重要作用。装修管理、公共设施维护、车辆管理三项得分较低，虽然三者的评分有所上涨，但是涨幅低于单项指标涨幅均值，表明物业企业在这些方面仍需改善。

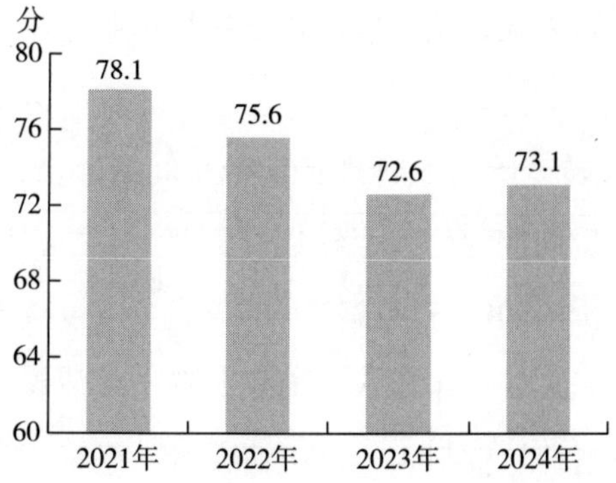

图1-29　2021—2024年行业满意度总得分情况

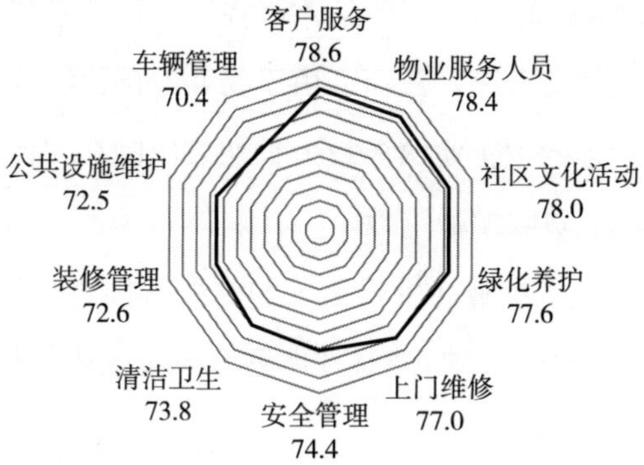

图1-30　2024年行业满意度分项得分图

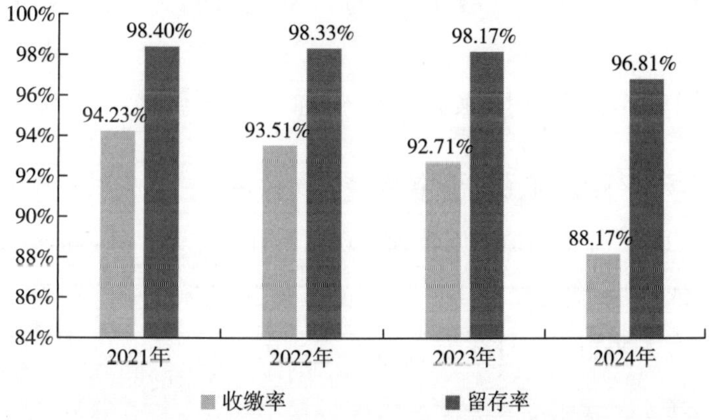

图1-31　2021—2024年百强企业收缴率、留存率情况

受外部环境变化影响，百强企业的收缴率和留存率呈显著下滑趋势。2024年，百强企业平均物业费收缴率与留存率分别为88.17%、96.81%，与以往年份相比降幅较大。在百强企业聚焦高质量发展、着力打造高质量物业服务的当前阶段，收缴率和留存率出现显著下降主要是由外部市场环境的变化导致的，并非因企业物业服务品质问题所致，该点通过满意度情况也可得到佐证。

第一，地方政府集中出台或重申物业费指导价政策，引发业主对价格合理性的质疑，进而对物业费收缴率产生负面影响。理想的物业费形成机制遵循市场化原则，由供需双方根据服务内容与成本协商定价，实现质价相符的服务匹配关系。然而，政府部分限价政策的价格低于市场调节定价，破坏了市场机制，导致价格扭曲：一方面，业主基于政策信号，认为政府定价更具“合理性”，要求企业降价；另一方面，物业服务属于微利行业，缺乏降价空间，且企业运营成本随时间刚性上涨，难以在维持服务质量不变的同时降低物业费。若物业公司选择维持现状，可能面临业主不满；若选择降价并降低服务质量，则可能导致业主满意度进一步下降。无论选择何种方式，均可能加剧业主与物业企业之间的矛盾，进而影响物业费收缴率和物业留存率。

第二，房地产市场结构的重大转变给物业管理行业带来间接冲击，影响物业费的收缴率。房价与房租的调整，叠加房屋销售周期与租赁周期的延长，导致投资型业主持有房屋的相对成本与绝对成本显著增加；成本压力上升使业主对物业费价格的敏感度提高，部分业主通过减少或拖欠物业费降低持有成本。对于自住型业主，房价回调虽不直接影响其使用需求，但家庭资产负债表缩水可能促使其重新规划各类支出的优先级，物业费作为持续性服务消费易被归入“可压缩成本”范畴。

第三，业主对服务品质的要求逐年提升，但受限于物业费上涨困难，服务品质提升不及业主预期，形成结构性错配，影响物业费缴纳意愿。随着人民生活水平提高、科技进步推动、消费观念转变，业主对物业服务的需求正从基础保障向品质体验升级。然而，由于物业费调价需通过“双三分之二”业主表决，且多地仍执行十年未变的政府指导价，导致企业服务投入长期被压制在“保基础”水平，与业主预期形成反差，削弱了业主缴费意愿，影响物业费收缴稳定性。

为应对当下较为复杂的外部环境，物业企业应夯实自身服务能力，积极与业主建立良好的沟通渠道，透明化物业费收缴、使用情况及服务情况，增进双方理解。在提供质价相符服务的同时，提升品牌口碑，保障企业自身权益。

四、发展潜力：深挖“物业 +”万亿蓝海，智慧科技与人才优化双轮驱动

（一）市场空间广阔奠定行业发展基础，多元细分业态具备挖掘潜力

房地产市场迈入下半场，行业重心由开发销售转向长效运营。作为贯穿全生命周期的服务者，物业服务企业将以专业运维赋能资产保值增值，以精细管理重塑社区生态，其价值愈发凸显。尽管规模增量市场逐步收缩，但存量市场依然持续增长，前景广阔。截至 2024 年末，中国物业管理行业管理面积达 314.1 亿平方米，同比增长 4.01%，2020—2024 年复合增长率达 4.93%，行业仍然保持稳健的增长趋势，预计 2027 年将突破 350 亿平方米。

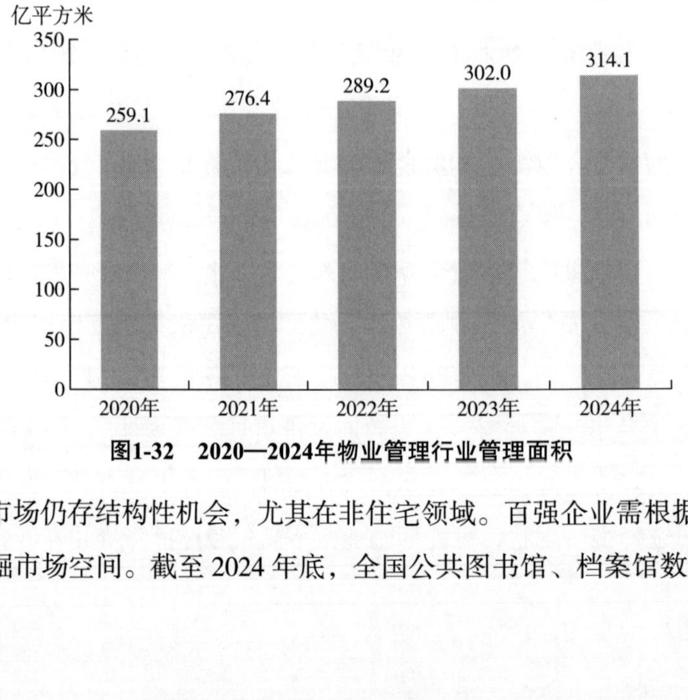

图1-32　2020—2024年物业管理行业管理面积

从存量市场来看，市场仍存结构性机会，尤其在非住宅领域。百强企业需根据自身战略方向，聚焦专业细分赛道，进一步挖掘市场空间。截至 2024 年底，全国公共图书馆、档案馆数量分别为 3248 座、4174

座，近五年数量较为稳定；医院共计 3.9 万家，比上年有所增长，其中公立医院 1.2 万家，民营医院 2.7 万家。基层医疗卫生机构 104.0 万所，其中，乡镇卫生院 3.3 万所，社区卫生服务中心（站）3.7 万所，门诊部（所）39.8 万所，村卫生室 57.1 万所。专业公共卫生机构 9217 个（不含卫生监督所、中心），其中，疾病预防控制中心 3429 个。对于每种特定业态，物业公司可进一步拓展多元服务类型，如针对医院项目，除提供高标准的清洁、消毒、秩序维护等服务，还可以提供营养餐、陪诊、制服、洗衣、药品运送等服务，激发更大的业务潜力。

表1-16　　2020—2024年部分全国非住宅项目数量情况

业态	2020 年	2021 年	2022 年	2023 年	2024 年
公共图书馆（座）	3212	3215	3303	3246	3248
档案馆（座）	4233	4136	4154	4174	4174
医院（家）	35394	36570	36976	38355	39000
学校（所）	521716	521611	510919	490782	—
公园（个）	19823	22062	24841	28137	—
民用机场（个）	240	248	253	259	263

数据来源：国家统计局。

随着交通领域基础设施建设不断完善，交通项目数量将进一步增长，催生了对交通物业管理及相关多元服务的庞大需求，百强企业加速对交通物业的深入探索。2024 年，我国境内运输机场共 263 个，民用运输机场旅客吞吐量达 145951.8 万人次，较上年增长 15.9%。交通枢纽的物业服务不仅关乎设施的运维效率，更承载着千万人的出行安全与城市形象塑造。从机场、高铁站到地铁、高速公路服务区，物业服务企业以专业化、智慧化服务破解复杂场景下的管理难题，成为现代综合交通体系中不可或缺的“隐形护航者”。

2025中国交通物业服务领先企业
中交物业服务集团有限公司
重庆通邑卫士智慧生活服务有限公司
陕西交控物业服务有限公司
四川蜀道物业服务集团有限责任公司
云南交投物业服务有限公司

重庆通邑依托城市交通一体化发展优势，秉持中国交通物业服务领先企业的定位，坚持面向空间服务前沿、面向城市运营需求、面向交通出行主战场，积极探索和试点开展“TOD+”物业服务创新活动，积极参与和承担“轨道 +”物业服务标准创立，为我国现代服务业进步、经济社会发展和交通强国建设作出创新贡献。

从招标市场来看，根据中指数据监测情况，2024 年，办公类物业是招标项目数量最多的业态，占比达 47.86%；学校物业招标项目数占比第二，达 26.74%；医院物业、公众物业、产业园区物业及商业物业招标数量占比分别为 6.10%、4.26%、1.36% 和 0.32%。物业服务百强企业可结合自身服务专业能力选择适宜的领域进行项目拓展，抢占存量市场优质项目，同时深耕存量项目、提升服务密度，推动企业可持续发展。

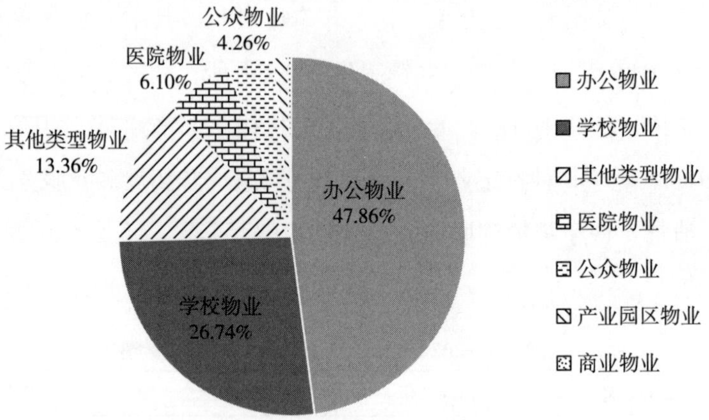

图1-33 2024年非住宅物业招标项目类型构成情况

（二）“提振消费”政策促进社区增值服务发展，美居、养老等服务潜力凸显

住宅物业管理市场是多数百强企业最先布局且重点深耕的业务领域。随着行业的不断发展，基于住宅场景的“物业＋生活”服务成为当前服务的主流模式，即在做好基础物业管理服务的同时，围绕“家庭生命周期”与“多元生活场景”深度探索社区增值服务，满足业主多元生活需求，挖掘更大的市场空间。

表1-17　　2024年以来部分“提振消费”政策

政策名称	发布时间	发布单位	主要内容
《提振消费专项行动方案》	2025 年 3 月	中共中央办公厅、国务院办公厅	该方案旨在全方位扩大国内需求、提振消费，部署了 8 大方面 30 项重点任务，系统性强、覆盖面广，对推动我国经济持续健康发展具有重要意义。
《关于进一步促进养老服务消费，提升老年人生活品质的若干措施》	2024 年 11 月	民政部等 24 部门	聚焦促进养老服务供需适配、拓展养老服务消费新场景新业态、加强养老服务设施设备和产品用品研发应用、加强养老服务消费保障、打造安心放心养老服务消费环境等 5 个方面。在拓展养老服务消费新场景新业态方面，提到要持续发展“行业＋”养老新业态，支持养老服务与物业、家政、医疗、文化、旅游、教育等行业融合发展。
《关于促进服务消费高质量发展的意见》	2024 年 8 月	国务院	提出了 6 方面 20 项重点任务，其中包括挖掘餐饮住宿、家政服务、养老托育等基础型消费潜力，激发文化娱乐、旅游、体育、教育和培训、居住服务等改善型消费活力等。为物业企业发展“物业服务＋生活服务”模式提供支持。

多个刺激消费政策出台，鼓励物业公司开展“物业＋生活服务”，将为百强企业开展社区增值服务保驾护航。2024 年 8 月，为优化和扩大服务供给、释放服务消费潜力，更好满足人民群众个性化、多样化、品质化服务消费需求，国务院发布《关于促进服务消费高质量发展的意见》，鼓励有条件的物业服务企业与养老、托育、餐饮、家政等企业开展合作，发展“物业服务＋生活服务”模式，并推广智能安防、智慧停车、智能门禁等新模式，提升社区服务水平和居住体验。同时，2025 年《政府工作任务》表明，将从放宽准入、减少限制、优化监管等方面入手，扩大健康、养老、托幼、家政等多元化服务供给，并降低对应生活服务的准入门槛，有利于物业企业快速推进生活服务布局，为企业未来高速发展提供了有力支撑。

图1-34　政策支持下的高潜力增值服务

面对多元化的社区生活服务，百强企业未来可聚焦以下三类有发展潜力的服务类型。第一，美居和房屋修缮服务。未来，我国存量建筑的维护、管理及修缮问题将逐步凸显，在此背景下，物业公司可探索房屋修缮及室内微改造等服务，为企业带来持续的业务增量。首先，存量时代下，物业公司应抓住机会，为存量房提供专业的房屋修缮、维护和工程服务，开拓新业务领域和收入来源；其次，随着居民对居住环境品质要求的提升，房屋修缮市场的潜力将进一步释放，特别是老旧小区的改造和翻新，将成为市场增长的重要引擎，物业公司应关注这一市场变化，通过提供个性化、高品质的修缮服务，满足消费者对房屋品质和生活环境的需求；最后，房地产价值重心向产业链后端移动，物业服务市场地位显著提升，物业公司可通过提供高质量、高保障的美居服务，赢得业主青睐。第二，养老服务。我国人口老龄化的压力逐步显现，物业企业积极拓展适老化服务，探索"社区＋养老"模式。在相关政策的支持下，物业公司可以整合相关资源，探索合适的运营模式，借助数字技术实现业务创新优化。第三，到家服务。到家服务聚焦业主最基础的日常生活需求，包括保洁、送水、上门维修等。这些需求刚性较强，又属于物业公司的传统服务范畴，对百强企业而言较容易发展，潜力大，值得物业公司持续深耕。

（三）IFM需求巨大有待掘金，城市服务升级"城市治理"释放更大潜力

以"规模"为驱动力的粗放式增长渐入尾声，行业新的增长曲线尚未形成。IFM突破传统物业边界，以全生命周期、多场景融合的设施运营体系为指引，通过整合空间管理、设备管理、能源优化、行政支持等多元服务，为客户解决各类运营难题，是企业值得深耕的高潜力领域之一。

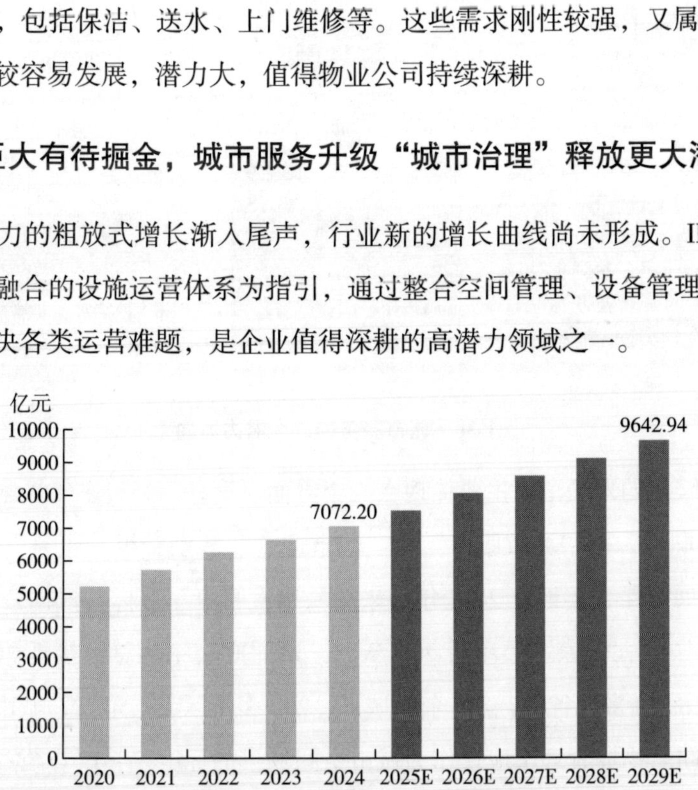

图1-35　2020—2029年我国IFM服务市场空间及预测

从需求端看，企业在生产经营中更加倾向于将非核心业务外包给专业公司，IFM 市场需求逐步释放，空间巨大。企业对办公空间、员工管理和园区运营等场景的需求不再局限于基础的物业管理，而是需要涵盖设施管理、环境与能源管理、空间规划、团餐服务等多元化综合服务。2024 年，以非住宅管理面积为基础保守计算，我国 IFM 市场空间达 7072.20 亿元，预计 2029 年将接近万亿元。从供给端看，由于我国 IFM 市场起步较晚，市场渗透度较低，专业 IFM 服务公司以及专业服务人员较少，供给不足，从事 IFM 的人员多来自传统物业管理行业，这为物业服务企业进军 IFM 领域提供了良好的市场机遇。物业企业需要构建专业的服务能力，掘金 IFM 市场万亿蓝海。

2025中国IFM服务优秀企业
金科智慧服务集团股份有限公司
卓越商企服务集团有限公司
长城物业集团股份有限公司
越秀服务集团有限公司
时代邻里控股有限公司
北京京城佳业物业股份有限公司
美置服务集团有限公司

城市服务作为百强企业创新型服务的另一条热门赛道，已经成为不少物业公司营业收入的重要组成部分。尽管面临回款困难和毛利率下降的压力，但随着我国城市化进程进入精细化治理新时代，传统的“围墙内服务”已无法满足城市全域治理需求，物业企业在政策推动与市场机遇的双重驱动下，正突破服务边界，以“城市服务商”的角色深度参与城市治理，挖掘城市服务的市场潜力。根据测算，物业企业开展城市服务的市场空间预计到 2029 年将达万亿元，市场空间广阔。

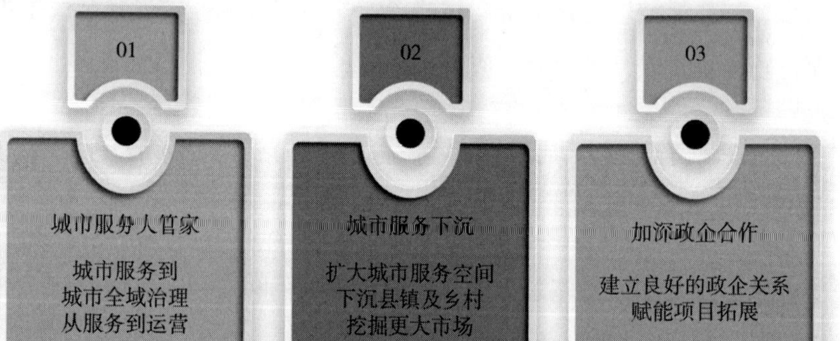

图1-36　城市服务的三大潜力方向

物业企业拓展城市服务的发展潜力主要体现在三个方面。第一，经过多年探索和发展，物业公司逐步承担起“城市治理”的职责，由“城市服务”向“城市运营”转型升级，业务空间不断扩大。2024 年是城市大管家模式的大发展之年，多地在 2024 年迎来“城市大管家”首标。根据公开资料显示，截至 2024 年底，全国累计开标“城市大管家”类项目 700 多个，累计成交年化总额接近 300 亿元、合同总额突破 1000 亿元，实施项目遍及 20 多个省份、100 余座城市、200 多个区县；第二，城市服务逐步下沉县镇及乡村，带来更大的市场空间。物业管理不应仅作为城市空间场景的标配，县镇乃至乡村潜在的物业管理需求有待进一步挖掘。部分百强企业走进县镇甚至乡村，提供环卫、垃圾清运、街道整改等服务，赋能乡村治理。华润万象生活推出“万象守护”品牌，聚焦“乡村全面振兴、低碳环保、社区关爱、公共责任”四大领域，实现物业服务与乡村发展深度融合，构建科学合理、可复制的乡村物业服务体系。第三，百强企业通过承接城市服务项目，加深企业与政府之间合作深度，有助于改善政企关系，为后续拓展项目奠定良好基础。

苏新服务以“服务为本、匠心筑质”为核心理念，坚持基础物业服务与多元化增值服务并重，通过持续提升服务体验，构建覆盖全场景的城市生活服务体系，创新“党建＋物业”基层治理模式，将党组织引领优势深度融入物业服务，推动物业服务深度参与基层治理，构建“共建共治共享”的社区治理新格局。

表1-18　**2025中国智慧城市服务领先企业**

碧桂园服务	苏新美好生活服务股份有限公司
保利物业服务股份有限公司	宝石花物业管理有限公司
融创物业服务集团有限公司	泓盈城市运营服务集团股份有限公司
中海物业管理有限公司	广东省广晟城市服务有限公司
龙湖智创生活	重庆通邑卫士智慧生活服务有限公司
深业物业运营集团股份有限公司	中建四局城市运营服务有限公司
长城物业集团股份有限公司	奥联服务集团股份有限公司

（四）数字化转型推动精细化管理，拥抱AI技术加速服务升级

百强企业深度应用物联网、大数据与人工智能等新技术，通过数据驱动决策、智能流程重构和场景化应用开发，从“人盯人”的粗放式运营转向“数据驱动”的精细化管理，将传统业务升级为全链路智能化的服务生态。

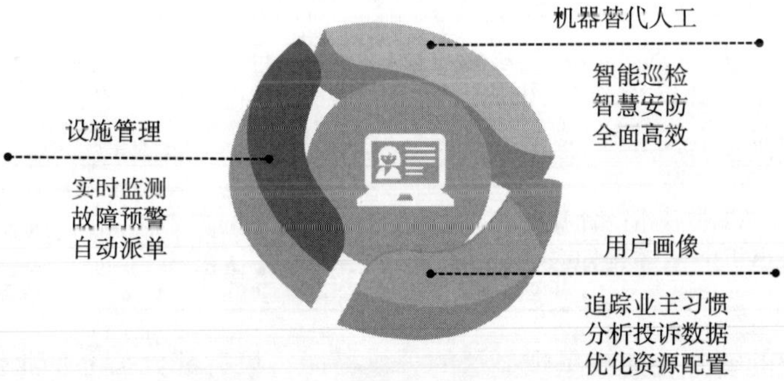

图1-37　百强企业深化科技应用赋能精细化管理

在设施管理方面，百强企业通过部署AIoT设备对电梯、水、电、管网等设施运行状态进行实时监测，实现故障预警并自动派单维修，将被动抢修转为预测性维护；在机器替代人工方面，智能巡检机器人已在部分项目中应用，可以替代人工完成楼道巡查、安防、监控等耗时长、耗人力的工作，提升夜间巡逻效率；在用户服务方面，AI算法可以分析业主缴费习惯、投诉热点、服务需求等数据，动态优化服务资源配置，形成“数据—洞察—行动”的闭环，构建起以用户为中心的智慧服务生态，推动从基础“物”的管理向“人”的服务价值创造升维。

表1-19 2025中国物业服务ESG发展优秀企业

中海物业管理有限公司	时代邻里控股有限公司
保利物业服务股份有限公司	力高健康生活有限公司
碧桂园服务	中建智慧城市服务有限公司
金融街物业股份有限公司	永旺永乐服务管理集团有限公司
越秀服务集团有限公司	广东天力物业服务有限公司
新城悦服务集团有限公司	中信泰富（上海）物业管理有限公司

同时，在数字化转型浪潮中，人工智能技术的爆发式发展为物业管理行业注入前所未有的创新动能，深刻重构传统服务模式。百强企业紧跟科技发展前沿，积极拥抱 AI，进一步优化管理和服务。部分百强企业通过在内部管理及服务平台中接入 DeepSeek，多维度提升管理和服务效率。第一，优化能源管理，对照明大户进行智慧管理，通过 AI 节能策略为业主提供定制化的节能方案；第二，提升员工工作效率，如中海物业推出“海宝 AI 助手”，为员工提供 AI 智能应答、写作支持、办公提效等支持；第三，智慧工单管理，通过 AI 技术自动提取要素形成工单、自动派单，可替代一线客服自动生成内容填入工单、分析打标等；第四，赋能舆情监测，通过感知客户录音中的情绪，自动检测敏感词、违规词等并判断是否异常。

表1-20 部分物业企业利用DeepSeek的赋能情况

企业名称	接入情况	使用场景
保利物业	IEIM 能源管理平台完成 DeepSeek 的私有化轻量化部署，实现兼顾复杂任务处理和高频场景响应，提升资源利用效率。	差异化定制化节能方案：与算法相结合，可实现数据分析、自适应优化等 AI 节能策略，使得保利物业能够在不同的服务场景为业主提供定制化的节能方案。
中海物业	推出“海宝 AI 助手”，将 DeepSeek 大模型能力深度融入业务场景，全面提升运营效率和服务品质。	AI 智能应答：员工可随时提出业务相关问题，获得对应的解决方案；创作效能引擎：可利用 AI 写作，具有语法校对和合规审核功能；办公提效工具包：支持自动生成会议纪要、PPT 大纲、工作报告等，提升工作效率。
招商积余	“物业 AI 工单助手”：将 AI 技术深度融入对客服务场景，综合技术发展现状在积余随行 App、招商 π 平台全新上线。	智慧工单：自动提取要素形成工单、自动派单能力，替代一线客服自动生成内容填入工单、分析打标等；舆情监测：感知客户录音中的情绪，自动监测舆情。
	基于 DeepSeek 大模型技术结合 RAG 本地知识库，正式推出积余 AI 本地知识库应用。	业务答疑、系统操作指引：积余 AI 可通过语义分析调用招商积余知识库，为员工提供精准的业务流程指引，助力一线人员高效完成业务操作。

当前，物业管理行业的智慧化建设呈现显著的分化格局，只有部分头部企业投入较大金额用于智慧化建设，绝大部分物业公司仍停留在电子台账管理和基础的硬件设备更新阶段，与智慧化和数字化建设仍存在较大差距。中小企业往往缺乏自研能力，数据孤岛、投入和收益难以匹配等问题突出。尽管头部企业不断加强智慧平台建设，但仍然存在数据利用率低、场景渗透度低、生态协同率低等问题，未来，智慧科技对于物业管理行业的赋能还有很大的潜力有待挖掘。随着“物业 + 科技”的深度融合，行业优质科技服务商持续输出标准化、可复制的智慧服务解决方案，驱动物业管理从“劳动密集型”向“数据智能型”跃迁，为构建“全域感知、主动响应”模式奠定基石。

表1-21　　2025中国物业科技赋能领先企业

碧桂园服务	泛海物业管理有限公司
金科智慧服务集团股份有限公司	和泓服务集团有限公司
长城物业集团股份有限公司	中天城投集团物业管理有限公司
深圳市彩生活物业管理有限公司	时代邻里控股有限公司
宝石花物业管理有限公司	深圳市华创生活股份有限公司
深业物业运营集团股份有限公司	高地城市服务产业集团（复悦生活）
越秀服务集团有限公司	中建智慧城市服务有限公司

（五）优化人才结构，完善“选、育、用、留”机制

物业管理行业已进入转型升级阶段，物业企业需要不断夯实核心竞争力，保持市场竞争地位，人才团队建设成为企业核心竞争力的重要体现。随着科技与物业的深度融合，部分一线岗位被智能设备、智能机器人等新技术产品所替代。同时，由于多元业务持续延伸和丰富，物业企业需要更多复合型人才，创造更大的服务价值。

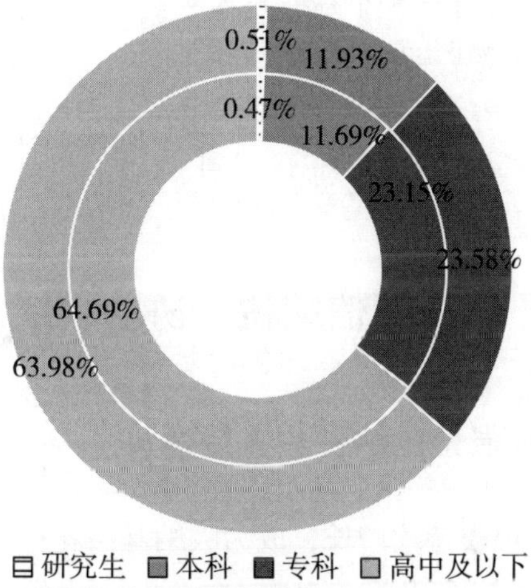

图1-38　2023—2024年百强企业员工结构情况

从员工类型上看，科技型、综合型以及细分赛道领域的专业型员工数量有所提升，基层员工数量有所下降，其他行业的优秀人才也被引入物业管理行业，人才结构持续迭代优化。从学历结构看，2024 年，百强企业的从业人员中，本科及以上人员占比 12.44%，大专学历人员占比 23.58%，同比均有所提升；高中及以下人员占比为 63.98%，比例持续下降，百强企业从业人员的平均学历水平稳步提升。

百强企业坚持“以人为中心”的原则，不断完善“选、育、用、留”机制，制定全方位人才建设体系。同时，百强企业深刻认识到行业的变化，注重员工素质的提升以及重要岗位的人才培养，对关键岗位人才的标准规范更清晰，要求更严格。如保利物业经过内部调研及项目沉淀，人力中心梳理出关键条线、层级和岗位族群中的 15 个关键岗位，更新人才素质模型，形成《关键岗位人才标准白皮书 1.0》，明确人才画像，为公司业务发展提供人才选拔与培养指南。

表1-22 部分百强企业人才培养体系情况

企业简称	人才培养体系
保利物业	2025年2月，经过内部调研及项目沉淀，人力中心梳理出关键条线、层级和岗位族群中15个关键岗位，更新人才素质模型，形成《关键岗位人才标准白皮书1.0》，明确一号位关键人才标准的参照坐标。
中海物业	2025年4月，开展以“精技匠心、强基育才、标准落地、专业领潮”为主题的专业强化培训认证活动。各项目骨干班长通过“学、练、考、辩”的多元培训模式，全面提升专业能力，助力公司高质量发展。
融创服务	针对不同条线的员工选拔，制定了严格标准。“融星计划”以客户服务理念与沟通技巧培训为重点，助力管家提升工作效率与管理能力；“融御计划”聚焦人防水平的提升与磨炼，多次开展安全防范与巡逻技巧、法律法规与职业道德培训；“融匠计划”引入安全专题与高端技术，开展安全操作规程、紧急维修响应等专项培训；“融焕计划”则为环境团队注入诸多创意力量，将美学理念汇入社区环境设计之中。
鲁商服务	先后启动了“星火计划”“铸金计划”“头雁计划”等人才发展项目。

百强企业注重员工长远发展路径，打造多元人才培养计划，并提供丰富的知识库，满足员工自身发展需求，还通过岗位编制管理实现各岗位效能的最大化，从而选择、培育、留下更加符合企业长期发展的优质人才，进而共同推动企业高质量发展。此外，百强企业将员工的身心健康放在重要位置，通过提升员工福利、增加员工关怀等方式提升员工认同感和归属感。

2025中国物业管理行业最佳雇主
中海物业管理有限公司
长城物业集团股份有限公司
深业物业运营集团股份有限公司
越秀服务集团有限公司
宝石花物业管理有限公司

五、社会责任：保障基层就业，依法诚信纳税，协助基层治理

（一）行业发展吸纳基层就业，百强企业纳税额保持增长

物业行业作为劳动密集型行业，用工规模持续增长，成为吸纳基层就业的重要力量。根据国家统计局发布的《第五次全国经济普查公报》，截至2023年末，中国共有物业管理企业37.5万家，比2018年末增长59.8%；物业管理企业从业人员854.3万人，比2018年末增长34.1%。物业行业通过基础服务、智慧化运营、社区增值服务等多元业务为社会提供了大量的就业岗位，对缓解就业压力、维护社会稳定、保障民生福祉起到了重要作用。

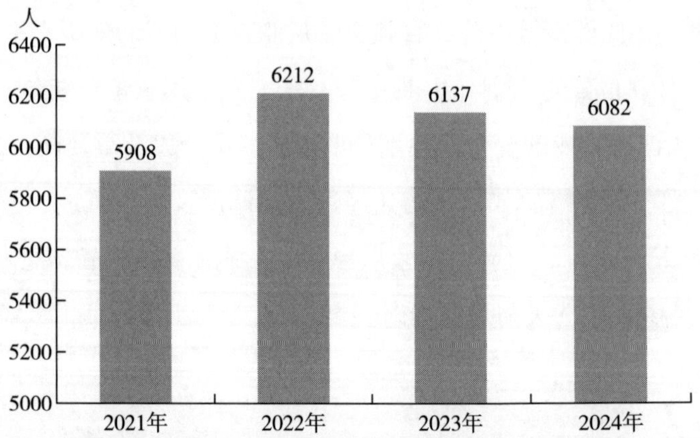

图1-39 2021—2024年百强企业员工数量均值情况

百强企业 2024 年员工数量均值为 6082 人，同比小幅下降。该结构性调整主要源于四方面因素。第一，成本优化驱动：部分企业通过业务外包模式提升运营灵活性，降低人力成本；第二，扩张节奏放缓：行业项目拓展速度趋缓，新增岗位数量相应减少；第三，科技赋能提效：智能设备与系统替代基础操作岗位，增强人效，减少用人规模；第四，组织架构精简：区域合并、管理层级压缩，减少总部及区域管理人员配置。

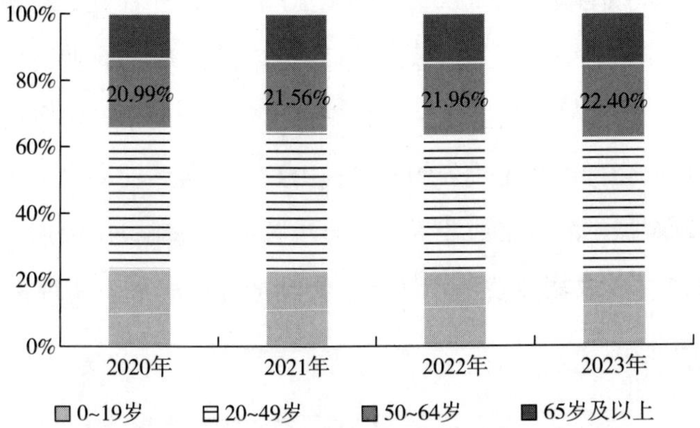

图1-40　2020—2023年全国人口各年龄段占比结构

根据《中国统计年鉴》中的年龄结构，我国 50~65 周岁的人口占比逐年增加。物业行业可以提供大量不限年龄的就业岗位，为促进就业、维护社会稳定作出了积极贡献。百强物业企业通过开展适岗培训，帮助大龄劳动力快速胜任岗位，同时辅以新设备，提升大龄劳动力的劳动效率，可以在一定程度上缩小甚至抹平大龄劳动者与青壮年劳动者的工作效率差距。这不仅有助于解决就业问题，还能确保业主享受同等质量的服务，保障了员工与业主双方的权益。

税收是国家经济发展的支柱，百强企业诚信经营，依法纳税，发挥榜样力量。2024 年，百强企业平均纳税额 7845 万元，同比上升 1.01%，高于 2024 年全国税收收入增长率（-3.4%），是百强企业砥砺前行，承担社会责任的有力证明。

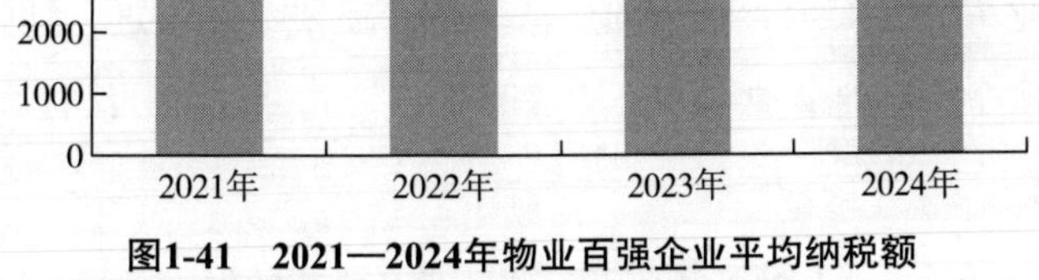

图1-41　2021—2024年物业百强企业平均纳税额

（二）物业企业托底民生，接管老旧小区赋能基层治理

基层治理是国家治理的基石，统筹推进乡镇（街道）和城乡社区治理，是实现国家治理体系和治理能力现代化的基础工程。新时代对基层治理有了更高的要求，2021 年住房和城乡建设部等十部委联合印发《关于加强和改进住宅物业管理工作的通知》，强调物业管理融入基层社会治理体系，提升住宅物业管理水平和效能。物业服务企业作为服务基层群众的行业，依托成熟的体系，在群众协调、组织和管理方面发挥

重要力量。

1. 为老旧小区提供基础物业服务，弥补重难点区域治理空缺

物业企业积极与政府协同合作，进驻老旧小区，通过提供基础物业服务，解决老旧小区管理与维护缺失的民生问题，确保业主享有便利、安全、整洁的生活环境，促使物业重新融入老旧小区的基层治理体系。当前，我国存在数量众多的老旧小区。为解决其存在的问题，物业企业需依托政府支持，填补物业治理空白。政府提供兜底资金，或鼓励支持业主、产权单位出资参与整治；由政府、街道或党支部牵头，成立区域自治委员会或业主委员会行使业主代表的职责；由政府推荐，业委会确定入驻的物业企业。物业企业入驻老旧小区后，利用政府提供的资金或业主筹资对小区进行基础设施改造并提供基础物业服务，初步改善小区环境状况，后续通过收取物业费为小区提供持续的物业服务，实现物业服务常态化，形成“整治—服务—收费”的良性循环。

表1-23　老旧小区分类及特点

老旧小区类型	特点
开放式无物业老旧小区	无围墙，无门禁，无物业管理，公共区域维护依赖业主自发、社区代管或市政服务
无物业老旧小区	有围墙 / 门禁，但无专业物业管理，公共区域维护由业主自治或社区临时管理
普通老旧小区	有基础物业管理（如保洁、安保），但服务标准较低，物业费收取困难

物业企业协助政府做好重难点区域的基层治理。除了老旧小区以外，城中村与保障房也是基层治理的重要部分。这些区域的低收入人口、流动人口、中老年人口占比较大，在基层治理中往往面临业主不主动、不配合的情况，导致区域的基层治理处于被动状态。企业通过物业服务，主动发现区域存在的问题与隐患，并将其解决或上报至相关部门，提升基层治理的效率。

表1-24　部分民生领域重点治理单元特点

类型	特点	物业服务重点
老旧小区物业管理	建筑老旧，业主老龄化程度高	基础设施维护升级
城中村物业管理	建筑质量不一，存在违章建筑，产权复杂，人口流动性大	消防整治、治安安全
保障房物业管理	人口密度大，政策约束性强	长效运营、政策落实

2. 改造、升级老旧小区基础设施，保障小区环境安全

基层治理不仅要确保业主拥有安全、舒适的生活环境，还要与时俱进，加强基层智慧治理能力建设。物业企业入驻小区后，通过提供基础维护维修保障房屋质量，通过设施升级提高生活品质，使小区的基层治理处于安全、稳定的环境中。

2025年中国保障房物业服务优秀企业
北京首开城市运营服务集团有限公司
安居（深圳）城市运营科技服务有限公司
杭州萧山城市服务管理有限公司
上海中建东孚物业管理有限公司
浙江蓝城乐居物业服务集团有限公司
广州市美林基业物业管理有限公司

物业公司根据实际情况，合理安排修缮维护以减缓建筑物、设施的老化，保障安全。第一，对房屋的主体结构进行周期性检查与维修、养护，避免因灾害、人为情况导致问题，保障房屋主体结构安全；第二，对非结构构件（建筑非结构构件及附属机电设备）的老化、偶发性损坏进行日常养护，及时维修和更换，使房屋保持良好的状态，满足业主基本居住需求；第三，对交通、景观、设施等公共配套及消防、人防、安防等安全应急设施进行定期维护与保养，维持小区生活品质，确保业主生命财产安全。

物业公司根据业主需求及小区状况，有序推进设施、区域升级服务，提升小区的安全、便利性与舒适度。物业企业对小区基础设施、便民设施进行升级，提升业主的生活品质与便利性；对小区进行绿色升级，满足业主对绿色生活的向往以及政府对于环境保护的要求；对小区进行智慧升级改造，综合提升业主的居住体验，提高基层治理数字化、智能化水平。

表1-25　部分设施升级典型项目

类型	典型项目	参与企业
基础设施升级	塑胶步道、多功能运动场、新能源充电桩等	碧桂园服务、中海物业
便民设施升级	自助快递箱、适老化改造、综合服务中心等	南都物业、远洋服务
绿色升级	垃圾分类点、花园社区、节能低碳改造等	绿城服务、越秀服务
智慧升级	智慧门禁、智能监控系统、智慧管家系统等	金地智慧服务

3. 构建业主间关系网，政民协同维护小区和谐

基层治理的本质是对人的管理与服务。物业企业在日常工作中与业主之间形成了较为紧密的关系，促进区域和谐稳定，降低治理成本，提升了基层治理效率。物业企业通过组织社区文娱活动、调解业主间矛盾，营造稳定和谐的人文环境，增强小区内业主的社区认同感，提升基层治理的流畅度；通过多种形式的活动为政府宣传，丰富群众生活，将政策传达至基层的同时也提升群众对政策的接受程度，提升业主对基层治理内容的认可度，降低基层治理阻力。

表1-26　部分百强企业社区活动案例

活动类型	企业名称	活动内容
企业组织	绿城服务	“国球少年杯”少儿乒乓球赛：面向6~14岁业主子女，举办乒乓球赛事，融入体育精神传承文化。
	滨江服务	友邻美食文化节：设置美食市集、民俗体验（剪纸、汤圆手作），联动社区公益（关爱环卫工、快递员）。
	建业新生活	“这是我的家”摄影大赛：面向业主征集社区生活摄影作品，设置“邻里温情”“家园变迁”等主题，获奖作品巡展+定制台历。
政府号召	正商服务	119消防日实战演练：每年11月9日（全国消防日），联合社区开展消防疏散演练、灭火器实操、儿童消防绘画赛。
	保利物业	院落普法茶话会：联合律师事务所，针对老年人关注的遗产分配、居住权等法律问题进行法律解读、模拟演练。
	中海物业	反诈夜市：玩套圈游戏赢反诈周边（如印有“不轻信、不转账”的围裙），发放《家庭禁毒反诈手册》。

在基层治理中，基层政府与群众之间的互动较为分散。物业企业依托自身优势，可快速响应、整合政府需求，协助基层政府将相关工作传达至群众端；通过日常的服务，物业企业能发现、搜集整理群众关切的相关问题，单独或协助业主代表沟通政府解决群众关切，避免重复上报，明确反馈主体。

表1-27　　2025中国红色物业服务优秀企业

保利物业服务股份有限公司	北京瑞赢酒店物业管理有限公司
河南亚新物业服务有限公司	中铁诺德生活服务有限公司
深业物业运营集团股份有限公司	绘生活服务（巨和物业服务有限公司）
宝石花物业管理有限公司	上海合创嘉锦物业管理有限公司
广东省合景悠活控股集团有限公司	泛海物业管理有限公司
高地城市服务产业集团（复悦生活）	重庆高新数智安防科技有限公司
广东天力物业服务有限公司	武汉百步亭花园物业管理有限公司
弘阳服务集团（南京弘阳物业管理有限公司）	深圳市赛格物业管理有限公司
和泓服务集团有限公司	一爱城市建设服务有限公司
中交物业服务集团有限公司	上海临港漕河泾物业服务有限公司
大悦城控股集团物业服务有限公司	武汉嘉信物业管理有限公司
上海中建东孚物业管理有限公司	阳光壹佰物业发展有限公司
中电建物业管理有限公司	深圳市万厦世纪物业管理有限公司
南光服务（上海华高物业有限公司）	广东东鸿物业发展有限公司

百步亭物业始终坚持党建引领，构建多元参与的治理体系，统筹调配社区资源，创新完善社区治理体制，成立领导小组，统筹协调居委会、业委会、城管队、车管所、法庭、市场监管等各方参与社区多元共治，协调多元利益关系，引领社区居民自治，统筹调配社区各类资源，化解社区矛盾纠纷。

嘉信物业紧密围绕“以人民为中心”的核心原则，在成功实施“红色物业”及“阳光透明酬金制”的基础上，持续深入挖掘业主的真实需求与问题根源，主动探索党建引领的服务模式的创新，围绕“保障业主的知情权、参与权、决策权和监督权”，推行“阳光服务码”，打造“阳光透明集体共治”物业模式，增进业主和物业互信合作，推动物业服务向更高水平发展，形成小区多元共治、共同缔造美好家园的新格局。

第五部分　2025 中国物业服务百强企业 TOP10 研究

为进一步深入而全面地评价此次入榜的百强企业，中指研究院在“2025 中国物业服务百强企业研究”的基础上，对各分项指标表现突出的优秀企业进行专项研究，从行业整体及企业特色维度，分析其具体优势和特点，总结成功经验，供广大物业服务企业及相关从业人员参考。

1. 2025 中国物业服务百强企业经营绩效 TOP10

表1-28　2025中国物业服务百强企业经营绩效TOP10

序号	企业名称
1	碧桂园服务
2	保利物业服务股份有限公司
3	华润万象生活有限公司
4	中海物业管理有限公司
5	龙湖智创生活
6	绿城物业服务集团有限公司
7	长城物业集团股份有限公司
8	深圳市金地物业管理有限公司
9	卓越商企服务集团有限公司
10	越秀服务集团有限公司

（1）聚焦深耕，品质为本，挖掘更大服务价值

经营绩效 TOP10 企业并未受限于行业规模及营收增速的下降，而是通过不断提升项目密度和服务浓度，提升项目质量，持续发展多元业务，进一步挖掘市场价值。2024 年，中海物业整体收益为 140.24 亿元，同比增长 7.5%，毛利为 23.26 亿元，较同期增长 12.4%，实现稳健、高效、高质量发展；在不断创收的同时，积极采取一系列提质增效措施，成本管控成效显现，2024 年，中海物业毛利率达 16.6%，较 2023 年增加 0.7 个百分点。

（2）科技赋能、项目优化，实现增效增收

经营绩效 TOP10 企业注重资源的有效整合及智能化建设，同时果断放弃低质低效项目，提升项目整体质量，以在竞争中取得优势，增强效率，降低成本。2024 年，越秀服务借助科技服务和智能化管理提升客户体验，同时逐步撤离低效项目，优化存量项目结构，合约面积终止 767.4 万平方米，新增 1295.3 万平方米；在管面积终止 720.7 万平方米，新增 1130.5 万平方米，核心净利润为 5.12 亿元，同比增长 5.1%。

2. 2025 中国物业服务百强企业服务规模 TOP10

表1-29　2025中国物业服务自强企业服务规模TOP10

序号	企业名称
1	碧桂园服务
2	保利物业服务股份有限公司
3	绿城物业服务集团有限公司
4	中海物业管理有限公司
5	华润万象生活有限公司
6	龙湖智创生活
7	金科智慧服务集团股份有限公司
8	长城物业集团股份有限公司
9	深圳市金地物业管理有限公司
10	河南建业新生活服务有限公司

2025 服务规模 TOP10 企业在存量市场中激烈竞争，积极拓展市场，承接关联方项目，开展并购，与第三方建立合资合作，稳健谨慎经营，稳定基本盘。

（1）增量市场扩张速度减缓，关联方项目供给减少

2024 年，我国住宅竣工面积为 53741 万平方米，较上年下降了 27.4%。随着我国保交楼逐渐收尾，2024 年房地产竣工面积大幅缩小，关联公司对物业企业的项目供给减少，规模 TOP10 企业管理规模扩展速度减缓，但在百强企业中表现相对稳健。保利物业 2024 年新增管理面积中约 1700 万平方米来自关联方，关联方合同管理面积占比由 2023 年度 37.1% 下降至 2024 年的 36.3%。

（2）市场竞标竞争激烈，合资合作成为规模扩张的重要力量

第一，受房地产持续下行影响，物业管理行业竞争加剧，规模 TOP10 企业依托自身品牌优势、业务能力和市场竞争力，积极拓展第三方项目。2024 年，建业新生活新增第三方管理面积超 1000 万平方米，占全部新增管理面积的 72%。

第二，随着竞争烈度逐渐增加，合资合作已成为企业进驻新业态、新区域的有效方式，也是拓规模的重要途径。收并购市场仍存在整合机遇，但并购主题延续审慎策略，关联资源整合加速。虽然收并购是扩大企业管理规模的有效方式，但企业对规模扩张持审慎态度，投资热度降低，收并购金额减少，市场趋于理性。

3. 2025 中国物业服务百强企业成长性领先企业

2025中国物业服务百强企业成长性领先企业
保利物业服务股份有限公司
宝石花物业管理有限公司
奥联服务集团股份有限公司
中建四局城市运营服务有限公司
中國國信服務集團

（1）规模稳定增长，未来发展可期

2025 成长性领先企业充分整合自身优势资源，加强市场化外拓和合资合作，不断拓展新业态，拓宽服务范围，在行业规模增速显著放缓的背景下仍然实现较快增长。截至 2024 年底，保利物业在管面积约 80341.9 万平方米，同比增长 11.7%。

（2）固本兴新，拓宽收入来源

在地产危机影响及宏观经济承压的背景下，2025 成长性领先企业通过规模增长拉动基础物业服务收入增长，拓宽服务对象、服务内容，取得了较快的业绩增长。保利物业 2024 年营业收入 163.42 亿元，同比增长 8.5%，表现出优异的成长性。

4. 2025 中国物业服务质量领先企业

表1-30　2025中国物业服务质量领先企业

企业名称	企业名称
保利物业服务股份有限公司	广东康景物业服务有限公司
金科智慧服务集团股份有限公司	苏新美好生活服务股份有限公司
融创物业服务集团有限公司	远洋服务控股有限公司
越秀服务集团有限公司	北京建工物业服务有限公司
长城物业集团股份有限公司	北京金泰物业管理有限公司
金茂物业服务发展股份有限公司	深圳市莲花物业管理有限公司
时代邻里控股有限公司	北京网信物业管理有限公司
高地城市服务产业集团（复悦生活）	北京京城佳业物业股份有限公司
世邦泰和（上海）物业管理有限公司	深圳市赛格物业管理有限公司
大华集团上海物业管理有限公司	中铁诺德生活服务有限公司
广东天力物业服务有限公司	奥联服务集团股份有限公司
河南正弘物业管理有限公司	大连德泰城市服务集团有限公司
深圳市鸿荣源物业服务有限公司	河南华信玖邻好生活服务有限公司
山东省诚信行物业管理有限公司	深圳德诚物业服务有限公司

（1）优化标准化服务细节，迭代完善标准化服务

2025 服务质量领先企业继续加强标准化建设，以标准化为起点，不断完善标准化服务的细节，把控标准化服务质量，增强标准化服务的培训，使业主享受到品质稳定的服务。2024 年时代邻里依托 AI 技术实现服务场景线上化与流程标准化，提升服务效率及科技附加值，全年客户居住满意度实现了 4% 增长，多个项目获全国及省市级示范称号。

（2）提高科技投入，提升服务素质，奠定优质服务基石

2025 服务质量领先企业重视新科技、新技术的应用，加大科技研发的投入，增加科技产品的采购与使用频率，提升综合服务能力。2024 年金科服务在“软件及其他方面”，投入成本 5992.6 万元，较 2023 年提升了近 8%，持续推进服务 + 科技战略，强化科技赋能，优化自身服务能力。

（3）强化服务透明度，保障业主知情权，促进满意度提升

2025 服务质量领先企业强化服务的透明机制，量化服务效果，使服务过程和服务结果可视化，提升服务效果，便于业主反馈；强化费用公开透明，确保业主知悉物业费使用情况以及物业服务价值，增进服务供需双方理解，促进业主满意度提升。

5. 2025 中国物业服务百强满意度领先企业

表1-31　2025中国物业服务百强满意度领先企业

企业名称	企业名称
龙湖智创生活	越秀服务集团有限公司
金科智慧服务集团股份有限公司	重庆华宇物业服务集团有限公司
中海物业管理有限公司	山东绿地泉物业服务有限公司
新城悦服务集团有限公司	弘阳服务集团（南京弘阳物业管理有限公司）

续表

企业名称	企业名称
广东康景物业服务有限公司	西安经发物业股份有限公司
北京京城佳业物业股份有限公司	西安高科物业服务管理有限公司
远洋服务控股有限公司	深圳市莲花物业管理有限公司
深圳市赛格物业管理有限公司	深圳市赤湾物业管理有限公司
广州敏捷新生活物业管理有限公司	中交物业服务集团有限公司
高地城市服务产业集团（复悦生活）	中建四局城市运营服务有限公司
大华集团上海物业管理有限公司	上海复欣物业管理发展有限公司

（1）防患于未然，主动提前解决问题

2025满意度领先企业主动发现并解决日常服务中的问题，让用户始终体验到高品质的区域环境，优化用户体验，提升满意度水平。华宇物业始终坚持“和谐华宇，幸福一生”的服务理念，秉承“业主至上，服务第一”的服务宗旨，肩负责任与初心，以人为先，以感为要，以至臻服务守护美好生活品质，持续性打造常住常新且有温度的社区。

（2）满足业主多元需求，提供全生活场景服务

2025满意度领先企业挖掘业主多元生活需求，在社区零售、美居服务、经纪服务、社区养老等方面持续探索，优化服务模式，真正成为业主的“生活管家”。绿地泉服务倾力打造“物业+学院式”社区居家康养服务新模式，在积极开展基础关爱服务的基础上，开拓了长者学堂、日间照料中心、康养旅居三大特色温情服务，积极助力社区老人实现“老有所乐、老有所学、老有所为”的康养之梦。

6. 2025中国物业服务年度社会责任感企业

表1-32　2025中国物业服务年度社会责任感企业

企业名称	企业名称
保利物业服务股份有限公司	众安智慧生活服务有限公司
中海物业管理有限公司	中交物业服务集团有限公司
碧桂园服务	重庆渝地康田智慧生活服务有限公司
北京京城佳业物业股份有限公司	厦门国贸城市服务集团股份有限公司
宝石花物业管理有限公司	北京网信物业管理有限公司
中天城投集团物业管理有限公司	中建智慧城市服务有限公司
重庆两江新区物业管理有限公司	济南成家物业管理有限公司

2025社会责任感企业全面践行社会责任，通过吸纳人员解决就业、缴纳税收、参与基层治理以及推动绿色发展等方面，积极承担社会责任。

（1）赋能美好生活，提升社区价值

2025社会责任感企业积极参与社会治理，投身于区域现代化、智能化改造、老旧小区管理，解决各类基层民生问题，维护社区和谐，提升社区价值，促进社会稳定。2024年，宝石花物业进驻兰州市庄浪西路社区的老旧小区，创新“四个一批”物业管理模式，积极提供各类增值服务，引入智慧安防系统、智能充电桩及适老化设施，使小区完成从无人管理到有序管理的转变。

（2）加强绿色物业管理，共建低碳社区

在“双碳”目标的指引下，2025社会责任感企业一方面从自身业务出发，通过采用节能设备、环保意识培训、社区环保主题活动开展等实际行动减少碳排放及废弃物排放，另一方面，推动利益相关方参与可持续发展，通过签署包含相关条件的合同、共同培训、碳足迹排查等，寻求产业链碳中和。2024年京城佳业积极推进垃圾分类精细化管理，在亚洲金融大厦设置智能垃圾桶站，配置“铁胃吞食机”将厨余垃圾转化为有机肥，每日可产约800公斤，推进垃圾分类处理的利益化和循环化。

（3）依法纳税，提供保障健全的岗位

2025社会责任感企业依法履行纳税义务，在外部环境压力下，提供大量就业岗位，保障在岗员工可以获得健全的薪资保障，同时企业为员工提供了完善的培训机制，帮助员工提升工作技能，增强工作能力。碧桂园服务全新升级数字学习平台“碧学堂”，引入外部优质课程资源，并为各层级员工开发适配的线上课程。同时为更高效支撑业务发展，公司策划“一刻堂”“例会学习”等常态化学习项目，实现业务能力的垂直下沉。

7. 2025中国物业管理行业市场化运营领先企业

2025中国物业管理行业市场化运营领先企业
长城物业集团股份有限公司
碧桂园服务
时代邻里控股有限公司
阳光恒昌物业服务股份有限公司
奥联服务集团股份有限公司
南京朗诗物业管理有限公司
河北深科物业服务有限公司

2025市场化运营领先企业坚持长期主义，稳健经营，在波动市场环境下，利用自身优势，在风险中寻求机会，提升市场拓展能力的同时保障经营质量。对于关联方，物业企业逐渐摆脱关联方束缚，以更加市场化的方式与之开展合作。

（1）融合科技，提升品质，创新服务能力，提升市场竞标能力

2025市场化运营领先企业推进科技化进程，以科技硬软件提升服务品质，设计改进服务产品；创新用户体验，提升客户对产品的感知度，加大宣传，依托市场口碑、品牌优势等提升竞标中标率，密切关注市场动态，利用先发优势寻找更多机会。

（2）开展合资合作，发挥各方优势，提升第三方拓展能力

物业企业通过与第三方开展合资合作，发挥各方优势，扩大第三方项目占比，提升外拓市场竞争力，支撑业绩健康发展。2024年10月，碧桂园服务旗下的北京中科国兴创新服务有限公司与中科北生（北京）控股有限公司签署战略合作协议，共同打造京津两地医疗后勤智慧服务新标杆，推动双方经营业态多元高质量发展，探索医疗后勤服务新蓝海。

8. 2025 中国专项物业服务优秀企业

表1-33 2025中国专项物业服务优秀企业

商业物业管理	
华润万象生活有限公司	广东省合景悠活控股集团有限公司
金茂物业服务发展股份有限公司	越秀服务集团有限公司
高地城市服务产业集团（复悦生活）	深圳市鸿荣源物业服务有限公司
办公物业管理	
金融街物业股份有限公司	龙湖智创生活
卓越商企服务集团有限公司	中铁诺德生活服务有限公司
海纳万商物业管理有限公司	泛海物业管理有限公司
北京金泰物业管理有限公司	天津滨海一号物业管理有限公司
阳光恒昌物业服务股份有限公司	浙江金昌物业服务有限公司
山东省诚信行物业管理有限公司	贵州绿地物业管理有限责任公司
中天城投集团物业管理有限公司	重庆瑞盈实业有限公司
产业园区物业管理	
龙湖智创生活	中天美好生活服务集团有限公司
宝石花物业管理有限公司	河南绿都物业服务有限公司
上海科箭物业服务有限公司	贵州绿地物业管理有限责任公司
重庆高新数智安防科技有限公司	上海海鸿福船物业管理有限公司
上海锦江物业管理有限公司	重庆两江新区物业管理有限公司
北京金泰物业管理有限公司	成都嘉善商务服务管理有限公司
医院物业管理	
上海复医天健医疗服务产业股份有限公司	金科智慧服务集团股份有限公司
融创物业服务集团有限公司	融通地产物业管理有限公司
曙一物业服务有限公司	南京汇仁恒安物业管理有限公司
教育物业管理	
东吴服务产业集团（江苏）有限公司	北京京城佳业物业股份有限公司
金科智慧服务集团股份有限公司	中交物业服务集团有限公司
上海生乐物业管理有限公司	深圳市华创生活股份有限公司
长城物业集团股份有限公司	贵阳市物业集团有限公司

2025 专项物业服务优秀企业发力各个非住宅细分赛道，凭借自身的专业性和特色，在细分领域备受关注，成为行业各细分市场中的标杆企业。

商业物业领域，优秀物业服务企业助力消费环境复苏，依照不同人群的差异化需求提供各色服务，确保服务品质契合差异化需求，注重服务细节，保障服务品质，优化用户体验，获得广泛认同与信任。华润万象生活拥有全国领先的商业运营服务能力，为购物中心开发运营提供全流程服务，即投资策划、产品定位、设计咨询、品牌招商、运营服务及其他单项或多项服务组合。截至2024年底，华润万象生活全国在营购物中心122座，其中86个项目零售额排名当地市场前三，零售额达2150亿元，商业会员人数突破5700万。

办公物业领域，优秀物业服务企业以综合服务为抓手，以提升客户企业运营效率和客户员工满意度为目标，为企业客户及其员工提供包括会务、团餐、设施设备管理、空间规则等在内的多种创新型服务，项目深耕，开辟新赛道，增厚服务密度，提高收益。金融街物业在不断提升基础物业服务品质的同时，努力拓展商务楼宇配套服务，创立"怡己"品牌系列服务体系，包含了咖啡、餐饮、收发平台、智能新零售集合平台、汽车服务等多项便民服务业务，打造了商务生活服务链。

产业园区物业领域，优秀物业服务企业在做好基础服务的同时，着眼客户视角，拓宽服务边界，不断开展多元业务，提供诸如餐饮服务、租赁、物流、咨询等增值服务，为园区产业发展提供基础性支持，提高园区整体运营效率；同时延伸服务链条，从大客户所在行业全局出发，将大客户上下游企业纳入潜在服务目标。漕河泾物业服务体系建设以"卓越园区、卓越服务"为目标，以平台赋能、服务赋能为主要任务，将园区特色产业客户需求与政务服务、产业服务、物业服务、科创服务、人才服务、商业配套服务、税务服务、协会服务、数字化服务、金融服务等园区服务资源充分融合对接，实现服务赋能园区企业、平台赋能服务类子公司、平台赋能园区特色产业发展。

医院物业领域，优秀物业服务企业能够提供专业、细致的物业服务保障，确保医院环境的安全、整洁，确保病患及医护人员拥有良好的医疗及工作环境。此外，物业企业通过开展健康餐、医疗器械保养、医疗废物处理等，提高医疗工作效率。复医天健立足"为医疗卫生机构提供后勤服务全面解决方案"的目标，坚持开拓医疗后勤服务范畴，不断研发和改进服务内容、提升服务质量，使医院后勤服务专业化程度不断提高，致力成为中国医疗健康支持服务的"领跑者"。

教育物业领域，优秀物业服务企业对教学楼、实验室、食堂、宿舍等提供专业的物业服务，为广大师生打造干净、舒适、安静、安全的工作、学习及生活环境。东吴服务作为全国高校后勤社会化改革的引领者和示范者，大力推行"标准化、机械化、信息化、专业化"建设，积极推进"互联网+后勤"建设，布局全国23个省份，服务全国200多所高校，服务师生近500万人。

9. 2025中国国有物业服务优秀企业

表1-34　2025中国国有物业服务优秀企业

排名	企业名称	排名	企业名称
1	保利物业服务股份有限公司	9	深业物业运营集团股份有限公司
2	中海物业管理有限公司	10	金融街物业股份有限公司
3	华润万象生活有限公司	11	北京京城佳业物业股份有限公司
4	金茂物业服务发展股份有限公司	12	宝石花物业管理有限公司
5	越秀服务集团有限公司	13	大悦城控股集团物业服务有限公司
6	鲁能物业服务有限公司	14	中交物业服务集团有限公司
7	中铁建物业管理有限公司	15	上海中建东孚物业管理有限公司
8	广州珠江城市管理服务集团股份有限公司	16	鲁商生活服务股份有限公司

排名	企业名称	排名	企业名称
17	苏新美好生活服务股份有限公司	34	重庆通邑卫士智慧生活服务有限公司
18	深圳市赛格物业管理有限公司	35	重庆渝地康田智慧生活服务有限公司
19	重庆两江新区物业管理有限公司	36	上海临港漕河泾物业服务有限公司
20	中铁诺德生活服务有限公司	37	北京建工物业服务有限公司
21	深圳第一亚太物业管理有限公司	38	上海锦江城市服务有限公司
22	泓盈城市运营服务集团股份有限公司	39	杭州市安居城市服务有限公司
23	上海合创嘉锦物业管理有限公司	40	大连德泰城市服务集团有限公司
24	北京北大资源物业经营管理集团有限公司	41	江山智联（江苏）物业服务有限责任公司
25	武汉城市服务集团有限公司	42	南光服务（上海华高物业有限公司）
26	北京金泰物业管理有限公司	43	中建七局物业管理有限公司
27	中建壹品物业运营有限公司	44	成都航兴城市管理服务有限公司
28	广东省广晟城市服务有限公司	45	杭州萧山城市服务管理有限公司
29	山西锦地物业管理有限公司	46	济南成家物业管理有限公司
30	北京北控物业管理有限责任公司	47	杭州西湖乐居物业服务有限公司
31	贵阳市物业集团有限公司	48	苏州城投物业管理有限公司
32	广西安信物业服务有限公司	49	重庆经开区物业管理有限公司
33	北京长峰新联工程管理有限责任公司	50	云南工投物业管理有限公司

2024 年，国资背景物业服务企业在运营管理及业绩表现方面更加稳健，部分地方国资物业企业也在加快 IPO 进程。中铁建物业秉承铁道兵精神，努力践行“情系业主、从心开始”的服务理念，牢记维护中国铁建地产品牌的光荣使命，从标准化建设、品质提升、拓展经营、信息化建设等方面加强能力建设，不断提升核心竞争力，努力成为“中国最具价值的美好生活服务商”。贵阳物业集团始终以忠诚和奉献书写国有企业担当，积极践行初心使命，通过党建引领、科技赋能和市场化战略，构建了“规模 + 品质 + 特色”的核心竞争力，正从传统物业向城市综合服务运营商转型，全面推进集团高质量发展。

10. 2025 中国特色物业服务领先企业

表1-35　2025中国特色物业服务领先企业

企业名称	特色
中海物业管理有限公司	港澳地区最大中资企业
龙湖智创生活	资产管理
长城物业集团股份有限公司	阳光社区
时代邻里控股有限公司	花 4 服务体系
越秀服务集团有限公司	好服务
金融街物业股份有限公司	商务物业服务
鲁能物业服务有限公司	绿色物业
皆斯内（上海）企业管理服务有限公司	国际物管服务可持续发展
宝石花物业管理有限公司	社区增值服务研究
中天城投集团物业管理有限公司	科技引领多元“蜜生活”

续表

企业名称	特色
河南正弘物业管理有限公司	品质正弘，温度服务
山东省诚信行物业管理有限公司	山东区域优秀物业企业
山东绿地泉物业服务有限公司	社区康养
大悦城控股集团物业服务有限公司	从工厂到城市全业态物业服务商
力高健康生活有限公司	健康生活服务
云南鸿园电力物业服务有限公司	电力系统后勤管理服务
北京科住物业管理有限公司	科教综合保障服务
中电建物业管理有限公司	商办物业企业
北京瑞赢酒店物业管理有限公司	酬金制物业服务领先企业
河南亚新物业服务有限公司	“红色物业＋居家养老”智慧社区服务
深圳第一亚太物业管理有限公司	商贸综合园区服务商
深圳市华创生活股份有限公司	城市服务
深圳市赛格物业管理有限公司	立体停车
福建伯恩物业集团有限公司	Σ 小区物业服务解决方案、惠服务
中铁诺德生活服务有限公司	城市服务领先企业
泓盈城市运营服务集团股份有限公司	城市照明
绘生活服务（巨和物业服务有限公司）	老旧小区物业服务
浙江大家物业服务集团有限公司	社企共建标杆企业
北京金泰物业管理有限公司	能源服务领先企业
河南鸿宝物业服务有限公司	鸿园式美好生活
阳光壹佰物业发展有限公司	人文社区建设
北京北大资源物业经营管理集团有限公司	科创服务
重庆朵力物业管理有限责任公司	工厂物业
中建智慧城市服务有限公司	居家养老
中信泰富（上海）物业管理有限公司	商办综合体优秀服务企业
山西锦地物业管理有限公司	智慧科技服务、物业＋养老
长春赢时物业服务股份有限公司	多元化服务体系
深圳德诚物业服务有限公司	高质量发展领军企业
广西安信物业服务有限公司	“五心服务”
上海地益物业管理有限公司	会展物业运营服务
杭州新天地园区运营服务有限公司	园区运营服务专家
北京北控物业管理有限责任公司	城市更新优秀企业
贵阳市物业集团有限公司	政府机关物业管理
上海中建智地物业服务有限公司	案场物业
北京中航大北物业管理有限公司	军工后勤保障
重庆渝地康田智慧生活服务有限公司	特色餐饮服务
北京首钢物业管理有限公司	重大活动保障单位
吉林省力旺智慧生活物业服务有限公司	智慧生活物业服务
贵州深盛佳物业管理有限公司	公建物业服务
重庆海泰管理服务有限公司	综合一体化后勤服务商

2025中国特色物业服务领先企业建立差异化市场定位，提供有针对性、有特色的管理和服务，不断强化自身优势，打造独特亮点。在2025中国物业服务百强企业研究中，研究组通过对服务模式、服务理念、服务体系、服务领域等方面综合评价，挖掘出一批表现突出的特色物业服务企业。

多元化服务满足业主多样化需求，立体经营提升城市服务能力。赢时物业坚持以“提升资产价值，缔造幸福生活”为使命，精准孵化增值业务，从单一的“物业服务”转向“多元化经营”，在住宅服务、商写服务、各专业服务（绿化、电梯、消防、养老、多经）以及城市服务等经营模式上稳健发展，以成熟的运营机制、人才保障、大数据平台应用，保障现有业务升级并支撑新业务开展。

社区康养与居家养老结合，让老年群体享受幸福晚年。亚新服务始终坚持党建引领，率先打造红色物业，创新实施“365”工作机制，创立“红管家”服务品牌、“七彩芯”智慧平台、“红色物业＋居家养老”服务、“一站式完整社区”服务，致力于成为全生命周期美好生活服务商。

以智慧、科技社区为建设目标，提升小区幸福感。渝地康田物业公司秉持“康田悦万家，幸福你我他”的发展理念和“智慧生活服务型企业”的发展定位，致力于实现物业专业化、规模化、智慧化、品牌化发展，专注打造智慧城市综合服务供应商，充分发挥物业企业连接群众的桥梁作用，着力打造提升人民群众获得感、幸福感、安全感和认同感的新型服务企业。

保障大型活动顺利进行，彰显中国特色与中国品质服务。首钢物业在大型活动保障领域表现卓越，成绩斐然。企业先后为冬奥会、国际雪联单板及自由式滑雪大跳台世界杯、物博会、中国科幻大会、中国国际服务贸易交易会、世界乒乓球职业大联盟中国大满贯北京站等大型活动贡献了专业、精细的物业服务，为推动行业高质量发展贡献了首钢力量。

11. 2025中国主要城市物业服务优秀企业

表1-36　2025中国主要城市物业服务优秀企业

北京TOP10	上海TOP10	广州TOP10	深圳TOP10	重庆TOP10	天津TOP10
中海物业	陆家嘴物业	越秀服务	中海物业	金科服务	融创服务
京城佳业	东湖物业	保利物业	万科物业	融创服务	中海物业
保利物业	招商积余	时代邻里	深业运营	天骄智慧服务集团	绿城服务
碧桂园服务	上实服务	天力物业	长城物业	东原仁知服务集团	保利物业
金融街物业	古北物业	合景悠活	彩生活服务集团	华宇物业	远洋服务
金茂服务	浦江中国	珠江城市服务	卓越商企服务	华润万象生活	天力物业
远洋服务	大华服务	实地物业	国贸物业	渝高物业	城投物业
中铁建物业	锦江城市服务	城投物业	莲花物业	渝地康田物业公司	天房物业
华润万象生活	中信泰富物业	敏捷物业	赛格物业	招商积余	华厦物业
网信物业	天骄智慧服务集团	粤海物业	鸿荣源物业	保利物业	盛泰物业
成都TOP10	**杭州TOP10**	**武汉TOP10**	**南京TOP10**	**青岛TOP10**	**无锡TOP10**
保利物业	绿城服务	武汉城市服务集团	瑞森生活服务	绿城服务	金科服务
新希望服务	滨江物业	中建壹品物业	苏宁银河物业	海尚海服务	瑞景城市服务
中海物业	南都物业	百步亭物业	弘阳服务	中海物业	怡庭物业
蜀信物业	融创服务	华润万象生活	朗诗绿色生活	万科物业	锡铁科技

续表

成都 TOP10	杭州 TOP10	武汉 TOP10	南京 TOP10	青岛 TOP10	无锡 TOP10
金科服务	德信盛全服务	金科服务	江苏中住物业	天泰服务	金佳物业
合达联行	金地智慧服务	惠之美集团	江苏环宇物业	保利物业	房冠物业
招商积余	安居服务	迅和物业	南京紫竹物业	红叶谷物业	招商积余
德商产投服务	彩虹物业集团	嘉信物业	江山智联物业	华润万象生活	顺茂物业
中铁建物业	大家服务	双宜服务集团	栖霞物业	金茂服务	德康物业
彩生活服务集团	中天美好服务	万嘉弘泰物业	金基服务	诚辉物业	明泰物业
郑州 TOP10	**合肥 TOP10**	**佛山 TOP10**	**昆明 TOP10**	**长春 TOP10**	**贵阳 TOP10**
正商服务	保利物业	碧桂园服务	鸿园物业	力旺物业	中天城投物业
康桥悦生活	滨湖城市运营	时代邻里	绘生活服务（巨和物业）	万科物业	贵阳物业集团
亚新服务	信联物业	中海物业	银海物业	保利物业	和泓服务丨贵阳兴隆物业
碧桂园服务	新地锐意	合景悠活	云南城建物业运营集团	华润万象生活	中铁建物业
绿城服务	安徽高速物业	美置服务	云南建投物业	龙湖智创生活	贵州绿地物业
金地智慧服务	皖投服务	招商积余	碧桂园服务	招商积余	碧桂园服务
保利物业	招商积余	中國國信服務集團	云南交投物业	金碧物业	保利物业
长城物业	华地好生活集团	光大物业	云南城投物业	国信物业	欣和逸居物业
中建七局物业	永升服务	金发物业	春城财富物业	亚泰物业	深盛佳物业
伟业慧生活	信服物业	龙光服务	云投物业	万达服务	贵阳地铁物业

城市物业服务优秀企业布局全国重点城市，持续进行项目拓展和城市深耕，在主要城市树立了良好的品牌口碑，取得较强的市场竞争力。

结语

在行业深度调整与结构性变革交织的2025年，物业服务百强企业以“稳底盘、调结构、强韧性”为核心策略，在存量竞争时代展现出强大的战略定力与创新活力。面对复杂多变的市场环境，企业通过精细化运营重构价值链条，以服务升维应对需求分化，在服务民生、数智转型、业态创新等领域持续突破，为行业高质量发展注入新动能。

管理规模方面，百强企业管理面积增速进一步放缓，由“扩规模”转为“增绩效”，不断优化项目组合，加大非住宅细分赛道和第三方项目的拓展力度；收并购市场理性回归，企业更注重标的资产质量与协同效应；“聚焦深耕”战略成为行业共识，战略内涵不断拓宽。经营绩效方面，百强企业聚焦主业，基础物业收入占比进一步提升；社区增值服务精准聚焦，部分企业主动收缩盈利差、潜力小的业务；利润率水平继续下滑，风险进一步出清，行业理性回归。服务品质方面，百强企业更注重标准化建设、落地执行及动态优化，重塑服务价值，通过科技提升服务效率，优化客户体验；不断探索新的服务收费与定价模式，推动行业“质价相符”机制建立；行业满意度保持稳定，但受外部环境影响，收缴率、留存率明显下降。

发展潜力方面，面对“物业+”万亿蓝海市场，百强企业积极拥抱科技，借助数字化转型和AI技术优化管理和服务，提升员工工作效率；不断优化人才结构，完善人才培养体系，挖掘市场巨大潜力。社会责任方面，物业管理行业不断发展吸纳大量的基层人员就业，有效缓解就业压力；百强企业依法诚信纳税，接管老旧小区，为民生托底，赋能基层治理，发挥重要作用。

随着行业逐步发展以及科技应用持续深化，物业管理正从“空间管理”向“服务生态”不断进阶、转变。百强企业将以民生服务为根基，以科技创新为引擎，在建设美好生活的征程中谱写高质量发展的新篇章。

报告二　2025中国物业服务上市公司TOP10研究报告

一、研究背景与方法体系

（一）研究背景与目的

截至目前，共有67家物业服务上市公司登陆资本市场，其中港交所主板61家，A股6家。2024年以来，尽管物业板块整体呈现小幅上升态势，但企业规模扩张面临瓶颈，市场竞争日益激烈，行业整体进入理性、稳健的发展新阶段，增长模式逐渐从规模扩张转向质量提升与效益优化。在此背景下，优秀上市公司持续强化服务能力，提升品牌知名度，强化细分市场拓展能力；积极探索与培育新兴业务领域，拓展多元营收渠道，以应对传统业务增长乏力的挑战，引领行业迈向多元化、现代化。在2025中国物业服务上市公司研究中，中指研究院从盈利能力、公司规模、服务品质、成长潜力、财富创造能力等方面制定了研究方法和指标体系，本着“客观、公正、准确、全面”的原则，发掘综合实力强、经营业绩佳、投资价值大的优秀物业服务上市公司，探索不同市场环境下物业服务上市公司的价值增长方式，为投资者提供科学全面的投资参考依据。

中国物业服务上市公司TOP10研究的目的：

①客观反映中国物业服务上市公司的整体发展水平和最新动态，促进物业服务上市公司做大、做强、做优；

②发掘综合实力强、投资价值高的物业服务上市公司，扩大企业在机构投资者中的影响力，拓宽企业融资渠道，帮助企业实现稳健、高质量发展；

③通过系统研究和客观评价，打造“中国物业服务上市公司TOP10”品牌，引领物业管理行业投资良性循环和健康发展。

（二）研究方法体系

1. 研究对象

依法设立且公司股份于2025年4月30日前在上海证券交易所、深圳证券交易所及香港联交所等境内外证券交易所公开上市的物业服务企业。业务收入主要来自中国大陆，且主营业务收入构成满足以下条件之一：第一，物业管理相关业务收入（必须包括基础物业服务收入）所占比重不低于50%或所占比重虽低于50%但比其他业务收入比重均高出30%（源自《上市公司分类与代码》，中国证监会2005年3月颁布）；第二，如果公司收入来自两个行业，物业管理相关业务收入占其总收入60%以上或其收入和利润均占整体比重超过50%，或按历史和未来趋势来看，物业管理业务为企业提供最主要的收入和利润，如果公司业务收入来自三个或以上行业，物业管理相关业务收入或者利润占整体比重超过 50%（源自全球行业分类标准，Global Industry Classification Standard，摩根士丹利公司和标准普尔公司联合发布，简称 GICS)。

2. 评价指标体系

在 2025 中国物业服务上市公司 TOP10 研究中，中指研究院从盈利能力、企业规模、服务品质、成长潜力和财富创造能力五个方面对企业进行评价，对同一家企业在五个指标体系中的得分按一定的权重值（权重来自五项得分的方差—协方差分析）进行加总，最终得到企业的综合实力得分，评价得出“2025 中国物业服务上市公司综合实力 TOP10”。

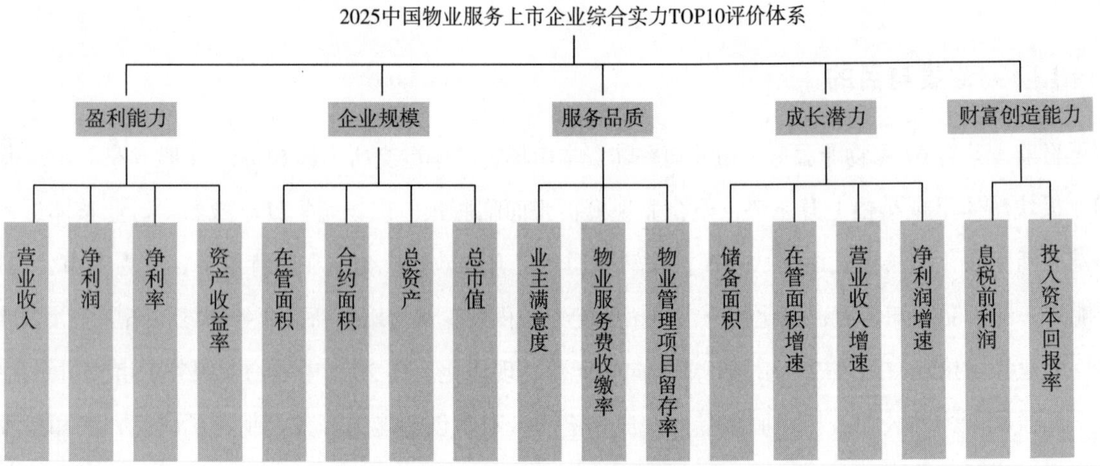

3. 数据来源

①中国房地产指数系统（CREIS）数据库，包括物业版数据库及其他相关的数据库板块；

②物业服务上市公司对外公布的信息（包括公司年报、公告、公司网站公布的信息和对外派发的资料）；

③有关政府部门（包括建委、房管局和统计局等）的公开数据；

④ 2021—2024 中国物业服务上市公司研究收集的企业数据资料；

⑤ 2022—2025 中国物业服务百强企业研究收集的企业数据资料。

4. 计量评价方法

研究采用因子分析（Factor Analysis）方法进行。因子分析是一种从变量方差—协方差结构入手，在尽可能多地保留原始信息的基础上，用少数新变量解释原始变量方差的多元统计分析方法。它将原始变量分解为公共因子和特殊因子之和，并通过因子旋转，得到符合现实意义的公共因子，然后用这些公共因子去解释原始变量的方差。

设 F_1，…，F_m 表示因子变量，使用统计软件 SPSS 可以计算出每个研究对象各个因子的得分，然后计算出因子综合得分：

$$A=(\alpha_1F_1+\cdots+\alpha_mF_m)/\sum\alpha_i,\ \ i=1,\cdots,m$$

其中 α 表示各个因子变量的方差贡献率。

二、2025 中国物业服务上市公司 TOP10 研究成果

（一）2025 中国物业服务上市公司综合实力 TOP10

表2-1　2025中国物业服务上市公司综合实力TOP10

排名	股票代码	股票简称
1	6098.HK	碧桂园服务
2	6049.HK	保利物业
3	2669.HK	中海物业
4	1209.HK	华润万象生活
5	2869.HK	绿城服务
6	001914.SZ	招商积余
7	3319.HK	雅生活服务
8	9666.HK	金科服务
9	1516.HK	融创服务
10	1995.HK	永升服务

综合实力 TOP10 企业以稳健经营构筑发展护城河，凭借卓越服务力、品牌公信力与优秀拓展能力，持续领跑市场并赢得行业高度认可。在管理效能跃升、经营效益突破、风控体系升级、品质服务深耕及运营模式创新等关键维度，引领行业高质量发展，进一步夯实行业领军地位。

物业服务行业整体发展保持稳健，但市场规模增速有所放缓，企业面临内生能力重构与外部竞争加剧的双重挑战。

保利物业以高质量发展为核心基调，在市场拓展、产品服务、管理运营与社区产业布局等多维度深度打造核心竞争力，坚定践行长期主义发展策略。在规模层面，2024 年新拓展第三方项目单年合同金额约人民币 30.05 亿元，再创历史新高并保持稳健增长；在质量层面，市场拓展结构实现多维度优化，聚焦核心城市，非居业态升级，大项目占比提升。

（二）2025 中国物业服务上市公司规模 TOP10

表2-2　2025中国物业服务上市公司规模TOP10

排名	股票代码	股票简称
1	6098.HK	碧桂园服务
2	6049.HK	保利物业
3	3319.HK	雅生活服务
4	2669.HK	中海物业
5	2869.HK	绿城服务
6	1209.HK	华润万象生活
7	9666.HK	金科服务
8	001914.SZ	招商积余
9	1516.HK	融创服务
10	1995.HK	永升服务

在增量市场持续收缩的宏观背景下，物业服务企业正面临存量竞争与增量突破的双重压力。如何通过“精准拓客、价值深耕、生态共生”的外拓策略闭环，构建“高效率、高质量、可持续”的市场竞争力，已成为上市公司突破行业增长瓶颈的核心命题。

截至2024年12月31日，碧桂园服务除“三供一业”业务外的收费管理面积约为10.37亿平方米，管理规模实现稳步提升，是披露管理面积数据的上市公司中唯一突破十亿平方米的公司。此外，“三供一业”业务的物业服务收费管理面积约为9030万平方米。碧桂园服务共管理7895个物业项目，项目遍布中国内地31个省、自治区、直辖市。

（三）2025 中国物业服务上市公司市场拓展能力 TOP10

表2-3 2025中国物业服务上市公司市场拓展能力TOP10

排名	股票代码	股票简称
1	6049.HK	保利物业
2	3319.HK	雅生活服务
3	2669.HK	中海物业
4	0873.HK	世茂服务
5	9666.HK	金科服务
6	1995.HK	永升服务
7	001914.SZ	招商积余
8	9928.HK	时代邻里
9	9983.HK	建业新生活
10	2205.HK	康桥悦生活

2024年以来，上市公司以战略聚焦为核心，系统性强化市场拓展能力。通过深化团队建设与激励机制改革，推动组织效能跃升；以全周期品质管控体系为基石，筑牢市场口碑护城河；精准聚焦高能级城市与战略新兴业态，加速优质项目布局；同时，依托“AI+IoT”智能物管平台与大数据动态监测，高效捕捉区域市场机会，实现业务增长与品牌势能双轮驱动。

中海物业稳步推进市场拓展，通过多元化业态布局覆盖不同类型项目，深化客户资源纵深开发，一方面稳固现有客户资源，另一方面积极挖掘新兴客户需求，持续夯实收入基础并巩固市场竞争地位。截至2024年12月31日，中海物业在管面积较2023年末增长7.4%，新增2960万平方米，总规模达4.31亿平方米。年内新增签约面积7410万平方米，其中63.3%来自独立第三方，体现了中海物业的市场化拓展能力。

（四）2025 中国物业服务上市公司成长潜力 TOP10

表2-4 2025中国物业服务上市公司成长潜力TOP10

排名	股票代码	股票简称
1	6049.HK	保利物业
2	1778.HK	彩生活
3	1995.HK	永升服务
4	2370.HK	力高健康生活
5	2270.HK	德商产投服务
6	3316.HK	滨江服务
7	1354.HK	经发物业
8	2152.HK	苏新服务
9	2376.HK	鲁商服务
10	2352.HK	东原仁知服务集团

成长潜力TOP10企业以规模稳健、效益优先、创新突破为核心竞争力，成为行业高质量发展的标杆，通过“规模＋效益”双轮驱动，在市场竞争中进一步巩固护城河。

截至2024年12月31日，保利物业实现营业收入约163.42亿元，同比增长8.5%。2024年毛利率为18.26%；归属于本公司股东的净利润为人民币14.74亿元，现金及银行结余约118.66亿元，同比增加7.8%。近几年，保利物业保持稳健发展，各项关键财务指标表现较优。

（五）2025中国物业服务上市公司社区增值服务能力TOP10

表2-5　2025中国物业服务上市公司社区增值服务能力TOP10

排名	股票代码	股票简称
1	6098.HK	碧桂园服务
2	6049.HK	保利物业
3	2669.HK	中海物业
4	2869.HK	绿城服务
5	1995.HK	永升服务
6	1778.HK	彩生活
7	0873.HK	世茂服务
8	001914.SZ	招商积余
9	9928.HK	时代邻里
10	6626.HK	越秀服务

物业服务上市公司仍在持续探索社区增值服务，聚焦优势资源和高频需求，借助科技平台打造适宜的服务运营模式，挖掘并深耕有潜力的社区增值服务。

碧桂园服务致力于成为“全周期社区生活服务整合运营商”，为业主提供全场景、全链条、全生命周期的社区生活服务，重塑物业服务价值体验，2024年社区增值服务收入约人民币41.94亿元，较上一年同期同比增长约11.8%，占总营收比例进一步提升至9.5%。

（六）2025中国物业服务上市公司非住宅物业服务TOP10

表2-6　2025中国物业服务上市公司非住宅物业服务TOP10

排名	股票代码	股票简称
1	6049.HK	保利物业
2	3319.HK	雅生活服务
3	2669.HK	中海物业
4	001914.SZ	招商积余
5	0873.HK	世茂服务
6	1209.HK	华润万象生活
7	2152.HK	苏新服务
8	6626.HK	越秀服务
9	1502.HK	金融街物业
10	9928.HK	时代邻里

住宅赛道竞争日益激烈，非住宅领域开启“垂直深耕”，业态类型越来越丰富，专业化服务能力成为破局关键，万亿级蓝海市场潜力有待进一步释放。

雅生活服务通过差异化深耕存量市场，在政府办公、文体场馆、公园景区等优势非住宅细分业态持续巩固领先地位，重点保障重大优质项目成功续约。年内，集团拓展多个标杆性院校项目，包括中国民用航空飞行学院、广东水利电力职业技术学院及天津泰达街道中小学及幼儿园集群项目，为教育机构提供全场景、定制化综合服务解决方案。

（七）2025 中国物业服务 ESG 发展优秀企业

表2-7　　2025中国物业服务ESG发展优秀企业

股票代码	股票简称	股票代码	股票简称
2669.HK	中海物业	1502.HK	金融街物业
6049.HK	保利物业	2370.HK	力高健康生活
1209.HK	华润万象生活	2146.HK	荣万家
6626.HK	越秀服务	1354.HK	经发物业
2107.HK	第一服务控股	9978.HK	方圆生活服务

中国步入“双碳”战略纵深推进期,ESG 从企业“可选题”升级为“必答题”。ESG 相关政策不断出台，推动企业尤其是上市公司重视绿色运营和可持续发展，在激烈的市场竞争中重构核心竞争力。

金融街物业始终将 ESG 理念深度融入企业运营全链条，通过合规经营筑牢发展根基，用绿色服务锻造竞争优势，让可持续发展从理念倡导转化为战略执行、管理实践与价值创造。

（八）2025 中国上市物业服务投资价值优秀企业

表2-8　　2025中国上市物业服务投资价值优秀企业

股票代码	股票简称	股票代码	股票简称
2669.HK	中海物业	1354.HK	经发物业
1209.HK	华润万象生活	9928.HK	时代邻里
6049.HK	保利物业	9983.HK	建业新生活
6098.HK	碧桂园服务	001914.SZ	招商积余
2370.HK	力高健康生活	2215.HK	德信服务集团

资本市场物业板块呈现筑底企稳特征，在政策催化与行业出清共振下，板块估值修复进入“价值重估窗口期”。头部央国企及优质民企凭借“规模扩张提质效、服务升级筑壁垒、盈利模式再进化”三大核心优势，持续获得资本溢价与投资者关注。

2024 年，华润万象生活构建独特稳健业务模式，明确商管及物管两大主航道专业化发展，坚定落实“高质量的规模发展”及“高品质和高效率的运营”两大支撑体系，持续做优组织变革与激励、科技赋能及战略型收并购三大发展引擎。2024 年以来，公司总市值长期稳定在行业第一名。

（九）2025 值得资本市场关注的物业服务企业

表2-9　　2025值得资本市场关注的物业服务企业

企业名称	企业名称
深业物业运营集团股份有限公司	佰川产融产业发展有限公司
苏新美好生活服务股份有限公司	厦门国贸城市服务集团股份有限公司
西安经发物业股份有限公司	上海锦江城市服务有限公司
泓盈城市运营服务集团股份有限公司	中铁建物业管理有限公司
北京中铁慧生活科技服务有限公司	深圳市华创生活股份有限公司

在当前经济形势下，资本市场对物业服务行业的价值研判更趋理性与审慎。随着市场竞争格局的深度重塑与服务需求的分层迭代，行业正加速向专业化、精细化方向转型。在这一背景下，部分具有独特竞争优势和发展潜力的物业服务企业仍是资本市场关注的焦点。

经发物业是一家在城市服务领域深耕多年的国企，主要向政府机构和公共机关提供城市服务，同时开展住宅物业管理服务、商业物业管理服务等。2022 年、2023 年、2024 年，经发物业的营业收入分别为 7.07 亿元、8.62 亿元、9.52 亿元，净利润分别为 3743.9 万元、5101.8 万元、6109.2 万元。公司凭借在城市服务领域的长期积累和优质服务，已发展成为西北地区城市服务的佼佼者。自 2024 年上市首日收盘到 2024 年 12 月 31 日收盘，经发物业股价涨幅超 300%。

三、中国物业服务上市公司整体发展状况分析

目前，物业服务上市公司共 67 家，其中港股 61 家，A 股 6 家。截至 2025 年 4 月 30 日，新城悦服务、瑞森生活服务仍未披露 2024 年度业绩公告，依据研究规范及数据可比性原则，剔除上述 2 家未披露年报企业及采用非标准会计年度（4 月 1 日 – 次年 3 月 31 日）的奥克斯国际，最终确定 64 家上市公司作为研究样本。

（一）资本表现：行业头部效应显著，央国企表现更佳，分红稳中有升

1. 总市值 2789.77 亿元，市值 TOP10 企业占比约 78%，提升 3 个百分点

2024 年全年，样本公司总市值呈现震荡波动的走势。2024 年年初，样本公司总市值为 2556.71 亿元，而到年末调整至 2488.47 亿元，整体跌幅为 2.67%。受 2024 年 4 月出台的新“国九条”政策以及房地产“5・17 新政”的影响，样本公司总市值快速上涨，但随后市场出现回调。2024 年 9 月，央行推出两项结构性货币政策工具，同时，政治局会议首次提出“房地产市场止跌回稳”的目标，受此影响，样本公司总市值显著上扬。然而，此后物业板块逐渐回归理性，样本公司总市值开始回落，目前整体仍处于较低水平。2025 年以来，样本公司总市值稳步小幅增长，呈现温和复苏态势。

截至 2025 年 4 月 30 日收盘，在样本公司中，华润万象生活总市值 851.37 亿元，排名第 ，万物云、碧桂园服务分别以 251.30 亿元和 231.70 亿元的总市值位列第二、三位。排名前十的公司市值合计为 2178.07 亿元，占总市值的 78.07%，较上一年同期 TOP10 企业占比提升 3.21 个百分点，头部效应显著，

分化格局进一步加剧。

截至 2025 年 4 月 30 日收盘，样本公司总市值较 2024 年 8 月的低点增长约 36%，达到 2789.77 亿元；样本公司市盈率（TTM，已剔除负值及大于 500 倍的异常值，下同）均值约为 21.25 倍。其中，A 股样本公司的市盈率均值为 74.57 倍，港股样本公司的市盈率均值为 14.14 倍。

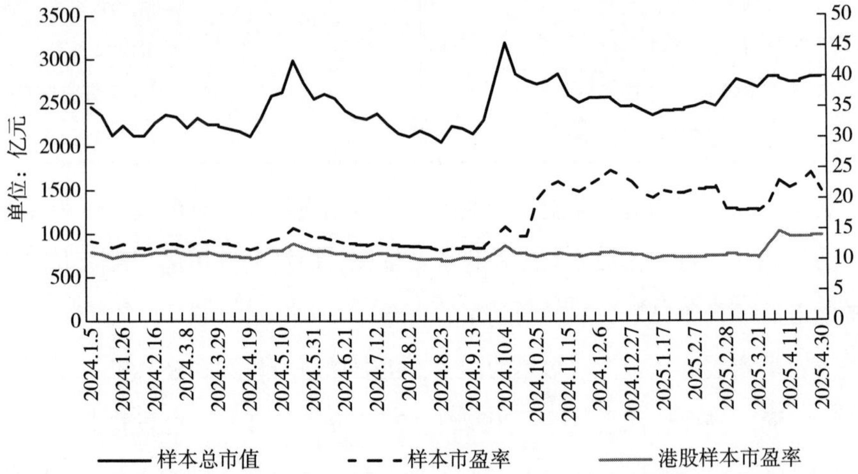

图2-1　2024年年初至2025年4月30日收盘样本公司总市值及市盈率均值走势

数据来源：中指研究院整理。

表2-10　截至2025年4月30日收盘物业服务上市公司市值TOP10

证券代码	证券简称	总市值（亿元）	市盈率 PE(TTM)	股价（元）
1209.HK	华润万象生活	851.37	21.72	37.30
2602.HK	万物云	251.30	20.24	21.45
6098.HK	碧桂园服务	231.70	11.86	6.93
2669.HK	中海物业	177.01	10.85	5.39
6049.HK	保利物业	171.26	10.76	30.95
2869.HK	绿城服务	140.47	16.57	4.44
001914.SZ	招商积余	125.01	14.38	11.79
6666.HK	恒大物业	80.00	7.26	0.74
300917.SZ	特发服务	75.88	63.29	44.90
3316.HK	滨江服务	74.08	12.55	26.80

数据来源：中指研究院整理。

2. 央国企市值上涨 19.52%，民营企业下跌 2.05%，结构性分化加剧

以 2024 年年初市值为基准点，至 2025 年 4 月 30 日收盘，计算样本公司市值涨跌幅。整体来看，央国企市值表现优于民营企业，且在 2025 年后，二者市值涨跌幅差距逐渐扩大。截至 2025 年 4 月 30 日，央国企市值均值涨幅为 19.52%，民营企业市值均值下跌 2.05%，两者相差 21.57 个百分点，反映出央国企在市值增长方面的显著优势。

64 家样本公司中，2025 年 4 月 30 日收盘较 2024 年年初市值实现正增长的有 22 家，占比 34.38%。其中共有 2 家涨幅超过 100%，经发物业（自 2024 年 7 月 3 日挂牌上市起算）涨幅为 261.45%，表现最优秀；领悦服务集团涨幅为 101.54%。

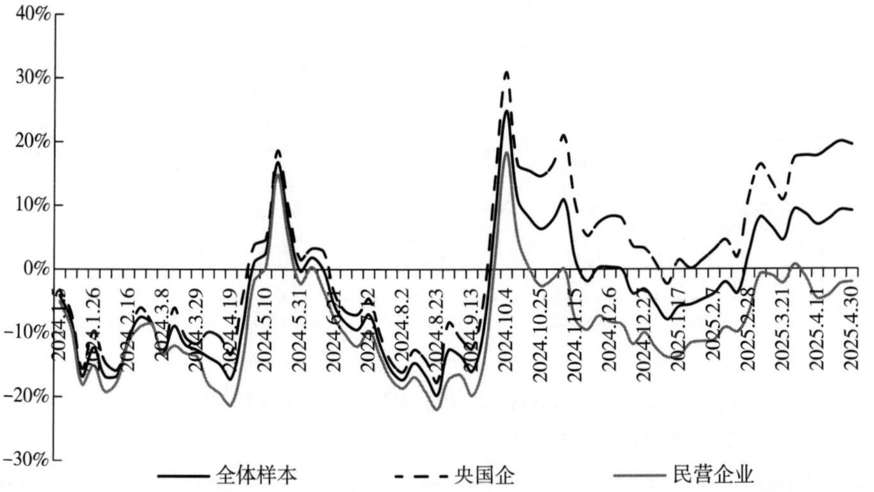

图2-2　2024年年初至2025年4月30日物业服务上市央国企、民营企业总市值涨跌幅走势

数据来源：中指研究院整理。

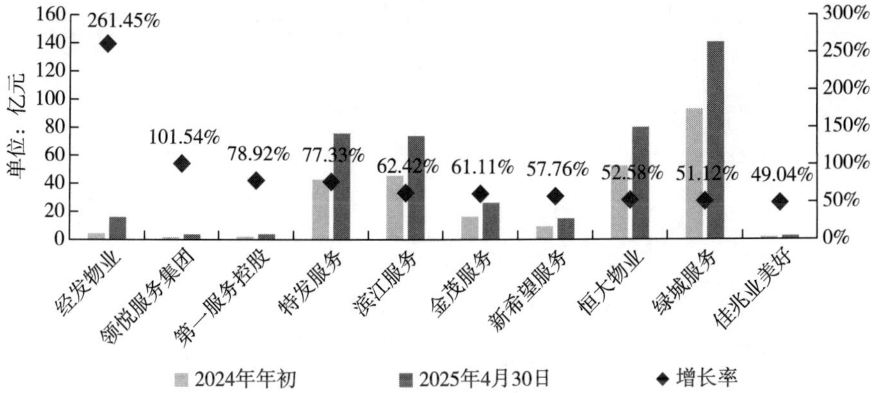

图2-3　2025年4月30日收盘较2024年年初物业服务上市公司市值涨幅TOP10

数据来源：中指研究院整理。

3. 分红总额再创新高达 144.60 亿元，股票回购动作延续，涉及 10.53 亿元

截至 2025 年 4 月 30 日，共有 35 家物业服务上市公司宣布发放 2024 年年度现金分红[①]，共计 144.60 亿元，创历史新高，同比增速为 28.05%，较 2023 年下降 21.85 个百分点，但仍保持较高的增速。从年度现金分红金额看，2024 年仅有 2 家金额超过 10 亿元：华润万象生活最高，为 52.23 亿元，同比增长 94.11%；万物云 24.30 亿元，同比增长 71.89%。两家企业年度现金分红额高，增速快，导致 2024 年年度现金分红总金额大幅提高。

2024 年度现金分红比例[②]超 100% 的有 6 家，其中时代邻里现金分红比例高达 755.47%，祈福生活服务为 356.68%，万物云为 193.12%，表明公司经营状况良好，具有较充裕的现金流，泓盈城市服务在上市第一年的现金分红比例就达到 100.04%；不足 100% 但超过 50% 的有 16 家；不足 50% 但超过 0% 的有 9 家。企业分红除展示其经营状况良好外，还表明公司以此吸引投资者，提升市场信心。

从大多数企业现金分红情况来看，企业分红意愿整体较高，部分公司通过宣布向股东派付特别股息提振市场信心。但部分企业关联公司持股比例较高，市场可能会将企业分红解读为其对母公司的“输血”。

① 指定年度内各报告期累计现金分红总额。
② 指定年度已宣告现金派息占归属母公司股东净利润的百分比。

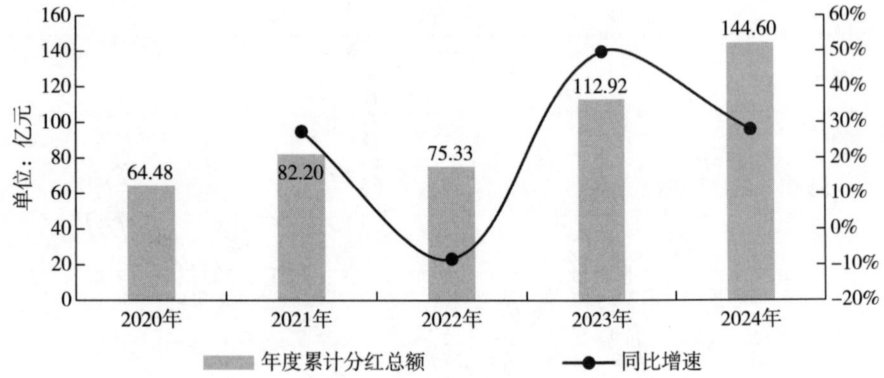

图2-4 2020—2024年物业服务上市公司分红总金额及增长情况

数据来源：上市公司年报或公告，中指研究院整理。

表2-11 2024年度物业服务上市公司分红情况

证券简称	TOP10 年度分红总额（亿元）	证券简称	TOP10 年度分红比例（%）	证券简称	TOP10 年度股息率（%）
华润万象生活	52.23	时代邻里	755.47	祈福生活服务	73.92
万物云	24.30	祈福生活服务	356.65	润华服务	22.41
碧桂园服务	9.90	万物云	193.12	苏新服务	21.28
保利物业	7.37	苏新服务	155.56	泓盈城市服务	16.31
绿城服务	6.33	华润万象生活	132.81	鑫苑服务	13.75
中海物业	5.91	泓盈城市服务	100.04	建业新生活	13.20
融创服务	4.37	建业新生活	99.80	第一服务控股	10.97
滨江服务	4.16	星盛商业	79.76	卓越商企服务	10.40
祈福生活服务	3.83	润华服务	79.03	星盛商业	9.92
永升服务	3.19	绿城服务	74.80	万物云	9.76

数据来源：上市公司年报或公告，中指研究院整理。

从分红持续性看，自上市当年至2024年度①，持续每年分红的公司共计28家。2024年度，9家公司分红额同比下降，降幅最大的为融创服务，降幅达63.32%；降幅金额最多的同为融创服务，较上一年减少7.61亿元。部分企业分红额同比增长较高，其中祈福生活服务2024年度分红额同比增长率最高，达776.74%，其次为苏新服务，2024年度分红额同比增长193.29%，但大部分公司分红金额保持稳定。近五年累计分红总额最高的为华润万象生活，其累计分红金额101.94亿元，其次为碧桂园服务，累计分红54.97亿元。

表2-12 上市以来保持持续分红的物业服务上市公司近五年分红情况（单位：亿元）

证券代码	证券简称	2020年分红额	2021年分红额	2022年分红额	2023年分红额	2024年分红额	近五年累计分红总额	上市时间
2669.HK	中海物业	2.10	2.96	3.94	4.60	5.91	19.52	2015.10
1538.HK	中奥到家	0.26	0.21	0.21	0.21	0.21	1.11	2015.11
2869.HK	绿城服务	6.49	6.49	3.23	4.75	6.33	27.29	2016.07
3686.HK	祈福生活服务	0.27	0.22	0.25	0.44	3.83	5.02	2016.11

① 不含2025年4月30日后宣布发放的现金分红。

续表

证券代码	证券简称	2020 年分红额	2021 年分红额	2022 年分红额	2023 年分红额	2024 年分红额	近五年累计分红总额	上市时间
6098.HK	碧桂园服务	8.54	11.86	13.85	10.81	9.90	54.97	2018.06
1995.HK	永升服务	1.40	2.28	2.16	2.39	3.19	11.41	2018.12
3316.HK	滨江服务	1.56	2.35	2.77	3.80	4.16	14.64	2019.03
002968.SZ	新大正	0.59	0.81	0.68	0.64	0.64	3.37	2019.12
001914.SZ	招商积余	1.38	1.06	1.27	1.80	2.54	8.06	2019.12
6049.HK	保利物业	2.88	1.98	3.14	6.06	7.37	21.44	2019.12
9928.HK	时代邻里	0.84	0.54	0.24	0.26	0.35	2.23	2019.12
9983.HK	建业新生活	3.08	6.11	5.12	4.27	2.33	20.92	2020.05
1502.HK	金融街物业	0.69	0.97	0.67	0.71	0.59	3.64	2020.07
6989.HK	卓越商企服务	1.16	4.40	2.52	2.32	1.70	12.10	2020.10
2107.HK	第一服务控股	0.40	0.68	0.30	0.42	0.43	2.22	2020.10
1516.HK	融创服务	2.17	4.46	4.65	11.98	4.37	27.64	2020.11
1209.HK	华润万象生活	3.61	7.74	11.46	26.91	52.23	101.94	2020.12
6677.HK	远洋服务	0.78	1.35	3.52	0.19	0.16	6.00	2020.12
300917.SZ	特发服务	0.35	0.33	0.34	0.37	0.42	1.81	2020.12
6668.HK	星盛商业	0.61	1.02	1.07	1.32	1.33	5.35	2021.01
3658.HK	新希望服务	–	0.68	1.07	1.41	1.40	4.56	2021.05
6626.HK	越秀服务	–	1.55	1.66	2.68	2.77	8.66	2021.06
2210.HK	京城佳业	–	0.27	0.36	0.34	0.21	1.19	2021.11
0816.HK	金茂服务	–	–	1.54	1.54	1.63	4.70	2022.03
2352.HK	东原仁知服务	–	–	0.10	0.02	0.05	0.17	2022.04
2152.HK	苏新服务	–	–	0.20	0.37	1.09	1.66	2022.08
2602.HK	万物云	–	–	3.11	14.13	24.30	41.54	2022.09
2271.HK	众安智慧生活	–	–	–	0.14	0.10	0.24	2023.07

数据来源：上市公司年报或公告，中指研究院整理。

2024 年 1 月初至 2025 年 4 月 30 日，共计 13 家物业服务上市公司实施股票回购，涉及股票 1.92 亿股，金额 10.53 亿元。其中，德信服务集团回购股份数量最多，达到了 5474.5 万股，万物云回购金额最大，为 4.71 亿元。企业在二级市场回购股票，既能通过减少流通股数量优化财务杠杆水平，降低加权平均资本成本，提升企业运营效率和股东回报率，也能向市场传递管理层对企业价值肯定的信号，表明其认为当前股价被低估，从而稳定市场预期，增强投资者信心。

表2-13　　2024年1月至2025年4月物业服务上市公司股票回购情况

证券代码	证券简称	回购数量（万股）	回购金额（万元）
2215.HK	德信服务集团	5474.50	9880.05
2869.HK	绿城服务	4316.60	14042.56
9666.HK	金科服务	2693.32	18765.89
2602.HK	万物云	2255.89	47058.28

续表

证券代码	证券简称	回购数量（万股）	回购金额（万元）
6626.HK	越秀服务	1981.80	6115.94
1995.HK	永升服务	1502.40	2229.09
2669.HK	中海物业	290.00	1236.21
002968.SZ	新大正	253.19	2710.54
603506.SH	南都物业	229.05	2007.69
001914.SZ	招商积余	99.58	1089.69
6668.HK	星盛商业	76.10	97.98
3319.HK	雅生活服务	20.00	55.93
9983.HK	建业新生活	13.80	15.05
总计	—	19206.23	105304.90

数据来源：上市公司公告，中指研究院整理。

（二）经营绩效：营收微增利润微降，央国企运营更稳健

1. 经营业绩：营收增速首次低于 10%，央国企与民企净利率分化加剧

（1）营收均值同比增长 4.01%，增速下降，基础服务收入占比提升

2024 年，物业服务上市公司营业收入均值为 45.97 亿元，同比增长 4.01%，增速较上一年下降了 3.82 个百分点。主要原因有三：其一，企业规模虽在扩张，但管理面积增速放缓，企业营收无法依靠企业快速扩张得到快速增长；其二，增值业务中，受宏观经济影响，高收益、高毛利的社区增值服务业务萎缩，受关联方影响，非业主增值业务大幅下降；其三，市场化竞争加剧，部分企业为获取优质项目开展低价竞争，压缩项目议价空间。

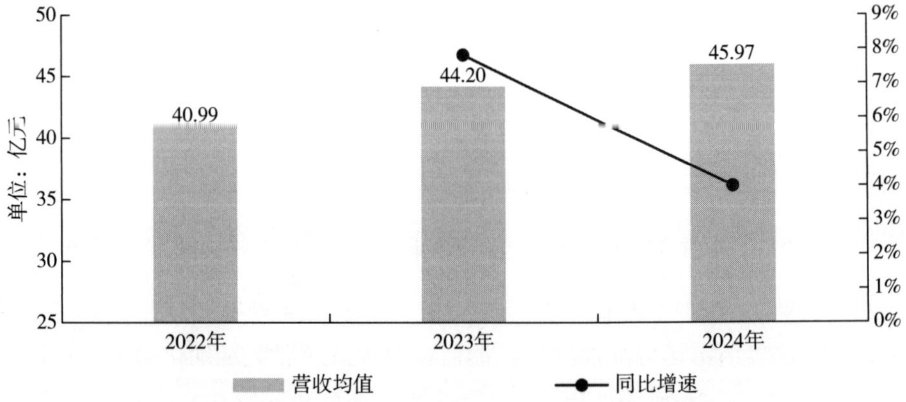

图2-5 2022—2024年物业服务上市公司营收均值及增速

数据来源：64 家上市公司年报，中指研究院整理。

样本公司中，营收增速超过 20% 的共计 4 家，较上一年减少 6 家；负增长的共计 23 家，较上一年增加 8 家；更多企业营收增速落在 0~20% 之间。

在营收增速前十名中，民营企业占据七席，企业数量在营收增速前十名中的占比反超央国企，表现优秀。营收增速前十名中各企业的营业收入均未超过样本公司营业收入均值，表明高速增长企业的营收规模相对较小。

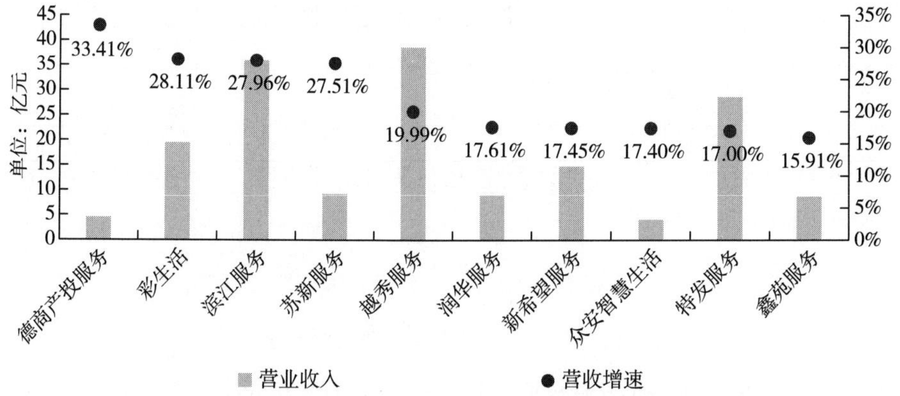

图2-6　2024年物业服务上市公司营收增速TOP10营收及增速

数据来源：上市公司年报，中指研究院整理。

从营业收入构成看，2024年物业服务上市公司的基础物业服务收入均值为34.91亿元，同比增长9.21%。基础物业服务在营业收入中的占比进一步提升至73.06%，较上一年提升3.67个百分点，占比提升速度略微增加。近年来，物业公司持续推动业务聚焦，坚守物业核心服务领域，在提升服务品质、拓展业务规模等多维度协同发力，进一步巩固业务根基。

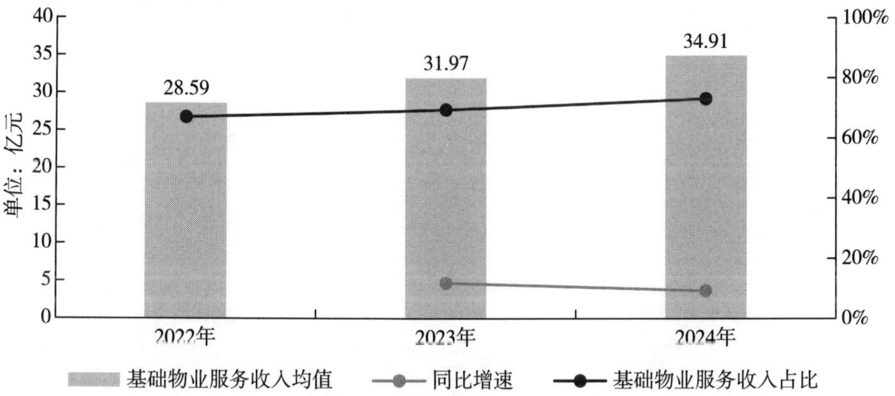

图2-7　2022—2024年物业服务上市公司基础物业服务收入均值、增速及占比

数据来源：55家公司年报披露相关数据，中指研究院整理。

2024年物业服务上市公司增值服务收入均值8.65亿元，同比下降15.71%；在营业收入中占比为15.04%，较上一年下降了3.29个百分点。其中，社区增值收入均值为6.21亿元，同比下降4.59%；非业主增值服务收入降至2.44亿元，降幅达34.96%。非业主增值服务收入的快速下降，是导致增值服务收入下滑的主要原因。

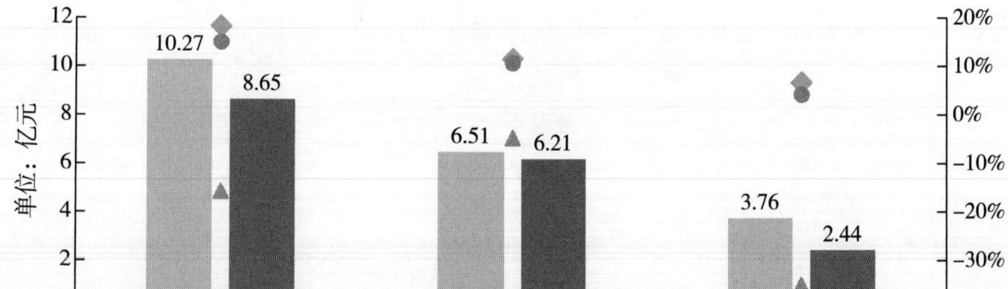

图2-8　2023—2024年物业服务上市公司增值服务收入构成、增长及占比

数据来源：30家公司年报披露相关数据，中指研究院整理。

2024年，社区增值服务收入排名前三的企业为碧桂园服务（41.94亿元）、保利物业（27.08亿元）、恒大物业（20.68亿元）。碧桂园服务的社区增值服务，主要依托于酒类销售业务及“智享楼下充电”业务。社区增值服务收入增速排名前三的企业为滨江服务（61.69%）、第一服务控股（22.54%）和新希望服务（22.40%）。滨江服务的社区增值服务大幅增长主要得益于优家服务中的车位及储藏室销售服务、优居服务，增幅分别为78.0%、76.7%，较其他类型社区增值服务增速更快。

社区增值服务主要围绕“空间”“资产”“人”三类需求开展。2024年，21家公司披露空间运营服务数据，收入均值为1.67亿元，较上一年增长1.84%。除传统的空间运营服务外，头部企业积极布局充电桩业务，发掘出空间运营服务新的增长点，故该板块整体并未出现下降趋势。

2024年，21家公司披露资产运营服务数据，收入均值为2.47亿元，较上一年下降14.26%，仅5家企业增速为正，萎缩情况较为普遍。新房销售及交付下行，对房屋经纪和美居服务带来较大冲击，导致资产运营服务收入大幅下降。部分企业已开始转向房屋修缮、局部空间改造等存量市场业务。

2024年，26家公司披露社区生活服务数据，收入均值为3.90亿元，较上一年增长2.29%。社区生活服务涵盖的本地生活服务、社区零售服务等细分业务板块均有小幅增长。

从营业收入分层看，上市公司头部效逐渐增强，企业分层现象加剧。2022—2024年，营业收入TOP10企业整体名单保持稳定，仅部分企业排名发生变化。从市场份额上看，2024年营业收入TOP10企业营收总额占上市公司营收总额的比例为67.25%，较2023年微增0.85个百分点。

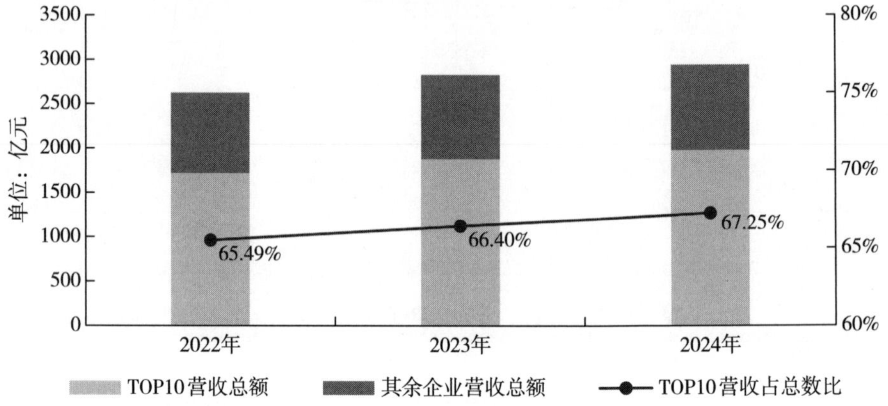

图2-9　2022—2024年物业服务上市公司营业收入TOP10及其余企业营收总额及TOP10营收占比

数据来源：64家上市公司年报，中指研究院整理。

2024年，营业收入TOP10企业的营收均值为197.85亿元，是其余企业均值的11.09倍，是全部样本公司均值的4.30倍。TOP10营收均值增速为5.33%，高于其余企业的营收增速3.95个百分点，高于全部样本公司的营收增速1.33个百分点。TOP10企业的营收增速较快，是其在上市公司中占比增大的主要原因。

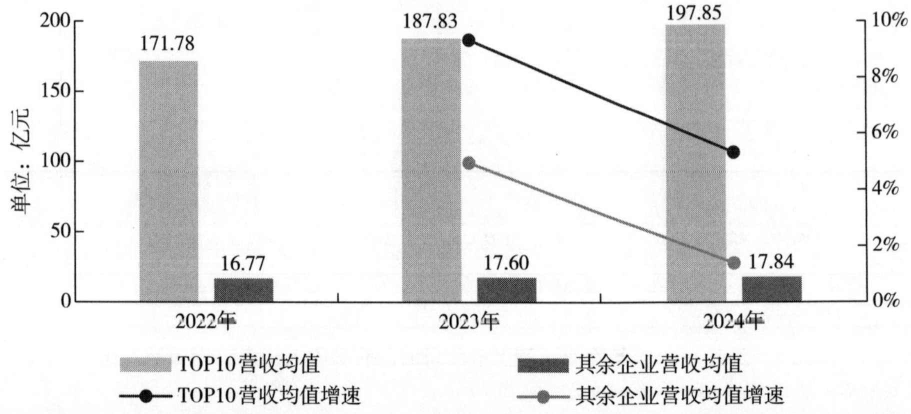

图2-10　2022—2024年物业服务上市公司营业收入TOP10及其余企业营收均值及增速

数据来源：64家上市公司年报，中指研究院整理。

分企业性质看，央国企营收表现优于民营企业。2024 年，央国企营收均值为 55.55 亿元，较全部样本公司的均值高 20.84%，较民营企业均值高 29.86%。从营收增速看，央国企营收增速为 6.57%，较上一年下降 8.39 个百分点，降幅较大，近几年增速首次降至个位数；民营企业营收增速 2.94%，较上一年下降 2.17 个百分点。央国企保持较高增速的核心驱动因素有两个。第一，央国企的关联方较为稳定，物业及关联方能够持续获得优质项目；第二，央国企在政策层面能够获得更多的支持，并在具有公共属性的公建、交通、城市服务等领域具有资源优势。

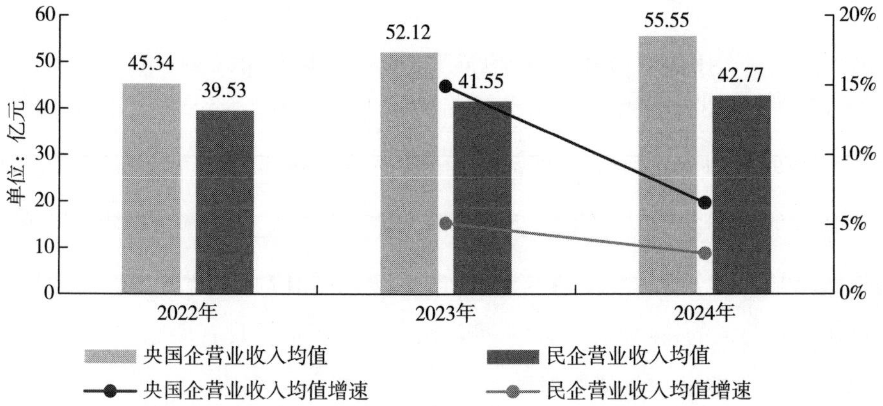

图2-11　2022—2024年物业服务上市央国企、民营企业营业收入均值及增速

数据来源：64 家上市公司年报，中指研究院整理。

（2）利润利率均收缩，彰显准公共服务特性，央国企整体指标较好

2024 年，物业服务上市公司毛利润均值为 8.67 亿元，较上一年微降 0.22 亿元，降幅为 2.40%；净利润均值为 1.91 亿元，较上一年下降 0.48 亿元，降幅为 20.20%。毛利率均值和净利率均值分别为 20.13% 和 4.42%，较上一年分别下降 1.29 百分点和 1.33 个百分点。结合 2024 年收入仍在增长的情况，物业公司“增收不增利”的现象愈发明显。

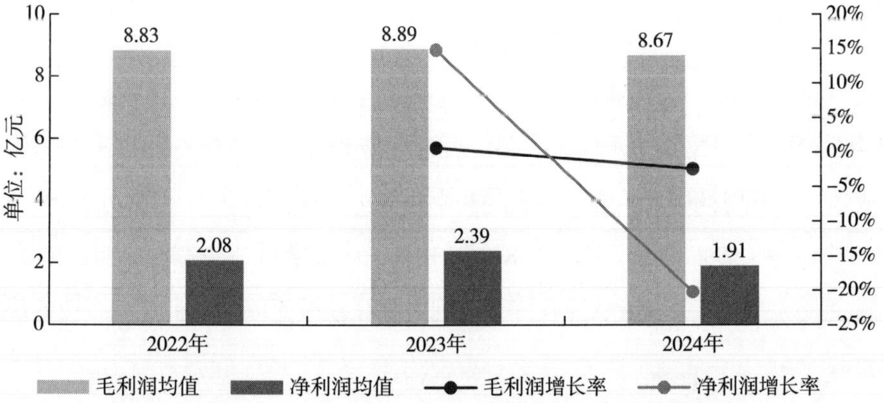

图2-12　2022—2024年物业服务上市公司毛利润、净利润及其增长率

数据来源：64 家上市公司年报，中指研究院整理。

近两年，受外部环境影响，物业行业利润率回归理性。从整体市场情况看，通过与港交所 12 个行业大类横向对比，披露 2024 年数据的物业服务企业，毛利润率中位数排在第 9 位，净利润率中位数排在第 3 位。这表明虽然外部环境波动较大，但物业行业仍然较为稳健，是一个“低毛利、稳盈利”的行业。其净利润率中位数与公共事业行业较为接近，也符合准公共服务的行业属性。

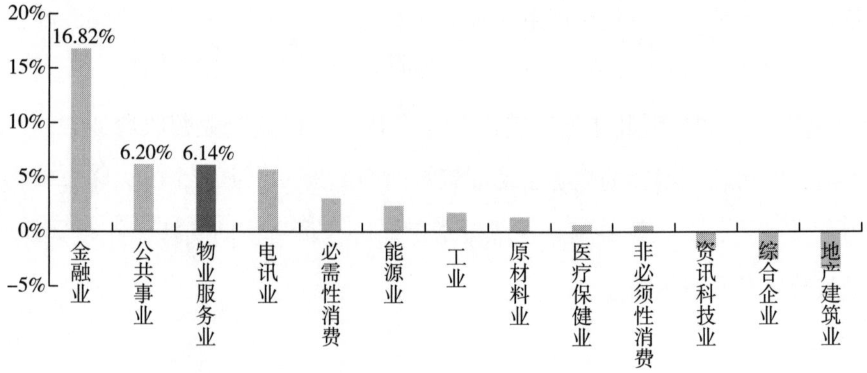

图2-13　2024年各行业港股上市公司净利润率中位数

数据来源：港交所上市公司年报，中指研究院整理。

从各企业盈利稳健性看，毛利润每年增速均能维持在10%以上的企业仅剩3家，相较上一年减少4家；净利润每年增速均能维持在10%以上的公司仅剩3家，相较上一年减少4家。毛利润增速或净利润增速保持高位的企业主要有以下特征：华润万象生活、招商积余在商业运营、商业管理等高收益业态方面拥有较大优势，企业具有较强的特色服务能力；滨江服务深耕当地且具有良好的服务品质和市场口碑；苏新服务为22年新上市国企，企业增长势头强劲。

表2-14　自上市以来利润增速均保持在10%以上的物业服务公司

毛利润			净利润		
企业名称	2020—2023年复合增长率	2024年增长率	企业名称	2020—2023年复合增长率	2024年增长率
滨江服务	37.09%	20.04%	华润万象生活	68.31%	26.76%
华润万象生活	49.40%	19.50%	招商积余	26.62%	17.71%
苏新服务	17.63%	10.14%	滨江服务	43.96%	10.03%

数据来源：中指研究院整理。

分企业性质看，2024年，央国企毛利率均值为19.87%，净利率均值为10.39%。近两年，央国企的毛利率均值和净利率均值波幅较小，保持稳定，凸显央国企业务的稳定性和较强的风险管控能力。

相比之下，民营企业毛利率与净利率自2020年达到近五年最高水平后，已连续四年下滑。2024年民营企业毛利率均值为20.25%，虽略高于央国企，但二者的差距并不大，表明物业央国企的优化重组、高质量发展已取得一定成效。在开展社区增值服务等高毛利率业务上，民营企业对央国企的优势已不再明显。2024年民营企业净利率均值为1.59%，同比下降2.18个百分点，已显著低于央国企，且二者之间的差距正在扩大，主要由于央国企风险控制及关联方状况较好，受到应收账款减值以及商誉资产减值的影响较小。

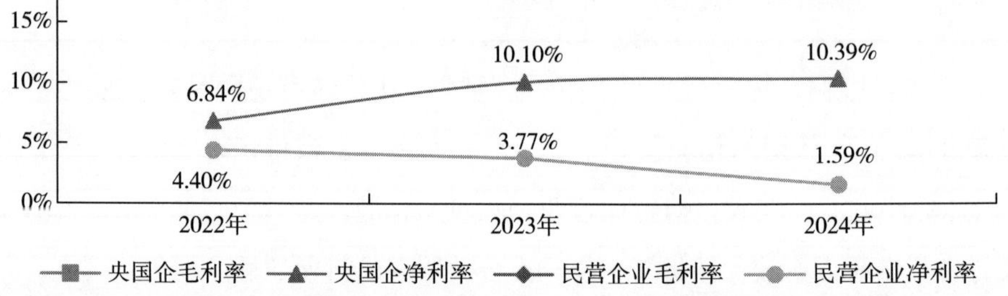

图2-14　2022—2024年物业服务上市央国企、民营企业毛利率、净利率均值

数据来源：64家上市公司年报，中指研究院整理。

（3）应收账款增速回落，风险出清提速

2024年，物业服务上市公司应收账款及票据总额达到871.82亿元，同比增长3.19%，增长率较上一年下降5.22个百分点，低于同期营收增速。应收账款及票据总额增速低于营收增速，与营收增速之间的差距正在扩大，表明物业公司的回款能力增强，经营效率得到提升。

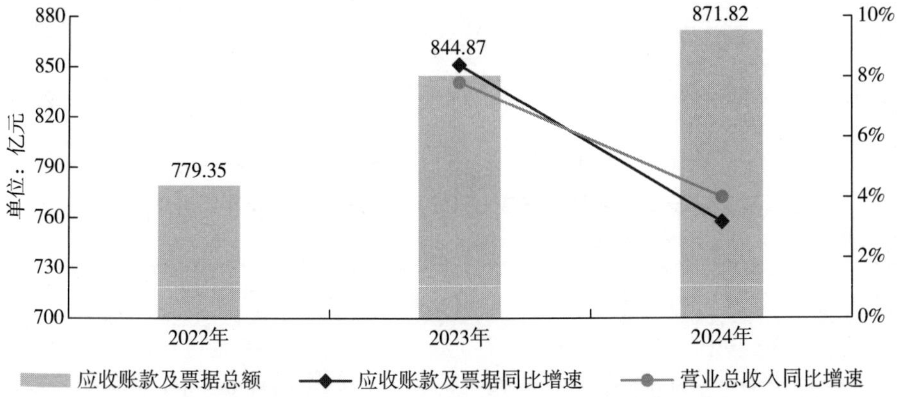

图2-15　2022—2024年物业服务上市公司应收账款及票据总额及增速、营收增速

数据来源：64家上市公司年报或公告，中指研究院整理。

2024年，华润万象生活的关联方应收款项（含应收票据）为9.86亿元，占总应收款项（含应收票据）的39.39%，占比较2023年下降了2.9个百分点；万物云关联方应收款项（含应收票据）为24.49亿元，占总应收款项（含应收票据）的32.72%，占比较2023年下降1.82个百分点。部分企业的关联方应收账款占比变小，表明该类企业正逐渐摆脱关联方的不利影响。

（4）人员成本占比下降，期间费用率维持低点，降本成果明显

2024年，物业服务上市公司的人员成本均值为16.45亿元，较上一年微增0.44亿元；虽然人员成本均值增加，但其增速小于营业成本均值的增速，人员成本占总营业成本的比例下降，2024年为42.36%，较上一年减少1.82个百分点，表明上市公司对于人员成本的控制取得了一定的成效。

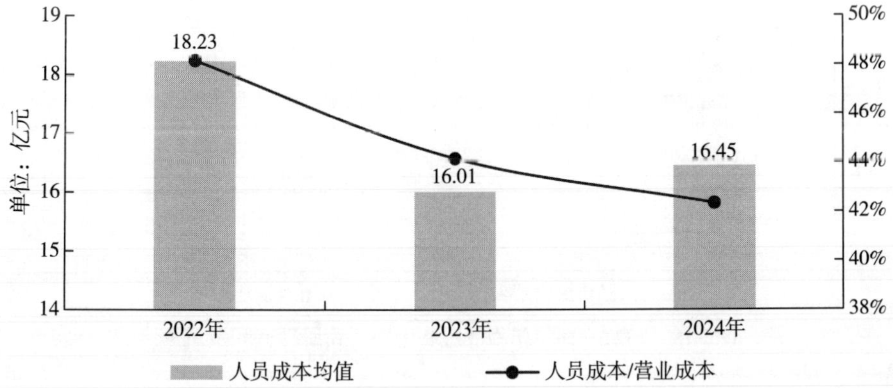

图2-16　2022—2024年物业服务上市公司人员成本均值及占营业成本比率

数据来源：上市公司年报，中指研究院整理。

2024年，物业服务上市公司的期间费用率[①]均值为8.63%，与2023年基本持平，并未随着企业营收的增长而增加。物业公司在经过多年降本增效后，已将期间费用控制得较为稳定，逐渐摆脱过去粗放经营的模式，开始向现代化、集约化企业转型。

① 期间费用率=销售、行政及一般费用/营业收入

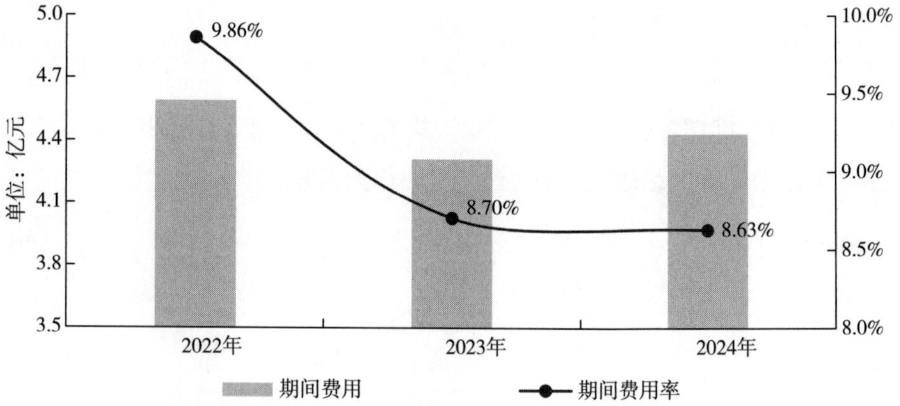

图2-17 2022—2024年物业服务上市公司期间费用均值及期间费用率均值

数据来源：44 家上市公司年报，中指研究院整理。

2. 管理规模：管理面积增速阶梯下降，市场拓展更趋理性

2024 年，上市公司逐渐弱化管理规模相关数据，已披露数据的企业，管理面积、合约面积增速均较上一年下降，储备面积均值出现下降。下降的原因在于，第一，市场竞争激烈，外拓难度大；第二，收并购市场持续降温；第三，部分物业服务上市公司主动退出低质、低效益项目，对管理面积增长产生影响；第四，物业公司已经从“重数量”转变为“重质量”，不再单纯依靠面积扩张来扩大公司规模，因此在年报中公布面积相关数据的上市公司逐渐减少。

（1）管理面积同比增长 6.24%，增速下降，头部效应显著

2024 年，已披露相关数据的物业服务上市公司管理面积均值为 1.48 亿平方米，同比增长 6.24%，增速放缓，较上一年下降 4.67 个百分点。外因为项目外拓难度增大，管理面积增长乏力；内因为企业清退低质项目，存量项目管理面积减少。

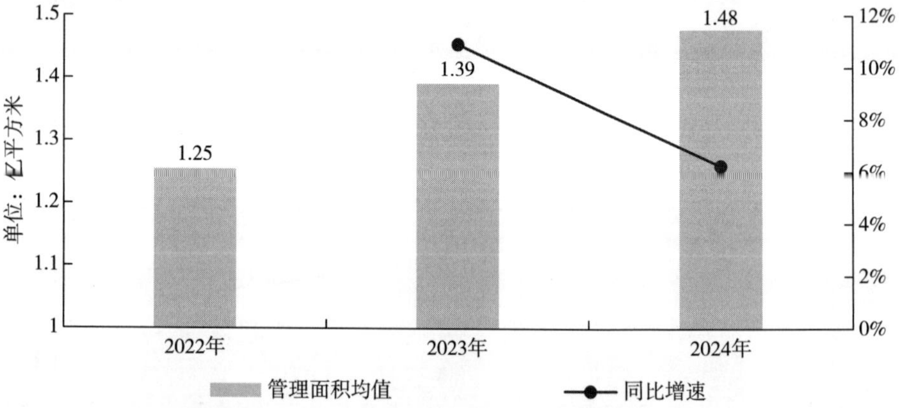

图2-18 2022—2024年物业服务上市公司管理面积及增速

数据来源：53 家上市公司年报，中指研究院整理。

从管理规模分层看，头部效应进一步凸显。管理面积前十名企业的管理面积合计 52.42 亿平方米，占比达 66.92%，较上一年提升约 0.64 个百分点。其中，碧桂园服务管理面积 10.37 亿平方米，位列第一，保利物业排名第二为 8.03 亿平方米；前十名中仅有雅生活服务的面积增速为负值，为 -6.76%。剔除管理面积增速负值企业，剩余前十名企业同比增速为 9.18%，超过均值 2.94 个百分点。

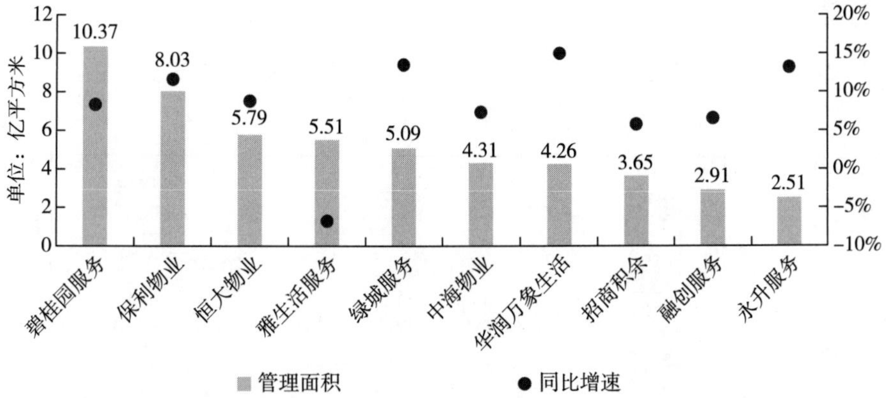

图2-19　2024年物业服务上市公司管理面积TOP10管理面积及增速

数据来源：上市公司年报，中指研究院整理。

从管理面积增速看，管理面积增速前十名企业，其管理面积均未达到样本公司管理面积均值，仅有金茂服务的管理面积达到1亿平方米，表明高速增长企业的管理面积规模相对较小。

在所有已披露管理面积数据的企业中，兴业物联管理面积0.11亿平方米，同比增长29.41%，增速排名第一；滨江服务管理面积0.68亿平方米，同比增长23.88%；建发物业管理面积0.76亿平方米，同比增长22.93%。增速较快的企业主要包括央国企等有资源整合优势的企业，以及规模在中等水平且拓展能力和品牌优势较强的企业。

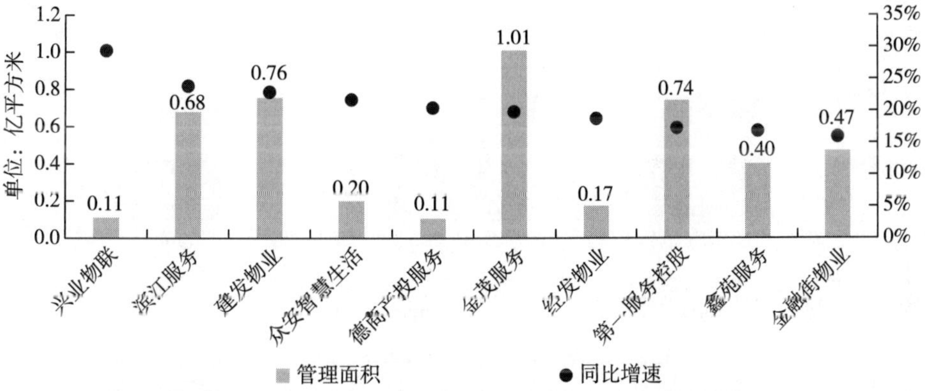

图2-20　2024年物业服务上市公司管理面积增速TOP10管理面积及增速

数据来源：上市公司年报，中指研究院整理。

分企业性质看，2024年，央国企管理面积均值为1.80亿平方米，同比增速10.11%，增速较2023年下降12.01个百分点；民营企业管理均值为1.36亿平方米，同比增速4.50%，增速较2023年下降2个百分点。央国企整体仍优于民营企业。

合约面积、储备面积反映企业规模的增长潜力。然而在市场萎缩和企业战略转变的双重影响下，上市公司对两类数据的披露情况逐年减少，企业对其重视程度逐渐下降。对已披露的数据分析显示，企业未来规模增长潜力并不乐观。

表2-15　2022—2024年物业服务上市公司年报披露合约面积与储备面积的情况

时间	2022年披露数量（家）	2023年披露数量（家）	2024年披露数量（家）	连续三年披露数量（家）
合约面积数据	52	51	47	45
储备面积数据	53	51	44	42

数据来源：上市公司年报，中指研究院整理。

2024 年物业服务上市公司合约面积均值为 1.71 亿平方米，同比增长 2.02%，较上一年下降 1.00 个百分点。合约面积增速放缓且低于管理面积增速，表明企业在未来面临规模增长压力。

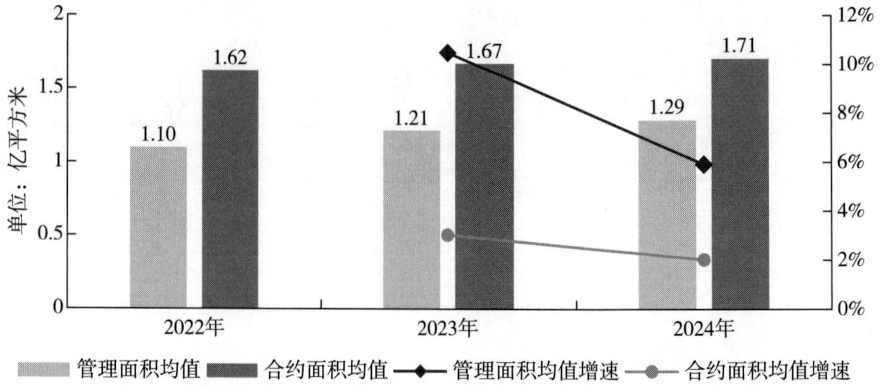

图2-21　2022—2024年物业服务上市公司管理面积、合约面积及其增速

数据来源：42 家上市公司年报，中指研究院整理。

（2）第三方管理面积占比均值下降，收并购市场持续理性

2024 年，物业服务上市公司管理面积中来自第三方的占比为 60.28%，较 2023 年下降 2.01 个百分点。我国房地产市场仍呈现调整态势，物业公司为摆脱关联方影响，将第三方拓展作为企业未来重点发展方向。但第三方项目拓展难度较高，项目留存率特别是单一业主项目的留存率较低，导致 2024 年第三方项目面积占比下降。

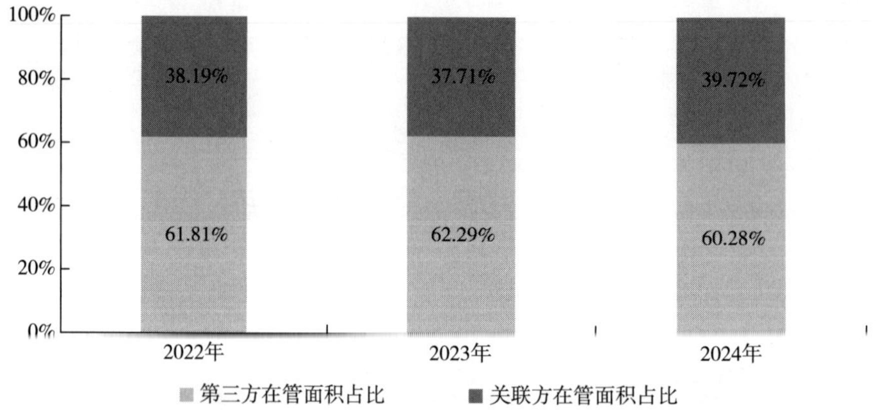

图2-22　2022—2024年物业服务上市公司管理面积来源

数据来源：30 家上市公司年报，中指研究院整理。

2024 年以来，物业服务行业发生多个收并购案例，但整体看收并购市场热度并不高。大部分收并购为集团内部资源整合，将原本业务相关但管理分散的公司重新整合；部分企业通过收并购拓展服务范围，提升自己在多元服务领域的专业能力；少部分企业通过市场整合扩张规模并成功上市。

表2-16　2024年以来部分物业服务上市公司收并购情况

证券代码	证券简称	时间	标的	标的公司主营业务
0873.HK	世茂服务	2025 年 1 月	深圳世路源环境	清洁保洁服务
2869.HK	绿城服务	2025 年 1 月	杭州健成资产管理	资产管理
2602.HK	万物云	2025 年 1 月	中洲物业	物业管理
6093.HK	和泓服务	2024 年 12 月	万晟物业	物业管理

续表

证券代码	证券简称	时间	标的	标的公司主营业务
2869.HK	绿城服务	2024 年 12 月	杭州港誉	商用物业运营服务
2352.HK	东原仁知服务	2024 年 6 月	上海长青社康养	康养服务
2376.HK	鲁商服务	2024 年 2 月	山东鲁健	电梯系统维护保养
0816.HK	金茂服务	2024 年 1 月	润物嘉业	物业管理

数据来源：上市公司年报及公告，中指研究院整理。

随着物业公司不再盲目追求规模扩张，可以预见，未来的收并购将更多集中在提升企业盈利能力或提升企业业务能力的方向上，“小而美”“技能专精”的公司将会受到更多公司的青睐。

（3）非住宅管理面积占比维持稳定，项目获取受多因素影响

2024 年，上市公司管理面积中非住宅业态占比 42.51%，无明显变化。尽管物业公司加大非住宅业态的拓展力度，但非住宅业态管理面积占比基本维持稳定，经分析，原因有三。第一，非住宅项目多为第三方项目，且多为单一业主，拓展专业壁垒较高，留存率较低，对于主营住宅业态的物业服务上市公司，受到品牌、口碑及运营能力的限制，拓展非住宅业态的难度较大；第二，非住宅业态的物业费收缴率受经济环境影响较大，当前经济环境波动，考虑到后续运营时物业费收缴情况，企业对非住宅业态的拓展较为谨慎；第三，近期，国家出台一系列房地产相关政策，在一定程度上稳定了房地产市场，企业可能会将拓展重心向住宅业态偏移。

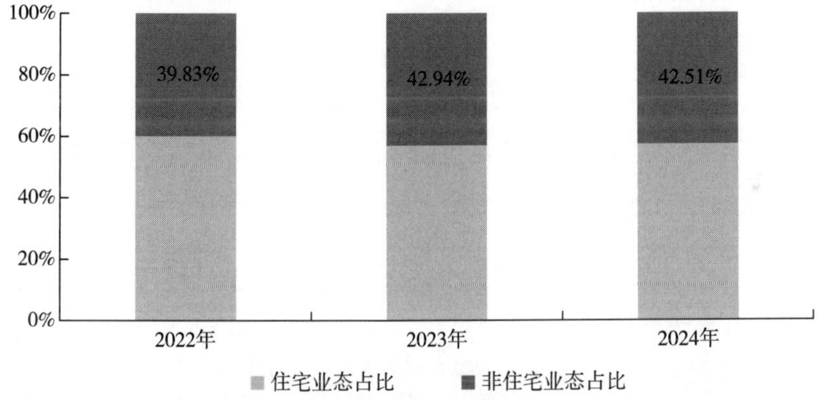

图2-23　2022—2024年物业服务上市公司管理面积中住宅与非住宅业态占比

数据来源：31 家上市公司年报，中指研究院整理。

（三）发展策略：聚焦深耕构筑企业竞争力，提质增效深挖服务潜力

1. 精管优拓：摒弃规模至上，注重项目质效

物业管理行业的规模受到上游房地产开发建设行业的直接影响。我国房地产的开发建设已迈入深水区，受房地产市场供求关系重大变化的影响，物业行业已然转入存量市场。从地产数据看，2024 年，我国房地产市场持续萎缩，房地产开发企业新开工面积持续减少，2024 年为 7.39 亿平方米，同比下降 22.99%；随着我国“保交楼”工作进入收尾阶段，房地产开发企业竣工面积大幅缩小至 7.37 亿平方米，同比下降 27.70%；新房销售面积 9.74 亿平方米，同比下降 12.86%。三个指标下降幅度均超过上一年。房地产开发市场与销售市场的增量萎缩将传导至物业管理面积的增量市场中，未来全国物业管理面积增速将进一步放缓，导致存量市场竞争加剧。

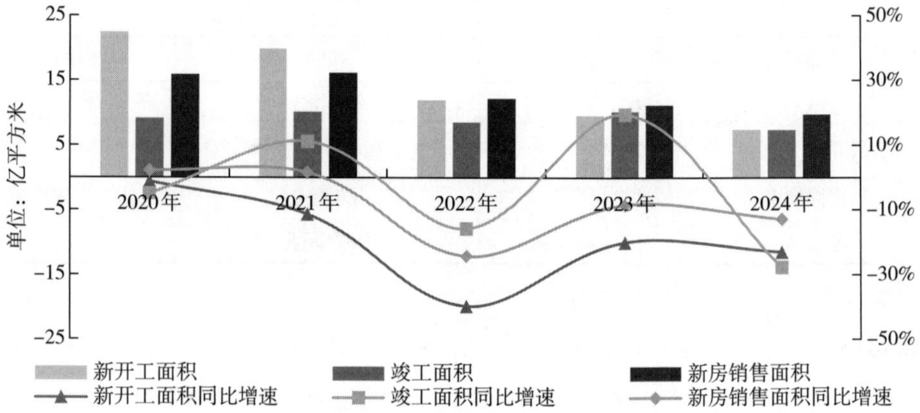

图2-24　2020—2024年房地产开发企业新开工面积、竣工面积及新房销售面积

数据来源：国家统计局，中指研究院整理。

增量市场空间持续收窄，物业公司获取的新建项目数量逐步减少，而存量项目的平均楼龄呈现递增趋势，运营维护的复杂性与专业性需求同步攀升。从市场整体来看，兼具物业费优势、设施完备及管理效益的优质项目逐渐减少，资源稀缺性正日益凸显。

在此背景下，物业服务上市公司主动调整发展路径，从规模扩张转向质量深耕，通过“减量提质”策略实现可持续发展，“精管优拓”已成为行业转型的核心共识。在项目拓展方面，上市公司建立以价值创造为导向的筛选机制，重点聚焦具有定价优势、专业优势、运营效益显著或资源协同效应突出的优质标的，例如具备高附加值增值服务潜力的住宅项目、核心城市核心地段的商办综合体、具备专业服务优势的其他非住宅项目、管理规模较大的大型项目等，通过精准投拓构建高质量项目矩阵，从源头把控项目质效。在项目优化方面，企业构建动态评估体系，对持续亏损、运营效率低下，管理困难、投入产出比不合理、与集团战略方向不匹配的项目实施有序退出，同步加强存量项目的精细化管理，通过技术赋能、服务升级等手段提升在管项目运营质量，实现从“规模为王”到“价值为核”的跨越。

表2-17　部分物业服务上市公司优化管理项目情况

企业	2024年项目终止情况	项目优化原因
世茂服务	终止在管面积6090万平方米	聚焦经营能效，对所有在管项目进行系统性盘点，通过对标调研和项目评估，就各项目的发展潜力及经营贡献，主动匹配资源配置。
彩生活	终止合约面积5860.8万平方米	基于战略发展原因不再重续若干物业管理合约的项目，优化项目结构。
中海物业	退盘4450万平方米	优化业务结构，处置亏损项目，使业态发展更均衡，提升经营效益。
金科服务	终止在管面积1922.8万平方米	通过合理的短期投入，换取有质效的规模增长，对非核心区域的负贡献项目选择主动退管，以谋求公司可持续健康发展。
时代邻里	终止在管面积1059.2万平方米	包括到期自愿不续约的项目，目的是将资源重新分配给收益及回款更优质的项目。
滨江服务	终止在管面积341.7万平方米	为进一步整合业务资源，优化资源配置，退出部分项目。

数据来源：上市公司年报，中指研究院整理。

2. 聚焦深耕：渗透重点区域，聚焦优势业态，发力重点客户

企业经营策略从规模优先转为效益优先，需要摒弃过去粗放的经营模式，由“业务扩张”转变为“战略聚焦”，除了要对项目的质效进行把控外，还要对内降本增效，发挥集约优势，形成规模效应、集聚效应。优秀上市公司的深耕策略从最初的区域深耕，到后续的区域与业态深耕并重，发展为当前在区域、业

态、客户三个维度深耕，全方位提升企业效率，多角度降低企业成本。

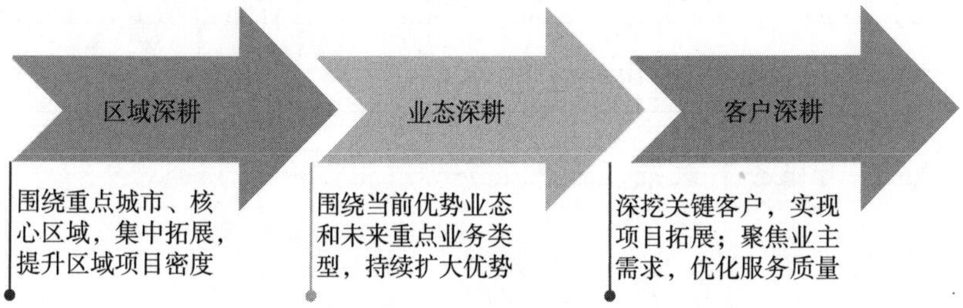

图2-25　物业服务上市公司深耕战略的三个维度

资料来源：中指研究院整理。

区域深耕围绕企业发展的重点城市以及各城市的核心区域两方面进行，以达到提升城市项目数量、提升区域项目密度的目的。近年来，越来越多的上市公司逐步收缩核心城市数量，将公司战略聚焦到经济较好或是基础较强的城市，并集中资源对城市的重点区域持续渗透，提升区域项目密度。滨江服务持续聚焦杭州，深耕长三角，截至2024年年底，在杭州的管理面积达4327.4万平方米，占比约63.7%，前五大城市的在管面积占比约88.5%。截至2024年年底，保利物业核心50城的新拓展第三方项目单年合同额占比达到约79.5%。

表2-18　部分物业服务上市公司2024年聚焦区域深耕战略

企业简称	战略内容
华润万象生活	匹配国家区域战略，注重运用已进入城市所积累的网络以及品牌优势，围绕重点区域核心项目裂变，进一步提升片区管理浓度。
卓越商企服务	围绕“1+1+X”战略，深耕大湾区、长三角两个核心优势区域，重点布局一线、新一线及其他高价值城市，实现全国化重点区域均衡发展。
滨江服务	集团形成“聚焦杭州，深耕长三角，辐射全国”的拓展策略和“一年扎根，三年成林，五年成海”的拓展战术，通过品牌及高品质服务拓展深耕区域市场，实现规模与口碑双提升。
越秀服务	集团聚焦战略核心城市，重点关注“深耕五城＋战略性拓展五城”，开拓并深挖大客户资源。
弘阳服务	巩固“做透大江苏”的核心战略，以南京为中心辐射多个城市，并以“做强中心城”为跨地域发展基调，明确十城为重点布局城市，在深耕长三角的基础上，着眼于中西部强二线城市，探索新的增长点。

资料来源：上市公司2024年报，中指研究院整理。

当区域深耕达到一定的项目密度后，便可打通项目间的壁垒，做到人员设备复用、规模采购、协同发展，最终达成降低单一项目的成本消耗或提升单位人效的目的。万物云的“蝶城”、绿城服务的“城市绿洲”，都是基于区域较高的项目密度制定的企业发展战略，在提升服务品质的同时降本增效。

业态深耕可以选择企业当前的优势业态或是公司未来的发展方向，上市公司之间的战略差异较为明显。目前，大部分企业选择在自己擅长的领域进行深耕。在住宅领域，部分企业依托自身优势深耕高端住宅等回报率较高的项目，如绿城服务依托品牌影响力与物业服务优势，打造高端经济品牌，深耕高端住宅细分市场；在非住宅领域，细分程度提高，业态可扩展至商办、商场、学校、医院、场馆、景区、公园、墓地等，大部分企业选择深耕多个细分领域，少部分选择深耕单一领域，如卓越商企服务深耕高端商企服务业态，巩固其领先地位。少部分企业也在企业未来发展方向上深耕探索，或是选择从零开始构建自己的服务能力，或是选择通过收并购完成新业态的构建，并以此为起点深耕新业态，如东原仁知服务通过收购上海长青社康养提升自己在康养服务业务方面的能力。通过对业态的深耕，企业不断优化服务，提升专业服务效率，进而打响服务品牌，提升自身竞争力，提高市拓效率。

客户深耕围绕增量市场与存量市场两个方面，在增量市场上，企业通过挖掘关键客户，打通项目拓展关键节点，或是依托关键客户扩大市拓范围，提升市拓能效；在存量市场上，通过深入挖掘研究业主需求，关注业主痛点，定位服务方向，提升服务品质，提高业主满意度，最终提升项目效益。

3. 质量优先：响应“好服务”政策，强化服务标准化落地

2024年住房和城乡建设部把建设“好房子”单列为一项工作重点，并下设“提升物业服务质量”等五个工作小项。同年，住房和城乡建设部部长倪虹表示：“‘好房子’需要好服务，将实施居住服务提升行动，下大力气提高物业服务水平。”提高物业服务质量已上升为国家战略层面议题。

物业服务上市公司在多方面响应政策：在增值服务方面，公司打破旧观念，提供个性化、差异化的优质增值服务；在设施升级、社区改造方面，公司一方面完成基础设施升级、便民设施升级，另一方面，对有条件的小区开展绿色升级、智慧升级；在精神、文化需求层面，公司通过构建温馨的社区环境，提供丰富的文体活动，打造和谐的社区氛围。

表2-19　部分物业服务上市公司提供好服务的案例

“好服务”类型	企业简称	部分案例
增值服务	碧桂园服务	打造“智享楼下充电”品牌，通过自营设备为业主提供更安全、更便利的两轮充电服务。
设施升级	保利物业	携手清华大学技术团队打造“IEIM综合能源智慧管理体系”，为商办及办公楼宇提供专业绿色低碳服务。
精神、文化需求	雅生活服务	通过各类社区文体活动输出，重点建设“儿童友好型社区”和“颐养型健康社区”，加强与社区的共生与可持续发展，传递正向社会价值。

资料来源：上市公司年报，中指研究院整理。

好服务强调基础保障、创新突破、以人为本、紧跟时代需求，标准化服务则强调对现有服务特别是基础服务的梳理与规范。物业基础服务是支撑行业净利润保持稳定的中流砥柱，保障基础服务的品质是物业公司的发展根基，更是物业公司经营的生命线。随着行业进入存量周期，在市场机制作用下，只有提供高质量物业服务的企业才能获得长久发展。上市公司通过打造标准化服务，为基础服务提升整体服务质量，也为增值服务提供高水平的品质保证，构筑服务能力的护城河，提升品牌知名度。新城悦服务正式发布《新城悦服务标准化V2.0》，回归服务本质。该服务标准包含320多页内容和2088个执行细节，覆盖业主96%的高频生活场景，提供环境维护、安全保障、生活响应等多维度的解决方案。上市公司在制定标准化服务体系后，通过构建系统化管理体系，建立标准化服务供应与考核机制，同时根据服务标准打造标杆项目，并逐步复制推广，促进标准化服务落地执行。

表2-20　部分物业服务上市公司标准化建设情况

服务类型	标准化建设成果
住宅物业服务	《新城悦服务标准化V2.0》《绿城物业服务标准指导手册》、保利物业“东方礼遇”服务体系、中海物业“紫金执事”服务体系、金茂服务“MOCO服务体系”
社区养老服务	万物云《空巢老人物业服务指南》、领悦服务《“悦老”服务白皮书》
社区教育服务	万物云《社区儿童物业服务手册》
美居服务	融创服务美居自营业务标准化服务体系

资料来源：中指研究院整理。

2024 年全国物业服务满意度得分为 73.1 分，四年来首次回升，各细分项也全部为正增长。在经历改革的阵痛后，物业行业逐渐向好，但应戒骄戒躁，持续提供优质服务，满足客户的需求与预期。

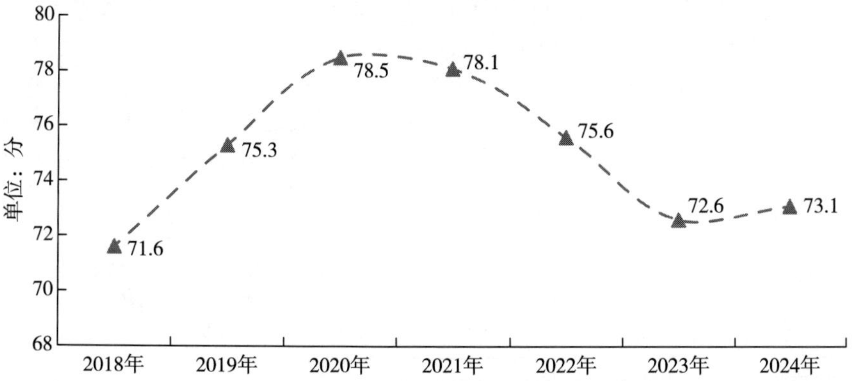

图2-26　2018—2024年全国物业服务满意度得分

数据来源：中指研究院。

4. 创新发展：立足自身优势，探索多元服务

物业公司增值服务可分为非业主增值服务及社区增值服务。2024 年，非业主增值服务受到较大影响，社区增值服务收入占比被动提升，成为各企业增值服务收入的主要部分。当前，社区增值服务收入增长乏力，上市公司选择退出缺乏发展潜力的业务领域，将精力更多集中在已取得一定成效的领域，或是拥有资源优势的领域。此外，部分公司拓展新的业务增长点，充电站、充电桩、光伏储能站等新能源项目已成为部分企业在社区增值服务中的重点布局方向。

表2-21　部分物业服务上市公司布局充电业务的情况

企业名称	充电业务布局
碧桂园服务	推出“智享楼下充电”平台，截至 2024 年底，在全国超 4000 个社区运营约 5 万个充电桩，共计约 50 万个充电插座，累积注册用户数超 340 万，通过自营设备为业主提供更安全、更便利的两轮充电服务。
招商积余	旗下科技公司自主研发了充电桩管理平台“招小充”，支持汽车充电桩、充电宝等多种设施。当年累计在 804 个项目中接入充电桩 31471 台，累计用户 71.9 万人，减少二氧化碳排放 17808 吨。
世茂服务	与合作伙伴签订投资协议成立合资公司，以建设及运营电动车充电站。
瑞森生活服务	旗下已有聚焦新能源汽车充电的“大斑马充电”，以及“这锂换电”智慧骑手换电站，后者累计服务用户超 300 万人。

资料来源：中指研究院整理。

物业服务上市公司同时也在向企事业单位寻求新的突破口。IFM 主要衍生自非住宅物业，是为企事业单位、学校、医院等单一业主或客户提供的非核心业务外包服务，近年来备受物业公司关注。从需求端看，企事业单位在生产经营中更加倾向于将非核心业务外包给专业公司，IFM 市场需求逐步释放，空间巨大。IFM 包括团餐、设备管理、能源管理、空间规划、员工福利管理、饮水服务、会务服务、礼宾服务、制服服务等，物业公司通常以团餐服务为突破口积极拓展此业务。2024 年，我国 IFM 服务市场空间超过 7000 亿元，上市公司结合自身经验与优势，综合拓展 IFM 服务。

表2-22 部分物业服务上市公司布局IFM业务的情况

企业名称	IFM 相关内容披露情况	2024 年 IFM 收入（亿元）
金科服务	为客户打造一体化、定制化的 IFM 综合服务新模式，通过整合服务满足客户多元化、高效化的后勤服务需求。	10.02
京城佳业	加大对 IFM 和能源管理领域的探索，通过技术手段进行建筑能源系统分析，以合同能源管理、能源运维托管等方式，降低建筑能耗及碳排放。	0.67
越秀服务	2024 年度，集团着力延伸拓展博物馆讲解服务、办公室装修服务、餐饮服务等。	超过 0.6
特发服务	面向企业自建或租赁总部型园区、生产制造园区、水电站能源生产园区等服务场景，提供的服务内容包括设施设备全生命周期管理、安全消防管理、环境绿化服务、综合客户服务、空间运营、小型物业工程整改、车辆租赁、会务培训等。	未披露

资料来源：上市公司年报，中指研究院整理。

目前，上市公司对 IFM 业务的布局仍处于初级阶段。由于 IFM 业务的特殊性，物业公司需要构建专业的服务能力，以便在未来充分发掘 IFM 市场的潜力。

城市服务作为企业创新型服务的另一个热门赛道，已经成为一些物业公司营业收入中的重要组成部分。尽管面临着回款困难和毛利率下降的压力，但伴随我国城市化进程进入精细化治理新时代，传统的“围墙内服务”已无法满足城市全域治理的需求，物业公司在政策推动与市场机遇的双重驱动下正突破服务边界，以“城市服务商”的角色深度参与城市治理，挖掘城市服务的市场潜力。

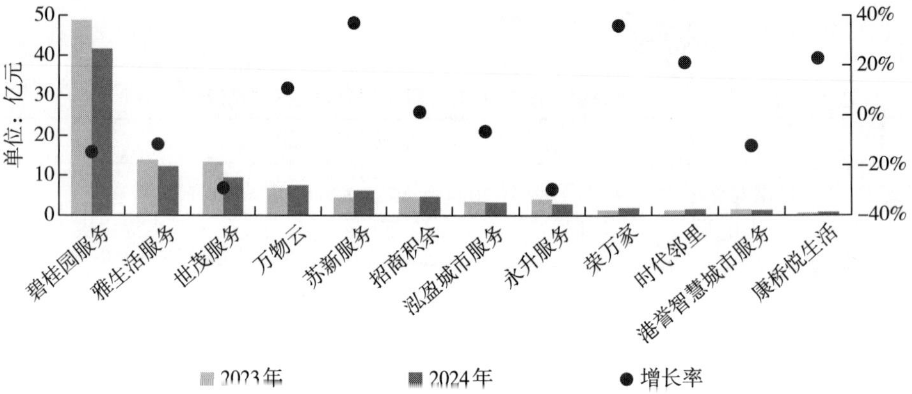

图2-27 2023—2024年部分物业服务上市公司城市服务收入金额及增长率

资料来源：上市公司年报，中指研究院整理。

在城市服务业务中，地方政府作为核心服务主体，其财政状况与支付能力是项目风险管控的核心要素。鉴于当前地方债务压力加大，企业承接项目时需首先评估政府财政情况，避免因账款回收风险导致资产减值，影响经营效益。企业需建立专业评估机制，强化风险动态监测，保障业务稳健发展。

5. 人才建设：建立健全培优体系，高管迭代推动战略转型

随着信息技术与物业管理行业的深度融合，物业公司纷纷深化科技应用水平，具备了更加强大的服务能力和业务能力。一方面，科技帮助企业打破传统过度依赖人力的服务模式，实现降本增效；另一方面，企业借助智慧科技手段能够为客户带来全新的服务体验，并探索多元增值业务。随着新技术的应用，物业公司不仅要拥有能熟练使用新技术辅助物业服务的一线工作人员，还要拥有能紧跟时代潮流、适应科技发展的企业管理人员，也要拥有能突破创新，将科技转化为生产力的科技研发人员。

表2-23　　部分物业服务上市公司的人员培养体系

企业简称	人员类型	培养体系
中海物业	一线员工	打造工匠体系，绘制“中海工匠战图”，每年组织开展“技能大赛”“星级管家”“岗位服务之星”“最美园丁”“红旗设备”“红旗机手”“标准化机房”等赋能培训和评比活动，培养职业素质和专业技术“双优”的中海匠才。
永升服务	管理人员	围绕新战略，全面升级各级管理干部的领导力培养及梯队建设机制，包括“领航计划”“砺将计划”“磐石计划”“启航星计划”和“星火计划”等。
南都物业	研发团队	组建一支由行业专家、技术骨干及年轻才俊组成的研发团队，致力于智慧物业领域的技术研发与产品迭代。同时建立了完善的研发管理体系和激励机制，确保研发工作高效推进、成果快速转化，以此培养科技研发人员，保持在行业内的技术领先优势。

资料来源：公开资料，中指研究院整理。

2024年以来，多家上市公司对管理层人员作出调整，在企业发展的关键期为企业注入新的动能，有利于企业实施新的发展战略。在当前市场竞争压力增加、业务发展战略调整等因素的影响下，部分企业通过高管团队的迭代来优化运营管理，更好地适应复杂多变的市场环境。

表2-24　　2024年以来部分物业服务上市公司高管变动情况

企业名称	变动时间	变动情况
瑞森生活服务	2025年2月	刘勇罡新任瑞森生活服务总裁。
众安智慧生活	2025年2月	丁曙春由执行董事升任总裁。
雅生活服务	2025年1月	黄奉潮辞任雅生活服务董事长，王海洋接任。
碧桂园服务	2024年12月	碧桂园服务首席市场官、城市服务集团总裁汪英武离职，现任新大正首席市场官。
合景悠活	2024年8月	王建辉辞任首席执行官，王中琦由副总裁升任首席执行官。
建业新生活	2024年8月	史书山辞任首席执行官，代纪玲获委首席执行官。
招商积余	2024年5月	原董事长聂黎明前往招商局集团任职，吕斌获委招商积余董事长。
金茂服务	2024年4月	谢炜辞任执行董事、首席执行官，李玉龙获委执行董事、首席执行官。

资料来源：公开资料，中指研究院整理。

（四）发展研判：资本蓄势格局重塑，AI赋能降本增效，ESG助力长效发展

1. 资本市场：板块表现波动趋稳，因企制宜有进有退

2024年以来，物业服务上市公司在资本市场上的表现呈现出明显的波动与分化特征，受宏观经济环境、政策调控、行业竞争格局及企业自身经营策略等多重因素影响，整体市场表现较为低迷，但部分优质企业仍展现出较强的抗风险能力和发展韧性。

资本市场表现整体疲弱折射出上市公司的经营业绩压力。一方面，2024年，物业服务上市公司营收增速普遍放缓，部分企业业绩下滑。基础物业服务是收入增速最快的板块，但也增长乏力；增值服务受房地产市场下行、消费降级及市场竞争加剧影响，增长动力不足，部分业务甚至面临收缩压力。另一方面，受应收账款回收周期延长、成本上升及关联方交易风险影响，企业盈利能力下降，多数上市公司毛利率和净利率同比下滑。

上市公司需着重提升盈利与价值创造能力，以获得资本市场认可和投资者青睐。截至2025年4月30日收盘，港股上市物业公司中，华润万象生活市值达851.37亿元，位居第一，同时也是上市公司中净利润最高的企业，2024年净利润高达37.30亿元。值得一提的是，不论是市值还是净利润，华润万象生活的

表现都与第二名远远拉开了距离，这体现了资本市场逐利的特性，资本会流向更具盈利潜力和价值创造力的企业。

表2-25　　港股主板市场市值百亿元以上的物业服务上市公司

证券代码	证券简称	2024.04.30 收盘总市值（亿元）	2025.04.30 收盘总市值（亿元）
1209.HK	华润万象生活	635.68	851.37
2602.HK	万物云	245.12	251.30
6098.HK	碧桂园服务	176.51	231.70
2669.HK	中海物业	157.44	177.01
6049.HK	保利物业	177.07	171.26
2869.HK	绿城服务	114.67	140.47

数据来源：中指研究院整理。

2024 年以来，物业板块表现相对比较稳定。我们以近两年研究期间整理的市值在百亿元以上的上市公司数据为例，可以看到，目前港股上市公司中市值超过 100 亿港元的企业有 6 家，分别是华润万象生活、万物云、碧桂园服务、中海物业、保利物业、绿城服务，与一年前市值百亿级企业完全一致，并且市值波动较小。可以预计，未来，物业服务上市公司在资本市场的表现仍将保持波动而稳定的状态，行业分化或将进一步加剧，优质企业有望通过战略调整和业务创新实现价值重估。

随着房地产行业政策环境逐步改善，物业行业作为民生服务领域的重要组成部分，有望获得更多政策支持。政府可能出台相关政策，鼓励物企拓展非住宅物业、城市服务、社区生活服务等新兴领域，推动行业转型升级。在宏观经济承压以及地产危机影响下，物业板块的抗周期、现金流稳定等特有行业属性将在一定程度上保障物业公司稳健发展。同时，行业的公共事业属性、民生属性将有助于物业服务上市公司保持业务韧性。未来，物业企业的资本市场价值值得期待。

从 IPO 方面看，2024 年至今，共有两家国资物企成功登陆港交所主板市场。泓盈城市服务与经发物业分别于 2024 年 5 月、7 月成功上市，弥补了湖南省及陕西省无上市物企的空白，两家企业共计募集资金约 2.53 亿港元。此外，6 月，港誉智慧城市服务在正式完成更名及更换管理层等一系列动作后，正式被纳入资本市场物业板块。整体看，物业板块 IPO 市场热度进一步下降。

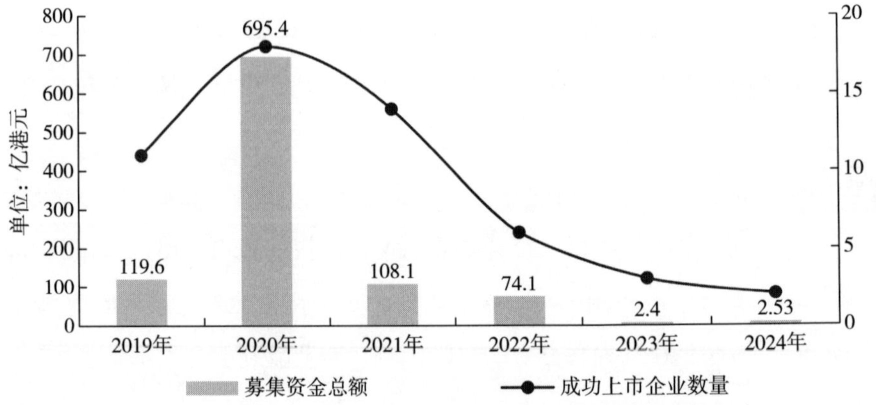

图2-28　2019—2024年物业服务企业上市及融资情况

数据来源：中指研究院整理。

同时，根据证监会与三大证券交易所于 2024 年 4 月 30 日分别发布的系列规定，A 股主板的盈利要求进一步提升至“最近三年累计净利润不低于 2 亿元，最近一年净利润不低于 1 亿元”；港股主板虽然对于盈利方面的要求暂未改变，但对于关联交易、市场地位、资金用途等方面的询问进一步细化，事实上也增加了企业上市的周期与难度，如深业运营经历四次交表却依然未能实现上市目标。可以预计，未来行业IPO热度仍将处于低位，地方国企以及具备业务特色、盈利能力强的物业公司仍有机会。如奥联服务作为一家独立第三方物业公司，聚焦商企与城市空间服务，2024年净利率约为9.39%，远高于百强企业平均水平（4.98%）和上市公司平均水平（4.42%），盈利能力较强，目前处于IPO冲刺阶段，有望成为2025年内第一家登陆资本市场的物业公司。

表2-26　2024年以来物业服务企业IPO进展及退市情况

状态类型	企业名称	企业性质	具体情况
成功上市	泓盈城市服务	地方国资	2024年5月登陆港股主板市场，成为湖南物业第一股。
	经发物业	地方国资	2024年7月登陆港股主板市场，成为陕西物业第一股。
摘牌退市	华发物业服务	地方国资	2024年9月完成摘牌，退出资本市场。
	融信服务	民营企业	2025年3月完成摘牌，退出资本市场。
IPO进程中	深业运营	地方国资	四次递表后失败，目前未公开披露放弃IPO。
	奥联服务	民营企业	2025年3月向联交所递交招股书，处于IPO冲刺阶段。

数据来源：公开资料，中指研究院整理。

此外，资本市场也出现了物业公司基于自身战略选择，主动退出资本市场的现象。2024年9月，华发股份完成对华发物业服务的私有化，完成摘牌；2025年3月，融信服务也完成了私有化流程，退出资本市场。华发物业服务与融信服务退市的核心原因均指向资本市场流动性枯竭、股价长期低迷及融资功能丧失等。具体来看，华发物业服务退市的原因是交易流通量低且持续未开展股权融资，导致上市平台失去战略价值，私有化后可为母公司华发股份提升归母净利润及现金流协同；融信服务则因流动性压力与估值偏低而选择退市。两家企业的退市事件反映了物业管理行业资本逻辑的转变：从“规模增速驱动”转向“现金流与质量优先”，倒逼企业强化服务创新、数字化运营及高毛利赛道布局，行业整合进一步加速，资本市场不再是“有进无出”，上市公司将根据自身战略及发展情况选择合适的路径。

2. 行业格局：优质资源整合加速，市场集中度持续提升

面对激烈的市场竞争，市场拓展难度不断增加，越来越多的上市公司意识到整合集团内部优势资源是高效进行业务拓展的重要举措。从2024年以来的收并购情况看，约一半案例是集团内部优质资源的整合，如绿城服务收购杭州港誉、东原仁知服务收购上海长青社康养等。收并购整合机会将更多集中在集团内部优质资源整合方面，如经发物业、泓盈城市服务已通过资源整合成功上市，更多地方国企正在加速整合中。

市场化收并购仍然存在整合机会。中指研究院曾深度研究过国外优秀的物业公司和IFM企业，这些成熟的国际公司的发展史同时也是一部收并购史。2020年前后，我国物业管理行业收并购市场进入热潮期，后因市场环境变化、经营管理冲突、投后管理不善等原因，从2022年开始热度逐渐消退，市场愈发理性，但收并购仍然是物业公司业务发展、优化布局的重要方式。上市公司对收并购的态度更趋谨慎，未来的收并购标的将集中在“小而美”的优质物业公司或专业服务公司，收并购方将更加注重业绩对赌、收并购条件及投后管理等，管控并购风险。

当前，物业管理行业正处于深度变革期，市场竞争加速分化，行业格局有望重塑。头部物企凭借规模

优势、品牌效应及多元化服务能力，将在市场竞争中占据主导地位。2024年，披露管理面积数据的上市公司中，管理面积前十的企业在管面积总额达52.42亿平方米，市场份额约16.69%，较上一年提升0.51个百分点。未来，行业集中度或将进一步提升，头部企业有望通过市场拓展、并购整合以及战略合作等方式持续获取优质项目，扩大市场份额。

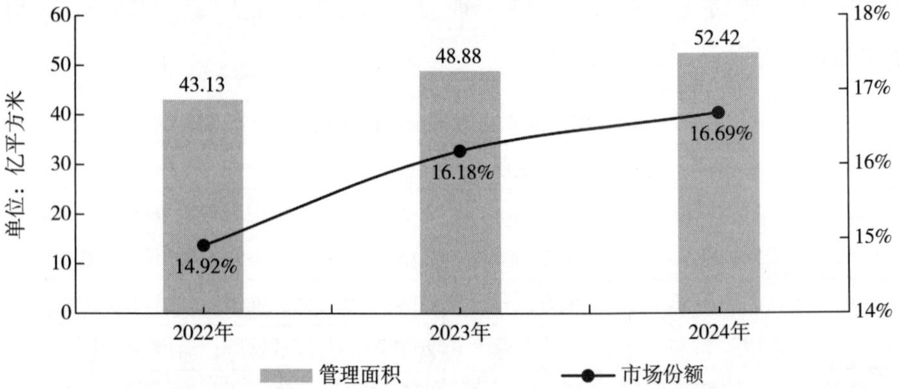

图2-29　2022—2024年物业服务上市公司管理面积TOP10企业管理面积总额及市场份额情况

数据来源：上市公司年报，中指研究院整理。

中小物企将加快战略转型，聚焦细分市场，提升服务品质和运营效率，通过差异化竞争实现突围。随着行业不断发展，非住宅细分赛道逐步精细化，办公、轨道交通、文体场馆、胡同物业、工地物业、城市服务等细分领域均已出现代表性上市公司，且以中小企业为主，如2024年登陆资本市场的泓盈城市服务和经发物业均以城市服务为专业优势，珠江股份则以文体场馆运营为特色业务等。中小型企业更注重深耕特色优势领域，通过打造差异化竞争优势，构筑护城河，提升市场竞争力。

表2-27　　物业服务上市公司中小企业构筑特色领域专业服务优势

特色领域	代表企业	专业服务优势
办公物业	金融街物业	金融街物业在不断提升基础物业服务品质的同时，努力拓展商务楼宇配套服务，创立"怡己"品牌系列服务体系，包含了咖啡、餐饮、收发平台、智能新零售集合平台、汽车服务等多项便民服务，打造了商务生活服务链。
园区物业	特发服务	深耕企业园区综合设施管理服务（IFM）业务，持续拓展业务版图，先后中标华为上海练秋湖项目动力设施运维服务、阿里巴巴西溪园区B区项目、字节跳动杭州未来科技城园区项目、上海美的全球创新园区项目等。
文体场馆	珠江股份	旗下珠江文体充分利用技术、资本、品牌等资源优势，立足广州及湾区，通过整合产业链上、中、下游相关体育公园、社区场馆、赛事IP、文化演艺IP、企业年会及运动会活动等资源，逐步辐射全国，持续提升自身品牌影响力。
工地物业	京城佳业	整合办公区、生活区选址、图纸设计、场地施工、箱式房建设、工地物业服务等，并通过施工现场标准化物业服务强化市场渗透，增强外部市场业务拓展。
城市服务	泓盈城市服务	业务涵盖园林绿化及工程、照明系统运营、停车场运营及市政环卫服务等，秉承"让城市生活更美好"的使命，改善居民生活体验和环境。
	经发物业	市政环卫，公共设施及基础设施清洁保养，垃圾收集服务，公建物业服务等。

数据来源：公开资料，中指研究院整理。

3. 数智融合：AI科技前景可期，加深应用释放潜力

物业与科技的深度融合已成为不可逆转的行业趋势。科技赋能不仅让物业公司实现降本增效，更在提升用户体验、优化内部管理流程方面发挥了举足轻重的作用。物业服务领域的上市公司，作为行业的领军者和中坚力量，本应成为科技应用的先锋，然而，当前这些企业的智能化投入水平有待提升，科技应用渗

透仍显不足。

具体分企业来看，尽管头部物业公司正加快智能化建设的步伐，但其在科技化（数字化）建设上的投入占营业收入的比重平均仅为 1.25% 左右（保守测算），这一比例相对较低，反映出科技投入与其业务规模和潜力之间的不匹配。与此同时，中小型物业公司则面临更为严峻的挑战，它们不仅资金实力有限，难以承担高额的科技研发投入，还面临技术适配性差、专业人才匮乏等问题，导致其科技化建设水平与头部企业的差距日益扩大。如特发服务 2024 年研发费用为 500.91 万元，占营收的比重仅为 0.17%。

从科技在物业场景应用的实际情况来看，当前，行业头部企业已在客户服务、设施运维以及空间管理三大关键领域成功推进智能化建设，并取得了显著的应用成效。然而，就整体应用深度与广度而言，智能化技术的渗透程度仍有较大的提升空间。展望未来，在人工智能（AI）技术的深度赋能下，行业科技化建设的战略重心将发生重要转变，从过往侧重于“工具创新”逐步过渡到聚焦“场景落地”，紧密围绕人、物、空间这三大核心场景要素，深度挖掘智能化技术在提升服务品质、优化运营效率等方面的潜力，驱动物业服务向精细化、个性化与智能化的更高层次迈进。

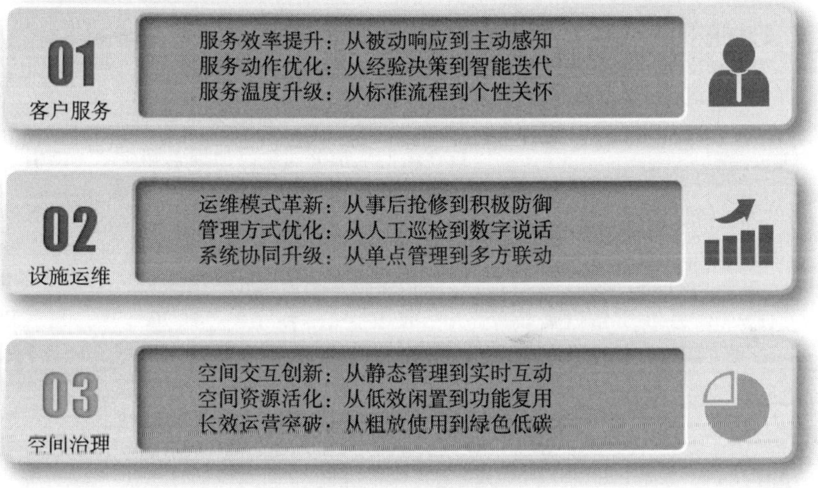

图2-30　科技赋能物业管理三大应用场景

资料来源：中指研究院整理。

未来，上市公司除了进一步推动科技应用的落地实施，还需持续紧跟科技发展的最新趋势，把握科技前沿动向，不断将新兴技术融入日常管理与服务场景之中。以 DeepSeek 为代表的 AI 大模型，为物业公司提供了创新业务实践与管理决策的强大能力支持。如中海物业推出“海宝 AI 助手”，通过多场景嵌入和多流程覆盖，为一线员工提供了便捷的业务指引。中海物业的员工可以通过集团的门户网站进入这一智能交互界面，随时咨询业务相关的问题，并立刻获得相应的解决方案。AI 助手不仅能够为员工节省工作时间，还提升了物业问题解决的效率，改善用户体验。

4. 可持续发展：坚持长期主义，加强 ESG 建设

2024 年堪称 A 股 ESG 信息披露迈向“标准化”的关键节点。这一年，财政部、证监会以及国务院国资委等核心监管部门密集出台了一系列 ESG 领域相关政策指引，有力推动了 ESG 信息披露向标准化方向

加速迈进。2024 年 4 月，沪深北交易所在中国证监会的指导下正式发布了《上市公司可持续发展报告指引》（以下简称《指引》），填补了中国境内可持续发展报告指引的空白，标志着中国上市公司 ESG 信息披露迈向新阶段。11 月，基于《指引》的框架，沪深北交易所进一步发布了《上市公司自律监管指南——可持续发展报告编制（征求意见稿）》，作为《指引》的"教科书"，旨在更好地帮助企业实施报告编制。2025 年 1 月 17 日，沪深北交易所发布《上市公司可持续发展报告编制指南》，为上市公司编制可持续发展报告提供细化指导。

在当前经济形势下，中国企业正以愈发清晰的认知，明确自身在社会整体发展中的关键角色，并主动肩负起推动社会可持续发展的重任。其中，数量庞大的物业服务企业同样积极作为，展现出强烈的社会责任感。尽管整体经济增长面临疲软态势，外部宏观环境也处于持续变化之中，诸多不确定性因素交织，但企业对环境、社会和治理领域的重视程度却逆势而上。物业公司在吸纳基层人员就业方面发挥着不可忽视的作用，为社会稳定和民生保障贡献着力量。与此同时，ESG 所蕴含的价值理念与核心主张，已成为企业有效管理各类风险的重要工具，助力企业在复杂多变的环境中稳健前行，实现可持续发展。

表2-28　2024年以来我国主要资本市场ESG披露相关政策

时间	发文单位	文件	相关内容
2025.1	沪深北交易所	《上市公司可持续发展报告编制指南》	细化 ESG 信息披露要求，提升披露的规范性、透明度和一致性，助力资本市场可持续投资实践。
2024.11	沪深北交易所	《上市公司自律监管指南——可持续发展报告编制（征求意见稿）》	分为《总体要求与披露框架》和《应对气候变化议题》两大部分，旨在帮助上市公司更好地理解和应用《指引》。
2024.6	北京市发展和改革委员会	《北京市促进环境社会治理(ESG)体系高质量发展实施方案（2024—2027）》	到 2027 年，北京 ESG 高质量发展政策体系逐步完善，生态体系加快形成，在京上市公司 ESG 信息披露率力争达到 70% 左右，ESG 鉴证和评级水平进一步提升，ESG 实践进一步丰富和深化，ESG 相关标准体系进一步完善。到 2035 年，北京 ESG 体系高质量发展步入法治化轨道，信息披露充分高效，ESG 生态体系完备，评级体系高水平特色化凸显，ESG 实践丰富多彩，监管体系运转有效，成为 ESG 发展全国高地和国际代表性城市。
2024.5	国务院	《2024—2025 年节能降碳行动方案》	通过进一步提高节能降碳的经济效益、社会效益和生态效益，为实现碳达峰碳中和目标奠定坚实基础。
2024.5	财政部	《企业可持续披露准则——基本准则（征求意见稿）》	到 2027 年，我国企业可持续披露基本准则和气候相关披露准则相继出台；到 2030 年，国家统一的可持续披露准则体系基本建成。
2024.4	沪深北交易所	《上市公司可持续发展报告指引》	明确上市公司的披露内容及披露原则，要求公司在双重重要性披露原则下，围绕"治理，战略，影响、风险和机遇管理，指标与目标"四个核心内容对拟披露的可持续发展议题进行分析和披露等。
2024.3	上海市商务委员会	《加快提升本市涉外企业环境、社会和治理（ESG）能力三年行动方案（2024—2026）》	提出到 2026 年，基本形成本市政府、行业组织、涉外企业、专业服务机构共同参与、协同发展的涉外企业 ESG 生态体系。

数据来源：公开资料，中指研究院整理。

过去，上市公司与外界沟通的主要方式是定期发布财务报告。然而，这些财务数据往往仅能呈现企业经营与盈利的部分情况，却难以全面展现企业的运营状况和隐藏的风险，公众难以对企业形成深入且立体的认知与洞察。但随着 ESG 信息披露标准化进程的加速推进，ESG 报告正逐渐成为企业展示自身形象的关键窗口。ESG 报告所涵盖的内容丰富多元，涉及环境、社会和治理等多个重要维度。因此，加速 ESG 信息披露标准化进程，无疑标志着我国 ESG 发展迈入了一个崭新的阶段，为企业和社会开辟了更为广阔的发展空间。展望未来，物业服务上市公司可以从以下几个方面持续加强ESG建设。

第一，政策驱动下ESG披露框架或将进一步调整，上市公司注重信息披露“双重重要性”原则。财政部《企业可持续披露准则——基本准则（征求意见稿）》、三大交易所《上市公司自律监管指引——可持续发展报告》及香港会计师公会《香港财务报告准则S1号——可持续相关财务信息披露一般要求（HKFRS S1）》和《香港财务报告准则S2号——气候相关披露（HKFRS S2）》征求意见稿的出台，表明我国明确采纳双重重要性原则，即财务重要性和影响重要性。财务重要性要求企业披露那些可能对财务状况、业绩和现金流产生显著影响的信息，这有助于投资者和其他利益相关者了解企业的经济健康状况和潜在风险；影响重要性则要求企业披露其活动对外部环境和社会的实际或潜在影响，包括正面和负面的影响，有助于揭示企业运营的社会和环境成本，以及其对可持续发展的贡献或阻碍。上市物业公司更应关注披露信息的双重重要性。

第二，企业需精准把握核心ESG议题，强化风险防控体系，并深化对员工的关怀机制。在制定ESG战略时，企业应兼顾自身业务特性与利益相关方的多元化期望，运用科学严谨的议题实质性评估矩阵，对ESG相关议题进行系统性评估。毕竟，重要性议题在某种程度上构成了企业ESG报告披露的基石与逻辑起点。具体到物业公司，其识别关键议题的流程通常涵盖议题全面识别、初步筛选评估、深度议题分析以及最终审核确认四大核心步骤。

第三，科学搭建ESG管治架构，关键在于“量企裁衣”，避免盲目“亦步亦趋”。当前，尽管多数企业在其ESG报告中宣称采用了某种标准化的ESG管治架构，但这种披露往往流于形式，更多是为了迎合监管需求，缺乏实质性的执行与深化。企业在将ESG理念真正内化于公司战略、业务布局及日常运营实践中仍显力不从心，内部对ESG的深层价值与战略意义尚未形成统一认知，也未能深刻把握ESG与业务发展之间的内在协同效应。鉴于此，物业服务企业应立足自身发展实际，量身定制ESG管治架构，推动企业业务战略与ESG战略的深度融合与协同增效，实现可持续发展目标。

第四，践行使命担当，积极履行企业社会责任，是新时代企业发展的应有之义。物业服务企业已突破传统物业管理边界，主动投身社区公益与乡村振兴的广阔舞台。作为社区生活的坚实守护者，他们深刻认识到乡村振兴对于国家繁荣昌盛及居民生活品质提升的关键作用，充分发挥自身资源与优势，精心策划并实施了一系列成效显著的公益行动。从组织志愿者团队深入社区开展环境整治，到举办丰富多彩的社区文化教育活动；从资助贫困学子圆梦校园，到搭建平台助力乡村特色农产品走出大山，物业服务企业以实际行动诠释了社会责任感，有力推动了城乡融合发展，成为城市与乡村间传递温暖与希望的桥梁。在构建美好社区的征程中，物业公司更是发挥着举足轻重的作用。他们通过精心设计并执行一系列社区活动，不仅加深了居民之间的情感纽带，也显著提升了社区的凝聚力和和谐氛围。在此过程中，物业公司坚持党建引领，通过成立小区党支部，充分发挥党员在业主委员会中的先锋模范作用，确保各项活动沿着正确的方向前进，产生积极而深远的社会影响。

结语

2024年，中国物业管理行业正经历从“规模驱动”到“价值驱动”的关键转折点。面对上游地产行业调整、市场增速放缓以及竞争加剧等多重挑战，物业服务上市公司以高质量发展为核心导向，通过优化业务结构、加强精细化管理、推进科技赋能以及加速独立化进程，逐步构建起更具抗周期韧性的经营生态体系，为行业的长期可持续发展筑牢根基。

行业发展的核心逻辑发生了根本性变化。在管理面积增速持续放缓的背景下，部分上市公司主动调整战略，果断“割舍”低效项目，对项目组合进行优化，对管理面积的披露逐渐弱化，转而将关注重点放在服务质量和经营效益的提升上。基础物业服务作为企业收入的重要支柱，标准化建设、满意度建设以及高品质的服务硬核成为保障企业现金流稳定的关键。然而，非业主增值服务受地产行业下行影响大幅萎缩，社区增值服务也呈现收缩聚焦态势，业绩贡献有限。在此情况下，上市公司积极探寻第二增长曲线，大力布局 IFM 和城市服务领域，并加大科技应用力度，但行业新的增长点尚未确立。

资本市场估值的波动是多种因素综合作用的结果，估值走势能够在一定程度上反映企业的经营状况。物业板块在经历长期的估值调整后，2024 年以来一直处于低位震荡盘整阶段，2025 年初保持相对稳定，并呈现复苏态势。随着风险的逐步出清，企业项目质量不断提升，经营效益将逐步得到改善，板块估值有望进一步回升。

展望未来，物业服务上市公司的竞争格局将发生深刻变化，不再仅仅是规模与速度的简单比拼，而是服务品质、科技能力以及生态构建能力的综合较量。头部企业已率先完成从“地产附属”到“独立发展”的转型跨越。未来，只有那些坚守服务本质、能够平衡风险与创新、持续为客户创造价值的公司，才有可能引领行业穿越经济周期，实现资本价值与社会价值的双重提升。在政策支持、技术革新的协同推动下，物业管理行业必将回归其“资产守护者”与“生活服务者”的本质定位，开启高质量发展的崭新篇章。

报告三　2025年上半年中国物业服务价格指数研究报告

一、概要

2025 年上半年，根据中指研究院开展的“中国物业服务价格指数系统”和“中国物业服务星级评价标准体系”研究，得出以下主要结论。

指数方面，二十城物业服务价格综合指数为 1074.47，环比下跌 0.08%，同比下跌 0.11%。整体来看，一线城市物业服务价格综合指数变化趋稳，其中北京和上海物业服务价格综合指数环比保持不变，广州和深圳环比微幅上涨；部分二三线城市物业服务价格综合指数出现不同程度下跌，其中武汉、南昌、重庆、常州跌幅较为明显。

价格方面，二十城物业服务均价为 2.72 元 / 平方米 / 月，与 2024 年末持平。具体来看，物业服务价格上涨城市主要分布于长三角和珠三角两个经济发达区域，分别为无锡、杭州、深圳、苏州、广州；物业服务价格保持稳定的城市为北京、上海、天津、成都、长沙、昆明、合肥；而南京、青岛、济南、常州、宁波、重庆、南昌、武汉的物业服务价格则出现不同程度下跌。

样本方面，二十城物业服务水平以高星级（四星级和五星级）项目为主，其中四星级项目占比 46.99%，五星级项目占比 13.27%，且五星级项目数量占比持续提升。从区域分布看，长三角、珠三角地区和西南地区的高星级项目数量占比较高，均超 60%，分别为 61.55%、66.21% 和 67.68%；从具体城市看，北京、上海、广州、深圳、南京、武汉、天津、重庆、成都、宁波、昆明共 11 个城市的高星级样本占比较高，均超过 60%，领先于其他城市。此外，从星级项目评价体系来看，软件服务得分保持稳定，而硬件方面由于部分项目设备老化，评分受到影响。因此整体来看，软件服务的平均得分略高于硬件设施，分别为 83.06 分和 82.56 分。

二、主要研究成果

本次研究基于“中国物业服务星级评价标准体系”，对北京、上海等二十个代表城市 2025 年上半年的项目物业服务水平进行打分、评级，并计算其物业服务价格指数，得到研究结论如下。

1. 二十城综合指数环比同比均下跌，一线城市趋稳，二三线部分城市下跌

表3-1　2025年6月二十城物业服务价格指数（按环比降序排列）[①]

序号	城市	2024 年 6 月	2024 年 12 月	2025 年 6 月	同比	环比
	二十城	1075.65	1075.38	1074.47	−0.11%	−0.08%
1	杭州	1076.19	1076.99	1080.32	0.38%	0.31%
2	无锡	1107.67	1108.44	1111.09	0.31%	0.24%
3	深圳	1045.34	1047.79	1048.75	0.33%	0.09%
4	苏州	1095.00	1095.69	1096.56	0.14%	0.08%
5	广州	1022.94	1022.94	1023.28	0.03%	0.03%
6	合肥	1040.49	1040.49	1040.65	0.02%	0.02%
7	天津	1027.39	1027.39	1027.39	0.00%	0.00%
8	上海	1054.35	1054.35	1054.35	0.00%	0.00%
9	昆明	1115.90	1115.90	1115.90	0.00%	0.00%
10	成都	1047.50	1047.50	1047.50	0.00%	0.00%
11	长沙	1102.95	1102.95	1102.95	0.00%	0.00%
12	北京	1132.36	1133.02	1133.02	0.06%	0.00%
13	宁波	1070.68	1072.60	1071.74	0.10%	−0.08%
14	青岛	1078.19	1076.63	1075.53	−0.25%	−0.10%
15	济南	1029.58	1029.58	1028.34	−0.12%	−0.12%
16	南京	1099.40	1099.40	1097.54	−0.17%	−0.17%
17	重庆	1108.59	1107.55	1105.43	−0.28%	−0.19%
18	常州	1120.72	1120.72	1117.29	−0.31%	−0.31%
19	武汉	1100.03	1092.22	1081.65	−1.67%	−0.97%
20	南昌	1057.88	1053.78	1041.09	−1.59%	−1.20%

数据来源：中指数据 CREIS，www.cih-index.com。

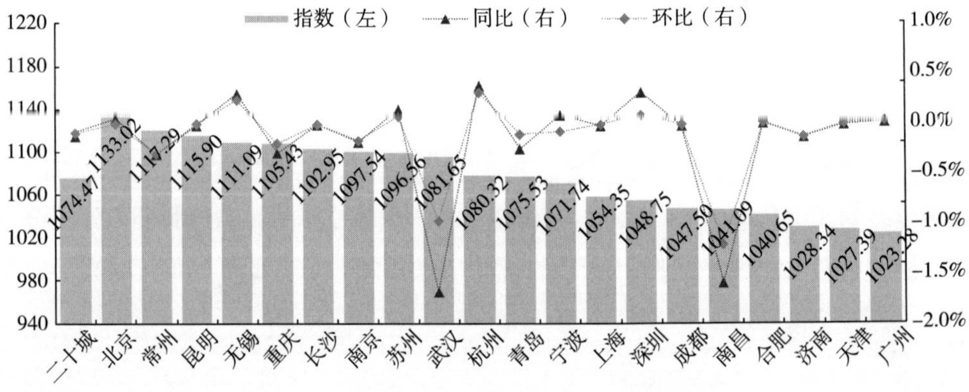

图3-1　2025年6月二十城物业服务价格指数

数据来源：中指数据 CREIS，www.cih-index.com。

2025 年 6 月，二十城物业服务价格综合指数为 1074.47，同比下跌 0.11%，环比下跌 0.08%。同比来看，二十城中，武汉、南昌、常州等 7 个城市物业服务价格指数下跌，下跌城市数量较上年同期增加 4 个；长沙、成都、昆明等 5 个城市物业服务价格指数与上年同期持平；杭州、深圳、无锡等 8 个

① 以各城市2012年12月数据为基期，基点为1000点。

城市物业服务价格指数同比均上涨。具体来看，武汉、南昌同比跌幅最大，分别下跌 1.67% 和 1.59%；常州、重庆和青岛 3 个城市同比跌幅在 0.2%~0.4% 之间；南京和济南同比分别下跌 0.17%、0.12%。物业服务价格指数同比上涨城市中，杭州涨幅较大，为 0.38%，深圳和无锡同比分别上涨 0.33%、0.31%，苏州、宁波同比涨幅在 0.1%（含）~0.2% 之间；北京、广州和合肥同比涨幅较小，均在 0.1% 以内。

与 2024 年 12 月相比，二十城中，南昌、武汉、常州等 8 个城市物业服务价格指数下跌，下跌城市数量较上期增加 4 个，分别为济南、南京、宁波、常州；北京、长沙、成都等 6 个城市环比持平；杭州、无锡、深圳等 6 个城市环比则均上涨。物业服务价格指数环比下跌城市中，南昌和武汉环比跌幅最大，分别下跌 1.20%、0.97%；常州环比下跌 0.31%；重庆、南京、济南和青岛环比跌幅均在 0.1%（含）~0.2% 之间；宁波环比跌幅较小，为 0.08%。物业服务价格指数环比上涨城市中，杭州、无锡环比分别上涨 0.31% 和 0.24%；深圳、苏州、广州和合肥环比涨幅均在 0.1% 左右，其中合肥涨幅最小，为 0.02%。

分区域[①]来看，近半年来，珠三角地区和长三角地区物业服务价格指数环比均上涨，涨幅分别为 0.06%、0.02%；中部地区、西南地区和环渤海地区物业服务价格指数环比均下跌，跌幅分别为 0.56%、0.08% 和 0.03%。中部地区中，南昌、武汉环比分别下跌 1.20% 和 0.97%，跌幅较大。

表3-2　　2025年6月不同星级物业服务价格指数（按三星环比指数值降序排列）

序号	城市	环比指数（上期 =1000）			同比指数（上年同期 =1000）		
		三星级	四星级	五星级	三星级	四星级	五星级
	二十城	999.86	998.69	997.76	1000.00	998.56	995.36
1	杭州	1008.21	998.70	1000.00	1009.88	998.70	1000.00
2	无锡	1002.04	1003.21	1000.00	1003.11	1003.21	1000.00
3	苏州	1001.24	1000.00	1000.00	1001.69	1001.12	1000.00
4	合肥	1000.29	1000.00	1000.00	1000.29	1000.00	1000.00
5	深圳	1000.00	1000.00	1008.64	1007.26	1000.13	1008.64
6	广州	1000.00	1000.00	1002.79	1000.00	1000.00	1002.79
7	天津	1000.00	1000.00	1000.00	1000.00	1000.00	1000.00
8	上海	1000.00	1000.00	1000.00	1000.00	1000.00	1000.00
9	昆明	1000.00	1000.00	1000.00	1000.00	1000.00	1000.00
10	成都	1000.00	1000.00	1000.00	1000.00	1000.00	1000.00
11	长沙	1000.00	1000.00	1000.00	1000.00	1000.00	1000.00
12	北京	1000.00	1000.00	1000.00	1001.39	1000.75	1000.00
13	济南	1000.00	995.47	1000.00	1000.00	995.47	1000.00
14	武汉	1000.00	990.97	945.94	995.68	987.50	903.65
15	青岛	999.18	998.21	—	998.00	995.75	—
16	重庆	998.58	997.72	1000.00	997.28	996.85	1000.00
17	宁波	998.26	999.67	—	1000.07	1001.45	—

① 本报告城市区域划分标准如下：环渤海地区包括北京、天津、青岛和济南；长三角地区包括上海、杭州、南京、常州、宁波、苏州和无锡；西南地区包括重庆、成都和昆明；中部地区包括武汉、长沙、合肥和南昌；珠三角地区包括广州和深圳。

续表

序号	城市	环比指数（上期 =1000）			同比指数（上年同期 =1000）		
		三星级	四星级	五星级	三星级	四星级	五星级
18	南京	997.19	998.27	1000.00	997.19	998.27	1000.00
19	常州	993.50	999.17	999.23	993.50	999.17	999.23
20	南昌	993.45	983.21	—	985.15	983.21	—

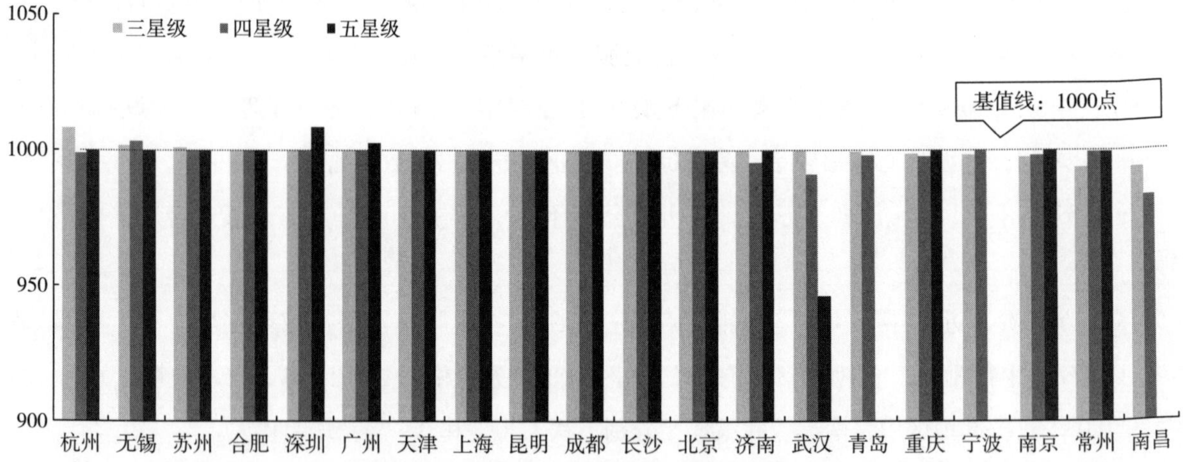

图3-2　2025年6月不同星级物业服务价格指数

数据来源：中指数据 CREIS，www.cih-index.com。

从不同星级物业服务价格指数来看，二十城三星级物业服务价格指数同比持平，四、五星级物业服务价格指数同比下跌。2025 年 6 月，二十城三星级物业服务价格指数环比下跌 0.01%，同比持平；四星级物业服务价格指数环比下跌 0.13%，同比下跌 0.14%；五星级物业服务价格指数环比下跌 0.22%，同比下跌 0.46%。同比来看，三星级物业服务价格指数中，杭州、深圳、无锡等 7 个城市较上年同期上涨，其中杭州涨幅较大，为 0.99%；济南、长沙和成都等 7 个城市同比持平；南昌、常州、武汉等 6 个城市较上年同期下跌，其中南昌跌幅最大，为 1.48%。四星级物业服务价格指数中，南昌、武汉、济南等 8 个城市较上年同期下跌，其中南昌、武汉跌幅较大，均超 1.0%；长沙、成都、昆明等 7 个城市同比持平；无锡、宁波、苏州、北京和深圳共 5 个城市较上年同期上涨，其中无锡涨幅较大，为 0.32%。五星级物业服务价格指数中，武汉、常州共 2 个城市较上年同期下跌，跌幅分别为 9.63%、0.08%；济南、重庆和南京等 13 个城市同比持平；深圳和广州同比均上涨，涨幅分别为 0.86%、0.28%。

2. 二十城均价 2.72 元 / 平方米 / 月，涨价城市集中分布于长三角和珠三角区域

表3-3　2025年6月城市物业服务均价（单位：元/平方米/月）

城市	深圳	北京	上海	杭州	广州	天津	宁波	武汉	成都	苏州	—
样本均价	3.97	3.93	3.51	2.99	2.87	2.78	2.66	2.64	2.41	2.35	—
城市	重庆	青岛	无锡	长沙	南京	济南	昆明	合肥	南昌	常州	二十城综合
样本均价	2.34	2.33	2.33	2.19	1.93	1.83	1.82	1.79	1.72	1.26	2.72

注：本报告南京物业服务价格不含公摊费，下同。

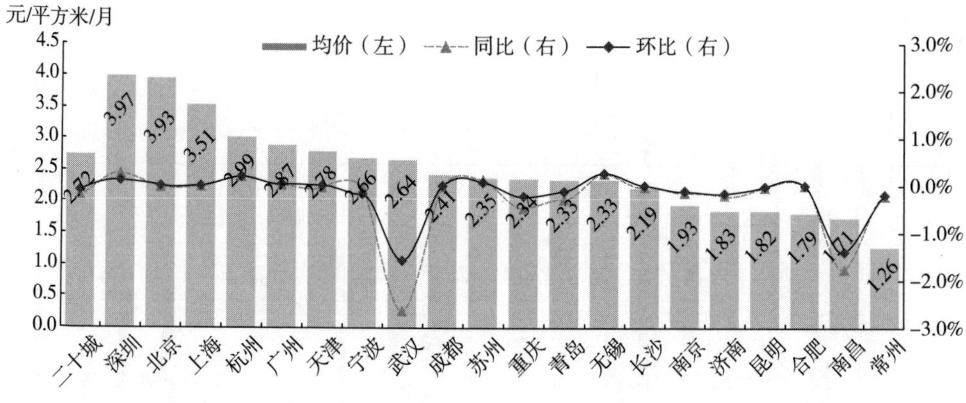

图3-3　2025年6月二十城物业服务均价

数据来源：中指数据 CREIS，www.cih-index.com。

2025 年 6 月，二十城物业服务均价为 2.72 元 / 平方米 / 月。一线城市物业服务价格水平居前列，其中深圳均价最高，为 3.97 元 / 平方米 / 月；北京、上海紧随其后，分别为 3.93 元 / 平方米 / 月和 3.51 元 / 平方米 / 月；杭州、广州、天津、宁波、武汉均价分别为 2.99 元 / 平方米 / 月、2.87 元 / 平方米 / 月、2.78 元 / 平方米 / 月、2.66 元 / 平方米 / 月、2.64 元 / 平方米 / 月；成都、苏州等 6 个城市均价在 2.0~2.5 元 / 平方米 / 月之间；南京、济南等 6 个城市均价在 1.0~2.0 元 / 平方米 / 月之间，其中常州物业服务均价水平仍相对较低，为 1.26 元 / 平方米 / 月。

表3-4　　2025年6月不同星级物业服务收费（单位：元/平方米/月）（按三星收费降序排列）

序号	城市	三星级	四星级	五星级
	二十城	2.03	2.87	3.98
1	深圳	3.47	4.01	5.28
2	北京	2.64	3.66	4.88
3	广州	2.32	2.90	4.38
4	杭州	2.19	3.36	4.76
5	武汉	2.17	2.74	3.82
6	上海	2.11	3.58	5.23
7	青岛	2.10	3.21	—
8	苏州	2.08	2.76	3.29
9	天津	2.08	2.65	3.69
10	长沙	1.99	2.37	3.58
11	无锡	1.99	2.93	3.44
12	宁波	1.87	3.06	—
13	重庆	1.80	2.46	3.25
14	成都	1.69	2.58	3.70
15	济南	1.67	2.22	2.89
16	南昌	1.44	1.97	—
17	合肥	1.38	2.21	2.79
18	南京	1.36	1.97	2.64
19	昆明	1.11	1.92	3.16
20	常州	0.77	1.22	2.22

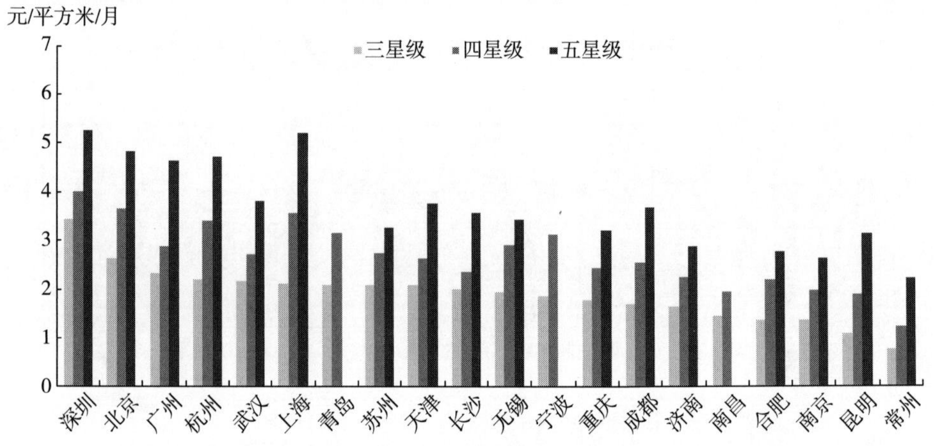

图3-4　2025年6月不同星级物业服务收费

数据来源：中指数据 CREIS，www.cih-index.com。

从不同星级物业服务收费来看，2025 年上半年，二十城三星级物业服务收费同比上涨，四、五星级同比均下跌。2025 年 6 月，二十城整体三星级物业服务收费为 2.03 元 / 平方米 / 月，同比上涨 0.04%，其中深圳收费最高，为 3.47 元 / 平方米 / 月；北京、广州等 8 个城市收费介于 2.0~3.0 元 / 平方米 / 月之间；长沙、无锡等 10 个城市介于 1.0~2.0 元 / 平方米 / 月之间；常州收费为 0.77 元 / 平方米 / 月。四星级物业服务收费为 2.87 元 / 平方米 / 月，同比下跌 0.19%，其中深圳、北京、上海、杭州、青岛、宁波收费相对较高，均在 3.0 元 / 平方米 / 月以上；无锡、广州等 10 个城市介于 2.0~3.0 元 / 平方米 / 月之间；南京、南昌、昆明、常州均在 2.0 元 / 平方米 / 月以下，其中常州最低，为 1.22 元 / 平方米 / 月。五星级物业服务收费为 3.98 元 / 平方米 / 月，同比下跌 0.62%，其中深圳和上海收费较高，均超 5.0 元 / 平方米 / 月；北京、杭州和广州收费亦在 4.0~5.0 元 / 平方米 / 月之间；武汉、成都、天津、长沙、无锡、苏州、重庆、昆明收费在 3.0~4.0 元 / 平方米 / 月之间；济南、合肥、南京、常州收费均低于 3.0 元 / 平方米 / 月，其中常州收费最低，为 2.22 元 / 平方米 / 月。

3. 软件服务得分趋稳，硬件老化评分受挫，新增样本五星级项目占比持续提升

中指研究院严格按照样本选择规范要求，于 2025 年 1 月至 6 月对二十个城市进行了物业服务星级评价研究工作，样本数量为 7882 个，其中达到物业服务价格指数编制要求的合格样本数量为 4356 个，占比 55.27%。本期物业服务价格指数评价体系覆盖范围广泛，样本选择标准严格谨慎，研究成果持续反映了行业发展方向。

表3-5　2025年上半年中国物业服务星级评价样本统计

调查项目数：7882 个，合格样本数量：4356 个					
城市	调查项目数（个）	合格样本数（个）	城市	调查项目数（个）	合格样本数（个）
北京	630	314	上海	715	381
广州	615	350	深圳	580	316
杭州	436	272	南京	407	200
武汉	370	205	天津	452	299
重庆	620	317	成都	509	276
昆明	340	165	苏州	246	131

续表

调查项目数：7882 个，合格样本数量：4356 个					
城市	调查项目数（个）	合格样本数（个）	城市	调查项目数（个）	合格样本数（个）
无锡	230	130	长沙	233	125
宁波	310	182	青岛	260	246
南昌	220	100	济南	244	118
合肥	235	126	常州	230	103

数据来源：中指数据 CREIS，www.cih-index.com。

（1）二十城样本各星级项目中，高星级项目占比 60.26%

整体来看，二十城物业服务水平以四星为主，占比 46.99%，四星级和五星级项目占比分别为 46.99%、13.27%。从城市分级来看，一线城市的高星级项目占比为 71.57%，同比上涨 3.31%；一线城市中四星级项目占比为 49.16%。二线城市四星级项目占比为 46.01%；五星级项目占比为 9.12%，三星级项目占比 44.87%。

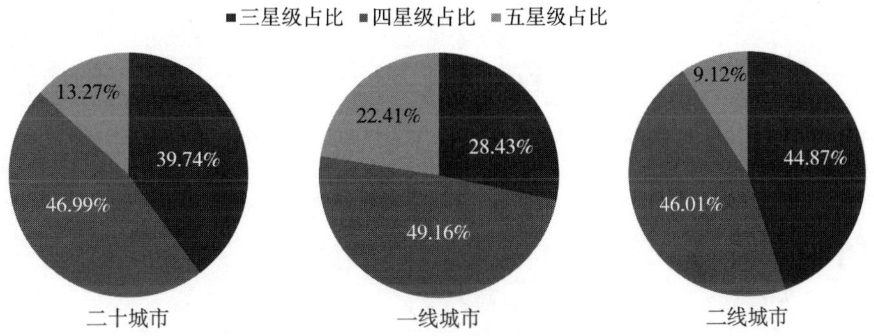

图3-5　二十个城市物业服务星级评价情况

数据来源：中指数据 CREIS，www.cih-index.com。

各层级城市的四星级项目占比均已超越三星级项目，且四星级项目比重逐年递增，近年来物企通过硬件迭代与软件升级双轮驱动实现服务进阶。硬件层面持续升级楼宇智能化系统、给排水设备等设施，并推进园区景观改造与公共区域翻新，以保障物理环境的现代化运作；软件服务则聚焦基础服务标准化与数字化，通过智能巡检等工具提升秩序维护、保洁绿化等服务效率，同时拓展社区电商、房屋托管等增值服务满足业主多元需求，辅以服务流程线上化等数字化手段以优化体验。

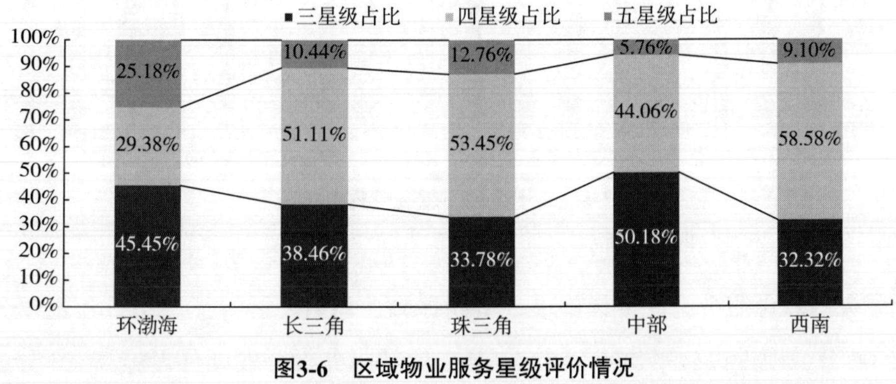

图3-6　区域物业服务星级评价情况

数据来源：中指数据 CREIS，www.cih-index.com。

从区域分布来看，长三角、珠三角地区和西南地区四星级与五星级样本之和占比超60%，分别为61.55%、66.21%和67.68%，占比领先于环渤海地区和中部地区。环渤海地区和中部地区四星级样本占比分别达29.38%和44.06%，中部地区四星级样本较上年同比上升。长三角地区和环渤海地区经济更为发达，具备较好的物业服务发展基础，服务水平居全国前列，环渤海地区的五星级样本占比高达25.18%；中部地区四星级与五星级样本之和占比相对略低，不足50%。

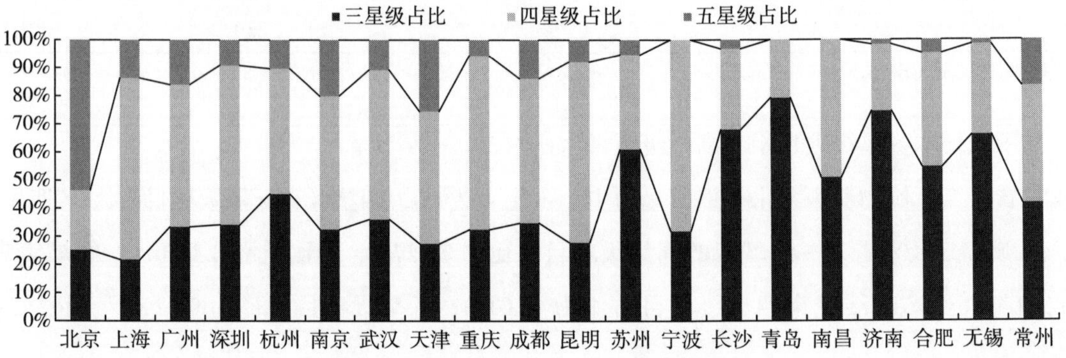

图3-7 二十个城市综合物业星级评价

数据来源：中指数据 CREIS，www.cih-index.com。

从城市方面看，北京、上海、广州、深圳、南京、武汉、天津、重庆、成都、宁波、昆明共11个城市的高星级样本占比均超过60%，领先于其他城市。其中北京、上海、广州、深圳、南京、重庆、天津、昆明和宁波9座城市高星级样本占比超过65%。北京的五星级样本占比为53.50%，仍居于所有城市首位，广州、南京、天津和常州的五星级项目占比也均超过15%，分别为16.00%、20.00%、25.42%和16.50%。

（2）物业服务整体发展均衡，软件服务得分略高于硬件设施得分

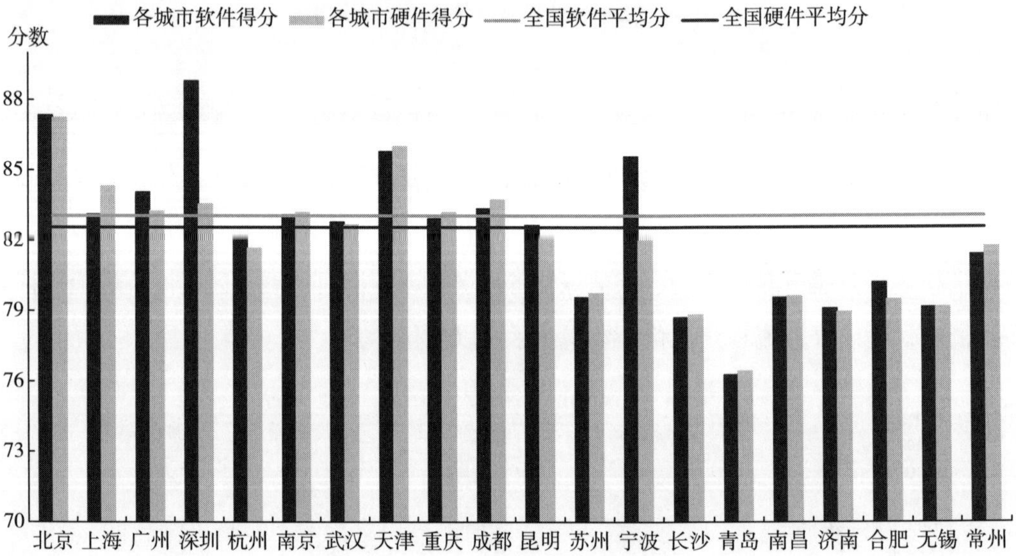

图3-8 二十个城市软硬件得分情况

数据来源：中指数据 CREIS，www.cih-index.com。

二十城物业服务的软件服务与硬件设施呈现协同提升、均衡发展特征。2025年上半年，二十城软件服务平均得分83.06分，硬件设施平均得分82.56分，软件服务得分较硬件设施高0.5分，且近年来软件服务与硬件设施得分均逐年提升，分值差距未显著拉大，服务体系的均衡性持续保持。从城市得分看，北京、上海、广州、深圳、南京、天津、成都的软硬件得分均高于全国平均水平；其余城市中，宁波软硬件

得分差值最大，反映其硬件设施存在较大提升空间。

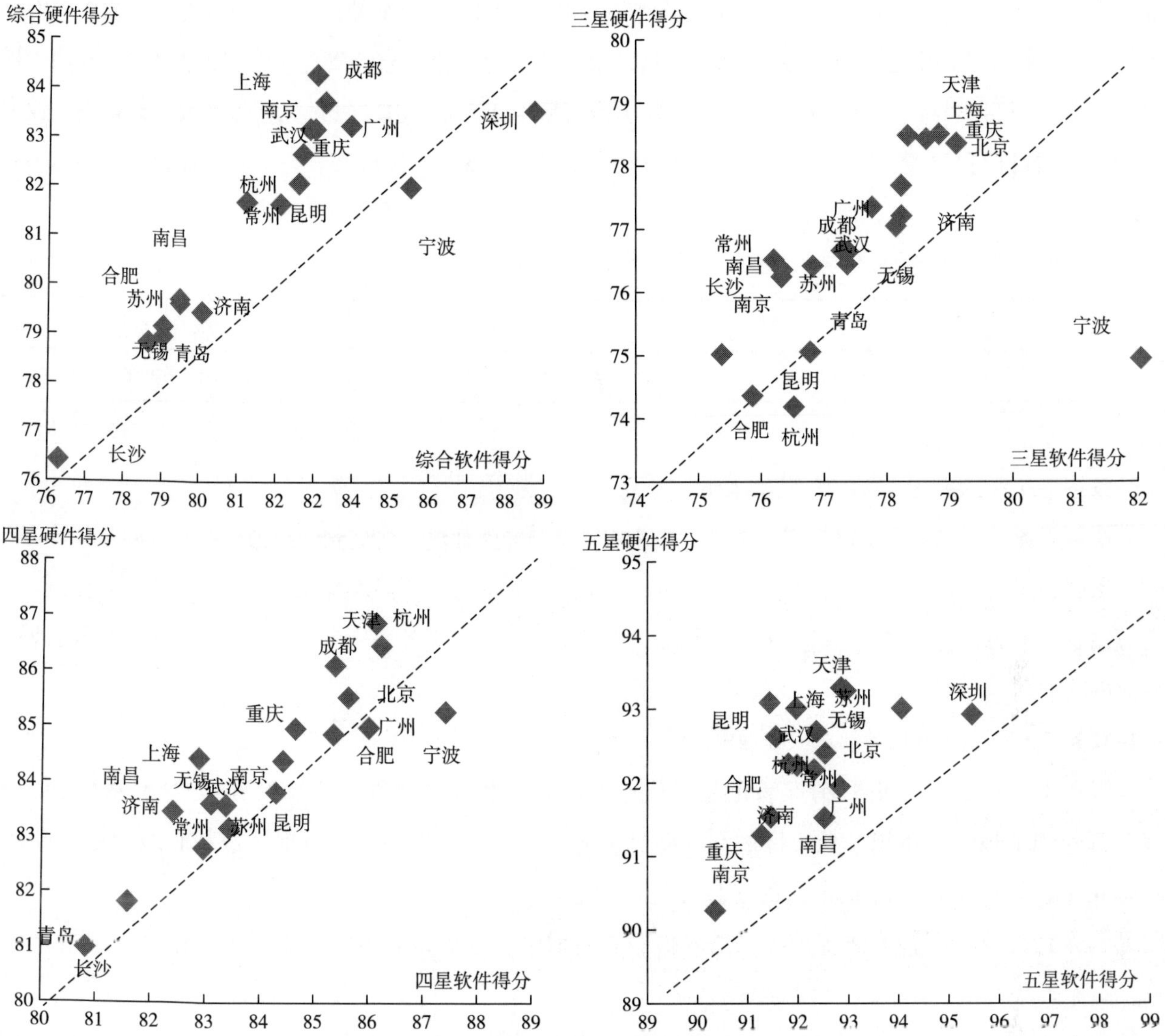

图3-9　二十个城市不同星级物业软硬件得分分布图

数据来源：中指数据 CREIS，www.cih-index.com。

从二十城软件服务与硬件设施得分差异来看，多数城市的软件服务与硬件设施发展较为均衡，仅深圳、宁波等少数城市存在较明显得分差。深圳近年来持续提升服务水平，软件服务得分较硬件设施得分高出 5.25 分，为二十城中软硬件得分差绝对值最大的城市；宁波以 3.57 分的差值位居第二；上海的硬件设施得分高于软件服务得分 1.18 分，其余城市得分差绝对值均小于 1 分，软硬件匹配程度较高。分星级来看，三星级与四星级项目的软件服务得分均值分别高于硬件设施得分均值 0.82 分和 0.23 分，五星级项目的软硬件得分均值基本持平。其中，天津与苏州各星级项目的硬件设施得分均高于软件服务得分，深圳不同星级项目的软硬件得分均值差值均超过 2.5 分。

三、物业服务样本标杆

1. 上海 · 陆家嘴滨江苑——唯一不变的是万变的服务

陆家嘴滨江苑，坐落于繁华的陆家嘴黄金地段，沿江而建，作为高端豪华住宅的典范，独树一帜。陆家嘴滨江苑由中船置业有限公司精心打造，并由中信泰富（上海）物业管理有限公司提供专业、高端的物业管理服务。项目主要面向社会名流、企业高管、高知人士和行业领军者，尤其是注重生活品质的中青年群体。小区物业管理中心致力于为业户营造高品位的居住环境，通过现代管理科学和先进技术的运用，提供专业化、酒店式与豪宅式管家服务，倡导并实践新型生活方式。其"管理无盲点、服务无挑剔、业户无怨言"的目标和质量方针"以人为本、管理科学、服务真诚、业户满意"是小区物业管理中心的不懈追求。

（1）项目基本情况

项目位置	项目规模	物业服务收费价格
上海市浦东新区滨江大道 1773 弄	约 18.14 万平方米	17.3 元 / 平方米 / 月

（2）项目服务亮点

服务亮点一：快速响应，服务周到细致

谈及服务，不仅追求快速响应，更是在快速响应基础上做加法，将周到细致做到极致。陆家嘴滨江苑的管家服务团队，就如同专业的酒店服务人员一般，对业主的每一个需求都能做出精准的判断与处理。他们遵循着完善的管理流程，每一次的响应都高效而准确，无盲点服务，让每一位业主都能感受到最真诚与专业的呵护。

服务亮点二：精准服务，满足个性化需求

服务不仅要迅速，更要精准满足每一位业主的个性化需求。在陆家嘴滨江苑，"品质"和"细节"都受到了极大的重视。从小区的绿化到日常的生活细节，每一个环节都经过精心地规划与设计。高绿化率，打造出一片绿意盎然的居住环境；快递收发室的服务，解决了业主们收发快递和外卖的问题；宠物寄养、车辆清洁维护、绿植养护等免费增值服务更是为生活增添了多样化的便利与温馨。

服务亮点三：和谐邻里，营造温暖社区

真正让业主拥有"家"的氛围，不仅仅需要园区设施、环境等物质的丰富，更是情感的交流与融合。定期开展的多元的社区文化艺术活动，不仅丰富了业主的业余生活，更为邻里之间搭建了一座情感的桥梁。传统节日庆典、民俗活动，让业主足不出户便能感受中国传统节日的魅力以及浓厚的节日氛围。

2. 宁波·玉堰珑印府——隐形奢侈品

伟星物业携玉堰珑印府首次进驻宁波，与"金钥匙国际联盟"联袂，跻身"行业标准制定者"之列，向物业服务的天花板领域发起冲击。伟星以硬核产品力与服务力，重新锚定宁波塔尖人居的价值新序。

（1）项目基本情况

项目位置	项目规模	物业服务收费价格
首南地段，东至它山堰路，南至惠风西路，西至庙西河，北至鄞县大道	约 8.4 万平方米	7.0 元 / 平方米 / 月

（2）项目服务亮点

服务亮点一：全周期关怀计划，节日与日常皆有温度

伟星物业以时间为轴，匠心定制全年客户关怀计划，让每一个节日、每一场活动都成为业主的专属记忆。从新春祝福到中秋团圆，从生日惊喜到邻里聚会，物业的暖心陪伴贯穿四季，点缀生活的仪式感，让业主时刻感受到家的温馨与归属。

服务亮点二：社区文化焕新，兴趣与热爱共振

伟星物业以“IP品牌活动 + 兴趣社群 + 平台自治”的三维体系，重塑社区文化生态。状元文化节、暑期嘉年华、年俗文化节等品牌活动，承载着邻里欢聚的热烈氛围。各类兴趣社群激发业主的热爱共鸣，而平台自治则赋予社区自我生长的活力。伟星物业以文化为媒，让社区成为情感交汇与生活惊喜的舞台。

服务亮点三：智慧生活的先锋布局

玉堰珑印府深度融入智能科技，携手领先智能系统，从土建之初便规划全周期智慧生态。新风、中央空调等核心设备实现一键联动，业主可通过智能面板切换晨起、归家、睡眠等场景，声光环境随心而变。窗户隔音设计采用三玻两腔窗，搭配精细化施工工艺，打造安静舒适的居住空间。

3. 深业上城北区公寓——顶奢公寓

深业运营基于对住宅物业40多年的管理实践，致力于打造多元的“深享居”住宅物业服务产品体系。其中，针对高端住宅物业，推出高端物业服务品牌“尚上生活”，阐释了高端物业服务的精神实质和文化内涵。传承“金钥匙国际联盟”服务内核，通过实施“尚·管家”服务模式，让业主享受“尊贵、自在、绿色、时尚”的高端服务体验。

（1）项目基本情况

项目位置	项目规模	物业服务收费价格
深圳市福田区彩田路与笋岗西路东北侧深业上城（北区）	约17万平方米	9.9元/平方米/月

（2）项目服务亮点

服务亮点一：尊贵体验 全程相伴

携手“金钥匙国际联盟”营造礼宾式服务，精琢视觉、嗅觉、触觉、味觉、听觉五感体验，并配备7×24小时前台礼宾司提供家居服务、生活服务、双语及贵宾迎送等360°全维服务，同时开设永不换号的专属手机管家热线，提供7×24小时专业化的专属管家服务，使业主享受到全方位的尊贵服务体验。

服务亮点二：自在安闲 生活无扰

为确保每一个管理区域的尽善尽美，深业上城采用“航母式动线”管理模式将人流、车流、物流统一管理设计并为业主提供快递外卖代取、访客引领等服务；所有设施设备原厂保养，遵循“预防为主、养修结合”原则，夜间0干扰维护确保设备全生命周期运转良好，让生活历久弥新。

服务亮点三：绿色家园 绿色生活

为满足塔尖业主对健康更高层次的需求，深业上城以绿化物业3星标准设计为支撑，拥有能源管理体系以及环境管理体系认证并提供户内消杀服务、垃圾上门收取、遛宠专区等服务，并由高级园艺师进行绿

植养护、公区石材养护等绿色服务，扎根一草一木，度量一点一滴，倾力打造生态、健康、环保的人居环境。

服务亮点四：时尚生活 私人定制

当居所开始承载一个阶层的生活方式，物业服务也不再止步于对景观、建筑、生活的品质追求，四季六礼、专属礼品、会所服务将五星级酒店定制引入日常生活，圆满人生重要时刻。开展绿跑活动、高尔夫友谊赛等活动和丰富的多元主题文化沙龙，匹配居者高雅品位，为尊贵业主营造精神同频的国际化艺术生活。

4. 合景·臻颐府——家境渐臻·打造颐雅人居

臻颐府位于天河 CBD 金融城中轴北，地处拥有畔山资源的奥体板块，北向世界大观双湖，南向望 3300 亩畔山景观，背山面湖，森林环绕。合景悠活·宁骏物业向物业服务的天花板领域发起冲击，"家境渐臻·打造颐雅人居"的服务理念为项目而生，从圈层到归家，悠享品质人生。

（1）项目基本情况

项目位置	项目规模	物业服务收费价格
广东省广州市天河区悦景路 18 号	约 13.47 万平方米	10.29 元 / 平方米 / 月

（2）项目服务亮点

服务亮点一：全周期无忧保障，超越期待的服务承诺

合景悠活·宁骏物业以时间为轴，匠心服务每一位业主，让每一位业主居住放心、安心。从收楼后的业主家装期间的物品签收及安装跟进，到入住后的绿植养护和宠物照料，物业的暖心陪伴贯穿四季，点缀生活的仪式感，让业主时刻感受到家的温馨与归属。

服务亮点二：东御管家学院社区文化焕新，兴趣与热爱共振

合景悠活·宁骏物业以"IP 品牌活动 + 兴趣社群 + 平台自治"的三维体系，重塑社区文化生态。举办的妇女节、母亲节、父亲节等活动，承载着邻里欢聚的热烈氛围。各类兴趣社群激发业主的热爱共鸣，平台自治则赋予社区自我生长的活力。合景悠活·宁骏物业以文化为媒，让社区成为情感交汇与生活惊喜的舞台。

服务亮点三：智慧生活的先锋布局

合景·臻颐府深度融入智能科技，携手领先智能系统，从土建之初便规划全周期智慧生态。新风、中央空调等核心设备实现一键联动，业主可通过智能面板切换明亮、会客等场景，多种光环境随心而变。窗户隔音设计采用三玻两腔窗，搭配精细化施工工艺，打造安静舒适的居住空间。

表3-6 **2025年上半年部分星级物业服务项目**

物业项目	所在区域	物业服务企业	物业服务星级
安顺市西秀区行政中心	安顺	贵州绿地物业管理有限责任公司	★★★★★
北京东外56号创新园区	北京	上海中建智地物业服务有限公司	★★★★★
观山悦	北京	北京瑞赢酒店物业管理有限公司	★★★★★
星标家园	北京	北京瑞赢酒店物业管理有限公司	★★★★★
和园	保定	绿益物业服务集团有限公司	★★★★★
碧桂园东港国际	大连	碧桂园服务	★★★★★
凯德·世纪名邸东庭	成都	成都励志一行物业服务有限公司	★★★★★
中大·君悦金沙	成都	成都嘉善商务服务管理有限公司	★★★★★
卓锦万黛	成都	成都蜀信物业服务有限公司	★★★★★
金座	杭州	杭州新天地园区运营服务有限公司	★★★★★
跨贸小镇	杭州	杭州新天地园区运营服务有限公司	★★★★★
金龙大厦	杭州	金服物业服务集团有限公司	★★★★★
孔家埭和府	杭州	浙江蓝城乐居物业服务集团有限公司	★★★★★
南岸晶都	杭州	浙江彩虹物业服务集团有限公司	★★★★★
众安·白马御府	杭州	众安智慧生活服务有限公司	★★★★★
智谷公寓	嘉兴	绿益物业服务集团有限公司	★★★★★
碧桂园锦绣西湖	锦州	碧桂园服务	★★★★★
越绣桂园	濮阳	河南华信玖邻好生活服务有限公司	★★★★★
网易上海西岸研发中心	上海	深圳万物商企物业服务有限公司上海分公司	★★★★★
华住集团全球总部	上海	戴德梁行物业咨询（上海）有限公司	★★★★★
江山墅	四川	和泓服务集团·四川万晟公司	★★★★★
金昌·烟波星鹭	绍兴	浙江金昌物业服务有限公司	★★★★★
碧桂园凤凰城	沈阳	碧桂园服务	★★★★★
蓝城·春风合院	台州	浙江蓝城乐居物业服务集团有限公司	★★★★★
众安·和源府	台州	众安智慧生活服务有限公司	★★★★★
碧桂园云境	武汉	碧桂园服务	★★★★★
建业天筑	郑州	建业新生活	★★★★★
亚新美好天境	郑州	河南亚新物业服务有限公司	★★★★★
中庸新天地	遵义	和泓服务集团·遵义金宁公司	★★★★★

数据来源：中指数据 CREIS，www.cih-index.com。

表3-7　2025年上半年部分物业服务行业示范基地

物业项目	所在区域	物业服务企业
迎龙创新港	重庆	重庆经开区物业管理有限公司
中共贵州省委办公业务大楼	贵阳	贵州深盛佳物业管理有限公司
钱湾智谷	杭州	杭州传化科技城物业管理有限公司
武汉市江夏区机关事务服务中心	武汉	武汉嘉信物业管理有限公司

数据来源：中指数据 CREIS，www.cih-index.com。

中指研究院对本次物业星级评价中表现突出的星级物业服务项目及示范基地进行深入分析，发现星级物业服务项目软、硬件服务发展均衡，示范基地特色鲜明。

中大·君悦金沙采用信托制物业管理模式，提升业主权益保障与社区透明度。通过信托制模式，业主可随时监督账目、参与决策，有效避免了传统包干制下的利益冲突。项目在环境维护、设施升级等方面，因资金高效利用展现信托制优势，为成都住宅物业管理创新提供了优质范本。

结语

2025 年上半年，物业管理行业在宏观经济承压与房地产市场深度调整的背景下，仍保持稳健发展。最新监测数据显示，二十城物业服务价格整体趋稳，但城市间及不同星级项目间的差异显著。当前，尽管行业整体服务水平持续提升，但区域发展不平衡问题仍然存在，尤其是部分二三线城市项目的服务品质与业主期望间存在较大差距。

近年来，部分地方政府出台物业服务收费政府指导价政策，对市场运行产生了显著影响，倒逼物业企业加速服务提质与成本重构。中指研究院通过系统化、持续性地追踪国内主要城市项目的物业服务水平及价格动态，引导行业加快实现服务价格与质量的动态平衡，促进行业健康发展。与此同时，中指研究院着力深化物业服务星级评价体系的应用，通过系统梳理优秀项目的先进服务经验与标准化实践，深度发掘和推广标杆项目的示范价值，以期有效引领行业整体服务质量的提升进程。

附录：中国物业服务价格指数编制说明

基于物业管理行业发展需要，中指研究院在中国房地产指数系统的基础上，结合多年积累的研究经验，参考国内外相关研究成果，形成了“中国物业服务星级评价标准体系”和“中国物业服务价格指数系统”等理论体系，并在 2013 年上半年进行了调研和试算。2013 年 6 月 28 日，住房和城乡建设部政策研究中心主持的“中国物业服务价格指数专家鉴定会”在北京召开。由国家统计局、国务院发展研究中心、北京大学、清华大学、北京物业管理行业协会等中国房地产业界及物业服务行业的权威专家组成的评审委员会对“中国物业服务价格指数理论与实践”研究成果进行了评审，并一致通过该研究成果的评审。会后，研究组对理论体系进行了完善，最终形成了“中国物业服务价格指数研究方法体系”。2013 年 12 月 20 日，《中国物业服务价格指数研究报告》首次对外发布。

1. 样本选择

“质价相符”的定价原则要求物业服务价格与服务水平要相适应，在编制指数时必须区分不同标准物业服务对服务价格的影响，选择具有一定服务水平的物业项目作为指数研究的样本。基于此，研究组制定了“中国物业服务星级评价标准体系”，并根据该评价标准选择数量充分、符合要求的在管物业项目作为物业服务价格指数编制的样本。

“中国物业服务星级评价标准体系”分为软件和硬件两个方面的标准体系。软件标准体系由基本要求、房屋管理、公共设施管理与维修、协助维护公共秩序、保洁服务、绿化养护管理和其他管理组成；硬件标准体系包括基本要求、综合配套、绿化及景观、车位、文体娱乐设施、共用设施设备、安保系统、物业管理硬件及人员配备、物业标识等内容。

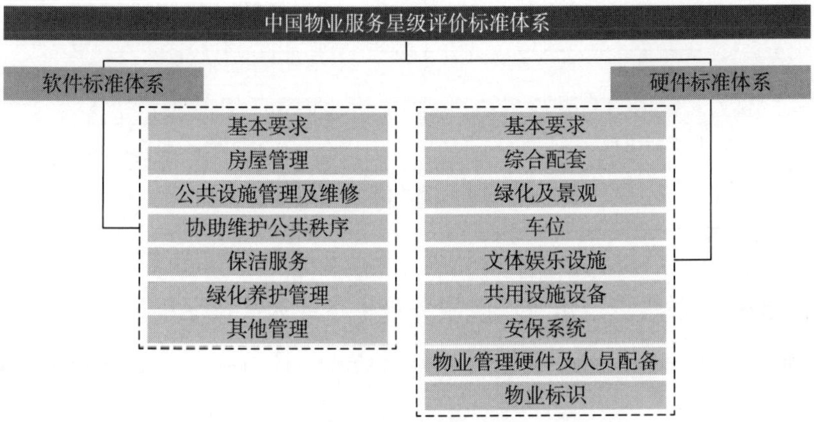

图3-10　中国物业服务星级评价标准体系图

资料来源：中指研究院综合整理。

根据星级评价标准体系，软硬件满分均为100分。满足70分≤考核评分＜80分，则符合三星级标准；满足80分≤考核评分＜90分，符合四星级标准；如果考核评分≥90分，符合五星级标准。最终样本项目的物业服务评级取软件评价和硬件评价中较低者。如果项目物业服务的软件或硬件评价低于三星级水平，则将其录入数据库，但不作为样本用于物业服务价格指数的计算。

在“中国物业服务星级评价标准体系”基础上，本次研究的样本选择标准如下：①位于各市城区（不包含下辖县和县级市）；②2000年后竣工验收、入住时间1年（含）以上的商品住宅项目，其中一线城市（北京、上海、广州、深圳）的项目建筑面积需在10万平方米以上，其他城市在5万平方米以上；③有合法注册的物业服务企业在管；④根据“中国物业服务星级评价标准体系”，物业服务水平和硬件设施的评价结果均在三星级以上（含三星）。

考虑到数据的可获得性和在全国的代表性，遵循典型性原则，选择二十个代表城市作为研究对象：北京、上海、广州、深圳、天津、武汉、重庆、南京、杭州、成都、长沙、常州、昆明、宁波、青岛、苏州、无锡、济南、合肥、南昌。

2. 指数模型

（1）指数系统的结构

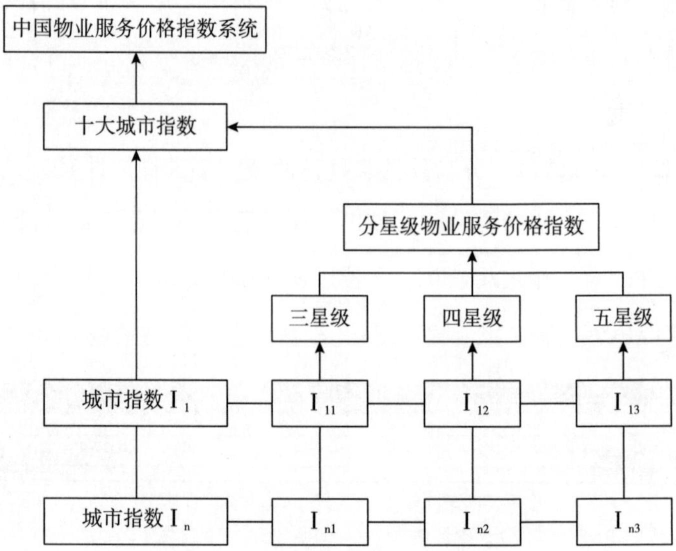

图3-11　中国物业服务价格指数系统

资料来源：中指研究院综合整理。

中国物业服务价格指数系统以城市各星级服务价格指数为最低层级，逐级生成城市物业服务价格指数、二十城物业服务价格综合指数。根据研究分析需要，还可扩展构建城市分城区物业服务价格指数等。

（2）指数编制方法

表3-8　中国物业服务价格指数计算模型

类别	基本分类及以下类别环比价格指数	基本分类以上各类别环比价格指数
公式	$K_{t,t-1}=\dfrac{\sum_{i=1}^{n}(\frac{p_t^i}{p_{t-1}^i})w_{t-1}^i}{\sum_{i=1}^{n}w_{t-1}^i}$	$K_{t,t-1}=\sum_{i=1}^{n}K_{t,t-1}^i\dfrac{w_i}{\sum_{i=1}^{n}w_i}$

资料来源：中指研究院综合整理。

计算物业服务价格指数时，以每个物业项目的建筑面积占样本库中所有合格物业项目建筑面积总和的比重为该物业项目权重。①环比价格指数，以三星级物业、四星级物业、五星级物业价格为基本项计算；②城市物业服务价格指数，根据城市各星级的物业服务价格指数按各星级样本项目建筑面积加权平均计算；③二十城物业服务价格综合指数，根据二十个重点城市的城市物业服务价格指数，按各城市样本项目建筑面积加权平均计算。

3. 数据采集

物业服务价格指数的数据采集工作以企业填报、电话调研、实地调查为主。

①调查内容。一是物业服务水平，包括物业项目的软件及硬件两大方面，具体细分项参见《中国物业服务星级评价标准体系》。二是物业服务价格及建筑规模等基本信息。物业服务价格是项目的月均每平方

米物业服务费用；建筑规模是项目总建筑面积，是计算样本物业项目权重的指标，其他基本信息包括项目名称、竣工时间、入住时间、所在区域等。

②数据来源。一是通过中国房地产指数系统（CREIS）数据库，获取该城市住宅项目名单及基本信息。二是通过对物业项目实施电话访问和调查，收集物业服务价格等相关信息，对有地址但无联系方式的项目实施实地调查。三是通过物业服务企业填报其在管项目的相关信息。

③数据补充。对于无法取得价格数据等基础资料的样本，将采取两种方式补充。一是将没有价格数据的样本项目用同区域、同星级样本项目的价格推算；二是对无法获得当前建筑面积的样本项目，通过批准上市面积等资料来估计。

④数据整理。调查所得的原始数据需进行必要处理。第一，对原始数据中只有单户物业服务价格数据的项目，根据项目的户型面积等估计项目的月均每平方米物业服务价格，以便于指数计算；对原始数据中的项目进行统一的区域划分，并根据分析需要对数据范围进行适当的调整等。第二，对异常数据进行检验。按照所在区域和物业服务星级进行划分，计算每档样本均值 X 和标准差 S，正常样本数据应在两个标准差（X-2S，X+2S）即 95% 的置信范围内，超出此范围的数据应剔除，剔除后再计算样本新均值和标准差；再检验，再剔除，直到无异常数据为止。

报告四　2025年中国物业服务满意度研究报告

一、2025 年中国物业服务满意度研究概述

（一）调查背景与目的

2025 年，伴随房地产市场逐步迈入存量时代，物业企业发展态势呈现显著转变。行业整体增速放缓态势明显，已由既往的规模高速扩张阶段，过渡至质量与效益并重的新发展阶段。在管面积增速回落，市场份额增长亦趋于平稳，这一转型要求物业企业必须更加注重服务品质的提升，方能在激烈的市场竞争中确立优势。从政策导向观察，国家对物业服务行业的支持力度持续增强：2024 年《产业结构调整指导目录》将物业服务纳入“鼓励类”产业；同年《提振消费专项行动方案》明确提出将物业服务纳入鼓励外商投资产业目录。这些政策举措为行业发展注入新动能的同时，亦抬升了市场预期。与此同时，住房需求正经历从“有居”向“优居”的深刻转变，“好房子＋好服务”已成为市场主流诉求。国家层面确立的“安全、舒适、绿色、智慧”四大标准体系，以及住房和城乡建设部对“好服务”建设的明确要求，均凸显出提升服务质量在行业发展进程中的核心地位。

在此背景下，物业服务满意度已成为衡量企业核心竞争力的关键指标。业主满意度不仅直接影响企业的市场声誉与品牌形象，更是企业实现可持续发展的根本保障。较高的满意度能够有效提升业主忠诚度，为企业创造稳定的收益来源，同时助力企业拓展市场份额，形成规模与效益协同增长的良性循环。反之，满意度不足则易引发业主投诉、物业费收缴困难等经营困境，甚至危及企业的生存与发展根基。为协助物业企业深度洞察客户需求、提升服务品质、实现可持续发展目标，中指研究院自 2007 年起持续开展中国城市居民物业服务满意度普查工作。该普查立足客户视角，系统聚焦居住场景中的服务体验与评价，为企业精准识别客户需求提供科学依据。2025 年，面对房地产市场与物业服务行业的新发展格局，中指研究院再度开展物业服务满意度专项调查。本次调查依托中指云调研平台的技术优势，结合中指研究院在物业服务百强企业研究中积累的深厚专业经验与海量数据资源，深入解析行业服务现状，精准识别业主核心诉求，为物业企业提供更具针对性、权威性的战略参考，推动行业向精细化、高质量发展方向持续迈进。

中国物业服务满意度研究目的：

（1）依托多年的全国性满意度研究实践，精心构建独家数据资源库，从而能够准确揭示全国整体、各级城市以及物业服务具体细项内容等各层面的满意度真实水平。

（2）遵循行业调查标准，致力于帮助企业识别自身在竞争中的优势所在，并寻找与竞争对手的差距；

通过客观调查全国各城市物业企业的满意度水平，为企业提供科学、可靠的决策参考。

（3）深入挖掘各城市中满意度表现卓越的企业，充分发挥其行业示范效应，全面提升整个行业的满意度水平。

（二）调查时间

2025年4月～6月。

（三）调查社区选择标准

为建立科学统一的中国物业服务满意度研究体系，形成行业规范，满足可连续测评与不同城市及企业间对比测评的要求，研究组对调查的社区进行了全面、严格的筛选，入选的社区需满足以下条件：

①城市主流物业服务企业服务的社区；

②以交付满两年以上的商品住宅类社区为主。

（四）受访者选择标准

为获得有效定量数据，客观反映居民对于产品及服务体验的满意度评价，我们严格筛选受访对象，目标群体需满足以下条件：

①自有住房，且购买的是新房，非二手房屋；

②已交付或收房的业主；

③对目前居住的社区物业状况比较了解。

（五）满意度研究模型及测量指标

借鉴ACSI理论模型框架，分析总结历年经验及业主对物业服务各细项内容的感知情况，从客户期望、质量感知、价值感知三个方面进一步优化完善指标体系，力求全面、客观评价业主对物业服务满意度水平。

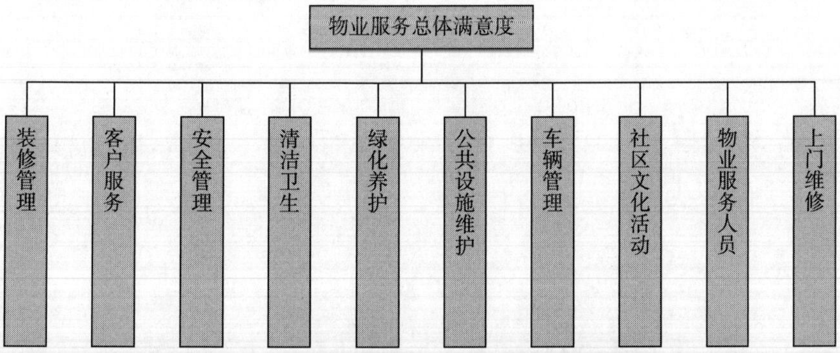

图4-1　2025年中国物业服务满意度测量指标

指标说明：

满意度＝单项指标得分均值

有效样本量＝对该指标给出有效回答的被访者人数，即在总人数中剔除回答“不清楚”“不知道”“拒答”或其他无效答案的被访者人数

（六）评分体系

对于定量问卷实际测评题目，采用5级李克特量表评价体系。李克特量表是评分加总式量表最常用的一种，该量表由一组陈述组成，每一组陈述有“非常满意”“比较满意”“一般”“不太满意”“非常不满意”五种回答，分别记为5、4、3、2、1。

5分	4分	3分	2分	1分
非常满意	比较满意	一般	不太满意	非常不满意
100分	75分	50分	25分	0分

（七）调查方式

为保证调查实施的高质量与样本的有效性，本次调查严格遵守随机抽样原则，综合运用多种采样方式以获取目标样本，具体使用的调查方式包括：

①借助房天下平台开展线上调研；

②以微信扫码为主的“互联网+”调研；

③重点城市安排访问员在固定地点筛选符合条件的受访者进行拦截访问，以获得被访者真实评价。

考虑到居民生活习惯的改变，本次调研以“互联网+”方式为主，降低了现场拦截访问的比例。同时对调查流程、问卷形式也进行了优化，进一步提升答题效率与样本质量。

（八）样本分布

2025年中国城市居民物业服务满意度调查在全国近30个省份200多个城市同步推进，累计收集201426份有效样本。

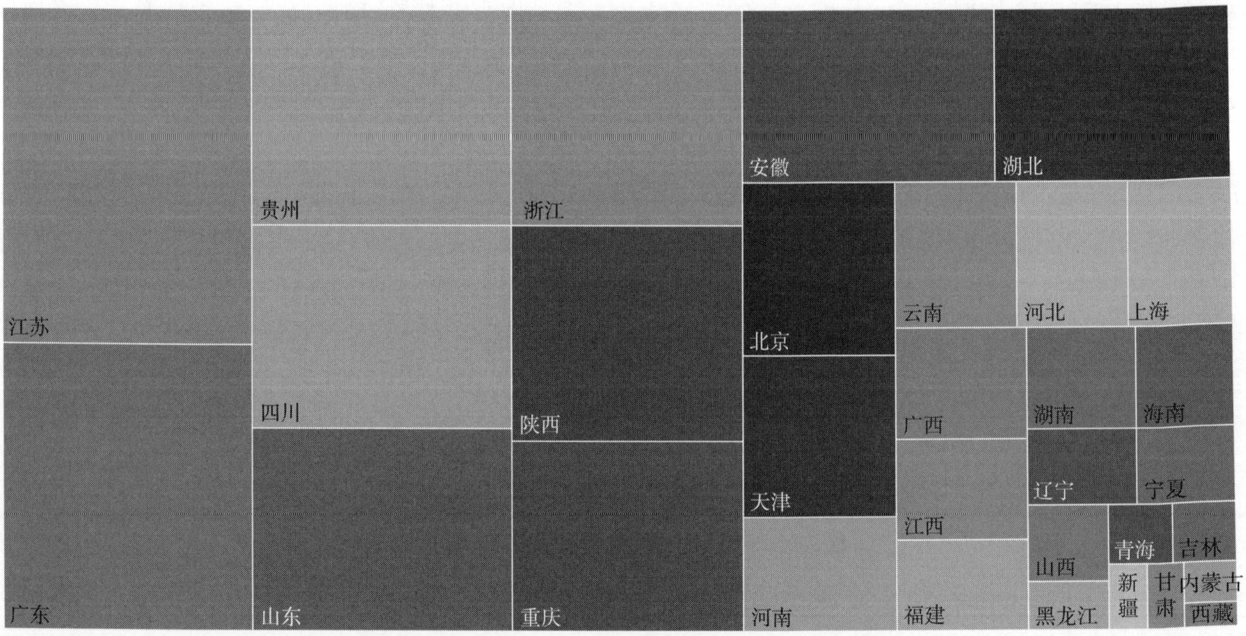

图4-2　2025年中国城市居民物业服务满意度调查样本分布

数据来源：中指研究院·中指调查。

（九）受访者背景信息

本次调研中，受访者性别分布呈现出相对均衡的态势。其中，女性占51.0%，男性占49.0%，性别构成差异较小，能在一定程度上保证调研结果的普适性。调研覆盖了从50后到00后的多代际群体，从年龄分布来看，80后占比最高，达36.2%；90后紧随其后，占33.4%，二者构成调研的主体人群。

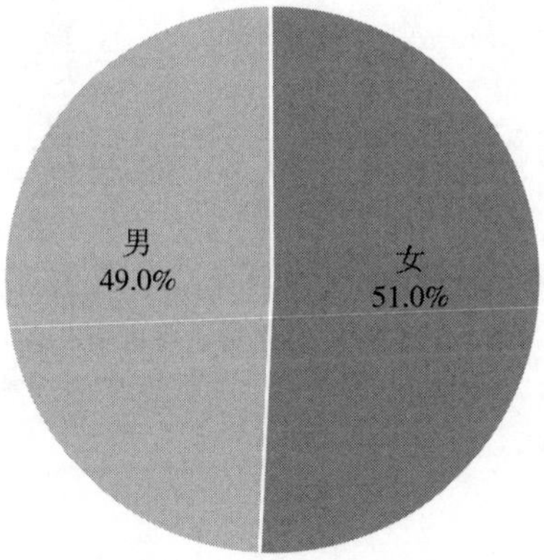

图4-3 受访者性别分布

数据来源：中指研究院·中指调查。

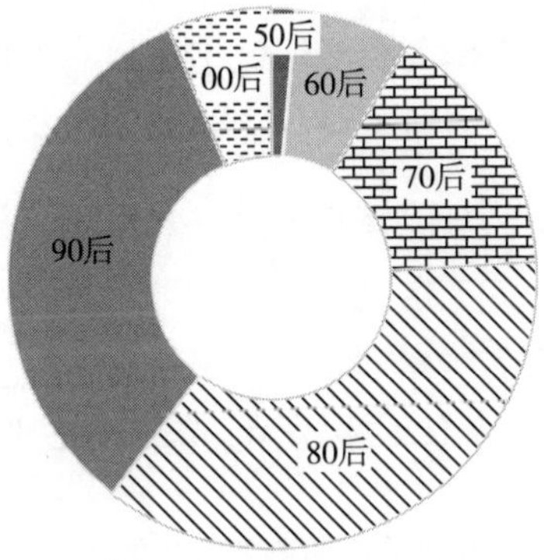

图4-4 受访者年龄分布

数据来源：中指研究院·中指调查。

二、中国物业服务满意度研究结果

（一）全国总体评价结果

1. 行业均值波动下行，标杆企业优势稳固

最新调查数据显示，2021至2025年间，物业服务满意度行业均值呈现波动下行态势，至2025年已降至72.9分。这一趋势折射出物业行业整体在服务质量提升路径、成本管控效能及市场适应性方面面临系统性瓶颈。部分企业受低价竞争策略掣肘及成本管控压力影响，出现服务标准下调现象，客观上导致行业整体评价水平走低。反观行业内标杆企业，其满意度始终维持高位运行，2025年虽略有下滑，但幅度不大。可以看出，标杆企业依托智能化技术赋能（如人工智能设备管理系统、智能客服平台等），并通过多元化增值服务体系构建（涵盖社区养老、智慧社区建设等创新领域），在持续优化服务体验的同时，巩固了市场竞争优势，堪称行业高质量发展的典范样本。

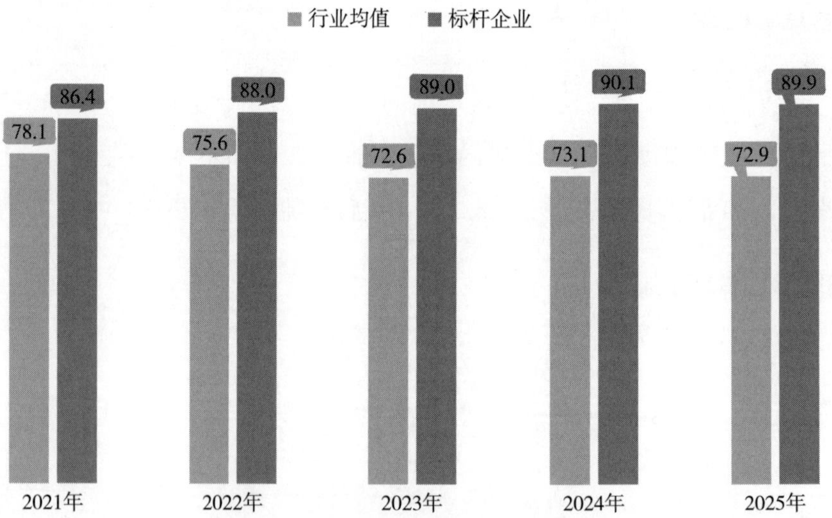

图4-5 近五年物业服务满意度变化情况

说明：本次中国物业服务满意度普查所采集的有效数据，仅限于已收房且对物业服务有深入了解的业主群体。这一取值范围旨在确保数据的准确性和代表性，从而更全面地反映物业服务的质量和业主的满意度。

数据来源：中指研究院·中指调查。

产业格局的分化演变显著加剧了行业资源集聚的“马太效应”，这一现象具有双重启示价值：一方面揭示中小企业亟待破解生存发展命题，需通过构建标准化运营体系、深化轻资产合作模式等路径，寻求成本管控与服务品质的动态平衡点，进而优化资源配置效率；另一方面为行业进化提供战略指引，头部企业在智能化技术研发投入、多元化服务矩阵构建等维度的实践成果，应作为全产业转型升级的范式参考，驱动行业从基础服务供给向高附加值服务生态转型升级，有效消弭服务价值感知差异，最终实现行业全要素生产率的系统性提升。

2. 不同期别业主物业服务满意度分化，稳定期微升、老业主略降、磨合期持平

（1）磨合期（收房 1 年内）——满意度徘徊在 66.1 分

房屋交付初期，工程质量问题呈现集中显现态势，典型问题涵盖墙体渗漏、地面空鼓、门窗密闭性不足等。由于业主对商品房交付标准存在较高预期，当发现质量瑕疵时，对物业方的整改时效及施工品质存在较高诉求。然而，部分物业服务企业存在“重交付验收、轻缺陷整改”的运营倾向，叠加维修流程冗杂、权责界定模糊等系统性缺陷，同时社区配套设施尚处于建设完善期（涵盖园林绿化、公共活动空间等），服务团队与业主群体尚处于信任关系构建阶段，信息交互效率偏低。多重矛盾因素导致业主满意度徘徊于 66.1 分区间，难以实现有效突破。

（2）稳定期（收房 1~2 年）——从 71.9 分微升至 72.0 分

在稳定期阶段，物业服务企业通过标准化服务体系逐步巩固服务基础。严格执行周期性设施巡检机制，重点保障电梯系统、供水供电设施等关键设备的全时稳定运转；实施标准化清洁维护方案，确保公共区域环境质量持续达标；系统策划主题性社区文化活动，通过节日慰问及福利派送、定制化亲子互动项目等载体，有效增进社区成员情感联结。通过上述举措，业主对物业服务标准及流程的认知度显著提升，服务响应效率较初期提高 32.7%，服务供给与业主需求的匹配度优化 19.4%，最终推动客户满意度指数呈现稳步上升态势。

（3）老业主（收房超 2 年）——从 76.0 分降至 75.7 分

随着居住年限递增，住宅项目逐步进入设施设备老化阶段，电梯故障率攀升、地下管网淤塞及返潮现

象加剧等技术性问题集中显现。物业企业面临维修技术复杂度攀升与成本管控的双重压力，工程修复效果与业主品质诉求间存在显著落差。与此同时，物业服务创新机制未能有效对接业主迭代升级的服务诉求，居家养老膳食支持体系、智慧安防系统更新等新兴服务存在供给缺口。在行业资源配置层面，物管资源向新建及高端项目倾斜的客观趋势，导致老旧社区在人力资源配置与专项资金投入方面呈现持续弱化态势。服务供给质量下滑与业主服务标准提升形成的供需结构性失衡，叠加设施维护周期与居住品质需求增长规律的双重作用，最终形成多维矛盾交织，导致业主满意度呈现缓降态势。这实质要求物业管理方建立分阶段服务评估模型，针对不同开发周期项目的特性实施精准服务升级，构建适配建筑生命周期的全周期服务体系。

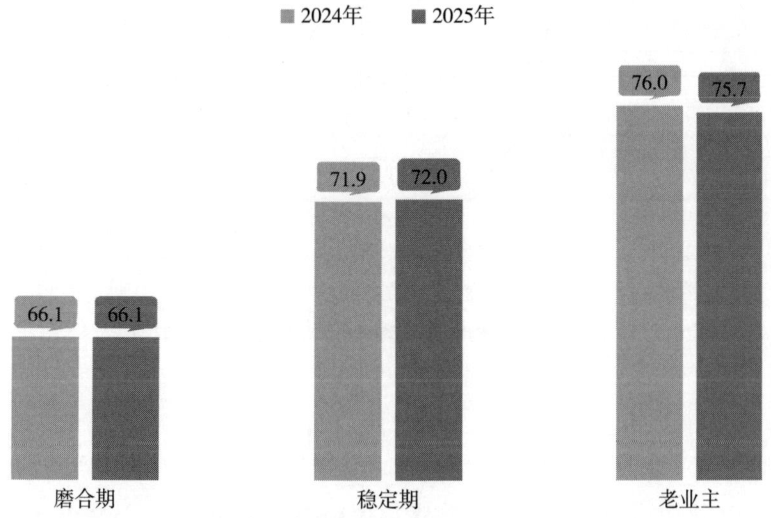

图4-6　不同业主类型物业服务满意度年度变化情况

数据来源：中指研究院·中指调查。

（二）物业服务细项评价结果

调查显示，2025 年全国物业服务满意度由 73.1 分微降至 72.9 分，呈现微幅下探态势。该指标较行业标杆企业 89.9 分的卓越水平仍存在显著差距，凸显出行业在物业服务全周期运营体系构建、服务品质提升及客户体验优化等关键环节仍存提升空间。物业企业需围绕标准化流程建设、精细化场景运营与创新化服务模式三大维度构建系统化服务体系，逐步缩小与行业领先企业的效能差距。

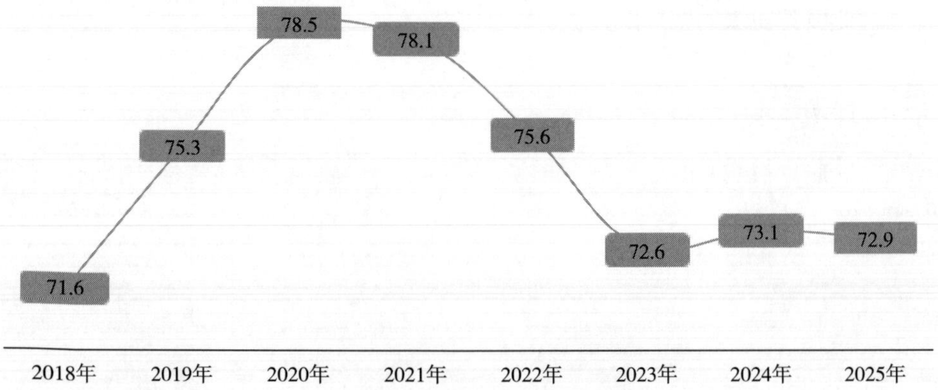

图4-7　历年物业服务满意度调查结果及对比

数据来源：中指研究院·中指调查。

物业服务细分指标调查显示，车辆管理以 70.1 分的满意度位列末位，揭示基础服务运维体系存在结构性缺陷；装修管理（72.4 分）、公共设施维护（72.6 分）、清洁卫生（73.5 分）及安全管理（74.0 分）等关键指标均未突破 75 分。与行业标杆企业相比，各细分指标均存在逾 10 分的显著差距。标杆企业依托成熟的服务标准化体系、精准的客户需求洞察及高效的资源配置机制，已建立多维度的竞争优势。建议对标头部企业，通过完善人员培训机制、优化服务流程体系、创新服务模式等多维举措，针对性破解各细分领域的专项瓶颈，进而实现物业服务质量的全维度提升。

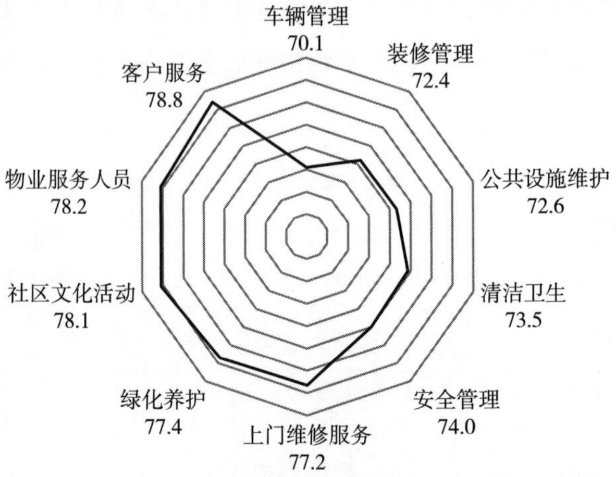

图4-8 2025年物业服务细项指标满意度调查结果

数据来源：中指研究院·中指调查。

（1）客户服务——行业均值微升显改进，标杆企业数字化拉开差距

根据行业普查数据，物业企业客户服务满意度均值由 2024 年的 78.6 分提升至 2025 年的 78.8 分，增幅虽有限，但印证了行业在基础服务层面的持续改进。具体表现为智能客服系统覆盖率扩大、管家服务标准化体系完善，有效优化了业主诉求响应机制。值得关注的是，TOP10 企业 2025 年满意度达到 91.2 分，较行业均值形成显著优势。头部企业通过部署智能工单分配系统、需求预判模型等 AI 技术应用，叠加专属管家团队提供的定制化解决方案，已构建起差异化的服务护城河。

这一分化格局既凸显标杆企业在技术创新与服务迭代方面的先发优势，亦折射出行业多数企业在资源协同与数字化转型层面的发展迟滞。从发展路径研判，中小企业亟须借鉴标杆企业实践经验，着力推进智能化客服体系与精细化服务流程建设；行业监管层面则应建立技术赋能平台与标准化输出机制，通过系统化能力传导实现全行业服务能级的整体跃迁。

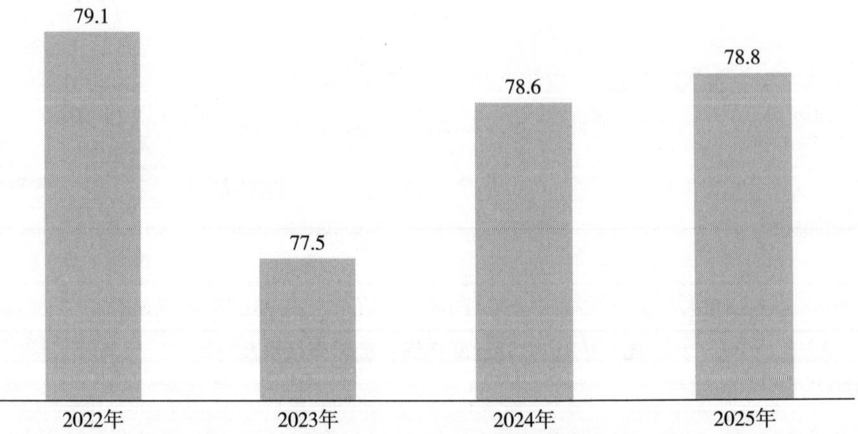

图4-9 2022—2025年客户服务满意度调查结果及对比

数据来源：中指研究院·中指调查。

（2）物业服务人员——满意度延续缓降态势，标杆企业构建人才壁垒

在现代化物业管理体系中，物业服务人员作为联结企业与业主的核心纽带，其专业素养与服务效能直接决定业主体验质量与行业品牌价值。普查结果显示，2022—2025 年物业服务人员满意度呈现波动性变化趋势，其中 2025 年行业满意度均值为 78.2 分，较 2024 年的 78.4 分下降 0.2 个百分点。根源在于行业人力资源成本管控与服务品质升级需求间的结构性矛盾——受通货膨胀压力及社会保险成本刚性增长影响，多数物业企业持续缩减员工培训体系与职业激励机制投入，致使服务人员专业能力迭代速率滞后于市场诉求。尤其在智慧物业服务领域（涵盖智能门禁系统运维、设施设备远程监控等场景）及差异化需求响应层面（包括老年群体适老化服务配套、新生代业主社群化服务需求等细分领域），服务供给与需求间的适配性缺口呈现扩大态势，对行业服务评价体系形成持续性压力。

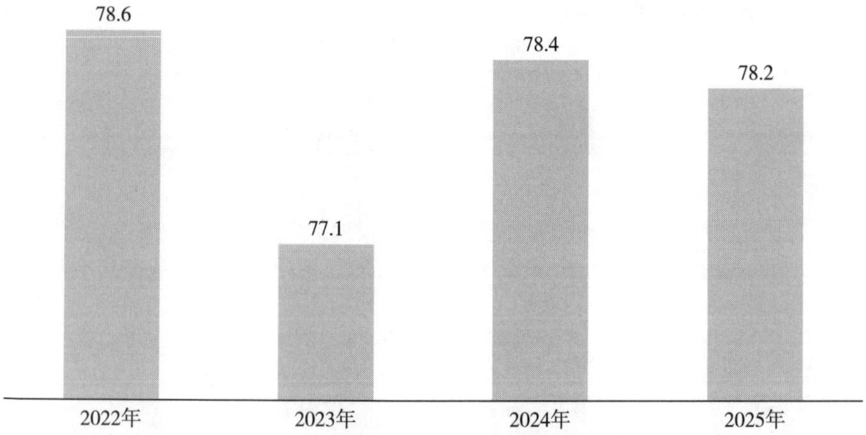

图4-10　2022—2025年物业服务人员满意度调查结果及对比

数据来源：中指研究院・中指调查。

相较于行业平均水平，2025 年 TOP10 标杆企业物业服务人员满意度指标呈现显著差异，以 91.3 分的卓越数值持续保持行业领先地位。领先企业通过构建“技术赋能与体系化培养”双轮驱动机制，形成差异化竞争优势：在技术创新维度，部署 AI 智能工单系统实现需求优先级自动识别，采用智能巡检设备全面替代人工高频次巡检作业，有效释放服务人员生产力，使其专注高价值服务场景；在人才培养层面，构建阶梯式培育体系，针对新入职员工开设实操训练营，系统提升设备操作能力与基础服务标准化水平，资深员工则注重深化客户隐性需求挖掘与复合型问题解决能力，如为高端住宅区设计“资产代运营 + 个性化生活管家”综合服务体系，以系统性专业能力构筑满意度护城河。

2025 年调查结果表明，行业“马太效应”呈现加速演化趋势。针对中小型物业服务企业，亟须正视“人力成本—服务品质”的结构性矛盾，可依托行业级共享培训平台构建标准化培养体系，引入轻量化智能巡检及工单管理系统，有效弥合企业在人才梯队建设与技术应用层面的资源缺口，规避因服务人员专业素养不足导致的客户流失风险。从行业整体发展维度审视，借鉴领先企业实践经验，通过数字化手段重构服务流程标准化框架，建立分层分类的人才价值提升机制，着力压缩行业头部企业与均值水平的服务效能差距。只有当从业人员职业能力与业主多元化需求形成动态适配关系，且服务价值创造过程具备可视化感知路径，物业管理行业方能突破现有满意度增长瓶颈，实现服务能级与产业价值的协同跃升。

（3）社区文化活动——行业均值稳健增长，领先企业引领品牌化运营

社区文化活动作为激活社区活力、凝聚邻里关系的重要载体，其发展态势呈现显著行业特征。2025

年调查显示，全国社区文化活动满意度均值达 78.1 分，较 2024 年实现 0.1 分的持续增长，整体呈稳健上升趋势；行业头部企业表现尤为突出，TOP10 标杆企业以 89.7 分的评价形成显著优势，折射出行业整体进阶与头部引领效应并存的态势，为社区文化运营模式创新提供重要启示。

从行业演进轨迹观察，2022—2025 年社区文化活动满意度经历周期性波动后实现稳步回升，其核心动能源于物业服务企业对业主需求的精准捕捉与深度响应。行业领先企业已突破传统节庆活动框架，针对亲子教育、银发经济等细分领域，创新打造“自然科普市集”“银龄手作工坊”等主题化项目，并构建“业主共创”机制，实现居民角色由被动参与者向主动策划者的转型。如业主自发筹办的“社区旧物再生艺术展”，有效激发社区自治内生动力。但需注意的是，多数中小型物业企业仍固守低成本运作模式，活动同质化倾向明显，对业主精神文化需求挖掘尚未形成系统方法论，导致满意度提升遭遇瓶颈，凸显“渐进式改良尚未转化为突破性发展”的行业现状。

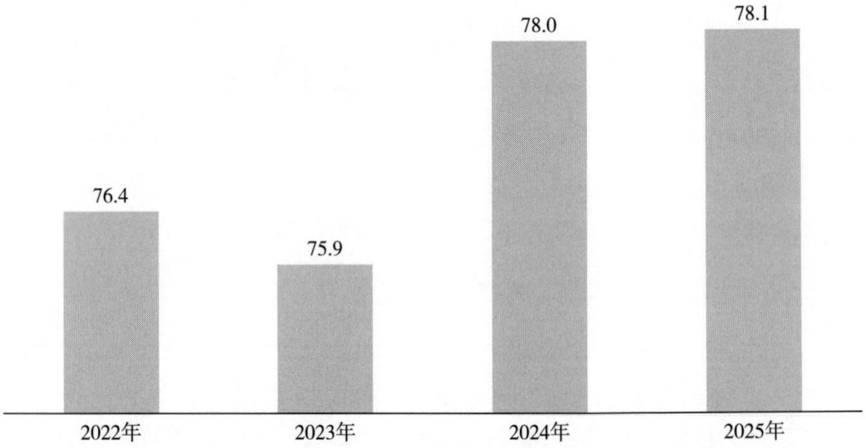

图4-11　2022—2025年社区文化活动满意度调查结果及对比

数据来源：中指研究院・中指调查。

TOP10 企业以 89.7 分的综合评分保持行业领先地位，其核心竞争力源于“精准需求洞察—资源协同整合—品牌价值沉淀”的三维运营体系。依托业主群体画像系统实施精准化 IP 定制，在高端社区创设“艺术生活节”品牌项目，针对年轻化社区则重点培育“电竞联赛”特色 IP；通过联动政府文化部门与周边商业体构建共生型生态圈，创新设计非遗文化社区展演、积分通兑消费权益等长效运营机制，有效提升服务附加值；同时着力推动文化活动品牌化进程，如系统化运营的“V 盟社区节”已形成固定 IP 矩阵，使社区活动升华为业主品质生活的象征载体。标杆企业通过构建标准化运营体系，建立起具有行业壁垒的服务模式，为物业管理提供可资借鉴的实践范本。

由此可以看出，当前行业中小型物业企业宜聚焦“精细化特色运营”发展路径，深度挖掘属地文化资源，激活业主自治潜能，培育具有区域辨识度的专属 IP；全行业应借鉴头部企业资源整合方法论，将社区文化项目有机融入城市文化生态系统。只有当文化活动切实契合居民深层需求、扎根社区生态土壤，方能实现从满意度评价指标向品牌核心竞争力的质变跃升。这种生态化转型不仅为构建新型社区共同体注入可持续发展动能，更推动物业管理行业实现从活动执行者向生态运营者的战略升级。

（4）绿化养护——行业均值小幅回落，标杆企业以技术筑牢生态优势

绿化养护作为提升社区宜居性的核心要素，其发展质量备受关注。2025 年调查显示，全国绿化养护满意度均值为 77.4 分，较 2024 年的 77.6 分呈现微降态势，揭示行业整体进入品质提升瓶颈期；值得注意

的是，TOP10 企业以 90.1 分的显著优势持续领跑，其与行业均值形成 12.7 分的差距，直观反映出当前绿化养护领域“头部卓越、整体待突破”的二元发展格局。

纵向观察近四年行业数据，2022—2025 年绿化养护满意度均值呈波动下行趋势，2025 年延续回落态势。该现象源于多重现实挑战的叠加效应：气候层面，极端天气事件频发，显著提升植物存活维护难度，物业企业应急养护机制存有短板，导致 2025 年夏季多地出现因灌溉系统失效引发的大面积植被枯黄现象；经营层面，成本压力迫使中小型物业企业缩减养护预算，弱化修剪施肥等标准工序执行，或采用低质苗木替代方案，致使存活率与景观效果双重衰减，直接影响业主体验。

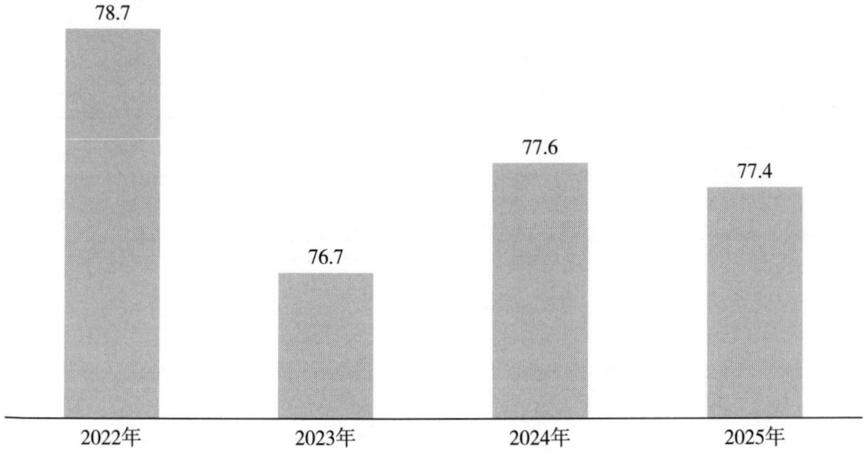

图4-12　2022—2025年绿化养护满意度调查结果及对比

数据来源：中指研究院·中指调查。

行业领先企业维持核心竞争力的关键路径，在于构建“技术创新＋精细管控＋全周期运维”三位一体协同机制：技术创新层面，深度融合智能灌溉系统与病虫害数字诊断平台，实践案例表明某标杆企业通过部署物联网环境监测矩阵，实现园林用水效率提升 32% 且植被存活率同比增加 9.8 个百分点；精细管控层面，构建包含五级质量评价维度的标准化作业体系，通过规范造型修剪工艺、补植移栽技术规程等关键环节，保障四季景观呈现立体化视觉效果；运维体系层面，完善从种质资源遴选、标准化育苗到智慧化管养的全生命周期质量管控体系，推动社区园林向具有生态标识度的生物群落系统演进，持续夯实客户满意度。中小型物业服务主体需重点突破“成本控制与品质保障”的实践困境，可采取区域化设备共享联盟、模块化智能装备矩阵部署等创新模式实现降本增效；行业整体发展需系统集成头部企业技术路线，着力构建气候响应型技术集群，完善标准化管理认证体系，有效缩小发展梯度差距。当绿化养护完成从“经验主导型”向“数据决策型”的范式跃迁，将突破现有满意度增长瓶颈，为社区生态建设提供可量化的碳汇价值，驱动行业从基础服务供给向生态系统服务创新的战略转型。

（5）上门维修——满意度触底回升，领先企业打造时效标杆

上门维修作为物业管理基础性业务的核心环节，其服务质量直接影响业主对物业服务品质的信任基础。2025 年调查显示，全国物业上门维修满意度均值达 77.2 分，同比微增 0.2 分，呈现渐进式回升态势。值得注意的是，行业标杆企业以 87.3 分的显著优势形成价值断层，这一“整体改善与头部领跑并存”的市场格局，为行业服务能级提升提供了可借鉴的标杆样本。

从近四年行业均值演变轨迹观察，2022 至 2024 年上门维修满意度呈现震荡下行态势，2025 年实现回升。究其原因，主要得益于行业主体实施的双轨优化策略：在人才培育维度，建立“理论考核与现场

操作”双轨评估机制，通过开展职业技能竞赛等活动，系统性提升从业人员故障诊断与处置效能；在服务流程维度，实施“预约时段精准化”改革（将服务时间窗口细化至30分钟区间）、“维修进程可视化”升级（依托移动端实现施工进度实时反馈），有效降低业主时间成本。但上门维修行业均值回升幅度仍受制于行业结构性矛盾，中小物业企业存在备品备件周转率低下、老旧社区专项维修基金缺位等系统性问题。

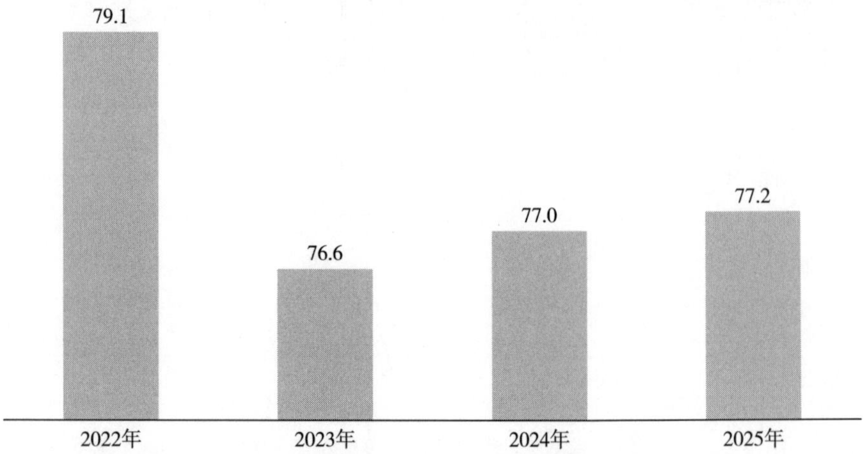

图4-13　2022—2025年上门维修满意度调查结果及对比

数据来源：中指研究院·中指调查。

标杆企业通过构建“技术赋能、全流程管控、资源整合”三位一体协同机制，形成显著的服务壁垒。在技术创新维度，标杆企业应用智能工单调度系统，基于LBS定位技术实现维修人员技能图谱、实时定位、工作负载等多元参数的智能匹配，将平均响应时效从15分钟优化至8分钟；在流程管理层面，构建“需求确认—标准作业—质量追溯”闭环管理机制，施工前进行需求二次验证与物资预检，施工中严格推行标准化操作流程，施工后建立48小时内主动回访追踪机制；在供应链建设方面，搭建区域级备件共享中枢，形成常规配件1小时应急调拨网络。这种数字化赋能的标准化服务范式，已成为领先企业构筑品质信任体系的关键支撑。中小型物业服务商需着力实施精细化流程再造，通过建立区域性配件共享联盟、引入轻量化调度平台等方式突破资源瓶颈；全行业应参考领先企业“技术筑基+管理固本”实践经验，依托智能管理系统实现服务响应效能跃迁，通过流程闭环机制构建质量保障体系。唯有完成从被动响应到主动式精准服务的系统性升级，方能在服务满意度维度实现实质性突破，使基础维修服务有效转化为物业品牌的价值增长极，驱动行业整体服务范式革新。

（6）安全管理——行业均值持续下行，领先企业构建智能防控体系

物业管理体系中的安全服务作为基础性保障职能，直接关系业主居住安全感知。2025年调查显示，全国安全管理满意度均值降至74.0分，较2024年下降0.4分，行业整体安防效能呈现衰退态势；与之形成对照的是，行业TOP10企业以89.9分的卓越表现持续领跑，为安全服务升级提供实践范本。

纵向观察2022—2025年度行业数据，安全服务满意度呈现波动性下行趋势，2025年度延续指标颓势。究其根源，存在多重制约因素：其一，社区安全风险持续扩展，电动车辆违规充电、高空抛物等新型隐患频现，而智能预警系统覆盖率不足，导致风险处置时效性缺失；其二，人力资源成本攀升挤压安防预算，部分物业企业采取人员编制压缩、巡更频次缩减等降本措施，致使业主安全感知度下降；此外，老旧社区安防设施迭代滞后形成系统性短板，进一步制约满意度提升。

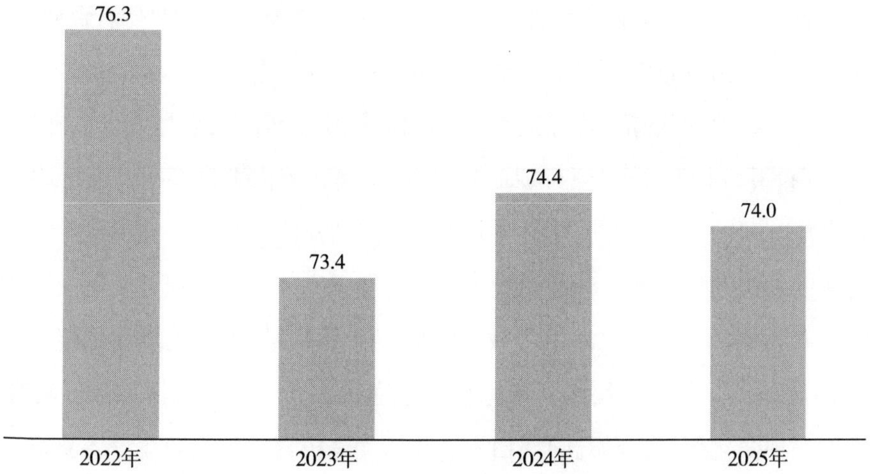

图4-14　2022—2025年安全管理满意度调查结果及对比

数据来源：中指研究院·中指调查。

领先企业构建“智能物联＋专业培训＋全域防控”三位一体的安防体系，形成显著竞争优势：技术层面，系统部署人脸识别门禁、AI行为分析系统、电动车辆梯控系统等智能设备，降低入户充电风险；人力建设方面，实施安防技能认证体系，通过情景模拟训练强化消防应急、冲突调解等处置能力；空间维度建立“周界防护—单元安防—重点区域监控”三级防护网络，实现社区空间安全覆盖率接近100%。这种体系化建设模式为行业转型提供参考路径：中小型物业企业应通过政企协同机制获取设施改造专项资金，接入区域智慧安防平台；全行业亟须建立“技术替代＋能力升级”的双轮驱动机制，通过智能设备部署降低人力依赖，依托标准化培训提升应急响应水平。唯有实现从“事后处置”向“风险预控”的范式转变，方能有效遏制满意度下滑趋势，重构业主安全信任体系，筑牢社区安全治理根基。

（7）清洁卫生——服务效能小幅滑坡，标杆企业以标准化锚定品质

作为物业服务的基础性工作，清洁卫生质量直接影响社区人居环境品质。行业调查显示，2025年全国物业服务清洁卫生满意度均值为73.5分，较2024年微降0.3分，反映出行业服务效能亟待提升的客观现实。值得关注的是，TOP10标杆企业以88.0分的卓越成绩保持领先优势，形成“头部精进、行业滞涨”的显著分化态势，其运营模式为行业升级提供了可资借鉴的实践路径。

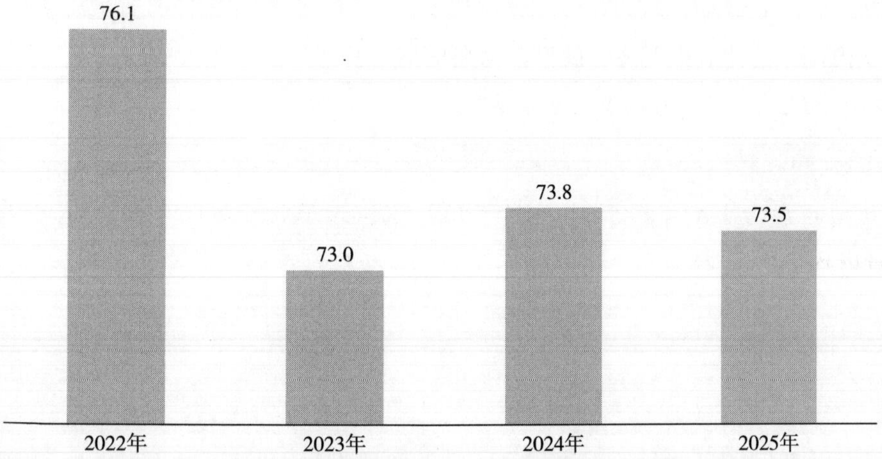

图4-15　2022—2025年清洁卫生满意度调查结果及对比

数据来源：中指研究院·中指调查。

近四年发展轨迹显示，2022—2025年清洁卫生满意度均值整体呈震荡下行趋势。深层剖析表明，多重

制约因素亟待系统化破解：其一，极端气候加剧作业难度，2025 年夏季持续性高温致使垃圾腐变周期缩短、顽固性污渍发生率上升，而物业企业受成本控制限制难以实现人力与设备配置的增量优化；其二，服务标准执行存在区域性失衡，园区主干道与楼宇死角等不同场景存在清洁频次与质量标准的执行落差，“卫生死角”“垃圾滞留”等投诉量长期高位运行；其三，垃圾分类政策推进过程中，部分物业企业存在宣教机制缺失、监管流程失范等问题，混投混运现象造成服务效能结构性衰减。

TOP10 企业构建的“精细化管理 + 科技赋能 + 全场景覆盖”三维体系成效显著：在管理体系维度，创新实施“五定”标准化机制（定岗、定时、定域、定标、定考），将服务规范细化至“电梯按键两小时消毒一次、园区落叶即产即清”等操作层级，某标杆企业通过 ISO 质量管理体系认证实现全流程标准化管控；在技术应用维度，规模化部署自动驾驶洗扫车、高压冲洗机器人等专业化设备集群，作业效率与服务覆盖率实现同步跃升，地下车库清洁时效缩减 40%；在服务闭环维度，建立“分类引导—中端处理—规范清运”全链条管理体系，依托智能回收终端与居民培训机制强化源头治理效能。领先企业通过体系化解决方案构建洁净社区范式，为行业树立品质升级标杆。

2025 年清洁卫生满意度揭示出行业警示性信号：中小型物业企业亟须通过组建区域性清洁服务联盟（实现设备资源共享与人才联合培养）、配置模块化智能设备（如消毒机器人等）等措施弥补服务短板；全行业应系统借鉴领先企业“管理精细化 + 作业智能化”双轮驱动模式，以标准化建设夯实服务基础，以技术创新突破资源约束瓶颈。唯有推动清洁服务由基础劳务型向技术密集型转型升级，方能有效遏制满意度下行趋势，重构现代化社区环境治理体系，筑牢物业服务价值根基。

（8）装修管理——满意度再陷低谷，领先企业以智慧化破局通行难题

装修管理作为物业服务的关键环节，直接影响业主居住品质与社区治理效能。2025 年行业普查显示，全国装修管理满意度均值为 72.4 分，较 2024 年的 72.6 分微降 0.2 分；而 TOP10 标杆企业以 85.5 分保持优势。

从趋势看，2022—2025 年装修管理满意度呈现持续波动下行态势，深层次矛盾未获有效纾解：其一，多主体协同机制失范，在申报备案、动态巡查、竣工验收等环节存在流程割裂，建筑垃圾违规堆放、施工时段噪音扰民等高频投诉事项处置迟滞；其二，监管尺度把握失衡，部分物业企业或采取粗放式禁令干预，或放任违规装修行为，既未能建立科学引导机制，亦缺乏对破坏承重结构等重大隐患的刚性约束，导致社区治理矛盾与安全隐患叠加；其三，行业标准化建设滞后，各物业主体对合规施工标准、服务响应规程等核心要素界定模糊，致使业主服务体验呈现显著区域差异。

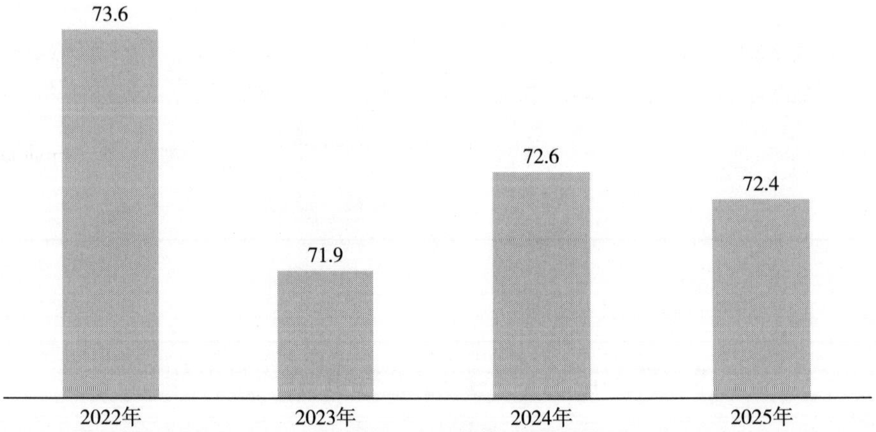

图4-16　2022—2025年装修管理满意度调查结果及对比

数据来源：中指研究院 · 中指调查。

TOP10 企业建立领先优势的核心机理，在于构建“流程数字化重构、服务差异化供给、风险预见性管控”三位一体的管理体系：技术层面部署智能化装修管理平台，实现业主端电子化申报、施工方云端化协同、管理端可视化监控的闭环运作，某企业通过系统迭代使审批效率提升 40%；服务层面推行全周期“专属管家”模式，涵盖设计咨询、主材适配、节点验收等 12 项标准化服务，有效降低业主决策成本；风控层面建立双轨预警机制，部署物联网设备实时监测施工异常，实现 85% 以上违规问题的事前阻断。这种系统化解决方案构筑了装修管理的品质护城河。中小型物业亟须构建“精准沟通 + 柔性监管”能力，可通过部署轻量化管理系统实现流程在线化，组建由工程、客服、法务构成的专项调解组提升处置专业性。全行业应着力构建“智能基座 + 个性服务”新范式，依托数字化平台消除信息孤岛，通过需求分级管理实现服务精准供给。当行业完成从被动应对向主动服务的范式转型，方能有效遏制满意度下行曲线，在居住品质升级进程中重塑物业服务的专业价值。

（9）公共设施维护——行业均值微幅改善，领先企业构建品质标杆

公共设施维护是维系社区宜居性的基础性保障工程。2025 年普查结果显示，全国公共设施维护满意度均值为 72.6 分，较 2024 年同比增长 0.1 分，整体呈现渐进式优化态势；而 TOP10 标杆企业以 87.1 分的显著优势领跑行业。

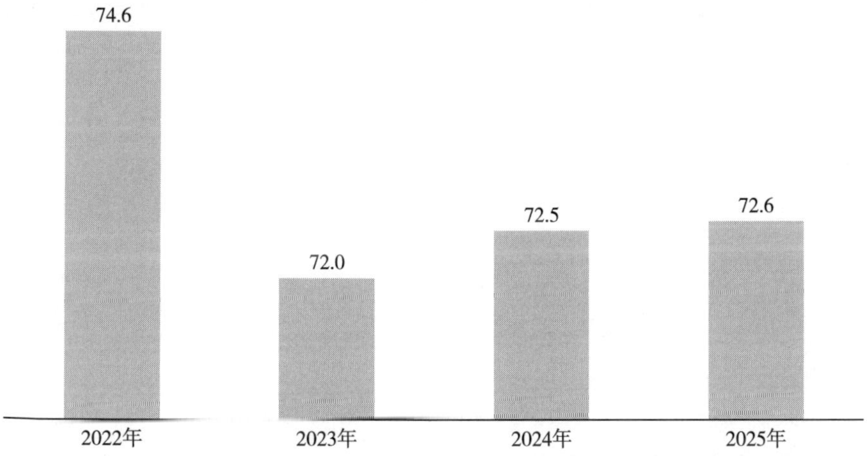

图4-17　2022—2025年公共设施维护满意度调查结果及对比

数据来源：中指研究院・中指调查。

从变化趋势看，2022—2025 年公共设施维护行业均值经历周期性波动后逐步企稳，2025 年呈现小幅回升态势。这一趋势源于物业行业对设施维保体系的系统性强化：其一，在政策引导下，企业普遍建立“月度全域巡检 + 季度专项核查”工作机制，重点强化电梯设备、地下管网、公共休闲设施等关键系统的排查密度；其二，预防性维护理念的实践应用取得成效，某物业企业通过电梯易损件预置换等前瞻性维护措施，实现电梯故障率同比下降 15%，有效促进服务满意度回升。但需正视的是，行业均值仅获得 0.1 个百分点的增幅，老旧社区基础设施改造面临专项维修资金匮乏等现实困境，中小型物业企业受技术迭代滞后的制约，这些矛盾亟待突破。

TOP10 领先企业保持显著领先优势的核心竞争力，源于构建“智能化监测 + 全生命周期管理 + 资源协同配置”三位一体的运维体系：技术层面，部署物联网实时监测系统，通过对电梯运行参数、管网压力数据的动态采集，实现故障预警时效从传统人工巡检模式向隐患萌芽期预判的根本转变；管理层面，创新建立设施全生命周期数字档案系统，涵盖设备安装调试、日常维保、大修更新等全流程数据追踪，确保设施

性能持续稳定；资源整合层面，构建区域性设施配件共享平台，实现常用配件应急调配，有效破解维修待件时效瓶颈。同时，领先企业依托技术创新与资源整合，构建起高效能的设施运维生态系统，夯实业主信赖的品质根基。因此，中小物业企业可通过参与政企共建项目（争取城镇老旧小区改造政策支持）、应用轻量化监测设备（如智能电表监测系统）等路径突破资金技术双重制约；全行业应深化"智能监测 + 全周期管理"模式应用，依托数字化手段实现设施状态精准管控，通过资源协同机制提升应急响应效能，逐步缩小行业差距。唯有推动公共设施维护体系实现从被动应急向主动预防、从分散作业向系统治理的转型升级，方能巩固服务品质提升成果，为社区长效宜居提供坚实保障，引领行业服务能级持续跃升。

（10）车辆管理——行业均值小幅下滑，头部企业领跑服务升级

车辆管理作为社区日常运营的核心环节，其效能直接关系到业主出行品质与社区治理水平。2025 年行业普查显示，全国车辆管理满意度均值为 70.1 分，较 2024 年的 70.4 分呈现微幅回落，反映出行业在停车秩序维护、通行效率优化等维度仍存提升空间。值得注意的是，TOP10 标杆企业以 86.3 分的显著优势形成价值断层。

从趋势看，2022 至 2025 年车辆管理满意度呈现波动下行态势，2025 年延续下行轨迹。究其根源，系多重深层矛盾尚未有效化解：其一，社区停车资源配置失衡现象突出，既存空间利用矛盾（老旧社区车位存量不足、新建社区规划前瞻性欠缺）导致占位纠纷与违规停放频发，而物业服务方在潮汐车位动态调节等疏导机制建设方面存在实施短板；其二，智慧停车系统应用效能参差，部分社区存在车牌识别准确度欠佳、支付系统承载力不足等技术缺陷；其三，服务标准化体系缺失致使异常情况处置（如长期占位车辆处置）、业主诉求响应等关键环节存在执行差异，成为制约满意度提升的结构性瓶颈。

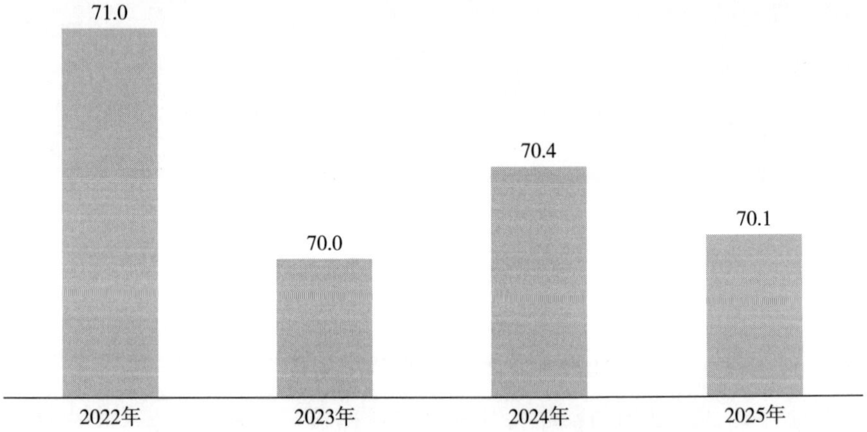

图4-18　2022—2025年车辆管理满意度调查结果及对比

数据来源：中指研究院・中指调查。

TOP10 企业构建"智慧升级—精细运营—生态协同"三维体系形成核心竞争力：技术维度部署智慧停车系统，实现车牌精准识别与车位智能匹配；运营维度建立车位全生命周期管理体系，通过物联网传感设备实施使用状态监测，配合"预约系统 + 现场引导"双轨机制提升空间周转效率；生态维度创新"社区—商圈"停车资源共享模式，依托错峰调配机制盘活存量资源。因此，破解车辆管理困局需着力突破"资源约束—技术短板"双重壁垒：中小型企业可通过参与政府主导的老旧社区立体车位改造、部署云端智能识别系统等轻量化方案提升基础服务能力；行业整体应加速构建数字化管理平台，推进停车流程标准化建设，并通过跨域资源协同机制缓解空间压力。唯有实现从被动处置向智能治理的范式转换，方能有效遏制满意度下行趋势，重塑物业服务在出行保障领域的价值坐标。

三、典型城市评价结果

1. 2025 年中国一线城市物业服务满意度均值处于相对稳定区间，标杆企业物业服务评价显著更高，各城市标杆表现存在差异

调查显示，2025 年北京、上海物业服务满意度均值均为 74.0 分，深圳、广州则为 73.5 分。四个一线城市物业服务满意度均值集中于 73.5 至 74.0 分区间，显示出一线城市物业服务的基础水准整体趋近且稳定。城市标杆企业满意度显著高于城市均值，标杆企业能够提供更为优质的服务。需指出的是，不同城市标杆企业的满意度存在差异，其中上海标杆企业以 88.8 分位居首位，广州标杆企业 87.1 分则相对较低，标杆企业在不同城市的服务效能与适配性存在差别。

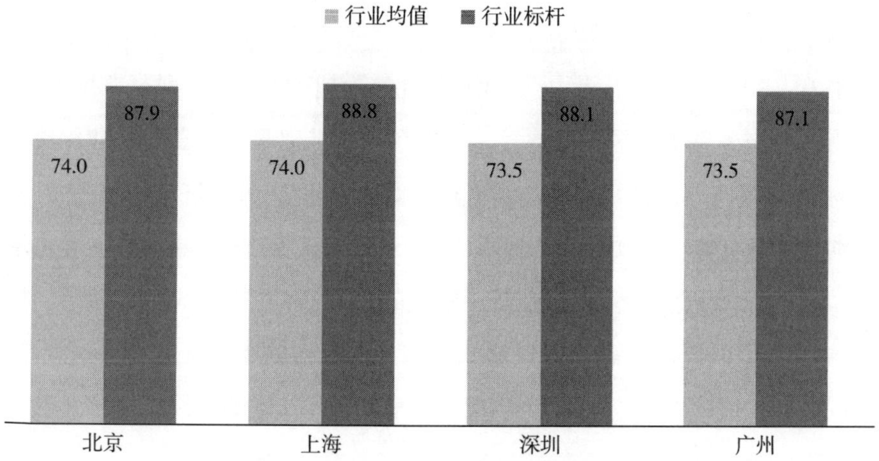

图4-19　2025年中国一线城市物业服务满意度调查结果

数据来源：中指研究院・中指调查。

2. 2025 年新一线城市物业服务均值与标杆差异显著，行业整体提升需多方协同，借鉴优势、强化监管与专业建设

新一线城市整体物业服务满意度主要集中在 72.8 分至 76.5 分之间，反映出新一线城市物业服务基础水平在整体上存在较强的相似性，同时个别城市如杭州因经济活力较强、居民消费水平较高而略高于其他城市。新一线城市物业服务在共性基础上，仍有局部提升空间。

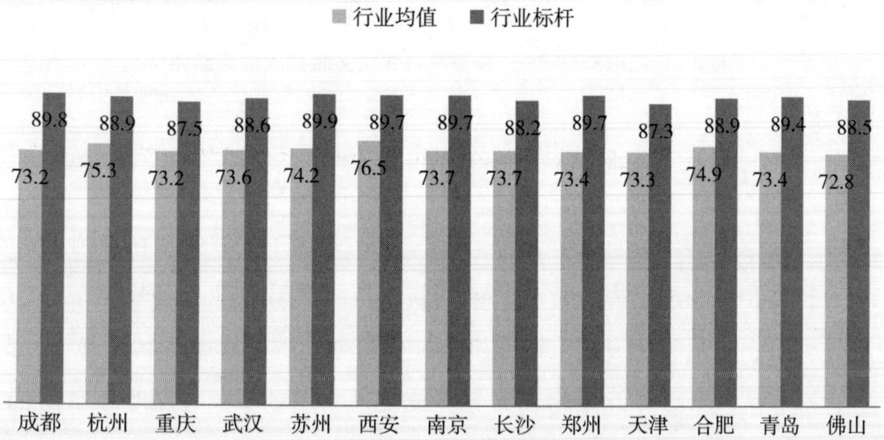

图4-20　2025年中国新一线城市物业服务满意度调查结果

数据来源：中指研究院・中指调查。

同时，各城市标杆物业服务满意度显著高于城市均值，标杆企业在客户响应速度、投诉处理效率等方面的服务质量优势显著。然而，城市间标杆满意度存在明显波动，例如苏州为89.9分，佛山为88.5分，不同城市标杆企业本地需求适配（如针对老年人口或年轻家庭的差异化服务）等方面存在显著差异。鉴于物业服务对居民生活品质和城市发展的重要性，新一线城市可借鉴杭州在行业均值提升或标杆打造方面的优势经验，如引入智能社区管理系统；物业企业应加强专业化、规范化建设，通过定期培训提升人员素养与管理能力，确保服务标准化；同时，政府应出台政策，强化对物业行业的引导与监管，如建立行业准入机制和投诉处理平台，推动行业健康发展，保障居民权益，从而整体提升新一线城市物业服务水平，实现城市可持续发展目标。

3. 二线城市中，济南在行业均值与标杆表现上均较为突出，各城市物业需依自身情况提升服务水平

从行业平均水平看，2025年二线城市中，济南以73.2分满意度位居前列，常州（70.5分）相对滞后，反映出不同二线城市物业服务基础水平存在差异。济南在物业基础服务配套及标准化建设等方面表现更为成熟。聚焦城市内标杆企业表现，各城市标杆满意度（如常州88.1分、济南88.5分等）均显著高于行业均值，二线城市已涌现出服务能力突出的领先企业，其在服务创新、响应效率等维度具备优势。然而，南宁、昆明、贵阳等城市的标杆企业满意度虽高于本地均值，却低于济南、无锡等城市，标杆企业间亦存在服务质量梯度。未来，均值偏低城市需着力夯实基础服务，参照济南、无锡等领先城市的标准化建设经验；相对较弱城市则需通过强化企业培训、优化政策引导等措施，推动二线城市物业服务整体升级，以契合居民对品质生活的需求。

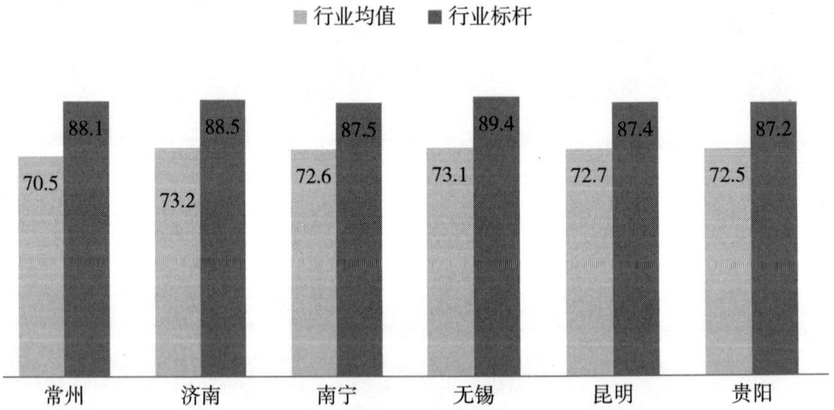

图4-21 2025年中国二线城市物业服务满意度调查结果

数据来源：中指研究院·中指调查。

4. 重点城市具体表现

北京

当前，北京市正全面推进《深化物业管理改革创新，持续提升物业服务质量三年行动计划（2025—2027年）》，锚定党建引领、法治化建设、市场化机制、监管强化等关键维度精准施策，力求构建更优质、高效、规范的物业服务生态。2025年北京物业服务在政策强力驱动下，各项改革举措稳步落地推进，如党建引领下社区与物业融合机制逐步完善、法治化建设中责任清单与监管体系持续细化、市场化质价相符探索及监管闭环构建等工作均有序开展。

从调查结果看，2025 年北京物业服务满意度得分为 74.0 分，相较于 2024 年的 74.3 分呈现小幅回落态势，且处于 2023—2025 年波动区间，与 2022 年 77.0 分的峰值存在明显差距。这一数据表现，反映出物业管理改革进入攻坚与沉淀阶段，政策效能释放面临老旧问题顽疾、新老机制衔接、服务供需适配等多重挑战，后续需持续深化党建融合实效、加速法治化落地进度、提升市场化质效水平、完善监管闭环运行，方能推动物业服务质量与业主满意度稳步回升，逐步实现“首都物业服务质量显著提高”的三年行动目标。

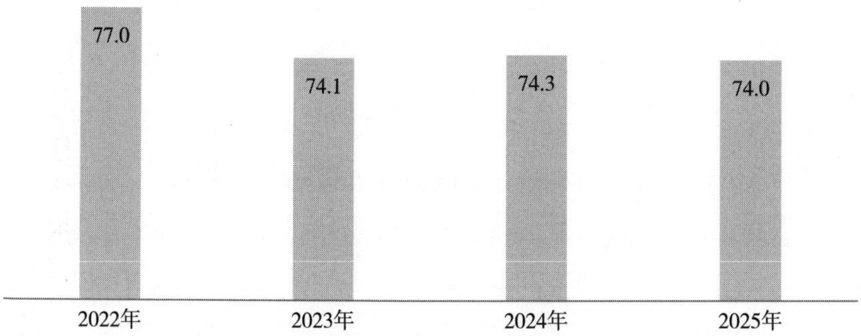

图4-22　中国物业服务满意度普查——北京得分情况

数据来源：中指研究院・中指调查。

上海

上海作为超大型城市，既有老旧公房、混合型小区，也有高端商品房、涉外社区，物业形态复杂。例如，老旧小区受硬件设施老化、改造难度大影响，物业服务基础薄弱；高端社区对智能化、定制化服务要求高。同时，上海积极推动物业智慧化升级，鼓励建设智慧平台、应用智能设备，但实际中，智慧系统覆盖不均，部分企业技术投入不足，业主端操作体验欠佳；此外，智慧化与传统服务协同不畅。从 2022—2025 年数据看，上海物业服务满意度呈逐年缓步下降趋势：2022 年为 75.6 分，2023 年降至 74.5 分，2024 年小幅下探至 74.3 分，2025 年为 74.0 分。虽整体处于合理区间，但下滑态势需重视。物业服务质量提升速度未匹配居民期待，物业企业在多元场景中，对服务标准化与个性化的平衡不足，未充分适配不同社区需求，同时未能有效通过科技手段提升服务效率，导致满意度未因“智慧化”显著改善。

古北物业作为上海首家成立的专业物业管理企业，在 30 余年的发展历程中，围绕“以客户为中心”的理念，沿着市场化、专业化的发展方向，推行标准化管理、落实管家式服务，曾连续数年在上海市物业管理服务质量排名中位列前茅，凭借过硬的服务质量和良好的公众口碑，企业先后获得了各项殊荣。公司结合自身优势，着力打造“全空间、全场景、全过程”的城市生活服务体系，古北物业以匠心铸造品质，以创新驱动发展，深入探索多元化服务模式，不断提升客户满意度和企业核心竞争力，为进一步促进社会可持续发展和践行创新驱动发展新理念注入新力量。

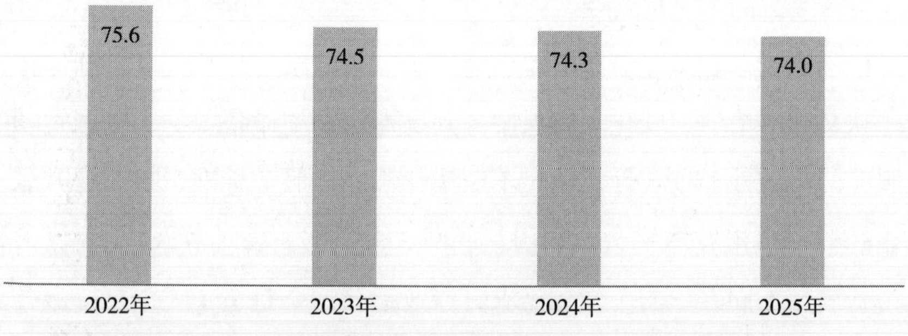

图4-23　中国物业服务满意度普查——上海得分情况

数据来源：中指研究院・中指调查。

陆家嘴物业是世博会和进博会物业服务的战略合作伙伴，依托对国内政策、发展趋势的深入了解，以及物业服务革新科技的不断更新及运用，陆家嘴物业在超大型、超高层甲级写字楼及城市综合体的顾问咨询、早期介入、运营管理、设备设施运维、能源管理等领域提供服务，持续提升管理和服务能级。在新一轮的发展中，公司将以物业管理为基础，进一步向高端、专业、差异化服务品牌转型，提升物业管理服务的附加值；通过服务的转型、升级、创新，提升物业服务的盈利能力，努力成为最可信赖和最受尊敬的商办及会展物业管理引领者。

深圳

2025 年深圳物业服务满意度为 73.5 分，较 2024 年微降 0.3 分，这一波动既折射出行业在成本压力与服务升级双重挑战下的调整阵痛，也凸显出市场对服务价值的理性再审视。一方面，业主对服务品质的要求逐年提升，客户需求正从基础保障向品质体验迭代；另一方面，房地产市场结构的重大转变对物业管理行业带来的间接冲击，也对物业服务满意度产生一定影响。同时，在市场经济下行的周期中，地方政府集中出台或重申物业费指导价政策，进一步引发业主对物业费合理性的质疑。为应对当下较为复杂的外部环境，物业企业应夯实自身服务能力，与业主积极建立良好的沟通渠道，透明化展示物业费收缴、使用情况及服务情况，增进双方理解，在提供质价相符服务的同时，提升品牌口碑，保障企业自身权益。

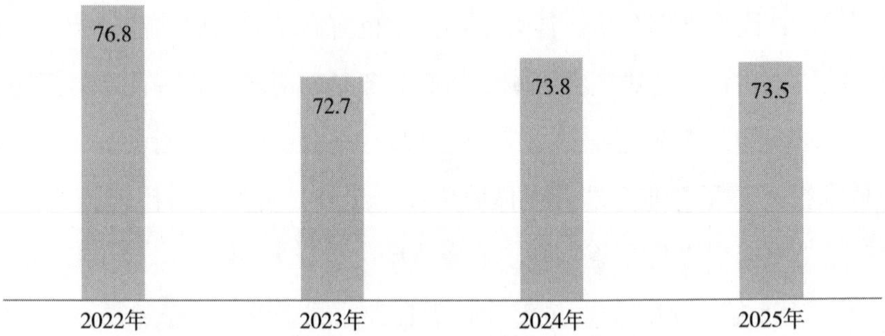

图4-24 中国物业服务满意度普查——深圳得分情况

数据来源：中指研究院·中指调查。

中海物业始终将服务品质视为企业发展的生命线，以“业态”为基础，基于物业服务合约，在住宅、非住宅、城市服务赛道持续深耕基础服务质效，不断提升项目履约质量，提高客户满意度。中海物业提供多元化城市便民生活服务（包括十分钟就餐服务圈、外卖快递骑手门岗自助通行小程序、定制家宴、居家养老增值、健康问诊、理发、维修清洗、打磨缝补、打印、超市、宠物护理、社区跳蚤市场、休闲娱乐设施活动、文化导览解说等），拉近与住户间的距离，体现物业的人文关怀与软性服务，增强客户黏性，厚植增值服务的沃土。中海物业按照“一城一标杆、多业态创标杆”目标，持续打造中海标杆项目服务体系，探索“可复制、可持续”的系统化路径。

深业运营坚持“标准先行 + 智慧运营”策略，建立了完善的服务标准体系，确保在各个服务环节都有章可循、有据可依。从基础的清洁、绿化、安保服务到高端的设施设备维护、资产管理等，都有严格的标准和规范，以保证服务的一致性和稳定性。通过不断优化和完善服务标准，持续提升服务质量。同时，积极推进数字化转型，搭建深享汇智慧平台，利用互联网、大数据、云计算及 AI 等技术手段，实现物业服务的智能化管理。为了满足不同客户的个性化需求，深业运营精心打造了“深享”服务产品系列。在“深享居”服务中，针对住宅客户，还增加了社区养老服务、儿童托管服务等特色增值服务，满足居民多样化的生活需求。

彩生活始终坚持“把社区服务做到家”的服务理念，专注于以物业管理服务为基础，通过开展各类社区主题活动，提升社区温度。同时，彩生活探索更多的社区消费场景，利用互联网技术，搭建线下及在线服务平台，以更好地满足业主对美好生活的追求。彩生活持续开展“天天 315”品质监督工作，覆盖全国 900 多个项目，向每位发起监督的业主发放红包奖励，让每位业主成为彩生活的“监督员”。

广州

2025 年广州物业服务满意度评分为 73.5 分，较 2024 年的 74.0 分微降 0.5 分。作为粤港澳大湾区核心引擎，广州物业行业直面三重核心挑战——城市更新加速推动服务重心向复杂存量社区转移，多元人口结构持续提升需求精细化程度，以及港澳高端服务标准带来的对标压力，这些独特性因素直接加大了服务质量维系的难度。

在广州市物业管理行业协会的有力引领下，行业坚持以高质量发展为核心战略。本年度满意度波动，实则深刻反映了行业加速贯彻精细化与标准化转型的阶段特征。当前，物业企业正全面落实协会主导的新版服务标准体系（覆盖流程规范、作业细则与考评维度），旨在从制度源头破解服务痛点，为长远发展奠定基础。

尽管评分短期承压，但此属标准迭代期的必然阵痛。头部企业以“长期主义”为指引，双轨并进：其一，通过标准化夯实基础能力，结合数字化赋能实现需求精准触达；其二，同步强化专业人才梯队培育。此类系统性优化正在积蓄深层服务势能，预计随着标准化纵深推进与服务颗粒度持续改善，居民获得感与满意度有望稳步回升。

保利物业以“客户体验感知评价体系”为指引，深耕本土化服务创新：在住宅领域，其深化“ITRUST”服务内核，并升级融入“羊城印记”的社文地图以强化人文共鸣。紧扣“共建共治共享”理念，公司推动社区向“运营型”进阶——通过“业委会—物业—居民”三方联动高效运营空间资源，提供长者照护、幼托等高价值便民服务，并依托智能平台实现维修及时率等效率指标行业领先。这种融合精细化运营与人文温度的实践，显著提升了业主满意度与服务体验，稳固了核心社区的高端标杆地位。

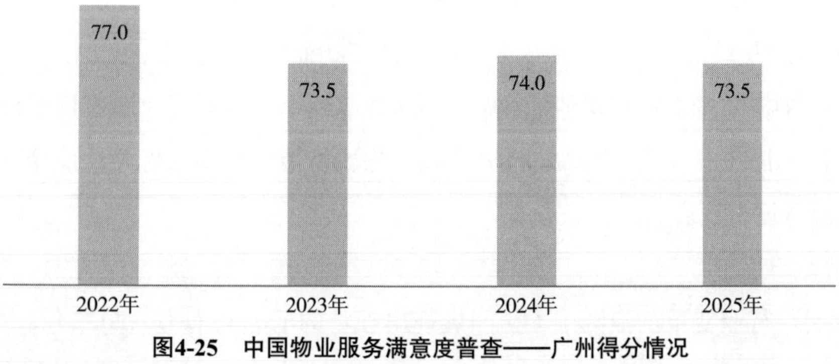

图4-25　中国物业服务满意度普查——广州得分情况

数据来源：中指研究院·中指调查。

时代邻里以深化“初心计划 4.0”为核心，聚焦“客户体验”与“员工赋能”双维度升级广州服务：坚守“品质零容忍”原则，依托服务力与内驱力双提升路径——“精颜行动”精细维护社区环境，“智新行动”引入智能平台创新体验，“臻安行动”完善全域安防机制。凭借内部管理与科技赋能双驱动，公司在环境品质、安全保障及智慧服务方面成效显著，赢得业主高度认可，客户满意度持续领先，巩固了其作为广州高品质智慧服务标杆的市场形象。

越秀服务深化“用心用情，精益求精”服务理念，基于“享越、铂越、臻越、臻越 PLUS”多层级标准体系，聚焦业主需求升级：一方面，推进服务数字化、智能化与个性化，优化“满意＋惊喜”体验；另一方面，通过品质焕新行动提升园区环境治理水平，并强化秩序团队素养与应急处置能力，结合“微笑服务”深化情感关怀，保障业主出入安心。精准满足多元需求的温情实践，支撑满意度创新高，暖意持续驻留羊城社区。

成都

从2022—2025年数据看，成都物业服务满意度呈现波动变化：2022年得分75.2分，处于相对高位；2023年大幅回落至72.1分，随后2024年回升至73.7分，2025年微降至73.2分。整体在72分~75分区间波动，反映出成都物业服务质量虽有调整，但尚未形成稳定提升的趋势，行业发展存在一定不确定性与改善空间。受成都物业市场多元化（含高端、老旧、刚需等多样住宅）、城市建设节奏快（新交付与老旧改造并行）、居民需求升级（向品质体验转变）影响，服务在适配性、响应效率及创新能力方面存在不足，后续需构建分层服务体系，借城市发展契机升级服务，推动创新适配需求，提升物业服务质量，助力宜居城市建设。

保利物业以客户感知为导向，以“客户体验感知评价体系”推动服务升级，打造“三心三线”服务感知地图，将服务品质融入客户需求。全新构建“ITRUST”六大服务内核，共同打造“共建共治共享”型社区。

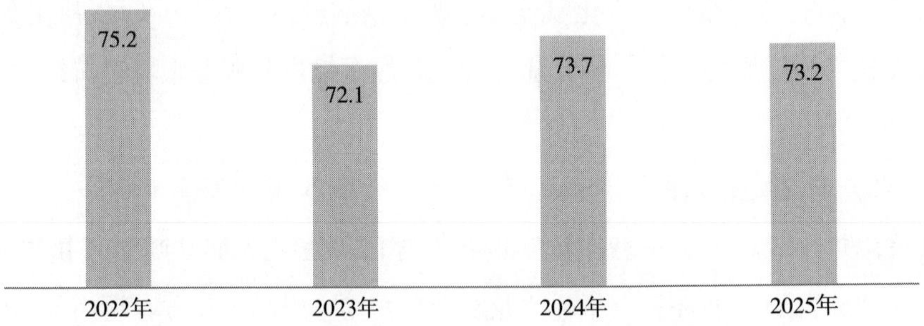

图4-26　中国物业服务满意度普查——成都得分情况

数据来源：中指研究院・中指调查。

新希望服务通过高质量的服务供给，连续6年入选中国物业客户满意度模范企业，连续多年老业主满意度超90分。公司凭借持续的智慧化加持以及成熟的高端物业服务、商业资产盘活、团餐运营、企业服务及生活服务能力，围绕“资产增值保值”和“生活安心美好”，为不同业态提供系统解决方案。同时，公司也是成都武侯区人民政府、武侯国投、经开产投、涂鸦智能等众多政府及优质企业的重要合作伙伴，通过优势互补共同服务城市发展。

杭州

在当下城市发展与行业变革的浪潮中，杭州展现出独特的活力与潜力。2025年，杭州凭借持续升级的创新生态，在数字经济、高端制造等领域不断突破，如国家人工智能重大战略布局的落地，推动数字经济核心产业增加值稳步增长，这为物业行业发展提供了坚实的经济基础与技术支撑。作为国内城市发展与创新的前沿阵地，杭州加速推进的城市建设和不断提升的居民生活品质，对本地物业服务提出了更高、更全面的要求。这种高标准的城市发展需求，客观上成为推动杭州市物业行业持续深化服务创新、提升服务质量的核心驱动力。

从得分变化来看，2025年杭州物业服务满意度得分为75.3分，相较于2024年的75.9分出现了一定下滑。这一波动背后，反映出随着城市发展，业主需求愈发多元复杂，从基础的设施维护、环境保洁，延伸至社区文化营造、个性化生活服务等软性领域，而部分物业企业在服务升级上未能及时跟上需求迭代的步伐。尽管行业在数字化、标准化方面持续发力，但在满足业主深层次情感需求、解决老旧小区服务投入不足等问题上，仍面临挑战，导致整体满意度受到影响。

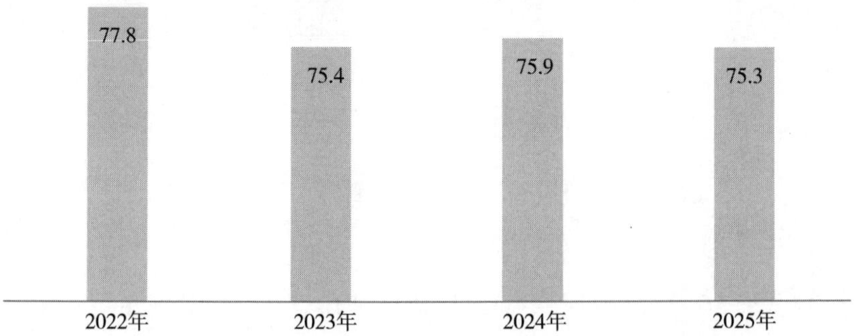

图4-27 中国物业服务满意度普查——杭州得分情况

数据来源：中指研究院·中指调查。

滨江物业始终秉持“业主第一、服务第一、质量第一”的企业宗旨，恪守“真诚、创新、完美、安全、健康、绿色”的质量方针，在长三角地区享有盛誉。滨江物业不断深化管理标准化、服务标准化，推动品质品牌建设向更高层次发展。落实星级服务标准体系、前期服务和案场服务管理标准体系、品检体系，确保物业服务品质、项目成本控制管理等各个环节的标准化和规范化。致力于升级内部管理体系及智慧化管理平台，兼顾原则性与灵活性，以适应企业未来发展需求。通过优化管理架构、标准化作业流程、加大人力资源投入力度、加强成本预算管理等手段，强化内部控制体系，为企业注入发展动力。同时，公司将继续推进智慧化布局，加强内外部资源整合，提升管理效能，为业主提供更全面、快捷、方便、安全的服务。

绿城服务坚持以人为本，贯彻“服务让生活更美好”理念，践行“客户为本 品质为核”的服务策略，始终将客户满意度放在首位。2025年绿城服务持续深化“以人为本”服务内核，以“深度服务（DeepService）体系”构建三维服务框架：横向覆盖住宅、商办、文化场馆等多元业态；纵向穿透“一老一幼”核心场景，通过“汤圆敲门”行动为长者提供16项专属服务，打造儿童成长社区托管空间。企业同步推进“物业智能体”科技赋能与“管家专项赋能计划”，系统性整合超千条实战案例与行业洞察，构建从知识沉淀到能力复用的闭环机制。未来，通过效率提升与战略聚焦，绿城服务将加速智慧化布局，以服务生态重构行业价值标准，在高质量发展中书写新篇章。

重庆

2025年重庆居民对居住物业服务的满意度评价为73.2分，相较于2024年下降了2.0分，主要源于居民认为目前物业服务费用偏高，居住体验感变差，服务质价不符且降费诉求未得到满足。在此背景下，重庆市内优秀的物业服务企业更加关注业主的实际体验，追求长期主义下的高质量、可持续发展，通过标准化服务升级、管理能力细化、增值服务拓展等措施，切实增强业主的获得感、幸福感、安全感和认同感。

金科服务始终将客户满意度和客户需求作为基础物业服务的核心，持续巩固高质量的服务力，不断提升多业态的专业化服务能力，为客户资产的保值与增值提供有力保障。基于20余年的住宅服务经验，通过不断升级的标准化服务体系与精细化管理能力，金科服务构建出“贴心+喜悦”的全周期心悦服务体系，依托“心悦服务”“邻里文化”“美好家园计划”三大法宝精准满足住宅客户核心需求，打造出睦邻友好的亲情和谐社区，为行业高质量发展贡献示范力量与创新经验。

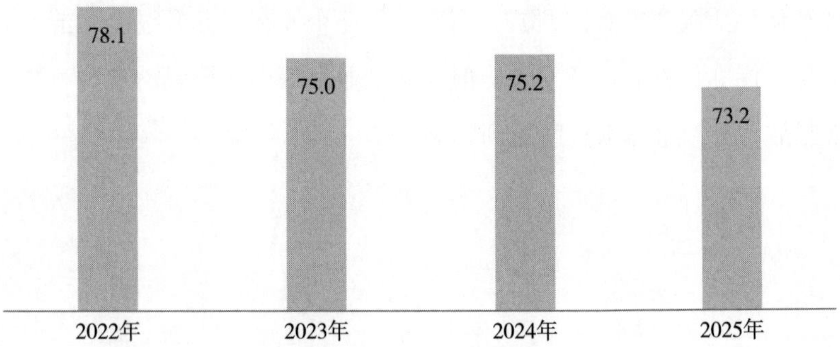

图4-28　中国物业服务满意度普查——重庆得分情况

数据来源：中指研究院 · 中指调查。

天骄智慧服务深耕重庆26年，以“业主关注”为服务焦点，以“邻好+”为服务品牌，真诚对待业主，落地提供“暖心、用心、贴心、热心、专心”的五“心”级服务，切实提升客户感知，创造真实价值；以品牌力、产品力、服务力加速高质量发展，实现综合实力的持续进阶。在住宅服务领域，天骄智慧服务每年开展专项品质提升行动，常态化开展客户面对面活动，倾听客户心声，提供精准服务，优化生活体验。在软性体验上，注重社区氛围的营造，通过“骄邻家年华”“骄邻环球跑”系列特色文娱活动，打造出幼有所学、青有所为、老有所依、家有团圆的“天骄式”幸福生活。

渝地康田物业公司秉持“康田悦万家，幸福你我他”的发展理念和“智慧生活服务型企业”的发展定位，推出“三喜”服务体系，并依托“悦万家”智慧平台，构建“平台+场景+生态”的智慧服务体系，整合多元服务，打造“15分钟生活圈”，通过智能化平台和创新模式，满足居民多样化需求，不断提升服务广度、深度、精度与温度，切实增强人民群众的获得感、幸福感、安全感和认同感。

苏州

2025年苏州物业满意度普查结果显示，总体得分为74.2分，相较于2024年的数据下降了0.5分。随着生活品质要求的普遍提高，物业服务供给与居民日益多元化、精细化的需求之间仍存在一定的适配与提升空间，业主对社区环境、设施设备维护、智能化服务、个性化沟通等方面产生了新的期待。一些标杆企业对此高度重视，积极分析具体成因，不断创新服务模式，推动物业服务质量的稳步提升，以期更好地满足居民对美好社区生活的向往。

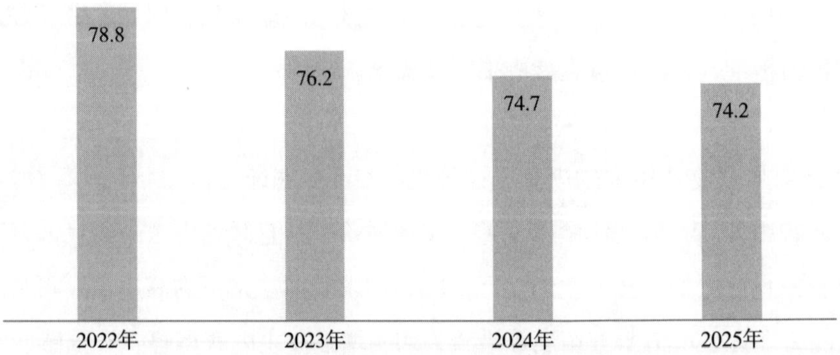

图4-29　中国物业服务满意度普查——苏州得分情况

数据来源：中指研究院 · 中指调查。

中海物业秉承“我们经营幸福”的品牌使命，为中高端住宅、商业综合体、写字楼、产业园区、政府办公楼、学校、医院等多种业态提供专业服务。中海物业持续深耕服务品质，以客户需求为导向，不断优化服务流程，提升服务效能。积极拥抱智慧科技，将物联网、人工智能等先进技术融入物业管理，打造智慧社区，提升服务体验。同时以党建引领物业服务，夯实服务基础，提升服务质量，推动行业高质量发展，共建美好生活。

永旺永乐服务集团始终秉持“不断为客户和地区社会创造新的环境价值”的经营理念，不断加强自我管理、自我提升，聚焦提升项目服务品质与客户满意度，充分考虑客户多元化需求，最大限度灵活运用设施，聚焦客户非核心业务，用一站式服务为客户创造良好的生活及经营环境，将客户生命周期成本降到最低，使客户的核心价值最大化。在持续发展基础服务的基础上，永旺永乐服务集团也在大力拓展多样化的服务内容，引进新的发展模式，力求实现转型升级，不断推动数字化改革，致力于绿色可持续发展，为社会的和谐美好贡献力量。

苏新服务聚焦城市服务和物业服务两大板块，以品质蓄能、以科技赋能、以实干聚能，在智能化服务、精细化管理上争做先锋者、争当引领者。苏新服务将积极探索数字化建设，打造人工智能在服务优化方面的创新应用场景，打破传统边界，激活数字动能。同时，逐步完善增值业务渠道搭建，在空间资源、社区团购、延伸服务三大板块继续深挖，探索全生命周期物业服务，扩充服务项目，细化服务内容，借助智慧物业系统，不断提高客户忠诚度，提升品牌形象。

南京

2025年南京物业满意度普查结果显示，总体得分为73.7分，较2024年有所下滑，具体降幅为0.5分。当前，主城区老旧设施更新与新交付小区服务标准化之间的结构性矛盾有所显现，部分小区出现“低缴费—服务缩水—满意度下滑”的阶段性恶性循环。南京市正通过推广“红黑榜”监管、智慧物业平台等模式，推动行业向规范化、透明化方向高质量发展，众多优秀物业企业也紧紧围绕客户需求，在细节管理上精心挖掘，不断提升服务品质。

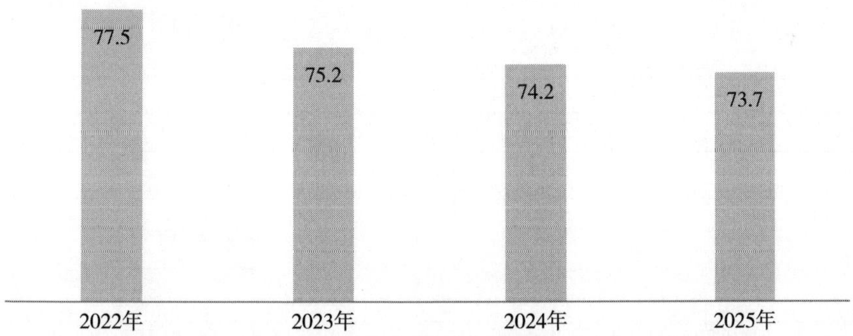

图4-30　中国物业服务满意度普查——南京得分情况

数据来源：中指研究院·中指调查。

在中国物业行业正经历从规模扩张到价值重塑的关键转型期，瑞森生活服务始终秉持“质价相符”原则，针对每一个物业市场拓展项目，深入调研项目特性与业主需求，定制专属服务方案。从项目前期筹备，到日常运营管理，再到后期优化升级，全流程提供契合项目定位与业主期待的服务。在服务过程中，凭借长期稳定的合约守约精神，严格履行服务承诺，确保服务质量始终如一。同时，瑞森生活服务以专业团队为支撑，在安全管理、设施维护、环境保洁、社区文化建设等领域持续深耕细作，不断提升服务品质。正是通过这样持之以恒的努力，瑞森生活服务在业主心中树立起良好口碑，收获高度认可与信赖。

弘阳服务集团顺需而变，始终秉承“让生活更有温度”的初心，专注为客户提供“满意＋惊喜”

的服务内涵，不仅打造系统运营标准好、客户服务管家好、秩序井然环境好、设施设备运行好、信息协助效率好的“五好服务”，先后开展了绿化品质提升、醒春行动、聆听行动等活动，于点滴日常中让业主感知不断升级的品质服务；还勤练内功，通过开展弘精英计划、弘耀计划、准将计划、“点亮星火”安全教官集训、“消防宣传月”专项行动等系列培训活动，不断提升弘阳服务人的业务能力和管理水平。此外，弘阳服务集团积极推动社区智能化建设，焕新增设红外感应灯、节能灯具、空调能耗计费系统、地库照明优化系统等，通过业务精细化、流程畅通化、权责清晰化、科技线上化提高管理及服务效能。

依托十余年专业绿色社区运营服务经验，朗诗绿色生活坚持以客户为导向，致力于打造及运营温情社区，为广大客户提供多元化的物业管理服务、非业主增值服务以及社区增值服务，服务项目涵盖住宅、办公大楼、租赁性公寓、公共设施、产业园区、医院及银行网点等多种业态。朗诗绿色生活持续打造“36.5° 有温度社区”和“星级管家服务体系”，通过定期满意度调研和快速响应机制，不断提升服务品质。同时依托社文品牌“诗友公社”为载体，通过社文活动促进邻里关系，满足客户的精神文化需求，将有温度社区落地化。

郑州

2025 年普查结果显示，郑州物业服务满意度得分为 73.4 分，相较于 2024 年下降了 0.5 分。受房地产行业深度调整以及交付后房屋质量等历史遗留问题的影响，部分新交付项目的物业满意度受到一定程度的牵连；加之今年多地政府出台降低物业服务费的政策，郑州市不少居民对目前物业费收取标准表示不满，呼吁降低物业费，这对满意度的影响较大。郑州市标杆物业企业也针对这些现象从“质价相符”着手，通过提升基础服务、做好暖心服务、打造亮点服务，给客户带来更加优质的服务体验，其满意度得分与去年保持一致。

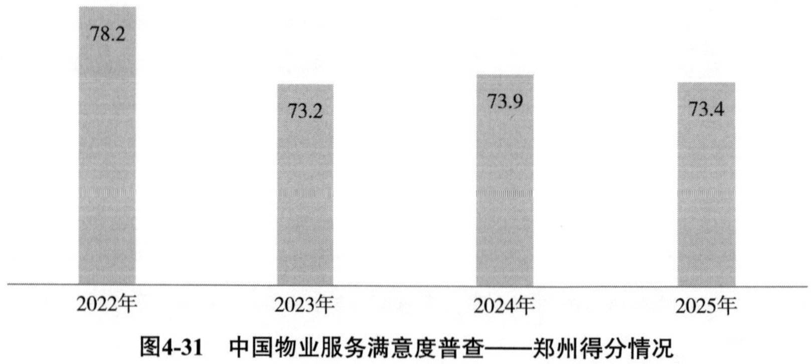

图4-31 中国物业服务满意度普查——郑州得分情况

数据来源：中指研究院·中指调查。

随着业主需求更加多样化，鑫苑服务从对“物”的管理延伸至对“人”的服务，坚持高品质、有温度、讲人文，精研鑫服务体系，为各业态提供定制化的服务方案，让客户感受有温度的智慧服务体验。此外，鑫苑服务聚焦物业行业的民生定位，通过“政企融合 + 专业服务 + 智慧平台”的路径，探索大物管产业生态建设，与政务服务平台互通，形成以社区服务为基点的智慧服务辐射圈，让业主生活更有幸福感和获得感。

鸿宝物业从注重服务产品功能价值转向注重业主体验价值，以“触点管理”为抓手，精准把握客户动线，并从客户动线的每个小环节中深挖需求，根据需求打造触点服务、做细服务场景。聚焦早送晚迎、便民活动、婚禧仪式、装修开业典礼、入住精开荒等专属关爱情感触点，让场景化服务被切实感知。通过丰富多彩的社区活动，构筑邻里和睦、守望相助的“生活共同体”，形成共创、共享的社区文化氛围。

天津

2025 年普查结果显示，天津物业服务满意度得分为 73.3 分，相较于 2024 年下降了 0.5 分，但降幅已收窄。当前，物业行业正经历深刻的战略转型，发展重心由追求规模扩张与在管面积增长，转向效益优先与运营质量提升。面对整体市场增长放缓，头部及区域领先企业率先调整策略，主动优化项目结构：一方面，审慎退出低效或亏损项目；另一方面，将资源聚焦于核心区域及高潜力存量市场。通过提升运营效率与优化服务品质，部分企业有效增强了项目盈利能力和客户黏性，在挑战中实现了更稳健的经营与可持续的高质量发展。

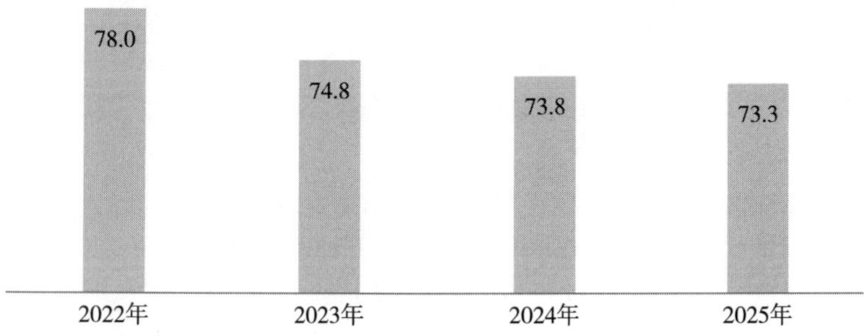

图4-32　中国物业服务满意度普查——天津得分情况

数据来源：中指研究院·中指调查。

融创服务自成立以来，以“至善·致美”为服务理念，为客户提供全面的高品质服务，致力于成为“中国品质服务首选品牌”。公司聚焦核心城市中高端物业，践行高质量发展战略，布局物业管理及商业运营综合服务两大业务板块，逐步确立了行业领先地位。服务业态涵盖住宅、商写、城市服务、案场、医院、学校、产业园等。在住宅服务领域，融创服务在归心服务的基础上升级提出“归心全生活服务体系”。此外，基于融创高净值客户的全方位服务需求，融创服务创新现有物业服务模式，推出集极致化基础服务、个性化私享服务、高品位精神构建于一体的定制化高端服务。多年来，融创服务初心不忘，始终践行“以人为本，以终为始”的服务理念，坚持为客户持续提供超越期望的服务，用品质服务链接用户、社区与城市，向成为“中国品质服务首选品牌”的目标坚定迈进。

二十余年来，绿城服务始终秉持“真诚、善意、精致、完美”的核心价值观，以客户需求为本。公司通过构建涵盖数千条标准规范、数百个触点的精细化服务体系，坚守零容忍的安全底线，持续夯实基础服务品质。同时，引入业主质量监督机制，不断升级服务模式，共同编织卓越品质之网，赢得了行业高度认可。绿城服务的足迹遍布天津全部 16 个市辖区，服务覆盖中高端住宅、办公楼、商业体、金融机构、学校、景区等多元业态，成功打造了全运村、水西雲庐、津澜阙等一批标杆示范项目，持续提升服务品质，践行企业愿景，不负社会信赖。

济南

2025 年济南物业服务满意度评分为 73.2 分，相较于 2024 年的 73.7 分有所下滑，降幅为 0.5 分。这一趋势反映出济南市物业服务品质提升面临着持续的挑战。在客户需求日益向个性化、人性化和情感化转变的体验经济时代，单纯保障基础安全已不足够。居民对营造环境优美、生活便捷、宜居宜业的社区环境有着更高期待，满意度的小幅回落提示着服务内容优化、响应速度提升以及服务标准精细化等方面仍需加强。

面对满意度的波动和市场环境的深刻变化，济南市物业企业深刻认识到高质量发展与回归服务本质的紧迫性。领先企业正积极实施战略调整，聚焦服务细节打磨与体验升级。通过深化党建引领、加速智慧化建设赋能管理，并着力构建可落地执行的标准化服务体系，济南市物业行业致力于提升运营规范性和服务效率，以期有效响应居民反馈，逐步弥合满意度差距，推动行业从基础保障向“好物业”的价值回归与可持续发展坚实迈进。

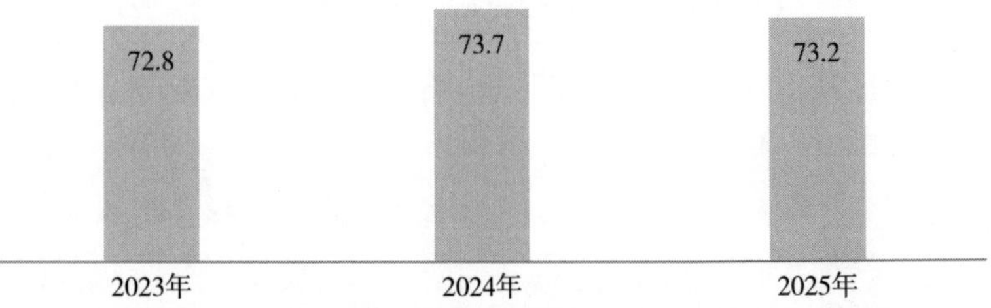

图4-33　中国物业服务满意度普查——济南得分情况

数据来源：中指研究院·中指调查。

绿地泉服务始终坚持以客户为中心，将服务标准化、精细化，让物业服务从基本的生活保障上升到定制个性化服务，通过高品质服务不断提升业主幸福感和满意度，业主满意度得分连续 5 年高于 90 分，并连续 3 年保持在 95 分以上的高水准。

昆明

在 2025 年的评估中，昆明物业服务满意度得分为 72.7 分，相较于 2024 年下滑 0.6 分，连续两年下滑，物业服务品质提升仍面临一定的挑战。鉴于此，昆明优质物企坚守服务质量的核心理念，专注于服务能力的持续提升，通过高质量服务、创新管理模式、科技赋能、党建引领等方式，促进物业价值的增值，强化品牌形象，以实现行业的可持续发展。

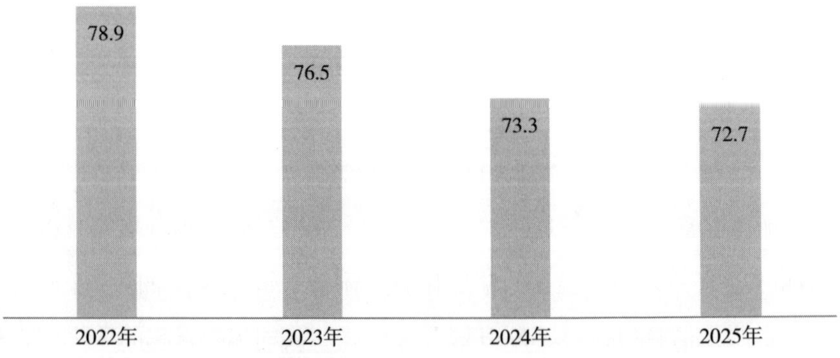

图4-34　中国物业服务满意度普查——昆明得分情况

数据来源：中指研究院·中指调查。

银海物业一直以来本着“用心服务、服务到家”的核心服务理念，坚持不懈夯实物业服务基础，不断创新服务管理模式，从基础开始，为业主提供优质物业服务，从而在本地市场获得较高的认知度。银海物业人牢牢记住物业服务的本质，将业主满意度放在第一位，坚持每一刻都不忘记梦想和使命，每一天积极应对变化不松懈，调动所有的想象力、创造力来解决好每一个当下的问题。

城建物业运营集团深耕本土市场，以“共创健康和谐美好社区”为服务理念，坚守“品质服务是根本，科技赋能是王道”的发展理念，以服务标准化、标准产品化、产品品牌化、品牌价值化为路径，深化精细化管理，夯实主业根基；以客户需求为导向，满足多层次业主的多元化需求，切实为业主提供高品质的物业服务，促进业主和住户的满意度持续提升。多年来，企业坚持不断全方位提升服务品质，与世邦魏理仕、第一太平戴维斯等五大行长期保持顾问合作，朝着更加规范化、标准化、专业化、系统化的企业发展之路推进。

春城财富物业以“客户需求为导向，客户满意为目标，创造惊喜为价值”的服务理念，认真践行“呵护你的每一天”的服务初心和使命，不断找寻最适合业主的生活方式。凭借团队一贯的创新精神、专业化管理、规范化运作等优势，春城财富物业不断引入国内外先进的管理理念，以美好赋能生活，链接业主，全方位构筑人居生活生态圈。

绘生活服务（巨和物业）深耕云南市场20余载，始终坚持“以尊贵的顾客为服务对象、以完美的环境为创建目标、以规范的管理为服务依托、以社会的需求为提升源泉”的服务宗旨及“人本服务，心绘生活”的服务理念，致力为业主提供多方位优质服务，做老百姓消费得起的亲民物业。绘生活服务（巨和物业）始终按照“围绕发展抓党建，抓好党建促发展”的工作思路，在保障性住房推行“聚思想暖民心”服务模式，联合各方优化服务、保障就业；在老旧小区实施“共建共治共享”服务模式，社区共治、业主共议、企业服务；在商品房探索“四化”模式、坚持“红色化”服务、打造“品质化”管理、推行“数字化”管控、提供“生活化”体验。

贵阳

2025年贵阳居民居住物业满意度评测结果显示，得分为72.5分，较上一年度下降了0.6分。当前，物业管理行业已逐渐从高速扩张阶段过渡到追求高质量发展的新时期。鉴于此，贵阳优质物业企业深刻认识到，行业的本质始终在于提供优质服务，通过持续品质焕新、差异性服务升级、智慧化科技助力、党建引领基层治理等方式全力助推业主幸福感跃升。

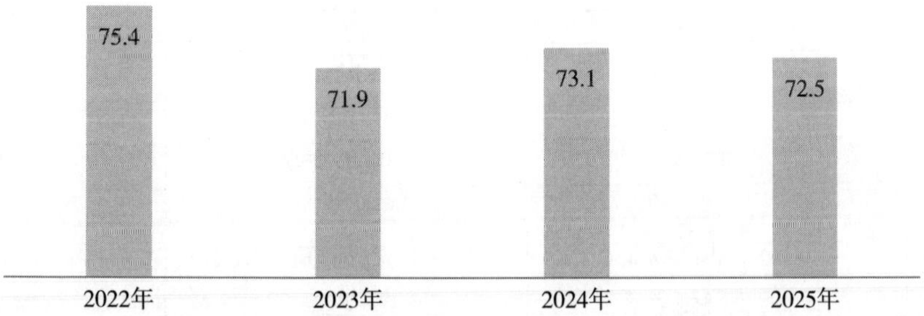

图4-35　中国物业服务满意度普查——贵阳得分情况

数据来源：中指研究院·中指调查。

中天城投物业持续以业主需求为锚点，构建品质焕新、服务创新、旧颜焕新、团队焕新、制度唤醒“五维体系”，系统推进主题年品质跃升工程。启动“美好家园焕新计划 / 靓家计划”，通过“百日焕新行动”重塑业主高接触区，以重点项目内部创优塑造标杆，同步植入网红打卡点与沉浸式归家动线设计，构建服务美学。从畅行守护、高效响应、暖心关怀、安全智控等方面入手，让每个服务细节都成为温度的注脚，全力助推业主幸福感跃升，助力服务品质向新提升。

中铁建物业深耕贵州14载，一直以来致力于为业主提供有温度的服务，一切以“让客户满意”为中心，视业主为亲人和朋友，跑步式服务、微笑服务、专业服务、22项零干扰服务、30项客户关怀，为不同需求的客户提供差异化服务。针对不同产品线和客户群，搭建“安享家、悠享家、尊享家”三级服务体系，打造多样性、全生命周期的生活服务产品，为业主带来满意、惊喜和尊贵的服务体验。中铁建物业将始终坚持传承铁道兵精神，践行央企担当与使命，持续稳健发展，向“做中国最具价值的美好生活服务商”的目标不断迈进。

和泓服务丨贵阳兴隆物业立足贵州，深耕物业行业，秉承“做的比承诺的更好”的宗旨，践行“业主无小事，都是我的事”的服务理念，坚持以党建引领企业高质量发展，以红色物业护航幸福人居。“和美先锋，红暖万家”红色品牌作为和泓服务丨贵阳兴隆物业打造的特色品牌，已获得行业肯定，成为全国行业内的示范案例，吸引多方参观学习。未来，和泓服务丨贵阳兴隆物业将紧紧围绕“和泓相伴·幸福一生”的理念，推动物业服务向精细化、品质化跃升，形成“红色引擎”驱动管理创新与社会价值共赢的良性循环，为中国物业管理行业党建引领基层治理提供可复制的“物业样本”。

贵阳物业集团以“宁、静、祥、和、臻、优”6套服务体系及“SOP手册”为坐标，夯实服务技能，强化服务质量，打造多元化、差异化服务矩阵，提升客户体验感与满意度；同时以搭建智慧物业平台作为关键抓手，实现服务全方位升级。始终坚持以业主需求为圆心，打破传统物业边界，将服务升维为生活方式的深度策展，让服务从功能满足升华为情感共鸣，以“主动式关怀＋场景化服务”重新定义业主生活的温度与厚度。

5. 2025年中国城市物业服务满意度优秀企业

服务品质是物业企业的核心竞争力，是企业可持续发展的关键，其重要性不容忽视。中指研究院坚守公正、客观及全面的准则，打造了一套科学的评估框架，针对全国主要城市的业主实施了物业服务满意度专项调查。基于2025年物业服务满意度普查数据，融合客户期望、质量感知和价值感知等核心评价指标，遴选出了一批在业主满意度和服务品质方面表现杰出的标杆企业。

表4-1　2025年中国城市物业服务满意度优秀企业

北京	上海	深圳	广州
万科物业	绿城服务	中海物业	保利物业
金茂服务	陆家嘴物业	华侨城物业	时代邻里
中海物业	招商积余	长城物业	越秀物业
保利物业	古北物业	深业丰盛	珠江城服务
融创服务	复悦生活	彩生活	唐荣物业
成都	**杭州**	**重庆**	**武汉**
保利物业	滨江物业	金科服务	中海物业
新希望服务	绿城服务	融创服务	中建南湖物业
中海物业	万科物业	天齐智慧服务集团	碧桂园服务
星信物业	保利物业	东原仁知服务集团	武汉城建服务集团
招商积余	融创服务	龙湖康田物业公司	车之美服务
苏州	**西安**	**南京**	**长沙**
中海物业	中海物业	瑞晖生活服务	万科物业
永旺永乐服务集团	保利物业	弘阳服务	绿城服务
苏新服务	龙湖智慧生活	朗诗绿色生活	金茂服务
招商积余	经发物业	江山智联	中建物业
绿城服务	高星物业	招商局物业	华润置地生活

续表

郑州	天津	合肥	青岛
华润万象生活	融创服务	保利物业	绿城服务
鑫苑服务	绿城服务	安徽高速	海尚海服务
绿城服务	保利物业	伟星物业	中海物业
鸿宝物业	中海物业	新城发展	华润万象生活
中海物业	格调物业	德信盛全服务	保利物业
佛山	**济南**	**南宁**	**昆明**
碧桂园服务	绿地泉服务	彰泰物业	银鸿物业
时代邻里	龙湖智慧生活	安信物业有限公司	城建物业服务集团
招商积余	碧桂园服务	荣和物业	春城翰墨物业
美宜佳服务	保利物业	中海物业	给生活服务（巨和物业）
东建物业	绿城服务	中铁建物业	润辰生活服务
贵阳	**中山**	**宁波**	**金华**
中天城投物业	雅生活集团	绿城服务	滨江物业
中铁建物业	时代邻里	晋罗物业	绿城服务
和泓服务控股雍隆	万科物业	荣安物业	德信盛全服务
碧桂园服务	万宁物业	万科物业	中天麓谷服务
碧桂园集团	华博物业	奥克斯璟一服务	万科物业

结语

从行业发展轨迹来看，2021至2025年物业服务满意度均值波动性下行，本质上是房地产市场从增量开发向存量运营转型过程中的阶段性调整。当前房地产市场已进入由“住有所居”向“住有宜居”升级的关键阶段，物业服务作为社区生态运营的重要载体，其满意度提升逻辑正与市场变革形成深度关联。

1. 市场变革倒逼服务价值重估，满意度成为存量竞争核心筹码

在房地产增量开发放缓、存量资产运营比重提升的背景下，物业服务从“住宅附属品”向“社区价值创造者”转型。业主对服务的需求已从基础保洁、安保向智慧化体验、资产增值延伸，如标杆企业通过智能设备管理系统、社区养老等增值服务巩固优势，印证了服务价值感知与满意度的强关联性。未来，随着“保交楼”政策持续推进及老旧小区改造扩容，物业服务将深度介入房屋全生命周期管理，满意度指标将成为开发商品牌力、物业企业竞争力的关键显性化指标。

2. 技术赋能与标准化建设双轮驱动，推动满意度触底回升

行业“马太效应”加剧的深层原因在于技术应用与服务体系的代际差距。标杆企业通过部署AI工单系统、物联网监测设备等技术手段，将服务响应时效显著提升，为行业树立了效率标杆。未来，随着轻量化智能工具（如云端巡检平台、业主端服务App）在中小企业中的应用拓展，基础服务的标准化与可视化程度将显著提高，有望逐步缩小车辆管理、公共设施维护等薄弱环节的满意度差距。与此同时，政策层面可能强化服务标准认证要求，推动行业竞争格局由“价格导向”向“品质导向”转变。

3. 需求分层与服务定制化，重构满意度评价维度

不同期别业主满意度的分化反映出服务需求随居住周期的动态演变。未来，物业服务将更侧重于“分众化运营”：针对新交付小区，强化工程质量整改与信任构建；对老旧社区，聚焦设施焕新与适老化改造；对高端项目，深化资产托管、健康管理等增值服务。这种精细化服务模式将推动满意度评价从“单一均值”向“分层指标体系”进化，从而更精准地匹配业主的多元需求。

4. 区域协同与生态整合，打开满意度提升新空间

一线城市与新一线城市标杆企业的满意度差异，表明区域化服务适配具有重要价值。未来物业服务格局或呈现“头部企业区域深耕与中小企业联盟协作”并行态势：头部企业依托城市服务综合体模式（如整合社区、商圈及政务服务）拓展服务范围，中小企业则通过区域化资源共享（如设备共用、人才培训联盟）降低运营成本，共同缓解“成本与品质”间的结构性矛盾。此外，“物业＋社区养老”“物业＋基层治理”等政策试点持续推进，将显著强化服务的公共服务属性，从而提升业主对服务价值的内在认同。

在房地产存量时代开启之际，物业服务满意度的提升已非单一企业的能力竞争，而是涉及行业生态重构与价值重塑的系统性工程。唯有通过技术创新突破效率瓶颈，依托标准化建设夯实服务根基，以需求洞察驱动体验升级，方能在业主日益增长的高品质需求与行业不平衡不充分的发展之间的矛盾中，获取满意度持续提升的关键路径，进而实现物业管理从“基础服务提供者”向“美好生活运营商”的战略跃迁。

附录

1. 物业服务满意度调查

随着我国房地产市场的发展与变革，物业服务在民众生活和工作中的关键地位日益凸显。客户满意度调查不仅是对物业服务质量的衡量标准，更是企业优化服务、提升竞争力的核心工具。通过调查业主满意度，企业能够第一时间了解业主的真实需求和期望，进而发现服务质量的不足并加以改进。同时，这也有助于企业及时掌握市场动态，调整发展战略，确保在市场竞争中始终保持优势。满意度调查对于提升企业品牌形象具有深远影响，有助于吸引更多潜在客户的关注和支持。因此，企业应充分认识到客户满意度调查的重要性，积极开展相关工作，以实现服务质量的持续优化和企业竞争力的不断提升。唯有如此，企业才能在激烈的市场竞争中稳居不败之地，为业主创造更大价值。

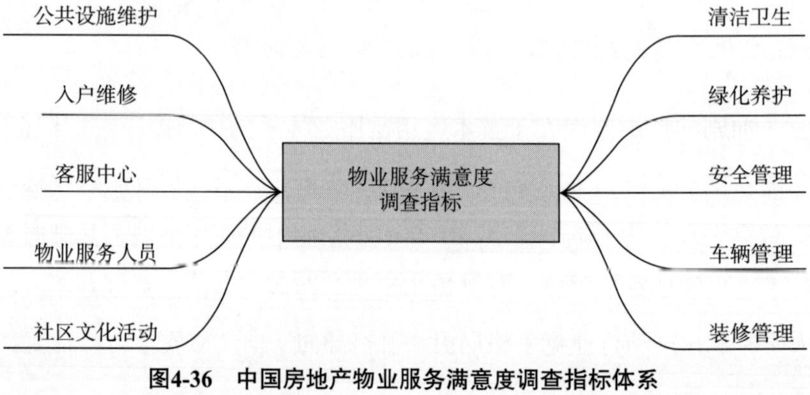

图4-36 中国房地产物业服务满意度调查指标体系

常见的三种调查方式：

（1）互联网＋调查：借助“中指·云调查”系统平台，实现“互联网＋”云调研模式。通过二维码扫码答题、短信邀约、公众号推送等多种方式收集数据，使受访者从传统的被动调查转变为主动参与，充分利用碎片化时间，激发受访者的表达需求。这种调查方式能够在更短的时间内、以更低的成本获取精确的访问数据。

（2）CATI电话访问：访问员利用中指院研发的CATI系统（即电脑辅助电话调查系统）进行一系列的调查访问工作。该系统具备全程录音监控功能，使得调查者能够实时掌握访员的操作情况（包括访员上机、拨打电话等各个环节），从而确保以更加高效的方式获取准确的访问数据。

（3）App入户访问：被访问者在家中单独接受访问的一种调查方式。调查员根据抽样方案，进入选定的家庭或企业单位，按照预先设定的方法，选取合适的被访者，然后面对面地直接提问，以完成问卷或调查提纲。

2. 物业神秘客暗访调查

随着我国物业服务市场化水平的不断提高，神秘客暗访在物业服务领域的应用日益广泛。这种暗访方式是通过扮演潜在或真实消费者，对物业服务过程进行亲身体验与反馈评估的一种测评方法。神秘客会按照预先设定的时间和需求，前往指定物业服务区域，通过实地体验、咨询等途径，对物业服务进行全面评估。由于服务人员难以识别或确认神秘客的身份，降低了主观因素的影响，使得评估结果更为真实、客观地揭示了物业服务的实际状况。神秘客暗访的核心目标在于真实反映物业项目在各环节的表现，协助企业高层精准发现管理短板，探寻服务与企业标准之间的差距，进而提升项目现场服务品质，塑造企业品牌形象，增强企业的核心竞争力。

图4-37　物业神秘客暗访调查类型

表4-2　住宅项目物业神秘客暗访调查指标

分值权重	8	8	20	22	9	5	15	5	5	3
环节	园区周边	进入园区	园区环境	楼内环境	车库环境	维修养护	客服中心	楼宇管家	安全管理	外围商业
指标数量	7	8	29	30	9	4	11	4	3	3
检查内容示例	外墙维护 绿化养护 环境清洁 车辆停放 指引标识 外围景观	外来管理 门岗服务 门岗形象 岗亭环境 闸机闭合 路面卫生	景观绿化 卫生环境 公共设施 宣传展示 保洁人员 车辆停放	电梯轿厢 卫生环境 设备设施 消防安全 信息公告	停车管理 设备设施 环境清洁 消防安全	报修测试 接电时效 接电态度 维修响应	环境卫生 信息公示 设备设施 客服仪表 客服接待	接听及时 响应及时 报事登记 接听礼仪	巡逻人员 门禁管理 安全隐患	环境清洁 车辆停放 占道经营 私拉横幅 小广告张贴

表4-3　　办公项目物业神秘客暗访调查指标

分值权重	8	10	13	12	26	6	5	7	13
环节	周边环境	停车场管理	大堂管理	电梯管理	公共区域	装修管理	外来人员	客服热线	客服中心
指标数量	8	10	15	13	27	6	5	7	12
检查内容示例	环境清洁 停车秩序 沟渠井 水景水池 绿化修剪 巡视人员	工作人员 道闸系统 标识指引 停车秩序 照明满足 环境清洁 安全隐患	大堂清洁 绿植养护 照明 / 温度 工作人员 晨迎服务 客流管控 楼层指引 设施设备	电梯管理 运行规划 货梯管理 紧急对讲	楼层清洁 绿植养护 照明 / 温度 标识指引 楼层垃圾桶 走火通道 消防设备 卫生间 硬件设施 工作人员	装修保护 现场管理 证件张贴 巡察记录 安全隐患	对客服务 登记规范 路线指引 逗留人员询问	接听及时 问候标准 沟通顺畅 态度友好 挂机礼仪	环境清洁 对客服务 着装规范 用语礼貌 沟通顺畅 送别礼仪 工作秩序

表4-4　　商业项目物业神秘客暗访调查指标

分值权重	9	14	16	25	14	5	7	10
环节	商业街区外围	停车场管理	商场氛围感受	公共设施运行维护	便民服务	装修管理	客服热线	服务台问询
指标数量	13	10	12	18	11	6	7	10
检查内容示例	商场 LOGO 醒目 底商 / 牌匾 露天设施 外街秩序 沟渠井 环境清洁 水景水池 绿化修剪 停车秩序	工作人员 道闸系统 标识指引 停车秩序 照明满足 环境清洁 安全隐患 缴费便捷	环境清洁 购物秩序 导视系统 照明 / 温度 装饰摆件 背景音乐 门店音乐 绿植养护 工作人员	电梯运行 扶梯运行 液晶广告屏 紧急对讲系统 休息等候设施 儿童活动设施 消防通道	卫生间 母婴室 无障碍通道	装修保护 现场管理 证件张贴 巡察记录 安全隐患	接听及时 问候标准 沟通顺畅 态度友好 挂机礼仪	环境清洁 对客服务 着装规范 用语礼貌 讲解清晰 送别礼仪 工作态度

3. 客户需求调查

中指的客户调查定制化服务，主要建立在不同维度的大数据（内部多体系强大的客群数据支持）、房天下潜客数据，以及中指调查强大的调研工具（中指云调研系统）所采集的线上及线下调研数据之上。目前，中指已为万科、保利发展、远洋地产、新城控股、当代置业、美的置业等多家房企提供包括板块客户地图研究、城市居民置业需求跟踪调查、住房产品需求偏好调查、精装修发展策略与配置需求调研、科技住宅需求调研、第四代住宅需求调研与其他专项调查等多项服务。

表4-5　　中指·客户需求调查及研究服务内容

服务类型	服务内容	解决问题
01 城市板块客户地图研究	1. 研究城市板块土地价值属性，形成土地属性地图 2. 通过大数据、抽样调查研究城市板块客户特征及流动特点，形成各板块客户画像 3. 结合土地属性、各板块客户画像，建立对应的产品落位建议	建立“土地—客户—产品”对应关系，快速精准落位产品，助力去化

续表

服务类型	服务内容	解决问题
02 城市居民置业需求跟踪调查	中指调查每月开展对全国城市居民的置业意愿调查，动态了解居民置业信心、置业计划、政策及价格预期等。截至 2024 年 5 月，本调查已形成 49 期的置业跟踪调查报告，累计样本超过 50 万份。 1. 针对企业划定的重点城市开展居民置业需求月度调研跟踪（12 期 / 年） 2. 调研内容包括但不限于： （1）城市居民当前住房满足程度 （2）政策预期、价格预期 （3）产品、服务等住房需求偏好 （4）置业行为、置业意愿变化 （5）其他企业需要加入的个性化题目	提前了解市场需求变化，安排营销、投资节奏
03 住房产品需求偏好调查	通过设计问卷，以“量访 + 深访”形式了解需求偏好 1. 城市居民住房产品需求调研 2. 区域或板块居民产品需求调研 3. 为产品线优化开展的客户需求调研 4. 围绕特定地块调研潜在客群需求 5. 老业主入住体验痛点及需求调查 6. 养老 / 康养客户住房产品需求调查	为企业拿地决策、产品设计、产品优化方向提供参考
04 精装修需求调研	包括但不限于以下方面： 1. 全国及区域装修市场分析 2. 城市精装修市场特征分析 3. 不同类型客户精装修偏好及触点调研分析 4. 典型开发企业装修策略分析 5. 典型城市精装修项目分析 6. 企业装修配置策略建议	为企业精装修产品配置提供建议
05 科技住宅需求调研	1. 科技住宅行业发展研究 2. 某城市科技住宅客户调研分析 3. 某城市科技住宅科技产品配置建议	为企业科技住宅产品发展及配置提供建议
06 第四代住宅需求调研	1. 第四代住宅发展情况分析 2. 典型第四代住宅项目分析 3. 某城市居民对第四代住宅偏好分析 4. 企业发展第四代住宅设计建议	为企业第四代住宅产品发展及配置提供建议
07 企业年度客户服务白皮书	主要内容包括：企业客服梳理、行业客服对标、客户服务需求调查、年度白皮书撰写与发布	凸显企业客户服务成绩与价值，提高客户黏性
08 其他专项需求调查	根据企业需要沟通相应的服务提纲及相关内容	为企业解决特定阶段、特定业态相关问题开展的调研和策略建议输出

报告五　2025年上半年中国物业管理行业市场总结与下半年趋势展望

摘要

1. 2025 上半年中国物业管理行业总结

（1）市场环境：政策规范物业服务市场，平衡各方利益

2025 年上半年，行业政策以规范类政策为主，聚焦行业乱象整治、空置房定价等热点方向，并在政策制定与落地过程中平衡业主、物业企业等各方的利益与责任。围绕行业乱象问题，探索信托制等创新收费模式，提升行业透明度，并同步完善法制建设与监督机制；围绕空置房定价，政策的制定需平衡业主权益与物业企业正常经营需求，并通过减少房屋空置率，从源头上化解物业费收缴纠纷。此外，倪虹部长提到好房子还要有好的服务，品质提升成为当下物业企业战略聚焦的重点方向。

（2）经营策略：追求经营质量，创新定价机制，推动质价相符

经营策略方面，物业企业由追求规模转向注重经营质量，以实现服务质价相符为核心目标，主动退出效益低甚至亏损的项目。2025 年上半年，因不合理降低物业费而导致的项目退出案例有所增加，体现了业主和物业公司之间对质价问题的博弈。“弹性定价”的推出为行业灵活定价提供了新的思路，物业费“调价难”“只涨不降”等行业规律正在逐渐被现实打破，有望助力行业形成“提质”与“优价”的良性循环。

（3）资本市场：物业板块表现不及市场整体，低估值与流动性问题有待破局

2025 年上半年，物业上市公司在资本市场表现不及资本市场的整体水平，物业企业总市值与平均市盈率相较年初虽有所回暖，但长期来看，行业估值仍处于较低水平。房地产关联方的拖累与物业行业缺乏增长亮点的现状，共同导致了上市物企流动性枯竭。在此背景下，2025 年上半年，行业未出现物业企业登陆资本市场的案例；融信服务成为第二家主动选择退出资本市场的物业企业。

（4）技术应用：新媒体拓宽品牌传播路径，AI 助力企业高效投拓

技术应用正深刻影响并改变着物业管理行业。在品牌传播领域，视频号作为全新的媒体流量平台，凭借其内容形象化、可视化、通俗化的传播特点，拥有传统媒体平台所不具备的传播优势，为物业企业的品牌宣传带来了更多流量。在企业运营与市场拓展领域，AI 工具不仅能够更高效、准确地处理运营中的各类具体问题，还可以在招投标场景中助力企业实现高效投拓。

2. 2025 年下半年物业管理行业展望

（1）市场规模：存量蓝海持续扩容，长坡之上积雪可期

物业管理行业广阔的市场空间蕴含着巨大的发展潜力。从管理面积上看，截至 2024 年底，全国物业管理行业总管理面积为 314.14 亿平方米，预计到 2029 年将进一步增长至 375.37 亿平方米。从营收规模来看，据第五次全国经济普查公告数据，2023 年，物业企业法人单位全年实现营业总收入 16960.5 亿元，超越餐饮业、住宿业、邮政业、居民服务业等传统服务业，凸显出强劲的市场需求韧性及业务挖掘潜力。

尽管行业的利润率水平在持续下降，但目前的低毛利更贴近物业管理的业务本质。现金流稳健、核心业务需求刚性等特征决定了物业管理是一门“稳盈利”的生意，企业应该思考在长期的运营周期内如何凸显服务价值，实现长效发展。长坡之上，积雪可期。

（2）发展策略：聚焦深耕成主流，降本增效是关键，做好服务是根本

聚焦深耕：在当前的市场环境下，物业企业专注于有优势的区域、业态和客户，做好自身擅长的业务，以实现高质量发展，聚焦深耕战略成为行业共识。越来越多的企业开始制定城市深耕计划，以集中资源提升项目质量和运营效率。部分公司聚焦自身优势业态和服务的客户类型，通过提升专业服务能力构筑竞争壁垒。

项目拓展：未来，物业公司的拓展方向将聚焦优质资产与核心项目，注重项目的现金流保障能力和盈利能力，提高市拓质量，并持续退出低质、低效项目。但退出项目是质量管控的底线手段而非目标，“质量优先”并不否定规模价值。在竞争加剧的市场环境下，“守盘”与“拓盘”同等重要。

降本增效：为缓解企业经营困局，物业企业探索并推动降本增效策略的实施。从行业共性的角度看，人力成本、采购与供应链是最常见且最可行的成本优化方向。科技赋能是物业企业效率提升的重要抓手，科技硬件工具能够直接提升服务效率，软件则可以优化业务流程，重构业务平台，提升管理效率。

夯实主业：基础物业服务收入占比或将进一步提升，成为企业发展的压舱石，为企业提供稳定的现金流，提升客户黏性并逐步建立品牌信任。高品质物业管理往往能实现资产保值增值，彰显服务的价值。而在服务收费方面，物业费降价案例时有发生，“质价适配”机制在加速重构，收费模式的创新实践越来越受关注。

多元探索：非业主增值服务或将进一步收缩，社区增值服务面临结构性调整。社区增值服务多年探索成效不及预期，深耕需求与模式适配为破局关键。物业公司应根据自身特征、资源优势、专业优势，结合具体业务的特征和市场竞争情况决定采用适宜的业务运营模式。

拥抱 AI：物业与科技的逐步深入融合是必然趋势，也是物业公司降本增效、提升服务体验、突破行业发展困境的金钥匙。科技应用场景已逐步扩展至优化能源管理、智慧工单管理、舆情监测等具体领域。未来，行业将面临数据孤岛、组织转型、价值验证落后、隐私合规等应用困境，需要物业公司探索破解路径。

一、2025 上半年中国物业管理行业总结

（一）市场环境：政策规范物业服务市场，平衡各方利益

1.《人民日报》发文整顿物业乱象，规范服务行为

2025 年 4 月,《人民日报》党建版刊发《整治物业管理乱象，靶向发力》，报道成都市在物业管理领域开展专项整治行动的情况。报道从查到底、专项治和建机制三个角度，聚焦物业管理领域乱象，靶向发力，查处腐败案件，健全制度机制，推动解决一系列群众急难愁盼问题。

物业管理乱象是长期困扰基层治理的主要问题之一，其出现原因主要包括以下几个方面。其一，部分物业项目存在先天性的结构失衡，其中“建管不分”的遗留问题尤为突出，由于前期物业管理通常由开发商指定关联物企负责，物业公司缺乏独立性和中立性，容易偏向开发商利益，在房屋质量、规划变更、设施移交等问题上难以维护业主权益；而业主作为买方处于弱势地位，购房时往往被动接受前期物业合同及定价，“货不对板”的情况在交付后才暴露。其二，当下行业市场透明度仍处在较低水平，物业企业与业主的信息严重不对称，业主难以清晰了解物业服务成本构成、标准执行细节、公共收益明细，物业公司则掌握全部信息和资源；行业的有效竞争不足，前期物业的“先入为主”、业委会成立难或运作不畅，使得更换物业的门槛极高，市场优胜劣汰机制失效；物业项目收费标准调整难、服务品质衡量标准模糊的特性，会导致质价相符原则难以落实。其三，监督执行与法制建设仍然存在不足，监管力量薄弱、执法难，街道、社区一级缺乏专业人员和有效抓手，对物业违规行为处罚执行难；法规政策细则不清、操作性不强，如公共收益分配、维修资金使用表决机制等，在实践中易产生分歧；信用体系和惩戒机制不健全，对违约的物企与从业人员的约束有限。在开发商遗留问题、市场失灵与信息不透明、监管制度缺失等因素的共同影响下，物业管理行业当下存在资金不透明、服务不到位、信息不公开等诸多问题，造成群众对物业管理市场与物业企业不满。

由于物业与老百姓生活息息相关，物业管理行业的问题会直接影响到基层治理的成效。因此，物业行业应该针对物业管理乱象的产生原因，采取相应的整改措施。首先，开发商遗留等问题造成的先天性结构失衡是最常见的导致物业管理乱象的因素之一，需要得到物业企业、业主与监管机构的共同重视。物业企业作为项目的承接方，要严格履行“承接查验”程序，详细记录、审核并保存交接时的技术资料与财务资料以尽可能规避化解项目隐患；针对承接来自关联开发商的项目，建立好财务独立、关联交易透明化的风险防火墙；此外，物业企业应积极主动与业主进行沟通，在项目交付及管理初期，主动召开业主见面会或恳谈会，坦诚告知小区存在的开发遗留问题、整改进展、物业可提供的服务范围以及需要业主配合支持的事项，建立企业与业主的信任起点。业主作为服务的当事人，应当及早、规范成立业主组织，与物业企业与政府主管部门建立有效沟通与维权机制，从而有效保障自身的权益。行业监管部门则应该强化源头治理，一方面严把开发入口关与销售关，推动销售环节信息强制披露，压实开发商售后维保责任，加强前期物业独立性监管，尤其是严格禁止物业公司挪用项目资金弥补开发商债务，另一方面通过开发商历史信息公开制度与多维度信用奖惩机制，明确对违约开发商与物企的惩罚。

创新收费机制，提升物业收费信息的透明程度，是化解市场机制失灵问题的重要抓手。《整治物业管理乱象，靶向发力》的“建机制”部分，论述了成都市部分项目引入“信托制”带来的变化与成效。

信托制是在传统的酬金制与包干制以外，一种新型的物业费模式，物业企业以物业费的使用公开透明为切入点，探索出信托制物业费模式：物业公司通过信托账户支取物业费，公开透明，避免业主产生误解。信托制物业费属于酬金制的改进，将传统物业的双方买卖关系升级为“委托—受托—受益”的信义关系。信托制物业费最大特点是权责清晰，资金流向全程透明，保证物业服务质价相符。业主将物业费及公共收益归集到一个透明的业主共有资金池作为物业信托基金，业主大会、业委会为委托人，邀请信托机构担任信托受托人，全体业主为信托基金受益人，物业公司为物业服务的受托人。受托人管理物业信托基金，物业公司依照合同提取酬金，并根据信托基金的资金情况提报预算并支取物业费；全体业主通过物业信托基金的查询密码监督账户收支。该模式明确了物业公司的权责边界，促使其提供质价相符的服务；物业费由业主大会收取，账户公开透明，专款专用，隔离风险；增强业主主人翁意识，促进业主积极参与小区管理。不过，该模式较为复杂，专业化程度高且需要业主高度自治，目前尚未大面积普及应用。

表5-1　　2025年上半年规范整治相关政策

时间	区域	名称	内容
2025 年 4 月	全国	《人民日报》党建版刊发《整治物业管理乱象，靶向发力》	从查到底、专项治和建机制三个角度，聚焦物业管理领域乱象，靶向发力，查处腐败案件，健全制度机制，推动解决一系列群众急难愁盼问题
2025 年 5 月	贵阳	关于公布“整治物业服务履约不到位、侵占业主公共收益等问题”集中整治监督反映方式的通告	大力实施物业服务质量提升行动，扎实开展“整治物业服务履约不到位、侵占业主公共收益等问题”集中整治，重点查处物业服务企业违法违规行为，促进全市物业服务行业提质增效，欢迎社会各界参与监督
2025 年 5 月	北京	深化物业管理改革创新持续提升物业服务质量三年行动计划（2025—2027 年）	关于物业问题主要讲了以下几点：①要牢固树立以人民为中心的发展思想；②要突出党建引领；③要抓好物业服务领域专项集中整治；④要坚持问题导向；⑤要创新体制机制；⑥要健全完善上下联动、横向协同的工作格局
2025 年 4 月	惠州	关于“物业服务履约不到位、侵占业主公共收益等问题”专项整治的公告	整治群众身边不正之风和腐败问题，加强住宅小区物业领域监督管理，规范物业服务企业经营行为，维护广大业主合法权益，在全市范围内开展“物业服务履约不到位、侵占业主公共收益等问题”专项整治行动
2025 年 4 月	襄阳	襄阳市整治物业服务履约不到位、侵占业主公共收益等问题专项整治工作方案	围绕“物业服务履约不到位、侵占业主公共收益、住宅老旧电梯更新不及时以及其他侵害群众利益问题”，自 2025 年至 2026 年，开展为期两年的专项整治行动，化解一批群众反映强烈的物业服务突出问题，促进物业服务行业健康有序发展
2025 年 3 月	南阳	南阳市城镇住宅物业服务规范化整治行动方案	《方案》包括总体要求、基本原则、重点任务、保障措施，涵盖了进一步建立健全物业管理体制机制、进一步加强小区公用设施管理、进一步规范物业服务市场、进一步规范物业管理行为方面的具体要求
2025 年 3 月	漯河	整治物业服务履约不到位侵占业主公共收益等问题专项行动方案	设立市、县两级举报平台，覆盖 9 个区县；对拒不整改企业，联合法院将其纳入失信被执行人名单并强制退出

资料来源：中指研究院综合整理。

完善法制建设与监督机制有助于进一步明确各地物业管理市场所面临的具体问题，从而开展针对性的整治行动，并且使行动做到有据可依，使行业做到有标可循。2025 年上半年，全国多地发文开展专项整治物业乱象的活动，关注点包括物业服务履约不到位、侵占业主公共收益、停车位和住宅老旧电梯更新不及时以及物业费定价等群众反映的问题。

2. 空置房物业费减免政策受关注，多方利益平衡待解

2025 年上半年，“空置房物业费减免”成为部分城市物业政策的关注对象。2025 年 2 月，江苏镇江宣布连续空置超过 6 个月的住房，可申请享受物业费七折优惠。同月，长沙市宣布空置房物业服务费实行阶梯式优惠。2024 年以来，山东青岛、甘肃兰州等地也明确连续空置 6 个月以上的房屋物业费打折。

空置房物业费减免政策并非近期才出现的新政策，而是伴随行业限价政策的集中出台，空置房物业费减免作为一种调价模式，重新进入公众视野。据不完全统计，目前，全国已有十余座城市（区）宣布空置房物业费可打折，其中，苏州市、常州市等地最早于 2014 年便开始施行空置房物业费七折优惠政策，至今已超过 10 年时间，奠定了空置房物业收费模式“连续空置 6 个月 + 书面申请”的基础框架。

表5-2　部分城市出台的空置房物业费减免相关政策

时间	区域	政策名称	内容
2025 年 2 月	镇江	《关于明确市区空置房住宅物业服务收费有关事项的通知》	业主大会成立前，因业主原因未及时办理入住手续或办理入住手续后未入住或未使用的住宅物业，连续空置超过 6 个月（含 6 个月）的，业主事前向物业服务企业书面告知并注明空置起始时间，由物业服务企业确认后认定为空置。经确认后，空置期间前期物业公共服务费按规定标准的 70% 交纳
2025 年 2 月	长沙	《关于规范物业服务收费管理的通知》	从房屋集中交付日期的次月起连续空置至第 24 个月，按照物业服务收费标准的 70% 缴纳费用；从第 25 个月空置期起连续至房屋空置结束，按照 90% 缴纳费用
2024 年 6 月	兰州	《兰州新区关于优化房地产建设发展的若干措施》	对连续未入住 6 个月以上的空置住宅，由业主或使用人书面申请，经物业服务人员登记确认后，其物业费按收费标准的 50% 收取
2024 年 2 月	青岛	《青岛市物业服务收费管理实施细则》	前期物业服务期间，住宅连续空置 6 个月（含）以上的，由业主或物业使用人书面告知物业服务人，经双方共同确认后，自空置之日起，其物业公共服务费（含电梯运行费）按照不超过前期物业服务合同约定的 60% 交纳

资料来源：中指研究院综合整理。

目前，全国并未针对空置房物业费减免出台统一的规范性政策，而是各地基于房地产市场的发展现状，各自判断是否有必要出台空置房物业费减免的相关政策，以及空置房的认定方式和物业费的减免力度。其中，大量空置房的存在是这些区域出台空置房物业费减免政策的先决条件，其中新区、开发区的房屋空置问题尤为明显，这些新区普遍发展迅速，房屋具备升值潜力，但当下设施配套尚不完善，导致这些地方容易出现“愿买不愿住”的问题，造成房屋空置。镇江因长三角产业外溢吸引投资客，但配套滞后导致入住率低，同样受困于投资性购房占比过高的问题；长沙部分新区开发过快形成“睡城”，如梅溪湖板块因通勤距离长、配套不完善，毛坯房空置率较高；兰州新区产业导入不足，人口吸引力弱，导致大量新房被买下后长期无人居住，部分区域空置率较高。

空置房物业费减免政策的制定需平衡业主权益与物业企业正常经营的需求。从市场机制角度，物业费本质是业主购买公共区域维护、设施保养等服务的契约成本，空置房仍实际占用电梯、绿化等公共资源并产生基础维护支出，强行通过行政指令减免可能扭曲市场定价，加剧物业企业成本压力。建议通过业主大会与物业企业协商确定差异化收费标准，或由地方政府对空置房业主提供定向补贴，而非直接干预定价，以保障物业服务成本合理分摊，维系社区长效治理的资金基础。

空置房物业费减免政策本质上只是在空置房已存在的背景下缓解业主与物业方面空置房物业费分歧的应对之举，减少房屋空置率才是从根源化解空置房物业费纠纷的有效策略。具体而言，降低房屋空置率的

主要策略，包括鼓励出租、抑制投机性空置、拓展非居住用途等。例如，长沙的“阶梯式空置费率”将短期空置与长期空置的费率减免进行区分，对长期空置的房屋降低费率折扣力度。鼓励房屋尽快解除空置，才是化解房屋空置问题的一种有效实践。

3.“好服务”重要性凸显，企业注重品质提升

2025年3月，住房和城乡建设部部长倪虹在十四届全国人大三次会议民生主题记者会上说，政府工作报告指出，适应人民群众高品质居住需要，完善标准规范，推动建设安全、舒适、绿色、智慧的“好房子”。围绕抓好落实“好房子”的具体方向，倪虹部长提到，好房子不仅要有好标准、好建造，还要有好的服务。

“好服务”作为“好房子”的重要组成部分，二者是相辅相成的。“好房子”需要通过“好服务”加以维系，“好服务”也依赖于“好房子”以体现价值。2024年3月，倪虹部长在全国两会民生主题记者会上明确指出“谁能为群众建设好房子、提供好服务，谁就能有市场、谁就能有发展、谁就能有未来”，标志着“好服务”正式被纳入“好房子”建设的顶层设计框架，其重要性也在持续提升。部分地区在“好房子”建设的相关政策中，也强调了好服务的重要性。2025年4月发布山东省《支持“好房子”建设的若干政策措施》提出提升物业服务水平，鼓励物业服务企业拓展服务内容，积极发展居家养老、家政服务、房屋托管等业务，为高品质住宅室内设施设备提供专业维修养护服务。

然而，对于“好服务”的具体内涵，目前政策层面的解释相对有限，且基本停留在服务内容方面，有待后续进一步出台规范性文件。截至目前，“好服务”的具体标准通常由各物业企业自行制定，每家物业公司都在探寻“好服务”的定义，每个物业人对“好服务”都有不同的解读。整体看，“好服务”主要聚焦以下几个维度：一是客户需求和体验，如保利物业的好服务中安全力、便捷力、舒适力都是从客户的服务体验来阐释的；二是服务本身的竞争力，如高标准的服务、价值创造以及好的服务设计，则是强调了好服务本身必须具备的硬实力；三是多方参与、合作共赢，通过好服务构建良好的社区生态，形成美好、和谐的人文环境。

表5-3　物业服务企业对“好服务”内涵的理解

企业名称	“好服务”内涵
保利物业	以“安全力、便捷力、舒适力、焕新力、社群力”为内核，构建好服务的系统化解决方案，为客户提供高质量的美好人文服务
南都物业	从四维度概括：高标准、有温度、个性化、超预期
时代邻里	好服务的核心是“创造价值”：一是为客户创造价值；二是为公司创造价值；三是为社会创造价值
金茂服务	好服务需把握三个关键：一是需求接纳与转化；二是服务设计的落地性；三是交付能力的核心。洞察需求、精准设计、用心执行，客户终将认可
瑞森生活服务	好服务基于两点理解，一是基于良好客户体验的长期主义，二是合作共赢的成长性
嘉诚新悦	好服务满足客户多元需求；好服务鼓励多方参与，体现人文关怀；好服务需要强大的中后台支撑，保障好服务呈现

资料来源：公开资料，中指研究院整理。

为了推动“好服务”的落地，“品质提升”成为当下物业企业战略聚焦的重点方向。中海物业、滨江服务、雅生活集团等多家物业企业在年度会议上明确提及重视服务品质提升，将其作为新一年的战略基础，奠定了企业2025年的发展战略基调。

表5-4　2025年在年度会议明确提及“品质提升”战略的物业企业案例

企业名称	2025 战略方向
中海物业	2025 年要重点推进市场聚焦、品质提升、管理增效、团队建设、资源协同五个方面工作，发挥全产业链优势。以目标为导向，围绕“创效益、提品质、优市拓、强队伍、守底线”的工作思路，重点做到“六个坚持”：坚持高质量发展，坚持市场化，坚持发展新业务，坚持“好房子 + 好服务”，坚持提质增效，坚持安全合规
雅生活集团	2025 年，雅生活集团将坚守“百年老店”的经营初心，从“规模速度型”转向“质量效益型”，聚焦“产品 + 服务 + 运营”，以客户为中心，聚焦主业，“少就是多”“强而精”，而非“大而空”；围绕稳健经营、提升品质、强抓回款、严控风险“四大方向”部署重点工作
滨江服务	品质服务再提升，软服务和硬服务两手抓；继续有质量的拓展，以企业品牌影响力来筑巢引凤，让企业实现可持续发展；经营活动要充满后劲，紧跟当前经济发展形势，加大以旧换新、局改服务，闯出一条新路；进一步提升企业规范化管理，保持“回头看”，确保企业有效、高效地管理
绿地泉物业	继续秉承“以客户为中心，以客户需求为导向，以客户满意度为标准”的服务宗旨，凝心聚力、开拓创新，不断提升服务品质，继续丰富和完善独具特色的“党建 + 文化 + 康养 致敬美好生活”物业服务新模式，与广大业主共同打造新时代美好生活家园

资料来源：公开资料，中指研究院整理。

（二）经营策略：追求经营质量，创新定价机制，推动质价相符

1. 企业主动退出项目案例频发，行业有待重构质价平衡

2025 年以来，物业企业主动退出管理项目的案例数量较过往有所增加，成为行业当下的争议热点。中铁建物业、滨江服务、永升服务、众安智慧生活、龙湖智创生活等物企均已经或计划退出企业在管的部分项目。

物业企业主动退出项目案例频发，是企业策略转变、业主诉求觉醒与行业持续承压等因素共同作用的结果。从企业发展策略上看，企业由追求规模转为追求效益，由追求数量转为追求质量，聚焦优质项目，退出劣质项目。结合物企退出的具体项目情况来看，物业费收缴困难导致运营亏损是物业企业选择退出的主要原因。例如，合肥天下锦城小区、杭州宸瀚里小区、杭州尚品华章府小区、重庆花语佰骊小区都存在物业费收缴困难的问题，导致物业企业的运营难以为继。开发商欠费与设施质量遗留问题也是导致物企选择退出的重要因素，如杭州宸瀚里小区便同时深受开发商欠费与设施设备隐患的困扰。这类项目往往长期处于经营亏损的状态，物业企业无法实现效益目标，不得不主动选择撤离。

表5-5　2025年部分物业企业退出或计划退出管理项目案例

企业名称	退出项目名称	退出时间	退出项目原因
中铁建物业	重庆花语佰骊小区	2025 年 8 月（计划）	小区体量小，缴费率低叠加业主要求降费，导致长期亏损
滨江物业	杭州万固珺府	2025 年 6 月	项目体量小；业委会要求滨江物业把物业费从 2.8 元 / 平方米降至 2.2 元 / 平方米，降价会导致企业亏损以及服务质量下降
永升服务	杭州尚品华章府小区	2025 年 4 月	物业费收缴困难，公租房及开发商自持楼栋欠费问题突出，运营亏损
众安智慧生活	杭州宸瀚里小区	2025 年 2 月	开发商欠费超 460 万元，设施设备存在消防、电梯等重大隐患，物业费收缴率不足 5%
龙湖智创生活	合肥天下锦城小区	2025 年 1 月	业主累计欠费达 561.5 万元，311 户长期未交费，运营难以为继

资料来源：中指研究院整理。

业主诉求同样是导致物企退出项目的重要因素。一方面，业主与业委会能够对物业企业的服务内容起到监督作用，主动淘汰部分服务水平过低，或者服务内容与服务价格严重不符的企业，推动实现项目的透明化监管与契约精神建设；另一方面，部分小区的业主将拒缴物业费作为“维权工具”，或者提出的非理性降费诉求脱离成本实际，如杭州万固珺府项目，业委会要求滨江物业把物业费从2.8元/平方米降至2.2元/平方米，严重压缩了企业的利润空间，导致物业企业与业主发生分歧难以弥合，最终物业公司选择退出项目。

从行业整体情况来看，在宏观经济与房地产市场下行的大背景下，物业管理行业逐步转入存量市场，竞争加剧，物业企业的毛利润和净利润均出现了下滑。在行业高速增长的时期，即便项目的物业费收缴率处在较低的水平，企业多数情况仍然具备一定的盈利空间，因而主动退出项目的情形相对较少。而随着行业整体利润水平的持续下滑，越来越多低费用或低收缴率的项目，会导致企业陷入入不敷出的困局，并最终驱使物业企业放弃这些项目。

物业项目退出潮也在对物业行业的参与各方产生持续的影响，短期阵痛与长期重构并存。短期看，物企的退出会导致行业面临经营风险与信任危机：物业企业收缩低效项目，会直接导致自身的营收下滑；而被退出的小区则会出现“服务真空”，寻找新的接盘企业需要花费更多的精力与成本，同时这些企业当下存在的问题短期并不会消失，成为困扰下一家物业企业的难题。

在此背景之下，政府与监管机构如何为这些社区“托底”将成为这类项目所面临的挑战。长期来看，物业企业项目退出的常态化，能够重构物业管理行业的运营模式，推动行业向精细化与可持续转型：一方面，项目的“优胜劣汰”会加速企业的洗牌与模式创新，从规模扩张转向单盘精耕细作；另一方面，倒逼监管与协作机制完善，政府强化维修基金审计、推动业委会专业化，业主维权也会更加理性化，促进契约精神重塑，最终推动行业从零和博弈转向“企业用心+业主理解+监管保障”的可持续发展模式。

但是，随着越来越多业主意识到一味地强调压低物业服务费只会导致“劣币驱逐良币”的现象发生，单纯因为物业费价格分歧导致物企退出的现象将有所减少，“质价相符”将成为物业企业与业主共同致力于实现的目标。

2. 行业首现弹性定价机制，价格优化与价值提升并进

为破解物业行业当下“质价不符”困局，万科物业于2024年12月推出了弹性定价模式。2025年5月，重庆南岸区万科金域学府翰林小区成为重庆首个政府指导的弹性定价项目。2025年6月，万科物业开源弹性定价标准，正式发布《万科物业弹性定价白皮书》及508项服务清单。

万科物业推出的弹性定价模式，是当下物业企业探索服务公开透明、实现质价相符的重要实践。此次开源的内容主要由两大块核心内容构成：一是《万科物业弹性定价白皮书》，详细阐释万科物业对行业现状和客户需求的洞察、弹性定价模式的核心逻辑和实施思路，以及开源的整体构想和内容构成。另一板块就是详实的508项服务清单，分门别类归属到设备（EQ）、设施（FA）、清洁（CL）、客户服务（CS）、安全（SA）、绿化（LA）六大类中。每点开一个服务清单，都可以清晰地了解到该项服务的质量要求、验收标准、服务频次、操作流程和人员配置等。在清晰了解这些服务内容和标准后，业主就可以像“点菜”一样按需选择。

为了方便业主监督服务清单的落实情况，万科物业每月都会向业主提供数字服务报告，该报告每月初自动生成，通过App向全体业主开放。数字服务报告中，会披露物业服务执行数据，呈现作业过程和结

果数据，包含当月服务计划执行次数、工单处理详情、设备维护记录等全维度信息，业主可随时查阅。另外，每年末，物业服务团队可基于当年的客户满意度与投诉跟踪数据、设备设施运行情况及突发事件等数据，识别服务薄弱环节。同时，主动与业委会、广大业主群体面对面访谈，收集对弹性定价服务方案的意见与建议。基于数据与互动意见汇总，优化弹性定价物业服务方案。其中，如涉及需表决内容，则可通过相应线上平台发起专项表决，实现社区的共同成长。

弹性定价的推出，为行业灵活定价提供了新的思路，物业费“调价难”“只涨不降”等行业规律似乎正在逐渐被现实打破。2024 年以来，多地出台物业费限价政策引发“降费”风波，至今仍对市场产生影响。2025 年 5 月初，《人民日报》在“神州速览”栏目发布《你所在的小区物业费调整了吗？》，分析了当前物业费调整现状，指出降费小区主要集中在二、三线城市，供求变化、行业竞争推动物业降费，提升服务竞争力是关键。

在此背景下，一部分物业企业选择顺应政策要求，主动降低物业费收费标准，或者通过优化定价机制减少业主的物业费支出；而另一部分物业企业则将重点放在了提升质量方面，通过更高质量的服务来匹配相应的服务价格。但从实际来看，这两种做法都可能导致企业深陷困境。如果企业降低物业费，就可能面临成本收缩、服务质量下降的隐患，导致业主投诉增多，物业费收缴难，满意度下降等；如果想通过提升服务品质匹配高价格，往往由于服务难以量化不能得到业主认同。

因此，在物业管理行业竞争加剧的环境下，“优价”与“提质”的并行推进已不再是选择题，而是生存法则，高性价比正成为物业企业核心的竞争能力。它既非低价倾销，也非奢侈堆料，而是以科学管理实现服务升级与成本优化的动态平衡，通过精细化管理，实现降本增效，释放更多资源用于服务品质建设，进而优化业主体验，最终提升业主的满意度和项目的收缴率、续约率，提升物业公司服务的溢价能力，形成良性循环。

图5-1 物业企业“高性价比”服务良性循环机制

资料来源：中指研究院。

（三）资本市场：物业板块表现不及市场整体，低估值与流动性问题有待破局

1. 物企估值略有回暖，但仍处于低位

2025 年上半年，港股与 A 股物业板块走势略有企稳，受中央政治局会议首次提出“房地产市场止跌

回稳”的目标影响，以及两会政策利好和消费回暖预期推动，总体上呈现稳中有升的态势。截至 2025 年 6 月 24 日，行业共有 67 家上市公司，其中香港主板 61 家，A 股 6 家，上市公司总市值约为 2598.21 亿元，PE 均值为 21.18 倍（剔除负值及大于 500 倍的异常值），均较上年同期有所回暖。

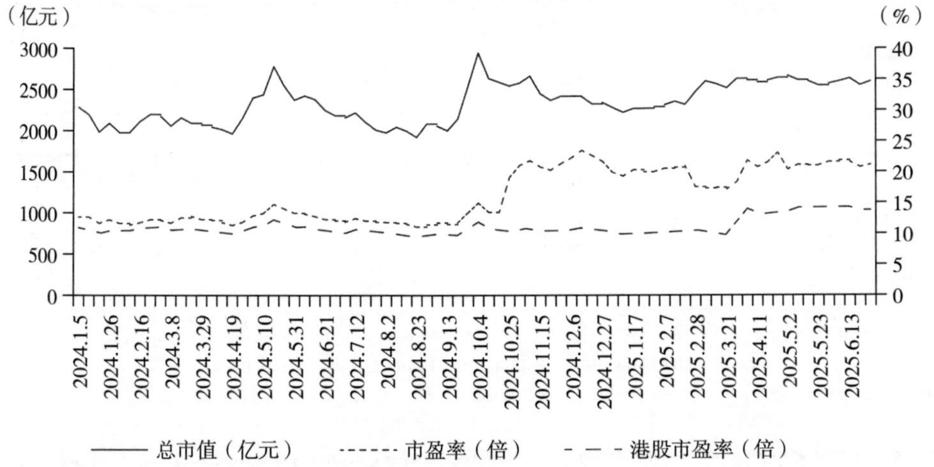

图5-2　2024年年初至2025年6月24日收盘A股与港股公司总市值及PE均值走势

数据来源：中指研究院整理。

个股市值分化依然明显。截至 2025 年 6 月 24 日收盘，华润万象生活总市值 810.49 亿元，排名第一；万物云、碧桂园服务分别以 219.77 亿元和 199.90 亿元的总市值位列第二、三位。排名前十的公司市值合计为 2007.09 亿元，占总市值的 77.25%，与 2024 年同期 TOP10 企业占比基本持平，头部效应依旧显著。

然而从中长期来看，港股上市物企估值自 2021 年以来总体呈下行趋势，平均市盈率由最高峰时的 42.91 倍一度下滑至 2022 年 10 月底的 7.38 倍，此后虽有所回升，但仍处于低位。截至 6 月 24 日收盘仍仅为 14.61 倍，远低于港股主板同期的 24.60 倍。相较而言，2021 年以来港股主板市盈率维持在 18~30 倍区间内，且自 2021 年 7 月以来，港股上市物企平均市盈率持续低于港股主板平均市盈率，且已长期处于低估值区间。

表5-6　截至2025年6月24日收盘物业服务上市公司市值TOP10

证券代码	证券简称	总市值（亿元）	市盈率 PE(TTM)	股价（元）
1209.HK	华润万象生活	810.49	22.65	38.90
2602.HK	万物云	219.77	19.39	20.55
6098.HK	碧桂园服务	199.90	11.21	6.55
6049.HK	保利物业	163.40	11.25	32.35
2669.HK	中海物业	162.48	10.91	5.42
2869.HK	绿城服务	123.97	16.02	4.32
001914.SZ	招商积余	120.56	13.87	11.37
6666.HK	恒大物业	80.92	8.04	0.82
300917.SZ	特发服务	68.70	57.30	40.65
3316.HK	滨江服务	56.90	10.56	22.55

数据来源：wind，中指研究院整理。

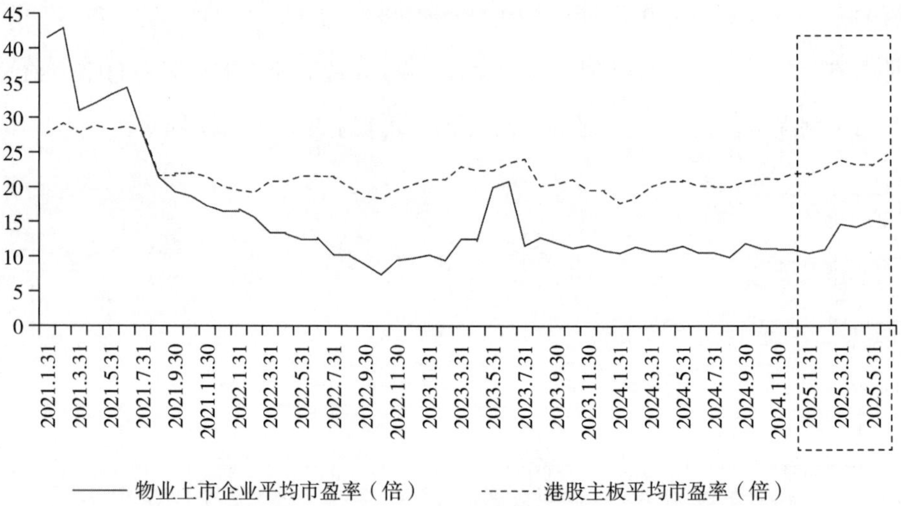

图5-3 2021年年初至2025年6月24日收盘港股物企PE均值走势

数据来源：中指研究院整理。

房地产市场下行是物业企业估值较低的直接原因，导致投资者自2021年下半年以来，对物业行业的长期发展信心不足。此外，物业企业与房地产关联方之间存在关联风险，资金挪用、财务侵占的现象时有发生，即便是合规的借款行为，也会影响投资者对物业企业的信心，进而导致估值下挫。例如，金科服务曾发布公告向母公司借款15亿元，直接导致公告次日股价暴跌37%。

然而，相较于房地产行业而言，物业行业具备轻资产、现金流稳定、抗周期性强等特点，具备摆脱房地产市场影响，重振行业估值的潜力。因此，物业企业一方面要强化自身的独立属性，增强市场拓展能力，摆脱对于地产关联方的依赖，走上独立发展的道路；另一方面，物业企业也要通过提供优质服务、推动科技赋能、体现社会价值、提升股东回报等多种途径提升自身的企业形象，展现行业亮点，重塑资本市场对物业行业与物业企业的认知，以获得投资者的认可。其中，分红是当下物业企业吸引投资者、提振市场信心的重要举措之一。截至2025年6月25日，共有35家物业服务上市公司宣布发放2024年年度现金分红，共计144.60亿元，创历史新高，同比增速为28.05%。

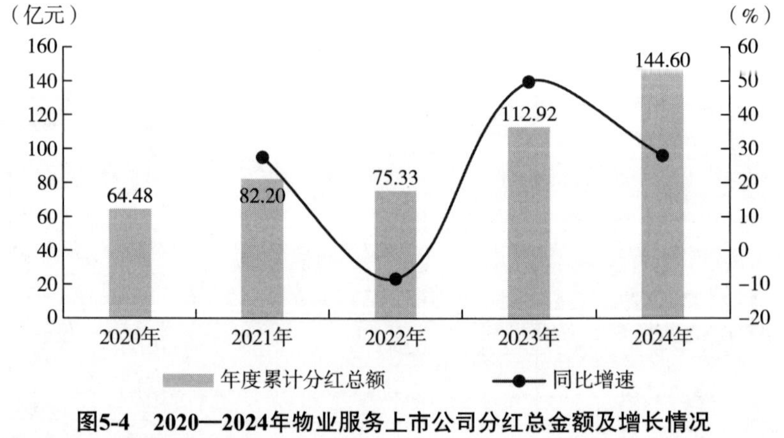

图5-4 2020—2024年物业服务上市公司分红总金额及增长情况

数据来源：上市公司年报或公告，中指研究院整理。

此外，物业行业低估值的现状对并购市场也产生了较大的影响。2025年上半年，行业发生多个并购案例，但整体看并购市场热度并不高。总体来看，几宗并购的交易金额普遍较小，且超过半数的并购案例属于物业企业与关联方的内部优质资源整合，并非市场化并购，表明并购主体更加理性。

2025 年上半年，企业的并购标的往往针对企业具备资源优势的赛道，并购行动能够进一步推动企业发展战略落地，补足业务短板。其中，苏新服务、世茂服务、雅生活集团的并购标的均为环卫公司，助力企业发力城市服务赛道；和泓服务和东原仁知服务则是将之前已经收购大半股权的标的转变为完全控股；万物云对中洲物业的并购有助于深化其蝶城战略；金茂服务则将并购目标放在了能源运维业务赛道。

并购市场的热度下滑是多种因素共同作用的结果。首先，前期激进并购遗留的商誉减值与对赌失败风险持续发酵，导致企业普遍转向审慎策略，重新评估并购风险；其次，资本市场估值持续下行，港股物企 PE 均值降至 14 倍左右，导致企业融资能力减弱，且并购对股价的提振效应消失，买方缺乏扩张动力；再次，行业战略重心从规模导向转向内生增长，物业企业减少并购的资金投入，转而通过第三方外拓和数字化提效降低成本，更注重现金流安全而非面积扩张，如保利物业 2025 年 1 月宣布调整 IPO 募集资金用途，将并购资金从 9.65 亿港元缩减至 7.57 亿港元；最后，近几年，物业企业利润空间收窄，被迫优先保障经营稳定性。

表5-7　2025年上半年行业收并购交易情况

并购方	时间	标的	标的主营业务	披露交易总金额（亿元）	股权份额（%）
和泓服务	2025 年 6 月	贵阳兴隆物业	物业管理服务	0.60	30
东原仁知服务	2025 年 5 月	湖南金典物业管理有限公司	物业管理服务，洗车服务	—	20
金茂服务	2025 年 4 月	金茂绿建科技	能源运维业务	2.58	100
雅生活集团	2025 年 4 月	安徽安普环保科技有限公司	环保业务	0.606	70
		聊城雅居乐环保科技有限公司	环保业务		100
万物云	2025 年 3 月	上海万科投资管理有限公司	投资管理、实业投资、房地产开发经营等	8.70	55
苏新服务	2025 年 2 月	连云港港口维修工程有限公司	环卫、绿化、工程维修	0.24	51
世茂服务	2025 年 1 月	深圳世路源环境	城乡环卫一体化	0.83	33
万物云	2025 年 1 月	中洲物业	住宅物业服务	2.27	100

资料来源：中指研究院。

在并购市场热度下行的同时，物业企业出售资产的案例也时有发生，且多为前期并购的项目。2025 年以来，行业发生几宗典型的物业公司出售资产的案例，包括融创服务出售彰泰物业以及和泓服务出售江苏深华时代物业等，且出售标的均为企业之前并购的对象。

物业企业出售之前并购的资产通常有以下原因：其一，由于行业环境或企业业务发展方向的变化，物业企业决定退出之前布局的业务，从而通过出售资产的方式实现战略调整，如绿城服务出售澳大利亚早教公司 MAG 部分股权，向主业聚焦；其二，部分并购标的在并购后的成效并不理想，出现利润下滑乃至亏损，物业企业选择退出相应标的以实现止损，如和泓服务出售深华时代物业主要是因其业绩下滑、应收账款回收困难，为精简业务、降低风险而做出的决策；其三，部分物业企业需要通过出售标的以回笼现金，而之前通过并购获取的资产通常并非企业的核心业务且更容易估值，因而成为首先放弃的对象。

表5-8 物业企业出售资产的典型案例

出售方	时间	标的	股权份额	出售金额
和泓服务	2025 年 5 月	江苏深华时代物业	51%	0.305 亿元
融创服务	2025 年 4 月	彰泰物业	80%	8.27 亿元
绿城服务	2024 年 11 月	澳大利亚早教公司 MAG	11.64%	0.16 亿澳元
世茂服务	2024 年 9 月	金沙田科技	60%	2.5 亿元
碧桂园服务	2024 年 9~10 月	珠海万达商管	累计 1.8%	37.91 亿元

资料来源：中指研究院。

2. IPO 热度低迷退市物企再现，流动性问题引发关注

目前资本市场物业板块 IPO 热度仍然处在低位。截至 2025 年 6 月 24 日，年内尚无物业企业登陆资本市场。作为其中具有代表性的案例，深业运营最新一期招股书已经于 2025 年 4 月失效，自 2023 年 2 月首次递表以来累计经历四次交表，均宣告失败。2024 年至今，仅有泓盈城市服务与经发物业两家国资物企成功登陆港交所主板市场。

值得注意的是，资本市场也出现了已上市的物业公司基于自身战略选择主动退出资本市场的现象。2025 年 2 月 17 日，融信服务控股股东融心一品有限公司提出的私有化建议，获法院会议及股东特别大会批准。2025 年 3 月 18 日，融信服务正式完成了私有化流程，退出资本市场，成为第二家主动从港股主板退市的物业企业。

融信服务的退市并非孤例，在 2024 年 9 月，华发股份也完成对华发物业服务的私有化，完成摘牌。融信服务与华发物业服务退市的核心原因均指向资本市场流动性枯竭、股价长期低迷导致的企业融资功能下降。具体来看，华发物业服务退市的原因是交易流通量低且持续未开展股权融资，导致上市平台失去战略价值，私有化后可为母公司华发股份提升归母净利润及现金流协同；融信服务则因流动性压力与估值偏低而选择退市。两家企业的退市事件反映了物业管理行业资本逻辑的深刻转变——行业从“规模增速驱动”转向“现金流与质量优先”，倒逼企业强化服务创新、数字化运营及高毛利赛道布局，行业整合进一步加速。在此背景之下，上市公司将根据自身战略及发展情况选择合适的路径，后续存在其他企业选择退出资本市场的可能性。

表5-9 2025年物业服务企业IPO进展及退市情况

状态类型	企业名称	具体情况	企业性质
摘牌退市	融信服务	2025 年 3 月完成摘牌，退出资本市场	民营企业
IPO 进程中	深业运营	四次递表后失败，目前未公开披露放弃 IPO	地方国资
	联投城市运营	拟通过 A 股“ST 明诚”进行资产重组上市	地方国资
	奥联服务	2025 年 3 月递交招股书，处于 IPO 冲刺阶段	民营企业

数据来源：公开资料，中指研究院整理。

在此背景之下，无论是已经登陆资本市场的物业企业，还是正在推进上市计划的物业企业，都需要结合企业自身的特点，考虑当前资本市场低估值与流动性带来的风险，以及是否能够满足企业通过资本市场获得融资的初衷，以明确自身的发展前景。

即便企业暂时没有退出资本市场的计划，流动性枯竭的现状也是物业企业不可忽视的问题，其中在港

股上市的物企面临的流动性问题尤甚，不但换手率与成交额远低于A股的上市物企水平，同时也低于港股主板以及消费、金融、科技等主要板块，甚至还低于所在的地产建筑业板块。尤其是部分在港股上市的中小物企流动性持续不佳，经常会出现全天甚至在更长的周期内成交额为零的情况，例如，东原仁知服务2025年4月至5月在未停牌的情况下，连续两个月成交量为零，这种过低的流动性严重损害了物业企业在资本市场的融资功能。

表5-10　2025年港股上市物企与其他市场或板块流动性指标对比（截至6月24日）

板块	2025年日均换手率（%）	2025年日均成交额（亿元）
港股上市物企	0.11	0.08
A股上市物企	3.16	1.26
港股主板	0.36	0.76
恒生地产建筑业板块	0.16	0.11
恒生必需性消费板块	0.38	0.38
恒生金融业板块	0.36	1.07
恒生资讯科技业板块	0.47	2.00

数据来源：wind，中指研究院整理。

究其原因，一方面港股上市物企绝大多数拥有房地产关联方，这种股权结构导致一旦关联方出现问题，投资者对物业企业的信心也会下降，甚至部分房地产关联方会选择以物业企业的股权进行质押以缓解自身的资金压力，进一步放大了物业企业的风险，导致投资者往往不会青睐这类物业企业；另一方面，物业企业普遍依赖于长期物业费收入，导致其现金流稳定但增长预期透明，缺乏爆发性的增长热点，因此即便投资者买下物业企业的股票，也通常采取长期持有的方式，从而导致物业板块总体处在低流动性的状态。

（四）技术应用：新媒体拓宽品牌传播路径，AI助力企业高效投拓

1.新媒体平台赋能品牌传播，物企视频号流量池扩容

随着互联网时代的快速发展，信息传播渠道加速拓宽，物业企业灵活运用传统媒体和新媒体平台进行全方位、多触角链接，构建传播矩阵，实现信息传播的无边界、全覆盖，提升品牌传播的触达率与传播广度。2025年上半年，物业企业在微信视频号与抖音视频号等新媒体平台的流量均实现了大幅提升，成为当下物业企业品牌传播的最新亮点。

2025年1~5月，微信视频号排名前30的企业视频号观看总量为333.85万次，抖音视频号排名前5的企业点赞+转发量总计81.36万次，均已大幅超越2024年上半年的数据，展现了充分的发展潜力。视频号作为全新的媒体流量平台，具备内容形象化、可视化、通俗化的传播特点，这是传统媒体平台所不具备的传播优势，因而在物业企业的品牌传播中有望发挥更加举足轻重的作用，是物业企业未来可以重点开拓的宣传阵地。例如，新希望服务微信视频号2025年6月发布的《一个视频看明白物业费到底交哪了，这是下水道，也是他们的一线》，通过视频记录展现了一线下水道维修师傅的工作付出，得到了2700余次点赞、4600余次转发以及超过500条评论，其中绝大多数评论都展现了对新希望服务和物业一线工作人员

的理解与赞誉；同时，视频的点赞量与评论数均远超新希望服务微信公众号本年度的其他文章，相较于传统的微信公众号平台，起到了更好的流量宣传效果。

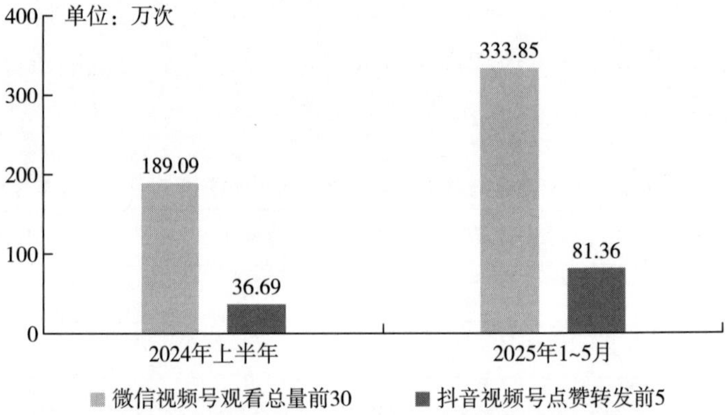

图5-5　2024年上半年与2025年1~5月物业企业微信视频号与抖音视频号流量变化对比

数据来源：中指研究院。

微信公众号作为物业企业传统的品牌宣传阵地，同样具备举足轻重的作用。2025 年 1~5 月，微信公众号阅读量排名前 50 的企业阅读总量为 1336.04 万次，和 2024 年上半年相比，微信公众号的阅读量基本保持稳定，仍是绝大多数物业企业开展宣传的主要阵地，绿城服务、彩生活服务、长城物业均有多篇阅读量超过 2 万次的爆款文章，能够让受众群体更好地了解企业的业务动态与品牌理念，进一步提升了品牌的知名度。

表5-11　2025上半年部分企业微信号受关注文章及阅读量

官微	最受关注的文章	阅读量	微信亮点
长城物业集团	【群英逐梦·跃迁破局】长城物业集团 2024 年度荣誉颁奖暨 2025 启航盛典圆满落幕	6.3 万 +	长城物业集团【群英逐梦·跃迁破局】2024 年度荣誉颁奖暨 2025 启航盛典在广东·深圳隆重举行
	向光而行 美好相伴丨长城物业集团董事长陈耀忠致 2025 年新年贺信	6.2 万 +	长城物业始终恪守“让社区变得更美好”的使命，不断改进，笃力前行
绿城服务集团	唯诚者进，善行者远	5.3 万 +	绿城服务召开 2024 年度业绩发布会，以实干践行初心，以实绩回应期待
	一图读懂绿城服务集团 2024 年度业绩	3.6 万 +	惟实惟效，善作善成
	三十而立！绿城服务发布深度服务（Deep Service）体系	3.3 万 +	绿城服务以“深度响应、深度融入、深度信任”为内核，发布深度服务（Deep Service）体系
彩生活服务集团	开工大吉丨健·行未来 携手启航新征程	3.9 万 +	彩生活服务集团总部以及各个地方事业部全线火热开工，为新的一年的工作扬帆起航
	迎新春丨一起围观彩社区的过年新装	2.7 万 +	彩生活物业为大家精心准备了一个满载节日气氛的新春家园，为了让每位业主都能感受到浓浓的年味
	谋势笃行，健·行未来丨彩生活年终经营绩效总结会圆满召开	2.5 万 +	彩生活 2024 年终经营绩效总结会议顺利召开

数据来源：中指研究院整理。

在具体的宣传内容层面，物业企业既可以借助大型活动彰显品牌高度，也能够通过细致入微的社区服务与社区活动展现品牌温度，通过各种类型的宣传活动相结合塑造立体化品牌形象。大型活动社会关注度高，服务内容繁杂，适合作为标杆项目进行宣传，能够更好地展现企业的服务能力，提升品牌的价值。2025 年 4 月，保利物业再度承接第一百三十七届广交会场内及场外的环境整治及功能提升工作，从交通疏导、六乱整治、环境提升、工程、安防、清洁绿化六大方面入手，强化组织提效与技术提效双轮驱动，通过全场景推演构建全链条保障体系，以新质服务力护航新质生产力成果推向世界。

社区服务社区活动则更加贴近业主的生活，契合业主对具体服务内容的关注，能够让业主对相关案例感同身受，提升对于品牌的认同感。龙湖智创生活在全国 20 余个城市的数百个小区，成功落地百余场小龙人自然课堂活动，吸引逾千名小龙人深度参与社区园林探索。活动结合龙湖独特春季绿化返青专项——绘春行动，将社区景观资源转化为自然教育场景，包含自然科普实践、草坪绘春体验、自然艺术 DIY、环保知识竞赛等形式，实现园林养护与儿童成长的双向赋能。

在品牌传播媒介上面，物业企业进一步优化了宣传展现形式，强化了图片与文字的结合，采用“一图读懂”等形式，对企业年报、ESG 报告等内容进行解读，将专业化、复杂化的业绩数字展现为更加生动、形象的图表，方便业主与投资者进行理解，从而进一步提升了企业的宣传效率。

此外，部分物业企业还顺时而动，在二十四节气或特定节日，发布了契合节日或节气主题的宣传海报。节日与节气海报对于品牌传播具有多重促进意义：首先，海报通过融合传统节日元素与现代社区场景，传递文化归属感，将传统文化与物业服务结合，增强居民情感共鸣；其次，海报作为“视觉名片”，能够塑造差异化品牌形象，凸显品牌个性，提升辨识度；再次，节日海报能够通过线上线下联动扩大覆盖面，如被业主在微信上转发，或作为微信红包封面，实现裂变式传播；最后，节日海报能够深化服务价值感知，通过聚焦服务细节直观传递服务理念，增强客户信任，如中海物业的植树节海报素材摄于企业的苏州，从细节之处展现了企业绿化方面的成果以及美好服务的品质。

2. AI 赋能行业发展，中指研究院推出 AI 招投标 Agent

2025 年 4 月 18 日，秉持着“用大数据与创新科技赋能中国地产行业”的企业使命，中指研究院联合小冰公司和指尖科技推出了“AI 物业服务场景大模型”及首款落地产品“AI 招投标 Agent”，该产品为行业首款大模型多智能体招投标解决方案。

物业管理行业作为人力密集、弱规模效应、低利润率的行业，科技渗透率是物企重构成本结构和服务效率的核心变量。传统物业招投标场景下，投拓部门需专人实时追踪全国范围的海量公开招标信息，筛选匹配自身资质的项目，再依据复杂的评分标准，耗费大量精力编写标书。此过程效率低下、成本高昂，且容易因信息遗漏、标书质量不高或对评分点把握不准导致废标或错失商机。伴随着物业服务行业正加速迈入精细化、专业化竞争阶段，这种人工主导的传统招投标模式已难以适应高频次、快节奏的市场需求。在此背景之下，行业正在呼唤着招投标模式的更新，AI 招投标 Agent 在此背景下应运而生。

AI 招投标 Agent 能够基于中指研究院海量行业数据积累与 AI 大模型深度学习技术，创新研发物业服务领域垂直大模型，通过 AI 与行业经验的深度耦合，为企业构建覆盖投标全周期的智能决策体系，推动招投标流程向数智化方向演进。该产品核心突破在于打造具备专业认知能力的 AI 招投标智能体。通过吸收数十年行业专家沉淀的标书编制经验，从市场中高效匹配海量投标信息，实时匹配优势项目源，AI 协助 3 分钟完成撰写，并覆盖所有评分要点，能够像资深投标顾问般理解并完成 70% 招标文件撰写，更多地解放人工冗余工作，投入 30% 即可完美满足招标要求。AI 招投标 Agent 在商机挖掘环节，智能引擎可实时追踪各地招标动态，自动筛选高契合度商机并生成定制化投标建议。帮助企业5倍提升投标数量，3倍提升中标率，企业得以在投标效率、方案质量、成本控制等方面形成复合竞争优势，在存量市场竞争中建立差异化的服务能力壁垒。

2025年以来，AI大模型的引入进一步丰富与完善了物业行业科技赋能的模式。以DeepSeek为代表的AI大模型，赋予了物业企业创新业务实践和管理决策的能力，让物业企业能够更加高效、准确地处理企业日常运营中遇到的各类具体问题。例如，中海物业推出“海宝AI助手”，通过多场景嵌入和多流程覆盖，精妙地融合了DeepSeek大模型的强大功能，为一线员工提供了便捷的业务指引。中海物业的员工可以通过集团的门户网站进入这一智能交互界面，随时咨询业务相关的问题，并立刻获得相应的解决方案。该应用不仅能够为员工节省工作时间，还提升了物业问题解决的效率。

表5-12　物业企业接入DeepSeek推出的部分AI工具

序号	企业名称	AI工具名称	主要功能
1	碧桂园服务	零号助理	AI驱动的物业智能管家，具备“一看”实时数据分析、“一问”业务知识问答功能，提升决策效率50%，覆盖风险预警、工单处理等场景
2	招商积余	积余AI	基于DeepSeek大模型的本地知识库应用，通过RAG技术实现业务流程秒级指引、知识资产结构化存储，提升一线响应效率50%+，确保2200+项目服务标准统一
3	中海物业	海宝AI助手	基于DeepSeek大模型的智能交互平台，通过AI应答、文档生成等功能为员工提供实时业务指引，显著提升服务效率与决策精准度
4	合景悠活	AIGC智能客服	腾讯云为合景悠活提供一整套包含即时通信、视频会议、智能客服能力的解决方案，帮助物业管理人员更方便地了解业主需求，通过即时通信，提升整体工作效率和服务水平

资料来源：企业年报及微信公众号，中指研究院整理。

可以预见，未来物业行业的竞争将不再是简单的规模之争，而是数字化治理能力与平台化运营能力的较量。只有真正将科技建设融入服务模式与企业生态的企业，才能在新一轮行业洗牌中占据领先地位。因此，物业企业的科技化建设应当按照“与时俱进”与“循序渐进”的原则有序开展，既要关注行业发展前沿，把握2025年以来AI变革带来的时代契机，积极拥抱AI模型；也要结合企业现状和特征，采用合适的方式推动科技应用落地。

二、2025下半年中国物业管理行业展望

（一）市场规模：存量蓝海持续扩容，长坡之上积雪可期

1. 上游增量市场收缩，行业发展降速进入存量时代

受益于房地产市场的黄金发展期，物业管理行业在2000—2020年间实现了持续快速增长。但自2021年以来，我国房地产市场供需关系发生重大变化，进入深度调整阶段，增量市场持续收缩。2024年，我国新建商品房销售面积约9.74亿平方米，同比减少12.86%，近几年持续处于下降趋势；房地产开发企业新开工房屋面积约为7.39亿平方米，同比下降22.99%，降幅较大，较2021年（19.89亿平方米）下降62.85%。

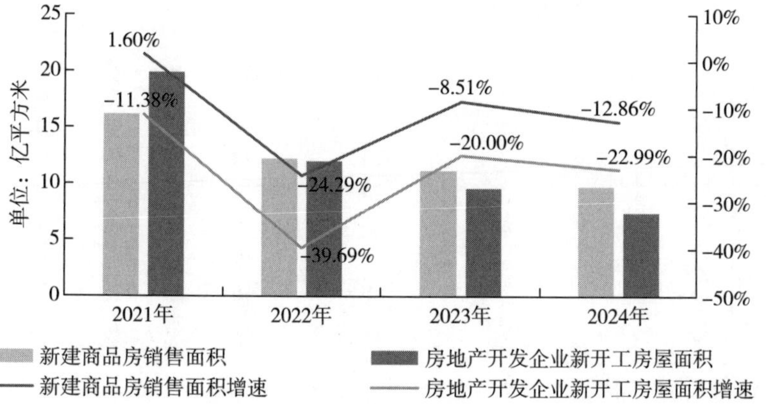

图5-6　2021—2024年全国新建商品房销售面积、房地产企业新开工房屋面积情况

数据来源：国家统计局，中指研究院整理。

物业管理行业也随之进入发展动能转换期，增速逐步放缓，正步入以精细化管理和提质增效为核心的高质量发展阶段。据全国经济普查公告数据，2023 年，物业管理企业法人单位全年实现营业收入 16960.5 亿元，2004—2023 年均复合增速 18.43%；分阶段来看，2018–2023 年的复合增速下降，由于该阶段房地产市场经历了由盛转弱，复合增速还维持在 10% 以上。

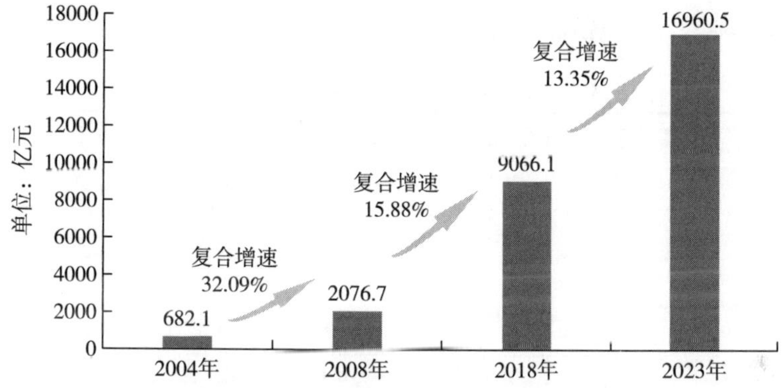

图5-7　2004—2023年物业管理企业法人单位营业收入总额

数据来源：全国经济普查公告，中指研究院整理。

2021 年以后，物业管理行业的发展速度持续显著放缓。一方面，管理面积增速进一步下降，部分企业甚至出现负增长。截至 2024 年底，百强企业管理面积均值为 6946.30 万平方米，同比增长 2.18%，增速较上年下降 4.03 个百分点。另一方面，物业企业营业收入增速也显著持续放缓，已经下降至 5% 以内。2024 年，百强企业营业收入均值为 16.05 亿元，同比增长 3.52%，增速较上年回落 1.04 个百分点；2024 年，物业服务上市公司营业收入均值为 45.97 亿元，同比增长 4.01%，增速较上一年下降了 3.82 个百分点。

2. 存量市场空间巨大，管理面积超 300 亿平方米，总营收 1.7 万亿元

物业管理行业兼具存量市场服务和增量市场服务的双重属性，未来将以存量市场服务为核心，增量市场服务的重要性持续下降。尽管物业公司不可避免地进入存量时代，但行业广阔的市场空间蕴含着巨大的发展潜力，值得物业公司进一步深拓。从管理面积上看，截至 2024 年底，全国物业管理行业总管理面积为 314.14 亿平方米，预计到 2029 年将进一步增长至近 380 亿平方米。

当前，部分企业因注重经营效益，主动退出低质效项目而导致管理面积增速下降或出现负增长，但长远看，物业公司通过提升项目质量、优化服务体验、拓展社区增值服务（如家政、养老、新零售等），仍可在存量市场中挖掘增量价值。

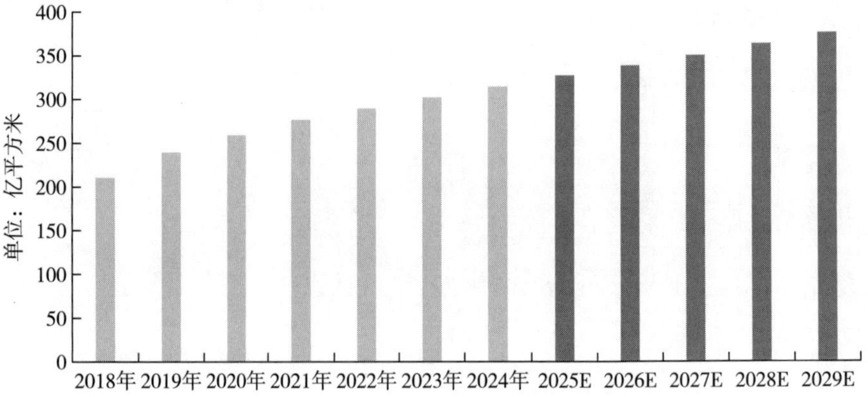

图5-8 2018—2029年全国物业管理行业总管理面积

数据来源：中指研究院测算。

从营收规模来看，物业管理行业作为劳动密集型服务业的核心赛道，其营收规模已超越餐饮业、住宿业、邮政业、居民服务业等传统服务业，凸显出强劲的市场需求韧性及业务挖掘潜力。据第五次全国经济普查公告公布的数据，2023 年，物业管理企业法人单位全年实现营业总收入 16960.5 亿元，高于第三产业中其他几个相似的劳动密集型服务业，如餐饮业，邮政业，住宿业，居民服务、修理和其他服务业。未来，在政策支持、消费升级、技术赋能、业务优化等多重力量驱动下，物业管理行业的营收规模将保持增长。

表5-13　　2023年第三产业部分劳动密集型服务业关键指标对比

行业类别	营业总收入（亿元）	企业数量（万家）	从业人员（万人）	人均产值（万元）
物业管理	16960.5	37.5	854.3	19.85
餐饮业	15197.2	52.0	614.2	24.74
居民服务、修理和其他服务业	13722.2	87.6	652.5	21.03
邮政业	13460.5	3.0	157.9	85.25
住宿业	7119.4	19.1	279.4	25.48

数据来源：第五次全国经济普查公告，中指研究院整理。

而从人均产值指标看，2023 年，物业管理行业的人均产值约为 19.85 万元，相比于其他几个相似的服务业，人均产值最低，表明行业劳动密集程度较高，对人员的依赖较强，效率较低。物业管理行业以人力服务为主，目前自动化与数字化渗透率较低，仍过度依赖人工导致人均产出受限。因此从经营效益方面看，物业管理行业效率偏低，转型升级迫在眉睫，任重道远。

3. 追求合理利润率水平，保持“长坡薄雪”，注重长效发展

近年来，物业管理行业的利润率水平持续下降。2024 年，百强企业的毛利率和净利率分别为 19.87% 和 4.98%，较 2021 年分别下降 5.24 个百分点和 4.10 个百分点。未来，行业的利润率水平或将进一步下探，但降幅逐步收窄。

利润率的下行印证了行业逐步由“增量市场”向“存量市场”的演变。物业管理是“长坡薄雪”的行业，目前的低毛利更贴近物业管理的业务本质。在房地产高速扩张阶段，物业管理行业的增长长期依赖房地产增量市场红利，随着开发周期见顶与存量资产规模累积，行业正经历从“规模扩张”向“价值挖掘”的驱动逻辑转变，经营模式与服务能力面临结构性升级。目前，新开发项目的减少直接影响非业主增值服务，也会对物业公司的部分社区增值服务产生影响，如新房精装修业务和新房销售业务。增量市场的收缩

导致高毛利业务大幅减少，毛利率必然呈现下行趋势。存量市场逐步成为物业公司的核心市场，而基础服务低附加值、低毛利的特征显著。因此，毛利率下降本质上是行业利润率更趋合理的表现，也是行业逐步转入存量市场的必然结果。

净利率下降的主要原因则归咎于关联方应收账款的减值以及前期不良并购的商誉减值等外部因素。现金流稳健，核心业务需求刚性等特征决定了物业管理是一门“稳盈利”的生意。2024 年，港股物业上市公司净利率中位数与港交所 12 个行业大类横向对比，排在第 3 位，且与公共事业行业较为接近，符合物业管理具备民生服务的行业属性。

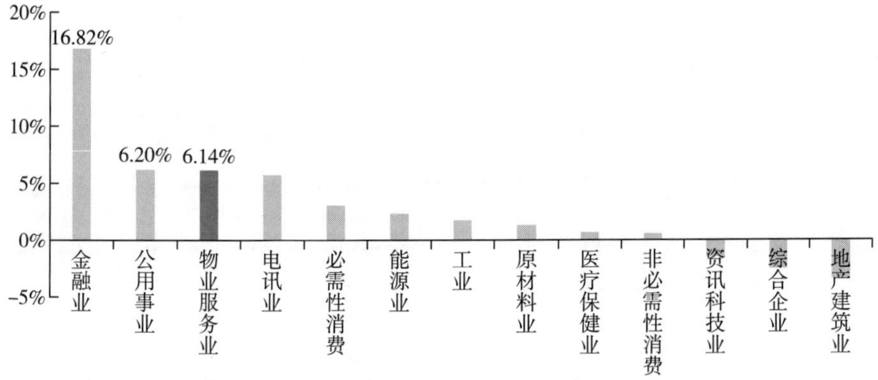

图5-9　2024年港股各行业上市公司净利率中位数

数据来源：wind 资讯，中指研究院整理。

图5-10　物业公司实现长效发展的三个维度

资料来源：中指研究院。

物业管理作为房地产全生命周期管理的核心环节，其服务贯穿建筑存续的完整周期。在存量运营时代，物业企业由传统“售后服务商”升级为“资产价值守护者”，战略价值持续升级。一方面，通过对设施设备全周期运维延长建筑使用寿命，降低业主持有成本；另一方面，依托社区多元化场景挖掘衍生服务价值，推动物业管理从物理空间向服务生态进化。

物业企业应注重长期服务能力建设，以全生命周期视角重构服务模式，围绕资产运维、服务升级和社区生态三个维度实现长效发展。在资产运维方面，加深科技应用程度，以技术驱动资产的全生命周期管理，通过智能检测系统、能源管理系统实现数字化设施管理，逐步形成建筑健康档案，做好房屋修缮、维护及焕新升级等工作。

在服务升级方面，以基础服务为根基，筑牢品质底线，基础服务标准化，高端服务定制化，精准匹配不同层级业主的需求；通过科技赋能打造服务平台，优化业主体验，提质增效；通过管家服务模式加强与业主间的情感连接，解决业主日常生活难题，增强业主信任感，打造有温度的服务。

在社区生态方面，物业服务企业需重构“空间—人—资源”之间的关系，加强对社区空间资源的高效利用，为业主生活提供更多便利，如对充电桩、饮水机、快递柜等空间场景的运营已经解决了业主的日常生活痛点；同时，注重跨界资源的整合，如医养融合，联合医疗机构打造社区健康驿站，陪诊，健康管理等服务。此外，物业公司需发挥自身优势，不断提升社区治理能力，优化业主共建机制，打造和谐的社区生态环境。

（二）发展策略：聚焦深耕成主流，降本增效是关键，做好服务是根本

1. 聚焦深耕：区域、业态、客户三维深耕，增强效益构筑竞争壁垒

随着中国房地产市场的环境转变，物业管理行业的发展逻辑由过往的“规模至上”逐渐转变为“效益优先”。在此背景下，物业企业摒弃了过往的粗放式发展模式，专注于有优势的区域，做好自身更擅长的业务，以实现高质量发展，聚焦深耕成为当下的行业共识。越来越多的企业开始制定明确的城市深耕计划，设定单个城市内的在管项目数量或规模目标，以集中资源提升项目质量和运营效率。

表5-14　物业企业区域深耕战略内容与举措

企业名称	战略内容	战略举措
万物云	持续推进蝶城战略	以约 2.27 亿元收购中洲物业 100% 股权，完成收购后预计新增 10 个蝶城，升级 5 个现有蝶城，优化 4 个现有蝶城，提升在重点城市价值街道的密度
中海物业	提出“区域前三”目标	召开年度工作会议，提出物业集团要保持行业领先地位，各地要保持当地市场前三。聚焦长三角、大湾区等核心城市群，通过收并购与第三方拓展提升市场份额
世茂服务	实行城市深耕战略	设定 19 个深耕城市，重点关注市场拓展的集中化和协同性问题
滨江服务	聚焦杭州，深耕长三角，辐射全国	采用“一年扎根，三年成林，五年成海”的拓展战术，通过品牌及高品质服务拓展深耕区域市场，实现规模与口碑双提升
弘阳服务	做透大江苏	以南京为中心辐射多个城市，并以“做强中心城”为跨地域发展基调，明确十城为重点布局城市，在深耕长三角的基础上，着眼于中西部强二线城市，探索新的增长点

资料来源：中指研究院整理。

企业经营策略从规模优先转为效益优先，除了对项目的质效进行把控外，还要发挥集约优势，形成规模效应、集聚效应。优秀上市公司的深耕策略从最初的区域深耕，到后续的区域与业态深耕并重，再到当前区域、业态、客户三个维度的深耕，通过持续深耕优势领域，提升专业服务能力，构筑自身竞争护城河。

对特定业态和专业赛道的聚焦深耕逐步成为部分物业公司重点发力方向。随着行业不断发展，各类细分赛道涌现，新的业态、新的赛道为行业带来了更大的想象空间。然而不同赛道、不同业态的服务专业性较强，如果盲目扩展可能会消化不良，适得其反。因此，聚焦优势领域、发力重点赛道尤为重要，不少企业明确表明拓展方向仅聚焦少数几种业态。如融创服务明确表明“不追求盲目扩张”，并特别强调对非住宅业务进行创新布局，其非住宅业务主要聚焦三类业态：高端办公及商务服务、专业智慧的医院服务，以及综合全面的城市服务。

此外，部分物业公司对服务的特定客户群体进行聚焦深耕，持续挖掘客户的多元服务需求，逐步提升自身的综合服务能力。尤其在 IFM 领域，不同类型客户的服务需求差别较大，深耕优势客户群体并强化专

业服务能力，可以显著提升市场竞争力，构筑竞争壁垒。保利物业深耕金融、税务、交通、能源和通讯等国资优势领域，并积极开拓新制造、新能源和新技术等“三新”产业资源。

星河智善商企面向五大核心客群，推出绿色健康服务、精英商务服务、人文空间服务、资产增值服务四大产品系列，提供八大专业解决方案，包括空间缔造、高端商务、绿色能源、健康餐饮、环境治理、产业助力、智能安防、资产增值等服务。

表5-15　　星河智善商企IFM领域四大产品系列

产品类别	服务类别	服务内容
绿色健康服务	绿色能源服务、健康餐饮服务、环境治理服务	智慧节能减排、能源结构优化、健康餐食、健康饮水、空气治理、空间治理、专业清洁
精英商务服务	无忧后勤服务、高端商务服务、智能科技服务	行政服务、员工服务、生产服务、会务礼宾、主题活动、特约安保、高管特约、智慧平台、智慧物联
人文空间服务	空间塑性服务、空间维护服务	空间规划、空间进驻、秩序维护、环境维护、设施维护
资产增值服务	资产规划服务、资产经营服务、资产交易服务	顾问咨询、经营规划、招商推广、资产运营、资产评估、资产退出

资料来源：中指研究院整理。

2. 项目拓展：“拓优”与“逐劣”延续，“保盘”与“拓盘”并举

在项目拓展方面，物业公司不断调整拓展策略，聚焦高能效的优质资产与核心项目，注重项目的现金流保障能力和盈利能力，提高市场拓展质量。滨江服务始终坚持以品牌及高品质服务拓展市场，在新的市场环境下严控项目准入门槛，动态优化资源配置，通过跨部门协同与全员努力，构建有机市场拓展生态，持续提升项目含金量。

表5-16　　部分物业上市公司市场拓展策略

企业名称	市场拓展策略
碧桂园服务	坚持以住宅为核心的拓展战略，以标杆项目为引领，撬动周边资源构建协同网络，推动全国网格化布局高效落地
保利物业	①持续深拓核心50城项目，北京、广州、上海、成都、长沙、天津等城市，市场化拓展成效显著；②持续优化非居业态结构，聚焦商业写字楼、城镇景区、高校及教研物业、轨道及交通物业、医院物业五大核心业态；③重视高价值、大盘项目拓展
绿城服务	通过城市聚焦、客户聚焦及服务业态聚焦的策略，持续强化存量市场的拓展力度，审慎开展增量市场的拓展
滨江服务	坚持以品牌及高品质服务拓展市场，严控项目准入门槛，动态优化资源配置，通过跨部门协同与全员努力，构建有机市场拓展生态，持续提升项目含金量
和泓服务	积极践行市场拓展外部合伙人机制，深化与合作伙伴协同，发挥合伙人机制优势，充分结合内部资源与外部力量，提升市拓能力

资料来源：企业年报及公告，中指研究院整理。

未来，物业企业对优质项目的拓展主要聚焦以下三大方向。

第一，核心城市的高价值项目或标杆项目。这类项目往往能为企业带来品牌效应，成为市场拓展的“金钥匙”，并具备收费高、收缴率高、现金流稳定、增值服务需求强烈等特征。

第二，面向高净值人群的高端项目。此类项目可以为企业带来超高溢价的服务费，定制化、高毛利的

非标服务以及高端的跨界合作资源等。2024 年 10 月，保利物业在 2024 年全球高奢生活服务设计峰会发布《从“家庭资产”到“家族恒产”——当代高端物业服务价值分水岭》，并正式面向全球焕新东方礼遇服务，成立保利东方礼遇高端服务学院。

图5-11　物业公司拓展优质项目的三大方向

资料来源：中指研究院。

第三，具备专业竞争优势的细分赛道项目。专业赛道需要掌握专属的服务技能，比如产业园区需要理解企业生产运营流程、交通枢纽需要掌握大客流应急响应以及设施设备高标准运营管理的方法，拓展专业赛道项目有助于企业在垂直领域不断形成专业沉淀，构筑竞争壁垒，并为企业带来较高的利润空间。

同时，物业企业权衡规模与效益，主动退出低质、低效项目，持续优化在管组合，未来“拓优”与“逐劣”或将持续。退出劣质项目本质上是经营效率的必然选择，可释放资源投入高回报领域。物业公司主动割舍项目主要是那些在财务状况、设施设备维护、业主管理难度、资源配置、项目改造升级等多方面没有优化空间的低质效项目。

在存量博弈时代，企业竞争格局正发生结构性转变，物业企业面临双重压力传导，一是优质项目稀缺性持续攀升，市场拓展门槛显著提高，资源争夺越来越激烈；二是项目流转现象加剧，这一趋势已逐步向住宅赛道渗透，越来越多的住宅项目通过业主委员会成功实现物业服务商的汰换更迭，给物业企业带来更大的竞争压力。由于市场竞争加剧以及物业企业或主动或被动退出低质效项目，行业的项目留存率显著下降。2024 年，百强企业项目留存率为 96.81%，较上一年下降 1.36 个百分点，相较以往年份降幅较大。

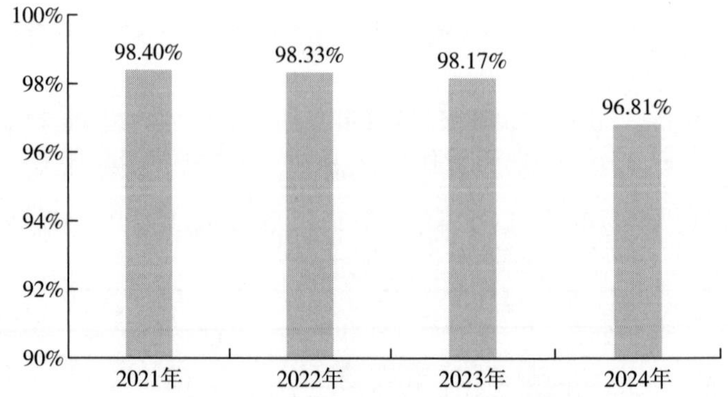

图5-12　2021—2024年百强企业项目留存率情况

数据来源：中指研究院。

物业企业需要保持清醒认知，退出项目是质量管控的底线手段而非目标。“质量优先”并不否定规模价值。在竞争加剧的市场环境下，“守盘”与“拓盘”同等重要，这就要求企业建立科学的项目质量评估管理体系，对项目的收缴率、现金流、设施设备、业务潜力、资源配置等多维度进行综合决策，定期分析项目的运营管理情况和综合质量水平，及时发现问题和风险并采取相应措施。

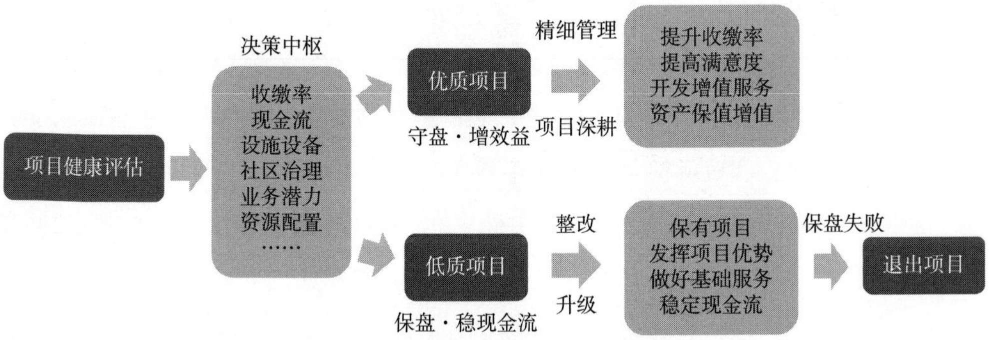

图5-13　物业公司项目质量评估管理体系

资料来源：中指研究院。

对于优质项目，物业公司应持续对项目进行精细化管理，做好项目的深耕和业主关系的维护，促进收缴率和业主满意度的提升，开展适宜的高毛利增值服务，不断提升项目的运营效益。2024 年，上海最大的小区成功更换物业公司以及 2024 年以来在降费潮下成功更换物业公司的小区案例都在警示企业注重项目维护和保有，项目流转情况在存量市场下可能会越来越严重。

对低质项目，企业首选的策略是保盘，应针对项目存在的具体问题从多维度探讨、优化整改方案，发挥项目优势，解决项目痛点，尽量使其发挥基础物业服务的保障作用，提供稳定现金流。尤其当退出成本大于改造投入成本或退出项目会产生规模效应损失，或对区域协同产生不良影响的时候，“保盘”的重要性便更加凸显。但若项目持续亏损，整改无效，则只能被迫放弃。

长期看，物业服务企业独立市场化是必然趋势。首先，在存量市场下，地产关联方能给予的增量项目支持将会越来越少，物业公司的项目源将聚焦第三方存量项目，企业间对项目的争夺战将愈演愈烈，物业公司必须提升独立市场拓展能力。其次，关联地产方在业务上对物业的赋能也越来越少。非业主增值服务持续缩水，新房市场带来的美居服务和经纪业务需求亦大幅下跌。物业公司必须结合存量市场的具体场景，探索真正适合自身发展的业务类型及业务模式。最后，地产关联方的风险尚未完全出清，不少物业企业因关联方应收账款问题导致净利润下滑甚至为负，现金流被侵占，年报难产等问题，独立市场化是降低此类风险的重要路径之一。

表5-17　部分物业服务企业的并购策略/态度

企业名称	并购相关策略 / 态度
绿城服务	秉承“总体坚守稳健同时注重与现有业务协同效应”的收购与投资策略。未来，将更加聚焦战略核心能力的培育、专注主营业务，并严格落实投资原则：①加强收购标的公司的经营效益管理；②注重与现有业务的协同效应；③注重投资标的的管理能力，投资领域以现有业务为主、新业务为辅等
金科服务	在收并购领域，行业并购估值已逐步恢复理性，集团现金流充裕，将持续关注物业服务项目的并购机会，将聚焦在管核心区域的独立第三方优质物业标的
金融街物业	2024 年，宣布更改全球发售所得款项用途，用于寻求战略收购及投资机会等的款项未动用净额从 2.56 亿元增加至 3.85 亿元
和泓服务	计划通过并购（收购物业管理公司的部分股权）扩展集团的服务种类及业务组合的规模与内容

资料来源：上市公司年报及公告，中指研究院整理。

并购市场更趋理性，但仍有机会。在存量市场下，关联方赋能不断减弱，市场拓展竞争激烈，部分物业公司仍然在关注优质的并购标的。绿城服务在并购投资方面将更加聚焦战略核心能力的培育、专注主营业务，并严格落实投资原则。第二，经过近几年资本市场的调整，物业公司的估值逐步回归理性，优质资产仍具备投资价值。金科服务认为在收并购领域，行业并购估值已逐步恢复理性，集团现金流充裕，将持续关注物业服务项目的并购机会，将聚焦在管核心区域的独立第三方优质物业标的。第三，国家层面发布相关政策支持公司间并购重组和资源整合。2024 年 9 月，证监会发布《关于深化上市公司并购重组市场改革的意见》，重点支持科创领域（新质生产力）并购、产业链上下游整合以及上市公司之间吸收合并等，为并购重组市场改革提供了方向指引。2025 年 5 月 16 日，证监会发布【第 230 号令】《关于修改〈上市公司重大资产重组管理办法〉的决定》，有利于各项措施全面落地，进一步释放市场活力。此外，随着国企改革提升行动的深入实施，地方国企资源整合迎来机遇期。

3. 降本增效：破解经营困局，多维度优化人员成本提升运营效率

近年来，物业企业在管面积增速降低，营收增速逐年放缓，增收不增利现象仍在持续，毛利率和净利率双双下降，物业管理行业面临着前所未有的挑战。为缓解企业经营困局，不少企业基于自身的业务实践，探索降本增效具体路径。从行业共性的角度来看，人力成本、采购与供应链是最常见且最可行的成本优化方向，而科技赋能与管理效率提升则是适用于多数物业企业的效率提升策略。

人力成本是当前物业企业成本构成中最大的支出项，从过去的数据来看，通常占总成本的四至五成左右。随着全国十余省份陆续上调最低工资标准，多地人社局上调 2025 年社保缴费基数，企业用工成本存在进一步提高的压力。在此背景下，降低人力成本的最直接的方式就是减少对用工的需求，具体策略包括：持续优化组织架构，落实扁平化管理，提高决策效率；借助多元化用工模式、科学定岗等方式优化人力资源；通过科技赋能、技术替代人工、业务外包等举措管控员工成本。

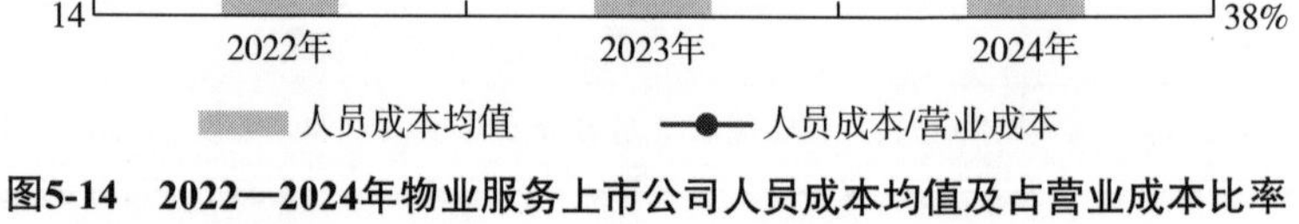

图5-14　2022—2024年物业服务上市公司人员成本均值及占营业成本比率

数据来源：上市公司年报，中指研究院整理。

从人力成本优化的成效来看，2024 年物业服务上市公司的人员成本均值为 16.45 亿元，较上一年微增 0.44 亿元；虽然人员成本均值增加，但其增速小于营业成本均值的增速，人员成本占总营业成本的比例下降，2024 年为 42.36%，较上一年减少 1.82 个百分点，物业企业的人力成本控制策略已初见成效。

供应链也是物业企业实现降本增效的重要途径，供应链优化能够让物业企业以更低的成本，获取更加优质的产品或服务供应。物业企业可向上游延伸，接入供应链体系，通过成为供应商的方式，为自己定制最适合的产品，如越秀物业与奥的斯电梯成立合资公司，参与电梯业务。这种模式可以从需求端转变成供

应端，在采购和运维等环节中获得较为优势的地位。物业企业还可以与合作方签订长期战略，利用自身市场优势，获得更优惠的价格和更优质的产品。对于供应商而言，为具有一定品牌影响力的企业长期、稳定提供产品，是提升供应商口碑、降低企业经营风险的很好的方式。

增效方面，科技赋能是当下最常见的提升运营效率的方式。科技硬件工具能够直接提升服务效率，通过引入服务机器人、智能设备，或是在关键部位设置传感器，利用智能管理平台，实现无人化操作，提高服务效率。例如，中海物业利用搭载无人机对高层建筑外墙饰面安全信息、楼体违建等情况进行长期跟踪监测，主动预防外墙空鼓、开裂破损等安全事故的发生。

软件则可以优化业务流程，重构业务平台，从而提升管理效率。通过智能管理平台，分析相关数据，优化业务流程，拆解复杂项目，智能协调工作，也能够达到降本增效的目的。例如，万物云的灵石边缘服务器和飞鸽任务平台共同搭建起智能管理新模式，通过二者互联互通，实现了AI巡检、智能调度，大大提高了工作效率；龙湖智创生活的智慧空间科技产品矩阵，将人工智能、AIoT及智能应用等科技手段渗透在各种应用场景，通过数据分析进行管理优化，提高管理效率。

通过管理流程优化提高管理效率，同样是物业企业实现降本增效的关键。物业企业通过引入信息化管理系统，实现办公自动化和无纸化，降低办公费用。此外，企业应加强内部沟通和协作，减少因信息不对称导致的资源浪费。通过建立科学的预算管理制度，严格控制各项管理费用，确保管理费用在合理范围内。

4. 夯实主业：发挥基础服务“压舱石”作用，赋能资产保值增值

近年来，随着房地产市场下行，物业公司的业务结构发生显著变化，突出表现为基础服务在整体业务中的占比持续提升。2024年，百强企业基础服务收入均值为13.43亿元，在营业收入中的占比为83.71%，同比提升1.66个百分点，且近几年该占比连续保持增长，基础服务的压舱石作用显著。

短期来看，未来基础物业服务收入占比或将进一步提升。一方面，伴随地产增量市场的持续收缩，非业主增值服务收入在企业营业收入中的占比将越来越低。另一方面，对于社区增值服务和创新型服务，物业企业布局多年，至今仍处于探索阶段，不少物业企业仍在调整、聚焦、收缩多元业务。但取得持续且稳健的增长并形成成熟的业务模式还有一定难度，面临较大压力。

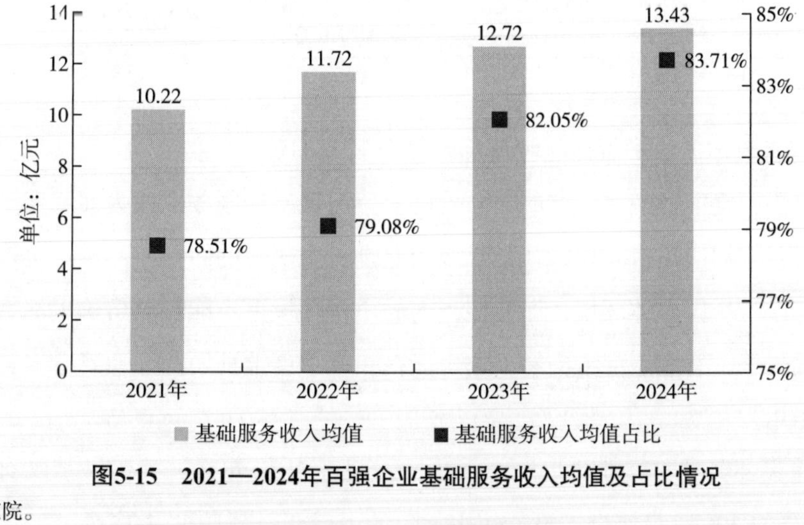

图5-15 2021—2024年百强企业基础服务收入均值及占比情况

数据来源：中指研究院。

从角色定位上看，物业基础服务从“后勤保障”升级为企业发展的压舱石。第一，基础服务具备稳定的现金流，抗周期性强，运营风险较低，物业费收缴受立法保护，在宏观环境承压的背景下更有利于企业保持稳健发展。第二，基础服务是客户黏性的核心。物业公司通过基础服务与业主建立高频的互动和联系，拥有天然的用户流量，通过基础服务形成客户黏性有利于增值服务的发展。第三，基础服务是品牌信任的载体。通过优质服务赢得业主信任，建立品牌优势，形成竞争壁垒。

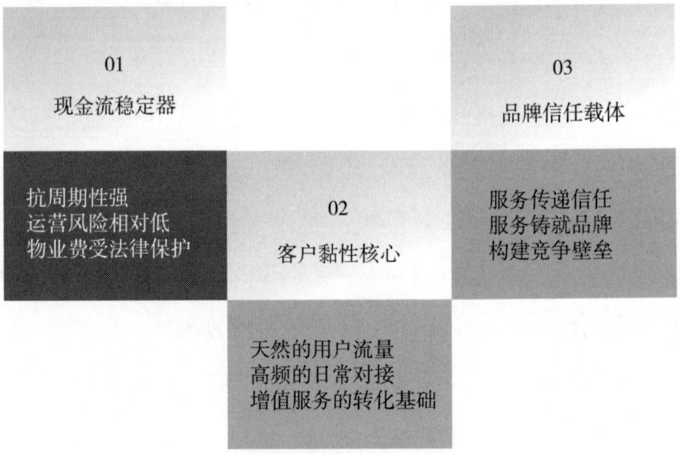

图5-16 基础物业服务的压舱石作用

资料来源：中指研究院。

“好服务”不仅是业主美好生活的基石，以精细化服务覆盖全维生活场景，更以专业服务保障物业及配套设施的高品质运行，在资产保值增值方面发挥重要作用。高品质物业管理能够提升房产的溢价能力。上海市仁恒河滨花园与一路之隔的另一住宅项目地段接近、楼龄接近，均为较高端项目，有独立会所，配有健身房、游泳池、球馆等。仁恒河滨花园的物业费高一些，物业品质更好，小区内设施设备维护用心，会所场地崭新，喷泉水池清澈见底，但另一个临近项目的物业服务明显差一些。根据中指数据，仁恒河滨花园的二手房均价比临近项目每平方米高 8000 元。

表5-18 优质物业服务促进保值增值的案例

项目名称	建筑年代	物业管理情况	物业费	房价均价
仁恒河滨花园	2005 年	物业维护用心，会所场地崭新，喷泉水池清澈见底，服务水准高	5.5 元 / 平方米 / 月	11.74 万元 / 平方米
对面临近项目	2006 年	外墙起皮，水塘水质差、栏杆生锈、地面裂纹，垃圾清理不及时	3.5 元 / 平方米 / 月	10.93 万元 / 平方米

资料来源：公开资料，中指研究院整理。

尽管有一些案例能通过二手房价格直观地反映物业服务的价值，但房价的影响因素毕竟是多方面的。物业管理服务的质量不一定能体现在房产的交易价格上，但优质的服务会成为促成房产交易的一个重要因素。如果一个住宅项目与周边项目相比，社区环境较差是一个明显的短板，那通过更换好的物业公司或者提升物业服务质量，改善小区整体环境，即使在当前的市场环境下不能拉动房价上涨，但一定可以提升房子在购买者心中的优先级，有利于促成交易，这也能在一定程度上证明高品质物业服务在业主资产保值增值方面发挥了重要作用。

据住房和城乡建设部科技与产业化发展中心统计，截至 2022 年底，我国城镇既有房屋中，建成年份超过 30 年的接近总量的 20%，已经进入设计使用年限的中后期；预计再过 15 年，近八成房子都将成为需要重点维护的“老房子”。

在地产大开发的年代，对于建筑的维护显然是不足的。而现在，对既有建筑的维护和修缮已经逐步得到重视，优质的物业服务能保障房产设施设备的良好运营，延长建筑使用寿命，使建筑历久弥新。例如，很多老旧小区都存在设施老化的问题，物业企业在服务老旧小区的过程中，通过整修设施、更换旧设备等举措，能够大幅缓解项目衰老和贬值的周期，未来这将成为存量时代下物业管理的工作重点。

国外物业企业则已经先行一步，将资产作为开展服务的核心对象，提供专业的资产运营管理服务。如日本的 Nihon Housing 围绕资产本身开展服务，所有的服务基本是以建筑本身为核心，提供运维管理、修缮、租赁、买卖等服务，相比国内物管企业服务对象更专一，更聚焦。对标国外知名的物业公司，国内物业公司仍需探索更多围绕资产开展的服务类型，真正为建筑保驾护航，为业主资产保值增值提供更多赋能。

但基础服务物业费定价及收缴问题仍是很多物业公司面临的问题。自 2024 年各地物业费限价政策落地以来，全国多个主要城市相继掀起物业费调价潮。截至目前，围绕物业费降价、物业服务标准的争议仍在持续发酵，引发社会广泛关注与行业深度思考。

物业费降价潮反映了政策刺激下业主权利意识的觉醒、楼市退潮后的价值回归以及行业竞争加剧下的生存压力。第一，地方政府出台物业费指导价政策，通过行政手段规范收费标准。例如，重庆将住宅物业费最高限价定为 1.9 元 / 平方米 / 月。很多业主以此为基准要求物业公司降低物业费，以符合政策要求。第二，房地产市场调整叠加业主权利意识觉醒，形成了新的物业费定价协商逻辑。在房地产市场供需结构发生重大转变背景下，部分城市房价和房租面临调整，考虑到房屋持有成本，业主对物业费的敏感度显著提升，通过联名议价、组建业委会等方式与物业企业协商，推动物业费降价。第三，物业管理行业竞争加剧，少数企业为保住项目，提升物业费收缴率而主动降价。

表5-19　2025上半年部分城市住宅项目物业费降价情况

案例类型	城市	项目名称	物业费降价情况
成功降费	上海	御江廷	13.6 元 / 平方米调整为 10.5 元 / 平方米，降幅达 23%
		斐勒公园	调整前住宅 10 元 / 平方米、地下室 5 元 / 平方米；调整后住宅 8 元 / 平方米、地下室 4 元 / 平方米
	郑州	沁河苑	2025 年初，物业费从 3 元 / 平方米降至 1.73 元，已公布信息
	佛山	佳兆业金域天下	2025 年 1 月，顺德的佳兆业金域天下业委会与佳兆业物业签订了新的物业服务合同，小区高层住宅物业费从 2.49 元 / 平方米，下降至 1.8 元 / 平方米。
悬而未决	重庆	江山樾	高层由 3 元 /（平方米・月）降至 2.4 元 /（平方米・月）；洋房由 3.8 元 /（平方米・月）降至 2.8 元 /（平方米・月）；公寓由 4 元 /（平方米・月）降至 3.2 元 /（平方米・月）；商铺由 8 元 /(平方米・月）降至 4.5 元 /(平方米・月）；别墅由 5 元 /(平方米・月）降至 4 元 /（平方米・月）。两轮协商会议后，尚未达成一致
物业撤场	重庆	花语佰骊	服务多年的中铁建物业宣布退场
	重庆	中渝・春华秋实	小区召开业主大会，要求将物业费降低 40%，物业公司 5 月份发布公告退出项目
	杭州	万固珺府	业委会要求物业费从 2.8 元 /（平方米・月）下调至 2.2 元 /（平方米・月），滨江服务选择退场

资料来源：公开资料，中指研究院整理。

2025 年以来，“降费风潮”似乎仍在持续。上海、重庆、武汉、郑州、常州等出现物业费降价呼声，有三种结果。第一，部分住宅项目实现成功降费，如近期，浦东大华斐勒公园通过业委会引入第三方评估机构，将物业费单价调整为住宅 8 元 / 平方米、地下室 4 元 / 平方米（原物业合同约定物业费单价为住宅 10 元 / 平方米、地下室 5 元 / 平方米）。第二，少数住宅项目经多轮协商后仍在僵持中。重庆江山樾项目经历两轮协商会议后仍没有结果，物业公司也没有正式回复，这类案例反映了物业公司与业主之间的博弈。第三，物业公司迫于降费压力退出在管小区。如重庆市中渝·春华秋实小区 2025 年 3 月召开业主大会，要求将物业费降低 40%，物业公司 5 月发布公告退出项目。此类项目反映了物业公司坚守价格和服务底线，拒绝“低价高配”。

目前，市场对物业费降价的认知更加理性，只谈价格不谈服务终究没有任何意义，“质价相符”成为行业必须攻克的课题。对于物业费降价的物业费争议的背后反映的是业主与物业公司之间的矛盾和痛点，包括业主眼中的服务标准模糊、服务感知错位、物业公司成本及公区收益的使用不透明，调价机制僵化等，本质上还是业主认为“质价不符”。

因此，对物业费定价机制的创新和探索势在必行。万物云以服务透明、价格匹配需求为切入点，创新提出物业清单化服务加弹性定价的模式，其核心在于将物业费的定价权和部分选择权交还给业主。业主自主选择服务项目和服务效果，物业公司根据业主的选择提供质价相符的服务，化解传统模式供需错配矛盾，使“服务—价格”更透明。“弹性定价”模式开始进入实践阶段，有望引发行业物业费定价模式新变革。5 月 21 日，重庆市南岸区南坪镇人民政府发布《万科金域学府翰林小区临时业主大会通知》。公开资料显示，该小区在各级主管部门的监督和指导下，将通过召开业主大会的形式，进行物业服务合同重新签订，并引入“弹性定价”模式。

此外，为了解决业主和物业公司之间的争议和矛盾，对物业费收费模式的探索和实践越来越受到关注。传统的物业费收费模式有两种，分别是包干制和酬金制。包干制是由业主向物业服务企业支付固定数额的物业服务费用，物业服务企业在预算定额内，自负盈亏，提供服务，盈余或亏损均由物业服务企业自行承担。酬金制是在预收的物业服务资金中，按约定比例或者约定数额，提取酬金支付给物业服务企业，其余全部用于物业服务合同约定的支出，结余或者不足均由业主享有或者承担。

但两种收费模式都有自身的痛点和局限性。包干制模式下，由于信息不透明，信任危机严重；物业公司为追求利润最大化，有压缩成本的动力，容易造成业主对服务质量的质疑和不满；公共收益权属不清，业主无法了解集体资产情况。而酬金制模式的执行有赖于业委会的专业能力和公平无私，业主需要承担超支风险，监督执行难度较大，易流于形式。

在此背景下，行业逐步探索新的收费模式解决以上痛点，目前已经初步形成了“信托制”和“信酬制”两种创新的物业费收费模式，主要目的是提升物业服务、收费与开支、公共收益的透明度，未来或将进一步加大试点力度。物业费收费模式的创新驱动力主要源于以下几个方面。第一，相关政策的推动，如《中华人民共和国民法典》第二百八十四条明确：“业主可自行管理或委托物业服务人管理”，为信托制和信酬制的产生提供了基本依据；多地政府出台相关政策鼓励信托制收费模式并开展试点，如武汉市武昌区近几年开展信托制物业服务模式试点工作，目前，全区已有 30 个住宅小区成功引入这一创新模式；海南省推出信酬制模式，并形成系统的操作指南。第二，业主权利意识的觉醒，对财产权、知情权、参与权的诉求升级，业委会的实际组建率逐渐提升，促进了创新收费模式的发展。第三，新技术赋能使物业费及公共收益透明化，实时、公开监督每一笔开支成为可能。

表5-20　各种物业费收费模式的对比

对比事项	包干制	酬金制	信托制	信酬制
物业费权属	物业服务人	全体业主	全体业主	全体业主
物业费单价	基本固定，波动很小，调整需法定程序，利润变动	相对固定，使用情况透明，随市场情况变动，利润固定	相对固定，使用情况绝对透明，视业主需求变动，利润固定	相对固定，使用情况绝对透明，视业主需求变动，利润固定
公共收益	属全体业主，但不少物业公司纳入企业收益	属全体业主，物业服务人计提固定利润分成	属全体业主，物业服务人计提固定利润分成	属全体业主，物业服务人计提固定利润分成
利润	物业服务人自负盈亏，有节约成本的动力	利润固定	固定利润，以收定支、量入为出	固定利润，按预算执行，不得赤字预算
公开程度	不公开	相对公开	绝对公开	绝对公开
财务管理	物业服务人内部管理	专用账户，业委会核算、监督、审核	“双密码”独立账户连通“信托制物业服务信息公开平台”，全部信息	共有账户，对全体业主公开，业主有查询、摘抄、质询等权利
业主监督	监督难度大	相对容易	很容易	很容易

资料来源：公开资料，中指研究院整理。

2021年初，住房和城乡建设部等十部委联合发布的《关于加强和改进住宅物业管理工作的通知》中公开“提倡酬金制计费方式”，表明酬金制相比于传统的包干制越来越受到认可。为解决酬金制在实际执行中存在的问题，“信托制”和“信酬制”在酬金制模式上实现进一步创新优化。物业费信托制和信酬制都源于信托理念，旨在提升物业服务透明度与业主参与度。二者之间也有不同，信托制强调基于信托关系，明确业主大会、物业公司和全体业主之间委托方、受托方和受益方的三方信义关系，物业公司需按信托目的管理资金。信酬制则更侧重于建立业主与物业之间的信任，通过彻底公开透明的财务与服务信息，化解物业纠纷，引导业主参与公共事务。

“信托制”和“信酬制”在实践过程中也会遇到问题，诸如业主参与度不高，使预算编制和资金监督等工作流于形式，物业公司因收取固定比例佣金缺乏服务积极性等问题，未来，关于物业费收费机制方面将会有更多优化和改进探索。

5. 多元探索：需求深耕与模式适配为破局关键，构筑多元业务长线价值

在当前房地产下行、宏观经济承压、消费需求疲软的环境下，物业管理行业原有的高速扩张逻辑被打破，进入精耕细作、提质增效、聚焦核心业务的新阶段。物业公司的多元服务也面临深刻的结构性调整。

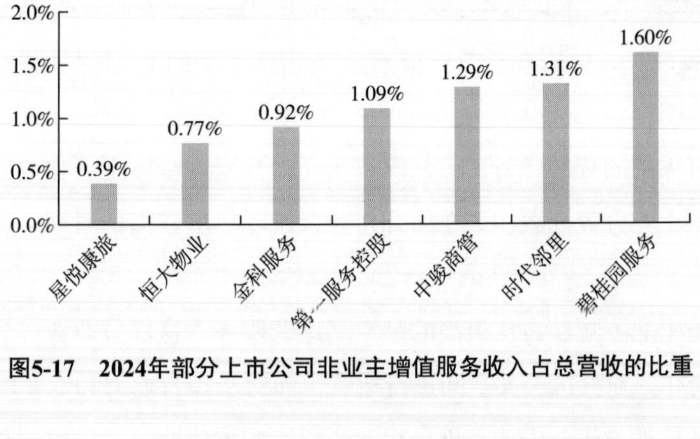

图5-17　2024年部分上市公司非业主增值服务收入占总营收的比重

数据来源：中指研究院。

从结构上来看，非业主增值服务收入贡献越来越低，成为企业非核心、非重点且仅作为收入补充的辅助性业务。目前，已经有不少上市公司非业主增值服务在总营收中的贡献降至 2% 以内，星悦康旅的非业主增值服务甚至达到 0.39% 的低水平。未来，非业主增值服务收入仍有下降空间。

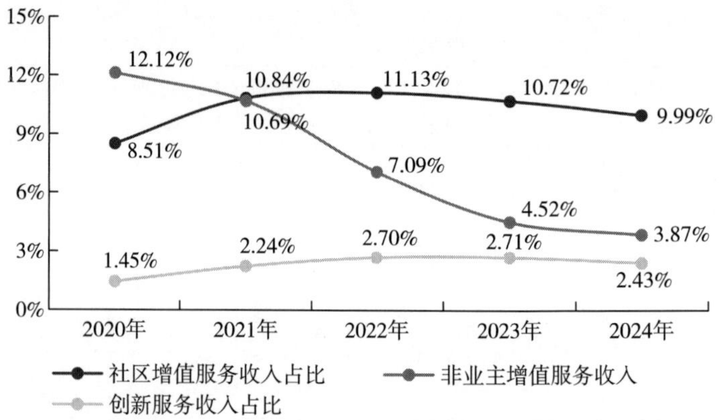

图5-18　2020—2024年百强企业各类服务收入占比变化情况

数据来源：中指研究院。

从百强数据看，2020 年，百强企业非业主增值服务收入占比约为 12.12%，到 2024 年已下降到 3.86%，近几年呈现快速而持续的下跌趋势。非业主增值服务依赖于开发商的新房开发及销售活动，在增量市场转入存量市场的背景下，这种变化趋势是不可逆的。

社区增值服务收入贡献更稳定，是物业公司多元服务中的核心业务，但目前面临结构性调整，短期内难以实现突破性发展。近五年，百强企业社区增值服务收入占比主要位于 8.5%~11.5% 之间，近两年部分企业该业务收入出现小幅下滑，但整体保持稳定。主要影响因素一方面是由于房地产增量市场的收缩，美居服务中的精装服务和房屋经纪中的新房销售业务受到较大影响，物业公司需要调整业务重心，聚焦存量市场需求；另一方面，经过多年的探索，物业公司在开展社区增值服务方面更加理性，主动调整并聚焦自身优势业务领域，从而导致社区增值服务发生结构性变化。

自彩生活 2014 年登陆资本市场，社区增值服务便成为资本眼中的高价值、高潜力业务，在 IPO 过程中成为招股书中的一大核心亮点以赢得投资者的关注和青睐。但时至今日，行业经过 10 余年探索，仍然未取得突破，社区增值服务的发展远不及预期。

社区增值服务多年来未能破局，主要原因是绝大多数物业公司陷入了四大困局。

第一，部分社区增值服务在前几年发展较快，是由于享受了地产红利，并不能完全代表物业公司在业务发展上取得成功。如 2024 年，建发物业家居美化服务中的房屋硬装业务产生的收入约为 0.24 亿元，较上一年度的 6.84 亿元大幅减少，原因在于新房精装交付量的显著下降。在美居服务和房屋经纪业务领域，存量市场需求仍需进一步挖掘。

第二，物业公司具有天然的近场优势，但并没有实现流量变现，体现了物业服务用户黏性不足，专业能力欠缺、业主需求挖掘不充分等问题。如在前几年社区团购热度较高的时期，优秀的团长并不是来自物业公司及物业服务人员。

第三，社区增值服务中业务规模占比最高的是空间运营服务，这部分业务多属于较为传统的平台化盈利模式，通过与第三方合作，对社区公共空间进行运营，而对于经营能力和专业能力要求较低。

第四，精准匹配业务特性与运营模式，仍是物业公司突破增值服务的关键。很多物业公司仍然在探索不同业务的运营模式，对内外部资源缺乏深入分析，在平台运营和自营模式之间徘徊，或者采用轻重并举的模式。2024年，雅生活集团退出家政服务的外部合作模式，集中发展自营模式，体现了物业公司对社区增值服务的持续探索和调整。

表5-21　各类社区增值服务需求重点

业务类型	重点需求挖掘	具体服务 / 案例
家政服务	业主日常生活高频需求	集中开展家庭保洁、上门维修、家电清洗、送水服务等
美居服务	深挖存量房需求，聚焦二次装修、局部改造等业务	融创服务深化存量房局部改造、装修业务，美居服务实现逆势增长
房屋经纪	聚焦二手房租售服务	招商积余旗下“余房网”，主要聚焦存量房租售业务，有效掌握园区真实房源
社区零售	精准定位业主核心需求，聚焦核心产品	保利物业主要聚焦刚需重物、节日礼品、品质标品、地理产品等几类核心产品；新希望服务结合集团资源优势聚焦奶制品等具有竞争力的产品

资料来源：公开资料，中指研究院整理。

整体来看，以上四大困局可以从两方面来解决。

第一，深度挖掘市场需求。既要把握存量市场下的需求转向，同时也要加强与业主间建立信任，通过高频接触不断挖掘业主的日常生活需求，精准匹配对应的服务。如融创服务深化存量房局部改造、装修业务发展，美居服务实现逆势增长；保利物业的社区零售业务主要聚焦刚需重物、节日礼品、品质标品、地理产品等几类核心产品，精准匹配业主需求。

第二，探索适配的业务运营模式。物业公司应根据自身特征、资源优势、专业优势，并结合具体业务的特征和市场竞争情况来决定采用适宜的业务运营模式。如家政服务需求量大，频次高，快速增长，而供给端较分散，市场集中度低，服务标准化低。家政服务的类型丰富，包括上门保洁、维修、送水、家电清洗，甚至保姆、育儿等。而究竟采用怎样的运营模式，自营模式和平台模式各有千秋，需要物业公司结合实际情况和业务特点进行布局。

表5-22　不同类型社区增值服务的业务特征及运营模式

业务类型	业务特征	运营模式
家政服务	需求量大，高频次，快速增长；供给端较分散，市场集中度低，服务标准化低；类型丰富，如上门保洁、维修、送水、家电清洗，甚至保姆、育儿等	自营模式或平台模式视不同服务类型决定
社区零售	需求量大，高频次，稳定增长；供给端竞争激烈，各大零售平台不断创新；零售品类众多，供应链复杂	自营与平台模式结合
空间运营	需求比较稳定，以车位管理运营为主，媒体广告、活动为辅；供给方比较稳定	以平台化为主
美居服务	需求聚焦存量市场二次装修、局部改造等；供给端分散且供应链复杂，涉及产品较多	自营与平台模式结合
房屋经纪	需求聚焦二手房租售业务；供给端有专业、龙头品牌企业；业务核心能力在于丰富的房源、真实的信息以及专业的服务能力	自营模式为主
养老服务	需求量大，增速快，老龄化压力越来越大；供给端多为政府或专业机构；政策大力支持，有潜力	未形成特定的模式，少数物业公司布局探索

资料来源：中指研究院。

从百强企业和上市公司数据看，社区增值服务收入规模整体上呈现下降趋势。2024 年，物业服务百强企业社区增值服务收入均值约为 1.60 亿元，较上一年有所下降，主要由于增量市场的收缩、消费需求的下降以及部分企业业务调整等因素造成。具体看，物业企业的社区增值服务收入出现分化。滨江服务 2024 年社区增值服务收入增速达 61.69%，主要受益于滨江集团商业项目的硬装业务需求；多数央国企该板块基本稳定；多数上市物业公司社区增值服务出现了不同幅度的下跌。

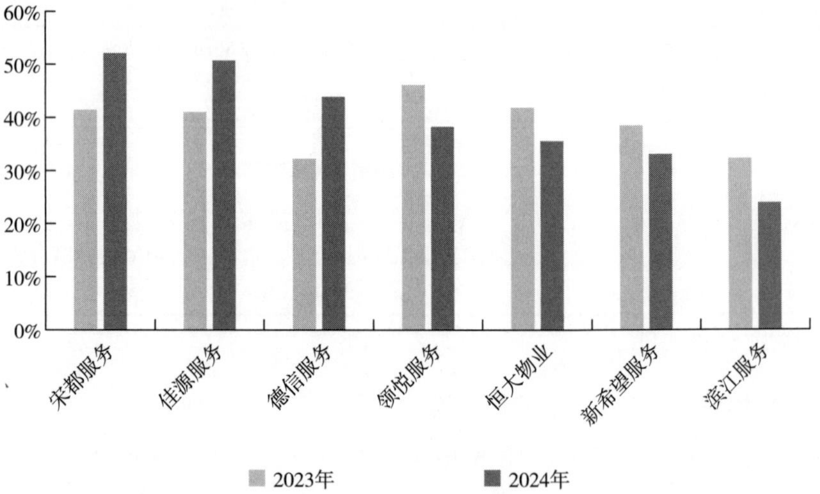

图5-19　2023—2024年部分社区增值服务毛利率变化情况

数据来源：上市公司年报，中指研究院整理。

部分企业社区增值服务的毛利率变动较大。宋都服务、佳源服务、德信服务等企业 2024 年社区增值服务毛利率水平提升均在 10 个百分点左右；而领悦服务、恒大物业、新希望服务、滨江服务等的毛利率却出现显著下降。

当前阶段，社区增值服务仍处于探索期，且业务类型多、业务模式尚未成熟，对于业务发展情况的评价不能局限于营收和毛利的情况，更应该注重业务的发展潜力和可持续性。因为营收和利润的变化部分是由于业务类型、业务结构、业务模式的改变而造成的，并不能精准地代表业务的发展现状和未来的市场空间。

创新服务业务相对比较稳定，但收入贡献低，仅占总营收的约 2%~3%，未来有较大的拓展潜力。该板块业务是 2020 年前后物业企业逐渐布局的新赛道，主要包括城市服务、IFM、商业运营等业务。在宏观经济承压的背景下，不同的业务面临不同的问题，物业企业仍在持续探索中。尽管目前物业企业在城市服务和 IFM 发展过程中都面临一些挑战，诸如毛利低、收款难、要求高等，但在行业基础物业服务微利化趋势不可逆转的背景下，从存量运营、政策导向、需求空间、业务可持续性等角度看，多元服务仍具备发展潜力，长期看也是行业突破增长瓶颈和盈利瓶颈的重要支撑点。

6. 拥抱 AI：新技术推动新场景落地，多维度破解科技应用难题

随着科技的飞速发展，物业与科技的逐步深入融合是必然趋势，也是物业公司降本增效、提升服务体验、突破行业发展困境的金钥匙。2025 年以来，以 DeepSeek 为代表的 AI 大模型进一步加速了物业与科技的融合，越来越多的物业公司通过 AI 科技赋能解锁更多应用场景，掀起一场重要的智慧场景变革。第一，优化能源管理，对照明大户进行智慧管理，通过 AI 节能策略为业主提供定制化的节能方案；第二，提升

员工工作效率，如中海物业推出“海宝 AI 助手”，为员工提供 AI 智能应答、写作支持、办公提效等支持；第三，智慧工单管理，通过 AI 技术自动提取要素形成工单、自动派单，可替代一线客服自动生成内容填入工单、分析打标等；第四，赋能舆情监测，AI 技术构建风险预警系统，帮助管理者及时掌握项目舆情动态，防范潜在风险。

此外，部分物业公司正在尝试技术跨界应用，挖掘更多创新场景。新大正的布局聚焦低空经济与机器人应用两大领域。2024 年 8 月成立的新大正（重庆）无人机科技有限公司，计划构建集低空经济平台建设、无人机教育培训、系统集成服务为一体的业务体系。目前已在重庆大学虎溪校区试点无人机巡检，并与赛特智能合作推广无人驾驶清扫车，单台设备可替代 3~4 名人工。南都物业则选择资本赋能路径，以 3300 万元参与设立杭州赛智助龙基金，重点投资人工智能、机器人及具身智能领域。该基金已完成备案并启动投资，意向标的包括宇树科技等机器人企业。同时，南都物业加大自主研发投入，2025 年一季度研发费用为 78.12 万元，同比增长 80.63%，重点开发 AI 客服系统与智能设备管理平台。这种“投资 + 自研”双轮驱动模式，旨在构建从技术孵化到场景落地的完整生态。

可以预见，未来，在科技不断迭代发展的趋势下，物业公司可以在传统的物业管理领域以及其他与物业管理相关的新场景下实现 AI 技术的深度应用赋能，通过技术驱动实现企业转型升级和能力重构，真正构建智慧物业生态，重塑行业价值。

然而，物业企业在加深科技应用和布局时，常常面临着各种挑战，主要包括以下四类。第一，技术渗透困境。尽管头部物企已在智能硬件布局上取得进展，但不同品牌系统间的数据孤岛问题显著，此外，物业企业的标准化技术方案面对个性化、多元化的服务场景，其效力无法正常呈现。第二，组织转型阵痛。物业行业数字化转型面临的首要挑战是基层员工的技术能力与工具要求不匹配。传统物企的多层级管控模式，难以适应智能化服务的快速响应需求。物业公司的组织建设尚有优化改善空间。第三，价值验证滞后。在行业科技化转型的进程中，硬件设备和系统集成的集中性投入与技术效能转化的渐进性之间存在矛盾，不可控风险更高，容易陷入“技术先行、需求后置”的决策误区，导致业主群体对科技工具价值感知不足。第四，数据治理僵局。技术需求驱动的数据“全量收集”，难免与个人信息保护的“最小必要原则”产生冲突，使企业面临隐私保护的合规风险。

针对以上挑战，物业公司可从以下几个方面寻找突破。第一，打通技术应用堵点，通过通信协议统一、数据格式统一、接口规范统一等方式推动设备和场景落地。第二，让科技与人高效协作，在基层团队中定向培养“数字管家”，优化管理组织架构，提升管理和决策效率。第三，分阶段进行科技化投入，如按照试点验证、优化迭代、规模复制等阶段依次推进，这种“小步快跑”模式既避免盲目投入，又确保技术方案与业务场景深度适配。第四，以分级授权筑牢合规边界，明确“敏感数据不越界”的原则；以透明机制重建信任基础，建立数据使用的“双向知情”通道；以场景适配穿透数据价值，通过规范治理将“风险点”转化为“信任点”。

物业科技化、数字化建设是一项涉及技术融合、系统重构、生态协同的复杂系统工程，绝非一朝一夕就能完成。在推进智慧化建设的过程中，物业企业须具备战略前瞻性，主动融合 AI 等前沿技术，深度理解技术内核与应用逻辑，结合自身资源禀赋科学规划场景落地路径，最终实现科技驱动下的系统性转型升级。

附录：2025 上半年全国及部分省市物业服务优秀企业

2025 年上半年，物业管理行业在存量市场竞争加剧、增量市场萎缩的双重压力下，传统业务增长疲软、增值服务成效不彰、物业费收缴下滑等问题依然突出。面对挑战，物业企业坚守服务本质，以客户需求为导向，通过精细化管理和智能化技术应用，不断雕琢服务细节，持续提升服务品质与运营效率，不断增强企业核心竞争力。此外，在“四好”建设引领下，构建以优质服务为核心、群众满意为目标的“好服务”体系，正成为行业转型升级的关键着力点。基于此，中指研究院甄选服务质量领先、运营特色突出等企业及各类“好服务”项目，分析总结其在服务品质、特色服务、项目运营等方面的经验，为物业企业长久发展提供借鉴。

1. 部分省市物业服务质量领先企业

北京		上海		重庆	
金茂服务	中海物业	绿城服务	招商积余	金科服务	天骄智慧服务集团
融创服务	中建智地物业	陆家嘴物业	中信泰富物业	融创服务	中海物业
第一服务	中铁建物业	东湖物业	中海物业	东原仁知服务集团	融汇悦生活
中铁慧生活	京城佳业	古北物业	复悦生活	渝地康田物业公司	渝高物业
和泓服务	保利物业	金茂服务	大华服务	华润万象生活	瑞盈实业

天津		四川		河南	
融创服务	绿城服务	保利物业	新希望服务	建业新生活	正弘物业
保利物业	远洋服务	中海物业	华润万象生活	亚新服务	绿城服务
格调物业	天力物业	蜀信物业	邦泰智汇生活	碧桂园服务	中海物业
天津中建物业	城投物业	招商积余	德商产投物业	恒达物业	保利物业
天房物业	华厦物业	优品道物业	新城悦服务	华信玖邻好生活	伟业慧生活

陕西		云南		贵州	
保利物业	华润万象生活	银海物业	俊发七彩服务	中天城投物业	融创服务
中海物业	高科物业	城建物业运营集团	鸿园物业	中铁建物业	和泓服务丨贵阳兴隆物业
经发物业	万科物业	绘生活服务（巨和物业）	春城财富物业	碧桂园服务	贵阳物业集团
龙湖智创生活	诚悦物业服务集团	华润万象生活	保利物业	贵州绿地物业	美置服务
广瑞物业	绿城服务	润晟生活服务	云投物业	华润万象生活	欣和逸居物业

苏州		宁波		郑州	
中海物业	招商积余	普罗物业	万科物业	正弘物业	绿城服务
绿城服务	保利物业	绿城服务	曙一服务	亚新服务	中海物业
永旺永乐服务集团	苏新服务	荣安物业	建发物业	金茂服务	华润万象生活
书香服务	中锐华田物业	银亿物业	维科物业	保利物业	老管家物业
建屋物业	东吴服务	龙湖智创生活	亚太酒店物业	鸿宝物业	华启金管家

续表

常州		石家庄		濮阳	
路劲物业	中海物业	保利物业	融创服务	华信玖邻好生活	建业新生活
星河智善生活	中房物业	石家庄市物业集团	龙湖智创生活	冶都物业	碧桂园服务
新城悦服务	高正健康产业集团	绿城服务	中海物业	丽景物业	龙昊物业
招商积余	晋陵物业	万科物业	中冶物业	景观城物业	清华物业
中建智地物业	黑牡丹物业	金茂服务	永升服务	信德物业	科苑物业

物业服务企业通过分析客户反馈、开展多维度调研等方式，精准把握客户需求，系统性升级服务体系；同时，依托标准化建设和智能化双轮驱动，实现服务质量稳步提升，有效优化客户体验与满意度，推动服务品质全面升级，为品牌价值赋能。

保利物业坚持人文服务的价值观，坚持以客户的真实需求优化提升服务，以“安全力、便捷力、舒适力、焕新力、社群力”为内核，构建好服务的系统化解决方案，用持续提升的优质服务力满足人民群众对美好生活的向往。

中信泰富物业以“品质源自于细节的关怀”为服务理念，以“精品商办楼宇及精品住宅管理专家”为发展导向，相继打造了“咨询顾问”“总部型大厦管理”“内部设施管理”“楼宇后期改造”四大专业能力，并通过“8+8 金管家”增值服务平台满足客户个性化服务需求。

东湖物业是以高端办公楼管理为特色的现代化综合物业服务企业，坚持以“精耕细作，做精做强”为企业发展战略，依托高星级酒店管理传统基因和高端办公楼服务品牌优势，构筑企业良性发展的基础，成为海派物业管理的先行者。

古北物业成立于 1991 年，作为上海市成立的首家物业企业，古北物业坚持以匠心铸造品质，以创新驱动发展，深入探索多元化服务模式，不断提升客户满意度和企业核心竞争力，为进一步促进社会可持续发展和创新驱动发展新理念注入新力量。

大华服务始终秉持“奋斗、求真、自律、学习、共赢”的价值观，以客户满意为核心，与城市共生共荣；以“品质感、安全感、归属感、幸福感、健康感”五感服务体系为基石，持续优化服务细节；以科技赋能、生态协同、服务创新为核心，携手百万家庭与合作伙伴，共筑“一生之城”的美好蓝图。

正弘物业以“产品 + 服务”标准化打造为核心，构建新质服务力模型，持续输出“专业的、有品质、有温度、有情怀”的物业服务品牌；坚持以客户体验为中心，以服务信任为支点，持续从服务深度和广度上优化提升。

亚新服务始终坚持党建引领，率先打造红色物业，创新实施“365”工作机制，创立“红管家”服务品牌、“七彩芯”智慧平台、“红色物业 + 居家养老”服务、“一站式完整社区”服务，致力于成为全生命周期美好生活服务商。

云南城建物业运营集团有限公司坚守“品质服务是根本，科技赋能是王道”的发展理念，以服务标准化、标准产品化、产品品牌化、品牌价值化为路径，深化精细化管理，夯实主业根基；以客户需求为导向，满足多层次业主的多元化需求，切实为业主提供高品质的物业服务。

中天城投物业以业主需求为锚点，构建品质焕新、服务创新、旧颜更新、团队出新、制度纳新“五维体系”，从畅行守护、高效响应、暖心关怀、安全智控等方面提升服务细节，助力服务品质提升，为 50 万余业主带来更为优质、便捷、智慧的生活服务。

中铁建物业贵阳分公司通过标准建设、家倍美好提升措施、铁建美好进万家等全方位品牌、品质服务升级；持续要求自我，增强服务意识，规范服务行为，提升服务质量，洞察客户需求，以高标准、高品质的服务导向，精细化的服务标准，激发社区活力，守护社区美好，与业主共美好。

中锐华田物业以“锐意进取、追求卓越”的企业精神，将业主的满意作为工作的动力，坚持“诚信为本、开拓创新、品质为先、用心服务”的经营理念，专注从事住宅、写字楼、商场、酒店、学校等不动产的委托物业管理、物业顾问、房屋维修、房屋租赁、家政服务、社区商业、会务服务、员工餐厅、养老服务等多种经营活动。

中海物业持续深耕服务品质，以客户需求为导向，不断优化服务流程，提升服务效能；积极拥抱智慧科技，将物联网、人工智能等先进技术融入物业管理，打造智慧社区，提升服务体验；同时以党建引领物业服务，夯实服务基础，提升服务质量，推动行业高质量发展，共建美好生活。

石家庄市物业集团以“业务多元化、服务标准化、管理智能化”为核心，以缔造品质服务，创新理想生活为理念，践行做实做专传统物业服务，向城市服务延伸，打造石家庄市物业服务国企标杆品牌。

华信玖邻好生活是中国新型邻里关系的倡导者和践行者，全面实施物业服务＋生活服务，创新推行“楼宇＋私人”双管家服务模式，建立59项个性化菜单式服务，致力于为品质人居做加法，得到了业主及社会的一致认可。

2. 2025部分城市物业服务标杆项目

北京	上海
天力物业发展—北京富力家园	外滩设施—世纪商贸广场
京城佳业—城奥大厦	世邦泰和物业—上海天璟
银泰第一太平（后更名银泰智享）—北京银泰中心	东湖物业—上海金融交易广场
中建智地物业—北京东外56号创新园区	农工商旺都物业—光明星城荟哲苑
中铁诺德城市运营—诺德中心二期	古北物业—尚海郦景
广州	**重庆**
天力物业发展—广州富力盈凯广场	金科服务—金科10年城
越秀服务—天悦江湾	融创服务—融创壹号院
天力物业发展—广州新天地花园	东原仁知服务集团—东原·阅璟山
康景物业—珠江天郦	中海物业—紫御江山·天誉
金碧物业—恒大御府	京城佳业—龙樾湾
苏州	**成都**
金狮大厦公司—锦峰大厦	新希望服务—D10天府
苏州城投物业—虎丘婚纱城	蔚蓝城市物业—蔚蓝卡地亚花园城
苏州城投物业—锦华星光花园	保利物业—保利两河森林
永旺永乐服务集团—苏州湾中心广场	德商产投物业—德商迎晖天玺
书香服务—苏州银行大厦	滨江鼎信服务—悦蓉东方

续表

太原
天力物业发展—太原富力尚悦居
山西建投城运集团—建投·祥澐府
星河湾物业—星河湾 5 号园
万科物业—万科翡翠东第
万象美物业—万达龙樾府

物业服务企业通过开展项目遴选、专项提升、强化培训、有效监督等内部机制，重点选育标杆示范项目，在实践中不断优化服务标准和流程，形成可复制推广的成熟服务模式，最终实现从局部试点到全面推广的服务品质跃升。

北京富力家园占地面积约 36 公顷，总建筑面积 115+ 万平方米，总体规划以低建筑密度、高绿化率为特色，绿化率达到 36%，荣获 2024 年北京市品质物管好小区、2024 红心碧海社区共治模式示范小区等荣誉。

世纪商贸广场作为获得 LEED 铂金级认证和 WELL HSR 健康安全认证的高端写字楼，采用无柱式设计，搭配宽敞的楼层空间，并配备环绕 360 度的玻璃幕墙；凭借“绝版区位 + 顶奢配套”双重硬核的核心区域，吸引众多世界知名 500 强企业入驻，已成为上海商业地标性建筑之一。

光明星城荟哲苑以智慧社区为核心理念，引入智能巡逻机器人、支付宝碰一碰、高空抛物摄像头、智慧灯杆等前沿设备，构建高效安全的智慧物业体系；携手社区党支部打造“光合·智多星”党建联建品牌，推动基层治理升级；360° 全方位生活服务、24 小时专属管家、全天候智能安防与多彩社区活动，为业主带来贴心舒适的现代化社区生活。

广州富力盈凯广场位于广州珠江新城 CBD，建筑面积 18 万平方米，获得广东省物业服务示范大厦荣誉，在优秀的现场物业服务和资产运营下，项目出租率长期保持 90% 以上。

广州新天地花园自进驻以来安全生产零事故、收费、服务质量零重大投诉，获得包括广东省物业管理示范项目、广州市住宅小区一级服务标准，平安社区、物业管理示范小区等多项称号；目前小区住宅物业服务费收缴率达 99.3%、业主满意率达 92%，远高于市场同类型其他住宅小区。

金狮大厦公司秉持“顾客满意、环境保护、安全生产”管理理念，聚焦物业服务、房屋销售与租赁、资产运营与管理三大主业，基于“城市服务 + 资产管理”双轮驱动企业发展模式，努力成为苏州城市服务品牌企业。

苏州虎丘婚纱城是华东地区规模领先的婚庆产业综合体，占地面积 12 万平方米，投资 27 亿元；服务团队 24 小时安防巡检，部署 AI 智能识别监控系统；建立了预防性维保机制，确保低故障率及高响应度；提供分时段动态清洁模式覆盖公共区域，持续提供优质、高效服务，构建良好营商环境。

锦华星光花园地处苏州市姑苏区苏锦街道锦芸街 336 号，建于 2022 年，位置优越、环境优美，由 10 栋住宅构成，有一千两百余户居民。小区将服务业主放于核心，重视反馈，有针对性地深入剖析打磨，优化服务环节，不断提升品质；服务团队秉持精益求精理念，追求卓越，持续提升服务品质，不断增加客户满意度。

德商·迎晖天玺坐落于成都塔子山板块，是城东高端住宅标杆项目。项目创新打造“蜂巢服务站”居民议事平台，针对年轻高知精英客群，整合社区内外优质资源，构建新型邻里共享生态；通过创新自治模式促进资源高效流通，激发社区活力，形成良性互动机制，成为成都城市治理现代化与高品质社区生活的典范样本。

悦蓉东方打造新川低密纯改善住区，社区配套三大会所、辅以酒店大堂，构筑城南生活圈；推出“GD金尊全景服务体系”（含出行、管家、陪伴、礼遇、圈层五大系统）及悦蓉系（樽享+）高定服务，并通过社群活动促进邻里互动，构筑品质生活体验。

太原富力尚悦居通过打造“红色物业服务”，组建“尚悦力”志愿者团队，形成党支部、物业、业主三个志愿者梯队，共同治理园区为群众服务。2022年至今，项目共接待省、市、区、街道四级领导同行观摩调研超35次，总人数超1060人。

3. 2025 物业服务优秀运营企业

企业名称	运营特色
北京和泓物业	保障房物业服务优秀企业
荣安物业	高端物业服务领先企业
中电建物业	七彩服务体系
宁波城广物业	城市服务运营优秀企业

在高度同质化的市场中，物业服务企业在坚守服务品质的基础上，敏锐洞察客户多元化需求，通过深度整合自身资源优势，精准定位差异化服务方向，打造具有鲜明特色的服务体系，形成“以品质为根基、以需求为导向、以创新为驱动”的服务升级路径，有效提升客户黏性的同时，更在同质化困局中开辟独特的发展赛道，在激烈的竞争中脱颖而出。

和泓服务创新“一心六翼”红色物业建设模式，围绕业主需求，从传统的基础服务向“全生命周期+全生活场景”的综合性服务模式转型，通过整合社区资源，探索物业增值服务边界，不断向多元服务领域延伸，构建以业主需求为核心的差异化生态系统；同时，和泓服务在基础服务上坚持高标准，结合智慧化管理手段，注重社区人文关怀，并在政府指导下优化运营模式，为保障房居民创造安全、便捷、温暖的居住环境。

荣安物业通过“专业资质+精细服务+科技赋能+社区运营”的四维体系，实现了从“物业管理”到“生活服务”的升级，更以资产增值与情感联结为纽带，重新定义了高端物业服务的行业标杆。

4. 2025 年品质物管“好小区”

西南	北京	天津
重庆丨阿卡迪亚—天骄智慧服务	保利和煦雅苑—保利物业	格调榴园—格调物业
重庆丨昕晖香缇时光—鑫永物业	北京华曦府—中电建物业	格调林泉—格调物业
四川丨保利·和颂花园—保利物业	彩虹城—北京和泓物业	碧桂园云河上院—碧桂园服务
云南丨昭通碧桂园—碧桂园服务云南区域	彩虹嘉园—北京和泓物业	金地阅千峯—金地智慧服务
广西丨澳洲丽园—万怡物业	玲珑苑—北京和泓物业	龙湖樘樾—龙湖智创生活

续表

西南	北京	天津
贵州丨贵阳花语墅—中铁建物业贵阳分公司	越秀・天玥—越秀服务	绿城・凤起悦鸣—绿城服务
贵州丨中天・未来方舟 E2/3/8/10 组团—中天城投物业	中建壹品学府公馆—中建壹品物业	万科四季花城—万科物业
河南	**湖北**	**福建**
建业天筑—建业新生活	百瑞景滨江生活区—万嘉弘泰物业	福州保利天悦二期—保利物业福建公司
亚新美好天境—亚新服务	光谷满庭春—中建壹品物业	融侨则徐道壹號 A 区—融侨物业
华启金悦府—华启金管家	千千水岸小区—碧桂园服务	厦门橡树湾—华润万象生活物业厦门公司
越绣桂园—华信玖邻好生活	清江锦城珂园—清能碧桂园物业	厦门中骏・天禧—世邦泰和物业
中建・元熙府—中建七局物业	中城国际—武汉城市服务集团	中海・国贸上城—国贸服务
深圳	**广州**	**苏州**
万福花园—深城投物业集团	广州黄埔时代天韵—时代邻里	星公元名邸—中锐华田物业
安居东湾半岛—安居城服	合景・臻颐府—合景悠活	淀山湖壹号—万厦世纪
博誉府—鸿荣源物业	品越华府—越秀服务	苏州星奕湾花园—中锐华田物业
金泓凯旋城—长城物业	越颂华府—越秀服务	中建・鹿鸣府—中建七局物业
彩田村—莲花物业	珠江四季花园—珠江城市服务	中锐星悦湾名苑—中锐华田物业
青岛	**无锡**	**济南**
君一・海尚府—海尚海服务	山河万物（悦蓉雅苑）—爱情物业	紫麟阁—山东高速物业
保利天汇—保利物业青岛分公司	富力城—天力物业发展	保利海德公馆—保利物业
君一・波尔多—海尚海服务	金科观天下—金科服务	劝学里—万科物业
绿城理想之城—绿城服务	君一・翡翠文华—海尚海服务	中海珑玺—中海物业
万科城市之光—万科物业	澜岸铭邸西区—碧桂园服务	中新锦绣天地东苑—中建东孚物业
佛山	**石家庄**	**长春**
佛山合生君景湾—康景物业	城发投・云和赋—石家庄市物业集团	新星宇之郡—赢时服务
佛山时代 TIC 云来—时代邻里	保利・珑堂里院—保利物业	保利罗兰香谷—保利物业
合生悦公馆—康景物业	绿城桂语听澜—绿城服务	大众置业理想城市—大众物业
龙湖春江名城—龙湖智创生活	融创裕华壹号—融创服务	鸿城西域—鸿铭物业
越秀可逸臻品广场—越秀服务	长安金茂悦—金茂服务	金色世界湾—凯悦物业
嘉兴	**保定**	**中山**
春风江南里—绿城服务	爱情万象万物—爱情物业	菊城建华花园—万宁物业
传承府—鸿城服务	华中尚玉园—华中物业	雅居乐剑桥郡—雅生活集团
海上传奇—万科物业	假日丽城—华中物业	中山玖龙府—龙光智慧服务
云望府—鸿城服务	丽景蓝湾—河北卓正物业	中山君御世家—力高健康生活
风庭苑—幸福嘉	秀兰城市美居—秀兰物业	中山时代云来—时代邻里

在新形势下，物业服务企业回归服务本源，提升服务品质，以业主幸福、舒适、满意作为切入点，用心提供真正的“好小区”服务，以满足人民群众对优质居住环境的美好期待。2025 年“好房子”首次被写入两会《政府工作报告》，“好房子”是“好服务”的硬件基础，二者作为“好小区”的两大支柱，相辅相成，共同塑造美好生活体验。未来，打造以高品质服务为基础、让人民满意的“好小区”，将成为行业

建设重点方向。

昕晖香缇时光以卓越的服务品质引领行业标杆。智能化管理系统覆盖全区，为业主提供便捷、安全的生活环境；定期开展设施维护与绿化清洁工作，确保小区环境整洁舒适；积极推行节能环保措施，采用太阳能、LED 照明等设备，倡导垃圾分类，降低能耗，减少污染；客户服务团队 24 小时在线，及时响应业主需求，提升业主满意度和归属感。

贵阳花语墅以“悠享家・蓝金服务”为核心，聚焦舒适、温馨、轻松的生活体验，提供差异化、模块化服务。管家主动服务，提供宠物照料、露台绿植维护等个性化关怀，实现“关键小事”高效响应；针对性开展老人健康服务、儿童活动空间打造，营造“适老适幼”社区环境；定期组织社区文化节、便民服务等社区活动，增强邻里互动与归属感。

中天・未来方舟 E2/3/8/10 组团以“品质筑造幸福人居”为目标，将党建引领深度融入社区治理，创新构建长效住管和谐机制，获多项服务荣誉；人文关怀维度，项目聚焦“银发业主”需求，打造全周期长者服务体系；全年策划 20 余场“四季惊喜”活动，月月有互动，以服务温度凝聚社区情感纽带。

格调榴园位于天津市河东区，构建“一庭归心、两园归隐、九院归家”的现代中式宅院升级之作，采用青瓦坡屋顶等元素搭配金属构件，美观耐用；天津泰达格调物业服务贴心，提供一对一管家式服务，为业主打造“可行、可望、可游、可居”的诗意生活。

格调林泉以“七园四巷生态景观 + 管家式服务 + 人文共治”为核心特色：35% 绿化率打造“七园四巷”一步一景园林体系，配备全环境维护团队每日清洁养护，休憩廊架与景观小品串联四季宜人景致；高素质服务团队持证上岗，建立“管家 1 对 1”服务机制，以“专业团队 + 精细服务 + 阳光管理”模式，构建温馨宜居社区。

亚新美好天境小区拥有“党建引领，红色物业”“多彩活动，美好体验”“时刻守护，安全陪伴”“‘七彩’智慧，便捷生活”四大品质服务，以标准化、智能化、人性化的服务体系，满足居民多样化多层次的生活需求，为居民创造美好生活体验。

华启金悦府以全龄友好社区为核心，创建“少年团 + 友邻团 + 老年团”三大主题社群矩阵；依托首慈养老品牌资源，提供高品质物业 + 养老服务；金悦府团队在公共事件中彰显企业担当，获得央视的报道和点赞；连续 5 年保持 99% 满意度与收缴率，成为行业服务标杆。

越绣桂园是华信集团在濮阳重点打造的高端住宅项目之一，以管家式服务体系为核心，构建客服、维修、环境、礼宾四大职能部门，打造电子巡更、社区门禁系统、数字高清监控、社区消防系统、电梯智能一键报警系统、园林喷灌系统等为业主提供更便捷的生活服务。

中建・元熙府坚持“为品质倾心，让生活动人”服务宗旨，通过局院一体化系统打造智慧物业，业主居家一键响应诉求。党建引导，红色物业，始终坚守“精致服务，至诚永远”的服务理念，物业全方位温情服务，为园区不断注入新活力。

清能碧桂园物业从小区业主身边的小事做起，从与业主生活息息相关的事情做起，从房前屋后的实事做起，以业主参与为核心，以小区活动为载体，围绕业主的基本需求和精神需求提升；以“红色物业”建设为抓手，将社区文化活动提档升级，满足业主对物业服务更加多样化、多层次的需要，促进实现服务品质及业主满意度的“双提升”。

苏州星公元项目引入智能安防系统及便捷服务设施，提升管理效能与居住体验；特色管家服务体系，融合高标准服务理念，提供个性化生活解决方案与全龄关怀；环境景观与花卉植物巧妙结合，辅以老人与儿童休闲、游戏空间，通过多元渠道与活动营造归属感，致力于成为苏式现代生活的品质服务新典范。

苏州星奕湾项目由中锐华田物业服务，项目位于苏州工业园区，国际品牌精装交付，毗邻独墅湖生态走廊，联合街道打造“共享花园”，推动绿色共治与邻里互动，营造温馨活力住区。

中锐星悦湾名苑地处苏州新区狮山商圈，项目以“智慧人文双驱动”重塑服务标杆，24小时专属响应，提供维修、代收、养老关怀等定制服务，AI安防巡检、无感通行系统、智能环境监测提升效能与安全等级，打造高品质宜居范本。

君一·青岛海尚府位于青岛崂山区，社区以科技健康为理念，打造智能化居住环境，户型设计科学，绿化景观与居住舒适度兼备。

城发投·云和赋项目实行生活管家＋高级专属管家双管家服务模式，量身定制“4+N”云服务体系，包含云基础主题式、云增值菜单式、云特色定制式、云管家双管家式服务内容；成功加入金钥匙国际联盟，实现品牌加持。

5. 2025年品质物管“好楼宇”

华中	
河南 | 经开广场—兴业物联	湖南 | 恒伟湘江 FFC—泓盈城市服务
河南 | 亚新广场—亚新服务	湖北 | 长江产业大厦—长运物业
河南 | 郑州建业凯旋广场—建业物业	湖北 | 桥梁科技大厦—万嘉弘泰物业
河南 | 郑州绿都广场—绿都物业	湖北 | 武汉轨道交通线网管理中心—迅和物业
河南 | 华城国际中心—康桥悦生活	湖北 | 武汉市江夏区机关事务服务中心—嘉信物业
西南	
重庆 | 凯比特大厦—渝地康田物业公司	四川 |OCG 国际中心—易典物业
重庆 | 两江总部智慧生态城—两江物业	四川 | 中建天府之星—中建壹品物业
重庆 | 西部（重庆）科学城金凤城市中心—数智安防	广西 | 荣和 e 中心—荣和物业
重庆 | 渝高·深蓝—瑞盈实业	贵州 | 清镇市行政中心—中天城投物业
江苏	**浙江**
苏州中锐具美大厦—中锐华田物业	白大绿城西子国际—绿城服务
苏州中国太平金融大厦—太平产业苏州分公司	滨绿大厦—滨江物业
德基广场—江苏德基物业	观云钱塘城—保亿物业
狮山金融创新中心—苏新服务	宁波·大家中心—大家服务
国际物流大厦—综保产服	国华金融中心—盛华物业
福建	**安徽**
福建外贸大厦—外贸中心物业	百利中心—绿城服务
福州富力中心—天力物业发展	合肥金保中心—花样年国际物业
福州兴业银行驻榕物业及设施服务物业服务中心—保利物业	化工工程安徽分公司合肥设计中心—深城投物业集团
华润万象城三期 TB 楼—万象服务	徽盐·安徽中心　浩顺物业
厦门国贸中心—国贸服务	中海观园国际—中海物业

作为现代城市经济活力的镜像载体，写字楼物业管理已演变为融合基础物业、空间运营、人文关怀与

科技赋能的复合型服务体系。物业服务企业需要从“空间管理者”向“价值共创者”的角色转变，以客户满意为切入点，深挖服务内涵，提升服务品质，用心提供真正的“好楼宇”服务，以满足客户对办公环境的需求。

恒伟湘江 FFC 项目位于湖南湘江新区金融中心核心区域，是一个总建筑面积约 66 万平方米的城市综合体，包括一栋高达 328 米的超高层写字楼，是华中地区首个同时获得“三认证”的绿色建筑。项目聚集财信金控、平安银行等多家金融机构，已初步形成金融产业集群。作为湖南金融中心的地标性建筑，项目始终致力于打造兼具国际视野与高品质办公环境的商务平台，为企业入驻和产业发展提供支撑。

自 2022 年 8 月长江产业大厦正式启用以来，长运物业依托科学的体系化管理和专业的办公综合服务模式，将精致体验融入服务全过程，为入驻企业提供个性化、多样化的星级楼宇服务，多维度打造特色商写楼宇服务体系，实现服务管理周期内提质管控，不断完善服务体系建设，促进管理专业化和规范化管理模式的实施落地。

武汉市江夏区机关事务服务中心集办公楼、会务大楼于一体。嘉信物业于 2017 年接管该项目的物业管理以来，通过党建引领，提升物业服务规范化和精细化水平，进而增强机关大院干部职工的满意度和获得感；依托红色阵地、激发红色活力，充分发挥党组织的先锋堡垒作用，以精细化管理为抓手，放眼大处、着手小处，强化服务理念，提升服务水平。

凯比特大厦凭借优越的地理位置、便捷的交通、成熟的配套，成为政府机关单位、知名企业、金融机构等入驻的重要商务办公场所。渝地康田物业公司通过“1+3”创新服务模式及智能化管理平台实施精细化、多元化管理，满足客户个性化需求，显著提升了大楼高端商务形象与品牌价值。

数智安防服务的西部（重庆）科学城金凤城市中心项目，构建智能化的服务体系，引入人脸识别与视频监控等组成智能安防网络，24 小时安保巡逻与设施设备巡检筑牢安全防线；提供特约保洁、安保及水电气代缴等精细化服务，解决企业个性化需求；通过举办节日庆典、消防安全讲座等社区活动凝聚园区氛围，同步推进垃圾分类宣传与节能灯具应用，实现服务功能性与人文性的有机融合。

瑞盈实业管理的渝高 · 深蓝项目，以智慧为基，筑服务筋骨，依托自研“启迪云物业”平台，构建设备智能巡检、能耗动态监测与安防预警联动的数字运维体系，为高算力企业定制数据安全方案；以产服为桥，聚发展动能，精准输送惠企政策并协助落地；将“红色物业”融入科创服务全链条，形成智慧运维、政策赋能、党建引领三位一体的品质服务范式。

清镇市行政中心项目致力提升综合服务能力，不断向“综合大后勤”转型突破。针对项目闲置期长、设备老化等情况，精心制定提升方案，相继通过省、市级示范项目考评；全年完成政务接待与活动保障近千场，创新推出健康跑道、植物托育等服务；践行绿色发展，推进节能减排，树立标杆。

苏州中国太平金融大厦位于苏州工业园区 CBD 核心区，大厦先后荣获苏州市“姑苏杯”优质工程奖、江苏省“扬子杯”优质工程奖、“国家优质工程奖”、“REARD”商办类全球地产设计金奖、美国 LEED 铂金级认证；大厦依托中国太平保险集团强大品牌影响力，政务、金融、发展、文化、商业多功能叠加。

中锐具美大厦位于园区总部商务区核心区域，是一座 5A 级写字楼，由中锐集团开发建设，中锐华田物业服务。项目以“企业生态服务商”为定位，深度融合智慧与人文，24 小时专属响应，提供空间定制、会务托管等高端商务支持，客户需求闭环率98%；通过AI能耗管理、无感通行、智慧平台等技术，实现楼宇效率提升40%；嫁接产业资源，定期举办商务对接、政策解读活动，赋能企业成长。

6. 2025年部分地区品质物管“好园区”

广东	江苏
鸿创科技中心—鸿荣源物业	南通能达生物医药科创园—炜赋物业
惠阳联想科技产业园—绿景物业	盐城大数据产业园—碧桂园服务
企生活1970科技小镇—企生活集团	高新智造港A区—金狮大厦公司
深圳新一代产业园—新一代智慧运营	金港科技创业园—南京紫东物业
泰然金谷—深业运营	国仟医疗科技创新产业园—新永物业
山东	**浙江**
海尔·云谷—海尚海服务	浙江大学校友企业总部经济园—绿城服务
金茂智造港—金茂服务青岛分公司	钱湾智谷—传化科技城物业
绿城产业园区—绿城服务青岛分公司	湖州总部自由港—湖城投物业
青岛蓝色生物医药产业园—招商积余	衢州科教产业园—德信盛全服务
青建国际创新园—青建博海物业	温州万洋科技城—万洋智慧运营
湖北	
东方产业园—武汉城市服务集团	
谦和产业园—万嘉弘泰物业	
武汉软件新城—智园科技	
中地大科技园—中建壹品物业	
宗关水厂—三镇运营	

产业园区作为现代经济载体，已成为驱动技术革新与产业升级的核心引擎，而服务产业园区的物业服务企业，也是推动产业园区协同发展不可或缺的一部分。物业服务企业一方面依托智能化管理系统实现设施全周期运维，通过能耗监测平台降低运营成本；另一方面围绕园区主力企业构建“需求响应—资源对接—方案定制”服务体系，提供多元化高附加值服务，并通过产业链图谱分析精准延伸服务边界，以期形成共生体系，实现共赢。

炜赋物业立足生物医药产业特点，构建“全周期、一站式”智慧服务体系。设立一站式服务中心，可便捷办理入驻装修/迁出、费用代收、车辆管理、报事报修、会议室预约、客户需求对接等核心功能，实现“一窗通办、全程无忧”；依托智慧物业管理系统，建立标准化服务流程，确保高效响应与精细管理；以“创新服务，以人为本”的服务理念，助力企业全周期成长。

钱湾智谷是传化科技城打造的集总部经济、产业孵化、商业配套于一体的智慧园区，项目由传化科技城物业提供专业化运营服务，以“多元服务+产业生态”为特色、五大行服务理念为基底，以客户为中心，提供定制化产业服务、高端商务接待及24小时响应机制；同时依托招、投、运、服一体化服务体系，促进企业技术合作与人才交流，为企业嫁接科研、资本等增值服务，打造“园区即生态”总部经济园区的服务标杆。

7. 2025 年部分地区品质物管“好场馆”

西南	河南	湖北
重庆丨照母山体育中心—渝地康田物业公司	郑州国际会展中心—兴业物联	葛店经开区综合服务中心—中建云服
重庆丨中国重庆·科学会堂—电建物业	河南省体育场馆中心（东区二期）—郑轨亚新	葛店图书馆—中建云服
四川丨天府艺术公园文博坊—成都中海物业	河南省科学技术馆—索克服务	湖北省档案馆—联投物业
云南丨曲靖市文化体育公园—绘生活服务（巨和物业）	河南省体育场馆中心（北区）—鑫苑服务	武汉市民之家—武汉城市服务集团
云南丨云南省文物考古研究所—云南城建物业运营集团	驻马店市工人文化宫—建业物业	宜昌市市民之家—宜昌城投物业

随着我国经济社会高质量发展的推进，民生需求已从基本物质保障向精神文化、情感共鸣等多元维度升级。在政策推动下，文体场馆建设进入快速发展期。物业服务企业积极参与场馆全生命周期管理，正从传统“看门人”向“运营商”转型，通过构建“全要素＋全场景”的专业化服务体系，在硬件、能耗、安全保障、用户体验等多个维度创新服务模式，持续推动场馆从“物理空间”向“城市活力中枢”质变升级。

照母山体育中心作为综合性体育场馆，设施完备，兼顾专业性与大众性，可满足各类体育赛事、训练及群众健身休闲等多元需求。渝地康田物业公司入驻以来，将物业服务深度融入场馆运营各环节，提供全方位、高品质物业服务和赛事活动保障，为重庆文体事业的繁荣和市民美好生活贡献了物业力量。

云南省文物考古研究所由云南城建物业运营集团提供全方位专业服务与高质量后勤保障，包括双语考古体验馆讲解、图书馆员服务、会议服务、餐饮接待服务、文印服务、公车客房服务及文物安全保障等；全区域部署智能平台，集成人脸识别门禁与设备故障自动报警。

兴业物联结合郑州国际会展中心占地面积广、建筑规模大、功能综合性强、设施设备规模庞大、客户多元化、人流量大开大合等特点，日常运营特色服务涵盖展会垃圾日产日清、国家级水准会务服务、石材保养家具养护服务、电梯空调维保、连夜撤场布场等。

在葛店综合服务中心项目，中建云服致力于构建“效率最高、服务最优、企业和群众跑动次数最少、群众评价最好”的行政审批和公共服务体系，运用智慧运营体系，提供高效能服务。线下通过多种智能设备，提升办事效能；通过线上线下智慧运营服务打通服务空间与用户、各类物联设施系统之间的链接通路，提高数据的传动效率，成功打造智慧政务平台，全面构建政务信息互联互通、线上线下深度融合的政务服务体系。

8. 2025 年部分地区品质物管“好商场”

上海	湖北
尚悦湾广场—中信泰富物业	赵家条印象里—迅和物业
恒基旭辉天地—永升服务	武汉国际广场—武商物业
TX 淮海商业中心—锦江城市服务	武商梦时代—武商物业
百联世纪购物中心—百联物业	壹方购物中心—丰诚物业
港城新天地—港城智慧服务	永旺梦乐城江夏店—小竹物业

目前，商场已转型为集消费、社交、文化体验于一体的复合型城市空间，其功能远超传统购物场景。物业服务企业越发重视用户体验，持续打磨服务细节，并构建“标准化＋个性化”专属服务体系，以期打造令人期待与满意的服务，从而获得广泛的认可，为品牌累积良好的口碑。

尚悦湾广场位于陆家嘴滨江金融城，作为获得LEED金级与绿色建筑三星级双认证的商业体，垂直绿墙构筑都市绿肺，雨水回收系统滋养滨江生态；“触点即体验，服务无盲区”将物业服务转化为可量化、可感知、可传播的场景化记忆点，使商业空间的运维难点转化为差异化竞争力，重塑滨江商业服务标杆。

9. 2025年部分地区品质物管“好医院”

西南	福建
重庆 | 重庆市人民医院—复医天健	复旦大学附属中山医院厦门医院—复医天健
重庆 | 重庆医科大学附属第一医院金山医院—滨湖物业集团	福建医科大学附属协和医院—福建鑫中创服务
重庆 | 涪陵区中医院—海源怡生活集团	晋江市安海医院—长冠物业
贵州 | 贵黔国际总医院—绿地物业	泉州南安市医院—骏翼物业
贵州 | 遵义医科大学第二附属医院—绿地物业	厦门大学附属第一医院—明喆集团

我国持续深化医疗体系改革，通过加大医疗卫生投入和完善多层次医疗保障体系，有效缓解群众就医难题。蓬勃发展的医疗市场催生新的机遇，物业服务企业正积极抢抓战略契机，聚焦医院后勤服务专业化赛道，通过创新服务模式深度挖掘医院物业管理价值，全力为医疗机构高效运转提供系统性保障支持。

重庆市人民医院项目以“专业、安全、绿色、智慧”为核心理念，构建全周期、全场景、全链条物业服务体系；依托自主研发“云医管”平台实现智慧化调度，创新安全管理体系筑牢防线，创新服务模式提升医患体验，并通过人文关怀与团队建设凝聚服务合力，助力医院获评五星级“美丽医院”并顺利通过三甲复审。

作为国家区域医疗中心，自成立“医院后勤保障联盟”后，复医天健项目经理竞岗盟主并连任至今，其管理模式更是连续获得多项全国性管理奖项；对内，则结合实际项目运营内容，通过主动式现场环境管理、细致化公寓管理、高质量餐饮管理、创新无陪护服务管理、人文关怀与团队建设、创新价值体现等一系列举措，得到甲方一致认可。

10. 2025年部分地区品质物管“好学校”

西南	湖北
重庆 | 重庆财经学院—新鸥鹏文教服	三峡大学科技学院—长运物业
重庆 | 重庆工商大学—葆力物业	湖北文理学院—明德物业
重庆 | 西南大学—金悦企服	武汉大学—万嘉弘泰物业
云南 | 云南财经大学—明德物业	武汉市长虹中学—武汉一品行物业
贵州 | 贵州医科大学—绿地物业	武汉学院—金地智慧服务

教育作为国家发展的战略基石，其后勤服务的现代化转型对人才培养具有深远影响。学校物业管理作为教育基础设施的核心支撑系统，一方面是安全管理的中枢，承担着校园安全的“第一道防线”功能，要

具备专业化的应急响应能力，高效压缩突发事件处置时间；另一方面是教学环境生产力，专业的服务团队通过高质量的基础物业服务、智慧能源管理、设施预测性维护、教学空间动态配置等措施，保障环境整洁，确保教学设备完好，支撑教学活动的连续性，营造更适宜的教学氛围。

贵州医科大学绿地物业专业团队保障医疗设施 24 小时高效运转，严格环境消毒与垃圾分类管控院感风险，智能安防系统实现全域安全监控，应急响应机制（15 分钟到场）确保医疗秩序，提供导诊 / 搬运等增值服务，综合运维成本低于行业均值 10%，全面支撑医疗主业高效运行。

自全面接管三峡大学科技学院的物业服务工作起，长运物业致力于提供一套量身定制、高效专业的物业管理方案，围绕秩序安保、宿舍管理、工程维保、景观绿化、保洁卫生等各大核心板块，结合党建引领的治理模式，确保每项服务都能精准对接校园需求；注重服务的全面性和专业性，旨在为广大师生营造一个安全、便捷、舒适、温馨的学习与生活环境。

报告六　2024中国物业服务上市公司ESG测评研究报告

一、研究背景与目的

在评价企业时，除了关注其财务信息以了解经济状况和盈利能力外，企业的非财务信息尤其是在 ESG（环境、社会和公司治理）方面的表现也日益受到重视。这种从财务绩效评价向兼顾 ESG 体系评价的转变，标志着商业世界正经历一场深刻的变革，企业经营的核心从股东价值最大化演变为兼顾股东价值、社会责任和环境保护。在此过程中，企业需要结合 ESG 视角重新审视业务战略，明确 ESG 战略方向，并对商业模式和运营模式做出必要调整，以求达到股东价值和社会价值的最大化。

ESG 投资理念与我国国家发展战略高度契合，是当前我国转型发展过程中践行 ESG 理念的必然需求。这也意味着，相关政策将显著增强 ESG 理念对企业发展的实质性影响，使得具有较高 ESG 评分的企业在同类企业中更具竞争优势，也更容易获得资本青睐。

2023 年 6 月，国际可持续发展准则理事会（ISSB）发布《国际财务报告可持续披露准则第 1 号——可持续相关财务信息披露一般要求（IFRS S1）》及《国际财务报告可持续披露准则第 2 号——气候相关披露（IFRS S2）》。香港交易及结算所有限公司（“港交所”）紧跟其后，参考 ISSB 准则要求并于 2023 年 4 月 14 日刊发《有关优化环境、社会及管治框架下的气候相关信息披露的咨询文件》。此后历经一年时间，港交所征集吸纳回应意见，最终于 2024 年 4 月 19 日，明确新的气候变化相关披露规定将于 2025 年 1 月 1 日生效，并分阶段实施。同时，港交所将同步修订《上市规则》，并将附录 C2 名称由《环境、社会与管治（ESG）指引》升级为《环境、社会与管治（ESG）报告守则》，标志着相关信息披露的强制性进一步提升。9 月 16 日，香港会计师公会（HKICPA）发布香港本地可持续披露准则——《香港财务报告准则 S1 号——可持续相关财务信息披露一般要求（HKFRS S1）》以及《香港财务报告准则 S2 号——气候相关披露（HKFRS S2）》的征求意见稿，其内容与 IFRS S1 和 IFRS S2 的内容保持一致，拟定生效时间为 2025 年 8 月 1 日，港股上市企业预计 2026 财年会采取新的披露规则。2024 年 4 月 12 日，上海证券交易所、深圳证券交易所和北京证券交易所发布《上市公司可持续发展报告指引》，作为 A 股首个统一、标准、实用的 ESG 披露准则，将引导上市公司践行可持续发展理念，从而促进与国际 ESG 披露标准的融合。11 月 6 日，三大所就上市公司可持续发展报告编制指南公开征求意见，指南对指引进一步细化，主要包括两大方面的内容：总体要求与披露框架和应对气候变化，这与 IFRS S1 和 IFRS S2 保持一致，进一步与国际 ESG 发展接轨。

ESG 评级为企业 ESG 绩效的评估提供了一套综合解决方案。通过构建科学、合理的评估体系，ESG 评级能够将复杂多维的 ESG 指标转化为清晰直观的单一评级结果。对于投资者而言，ESG 评级成为一个强有力的工具，能够帮助投资者更加直观地识别并了解被投资企业的长期价值及其潜在风险，从而提升ESG投资的有效性。对企业而言，ESG评级是促进改进和提升的有力指引，为企业提供系统性的框架，帮助它们在可持续发展的道路上不断前行。

物业管理行业在现代社会扮演着至关重要的角色，不仅是居民日常生活平稳运行的基石，也是推动社区治理现代化、构建和谐居住环境的重要力量。物业企业通过提供高品质服务，极大地提升居民的生活满意度与幸福感，受到了社会及投资者的广泛认可。

物业上市企业逐年增多，物业管理领域正经历着前所未有的发展。随着ESG实践在社会各领域推进，物业企业纷纷跟进，尤其是上市物企，ESG相关信息披露也更加规范。在此背景下，如何科学、全面地评价物业企业的ESG实践成果，不仅成为行业内外普遍关注的焦点问题，也是推动物业行业实现可持续发展、转型升级的关键所在。树立以ESG为价值导向的核心理念，对于引导物业公司逐步增强对ESG建设的重视程度，提升其ESG实践的实际效果与透明度，进而促进整个行业向更加绿色、和谐、高效的方向迈进，具有不可估量的重要意义。因此，加强物业企业ESG评价体系的研发与应用，构建一套既符合行业特点又具有国际视野的ESG评价标准，对于激发物业企业履行社会责任的积极性，提升其品牌形象与市场竞争力，以及为投资者提供更加全面、准确的投资决策依据等方面都具有重要意义。

在此背景下，中指研究院、中信证券研究部、北京秩鼎公司联合对物业上市公司进行ESG测评研究，且已连续三年发布《物业服务上市公司ESG测评研究报告》，旨在客观、准确评价物业服务上市公司在环境、社会和公司治理方面的综合表现，为社会各方提供参考和决策依据，同时鼓励物业企业更加重视并积极履行ESG相关职责，推动中国物业管理行业的可持续发展。

二、研究对象与方法

（一）测评对象

截至2024年12月15日，共有68家物业服务上市公司，其中港股62家，A股6家。上市公司ESG披露载体有可持续发展报告、企业社会责任报告、ESG报告等，虽然名称有异，但均是就企业经营过程中非财务信息进行实质性披露。为便于表述，以下文章将三类报告统称为ESG报告。

考虑到数据的可比性、全面性等，我们筛选出其中披露了2023年度ESG报告且会计年度从1月1日至12月31日的上市公司，作为本次研究的测评对象。样本企业共有63家（港股59家，A股4家）①，较去年增加4家。

（二）数据来源

本次测评的主要依据为各公司发布的ESG报告。一方面，该类报告本身反映了被测评企业的ESG发展水平、ESG绩效及态度，适宜作为测评的基本依据；另一方面，目前来看，其他外部数据采集途径可能

① 奥克斯国际的会计年度是从4月1日至次年3月31日，佳源服务处于停牌期未披露ESG相关信息，经发物业、泓盈城市服务、南都物业、中天服务ESG信息披露不全，基于可比性原则本次测评未入选。华发物业服务于2024年9月30日完成私有化，退出资本市场，但其已发布2023年度ESG报告，本次测评未剔除。

存在不一致性、偶然性、选择性等问题，难以对比且充满不确定性。本研究选择ESG报告作为主要依据，目的是保证研究稳定、可延续、可对比，并推动企业提高ESG信息披露水平。此外，上市公司年报及公告、公开信息渠道、企业调研、高管访谈等亦作为信息补充来源，为解决数据缺失问题提供了有效支持。

本次研究也发现部分企业的数据存在一定的问题，包括数据披露不充分、不规范，既影响到报告的准确性和客观性，也影响到外部相关利益者对企业ESG实践的认知和评估。在此后的研究测评中，我们将进一步推进ESG多源数据收集、整合工作，将ESG报告信息结合外部多点采集数据及交叉对比，进行信息验证，以期更加全面、准确地刻画样本企业ESG实践全貌。

（三）指标体系及测评方式

本次测评在研究主流ESG指标体系的基础上，分析其科学性与适用性，在兼顾环境、社会责任和公司治理三个维度的同时，结合我国ESG发展所处阶段和中国物业管理行业实践特点，综合重要性、可得性、相关性、数据一致性和可比性，筛选建立指标体系，并赋予权重。

在环境维度，我们主要考察企业是否制定了绿色运营相关政策和规划目标，是否对气候风险和机遇进行识别和管理，在污染物排放、能源使用等方面的情况，及有没有取得相关证书以辅助说明自己的实践情况。

在社会责任维度，物业管理行业属于人力密集型行业且员工流动性较强，因此员工培训、员工薪酬等议题重要性较高；另外，物业服务企业作为社区的管理者，具备天然的社会基层治理属性，在推进社会治理、提升社会治理效率方面发挥重要作用，在这方面，我们重点关注企业受到的行政处罚，涵盖消防安全、垃圾分类等治理细节。

在公司治理维度，物业管理行业与其他行业大体类似，我们更关注反腐败与合规运营等议题。

综上所述，本次研究将ESG指标体系分为E（环境）、S（社会）、G（公司治理）3个一级指标。一级指标以下包含环境管理体系、气候变化管理、排放物管理、能源管理、员工发展与关怀、供应链管理、产品与服务、社会贡献、商业道德、内部管理合规、ESG治理、股权结构12个二级指标、50个基础指标。详细的评价指标体系及指标解释见附件。

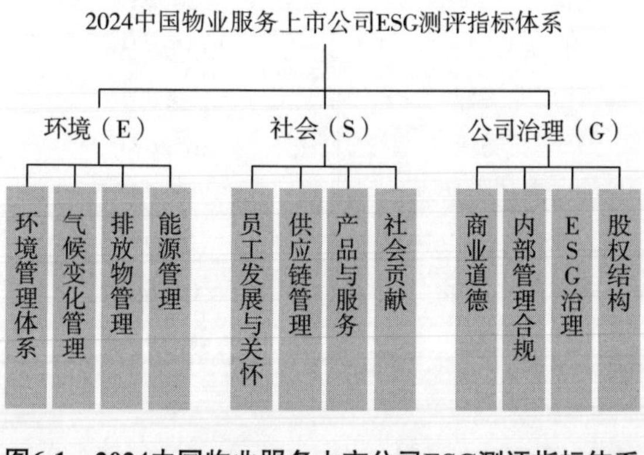

图6-1　2024中国物业服务上市公司ESG测评指标体系

资料来源：中指研究院，中信证券研究部，秩鼎技术。

本次测评采用标杆分析、层次分析、专家打分等相结合的方法，通过量化计算，最终形成各级指标得分及ESG评价总分。

三、2024 中国物业服务上市公司 ESG 测评结果

（一）2024 中国物业服务上市公司 ESG 实践优秀企业

根据 2024 中国物业服务上市公司 ESG 测评指标体系，对 63 家物业服务上市公司 2023 年度 ESG 报告表现进行了测评研究，依据测评得分结果，选出 ESG 实践优秀企业。

表6-1 2024中国物业服务上市公司ESG实践优秀企业（按音序排列）

股票代码	企业简称	股票代码	企业简称
6049.HK	保利物业	2869.HK	绿城服务
6098.HK	碧桂园服务	1516.HK	融创服务
2215.HK	德信服务集团	1922.HK	瑞森生活服务
6666.HK	恒大物业	2602.HK	万物云
1209.HK	华润万象生活	1755.HK	新城悦服务
9666.HK	金科服务	3319.HK	雅生活服务
1502.HK	金融街物业	1995.HK	永升服务
2210.HK	京城佳业	6677.HK	远洋服务
2205.HK	康桥悦生活	6626.HK	越秀服务
1965.HK	朗诗绿色生活	2669.HK	中海物业

资料来源：中指研究院。

（二）2024 中国物业服务上市公司环境责任（E）优秀企业

根据 ESG 测评指标体系中环境（E）一级指标中包含的 15 个基础指标的评价规则，对 63 家物业服务上市公司 2023 年度 ESG 报告表现进行了测评研究，依据环境（E）总评分，选出环境责任（E）优秀企业。

表6-2 2024中国物业服务上市公司环境责任（E）优秀企业（按音序排列）

股票代码	企业简称	股票代码	企业简称
6049.HK	保利物业	9928.HK	时代邻里
6098.HK	碧桂园服务	0873.HK	世茂服务
2215.HK	德信服务集团	2602.HK	万物云
3913.HK	合景悠活	3319.HK	雅生活服务
2168.HK	佳兆业美好	1995.HK	永升服务
1502.HK	金融街物业	6626.HK	越秀服务
1965.HK	朗诗绿色生活	1538.HK	中奥到家
1417.HK	浦江中国	2669.HK	中海物业
1922.HK	瑞森生活服务	0606.HK	中骏商管
2455.HK	润华服务	6989.HK	卓越商企服务

资料来源：中指研究院。

（三）2024 中国物业服务上市公司社会责任（S）优秀企业

根据 ESG 测评指标体系中社会（S）一级指标中包含的 22 个基础指标的评价规则，对 63 家物业服务上市公司 2023 年度 ESG 报告表现进行了测评研究，依据社会（S）总评分，选出社会责任（S）优秀企业。

表6-3　　2024中国物业服务上市公司社会责任（S）优秀企业（按音序排列）

股票代码	企业简称	股票代码	企业简称
6049.HK	保利物业	1516.HK	融创服务
3316.HK	滨江服务	300917.SZ	特发服务
1971.HK	弘阳服务	2602.HK	万物云
1209.HK	华润万象生活	1755.HK	新城悦服务
0816.HK	金茂服务	1895.HK	鑫苑服务
1502.HK	金融街物业	1995.HK	永升服务
2210.HK	京城佳业	6677.HK	远洋服务
1965.HK	朗诗绿色生活	6626.HK	越秀服务
2376.HK	鲁商服务	2669.HK	中海物业
2869.HK	绿城服务	600684.SH	珠江股份

资料来源：中指研究院。

（四）2024中国物业服务上市公司公司治理（G）优秀企业

根据ESG测评指标体系中公司治理（G）一级指标中包含的13个基础指标的评价规则，对63家物业服务上市公司2023年度ESG报告表现进行了测评研究，依据公司治理（G）总评分，选出公司治理（G）优秀企业。

表6-4　　2024中国物业服务上市公司公司治理（G）优秀企业（按音序排列）

股票代码	企业简称	股票代码	企业简称
6049.HK	保利物业	1516.HK	融创服务
2107.HK	第一服务控股	9928.HK	时代邻里
1971.HK	弘阳服务	2152.HK	苏新服务
1209.HK	华润万象生活	300917.SZ	特发服务
9666.HK	金科服务	2602.HK	万物云
1502.HK	金融街物业	1755.HK	新城悦服务
2205.HK	康桥悦生活	3319.HK	雅生活服务
1965.HK	朗诗绿色生活	6677.HK	远洋服务
2376.HK	鲁商服务	6626.HK	越秀服务
3686.HK	祈福生活服务	2669.HK	中海物业

资料来源：中指研究院。

四、2024中国物业服务上市公司ESG报告总体评价

（一）整体披露率达到95.65%，部分企业采纳双标准披露

物业服务上市公司ESG信息披露率稳步提升，企业对ESG相关工作开展也越来越重视。截至2024年12月15日，物业服务上市公司ESG报告披露率整体达到95.65%，较上年同期提升3.23个百分点。鉴于港交所的强制性披露要求，63家港股上市物业企业，除佳源服务因停牌无披露外，其余62物业企业都有ESG信息相关披露，包括今年上市企业泓盈城市服务和经发物业，其在招股说明书中披露了ESG信息；A股6家上市企业中，4家发布了ESG报告，较上年增加2家。

从披露形式看，51家上市公司以单独的ESG报告形式发布，较上年增加4家，占比为73.91%，同比提升2.7个百分点，表明企业对于ESG信息披露的重视程度也在提高；13家企业在年报中以特定章节发布；泓盈城市服务、经发物业分别于2024年5月、7月上市，招股书中依据港交所相关规定进行了ESG信息披露。

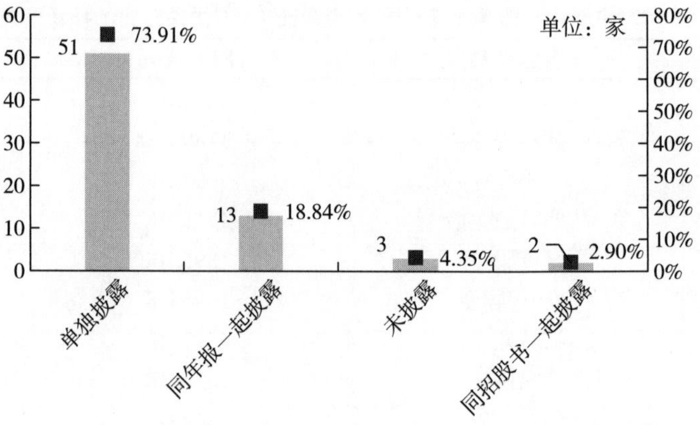

图6-2　截至2024年12月15日物业服务上市公司ESG报告披露情况

资料来源：中指研究院。

报告的可读性与详细程度进一步提升。样本企业深化对 ESG 的理解，建立全面的 ESG 战略，确保其与主营业务的协同以支持企业的长期可持续发展和价值提升。与 2022 年相比，2023 年样本企业披露的 ESG 报告更加详细，内容更加全面具体，企业能够按照相关指引规定，逐条披露，具体表现在 ESG 报告页数上，80 页以上的报告数量明显增多，说明企业对于 ESG 重视程度在增加，对自身要求也越来越高。

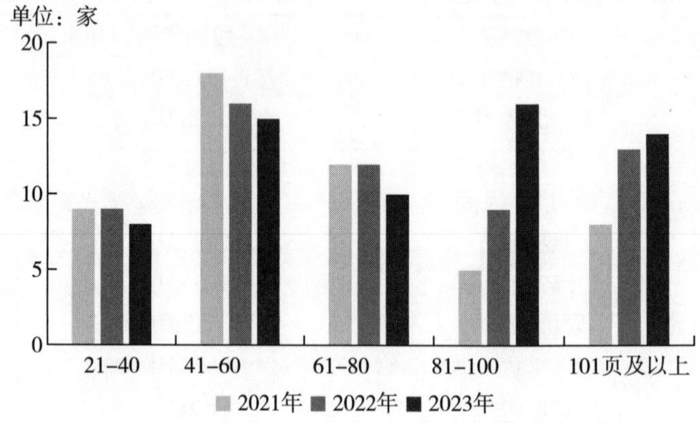

图6-3　2021—2023年样本企业ESG报告页数分布

资料来源：中指研究院。

多数物业服务企业在港交所上市，虽然港交所没有强制规定 ESC 报告编写所采取的语言形式，但面对全球投资者，2023 年样本企业中有 20 家上市公司采用了中英文编写，较上年增加 1 家，采用单语种（中文）的上市公司为 43 家，较上年增加 3 家。

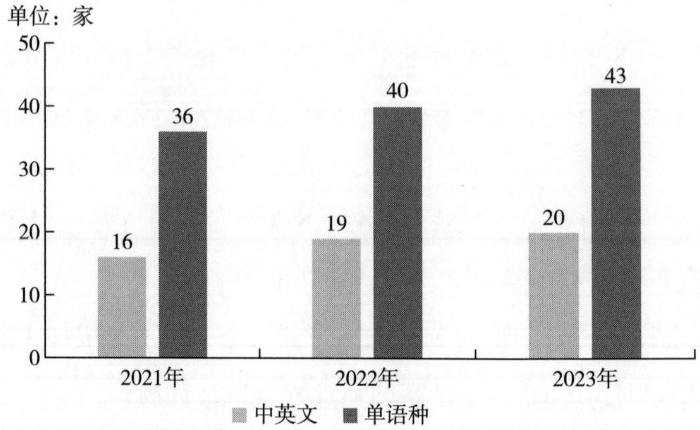

图6-4　2021—2023年样本企业ESG报告语言形式

资料来源：中指研究院。

2023 年样本企业中有 15 家企业提到或已经采用双重标准进行 ESG 报告的编写，占样本量的 23.81%。样本企业采用双重标准进行 ESG 信息披露，有助于提升信息的透明度和可信度。通过采用双重标准进行 ESG 信息披露，企业可以提供更全面、多维度的信息，并且增强信息的透明度和可信度，有助于投资者、客户和其他利益相关方更好地了解企业的可持续发展战略和管理方针。如：华润万象生活除采用了港交所规定的《环境、社会及管治报告指引》外，还采用了《中国企业社会责任报告指南（CASS–ESG 5.0）》进行了信息披露；新大正采用了《全球可持续发展报告标准》（GRI Standards）和《中国企业社会责任报告指南（CASS–ESG 5.0）》双标准进行信息披露。另一方面，采用不同标准进行信息披露有助于应对不同地区监管要求，满足不同利益相关方需求。2023 年，国资委办公厅向中央企业和地方国资下发《央企控股上市公司 ESG 专项报告编制研究》课题成果，其中包含《央企控股上市公司 ESG 专项报告参考指标体系》和《央企控股上市公司 ESG 专项报告参考模板》，2024 年 4 月，A 股三大所在证监会的统一部署下，发布 ESG 报告指引，对于 A 股上市企业尤其是央国企的可持续发展提出新要求。样本企业中，招商积余、越秀服务采用了《央企控股上市公司 ESG 专项报告参考指标体系》进行信息披露。

（二）样本企业及格率超八成，表现卓越者仍为少数

整体来讲，样本企业 ESG 表现稳步提升。2023 年 63 家样本企业 ESG 得分均值为 67.16 分，较去年提升 0.87 分，52 家企业得分超过 60 分，及格率达到 82.54%，较去年提升 4.57%；样本企业 ESG 得分中位数为 69，较去年提升 2 分，重心持续上移，整体表现越来越好；上四分位数为 72，较上年提升 0.5 分，下四分位数为 62，较上年上升 1 分。

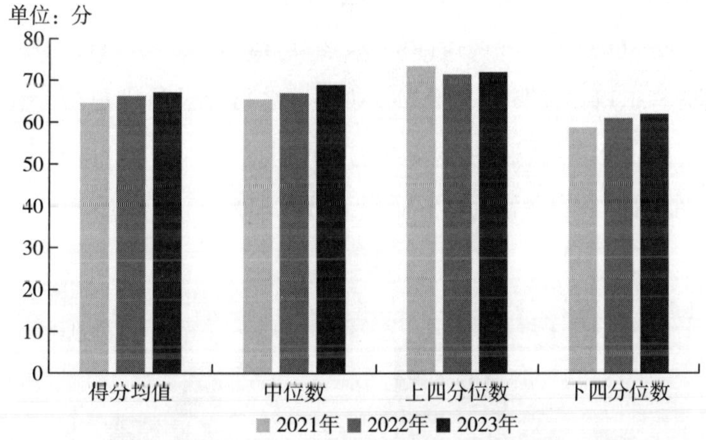

图6-5　2021—2023年样本企业ESG得分情况

资料来源：中指研究院。

样本企业整体得分趋于集中且向好，但谋求卓越表现并非易事。2023 年样本企业中过半数企业得分集中于 70~80 分之间，表明物业服务企业在社会责任、环境保护及公司治理方面的整体进步与做出的积极努力，企业通过提升服务品质、强化社区参与、优化资源利用及完善公司治理等措施，致力于提升自身 ESG 表现。然而，尽管整体表现持续向好，但是想要谋求可持续发展的卓越表现并非易事，2023 年，样本企业中仅 3 家 ESG 总得分超过 80 分，与上年持平。

从改善程度看，2023 年，三个一级指标中，环境（E）指标平均得分 16.11 分，较上年提升约 1 分，表现突出。主要原因在于：第一，物业企业积极申请包括环境管理体系认证在内的相关资质和证明，以寻

求环境实践的持续改进，这也有助于企业进一步提升竞争能力和形象，扩大市场份额；第二，物业服务企业对识别及应对气候相关风险和机遇更为重视，在指标和目标设定方面更为科学合理；第三，通过引入能源管理系统、实施垃圾分类与回收、倡导绿色出行、推进智慧化建设，物业企业实现了对能源消耗的有效监控和管理，促进了节能减排和环境保护。社会（S）指标平均得分 27.65 分，公司治理（G）指标平均得分 23.4 分，较上年分别下降 0.18 分和上涨 0.03 分，基本保持稳定。

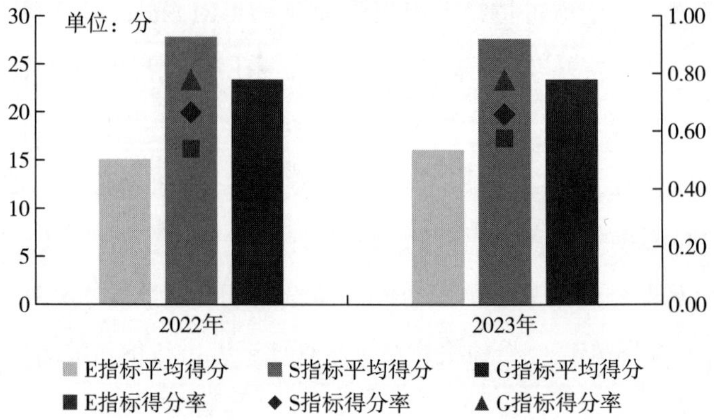

图6-6　样本企业E、S、G一级指标平均得分及得分率

资料来源：中指研究院。

从三个一级指标的得分率（均值 / 指标分，反映样本企业整体在该项指标上的表现）看，E 指标得分率为 0.58，较上年提升 0.04，但仍旧是三个指标中表现最差的，表明虽然物业服务企业过去一年在环境方面的实践效果有所改善，但该指标仍然是未来重点努力方向。G 指标得分率为 0.78，S 指标得分率为 0.66，表现稳定。

从三个一级指标得分的标准差看，环境指标得分、治理指标得分离散程度在降低，2023 年分别为 3.88 和 2.24，较上年下降 0.23 和 1.14，说明物业服务企业环境总得分及治理总得分在向平均水平靠拢，尤其是在 ESG 管治方面，各物业企业得分较高且表现相当；而社会指标得分离散程度在提升，2023 年为 4.18，较上年提升 0.31，说明各物业服务企业社会指标总得分分化加大。

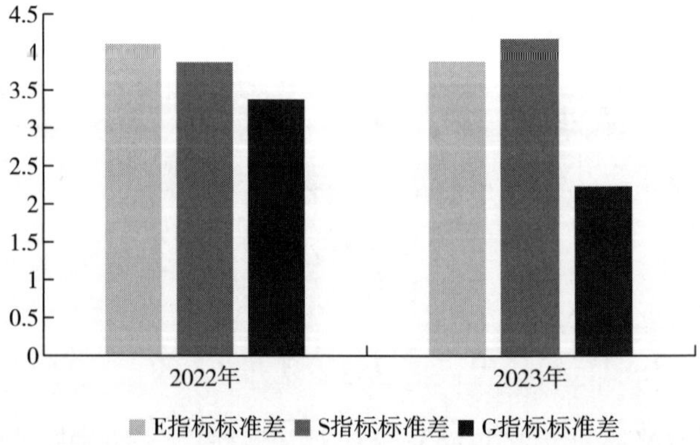

图6-7　样本企业E、S、G一级指标得分标准差

资料来源：中指研究院。

（三）公司管治表现突出且差异小，环境维度全面改善但分化显著

2023 年，12 个二级指标按得分率高低排序，公司治理（G）二级指标多分布于中前部，社会（S）指标多数集中在中间位置，相比之下，环境（E）指标则普遍排名比较靠后，整体排序与前两年相比，未发

生显著变化。这说明物业服务企业在ESG实践中：第一，高层重视，能够清晰地将ESG目标与企业战略相结合，建立跨部门协作机制，联动各利益相关方共同推动ESG策略实施；第二，物业服务企业能够聚焦客户需求，提升服务品质，注重员工福祉和畅通晋升通道以及积极参与社区公益，强化其负责任的企业公民形象，因而社会（S）方面整体表现良好；第三，受限于成本考量等因素制约，物业服务企业在环境（E）方面的表现相对落后，主要体现在对绿色技术和绿色建筑的投资不足，尚未构建高效的能源管理系统，以及缺乏必要的排放物监测机制，此外，基层物业服务人员对于ESG理念的认知和理解不到位，这些因素共同影响了企业在环境（E）方面的评分。

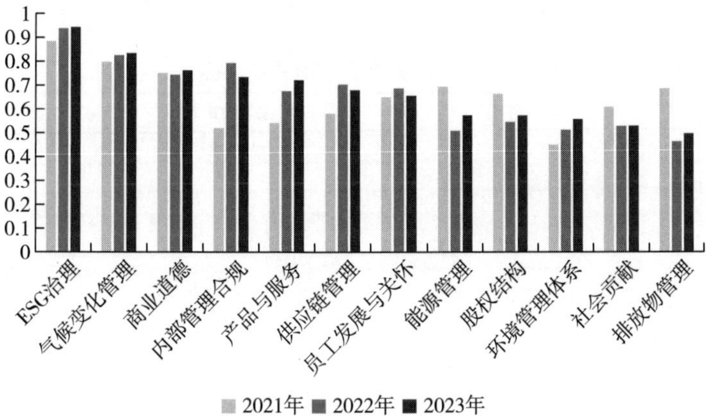

图6-8　2021—2023年样本企业二级指标得分率

资料来源：中指研究院。

2023年，从变异系数（标准差/均值，反映指标得分的离散程度）看，所有二级指标变异系数均值为0.2556，较上年降低0.038，连续两年走低，说明物业企业二级指标得分差距进一步缩小，分化程度降低。

所有二级指标变异系数从高到低排列，整体情况与得分率呈现显著差异。具体而言，环境（E）指标大多分布于中前部，表明物业企业环境方面得分差距明显，也是拉开企业间ESG整体表现的关键所在。相比之下，公司治理（G）指标排名较为靠后，这反映出企业在公司治理方面的表现相对接近，分化不大，难以在该领域拉开差距。而社会（S）指标多居于中间位置，说明物业企业在社会责任方面的表现相对均衡，但仍有提升空间。

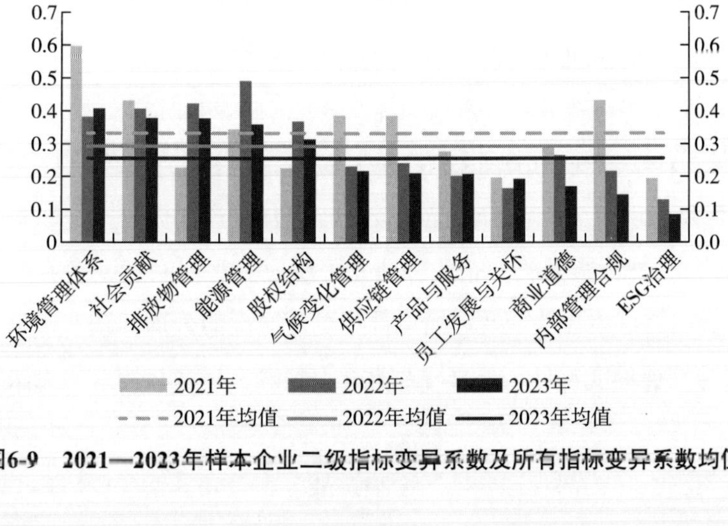

图6-9　2021—2023年样本企业二级指标变异系数及所有指标变异系数均值

资料来源：中指研究院。

环境（E）指标全面改善，“能源管理”得分率涨幅第一。2023年，4个环境（E）方面的指标得分率全部上涨，占所有上涨指标的44%（12个二级指标中9个得分率上涨）。其中，“能源管理”“环境管理体系”“排放物管理”和“气候变化管理”，分别涨0.0652、0.0452、0.0337和0.0086，分列涨幅榜第1、3、4和7位。上涨的主要原因在于：一方面，物业企业环境得分过往基数低，存在较大的提升空间；另一方面，物业企业通过加强内部培训，深化员工对可持续发展的认知，实施节能减排，不断优化资源利用效率，同时对于监管机构要求披露的数据，收集的范围更为准确，计算更为精确，展示出了企业在环保方面取得的积极成效。例如，中海物业为确保数据和数据的真实性、完整性，收集并分析了在管逾千个项目的数据及证明文件，进行了首次碳排查工作，并编制发表了相关报告，为后续“双碳”工作开展奠定坚实基础；此外，公司开展可持续发展相关培训，提升员工对于ESG的认知。

表6-5　部分企业节能减排措施

企业简称	节能减排举措
保利物业	能源管理：通过规范能耗成本台账，从项目运营、设备焕新、技术改造三方面对在管项目实现全方面能耗管理，提升项目能源使用效率 废弃物管理：推行无纸化办公，完善垃圾分类，委托有资质第三方进行清运等 绿色办公：绿色出行、节约用电、绿色采购、节约用纸
万物云	能源管理：住宅小区引进太阳钟系统，商企运用AIoT技术节能降耗 废弃物管理：实施垃圾分类、社区绿化堆肥、有机废弃物循环利用等
越秀服务	能源管理：对物业项目公区电梯、照明、中央空调系统、水泵等集团营运中的主要能耗设备予以精细化管理，在计量、基础数据整理、抄表、能耗分析等多环节提供规范化指引操作，以降低全流程能耗 推动住户和租户可持续发展：倡导低碳交通，推广绿色租赁，鼓励低碳生活，加强环保宣传

资料来源：ESG报告，中指研究院整理。

社会（S）指标内部分化，“产品与服务”连续两年增长。“产品与服务”得分率为0.7222，位列所有二级指标第五位，与上一年相比增加0.0459，涨幅排名第二，且连续两年保持增长，彰显物业企业回归服务本质的决心。物业企业在服务合法合规、积极取得品质认证、逐渐完善质量监督管理体系的基础之上，一方面，通过优化服务流程、强化服务质量，精准对接业主需求，无论是日常清洁、安全巡逻还是社区活动策划，都更加注重业主体验，赢得客户满意；另一方面，高效处理投诉，及时响应客户诉求与建议，迅速行动，确保问题第一时间得到妥善解决，树立了企业形象与口碑。

社会（S）方面得分率上涨的指标还有“社会贡献”，彰显了物业企业在扶贫与乡村振兴、慈善捐赠、参与社区治理及社会投入等多方面的积极努力与显著成就，这不仅体现了企业对社会责任的深刻认识和践行，也为企业赢得了社会声誉，促进了社会的和谐稳定和可持续发展。

“员工发展与关怀”及“供应链管理”两个社会（S）的二级指标得分率出现下滑，分别下降0.0305和0.0234。“员工发展与关怀”表现下滑原因来自多个方面，其中，人身安全得不到保障最为显著。2023年，样本企业中16家企业出现因公死亡的情况，较上年增加5家，因公死亡人数37人，较上年增加14人。“供应链管理”方面，虽然大多数物业企业都建立了供应商管理制度，涵盖供应商筛选、纳入、退出等关键环节，但在供应商可持续发展认证及现场审计等更深层次的管理实践上，仍表现不足，存在明显短板，原因包括认知局限与重视程度不足、资源与专业能力欠缺、标准与体系的无法统一以及合作意愿与配合度问题。

管治（G）方面持续优化，“内部管理合规”面临挑战。在公司管治（G）领域，2023年，“ESG治理”得分率为0.9436，相比上年涨0.0058。该指标得分率连续三年位居所有二级指标中第一位。物业服务企业通过建立以董事会为核心的ESG管治架构，确保了高层管理者在可持续发展方面发挥关键引领作用，促进了企业战略与ESG目标的有效融合。同时企业加强与各利益相关方沟通与协作，包括发布定期报告、开展社区互动以及利用数字化平台进行信息传递，确保在关键议题上利益相关者都有参与，共同促进了“ESG治理”得分率的提高。

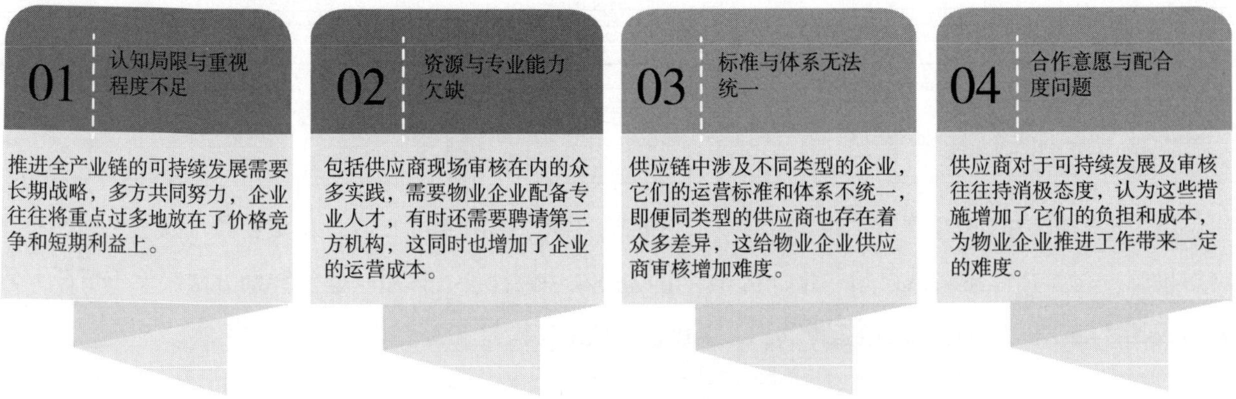

图6-10　供应链深层次管理推进难原因

资料来源：中指研究院整理。

“商业道德”与“股权结构”两指标得分率分别为0.7635和0.5730，相较于上年，分别增加0.0194和0.0272。“商业道德”得分率的提升，主要得益于物业企业依法合规经营、加强税务管理、完善风险管理、强化内部审计监督、打造廉洁文化以及加强知识产权保护。此外，企业通过实施“零容忍”政策对抗贪腐，建立全面的反贪污机制，包括设立安全的举报渠道，确保各利益相关方能够匿名举报不当行为，以及开展系统性的反贪污培训，提升全员的道德意识和法律遵从性。“股权结构”得分率上涨体现了物业企业治理结构的显著优化，包括权力平衡的改善（与地产关联方关系的优化）、决策效率的提升（压缩组织架构等）、股东权益的保护（提高分红率等）、高管的更迭以及财务结构的优化调整。

“内部管理合规”的得分率为0.7354，在所有二级指标中排名第四，与上一年相比，下降了0.0584，成为下降幅度最大的指标。下滑原因主要包括信息防护技术措施存在短板、员工对于信息安全的认知不足、应对突发事件的能力欠缺，以及合规性监管和审计工作不到位。

（四）2024中国物业服务上市公司ESG表现第三方评价

为了更全面地反映中国物业服务上市公司的ESG表现，我们在此介绍第三方机构的ESG评价，以期凝聚共识，提供借鉴。

1. 第三方机构评价结果

我们统计了路孚特（Refinitiv）、标普、秩鼎、Wind共4家机构针对中国物业服务上市企业截至2024年9月30日的评价结果[①]。总体而言，各机构评价结果相关性有显著提升。

从各机构对企业ESG评价的相关系数来看，各机构整体相关性显著提高。新一年的相关系数表显示，Wind、秩鼎、路孚特和标普四个机构评分之间的相关性普遍增强，截至2023年9月30日，各机构评分相关系数均在0.3以下，2024年除路孚特与标普之间的相关系数外，其他均达到0.3以上。此外，国内机构Wind和秩鼎对于测评对象已实现较全面覆盖，领先于海外的路孚特和标普。

① 根据彭博上截至2024年9月30日Sustainalytics对测评对象的ESG评分，覆盖数量小于5家，覆盖率较低，不纳入本次比较。

表6-6　　各机构评价结果相关系数

	Wind	秩鼎	路孚特	标普
Wind	1			
秩鼎	0.55	1		
路孚特	0.77	0.68	1	
标普	0.36	0.61	0.14	1

资料来源：Wind，标普，Refinitiv，秩鼎技术，中信证券研究部。

2. 第三方机构一致性评价

由于不同机构的ESG评价结果差异显著，为提炼共识，我们通过ESG评价更新频率归一化、绝对评价结果归一化、相对排名结果归一化，构建了市场ESG一致评价，体系构建的详细方法参见中信证券研究部报告《ESG研究专题：凝聚全球共识，聚焦投资场景，构建市场ESG一致评价》(2022-9-1)。

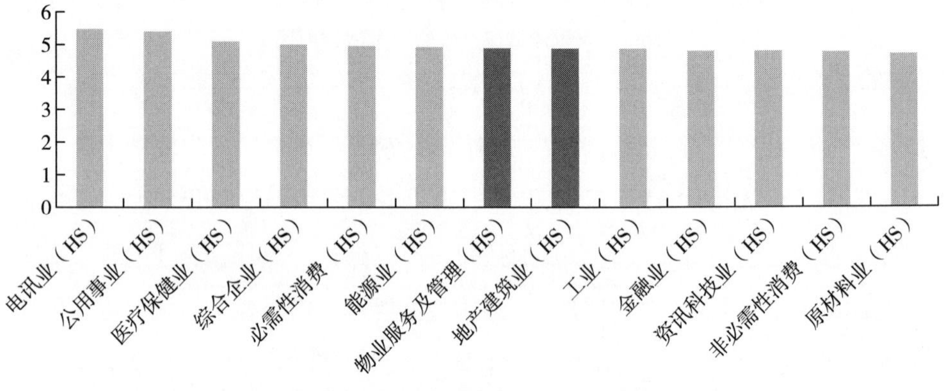

图6-11　各行业ESG一致性评价结果

资料来源：Wind，Bloomberg，Refinitiv，秩鼎技术，中信证券研究部。

按照港交所（HS）行业分类，三级行业"物业服务及管理"（即本文提及的"物业服务行业"）位于一级行业"地产建筑业"和二级行业"地产"下。从行业间对比来看，"地产建筑业"的一致性评价位于港交所12个一级行业中间偏后位置（第8位）；单独考察"物业服务及管理"三级行业的一致性评价，与"地产建筑业"相近（第7位）。

从历史维度来看，物业服务行业的一致性评价结果总体呈波动上升趋势，其一致性评价结果在各行业中的排名在2020年以前处于落后位置，在2020—2023年改善较为明显，2024年有所下滑，目前处于第7位，在所有行业中处于中游水平。

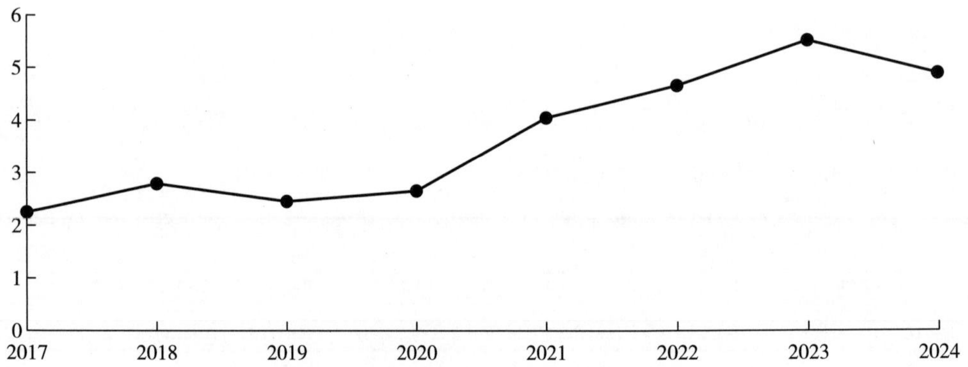

图6-12　物业服务行业ESG一致性评价结果

资料来源：Wind，Bloomberg，Refinitiv，秩鼎技术，中信证券研究部。

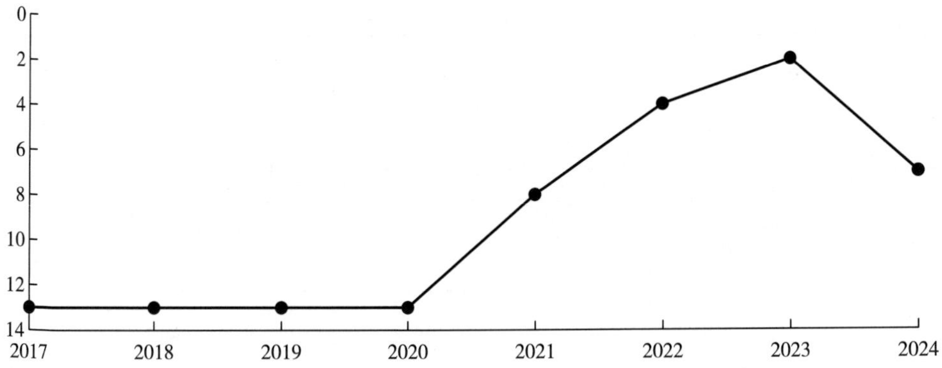

图6-13 物业服务行业ESG一致性评价结果排名

资料来源：Wind，Bloomberg，Refinitiv，秩鼎技术，中信证券研究部。

五、物业管理行业 ESG 发展趋势及建议

（一）ESG 新政加速信息披露标准化，可持续发展迈入新阶段

2024 年是 A 股 ESG 信息披露迈向"标准化"的重要一年。财政部、证监会和国资委等监管部门相继出台了一系列 ESG 相关政策指引，加速了 ESG 信息披露标准化的进程。

2024 年 4 月，沪深北交易所在中国证监会的指导下正式发布了《上市公司可持续发展报告指引》（以下简称《指引》），填补了中国境内可持续发展报告指引的空白，标志着中国上市公司 ESG 信息披露迈向新阶段。11 月，基于《指引》的框架，沪深北交易所进一步发布了《上市公司自律监管指南——可持续发展报告编制（征求意见稿）》，作为《指引》的"教科书"，旨在更好地帮助企业实施报告编制。

表6-7 2023年以来ESG相关政策梳理

时间	发文单位	文件	相关内容
2024.11	沪、深、北交易所	《上市公司自律监管指南可持续发展报告编制（征求意见稿）》	分为《总体要求与披露框架》和《应对气候变化议题》两大部分，旨在帮助上市公司更好地理解和应用《指引》
2024.6	北京市发展和改革委员会	《北京市促进环境社会治理(ESG)体系高质量发展实施方案（2024—2027）》	到 2027 年，北京 ESG 高质量发展政策体系逐步完善，生态体系加快形成，在京上市公司 ESG 信息披露率力争达到 70% 左右，ESG 鉴证和评级水平进一步提升，ESG 实践进一步丰富和深化，ESG 相关标准体系进一步完善。到 2035 年，北京 ESG 体系高质量发展步入法治化轨道，信息披露充分高效，ESG 生态体系完备，评级体系高水平特色化凸显，ESG 实践丰富多彩，监管体系运转有效，成为 ESG 发展全国高地和国际代表性城市
2024.5	国务院	《2024—2025 年节能降碳行动方案》	通过进一步提高节能降碳的经济效益、社会效益和生态效益，为实现碳达峰碳中和目标奠定坚实基础
2024.5	财政部	《企业可持续披露准则——基本准则（征求意见稿）》	到 2027 年，我国企业可持续披露基本准则和气候相关披露准则相继出台；到 2030 年，国家统一的可持续披露准则体系基本建成
2024.4	沪、深、北交易所	《上市公司自律监管指引——可持续发展报告》	明确上市公司的披露内容及披露原则，要求公司在双重重要性披露原则下，围绕"治理—战略—影响、风险和机遇管理—指标与目标"四个核心内容对拟披露的可持续发展议题进行分析和披露等

续表

时间	发文单位	文件	相关内容
2024.2	上海市商务委员会	《加快提升本市涉外企业环境、社会和治理（ESG）能力三年行动方案（2024—2026）》	提出到2026年，基本形成本市政府、行业组织、涉外企业、专业服务机构共同参与、协同发展的涉外企业ESG生态体系
2023.7	国务院国资委办公厅	《关于转发〈央企控股上市公司ESG专项报告编制研究〉的通知》	为央企控股上市公司编制ESG报告提供了建议与参考，进一步规范央企控股上市公司ESG信息披露工作

资料来源：中指研究院整理。

中国企业越来越清晰地意识到自身在整个社会发展中所扮演的角色，并积极承担起推动社会可持续发展的责任，其中也包括数量庞大的物业服务企业。在整体经济增长疲软、外部宏观环境变化等众多不确定性的影响下，企业对ESG领域的重视程度不降反升，长期投资ESG的趋势未曾改变。事实上，宏观环境的不确定性、冲突的增加，愈发凸显企业在社会和环境方面的重要性，如：物业服务企业对基层人员的就业吸纳作用，同时ESG的价值与主张也能帮助企业有效地管理相关风险的发生。

以往，上市公司主要通过定期发布财务报告来与外界进行沟通，但这些数据往往缺乏足够的“温度”，只能展现企业经营与盈利的部分状况，无法全面反映企业的精神内核和整体形象。外界难以通过这些单一的财务数据对企业进行深入感知和挖掘。然而，随着ESG信息披露标准化进程的加速，ESG报告逐渐成为企业展示自身形象的重要窗口。

ESG报告所披露的内容涵盖了环境、社会和治理等多个维度，使企业的形象更加立体、全面。这不仅有助于企业全方位地防范风险，还能显著提升其竞争优势。因此，加速ESG信息披露标准化进程标志着我国ESG发展迈入了一个全新的阶段，为企业和社会带来了更加广阔的发展前景。

（二）披露框架或将进一步调整，“双重重要性”原则被采纳

2024年4月19日，联交所就咨询文件刊发总结，同意在《上市规则》附录C2（ESG守则）D部分引入新的气候相关披露规定（新气候规定），加强其ESG框架下的气候相关披露。这一新规的出台，旨在提高上市公司对气候变化的重视程度，并促进其在气候治理方面的行动。新气候规定围绕四个核心支柱构建：治理、策略、风险管理以及指标与目标，要求企业详细报告其气候治理结构、应对气候变化的策略、风险评估流程以及具体的排放数据和目标。

目前，朗诗绿色生活、万物云、京城佳业等企业已经积极按照气候相关财务信息披露工作组（即TCFD，Task Force on Climate-related Financial Disclosure）的框架建议，开展气候相关风险和机遇识别工作，并制定了应对策略和目标，以更好地避免气候变化对业务运营的潜在影响，并及时抓住其带来的机遇，推动自身及客户向更可持续及低碳经济转型。

表6-8　　部分物业企业“应对气候变化”情况

企业简称	管治	策略	风险管理	指标及目标
朗诗绿色生活	搭建由上至下的气候变化管理架构（董事会、朗诗绿色生活管理层、ESG工作组）	定期识别、分析公司相关的气候风险与机遇，开展相关培训，搭建能源碳排放数据平台，收集能源消耗及碳排放数据	基于风险发生概率及风险影响程度，制定风险管理程序，定期开展应急演练	计算并定期审阅“单位面积碳排放”“人均碳排放目标”“单位营收碳排放”指标，制定合适的气候管理目标

续表

企业简称	管治	策略	风险管理	指标及目标
万物云	搭建由上至下的气候变化管理架构（董事会、ESG 管理委员会、可持续发展中心、ESG 工作组）	在公司发展战略中充分考虑气候相关的风险与机遇；以科技推动空间服务数字化升级，减少运营中能源浪费；推广新能源，推进垃圾分类	根据风险的类型，结合内部运营管理等识别与公司相关的实体和转型风险，明确气候变化风险清单	以能源使用效率、碳排放等作为气候变化相关的追踪指标和目标
京城佳业	董事会、战略投资与ESG 委员会、各职能部门及下属公司	将“双碳”目标纳入集团发展全局，强化一线员工应急处理能力，中期强化成本管理	开展风险评估，制定短期、中期、长期应对策略	以温室气体、能源消耗、总用水量等作为气候变化相关追踪指标和目标

资料来源：ESG 报告，中指研究院整理。

财政部《企业可持续披露准则——基本准则（征求意见稿）》、三大交易所《上市公司自律监管指引——可持续发展报告》及香港会计师公会《香港财务报告准则 S1 号——可持续相关财务信息披露一般要求（HKFRS S1）》和《香港财务报告准则 S2 号——气候相关披露（HKFRS S2）》征求意见稿的出台，表明我国明确采纳双重重要性原则，即财务重要性和影响重要性。双重重要性原则的采纳，意味着企业在编制和披露可持续发展报告时，需要同时考虑其对财务状况的直接影响，以及企业活动对经济、社会和环境产生的广泛影响。具体来说，财务重要性要求企业披露那些可能对财务状况、业绩和现金流产生显著影响的信息，这有助于投资者和其他利益相关者了解企业的经济健康状况和潜在风险。而影响重要性则要求企业披露其活动对外部环境和社会的实际或潜在影响，包括正面和负面的影响。这有助于揭示企业运营的社会和环境成本，以及其对可持续发展的贡献或阻碍。双重重要性分析的原则和要求与过往实践存在较大差异。当前，包括物业服务企业在内的中国企业对于双重重要性的分析还在初级阶段，因此，许多企业正面临着理解和实施这一原则的挑战。

图6-14　双重重要性原则

资料来源：中指研究院整理。

物业服务企业作为服务密集型行业的一员，通过实施双重重要性分析，能够更全面地评估自身运营的可持续性，识别改进空间，并向市场展示其在促进环境友好和社会福祉方面的努力与成效。同时，这一转变也需要加强与利益相关者的沟通，以确保全面性和相关性。为此，物业企业可能需要投入更多资源用于培训、数据收集系统和外部咨询，满足双重重要性原则下更为严格的信息披露要求。但是，随着政策的推动和市场认知的提升，那些能够有效执行双重重要性分析的企业，将更有可能获得投资者的信任，提升品牌形象，从而在日益激烈的市场竞争中占据有利位置。

（三）把握核心ESG议题，加强风险防范和员工关怀

ESG战略既要考虑到与企业业务间的关系，又要考虑到利益相关方的期望，运用议题实质性评估矩阵对ESG议题进行评估是企业的普遍做法。重要性议题在某种程度上讲是企业ESG报告披露的逻辑起点，物业企业识别重要议题的步骤大体分为议题识别、筛选评估、议题分析和审核确认。

物业服务企业除了关注服务品质、客户满意度等传统核心指标外，关注领域日益多元化，反映出企业目标从单纯追求业绩增长，向兼顾财务、环境和社会可持续发展的转变。

图6-15 重要性议题评估流程

资料来源：中指研究院整理。

在环境管理层面，随着利益相关方对气候变化议题的关注以及监管机构政策的牵引，“双碳”减排成为受关注的议题，目前物业企业已在公司战略中积极响应。例如，越秀服务“双碳”战略目标设定为“短期（2024年）能耗密度同比下降5%，中期（2030年）住宅项目碳排放范围1、2排放总量实现碳达峰，长期（至2060年）住宅项目碳排放范围1、2排放总量实现碳中和”。企业对于“双碳”减排的认知也逐渐加深，关注重点从自身直接排放和能源相关的间接排放（范围1和范围2）拓展到减少整个供应链的碳排放（范围3）。例如中海物业在碳排放（范围3）的减排措施包括增加使用视频会议、对于未能避免的商务旅行首选直航航班等。

表6-9 部分企业ESG核心议题

企业简称	E方面核心议题	S方面核心议题	G方面核心议题
保利物业	温室气体排放	服务质量、客户安全与健康、客户满意度、员工职业健康与安全、员工培训与发展	合规经营风险管理、反腐倡廉
万物云	污染物排放管理、水资源管理、能源管理	提升服务品质、智慧服务发展、客户满意度管理	信息安全及隐私保护
中海物业	应对气候变化、能源管理、温室气体排放管理	防止童工或强制劳工、建立完善的雇佣制度、职业健康与安全、人力资本开发	信息安全与隐私保护、知识产权保护、反贪污
越秀服务	能源管理、应对气候变化	服务品质、客户满意度、员工薪酬与福利、职业健康与安全	客户信息及隐私保护

资料来源：ESG报告，中指研究院整理。

在社会层面，物业企业除了提升服务品质以满足客户的需求外，致力于通过一系列创新举措，构建幸福职场，提升员工的满意度与归属感，进而有效降低员工流失率。具体而言，企业首先着眼于提升工资水平，确保员工的辛勤付出能够得到公平且富有竞争力的经济回报，这不仅是对员工价值的认可，也是吸引和留住人才的关键。同时，企业实施帮扶困难员工计划，为面临生活困境的员工提供必要的援助，让员工感受到家的温暖与力量。在福利方面，企业推行多元化策略，除了传统的五险一金外，还增设健康保险计划、年度旅游、节日礼品等，全方位关怀员工的身心健康，提高员工生活品质。此外，物业企业注重民主沟通，建立开放的反馈机制，鼓励员工参与决策过程，让每位员工的声音都能被听见，从而增强团队的凝聚力与向心力。

在管治层面，物业服务企业高度重视信息安全与隐私保护、合规经营等议题。通过获取体系认证、实施数据安全全生命周期管理、客户信息使用脱密、加强软硬件平台安全建设以及广泛应用数据加密等措施，构建起一套全方位、多层次的信息安全防护体系，既确保了企业的合规经营，又为客户的隐私安全提供了坚实保障，有力推动了企业的可持续发展。

图6-16　融创服务客户隐私保护

资料来源：ESG 报告，中指研究院整理。

（四）科学搭建 ESG 管治架构，“量企裁衣”代替“亦步亦趋”

设置 ESG 治理架构“没有唯一正确的答案”。每家企业可以结合公司治理现状、营业规模、业务的社会影响等实际情况，进行综合考虑，选择适合自己的 ESG 治理架构。ESG 治理架构是传统公司治理架构的有益补充甚至是重要组成。将 ESG 事项提升至公司治理的重要位置，建立覆盖决策层、监督层、执行层各个层级，且分工负责、权责清晰的 ESG 治理架构，保障 ESG 事项融入不同层级的履责过程中，有助于提升公司综合治理水平。

样本企业搭建的 ESG 治理架构大体划分为四种类型，管理层级普遍采取三级。这些架构的共同之处是以“董事会”为核心且为 ESG 工作开展最高管理层；同时，执行层（或工作组）统一由业务单元、部门经营单位构成，负责 ESG 事务的具体实践落地。不同之处则主要体现在中间层的设置上。

具体而言，第一种类型是在董事会下新设 ESG 管理委员会，主要负责统筹 ESG 工作安排、监督和管理 ESG 工作组的工作开展等。与此同时，针对 ESG 委员会专业性不足的问题，部分企业还引入外部专家，以辅助业务开展。如：万物云在 ESG 管理委员会下增设可持续发展中心，可持续发展中心由资深业务专家与 ESG 专家组成。第二种类型是将原“战略委员会”更名为“战略与可持续发展委员会”或“战略与 ESG 委员会”。战略委员会作为制定公司发展战略规划研究重大决策的专门机构，在其职能中加入 ESG 相关事项能够促进 ESG 与企业战略的融合，可以使企业的战略决策更能充分考虑 ESG 因素。第三种类型是将 ESG 职能直接纳入原治理结构。如特发物业，由董事会秘书办公室牵头进行可持续发展推动工作，整合各部门协作讨论并执行推动细节，将可持续发展理念融入综合办公室、经营管理部、计划财务部等 8 个职能部门。第四种类型为“虚设”功能性 ESG 治理架构，即不在董事会下设立专门的 ESG 委员会，但有专门的程序或机制将 ESG 因素纳入企业决策和活动中。如：恒大物业董事会下设 ESG 专项组，专项组由第三方专业机构担任，同时为集团、地区及项目公司职能部门的 ESG 数据负责人提供 ESG 专项培训，培训内容涵盖 ESG 合规要求、数据收集与管理、环境目标设定等。

表6-10　　部分物业企业ESG治理架构中间层选择

中间层设置	代表企业	相关描述	优缺点
新设 ESG 管理委员会	万物云、碧桂园服务、中海物业	董事会下新设 ESG 管理委员会	优点：能够充分发挥董事会 ESG 决策的专业性、系统性；独立机构推进 ESG 工作，且专业性强 缺点：增加企业负担，企业主动性不强
改设战略与 ESG 委员会	保利物业	董事会下设战略与可持续发展委员会	优点：不改变原治理架构，容易操作 缺点：成员因重视或擅长原工作，使 ESG 治理流于形式；原成员可能缺乏 ESG 专业知识
原某职能部门担任	特发物业	董事会秘书办公室牵头，整合各部门协作讨论并执行推动	优点：不改变原治理架构，容易操作 缺点：成员因重视或擅长原工作，使 ESG 治理流于形式；原成员可能缺乏 ESG 专业知识
由第三方专业机构担任	恒大物业	董事会下设 ESG 专项组，专项组由第三方专业机构担任	优点：审批流程短，高效，节约成本 缺点：难以将 ESG 理念融入公司运营

资料来源：ESG 报告，中指研究院整理。

当前，尽管大多数样本企业在其 ESG 报告中声称采用了第一种 ESG 管治架构，但实际上，这种披露往往更多是为了满足监管要求而“形式化”进行，缺乏实质性推进。企业是否真正将 ESG 理念融入公司战略、业务发展与日常运营仍存疑，内部对于 ESG 的核心意义及重要性尚未达成共识，且未能真正认识到 ESG 与各项业务之间的内在联系。因此，物业服务企业需基于自身的实际情况，构建合适的 ESG 管治架构，确保企业业务战略与 ESG 战略能够深度融合、相互促进。

（五）践行使命担当，履行企业社会责任

投身社区公益，助力乡村振兴。物业服务企业已超越传统物业管理范畴，积极投身于社区公益与乡村振兴的伟大事业中。作为社区生活的守护者，他们深刻理解乡村振兴对国家发展及居民幸福感提升的重要性，纷纷利用自身资源和优势，开展了一系列富有成效的公益活动。组织志愿者团队进行环境整治、搭建平台助力乡村特色产品销售、资助贫困学生完成学业及开展社区文化教育活动，不仅彰显了物业企业强烈的社会责任感，还促进了城乡融合发展，成为连接城市与乡村的温暖纽带。2023 年康桥悦生活共举办 2,800 余场文化和公益活动，涵盖文化、环境、健康、教育、红色精神多个方面，用实力与责任为社区的未来贡献力量；2023 年 11 月，公司组织各项目志愿服务队走进农地田间，帮助滞销农户采收新鲜白菜 5 万余斤。

表6-11　　部分物业企业公益活动实践情况

企业名称	公益活动实践
碧桂园服务	连续第六年联合碧乡农业发展有限公司开展“社区的力量”消费助农行动，推广江西井冈山黄桃、广西百色芒果、贵州台江鲟鱼、百香果、甘肃东乡羊等农产品。本年度，该消费助农行动的成交额超 717 万元，六年来帮扶累计成交额突破 4668 万元。
万物云	公司通过友邻计划累计募资 3090 万元，资金全部用于对应小区的设施改造建设；报告期内，公司共计投入 77.3 万元用于乡村振兴及其他方面的公益捐赠。
弘阳服务	以“公益 3.0”作为战略蓝图，依托弘阳公益基金平台，帮扶员工摆脱困境，为推进乡村振兴战略、教育援助项目、志愿服务工作等多领域贡献力量。报告期内，公司在社区文化活动和公益事业方面投入了约 953 万元人民币，累计开展了约 3396 场公益活动，吸引超过 42.2 万人次的参与。

资料来源：ESG 报告，中指研究院整理。

构建美好社区，共建共治共享。物业企业在推动社区建设中扮演着至关重要的角色，精心策划和实施一系列社区活动，不仅增强了居民之间的联系，也提升了社区的整体活力与和谐度。在这一过程中，坚持党建引领，通过建立小区党支部，强化党员在业主委员会中的作用，确保活动的正确方向和积极影响。例如，

组织定期的清洁日活动，鼓励居民参与环境美化，既增强了环保意识，又促进了邻里间的相互了解。

文化活动是社区建设的另一重要方面。物业企业举办健康讲座、文化艺术展览、节日庆典等，这些活动不仅丰富了居民的精神生活，还提升了社区的文化氛围。例如，在中秋节举办团圆晚会，让异乡的居民感受到家的温暖，或是在儿童节组织亲子运动会，增进家庭成员间的互动。此外，物业企业注重活动的全面性和持续性，从活动策划到实施，再到效果评估，形成闭环管理。通过这些综合措施，物业企业不仅提升了服务质量，更在构建文明、和谐、有温度的社区环境中发挥了不可替代的作用，让社区成为居民共同的温馨家园。

表6-12　部分物业企业社区活动开展情况

企业名称	社区活动
保利物业	和院小蜜蜂：2023 年夏天，全国五百多个社区联合消防机构和街道办全面启动“消防进社区”，以成长的名义，让孩子一起参与“共建共治共享”，共同打造更安全更美好的社区。万家灯和：2023 年，在全国 28 座城市，600 多个亲情和院社区，近 240 万名业主在保利和院参与市集、灯会、晚会，与家人、友邻一起，共享中秋团圆美好。
中海物业	由中海物业举办的首届“海邻节”通过 33 个城市、162 个社区的活动组织，吸引超过 90,000 户家庭参与，采用包括业主盛会、美食市集、文艺表演等多种形式，促进了邻里友好关系，展现了社区温馨和睦的生活氛围。
合景悠活	2023 年公司“焕彩灯光节”以“团圆拾光・美好万千”为主题，聚焦团圆、和睦、环保等理念。活动有超过 150 个社区项目，合计超 10 万人参与，创造了 200 余件灯影作品，用绿色创意变废为宝。

资料来源：ESG 报告，中指研究院整理。

除此之外，部分物业企业还积极参与救灾工作。在面对台风、暴雨等极端天气时，雅生活服务持续落实《防汛应急预案》等制度，开展风险隐患排查、疏通排水管网、准备应急物资及设备等工作，迅速有序恢复社区秩序，降低业主的经济损失。

结语

当前，我国经济发展正积极向绿色可持续转型迈进，其中，ESG 战略理念以其兼顾经济效益与社会效益、促进绿色与健康协同发展的特性，成为实现可持续发展的核心行动指南。相较于其他行业，物业管理行业因其特性，天生具备实施 ESG 的优势，且近年来其 ESG 表现持续增强。在相关制度的引领下，整个行业的 ESG 评分重心不断提升，信息披露的质量显著提高，数据的广度、深度及细致程度均有所加强，透明度与可靠性也赢得了利益相关者的广泛认可。

物业服务企业一直将为客户提供卓越服务视为己任，坚守高标准的服务品质，致力于持续提升业主满意度，在强化人文环境建设的同时，不断丰富增值服务项目，积极参与各类社会公益活动，旨在优化居民的生活环境，并不断完善绿色物业管理体系。面对市场经济增速的放缓，物业服务企业为众多基层人员提供了稳定的就业机会，为维护社会就业稳定做出了重要贡献。此外，物业企业还高度重视人才队伍建设，关注员工的职业发展，通过实施多样化的培训，为员工开辟了更广阔的晋升通道。此外，物业服务企业加强供应链管理，将 ESG 因素纳入供应商考核体系，推动业务全链条向碳中和目标迈进。

随着国内外 ESG 发展的加速，这一理念已经突破了传统以单一财务绩效评估企业价值的局限，开启了新的价值衡量维度，并将对企业的长期生存与发展产生深远影响。对于物业企业来说，这一变化既是挑战也是机遇。面对新的价值创造衡量标准，企业需要探索实现新价值的途径、方法和技术手段，同时推动内部业务流程、运营方式、商业模式及产品创新的变革。

附件：2024 物业服务上市公司 ESG 指标评价体系及评分规则

本次研究的指标体系包括 E（环境）、S（社会）、G（公司治理）3 个一级指标，一级指标以下包含环境管理体系、气候变化管理、排放物管理、能源管理、员工发展与关怀、供应链管理、产品与服务、社会贡献、商业道德、内部管理合规、ESG 治理、股权结构 12 个二级指标，二级指标下设 50 个基础指标。本附件将具体介绍评价指标和得分规则。我们选出披露 2023 年度 ESG 报告的 63 家上市物业公司作为测评对象，梳理企业 ESG 报告信息，并按照评分规则进行量化得分处理。此外，这些企业的年报、上市公司公告、公开媒体信息也成为本次测评的重要参考和资料补充。

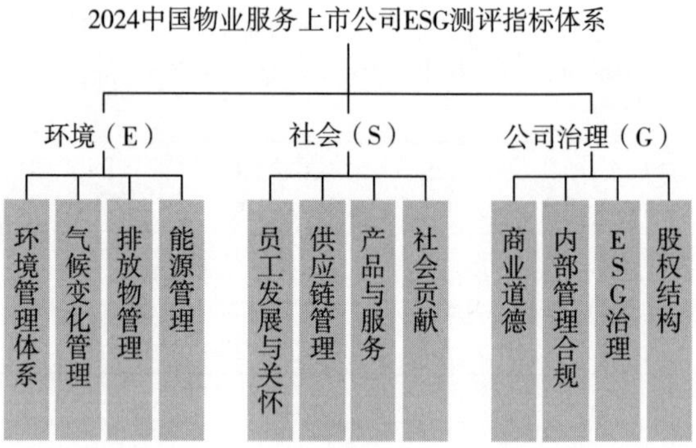

1. E（环境）（总分 28 分）

（1）环境管理体系

①环境管理体系认证：是否获取国家环境管理体系认证？

②环境管理政策：是否制定环境或可持续管理政策？

③能源管理体系认证：是否获取国家能源管理体系认证？

④绿色管理认证：是否有在管项目在本年度管理期间获得相关机构绿色管理认证（WELL、LEED、绿色建筑）？

（2）气候变化

①气候风险识别：是否对气候风险与机遇进行识别（TCFD 情景模拟）？

②气候变化应对：是否对气候风险制定具体管理措施？如应急机制和应对措施等。

（3）排放物管理

①氮氧化物排放：单位面积氮氧化物排放量。

②硫氧化物排放：单位面积硫氧化物排放量。

③二氧化碳排放：单位面积二氧化碳排放量。

④有害废弃物排放：单位面积有害废弃物排放量。

⑤无害废弃物排放：单位面积无害废弃物排放量。

⑥排放目标设定：是否设定排放物管理目标和行动计划？

（4）能源管理

①能源耗用：单位面积能源耗用密度。

②水量耗用：单位面积水量耗用密度。

③能源耗用、管理目标：是否制定能源管理目标及具体举措或执行计划。

2.S（社会）（总分42分）

（1）员工发展与关怀

①安全管理体系：是否获取安全生产认证或职业健康安全管理体系认证？

②员工安全：是否发生安全生产事件并导致员工因工死亡？

③职工薪酬与福利：是否为员工建立各项基本福利及完善的保障制度？

④股权激励：是否建立股权激励机制或方案。

⑤员工稳定性：职工离职率及相关指标。

⑥员工数量：员工数量多少。

⑦员工结构：是否按照不同类别披露员工构成？

⑧员工培训：是否制定完备的员工培训体系？

⑨员工沟通机制：是否建立企业与员工工作沟通渠道与反馈途径，了解员工诉求？

（2）供应链管理

①供应商管理机制：是否建立完善的供应商考核机制，包括供应商准入，供应商评估考核，供应商沟通，供应商培训，供应商战略合作，供应商信息化管理系统等机制？

②供应商认证情况披露：是否披露供应商在质量、健康及环境方面相关认证情况及相关审核标准等？

③供应链结构：有质量、健康及环境等方面认证的供应商占比。

（3）产品与服务

①服务合法合规：是否受到监管机构处罚，如住房和城乡建设委员会、消防、市场监管局等机构处罚。

②客户满意度：是否披露客户满意度水平？

③客户投诉：是否拥有有效的客户投诉处理流程和规范（包括客户投诉制度，客户投诉渠道，接收客户处理流程等）？

④研发投入：是否披露研发投入情况？

⑤品质认证：企业是否通过质量管理体系认证？

⑥质管体系：企业是否建立完善的质量监督管理体系？

（4）社会贡献

①扶贫及乡村振兴：是否参与扶贫、乡村振兴？

②慈善与公益：是否参加慈善基金、捐款及其他形式的社会公益活动？

③社会应急管理：是否参与社会应急管理（如极端天气后社区恢复建设、社区突发事件应对及管理）？

④社会投入：社区投入金额、时长、人数等情况。

3.（公司治理）（总分30分）

（1）商业道德

①廉政建设：企业是否针对廉政/反腐制定相关制度章程？

②监督举报：企业是否建立多渠道监督举报途径以及举报处理流程？

③廉政培训：企业是否定期进行廉政培训，培训情况及效果如何？

④贪污案件诉讼：企业是否有贪污案件诉讼？

（2）内部管理合规

①信息安全：企业是否针对信息安全制定相关管理制度？

②知识产权管理：企业是否针对知识产权管理制定相关管理制度？

③合规管理：企业内部是否设置相应的合规管理部门？

④合规培训：企业是否定期进行合规管理培训？

（3）ESG 治理

① ESG 治理结构：是否建立 ESG（可持续发展、社会责任）相关组织架构？

② ESG 治理责任：董事会是否作为 ESG（可持续发展、社会责任）工作的最高管理层？

③利益相关者分析：对于相关利益者诉求进行调研、分析（重要性排序）、回应等。

（4）股权结构

①大股东持股比例。

②与地产公司业务关联性。

说明：

①根据舆情监测信息，若样本公司年度内发生与 ESG 相关的负向事件，则在总评分基础上增加相应扣分机制；

②增加“一票否决”制度，若某企业存在重大经营风险，则不会被列入优秀企业名单。

报告七　2024年中国房地产服务品牌价值研究

一、研究背景与方法体系

（一）研究背景与目的

2024年，物业服务正式被纳入《产业结构调整指导目录（2024年本）》的鼓励类商务服务业范畴。本次产业目录修订导向中明确提出，要构建优质高效的服务业新体系，推动生活性服务业向高品质和多样化升级，加快发展健康、养老、托育、文化、旅游、体育、家政等服务业，加强公益性、基础性服务业供给。可以预见，未来几年，我国物业管理行业在民生服务方面的角色地位将进一步凸显。现阶段，我国物业管理行业正处于前所未有的变革期，越来越多的物业企业开始重新聚焦优质服务战略，秉持服务初心，回归行业服务本质，将高质量发展作为长远目标，统筹企业发展和品牌建设，推动行业持续向高质量方向精进。此外，资本市场也更加关注物业企业的服务质量和在此基础上的发展潜力，因此企业愈发重视自身品牌认知度、美誉度和忠诚度建设。

中指研究院自2005年起开展中国房地产服务品牌的研究，多年来，通过深入挖掘优秀房地产服务品牌成功要素，积极探索中国房地产服务品牌可持续发展之路，研究成果引起社会各界广泛关注，对品牌企业提升品牌形象、沉淀品牌资产、强化行业地位发挥了重要作用。本研究目的如下：

①客观量化房地产服务企业品牌价值，判断房地产服务品牌的行业地位，为房地产服务企业定位品牌、规划品牌、管理品牌提供科学依据；

②挖掘房地产服务企业品牌价值内涵，发挥品牌价值在业绩评价、投资融资、兼并重组及对外合作等活动中的作用，帮助企业吸纳、聚集、整合社会资源；

③推动社会和消费者全面认知房地产服务企业的品牌价值，塑造房地产服务品牌良好的社会形象，建立房地产服务企业与消费者之间的品牌契约关系，帮助房地产服务企业提升消费者的品牌忠诚度；

④定期跟踪房地产服务企业品牌价值变化，指导企业及时调整品牌策略和措施，促进企业无形资产的保值、增值。

（二）研究对象与方法

1. 研究对象

①在全国范围内有较强影响力和知名度的房地产服务企业；

②在某一地区范围内有较强影响力和知名度的房地产服务企业；

③在某一专业领域有较强影响力和知名度的房地产服务企业；

④中国物业服务百强企业等房地产服务企业。

2. 评价指标体系

在研究方法上，中指研究院充分借鉴国内专家学者以及国外著名品牌价值评估机构 Interbrand 和 Brand Finance 的研究经验和操作实务，结合宏观经济发展条件和房地产行业发展特点，基于现金流折现法（DCF）和无形资产评估的理论方法，建立了一套实操性较强的研究体系，客观全面地评价房地产服务企业品牌价值。该研究体系中对房地产服务品牌价值的主要评估流程如下。

（1）公司财务分析：对未来经营收入进行预测

在房地产服务品牌价值评估过程中，对未来营业收入的准确可信的预测直接关联着房地产服务品牌价值的大小。中指研究院在全面分析宏观经济环境、政策环境的基础上，对房地产服务行业的市场状况和企业进入主要城市的市场进行深入分析，根据企业的经营业绩、区域布局、业务范围等，预测企业未来 3~5 年的营业收入。

（2）BVA 分析：计算品牌对公司收益的贡献

在计算房地产服务品牌贡献率（BVA 系数）时，假设房地产服务品牌的价格溢价由其服务、品牌、技术等因素所贡献，采用“品牌作用指数（RBI，Role of Branding Index）”的方法来决定品牌资产所创造的收益。“品牌作用指数”是指品牌贡献占溢价的比重，通过专家咨询法（Delphi）来确定。

（3）品牌风险分析：确定品牌折现系数

房地产服务品牌价值评估的关键环节是对品牌进行风险分析以确定品牌未来收益的折现系数。首先需要对房地产服务品牌进行风险分析得到品牌强度系数，由品牌强度系数得到对应的品牌贝塔系数，再运用资产定价模型相关原理，计算得到房地产服务品牌未来收益的折现系数。

其中，品牌强度系数反映了房地产服务品牌将其预期收益转化为现实收益过程中抵御风险的能力。品牌强度系数越大，抗风险能力越强；反之亦然。品牌强度系数由品牌强度指标决定，是各品牌强度指标得分的总和。

（4）计算品牌价值

中指研究院采用资产评估中未来收益折现公式，将房地产服务品牌未来 3 年的品牌收益进行折现，并对 3 年后的品牌收益作年金化处理，从而计算出相应的房地产服务品牌价值。在上述评估过程中，BVA 系数、品牌强度系数和品牌贝塔系数三个模型最为重要，分别对其阐述如下。

① BVA 系数模型。

中指研究院通过 BVA 模型和品牌作用指数 RBI 来计算房地产服务企业的品牌贡献度：其中，BVA 系数由品牌对企业服务（产品）市场溢价的贡献率 BVA_1 系数和品牌对资本市场溢价的贡献率 BVA_2 系数组成。

其中，BVA_1 系数是指假设某服务（产品）的市场溢价由品牌、技术等因素所贡献，因此 BVA_1 系数由该品牌的市场溢价总和占该品牌服务收入的比例，乘以品牌在服务市场的作用指数 RBI_1 得到：

$$BVA_1系数=\frac{S_1\times(P_1\text{-}AVP_1)+S_2\times(P_2\text{-}AVP_2)+\cdots\cdots+S_i\times(P_i\text{-}AVP_i)}{S_1\times P_1+S_2\times P_2+\cdots\cdots S_i\times P_i}\times RBI_1 \qquad (1)$$

公式（1）中：S为服务/产品总量，P为单位服务/产品均价，AVP为同质条件下的服务/产品均价，其中，同质条件是指某一时间段内服务/产品在区位特征、服务/产品特征、环境特征等方面相接近。

BVA_2系数是指品牌对资本市场溢价的贡献率，中指研究院通过计算房地产服务公司的Tobin's Q值来反映其在资本市场的溢价水平，乘以品牌在资本市场作用指数RBI_2，得到BVA_2系数。

$$BVA_2系数=(\text{Tobin's } Q-1)\times RBI_2 \qquad (2)$$

公式（2）中：Tobin's Q值是房地产服务上市公司资本市场溢价水平，非房地产服务上市公司Tobin's Q值为1。Tobin's Q值的计算公式如下：

$$\text{Tobin's } Q=\frac{MV}{RC}=\frac{MV_E+MV_L}{RC} \qquad (3)$$

公式（3）中：MV表示公司的市场价值，RC表示公司的重置成本，MV_E表示公司的所有者权益的市场价值，MV_L表示公司负债的市场价值。

公式（1）与公式（2）之和为品牌贡献率（BVA系数），即：

$$BVA系数=BVA_1系数+BVA_2系数 \qquad (4)$$

②品牌强度系数模型。

中指研究院在研究品牌强度相关理论的基础上，结合中国房地产行业发展状况和市场运行特性，对中国房地产服务品牌强度指标结构及指标含义作如下设定：

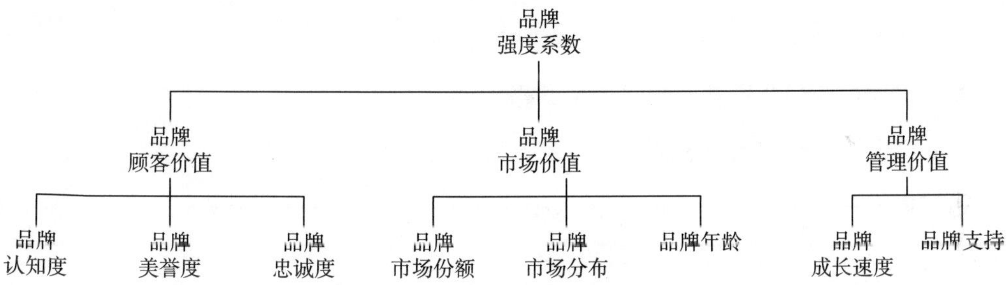

图7-1　品牌强度指标结构图

表7-1　品牌强度指标的含义

品牌强度系数	指标含义
品牌认知度	反映客户对品牌内涵/价值的认识和理解
品牌美誉度	反映客户对品牌的口碑和信任程度
品牌忠诚度	反映客户在购买决策中，多次表现出对某品牌有偏向性的行为反应，通过客户的再次购买、推荐购买和缺货忠诚等来反映
品牌市场份额	反映品牌的销售面积、销售额、个案数量等指标的市场占有率情况
品牌市场分布	反映品牌的区域分布、业务布局和客户数量方面的情况
品牌年龄	反映品牌进入市场的时间，较早进入市场的品牌往往拥有更多的忠诚消费者，具有更强的品牌效应
品牌成长速度	反映品牌在营业收入、利润等方面的增长速度
品牌支持	反映品牌在品牌投入费用、重点投资、持续推广以及公益事业投入等方面获得支持的情况

中指研究院根据房地产服务品牌区域布局和客户分布的状况，针对各服务品牌主要进入城市的客

户，开展深入的“品牌三度”（品牌认知度、品牌美誉度和品牌忠诚度）问卷调查，全面准确地衡量房地产服务企业的品牌强度。

③品牌贝塔系数模型。

中指研究院利用资产定价模型（Capital Asset Pricing Model），确定品牌收益折现率：

$$E(R_j)-R_f=(R_m-R_f)\times\beta_j \tag{5}$$

其中，贝塔系数综合考虑了行业风险和品牌风险，行业预期回报率是通过对房地产服务企业以及相关机构的调查获得。

3. 数据来源

①经中指研究院复核的房地产服务企业填报的数据；

② 2024 年中国房地产服务品牌认知度、品牌美誉度和品牌忠诚度的调查结果；

③ 2005—2024 年中国房地产服务企业品牌价值研究资料库；

④ 2008—2024 年物业服务百强企业及品牌价值研究企业资料库；

⑤中指研究院房地产顾客满意度研究资料库；

⑥中国房地产指数系统（CREIS）数据库及监测数据；

⑦相关政府部门（包括建委、房管局和统计局等）的公开数据。

4. 数据复核

①企业填报的数据须如实客观，同时对填报数据进行复核；

②企业财务数据通过会计师事务所出具的审计报告进行复核；

③通过税单复核企业经营收入及利润；

④对收集的数据坚持交叉复核：通过各地房地产交易中心公开的项目交易情况复核企业提供的销售数据；通过统计局的企业直报数据进行交叉复核；对有疑问的数据可要求进行现场复核。

二、2024 年中国物业服务品牌价值研究成果

在 2024 年中国房地产服务品牌价值研究中，中指研究院根据房地产服务品牌的发展状况与经营表现，基于 BVA 系数模型、品牌强度系数模型和品牌贝塔系数模型，运用现金流折现法和无形资产评估的理论方法，科学、全面地评估房地产服务品牌价值，研究产生了物业服务领先品牌、区域品牌、特色品牌、值得资本市场关注的物业品牌、优秀物业管理团队等系列研究成果。

（一）2024 年中国物业服务领先品牌

中国物业管理行业经过四十余年的务实积累，已构筑起稳固的发展基石。虽然市场短期波动带来了一定挑战，但也激发了行业自我革新、独立成长的巨大潜力。在应对市场变化过程中，行业涌现出一批专业化运营领先品牌企业，它们坚定选择目光向内、固本强基，逐渐开辟出了企业高质量发展的道路，实现了企业品牌价值快速提升。金融街物业秉承“服务精英 福泽大众”的企业使命，以战略引领全局、以专业

夯实主业、以创新驱动多元、以科技赋能发展，探索各类物业业态客户的高效服务协同机制，构建业主资产保值增值的科学管理体系与高品质物业服务体系，进一步夯实和壮大自身驱进动能，推动企业长期稳健发展；苏新服务持续加强智慧化物业服务建设，全面提升老旧小区居住环境，通过创新服务模式、延伸服务链条等措施，践行“让城市生活更美好”的企业使命，致力于成为具有超强竞争力的一流综合性城市服务及物业服务提供商。

表7-2　2024年中国物业服务专业化运营领先品牌企业

品牌名称	企业名称	品牌名称	企业名称
碧桂园服务	碧桂园服务	保利物业	保利物业服务股份有限公司
中海物业	中海物业管理有限公司	雅生活集团	雅生活智慧城市服务股份有限公司
华润万象生活	华润万象生活有限公司	龙湖智创生活	龙湖智创生活
融创服务	融创物业服务集团有限公司	建业新生活	河南建业新生活服务有限公司
时代邻里	时代邻里控股有限公司	金融街物业	金融街物业股份有限公司
珠江城市服务	广州珠江城市管理服务集团股份有限公司	深业运营	深业物业运营集团股份有限公司
中铁建物业	中铁建物业管理有限公司	海尚海服务	青岛海尚海生活服务集团有限公司
正弘物业	河南正弘物业管理有限公司	东原仁知服务集团	东原仁知城市运营服务集团股份有限公司
康景物业	广东康景物业服务有限公司	经发物业	西安经发物业股份有限公司
苏新服务	苏新美好生活服务股份有限公司	高科物业	西安高科物业服务管理有限公司
中國國信服務集團	中國國信服務集團	易亨物业	北京易亨物业管理有限责任公司
广晟服务	广东省广晟城市服务有限公司	力合物业	深圳力合物业管理有限公司

在行业发展迎来由量到质升级发展的关键时刻，市场更加考验物业企业的专业化运营能力。物业服务市场化运营领先品牌企业不但积极参与市场竞标，还与第三方开发商建立战略合作关系，从而实现管理规模的扩张，与此同时，持续强化自身品牌的独立性建设，实现企业“品牌三度”提升，增强企业品牌的市场竞争力。

表7-3　2024年中国物业服务市场化运营领先品牌企业

品牌名称	企业名称
长城物业	长城物业集团股份有限公司
绿城服务	绿城物业服务集团有限公司
彩生活服务集团	深圳市彩生活物业管理有限公司
金科服务	金科智慧服务集团股份有限公司
招商积余	招商局积余产业运营服务股份有限公司
金地智慧服务	深圳市金地物业管理有限公司
瑞森生活服务	南京银城物业服务有限公司
德信盛全服务	德信盛全物业服务有限公司
和泓服务	和泓服务集团有限公司
鑫苑服务	鑫苑科技服务集团有限公司
苏宁银河物业	江苏银河物业管理有限公司
海发服务	青岛海发城市服务有限公司

例如，鑫苑服务始终坚持长期主义下的有效规模增长策略，通过建立投管一体的管理体系，借助智慧化投发工具的应用和标杆项目打造品牌影响，实现了2023年合约面积增长中第三方外拓展占比接近100%的业绩，已探索出了更为稳妥的市场化发展之路；海发服务坚持党建引领，认真践行企业文化，实践党建与业务“双品牌”战略，立足基础物业服务、城市综合服务、商业配套服务、园区运营服务四大业务板块，依托

集团产融结合机制，通过链接上下游企业打造服务生态圈。在充分利用集团服务业态多样性资源优势的基础上完成了海发服务标准化服务体系建设，在用心创造服务价值的基础上淬炼形成了海发“心＋服务”模式。

（二）2024 年中国物业服务区域品牌

我国的物业管理市场高度分散且具有明显的长尾特征，因此行业里除了全国性领先品牌企业，也存在大量优质的区域品牌企业。在行业加速变革的阶段，部分区域品牌企业正努力把握市场机会，变得更加积极有为。例如，建业新生活作为华中地区最大的新型生活方式服务商，致力于“让河南人民都过上好生活”，通过一系列有黏性、有温度的服务创造价值，构筑物业价值高地；立足西南区域的高远物业，全面践行规范化管理和标准化服务，高品质的物业服务获得了客户的广泛认可，服务满意度位居行业领先水平；贵阳物业集团坚持以高质量党建引领高质量发展，以传统物业为基础，深挖科技赋能潜力，不断适应形势变化，提升企业核心竞争力，全方位推进公司事业稳步前进；天津城投物业坚持以“精诚所至，全心为你”作为公司的服务理念，以物业管理为主导，着力拓展服务思路，细化服务流程，提高服务标准，打造企业核心竞争力，严格贯彻政策法规，在做好基础物业服务的同时不断开拓新的业务领域，在实践中不断摸索创新；深耕中原的正弘物业，以“产品＋服务”标准化打造为核心，精进服务品质、提供温度服务，始终将品质视为企业的生命线，确保客户生活的幸福美好。

表7-4　2024年中国部分区域及省市物业服务品牌企业

区域 / 省市	品牌名称	企业名称
华中	建业新生活	河南建业新生活服务有限公司
	泓盈城市服务	泓盈城市运营服务集团股份有限公司
	正弘物业	河南正弘物业管理有限公司
	武汉城市服务集团	武汉城市服务集团有限公司
	泛海物业	泛海物业管理武汉有限公司
西南	中天城投物业	中天城投集团物业管理有限公司
	新鸥鹏文教服	重庆新鸥鹏物业管理（集团）有限公司
	贵阳物业集团	贵阳市物业集团有限公司
	合达联行	成都合达联行物业服务有限公司
	安信物业公司	广西安信物业服务有限公司
	康田智慧服务	重庆康田智慧生活服务有限公司
	高远物业	重庆高远物业管理有限公司
环渤海	金地智慧服务	深圳市金地物业管理有限公司
重庆	渝地物业	重庆渝地物业服务有限公司
天津	天津城投物业	天津城投物业管理有限公司
河南	建业新生活	河南建业新生活服务有限公司
甘肃	宝石花物业	宝石花物业管理有限公司兰州分公司
苏州	永旺永乐服务集团	永旺永乐服务管理集团有限公司
	中海物业	中海物业管理有限公司
	苏新服务	苏新美好生活服务股份有限公司
西安	中海物业	中海物业管理有限公司
	保利物业	保利物业服务股份有限公司
	碧桂园服务	碧桂园服务
金华	善地服务	金华善地物业服务有限公司

红色物业作为推进基层治理体系现代化的关键举措，不仅强化了基层党组织与群众的联系，而且为构建和谐社区、提升居民生活质量提供了有力支撑。它在消除社会隐患、增强居民生活满意度以及增进居民幸福感方面发挥了重要作用。物业企业在承担社会责任和提供民生服务方面的卓越表现，赢得了社会的广泛认可。这种认可促使越来越多的基层治理任务倾向于选择那些具有品牌影响力的物业服务企业，从而为整个行业的发展开辟了更为广阔的前景。

表7-5　2024年中国部分省市红色物业服务优秀品牌

省市	品牌名称	企业名称
重庆	高远物业	重庆高远物业管理有限公司
	融汇悦生活	融汇悦生活集团有限公司
天津	天津城投物业	天津城投物业管理有限公司
广东	中海物业	中海物业管理有限公司
	珠江城市服务	广州珠江城市管理服务集团股份有限公司
	深业运营	深业物业运营集团股份有限公司
	敏捷物业	广州敏捷新生活物业管理有限公司
江苏	苏新服务	苏新美好生活服务股份有限公司
	圆融商管	苏州工业园区圆融商业物业管理有限公司
湖南	中建城服	湖南中建物业服务有限公司
四川	保利物业	四川保利物业服务有限公司

例如，保利物业从2019年开始探索建立红色物业“保利星火”党建品牌，主动参与成都“蓉城先锋暖心物管”示范企业及示范项目创建，用实际行动践行党建引领；苏新服务以服务为本，秉承“匠心”精神，基础物业与增值服务并重，提升服务体验，发展多元业务，打造城市生活全场景服务体系，将党建引领特色与城市物业服务模式融合，不断推动物业服务参与基层治理更加有序、有力、有效；天津城投物业打造“臻城服务，置美生活”红色物业品牌，以党建引领基层治理，以标杆拉动服务水平，通过打造项目党建示范区、推进支部工作标准化，强化党员及干部作用发挥，不断提升客户感知、增强业主黏性，实现党建引领与物业管理相融合，切实提高人民群众的获得感、幸福感、安全感。

（三）2024年中国物业服务特色品牌

行业进入的低门槛和服务内容的同质化问题，使得物业企业的特色具备稀缺性，只有强化企业的品牌核心竞争力建设、突出发展特色，才能筑起有效的竞争壁垒。特色品牌企业在打造自身经营优势过程中，通常会选择特色业务或潜力赛道进行深耕，并通过定向的收并购和市场竞标不断提高企业在该领域的市场占有率和服务口碑，进而使企业在指定领域形成经营特色，而这种经营特色又会反哺企业的市场竞标，从而形成良性循环。

表7-6　2024年中国物业服务特色品牌企业

品牌名称	品牌特色
中海物业	港澳地区最大物企
金融街物业	商务物业管理
东原仁知服务集团	医疗康养照护综合服务——东原盛康
和泓服务	多种经营物业服务优秀品牌

续表

品牌名称	品牌特色
正弘物业	品质正弘温度服务
融汇悦生活	复合大盘运营服务
中信泰富物业	高端商办物业优秀企业
正商服务	河南省高端住宅物业服务领先品牌
天泰服务	全人关怀服务平台
大正物业服务集团	医疗临床护理服务领先品牌
中能未来智慧城市服务	多元化运营优秀品牌
渝地物业	特色餐饮增值服务
天投物业 / 智悦万嘉	公园城市综合服务企业
安徽高速物业	高端物业服务品牌——“乐臻”服务
欣和逸居物业	逸居生活服务运营商
中铁十一局物业	城市运营服务商
杭州市安居服务	保障房服务优秀品牌
红叶谷物业	物服行业全流程服务商
百利行服务	新锐成长型物业服务品牌
西湖乐居	城市综合服务商
雄安城服	新型城市运营服务商
医安康	医疗护理员优秀示范品牌
鸿宝物业	园缘圆价值服务
医康陪护	社区健康管家领先品牌

2024 年，企业品牌价值提升较快的物业服务企业，不但具备良好的基本面，而且格外重视服务品质的提升和市场口碑的打造，甚至在某些专项领域形成了特色服务优势。例如，东原仁知服务集团旗下的东原盛康，提供医疗一体化后勤管理服务，以医疗业务需求为导向、以医务人员及病患满意度为根本，针对不同医疗场所制定了不同的执行标准，提供专业定制化服务。其不仅满足院方正常运转所需，并且在专业照护方面，是业内目前为数不多具备专业医疗照护资质的服务企业之一。渝地物业通过国企改革，整合企业优势资源，挖掘业务“长板”，做精做强细分业务，形成特色服务，实现企业品牌升级，现形成了以住宅、商业物业服务为核心，餐饮服务为特色，特约服务为重点的发展新格局。

表7-7　　2024年中国专项物业服务优秀品牌

专业服务	品牌名称	企业名称
商业物业	世普联行（原德信 Space）	德信盛全物业服务有限公司
	融汇悦生活	融汇悦生活集团有限公司
写字楼物业	金融街物业	金融街物业股份有限公司
	武汉城市服务集团	武汉城市服务集团有限公司
公建物业	雅生活集团	雅生活智慧城市服务股份有限公司
	珠江城市服务	广州珠江城市管理服务集团股份有限公司
	时代东康	时代东康城市服务（广州）有限公司
	建业新生活	河南建业新生活服务有限公司
	高远物业	重庆高远物业管理有限公司
产业物业	深业运营	深业物业运营集团股份有限公司
	康田智慧服务	重庆康田智慧生活服务有限公司
	航兴城服	成都航兴城市管理服务有限公司

续表

专业服务	品牌名称	企业名称
教育物业	新鸥鹏文教服	重庆新鸥鹏物业管理（集团）有限公司
	浙大求是物业	浙江浙大求是物业管理有限公司
医院物业	大正物业服务集团	山东大正物业服务集团有限公司
住宅物业	安信物业公司	广西安信物业服务有限公司
	恒达物业	许昌恒达物业管理有限公司
IFM	长城物业	长城物业集团股份有限公司
	雅生活集团	雅生活智慧城市服务股份有限公司
	越秀物业	广州越秀物业发展有限公司
城市服务	深业运营	深业物业运营集团股份有限公司
	中海物业	中海物业管理有限公司
	泓盈城市服务	泓盈城市运营服务集团股份有限公司
	经发物业	西安经发物业股份有限公司
	新日月生活服务集团	新日月生活服务集团股份有限公司
	武汉城市服务集团	武汉城市服务集团有限公司
城市更新	蓝乐服务	浙江蓝城乐居物业服务集团有限公司

物业管理行业与医疗、教育、养老等行业在服务内容和服务对象上有着高度的市场重合，这种重合不仅体现在它们都需要提供高质量的服务以满足人们的日常需求，还表现在它们常常服务于同一个社区或群体，从而形成了紧密的联系。尤其是在老龄化社会背景下，物业管理企业越来越多地涉足养老服务领域，为老年人提供生活照料、健康管理等延伸服务。与此同时，在医疗和教育领域中，一些物业公司也开始承担起医院管理和校园后勤保障等工作。在这片广阔的市场中，涌现出一批优秀的企业，它们凭借专业的服务能力和良好的口碑赢得了市场的认可，成为各自领域的佼佼者。这些企业在提高服务质量的同时，也不断探索跨界合作的新模式，力求为用户提供更加全面和便捷的服务体验。

表7-8　2024年中国物业服务创新品牌企业

标准化运营领先品牌	医疗辅助服务领先品牌
中海物业	医安康
长城物业	高正健康·好医管
中天城投物业	贵州卓越医院物业
中信资产运营	同仁医辅

例如，新鸥鹏文教服坚持“教育＋服务”的发展理念，不断深耕“中国教育＋”全产业链，积极探索文教服数字转型与智能化升级，通过科技服务、资源融合及模式创新，打造中国教育服务领先品牌，依托高品质、智慧化服务，满意度位居行业领先水平；大正物业服务集团秉承“专业服务、人文关怀”的品牌宗旨，创新物业服务模式，推进服务标准化，持续构建智慧物业，开创了医院物业服务特色品牌；医安康集团凭借自身专业优势，打造高端综合一体化医辅服务中心、一站式管家智慧陪护中心以及居家养老高质量专业护理服务，实现从医院到护理站到居家的无缝衔接，协助医院护理服务从院内延伸到院外，为患者提供一体化医疗护理服务。

（四）2024 年品质物管项目

随着我国城镇化水平的稳步提升，人们对居住环境的要求不断提高，物业服务作为提升居民生活质量的关键一环，其重要性日益凸显。为响应国家关于提升城市治理精细化水平、促进房地产市场健康发展的号召，我们在“2024 年中国房地产服务品牌价值研究”中，面向品牌效应好、服务质量优、客户满意度高的优秀项目开展了“2024 年品质物管项目”研究。本项研究旨在通过科学的方法论，系统评估和甄选那些在服务品质、管理效能、技术创新等方面表现卓越的物业管理项目，通过表彰优秀案例，鼓励更多的物业服务企业借鉴先进经验，不断创新服务模式，加强内部管理和外部交流，共同构建和谐宜居的生活环境，助力实现城市的可持续发展。

表7-9　　2024年十一省市品质物管“好楼宇”

北京	**上海**
中信大厦—中信资产运营	长宁八八中心—上实服务
鼎兴大厦—鼎兴物业	城建国际中心大厦—城建物业
环球金融中心—星卓物业	地杰商业大厦—高地物业
京城大厦—中信资产运营	浦江双辉大厦—中信泰富物业
国贸大厦—国贸物业	星瀚广场—星卓物业
天津	**重庆**
瑞众金融中心—长城物业环渤海区域公司	香港置地光环中心—香港置地物业
融创中心—融创服务	重庆信达国际—金科服务
泰达大厦—泰达商管	华润大厦—华润万象生活
金融街西区—长城物业环渤海区域公司	康田 · 凯旋国际—康田智慧服务
中国铁建广场—中铁建物业	SFC 协信中心—天骄智慧服务
广东	**江苏**
中国海外大厦—中海物业海纳万商	苏州新闻大厦—华新国际物业
大百汇广场—卓越商企服务	中建太泽之星—中建云服
深业上城—深业运营	苏州凌志大厦—保华领创
天盈广场东塔—启胜物业	江南农村商业银行三大中心—天天欣业物业
星寰国际商业中心—星卓物业	维绿大厦—天天欣业物业
四川	**河南**
成都 ICC—启胜物业	正商国际大厦—兴业物联
成都 IFS—九龙仓物业	业新广场—业新服务
成都华润大厦—华润万象生活	报业大厦—索克服务
成都中海国际中心—中海物业海纳万商	伟业国际—伟业慧生活
仁恒置地广场—仁恒物业	恒达金汇广场—恒达物业

湖北	**云南**	**山西**
恒融大厦—武汉城市服务集团	俊发中心—俊发七彩服务	丽华大厦—丽华物业
建工科技中心—武汉城市服务集团	昆明市呈贡区人民法院—绘生活服务（巨和物业）	万立科技大厦—信通联物业
桥梁科技大厦—万嘉弘泰物业	南亚第壹国际写字楼—春城财富物业	信达国际金融中心—信诚智慧
武汉市残疾人康复服务中心—天晨物业	云南建投发展大厦—云南建投物业	中海国际中心—中海物业海纳万商
新时代商务中心—中建壹品物业	云投商务大厦—云投物业	中铁三局科技研发中心—昊天诚业集团

高水平的物业管理是商场成功运营不可或缺的保障。首先，专业的物业管理能够确保商场日常运营顺畅，通过高效的设施维护与安全管理，为商户和顾客提供安全、舒适的购物环境；其次，智能化的管理系

统可以提升商场的服务效率，例如通过智能停车引导、能源监控等技术手段，优化顾客体验的同时降低运营成本；再次，优质的物业管理能增强商场的品牌形象，吸引更多优质租户入驻，提升商场的整体吸引力和竞争力；最后，长期稳定的物业管理有助于维持甚至提升物业资产的价值，通过持续改善服务质量和环境品质，实现商场的可持续发展。

表7-10　2024年部分地区品质物管“好商场”

北京	浙江
北京朝阳大悦城—大悦服务	滨江宝龙城—宝龙商业
北京国贸商城—国贸物业	杭州城西银泰城—北京银泰第一太平戴维斯物业
北京首创奥特莱斯—金茂服务	杭州大悦城—大悦服务
北京银泰中心—北京银泰第一太平戴维斯物业	龙湖·杭州金沙天街—龙湖智创生活
世纪金源购物中心—世纪金源物业	宁波来福士—银亿物业
四川	**湖北**
成都 IFS—九龙仓物业	武汉群光广场—小竹物业
成都世茂广场—世茂商业	武汉国际广场—武商物业
成都太古里—乾豪物业	武汉万象城—华润万象生活
成都万象城—华润万象生活	壹方购物中心—丰诚物业
成都银泰城—北京银泰第一太平戴维斯物业	永旺梦乐城江夏店—小竹物业

物业管理在提升医院服务质量、保障医疗安全和增强患者满意度方面发挥着不可替代的作用。首先，通过专业的设施维护，物业管理保证了医疗设备和基础设施的正常运转；其次，严格的清洁与消毒程序有助于控制院内感染，维护良好的医疗环境，这对于患者的康复至关重要；再次，有效的安全管理措施，如24小时监控和应急响应机制，保障了医患双方的安全；最后，通过优化物流和交通流线设计，物业管理提升了患者就诊的便利性和舒适度，改善了整体就医体验。

表7-11　2024年部分地区品质物管“好医院”

北京	上海
北京大学国际医院—斯玛特物业	复旦大学附属华山医院虹桥院区—复医天健
北京大学肿瘤医院—斯玛特物业	复旦大学附属眼耳鼻喉科医院—复医天健
北京友谊医院—国天物业	上海交通大学医学院附属仁济医院—吉晨卫生
首都医科大学附属北京口腔医院—北宇物业	上海交通大学医学院附属瑞金医院卢湾分院—吉晨卫生
首都医科大学附属北京天坛医院—国天物业	上海普陀区人民医院—西部物业
广东	**湖北**
北京大学深圳医院—特发服务	荆门中医医院—长运物业
广东省人民医院—润通物业	武汉市中心医院—珠江物业
南方医科大学深圳医院—喜洋洋物业	协和医院—同济物业
深圳龙岗区人民医院—招商积余	宜昌第二人民医院—宜昌城投物业
深圳平乐骨伤科医院—新东升物业	中建三局中心医院—中建壹品物业

物业管理对体育馆、展览馆、档案馆、博物馆、剧场等文化场所至关重要，高水平的物业管理不仅能够提升场馆的日常运营效率和服务质量，还能增强其社会影响力，为公众提供更加丰富和愉悦的文化艺术享受。物业管理通过安保安防、设施维护、环境卫生保持、服务流程优化和技术支持，不仅提升了观众的

体验，还显著提高了场馆的运营效率和品牌形象，确保各类文化活动成功举办。专业的安全管理和应急预案能够为参与者提供可靠的安全保障，而定期的设施维护则保证了各种专业设备的正常运转。同时，高标准的清洁与卫生措施营造了一个整洁舒适的环境，这对于提升公众的参观体验至关重要。此外，通过优化服务流程，如智能导览系统、便捷的票务服务和合理的动线设计，物业管理提高了场馆的访问便利性，缩短了观众的等待时间。

表7-12　　2024部分地区年品质物管“好场馆”

上海	山东	湖北
滴水云厅—港城智慧服务	临沂奥体中心—临沂城投地产	湖北省档案馆—联投物业
上海世博展览馆—地益物业	青岛国信体育中心—国信上实物业	宋庆龄故居—天晨物业
上海中共二大会址—科瑞物业	山东省科技馆—润华物业	武汉市民之家—武汉城市服务集团
新国际博览中心—陆家嘴物业	潍坊奥体公园体育场—潍坊吉田物业	武汉市青少宫—天立物业
中国航海博物馆—上实服务	济南市京剧院—齐鲁物业	宜昌市市民之家—宜昌城投物业

物业管理在园区、公园等场所中也发挥着重要作用，通过维护安全环境、保障设施运行、保持清洁卫生及提供技术支持，显著提升这些场所的功能性和舒适度，增强用户体验与满意度，进而促进整体运营效率和长期发展。

表7-13　　2024年部分地区品质物管“好园区”

环渤海	江苏
用友产业园—首佳物业	大丰沪苏产业园—保华领创
天开高教科创园—长城物业天津公司	润港产业园—华新国际物业
华苑科技园—海泰物业	三网融合智汇产业园—通城环境产业集团
赛达工业园—赛达物业	新建元汇智湾一期—华新国际物业
绿动谷产业园—山东发展	中国（常州）德国中心—天天欣业物业

表7-14　　2024年部分地区品质物管“好公园”

湖北
鄂州樊口公园—联投城资公司
凌云国防主题公园—湖北荆楚城市运营
洪山江滩—湖北文旅物业
黄鹤楼公园—武汉旅联东湖物业
武汉园博园—武汉城市服务集团

三、2024 年中国物业服务品牌价值研究成果分析

2024 年，物业服务市场重心由追求规模扩张转向存量优化，同时企业被赋予了更高的期望与责任。品牌企业更加注重合规经营和服务品质改善，品牌建设的重心聚焦在提供优质服务和满足业主日益增长的多元化服务需求上，加快构建更科学、更有效的品牌体系，加深客户对品牌的好感度，实现品牌价值的韧性成长。

（一）“高速增长”转向“高质发展”，夯实品牌长期发展基础

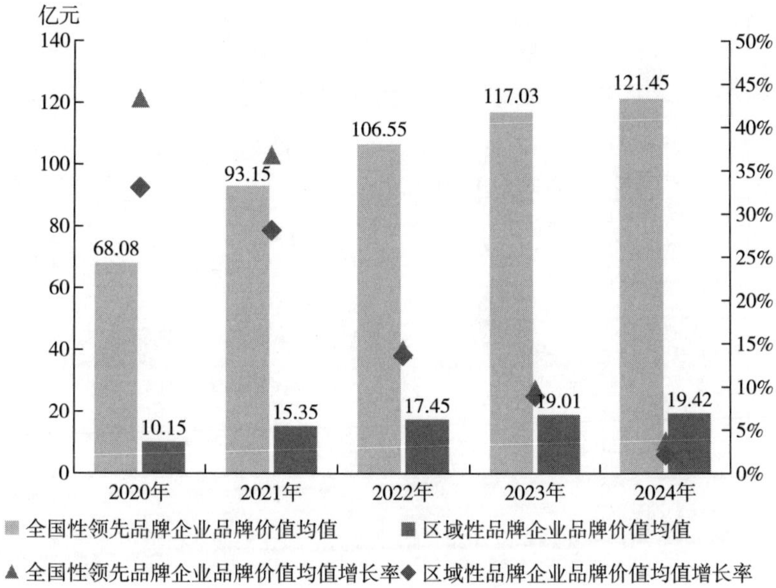

图7-2　2020—2024年物业服务品牌企业品牌价值均值及增长率

进入2024年，行业正经历着一场深刻的转型，企业纷纷回归服务本质，致力于服务价值的深度挖掘与提升，企业从单项的规模竞争转向品牌价值、服务品质和客户体验等全方位竞赛。在这一全新的周期中，业主品牌意识觉醒，市场竞争态势显著加剧，行业内卷严重：一方面，严格的政策监管要求企业在合规经营、服务质量、安全标准等方面不断提升，以满足不断增长的市场和法规要求；另一方面，业主不断提高对品牌化、个性化、智能化的物业服务体验预期，倒逼企业必须加快服务创新步伐，提供差异化和高质量的服务内容。

作为行业转型升级的“火车头”，品牌企业追求高质量发展的节奏加快，通过经营业绩与服务品质双翼齐飞战略，实现了管理规模和经营效益的边际优化，支撑企业品牌价值整体保持上涨态势：2024年全国性物业服务领先品牌企业品牌价值均值为121.45亿元，同比增长3.78%；区域性物业服务品牌企业品牌价值均值为19.42亿元，同比增长2.16%。品牌价值是评价企业市场竞争力的关键指标，通过品牌价值的传递，物业企业能够实现与业主的深度连接，构建起更持久的信任关系，进而为企业的可持续发展奠定坚实基础。目前行业正在构建以清晰愿景为引领、以卓越服务为核心、以价值重塑为动力的新型品牌竞争格局，标志着行业迈向一个更加成熟、更具战略视野的全新发展时期。

1. 企业核心业务稳中有进，品牌价值逆势增长

行业正在从过去普遍追求高增长的预期中逐渐回归理性，企业更加注重精细化管理和成本结构优化，以提升服务效率和专业性。行业在探索高质量发展道路过程中“阵痛”明显，企业品牌价值增速显著放缓：2024年全国性物业服务领先品牌企业品牌价值增速均值降至3.78%，不足过去五年品牌价值增速水平的1/6（2019—2023年全国性物业服务领先品牌企业品牌价值增速均值约为25.42%）；2024年区域性物业服务品牌企业品牌价值增速均值降至2.16%，不足过去五年品牌价值增速水平的1/9（2019—2023年区域性物业服务品牌企业品牌价值增速均值约为20.22%）。受关联方拖累和行业高质量发展影响，现阶段物业服务品牌企业的品牌价值正在蓄势，未来发展潜力仍巨大，将为长期发展奠定坚实基础。

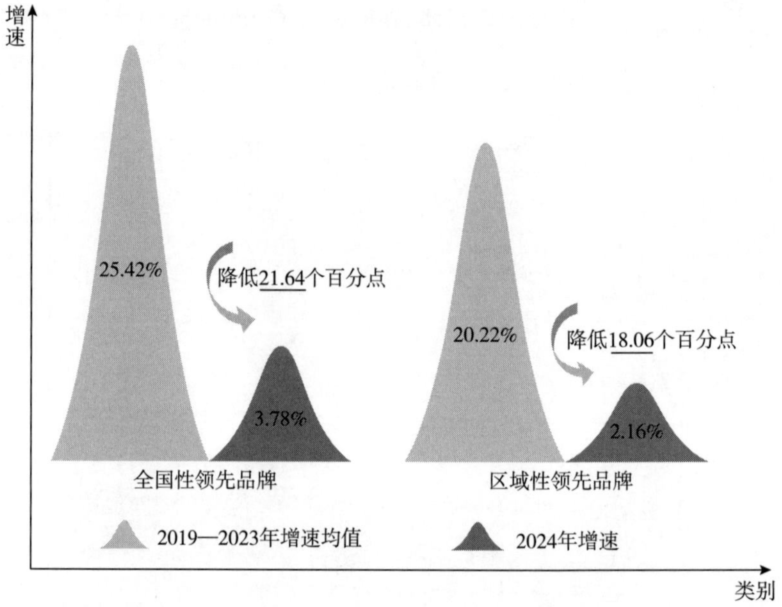

图7-3　2019—2023年及2024年物业服务品牌企业品牌价值增速情况

经营性指标是企业品牌价值评估的基础，对企业品牌价值变化起主导作用。截至2024年底，全国性物业服务领先品牌企业的管理规模和营业收入仍保持增长态势，一定程度上赋予了行业整体品牌价值韧性：规模方面，2024年全国性物业服务领先品牌企业的在管面积均值为2.41亿平方米，同比增长约13.68%，高于品牌价值均值增速9.90个百分点；营收方面，2024年全国性物业服务领先品牌企业的营业收入均值为77.29亿元，同比增长约8.67%，高于品牌价值均值增速4.89个百分点，其中基础物业服务营收增速高达11.8%，依然是行业收入增长的主要推动因素。

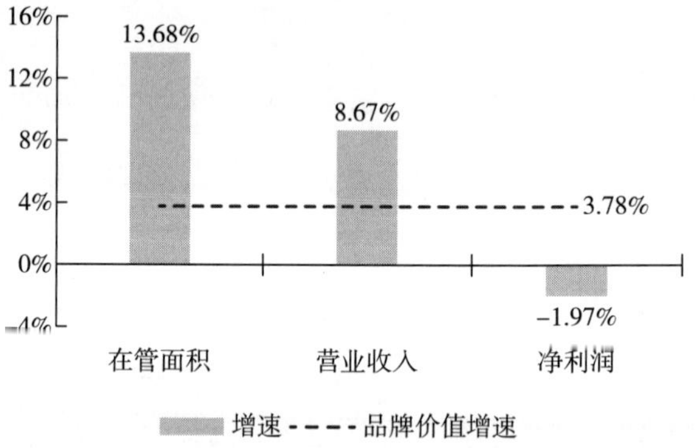

图7-4　2024年全国性物业服务领先品牌企业主要经营指标与品牌价值增速对比

行业整体利润率继续“挤水分”，追求脱虚向实，短期内对企业品牌价值增长产生了较强的拖拽效应，导致品牌价值增速不及预期；长远看，行业告别“虚火”是实现高质量发展的必要前提。全国性物业服务领先品牌企业2023年净利润均值为4.32亿元，同比减少约1.97%，亏损的上市企业数量从2022年底的7家进一步扩大至2023年底的11家。与此同时，行业整体的利润率持续向基础服务水平回归，其中港股上市品牌物业企业毛利率均值从2021年的29.51%，下降至2022年的25.40%，进一步下滑至2023年的23.95%；同期，净利率均值从13.01%下降至7.83%，进一步调整至6.51%。受关联方拖累影响，叠加行业向高质量方向发展转型过程面临的挑战，2024年上半年，港股上市物业企业的利润率水平仍在探底。但是，剔除开发商出险及亏损的企业，港股上市物企的基础物业服务毛利率仍保持高位，为14.1%，并且比2023年同期增长0.1个百分点，可见行业在较大市场压力背景下，逆势保持了较高的效率。

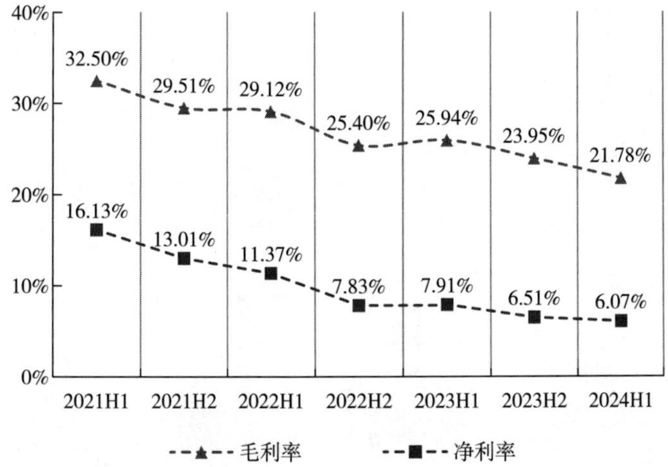

图7-5　2021—2024年上半年港股上市品牌物企毛利率和净利率均值情况

根据港交所划分的13个行业大类，从2024上半年港股上市企业的利润率水平表现来看，物业服务及管理行业的毛利率和净利率水平分别排名第七和第十，虽然整体处于中下水平，但是在地产建筑业下属的8个细分领域中，物业服务及管理的毛利率和净利率水平分别排名第四和第一名。因此，物业管理及服务属于地产建筑业中的高潜力、高增长赛道，未来仍有广阔发展空间。

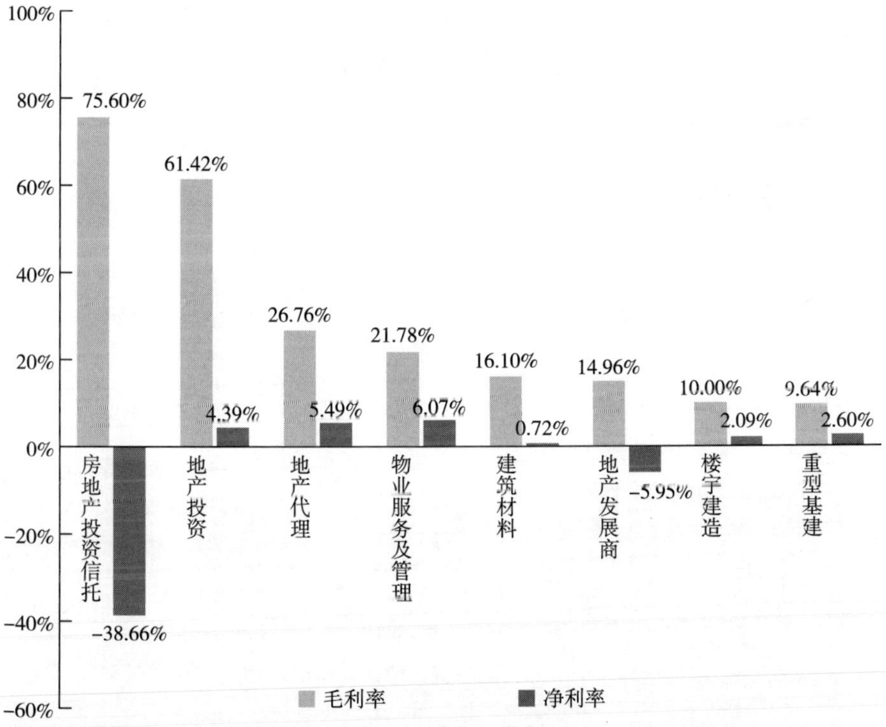

图7-6　2024年上半年港交所地产建筑业中各细分领域的利润率情况

以头部企业为主的高基数品牌价值增长迎来“滞涨”时代，预示着行业品牌价值迅猛增长的周期告一段落，这一变化反映了市场对头部品牌企业盈利能力持续性的重新评估，促使企业从追求规模扩张转向提升经营效率和盈利质量，以实现品牌价值的稳定增长。截至2023年底，头部品牌物企的毛利率水平大都低于20%，净利率水平回落到10%以内，集中在4%~9%之间，因此，相关企业的品牌价值增速均值仅为1.97%，低于行业整体水平1.81个百分点。短期看，品牌物业企业的管理能力和服务能力提升，依赖于较高的资金投入，大概率会推升企业的运营成本，进而影响企业利润率表现；长远看，行业如果没有新的增长亮点与业务突破，当前的利润率水平可能将是行业常态。

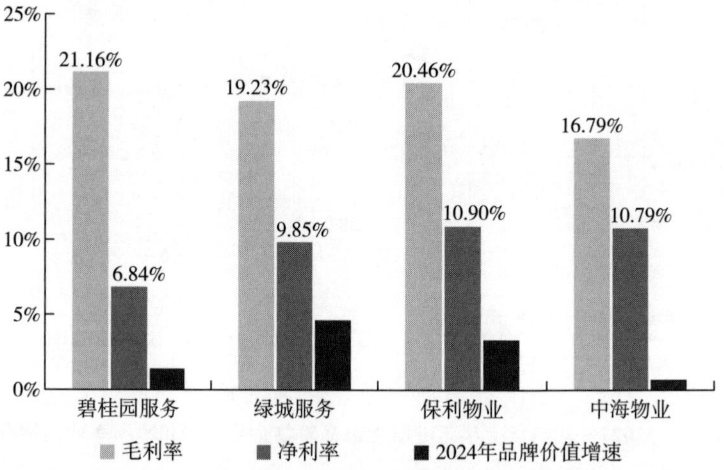

图7-7　部分头部企业的利润率及品牌价值增速情况

在行业整体发展速度趋缓的背景下，国资背景品牌企业的品牌价值展现出了更显著的成长性和对抗市场下行的韧性。2022—2024 年，以地方性国有企业和中央国有企业为代表的国资背景品牌企业，其品牌价值均值年均复合增速分别为 12.14% 和 12.33%，是同期民营企业品牌价值年均复合增速的 3 倍左右。2024 年，中央国有企业的品牌价值均值首次突破 200 亿元，达到 200.59 亿元，保持着高基数品牌价值的稳定增长；虽然地方国有企业的品牌价值在现阶段仍处于低位（2024 年为 43.01 亿元，低于同期民营企业的 62.91 亿元），但其增速明显较快。

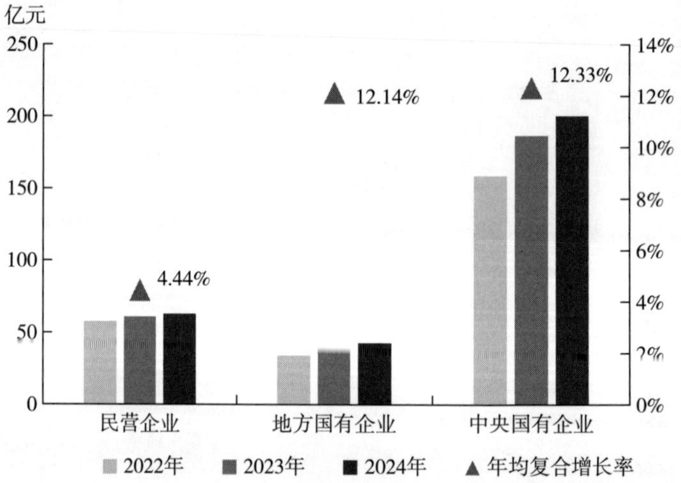

图7-8　2022—2024年不同类型品牌企业品牌价值均值及复合增长率

企业品牌价值动态变化的背后反映了其经营业绩的分化表现。2021—2023 年，品牌企业中民营企业的在管面积年均复合增速高达 51.87%，分别高于中央国有企业和地方国有企业 25.11 个百分点和 30.68 个百分点。但囿于关联方拖累和面对市场调整，部分民营企业急速扩张的管理规模并未有效转化为营业收入：同期品牌企业中民营企业的营业收入年均复合增速仅为 8.28%，分别低于中央国有企业和地方国有企业 15.87 个百分点和 14.69 个百分点。企业规模增速和营收增速的错配，导致民营企业现阶段品牌价值增长明显放缓，而与之相对的国资背景品牌企业，凭借稳健的经营能力实现了品牌价值的较快增长。

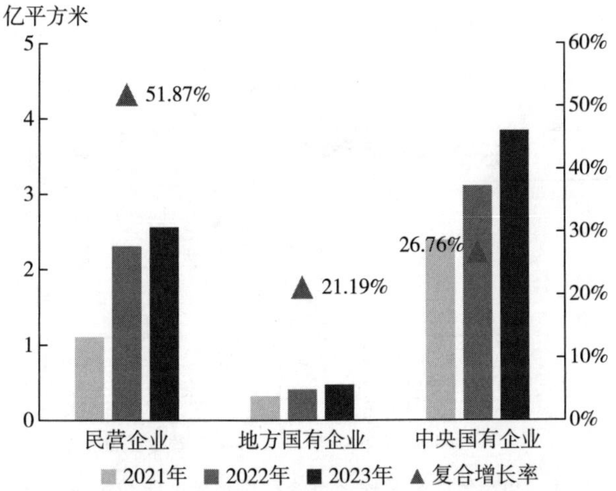

图7-9　2021—2023年不同类型品牌企业在管面积情况

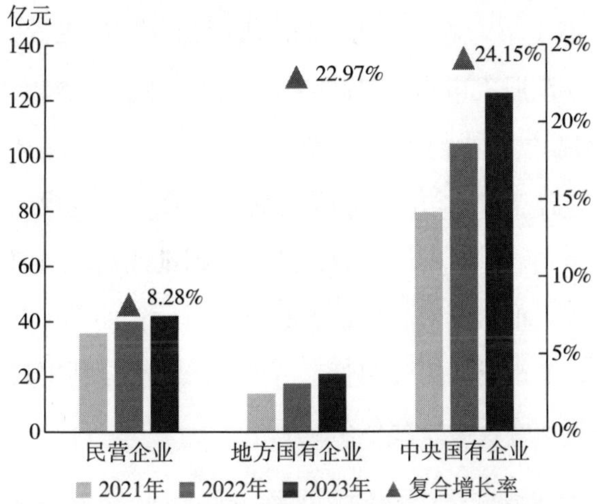

图7-10　2021—2023年不同类型品牌企业营收情况

利润增长的显著差异也是不同类型品牌企业品牌价值分化的重要因素。2021—2023年，国资背景品牌企业的净利润均保持着较快增长，其中中央国有企业和地方国有企业的年均复合增速分别为29.18%和14.35%；而同期民营企业的净利润则出现了大幅缩水，年均复合增速为–40.09%。现阶段，虽然地方国有企业的品牌价值均值较低，但其整体净利润均保持着较快的增长，因此相关企业的品牌价值增长确定性较强、潜力空间大。

2. 资本市场溢价更趋合理，“独立性强＋高分红”助力品牌价值提升

2024年，行业仍处于资本市场价值重估阶段，企业股价波动下行，市盈率低位徘徊，一定程度拖累企业品牌价值释放。现阶段，独立性、分红和治理能力仍是资本市场对物业企业的核心关切。截至8月28日，港股上市物业企业总市值约为1774亿元，较年初下滑约16.2%，市盈率均值下探至8.9倍；企业股价均值下降至不足3.6元，较年初低位继续缩水10.9%。2024年5月17日，住房和城乡建设部等四部委联合出台了一系列重大政策，包括降首付比例、取消贷款利率下限、降低公积金贷款利率等，旨在推动房地产市场健康有序发展，在该政策助推下，物业企业股价一度出现反弹，但是囿于市场预期变差叠加部分企业缺乏业绩支撑，股价涨势未能持续。

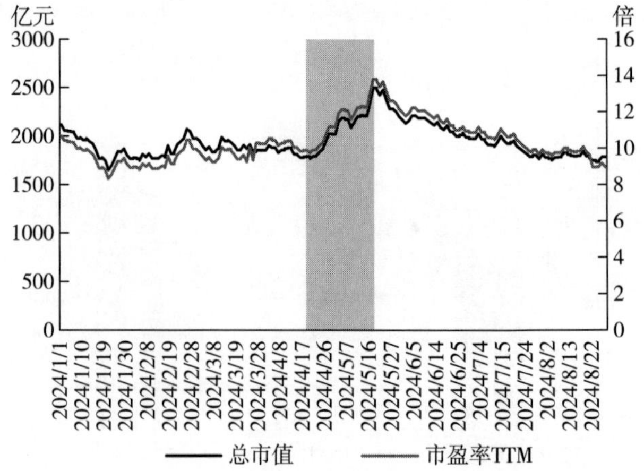

图7-11　2024年以来港股上市物企总市值及市盈率变化情况

行业整体在资本市场的溢价水平回归理性，企业品牌贡献度仍处于合理区间。对上市品牌物业企业的研究表明：2021—2023 年，港股上市物业企业的 Tobin's Q 均值从高位 3.69 持续下降到 1.30，年均复合增速为 –40.64%；2024 年上半年，港股上市物企 Tobin's Q 均值为 1.34，虽较 2023 年底实现探底回升，但仍未见明显改善。Tobin's Q 值能够衡量物业企业在资本市场的溢价水平，是影响企业品牌贡献度的重要因素。一般来说，如果 Tobin's Q > 1，意味着公司的市场价值超过其资产的重置成本，这种情况通常表明市场对公司未来的增长潜力仍持乐观态度，投资者愿意为公司支付超过其资产当前价值的价格，也可能表明公司以公司品牌、专利、客户基础等无形资产对公司价值有显著贡献；如果 Tobin's Q < 1，这可能表明市场对公司未来的发展持悲观态度，或者市场认为公司管理不善，未能充分利用其资产，在这种情况下，公司可能被认为是被低估的，也可能暗示着公司经营存在问题。

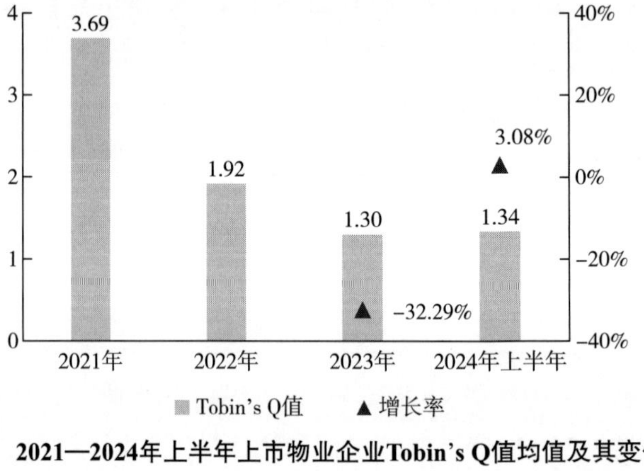

图7-12　2021—2024年上半年上市物业企业Tobin's Q值均值及其变化情况

行业在资本市场的发展仍处于初期阶段，品牌价值效应尚未得到充分体现。从品牌附加值指数 BVA 系数来看，2021—2023 年港股上市物业企业的 BVA_2 系数均值从 1.26 持续下降到 0.65，年均复合增速为 –28.18%；2024 年上半年，已发布业绩公告的港股上市企业 BVA_2 系数均值为 0.69，虽然实现了企稳，但是整体仍处于较低水平。BVA_2 系数是指企业品牌对企业在资本市场溢价的贡献率，作为评估物业企业品牌价值的重要指标之一，它能够量化品牌在资本市场上所带来的额外价值。较高的 BVA_2 系数通常表明品牌在市场上享有较高的声誉，并且能够在资本市场上带来额外的价值，这通常意味着品牌具有较强的竞争力和市场影响力，而较低的 BVA_2 系数可能表明品牌的价值在资本市场上没有得到充分体现，或者品牌本身对企业市场价值的贡献有限。

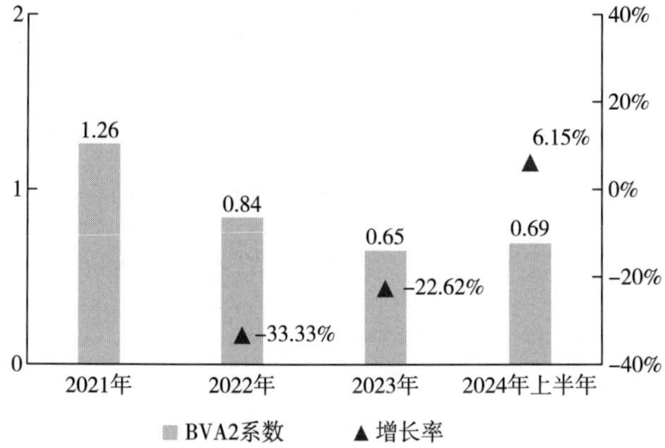

图7-13　2021—2024年上半年上市物业企业BVA_2系数均值及其变化情况

为重塑企业在资本市场的品牌形象，提振投资者信心，2024 年上半年，万物云、绿城服务、永升服务等 10 家上市物企通过回购股票进行市值管理。其中，万物云公告称拟回购最多 10% 的 H 股，拟动用的资金上限约 53 亿元，且全部为自有资金；绿城服务累计回购股票数量最多，达到 2439 万股；永升服务累计回购次数最多，达 51 次。此外，金科服务、德信盛全服务、南都物业三家企业的股票回购金额较大，均超过 2000 万元。股票回购作为市值管理策略的重要部分，也可以视作是企业品牌建设的有效手段。通过将股票回购与品牌建设相结合，企业可以传递积极的市场信号，增强品牌形象。

表7-15　2024年上半年部分上市物企股票回购情况

企业名称	回购次数	回购数量（万股）	回购金额（万元）
万物云	31	549	10143
绿城服务	13	2439	6238
金科服务	47	626	4940
德信盛全服务	4	1943	3515
南都物业	—	229	2008
永升服务	51	1472	1985
中海物业	3	290	1128
越秀服务	10	117	342
星盛商业	5	76	89
新大正	—	8	79
合计	164	7749	20467

品牌企业尝试通过高额现金分红和稳定支付高股息，树立负责任和值得信赖的品牌形象，吸引更多长期投资者，巩固和提升品牌价值。2024 上半年，共有 31 家上市物业企业开展现金分红，总金额达 67.79 亿元，企业现金分红均值约 2.19 亿元。其中，万物云和华润万象生活的现金分红金额最高，分别为 12.84 亿元和 11.00 亿元；滨江服务支付的每股股息金额最高，为 1.25 元，此外，万物云和保利物业的每股股利也超过了 1 元。企业加大分红力度，能够在短期内提振投资者信心并支撑股价，但长期看，上市物企仍需加强市值管理，特别是在资本市场整体疲软的环境下，需要更灵活应用大股东增持、

股票回购、高额现金分红等手段，并结合更务实的品牌建设策略，才能提升企业资本市场形象和品牌价值。

表7-16　　2024年上半年部分企业区间现金分红金额及每股股利情况

企业名称	区间分红总额（亿元）	区间每股股息（元）
万物云	12.84	1.09
华润万象生活	11.00	0.48
碧桂园服务	9.85	0.29
保利物业	5.51	1.00
融创服务	4.37	0.14
绿城服务	4.33	0.14
滨江服务	3.46	1.25
建发物业	3.33	0.24
祈福生活服务	3.05	0.30
中海物业	2.55	0.08

资本市场的低潮期，国资背景的区域性品牌企业正在逆势拥抱资本市场，追求实现企业品牌价值放大。2024 年 2 月，深业物业、泓盈城市服务、经发物业三家国资背景的区域性品牌企业先后获得中国证监会发布的境外上市备案通知书。截至目前，泓盈城市服务和经发物业两家国资背景的区域性品牌物企已经成功上市，且平均上市周期相较于去年 IPO 的两家区域性品牌民营企业（润华服务和众安智慧生活）从 661 天缩短至 307 天。此外，以武汉城市服务为代表的多家国资背景的区域性品牌物企已经明确了上市计划。

表7-17　　2024年值得资本市场关注的物业品牌

品牌名称	企业名称
泓盈城市服务	泓盈城市运营服务集团股份有限公司
深业运营	深业物业运营集团股份有限公司
易亨物业	北京易亨物业管理有限责任公司

3. 物业服务价值被加速认知，“优质优价”赢得美誉度和忠诚度

研究组针对物业服务品牌企业开展的“品牌三度”综合调查结果显示：2019—2024 年品牌企业的“品牌三度”综合得分稳步提升，但近年品牌企业“品牌三度”综合得分增速显著下降，2024 年增速创新低，仅为 0.21%。此变化与行业整体品牌价值变化趋势基本一致。当前行业市场表现出显著的“双面性”特征：一方面，整体规模稳步扩大，企业收入和管理面积持续增加，业务广度和服务深度稳步提升；另一方面，行业整体口碑下滑，优质物业服务供给不充分、不平衡等问题愈发突出。随着行业市场环境变化，企业品牌建设正面临全新挑战，未能适应新市场、新环境的企业，其“品牌三度”表现不佳，拖累企业品牌价值增长。

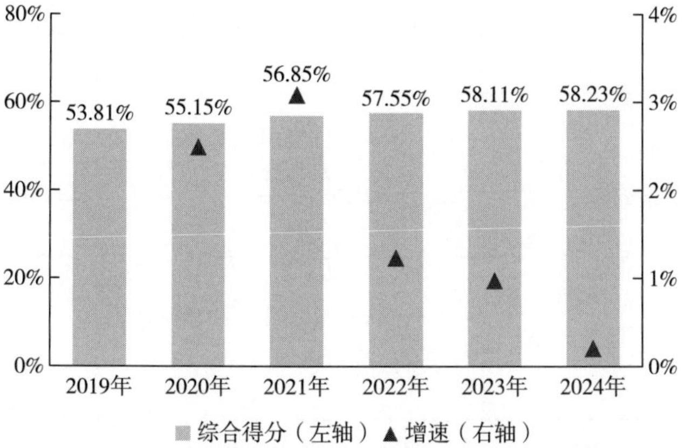

图7-14 2019—2024年物业服务品牌企业“品牌三度”综合得分及其增速情况

行业发展方面，随着人们对物业服务的认知发生显著变化，即从最初的“漠不关心”到现在的“深入人心”，越来越多的人逐渐认识到物业服务的价值，市场愈发呼唤和追求质价相符的物业服务。但是当前物业管理行业处于从“卖方市场”向“买方市场”过渡的重要阶段，客户和业主的话语权和选择权越发突出，物业企业特别是中小型物业企业在市场竞争中要保持或取得领先地位，不得不朝着提供“优质优价”服务的方向努力，即追求提供高出市场标准水平的服务的同时，收取低于市场预期特别是业主心理预期的价格，或者在保持市场标准服务水平的基础上，追求比竞争对手更低的收费价格。通过“高质低价”或“同质低价”的竞争策略，快速占领市场，但长远来看，质价相符更有助于行业真正实现健康发展。

营商环境方面，物业费提价难、限价严、存量住宅合约流转难等历史遗留问题未形成合理解决方案，与此同时，各地政府加强对物企工作的指导力度，行业市场的自由度和自我调节能力受限，企业基于高品质服务的品牌溢价策略失效。长此以往，行业品牌化、高质量发展进程可能将受到影响：一方面，个别城市推出“一刀切”式的物业费限价政策，极限压缩物企市场经济空间，否定企业品牌溢价的合理性和规律性，削弱了物企提供专业化、精细化服务的动力；另一方面，行业高水平的市场化改革进程尚未完成，大量优质的存量项目资源，仅能通过非市场化方式在体制系统内部承接流转，市场机制失效后，资源配置可能更多地依赖于政策指令而非真实的供需关系，供给端品牌价值对消费端的市场决策行为影响趋弱，并间接导致行业优质项目稀缺性上升，市场活跃度下降。

表7-18 2024年部分城市颁布的物业服务收费标准指导政策及内容

颁布日期	城市	颁布单位	文件名称	主要内容
2月22日	重庆市	重庆市发改委	《重庆市政府定价的经营服务性收费目录清单（2024年版）》	中心城区有电梯的住宅收费标准分为四级，最低为1元/平方米/月，最高为1.9元/平方米/月；无电梯住宅最低可至0.60元/平方米/月。
5月21日	银川市	银川市发改委、住房和城乡建设局	《银川市普通住宅前期物业服务和停车收费政府指导价标准方案》	普通住宅前期物业服务收费标准为：无电梯住宅准物业0.9~1.90元/平方米/月；带电梯住宅准物业1.15~2.20元/平方米/月。此标准为最高收费标准，下浮不限。

续表

颁布日期	城市	颁布单位	文件名称	主要内容
5月31日	青岛市城阳区	城阳区住房和城乡建设管理局	《关于对普通住宅前期物业服务收费超出政府指导价进行自查整改的通知》	要求对普通住宅前期物业服务费超出政府指导价的情况进行自查整改。
6月19日	武汉市江夏区	江夏区发改委	《关于制定江夏区住宅前期物业服务收费标准的通知》	政府指导价标准：江夏区最高 2.4 元 / 平方米 / 月，上浮最高 20%，即最高 2.88 元 / 平方米 / 月。

竞争格局方面，物业管理行业“水大鱼小”，尚未出现真正的“强势品牌”，各层级企业的市占率和“品牌三度”仍有较大提升空间。随着行业集中度提升，企业规模效应释放，TOP10 企业的市场地位可能会得到巩固，但企业之间并不足以形成真正的品牌“鸿沟”，企业的综合实力与“品牌三度”表现并不完全呈现正向关系；TOP11~20 的头部物企可能将展开充分的均衡竞争，但很难拉开较大差距；而行业属地化、非标化特性将导致行业的长尾市场长期存在，为行业腰部及以下企业创造更多市场机会，因此部分区域型品牌企业在区域市场的“品牌三度”表现并不弱于全国性品牌。

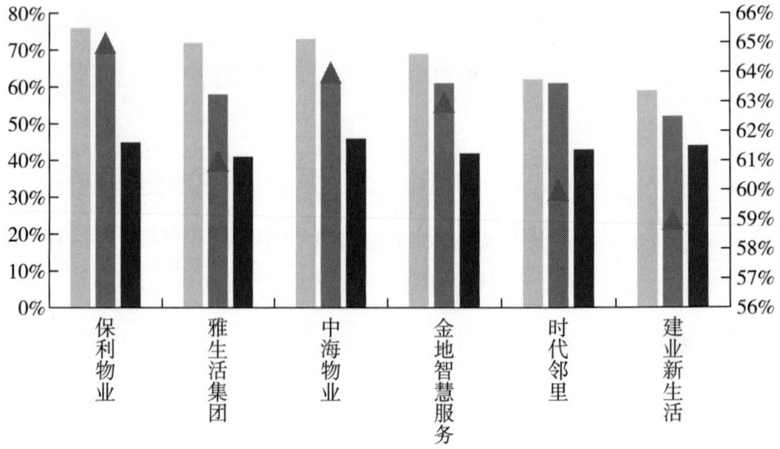

图7-15 2024年部分物业服务品牌企业“品牌三度”得分情况

以服务品质为主的非经营性指标对物业企业的“品牌三度”综合评分结果影响较大，但近年品牌企业的非经营性指标建设并未取得显著突破，不足以支撑企业品牌价值保持高速增长。例如，服务品质作为直接影响客户居住体验和满意度的关键指标，是品牌美誉度和忠诚度建立的基石，但是目前企业的服务能力建设未能跟上市场变化节奏及客户的预期增长，物业服务价值尚未完全释放；技术应用和创新能力体现了物业企业适应市场变化、引领行业发展的能力，是企业持续竞争力的源泉，但是目前行业的科技化建设对于客户体验改善并未产生显著的正向推动作用，相反带来了潜在的隐私泄露和数据安全问题；企业文化和价值观是企业内部凝聚力和向心力的体现，对员工行为和决策产生深远影响，同时也传递给客户和合作伙伴，是品牌个性的重要部分，但目前部分物业企业的文化和价值观存在同质化问题；社区参与和社会责任能够增强公众对企业品牌的信任和支持，但在成本压力下，物企的表现明显有些力不从心。

品牌认知度表现与物业企业的管理规模、项目分布、产品结构和推广策略等密切相关，当前市场对物企品牌认知度呈现出明显的分化趋势：一方面，以万物云、保利物业、中海物业等为代表的头部物企通过长期的品牌建设和高质量的服务，已经在市场上建立了较高的知名度和良好的口碑，形成了强有力的品牌认知度；另一方面，以服务低能级城市为主的中小型物业企业由于资源限制和市场覆盖范围较小，品牌认知度相对较低，需要通过特色服务、技术创新和精准的市场定位来提升自身的品牌影响力。

表7-19　2024年河南省商办物业服务领先品牌

品牌名称	企业名称
兴业物联	河南兴业物联网管理科技有限公司
万盈服务	广州市万盈物业服务有限公司
索克服务	索克科技服务股份有限公司
乐享服务集团	乐享服务集团有限公司
伟业慧生活	河南伟业慧生活服务有限公司

当前市场对物业企业与其关联方的品牌认知仍然容易混淆，虽然物业企业试图通过更名、品牌焕新、引入战投等多种方式建立与关联方的品牌区隔，但是实际效果不及预期。因此，越来越多的物业企业开始尝试通过加快业务独立性建设来撬动品牌独立性建设。从近几年物企的收入来源结构变化情况看，关联交易收入占比呈现出稳步下降趋势。例如，碧桂园服务来自关联方的收入占比在原有低位基础上，实现了持续下降：从2022年的5.8%下降至2023年的3.1%，进一步下降至2024年上半年的1.3%；万物云与万科集团间的关联交易比例也持续下降：从2022年的16.0%到2023年的13.5%，再到2024年上半年的10.1%；此外，保利物业、越秀服务、京城佳业等国资背景企业的收入结构也呈现出明显的关联方交易比重下降趋势。随着物企业务独立性的强化，市场和投资者对其品牌认知可能也将产生新的变化。

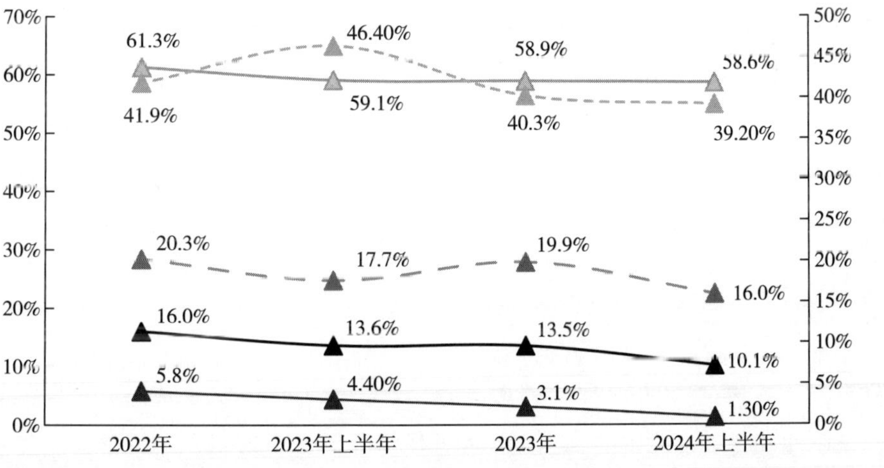

图7-16　2022—2024年上半年部分物业企业关联交易收入占比情况

品牌美誉度以“好服务”为基础，“好服务”的关键并不在于绝对的高品质，而在于契合业主真实需求的务实服务。部分物业企业习惯于从管理视角来回应客户需求，并未深入研究客户的真实需求，导致企业陷入服务越来越卷、品牌美誉度却越来越低的怪圈。例如，在安保方面投入更多人员、安排更高的巡逻频次、规定更有仪式感的巡逻动作等，其背后是企业在管理端在不断做加法，不断在强调物业企业有什么，不断将服务“强加”给客户，但事实上客户端的价值感并不是同等增加，因为企业忽略了客户真正需要什么。从客户视角出发，围绕社区安保服务，客户需要得到的是社区的全域安全保障及由此获得的内心安全感，这并非完全来自更多安保人员、更高巡逻频次，而更依赖于物业企业为客户营造的系统性安全环境，包括但不限于全域安全、全龄安全、应急安全等。因此，只有站在客户视角，才能准确把握客户真实需求，进而提供直击客户痛点的精细化服务，同时减少“过剩”的无感甚至反感服务。

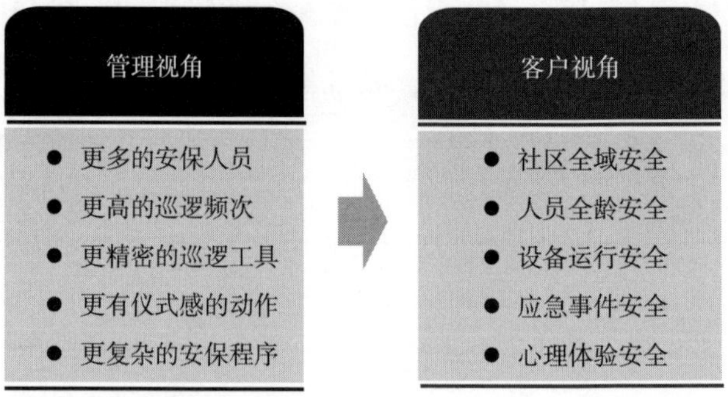

图7-17　不同视角下物业服务关注重点（以安保服务为例）

品牌忠诚度方面，现阶段需要警惕“劣币驱逐良币”问题。当前市场对物业品牌的认知仍处于初级阶段，价格因素仍是多数项目评标的重要衡量标准，这使品牌企业以高品质服务构筑起的竞争优势面临巨大的成本考验，企业品牌溢价能力遭遇瓶颈，市场生态遭受破坏，行业低价竞争风险上升。囿于国内物业现实问题，客户可能会对物业服务价值产生误判和低估，过度追求超低价的物业服务，进而对以提供高品质服务为竞争优势的品牌企业的市场空间造成挤压。然而，物业企业并不是公益组织，市场过度迷恋低价服务的“回旋镖”最终会打在客户身上：作为经营性单位，面对极限的低价，物业企业只能提供有限甚至缩水的服务。长此以往，品牌企业不但面临低价竞争风险，行业整体的服务品质和水准也可能会出现螺旋式下降。

（二）“好服务”需要“好标准”，“好产品”成就“好品牌”

服务品质是物业企业稳健发展的基石，也是品牌塑造的核心因素之一。物业企业只有坚定不移地提升服务品质，品牌影响力才能得到增强，才能从容应对从地产开发到不动产运营带来的挑战。好品质代表“好服务”，“好服务”需要“好标准”。物业企业开启标准建设之路，通过精心编制标准、严格执行标准与进行结果导向的评价，牢牢守住服务品质底线。在此基础上，物业企业更进一步，在产品设计中融入情感因素等，不断进行产品的迭代升级，从深度与广度上提升品牌的认知度、美誉度及忠诚度。

1.“流程标准化”+“结果检验”，夯实服务品质

围绕服务对象（人、物、空间），结合各类服务场景，梳理具体业务流程，完善服务内容，在遵循系统性、全面性、操作性及科学性原则的基础上，物业服务品牌企业通过制定标准对工作流程进行重构和规范，为工作目标提供依据和准绳，通过执行标准切实提升工作效率和服务质量，做到“流程标准化”。结合客户需求和自身运营要求，物业企业从服务内容、频次时效、培训与考核、岗位职责、结果呈现等方面进行标准化建设，并进行可视化呈现，夯实服务品质底线，增强服务品牌实力。

住宅物业服务对象具有相对稳定的住户和用户，非住宅业态更多作为经营场所和工作活动区域，服务对象更为复杂，因而在标准化建设中也应该有所侧重。如，住宅物业要求公共区域绿化美观、干净舒适；商业物业看重营造良好的商业氛围，从环境、视觉、听觉、嗅觉等多方面迎合客户需求。物业企业针对不同业态和不同等级项目，制定与调整标准化建设的内容与方向，建立与市场环境相适应的服务标准和运营体系，实现更精准的服务、更专业的聚焦以及更精益的成本管理，最终塑造出更具影响力的强势品牌，帮

助企业在竞争中脱颖而出。雅生活集团实现了从“住宅业态为核心的单一标准”到“多业态、多体系标准并存”再到“多元标准化体系构建”的三大步跨越式发展。

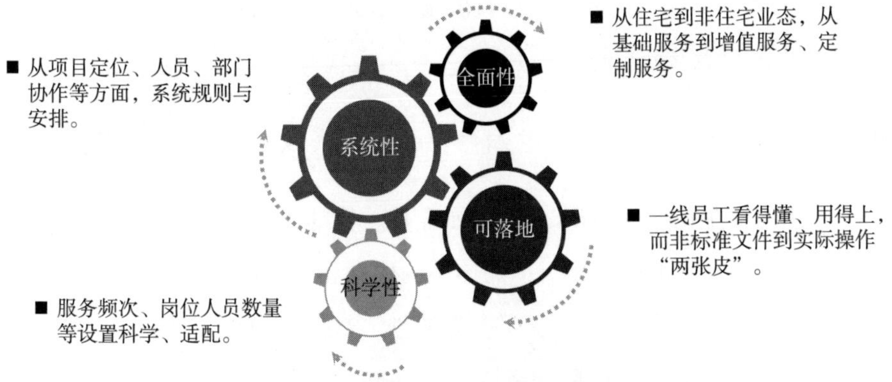

图7-18　物业服务品牌企业标准化体系建设原则

表7-20　部分物业服务企业标准化建设

企业名称	业态	标准化建设
中海物业	住宅	公司编制的《管家工作手册》能够提供清晰的工作标准及服务流程指引，通过规范化的标准与流程，持续提升管家对客服务品质，为可持续、高质量发展提供支持。
远洋服务	住宅	重新修订了《住宅服务体系标准化场景白皮书》，打造“全龄健康”“全天陪伴”“贴心陪伴”三大服务主题，为物业管理服务搭建可执行、可落地的标准化体系，让每位业主都能享有同样的优质服务。
保利物业	商办	在全国商办项目范围内开展“星云企服·焕新计划 2.0”，将商办服务标准、服务质量再度焕新升级，推出行业首个像素级商办服务操作指引视频，对操作执行进行全方位视频化升级，为客户提供更高标准的服务和持续精益的服务质量。
碧桂园服务	商办	为保障商办项目的品质与服务成效，制定并执行《良好服务规范》《良好服务规范实施要求》等标准化文件，对商办项目的报修接待服务、变配电系统维护和保养、投诉处理等事宜作出明确规定，以加强服务的标准化和流程化。
新大正	公建	在航空机场服务领域，新大正作为机场航站楼物业行业标准起草立项单位，针对航空机场服务已建立了 80 余个程序文件，128 项作业指导书，168 个视频教学案例。

目前，部分物业服务企业都在推进标准化建设，但在标准化落地实施方面效果不佳，导致部分企业将编制好的标准束之高阁，出现“表里不一”“言行不一”“两层皮”等问题，如此标准化建设也就失去了意义，达不到品质管理的预期。

表7-21　部分物业服务品牌企业标准化落地巡检

物业企业	业务说明
保利物业	建立涵盖“评价指标、行为指标、自检指标”三大指标的服务评价体系，分别从客户体验感受、行为轨迹、标准执行的三个方面，采用问卷、及时评价、系统抓取、检查打分等方式，进行自动或半自动的数据收集，组成了度量服务质量的“标尺”。
雅生活集团	2023 年度，公司新增制定《停车场运营管理规范》《服务分包人员考勤管理规范》等 5 项管理规范标准文件，不断完善并规范服务行为准则和服务质量评价标准。

物业服务品牌企业通过配备资源、强化运营和监督反馈等措施有效推动标准化落地执行。在资源配套方面，不同业态、不同等级项目，服务人员数量、设备设施、后台支持等应科学合理；在强化运营方面，培训先行，建立岗位培训系统，将标准化体系的具体内容纳入全年培训考核计划，尤其是针对一线员工，需要用“听得懂、看得见、学得会”的方式和途径传授标准化内容；在监督、评价与反馈方面，项目经理

及条线主管要做好监督工作，以客户视角持续优化服务品质督导体系，为衡量服务质量提供测量“标尺”，以结果检验标准落地效果，同时，积极听取客户建议，将反馈意见作为标准优化调整的重要参考。目前，物业企业形成“总部—区域—项目”三级巡检长效机制，有效推动跨区域、不同环境下服务质量的标准化管理与落地，促进管理水平与工作效率持续提升。

2. 基于不同业态，紧扣业主需求，标准细化优化，形成服务产品

在服务标准化的基础上，围绕客户需求，提供专业化、精细化、个性化的服务产品，将“无形服务”化为“有形产品”，从而实现标准的产品化。产品体系的建立和完善，有助于物业企业竞争更有力、服务更精准、专业更聚焦，逐步形成产品竞争优势，最终构建产品品牌影响力。例如，中天城投物业以业主需求为导向，深耕业主高接触区软性服务研磨，坚持亮点服务、长者服务打造，做好暖心服务、走心服务等人性化服务，让业主保持服务期待、形成满意依赖；正弘物业坚持长期主义，坚守品质初心，始终将品质视为企业的生命线，从房屋建设初期就深入房产开发全过程，关注每一个细微日常，确保客户后期入住的舒适感和幸福感。

表7-22 2024年中国物业服务品质领先品牌

品牌名称	企业名称
中海物业	中海物业管理有限公司
融创服务	融创物业服务集团有限公司
深业运营	深业物业运营集团股份有限公司
中天城投物业	中天城投集团物业管理有限公司
时代物业	广州市时代物业管理有限公司
正弘物业	河南正弘物业管理有限公司
国贸服务	厦门国贸城市服务集团股份有限公司
鸿荣源物业	深圳市鸿荣源物业服务有限公司
中國國信服務集團	中國國信服務集團
和泓服务	和泓服务集团有限公司
珠江城市服务	广州珠江城市管理服务集团股份有限公司
百利行服务	广东百利行物业服务有限公司

针对住宅业态，物业企业提供的产品除了包括基础服务以满足业主刚需之外，还通过服务产品体系升级，融入更多弹性的、富有情感的、精神层面的因素，让业主产生同理心，提升品牌认同感。弹性的、富有情感的、精神层面的部分，以业主体验为主，是产品的增值和溢价内容，也是最能触动业主的重要方面，让业主能够清晰地感知到物业企业给自己的生活品质带来的体验和提升，满足业主深层次心理需求，并在企业与业主间搭建起理念、文化和价值观的桥梁，增加业主对品牌的认识和品牌忠诚度。保利物业全面焕新升级三大服务产品的19类专属场景，让美好日常总有新意，打造包含“意趣”“和谐”等富含情感内容的ITRUST六大服务内核。碧桂园服务创新实施“123服务法则”，创造高品质的物业服务理念和体系，秉持“一切以让客户高兴为中心”“视业主为亲人、朋友”的理念，拉近与业主距离，提高业主居住幸福感，打造具有核心竞争力的差异化产品，提升品牌溢价。

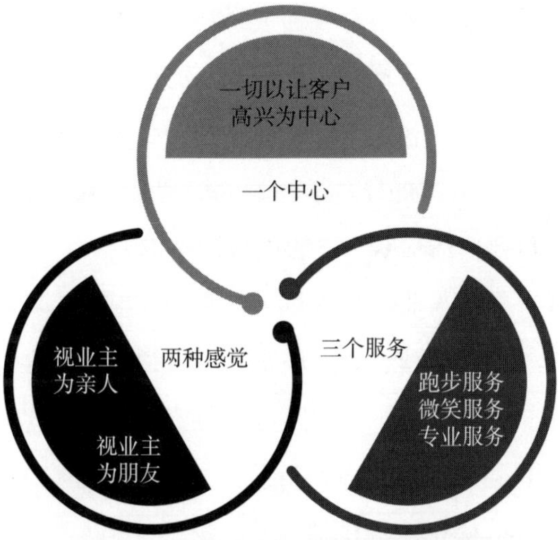

图7-19　碧桂园服务“123服务法则”

另外，物业企业依据服务内容、服务价格等，综合考虑公司战略、市场导向等因素，打造等级产品服务体系，以满足不同层次业主需求。保利物业针对优质住宅，围绕“真、善、美、和”，打造具有品牌特色的场景化服务、文化活动，在社区中营造保利独有的亲情特质；针对高尚住宅，为业主打造“闲情雅智”的生活方式，以及合乎时令的社群文化活动，以高品质人居服务业主四时生活；针对高端住宅，基于场景运营能力设计服务产品，打造以“全域安全”“双管家服务”“四节八礼社区活动”为核心的三位一体产品体系，带给业主尊崇、信赖、人文的中式人居生活体验。高科物业始终积极践行初心使命，坚持用业主视角对生活场景进行沉浸式体验，2024年启动“新服务”服务力再突破计划，致力打造有影响力的物业服务品牌。

表7-23　　2024年中国物业服务满意度优秀品牌

品牌名称	企业名称
碧桂园服务	碧桂园服务
长城物业	长城物业集团股份有限公司
珠江城市服务	广州珠江城市管理服务集团股份有限公司
鑫苑服务	鑫苑科技服务集团有限公司
高科物业	西安高科物业服务管理有限公司
百利行服务	广东百利行物业服务有限公司

表7-24　　部分物业服务品牌企业住宅业态不同等级产品体系

企业名称	产品体系
越秀服务	根据服务价格、服务内容和服务场景区分住宅物管服务产品，针对客户群体的需求差异，打造“臻越”“铂越”“享越”三大产品线。
时代邻里	发布社区服务花服务体系：推出“紫荆花、金百合、郁金香、向日葵”差异化住宅品质服务。紫荆花：大家风范，辉映传奇人生的个性化服务；金百花：优雅时光，心意交融的一站式管家服务；郁金香：乐活人生，深度交互的价值共创服务；向日葵：温情家园，井然有序的阳光社区服务。

针对非住宅业态，物业企业结合各业态具体服务场景及客户差异化需求，在产品打造方面凸显定制化、个性化、专业化的特征，辅助客户改善运营效率、提升客户满意度。商业办公物业要求设施设备正常

运转，以保障业务顺利开展。商业物业越来越重视通过科技手段提升运营效率和服务质量，同时也在追求绿色化和环保化，致力于降低能源消耗和碳排放，提高物业的可持续性。融创服务商办业态覆盖商务办公楼、企业总部、办公产业园区等，公司以客户需求为源，为专属客户打造高质量、全场景、全业态的定制化企业高端服务，助力企业形象的展示与提升。学校物业管理有更强的教育文化内涵，更注重社会效益，既要保障校园安全、环境优美，也要营造活跃、友善的校园氛围。

科技作为辅助性工具，引导、规范与监督员工行为，有助于提升服务品质和客户体验，增强客户服务感知及产品的可及性。安防系统、智能门禁、智慧停车系统、智能机器人、清扫一体机等新技术的应用越来越广泛，不仅提升了物业企业的管理效率，也改善了业主的生活体验。碧桂园服务旗下品牌美房智高，以保洁业务为核心，以楼宇清洁机器人为切入点，目前推出的产品有 G76 驾驶式洗地吸干机、R40 Pro 自动扫洗拖全自动一体化机器人、R40 楼宇清洁机器人等，覆盖住宅、商写、医疗、工业等多个应用场景，注重体验管理和服务创新。在保护业主隐私安全的前提下，通过数字化的客户需求采集及分析反馈，物业企业能够精准勾勒出客户群体画像，从而为客户带来更精准的服务，有效增强品牌的认知度。通过平台系统，物业企业实现全渠道数据采集、访问、集成、计算分析，在此基础上，系统自动细分客户，向物业管家推送差异化服务策略，让客户在线评价、实时管理，使客户体验更加及时、高效，大幅提升沟通效率，赢得客户满意与信任。

3. 内提“气质”，外修“颜值”，“优质产品”形成“优秀品牌”

产品品牌化有助于物业企业在同类产品中脱颖而出，从而在客户心中建立独特且易于识别的品牌形象。同时，品牌化不仅搭建起企业与客户之间的沟通桥梁，还有效传递了企业的使命、愿景和核心价值观，增强了客户对企业的认同感。物业服务品牌企业一方面通过赋予产品企业文化，增厚产品内涵，内提“气质”；另一方面赋予产品品牌名称、标志等，外修产品“颜值”，实现产品品牌化。

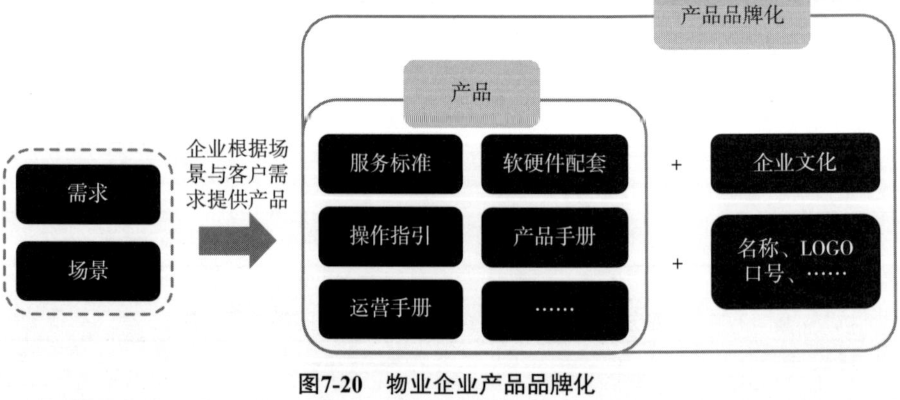

图7-20 物业企业产品品牌化

物业服务企业将文化理念融入服务产品，不仅是对传统服务模式的革新，也是实现产品品牌化、差异化竞争的关键举措。在此过程中，以产品为载体传递企业价值和追求，用产品“内涵”打动客户，将产品与客户的生活方式融为一体。客户在消费产品的同时，也实现了对品质生活方式的追求，选择了品牌化的产品，就是对品牌所代表的企业文化的认同。雅生活集团企业使命为“呵护一生、温暖一城”，核心价值观为“开放多元、精益求精、同创共赢、成就价值”，其城市服务围绕“大环卫、全覆盖”的战略布局，构建涵盖城市（City）、县镇（County）、乡村（Countryside）三大领域的“3C”产品系列，坚守“百姓满意、政府放心”的服务宗旨，依托成熟的业务体系，积极拓展新领域，坚持为城市提供高品质、高标准的服务，诠释企业使命愿景。

表7-25　　　　物业服务企业将文化融入产品

企业	企业文化融入产品
金茂服务	坚持长期主义，诚信合作，以客户为导向，追求卓越，打造“悦邻”社区增值服务品牌，以服务与资源为连接，为业主提供资产服务、美居服务、社区空间运营、生活服务等“一站式”贴心社区增值服务。
永升服务	以“用心构筑美好生活”为使命，坚守“满意＋惊喜”的服务理念，通过结合“文化、体系、体验、意识、技能工具、场景”的六要素方法论，打造服务新模式，为客户提供全维度解决方案，致力于成为“美好生活服务生”。
碧桂园服务	以市场需求和核心技术为驱动，以生态伙伴和资源平台为共享基础，打造全场景城市运营数字化解决方案，以“善治、益业、美境、惠民”为核心价值，让城市经济、文明协同发展。

物业服务企业通过给产品赋予LOGO、标志、名称、色彩等这些看得见的感官元素，使服务产品更加具象化、有质感，增加客户对物业服务的识别度和记忆度。金茂服务LOGO采用蓝色和金色组合，凸显稳重、大气、高端，以及对品质的极致追求，LOGO中的“A”字形象蕴含多重含义，形似“人”字，表达企业愿景“实现未来人居和城市梦想”；“A”字与底部轨迹结合，形成独特的“金质圆规”形象，象征着金茂精细的匠人精神和对高品质的追求。融创服务全新LOGO，在颜色、元素及整体设计上，凸显了现代时尚的视觉风格，新LOGO从服务初心、高品质、不断向上的生命力三个维度，综合诠释了品牌的精神内核。全新LOGO以卓越紫色为主色调，搭配以温暖橙和日光黄，视觉效果主次分明且不失亮点。同时，全新LOGO打破传统设计，采用非对称造型，彰显品牌拥抱变化、勇于创新的精神。

表7-26　　　　部分物业服务企业LOGO释义

企业名称	LOGO	释义
金茂服务	JINMAO	采用蓝色和金色组合，凸显稳重、大气、高端，“A”字形象，表达企业愿景“实现未来人居和城市梦想”，“A”字与底部轨迹结合，形成独特的“金质圆规”形象，象征着金茂精细的匠人精神和对高品质的追求
融创服务	sunac 融创服务	以卓越紫色为主色调，搭配以温暖橙和日光黄，视觉效果主次分明；“众”字元素，强调企业“以人为本”对服务的温暖初心和彼此心手相连、不断向上飞跃的势能；新LOGO代表了身处行业变革的融创服务，与时代同频、温暖向上的主旋律。
碧桂园服务	碧桂园服务 COUNTRY GARDEN SERVICES	以富有识别度的“智慧蓝”为专色，沉稳耐看，隽永优雅，表达对“科技＋服务”的理解，象征人性与科技的结合，为千万人群带去有温度的智慧服务；LOGO内涵与公司“新物业”高度契合，以技术链接业主，预判需求，主动提供服务；以住宅为根基，围绕人们社区生活提供多元服务，围绕人们活动空间延伸拓展城市空间服务等。
绿城服务	绿城服务 GREENTOWN	绿城服务的LOGO为月亮和桂花，代表了世间的美好场景，传递着企业以人为本的朴素精神。公司秉承“真诚、善意、精致、完美”的核心价值观，为广大业主提供充满人文关怀的服务。

（三）企业文化与业务特色塑造主品牌，深耕细分赛道打造专业品牌

1. 企业文化铸就品牌内核，品牌定位彰显业务特色

品牌差异化主要体现在四个方面：定位差异化、文化差异化、形象差异化、产品差异化。物业服务企业通过明确的市场定位区分自身与竞争对手，通过文化与客户建立情感连接，通过差异化形象彰显亮点，通过特色产品满足客户个性化需求。实施有效的差异化策略，物业企业能够构建品牌的独特性和竞争优势，在市场中占据有利位置，赢得客户青睐。

文化是品牌的灵魂，是支撑品牌行稳致远的关键要素，对于提升品牌的辨识度、夯实品牌发展根基具有重要的作用。因而，物业服务企业要依托企业文化，打造差异化品牌标签，彰显品牌个性。

表7-27　2024年优秀物业管理团队

品牌名称	企业名称
长城物业	长城物业集团股份有限公司
卓越商企服务	卓越商企服务集团有限公司
鸿荣源物业	深圳市鸿荣源物业服务有限公司

央国企文化根植于深厚的国家情怀与社会责任感之中，强调勇于担当、持续创新，将社会责任视为己任，致力于通过高质量的产品和服务，满足人民日益增长的美好生活需要。央国企在强化应急事件处理能力方面，关键时刻能够迅速响应，切实保障人民的生命财产安全；在老旧小区改造方面，能够以实际行动推动城市更新与建设，焕发城市新活力。同时，央国企始终心系弱势群体，通过提供必要的帮助与支持，传递企业的温暖与关怀，展现深厚的社会责任感与人文关怀精神。这些举措不仅促进了社会的和谐稳定，也进一步提升了企业的品牌形象与品牌价值。保利物业特色文化“星火”，源自保利集团红色基因的传承，象征着光明、温暖与希望，体现了保利物业作为央企的责任担当，同时也是对发展模式的创新，进入大物业时代的保利物业，矢志担当“大物业时代的国家力量”。

表7-28　部分央国企企业文化内涵

企业名称	企业文化内涵及相关内容
保利物业	战略定位：大物业时代的国家力量 使命：善治善成 服务民生
华润万象生活	企业基因：为中华民族伟大复兴而立心，为创造人民幸福生活而立命，为实现国家经济繁荣而立身 企业精神：以身许国的奉献精神，敢为人先的创新精神，笃定前行的坚守精神，自强不息的奋斗精神
招商积余	价值观：客为先，重实效，勇担当，创卓越 企业精神：创业精神，创新精神
越秀服务	品牌价值主张：品质、责任、创新、共赢
泓盈城市服务	核心价值：奋斗、担当、创新、卓越

民营企业在强调全心全意为客户提供优质服务的同时，注重营造开放包容的企业文化氛围，注重培

养员工对企业文化的认同，增强团队的凝聚力和归属感，尊重员工意见建议，助力员工实现自我价值。碧桂园服务为加强新员工对企业的文化认知、提升文化认同度和组织归属感，推出“新员工+”计划培训项目。2023年度，公司共完成四期总公司新员工集训，从文化认知、团队融合、业务了解、制度解读等方面，助力新员工快速融入并适应新环境。

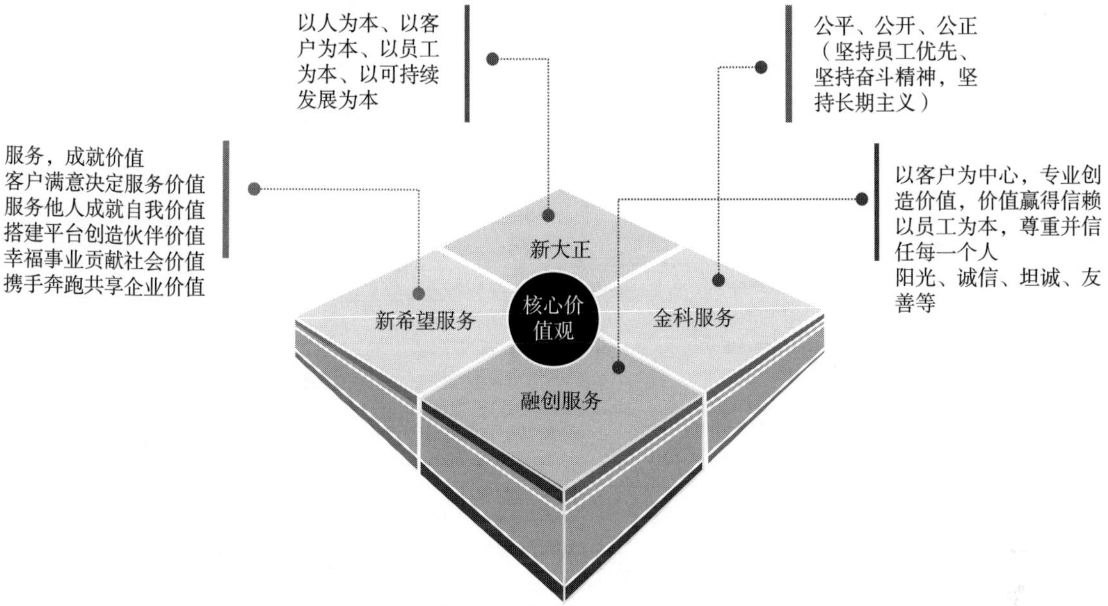

图7-21　部分物业企业核心价值观表述

品牌定位是品牌建设的基石，决定了品牌在市场中的位置和形象，以及在客户心中的认知。物业服务品牌企业综合考虑目标受众、自身资源与优势、竞争对手情况、行业趋势与机会等，找到品牌的相似点与差异点，并用品牌形象表达出来，最终形成差异化的品牌定位。总体而言，尽管当前物业企业在品牌定位上整体面临同质化问题，难以有效吸引潜在客户并构建独特的品牌认知优势，但是，物业企业正努力通过强调服务业态、服务品质，创新服务方式及优化服务手段等维度来实现品牌定位的差异化，以期在激烈的市场竞争中脱颖而出。

品牌定位突出“服务业态”的企业，多数定位于城市层面，强调能够提供全域全业态服务，拥有完整的服务产品体系；少数企业强调业态的聚焦深耕，如卓越商企服务定位“领先的商务物业管理服务提供商”，一直以商务物业服务和企业综合设施管理服务为主营业务，在高端商务服务和非住赛道优势日渐凸显。通过“服务品质”维度进行品牌定位的企业，深谙优质服务是赢得市场信赖和品牌口碑的关键，致力于每一个服务细节中追求卓越，强调服务的温度与人文关怀。“服务特色”是指物业企业为客户提供新的生活方式，打破传统，为客户提供个性化、前瞻性的服务体验。如，朗诗绿色生活依托十余年专业绿色社区运营服务经验，以客户为导向，打造及运营温情社区，为客户创造美好绿色生活。“服务特色”还体现在服务工具的改善，主要表现为对于科技的应用，品牌定位突出“科技”服务、“智慧”服务等。除此之外，也有企业采取多维度综合策略进行品牌的定位，如第一服务控股，“致力于成为绿色科技的物业独角兽”，从“绿色”“科技”两个角度，一方面强调为客户提供绿色可持续发展的服务，在节能设施及能源系统的运营方面有丰富的经验；另一方面强调自主研发能力强，借助科技能够为客户带来新的服务体验。

表7-29 部分物业企业品牌定位

企业名称	定位角度	定位
招商积余	强调服务业态	成为中国领先的城市和园区综合开发运营服务商
金茂服务		实现未来人居和城市梦想
卓越商企服务		领先的商务物业管理服务提供商
绿城服务	强调服务品质	中国最具价值幸福生活服务商
恒大物业		致力于打造中国最具居住价值和人文价值的幸福社区
雅生活集团		成为中国卓越的品质服务运营商
碧桂园服务	强调服务特色	致力于成为国际领先的新物业服务集团
建业新生活		新型生活方式服务商
朗诗绿色生活		绿色生活服务提供商
润华服务		铸就中国卓越的科技物业服务运营集团
第一服务控股		致力于成为绿色科技物业独角兽

物业企业品牌形象主要包括品牌视觉形象和品牌社会形象。一方面，物业企业通过标志、字体、色彩、IP等系统的视觉表达体系，将企业的服务理念和文化由抽象概念转换为具体符号，塑造自己独特的企业形象，打造品牌差异化形象。另一方面，物业企业通过参与乡村振兴、社会捐赠等树立品牌社会形象。2023年，中海物业投入乡村振兴项目的时间达40180小时，扶持当地合作社103家，帮扶超过2550户。此外，产品是品牌载体，产品差异也是品牌差异化的重要表现。

2. 泛品走向精品，细分领域加快“品牌化”进程

经历了近几年在多元业务领域的探索和试错后，品牌企业的业务方向更加聚焦，多元化服务更专业、更精进，产品逐渐由“泛品”走向“精品”，加快“品牌化”进程。目前，从业务维度看，除基础物业服务之外，其他领域的品牌化建设主要集中于四大类业务板块，并呈现出聚焦、专业、深挖、精进等特点。第一类，社区增值服务，主要包括美居服务、房屋经纪、社区零售、家政服务、社区养老等多种服务类型。如碧桂园服务的房屋经纪品牌“有瓦”，保利物业的养老品牌“和悦会”等。第二类，IFM细分赛道，包括团餐、能源管理、后勤服务支持、综合设施运维等。如金科服务打造“金悦企服”高端政企服务品牌，以构筑IFM生态圈为核心，提供一体化的综合服务解决方案。第三类，城市服务品牌，尚处于优化探索阶段，且主要集中于头部企业，如保利物业的“镇兴中国”，金科服务的“金智城服”等。第四类，其他专业服务领域的品牌建设。如中海物业旗下的“海博工程”聚焦房产服务、智慧运维、能源管理三大业务板块，持续深化物业工程增值服务领域，该品牌2023年收入同比增长83%，利润同比增长49%，逐渐成为中海物业品牌矩阵的核心板块。

表7-30　部分品牌企业细分领域品牌建设情况

业务板块	业务类型	企业名称	品牌名称
社区增值	房屋经纪	碧桂园服务	有瓦
	房屋全托	保利物业	保利托房
	社区零售	绿城服务	绿橙生鲜
	美居服务	保利物业	和加美居
	社区养老	保利物业	和悦会
IFM	企业服务	保利物业	星云企服
	泛行政服务	卓越商企服务	卓品商务
	团餐服务	雅生活集团	乐美膳
城市服务	—	保利物业	镇兴中国
		绿城服务	城市绿洲
		金科服务	金智城服
		金地智慧服务	金智仟城
其他专业领域	工程服务	中海物业	海博工程
	酒店管理	金科服务	圣嘉、瑞晶
	智慧服务	中海物业	兴海物联

从整体上看，行业细分领域的品牌建设取得了初步成效，建立起了较为系统的品牌化架构。但随着行业的逐步发展和宏观经济环境的不断变化，品牌企业的细分领域品牌建设仍面临一定压力，呈现出新的特征，未来还有很长的路要走。

（1）社区增值：精耕细作，聚焦提升，优化品牌

物业企业在社区增值服务领域已探索多年，经历了“从无到有”“从有到全”“从全到优”几个阶段，业务发展更趋理性。目前，社区增值服务业务主要聚焦于美居服务、社区零售、房屋经纪、家政服务等，还有部分企业结合自身资源优势开展社区养老和社区教育等业务。但整体来看，每个品牌企业发展社区增值服务细分品牌的数量一般都在3个左右，不超过5个。社区增值服务品牌战略的核心是优化产品结构，聚焦高价值品牌，持续精耕细作，逐步建立核心子品牌。如雅生活集团打造“乐鲸灵”“乐享荟”“51家庭管家”三个社区增值服务品牌，分别对应托幼服务、社区零售、家政服务。针对“乐享荟”品牌，雅生活集团继续优化业务，调整零售品类结构，与酒类产品头部品牌进行战略合作，聚焦优质资源；生鲜果蔬产品直溯源头，保证供应品质，为业主提供优选品质好物。

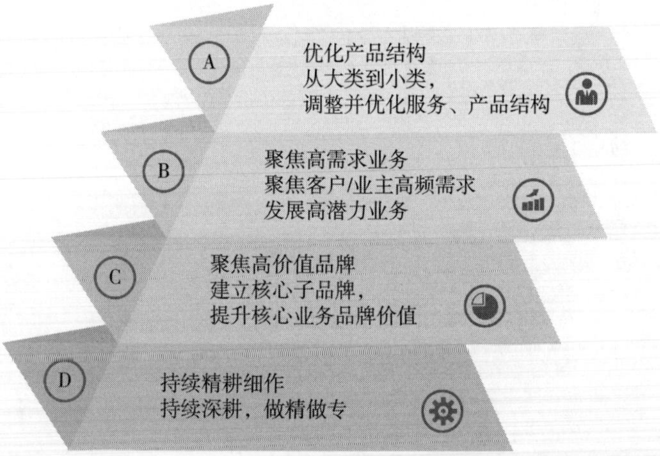

图7-22　品牌企业社区增值服务子品牌建设特征

对物业企业而言，服务即产品，产品即品牌，本质上相辅相成，具备内在一致性。社区增值服务经历多年发展，尚未取得突破性进展，品牌化建设亦未真正做出特色。因此，品牌企业辨识症结所在，从调整服务模式开始，逐步加强业务拓展和产品设计，进而提升品牌竞争力。绿城服务持续提升供应链议价能力，进一步缩短产品供应链中间环节，让好产品直达园区，加强社区零售自营品牌的深度建设，提升产品竞争力。金科服务根据社区增值服务的增长潜力和成熟度调整社区增值业务模式，大多数业务转变为平台模式，自营模式仅保留核心业务，聚焦高需求、高复购率的可持续业务。

（2）IFM 品牌：专业化、精益化、协同化发展

近两年，物业服务企业不断加快对 IFM 领域的探索和布局，IFM 品牌建设也在同步跟进。IFM 已经成为不少品牌企业的新业务板块以及品牌建设的新方向，并呈现出专业化、精益化、协同化发展的特征。整体上看，目前 IFM 领域的品牌建设主要分为两类：

第一类是 IFM 整个业务板块的综合品牌，即以为 B 端客户提供综合设施管理服务为核心建立 IFM 整体品牌。比如越秀服务打造“悦商企服”商写 IFM 产品体系，赋能业务发展。

图7-23　越秀服务“悦商企服”商写IFM产品体系

第二类是以 IFM 细分业务为抓手，聚焦于某一专业细分赛道，并进行 IFM 了品牌建设。以团餐为例，目前物业服务上市企业中已有十余家企业涉足餐饮业务，且未来仍有继续扩张之势。凭借与物业服务客户资源共享、与物业业务开展相互赋能等优势，品牌企业通过自建、合作及并购等方式使团餐业务得到了快速发展。雅生活集团与数字平台美餐公司签署战略合作协议，打造团餐品牌“乐美膳”，通过市场拓展获取美的科创中心、东莞市公安局等多个项目，并打造广州白云区益云产业园专业化标杆项目，与园区物业服务项目联动，获得业主的高度认可。

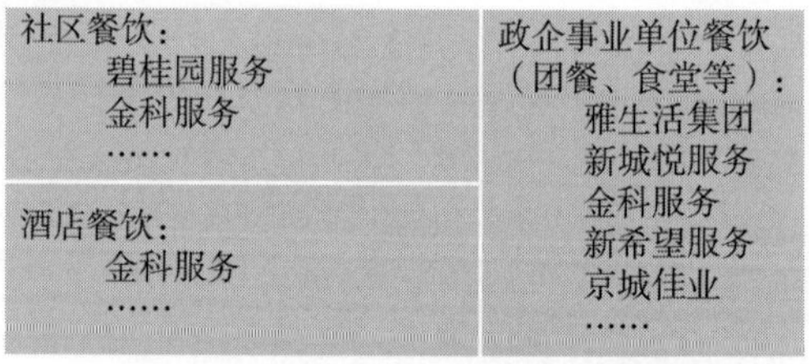

图7-24　部分企业餐饮业务开展情况

目前，物业服务品牌企业团餐业务的范围涵盖了社区食堂、政企事业单位餐饮服务、酒店文旅项目衍

生的餐饮服务等。其中，以政企事业单位餐饮服务为主流，如雅生活集团、金科服务的团餐业务重心均聚焦于此类服务。除此之外，部分企业还参与餐饮供应链业务，打通上游产业链，提升品控管理能力，确保供应链优质，让食物更新鲜、更安全。新希望服务的餐饮品牌“新食主义”依托新希望集团千亿级食品安全体系和供应链体系，以完善的采购流程管理，强大的集成管控极大地缩短了原材料到餐桌的时间，让食物更新鲜、更安全、更营养、更高效。

表7-31　2024年中国智慧园区服务商领先品牌

品牌名称	企业名称
长城物业	长城物业集团股份有限公司
金地智慧服务	深圳市金地物业管理有限公司
绿荣智慧	绿荣智慧（浙江）科技有限公司

除团餐品牌之外，部分品牌企业也在逐步建立其他IFM细分领域品牌。IFM品牌建设逐步精细化、精益化。如卓越商企服务建立IFM细分领域品牌“卓品商务”，聚焦泛行政服务，为企业提供企业集采、行政后勤、商务服务、员工福利等多维度企业服务。

表7-32　卓越商企服务“卓品商务”品牌服务清单

服务类型	服务细项
企业集采	办公用品、企业礼品、酒水采购、劳保物资、定制工服、茶水耗材、物业代采
行政后勤	办公选址、装修服务、搬家服务、办公家具、设备租赁、专项清洁、工程服务、绿植租摆、活动策划、企业团膳
员工福利	福利采购、茶歇服务、员工团建、员工体检、内购会
商务服务	接待用酒、商务礼品、定制茶歇、租车服务、企业峰会、礼仪培训、企业物资定制、高端商务接待
企业支持	工商财税、财政咨询、企业金融、教育培训、IT服务
人力外包	行政前台、司机服务、安保服务、保洁服务
平台服务	供应链服务、增值代运营、企业采购服务

（3）城市服务：科技赋能，优化组合，突破瓶颈

物业企业布局城市服务的不在少数，特别是头部企业入局较早，经过近几年的发展已经取得一定成效，探索出适合的业务模式，并形成独立的业务板块和经营品牌，如保利物业的“镇兴中国”、绿城服务的“城市绿洲”、金地智慧服务的“金智仟城”等。这些品牌的共同之处在于涵盖的业务比较宽泛，如“镇兴中国”既涵盖城市街道，也包括景区和公共场馆。同时，城市服务的品牌打造过程多以科技平台为依托进行城市管理和基层治理。如金智仟城的运营定位是通过“专业服务 + 智慧平台 + 全域治理”的方式搭建平台、整合资源，城市服务板块的运营内容则包括市政公共服务、城市基础设施管理、城市协同治理与基层社区服务。

表7-33　部分品牌企业城市服务品牌建设情况

企业名称	品牌名称	品牌 / 业务特色
保利物业	镇兴中国	保利物业围绕“善治、优居、兴业、和美”四个维度，推出了以网格化基础治理、一体化市政服务、老旧小区改造运营、智慧城镇及产业赋能为核心的5G产品体系
绿城服务	城市绿洲	“城市绿洲”城市服务产品品牌陆续落地西安新筑街道、台州葭沚街道、杭州三墩镇等88个项目，打造区域聚焦、规模聚焦、管理聚焦，实现轻重结合、集群效应
金科服务	金智城服	城市服务主要是打造金智城服，牵手各个城市政府全面赋能城市生态化的管理
金地智慧服务	金智仟城	金智仟城的运营定位是通过“专业服务 + 智慧平台 + 全域治理”的方式搭建平台，整合资源。城市服务板块的运营内容则包括市政公共服务，城市基础设施管理，城市协同治理与基层社区服务

虽然城市服务收入仍然保持着增长态势，但业务发展面临困境。如业务仍以环卫、绿化等基础服务为主；毛利率较低，平均水平在14%左右；地方债务突出，应收账款回款难，计提减值准备风险上升，进而影响企业的盈利水平。

面对以上问题，品牌企业一方面以当前业务为基础，扩充现有服务内容，调整业务结构，实现更广阔的“城市空间服务”；另一方面，聚焦回款，优化项目组合，效益优先，持续调整项目构成，向财政状况较好的区域优化布局，并争取利润相对较高的业务，如智慧城市业务。此外，对于中小企业而言，找准城市服务中细分赛道持续地拓展与深耕也不失为一种好的策略选择，做好品牌定位工作，实现差异化竞争，塑造专业细分优势品牌，统领业务发展等。

（四）品牌传播注重共情与分享，正向传播和负面舆情协同管理

1. 精细设计品牌传播内容，品牌独立发展、焕新升级

品牌传播并不是简单的宣传推广，而是经过一系列精心的策划和设计，将企业的核心价值观、物业服务优势及企业文化，高效、精准地传递给目标受众。在制定品牌传播策略时，企业根据目标受众的需求和偏好，梳理品牌传播目的，精细化设计传播内容，并与目标受众产生情感共鸣，进而达到良好的品牌传播效果。

在物业管理品牌塑造和品牌传播的过程中，优质的内容是吸引和留住目标对象的关键所在。正如美国经济学家丹·艾瑞里所说：“从关于决策的早期研究中，可以清楚地发现，我们并不是在各种事物中进行选择，而是在对它们的描述中进行选择。”因此，精心设计品牌传播内容，讲好品牌故事，至关重要。首先，品牌企业梳理主要的品牌受众，包括业主、企业员工、合作伙伴、股东 / 投资者、政府及监管机构、社会公众等，根据他们的需求点挖掘品牌传播的目的。其次，针对不同对象、不同传播目的对传播内容进行研究和设计，比如面向业主的传播内容应主要聚焦于物业的工作、暖心的服务、精心策划的活动等。最后，将传播内容包装成故事，与目标受众产生情感共鸣，强化品牌体验。如保利物业以人为本，基于新时代精英群体对人居的生活需求，推出最富有艺术感的服务品牌——“四时雅集”，为社区注入中华“雅”文化的人文意蕴，为人居提供更美好的生活体验。泓盈城市服务深耕城市运营服务，让城市生活更美好，讲好品牌故事，点亮业务特色，赢得投资者认可，成为2024年内登陆资本市场的第一家物业企业。

表7-34　品牌企业品牌传播的内容研究与设计

目标受众	需求点	传播目的	传播内容
业主	舒适环境、优质服务	提升服务体验，提升“品牌三度”	尽职的工作，温暖的故事，精心的活动，深入人心的品牌形象
员工	良好工作环境、氛围	调动员工积极性，增强员工归属感	企业关怀与文化，激励机制，核心价值观
合作伙伴	诚信、服务能力	提升市场竞争力，塑造有影响力的品牌形象	资源优势、品牌优势、协同发展
股东 / 投资者	经营稳健、股东价值最大化	提升投资价值，提升品牌溢价	企业发展潜力、盈利情况、有价值的品牌 / 资本故事
政府及监管机构	合法经营、行业价值	遵纪守法，提升行业贡献度	在安全、服务、员工权益、信息披露等方面遵守相关法规
社会公众	民生、福祉、基层治理	提升行业地位及品牌影响力	公益活动、基层治理、民生问题、社会贡献

业主是物业公司最主要的品牌传播对象，是物业服务的直接接受者。品牌企业针对业主的关注点进行剖析，输出精细化、打动人、具象化的系列传播内容，使其对物业服务和品牌特色产生明显感知，进而增强品牌黏性，提升品牌美誉度。品牌企业聚焦业主需求，倾听业主声音，解决业主的问题，将实际行动和服务策划成一系列共情的图片、文字和视频，让业主对服务的优质体验感深深印刻在心里。中海物业关注特定业主群体需求，聚焦“一老一小”，为老人和儿童打造专属服务，用心守护“朝夕美好”，向业主推出“全龄美好”服务宣传系列。华润万象生活则针对更广泛的品牌受众精心设计“万象守护”系列，宣传内容包括骑手通道、暖蜂休息区、便民冷藏柜、希望驿站、公益捐赠等，全面守护业主的美好生活，提升企业社会公众形象和行业影响力，强化品牌感知力。

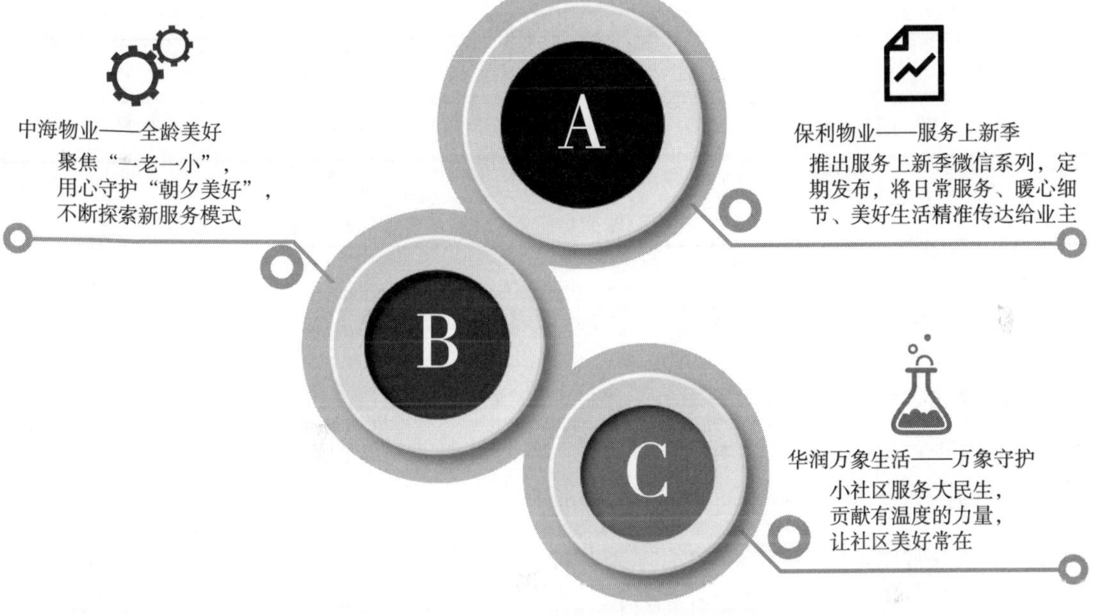

图7-25　部分品牌企业精细化设计传播内容

品牌企业潜心于设计内容，同时也在积极焕新品牌形象。2023 年以来，行业迎来新的一波品牌焕新潮，多家品牌企业均在品牌焕新升级方面采取了行动，比如更名、LOGO 焕新等，通过这种方式向市场推出新的品牌定位、品牌形象、品牌价值主张，强化自身品牌的独特性和服务优势。

一方面，品牌焕新的驱动力源于品牌企业积极拥抱行业变化和发展趋势，主动对品牌进行管理，以适应时代的变化，凸显物业服务的新特色、新方向，使品牌战略与企业发展战略同频共振。2024 年 1 月 27 日，融创服务正式发布 LOGO 焕新升级，以全新的品牌形象开启未来发展新篇章。新 LOGO 从服务初心、高品质、不断向上的生命力三个维度，综合诠释了品牌的精神内核；南都物业也对品牌 LOGO 进行全面焕新，围绕“让生活更美好”的使命，着眼于城市全业态全场景，以开放的视野，让服务无边界延伸，传递着新的品牌价值主张。

另一方面，经历了近几年地产行业的重大变局，物业服务企业受到关联方影响较大。然而，这也成为推动物业品牌崛起、独立发展的契机和驱动力。品牌企业积极寻求品牌焕新、去地产化，以全新的品牌形象谱写物业服务新的品牌故事。如佳源服务更名为智想大成，银城生活服务更名为瑞森生活服务，奥园健康生活更名为星悦康旅等。品牌企业以全新的品牌理念“从新出发”，加强独立化品牌建设。

表7-35　　　　部分物业企业品牌焕新升级情况

原企业名称	焕新方式	时间	新品牌名称 /LOGO	新内涵 / 新内容
银城生活服务	名称焕新	2024 年 8 月	瑞森生活服务	强化独立品牌，有利于公司的业务发展
高科物业	LOGO 焕新	2024 年 4 月	GAOKE SERVICE 高科物业	“箭头 / 纽带”象征着与业主之间的亲密联系，传递着高科物业连接人与城市的美好向往；简洁的图形象征着家的屋檐
南都物业	LOGO 焕新	2024 年 3 月	NACITY 南都物业 让生活更美好	理性的蓝，象征专业、智慧，值得信赖；感性的红，代表活力、创新，温暖亲切
融创服务	LOGO 焕新	2024 年 1 月	SUNAC 融创服务	全新 LOGO 采用非对称造型，彰显品牌拥抱变化、勇于创新的精神；橙色原点代表着企业的服务初心；三人形斜向上的箭头暗喻蓬勃向上发展
佳源服务	LOGO 焕新 名称焕新	2024 年 1 月	智想大成 SMART VISION 智想大成	不断创新服务模式，为客户打造安全、便捷、舒适的物业生活空间，真正实现物业服务的“大成”
奥园健康生活	LOGO 焕新 名称焕新	2023 年 11 月	星悦康旅 STARJOY 星悦康旅股份有限公司	坚持以物业管理及商业运营服务为基础业务，为社区业主和长者提供康养项目规划及咨询服务，同时考虑拓展大健康服务，探索大健康业务、长者旅居与文化旅游等方面的机遇

2. 聚焦高效传播方式，构建“参与 + 分享”品牌传播路径

随着科技与物业管理行业的融合发展，品牌企业的传播方式变得多样化，包括传统媒体、数字媒体与新媒体平台、自有平台传播、社区活动、发布会等。不同类型的品牌传播方式有着明显的差异化特征，因此选择合适的品牌传播渠道至关重要。

目前品牌企业最常用、最高效的主要有以下几种方式。第一，微信公众号，其特点为受众广、品牌曝光度和触达率高、内容创作灵活，适合针对目标受众广且宣传频次高的内容，在品牌企业的品牌宣传中占据重要地位。中指研究院 2024 年 7 月对中国物业服务企业品牌传播监测数据显示，TOP50 企业微信公众号阅读量共计约 319 万次，微信公众号阅读量均值约 6.4 万次。其中，保利物业公众号矩阵、中海物业公众号矩阵的阅读量均超过 25 万次。第二，微信社群，其特点为强互动性，主要面向业主群体。目前，品牌企业管理的每个项目至少有 1~5 个社群，企业可通过社群更快了解业主的需求点和关注点，也便于主动向业主展示服务内容、服务价值。第三，社区活动，通过愉悦业主身心，丰富业主日常生活，已成为各大品牌企业的常态化工作，增加服务附加值，赋予品牌更丰富的内涵，增强用户体验和情感交流。

表7-36　　　　不同品牌传播渠道的差异化特征对比

传播渠道	主要媒介	特点	适合的受众 / 情景
新媒体	微信视频号、微信公众号、抖音、微信社群	品牌曝光度和触达率高，内容创作灵活，互动性较强	触达所有群体，适合高频次的传播需求
社区活动	线下举办各类丰富的社区活动	促进互动交流，注重情感链接，受众精准化，内容定制化	老人、儿童、全体业主等
自有平台传播	官网、App	受众广泛，传播便捷，功能丰富	所有群体，嵌入关键信息和特定功能
发布会	线下 / 线上行业 / 企业举办的发布会	正式或权威，促进行业交流，提升品牌竞争力	新战略、新品牌、新服务、新标准等的宣传及推广
传统媒体	电视、广播、纸媒	较为传统，受众较窄	特定群体（如老人）、特定事件（如受政府表彰）

品牌传播不仅是输出内容、塑造品牌形象的过程，更是企业与业主之间建立情感联系、增强互动的重要渠道。根据 SIPS 模型[①]，Sympathize（共鸣）、Identify（认同）、Participate（参与）、Share（分享）是品牌传播过程中的四大关键触点。共鸣：深入了解消费者的需求和情感，通过故事、情感链接等方式与消费者产生情感共鸣；认同：通过多种形式展示品牌价值、获得认同、赢得信任，促进购买/选择行为；参与：是品牌传播策略的核心，通过创造更多线上线下的互动机会，如社交平台互动、社群用户互动、线下活动等，以加深消费者对品牌的依赖感和信赖感；分享：当顾客获得良好的参与体验后，会自发地分享给身边的人，形成二次推广和良性循环，最终实现扩大品牌影响力、提升品牌价值的目的。

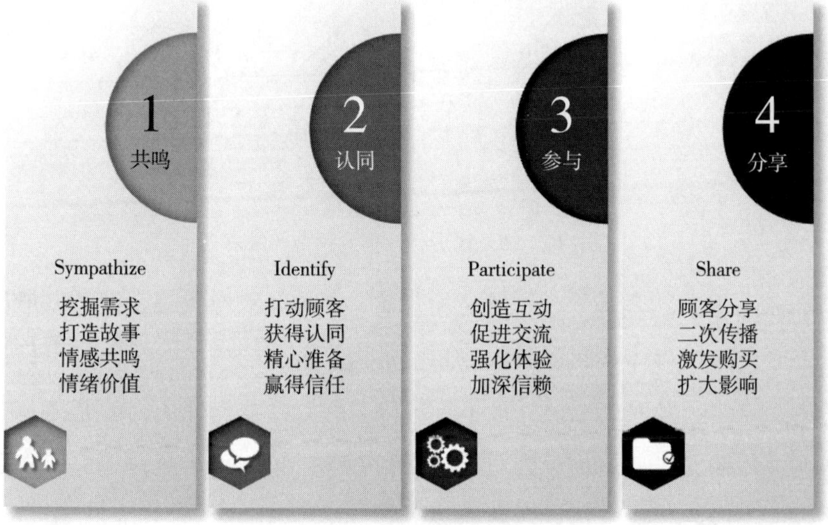

图7-26 SIPS 品牌传播策略模型

品牌企业意识到物业服务的特殊性以及业主群体的特殊性，关注业主的情感价值，主动调整品牌传播模式，积极与业主互动，让业主参与到服务中来并分享体验，进而形成双向、高效的品牌传播效果。因此，微信社群、微信公众号、社区活动成为当前最主流的品牌传播方式。首先，品牌企业通过微信公众号和微信社群将企业的品牌故事、服务价值、吸睛信息扩散出去，让业主产生情感共鸣和价值认同；其次，通过多渠道多场景，增强业主对服务的体验和参与；最后，业主获得并分享优质的服务体验，一方面增加了用户黏性和品牌忠诚度，另一方面达到了品牌二次传播的效果，扩大了品牌的影响范围。2024 年 8 月，建业新生活庆祝建业物业成立 30 周年，在全国共举办两百多场百家宴活动，向业主献上精心准备的美味佳肴和精彩纷呈的节目。活动得到了业主的认可和支持，近五万名业主欢聚一堂，参与其中，并将美好的活动体验纷纷发布到微信朋友圈共享，形成二次传播效应，巩固了建业物业的美好品牌形象。

3. 建立完善舆情管理机制，赋能品牌长效发展

在信息时代，企业舆情的管理难度加大，舆情后果的可控性减弱，对品牌建设产生较大影响。成功品牌的塑造可能历经多年，而品牌的崩塌可能只在一瞬间。因此，舆情管理与品牌建设同等重要，对企业发展起到关键作用。第一，有效的舆情管理可以帮助物业企业在面临危机时减少负面影响，保护品牌声誉。第二，

① SIPS模型是2011年日本电通公司针对社交媒体时代提出的消费者消费行为模型，该模型认为用户的消费行为经历了四个阶段：共鸣、认同、参与、分享。

通过舆情事件的处理，企业可以发现自身的不足并加以改进，更好地满足客户需求，从而提升品牌价值。第三，公正、妥善的舆情处理有助于建立客户信任和忠诚，形成品牌影响力和口碑，建立长久的品牌信誉。

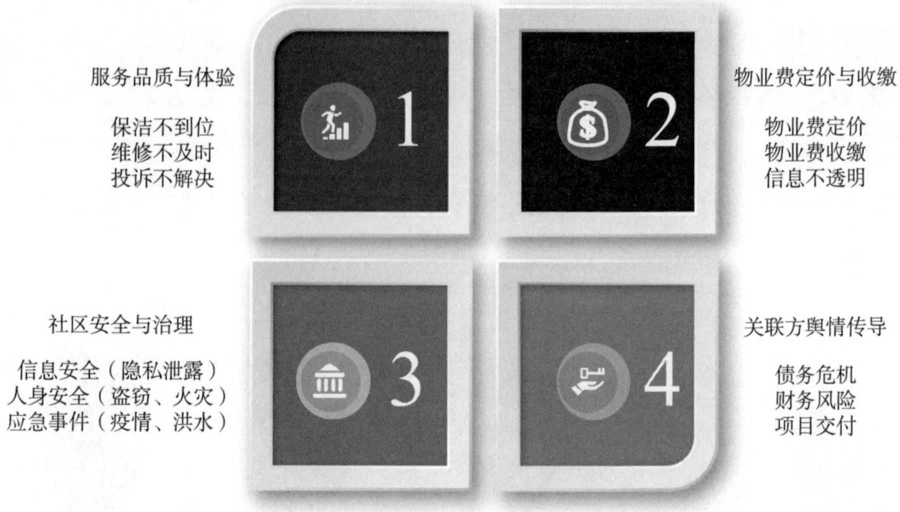

图7-27　物业管理行业主要舆情风险点

2023年以来，行业对舆情管理的重视程度有所提高，目前，物业管理行业的舆情风险点主要包括以下几个方面。第一，服务品质与体验问题。服务品质是物业企业的核心竞争力，但日常生活中保洁不到位、绿化管理不用心、维修不及时、投诉处理不善等都会导致物业与业主间的摩擦和冲突，产生负面舆情并可能在社交平台上传播放大，给物业公司造成不利影响。第二，物业费定价与收缴问题。物业费定价标准、收缴情况等经常成为行业内热点话题，并引发广泛关注。第三，社区安全与治理问题。物业管理行业具备显著的民生属性，承担着重要的基层治理、应急事件处理等方面的责任，是社区安全的重要守护者。社区安全与治理包括信息安全（隐私泄露）和人身安全（盗窃、火灾、高空抛物）等，另外，还包括应急事件的处理，如异常天气等。这些方面出现问题，一旦物业公司处理不善，会使业主遭受较重损失，引发社会负面舆情。第四，关联方舆情传导问题。由于物业公司与关联地产方之间的特殊关系，近两年，物业企业被动承受来自地产关联方舆情传导的影响，涉及债务危机、项目交付、业务开展等多个方面。

图7-28　品牌企业舆情管理应对措施

品牌企业对物业舆情事前、事中、事后不同阶段采取不同应对措施。

事前阶段：品牌企业建立专门的舆情信息监测部门，负责对行业、企业、社区各维度的舆论动态进行实时监控和分析，及时发现可能存在的问题并提前制定舆情应对预案。在当前的信息化时代，品牌企业通过科技平台智能监测舆情信息，提高了监测效率。招商积余新版“物业 AI 工单助手”除了具备自动提取要素形成工单、自动派单的能力，还能够感知客户录音中的情绪，自动检测舆情、敏感词、违规词等并判断是否异常。中海物业旗下兴海物联的舆情监控平台，主要是为企业与广大用户提供网络舆情线上监测与预警功能的软件，能帮助用户实现在系统内的舆情发现、热点关注、舆情处理、预警提醒、关键词与监控配置、消息情感判别等操作，还可以通过数据整理实现对全网的全面大数据舆情分析。

事中阶段：一旦舆情风险暴露，品牌企业积极应对，引导舆论向有利方向转化，避免过度遮掩和拖延问题，否则只能使舆论负面效应扩大化。近期，融创服务管理的宁波东悦府项目出现了一起关于民宿引发的舆情风险。在业主反馈民宿住户更换频繁、吵闹问题之后，项目负责人第一时间采取应对措施，通过一系列的管控动作，五天内社区内所有民宿均已取缔，融创服务快速处理民宿问题获得了业主的支持与点赞。

事后阶段：品牌企业在舆情风波结束之后，会进行复盘和反思，对自身不足之处和存在潜在舆情风险点的事项进行整改优化，提升服务流程管控水平，加强人员应急事件处理能力等。同时，对处理舆情事件表现出色的员工进行奖励，对风险责任人进行适当惩罚，形成良性的舆情事件复盘和人员奖惩机制。舆情管理对品牌信任的构建、品牌形象的维护、品牌价值的提升都会产生重要影响。随着行业的发展，品牌企业在品牌建设的过程中，愈发重视对舆情的监测和管理，以保障品牌的长效发展。

四、2024 年中国房地产关联服务品牌

（一）2024 年中国房地产销售服务品牌

2023 年，“房地产市场供求关系发生重大变化”定调楼市，各级政府部门频繁优化楼市政策以力促房地产市场平稳运行，政策环境已接近 2014 年最宽松阶段，但居民收入预期弱、房价下跌预期仍在等因素依然制约着市场修复节奏，新房市场调整态势未改，核心城市政策效果持续性不足。全国商品房销售额 11.66 万亿元，同比下降 6.5%；全国新房销售面积 11.17 亿平方米，同比下降 8.5%，降幅较上一年有所收窄。在此背景下，房地产市场仍处于深度调整期，销售去化继续承压。销售服务企业应积极发展多业务为品牌打造护城河，遵循高质量发展理念，深化营销渠道，加快线上和线下联动，巩固与开发商间的合作关系。2023 年，中国房地产 TOP10 研究组选取 30 家全国性房地产销售服务企业进行研究，甄选出 10 家全国性销售服务品牌，并分析总结其在业务创新、服务升级以及资源整合等方面的成功经验和发展特点，为销售服务企业的品牌发展提供借鉴。

表7-37　2024年中国房地产销售服务领先品牌

品牌名称	企业名称
保利和润	保利和润房地产投资顾问有限公司
世联行	深圳世联房地产顾问股份有限公司
同策集团	同策房产咨询股份有限公司
新联康	新联康（中国）有限公司
合富辉煌	合富辉煌集团控股有限公司
若缺集团	金华市若缺房地产科技有限公司
正合股份	成都正合地产顾问股份有限公司
方圆生活服务	方圆生活服务集团有限公司
上海策源	上海策源置业顾问有限公司
中地行	广州中地行房产代理有限公司

房地产销售服务领先品牌凭借强大的品牌号召力，以专业的服务能力和资源整合优势，加大对潜力重点城市的布局，聚焦服务质量和创新运营模式。保利和润始终以大交易服务为战略基点，发展战略性新业务，目前公司已形成新房代理、新房分销和存量房租售三大核心业务，衍生发展研究咨询、金融服务及客户大数据管理等业务，提供不动产全链条综合服务，成为服务 B 端、C 端的综合型专业投资顾问。面对市场波动，保利和润直面市场、以变求进，升级“新房代理、数字营销、存量房经纪、新房分销”业务运作模式，并实施“百千万工程”，以成为“中国不动产营销服务引领者”为愿景，以“全心全意为万家心意”为使命，为开发商提供创新增值服务，做客户的终身置业顾问。32 年来，新联康始终以“热情、专业、诚实、负责”的精神，履行房地产营销专家使命，见证行业发展。从第一个项目创立行业标准，到持久的业内稳舵领航，不断创造价值、创新格局，业务布局全国。新联康延续房地产营销专家使命，在突破中焕发新生，在前行中稳健提升。同策房产咨询股份集团有限公司成立于 1998 年，总部位于上海，是一家专业的综合性不动产服务平台企业。秉承“专业至上、服务至诚”的经营理念，同策先后布局全国 146 座城市，为客户提供专业服务，目前已形成交易服务、资管运营、金融投资等业务板块。

1. 品牌价值连续三年下降，销售业务盈利能力减弱

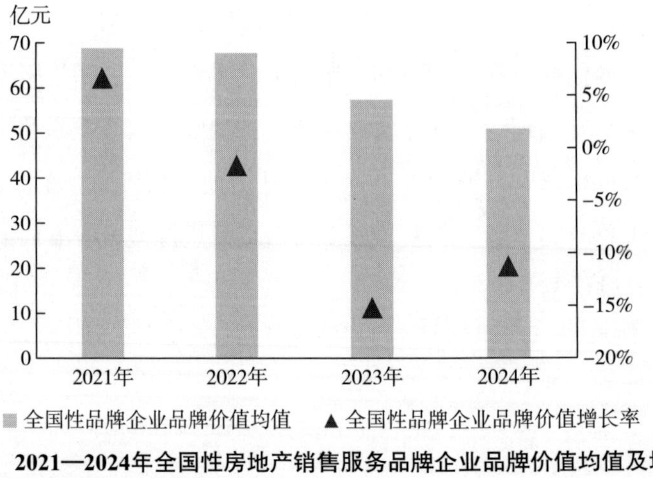

图7-29　2021—2024年全国性房地产销售服务品牌企业品牌价值均值及增长率

2023 年以来，受市场需求疲软、房价进一步下行、市场竞争加剧等影响，房地产销售服务行业销售持续下降，利润水平承压，品牌价值有所下降。2023 年全国性房地产销售服务品牌企业的品牌价值均值为 50.97 亿元，较上年降低 11.24%，连续两年下行。代表企业的销售业务均出现一定降幅，涵盖存量房、新房业务等，多数企业该部分营收下降幅度超过 10%，部分企业达到 30% 左右，净利润也随之出现不同程度的下降，普遍降幅在 20% 左右。销售服务企业应持续聚焦重点核心城市，以客户为中心，以消费者的需求为核心，根据自身资源禀赋和品牌优势，协同多元业务为品牌价值保驾护航；优化风险管控机制，持续提升经营效率和风险防控能力，推动财务结构持续稳健、债务风险可控，为公司高质量发展奠定基础。

企业专注服务专精，"品牌三度"持续提升。2023 年，研究组针对房地产销售服务企业的"品牌三度"在消费者和房地产开发企业中开展全面调查，客观反映品牌企业"认知度""美誉度"和"忠诚度"得分，深入分析房地产服务品牌企业在消费者和开发企业中的影响力。调查结果显示，房地产销售服务品牌企业的"品牌三度"综合得分为 46.1%，同比增长 0.1 个百分点。房地产销售服务品牌企业借助打造运营服务平台矩阵，聚焦全案整合营销，构建品牌生态链等方面提供全方位服务，有效提升了"品牌三度"。

2. 行业深耕、服务专业，打造运营服务大平台

（1）行业深耕构建全案销售体系，搭建综合性地产服务平台

针对自身发展需要重点建设专业能力，将业务迭代到全案整合营销。2023 年以来，在市场调整、销售周转率下降、销售周期拉长的背景下，房企分化程度加剧，在销售服务业务上的需求也更加多元。单一营销服务使 ToB 业务面临较大成本压力，部分领先销售服务企业构建新的服务模式以适应新的客户需求，针对自身发展需要做专业能力的重点建设，强化地产营销领域的专业性，将服务迭代至全案整合营销，全流程助力项目的有效推广与精准销售。销售服务企业以案场销售代理作为业务主体，以线上数字营销中台作为核心业务工具，创新线上线下营销模式，帮助客户解决项目痛点。2023 年，世联行以专业团队为基础，打破固有界限，以案场为单位，升级原有的代理服务，构建"策、营、销、渠、媒、融"（专业策划、招商运营、代理销售、渠道获客、新媒体矩阵、金融服务）整体操盘能力，深刻剖析市场，凭借专业的价值营销以及多业态资源整合链接能力，针对客户的新需求、新难题，提供多元化的解决方案，提升成交效率，与客户共同面对越来越严峻的挑战。

优化存量业务流程，以服务力和诚信力打造产品力。随着房地产行业发展速度和增长红利渐趋平稳，销售服务业务的重心开始从增量市场逐步向增量和存量市场并重方向过渡。销售服务企业聚焦存量住宅、存量商办业务，不断优化房产交易流程、创新服务模式、强化数字赋能。其一，通过构建标准化存量房服务流程，交易前帮助业主提升房产价值，如在标准化家具配置等方面对管辖范围内的闲置房业主进行转化，交易中简化流程实现一站式办理，交易后跟进服务，实现店、房、人、客等核心资源在各业务流程之间协同共享。其二，依托数字化房源信息库和客户资源，进行快速匹配，打造一站式全案销售服务，专业顾问全程参与买卖合同、网签、资金监管账号、物业交割等事宜，提高存量房源的出售率。其三，构建多险并防机制，规避交易中可能会出现的风险，保障买卖双方的核心权益。

（2）以客户为中心提升服务专业性，以好团队打造好品牌

在房地产市场的深度调整阶段，服务力成为销售服务企业间竞争的核心关键之一，2023 年许多销售服

务企业纷纷践行“从需求开始，到满意为止”的营销服务理念，通过升级服务标准、服务内容、服务人员配置、服务工具配置、服务品牌，以客户为中心提升服务专业性。尤其在线下门店，其不仅是房产交易的服务者，更是购房者生活中的贴心助手和顾问，一方面深耕社区，对区域情况有清晰认知，与居民建立深厚情感链接，让居民在享受专业服务的同时更能感受门店对社区的温度，增强品牌忠诚度；另一方面，团队始终将客户的需求放在首位，加强与购房者的沟通和联系，根据其需求定向提供个性化服务，以细致且专业的服务赢得品牌美誉。同时，通过建立有效的沟通渠道和反馈机制，代理企业可及时解决客户问题，增强客户忠诚度，为企业的口碑和品牌形象打下基础，促进项目销售。如保利和润始终以客户为本，了解客户需求，改善用户体验，不断迭代产品和服务，以保利“云和 +”为载体深度融合，提升线上投放获客精准度，从线上前端的客户画像描摹、数字化触达，到后端线下售楼部跟客搭建，通过线上线索引流到线下完成转化，并配合可追踪、可视化、可分析的数据交互，持续、自动并精细化触达客户，最终实现营销费率远低于同行。

打造高素质的操盘手营销团队，提升服务团队的专业性。随着房地产市场从供不应求转向精细化运营，项目营销第一负责人的角色愈发重要，要求责任人承担在竞争激烈的市场中解读项目需求、通过读盘研判客户触达构成、确立项目定位、开展市场调研分析、为项目制定有效的营销方案等一系列关键工作，协助客户实现甚至超越营销目标。这就要求销售服务企业建立一套多维度立体化的人才培养机制，包括新入职员工的培训、针对不同岗位和业务模块的标准化培训，以及高端人才的商学院深造计划。一是专业性培训，针对不同业务需求开展专业训练；二是创新性培训，通过定期举办系列活动，由导师和学员一起根据区域市场及用户需求变化创新营销方法和思路；三是经营性培训，着重从业务整合和企业管理视角进行专项人才培养。

3. 线上线下相结合提升客户体验，构建数字化品牌矩阵

面临同质化竞争及消费新特征带来的挑战，房地产销售服务品牌企业以客户为中心、以数字化为工具助力项目营销。在传播模式上采用多维平台联动，构建一套线上线下一体化、场内场外联动的营销体系，从而提升品牌的认知度；在品牌打造上，以数字化为基础打造成熟的渠道整合能力，以专业化的子品牌联动增强与关联方的合作，在全国范围内进行渠道布局，构建品牌矩阵，提升品牌影响力。

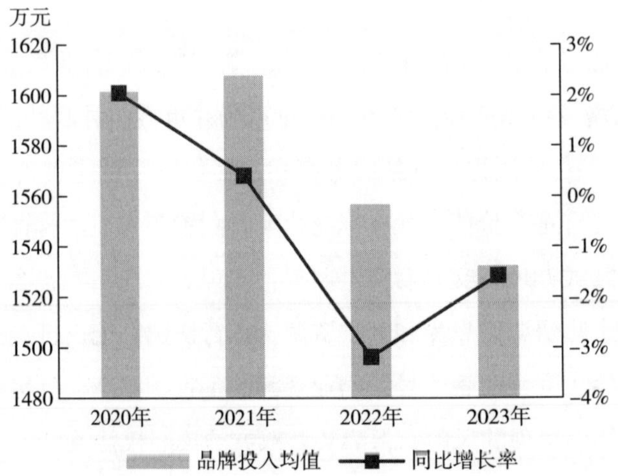

图7-30 销售服务品牌企业品牌投入均值及增长率

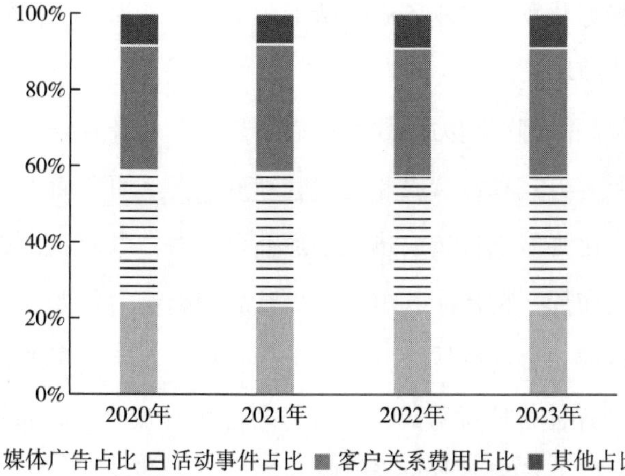

图7-31 销售服务品牌企业品牌建设费用投入占比

2023年，销售服务品牌企业的品牌投入均值为1532.4万元，同比下降1.57%；其中，活动事件费用和客户关系费用投入占品牌投入的比重分别为35.07%和33.58%，较2022年均提高0.08和0.06个百分点。房地产销售服务品牌企业更加注重以客户为中心的理念，对客户关系和活动事件的投入保持较高水平，加强与客户间的互动体验与交流，增强客户黏性，提升客户对品牌的认知度和忠诚度。

（1）构建一套线上线下一体化、场内场外联动的营销体系

涵盖城市线下端口线上媒体矩阵、项目端口直播推广的全频段品牌曝光。2023年，销售服务企业纷纷加强线上线下联动帮助项目快速建立市场影响力，进而提升访客来访量及成交量。通过持续锁定用户流量媒体，以数据分析平台实现数据回传，让投放从曝光到信息留存、交易成交的全流程效果可视，同时注重从场外到场内、从线上获客到线下成交的转化。通过线上线下平台联动定向筛选并定位高需求人群，提高了“房找客”和“客找房”的匹配效率，力求客户首次线上找房可快速建立对房子的认知，线下看房可立刻达成交易意愿。线上找房线下看房一体化、案场内外联动的营销体系在进一步提升营销效率的同时提升品牌影响力。同时，通过精准投放人群、锚定潜在客户做定向推广，基于大数据中台分析用户需求并制定专属销售策略，用数字化手段协助线下营销团队完成成交动作，实现推广曝光与精准营销兼得的双赢效果。

以数字化为基础打造成熟的渠道整合能力，在全国范围内进行渠道布局。数字化转型是构建房地产渠道管理的关键，依托数字化资源运营管理系统和专业的渠道操盘策略，有效提供精准营销服务，助力项目去化。同时，数字化投放促使代理企业与渠道方资源化零为整，在降低费率的同时提高合作等级，能够实时根据项目销售进展调整资金和人员投放配比，加强渠道管理和品牌管理。如保利和润通过“阵地打造—陪跑服务—制度管理”，实现线上获客体系化赋能，助力合作分销商开拓线上获客阵地，最大化整合渠道资源，为案场输送更多客户、为渠道更快结算佣金。

（2）以数字化打造标准流程，通过品牌延伸提高影响力

以数字化手段打造标准一致、管理高效的案场服务流程。一方面围绕客户全生命周期，建立从找房、预约看房到购房交易的标准化全流程服务，提高一线工作效率与营销管理能力，如保利和润通过搭建客户运营体系，建立长期持久的用户关系，聚焦赋能业务，加速营销精准触达，实现更高的推荐率和复购率，形成数字营销闭环；另一方面持续开发一系列满足业务需求的应用型数字化工具及服务流程，如面向独立经纪人、渠道合作、租赁用户等对应的工具，通过合理配置资源、精准定位用户需求来打造对应销售运营

策略，重点关注服务流程的指标化管理和业务流程精细化管理，既提升工作效率又保障更优质的客户服务质量，从而推动整个团队的业绩增长。

构建数字化品牌矩阵，提高品牌影响力。数字化战略是当下提升服务力和销售力的主要手段，将数字化融入传播获客途径、客户服务方式和运营服务输出管理流程，从而全面重构业务模式。同时，打造对应业务生态的品牌衍生，以数字化为基础打造成熟的渠道整合能力，以专业化的子品牌联动增强与关联方的合作，在全国范围内进行渠道布局，构建品牌矩阵，提升品牌影响力。如合富辉煌明确定义数字化战略方向，以“合富辉煌”“合富置业”“合富科技”三大主力品牌将“数字化”理念渗透到各个业务中，并结合“房王”“先见之名”等具备新媒体推广优势的自有业务子品牌形成合力，打造出独特的“数字客厅”，以更强劲的服务力，为开发商提供更具竞争力的营销服务。

（二）2024 年中国不动产金融服务品牌

2024 年，中央及监管部门多次强调房地产的重要性。4 月，中央政治局会议提出“统筹研究消化存量房产和优化增量住房的政策措施”；5 月 17 日，房地产“一揽子”新政聚焦“稳市场”“去库存”，消化存量房产和土地的配套资金逐渐落位；6 月 7 日，国常会提出“继续研究储备新的去库存、稳市场政策措施”。另外，在 6 月 19 日陆家嘴论坛上，央行提到要“统筹兼顾支持实体经济增长与保持金融机构自身健康性的关系，坚持在推动经济高质量发展中防范化解金融风险”。7 月 6 日，国家发展改革委发布《关于全面推动基础设施领域不动产投资信托基金（REITs）项目常态化发行的通知》，提出全面推动基础设施 REITs 常态化发行，以促进投融资机制创新、深化资本市场改革、服务实体经济发展。

当前我国房地产行业已经进入新的发展阶段，金融机构在促进房地产市场平稳健康发展中有望发挥更大作用。为落实预防和减少企业风险、确保房地产项目按时交付、加速保障性住房建设等政策目标，不动产金融政策正在不断完善和细化，我国不动产金融快速发展，为不动产金融机构开辟了更广阔的发展空间和新的增长机遇。顺应行业发展趋势和政策支持方向，不动产金融品牌企业积极探索新的发展模式，强化品牌建设和输出，进一步彰显行业地位。

表7-38　　2024年中国不动产基金优秀品牌企业

品牌名称	企业名称
信保基金	信保（广州）私募基金管理有限公司
中信资本	中信资本控股有限公司
国寿资本	国寿资本投资有限公司

不动产基金品牌企业持续提升风险管理精准度，创新金融解决方案，进一步增强品牌影响力和市场竞争力。近年来，随着房地产市场持续调整，房企销售回款持续承压，多家企业经营面临挑战。在此背景下，不动产基金优秀品牌企业一方面深化关键区域的业务布局，实施更为严格的风控措施，另一方面积极寻求多元化的投资途径，以适应市场的变动和需求。通过灵活的战略调整和业务模式创新，不动产基金优秀品牌企业在市场波动中进一步稳固了自身行业地位，并为投资者提供了更加稳健和多样化的金融产品选择，如信保基金积极整合金融和产业资源，加大核心竞争力培育，在聚焦不动产业务的同时，不断加深对不动产上下游及生态链领域的探索，布局 Pre-REITs 领域，促进行业向更广阔的领域发展。其旗下信保建设公司专为金融投资机构的不动产投资提供项目开发管理、项目监管、综合咨询等服务，管理项目覆盖五

大经济圈，分布在21个省份、48个城市，致力于打造中国领先的不动产金融综合服务品牌。

结语

2024年，房地产服务品牌企业顺应时代发展新变革，洞察市场发展新趋势，提升服务质量，丰富服务链条，满足客户多元化需求，在颇具挑战的市场环境中保持了企业规模和收入的稳定增长，托举行业整体品牌价值实现了逆势上涨。面对复杂多变的市场环境，房地产服务品牌企业展现出一定的适应能力和创新精神，洞察市场发展的新趋势，及时调整战略方向，确保能够在激烈的竞争中脱颖而出。

品牌企业的发展战略正在从追求规模扩张向追求发展质量转变，在此过程中，需要品牌企业能够更加灵活地应对市场波动和关联方的负面影响，以确保业绩的稳定增长，不断夯实企业的市场竞争力和品牌活力。随着房地产市场进入存量竞争时代，以物业企业为代表的房地产服务品牌企业创造增量机会的路径已经非常清晰：竞争优质项目、盘活存量资源、发展多元增值业务，每条路都竞争激烈且充满挑战。其中，竞争优质项目，需要企业具备过硬的市场竞标能力；盘活存量资源，依赖企业独特的资源禀赋或高壁垒的服务能力；发展多元增值业务，对企业的跨赛道经营能力和渠道管理能力提出很高要求。以上企业竞争力的基础都是高品质服务。

展望未来，随着更多创新举措的实施以及对高质量发展目标的坚持，预计房地产服务品牌企业不仅将在行业内继续发挥引领作用，还将为社会经济的整体进步贡献更多的力量。一方面，持续的技术投入与模式创新，将进一步优化现有的服务体系，提高运营效率和服务质量，从而为消费者带来更加优质高效的体验；另一方面，企业不断探索新的增长点，比如综合设施管理服务（IFM）、绿色建筑运维等前沿领域，以满足人民日益增长的美好生活和工作需要。与此同时，企业间更深层次的合作与整合，将促进资源的有效配置和共享，形成协同效应，推动整个产业链的升级转型。总之，凭借坚定的质量导向与创新精神，品牌企业有望在未来的市场竞争中占据更有利的位置，不仅为消费者提供更高标准的服务，还将成为推动经济社会持续健康发展的重要力量。

报告八　2024年中国物业管理行业市场总结与2025年趋势展望

一、2024 年中国物业管理行业总结

（一）规模业绩："高质发展"成为行业共识，规模优先转向效益优先

1. 管理面积增速进一步放缓，规模发展"质重于量"

近年来，物业上市公司的管理规模增速持续放缓，管理面积均值增速由 2020 年的 37.29% 持续下降至 2023 年的 12.40%，合约面积均值增速由 2020 年的 20.39% 下降至 2023 年的 4.35%。2024 上半年，物业上市企业管理面积均值约 1.41 亿平方米，同比增长 9.3%，增速较上年同期下降 3.05 个百分点；合约面积均值约 1.87 亿平方米，同比增长 2.19%，增速较上年同期下降约 3.63 个百分点。合约面积均值增速较管理面积均值增速低 7.11 个百分点，未来，合约面积所带来的规模增长动能将逐渐减弱，增长潜力有限。

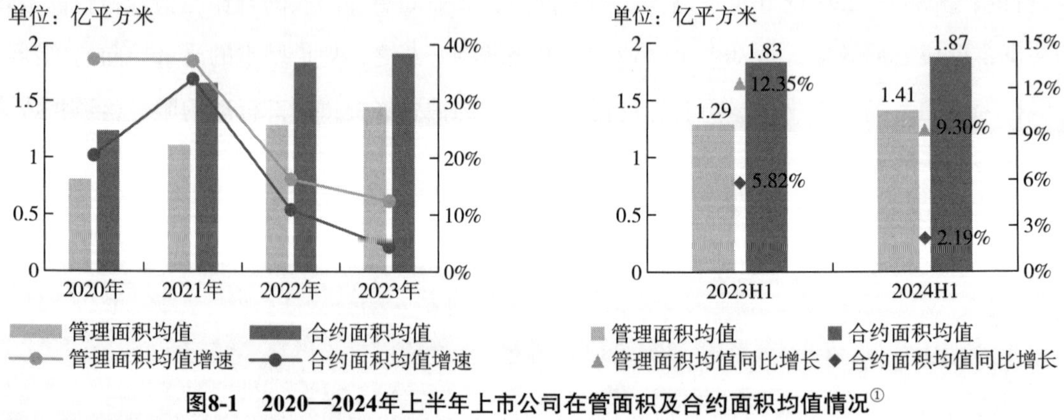

图8-1　2020—2024年上半年上市公司在管面积及合约面积均值情况①

数据来源：披露数据的上市公司年报，中指研究院整理。

多家企业管理面积出现负增长。根据 2024 年中报数据，披露合约面积数据的 49 家物业上市公司中，合约面积出现负增长的有 18 家，占比为 36.73%（上年同期为 26%），降幅最高的是融信服务，达 25.77%；披露在管面积数据的 55 家物业上市公司中，在管面积出现负增长的有 11 家，占比为 20%（上年同期为 15.09%），降幅最高的是港誉城市服务，达 26% 。

规模导向下，物业企业收购及拓展了一些低盈利或潜在亏损的项目，为企业高质量、可持续发展埋下了隐患。高质量发展导向下，物业企业主动"割舍"低质效、低收缴率、管理难度大、发展潜力小的

① 统计样本为披露合约面积和管理面积相关数据的上市公司。

项目，优化项目组合，彰显企业提升管理项目质量的决心。2024 上半年，多家企业主动解约合约项目及在管项目，虽然短期内导致管理规模下降，但能够提升运营质效，有效遏制经营效益下滑。

表8-1　2024年上半年部分上市物业企业退出项目情况

企业简称	管理项目情况
万物云	报告期内，公司共退出 17 个住宅物业项目，涉及饱和收入约 8940 万元
金科服务	报告期内，公司撤场管理面积约 2990 万平方米
时代邻里	报告期内，公司终止合约面积 1091.5 万平方米，管理面积 1035.8 万平方米，包括公司自愿不续约的物业管理服务合同，原因是将资源重新分配至收益及回款更优质的项目，以优化物业项目组合
绿城服务	截至 2024 年 6 月 30 日，公司储备面积 3.6 亿平方米，较上年同期净减少约 2150 万平方米，主要是由于储备面积的交付，及主动退出部分非核心城市及存在交付风险的储备项目
世茂服务	截至 2024 年 6 月 30 日，公司终止管理面积约 1750 万平方米，终止合约面积约 1750 万平方米，原因在于公司为提升管理效能，对在管项目进行优化调整，主动退出部分利润率较低、发展潜力较小的项目，提升在管项目的整体质量

数据来源：上市公司中报，中指研究院整理。

管理面积指标披露的重要性在弱化，物业服务企业更加重视对“质”的追求。管理面积历来被作为物业企业发展的重要指标，但越来越多的上市公司正逐步弱化对于管理面积的数据披露。如合景悠活、万物云、浦江中国、润华服务、瑞森生活服务等均未在年报中披露管理面积相关数据。其中，瑞森生活服务明确指出，公司的关注点从面积增加调整为营收增长，因此不再发布项目的管理面积数据。

弱化管理面积披露的原因如下。第一，伴随城市服务、IFM 等业务的发展，管理面积和营业收入的直接相关性减弱，企业经营重点应转变为提升经营效益；第二，管理面积增长趋缓，且预计很难再有高速增长；第三，管理业态及业务更多元，学校、医院、景区、轨道交通等项目大多是根据服务内容和要求核算项目金额，取代了按建筑面积收取物业费的模式，更有一些项目（如公园、景区）是根本没有建筑面积的。

2024 上半年，上市物业企业来自第三方管理面积占比 53.76%，较 2023 年全年上升 0.39 个百分点。高质量外拓的主要优点如下。第一，对冲来自关联方管理面积下降导致的增长减速；第二，提升获取第三方项目的能力，赢得市场及客户认可和信任，彰显独立化发展的信心；第三，外拓项目以非住宅业态为主，可以平衡企业的收入来源，有利于多元业务的开展，满足企业战略发展需要。

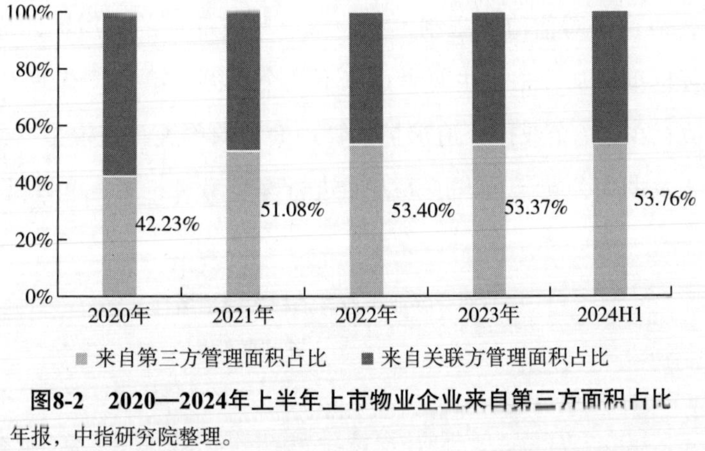

图8-2　2020—2024年上半年上市物业企业来自第三方面积占比

数据来源：上市公司中报、年报，中指研究院整理。

“深耕”和“聚焦”成为物业企业市场拓展的主题词。如中海物业明确了要在当地市场实现规模排名前三的目标，提出核心策略是打好聚焦城市深耕战，把“四大深耕”（区域、业态、客户、项目）做深、做实；世茂服务实行“城市深耕”战略，设定 19 个深耕城市，重点关注市场拓展的集中化和协同性问题；永升服务以获得的项目作为基石，继续渗透当地市场，从而实现当地市场密度的提升。

表8-2 部分上市物业企业区域深耕战略

企业简称	区域市场深耕战略
中海物业	明确了要在当地市场实现规模排名前三的目标；提出核心策略是打好聚焦城市深耕战，把“四大深耕”（区域、业态、客户、项目）做深做实
融创服务	聚焦 45 个核心城市，聚焦核心城市中高端项目
金科服务	持续深耕优势区域，深耕西南及长江沿线核心城市，以管理密度促发展、降成本、提质效，进一步巩固在核心市场的领先地位
滨江服务	持续深耕长三角地区，持续通过战略合作、成立合资公司及存量盘直拓等方式多渠道拓展市场
世茂服务	实行“城市深耕”战略，设定 19 个深耕城市，重点关注市场拓展的集中化和协同性问题
永升服务	以获得的项目作为基石，继续渗透当地市场，从而实现当地市场密度的提升
新希望服务	深耕区域市场，深挖本土需求

数据来源：公开资料，中指研究院整理。

完善拓展机制是高质量外拓的关键。物业企业应全面优化市场拓展机制，建立可衡量的市场评估及管控机制，持续关注高品质投拓标的。坚持“投前测算—投后管理”一体化运营，避免投前投后“两张皮”。投资部门考核指标为投资额、外拓面积、项目饱和收入等，奖励也与这些指标挂钩，导致投前测算的假设往往过于理想化，后期运营难以实现。一套完善的外拓投资制度，涵盖运营人员参与项目前期尽调、投前测算、投资决策会议等细节，需要物业企业各部门长期磨合，多部门有效协同作战。保持战略定力，实施更具目的性的外拓。无论是加大重点区域的外拓以提升管理密度，还是聚焦一两个细分赛道如学校、医院、公共等，打造细分赛道标杆、提升细分赛道竞争力和构筑护城河，抑或是为了更好地开展增值业务，物业企业如今外拓目的性更强，与企业中长期战略保持一致。

物业并购市场继续遇冷，但部分企业仍伺机而动。虽然 2024 年物业并购市场平淡无奇，除年初金茂服务以总现金 3.238 亿元收购北京市润物嘉业企业管理有限公司全部股权外，鲜有物业公司规模型收并购的消息传出，但并购重组仍是物业企业进行资源整合、规模扩张和产业升级的重要方式，存量市场也为并购市场提供了机会和整合空间。同时，政策环境的优化也为物业企业的收并购提供了有力支持，进一步激发市场活力。二级市场对估值的压制，将使得一些被低估的优质标的成为重点被并购的目标。物业企业对并购标的选择标准更加严格，主要考虑以下几个方面：第一，有助于提升覆盖区域管理密度并与现业务产生协同效应；第二，企业摒弃追求扩大管理面积的单纯“规模型”并购，重点对标的成本、商誉、并购后资源的导入及助力公司长远发展等方面进行综合考量；第三，在选出优质标的后，更看重对价的合理性。

表8-3 部分物业企业并购标的筛选条件

企业简称	并购条件
世茂服务	①管理半径之内；②区域细分龙头；③无触及红线；④接受一体化整合；⑤客户为当地中高收入人群等。
金科服务	①在管核心区域第三方精品物业标的；②综合考虑并购带来的商誉、整合成本及长远发展等。
绿城服务	①坚守稳健并重视现有业务协同效应；②提升重点布局区域的市场份额；③合作方可带来的资源导入等。

数据来源：企业资料，中指研究院整理。

2. 营收结构持续调整，推动内生增长

近五年，行业成长步伐逐年放缓，营业收入增速由2021年的最高值41.67%，下降至2023年的8.46%。2024上半年，物业上市企业营收均值22.24亿元，同比增长仅4.86%，增速进一步下降。

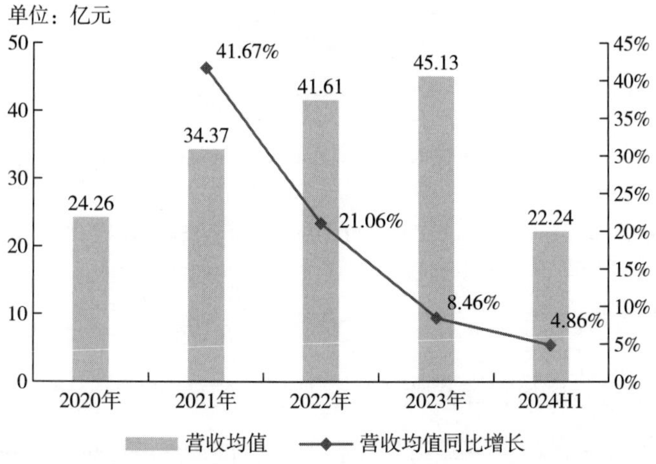

图8-3　2020—2024年上半年上市物业企业营收均值及增长率[①]

数据来源：上市公司中报、年报，中指研究院整理。

物业服务企业通过深化基础服务主业，成功打破不同业态间壁垒，从而拓宽经营业态边界，实现“业态融合”。在这一进程中，基础物业服务的收入占比进一步提升，2024上半年达到72.06%，是企业整体收入增长的主要动力。随着物业企业对基础服务标准化和颗粒化的细致拆解，多个业务单元可在不同业态中得到复用，增强了服务的灵活性，提升了运营效率。

增值服务中，非业主增值服务受地产下行拖累，业主增值服务受消费下行影响，创新型服务仍未打开增长空间。增值服务及创新型服务整体占比有所下降，2024上半年下滑至27.94%。

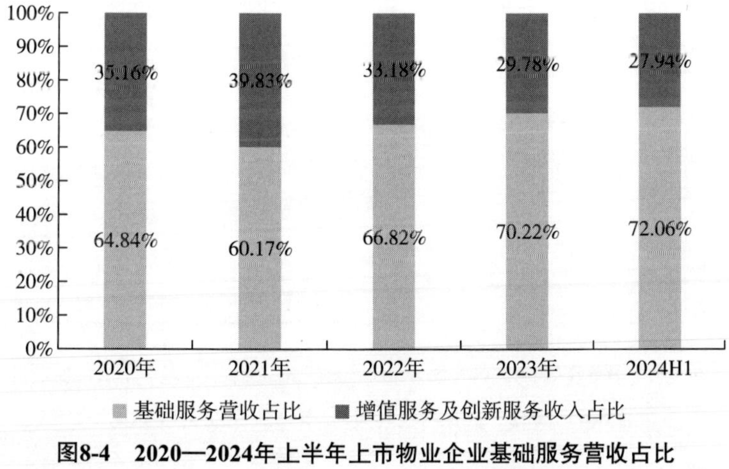

图8-4　2020—2024年上半年上市物业企业基础服务营收占比

数据来源：2024H1披露基础物业服务收入的61家上市企业中报、年报，中指研究院整理。

非业主增值服务持续萎缩，预计占总营收的比重将持续走低。非业主增值服务主要包括案场服务、顾问咨询服务、工程服务等，房地产开发端的深度调整直接导致非业主增值服务大幅减少。2023年底所有披露拆分收入的41家上市物业企业，非业主增值服务占总营业收入的比重为8.29%；2024上半年，非业主增值服务收入均值同比下降约26.12%，占营收的比重下降至7.19%，预计2024年全年该占比将进一步下降。

① 2024H1披露营业收入的上市企业66家。

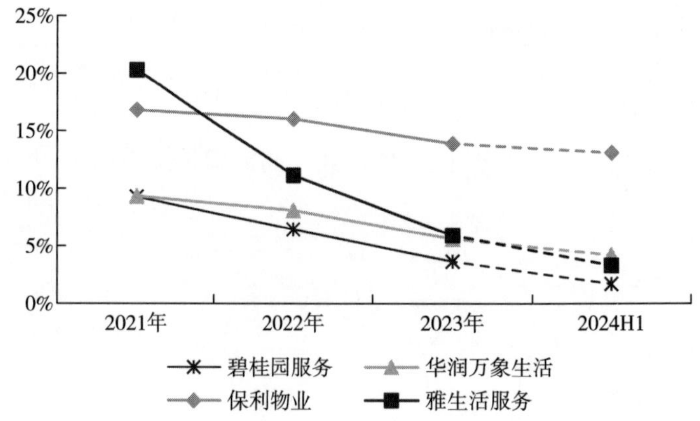

图8-5 2021—2024年上半年部分上市企业非业主增值服务收入占比

数据来源：上市公司中报、年报，中指研究院整理。

聚焦可持续、有发展潜力的业务，持续优化业务布局，推动内生增长。在消费降级的背景下，业主与客户对于价格的敏感度更高，更加青睐高性价比、品质稳定的服务，无疑对社区增值服务及非住宅业态增值服务的开展提出了更高要求。2024 年上半年，所有可拆分社区增值服务的 46 家企业，该服务实现了 0.59% 的增长，占营收的比重达到 12.39%，较 2023 年全年提升 1.45 个百分点。创新型服务在摸索中前进，寻求突破。除了城市服务外，企业积极尝试与开展设备管理、能源管理、团餐、智慧化解决方案等多种业务，但业务需求各有侧重：城市服务重点提升回款及盈利能力；项目布局更加侧重经济发达区域和优质项目；团餐则看重食品安全、客户关系维护、菜品设计和服务模式等。这对物业企业跨界经营能力提出了更高的要求。

行业成长性进一步放缓，市场进一步向规模物业企业集中，分化加剧。2024 年上半年营收第一名是最后一名的 179 倍，较上年同期提升 61 倍，较 2023 年全年提升 17 倍；排名前十营收之和是最后十名营收之和 53 倍，较上年同期提升 11 倍，较 2023 年全年提升 4 倍。

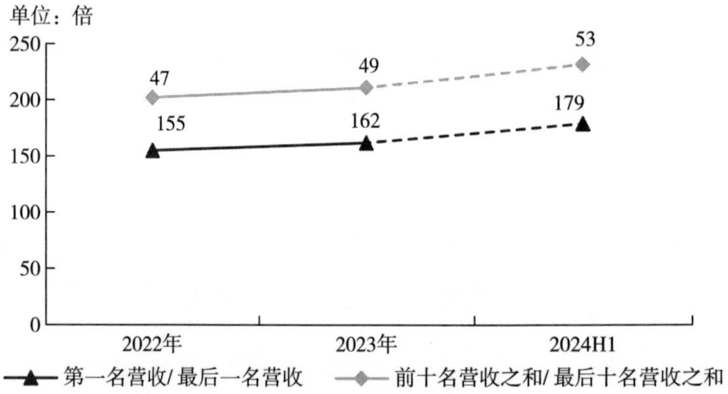

图8-6 2022—2024年上半年上市物业企业营收之比

数据来源：上市公司中报、年报，中指研究院整理。

3. 风险逐步出清 + 严控费用，利润率略有回升

2024 年上半年，上市物业企业毛利率均值 23.35%，较上年同期下降 1.33 个百分点，较 2023 年全年上升 0.21 个百分点；净利率均值 7.11%，较上年同期下降 1.24 个百分点，较上年全年上升 1.72 个百分点。由于成本确认的季节性因素，下半年利润率往往较上半年低，同时，行业整体收入增长放缓，人员成本上升，因而，全年利润率大概率仍面临压力。

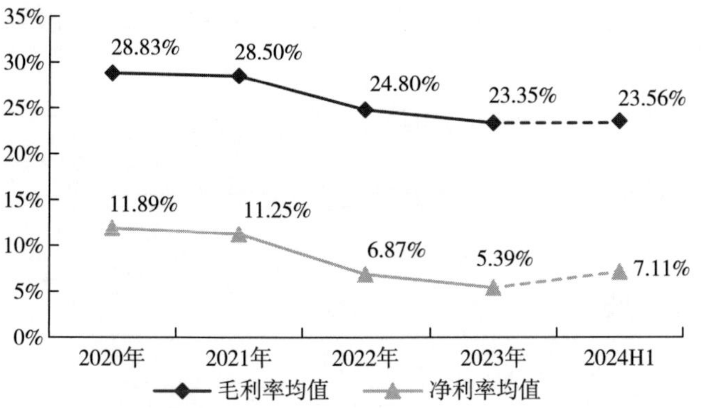

图8-7　2020—2024年上半年上市物业企业毛利率均值及净利率均值

数据来源：上市公司中报、年报，中指研究院整理。

央国企表现稳健，毛利率和净利率保持稳定。2024 年上半年央国企毛利率均值 20.83%，低于民营企业 3.69 个百分点，但净利率均值 9.28%，高于民营企业 2.93 个百分点，这得益于央国企严格的财务管理以及高效的风险防控机制。

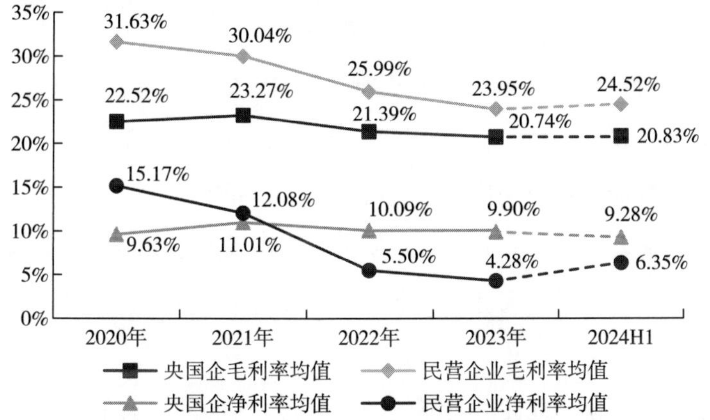

图8-8　2020—2024年上半年上市央国企及民营企业毛利率均值及净利率均值

数据来源：上市公司中报、年报，中指研究院整理。

商管业务占比较高的企业，利润率水平保持高位。2024 上半年毛利率排名前 5 的企业，无一例外，商业运营或商业运营及物业管理服务占营收的比重都超过 35%。为维持高利润率，该部分企业一是全力招商，精准定位，因城施策，差异化经营以应对市场变化；二是打造商业新场景，数字化驱动新媒体精准营销；三是提升服务品质，树立客户思维，优化消费体验。

表8-4　　2024年上半年毛利率TOP5企业

企业名称	2024 年上半年毛利率	2024 年上半年净利率	营收占比
星盛商业	51.59%	27.57%	委托管理服务：66.8%；品牌及管理输出服务：13.8%；整租服务：19.4%
祈福生活服务	46.39%	29.12%	零售服务：35%；校外培训服务：11.3%；咨询科技服务：6.4%
华润万象生活	33.97%	24.16%	商业航道（购物中心、写字楼）：35.8%
宝龙商业	33.71%	15.00%	商业运营服务：80.8%
中骏商管	33.60%	13.46%	商业物业管理及运营服务：35.6%

数据来源：上市公司中报，中指研究院整理。

大部分物业企业在优化收入结构的同时，通过管控费用，来对冲毛利率震荡下行的现实问题。上市公司的平均期间费用率由 2020 年的 9.96% 持续下降至 2024 年年中的 8.05%，降幅接近两个百分点。

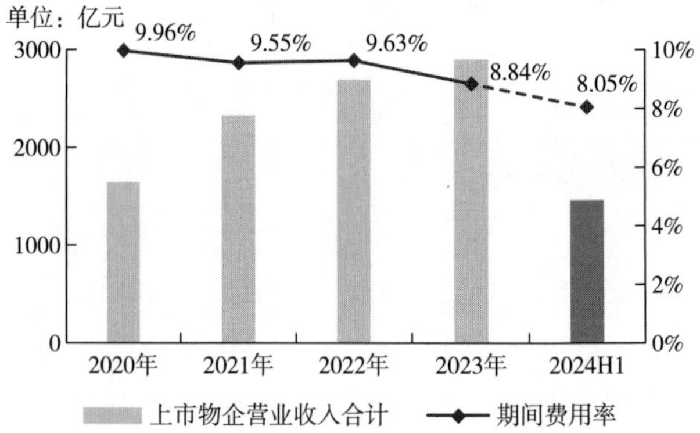

图8-9 物业上市企业2020—2024年上半年期间费用率情况

数据来源：上市公司中报、年报，中指研究院整理。

物业公司通过多种措施降本增效，主要措施如下。

第一，精简组织架构，优化人员配置。一方面，多数物业公司的业务拓展及战略方向发生调整，由原来的高速扩张变为高质量稳健发展，管理层级也相应做出调整。不少物业企业根据自身规模大小、项目布局、业务拓展情况，重新梳理集团、区域、城市及项目的组织层级架构，适当合并"区域中心"，控制管理中心数量，甚至直接去掉"城市"层级，由区域直管项目，以达到精简架构、提升人均效率、降低管理费用的目的。另一方面，在智能机器设备代替人工的趋势下，智能巡检、高压清洗机、扫地机器人、智能客服等设备的运用更普遍，显著提高了物业运营效率，大幅降低人工成本，优化人员配置。

第二，提高区域管理密度，强化业务生态协同。在项目地域布局上，聚焦已确定及深耕的核心城市，严格把控管理半径，不盲目承接地理位置偏远、孤立的项目，通过管理密度提升促发展、减成本，提升整体效能；提升供应链管理能力，打造良性供应链生态，降低运营成本，提高运作效率。

第三，推行标准管理。明确各项工作的责任和流程，提高物业管理效率，减少工作重复和资源浪费。

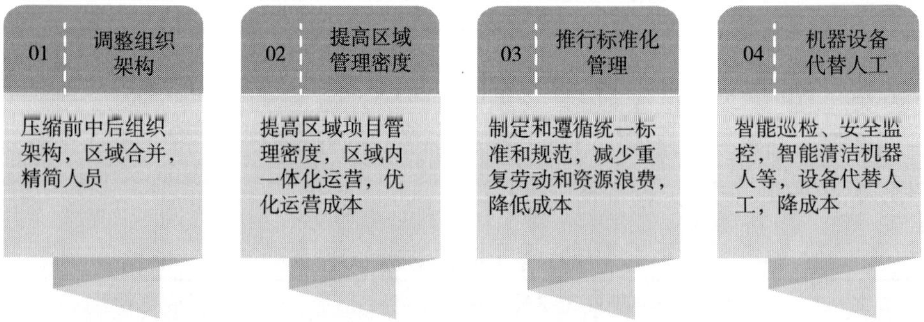

图8-10 物业企业管控成本措施

数据来源：中指研究院整理。

并购"后遗症"、关联方应收账款等风险敞口得到有效控制，对于净利率的影响逐渐接近尾声，上市物业企业尤其是民营企业的净利率将逐渐企稳，并有修复预期。2024H1 上市物业企业应收账款及票据总额达到 1020.67 亿元，继续创新高，增速较上年同期增长 8.54%，基本与上年全年增速持平。2024H1 折旧及摊销总计 12.03 亿元，较上年同期大幅下滑 63.64%，对于利润率的影响微乎其微。

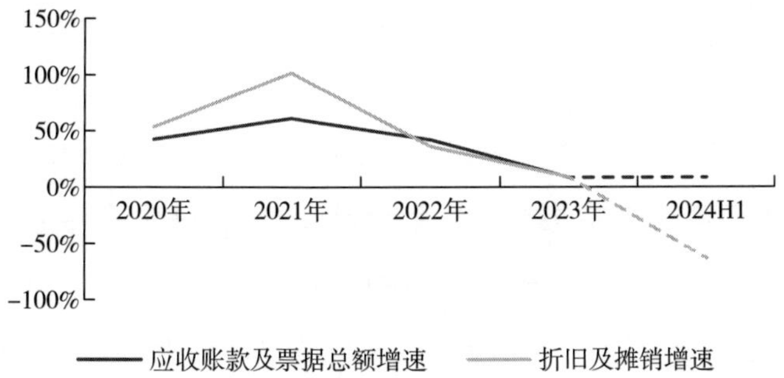

图8-11　2020—2024年上半年上市物企应收账款及票据等增速情况

数据来源：上市公司中报、年报，中指研究院整理。

（二）资本市场：资本市场止跌回稳，IPO有回暖迹象

1. 板块总市值2094亿元，市盈率水平约10倍

截至2024年12月9日，物业管理行业共计有68家上市企业，包括62家港股企业和6家A股企业。其中，港股上市物企总市值约2094亿元（较年内最低点回升约19.86%），动态市盈率（PE）均值为10.85倍（较年内最低点回升约23.27%）。行业在2021年突破万亿市值后，板块市值、市盈率经历了显著的下滑，行业进入深度调整期。步入2024年后，尤其是4月中下旬以来，一系列旨在提振房地产市场的利好政策相继出台，为房地产市场的企稳回升提供了有力支撑，加上国际资金流动等多因素影响，物业板块的估值修复迎来新的契机。

在资本市场上，高业绩增长对应着高估值。2019年下半年至2022年上半年，恒生物业服务及管理指数大幅背离地产板块走势，主要原因在于关联方给予的规模持续高增长、多元增值业务打开想象空间、创新型业务如城市服务纳入业务板块等多重因素叠加下，资本市场给予了物业板块较高的估值。

随着规模增长驱动下的业绩增速下滑，多元衍生赛道可提供的额外成长动能降速，从资本市场来看，物业板块走势回归地产周期之中。经过该轮地产周期大调整，短期内，关联方地产端的演绎仍是影响物业企业估值的重要因素。但未来，物业板块若想再次走出独立行情，收入与利润成长性与确定性、现金流质量与可持续性等是核心因素，物业企业需要新的增长逻辑来支撑。

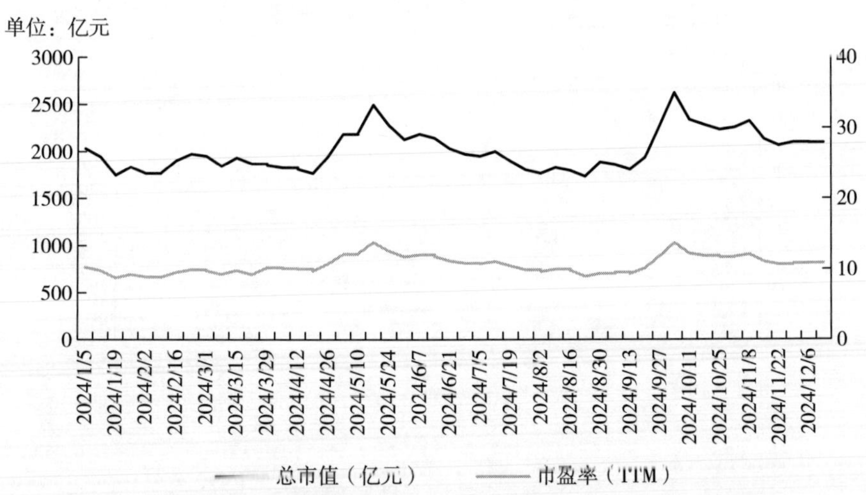

图8-12　2024年初至2024年底港股物业企业总市值及市盈率情况

数据来源：中指研究院整理。

除了财务上的轻资产投入、稳定永续净现金流等优势外，在资本市场的视角下，物业企业需要有新的增长想象空间来进一步推升估值。目前，物业企业面临的主要挑战就在于如何突破“增长瓶颈”，探索并实践新的增长模式。面对规模增长驱动业绩增长下滑的窘境，物业企业管理者需要有“创业”“创新”精神，在组织架构、人才建设、专业知识等方面的配合下，积极探索多元衍生赛道，不断挖掘并开拓新的增长点。这不仅包括深化和优化现有的社区服务，如提升物业管理效率、丰富社区文化生活等，更意味着跨界融合，探索与物业管理相关的多元化业务，如智慧社区建设、智能家居服务、设备管理、能源管理等。这些业务不仅能够为物业企业带来额外的收入，更重要的是，它们能够展现出企业对于未来趋势的敏锐洞察力和强大的创新能力，从而增强投资者对企业长期发展的信心。

2. 分红回购增持多措并举，提振资本市场信心

截至 2024 年 12 月 9 日，共有 36 家上市物业企业实施了现金分红，共计分红 108.6 亿元，创历史新高。从分红金额看，华润万象生活分红最高，为 30.5 亿元；万物云、保利物业、中海物业和滨江服务分红较高，均超过了 5 亿元。

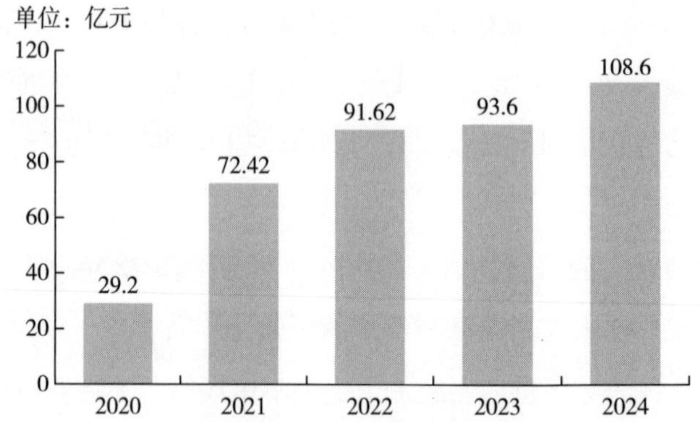

图8-13　2020年至2024年12月初上市物企现金分红情况

数据来源：中指研究院整理。

持续稳定分红能够提振投资者信心，有助于资本市场长期发展。回归现金流逻辑，聚焦具有稳定现金回报特征的物业企业，符合机构筛选投资标的的要求，能够吸引更多的长期投资者和稳健型资本的关注，进而形成一个积极的、自我强化的良性循环。

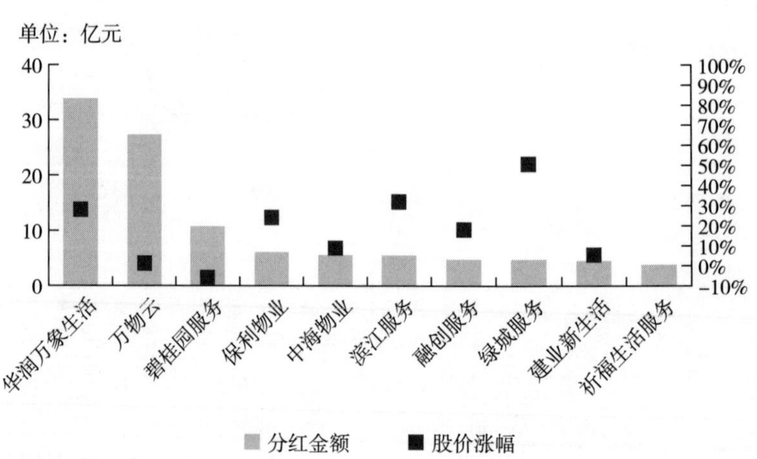

图8-14　2024年1月1日至2024年11月20日区间分红TOP10及区间股价涨跌

数据来源：中指研究院整理。

基于对公司未来发展的信心、对公司内在价值的认可，股东亲自下场加入资本市场，助力企业估值回归。回购是资本市场的一项重要活动，一方面，回购可以聚拢控制权，稳定经营计划；另一方面，回购可以提升自身股票价值，也可视作现金分红，是对股东的一种回报方式。2024 年初至 2024 年 12 月初，上市物企中，万物云将约 2.96 亿元的资金用于回购股票，回购数量约 1410 万股，位居回购金额榜首；金科服务动用资金约 1.88 亿元，共计回购股票约 2693 万股。

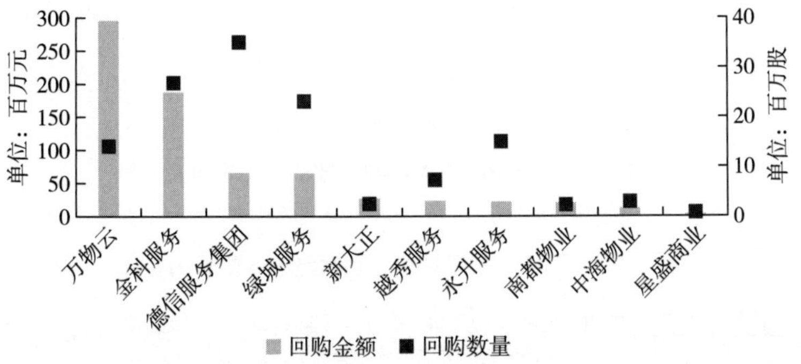

图8-15　2024年初到2024年12月初区间回购金额TOP10及区间回购股票数量

数据来源：中指研究院整理。

除了分红、回购外，增持也是资本市场资本运作常用的手法。大股东、机构投资者或公司管理层通过增持公司股票，向市场传递积极信号，表达对公司价值的认可和对未来发展的乐观预期。如：2024 年 8 月 27 日，FIDELITY FUNDS 在场内以每股均价 24.94 港元增持保利物业 23.62 万股，涉资约 589.2 万港元。

物业企业加大分红等行为得到了资本市场的认可。从二级市场表现看，2024 年年初以来，有分红物业上市公司的股价涨幅均值为 20.94%，显著高于其他无分红物业企业。

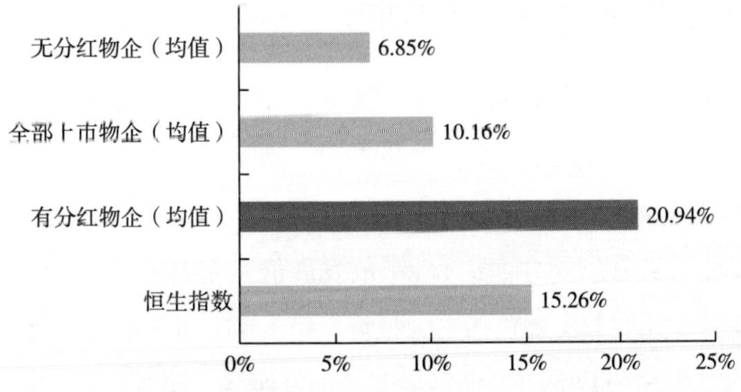

图8-16　2024年初至2024年12月初分红及未分红物企股价涨幅均值

数据来源：中指研究院整理。

3. 年内两家国企成功上市，多家企业处于 IPO 进程中

两家国资物企成功登陆资本市场。泓盈城市服务与经发物业分别于 2024 年 5 月与 7 月登陆港股，弥补了湖南省及陕西省无上市物企的空白，两家企业共计募集资金约 2.53 亿港元。此外，6 月，港誉智慧城市服务在正式完成更名及更换管理层等一系列动作后，正式步入物业管理行业，9 月，华发股份完成对华发物业的私有化，摘牌退出资本市场；11 月，融信服务对外表示，因股份交易流动性低、价格下降，上市平台已失融资能力，考虑到公司长远发展，融信服务启动了私有化程序。

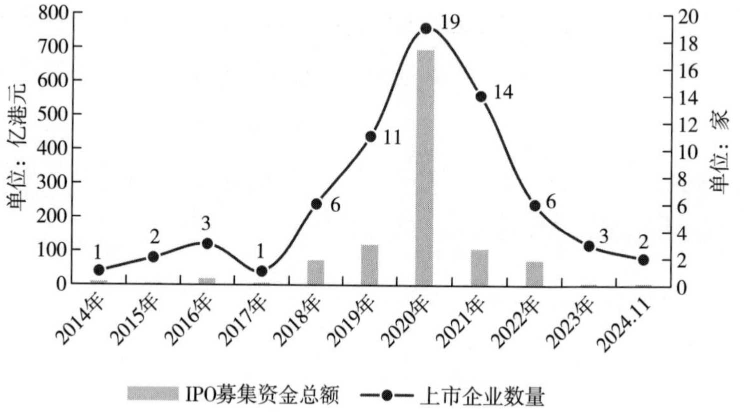

图8-17 2014—2024年上市物企数量及募集资金总额

数据来源：中指研究院整理。

IPO 市场有回暖迹象。目前，深业运营已获得证监会备案，于 10 月 16 日再次更新招股书；湖北联投城市运营拟通过 *ST 明诚资产重组完成上市；另外还有多家企业正在推进行业顾问事宜。预计 2025 年将会有 5 家物业企业登陆资本市场。

表8-5　截至2024年11月20日部分物企上市进度

资本市场	企业名称	上市进度	企业性质
港股	泓盈城市服务	已挂牌上市	国企
	经发物业	已挂牌上市	国企
	深业运营	已获得证监会备案	国企
	瑞景城市服务	拟赴港 IPO，尚未递交招股书	国企
	美置服务	剥离地产业务，将重组后上市	民企
A 股	湖北联投城市运营	拟通过 *ST 明诚资产重组上市	国企

数据来源：中指研究院整理。

（三）多元服务：空间广阔，机遇与挑战并存

物业管理行业充满想象空间，尤其在经历多年发展之后，社区增值服务、IFM、城市服务等多元业务为行业带来了发展机遇，为物业服务企业开启了新的赛道。所有物业上市公司、百强企业均结合自身情况进行多元业务的探索和布局，紧抓发展机遇。然而，受近两年房地产市场变化、宏观经济承压、消费需求不足、政府财政困境等多种因素综合影响，多元业务的发展仍然充满挑战。

目前，物业管理行业的多元业务主要包括三大板块。第一类是基于住宅业态的社区增值服务，主要围绕居民的资产、日常生活、小区公共空间等提供运营管理及服务；第二类是基于非住宅的设施管理服务，主要涵盖企业及事业单位的非核心业务，提供餐饮、会务、能源管理、行政服务等服务；第三类是基于城市公共空间的城市服务。这三类业务有相同之处也有各自的独特性和专业性，一起组成了物业管理行业的“多元服务生态”。

1. 增值服务收入贡献有限，社区生活服务发展潜力大

社区增值服务是物业服务企业探索较早的多元业务，围绕业主的生活需求提供家政、零售、美居、房产经纪、养老、教育等增值服务。这一板块在 2021 年的增速非常高，有的企业甚至超过 200%；但 2022 年以来，增速急转直下，不少上市公司出现负增长。首先，这与管理面积增速下降有直接关系；其次，宏观经济承压，经济下行，人们的消费需求不高，购买服务的意愿有所降低；再次，房地产开发市场供求关

系发生显著变化，与之相关的房产经纪、美居服务等均受到一定影响；最后，相比于基础物业服务，社区增值服务刚性较弱，稳定性较差。综合看来，该板块仍未取得突破性发展。

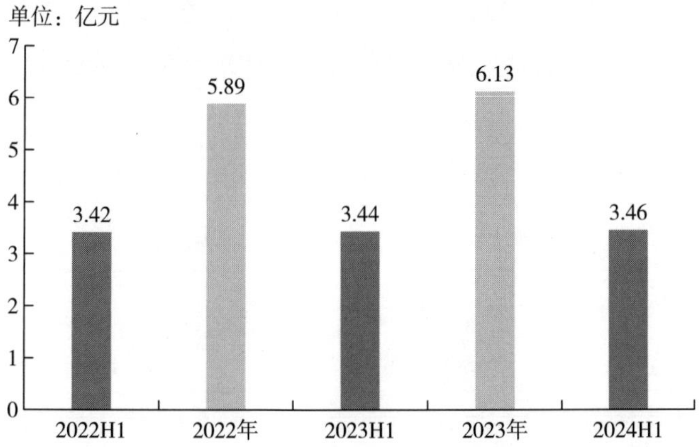

图8-18　2022年上半年至2024年上半年港股上市公司社区增值服务收入均值情况

数据来源：上市公司中报、年报，中指研究院整理。

我们以2024年中报披露社区增值服务收入的46家港股上市公司为样本，整理相关数据发现，社区增值服务仍处于发展瓶颈期，且样本中过半数企业社区增值服务收入出现负增长。2024年上半年，披露社区增值服务收入的46家港股上市公司社区增值服务均值约为3.46亿元，基本保持稳定，未取得显著增长。46家样本企业中，有25家社区增值服务出现负增长，占比过半。力高健康生活、雅生活服务、正荣服务等降幅超过30%。

具体来看，房产经纪服务受房地产市场影响较大，收入呈现下降趋势，鲜有企业该板块收入实现正增长。在明确披露该业务收入数据的14家上市公司中，仅滨江服务2024年上半年的房屋经纪服务收入实现增长，且增幅仅为3.06%，绝大多数企业房屋经纪业务收入同比均大幅下降。

受新房销售及二手房交易下行的影响，美居服务收入也呈现下降的趋势。2024年中期，大多数披露美居服务收入的上市公司该指标同比均有下降，德信服务降幅最高，达85.01%，金茂服务、雅生活服务、世茂服务降幅均超过50%。滨江服务逆势而上，表现突出，2024年上半年美居服务实现收入4.2亿元，同比大增247.72%，主要原因为优居服务中硬装业务取得了不错的发展。

表8-6　2023年上半年至2024年上半年部分上市公司美居服务收入情况（单位：百万元）

企业名称	2023年上半年	2024年上半年	同比变化
德信服务	9.89	1.48	-85.01%
金茂服务	73.76	28.58	-61.25%
滨江服务	120.71	419.72	247.72%
雅生活服务	95.90	47.50	-50.47%
世茂服务	83.40	38.60	-53.72%
融创服务	29.65	30.01	1.22%
德商产投服务	15.13	11.46	-24.26%
金科服务	7.09	6.26	-11.68%

数据来源：上市公司中报，中指研究院整理。

影响房屋经纪和美居服务营收的原因主要有以下几个方面：第一，尽管2024年鼓励支持房地产行业的政策层出不穷，但市场依然相对低迷，新交付项目较少，二手房市场整体热度不高，对经纪业务及美居业务的需求随之减弱；第二，市场环境竞争激烈，竞争者众多，贝壳、我爱我家、麦田等房产中介机构以及大大小小的装修平台都在市场中竞逐，物业服务企业相比之下在专业能力、资源整合能力等方面仍然有所欠缺；第三，业主认知提升，需求多样化，对服务品质和产品价格等方面均会设定更为严格的标准和期望，这对物业公司提出了更高的要求。因此，物业公司在当前形势下既要紧抓存量市场机会，也要不断提升自身专业能力、服务能力、资源整合能力等，以应对市场环境变化带来的挑战。

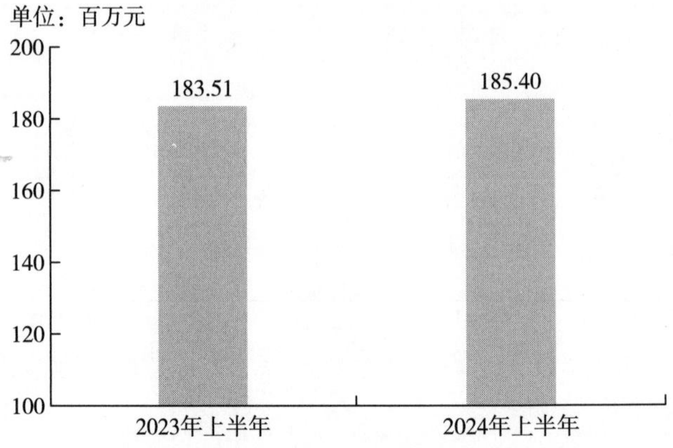

图8-19　2023年上半年至2024年上半年社区生活服务收入情况

数据来源：披露相关数据的 15 家上市公司 2024 年中报，中指研究院整理。

相比之下，社区增值服务中，生活服务有较强的刚性需求，具备发展潜力。围绕“人”的社区生活服务整体收入稳中有升，包括社区零售、家政服务、养老服务、教育服务、饮水服务等。从披露社区生活服务的 15 家上市公司数据看，2024 年上半年，15 家样本公司的社区生活服务收入均值约为 1.85 亿元，同比微增 1.04%。该类业务需求刚性较强，具有较大的挖掘空间。

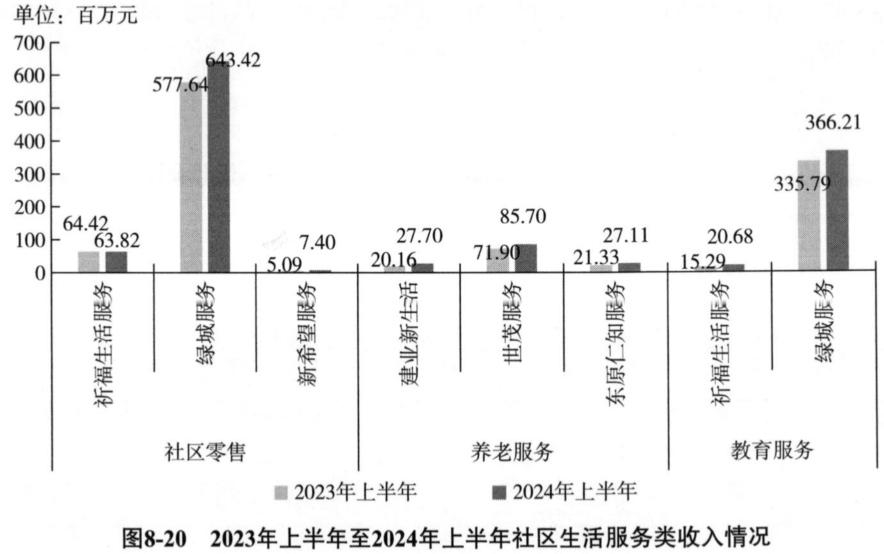

图8-20　2023年上半年至2024年上半年社区生活服务类收入情况

数据来源：披露相关数据的 15 家上市公司 2024 年中报，中指研究院整理。

具体来看，社区零售、养老服务、教育服务等均具备较高的增长潜力。2024 年上半年，绿城服务和新希望服务的社区零售收入同比分别增长 11.39%、45.27%；建业新生活、世茂服务、东原仁知服务的养老服务同比分别增长 37.42%、19.19%、27.06%；祈福生活服务和绿城服务的教育服务同比分别增长 35.26%、9.06%。

社区生活服务是值得物业服务企业持续探索并取得突破的业务方向，在社区增值服务板块中的重要性有望进一步提升。一方面，近几年来，政策层面一直鼓励物业服务企业发展“物业＋生活”服务。2024

年 8 月，国务院印发《关于促进服务消费高质量发展的意见》，提到六方面重点任务，第一点就是挖掘餐饮住宿、家政服务、养老托育等基础型消费潜力，再次为物业企业发展社区生活服务提供了有力的政策支持。另一方面，家政、零售、餐饮、养老、托育、教育等都关乎居民基本的日常生活，需求旺盛且具备一定的消费刚性。因此，物业服务企业可结合自身情况有所侧重地进行业务布局，培育新的业绩增长点。

2. IFM 布局选择重点赛道发力，团餐服务入局者众多

近几年，物业企业对非住宅领域的探索逐步深入，通过并购、搭建专业团队、战略合作、品牌化等方式布局创新型业务。在布局 IFM 领域的实践过程中，物业企业主要聚焦在团餐、设施管理、泛行政服务等领域。例如金科服务、新城悦服务主要布局团餐业务；招商积余主攻设施管理领域，为楼宇、园区等设施提供设备运维与管理，能源评估，电梯购买、安装、维保等服务；卓越商企服务主要聚焦泛行政服务，为企业提供企业集采、行政后勤、商务服务、员工福利等多维度企业服务。物业企业结合自身优势选择重点发力赛道，以点及面，逐步突破。

表8-7　部分物业服务企业IFM业务布局情况

业务方向	企业名称	主要客户类型
团餐服务	金科服务	汽车品牌企业、银行、医院、学校、政府机关等
	新城悦服务	企事业单位、医院、高校、产业园区等
	世茂服务	旗下浙大新宇，主要聚焦高校物业餐饮服务
设备管理服务	万物云	互联网、金融、高端制造业等工商类企业
	招商积余	科技、互联网、新能源等工商类企业
政务服务	特发服务	行政机构、事业单位
泛行政服务	卓越商企服务	互联网、科技类、金融类客户

数据来源：公开资料，中指研究院整理。

目前，物业企业布局数量最多的业务是团餐，金科服务、雅生活服务、新城悦服务、新希望服务、保利物业、远洋服务、特发服务、星盛商业、世茂服务、绿城服务等十多家物企纷纷涉足团餐相关业务。从上市公司披露数据看，世茂服务、新城悦服务、金科服务主要布局 IFM 中的团餐业务，且该业务板块已经取得了显著而稳定的收入，2024 年上半年，世茂服务、新城悦服务、金科服务的团餐业务收入分别为 1.76 亿元、2.44 亿元、1.51 亿元，相对稳定；浦江中国于 2024 年新增餐饮服务板块。预计更多物企将入局该业务。

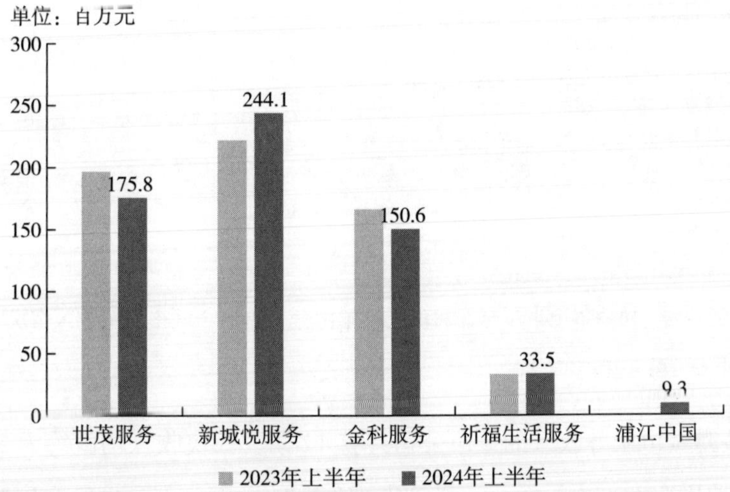

图8-21　2023年上半年至2024年上半年部分上市物企团餐服务收入情况

数据来源：上市企业中报，中指研究院整理。

值得一提的是，并购整合和战略合作是发展 IFM 业务并做大做强的重要方式，能够快速建立起专业服务能力，抢先切入新赛道。如新城悦服务为了打造“物业＋餐饮”的新型后勤服务模式，先后收购了上海学府餐饮、苏州海奥斯餐饮等优质团餐企业，目前团餐板块收入领跑物管行业。

表8-8　部分物业服务企业通过并购或合作布局团餐业务情况

企业名称	并购整合情况
金科服务	与九龙高新集团、凯撒旅业签署战略合作协议；2023 年收购上海的团餐服务供应商荷特宝
新城悦服务	收购诚悦时代、上海学府餐饮、苏州海奥斯餐饮、天津金玉和上海翔禧物业，成功构建覆盖医院、高校、办公、工厂、园区等全业态的后勤餐饮服务网络
绿城服务	与美餐、千喜鹤两大团餐品牌携手，共同推出了雅昉美及蒂枫两个新品牌，正式进军团餐领域
世茂服务	收购浙大新宇，入局高校物业增值服务，主要开展高校餐饮服务

数据来源：公开资料，中指研究院整理。

然而，在当前的经济环境和市场环境下，大众消费需求降低，市场竞争程度日益激烈，对团餐业务的进一步发展带来挑战，团餐业务持续保持规模扩大和营收提升并非易事。如世茂服务和金科服务团餐业务板块虽已初具规模，但 2024 年上半年的收入出现一定下滑；金融街物业在餐饮服务方面布局多年，但 2024 年该板块收入大幅萎缩，甚至毛利为负，面临一定压力。物业企业只有不断学习，积累宝贵的市场经验，积极寻求合作，才能在激烈的市场竞争中赢得一席之地。

3. 城市服务不确定性强，盈利能力有限，项目拓展需审慎

在头部企业的引领下，近年来布局城市服务赛道的物企不在少数。头部企业入局较早，优势更突出，经过近几年的发展已经取得一定成效，探索出合适的业务模式，并形成独立的业务板块和经营品牌，如碧桂园服务的“城市共生计划”、万物云的“万物云城”、保利物业的“镇兴中国”、华润万象生活的“万象服务”、招商积余的“城市运营板块”、绿城服务的“城市绿洲”、正荣服务的“荣城”等。

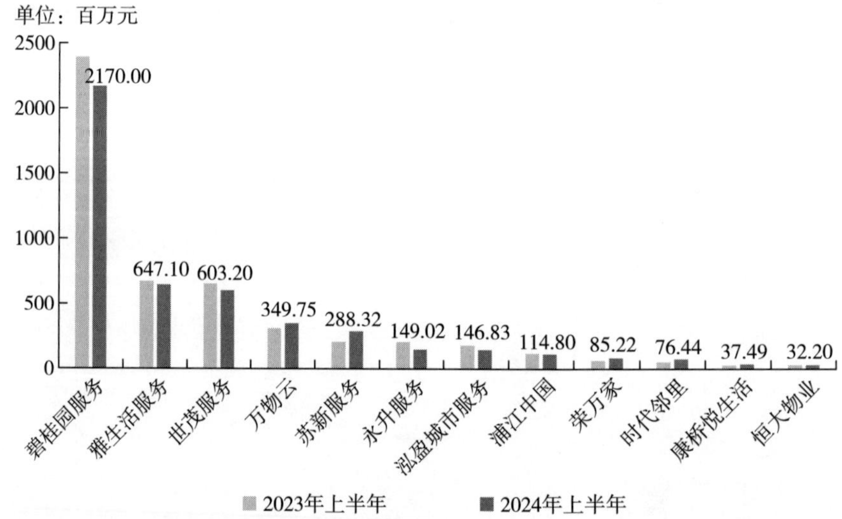

图8-22　2023年上半年至2024年上半年部分上市物企城市服务收入情况

数据来源：企业资料，中指研究院整理。

2024 年上半年，披露城市服务收入的上市公司共有 12 家，板块收入均值约为 3.92 亿元，同比小幅下降 4.57%。下降的主要原因有两方面。第一，受到宏观经济的影响，部分地区政府收缩了对于城市服务的

需求；第二，考虑到政府财务状况及支付能力的变化，一些物企积极调整，主动退出部分利润率较低或信用期较长的项目。尽管多半上市物企都开展了城市服务业务，但形成一定业务体量并披露数据的企业不多，城市服务收入贡献仍较低。碧桂园服务在城市服务领域的收入遥遥领先，而大部分企业依然处于探索阶段。

在盈利方面，城市服务的毛利率水平基本保持稳定。从披露数据看，康桥悦生活、万物云、雅生活服务、碧桂园服务、世茂服务、永升服务、荣万家等企业的城市服务毛利率均值稳定在16%左右（2023年上半年为16.09%，2024年上半年为15.89%）。同期的环卫服务上市公司的毛利率水平普遍位于20%以上，表明物企在该赛道的利润水平尚有提升空间。

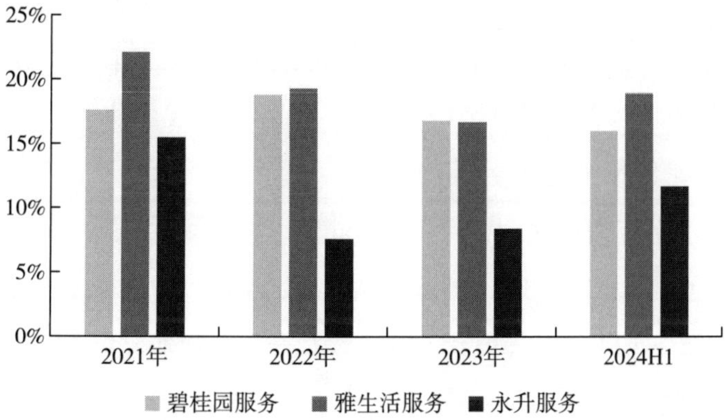

图8-23　2021年至2024年上半年部分上市物企城市服务毛利率情况

数据来源：企业资料，中指研究院整理。

（四）服务品质：坚持精细化管理，高品质服务赢得客户满意

1. 以客户为中心，筑牢服务品质基石

以客户为中心，就是要将客户安全与健康放在首位，确保业主的人身和财产安全得到充分保障，避免口碑崩塌。为保障客户健康安全，提升风险预防能力，物业服务企业推行层级分明的安全管理机制，涵盖总部、区域及项目各级别；落实安全生产责任，严格执行"一票否决制"，确保任何存在安全隐患的决策都无法通过；通过组织开展多样化的安全培训和实战演练，并实施年度安全生产责任考核，对安全目标达成情况及责任履行状况进行严格评估。同时，物业企业还强化风险控制和紧急预案的制定，规范突发事件的响应、报告和处理流程，以便更有效地应对突发事件，减少潜在损失。此外，实施更为严格的督导巡检管理，通过上下级联合的定期督导检查，确保各项服务标准得到切实执行，进而提升客户满意度。

有效回应客户诉求，加强客户沟通，正确应对投诉管理，也是提升服务品质的重要环节。物业服务企业建立健全客户投诉处理机制，确保客户的问题能够得到及时、有效的处理。多元化的沟通渠道建设，能够满足不同客户需求，及时捕捉客户意见与建议，拉近与业主间距离，了解业主真实需求；针对客户的问题，处理要及时、高效，融入情感，有礼有节，讲究沟通技巧，还要体现专业性与高效率，确保每一位客户的问题能够迅速、妥善解决；借助大数据平台建立档案，跟踪回访，对于多发问题要制定针对性的解决方案，并加强内部管理和监督，防止类似问题再次发生。

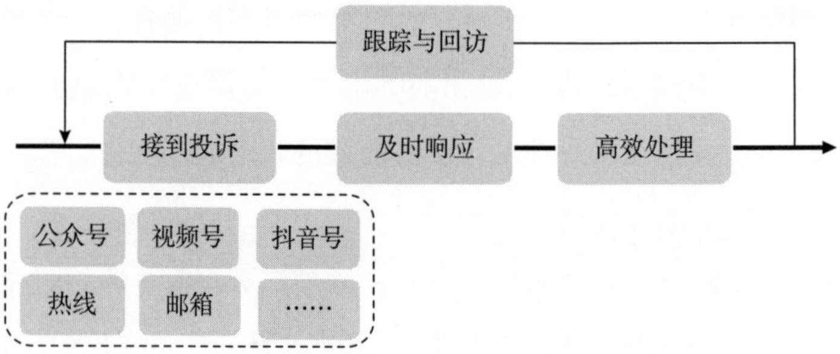

图8-24　客户投诉处理流程

数据来源：中指研究院整理。

2. 细化服务内容，严控标准执行，赢得客户满意

精细化管理要求物业服务企业一方面把服务的每个环节拆解到最小单位，落实到每个服务步骤上，做到细致入微、精益求精；另一方面，针对每个服务细节，制定出相关的执行标准，形成培训、考核、验收制度，旨在实现服务的规范化、标准化、专业化和人性化。

细节之处见真章，物业服务品质体现在日常的点点滴滴之中。以基础服务中绿化为例，一块草坪，其背后是浇水、修剪、施肥、病虫害防治、除草、补种等一系列标准化作业流程，以标准促品质。景观之美不在于名贵花木堆砌，而在于能否吸引业主漫步其中。通过绿化台账的精细化管理，确保树木、花草从位置、数量、养护工具、流程等都清晰明了，制定因地制宜的养护方案，维护详尽的养护日历，推动绿化工作的开展。

提供精细化服务，注重细节，全面提升服务水平，助力客户满意度提高。2024 年物业服务满意度相比上年有了小幅提升，达到 73.1 分。物业企业以客户满意为根本，持续努力，通过提供优质服务、加强与业主的沟通互动等，赢得了业主的广泛信任和认可。

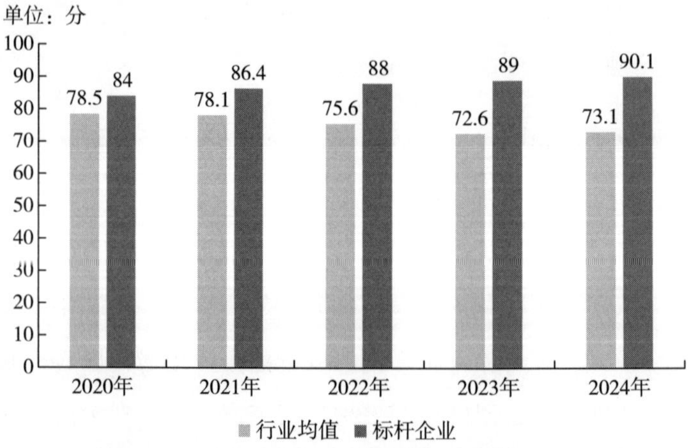

图8-25　2020—2024年物业服务满意度得分

数据来源：2024 中国物业服务满意度研究报告。

从各细项指标来看，在 10 个细项指标中，客户服务满意度得分为 78.6 分，位列第一，充分体现了客服团队在提升服务品质方面的重要作用。同时，物业服务人员作为行业的核心力量，其专业素养和服务态度对于业主的居住体验至关重要，调研结果显示，物业服务人员满意度达到 78.4 分，位居第二，显示出物业企业在人员培训和管理方面取得的积极成效。值得一提的是，相较于 2023 年，10 个细项指标均呈现出不同程度的提升。其中，社区文化活动指标的上涨幅度最为显著，较上年提升了 2.1 分，这得益于物业企业通过举办各类文化活动，丰富了业主的业余生活，增强了业主之间的交流与互动，同时也提升了物业服务的品牌形象和影响力。

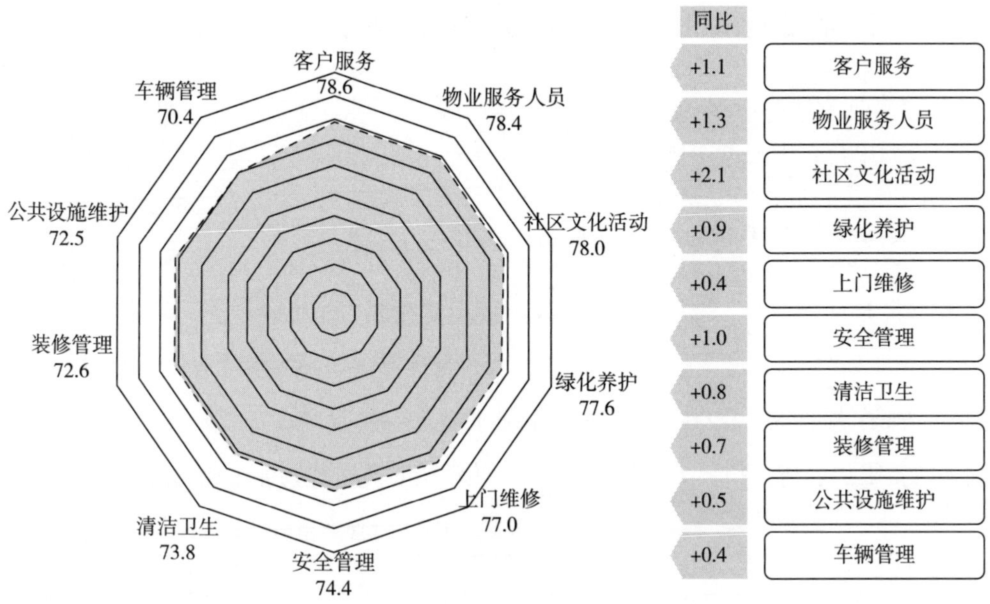

图8-26　物业服务细项指标满意度情况

数据来源：2024 中国物业服务满意度研究报告。

3. 与时俱进不断完善产品设计，打造卓越服务品质

物业企业通过服务产品再设计以提升服务品质，主要体现在社区运营升级、智慧化建设以及人才培养等方面。为了构建和谐社区生活，物业企业与业主建立紧密的社区链接，促进与业主之间的相互认知与理解，有效激发社群活力；密切关注客户社交方面需求，积极运营社群 IP，策划各类社区活动，营造出一个精神文化生活丰富多彩的社区环境；聚焦老幼及弱势群体，通过暖心关怀传递爱与尊重，让每一位业主都能感受到温暖和归属感。

科技让生活越来越便捷，物业企业的服务也不断更迭：从“有服务”到“优服务”再到“智服务”。物业公司通过广泛部署的传感器和智能设备网络，实现对小区内公共设施、安全监控以及环境参数的全面、实时监测与远程控制。这种技术革新不仅显著提升了小区的安全性，让居民生活更加安心，还大幅提高了生活的便利性，让日常操作更加轻松快捷。在办公楼宇，通过物联网技术对能耗进行精细化管理，提升了能效水平，为客户营造更加绿色、节能且舒适的生活、办公环境。智能客服系统的引入，使得客户能够享受到 24 小时不间断的在线服务，无论是咨询、报修还是投诉，都能得到及时、专业的响应。

表8-9　2024年部分物业企业产品焕新行动

企业简称	产品升级焕新
保利物业	高端产品东方礼遇服务焕新，从“家庭资产”到“家族恒产”
美置服务	推出“美尊”“美享”“美怡”“美悦”四大产品
中电建物业	启新境 · 谱“三好”，社群建设运营 2.0 升级版发布
南思第一太平戴维斯	“品质引领 用心焕新”——NS-Savills 2024 年物业服务品质提升焕新计划
高科物业	从“心”出发，焕“新”可能，高科物业服务力八大提升，赋能品质匠心生活

资料来源：中指研究院整理。

人才是推动物业管理行业发展的核心动力，员工的专业能力和服务能力对服务质量与客户满意度有决定性作用。重视人才培养，不断提高员工的综合素质，是物业企业发展立足之根本。如：保利物业持续推进星生代、星辰铁三角、星河运营官、星耀专才、星海指挥官五支关键队伍相关的人才培养项目，聚焦各梯队人才能力提升，持续锻造企业服务品质核心竞争力。

（五）行业政策：物业费限价政策引发热议，各类政策促进行业规范发展

2024年，物业管理行业政策继续以规范行业发展、建设行业标准为主线，同时鼓励企业开展多元服务，从全国到各地均出台各类政策，持续构建良好的政策环境，为物业管理行业稳健发展提供有力支持。

1. 物业费“限高令”来势汹汹，引发市场混乱

2024年上半年，重庆、银川、青岛、武汉针对普通住宅前期物业服务收费，相继推出了政府指导价格，明确规定收费上限。如重庆市新版《重庆市物业服务收费管理办法》中提到普通住宅前期物业服务收费限价最高为1.9元/平方米/月，《银川市普通住宅前期物业服务和停车收费政府指导价标准方案》中明确普通住宅前期物业服务收费限价最高2.20元/平方米/月。本轮政策对业主和物业企业均造成了一定影响。

表8-10　2024年部分城市出台的物业服务收费相关政策

时间	区域	名称	主要内容
2024年1月	重庆	《重庆市物业服务收费管理办法》	住宅前期物业服务收费实行政府指导价，其中普通住宅前期物业服务收费限价最高为1.9元/平方米/月。
2024年5月	银川	《银川市普通住宅前期物业服务和停车收费政府指导价标准方案》	适用于业主大会成立前的普通住宅前期物业服务和小区停车收费。其中普通住宅前期物业服务收费限价最高2.20元/平方米/月；地上停车位服务费50元/位/月，租赁使用费60元/位/月，地下停车位服务费60元/位/月，租赁使用费230元/位/月。
2024年5月	青岛城阳区	《关于对普通住宅前期物业服务收费超出政府指导价进行自查整改的通知》	青岛市城阳区根据物业服务区域收费面积（包括住宅和商业用房建筑面积）规模确定基准价格上浮幅度上限，其中，收费建筑面积8万平方米以内（含8万平方米），上浮幅度不超过20%;收费建筑面积8万~15万平方米以内（含15万平方米），上浮幅度不超过10%;收费建筑面积15万平方米以上，收费标准不得上浮。
2024年6月	武汉江夏区	《关于制定江夏区住宅前期物业服务收费标准的通知》	新建住宅前期物业服务收费标准参照《武汉市住宅物业服务等级标准》，实行分级定价。江夏区普通住宅前期物业服务收费最高2.4元/平方米/月，上浮最高20%，即最高2.88元/平方米/月。

资料来源：中指研究院综合整理。

本轮物业费指导价政策对市场造成了一系列影响。不少业主力争降低物业费，拒缴物业费，投诉物业服务差、质价不符等问题；部分降价项目，业主认为物业存在暴利，对物业不信任。而在物业公司而言，绝大多数企业未按照限价范围降价，主动降费的项目或是迫于业委会压力，或是一些次新房项目；通过法律程序收缴物业费的情况更多，使物业与业主间关系紧张；部分企业因降费导致运营困难，出现降薪、裁员等问题。

2. 支持企业开展多元服务，探索“物业+生活”服务模式

2024年，物业管理行业保持高质量发展态势，在着力做好物业管理服务的同时，继续探索多元业务发展模式，聚焦优势赛道，为业主提供更多优质、便捷的多元生活服务。年内，各种鼓励物业企业开展生活服务的政策纷纷颁布。如2024年8月，国务院印发《关于促进服务消费高质量发展的意见》，提出了6方面20项重点任务，其中包括挖掘餐饮住宿、家政服务、养老托育等基础型消费潜力，激发文化娱乐、旅游、体育、教育和培训、居住服务等改善型消费活力等，为物业企业发展“物业服务+生活服务”模式提供支持。2024年11月，民政部等24部门联合印发《关于进一步促进养老服务消费，提升老年人生活品质的若干措施》，在拓展养老服务消费新场景新业态方面，提到要持续发展“行业+”养老新业态，支持养老服务与物业、家政、医疗、文化、旅游、教育等行业融合发展。

表8-11　　2024年以来部分物业管理行业鼓励性政策

时间	区域	名称	内容
2024 年 1 月	全国	《城市社区嵌入式服务设施建设导则（试行）》	社区嵌入式服务设施主要是通过在社区（小区）公共空间嵌入功能性设施和适配性服务，在居民适宜步行范围内，提供养老托育、社区助餐、家政便民、健康服务、体育健身、文化休闲、儿童游憩等一种或多种服务，更好满足社区居民公共服务和美好生活需求。
2024 年 8 月	全国	《关于促进服务消费高质量发展的意见》	提出了 6 方面 20 项重点任务，其中包括挖掘餐饮住宿、家政服务、养老托育等基础型消费潜力，激发文化娱乐、旅游、体育、教育和培训、居住服务等改善型消费活力等。为物业企业发展“物业服务 + 生活服务”模式提供支持。
2024 年 11 月	全国	《关于进一步促进养老服务消费，提升老年人生活品质的若干措施》	聚焦促进养老服务供需适配、拓展养老服务消费新场景新业态、加强养老服务设施设备和产品用品研发应用、加强养老服务消费保障、打造安心放心养老服务消费环境等 5 个方面。在拓展养老服务消费新场景新业态方面，提到要持续发展“行业 +”养老新业态，支持养老服务与物业、家政、医疗、文化、旅游、教育等行业融合发展。
2024 年 2 月	全国	《关于加快构建废弃物循环利用体系的意见》	推进废弃物精细管理和有效回收；提高废弃物资源化和再利用水平；加强重点废弃物循环利用；培育壮大资源循环利用产业；完善政策机制；加强组织实施。

资料来源：中指研究院综合整理。

3. 加强服务标准制定及市场规范，推动行业高质量发展

2024 年，物业管理行业政策延续往年方向，以规范类政策为重心，明确物业服务内容、服务标准制定、人员权责、收费标准、信用建设等内容，以期全面提高行业合规性与服务质量，促进行业高质量发展。

表8-12　　2024年以来部分物业管理行业规范性政策

时间	区域	名称	内容
2024 年 2 月	全国	《智慧环卫系统建设标准》（征求意见稿）	适用于智慧环卫系统的设计、建设、验收、运行和维护。
2024 年 1 月	广东	《广东省基本公共服务标准（2023 年版）》	严格抓好标准贯彻实施；及时开展地方标准调整；加强监测评估和创新实施。
2024 年 1 月	济宁	《济宁市物业管理条例》	规定物业服务人的选聘、物业服务的内容、物业服务人的公示义务及应当遵守的规定和禁止行为、物业服务收费等内容。
2024 年 1 月	济南	《济南市商品房小区物业服务清单》	规定商品房小区包含的物业服务事项，会同相关职能部门指导街道办事处、居民委员会监督业主委员会依法开展工作，加强物业服务工作的监督检查。
2024 年 3 月	广州	《广州市物业小区电动汽车充电设施建设管理规定》	旨在推动和规范物业小区电动汽车充电设施的建设和管理，满足广大电动汽车用户的充电需求，并促进电动汽车产业的高质量发展。
2024 年 3 月	北京	《北京市物业管理条例》修订	涵盖物业的使用和维护、法律责任等方面的内容，旨在全面规范物业管理活动，提升物业管理水平，为业主提供更加优质的服务。
2024 年 5 月	河南	《河南省物业服务企业信用管理实施办法（试行）》	规范市场秩序，加快构建以信用为核心的新型市场监管机制。明确信用信息的构成和采集、信用信息的分类和公开期限、信用评价及应用；信用评价分为市场行为规范、物业安全管理、“红色物业”创建、智慧物业建设、履行社会责任等五个类别。
2024 年 8 月	上海	《关于规范本市住宅维修资金管理的若干规定》	明确了住宅维修资金的管理部门、适用范围、归集标准等内容，并规定了自 2024 年 10 月 1 日起施行，有效期至 2029 年 6 月 30 日。

数据来源：中指研究院综合整理。

规范类政策主要涉及物业管理条例的修订、物业收费机制等强约束性内容，信用建设、公共服务、智慧环卫系统等标准化建设内容，以及安全问题，旨在高效整治行业不合规行为，促进行业健康发展。具体来看，除修订物业管理条例外，规范性政策集中在信用建设与物业收费机制和定价方面。近年来，全国各

地针对物业管理行业信用建设的政策纷纷出台，主要明确信用信息构成采集、评价、修复以及奖惩措施，联动信用信息评价与企业运营，对信用信息评价较低的企业开展重点监督，全力推进以信用为核心的市场监督机制，进一步规范行业市场。

二、2025年中国物业管理行业展望

（一）基础服务："卷服务＋卷价格"，促进"质价相符"

近五年，全国商品房销售面积持续收缩，由2020年的16.86亿平方米下降至2023年的11.17亿平方米，2024年前三个季度继续下降至7.03亿平方米。与此同时，房地产供给端也在经历深刻调整，全国新开工房地产项目大幅减少，全国房地产开发企业新开工房屋面积从2021年的约20亿平方米大幅下降至2022年的约12亿平方米，2023年进一步下降至不足10亿平方米。2024年，这一趋势并未得到有效遏制，前三季度新开工房屋面积仅有5.61亿平方米，同比下降17.10%，跌幅显著。此外，2024年前三个季度全国房地产竣工房屋面积约3.68亿平方米，同比下降24.4%。

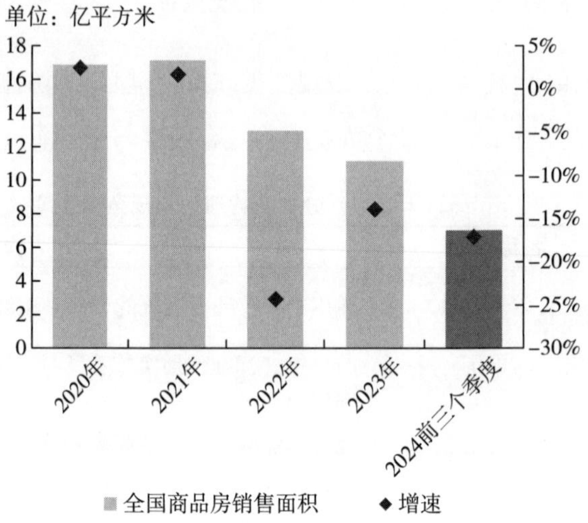

图8-27　近五年全国商品房销售面积及增速

数据来源：国家统计局，中指研究院整理。

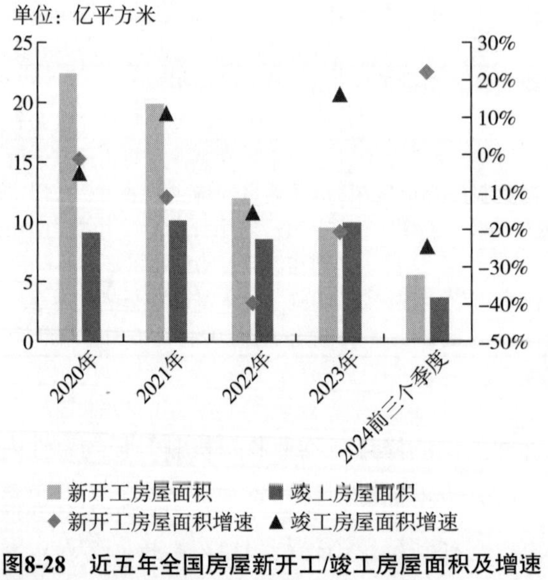

图8-28　近五年全国房屋新开工/竣工房屋面积及增速

数据来源：国家统计局，中指研究院整理。

虽然增量市场增速放缓，但市场存量足够大，预计2025年全国物业管理规模仍将达到319亿平方米。披露在管面积的55家上市物业企业总在管面积约77.55亿平方米，不足2023年总规模的三成，占比较低，市场剩余空间足够大，物业企业仍旧可以通过竞争、并购做大规模。

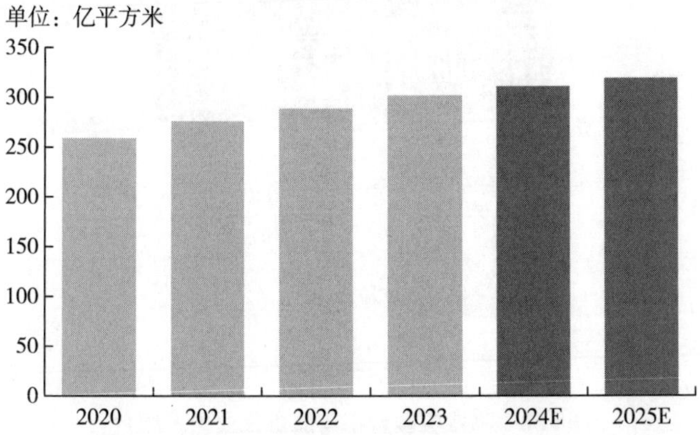

图8-29 2020—2025年中国物业管理行业管理面积及预测

数据来源：中指研究院整理

随着优质项目稀缺性的上升，物业企业间的竞争不可避免。在市场拓展环节，为提升竞标成功率，部分企业以“带资进场”“低价竞标”等“卷价格”的方式争夺存量项目，有的企业推行全员外拓，加大对外拓团队的考核目标；在服务运营环节，为了优化服务品质，有的企业着力打造高标准的服务体系，为业主提供7×24小时的管家服务，有的企业聚焦社区文化建设，为广大业主开展定制化、多元化的社区活动；在内部管理环节，为了压缩和控制成本，有的企业大力推行“扩大化”的集中采购，细化到要求项目清洁使用的抹布都通过“拼单”的方式来采买，将省钱的办法用到了极致。

“卷服务”成为推动质价相符格局的主要动力之一。如今，物业企业的基础服务不再局限于传统“四保一服”，而是积极拓展服务内容。从精心策划社区文化活动，到引入智能科技，如智能安防、便捷的线上物业服务平台等提升居住便捷性；从为业主提供个性化定制服务，如房屋托管、家居清洁套餐定制，到开展绿色环保行动优化社区环境。在服务品质管控上，通过严格的员工培训与考核体系，确保服务的专业性与规范性，同时借助先进的客户反馈机制，及时处理业主诉求并持续改进服务。这些举措全方位提升了服务体验，使业主切实感知到服务价值的提升，为合理定价提供了有力支撑。

“卷价格”也在塑造质价相符格局中发挥重要作用。物业企业在成本控制方面下苦功夫，一方面通过规模化运营降低采购、人力等成本，例如大型物业集团集中采购设备与物资可获取更优惠价格；另一方面运用科技手段提升效率，减少人力依赖，如应用自动化清洁设备、智能设施监控系统。在价格策略上，打破传统单一模式，针对不同物业类型、服务层级，制定灵活的价格方案，高端住宅配套高端专属服务对应较高价格，普通住宅则提供基础服务与亲民价格。并且，企业主动公开价格构成，积极与业主沟通协商，使价格制定透明化、民主化。这种“卷价格”的努力让业主能根据自身需求与预算选择合适服务，促进了价格与服务质量的精准匹配，与“卷服务”协同共进，助力物业管理行业迈向质价相符的良性发展道路。

物业企业通过“卷服务”在服务内容、品质和响应等方面全面提升，通过“卷价格”在成本控制、价格策略等方面优化创新，二者相互配合、相互促进，将逐步推动行业走向质价相符的格局。这一格局的形成不仅有利于提高业主的生活质量和满意度，也有助于提升物业企业的竞争力和行业整体的健康发展水平。高质高价是行业最理想的质价相符模型，高质高价市场原则能够驱动公平竞争，优化行业资源配置，激发企业服务创新，有助于企业实现高质量发展，提升行业社会价值和地位。

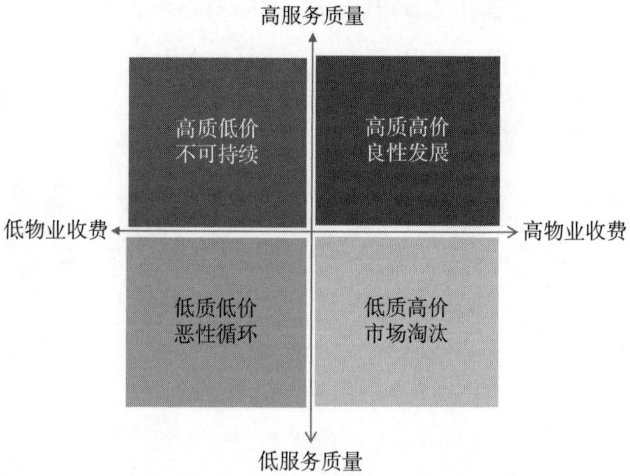

图8-30　物业收费价格与服务品质关系组合

资料来源：中指研究院。

（二）实施策略：聚焦深耕，修炼内功，提质增效

在竞争激烈且日益规范化的物业管理市场中，物业企业面临诸多挑战。通过战略聚焦、区域聚焦和业务聚焦，企业能够实现修炼内功、提质增效的目标。

战略聚焦：明确核心方向，精准资源配置。战略聚焦要求物业企业从宏观层面审视自身，确定核心战略定位，避免盲目多元化和资源分散。企业需深入分析自身优势、劣势、市场需求以及行业发展趋势，选择最具潜力和竞争力的战略方向。例如，部分企业专注于高端住宅物业管理，将资源集中投入打造高品质服务团队、定制化服务流程以及营造尊贵社区环境等方面。通过长期的战略聚焦，这些企业在高端市场树立了良好的品牌形象，赢得了高净值业主群体的信赖，实现了服务溢价与高效运营。同时，战略聚焦有助于企业在技术研发、人才培养等关键领域进行深度投入。对于关注智能化物业管理的企业而言，持续投入资源研发智能安防系统、智能设施管理平台以及业主移动端服务应用等，能够显著提升服务效率与质量，降低人力成本，增强企业在数字化时代的核心竞争力，从而达成提质增效的战略目标。

区域深耕：深耕本地市场，构建竞争壁垒。区域聚焦是物业企业在特定地理区域内集中资源，深入挖掘市场潜力，实现精细化运营的重要策略。在区域聚焦过程中，企业能够充分了解当地的政策法规、文化习俗、市场需求特点以及竞争态势，从而制定更贴合当地实际情况的运营策略。通过深耕本地市场，企业可以实现规模经济与协同效应。在区域内管理多个项目时，能够共享人力、物资、设备等资源，降低运营成本。同时，良好的区域口碑与品牌影响力有助于企业获取更多项目，形成区域竞争优势，提高市场份额与盈利能力，实现提质增效的区域深耕效益。

业务优化：做专核心业务，提升服务品质。业务聚焦促使物业企业专注于核心物业管理业务及其相关增值服务领域，摒弃与核心业务关联度较低的业务板块，将有限的资源集中用于提升核心业务的服务质量与运营效率。在基础物业管理服务方面，企业聚焦于安保、保洁、绿化、设施设备维护等关键环节，通过标准化作业流程、专业化员工培训以及精细化监督考核机制，确保服务的稳定性与高品质。此外，围绕核心业务开展相关增值服务也是业务聚焦的重要体现，例如，针对住宅业主开展社区零售、家政服务推荐等增值服务，通过做专核心业务与相关增值服务，企业能够提升业主满意度与忠诚度，拓展收入来源，在核心业务领域形成品牌优势与竞争壁垒，最终实现提质增效的业务发展目标。

（三）多元服务：聚焦优势领域布局，借势政策方向发力

当前，物业企业面向C端的社区增值服务，收入绝对值及占总收入比重不高。未来短时间内，行业可能仍将延续这种状态和趋势。2024上半年，港股上市物企营收TOP10企业社区增值服务收入占总收入的比重均值约为12%，多家头部企业的社区增值服务收入占比甚至低于10%；从内容看，社区生活服务、空间运营、资产运营服务三者合计收入占比超过八成，其他业务贡献有限。

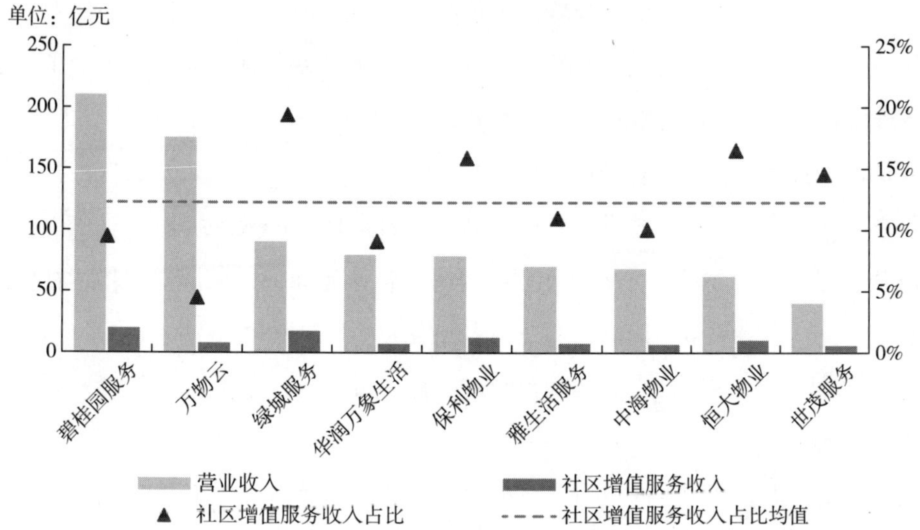

图8-31　2024年上半年部分上市物企社区增值服务及占总收入比重情况

数据来源：中指研究院整理。

面向B端客户的非住宅领域，基础物业服务收入受项目高空置率、低收缴率等因素影响较大，企业在短期内难以取得突破性发展。

面向G端的城市服务，企业收入绝对值出现下降，且整体营收贡献度较低。未来，城市服务仍将是少数物业企业选择重点布局的特色赛道。2024年上半年，披露城市服务收入的上市公司共有12家，板块收入均值约为3.92亿元，同比小幅下降4.57%。盈利方面，城市服务毛利率尚待提升。披露数据的样本企业的城市服务毛利率均值稳定在16%左右（2023上半年为16.09%，2024上半年为15.89%）。环卫服务上市公司同期的毛利率水平普遍位于20%以上，表明该赛道利润率水平尚有提升空间。

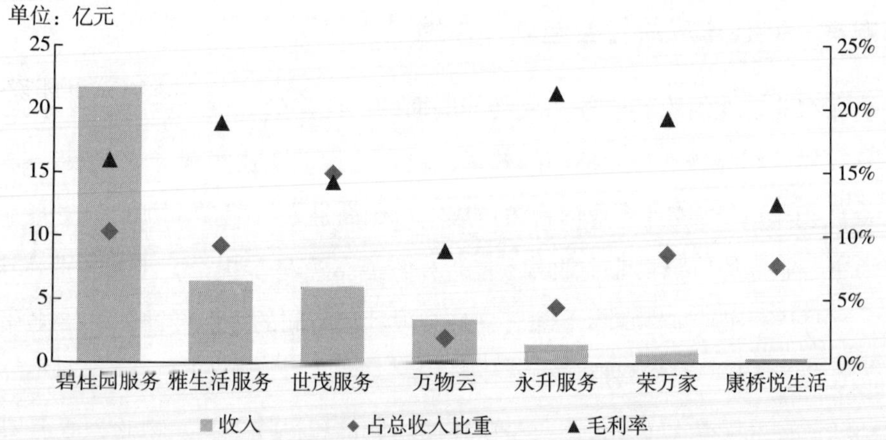

图8-32　2024年上半年部分上市物企城市服务毛利率及占总收入比重情况

数据来源：中指研究院整理。

短期看，虽然物业企业的多元服务业务正面临瓶颈，但是，长远看，多元服务必将成为物业企业突破传统局限、实现可持续增长的关键路径。未来，物业企业通过精准聚焦优势领域布局，并巧妙借势政策方向发力，能够在激烈的市场竞争中脱颖而出，为自身发展开拓更为广阔的空间。

物业企业在开启多元服务征程时，要深入剖析自身的优势所在。这可能源于企业在长期运营过程中积累的专业技能、独特资源或特定领域的丰富经验。这种聚焦优势领域的布局方式，能够使企业在熟悉的业务范围内充分发挥核心竞争力，减少因涉足陌生领域而带来的风险，以高起点、高效率的姿态开展多元服务业务，从而为业主提供更具针对性和高品质的服务体验，提升企业在特定细分市场的品牌知名度与美誉度。

政策在物业管理行业的发展进程中扮演着极为重要的角色，物业企业若能敏锐捕捉政策风向并积极借势，将为多元服务的拓展注入强大动力。国家对社区养老服务越发重视与支持，出台了一系列鼓励政策，如提供养老服务设施建设补贴、运营补贴等。一些有远见的物业企业顺势而为，将养老服务纳入多元服务体系，在社区内打造集日间照料、康复护理、老年社交娱乐等多功能于一体的养老服务中心，整合社区资源，联合专业养老机构，为老年业主提供全方位、多层次的养老服务解决方案。又如，在环保政策的推动下，企业可积极开展绿色社区建设相关的多元服务业务，包括垃圾分类处理与宣传、社区能源管理优化、绿色景观打造与维护等。借势政策不仅能为企业的多元服务项目获取政策扶持与资源倾斜，降低运营成本与风险，还能使企业的业务发展与社会公共利益紧密结合，赢得社会各界的认可与赞誉，为企业的长远发展奠定坚实的社会基础。

聚焦优势领域布局与借势政策方向发力并非孤立的举措，二者相互协同、相互促进，共同推动物业企业多元服务的创新发展。在优势领域的深耕过程中，企业能够更好地理解市场需求与行业痛点，从而更精准地对接政策导向，挖掘出更多符合政策鼓励方向且具有市场潜力的多元服务创新点。例如，在城市服务领域具有优势的企业，结合当前城市更新与数字化转型的政策趋势，创新推出智慧城市运营服务。这种协同发展模式不仅能够提升企业多元服务的整体竞争力，还能通过创新驱动，为企业在不断变化的市场环境中持续注入新的活力与增长动力，使企业始终保持在行业发展的前沿，引领物业管理行业多元服务的发展潮流，实现企业经济效益与社会效益的双丰收。

综上所述，物业企业通过聚焦优势领域布局并借势政策方向发力，在多元服务的拓展道路上能够精准定位、高效执行，以创新为引领，实现企业的可持续发展与行业地位的稳步提升，为打造更加繁荣、多元且富有活力的物业管理市场贡献力量。

（四）科技赋能：AI 技术应用与智能硬件落地是大势所趋

随着智慧科技在物业企业组织、业务和战略等层面的广泛渗透，越来越多的物业企业拥抱 AI 科技，加速硬件创新。科技建设作为物管行业核心的效率工具，在推动企业实现降本增效、业务创新和资源整合方面具有巨大潜力空间。囿于物业企业前台人员成本占比高且人员配置较刚性，叠加行业准公共服务属性，以基础服务为主营业务的传统物业企业若不能保持经营效率稳步提升，未来企业大概率将走向微利。头部企业为延缓、改变乃至扭转刚性成本上涨对自身有限利润空间的缓慢侵蚀，科技化建设成为企业实现高质量发展的必备战术工具和必要战略选择。

科技化建设是整套的运营模式转变，不只是单纯使用软件和科技工具。物业企业需要调整认知和业务模式，理性认识科技化建设对企业效率和竞争力的提升空间。从业务视角看，由头部企业引领的行业科技化建设聚焦三个层面，追求“三台”协同：以财务、人力系统为主的科技化中后台，以设施设备运维、员工调度管理为代表的科技运营前台，以业主App、智慧社区硬件为核心的智能客服平台。在企业实践中，三个层面虽然存在相互交叉的内容，但整体呈现层层递进的关系。

物业企业建设科技化中后台的方向是打通企业内部的业务流数据，提升决策和管理的精细化、集约化水平，涉及企业资源规划（ERP）、客户关系管理（CRM）、办公自动化（OA）等系统。目前约75%以上的百强物企开展了成体系的内部科技化管理系统建设，其中头部物企的内部科技化管理系统已较为成熟。

打造科技运营前台的目标是技术赋能运营一线，全面覆盖“管物”“管人”和“管事”，以实现对内降本增效、对外提升业主体验。科技运营前台主要包括设施设备运维管理系统、一线员工调度管理系统等。目前约有60%的百强物企建立起较成熟的科技运营前台，其中头部物企凭借完善的线下设备触点，其科技运营前台建设领先行业。例如，物业智能管家机器人通过自动化处理日常咨询、报修、缴费等事务，减少人工成本，提高响应速度和客户满意度；通过物业智慧工具能够智能分析客户与管家的会话内容，自动提炼工单核心信息，既减少了人为错误，也节约成本，为用户提供快速和高效的服务体验。

构建智能客服平台的目的是向客户提供智能化服务，包括基础物业服务与增值服务。基础服务方面，通过线上线下互相配合，构成完整的智能社区（园区）服务体验；增值服务方面，探索建设集合社区零售、到家服务、资产运营、养老等多元服务平台入口。目前仅有不足20%的百强物企建立起较成熟的智能客服平台，其中头部物企的智能客服平台在客户体验方面市场反馈较好。

硬件方面，物业企业广泛应用的智能化硬件设备整体可概括为12个类别，具体包括清洁机器人、门禁系统、监控系统、照明系统、停车管理、能源管理、电梯监控、智能快递柜、垃圾分类、环境监测、消防设备、道闸系统。各类智能硬件设备在接入物业企业的智能化软件系统后，通过组织设备协作能够产生“1+1>2”的效果。

表8-13　　物业管理行业主要智能硬件类别及内容

序号	类别	具体智能硬件设备举例
1	清洁机器人	尘推机器人、消杀机器人、楼梯清洁机器人、扫地机器人、管道清洁机器人、杂草清除机器人
2	门禁系统	人脸识别门禁、指纹识别门禁、RFID卡读卡器、手机App门禁、远程控制门禁、访客预约系统
3	监控系统	高清监控摄像头、夜视摄像头、热成像摄像头、运动检测摄像头、智能分析摄像头（行为识别）
4	照明系统	感应照明、定时照明、远程控制照明、智能灯泡、智能灯带、智能路灯、环境光传感器控制照明
5	停车管理	车牌自动识别、车位引导系统、电子收费系统、车位监控、预约停车、智能停车锁、车位共享平台
6	能源管理	智能电表、智能水表、智能燃气表、能源监控平台、智能恒温器、智能插座、智能电网接口
7	电梯监控	电梯状态监控、远程维护、故障预测、电梯使用统计、智能调度、紧急呼叫系统、无接触电梯按钮
8	智能快递柜	自助取件柜、智能储物柜、快递追踪、远程开锁、容量监控、温度控制、安全监控、用户身份验证
9	垃圾分类	智能垃圾桶、垃圾分类指导系统、垃圾满溢检测、垃圾收集路线规划、垃圾处理监控、回收站智能管理
10	环境监测	空气质量监测器、噪音监测器、温湿度传感器、水质监测器、土壤监测器、辐射监测器、智能环境控制
11	消防设备	烟雾探测器、火焰探测器、一氧化碳探测器、消防报警系统、自动喷水灭火系统、消防设备监控
12	道闸系统	自动车牌识别道闸、蓝牙识别道闸、远程控制道闸、智能交通信号灯、车辆流量监控、智能停车引导

资料来源：中指研究院。

清洁领域，各类清洁机器人已经被广泛应用，在提高清洁效率的同时为企业降低人员成本。例如，高空玻璃清洁机器人、户外驾驶式机器人、管道清洁机器人等专业功能的清洁机器人，不但能够自主规划路径，精准识别并清理各类垃圾，而且清洁效果明显好于传统人工作业。

表8-14

企业名称	工具名称	突出功能特点	实拍图片
碧桂园服务	自动清洁机器人“零号居民”	适用于住宅小区、公寓和商写等场景，其核心功能有： ① 一机多栋，支持跨楼栋、跨层、跨区工作； ② 全自动，无需人工干预； ③ 清洁效果好，且可视化、易管理。	
中海物业	管道清洁机器人	实现管道的监测、预警、治理和追溯，形成运营闭环，替代传统人工作业，为管道养护、修复等作业提供便捷依据，适用于社区场景。	
融创服务	室内清洁机器人	造型美观，高效清洁，无需人工干预，可自主充电、加水、排污；作业噪声小，可以自动躲避障碍物。	
金地智慧服务	户外驾驶型清洁机器人	作业范围广，动力强劲，能够长时间作业，清洁效果好，适用于多种场景；一台设备大约可以节约 4 ~ 5 人成本。	
金茂服务	爬楼扫地机器人	采用人工智能系统，利用激光雷达扫描仪和视觉传感器进行环境感知和重建，实现精确建图、准确避障和智能路线规划；可以为多个楼层完成所有这些工作，自行导航到家中的每个角落。	
长城物业	高空玻璃清洁机器人	清洁效率为 900 ㎡ /h，比人工清洁快 20 倍，清洁部位配备滚刷、盘刷、百洁布等多种清洁组件，清洁度能够达到人工清洁的 1.4 倍。	

资料来源：中指研究院整理。

安保领域，智能门禁系统以人脸识别、车牌识别等形式的智能硬件被大量采用，此外，新型的闭路电视监控系统能够全方位监控公共区域，部分高端项目还运用智能视频分析系统实现主动预警。例如，碧桂园服务的智慧停车道闸，能够借助智能道闸、车位引导及线上缴费等功能，使车辆进出更为顺畅高效，大幅提升了停车场的利用率与管理水平；万物云通过万睿科技打造了“黑猫系列”门禁系统。

表8-15　物业安保领域部分相关智能硬件及设备

企业名称	工具名称	突出功能亮点	实拍图片
万物云	黑猫系列	黑猫一号是以实现社区无人值守和保障社区安全两大需求为出发点，重点解决与平衡“通行速度、有效防尾随、人行安全保障”三大问题的人脸识别智能机器门；黑猫二号是社区、商圈停车场智能管家；黑猫三号是人行出入口无人值守智能门禁产品集。	
碧桂园服务	智慧停车道闸	实现车场一网统管、运营管控全面落实、业财一体化健康发展，同时提升满意度和一线效率，核心功能有：车辆授权管理、临停车辆管理、车场运营管理、车场配置管理、财务管理（支持多维度查看收单明细、推账明细、收费方式、发票记录等）。	

续表

企业名称	工具名称	突出功能亮点	实拍图片
中海物业	防尾随人行道闸	集成多重防夹、人脸识别、智能防尾随等，实现便捷通行、安全可控的远程值守一体化通行解决方案，业主无感通行，访客自助预约通行，适用于社区场景。	
融创服务	人脸识别与二维码通行门禁梯控	实现智慧系统在客户中的高效应用，进一步提高客户通行便捷度。	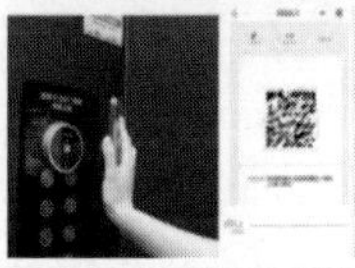

资料来源：中指研究院整理。

此外，能源管理系统实时监测水、电、气等能源的使用数据，通过分析优化，助力物业企业制定科学合理的节能策略，实现节能减排目标；智能快递柜为业主提供便捷的快递收发服务，解决了快递“最后一公里”的配送难题，也规范了快递存放管理；垃圾分类设备通过智能感应与语音提示，引导居民正确分类投放垃圾，推动环保工作深入开展；环境监测设备实时监测空气质量、温湿度等环境指标，为物业管理部门调整环境控制策略提供数据支撑；消防设备融合了智能烟雾感应、火灾报警与自动灭火等功能，在火灾发生时能迅速响应，最大程度减少损失。

这些智能化硬件设备相互协作、互为补充，共同构建起现代化物业管理的智能生态体系，为业主打造安全、舒适、便捷、高效的居住与工作环境，也促使物业企业在服务质量、管理效率与成本控制等多方面实现了质的飞跃，成为物业行业创新发展与转型升级的核心驱动力，引领行业迈向智能化、精细化运营的新时代。

从技术、组织、业务和战略四个层面进行评估，当前物管行业科技化建设处于完善期，该阶段，物企科技化所面临的问题不是“有没有”的问题，而是“好不好”“精不精”“管不管用”“适不适用”的问题。AI时代，物业服务的理论、方法、工具等都在快速变革，鉴于物企资源禀赋和业务边界的差异，适合企业实情的科技化建设路径才是最好的。头部企业追求通过科技赋能提升“广义市占率”，尝试构建创新商业生态联盟，中小企业则更加关注科技化建设与企业自身实际服务能力的匹配。

表8-16　　物业管理行业科技化建设维度与阶段

阶段与维度	认知期（2014—2019）	试水期（2020—2021）	发展期（2022—2023）	动态完善期（2023—至今）
战略层面	没有或者未开始做出努力进行科技化、科技化方向转型。	开始进行科技化转型探索，但仅限于战术层面，缺乏战略规划和顶层设计。	加快制定科技化战略与科技化策略，但除个别头部企业，一般企业仍着眼于解决短期问题。	拥有以科技化方式创新的整体战略，利用科技化的方式解决业务问题和实现商业价值。
业务层面	业务和技术的协同度低，业务和技术部门的科技化计划与企业战略脱节。	业务部门和技术部门尝试进行科技化、科技化协同，但未取得明显成效。	业务全局视角负责业务链，构建了支撑业务优化的数据链路闭环。	以人为中心打造智能协同体系，形成了人与人、人与事、人与物等之间的智能协同。
组织层面	没有或者未有计划在管理岗位设置科技化转型，缺乏科技化规划和执行相关人才。	有计划构建或专设科技化、科技化相关岗位。	招募或培养了科技化相关岗位人才，但部分人才尚不能完全匹配集团科技化转型需求。	从公司层面形成统一的科技化领导力，自上而下推动公司科技化转型。
技术层面	多渠道数据尚未打通和关联。	打通部分渠道或系统数据，但存在数据孤岛问题。	部分数据孤岛问题被突破，且能够基于业务需求进行数据分析和可视化展示。	建立了业务科技化体系，用数据驱动业务，实现业务的精细化运营。

资料来源：中指研究院。

头部物企现已实现科技化模块工具或整体解决方案的对外输出，形成了企业新的收入来源，并且此类收入通常锚定企业科技应用和转化能力而非传统的企业管理面积，因此，未来物业管理行业或将形成以企业整体收入规模为基础的“广义市占率”。但是，现阶段，物企科技业务的收入贡献并不亮眼。例如，2024 年上半年，万物云的科技业务收入再创新高，达 13.92 亿元，收入占比约 7.9%，并且实现了对硬件科技领域的客户结构优化，来自产业客户的收入占比达到 53.9%，开发商客户收入占比从之前的 55.4% 降低至 46.1%；绿城服务将科技服务定位为四大战略核心业务之一，并作为企业构建差异化产品体系、破局效率瓶颈的关键业务，2024 年上半年贡献收入约 1.59 亿元，占总收入比重约为 1.8%；世茂服务开展智慧场景解决方案业务，提供全屋智能设备、智慧停车及智慧通行等产品，2024 年上半年收入约 0.47 亿元，未来仍有巨大发展空间。

表8-17　　部分头部企业科技化工具的对外输出情况

企业名称	科技化工具输出情况
万物云	旗下“万睿科技”品牌，致力于提供智慧物业与智慧生活的产品与解决方案；万物云科技业务持续创收，2024 年上半年新拓展的客户包括国产智慧终端头部企业、全球化消费电子领先品牌、浙江知名产业服务品牌等，获得 13.9 亿元收入
碧桂园服务	旗下品牌“美房智高”，将以保洁业务为核心，以楼宇清洁机器人作为切入点，赋能行业科技化建设。2024 年，自主研发的全自动扫洗机器人产品“零号居民”量产上市，针对性解决当前物业行业保洁工作中的诸多痛点
绿城服务	针对合作伙伴、友商、政府输出智慧管理运营能力、智慧园区建设能力、智慧生活服务能力，提供全过程智慧化建设服务，根据需求提供定制化服务，2024 年上半年科技服务获得 1.47 亿元收入
中海物业	旗下品牌“兴海物联”成为智慧园区整体解决方案提供商，为客户提供“智慧园区顾问咨询—基于星启平台 + 自研软硬件的基础技术框架—全生态智慧园区解决方案—运营及增值服务”的全价值链服务
世茂服务	与商汤、浪潮等领先 IoT 厂商形成业务合作，输出物业管理场景软件，合作“朋友圈”扩容；2024 年上半年，开展多场景智慧化解决方案业务，获得收入为人民币 4730 万元，同比增长 84.0%

资料来源：中指研究院。

短期看，科技业务聚焦物企技术能力变现；长远看，未来头部企业的科技化建设可能聚焦于业务边界的极限延展及广泛生态联盟的构建，企业竞争力全面提升。随着增值服务赛道建设不断完善，头部物企在输出科技化工具的同时，能够沉淀海量数据，数据资源将成为头部企业优化业务和合作的“基础设施”。此外，在增值服务领域，头部企业可凭借科技应用能力与中小物企及供应链企业合作，形成新的竞争力。例如，雅生活服务携手华为、商汤科技等互联网巨头，就智能园区建设、智能城市运营、5G 技术应用等方面进行深入合作，探讨智慧城市立体解决方案；碧桂园服务打造的“碧彩商城”成为物业行业内最大的专业采购平台，平台共有 1000 余家供应商，120000 多种 SKU，交易金额 5.3 亿元。

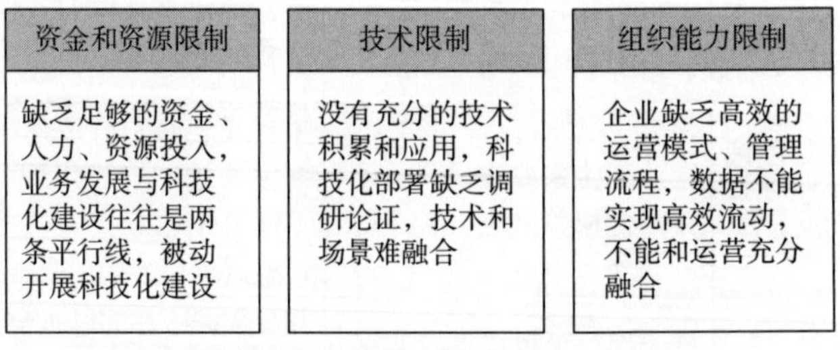

图8-33　中小物企科技化建设面临三个边界限制

资料来源：中指研究院。

中小物企在科技化建设过程中可能涉及业务流程的数字化改造、组织结构的精益化改革、技术替代的应用深化等多个层面，囿于资金、技术和组织能力三个边界限制，需强调科技化建设与实际服务能力相匹配。中小物企可优先选择开放式、可扩展的科技化底座技术，充分应用订阅式服务、轻量化产品，以实现高效、灵活且成本可控的科技化建设。

未来，中小物企科技化建设可以从以下五个关键步骤进行落实。第一，统一思想，从企业内部进行科技化认知及管理，认识到科技化能力将成为未来企业参与市场竞争的核心能力之一，紧跟行业趋势避免被时代淘汰；第二，理性评估，从科技化基础水平、企业经营管理现状、内外部转型资源等方面评估企业科学化建设价值，明确科技化建设优先级，根据评估结果制定具体的科技化转型实施计划；第三，塑造组织，建立与转型适配的组织架构和管理制度，建立科技化人才标准，打造科技化人才梯队，提升科技化人才的认知，深化跨部门沟通协作；第四，优化实践，动态调整科技转型策略，选择开放式、可扩展的科技化底座技术，充分应用订阅式服务、轻量化产品，对于缺乏IT专业人员的企业，可以选择SaaS服务，以减轻维护负担；第五，融入生态，积极对接行业龙头企业，加入行业协会或联盟，以便更容易获取行业内的最佳实践和技术支持，与智慧社区建设接轨，积极参加行业会议和展览，了解最新的技术和解决方案。

（五）资本市场：地方国资整合上市迎来契机，专业赛道民企获得认可

近年来，国资背景物业企业加速资源整合。国资背景物业企业所在集团在考虑物业资源整合的必要性和可行性前提下，将集团体系内的园区、办公楼、酒店、工程管理、城市服务等与物业关联度高、协同性强的板块整合到物业板块。资源整合后的新主体多以登陆资本市场的方式实现进一步发展。2024年内有两家物业公司在港股上市，均为国企，分别是泓盈城市服务和经发物业。以泓盈城市服务为例，通过资源整合，旗下主要运营子公司有城发物业、城投物业、园林公司、停车场公司、照明公司、城发商管、城发星家、城发资产等，经过物业重组后，泓盈城市服务成为兼具物业管理、城市服务、商业运营综合管理的城市运营服务提供商，特色鲜明，优势突出。

表8-18　泓盈城市服务主要整合板块

子公司名称	成立时间	主营业务
城发物业	2005年11月	泓盈城市服务的全资子公司，主要从事物业管理服务
城投物业	2013年11月	泓盈城市服务的全资子公司，主要从事物业管理服务
园林公司	2001年2月	泓盈城市服务的全资子公司，主要从事园林绿化及工程服务
停车场公司	2003年9月	泓盈城市服务的全资子公司，主要从事停车场运营及管理服务
照明公司	2022年3月	泓盈城市服务的全资子公司，主要从事照明系统运营及维护服务
城发商管	2017年4月	泓盈城市服务的全资子公司，主要从事商业运营服务
城发星家	2017年2月	泓盈城市服务的全资子公司，主要从事商业运营服务
城发投资	2011年6月	泓盈城市服务的全资子公司，主要从事商业运营服务

资料来源：泓盈城市服务招股书，中指研究院整理。

照此趋势看，未来，地方国资物业公司整合资源，登陆资本市场仍将持续。截至2024年11月底，资本市场共有16家国资物业公司。国企上市历程主要经历了三个阶段：2018年及以前为关注期，IPO市场国资物企身影并不多见，仅2015年中海物业在港股上市。2019—2021年是国企上市的热潮期，3年内共

计10家国企上市。2022年以后，行业IPO市场热度下降，但国企迎来了战略机遇期，2022年共5家物企登陆港股，其中有3家是国企；2023年，珠江服务完成重组；2024年至今，2家地方国企登陆港股，分别为经发物业和泓盈城市服务，国资背景物业公司成为IPO市场主力。

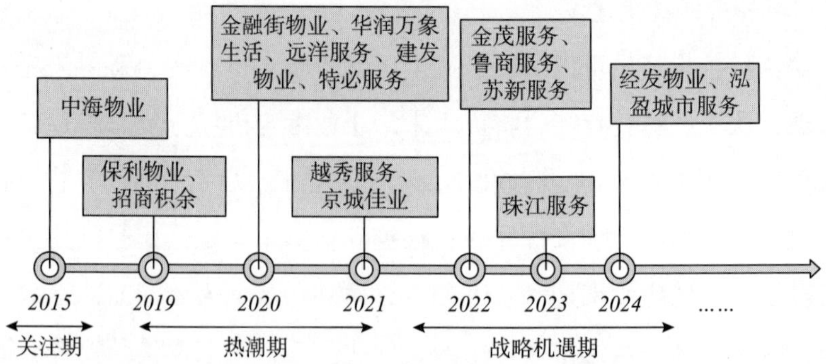

图8-34　2015—2024年国有物业服务企业上市情况

资料来源：中指研究院。

民营物业企业虽然受房地产开发市场影响较大，但部分上市民企借助上游调整机会，通过独立市场拓展、品牌焕新、业务独立发展等多种方式摆脱关联方依赖，持续巩固自身优势，关联方交易收入占比呈现下降趋势。如碧桂园服务来自关联方的收入占比在原来低位基础上，实现了持续下降，从2022年的5.8%下降至2023年的3.1%，2024上半年进一步下降至1.3%。同时，具备专业服务能力和特色服务优势的民营企业迎来发展契机，不断为行业开辟更多细分蓝海市场。近两年，在资本的驱动下，行业竞争愈演愈烈，各种新赛道不断涌现，诸如高端服务、绿色物业等细分市场空间逐步打开，打造出差异化的产品定位和特色服务内容。如上市公司绿城服务、滨江服务等企业是高端物业服务的典型代表，凭借高服务品质、高满意度水平、高标准服务体系，赢得了市场和业主的认可。

（六）行业政策：促消费下，鼓励为主，关乎民生，谨慎出台

根据中共中央政治局会议的部署，提振消费、扩大内需被放在了2025年工作的首位，显示出政策对消费的重视程度提升到了新的高度。2024年以来，国家出台一系列促进消费升级的政策。如2024年8月，国务院印发《关于促进服务消费高质量发展的意见》，提出了6方面20项重点任务，其中包括挖掘餐饮住宿、家政服务、养老托育等基础型消费潜力，激发文化娱乐、旅游、体育、教育和培训、居住服务等改善型消费活力等，为物业企业发展“物业服务+生活服务”模式提供支持。2024年11月，民政部等24部门联合印发《关于进一步促进养老服务消费，提升老年人生活品质的若干措施》，在拓展养老服务消费新场景新业态方面，提到要持续发展“行业+”养老新业态，支持养老服务与物业、家政、医疗、文化、旅游、教育等行业融合发展。

促消费政策影响深远，不仅涉及短期的经济刺激，也关乎长期的经济结构调整和消费升级。政策的实施需要多方面的配合和持续的努力，以实现消费市场的持续健康发展。对于物业管理行业而言，与政策相关的消费场景非常丰富，不仅体现在基础物业管理服务中，而且对团餐、零售、养老、教育、旅游、家政等各类生活消费都有重要推动作用。预期未来将会出台更多鼓励物企开展“物业+生活”服务的政策，推动行业发展，为企业发展多元业务提供契机。

值得一提的是，2024 年，普通住宅前期物业费指导价格政策在多个城市和地区出台。虽然引发热议，但是物业费指导价格的提出以及制定很早就出台过相关政策，并非新政。比如重庆市住宅物业费 1~1.9 元 / 平方米 / 月的标准，在渝府办发〔2015〕36 号文《重庆市物业服务收费管理办法》的配套文件中就已经出现，并非新规定；青岛市发改委于 2019 年印发了《关于公布〈青岛市普通住宅物业服务等级标准〉的通知》（青建办字〔2019〕58 号），规定了物业费指导价基准并明确物业服务等级的划分标准。

既然住宅前期物业服务费指导价并非首次出现，并且部分地区 2024 年出台的政策中指导价并未调整，为何物业费问题在 2024 年引起了较大的风波，成为社会民生热点话题？首先，从政策的披露层面看，2024 年限价政策措辞更加严格和正式，如重庆市重新修订的《重庆市物业服务收费管理办法》（渝府办发〔2023〕104 号）以及 2024 年 3 月价格主管部门发布的《重庆市政府定价的经营性服务收费目录清单（2024 版）》，明确列出住宅前期物业费 1~1.9 元 / 平方米 / 月的标准，且并未做出任何解释；青岛市城阳区的《关于对普通住宅前期物业服务收费超出政府指导价进行自查整改的通知》表明了要自查、整改的态度；武汉市江夏区还专门启用了远城区住宅物业费定价权，规定了低于《武汉市民生收费标准目录清单》中物业费标准的价格。其次，当前经济正处于结构调整和转型升级的关键时期，部分群体对未来预期持谨慎态度，消费市场潜力有待进一步释放，民众在面对生活成本时表现出一定的压力，对价格问题的敏感程度提高，而降低物业费就是真正节省生活成本。最后，政策出台或执行的时间较为集中，产生一定的叠加效应，一时间热度较高，甚至出现了“取消物业”的舆论。

表8-19　2024年度各地区普通住宅前期物业费指导价格政策影响

城市 / 区域	微观层面（业主和物业公司）	宏观层面（当地物管市场）
重庆市	业主：成立业委会、临时业主大会降低物业费；拒绝缴纳物业费现象严重。 物业公司：绝大多数企业并未主动降低物业费价格；极个别项目主动降价；法律程序收缴物业费情况增加；很大程度上影响项目运营。	物业企业与业主之间呈僵持状态；政府并未对物业费调价采取强制“一刀切”的方法，最近专家组在介入和评审，正在完善补救措施，拟定新政策。
银川市	业主：降费幅度较大的项目，业主认为先前存在暴利，降低后的价格也不是低价，对物业的诚信产生怀疑。 物业公司：中海、万科、建发等物业企业的 63 个小区，在党建引领下于政策正式实施前主动降低物业费；但很多项目降价影响了企业运营项目的积极性。	通过党建引领，协调降费问题；加强服务标准认定、信用管理及监管，对不履责物业企业坚决清退。
青岛城阳区	业主：部分小区因未按规定下调物业费导致业主以此为由拒交物业费；关于物业公司服务差、降低物业费等问题的投诉普遍。 物业公司：降价的物业企业多为中小规模企业，大型企业基本没有降价；部分企业因降低物业费导致运营困难，出现了降薪、裁员问题。	政策出台后，各种关于物业费降费问题的投诉成为青岛主要民生问题之一；已降价的物业公司执行新的服务标准，可能会影响服务质量。
武汉江夏区	业主：对高物业费抵触情绪大，拒缴物业费现象普遍。 物业公司：江夏区部分头部企业项目应业委会要求被迫降价；其他行政区不少企业主动提出降价。	降价迫使企业进一步压低成本，服务质量受影响；对其他行政区产生影响，新洲区或将出现政策跟进。

资料来源：中指研究院调研并整理。

物业费“一刀切”能否解决市场问题？本报告认为，物业费的高低悬殊，价格区间较大，影响因素非常多，包括但不限于地理位置、楼盘定位、项目楼龄等。尤其在“商品房预售管理制度”下，开发商在预售前就已经选定物业公司，签订前期物业服务合同并确定价格，这就导致前期物业费很大程度上与项目竣工、业主入住后的物业服务品质关联度不高，业主在买房的时候多为被动接受，并没有实质的选择权和议价权。

历史上，由于住宅物业服务费存在一定的价格刚性，有一些楼龄较老的项目虽然十几年、二十年没涨过物业费，但人工成本、物价水平多年来渐渐提高，使物业管理产生压力。因此，新楼盘直接定下较高的物业费以应对价格刚性带来的不利。但当项目交付后，物业管理服务并没有拿出清晰的服务标准，服务价值与高昂的物业费严重不符，这也是“物业费降价争端”多发生在楼龄较新项目的主要原因之一。

既然现实中每个项目的情况和特点并不相同，物业费指导价“一刀切”的政策恐怕很难应用于所有项目。非市场化的物业费定价有碍行业高质量发展，物业企业服务质量与价格匹配，是行业市场成熟与进步的重要标志。营造质价相符的市场环境，是行业良性发展的关键。只有真正做到“质价相符”，物业管理市场才能良好有序运转，业主与物业公司之间的问题才能得到缓和。

物业费指导价政策对市场的影响也带来了许多启示。第一，“限价”行为干扰了“市场调节”功能，不利于从根本上确立“质价相符”的定价机制；第二，“限价”扰乱物业服务企业正常的项目运营，甚至影响到物业服务质量和业主满意度水平；第三，物业费“一刀切”政策短期内反而引发了一定程度的市场混乱，未发挥政策本意的积极作用；最后，从长远看，建立质价相符、良性互动的市场机制是不能通过简单的“一刀切”来实现的。当前，各地区物业管理市场面临的问题有相同之处，也有不同之处，重点在于如何结合本地区物管市场的特点建立好的机制，如何更好规范市场秩序，建立“质价相符”的市场环境，解决行业的现实问题，而不是盲目跟进“限价”政策。

附录：2024 主要区域、省市物业服务市场地位领先企业

2024 年，物业服务企业锚定高质量发展目标，以高品质服务为抓手，不断打磨服务细节，提升客户满意度，同时把握市场趋势，关注多元业务发展机遇，不断创新，谋求更广的发展空间，持续为企业可持续发展夯实基础。在此背景下，中指研究院秉承公正、客观、全面的原则，基于科学的方法体系对全国各大区域及部分省市优秀物业服务企业、标杆项目及品质物管“好小区”等项目进行综合研究，梳理、总结优秀企业及项目在经营绩效、业务布局、服务质量、项目管控等方面的实践情况，树立行业典范，进而稳步提升行业服务水平，为行业长久、高质量发展奠定良好的基础。

1. 重点区域物业服务市场地位领先企业

表8-20　粤港澳大湾区物业服务市场地位领先企业

排名	企业	排名	企业	排名	企业	排名	企业	排名	企业
1	碧桂园服务	21	佳兆业美好	41	天安运营	61	午越物业	81	德诚物业
2	雅生活集团	22	特发服务	42	港联物业（中国）	62	龙湖悦享智慧	82	开物物业
3	长城物业	23	方圆现代生活服务	43	中集物业	63	绿清生活服务	83	新城物业
4	华润万象生活	24	葆力物业	44	万厦世纪	64	盛世嘉物业	84	荣超物业
5	越秀物业	25	明喆集团	45	光大物业	65	荟享物业	85	京基物业
6	招商积余	26	广晟服务	46	高力国际	66	鹏基物业	86	永升服务
7	金地智慧服务	27	粤海物业	47	中國國信服務集團	67	朗华国际	87	德源物业
8	时代邻里	28	天健城市服务	48	深城投物业	68	凯云智慧服务	88	香江物业
9	珠江城市服务	29	广州城投物业	49	广东钧明物业	69	星河湾物业	89	城脉物业
10	康景物业	30	国贸物业	50	恒基物业	70	嘉昱物业	90	中竣物业
11	深业运营	31	万达商管	51	第一亚太	71	百利行服务	91	振粤物业
12	华发物业	32	九洲服务	52	莱蒙物业	72	中保维安绿清服务	92	信勤物业
13	天力物业	33	中奥到家	53	抱朴物业集团	73	超港服务	93	永红源物业
14	敏捷物业	34	鸿荣源物业	54	中旅城市服务	74	企生活物业	94	特科物业
15	彩生活服务集团	35	深华物业	55	汇景物业	75	格力地产物业	95	龙宇物业
16	美置服务集团	36	远洋服务	56	珠光物业	76	金管家物业	96	正方物业
17	海伦堡物业	37	侨鑫物业	57	绿城服务	77	科悦物业	97	为之物业
18	莲花物业	38	宏发物业	58	赤湾物业	78	天誉物业	98	海颐服务
19	星悦康旅	39	中建四局城服公司	59	东鸿物业	79	新城悦服务	99	盛扬物业
20	实地智慧服务	40	世茂服务	60	颐和物业	80	红树林物业	100	新洲城物业

表8-21　西部区域物业服务市场地位领先企业

排名	企业	排名	企业	排名	企业	排名	企业	排名	企业
1	金科服务	11	俊发七彩服务	21	渝地康田物业	31	安信物业	41	优品道物业
2	新大正	12	邦泰智汇生活	22	阳光物业	32	智汇佳服务	42	南宁轨道智慧生活服务
3	融创服务	13	鸿园物业	23	贵阳物业集团	33	国瑞智慧服务	43	朵力物业
4	东原仁知服务集团	14	融汇悦生活	24	云南城建物业运营集团	34	彩生活丨福来物业	44	赛迪物业
5	中天城投物业	15	德商产投服务	25	重庆通邑	35	滨江鼎信物业	45	祥佳物业
6	新希望服务	16	绘生活服务（巨和物业）	26	万怡物业	36	渝开发物业	46	海成生活服务
7	华宇优家集团	17	和泓服务丨贵阳兴隆物业	27	数智安防	37	万景汇服务	47	中铁康养物业
8	蜀信物业	18	银海物业	28	秦渝物业	38	欣和逸居物业	48	伊顿物业
9	合达联行	19	新隆信物业	29	金瑞企服	39	重庆经开物业	49	中房物业
10	华保盛集团	20	澜沧江物业	30	春城财富物业	40	云投物业	50	旭高物业

表8-22　华东区域物业服务市场地位领先企业

排名	企业	排名	企业	排名	企业	排名	企业	排名	企业
1	绿城服务	11	瑞森生活服务	21	东湖物业	31	奥克斯物业	41	天翔物业
2	雅生活集团	12	远洋服务	22	弘阳服务	32	苏新服务	42	彩虹物业集团
3	招商积余	13	豫园复悦生活（高地）	23	中铁诺德物业	33	金服集团	43	中能未来智慧城市服务
4	长城物业	14	德信盛全服务	24	大华服务	34	大家服务	44	鸿城服务
5	碧桂园服务	15	复医天健	25	朗诗绿色生活	35	临港物业	45	湖城投物业
6	滨江物业	16	古北物业	26	东吴服务产业集团	36	华创生活	46	新天地服务
7	新城悦服务	17	正荣服务	27	永旺永乐服务集团	37	锡铁科技	47	绿坤服务
8	融创服务	18	华润万象生活	28	中建东孚物业	38	绿城发展服务	48	建屋物业
9	陆家嘴物业	19	融信服务	29	众安智慧生活	39	中天美好服务	49	综保产服
10	南都物业	20	苏宁银河物业	30	中信泰富物业	40	书香服务	50	彩生活丨同涞物业

表8-23　中部区域物业服务市场地位领先企业

排名	企业	排名	企业
1	建业新生活	6	联投城市运营
2	保利物业	7	惠之美集团
3	长城物业	8	武汉城市服务集团
4	康桥悦生活	9	中建壹品物业
5	华润万象生活	10	百步亭物业

表8-24　京津冀区域物业服务市场地位领先企业

排名	企业	排名	企业
1	京城佳业	6	荣万家生活服务
2	中海物业	7	华润万象生活
3	保利物业	8	北京建工物业
4	金茂服务	9	晶龙物业
5	远洋服务	10	中铁诺德

物业服务企业充分发挥区域优势，不断加码核心区域业务布局，以优质服务铸就卓越口碑，全面提升本土市场竞争力。

招商积余是招商局集团旗下从事物业资产管理与服务的平台企业，明确了“12347”发展战略，以建设“中国领先的物业资产管理运营商”为目标，创新打造“沃土云林”商业模式。招商积余上海公司以自身成熟的服务标准、专业能力、智慧化与科技应用能力，为商业、企业、政府、高校、园区、高端住宅等客户提供全业态、全价值链、全场景的高品质服务。

新希望服务作为西部领先、深耕成都的综合物业管理企业，核心围绕“资产增值保值”与“生活安心美好”，为中高端住宅、商写办公楼等多种业态提供物业服务、资产管理、团餐服务、生活服务等民生服务系统解决方案。

贵阳物业集团围绕“一主一特”产业格局及“4+N”业务架构，致力于科学化、精细化、智慧化发展；持续践行“以人为本 客户至上 以情服务 用心做事”的服务理念，不断优化服务品质，创新服务模式，深化服务内涵，为业主提供全方位、多层次的品质服务。

欣和逸居物业秉持“做温馨物业人，创高品质服务”宗旨，创新实施“数·智·互联物业管理模式”，提供多元化优质服务体验，树立“逸居生活服务商”运营品牌；坚持以价值管理理念，通过打造“4S”体系持续推动公司从“物业管理”向“价值服务”战略升级。

绿城发展服务，传承绿城“真诚、善意、精致、完美”的核心理念，致力于为更多城市提供全生命周期的美好人居综合服务；通过不断拓宽服务广度，丰富服务深度，增强服务温度，努力构建起与业主之间“是家人，更是伙伴”的新型服务关系，打造幸福美好生活。

北京中海物业管理有限公司成立于1999年1月，是中海物业集团有限公司的全资子公司，承接管理北京、天津、内蒙古、山西、河北等地各类全委物业项目，为政府公建、民用住宅、学校、医院、商业、产业园等业态提供不动产全生命周期服务，满足各类客群需求，以“全心奋进每一天”的企业精神践行“好时节 好物业 好社区”的品牌主张。

晶龙物业有限公司成立于2003年，注册资本1亿元，服务类型包括住宅物业（洋房、高层等）、商业物业（写字楼、工业园、酒店等）、公共服务业（学校）、公益性物业（医院、博物馆）等众多业态；致力于推进智慧物业建设，充分挖掘“互联网+物联网”的科技应用，让办公、社区、家庭、园区都智慧起来。

2. 重点省市物业服务市场地位领先企业

表8-25 重点省市物业服务市场地位领先企业

排名	上海	重庆	天津	江苏	山东
1	绿城服务	金科服务	融创服务	招商积余	明德物业
2	招商积余	融创服务	绿城服务	中海物业	鲁商服务
3	陆家嘴物业	天骄智慧服务集团	保利物业	瑞森生活服务	中海物业
4	上实服务	东原仁知服务集团	远洋服务	苏宁银河物业	华润万象生活
5	东湖物业	华宇优家集团	天力物业	弘阳服务	润华服务
6	古北物业	华润万象生活	格调物业	东吴服务产业集团	万物云
7	豫园复悦生活（高地）	长城物业	天房物业	朗诗绿色生活	保利物业
8	复欣物业	渝地康田物业	华厦物业	永旺永乐服务集团	碧桂园服务
9	大华服务	融汇悦生活	天津城投物业	苏新服务	世茂服务
10	中建东孚物业	招商积余	天津中建物业	彩生活服务集团	绿城发展服务
排名	浙江	河南	福建	海南	成都
1	绿城服务	建业新生活	万物云	碧桂园服务	保利物业
2	滨江物业	康桥悦生活	融信服务	绿城服务	华润万象生活
3	招商积余	正弘物业	世邦泰和物业	雅生活集团	新希望服务
4	南都物业	亚新服务	正荣服务	海南物管	中海物业
5	德信盛全服务	万盈服务	金地智慧服务	保利物业	蜀信物业
6	银亿物业	恒达物业	联发物业	海南鲁能物业	合达联行
7	大家服务	乐享服务集团	国贸服务	中海物业	招商积余
8	宁波城广物业	信原物业	融侨物业	珠江格瑞	德商产投服务
9	绿城发展服务	中成物业	住总物业	富力物业	中铁建物业
10	彩虹物业集团	玖邻好生活	华创生活	时代东康	彩生活服务集团

续表

排名	郑州	昆明	洛阳	贵阳	新乡
1	正商服务	俊发七彩服务	绿都智慧服务	中天城投物业	绿都智慧服务
2	绿都智慧服务	鸿园物业	碧桂园服务	和泓服务丨贵阳兴隆物业	建业新生活
3	亚新服务	银海物业	中成物业	碧桂园服务	碧桂园服务
4	碧桂园服务	绘生活服务（巨和物业）	绿城服务	中铁建物业	润泽万家
5	万盈服务	澜沧江物业	润达物业	贵阳物业集团	永升服务
6	保利物业	云南城建物业运营集团	天健物业	贵州绿地物业	忆通物业
7	万厦物业	春城财富物业	今典物业	保利物业	诚诚物业
8	中海物业	云南城投物业	保利物业	欣和逸居物业	格瑞斯物业
9	长城物业	云投物业	鑫园物业	美置服务	华龙新生活
10	伟业慧生活	保利物业	佳澜物业	深盛佳物业	星海物业

物业服务企业继续探索高潜力城市，从本土需求与当地特色出发，凭借丰富的管理经验和优质的服务，持续渗透重点城市，做深本土市场，做广增值服务，提升企业经营业绩的同时，提高市场品牌影响力，为企业长久发展奠定基础。

四川保利物业入蓉十六载，由单一住宅项目拓展到现在的住宅、商办、公服等多种业态，在品质服务、市场拓展、模式创新、人才管理等方面持续发力，推动服务升级转型，走综合多元的高质量发展之路，为美好生活注入服务力量。

康桥悦生活在“一三四五”战略的指引下，住宅、商管、城服三大产品线协同发展，持续打造核心竞争力，秉承红色物业理念，以党建为引领，以服务为核心，以文化为纽带，推动社区治理创新和服务升级，致力于成为卓越的美好生活与智慧城市服务商。

正弘物业以“产品 + 服务”标准化打造为核心，构建新质服务力模型，持续输出“专业、有品质、有温度、有情怀”的物业服务品牌；坚持以客户体验为中心，以服务信任为支点，持续从服务深度和广度上优化提升。

世邦泰和物业坚定稳健发展步伐，践行持续有效的战略迭代，聚焦核心城市和优势区域，深耕市场，韧性生长。秉承着“专筑您的感动”的关键价值主张，世邦泰和物业深耕客户，深耕服务，依托于对客户感受的洞察，着眼细节，不断夯实服务机制及服务标准的落地，深挖服务潜能，提升服务效能，以全面而完善的客户服务体系，实现服务的自我迭代与升级。

绿都智慧服务，坚持“以员工为中心、以客户为中心”的经营理念，秉持“都享智慧 +”服务理念，“诚就美好生活”服务导向，遵循客户需求驱动和客户价值导向，将“成为值得信赖的城市综合服务商”作为服务愿景，围绕中原和长三角城市群，深耕打造中高端服务品牌。

3. 部分省市物业服务满意度领先企业

表8-26　部分省市物业服务满意度领先企业

北京	上海	重庆	广东	山东
中海物业	绿城服务	金科服务	碧桂园服务	绿地泉服务
保利物业	陆家嘴物业	天骄智慧服务集团	时代邻里	中海物业
天力物业发展北京区域公司	招商积余	渝高物业	招商积余	绿城服务
远洋服务	古北物业	融汇悦生活	粤海物业	融汇悦生活
丰汇物业	东湖物业	天力物业发展	敏捷物业	济宁城投服务集团
四川	**福建**	**辽宁**	**苏州**	**贵阳**
保利物业	世茂服务	金碧物业	综保产服	中天城投物业
新希望服务	世邦泰和物业	碧桂园服务	招商积余	中铁建物业
邦泰智汇生活	融侨物业	保利物业	永旺永乐服务集团	和泓服务丨贵阳兴隆物业
合达联行	融汇悦生活	华润万象生活	苏新服务	碧桂园服务
彩生活丨宏鹏物业	华创生活	招商积余	建屋物业	中海物业

物业服务企业愈加重视服务质量，从服务设计入手，结合客户需求与反馈，不断调整服务细节；同时深化数字化建设，全方位监控服务品质，提高响应效率，全面提升项目管理水平，进一步优化客户体验，提高客户满意度，赢得更多认可。

北京中海物业秉承“精细、专业、诚信、和谐”理念，坚守“物有所依，业有所托”承诺，通过高标准管理和以“管家中心”为核心的服务体系，快速响应业主需求；实施“安全管理品质提升365计划”，确保全年无间断守护；丰富社区文化活动，营造“居有所乐”氛围，与属地社区共建5分钟邻里文化生活圈，全力提升业主幸福感。

天力物业发展北京区域公司以北京为核心城市大本营，业务范围覆盖河北、辽宁、黑龙江三省重要城市40余个项目，涵盖大型社区、超甲级写字楼、高端公寓等多种业态，以“共创美好，共筑友邻幸福家”为使命，以“关注服务细节 贴近客户感受”为服务理念，点亮城市里的和谐美好生活。

融汇悦生活作为国内领先的复合大盘管理服务提供商，建立起高品质全方位的服务体系，秉承“礼遇”服务，不断探索城市居住模式和城市经济良性发展模式，为客户带来有品质、有智慧的匠心服务。

金碧物业沈阳分公司以客户需求为核心，快速响应并解决问题；注重安全管理，提供24小时不间断守护；打造整洁舒适的居住环境，实施精细化清洁管理；举办丰富社区活动，营造和谐氛围。这些举措共同提升了业主的居住体验，增强了满意度与幸福感。金碧物业通过专业高效的物业服务赢得了广泛好评。

综保产服，深耕产业园综合配套服务，在发展中形成具有综保特色的企业文化生产力，以产业配套服务集成商为发展定位，建立了全面覆盖业主方、入驻企业及员工服务需求的三大服务体系。秉承“一切以客户需求为导向”“尽管不是无所不能，为您竭尽所能”“用心极致，满意＋惊喜”的服务理念，全力为客户提供综合性服务解决方案，助力产业成长，致力成为中国卓越的现代服务外包企业。

4. 特色运营优秀企业

表8-27 中国专项物业服务优秀企业

专业服务	企业
住宅物业	华安服务
保障房物业	振业城服
产业园区物业	晶龙物业
城市服务	山西建投城市运营集团
	中建四局城服公司

物业服务企业根据自身优势与发展特色，结合市场趋势，因地制宜创新业务，不断拓展服务业态与服务内涵，助力企业快速成长。

华安服务始终以业主为中心，坚持打造“5H”幸福住区体系，以阳光37℃社区为平台，通过公司“7+5+3”业务管控机制，实现业主自发参与、互助共享和全龄化、全生命周期园区管理，建设社区文化互动兴趣平台，打造有温度的幸福园区。

深圳市振业城服公司将与深圳大学合作，通过传感器和仪控技术赋能智能保障房管理、智能安防、智慧工地、智慧物业等领域，共同推动我国房地产经济高质量发展，给保障房业户带来更多数字化、智能化的“好房子”体验。

山西建投城市运营集团有限公司，深度布局城市综合运维服务与城市及片区综合体招商运营市场，秉持“一城一策、城乡统筹”的先进理念，全方位覆盖城市服务的各个角落，切实为城市居民打造便捷、舒适、安全的生活环境，为城市可持续发展筑牢根基，充分彰显了其城市服务的全面性与引领性。

表8-28 中国红色物业服务优秀企业

区域及省市	企业
西部	和泓服务丨贵阳兴隆物业
	渝地康田物业
广东	珠江城市服务
	广晟服务
浙江	大家服务
	彩虹物业集团
	鸿城服务
河南	康桥悦生活

物业服务企业坚持党建引领，不断将红色物业理念融入物业服务，积极听取群众意见，持续化解项目管理中的痛点与难点，加速实现共建共治共享的治理新格局。

大家服务坚持以业主满意度为核心，打造多维度服务矩阵，开展住宅服务、案场服务、商写服务和未来社区运营等核心业务内容，在品质服务“精度”上下足功夫，彰显以红色物业赋能基层治理的决心，以亲情服务体系打造美好生活场景，以真诚初心和至诚行动构筑幸福生活。

彩虹物业集团秉承“为城为民 用心用情”的初心，坚持“以党建为引领 打造红色物业”，不断深化共建共治共享的基层社区治理模式，积极推进“三方协同 五方共治”，围绕“强社惠民”、打响“七彩党建”品牌，激发红色活力，增强广大业主的参与感和满意度，为小区注入能量，打造幸福美好家园。

鸿城服务深化“红色物业”建设，按照“双向进入、交叉任职”的模式将党建班子与企业管理层高度融合，让党组织与行政架构“无缝对接”，并建立“业务与党建融合发展”的宗旨，全面贯彻“党建+业务”“党建+条线”“党建+服务”融合理念，以党建之力凝聚服务之美，为中国式现代化海宁新篇章贡献力量。

表8-29　　中国物业服务优秀运营企业

企业	运营特色
融创服务	重庆市物业服务质量领先
新隆信物业	党建+暖服务
碧桂园服务云南区域	云南省物业服务市场地位及满意度领先企业
彩生活丨达尔文国际酒店物业	北京市物业服务市场地位领先企业
新日月生活服务集团	科技创新领域
中电建物业	电力能源专项服务
高力国际	不动产 ESG 服务优秀企业
金宁物业	遵义市物业服务质量领先企业
九洲服务	IFM 服务、文旅生态服务
朗华国际	粤港澳大湾区工业产业园物业服务领先企业
普罗物业	宁波市物业服务品质领先企业
万盈服务	河南省商办物业服务领先企业
武汉临空港物业	湖北省国有物业服务优秀企业
易亨物业	北京市服务质量领先企业
智达物业	团餐优秀服务商
春城财富物业	特色文旅康养

物业服务企业在竞争激烈的市场中，持续探索自身发展特色，在做好服务品质的同时，打造更多元、更丰富、更专业的服务，形成企业独特的亮点，彰显品牌特色。

新隆信物业秉承集团“中国共产党的好学生、政府的好帮手、业主的好朋友”角色定位，创新“一心六翼”红色物业建设模式，将基层党建与物业服务紧密结合，通过党建引领和多方联动，解决社区治理和物业管理服务的难点、痛点、堵点，提升社区治理水平；深化小区协商共治机制，构建社区党组织、物业企业、居民委员会与业主委员会“四位一体”的社区基层治理格局，增强居民的获得感、幸福感、安全感。

新日月生活服务集团凭借创新性的科技解决方案，持续推动数字化转型，运用先进的技术手段提升物业管理效率，为业主提供更加智能化、便捷化的服务。公司将继续保持创新动力，以领先的技术实力服务好广大客户。

宁波普罗物业成立十年，是一家专业化、规范化运作的物业新锐企业，专心钻研专业化酬金制物管服务，倡导更有品质、更具价值的生活。宁波普罗物业数年精耕细作，始终专注为“江山万里”品牌提供高品质人居配套服务，构建大型社区、精品住宅和国际商务中心等多元地产业态，以提升其产品的附加价值和塑造企业品牌为己任。

智达物业依托标准化管理手段和专业的餐饮服务团队，根据客户的多元化需求提供多场景团餐服务，形成了独特的餐饮+物业的运营管理模式。

5. 部分城市物业服务标杆项目

表8-30 部分城市物业服务标杆项目

北京	深圳	广州	成都
天力物业发展北京区域公司—爱丁堡公馆	中海物业—中国海外大厦	中海物业—中海花湾城	新希望服务—D10 天府
诺德物业—诺德·春风和院	卓越商企服务—卓越宝中时代广场	金地物业—金地壹粤府别墅	蔚蓝城市物业—蔚蓝卡地亚花园城
天力物业发展北京区域公司—星光家园	深业运营—深业上城城市综合体	金碧物业—金碧华府	保利物业—保利·天悦
融创服务—融创使馆壹号院	长城物业—凤凰英荟城	时代邻里—广州黄埔时代天韵	德商产投服务—德商迎晖天玺
绿城服务—绿城西山燕庐	力合物业—深圳清华大学研究院新大楼	和融物业—兰亭盛荟	智荟生活公司—天府海创园
郑州	**佛山**	**昆明**	**惠州**
正商服务—正商国际大厦	碧桂园服务—乐从碧桂园	俊发七彩服务—逸天峰	碧桂园服务—惠东十里银滩B区
正弘物业—正弘世玺中心	时代邻里—佛山时代创客小镇	巨和物业—安居家园	龙湖物业—龙湖雅居乐·春江紫宸
亚新服务—亚新广场	美置服务—美的鹭湖森林度假城	银海物业—银海·樱花语	保利物业—惠州保利天汇
绿都智慧服务—绿都广场	中國國信服務集團—君御海城	招商积余—雍和府	招商积余—招商·依山华府
鑫苑服务—鑫苑国际中心	广东钧明物业—三水钧明汇	城建物业—湖畔之梦	万科物业—万科文瀚花园

物业服务企业愈发关注项目实践，不断考察项目服务标准落地情况，并根据客户反馈打磨服务细节，打造标杆项目，推广学习，充分发挥典范作用，全面提升项目管理水平，增强客户满意度，提高品牌影响力。

爱丁堡公馆小区位于北京市朝阳区，隶属三里屯商圈，北临使馆区，南靠CBD商务区，是三环内集休闲、娱乐、商务、运动四大功能为一体的高档豪宅。项目服务团队精益求精，品质持续提升，打造高品质服务住宅项目典型样本。

星光家园项目位于北京市朝阳区，优越的位置、优美的环境、高品质的配套设施和高端的业主群体是项目特点。为了实现高品质生活，项目全面升级基础服务，展开更多样的社区文化服务，为业主提供邻里和谐交流的平台。

卓越宝中时代广场，项目本体由2座甲级写字楼及3座裙楼商业连接构成，是一座集办公、商业为一体的商务综合体。项目推出国际金钥匙24小时服务体系标准，一站式体验卓越E+商务服务体系，拥有一支高素质客服团队，旨在为客户提供专业化、标准化、有温度的高质量服务。

被誉为“网红”项目的凤凰英荟城项目位于深圳市光明凤凰城片区，项目属于市级保障性住房项目，从设计到建造的全过程综合应用了绿色、智慧、科技的装配式建筑技术，集成应用国内8位院士的研究成果，运用一系列顶尖前沿建造技术，打造新时期建设领域践行新发展理念的国家示范工程和标杆工程，获得了多项国家级、省部级奖项。

成都智荟生活服务有限公司是四川天府新区管委会下属大型国有独资企业——成都天府新区投资集团有限公司下属全资子公司，是天府新区物业协会会长单位。天府海创园坐落于成都科学城核心区域，构建了多层次、多维度、全周期的园区产业创新服务生态，聚集实验室、校院地、高能级企业及高技术服务四大集群，串联科学城资源，打造政务服务、产业服务及生活服务三大配套，塑造公园城市生活场景，促进生态与产业融合。

佛山乐从碧桂园新城之光花园项目致力于通过细致入微的物业服务，为居民打造安全、舒适、绿色的高品质居住环境。为业主提供全天候服务，确保即时响应业主需求；提供专业维护，保持设施完好；提供安全保障，24 小时监控，每 2 小时重点区域巡逻；保持清洁，垃圾定时清理，电梯日常保养，定期打蜡；维护绿化管理，绿化率超 30%，定期修剪植物，并实施草坪维护、花卉布置和园林建筑保养。

巨和物业秉承“以尊贵的顾客为服务对象，以完美的环境为创建目标，以规范的管理为服务依托，以社会的需求为提升源泉”的服务理念，坚持“党建 + 物业服务 + 生活服务”的管理模式，充分发挥党组织、党员的先锋模范带头作用，在安居家园小区大力开展“数字化”“生活化”的红色物业服务，全力解决好住户最关心、最直接、最现实的物业服务管理问题，满足住户群众对美好生活的向往，让住户群众能够真正住得放心、住得舒心。

惠州惠东碧桂园十里银滩 B 区位于惠东县亚婆角旅游度假区，项目拥有专业化、高素质的物业管理团队，以业主需求为导向，提供高素质服务；以全方位服务为特色，重视业主反馈；特别强调宠物和亲子友好型社区服务，以及“物业 + 养老”模式，推进物业数字化适老化改造。此外，项目还注重低碳环保建设，倡导绿色出行，提升居住品质和幸福感。

6.2024 年品质物管项目

表8-31　2024年部分省市品质物管“好小区”

北京	河南	吉林
富力家园—天力物业发展北京区域公司	亚新美好城邦—亚新服务	碧桂园金悦府—碧桂园服务梅河口公司
路劲御和府—路劲物业北京分公司	正弘青云筑—正弘物业	奥体玉园—吉林绿城天顺物业公司
富力湾—天力物业发展北京区域公司	中海云著湖居—中海物业郑州分公司	保利罗兰香谷—长春保利物业
北花园—澳西物业	恒达和园—恒达物业	吉林万科城—北京万科物业吉林市松花分公司
盛悦家园—天力物业发展北京区域公司	中成颐尚苑—洛阳中成物业	龙湖・景粼天序—沈阳龙湖物业长春分公司
杭州	**武汉**	**济南**
大家武林府—大家服务集团	万龙中央公园—武汉缘安居物业	济南绿地御山台—合创嘉锦物业
万科大都会 79 号—万科物业	中建大公馆—中建壹品物业	保利天禧园—保利物业酒店管理集团
东旭府—碧桂园服务集团杭州分公司	联投光谷瑞园一期—联投物业	绿地・海珀天沅—绿地泉服务
万科融信西雅图—万科物业	武汉城建・光谷龙山湖—武汉城市服务集团	香榭新里—雅生活集团
金地大运河府—金地物业	楚天都市・沁园—楚天中大物业	雪山万科城—万科物业
南昌	**遵义**	**亳州**
南昌绿地安南小镇—合创嘉锦物业	龙湖・常青藤国际花园三期—金宁物业	亳州绿地城际空间站名仕台—合创嘉锦物业
保利天珺—保利物业	碧桂园・遵义公馆—碧桂园服务	大唐国际城—世纪金源物业
滨江澜泊湾—雅居物业	金科・集美翰林府—金科服务	鼎古万和府—福莱居物业
国贸璟上—国贸物业	隆晟・香颂—星辰物业	万达珑悦湾—保利物业
融创红城投赣江府—融创服务	美的・悦江府—美的物业	中原华府—天通物业

"好房子"离不开好服务，好服务铸就好小区。物业服务企业回归服务本源，提升服务品质，以业主幸福、舒适、满意作为切入点，用心提供真正的"好小区"服务，以满足人民群众对优质居住环境的美好期待。

富力家园项目位于北京市朝阳区，地理位置优越，周边商圈成熟。在物业服务中强化党建引领作用，搭建共商共建共享的议事模式。通过对物业服务岗位及现场进行细节管控，专享管家24小时及时回应客户诉求，努力提升居民宜居感受，积极发挥建设和谐美好社区的使命担当。

富力湾项目位于北京市顺义区，生活便利。园区景观以及绿化丰富，内部设有健身房、游泳馆以及羽毛球等球类场所，周边配套齐全，物业服务中心围绕客户需求，精炼服务品质，营造和谐宜居、幸福美好的社区生活氛围，得到属地政府与业主的广泛认可与好评。

盛悦家园项目位于北京市大兴区旧宫镇，南侧紧邻南五环。项目秉承"用心用情办事，致专致美服务"理念，快速回应解决居民遇到的各项民生问题，社区业主满意度高，打造出"共建共治共享"的基层社区治理新格局。

亚新服务成立美好城邦党支部后，积极开展"双向进入、交叉任职""两长四员、网格管理"，定期开展慰问老年业主、拜访聆听心声等贴心服务，同时，联合社区提升小区文化氛围，以红色文化为主旋律，开展传统节日、红色文化、便民志愿等特色活动，用行动诠释温暖和美好。

正弘青云筑旨在打造高新区乃至西郑州生活样板，创建儿童友好型社区。项目定制专属公交线路，开展周末公益课堂、配备规划"泛会所"，持续以业主需求为导向，精细服务品质，为客户带来更有价值的物业服务。

中海云著湖项目作为郑州市北龙湖4.0自我迭代洋房，重点打造归家体验：会所式社区入户，酒店式双精装单元入户大堂，入口自动人脸识别；项目采用中海物业服务，8大物业体系涵盖24小时管家、家政、医护、儿童护送、社区活动等，为高端改善业主打造品质生活。

恒达和园采用现代简洁的设计手法与灰度色彩，让居住空间呈现整体的轻奢及人文调性。对标胖东来式贴心周到的物业服务，结合业主需求打造共享空间，为业主提供温馨舒适的居住环境。

中成·颐尚苑打造包含人脸识别、智能指纹密码锁、智能行车系统、360°社区监控系统、室内紧急呼叫系统、雾森系统等十大社区智能系统。中成物业以业主居住需求为原点，始终坚持以业主生活需求为导向，满足业主的生活偏好，为业主带来尊崇备至的生活享受。

绿地·御山台依山势而建，营造"与山无界"的人居体验。基于业主的喜好及格调，绿地·御山台打造专属邻里中心，不仅设计与社区整体气韵契合，更具有强大的功能。

安南小镇是承载安义未来发展交通、文旅、休闲和商贸等多种功能的复合小镇。项目交付以来，合创嘉锦物业秉承"业主至上，品质优先"的管理理念，致力于打造优质物业服务，一丝不苟做好品质服务工作，满足业主日益增长的美好生活需求。

名仕台小区凝结中国文化中重情知礼的精神和现代都市的居住美学，以建筑、园景、风光重新组序，营造归家动线。合创嘉锦物业旨在通过精细化的服务，专业化的管理，为业主打造温馨、舒适、安全的人居环境。

表8-32　2024年部分省市品质物管“好楼宇”

上海	重庆	湖北	福建
上海地产集团大厦—古北物业	重庆数字大厦—金瑞企服	百步亭大厦—百步亭物业	ICC 升龙环球中心—天瓴物业
陆家嘴滨江中心—陆家嘴物业	重庆小米办公楼项目—融创服务	房开大厦—武汉城市服务集团	诚毅国际商务中心—诚毅物业
上海金融交易广场—东湖物业	联建大楼—渝地康田物业	服投大厦—武汉临空港物业	国际金融中心—北京安信行福州分公司
天盛广场—招商积余	西部（重庆）科学城金凤软件园—数智安防	武汉金融街大厦—武汉中实城市物业	三迪联邦中心—陕西艾邦物业
中金上海大厦—复欣物业	信达国际—金科服务	长江产业大厦—长运物业	升龙汇金中心—北京安信行福州分公司

表8-33　2024年部分地区品质物管“好园区”

江苏	四川	湖北
2.5 产业园—建屋物业	青羊总部经济基地（北区）—嘉善商务	宗关水厂—三镇运营
苏州纳米城 III 区—建屋物业	新兴产业示范大厦—航兴城服	光谷软件园—丽岛物业
长三角（常熟）国际先进智造产业园—润城物业	成都天府软件园—天府软件园	华中科技大学科技园—华科物业
金城科创产业园—招商金城物业	西南航空港经济开发区—侨兴物业	京东亚一园（三期）—天立物业
太湖湾信息技术产业园—瑞景城市服务	新都现代交通产业功能区—睿恒物业	小米武汉科技园—万物梁行

表8-34　2024年部分地区品质物管“好公园”

上海	四川
上海世博文化公园—古北物业	桂溪生态公园—润锦城公司
青西郊野公园—中海物业	成都大熊猫繁育研究基地　中海物业
上海共青森林公园—启源物业	成都市植物园—锦宾物业
上海醉白池公园—西房物业	大源中央公园—高投世纪物业
徐家汇体育公园—强生物业	东安湖生态公园—华润万象生活

表8-35　2024年部分地区品质物管“好商场”

河南
正弘城　正弘物业
郑州曼哈顿商业广场—万盈服务
郑州金融岛—东龙楷林物业
熙地港—郑州枫华商业管理
汇艺银河里—河南汇艺物业

表8-36　2024年部分地区品质物管“好学校”

北京
北京服装学院—北京城建置业
北京政法职业学院—北京城建置业
北京大学医学部—北京城建置业
中国科学院大学—科住物业
北京化工大学（昌平）—招商积余

表8-37 2024年部分地区品质物管“好医院”

广东
中山大学附属肿瘤医院—泰科物业
广州市医科大学附属中医医院—珠江城市服务
广东省工伤康复医院—润通物业
暨南大学附属第一医院—哲茂物业
深圳市人民医院—迈康后勤物业

物业服务企业也注重非住宅物业领域，做好基础服务的同时，探索适配的增值服务，增强客户黏性，拓宽盈利渠道，用优质的服务反哺项目，实现双赢。

上海地产集团大厦是一幢集办公、商业、会议中心等为一体的甲级写字楼，项目总建筑面积约为58756平方米，总高度99米。古北物业积极运用信息化手段，不断提升管理服务水平，并为大厦提供管家式特色服务，设立邮件收发中心、会务服务、文体中心、多功能前台以及完善的后勤生活配套，满足业主的个性化需求。

金瑞企服为重庆数字大厦打造专业化与高素质团队，全年开展培训50余次，员工均有较高服务技能及主动服务意识；引进智能清扫机器人、智能巡逻机器人、三合一清洗机等智能设备，提升人均效能；服务方面融入五星级酒店服务及评定标准，引入航空公司服务及培训标准，承担了区内外较多的参观接待任务，也根据客户需求，开展个性化定制服务；建立畅通的沟通渠道，定期进行客户满意度调研。

ICC升龙环球中心物业管理团队通过专属化贴心服务和定制化全时服务，融入大厦特有的服务文化基因。运用专业的资管服务，搭建让各家企业之间可以资源共享、彼此赋能的一站式高端商业服务平台。

GCC嘉善服务以“你的发展共同体”为服务理念，以卓越管理铸就品质高地，园区安保严谨有序，设施维护精心，环境整洁宜人，智能化服务高效便捷，个性化关怀无微不至，在长期的运营下，构建出和谐有序、活力迸发的园区生态。

新兴产业示范大厦总建面120万平方米，产业聚焦航空研发与设计、工业软件、信息技术服务三大核心领域。成都航兴城市管理服务有限公司按成都市甲级写字楼标准，结合产业园区三级标准，提供园区整体综合物业服务，以企业需求助力发展为导向打造一体化配套服务。

上海世博文化公园位于浦东滨江核心地区，总用地面积约200万平方米，着力打造上海中心城区最大的沿江公园绿地。古北物业秉持“关注游客需求，超越游客期望”的服务理念，为公园项目配置了百人服务团队，并提供金牌导览服务，给游客提供优质的游园体验，努力成为新中式园林的服务标杆。

润锦城公司专注于提供公园城市运营和美好生活服务，业务涵盖物业服务、房地产租赁经营、绿化管理等。润锦城公司秉持“至精至臻、泽润锦城”的核心价值观，不断提升服务品质与管理水平，致力于为成都市民和广大游客提供更加优质、高效的公园城市运营与美好生活服务。

升龙曼哈顿商业广场是连接郑州新老城区的重要纽带，是郑州东门户最具标志性城市建筑群。项目以“购物、休闲娱乐、休闲餐饮、文化”为元素，集“大型主力店、美式风情商业步行街、五星级影院、国际金融服务中心及大型餐饮”为一体，演绎第四代商业模式。

城建置业北京服装学院项目部立足师生服务需求，深挖校园服务特色，将全员育人、全过程育人、全方位育人的“三全育人”理念融入日常工作中，充分发挥物业的服务作用、保障作用、窗口作用，以规范的服务管理体系，与学校一起，助力莘莘学子成长成才。

报告九　2024年中国物业服务价格指数研究报告

一、概要

2024 年，物业服务企业在提升服务品质、优化运营模式以及增强市场竞争力等方面不懈努力，紧跟国家政策的指引，围绕“高质量发展、高品质服务”，以客户为中心，以科技为驱动，以质量为生命，不断探索和实践，为构建和谐、便捷、智能的居住环境贡献力量，推动整个行业可持续发展。

在此背景下，中指研究院秉持“客观、准确、科学、合理”的理念，在分析总结历年研究经验及物业管理行业发展现状的基础上，开展“中国物业服务价格指数系统”和“中国物业服务星级评价标准体系”研究，并对五星级物业服务标杆案例进行剖析。

本次研究有以下主要结论。

整体来看，2024 年 12 月二十城物业服务价格综合指数为 1075.37，环比下跌 0.03%，同比下跌 0.01%。物业服务收费方面，二十城物业服务均价为 2.72 元 / 平方米 / 月；三星级物业服务收费为 2.03 元 / 平方米 / 月，同比上涨 0.05%；四星级物业服务收费为 2.87 元 / 平方米 / 月，同比下跌 0.07%；五星级物业服务收费为 3.99 元 / 平方米 / 月，同比下跌 0.33%。

样本方面，整体来看二十城物业服务水平以四星为主，占比 46.97%，四、五星级项目占比 60.16%。从城市分级看，一线城市的四、五星级项目占比为 71.54%；从区域看，长三角、珠三角地区和西南地区四星级与五星级样本之和占比均超 60%，分别为 61.49%、66.17% 和 67.68%；从城市角度看，北京、上海、广州、深圳、南京、武汉、天津、重庆、成都、宁波、昆明十一个城市的四、五星级样本占比均超过 60%，领先于其他城市；二十个城市的软件和硬件平均得分分别为 82.28 分和 81.82 分，软件平均得分略微高于硬件平均得分。

二、主要研究成果

本次研究基于“中国物业服务星级评价标准体系”，对北京、上海等二十个代表城市 2024 年的项目物业服务水平进行打分、评级，并计算其物业服务价格指数，得到研究结论如下。

1. 指数：二十城综合指数环比与同比微幅下跌，武汉跌幅最大

表9-1　　2024年12月二十城物业服务价格指数（按环比降序排列）①

序号	城市	2023 年 12 月	2024 年 6 月	2024 年 12 月	同比	环比
	二十城	1075.52	1075.65	1075.37	–0.01%	–0.03%
1	深圳	1042.30	1045.34	1047.79	0.53%	0.23%
2	宁波	1070.67	1070.70	1072.65	0.18%	0.18%
3	杭州	1076.96	1076.19	1076.99	0.00%	0.07%
4	无锡	1107.67	1107.67	1108.44	0.07%	0.07%
5	苏州	1094.30	1095.00	1095.69	0.13%	0.06%
6	北京	1132.30	1132.36	1133.02	0.06%	0.06%
7	济南	1029.39	1029.58	1029.58	0.02%	0.00%
8	广州	1022.90	1022.94	1022.94	0.00%	0.00%
9	天津	1027.38	1027.38	1027.38	0.00%	0.00%
10	上海	1054.35	1054.35	1054.35	0.00%	0.00%
11	昆明	1115.90	1115.90	1115.90	0.00%	0.00%
12	成都	1047.50	1047.50	1047.50	0.00%	0.00%
13	合肥	1040.49	1040.49	1040.49	0.00%	0.00%
14	长沙	1102.95	1102.95	1102.95	0.00%	0.00%
15	常州	1120.99	1120.72	1120.72	–0.02%	0.00%
16	南京	1099.94	1099.40	1099.40	–0.05%	0.00%
17	重庆	1108.59	1108.59	1107.55	–0.09%	–0.09%
18	青岛	1078.19	1078.19	1076.63	–0.14%	–0.14%
19	南昌	1058.66	1057.84	1053.70	–0.47%	–0.39%
20	武汉	1099.99	1099.99	1092.05	–0.72%	–0.72%

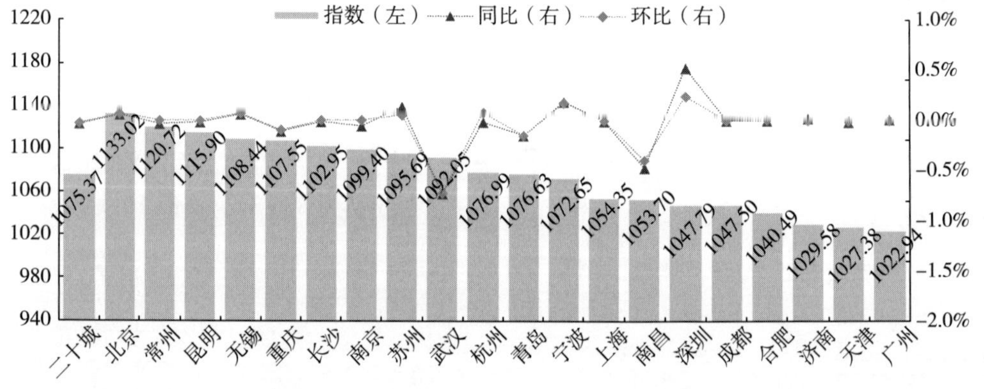

图9-1　2024年12月二十城物业服务价格指数

数据来源：中指数据 CREIS，www.cih–index.com。

2024 年 12 月，二十城物业服务价格综合指数为 1075.37，同比下跌 0.01%，环比下跌 0.03%，同环比均由涨转跌。同比来看，二十城中，武汉、南昌、青岛等 6 个城市物业服务价格指数下跌，下跌城市数量较去年同期增加 2 个；广州、杭州、天津等 8 个城市物业服务价格指数与去年同期持平；深圳、宁波、苏州等 6 个城市物业服务价格指数同比均上涨。物业服务价格指数同比下跌城市中，武汉、南昌同比分别

① 各城市以各自2012年12月为基期，基点为1000点。

下跌 0.72% 和 0.47%，青岛同比跌幅为 0.14%，重庆、南京、常州共 3 个城市同比跌幅则均在 0.1% 以内；上涨城市中，深圳涨幅较大，为 0.53%，宁波和苏州同比分别上涨 0.18%、0.13%，无锡、北京和济南同比涨幅则均在 0.1% 以内。

与 2024 年 6 月相比，二十城中，武汉、南昌、青岛等 4 个城市物业服务价格指数下跌，下跌城市数量与上期持平；济南、广州、天津等 10 个城市环比持平；深圳、宁波、杭州等 6 个城市环比则均上涨。物业服务价格指数环比下跌城市中，武汉和南昌环比分别下跌 0.72%、0.39%，青岛环比下跌 0.14%，重庆跌幅最小，为 0.09%；上涨城市中，深圳、宁波环比分别上涨 0.23% 和 0.18%，杭州、无锡、苏州和北京涨幅均在 0.1% 以内，其中苏州和北京涨幅较小，均为 0.06%。

分区域[①]来看，近半年来，中部地区物业服务价格指数环比下跌 0.33%，区域内武汉、南昌环比分别下跌 0.72% 和 0.39%。西南地区环比下跌 0.04%，区域内重庆环比下跌 0.09%。环渤海地区物业服务价格指数环比持平，区域内北京环比上涨 0.06%，青岛环比下跌 0.14%。珠三角地区、长三角地区物业服务价格指数环比均上涨，涨幅分别为 0.11% 和 0.05%。

表9-2　2024年12月不同星级物业服务价格指数（按三星环比指数值降序排列）

序号	城市	环比指数（上期 =1000）			同比指数（上年同期 =1000）		
		三星级	四星级	五星级[②]	三星级	四星级	五星级
	二十城	1000.14	999.87	997.35	1000.42	999.78	997.80
1	深圳	1007.26	1000.13	1000.00	1008.04	1003.09	1008.97
2	宁波	1001.80	1001.82	——	1002.58	1001.47	——
3	杭州	1001.66	1000.00	1000.00	1000.69	999.37	1000.00
4	北京	1001.39	1000.75	1000.00	1001.40	1000.75	1000.11
5	无锡	1001.07	1000.00	1000.00	1001.07	1000.00	1000.00
6	苏州	1000.45	1001.12	1000.00	1001.44	1001.12	1000.00
7	济南	1000.00	1000.00	1000.00	999.90	1001.00	1000.00
8	广州	1000.00	1000.00	1000.00	1000.11	1000.00	1000.00
9	天津	1000.00	1000.00	1000.00	1000.00	1000.00	1000.00
10	上海	1000.00	1000.00	1000.00	1000.00	1000.00	1000.00
11	昆明	1000.00	1000.00	1000.00	1000.00	1000.00	1000.00
12	成都	1000.00	1000.00	1000.00	1000.00	1000.00	1000.00
13	合肥	1000.00	1000.00	1000.00	1000.00	1000.00	1000.00
14	长沙	1000.00	1000.00	1000.00	1000.00	1000.00	1000.00
15	常州	1000.00	1000.00	1000.00	1000.00	999.38	1000.00
16	南京	1000.00	1000.00	1000.00	1000.00	999.70	998.38
17	青岛	998.82	997.54	——	998.82	997.54	——
18	重庆	998.69	999.13	1000.00	998.69	999.13	1000.00
19	武汉	995.82	996.52	950.68	995.82	996.52	950.68
20	南昌	991.63	1000.00	——	999.43	991.64	——

① 本报告城市区域划分标准如下：环渤海地区包括北京、天津、青岛和济南；长三角地区包括上海、杭州、南京、常州、宁波、苏州和无锡；西南地区包括重庆、成都和昆明；中部地区包括武汉、长沙、合肥和南昌；珠三角地区包括广州和深圳。

② 宁波、南昌、青岛等3个城市因五星样本较少，不具代表性，暂未纳入指数计算；二十城五星级物业服务价格指数根据其余17城计算，下同。

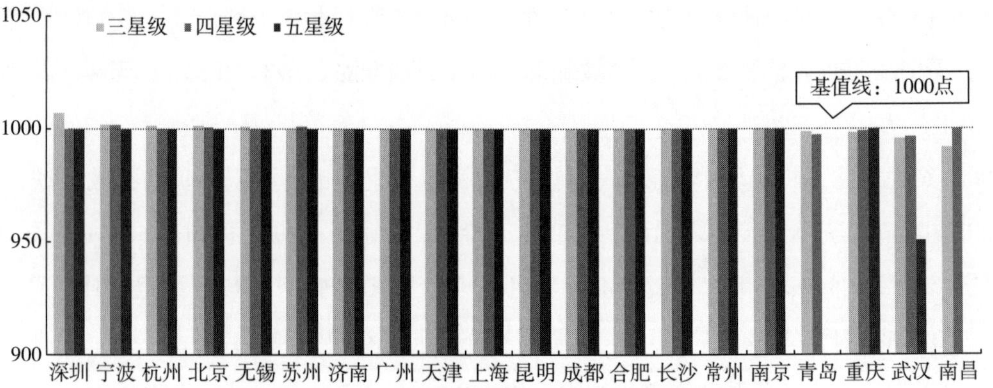

图9-2　2024年12月不同星级物业服务价格环比指数

数据来源：中指数据 CREIS，www.cih-index.com。

从不同星级物业服务价格指数来看，二十城三星级物业服务价格指数同比上涨，四、五星级物业服务价格指数同比下跌。2024 年 12 月，二十城三星级物业服务价格指数环比上涨 0.01%，同比上涨 0.04%；四星级物业服务价格指数环比下跌 0.01%，同比下跌 0.02%；五星级物业服务价格指数环比下跌 0.27%，同比下跌 0.22%。同比来看，三星级物业服务价格指数中，深圳、宁波、苏州等 7 个城市较去年同期上涨，其中深圳涨幅较大，为 0.80%；南京、天津、上海等 8 个城市同比持平；武汉、重庆、青岛等 5 个城市较去年同期下跌，其中武汉跌幅最大，为 0.42%。2024 年部分城市出台了普通住宅前期物业费指导价格政策，武汉、重庆与青岛均在其中，政策覆盖地出现了不同程度的物业费下降情况。四星级物业服务价格指数中，南昌、武汉、青岛等 7 个城市较去年同期下跌，其中南昌、武汉跌幅较大，均超 0.3%；无锡、广州、天津等 8 个城市同比持平；深圳、宁波、苏州、济南和北京等 5 个城市较去年同期上涨，其中深圳涨幅较大，为 0.31%。五星级物业服务价格指数中，武汉和南京较去年同期下跌，跌幅分别为 4.93%、0.16%；苏州、济南、无锡等 13 个城市同比持平；深圳和北京同比均上涨，涨幅分别为 0.90%、0.01%。

2. 价格：二十城均价 2.72 元 / 平方米 / 月，三星级物业服务价格微幅上涨，四、五星级略有回落

表9-3　2024年12月城市物业服务均价（单位：元/平方米/月）

城市	深圳	北京	上海	杭州	广州	天津	宁波	武汉	成都	苏州	
样本均价	3.97	3.93	3.51	2.98	2.86	2.78	2.67	2.65	2.41	2.35	
城市	重庆	青岛	无锡	长沙	南京	济南	昆明	合肥	南昌	常州	二十城综合
样本均价	2.34	2.34	2.32	2.19	1.93	1.83	1.82	1.79	1.73	1.26	2.72

* 注：本报告南京物业服务价格不含公摊费，下同。

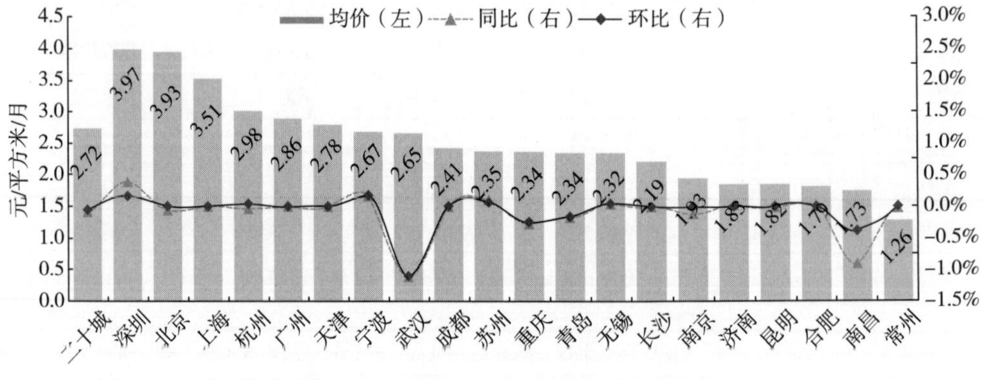

图9-3　2024年12月二十城物业服务均价

数据来源：中指数据 CREIS，www.cih-index.com。

2024年12月，二十城物业服务均价为2.72元/平方米/月。一线城市物业服务价格水平居前列，其中深圳均价最高，为3.97元/平方米/月；北京、上海紧随其后，分别为3.93元/平方米/月和3.51元/平方米/月；杭州、广州、天津、宁波、武汉均价分别为2.98元/平方米/月、2.86元/平方米/月、2.78元/平方米/月、2.67元/平方米/月、2.65元/平方米/月；成都、苏州等6个城市均价在2.0~2.5元/平方米/月之间；南京、济南等6个城市均价在1.0~2.0元/平方米/月之间，其中常州物业服务均价水平仍相对较低，为1.26元/平方米/月。

表9-4　2024年12月不同星级物业服务收费（单位：元/平方米/月）（按三星收费降序排列）

序号	城市	三星级	四星级	五星级
	二十城	2.03	2.87	3.99
1	深圳	3.47	4.01	5.24
2	北京	2.64	3.66	4.88
3	广州	2.32	2.90	4.42
4	武汉	2.18	2.75	3.88
5	杭州	2.18	3.36	4.76
6	上海	2.11	3.58	5.23
7	青岛	2.11	3.22	–
8	苏州	2.08	2.76	3.29
9	天津	2.08	2.65	3.77
10	长沙	1.99	2.37	3.58
11	无锡	1.98	2.92	3.44
12	宁波	1.87	3.08	–
13	重庆	1.80	2.47	3.25
14	成都	1.69	2.58	3.70
15	济南	1.67	2.24	2.89
16	南昌	1.45	1.98	–
17	合肥	1.38	2.21	2.79
18	南京	1.37	1.98	2.64
19	昆明	1.11	1.92	3.16
20	常州	0.78	1.22	2.22

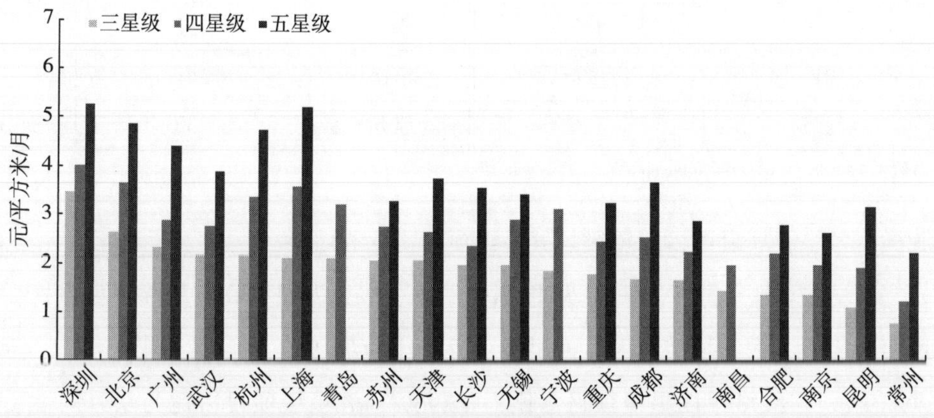

图9-4　2024年12月不同星级物业服务收费

数据来源：中指数据CREIS，www.cih-index.com。

从不同星级物业服务收费来看，今年下半年，二十城三星级物业服务收费同比上涨，四、五星级同比均下跌。2024 年 12 月，二十城整体三星级物业服务收费为 2.03 元 / 平方米 / 月，同比上涨 0.05%，其中深圳收费最高，为 3.47 元 / 平方米 / 月；北京、广州等 8 个城市收费介于 2.0~3.0 元 / 平方米 / 月之间；长沙、无锡等 10 个城市介于 1.0~2.0 元 / 平方米 / 月之间；常州收费为 0.78 元 / 平方米 / 月。四星级物业服务收费为 2.87 元 / 平方米 / 月，同比下跌 0.07%，其中深圳、北京、上海、杭州、青岛、宁波收费相对较高，均在 3.0 元 / 平方米 / 月以上；无锡、广州等 10 个城市介于 2.0~3.0 元 / 平方米 / 月之间；南京、南昌、昆明、常州均在 2.0 元 / 平方米 / 月以下，其中常州最低，为 1.22 元 / 平方米 / 月。五星级物业服务收费为 3.99 元 / 平方米 / 月，同比下跌 0.33%，其中深圳和上海收费较高，均超 5.0 元 / 平方米 / 月；北京、杭州和广州收费亦在 4.0~5.0 元 / 平方米 / 月之间；武汉、天津、成都、长沙、无锡、苏州、重庆以及昆明收费在 3.0~4.0 元 / 平方米 / 月之间；济南、合肥、南京、常州收费均低于 3.0 元 / 平方米 / 月，其中常州收费最低，为 2.22 元 / 平方米 / 月。

3. 样本：四星级项目占比超四成，软件得分略高于硬件服务

中指研究院严格按照样本选择规范要求，于 2024 年 7 月至 12 月对二十个城市进行了物业服务星级评价研究工作，样本数量为 7790 个，其中达到物业服务价格指数编制要求的合格样本数量为 4345 个，占比为 55.78%。随着物业服务越来越受到社会各界的关注，物业服务企业管理愈加规范，服务质量不断提升，合格样本占比环比略有上升。本期物业服务价格指数评价体系覆盖范围广，样本选择标准严格谨慎，研究成果反映了行业发展方向。

表9-5　2024年中国物业服务星级评价样本统计

城市	调查项目数	合格样本数	城市	调查项目数	合格样本数
北京	622	314	上海	703	381
广州	611	349	深圳	572	316
杭州	433	272	南京	405	200
武汉	370	202	天津	449	295
重庆	608	317	成都	506	276
昆明	337	165	苏州	241	131
无锡	224	130	长沙	231	125
宁波	300	180	青岛	257	246
南昌	215	99	济南	241	118
合肥	235	126	常州	230	103

数据来源：中指数据 CREIS，www.cih-index.com。

（1）二十城样本各星级项目中，四星级与五星级项目占比 60.16%

整体来看，二十城物业服务水平以四星为主，占比 46.97%，四星级和五星级项目占比分别为 46.97%、13.19%。从城市分级来看，一线城市的四、五星级项目占比为 71.54%，同比上涨 6.40%；一线城市中四星级项目占比为 49.19%；二线城市四星级项目占比为 45.96%，五星级项目占比为 9.01%，三星级项目占比 45.03%，四星级项目占比超越三星项目占比。

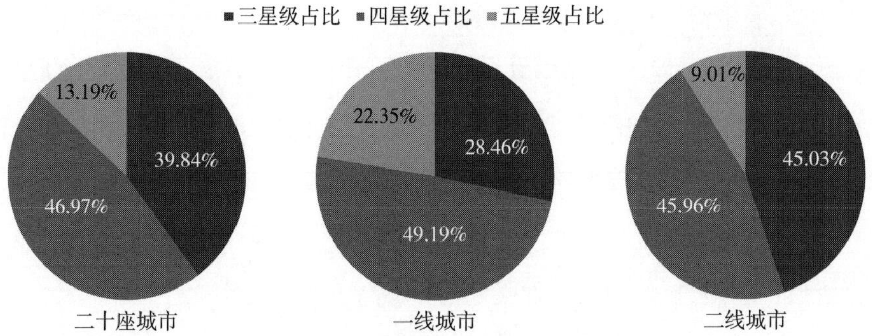

图9-5　二十座城市物业服务星级评价情况

数据来源：中指数据 CREIS，www.cih-index.com。

各层级城市的四星级项目占比均已超越三星级项目，物企不断对硬件系统进行升级，更新设备设施，以确保硬件环境的现代化和高效运作；另一方面，在软件服务上持续加大投入，提升公共秩序、保洁、绿化等服务的质量，并且专注于增值服务的开发，满足业主日益个性化和多元化的需求，也为品质提升赋能。

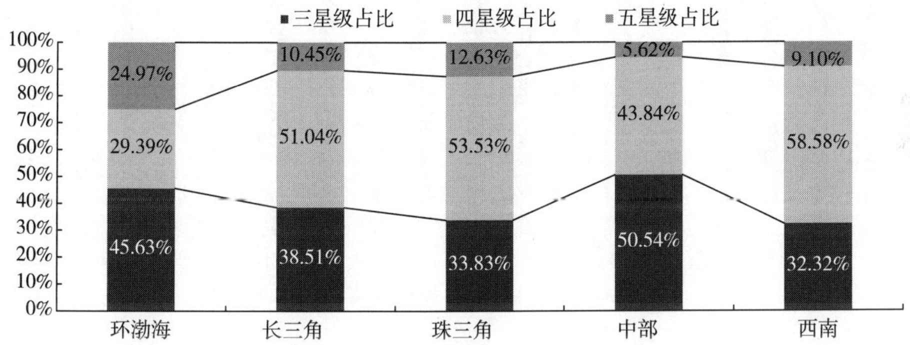

图9-6　区域物业服务星级评价情况

数据来源：中指数据 CREIS，www.cih-index.com。

从区域分布来看，长三角、珠三角地区和西南地区四星级与五星级样本之和占比超60%，分别为61.49%、66.17%和67.68%，占比领先于环渤海地区、长三角地区和中部地区。环渤海地区和中部地区四星级样本占比分别为29.39%和43.84%，中部地区四星级样本较去年同比上升。长三角地区和环渤海地区经济更为发达，具备较好的物业服务发展基础，服务水平居全国前列，环渤海地区的五星级样本占比最高，达24.97%；中部地区四星级与五星级样本之和占比相对略低，仅达49.46%。

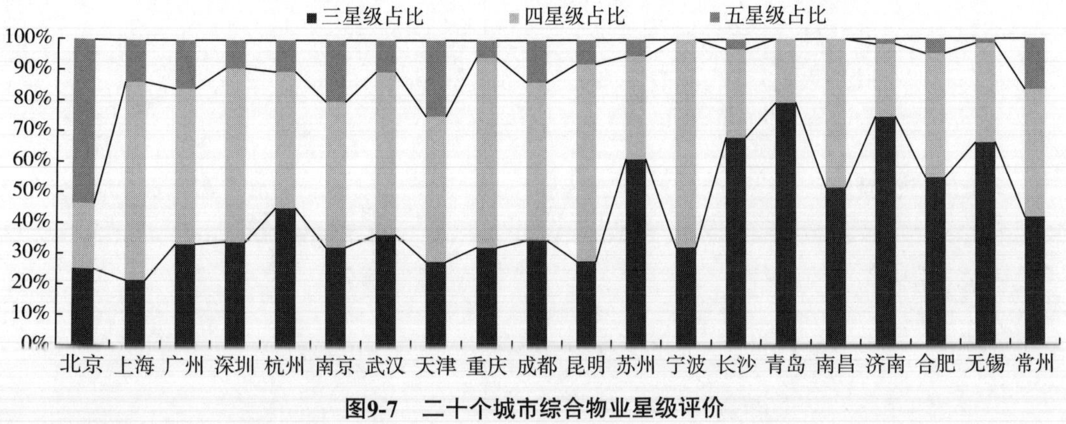

图9-7　二十个城市综合物业星级评价

数据来源：中指数据 CREIS，www.cih-index.com。

从城市方面看，北京、上海、广州、深圳、南京、武汉、天津、重庆、成都、宁波、昆明十一个城市的四、五星级样本占比均超过60%，领先于其他城市。其中北京、上海、广州、深圳、南京、重庆、天津、昆明、宁波九座城市四、五星级样本占比超过65%。北京的五星级样本占比为53.50%，环比大幅上涨14.61%，仍居于所有城市首位，广州、南京、天津和常州的五星级项目占比也均超过15%，分别为15.76%、20.00%、24.75%和16.50%。

（2）物业服务软硬件整体发展均衡，软件服务得分略高于硬件服务

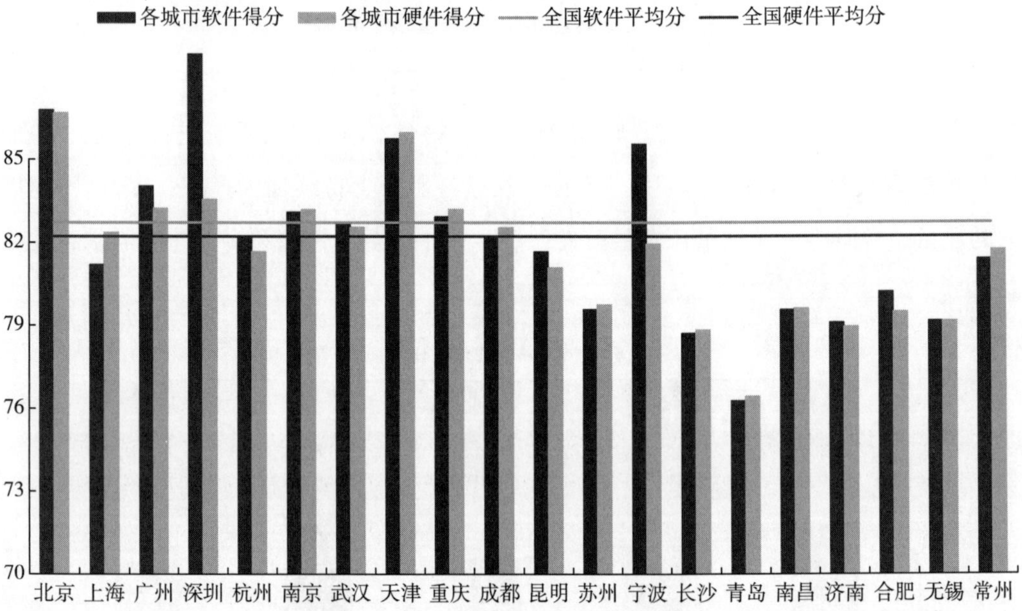

图9-8 二十个城市软硬件得分情况

数据来源：中指数据 CREIS，www.cih-index.com。

物业服务软件、硬件双提升，均衡发展。根据调研结果，二十个城市的软件和硬件平均得分分别为82.28分和81.82分，软件平均得分略高于硬件平均得分。通过优化经营管理和提升服务质量，企业能够有效提高客户的满意度和忠诚度，优质的软实力使企业在激烈的市场竞争中脱颖而出，实现持续增长。在硬件方面，企业不断升级系统和更新设备，以确保服务的高效性；在软件方面，物企则加大投入，提升公共秩序、保洁、绿化等服务质量。此外，企业还专注于增值服务，满足业主日益个性化和多元化的需求，从而进一步提高软件服务水平。

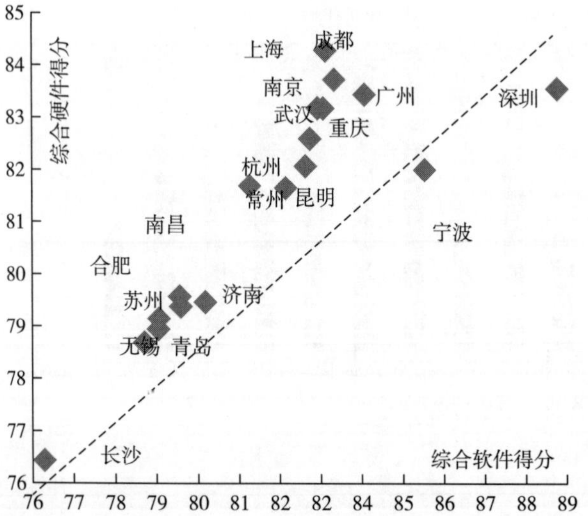

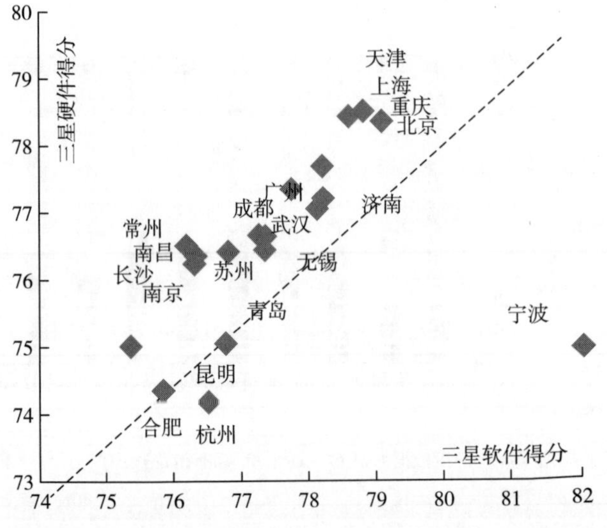

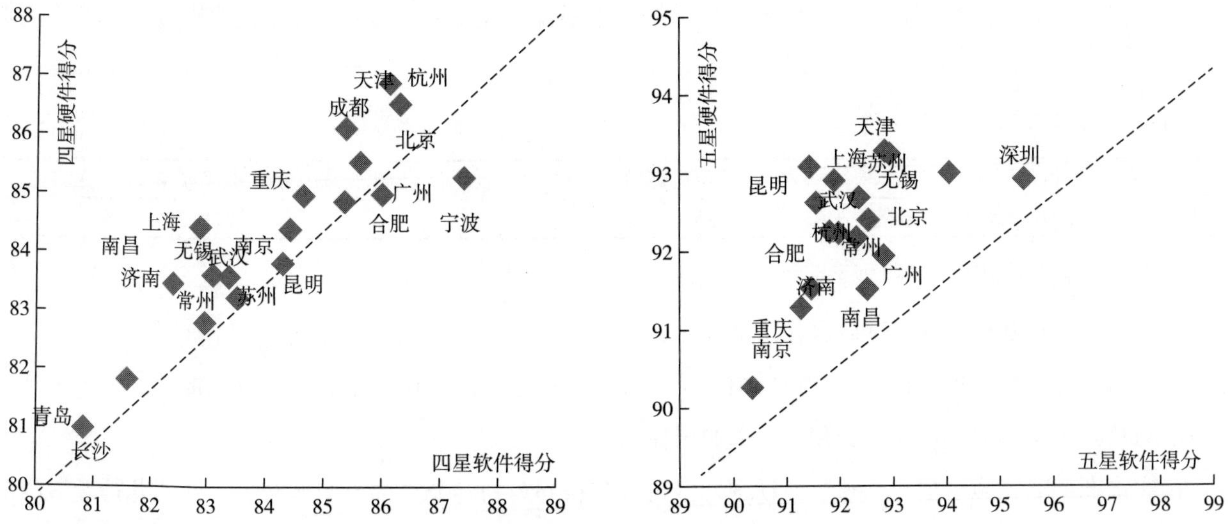

图9-9　二十个城市不同星级物业软硬件得分分布图

数据来源：中指数据 CREIS，www.cih-index.com。

多数城市软硬件服务水平差距不大，深圳软硬件得分差绝对值较大。深圳软件得分比硬件得分高 5.25 分，为二十个城市中软硬件得分差绝对值最大的城市；宁波软件与硬件差值为 3.62 分，排在绝对值第二位，上海硬件得分高于软件得分 1.18 分，其余城市软硬件得分差绝对值均小于 1 分，匹配程度较高。

不同星级项目软件、硬件得分均值差距较小。分星级来说，三星级与四星级的软件得分均值均略高于硬件得分均值，分别相差 1.02 分和 0.56 分；五星级项目软硬件得分均值持平。天津与苏州各星级项目的硬件得分均高于软件得分；深圳不同星级项目的软件、硬件得分均值差值均超过 2.5 分。

物业企业认识到回归服务本质的重要性，兼顾质量和速度的平衡，寻求行业高质量发展。软硬件得分上升反映出物业服务质量在不断提高。为进一步明晰高质量物业服务的共性和特征，本报告接下来选取物业服务项目中有代表性的标杆项目深入挖掘。

表9-6　部分城市标杆项目物业服务收费

项目名称	项目规模	物业服务收费
诺德春风和院小区	约 25 万平方米	4.3 元 / 平方米 / 月
建业天筑	约 44 万平方米	6.8 元 / 平方米 / 月
青浦绿地中心	约 2 万平方米	办公 –32 元 / 平方米 / 月 商业 –38 元 / 平方米 / 月

数据来源：中指数据 CREIS，www.cih-index.com。

标准化、定制化已成为高品质物业服务的显著特征。通过观察标杆项目，高品质物业服务应具有以下几点特征：一是建立系统的标准化服务体系，从源头抓好服务品质建设；二是定制化服务增加用户黏性，紧跟客户需求，提供贴心服务。

三、物业服务样本标杆

1. 诺德春风和院小区——焕新城市美好未来

中国中铁·诺德春风和院是中铁诺德地产在北京南四环精心打造的高品质住宅项目。诺德春风和院服务中心物业凭借在高档小区管理领域的深厚底蕴，匠心独运地制定了专属的管理方案，旨在为业主提供安全、舒适、便捷的生活空间，秉承“终身陪伴”的服务宗旨，致力于为每一位业主提供贴心、细致、专业的服务。

（1）项目基本情况

项目位置	项目规模	物业服务收费价格
北京市丰台区郭公庄南街11号院	约25万平方米	4.3元/平方米/月

（2）项目服务亮点

服务亮点一：开展多样性社区文化活动。

中铁诺德春风和院项目在红色物业的引领下，充分考虑业主的特性，精心策划并全面开展了一系列丰富多彩的社区文化活动，旨在营造和谐温馨的居住氛围。

在“欢度春节，迎‘福’到家”活动中，春风和院精心策划春节送福及园区布置，让“龙行龘龘辞旧岁，乐趣游园欢乐多”的新春游园会充满欢声笑语。端午节时，“粽叶飘香迎端午，健康成长过六一”活动让节日的氛围更加温馨。此外，“跳蚤市场”和“儿童游园会”等活动也吸引了众多家庭参与，共同体验节日的快乐与和谐。

乐邦·诺德公司秉承社会责任，于“二月二 龙抬头”之际，举办了便民理发活动，为社区居民提供贴心服务。此外，公司还开展了“免费清洗地垫、免费磨剪子磨刀”等便民服务，以实际行动传递温暖。在炎炎夏日，乐邦·诺德更不忘为辛勤工作的人们送去清凉，举办了“夏日送清凉”活动。

活力·诺德社区携手居民共同举办了“和谐邻里，悦动和院”乒乓球与篮球比赛活动，旨在增进邻里间的交流与团结，营造和谐的社区氛围。此外，社区还特别安排了消防宣传日活动，普及消防安全知识，增强居民的安全意识，确保大家的生命财产安全。通过这些活动，居民们不仅锻炼了身体，更感受到了社区的温暖与关怀，增强了社区凝聚力。

服务亮点二：焕新服务、清洗到家。

在园区地面地砖经过翻新之后，为了进一步提升业主们的居住环境，诺德春风和院启动全面的园区地砖清洗计划。在夏秋两季，安排每两个月一次的定期清洗工作，确保地面的清洁与整洁。此外，为了增强安全性和舒适性，还将把每个单元的大堂防滑地垫彻底更新换代。这一系列的举措，旨在为业主们营造一个更加安心、舒心的居住空间，让每一位居民都能感受到社区的关怀与温暖。

服务亮点三：安全、便民服务。

专业的消防培训与演练：诺德春风和院定期开展消防通道的细致检查，并组织业主参与消防知识的普及与演练活动，旨在提升大家应对紧急情况的能力，确保每一位业主和租户的生命财产安全。

客户关怀：致力于提供细致周到的服务，如为业主开车门、撑伞等，通过这些微小而贴心的举动，提升居住幸福感。

与业主积极互动：秩序部门致力于与业主构建和谐的互动关系，通过在早晚高峰时段进行车辆疏导和指挥，以及礼貌的问候和关怀服务，提升业主的居住幸福感。

全天候的安全保障：秩序部门提供24小时不间断的安全管理服务，确保业主和租户在任何时刻都能感受到坚实的保障。

服务亮点四：公共区域维修服务。

拟定公共设施保养方案，执行预防性管理策略，确保在公共设施出现任何问题之前，能够及时进行必要的整改工作。此举以业主的直接体验和日常生活所受影响程度为基准。

诺德春风和院提供全天候的室内无偿服务，致力于确保小区内各项公共设施的维护和改造工作顺利进行。此外，还制定详细的夜间巡查计划，以确保小区的安全和秩序。在夜间值班期间，工作人员将重点检查所有公共设施的完好状况，及时发现并处理任何潜在的问题，确保居民的生活质量不受影响。

2. 建业天筑——历久弥新的恒久品质

建业·天筑以国际百年公共建筑的标准打造中原地标豪宅。其外立面大面积采用进口 LOW-E 三层中空玻璃幕墙、防氧化进口铝合金板材、定制专供石材，诠释现代主义建筑的端庄威严。

（1）项目基本情况

项目位置	项目规模	物业服务收费价格
河南省郑州市东风南路和榆林南路交叉口西南角	约 44 万平方米	6.8 元 / 平方米 / 月

（2）项目服务亮点

服务亮点一：智慧安防。

小区入口增设全智能门禁系统，守护业主安全。业主通过建业 +App 采集自己及家人的面部信息，实现人脸识别进出小区。小区安装人员聚集监测、水域警戒、高空抛物、充电车棚热成像等智能摄像头，全方位保护业主安全。同时配置智能巡更机器人“小筑”，工作人员可以提前为“小筑”设定好时间、路线及巡检内容，机器人可以 24 小时不间断巡逻，加强了小区安全保障；“小筑”也可以自主定位、智能避障、规划最优路径，有效规避人工错检、漏检。同时，它还可以对环境进行感知，高清视频全景监控，遇火灾险情及时报警，及时发现和预判周边环境潜在的安全隐患，确保园区内安全可防可控。

服务亮点二：智慧服务。

小区为大堂一站式 24 小时管家服务，每个大堂配备 3~5 名管家，24 小时不间断服务，人均服务 30 户业主。管家通过建业家员工端 App 和企业微信，随时响应业主的服务诉求。如果业主在家时需要借用物品，也可通过建业 +App 申请借物，管家根据业主要求可以送物入户。此外，通过建业 +App，业主还可在线预约使用小区会所内的健身房、棋牌室、私人影院等资源。管家还承担起增值类美好生活顾问的职责，围绕业主全生活链的服务需求，以“建业 +”App 为依托进行选品，向业主推送优选商品，让天筑业主优享大服务体系资源。

服务亮点三：智慧管理。

在园区通行方面，小区采用人车分流设计，并配置智慧社区 AI 视觉大脑，来统一管理整个小区的智慧场景。车库口安装人员聚集监测摄像头，有效监测行人聚集危险，同时增加消防通道智能监控，通过智能监控摄像头识别消防通道违规占用、违规停车，并在监控中心弹窗提醒，保持消防通道畅通无阻。在园区环境方面，小区配备了环境监控设备及雾森系统，当设备监测到 PM2.5 过高或温度过高时，会自动打开雾森系统，调整 PM 值及小区温度，为业主打造舒适的园区环境。同时，在园区内老人儿童的主要活动区域及绿化水系旁均安装有生态温控装置，通过模拟人体气味及灯光吸引蚊虫，并通过气流将蚊虫吸入风干杀死，整个过程中不使用任何药剂，有效地呵护业主的身体健康，在建筑的全寿命周期内，最大限度地节约资源、保护环境、减少污染，为业主提供健康、适用和高效的使用空间。

3. 青浦绿地中心——引领绿色商务新时代

青浦绿地中心结合各个功能区特色及水系打造丰富的活力城市空间，形成“一轴三带”的空间布局。中心景观轴线将北侧地块的居住、办公与南侧的商业串联起来，形成有机、高效、功能明确的空间布局，打造宜人宜居的景观步行环境，体现城市与青浦文化及自然环境的结合。

（1）项目基本情况

项目位置	项目规模	物业服务收费价格
华纺路 283 弄	约 2 万平方米	办公 –32 元 / 平方米 / 月 商业 –38 元 / 平方米 / 月

（2）项目服务亮点

服务亮点一：智能化管理。

项目采用了一系列尖端技术，包括先进的车辆出入口管理系统、智能车位引导及反向寻车系统，以及高效的人员出入管理方案，全面提升了管理和服务水平。值得一提的是，车辆出入口管理系统与商业配套的会员积分系统实现了联动，这不仅简化了车辆电子缴费流程，还提供了电子减免和电子开票等便利功能。通过这些创新服务，为客户带来更加舒适和便捷的生活体验。

服务亮点二：配套设施完善。

项目精心规划了高端商业区、特色办公空间、酒店以及现代开放的居住社区等多种功能区域，为客户提供从智能办公到时尚消费的一站式闭环生活体验。

特色办公区域可满足客户多种商务需求，高端酒店则提供优质的住宿体验。现代居住社区不仅环境宜人，还配备智能管理系统，确保居住安全与舒适。无论是日常购物、商务会议还是休闲度假，都能满足客户的多元化需求。

表9-7　2024年部分星级物业服务项目

物业项目	所在地	物业服务企业	物业服务
天空之境产业广场	北京	北京亦庄城市服务集团股份有限公司	★★★★★
中国（北京）高新视听产业园	北京	北京亦庄城市服务集团股份有限公司	★★★★★
中关村东升科技园 8 号院	北京	高力国际	★★★★★
园博园项目部	北京	北京住总北宇物业服务有限责任公司	★★★★★
珠江帝景	北京	广东康景物业服务有限公司	★★★★★
碧桂园中央花园	长沙	碧桂园服务	★★★★★
燕南	重庆	北京北大资源物业经营管理集团有限公司	★★★★★
天府金融大厦	成都	成都明宇环球商业管理有限公司	★★★★★
保利·天空之城一期	成都	四川保利物业服务有限公司	★★★★★
保利·天和	成都	四川保利物业服务有限公司	★★★★★
燕楠国际	成都	北京北大资源物业经营管理集团有限公司	★★★★★
成都公园华府	成都	碧桂园服务	★★★★★
珠江御景湾	成都	广东康景物业服务有限公司	★★★★★
中建天河精诚壹号（阅山湖园）	广州	中建四局城市运营服务有限公司	★★★★★
恒大御府	广州	金碧物业有限公司	★★★★★
珠江帝景苑	广州	广东康景物业服务有限公司	★★★★★

续表

物业项目	所在地	物业服务企业	物业服务
颐德公馆	广州	广州珠江城市管理服务集团股份有限公司	★★★★★
九州丽景苑	湖北	碧桂园服务	★★★★★
始峰悦府	湖北	碧桂园服务	★★★★★
孝感市崇文广场	湖北	碧桂园服务	★★★★★
杭州圣奥中央商务大厦	杭州	高力国际	★★★★★
余之城小区	杭州	杭州钱塘物业管理有限公司	★★★★★
济南平安金融中心	济南	第一太平戴维斯物业顾问（上海）有限公司济南分公司	★★★★★
苏交科南京设计中心	江苏	高力国际	★★★★★
东方国际社区	南充	成都明宇环球商业管理有限公司	★★★★★
佘山华亭园	上海	广东康景物业服务有限公司	★★★★★
平安滨江金融中心	上海	高力国际	★★★★★
智创 TOP 产城综合体 –A 区	上海	高力国际	★★★★★
城发投・瑞璟春和	石家庄	石家庄建臻物业管理有限公司	★★★★★
无锡天禧家园	无锡	天力物业发展华东区域公司	★★★★★
无锡山河万物（悦蓉雅苑）	无锡	北京爱情物业服务有限公司	★★★★★
碧桂园凯旋华府	韶关	碧桂园服务	★★★★★
交投华园	武汉	湖北交投智城发展有限公司	★★★★★
浐灞国际港自贸中心	西安	高力国际	★★★★★
晶龙邢台京福苑	邢台	晶龙物业有限公司	★★★★★

数据来源：中指数据 CREIS，www.cih-index.com。

表9-8　2024年部分物业服务行业示范基地

物业项目	所在区域	物业服务企业
华安・高新之窗	安徽	安徽华安物业管理服务有限公司
世东国际	北京	北京住总北宇物业服务有限责任公司
广州市人民代表大会常务委员会	广州	广州珠江城市管理服务集团股份有限公司
太仓市公共卫生中心	苏州	苏州联泰物业管理有限公司
深圳交易集团总部大楼	深圳	深圳智慧交易科技有限公司

数据来源：中指数据 CREIS，www.cih-index.com。

中指研究院对本次物业星级评价中表现突出的星级物业服务项目及示范基地进行了深入分析。星级物业服务项目软、硬件服务发展均衡，示范基地特色鲜明。

成都公园华府项目，在客群关系方面开展丰富多彩的社区文化活动，丰富了大家的精神文化生活，为业主搭建了相互沟通、增进了解、联络感情的平台，进一步密切邻里关系，提升居住的归属感和幸福感。在园林绿化方面，精心挑选适应本地气候的植物，提升景观品质并促进生态平衡。在重大节日期间，不仅更新鲜花，还会根据节日特色布置相应的主题装饰，以增强节日氛围。在日常保洁工作方面，采用先进的清洁设备和技术，以提升工作效率和清洁质量。

交投华园服务中心始终如一，日复一日履行各项工作职责，以实际行动为业主提供高品质服务。物业团队坚守“专业创造价值，善意传递真情”的服务理念，致力于为业主打造更为安全、舒适的生活环境。

九州丽景苑小区人车分流，环境卫生整洁，物业公司积极参加当地社区举办的物业论坛活动。坚持开展三方联动会议，认真收集小区业主提出的意见和建议，以“让业主满意”为宗旨，积极打造业主幸福感、安全感小区。

始峰悦府项目始终秉持“共治共建”服务理念，以党建为引领牵头，整合各方资源，形成物业、社区、业主三方共同参与的小区治理格局。在党支部的引领下，物业公司不断提高服务质量和水平，搭建“红色物业”与“业主党支部”桥梁，夯实小区志愿服务模式。

孝感崇文广场项目位于当地主城核心区，通过碧桂园物业的规范管理，小区内绿化养护得当，车辆停放秩序井然，设施设备管理到位。小区定期组织社区文化活动和“红心碧海”三方联动座谈会，建立了良好的党建引领共同缔造工作氛围。

晶龙邢台京福苑项目由晶龙物业提供服务。自项目交付以来，晶龙物业一直坚守“真诚、质朴、敬畏、感恩”的精神，遵循“业主至上，服务第一”的企业宗旨，以“客户至上、股东受益、员工幸福”的价值观，践行“堂堂正正做人，兢兢业业做事”的企业格言，为业主提供满意的高品质物业服务。

城发投·瑞璟春和项目由建臻物业提供服务，建臻物业作为石家庄建发集团全资子公司，隶属于石家庄城发投集团，是一家国有独资企业。作为国企物业服务商，建臻物业秉承“品质为先、服务至上”的服务理念，用专业和温度，为客户打造全生命周期的高质量服务。

华安·高新之窗位于合肥高新区蜀西湖商圈，在可预见的未来商务模式中打造全新的商办服务模式，让商办空间成为整体商办模式运营的载体。“共创、共享、共担、共赢”四大模块贯穿办公服务流程，将“空间 + 服务 + 生活 + 资源”四重维度形成闭环，构建全新的工作方式和企业创新思维，助力企业加速成长。

结语

2024 年，物业服务行业以高质量发展为核心，致力于提升管理项目的品质。在全国范围内，特别是在二十个重点城市中，四星级物业服务项目以其优秀的服务品质和相应的硬件实力，逐渐成为市场的主导力量。物业服务已经从传统的基础维护和管理，转变为更加个性化和智能化的服务模式，以满足居民对美好生活的追求。通过深入了解业主的需求，物业服务企业采取多元化和定制化的策略，为业主提供更加贴心和精准的服务，增强了业主的满意度和忠诚度。通过持续提升服务质量和积极探索创新服务模式，物业服务企业的努力得到了市场的肯定。然而，年内部分地区出台的住宅物业费指导价格政策对物业费造成了一定影响，这要求物业企业在加强服务的同时进行冷静和全方位的思考，避免盲目跟风。如何结合本地区物业管理市场的特点，建立有效的机制，规范市场秩序，营造“质价相符”的市场环境，并解决行业的现实问题，是实现物业服务行业的可持续发展的关键。

在此背景下，我们通过物业服务星级评价工作持续挖掘和传播优秀项目的服务经验和服务标准，彰显标杆项目的特点和优势，发挥优秀星级物业服务项目的示范带头作用。同时，通过对国内主要城市项目的物业服务水平和价格进行持续的跟踪调查和研究，客观反映行业发展变化，探讨物业服务价格定期调整机制的建立和落实，实现物业服务价格与服务水平的统一，推动行业健康平稳发展。

报告篇

专题报告

报告十　AI赋能物业：从工具革命到场景跃迁

随着数字经济向纵深发展，物业管理行业正经历从传统劳动密集型向科技赋能型模式的历史性变革。在居民品质化需求升级和创新科技应用的双重驱动下，物业企业借助物联网、人工智能、大数据等技术矩阵，重构服务流程与价值创造模式。当前行业科技布局聚焦于两个核心维度：一是科技工具的广泛应用，涵盖一线员工作业装备、业务流程自动化系统、社区物联网设施等；二是服务场景的生态延伸，推动社区安防、清洁卫生、设备运维、能源管理等多个业务节点向清单化、预测性、自动式服务演进。本研究通过解析科技工具介入物业运营的实践路径及问题挑战，揭示创新科技工具与物业服务场景融合的内在逻辑，旨在为行业提供数字化转型的理论框架与创新思考。

一、行业现状：传统服务模式效能瓶颈，科技助力企业转型破局

（一）规模扩张与服务效能失衡，行业五大痛点问题依旧存在

近年来，我国物业管理行业在规模扩张方面取得了显著成就，但与此同时，物业服务效能的提升却相对滞后，二者之间形成了鲜明的对比。截至 2024 年底，我国物业管理行业总管理规模突破 314 亿平方米，其中百强企业管理面积均值再创新高，达到 6900 万平方米。2014—2024 年，百强企业管理面积均值年均复合增速约为 15.67%，而同期百强企业人均管理面积均值、人均产值均值和人均净利润均值年均复合增速分别为 13.31%、11.80% 和 7.29%，分别低于规模增速 2.36、3.87 和 8.38 个百分点。

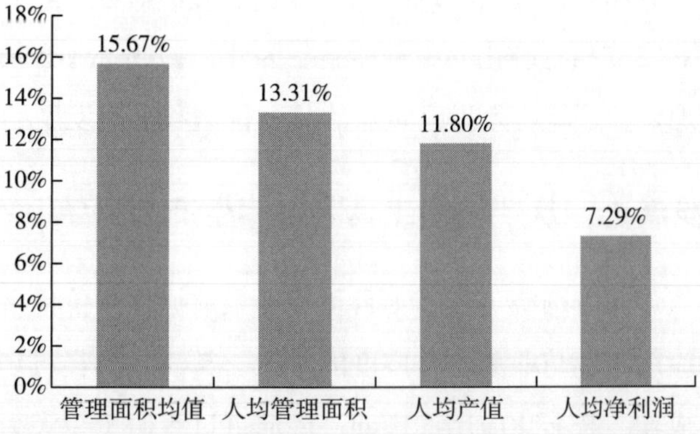

图10-1　2014—2024年百强企业规模与效率指标年均复合增速对比

数据来源：中指研究院。

效率与规模的差距，源于物业企业过度依赖粗放式外拓的竞争策略。以科技工具应用为基础的精细化管理维度投入不足，导致规模扩张带来严重的人工依赖问题，却并未形成边际成本的充分摊薄。根据调

研，2024 年，头部物业企业科技化（数字化）建设投入占营业收入的比重均值约为 1.25%，远低于头部零售企业（约 4.20%）与头部物流企业（约 3.35%）等劳动密集型行业的企业表现。这反映出物业管理行业在科技化转型方面仍有较大的提升空间，尽管目前部分头部企业已开始加大科技化投入，但整体来看，行业的科技化建设水平仍相对较低。

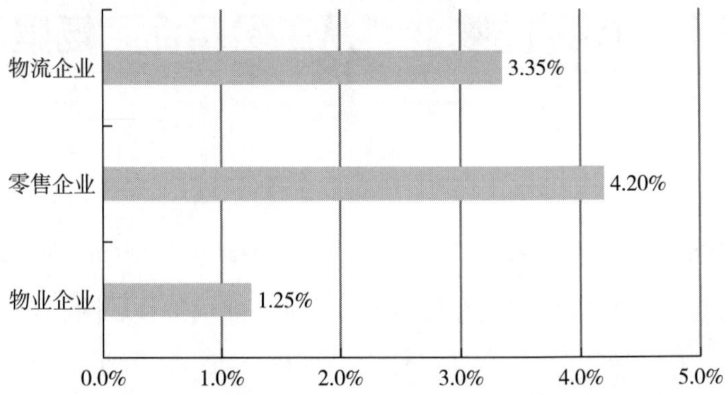

图10-2　部分行业头部企业科技化建设投入占营业收入比重均值

数据来源：中指研究院。

从行业层面看，低水平的科技化建设导致技术应用滞后，加剧了行业五大痛点问题。第一，成本控制压力大，科技化手段的缺乏使得物业企业难以通过自动化和智能化手段降低成本，与此同时，行业百强企业人工成本占比已从 2014 年的 52.8% 攀升至 2024 年的 54.7%，相关企业受《中华人民共和国社会保险法》合规成本及各省市最低工资标准上涨双重挤压，企业成本控制和成本结构优化面临更大的挑战；第二，服务质量难以提升，缺乏智能化手段对服务过程进行监控和评估，导致服务质量参差不齐，业主满意度难提高；第三，服务效率低下，传统人工管理模式在处理日常事务（如报修、缴费、投诉等）时，流程烦琐、响应不及时，难以满足业主对高效服务的需求；第四，设备维护困难，设备设施的巡检和维护依赖人工经验，缺乏实时监控和故障预警，导致设备故障频发，维修成本高；第五，数据管理混乱，物业运营过程中产生的大量数据分散存储，难以整合分析，无法为决策提供有力支持。

从企业层面看，尚未拥抱科技工具的物业企业将在市场竞争中处于劣势，相关企业可能会遇到客户体验不佳、管理效率不高和资源利用率低等诸多挑战。随着科技的迅猛进步，智能化的物业管理已成为行业的主流，能够带来更加高效、便捷和定制化的服务体验。因此，物业企业必须重视科技化建设，这不仅有助于增强其在市场中的竞争地位，还能有效提升企业的品牌价值和长期发展的潜力。

（二）科技建设三阶段演进，从“辅助工具”到“生产力引擎”

中国物业管理行业的科技化建设围绕“技术工具化—场景数据化—价值平台化”的逻辑主线，呈现出清晰的演进过程。根据技术应用深度与业务融合广度的差异，其演进路径可划分为三个阶段：信息化工具单点应用期，数字化系统集成期，智能化应用推广期。该演进过程源于三大力量的推动：技术工具解决单点效能问题，数据累积催生系统优化升级，资源整合触发生态价值重构，本质是技术创新从“辅助工具”向“生产力引擎”的角色跃升。

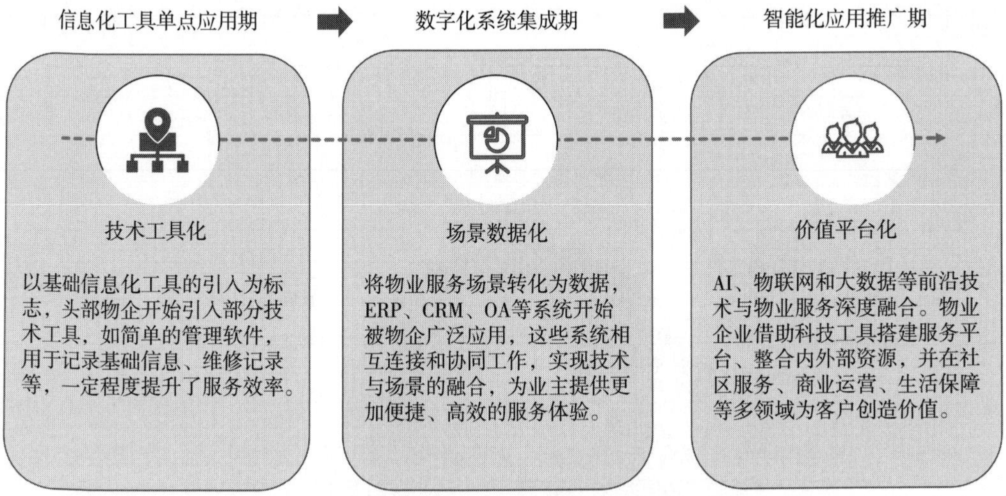

图10-3　物业管理行业科技化建设的三个阶段与演进路径

资料来源：中指研究院。

1. 信息化工具单点应用期（2000—2013 年）：技术启蒙与效率初探

在互联网技术的普及和发展推动下，物业管理行业开始接触并引入一些基础的信息技术工具，如简单的物业管理软件，用于记录业主信息、房屋信息、维修记录等。这些工具的出现，让物业企业初步感受到了技术带来的便利，能够帮助工作人员更高效地管理各类信息，减少了手工记录和查找资料的时间，提高了工作效率。例如，通过物业管理软件，工作人员可以快速查询某一业主的缴费记录、报修历史等信息，从而更好地为业主提供针对性的服务。同时，一些社区开始尝试使用电子门禁系统等简单的智能化设备，提升了社区的安全性和管理效率。

该阶段仅有少数头部企业率先尝试信息化工具，大多数企业仍依赖传统方式，此外，技术的应用呈现碎片化特征，各系统间数据割裂，缺乏统一平台支撑。例如，部分企业可能同时使用多个不同的软件系统，分别管理财务、人力和客户服务等业务，但这些系统之间无法实现数据共享和交互，导致信息孤岛现象严重。这种碎片化的技术应用模式不仅限制了企业内部数据的整合与分析，也使得物业企业在面对复杂的管理需求时，难以发挥技术的整体优势。此阶段企业的科技化建设相对较为基础，但对于行业而言，是技术启蒙的重要时期，为后续的科技化发展奠定了基础。

2. 数字化系统集成期（2014—2020 年）：技术融合与场景深耕

物业企业开始接入资本市场，行业在资本的驱动下加快了科技化转型进程。此阶段，技术融合是主要特点，物业企业开始将多种数字化技术进行集成应用，以实现更高效的管理和更优质的服务。例如，企业资源规划系统（ERP）、客户关系管理系统（CRM）、办公自动化（OA）系统等开始被广泛应用，这些系统相互连接，协同工作，打通了企业内部的业务流数据，提升了决策和管理的精细化、集约化水平。

科技工具的深化应用不仅提升了企业的管理效率，还通过技术与服务场景的深度融合，为业主提供了更加便捷、高效的服务体验。例如，在客户服务场景中，随着物业客户端 App 和小程序的普及，业主可以通过 App 实现物业缴费、报事报修、参与社区活动等多种功能，物业服务企业则能够根据业主的需求及时响应和处理，提升了业主的满意度；在设施设备维护场景下，企业能够通过物联网技术实现对设备运行状态的实时监测和预警，提前安排维护保养，减少设备故障，提高了设备的使用寿命；在员工调度管理场景中，借助智能排班系统和移动办公工具，能够根据工作任务的紧急程度和员工的工作能力等因素，合理安排员工的工作时间和任务，提高了员工的工作效率和工作满意度。

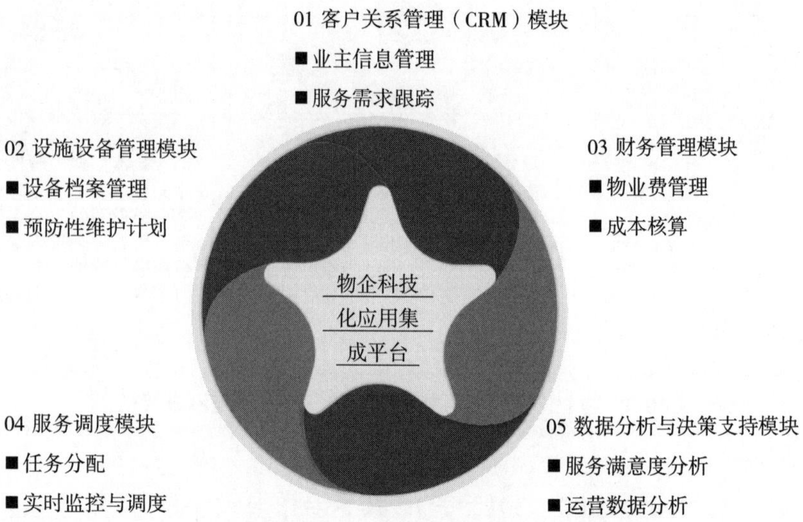

图10-4　物业企业科技应用集成平台核心功能模块

资料来源：中指研究院。

表10-1　部分物企早期推出的客户服务App及其主要功能

企业名称	App 名称	功能介绍	推出时间
碧桂园服务	凤凰会	物业缴费、报事报修、公告查询、快递代管、邻里互动等	2018 年
保利物业	保利悠悦荟 / 和院通	社区公告推送、报事报修、物业账单咨询、手机开门、访客授权、周边服务推荐、社区活动报名等	2016 年
中海物业	优你家	在线报修、费用查询、智能门禁（第一期开通）、社区团购、快递查询、邻里社交等	2017 年
长城物业	一应生活	物业缴费、报事报修、社区电商、快递代管、邻里互动等	2015 年
彩生活	彩之云	物业缴费、社区团购、家政服务、房屋租赁、金融理财、智能家居等	2014 年

资料来源：公开资料，中指研究院整理。

该阶段，不同层级企业科技化建设水平分化加剧。部分头部企业率先探索“平台＋生态”模式，自研或与第三方科技公司合作开发定制化服务解决方案。例如，碧桂园服务与腾讯、阿里云等科技巨头展开战略合作，结合企业自身业务建设智慧客户服务系统，逐步打造社区服务的“智慧大脑”；雅生活集团携手华为、商汤科技等科技巨头，探讨智慧城市立体解决方案。而中小型企业仍面临资金投入不足、技术适配性差等问题和挑战，与头部企业的科技化建设水平差距进一步拉大。

3. 智能化应用推广期（2021 年至今）：技术驱动与价值重塑

AI、物联网和大数据等前沿技术与物业服务的深度融合正在推动行业迎来新一轮变革。该阶段行业科技应用体现出更强的系统性和协同性，对企业服务效率和质量提升、商业模式创新突破以及企业收入结构优化等都起到了更突出的作用，标志着行业加速由传统服务模式向智能化、平台化方向发展的战略转型。

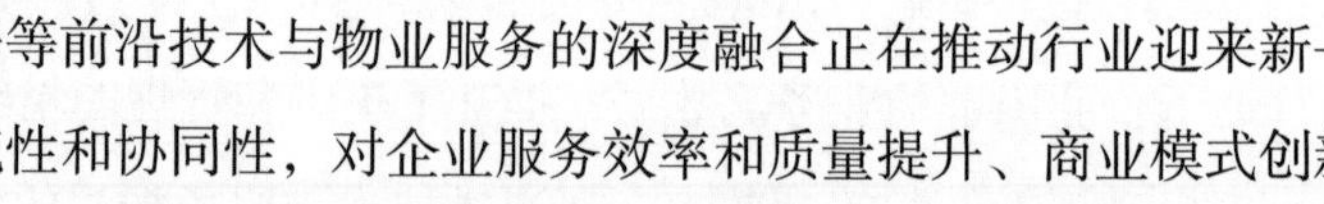

图10-5　科技赋能物企的三重价值

资料来源：中指研究院。

从服务效率和质量维度看，科技工具的规模化应用正在重塑行业服务标准。AI 智能客服管家能够 24 小时在线解答业主的问题，提供更加及时、高效的服务；各类服务机器人的广泛应用，在提升服务效率的同时为行业服务走向可量化、可评估奠定了基础。例如，中海物业在全国范围内推广清洁机器人、巡逻机器人等智能设备，不仅解决了基础服务标准化难题，更通过 7×24 小时不间断服务显著提升了业主体验。这种智能化改造使得服务响应时间缩短 50% 以上，投诉率明显下降，重新定义了物业服务品质的衡量标准。

从商业模式创新维度看，数据资产的价值挖掘推动企业从单一物业服务商向社区生活服务平台转型。科技助力企业构建起业主画像和消费行为数据库，能够精准匹配家政、养老、教育等高附加值服务，形成“基础物业＋增值生态”的商业模式。滨江服务基于业主缴费、报修及访客登记数据，构建“家庭画像”模型，识别高净值业主对家政、教育等高端服务的偏好，联合教育机构推出定制化“社区夏令营”，此外，基于停车数据，向车主推送洗车、保养优惠，相关增值服务收入 2024 年同比增长 61.7%，成为其增长最快的业务板块。

从企业收入贡献维度看，科技服务已经成为部分企业重要的收入来源。万物云的科技服务业务以 AIoT 和 BPaaS 为核心，2024 年实现营收 30.21 亿元，同比增长 8.64%，科技服务贡献总营收的 8.34%；科技服务作为绿城服务的第四大核心业务，公司打造的科技服务产品，能够为客户提供从前期规划设计、智慧硬件建设到数字化系统的开发及运营一体化服务，助力客户数字化转型，2024 年科技服务板块实现收入 3.41 亿元，科技服务收入占营业收入的比重约为 1.81%。

图10-6　2024年部分物业企业科技服务相关收入情况

资料来源：企业公告，中指研究院整理。

综上所述，物企科技化建设应遵循循序渐进原则，先集中精力解决效能瓶颈，夯实基础数据能力，再逐步开展数据潜力挖掘与商业价值重构工作，这是行业科技化转型完整且有序的价值链路。然而，囿于物业服务市场高度分散的特点及物业企业发展明显分化的趋势，部分物业企业的科技化建设呈现出一种不合理的发展态势，即在尚未妥善解决效能瓶颈这一基础阶段问题时，便匆忙涉足挖掘数据潜力与重构商业价值的高阶阶段，这种“大跃进”式的科技化建设，效果可能并不理想，并且会阻碍行业科技化转型的可持续性。

（三）政策红利叠加技术升级，物企加快科技布局正当其时

国家层面政策红利与底层技术体系的双重突破，形成了推动行业变革的“双螺旋结构”，企业的科技化转型升级正迎来前所未有的战略机遇期。在这一趋势下，企业唯有把握机会，加速科技布局，方能在行业新一轮竞争中抢占制高点。

从政策维度看，围绕促进服务消费、开展数字经济、优化基础设施建设等方向和目标，国家层面在顶层设计环节为物业管理行业的数字化转型奠定了坚实基础。2025 年政府工作报告中明确提出持续推进“人工智能 +”行动，将数字技术与制造优势、市场优势更好结合起来，支持智能机器人等新一代智能终端以及智能制造装备发展；2024 年 9 月，国家市场监督管理总局、国家标准化管理委员会联合发布了国家标准《建筑及居住区数字化技术应用第 3 部分：物业管理》，进一步完善了我国智慧物业标准化体系，有力推动了智慧社区建设和社区治理精细化发展；2024 年 8 月，国务院印发《关于促进服务消费高质量发展的意见》，提出要加快生活服务业数字化赋能；2023 年 2 月，中共中央、国务院印发《质量强国建设纲要》，提出要加快大数据、网络、人工智能等新技术的深度应用，促进现代服务业与先进制造业、现代农业融合发展；2022 年 5 月，中央政法委、民政部等九部门印发《关于深入推进智慧社区建设的意见》的通知，提出拓展智慧社区治理场景、构筑社区数字生活新图景、加强智慧社区基础设施建设改造等目标。

表10-2　近年来国家层面关于物业管理行业数字化建设的部分政策和标准

序号	文件名称	颁布时间	颁发单位	核心内容
1	《建筑及居住区数字化技术应用第 3 部分：物业管理》	2024/9/29	国家市场监督管理总局 国家标准化管理委员会	进一步完善了我国智慧物业标准化体系，有力推动了智慧社区建设和社区治理精细化发展。
2	《关于促进服务消费高质量发展的意见》	2024/8/3	国务院	加快生活服务数字化赋能；开展数字家庭建设试点，更好满足居民家居产品智能化服务和线上社会化服务需求。
3	《质量强国建设纲要》	2023/2/6	中共中央、国务院	加快大数据、网络、人工智能等新技术的深度应用，促进现代服务业与先进制造业、现代农业融合发展。
4	《“十四五”城镇化与城市发展科技创新专项规划》	2022/12/6	科技部、住房城乡建设部	加强智能建造和智慧运维核心技术装备研发，提升建筑与市政公用设施系统协同管控能力，保障设施供给安全，提升城市运维效率。
5	《“十四五”全国城市基础设施建设规划》	2022/7/29	住房和城乡建设部	加快新型城市基础设施建设，推进城市智慧化转型发展；推动城市基础设施智能化建设与改造。
6	《“十四五”新型城镇化实施方案》	2022/7/12	国家发展改革委	推进智慧化改造。推行城市运行一网统管，推进市政公用设施及建筑等物联网应用、智能化改造。
7	《关于深入推进智慧社区建设的意见》	2022/5/10	民政部、中央政法委、网信办、发展改革委、工业和信息化部等九部委	集约建设智慧社区平台，拓展智慧社区治理场景，构筑社区数字生活新图景，推进大数据在社区应用，加强智慧社区基础设施建设改造。
8	《关于加快推进城镇环境基础设施建设的指导意见》	2022/2/9	国家发展改革委、生态环境部、住房城乡建设部、国家卫生健康委	推动智能绿色升级：推进数字化融合。充分运用大数据、物联网、云计算等技术，推动城镇环境基础设施智能升级。
9	《“十四五”数字经济发展规划》	2022/1/13	国务院	到 2025 年，数字经济核心产业增加值占国内生产总值比重达到 10%，数据要素市场体系初步建立，产业数字化转型迈上新台阶。

数据来源：中指研究院整理。

从技术维度看，当前行业相关技术创新呈现出“端—边—云”协同发展的特征，技术体系的持续进化为物业企业的服务模式创新提供了硬支撑。智能终端层面，5G–A 通感一体化技术使社区定位精度突破厘米级，碧桂园服务引入的美团无人机配送系统，依托高精度定位实现自动寻址，单件配送效率大幅提升；边缘计算层面，龙湖智创生活研发的 AI 分单引擎通过分析 700 万条历史工单数据，构建出涵盖 136 种设备类型的知识图谱，使维修工单准确率达到 90% 以上；云端协同层面，腾讯云、阿里云等云技术服务机构，针对物业管理场景，加快推出了针对性的云服务产品，例如，腾讯云可自动生成物业设施健康度评估报告并推送预防性维护方案，进而延长物业设备的使用生命周期。

表10-3　物业管理行业技术创新“端—边—云”协同发展及企业应用案例

技术层级	关键技术	典型应用场景	物企案例
智能终端层	1. 物联网传感器网络 2. AI 视觉识别摄像头 3. 智能巡检机器人 4. 蓝牙 /WiFi 室内定位终端	• 实时环境监测 • 人脸识别门禁与行为分析 • 设备设施自动化巡检人员 • 资产室内定位追踪	万物云：部署 AI 摄像头结合无人机巡逻实现 98% 异常行为识别率。 中海物业：采用搭载热成像仪的巡检机器人检测配电室设备发热隐患。 碧桂园服务：蓝牙信标定位工具车，维修响应效率提升 40%。
边缘计算层	1. 边缘网关 2. 本地化 AI 推理引擎 3. 轻量化设备管理中间件	• 设备状态实时诊断 • 视频流本地化处理 • 离线场景故障预测	龙湖智创生活：电梯边缘网关毫秒级监测抖动数据，故障预判准确率达 92%。 华润万象生活：停车场边缘服务器实现车牌识别和无感支付，全流程≤ 0.3 秒。 金科服务：边缘计算节点实时优化路灯能耗，节电 30%。
云端协同层	1. 物业 SaaS 平台 2. 数字孪生建模 3.AI 工单调度引擎 4. 跨系统 API 集成	• 全域资源可视化 • 工单智能分派与闭环管理 • 多源数据综合分析决策	保利物业：云端数字孪生整合逾 20 万台设施设备数据，维修工单派发效率提升 60%。 绿城服务：AI 工单系统动态匹配工程师技能标签，满意度达 95%。 雅生活集团：API 连接政府消防、住建系统，实现隐患自动上报与合规管理。

数据来源：企业调研资料，中指研究院整理。

技术创新还使得硬件成本下降，强化了科技工具在物管行业的渗透效应。近年来，受国产化替代率提高、国内锂电池价格下降、规模化生产等因素影响，物业服务相关的科技硬件工具价格呈现显著下降趋势。据有关统计显示，商用清洁机器人采购均价已经从 2018 年的 28 万元 / 台降至目前的 10 万元 / 台（降幅 64%）；安防巡逻机器人均价在过去五年内从 25 万元 / 台压缩至 8 万元 / 台。科技硬件工具价格的下探，降低了行业科技化转型的门槛，更多中小物业企业将有能力参与其中，进而加速行业科技化转型进程。

在政策与技术的双重变量驱动下，物业管理行业的科技竞赛已进入关键阶段。那些能将政策红利转化为技术资产、把硬件部署升维为数据能力的企业，或将率先完成从“空间管理者”到“社区科技运营商”的进化，在智慧城市生态中占据价值链的核心节点位置。这场转型不仅是工具的迭代，更意味着行业将重新定义现代服务业的内涵与边界。

二、工具革命：硬件与软件双轮驱动，探索物企降本增效新路径

（一）硬件升级：智能终端与创新工具应用，释放物业服务新效能

在物业管理领域，硬件技术的革新正引领一场效率与服务质量的革命。智能传感器、服务机器人、创新维保设备及高性能机械等先进工具的系统化应用，提升了物业服务效率和环境管理的精确度。随着物业服务相关的科技工具广泛应用，传统物业服务链条被重构为可感知、可量化、可预测的智能系统，这一变革在增强业主居住体验的同时，也为物业企业服务质量建设提供了新思路。

1. 智能物联终端矩阵革新，构建一体化硬件防护网

在最前沿的物业服务实践中，以物联网终端、边缘计算硬件、无人巡检设备为核心的硬件技术矩阵，正在推动物业服务从被动处置向主动干预跃迁。传统物业服务场景中，设施设备的实时监测、安防风险的前置预警与能耗成本的精细控制，长期依赖“人盯设备”的传统管理模式，存在响应滞后、隐性故障难检测、资源浪费严重等问题。未来，随着科技硬件工具的进步和广泛应用，基于“全域感知—智能中枢—精准执行”的技术逻辑，物业管理行业将形成覆盖建筑本体、设施设备、空间环境的硬件防护体系，实现从离散设备管控到系统化智能运维的跨越式发展。

智能硬件防护体系不仅能够显著提升物业服务的效率与质量，还能够极大地提高业主的居住体验与满意度。例如，智能硬件防护体系能够实时监测小区的安全状况，及时发现并处理潜在的安全隐患，为业主提供安心的居住环境。智能门禁、停车管理等系统简化了物业人员的日常操作，减少了业主的等待时间，提升了生活便捷性。硬件技术工具的革新，正在加速引领物业管理行业迈向更加智能化、高效化的未来。

（1）全域感知：分布式传感网络构建神经末梢

通过各类高精度传感器，物业企业能够实现对建筑内外环境的实时监测，无论是温度、湿度还是空气质量，都能得到及时准确的数据反馈。在设施运维维度，部署于给排水管网的渗漏传感器、电梯轿厢的振动监测模组、配电柜的温度感知芯片等设备，形成建筑“生命体征”实时监测网络；在安防领域，红外幕帘、人脸识别门禁、烟雾探测二合一传感终端实现空间立体防护；在能耗管理场景，环境传感器组网实时采集温湿度、光照强度、空气质量等多类参数，为中央空调系统提供动态调节依据，实现写字楼项目的节能减排目标。

表10-4 物业服务场景部分物联网设备及功能

序号	设备类型	实物图片	功能描述	应用场景
1	渗漏传感器		实时监测给排水管网的渗漏情况，及时发现并预警渗漏隐患。	建筑物内部的给排水管网系统，确保管网运行安全，避免渗漏造成的损失。
2	振动监测模组		安装在电梯轿厢内，实时监测电梯运行时的振动情况，提前发现潜在故障。	电梯设备的运行监测，保障电梯安全运行，减少故障停机时间。
3	温度感知芯片		部署在配电柜内，实时感知设备温度变化，防止过热导致的设备故障。	配电柜等电气设备的温度监测，确保设备稳定运行，延长设备使用寿命。

续表

序号	设备类型	实物图片	功能描述	应用场景
4	红外幕帘		与人脸识别门禁、烟雾探测器结合，形成三合一传感终端，实现空间立体防护。	高端住宅项目的周界防护，有效降低误报率，提高安防系统的可靠性。
5	人脸识别门禁		通过人脸识别技术实现门禁控制，提高安全性。	高端住宅项目的出入口管理，确保只有授权人员能够进入。
6	烟雾探测三合一传感终端		实时监测烟雾、温度等环境参数，及时发现火灾隐患。	高端住宅项目的室内和公共区域，保障居民的生命财产安全。
7	环境传感器		实时采集温湿度、光照强度、空气质量等多类参数，为中央空调系统提供动态调节依据。	写字楼项目的室内环境监测，实现节能减排目标，降低运营成本。

数据来源：调研资料。

（2）智能中枢：边缘计算网关打造决策中枢

面对海量终端数据实时处理需求，标杆物业企业创新应用具备本地决策能力的边缘计算网关，显著提高了硬件设备的工作效率。在设备层，网关通过协议解析模块兼容多种工业协议，实现跨品牌设备的互联互通；在数据处理层面，搭载轻量化AI模型的网关可在200ms内完成异常数据研判，较传统云端处理模式效率提升5倍。例如，在物业服务覆盖的区域中布置相关硬件设备后，当温湿度传感器数据异常波动时，网关能立即识别并触发预警，同时联动现场的空调、加湿器等设备自动调节，确保环境始终处于舒适状态。此外，边缘计算网关还支持本地策略配置与下发，使得物业管理人员无需依赖云端，即可根据实际需求灵活调整设备运行参数，进一步提升了物业管理效率与响应速度。

（3）精准执行：无人巡检装备延伸服务触角

物业服务人员依托无人巡检设备与远程控制系统，根据智能中枢的指令，迅速响应并实施相应的维护措施，能够有效避免因故障导致的服务中断，同时也大幅降低能耗成本。例如，借助搭载热成像模组的巡检无人机，可对建筑外立面进行毫米级裂缝检测，检测效率较人工提升10倍以上；地下停车场场景中，具备导航能力的巡检机器人，通过多光谱传感器融合技术，可同时完成车位状态识别、消防设施检查等多项任务。此外，借助大数据分析，智能中枢能够精准预测设备维护的最佳时间，提前调度物业服务人员进行预防性维护，有效延长设备使用寿命，降低突发性故障风险。

2. 六大品类专业服务机器人，按下人力解放加速键

AI科技浪潮下，通过机器人替代人工，以相对稳定的机器成本替代上涨的高人工成本，实现降本增效，已成为标杆企业的共识。物企成本构成中占比最高的是人工成本，其中75%以上的人工从事的都是基本的体力劳动，如保洁、保安等，这些服务的基本特征要求与机器人擅长的标准化、重复化的动作相匹配，且技术门槛低。依托底层技术架构和场景需求的差异化演变，物业服务场景相关的机器人已形成六大专业品类体系，未来若实现大规模的人工替代，相关物企的成本将有大幅下压的空间。

表10-5　物业管理行业相关服务机器人及其核心功能

序号	机器人类型	解决痛点问题	应用普及程度
1	清洁消毒机器人	人工成本高；传统人工清洁效率低；消毒覆盖率不足	高，商业楼宇、医院、住宅区广泛使用
2	安防巡检机器人	人工巡逻效率低；安全隐患响应滞后；人员管理成本高	较高，智慧园区、高档社区逐步普及
3	客服导引机器人	咨询响应慢；服务碎片化（缴费、报修分散）；多语言沟通障碍	较高，写字楼、商场、医院、交通枢纽等非住宅领域应用广泛，智慧社区试点应用
4	物资配送机器人	末端配送效率低；人力成本浪费；交叉感染风险（餐饮 / 医废配送）	中等，产业园区、医院、商场推广较快
5	设施维护机器人	设备维护依赖经验；人工巡检漏检高；高空 / 危险作业风险	较低，技术成熟度待提升，主要应用于设备密集场景（如配电房、暖通系统）试点
6	特种作业机器人	高危环境作业风险：特殊场景人力不可及（狭窄管道、辐射区域）	低，仅在特定场景（如电力巡检、外墙清洗）小范围应用，技术定制化需求高

数据来源：中指研究院整理。

（1）清洁消毒机器人

作为物业管理行业应用最广泛的品类，清洁消毒机器人集成了先进的导航技术、传感技术和清洁技术，以实现高效、自动化的清洁作业。它们能够执行扫地、洗地、尘推、清洗消毒等多种功能，甚至一些高端型号还具备电解水消毒功能，能够在不使用化学消毒剂的情况下对地面进行有效消毒。此外，针对不同场景的需求，市场上也出现了专门设计用于擦玻璃、洗地毯、清扫楼梯间的机器人，进一步扩展了清洁消毒机器人的应用场景和服务范围。这些设备通常配备有智能工作站，可以自主返回充电并清空垃圾箱，从而实现 24 小时不间断工作，大大提高了清洁工作的效率和质量。

表10-6　部分商用清洁机器人品牌及产品功能特点

序号	品牌	型号	图片	价格（万元）	功能特点
1	科沃斯	DEEBOT PRO M1		8.5~8.9	洗地 / 扫地 / 推尘一机多用，兼容主流电梯品牌，电梯互联，实现跨楼层清洁
2	高仙	Scrubber 75		12.1~15.2	洗扫吸一体 / 次氯酸雾化消杀 / 自动换水，支持 5G 联网管理
3	擎朗智能	C30		3.1~6.2	强吸，耐扫，智推三合一清洁，搭配 HEPA 抗菌尘袋，提高清洁效果，保护地面
4	优必选	CleInbot CC201		3.5~4.2	吸尘 / 洗地 / 尘推一体，干、湿垃圾一遍扫尽，低于 5dB 超低噪音推尘，适合图书馆、办公室等要求低环境噪音的场景

数据来源：企业官网、调研资料；产品价格需以最新市场为准。

尽管清洁消毒机器人初期采购成本可能较高，但考虑到其长期运行的成本效益，包括减少的人工费用和提高的工作效率，这类机器人的总体拥有成本相对合理。据调研，商用清洁消毒机器人的价格区间为 3 万 ~ 20 万元，在大型社区中，单台清洁机器人可替代 3~4 名保洁人员，日均清洁面积提升至传统人工的 3 倍左右，而且能够减少人为因素导致的服务质量波动，确保每次清洁的一致性和高标准。例如，雄安新区某住宅项目物业服务中心引入的智能清洗机器人，清洁效率高达 1000 ㎡ /h，搭载自动感应等系统，用于车库和外围广场的洗地、去油污需求，该批机器人上岗后，提升了项目服务效率，增强了社区的科技化、智能化属性，为业主带来更好的物业服务体验。

（2）安防巡检机器人

安防巡检机器人主要分为轮式、轨道式和四足式三种类型，不同类型的机器人在功能和应用场景上各有侧重。轮式巡检机器人具有移动速度快、结构简单的特点，适用于地形平坦的室内外环境，如园区、社区、学校等，是物业管理行业应用最为广泛的安防巡检机器人类型；轨道式巡检机器人则通过高强度铝合金轨道实现自主巡航，具备漏液检测、温湿度检测、气体检测等功能，适用于厂区、市政管道等复杂环境，能够大幅提高物业设施设备的巡检效率；四足巡检机器人具备极强的环境适应能力，但是由于采购成本较高，所以在物业服务场景中的应用较少。此外，还有一些应用于特殊场景的巡检机器人，例如防爆巡检机器人、管道巡检机器人、电力巡检机器人等。随着物业服务场景的延展，物业企业在实际工作中可能会使用到更加专业、更多功能的巡检机器人。

表10-7　安防巡检机器人主要分类及功能特点

序号	类型	图片	功能特点	应用场景
1	轮式巡检机器人		移动速度快，结构简单，适应性强，能够搭载多种传感器实现环境监测、设备状态检测以及异常报警等功能，在物业场景应用较广泛。	适用于地形平坦的室内外环境，如园区、社区、学校、仓库、车间等。
2	轨道式巡检机器人		通过高强度铝合金轨道实现自主巡航，具备漏液检测、温湿度检测、气体检测、自动充电等多项功能，能够实时反馈数据到智能运维平台，提高物业服务中的设施运维效率。	适用于电力变电站、石化厂区、矿山、市政管廊、地下隧道等复杂地形。
3	四足巡检机器人		具备极强的环境适应能力，适用于极端复杂地形的巡检任务，但采购成本较高，物业服务场景使用的性价比不足。	适用于山区、景区、厂房、特殊园区等复杂地形、环境的巡检任务。

数据来源：企业官网 & 调研资料。

物业服务场景下的安防巡检机器人，以轮式类型为主，通常配备高清摄像头、红外热成像仪等多种传感器，能够实现环境监测、设备状态检测以及异常报警等功能。具备全天候巡检、全方位监测、全自动巡逻和全智能系统等亮点，能够 7×24 小时进行标准化巡检，实时监控温度、湿度、烟雾等环境指标，并通过智能化后台进行数据分析和异常告警。此外，一些机器人还具备人脸识别、语音交互等功能，能够在复杂环境中提供全面的巡检服务。

表10-8　物业服务场景轮式安防巡检机器人示例

序号	品牌	型号	图片	核心功能	物业服务场景
1	国自机器人	GZ-TS200		全天候巡逻服务，对电动车违停、车辆违停、消防设施、消防通道占用、垃圾桶溢出、宠物、践踏草坪、携带刀具、跌倒等异常行为进行巡查。	园区、社区、停车场、车站等
2	万为机器人	ANBOT-Y		通过自研的门梯物联模块，机器人可与电梯、门闸联动，实现多区域通行，覆盖更大巡逻面积。	住宅小区、写字楼、别墅、科技园区等
3	小远机器人	XY Robot-SP150-I		采用先进的自主导航、语音交互、图像识别等人工智能技术，可实现全天自主巡航，异常情况报警、实时图像同步回传。	高端社区、园区、酒店等

数据来源：企业官网 & 调研资料。

（3）客服导览机器人

客服导览机器人不仅能够减轻物业服务人员的工作负荷，更是在探索“人性化＋数智化”服务模式，重塑物业与业主的互动方式。物业服务中的客服导览机器人依据核心功能分为场所导览型机器人与智能咨询型机器人两类。

场所导览型机器人多部署在商场、会展中心、办公楼大堂等高人流区域，主要承担路径指引、场景讲解、区域导航等任务。其功能涵盖多语言语音交互、地图投影、自动避障巡航及兴趣点讲解等，例如，通过 AI 视觉识别用户手势或语音指令后，机器人可规划最优路线并为访客提供实时导航。同时，依托云端内容管理平台，物业人员可远程更新导览信息，确保服务时效性。部分高端机型还集成人脸识别功能，针对 VIP 访客主动问候并提供专属服务方案，进一步提升用户体验。

智能咨询型机器人则聚焦于常规咨询接待与业务办理辅助，常见于物业前台、社区服务中心等固定点位。其功能以语音答疑、业务指引、工单受理为核心，例如，支持物业费查询、报修工单登记、访客预约确认等，部分机型还能联动门禁系统实现访客身份核验及通行授权，还可以与物业管理系统（如 ERP、工单平台）无缝对接，实现服务流程自动化闭环。

表10-9　两类客服导览机器人部分品牌型号及功能特点

类型	品牌	型号	图片	功能特点	应用场景
场所导览型	猎户星空	豹小秘 2		支持人体识别，远距离招揽问候，主动迎宾，问候话术灵活配置	应用于博物馆、展厅、商场等场景
	洛必德 ROBINT	Intelligent Reception		具有问候接待、带路引领、咨询交流、巡航讲解等功能。可实现平稳快速的行走和灵活精准的避障。	机场、车站、商场、展厅等
智能咨询型	派宝机器人	PadBot X 系列		迎宾接待、双屏设计、人脸识别、主动唤醒、自定义问答等。	展厅、政务大厅、商业场所等
	UBTECH	克鲁泽		个性化智慧迎宾、全方位专业讲解、即时化智能导览、多模态娱乐互动等。	学校、医院、展区、政府大楼、商场、机场等

数据来源：企业官网、调研资料。

（4）物资配送机器人

作为现代物流与物业服务的重要智能化工具，物资配送机器人通过融合自主导航技术、多传感器融合系统及智能调度算法，能够实现物资的高效精准运输，支持物业企业为高端项目提供个性化服务。这类机器人广泛应用于写字楼、仓储中心、医院、餐厅等场景，能够承担文件传递、快递分拣、药品运输、餐食配送等多样化任务。部分高端型号支持多楼层跨区域作业，通过电梯物联系统实现全楼宇覆盖。此外，机器人配备智能避障与路径优化功能，可在动态环境中安全通行，并通过云端管理平台实时监控任务状态，确保物资配送及时可靠。为适应不同场景需求，市场上已推出轻量级（载重 <50kg）至重型（载重 >200kg）的多种型号，进一步拓展了其应用范围。

表10-10　部分物资配送机器人品牌型号及功能特点

序号	品牌	型号	图片	功能特点	应用场景
1	诺科达科技	无人配送车—Robovan		载货量大，速度快，续航长，应对复杂天气，降低成本，提升效率	学校、社区、园区、酒店等

续表

序号	品牌	型号	图片	功能特点	应用场景
2	算丰征途	黑石2号		可与电动门、闸机、电梯等联动，具备立体空间的通行能力	写字楼、酒店、商场、小区、园区、校园、医院、机场等场景
3	擎朗智能	T10		拟人化设计，可触控，并具有AI餐盘检测功能，最大载重40千克	餐厅、园区、酒店等

数据来源：企业官网、调研资料。

目前，物资配送机器人在物业服务领域的应用尚不广泛，主要原因是物业服务环境复杂多样，对配送机器人的适应性与灵活性提出了很高要求。不同住宅区的建筑结构、道路条件以及居民的生活模式存在显著差异，这些因素均需配送机器人具备相应的应对策略。同时，物业服务涉及的物资种类繁杂，包括不同重量与体积的物品，这对机器人的设计与功能实现提出了挑战。因此，尽管在其他领域物资配送机器人已取得显著进展，但在物业服务领域，其应用仍需进一步研究与优化。

（5）设施维护机器人

物业服务场景下的设施维护机器人可以从“预防性维护”与“精准修复”两个维度重构物业服务标准，前者以数据驱动替代经验主义巡检，后者则攻克高危、高污染场景的人工作业瓶颈，为物业设施全生命周期管理提供智能化解决方案。预防性维护通过集成传感器和数据分析技术，实时监测设施运行状态，预测潜在故障，从而提前安排维修，减少突发故障对居民生活的影响。而精准修复则依赖先进的机器视觉和人工智能技术，使机器人能够准确识别并处理设施损坏，如修补墙面裂缝、封堵管道泄漏等，不仅提高了修复效率，还保障了作业人员的安全。

社区、园区和写字楼的楼宇对机电设备的“预防性维护”需求较高，人工检修和维护通常具有滞后性，且维护效率低、成本高。设施维护机器人以变电站、水泵房、电梯井等机电设施为核心场景，专攻设备健康状态监测与故障预警，能够为物业企业降本增效。这类机器人通常搭载红外热成像仪、振动传感器及噪声分析模块，可实时采集配电柜温度、水泵轴承振动数据，并通过AI算法比对历史参数，自动生成设备劣化趋势报告。

表10-11　部分设施维护机器人品牌型号及功能特点

类型	品牌	型号	图片	核心功能	物业服务场景
机电巡检机器人	蒙帕	智能巡检机器人（标准版）		支持环境信息检测，配备温度传感器、湿度传感器、噪音传感器、PM2.5及PM10传感器；可检测TVOC、CO_2、甲醛	社区变电站、政企数据中心、小型配电室等不同应用场景
	中能智旷	配电室巡检机器人RW400C		自主导航、自动避障、自动充电、仪表读数自动识别、状态指示识别、热红外测温、局放检测、环境监测等功能	配电室、IDC数据机房、设备机房、信息机房、通讯机房、主控室、开关室、高压开闭室等室内巡检
基础设施修复机器人	中仪股份	X5-HS系列管道CCTV检测机器人		高清型管道CCTV检测机器人，可采用平板作为主控，通过无线的方式与系统其他部分进行连接，实时显示、存储高清检测视频	市政（工业）排水管道、水利输水管涵、综合管廊、电缆管沟、隧洞

续表

类型	品牌	型号	图片	核心功能	物业服务场景
基础设施修复机器人	博智林	螺杆洞封堵机器人		能够通过视觉识别墙面孔洞的位置，配合自研的砂浆封堵工艺系统，完成孔洞封堵	物业公共区域墙体、楼道维护

数据来源：企业官网、调研资料。

在“精准修复”维度，设施维护机器人可以实现设施维修环节“检测—处置”闭环，典型应用包括管道堵漏、螺栓紧固、墙体破损修复等场景。这些机器人通过高精度传感器和先进的算法，能够精准定位设施的损伤点，并迅速采取相应的修复措施。例如，在管道堵漏场景中，它们可以迅速识别漏点，并使用内置的修补材料进行快速封堵，有效防止泄漏进一步扩大。在螺栓紧固方面，设施维护机器人能够准确识别松动或未紧固的螺栓，并利用其机械臂进行自动拧紧，确保设施的稳固性。此外，在墙体破损修复等场景中，这些机器人同样展现出强大的修复能力，通过喷涂、粘贴等方式，使受损墙体恢复如初。

（6）特种作业机器人

在非常规或定制化的物业服务场景中，特种作业机器人凭借专业化功能与智能化技术，能够满足特殊的物业服务作业要求，助力物业企业高效完成复杂工作。根据特种作业机器人应用领域与核心功能，可划分为以下三类：高空作业与幕墙检修机器人、隐蔽工程维护机器人、应急响应与灾备处理机器人。

高空作业与幕墙检修机器人通过吸附式底盘或无人机平台搭载清洁装置，可垂直或悬空作业，清洗玻璃幕墙、通风管道等区域，其优势在于替代人工高空作业，降低坠落风险，同时提升清洁效率与覆盖范围；隐蔽工程维护机器人能够解决物业服务场景中，通风管道清洁、市政管道检修、电缆桥架巡检等隐蔽空间作业难题；应急响应与灾备处理机器人针对物业场景中的突发安全事件与特殊环境风险设计，其全天候作业能力与快速机动性弥补了传统人力救援的时效性短板。例如，水域救援机器人适用于社区人工湖、地下车库积水等场景，通过浮力装置与水下推进系统实现溺水人员定位与救援，或进行水体污染监测。

表10-12 部分特种作业机器人品牌型号及功能特点

分类	品牌 / 型号	图片	核心动能	物业服务场景
高空作业与幕墙检修机器人	翼博特高空幕墙清洁机器人		磁吸攀爬设计，内置的水循环系统，能够将清洗后的污水转化为干净的水再次清洁	超高层写字楼幕墙维护
	史河 BeeBot 系列机器人		搭载净水箱和无痕刮条，还可同时对幕墙边框、装饰条等立面凸出物进行高效清洁，保障清洗无盲区，并实现污水回收和多级过滤	超高层写字楼幕墙维护
隐蔽工程维护机器人	中仪股份 X5-HM100 小口径管道检测机器人		最小适用管径达到 100 毫米，解决社区小管道、电力管道等小口径管道无法有效检测的难题	社区、市政排水管道、电力管道、燃气管道等
	博铭维智能科技大型管网检测机器人 Dolphin-L2		检测管道内部结构破损与变形、管道堵塞以及地下管网乱排放情况，检测视频实时存储智能终端平板，数据导入管网报告软件，快速生成检测报告	社区、市政（工业）管道、矿井内窥、管廊工程等
应急响应与灾备处理机器人	宇视科技消防侦察机器人		激光雷达实时扫描周围环境，拾取现场环境声音，红外探测生命体征，让搜救工作更加智能，为救援工作提供支持	消防救援、社区救援应急响应

续表

分类	品牌 / 型号	图片	核心动能	物业服务场景
应急响应与灾备处理机器人	中信重工 RXR-Q200L 排涝机器人		一体化设计，无需外接动力源，独立行驶，可原地掉头，机动灵活，水陆两栖工作，排水快	适用于涵洞排水、城市内涝、地下车库积水等复杂场景

数据来源：企业官网，调研资料。

特种作业机器人作为专业服务领域的重要工具，随着物业服务场景的拓展和延伸，正在越来越多地被物业企业使用，它们不仅提升了物业服务质量和效率，更为居民的安全和生活环境带来了显著的改善。

3. 新一代维保工具广泛应用，解锁设施维护新方式

创新科技硬件工具的逐渐渗透，正推动物业服务从“经验判断”向“量化分析”迭代。物业服务中的设施维护痛点长期被传统工具精度不足、单点能力局限所桎梏，而新一代智能硬件工具通过高精度传感技术与模块化功能设计实现突破。例如，非接触式红外热成像仪可穿透电箱外壳检测断路器温度异常，精度达 ±0.5℃，远超传统手持测温枪；电磁超声波探伤仪通过焊缝振动波谱分析钢架结构隐患，分辨率达毫米级，避免肉眼误判风险。工具端的性能跃升直接推动物业设备维保效率大幅提升。据调研，在科技工具的辅助下，物业服务人员单次设备检测时长压缩 70% 以上，且故障误报率降低至 1% 以下。

表10-13　　部分设备维保科技硬件工具

序号	工具名称	图片	功能特点	应用场景	优势
1	非接触式红外热成像仪		采用新一代非制冷红外焦平面探测器，分辨率高，具备多种调焦方式，可快速捕捉目标整体的温度分布，通过光电转换、电信号处理等手段将温度分布转换成可视图像。	物业电气设备检测、暖通设备检测、建筑质量检测（如渗漏、空鼓、密封不良）。	携带方便，使用简单，监测精准，能在设备不停机、不断电的情况下进行检测，不影响设备正常运行。
2	电磁超声波探伤仪	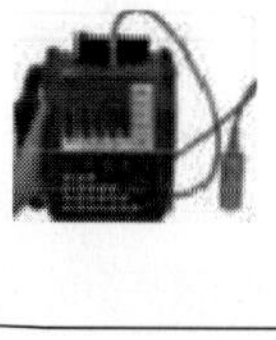	结合电磁超声波检测原理，支持多通道定制，不需要打磨工件表面，允许工件表面有油漆、铁锈和凹凸不平，可对脱粘、焊缝、表面及内部裂纹和划痕等进行探伤、测厚及导波检测等。	物业特种设备检测，如高温设备、板壳类结构、管道支持遮挡部位等损伤在线检测监测。	非接触式检测技术，不需要耦合剂，检测速度快、效率高，尤其对薄板、管道和焊缝探伤有独特优势。
3	电磁超声测厚仪		配备高温电磁超声传感器，支持电磁超声横波直入射、斜入射和表面波检测，可实现高温下内外表面及内部缺陷在线检测，将传统的停机离线检测前置到高温在线检测。	物业高温设备的在线测厚，如社区、园区的高温管道壁厚检测，以及锅炉等高温部件的厚度监测。	无需耦合剂、表面不用打磨，适用高温在线超声导波探伤，可进行损伤在线快速筛查，结合成像方法可实现缺陷高精度成像。
4	智能巡检仪		能够自动记录设施设备的运行数据，包括温度、湿度、电流、电压等关键参数，并通过内置的智能算法对数据进行实时分析，一旦发现异常即可精准定位故障点并及时发出警报。	物业设施设备的日常巡检，如电梯、水泵、配电柜等设备的运行状态监测，以及对社区内各类管道的巡检。	极大减少了故障排查时间，提高了维保工作的效率和准确性，可与企业的物业管理系统无缝对接，实现维保任务的自动派发、进度跟踪和质量评估。
5	电梯智能诊断监视器		可对电梯的运行状态进行全面监测，提前预测潜在故障，实现预防性维护，有效避免电梯突发故障带来的安全隐患和使用不便。	电梯的维保工作，实时监测电梯的运行参数，如速度、振动、温度等，及时发现并处理故障隐患。	提高电梯的安全性和可靠性，降低维修成本，减少因电梯故障导致的客户投诉。

数据来源：调研资料。

针对复杂物业设备的维修场景，科技硬件工具正向轻量化、功能集成化的趋势演进。此类工具通过降低操作门槛与提升兼容性，可以使物业企业减少对资深技工经验的依赖，同时解决物业设备型号庞杂导致的工具冗余问题。例如，具备 IP67 防护等级的便携式电路分析仪，整合电压、电阻、电流、波形检测四维功能，配合 AR 眼镜自动生成设备故障树，维修响应效率提升 40%；再如磁吸式多接口适配器可快速兼容水泵、风机等不同设备的控制系统，避免传统工具反复拆装的烦琐。

新一代维保工具既是维保终端，也是重要的数据入口，是物业服务实现从“修设备”到“管设备”升级的关键，并最终推动物业服务企业向设施全生命周期管理运营商转型。例如，温湿度传感器结合振动监测仪生成设施运行档案后，云端算法可定制设备润滑、部件更换周期，避免“一刀切”维保导致的资源浪费；手持式智能电表分析仪收集的能耗数据，可联动楼宇自控系统优化空调启停阈值。

（二）软件创新：数据驱动与业务流程优化，重构服务协同新范式

行业科技化进程中，硬件革新为服务质量和效率的提升奠定了工具基础，然而，行业科技化转型的关键仍在于软件创新。首先，物业企业通过体系化建设数据中台，能够建立全域数据资产的新基座，奠定数据价值挖掘和业务创新的基础；其次，通过软件重塑企业业务平台，不仅能够优化企业业务流程，还可以构建一个智慧服务协同的新网络，促进各部门间的高效协作；最后，AI 算法引擎的持续进化将驱动物业企业管理决策范式变革，使企业能够在竞争中保持敏捷和精准。

1. 数据中台体系化建设，打造全域数据资产新基座

数据中台是物企科技建设的核心支撑引擎，它通过系统化方式接入并整合来自智能物联网设备、机器人、工单系统及外部供应商的全方位数据，构建起企业级的数据资源池。传统管理模式下，由于设备间数据孤立和业务系统的分散，导致数据碎片化，数据中台的出现解决了这个问题。借助数据中台提供的标准化接口与计算能力，包括智能监控摄像头、能源传感器、环境监测设备在内的硬件层产生的实时数据，得以与客户服务记录、设施维修档案、供应链信息等业务数据深度融合。在此基础上，数据中台通过建立统一的数据治理体系，包括但不限于数据质量校验、分级标签管理和动态更新机制，确保了数据的完整性与可用性。这使得原本分散且难以利用的原始数据转化为可量化、可追溯、可挖掘的高价值生产要素，为企业的决策制定和业务优化提供了坚实的基础。

碧桂园服务联合第三方打造的数据中台，能够实现超十亿数量级数据的存储和计算，包括但不限于企微会话存档、关联认证、用户行为、管家任务管理、客户舆情分析等各方面数据，并且支持全国上千的高并发，秒级的访问、查询、计算、报表导出等要求。中海物业通过构建“智慧物联数据引擎”，将停车场道闸、智能水电表等终端数据与报事工单、巡检记录整合，形成设备全生命周期档案库，提高设施维护效率；宝石花物业凭借数据中台在能源管理和安防监控方面的应用，帮助企业显著提升运营效率和服务质量，同时也促进企业实现自身绿色环保目标。

从本质上看，数据中台的建成不仅是技术架构升级，更是物业管理从“经验驱动”向“数据驱动”的范式跃迁。在运营管理端，设备运行数据与历史维保记录结合，支撑设施寿命预测与主动维护策略生成；在服务优化端，客户报事数据与空间行为热力图交叉分析，精准识别高频服务触点以提升响应效率；在能耗管控端，物联网传感器数据与天气、人流量等外部变量关联建模，实现建筑能耗的动态优化。由此可

见，物业企业通过数据中台的建设能够激活企业的全域数据资产，推动成本结构可视化、服务响应敏捷化、资源调配精准化等核心目标落地，为企业的长效经营构筑起数字化新基座。

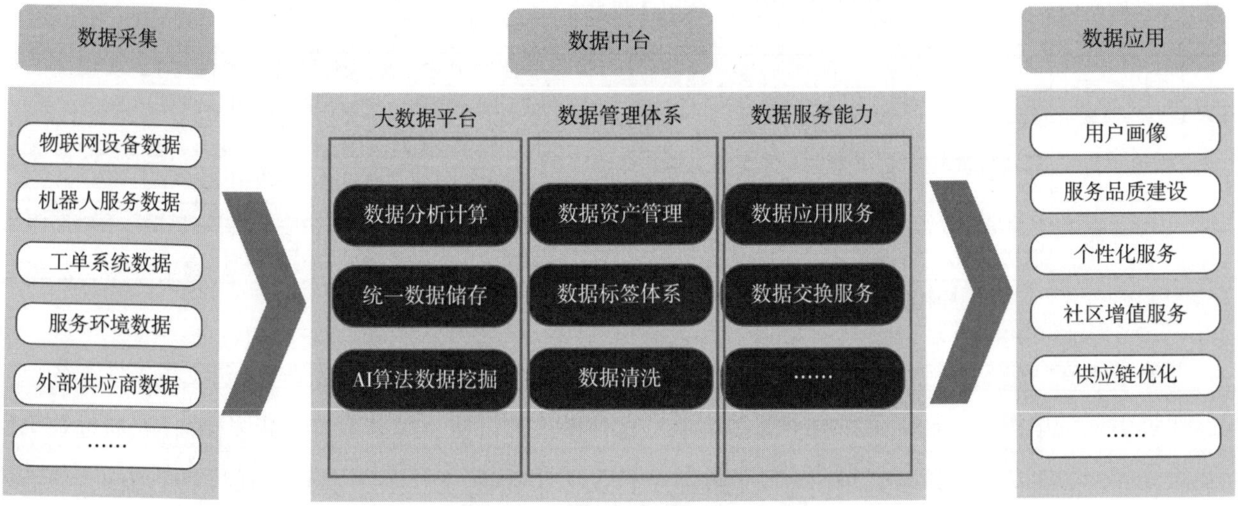

图10-7　物业企业数据中台功能

数据来源：中指研究院。

表10-14　数据中台三大价值释放路径

序号	类别	作用
1	运营管理	提升效率：通过实时监控设备运行状态和能耗数据，快速发现并解决问题，减少人工巡检成本和时间。 资源优化：利用数据分析预测设备维护需求，合理安排维修计划，降低设备故障率和维护成本。 成本控制：通过精细化管理，优化物料采购和库存管理，减少物料浪费和库存积压。 风险预警：借助数据分析进行风险评估和预警，提前制定应对措施，降低运营风险。
2	服务优化	客户满意度提升：分析客户需求和反馈，提供个性化服务，如根据业主需求调整社区活动安排。 响应速度加快：智能客服系统和移动端应用使业主能够快速报修、咨询，提升服务响应速度。 服务质量改进：通过数据分析评估服务质量，发现服务中的薄弱环节，有针对性地进行改进。
3	能耗管控	能耗监测与分析：实时收集和分析能耗数据，识别能耗异常和浪费点，为节能措施提供依据。 节能措施实施：根据数据分析结果，调整设备运行参数、优化设备布局，实施节能改造。 能源审计与报告：定期进行能源审计，生成详细的能源报告，评估节能效果，持续优化能耗管理。

数据来源：中指研究院。

绿城服务通过数据中台能够实时监控社区内的设施状态、环境参数以及住户反馈的信息，迅速响应客户需求并优化居住体验；金科服务通过构建数据中台，实现了对智能设备、工单系统及客户服务记录等多源数据的集中整合与深度分析，不仅能够精准把握住户需求，提供个性化服务体验，还优化了内部资源配置，提高了运营效率和服务质量，在提升住户满意度的同时，也推动了企业的数字化转型和创新发展。

2. 业务平台重塑流程架构，构建智慧服务协同新网络

物业管理服务的复杂性要求业务平台需要从“单点支撑”向“全局协同”升级。物企通过构建智慧服务平台，使内部审批流程得以优化，审批节点清晰明确，服务工单从生成、分配到执行、反馈，全程可追溯，大大缩短了决策时间。碧桂园服务打造的“天石云平台”，通过整合400呼叫中心、机器人巡更数据与业主端App报事入口，建立了服务需求智能预判机制，大幅提高服务效率；绿城服务通过“善数智慧物业平台”整合了品质管理、资产管理、财务收费等多个专业领域应用系统，实现了内部审批流程的简化和升级。

表10-15　部分物业企业智慧服务平台情况

序号	企业名称	平台名称	技术架构	创新突破点
1	碧桂园服务	天石云平台	多模态 AI 引擎 + 自研 IoT 中台	首创“AI 管家决策树”，实现社区安防、能耗、设备故障的跨场景联动
2	万物云	灵石空间操作系统	云调度 + 边计算 + 端智群	整合 AI 算法、边缘计算和物联网技术，实现设备监控、能源管理、安防预警及工单派发等功能
3	绿城服务	善数智慧物业	数字孪生 + 工单动态规划算法	通过数字化体系重塑产品生态矩阵，基于运营管理及智慧化需求，打造系统性的解决方案
4	保利物业	RADAR 智慧服务系统	社区 LBS 网格化 + 需求预测模型	通过“扫描—定位—匹配—追踪—反馈”全链路闭环管理，实现服务响应度提升 40%

资料来源：企业调研资料，中指研究院整理。

部分物企联合第三方科技公司，在业务平台中开启“抢单”模式，极大地提高了员工积极性和客户体验。通过引入抢单机制，员工可以自主选择接单。这种模式不仅使一线员工“多劳多得”，还通过系统自动化的流程，如工单升级预警机制，确保了报修后能够及时响应。同时，业主可以通过业主 App、微信公众号和小程序等实时查看工单进度，对服务进行评价，提升了服务的透明度和满意度。

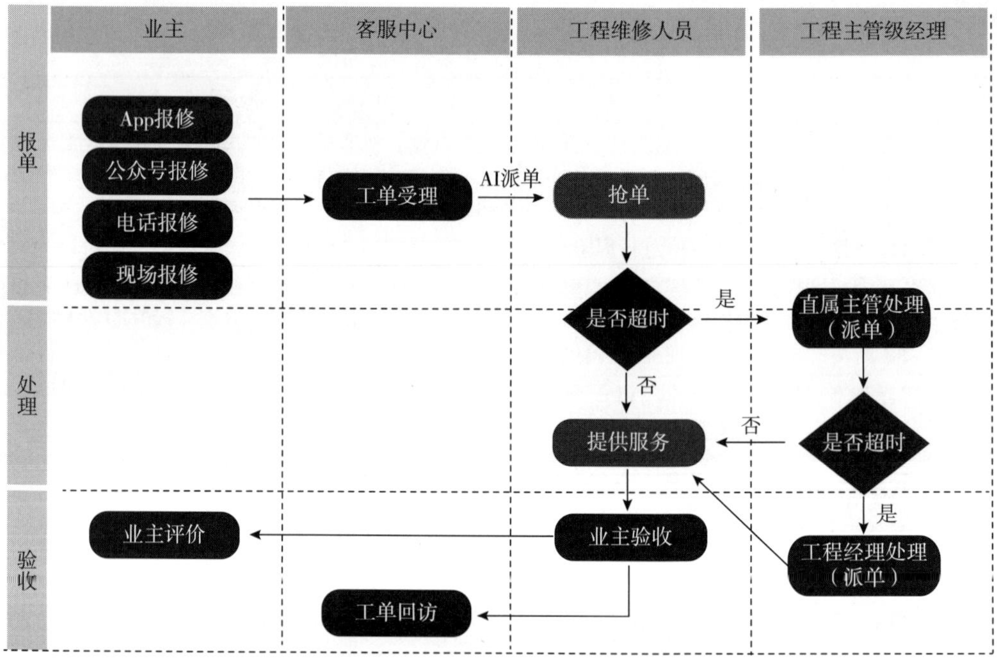

图10-8　物企借助科技系统打造服务“抢单”模式

数据来源：中指研究院。

科技赋予物业企业与外部平台连接的可能，围绕社区场景，各方共同探索“物业主导、生态共建、价值共享”的社区服务新范式。新城悦服务与家政服务品牌“好慷在家”合作，依托“新橙社”App 及社区私域流量，引入“好慷在家”的深度保洁、家电清洗等业主高需求服务，并利用大数据分析精准推送服务；武汉百步亭物业与“京东服务 +”平台达成合作，整合家电清洗、维修、以旧换新等高频服务，依托京东的供应链能力实现标准化服务输出与全流程数字化管理，共同打造“一刻钟便民服务圈”。

表10-16　物企借助科技系统可连接的部分外部平台

所属类别	平台名称	服务内容	平台简介
综合类	京东服务+	保姆、保洁、月嫂、搬家、维修等	京东旗下的生活综合服务平台，提供多种生活服务，包括保姆、保洁、月嫂、搬家、维修等，致力于为用户提供更便捷、高效的生活服务体验。
	58到家	保姆、保洁、月嫂、搬家、维修、家电清洗等	国内知名的生活服务平台，提供多种家庭服务，包括保姆、保洁、月嫂、搬家、维修等，致力于为用户提供便捷、高效的家庭服务解决方案。
家政类	天鹅到家	保姆、保洁、搬家、维修、甲醛治理等	国内领先的家庭服务平台，提供保姆、保洁、月嫂、搬家、维修等服务，致力于打造数字化的家庭服务交易基础设施，覆盖全国多个城市，累计服务超过1600万用户。
	好慷在家	保姆、保洁、收纳服务等	一家知名的家庭服务预订平台，提供保姆、保洁、做饭、日式收纳、家电清洗等多种服务，覆盖全国多个城市。
	云家政	保姆、保洁、月嫂、做饭、搬家等	定位为家政行业的“淘宝网”，用户可通过多种渠道选择合适的家政人员，提供保姆、保洁、月嫂、做饭、搬家等服务。
	阿姨帮	保姆、保洁、月嫂、做饭等	阿姨帮是一家纯互联网家政公司，提供保姆、保洁、月嫂、做饭等多种家政服务，以“站式生活服务”模式满足用户需求。
	e家洁	保姆、保洁、做饭等	一家专业的家政服务平台，提供保姆、保洁、做饭等多种家政服务，致力于为家庭提供便捷、高效、专业的家政服务。
维修类	奇兵到家	家电维修、水电维修等	一家专业的家电维修服务平台，提供家电维修、水电维修等多种维修服务，拥有专业的维修人员和快速的响应时间。
	万师傅	家电维修、水电维修等	一家维修服务平台，提供家电维修、水电维修等多种维修服务，拥有一支专业的维修团队，能够快速响应用户需求。
	鲁班到家	家电维修、水电维修等	一家专注于家电维修的平台，提供家电维修、水电维修等多种维修服务，拥有专业的维修人员和先进的维修设备。
	啄木鸟	家电维修、水电维修等	一家专业的维修服务平台，提供家电维修、水电维修等多种维修服务，拥有一支经验丰富的维修团队，能够快速诊断问题并提供解决方案。

数据来源：公开资料，中指研究院整理。

此外，科技赋能物企持续迭代业务平台，并推动跨部门、跨系统的业务断点无缝衔接，实现资源利用效率与服务满意度的双重跃升。例如，招商积余将业务平台接入DeepSeek，构建起企业级知识图谱，实现全国在管项目服务品质的标准化输出，使报修、巡检、清洁等业务流程在物业、工程、安保等不同部门间高效流转，减少信息滞后问题；中海物业打造的数字化资源经营管理平台，聚焦合同、资产、计费三大核心模块，合同审批流程从线下多部门流转改为线上协同，审批时间由7天压缩至2天，工单系统通过GPS定位自动分配维修任务，并关联财务结算模块，减少人工干预，运营效率提升50%。

3. AI算法引擎持续进化，驱动管理决策范式新变革

AI算法引擎的引入标志着物业管理实现了从“事后处置”到“事前预防”的能力升级，显著提升了物业管理的效率与精准度。传统管理模式依赖人工经验制定运营策略，在面对复杂多变的社区环境时往往力不从心，而AI算法引擎通过深度学习与实时数据分析，能够识别潜在问题并生成预警报告。例如，融创服务运用AI工具对项目设备的运行数据进行实时监测，算法引擎可以提前预测设备故障，安排预防性维护，减少了设备故障对业主生活的影响；长城物业借助AI驱动的任务工单调度引擎，可根据设备运行状态、历史数据和实时监测结果，提前预测潜在问题并自动生成工单，安排维护人员进行预防性检查和维护，避免了传统物业管理“事后处置”的被动局面。

AI 引擎通过构建"算法 + 场景"的闭环模型，更能够实现全局资源的智能调配与协同，将服务响应时间压缩至分钟级，显著提升客户满意度。保利物业利用 AI 算法引擎对社区客流、能源消耗与服务需求进行综合分析，动态调整保安巡逻路线、保洁频次与设备运行策略，有效降低企业综合运营成本；金科服务利用 AI 算法对小区内的监控视频进行实时分析，能够自动识别异常行为，如陌生人徘徊、车辆违规停放等，并及时向安保人员发出警报，极大地提高了社区的安全性；金融街物业应用 AI 算法引擎，根据服务项目办公区域的人员分布和活动规律，优化清洁和维护工作的安排，确保办公环境的整洁和舒适。

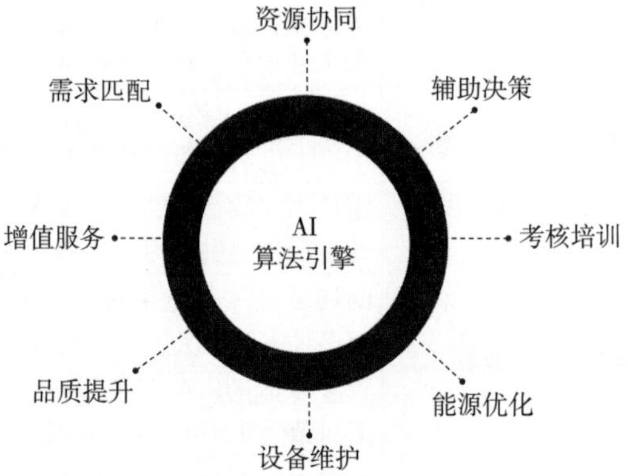

图10-9　AI算法与物业服务场景下的功能价值

资料来源：中指研究院。

以 DeepSeek 为代表的 AI 大模型，赋予了物业企业创新业务实践和管理决策的能力。中海物业推出"海宝 AI 助手"，通过多场景嵌入和多流程覆盖，融合了 DeepSeek 大模型的强大功能，为一线员工提供了便捷的业务指引。中海物业的员工可以通过集团的门户网站进入这一智能交互界面，随时咨询业务相关问题，并立刻获得相应的解决方案。该应用不仅能够为员工节省工作时间，还提升了物业问题解决的效率。

碧桂园服务依托自主研发能力，推出大模型数字化助理"零号助理"，在全面接入 DeepSeek 后，实现"一看一问"功能。"一看"可实时分析海量经营管理数据，精准呈现主营增值等业务关键指标，经营管理数据一目了然，即时反馈驱动业务快速决策；"一问"物业智能对话助手，深度融入碧桂园服务的业务场景知识库，实现企业内部知识的实时问答。

AI 算法引擎的持续进化正在重新定义物业管理的边界与可能性，当算法引擎处理 80% 以上的物业常规决策任务后，管理人员得以聚焦于服务创新与品质提升。这一变革将推动物业管理行业加快从劳动密集型向科技驱动型转型升级，为行业长效发展注入新动能。

表10-17　物业企业接入DeepSeek推出部分的AI工具

序号	企业名称	AI 工具名称	主要功能
1	碧桂园服务	零号助理	"零号助手"是 AI 驱动的物业智能管家，具备"一看"实时数据分析、"一问"业务知识问答功能，提升决策效率 50%，覆盖风险预警、工单处理等场景。
2	招商积余	积余 AI	基于 DeepSeek 大模型的本地知识库应用，通过 RAG 技术实现业务流程秒级指引、知识资产结构化存储，提升一线响应效率 50% 以上，确保 2200 余个项目服务标准统一。
3	中海物业	海宝 AI 助手	基于 DeepSeek 大模型的智能交互平台，通过 AI 应答、文档生成等功能为员工提供实时业务指引，显著提升服务效率与决策精准度。
4	合景悠活	AIGC 智能客服	腾讯云为合景悠活提供的一整套包含即时通信、视频会议、智能客服能力的解决方案，让物业管理人员可以更方便地了解到业主需求，通过即时通信，提升整体工作效率和服务水平。

资料来源：公开资料，中指研究院整理。

三、场景跃迁：人·物·空间多维深度融合，技术赋能服务升级

（一）客户服务：科技化平台全覆盖，提升服务效率与温度

客户服务是核心服务场景，而科技应用正在深刻变革这一传统场景，逐步构建起全时段、高效率且充满人文关怀的服务新模式。客户服务场景的科技化重构将是物业企业实现服务效率与人性化体验平衡的核心路径。通过覆盖全流程的智慧化平台建设，物业企业不仅能够突破传统服务模式的响应迟滞与信息孤岛问题，更能通过数据驱动的精细化运营，打造“有温度”的社区生态。

1.服务效率提升：从“被动响应”到“主动感知”

传统物业服务往往“被动响应”业主需求，即业主提出问题后，物业服务人员才会跟进处理，响应滞后且效率不足。随着智慧科技特别是AI技术的快速发展，物业管理行业正在经历一场深刻的变革，逐步实现从“被动响应”向“主动感知”跨越，这一转变的核心在于通过科技工具，实现对业主需求的精准把握和提前干预。

表10-18　物企传统服务与科技响应方式效果对比

序号	类别	传统响应方式	科技响应方式	效果对比
1	客户服务章程	业主通过电话咨询或到物业办公室咨询，物业人员解答	业主通过App或微信公众号的智能客服系统提问，系统自动识别问题并提供答案	业主等待时间缩短，咨询效率提高，物业人员工作量减少
2	客户画像与需求预测	定期的业主满意度调查或面对面交流，了解业主需求	系统收集业主的日常行为数据，构建客户画像，预测业主需求，提前提供服务	服务更精准，业主满意度提高，物业增值服务收入增加
3	设施设备监测与预警	定期巡检，发现设备故障后安排维修	通过物联网技术，实时监测设施设备的运行状态，系统自动发出预警，物业人员提前进行维修	设备故障率降低，维修成本减少，业主生活不受影响
4	社区活动通知与参与	通过张贴海报、发放传单等方式通知业主，效果有限	利用App或微信公众号的推送功能，根据业主的兴趣爱好和参与历史，精准推送社区活动信息	业主参与度提高，社区凝聚力增强，物业企业品牌形象提升

资料来源：中指研究院。

在服务需求感知方面，通过AI技术和大数据分析，物业企业能够深入挖掘业主的行为模式并对其潜在服务需求做出预判。例如，通过分析业主群体在社区中使用公共设施的频率和时间，可以优化社区公共设施的维护计划和清洁方案，甚至在特定时段组织活动或提供专人指导；通过AI计算业主倾倒垃圾的时间、路线和频率，物业企业可以优化社区垃圾桶的摆放布局，调整垃圾清运节奏，为业主提供更好的社区生活体验。这种“主动感知”的服务模式不仅可以提升业主的满意度，还能够增强物业与业主之间的互动和信任。

在服务流程优化方面，AI技术的应用也极大地提升了物业服务的效率和质量。智能客服系统能够实时响应业主的咨询和投诉，通过自然语言处理技术理解业主的问题，并提供精准的解决方案。同时，AI驱动的社区管理系统可以自动识别和处理常见的问题，如社区环境维护、邻里纠纷调解等，并将复杂问题及时上报给物业服务人员。新希望服务通过“希望云社区”小程序实现业主一键报修，AI自动识别故障类型并派单至最近工程师，响应时间压缩至5分钟内，维修完成率达100%。这种智能化的服务流程不仅减少了人工干预，还提高了问题解决的速度和准确性。

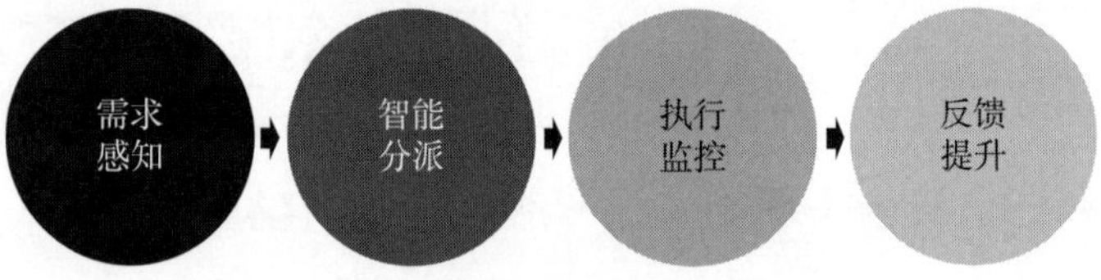

图10-10 科技赋能物企主动服务流程

资料来源：中指研究院。

在服务资源配置方面，AI 赋能物业企业优化资源调配逻辑，使人力、物力和财力都能更加合理地被分配到最需要的地方，避免资源的浪费和闲置。此外，AI 技术通过自动化任务分配、智能调度以及流程监控，可以减少不必要的沟通环节和时间延误，提高整体服务效率。例如，借助 AI 响应的方式，物企能够通过数据分析预判社区、园区的维修高峰时段，从而提前在相关区域部署技术人员，缩短响应等待时间；传统物业服务中的日常抄表、停车缴费等基础服务实现全自动化运行，释放人力资源投入到设备检修、社区活动等服务中，从而提升物业服务效率和质量。

表10-19　　物企借助科技工具优化服务资源配置

序号	科技手段	应用场景	资源配置优化	企业实用效果
1	智能工单系统	报修、投诉处理	工单自动分配与优先级管理	响应时间缩短，减少超时工单，减少人力投入
2	物联网+AI 监控	设备维护（电梯、管道等）	预测性维护与能效管理	提前 2 周预测设备故障，降低维修成本；能效下降
3	机器人巡检	安防巡逻、设备检测	替代人工高危 / 重复作业	6 公里河道巡查时间从 4 小时缩短至 10 分钟，高层外墙检测效率提升 10 倍
4	多端协同平台	业主服务、跨部门协作	服务透明化与资源动态调度	业主满意度提升，投诉率下降；跨部门协作效率提升
5	智能清洁设备	保洁服务	人机协同作业模式	减少人力投入，提高清洁效率和效果
6	AI 需求预测模型	服务预测、物资储备	需求导向的资源前置配置	通过业务标签分析，服务需求预测准确率达 80%，物资储备浪费减少 25%

资料来源：中指研究院调研资料。

2. 服务动作优化：从“经验决策”到“智能迭代”

在传统物业管理中，服务动作的优化主要依赖管理人员的经验和直觉，这种模式不仅效率低下，而且还容易因主观判断的偏差导致服务质量不稳定。随着智慧科技特别是 AI 技术的广泛应用，物业管理行业正在从“经验决策”向“智能迭代”转变，这一转变的核心在于通过数据驱动业务决策，并持续迭代优化服务动作及服务方案。

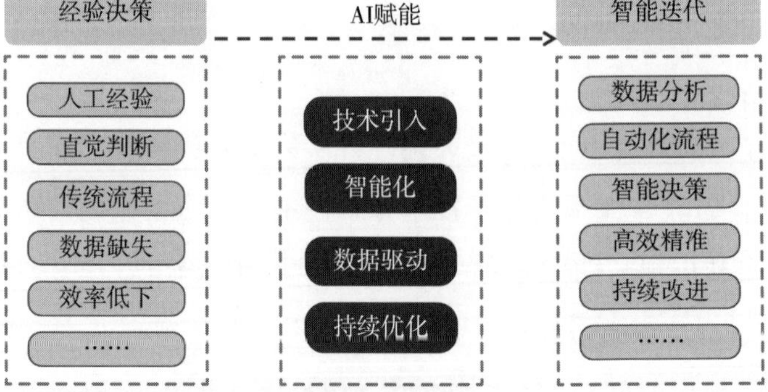

图10-11 AI赋能物业服务优化方向

资料来源：中指研究院。

AI 技术通过深度学习和数据分析，能够自动识别和处理物业服务中的常见问题，提供精准的解决方案。例如，智能工单管理系统可以自动分类业主报修需求，结合历史数据优化派单优先级，显著缩短工单响应时间。同时，AI 驱动的智能客服系统能够实时响应业主的咨询和投诉，通过自然语言处理技术理解业主的问题并提供解决方案，大大提高了服务的及时性和准确性。此外，AI 技术还可以通过大数据分析，帮助物业企业洞察业主增值服务需求，例如智能停车管理、智慧家居解决方案等。以上这些基于数据的预测性服务不仅能够提高物业服务效率，还能够满足业主对高质量服务的体验需求。

表10-20　AI赋能物企自动识别和处理常见问题

序号	常见问题	AI 解决方案	技术手段	部分企业应用效果
1	工单分派混乱与响应延迟	智能解析报修内容，动态匹配员工技能与位置，实现自动派单	NLP+ 深度学习 + 工单调度算法	响应时间缩短 65%，超时工单减少 80%
2	安全隐患识别滞后	实时视频分析识别高空抛物、电动车入梯等异常行为，秒级生成告警工单	计算机视觉 +IoT 传感器	高空抛物 100% 主动预警，车辆违规停放处置效率提升 3 倍
3	设备故障预测困难	通过传感器数据构建预测性维护模型，提前预警电梯、配电箱等设备故障	物联网 + 机器学习算法	电梯故障率下降 60%；电梯故障预测准确率超 90%
4	费用催缴效率低下	基于缴费记录与沟通习惯生成个性化催缴策略，智能触达最优渠道	用户画像分析 + 多模态交互	催缴成功率提升 30%，人力成本减少 50%，物业纠纷显著减少
5	能源浪费缺乏监测	分析历史能耗数据优化照明 / 空调策略，动态调整公共区域设备运行	时序预测算法 + 智能控制系统	服务项目能耗成本降低 5%~20%
6	重复性咨询服务占用人力	7×24 小时自动应答账单查询、流程指引等 80% 常见问题	知识图谱 +RPA 流程自动化	客服工作量减少 60%，业主满意度提升
7	增值服务需求挖掘不足	分析业主行为数据，精准推送家政、团购等个性化服务	协同过滤推荐算法 + 用户行为分析	增值收入增加，社区公共收益透明化

资料来源：中指研究院调研资料。

科技赋能，物业服务决策不再依靠定期评估，而是基于实况实时反馈，持续优化服务动作。例如，保利物业在西塘景区的管理服务中，借助科技工具实时监测景区环境数据，并据此调整服务策略，实现在旅游高峰期，通过智能系统提前预判人流高峰，合理调配安保人员和清洁人员，确保景区的安全和整洁；越秀服务在广州某社区引入智能工单系统，通过分析维修需求的时段分布和业主紧急程度评分，实时调整报修人员排班路线；时代邻里通过分析社区门禁系统的通行数据流，在早晚高峰时段自动派单增配安保人力，实现资源调度与需求波动的实时匹配，提升了业主满意度。

此外，系统长期积累的数据，能够助力企业创新服务动作，甚至生成创新服务方案。例如，万物云通过“住这儿”App 分析业主闲置物品交易数据及文体活动报名记录，发现业主对二手交易和手工活动的需求集中，于是企业在“住这儿”App 上线了“友邻市集”功能，该产品上线半年内促成 3200 余次物品交易，社区活动互动频次提升 80%；金茂服务通过整合不同业主群体的门禁通行、快递收发等行为数据，构建起多元化业主社区生活图景，根据不同业主群体的特色需求，提供专属管家服务方案。

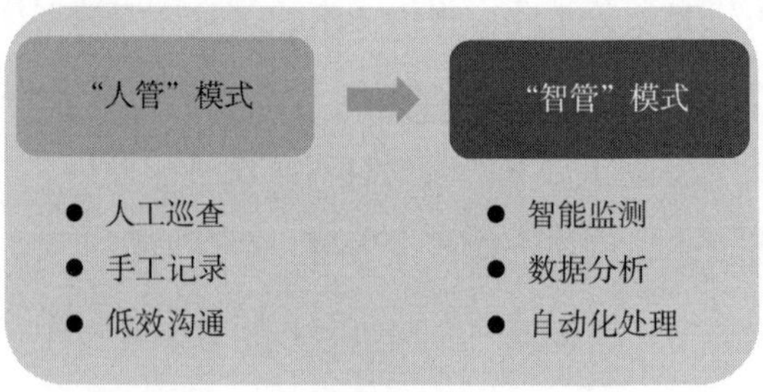

图10-12 物业服务模式转变及其特征

资料来源：中指研究院。

AI正在推动物业管理行业从传统的"人管"模式向"智管"模式转变。这种转变不仅能够提升物业服务的质量和效率，还可以为业主带来更贴心、更细致的服务体验。未来，随着更多智能技术的深度应用，物业服务将向更加智能化、人性化的方向发展，可能会重塑业主对物业管理行业的认知，推动行业迈向高质量发展的新征程。

3. 服务温度升级：从"标准流程"到"个性关怀"

科技不但没有削弱服务的"人情味"，而且通过精细化设计，让服务更贴近业主需求。物业服务正在借助数字化能力突破千人一面的标准化模式，转向更具人文温度的服务形态。例如，通过智能系统对业主年龄、生活习惯等数据的综合分析，物业服务人员可精准识别不同群体的核心需求：为老年群体开通语音交互报修功能，减少操作障碍；为年轻家庭推送儿童托管、技能交换等社区互助信息；针对养宠物家庭定制清洁路线和寄存方案。这使得物业服务不再停留于机械完成既定任务的阶段，而是通过分析业主生活轨迹预判需求变化，持续优化服务颗粒度，让业主感受到"被看见"的尊重感。

表10-21 物业企业三大类个性化服务维度及服务模式

序号	服务性质	服务模式	技术应用
1	兴趣社群构建	智能标签分析兴趣，组建兴趣小组，线上线下联动	用户画像分析系统、活动管理平台
2	特殊群体关怀	门禁系统行为监测，触发主动关怀机制	智能门禁系统、异常行为监测算法
3	高频生活场景优化	数据分析需求场景，动态调整服务资源	用户行为数据追踪、动态调度系统

资料来源：中指研究院。

物业服务的个性化关怀已延伸至邻里关系和社区文化的重构与深化。碧桂园服务在智能门禁系统中增设"关怀模式"，独居老人若连续48小时未外出，系统自动通知管家上门探访，触发了几千次有效关怀行动；龙湖智创生活则根据养宠家庭占比动态调整服务，在遛宠高峰期增加清洁机器人作业频次，配套宠物消毒站和便溺袋补给点，宠物引发的环境纠纷明显下降。这些实践显示，精细化服务不仅能够解决个体需求，更在潜移默化中重塑社区文化，让物业服务成为温情的联结者。

（二）设施运维：智能工具系统部署，筑牢设备运行安全网

在物业服务的核心场景中，设施运维一直是保障业主生活品质和社区安全的关键环节。然而，传统运维模式依赖人工经验，面临效率低、成本高、响应慢等多重挑战。随着智能化技术的广泛应用，科技工具

正在从运维模式革新、管理方式进化、系统协同升级三个维度，重塑物业设施运维的底层逻辑，为业主筑起一道更加安全、高效、智能的防护网。

1. 运维模式革新：从“事后抢修”到“积极防御”

现代物业设施运维正依托智能技术的系统性集成，构建起覆盖“监测—预警—处置”全链条的主动防御体系。物联网传感器的规模化部署，使得电梯、配电、给排水等核心设备的运行数据得以实时采集与云端同步，结合AI驱动的故障预测模型，系统性规避传统运维中“头痛医头”的碎片化管理模式。以园区的高压配电房科技化改造为例，通过部署振动、温湿度传感器与边缘计算模块，系统能够提前48小时识别线路老化异常并生成维保工单，大幅降低设备非计划停电率，实现“未病先防”，显著提升运维的可靠性。

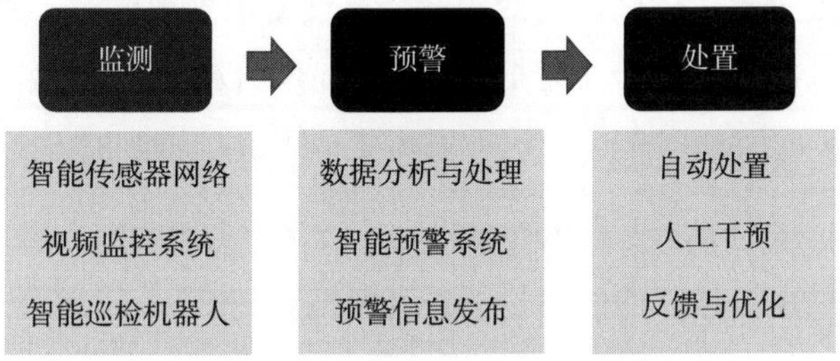

图10-13　基于科技应用的物企全链条主动防御体系

资料来源：中指研究院。

智能化平台还能够通过数据积累不断优化设备生命周期管理策略。系统能够分析设备的运行规律和故障趋势，为不同设备制定差异化的维保计划，避免“一刀切”的管理方式。例如，卓越商企服务通过分析电梯运行数据，发现高峰时段使用频率较高的电梯需要更频繁的维保，而低峰时段使用的电梯则可以延长维保周期。这种精细化运维不仅降低了成本，还延长了设备的使用寿命，为物业企业创造了更大的经济价值。

2. 管理方式进化：从“人工巡检”到“数字说话”

传统物业设施运维高度依赖人工巡检，工作人员按照固定路线逐一检查设备，不仅效率低下，而且难以应对复杂场景下的多设备协同管理。例如，在大型商业综合体或高层社区中，设备种类繁多，分布广泛，人工巡检往往难以覆盖所有重点区域，导致潜在风险可能未被及时发现。据中指研究院调研部分典型物业企业数据显示，传统人工巡检的设备检查覆盖率仅为80%~95%，剩余部分可能成为安全“盲区”。

现代物业管理借助数字孪生技术使运维管理更加精准和高效。通过三维建模，整个设施的运行状态被实时映射到虚拟场景中，运维人员可以通过手机或电脑随时查看设备情况。例如，空调系统的能耗、管道泄漏风险、消防通道占用状态等信息一目了然，系统还能根据设备运行数据自动生成巡检路径，优化人力资源配置。这种精细化管理不仅提升了巡检效率，提高了设备检查覆盖率，还能够通过数据积累不断优化设备运维策略。

图10-14 数字孪生技术打造的智慧社区综合服务平台大屏

资料来源：公开资料。

数字孪生技术还为应急处理提供了强有力的支持。当设备出现故障时，系统可以快速定位问题源头，并生成三维可视化预案，指导运维人员进行精准操作。例如，当高层社区出现管道泄漏问题后，传统巡检很难快速排查所有问题点，而通过数字孪生平台，系统不仅能够标明泄漏点的具体位置，还可以模拟不同维修方案对周边设备的影响，帮助运维人员选择最优解决方案。这种虚实联动的管理方式，将传统运维从“经验试错”升级为“数字预演”，极大降低了安全隐患产生的概率。

3. 系统协同升级：从“单点管理”到“多方联动”

传统物业的运维系统往往是分散独立的，安防、消防、能源等各自为政，难以形成有效协同。这种单点管理的问题在老旧小区中尤为明显，例如，消防报警系统与消防通道监控系统未联动，消防通道被占用、堵塞的问题不能被及时发现，当发生火灾事故时，消防车辆可能无法及时进入，进而给社区和业主造成损失。这种割裂的物业管理方式，使得社区安全难以得到全方位保障。

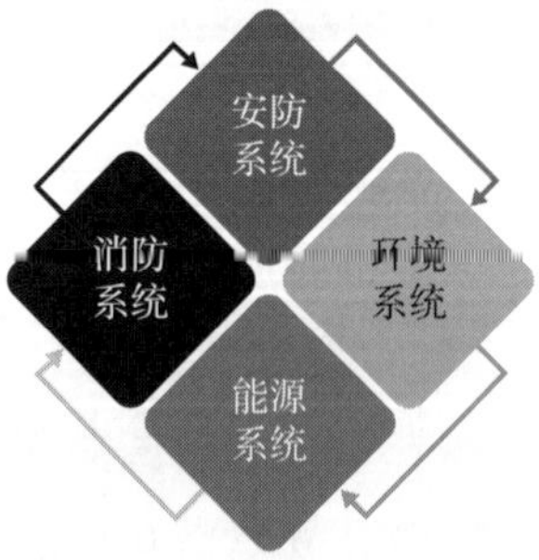

图10-15 物业服务多系统联动

资料来源：中指研究院。

在现代通信和物联网技术的支持下，标杆物企正在加速构建系统联动的智慧运维平台。例如，招商积余在深圳某高端住宅项目中，通过集成安防、消防、能源等多个子系统，实现了高效的协同管理。当社区内某一区域发生火情时，系统会自动关闭该区域的通风设备并启动排烟功能，同时联动安防系统疏散人群，并实时监控消防通道状态，确保救援车畅通无阻。通过这样多系统的联动，物业企业为社区居民营造了更加安全的居住环境。

科技建设的核心目标，是为物业企业搭建起能自动优化、持续改进的智能运维系统，通过数据分析和算法更新实现长期稳定运行。例如，保利物业在广州某大型住宅社区中，通过整合能源管理、安防监控、设备巡检等系统，实现了全社区的资源联动，当监测到夜间某区域人流量减少时，系统会自动调低路灯亮度和空调运行功率，既保障了居民生活需求，又降低了能耗；朗诗绿色生活在部分服务项目的消防水箱中安装了电子液位传感器，实时智能检测水箱水位，并通过智慧检测预警与烟感报警系统自动检测设备环境，保障用电安全。这些措施不仅提升了社区的安全保障能力，还通过数据分析和算法更新，实现了系统的自动优化和持续改进，确保系统长期稳定运行。

（三）空间治理：物联技术与数据整合，构建空间服务新格局

在数字化变革推动下，社区空间治理已从传统的资源管控迭代为以动态感知、场景联动和能源优化为核心的运营模式。物联网技术通过万物互联实现“数据—决策—执行”的实时闭环，多源数据的融合则打破了物理空间与数字服务的边界，驱动物业管理向精细化、智能化与可持续方向升级。

1. 空间交互创新：从“静态管理”到“实时互动”

传统的物业空间管理模式通常以固定巡查周期和预设规则为基础，呈现出明显的静态特征，难以应对突发需求与动态变化。例如，公共区域使用高峰期的拥挤、突发公共空间被占用等问题往往依赖事后处理，导致资源浪费与服务滞后。

科技赋予了物业企业在空间治理中“实时互动”的能力。通过部署高精度传感器与感知设备，物业企业可实时捕捉空间运行状态数据，包括车位占用率、温湿度、能耗强度等信息，并依托边缘计算实现毫秒级分析决策。在车位管理中，物业企业可以通过地磁传感器实时监测车流密度，结合历史数据生成动态分流方案，提高车辆通行效率。在公共空间监管中，楼宇内的消防通道通过压力感应装置实现“无感监测”，一旦检测到物品堆放，系统立即推送警告至管理平台与居民手机端，违规事件响应时间由小时级缩短至分钟级。

图10-16　AI空间健康度评估模型

资料来源：中指研究院。

科技的深入应用还促进了空间价值的充分释放。通过将实时交互数据与历史运营记录结合，构建AI空间健康度评估模型，可以预判公共空间问题，优化空间改造方案。例如，在商业综合体中，通过监测人流密度、消费者行为模式等数据，可以精准定位热门区域与冷门区域，从而调整店铺布局，提升顾客体验与商户收益。在智慧城市建设中，利用大数据分析交通流量、居民出行习惯，能辅助有关部门合理规划公共交通线路与停车设施，有效缓解城市交通拥堵问题。这些应用可能使物业企业从“场地管理者”转型为“价值创造者”，在解决客户痛点的同时，开辟出空间增值服务的新赛道。

2. 空间资源活化：从“低效闲置”到“功能复用”

传统物业框架下，社区空间资源配置往往呈现固定化、单一化特征，公共区域如连廊、地下室等空间

的功能固化，使用效率低下，部分区域甚至因管理成本过高沦为“负资产”，导致社区空间资源的极大浪费；另一方面，居民对社交、健身、共享办公等需求缺口逐年扩大，空间供给与需求割裂。因此，如何动态、灵活配置社区公共空间资源，提高空间使用效率，已成为物企综合服务能力的体现。

科技奠定了社区（园区）空间资源高效复用的坚实基础。通过部署环境传感器、人流监测设备及智能控制系统，物业企业可对空间利用率、用户行为特征进行精准量化，进而设计分时复用、场景切换的运营方案。例如，碧桂园服务在广州某社区推行“停车场分时复用计划”，利用地磁传感器统计车位闲时数据，在日间闲置期开放给周边商户作为物流中转点，夜间空闲时段作为新能源车移动充电站，实现公共空间使用效率最大化；金科服务通过环境传感器和人流监测设备，针对某住宅社区的公共空间设计了分时复用和场景切换的服务方案，例如，在非高峰时段将公共活动区域转换为临时停车区，或根据居民活动规律调整社区绿化和休闲区域的布局，从而提升了空间资源的利用效率，优化了居民的生活体验。

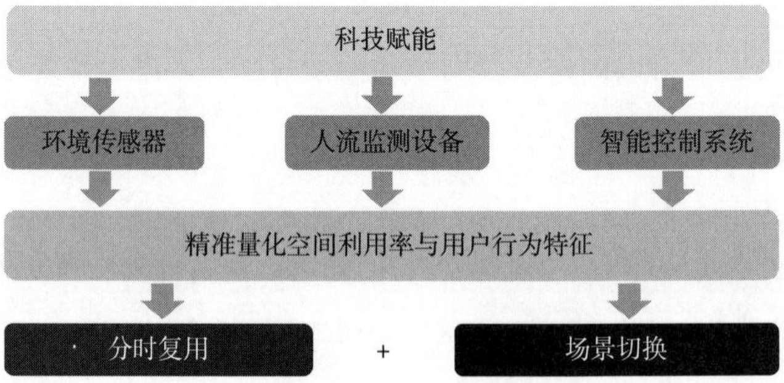

图10-17　科技赋能物企实现空间活化

资料来源：中指研究院。

低效闲置空间的复用能够产生一定经济价值，使其从物业“成本中心”转向“收益中心”。基于用户行为数据与社区消费画像，部分头部企业将空间资源与教育、健康、商业等服务深度绑定，形成可持续的服务链条。例如，德信服务集团在其服务的良渚门户公园项目，针对6万平方米的桥下空间，创新试点“运动场所＋错峰停车”智慧运营模式，实现经营效益与城市功能双提升。万物云将某项目的地下闲置库房改造为社区服务中心，集成自助洗衣、共享工具柜、二手交易区等功能，并接入周边商户资源定向推送折扣服务。此类实践不仅提升了业主满意度，还通过流量分成、资源租赁等模式拓展了物业企业的收入来源，实现了“存量资源变增量收益”的运营转型。

3. 长效运营突破：从“粗放使用”到“绿色低碳”

在“双碳”目标下，物业空间运营通过智能物联技术构建起了更加精细化的管理网络。传统物业管理对于空间相关的资源管理往往缺乏精细化考量，能源消耗、空间损耗等问题较为突出，不仅增加了运营成本，也不利于长期的环保发展。如今，借助科技手段，物业企业开始构建智慧能源管理系统，通过在空间内合理部署智能电表、水表、燃气表等设备，实时采集能源数据，运用AI数据分析技术，精准定位能源浪费环节，制定针对性的节能策略，例如，根据人员流动情况自动调节公共区域的照明亮度、空调温度等，实现能源的按需供给，有效降低能耗成本，同时减少碳排放，迈向绿色可持续的能源使用新路径。

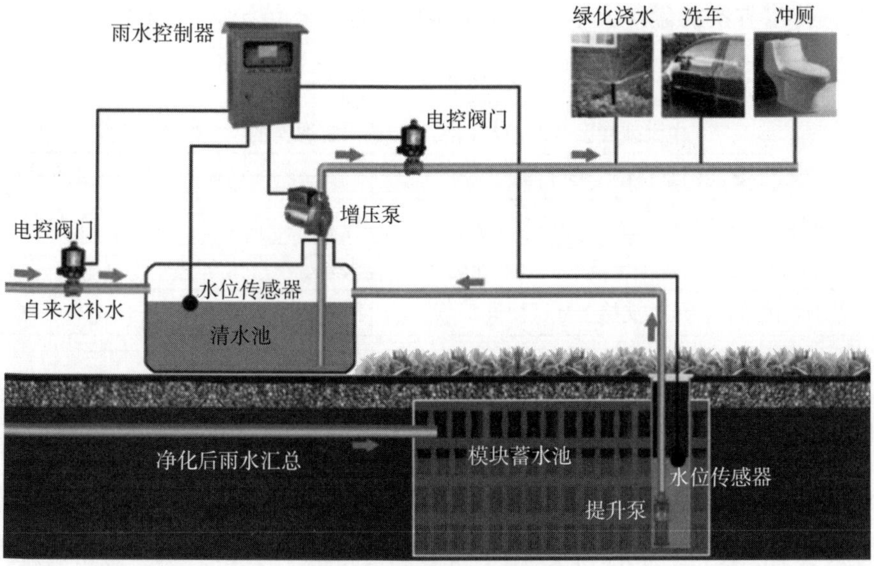

图10-18　社区雨水收集系统

资料来源：公开资料。

技术赋能物企实现将空间从单纯的使用功能拓展到生态功能。例如，智能感应的垃圾分类设施，既能引导居民正确分类投放垃圾，也能实时监测垃圾满溢情况，提高垃圾处理效率，减少环境污染风险；在园区和社区建筑内部，设置雨水收集系统，经过净化处理后用于绿化灌溉、景观补水等，实现水资源的循环利用；打造屋顶花园、垂直绿化墙等生态空间，不仅能美化环境，还能调节局部气候，减少热岛效应，提升空间的生态价值。物业企业通过这些举措，为业主提供更加健康、环保、舒适的生活与工作环境，也为企业的可持续发展树立良好形象，助力物业管理行业绿色转型，开拓新的发展空间与价值增长点。

四、发展路径：突破现实多重阻力，深化科技应用落地

（一）强化科技工具应用意识，兼顾短期可行与长期见效

物业企业应积极拥抱AI科技并主动使用科技工具，以提升服务质量和运营效率。然而，企业在科技投入时，常常面临短期成本压力与长期价值不确定的双重挑战。部分企业盲目重金采购全套智能设备，却缺乏有效的运营机制和应用场景规划，导致设备实际使用率低下，造成资源浪费；也有企业在前期试点时效果显著，但全面推广后，因缺乏对运维成本的精准预估和有效管控，运维成本急剧上升，打破了成本与效益之间的平衡。我们认为，破解这一困局需建立动态平衡机制，在控制风险的同时释放技术红利。

1. 面临问题：高投入回本慢的财务压力，供需错位，服务价值难显

物业管理行业科技化转型的核心痛点，在于硬件设备和系统集成的集中性投入与技术效能转化的渐进性特征之间的矛盾。不同于传统人工服务“即投即用”的线性收益模式，技术投入的初期成本高，且需经历硬件部署、数据积累、功能验证三重阶段，相较于传统人工模式，技术方案的经济性往往需要延迟3~5年后才能显现出来。所以对于合同服务周期只有3~5年的物业项目，物企的智慧化建设决策会特别慎重。

以中大型住宅社区（1500户左右）的智能门禁系统建设为例，初期部署（硬件及系统集成）成本约80万~120万元/千户，约占项目总投入的55%~68%，后期需持续支付运维费用（每年约为初始投入的

12%~18%）。因此，技术方案的累计成本要等到5年后才能低于传统人工模式，而实际盈利周期可能更久，两者差值导致物企短期内资产负债表承压。

表10-22　　中大型社区智慧门禁系统与传统人工服务的财务收支对比

对比维度	智能门禁系统（技术投入）	传统人工服务
初始投入成本	约80万~120万元/千户（含硬件、系统集成）	约15万~25万元/千户（岗亭建设、基础设备）
年度运维成本	12%~18%初始投入（设备维护、系统更新）	人力成本占比65%~70%（安保人员工资等）
人员配置需求	需1名技术管理员（支持多社区协同）	需4~6名安保人员/千户（24小时轮岗）
折旧/替换周期	设备折旧期5年，需第7年升级系统	无固定资产折旧，人员调整灵活
综合收支平衡点	第5年累计成本低于人工模式	无长期迭代负担，但人力成本线性增长

资料来源：调研资料，中指研究院推算。

与传统人工模式对比，技术方案的财务结构特征更加复杂，不可控风险更高。传统安保服务虽人力成本占比高，但初始投入低（15万~25万元/千户），且经营调整灵活，例如，增减人员可快速响应需求变化。而科技化投入，虽然长期可节省至少50%的人力成本，但初期投入巨大，且锁定长达3~5年的资金回报周期。在此期间，企业不仅要承担起设备维护、系统升级等固定支出，还需应对技术迭代风险：早期采购的硬件可能在3年内过时，届时，硬件设备残值率可能不足30%，而改造升级费用甚至可能超过初始投入的50%。

这种"高投入、慢收益"的特性可能会引发物企资金链运转压力，而智慧系统在长期运营中产生的隐性成本可能被企业低估。例如，智能系统要求的网络专线年费、数据存储费、安全认证费等持续支出，往往在项目规划时未能被充分核算。面对资金压力和不确定性，中小型物业企业可能会选择放缓科技化建设节奏，进而影响行业科技化转型整体进程。

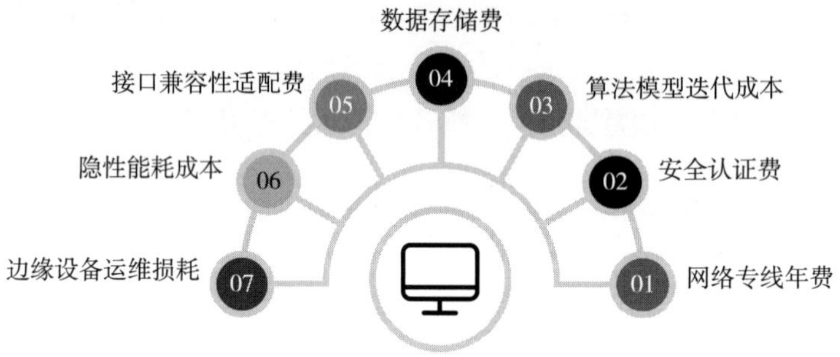

图10-19　物业智慧系统在长期运营中部分隐性成本

资料来源：中指研究院。

此外，部分物企在科技工具应用中，往往陷入"技术先行、需求后置"的决策误区，盲目引入功能繁杂的智能系统，却未深入分析业主真实需求。例如，老旧社区业主最迫切的需求是降低物业成本，但部分企业却投入大量资金加装使用率极低的人脸识别系统；商业写字楼客户需要精准的能耗管理工具，物业反而优先部署访客预约机器人。这种供需错位不仅造成资源浪费，更削弱了业主对物业的信任感，形成"用不上、不愿用"的恶性循环。

物企技术方案落地的前期投入巨大，而技术应用的实际价值验证具有滞后性，这加剧了不同业主群体对科技工具价值感知不足的问题。以智能安防系统为例，企业需预先承担硬件部署、网络改造等数百万元投入，但安全隐患预防效果往往需积累1~2年数据才能显现。在此期间，年轻业主可能因"未发生盗窃事件"质疑系统必要性，老年群体则因操作界面复杂否定技术价值，导致物业陷入"投入看不见效果，有效果又难自证"的困境。

2. 破局策略：轻资产精准提效降本，需求导向凸显服务价值

物企可尝试分阶段验证，将科技投入拆解为“试点验证—优化迭代—规模复制”三阶段，在每个环节设置明确的成本阈值与效果评估标准。例如，物业企业在引入AI巡检系统时，首期可以仅在少数标杆项目部署基础功能模块，通过6个月数据跟踪验证设备稳定性与人力替代率；中期根据一线反馈增补消防通道识别等定制功能；后期形成标准化方案向全区域或公司推广。这种“小步快跑”模式既避免盲目投入，又确保技术方案与业务场景深度适配。

轻量化投入策略有效缓解资金压力。通过设备租赁、服务订阅等模式，企业可将固定资产投入转化为可控的运营成本。物业公司采用“智能硬件按需租赁+软件服务年费制”，能够大幅降低科技化建设成本，同时获得供应商持续的技术升级支持。当老旧社区需要升级门禁系统时，企业无需承担设备淘汰风险，仅需按实际使用模块支付费用。

长效价值评估体系是平衡短期投入与长期收益的关键。物业企业需建立涵盖运营效率、客户满意度、资产溢价等多维度的评估指标，通过数据准确追踪技术应用的全生命周期价值。例如，物企在部署能耗管理系统后，不仅要关注当年节电数据，也要持续监测设备老化对节能效果的影响，据此优化更新周期与维护策略，缩短技术投入回报周期。

表10-23　物企科技化建设长效价值评估指标体系

评估维度	具体指标	指标定义	评估方法	评估周期	参考标准
运营效率	设备综合利用率	智能设备实际运行时长占预设工作时长的比例	物联网平台运行数据提取+人工核验	季度	行业基准值（通常≥75%）
	工单处理时长优化率	技术应用前后同类工单平均处理时长对比	历史工单数据分析+一线人员访谈	半年	同比优化率≥15%
客户价值	服务需求响应满意度	业主对智能服务（如报修、投诉处理）的满意度评分	线上评价系统采集+第三方抽样调查	半年	行业Top20%企业水平
	技术功能使用活跃度	业主使用智能服务（如App缴费、门禁）的频率与深度	业主行为数据分析	季度	月活跃用户（MAU）环比增长率≥5%
资产效能	设施设备生命周期延长率	关键设备（如电梯、水泵）故障间隔周期变化	运维记录统计分析	年度	设备厂商建议维护标准
	空间坪效提升率	技术赋能后公共区域单位面积收益变化	财务数据对比分析+空间利用率监测	年度	所在城市同类物业平均水平
技术可持续性	系统迭代兼容性	现有技术架构支持新功能扩展的难易程度	技术团队评估+模拟升级测试	年度	符合ISO 55000资产管理体系要求
	单点技术替代成本	单一技术模块升级或替换产生的连带改造费用	供应商报价分析+历史项目成本核算	按需	不超过原投入的30%
财务健康度	技术投入收益比（ROI）	累计技术产出价值（效率提升+成本节约）与总投入比率	财务模型计算（需包含隐性收益如品牌溢价）	年度	行业科技成熟度曲线（Gartner模型）
	技术负债风险系数	因技术过时或运维不足导致的潜在损失预估	技术审计报告+风险概率模型	年度	企业风险承受阈值设定

资料来源：中指研究院。

这种“渐进式投入+持续性优化”的路径，既能够守住企业经营的安全底线，又能为技术价值的充分释放留出空间。用短期试点验证技术可行性，长期数据沉淀反哺决策，使科技投入从成本项转化为价值创造引擎。

（二）筑牢人力与组织根基，实现科技与人的高效协同

随着物管行业科技化建设的深入推进，物企组织能力与工具创新的脱节问题也暴露出来。技术工具的快速迭代并未同步带动人力和组织结构的适应性调整，导致基层员工的技术应用能力与中高层人员的数字化管理能力滞后。物企组织内部出现了效能转化矛盾：既有技术投入难以及时渗透至一线服务场景，又因复合型人才的持续短缺导致技术优化路径受阻。

1. 面临问题：数字人才储备不足，组织层级冗余阻碍技术应用效率

物业行业数字化转型面临的首要挑战是基层员工的技术能力与工具要求不匹配。多数一线员工对智能工单、物联设备等数字化工具的操作普遍缺乏系统性训练，实际应用中仍依赖传统纸质记录，导致技术投入与实际效率提升严重脱节。这一问题既源于基层员工年龄结构偏大、技能迭代难度高，也与行业及企业培训链条不完善直接相关，员工"学用分离"的现实问题，往往导致技术落地在"最后一米"卡壳。

复合型人才供给不足则进一步制约了技术落地深度。物业企业需要既懂物联网、数据分析，又熟悉服务场景的管理者，但行业现有人才多呈现"单线化"特征，传统服务型人员不擅技术逻辑，技术背景人才缺乏现场经验。这种结构性矛盾导致智能设备使用效率低下，部分项目甚至因运维能力不足造成设备闲置，形成资源浪费。

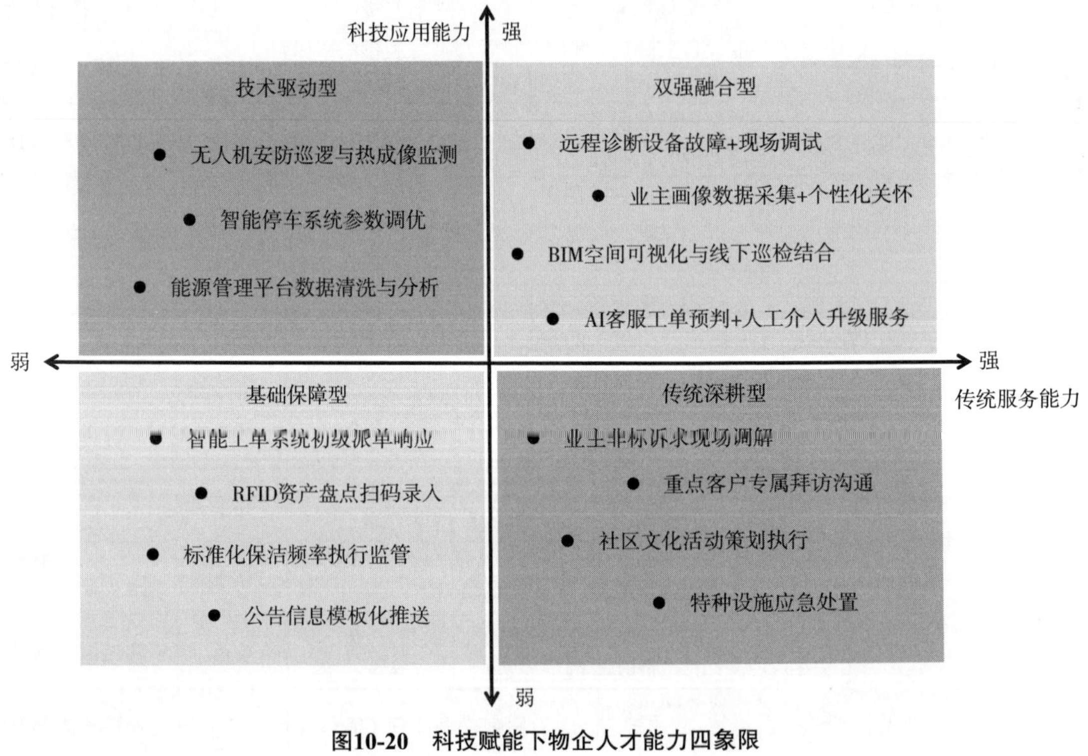

图10-20 科技赋能下物企人才能力四象限

资料来源：中指研究院。

人才短缺问题一般可以通过市场化招聘和内部培养的方式解决，但囿于物管行业的现实条件，两条路径均受阻。行业整体薪资水平偏低且职业成长路径模糊，难以与科技、互联网企业争夺数字化人才，许多具备复合能力的毕业生更倾向选择"智慧城市工程师"而非"物业技术主管"岗位。内部培养同样举步维艰，传统师徒制难以传导智能设备运维知识，而系统化培训又受制于企业利润空间，多数中小物企无力承担专项培养经费。更关键的是，行业尚未形成清晰的人才能力认证体系，员工即便掌握新技术也缺乏职业

晋升通道，最终陷入“学不学一个样”的消极循环。

组织建设方面，传统物企的组织架构多采用“总部（集团）—区域（城市）—项目”多层级管控模式，难以适应智慧化服务的快速响应需求。从项目一线发现问题到总部决策介入，往往需要跨越多层审批，智能系统实时监测到的设备故障、安全隐患等信息，在冗长的流程中失去处置时效。

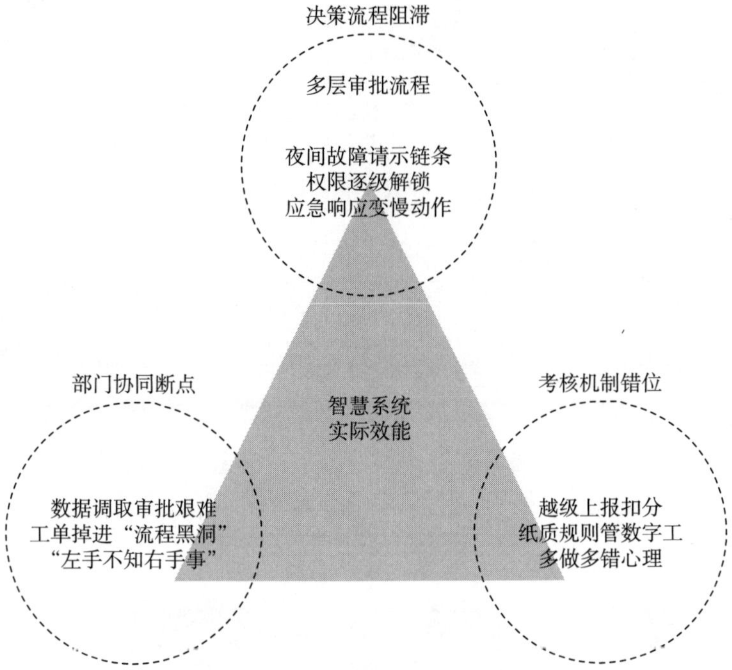

图10-21　制约物企智慧系统效率的三重阻碍

资料来源：中指研究院。

跨部门的壁垒可能进一步削弱智慧系统的协同效能：部分物企的客服、工程、安保等部门各自为政，智能工单常在跨部门流转时停滞甚至丢失。技术平台本应打通的信息流，在实际操作中仍被旧有的职责边界割裂，导致问题解决效率不升反降。例如，项目一线服务人员调取跨部门数据需反复协调，等权限审批通过时，往往已延误故障排查的关键节点。

僵化的考核标准加剧了组织僵局。许多企业仍用管理纸质工单的规则考核数字化工单，要求员工严格遵循层级汇报链条。技术人员发现系统预警时，常因顾虑“越级上报”的考核风险而选择等待审批，反而加剧故障影响范围。当技术革新要求组织敏捷响应时，陈旧的管理规则仍在无形中捆住员工手脚。

2. 破局策略：内培外引补数字人才，扁平敏捷破组织冗余

部分物业企业引入智能化工具后，传统人力与组织架构模式往往成为制约效能的关键。一些企业发现，即便配备了先进设备，一线员工仍因缺乏维护技能不得不依赖外包服务，而多层级审批流程又导致技术问题处理效率低下。物业企业可从人员能力提升和管理流程优化两方面着手突破，实现“人管设备”到“人机协同”的实质性转变。

在人员能力提升层面，针对传统物业员工技术薄弱的短板，可在基层团队中定向培养“数字管家”。该岗位突破传统物业人员职责边界，需要具备设备运维、数据分析与服务协调能力的人才。可以通过定制化培训课程与场景化实操考核，使该岗位的员工系统掌握上述技能。物业企业也可通过与职业院校合办认

证课程、定期举办技术比赛等方式，培养和遴选人才。例如，万物云与深圳职业技术学院合作共建“智能楼宇管理人才定向班”，重点培养智慧社区运维、物联网设备管理等技能；保利物业与广东建设职业技术学院合作，针对老旧社区改造中智能化设备二次开发需求，校企联合成立“城市微更新技术工作室”。

表10-24　　部分物业企业与院校合作培养专项人才情况

序号	企业	合作高校	主要合作内容
1	万物云	深圳职业技术学院	共建智能楼宇管理人才定向班，捐赠实训设备，开发虚拟仿真平台
2	龙湖智创生活	重庆电子工程职业学院	建设智慧社区实训室，联合职业认证，研发 AI 节能算法
3	保利物业	广东建设职业技术学院	成立城市微更新技术工作室，开发设备兼容方案
4	绿城服务	浙江工业大学之江学院	数字化双轨制培养（课程 + 轮岗），开发机器人运维课程

资料来源：公开资料。

管理架构的同步改革是技术落地的关键支撑。针对物业企业常见的“总部决策链条长、基层反馈慢”问题，可将原有垂直层级调整为两级协作体系：总部组建由维修专家、数据工程师构成的技术专班，负责制定设备选型标准、审核技术方案；项目层面则成立由项目经理领衔的执行小组，成员包含数字管家、客服主管等一线人员。日常运营中，总部专班通过云端管理平台监控各项目设备运行状态，发现异常时直接联动项目小组处置；项目端则根据现场实际情况，向上提报个性化功能需求。

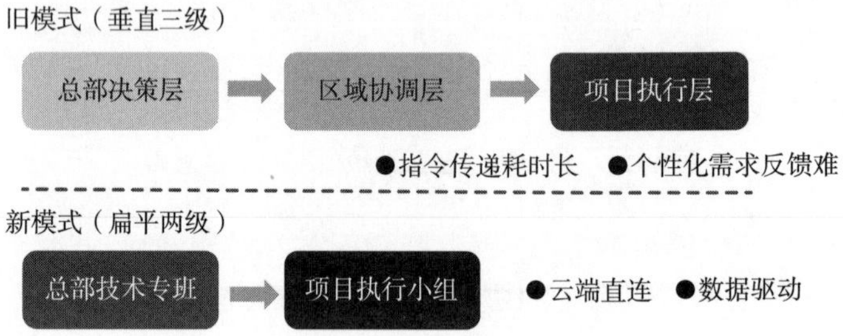

图10-22　物业企业新旧管理架构模式对比

资料来源：中指研究院。

这种“总部管标准、项目抓执行”的模式，既能避免技术方案的“一刀切”，又可通过动态优化缩短问题解决周期。头部企业已率先完成管理组织革新，例如，万物云为实现智慧社区快速响应，解决“区域中心上传下达延误技术工单”问题，成立了总部数字化运营中心，下设片区技术专家小组（2~3 人覆盖 10 个项目群），负责远程诊断设备故障；项目端增设技术 BP（业务伙伴），与总部实时联动处理智能设备问题，实现了工单审批层级从 5 级压缩至 2 级；中海物业针对广州某项目的智慧化改造，设立了总部智慧服务专班，在项目层面，由项目经理、数字管家、外包技术队长组成联合作业小组，该小组直接与总部专班对接摄像头调度算法问题（无需区域审批），48 小时内即完成停车动线优化部署。

（三）打通技术应用堵点，逐步从设备互联到场景落地

当前物业管理行业的科技化进程中，技术渗透面临的核心矛盾集中于系统集成能力不足与场景分散化的双重制约，而头部企业与中小企业在资金、资源、技术等层面的分化，加剧了这一矛盾的复杂性。

1. 面临问题：设备兼容性不足，标准方案与个性服务矛盾

尽管头部物企已在智能硬件布局上取得进展，但不同品牌系统间的数据孤岛问题显著。例如，物业

企业普遍存在多个品牌的智能门禁、安防监测设备并行使用的现象，但数据接口与通信协议的不统一导致设备无法互联互通，形成“硬件冗余却低效”困局。据不完全统计，全国智能硬件行业存续企业数量超过3000家，实际活跃品牌约800~1000家，不同品牌或同一品牌不同智能硬件产品可能采用不同的通信协议，导致设备互联障碍，进而影响物业企业的服务效率。

表10-25　部分智能硬件品牌及通信协议差异

序号	设备类型类别	硬件代表品牌	常用通信协议	接口标准差异表现	对物业服务的影响
1	智能门禁系统	海康威视、大华、立林、Aqara	Wi-Fi、蓝牙、NFC、私有协议	不同品牌使用专用加密方式，移动端App无法跨平台操控；人脸识别数据格式互不兼容	业主需安装多个App，远程管理效率低下
2	安防监测设备	宇视、天地伟业、萤石、华为Hi link	Zigbee、Z-Wave、LoRa、NB-IoT	传感器数据采集频率与传输格式各异，难以接入统一管理平台	多设备告警信息分散，应急响应延迟
3	能源管理设备	施耐德、西门子、青岛鼎信、美的	Modbus、BACnet、MQTT	暖通空调、照明系统采用不同工业标准协议，能耗数据无法横向对比	楼宇能效优化方案落地困难
4	物业服务机器人	云迹科技、高仙机器人、普渡科技	ROS（机器人操作系统）、私有通信协议	清洁机器人与巡更机器人采用独立指令集，无法共享地图及任务调度数据	重复建图增加运维成本
5	社区物联网终端	丰巢、特来电、星星充电、邻汇吧	HTTP/HTTPS、CoAP、定制TCP协议	快递柜、充电桩等设备数据接口开放程度参差不齐，部分仅支持厂商私有云对接	第三方服务集成复杂度高

资料来源：公开资料，中指研究院整理。

物业智慧设备和系统研发主要涉及四类核心参与者，其角色定位和业务优势差异明显：头部物企在资源、市场化等方面的优势突出，主导物业科技化建设；平台型互联网企业在技术研发端具有较强壁垒，通常负责底层技术构建和更新迭代；第三方物业科技化企业往往选择与头部物企合作或收购中小物业企业以拓展自身线下落地场景；垂直领域硬件企业在硬件研发、生产制造等方面具有较高壁垒，通常作为物业企业的硬件供应商。

表10-26　物业管理行业科技化建设相关企业能力对比

类型	代表企业	资源投入	研发能力	运营经验	向中小企业输出软/硬件的能力	平台/产品
头部物企	万物云	★★★★★	★★★	★★★★★	★★★★	黑猫系列、睿晔等
	碧桂园服务	★★★★★	★★★	★★★★★	★★★★	天石云系统
	长城物业	★★★★	★★	★★★★	★★	一应云
	龙湖智创生活	★★★★	★★	★★★★★	★★★	千丁云
平台型互联网企业	腾讯	★★★	★★★★★	★★	★★	腾讯云未来社区
	阿里巴巴	★★★★	★★★★★	★★	★★	阿里云未来社区
	华为	★★★★★	★★★★★	★★★	★★★	智能园区、智能社区解决方案等
第三方物业科技化企业	四格互联	★★★★	★★★	★★★	★★★	智慧社区、资管、园区、医院等解决方案
	云智易	★★★	★★★★★	★★★	★★	X-Link物联网平台、EMA-商业智慧运维系统、铁鹰锐士等
垂直领域硬件企业	易泊车	★★★	★★	★★★★	★★★★	智慧车行解决方案
	雅观科技	★★★	★★★	★★	★★	智能家居解决方案

资料来源：公开资料，中指研究院整理。

四类参与主体的差异化发展路径，加剧了行业内部业务协同的矛盾。头部物企着眼于规模化运营效率，与互联网企业追求技术颠覆性的创新节奏形成战略错位；第三方服务商高度定制化的系统改造需求，常与硬件厂商标准化量产模式产生冲突。当科技企业以周为单位的迭代周期遭遇物业管理行业年级维保承诺时，技术风险与商业信任的压力，制约行业整体效能提升。

此外，物企的标准化技术方案在面对个性化、多元化服务场景时，其效力可能无法完全呈现。以社区保洁、设备巡检等基础服务为例，头部企业通常采用统一的工单系统与智能硬件配置，但在特殊场景中，标准化技术方案难以落地。例如，在一些老旧小区，由于楼栋布局复杂且电梯覆盖率低，标准化智能清扫设备无法有效进入，所以仍需要依赖传统的人工清扫方式；设备巡检方面，部分老旧小区的设施型号多样且老化严重，统一的智能巡检系统难以精准识别这些设备的异常状态，仍需巡检人员手动检查，增加了工作量和时间成本，使得原本高效的标准化技术方案在实际场景中效率大打折扣。

为降低技术成本，物企供应商往往将住宅、商写等多场景的技术方案简化为通用模块，忽略细分场景的特殊需求。例如，在住宅社区和商业写字楼的物业管理中，第三方物业科技公司通常会采用通用的智能安防模块，以满足基本的人员出入管理和安全监控需求。然而，这种通用模块在实际应用中常常出现适配不足的问题。对于住宅社区，业主更关注访客管理的便捷性和安全性，需要系统能够快速识别并放行亲友，同时在陌生人员来访时发出预警。但在商业写字楼场景中，重点在于高效管理大量上班族的出入高峰，以及对临时访客的快速登记和管理。通用模块往往无法同时满足这两种场景的特殊需求，可能导致住宅社区访客登记手续烦琐，而写字楼高峰时段通行效率低下。

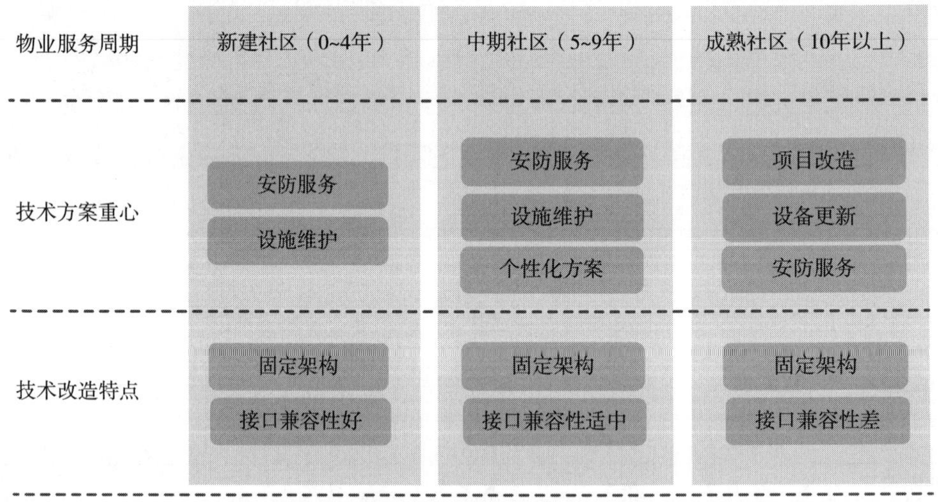

图10-23　基于物业服务周期的技术方案重心与技术改造特点

资料来源：中指研究院。

更深层的问题在于，标准化技术体系难以适应物业服务的动态变化。例如，新建社区前几年重点关注安防和设施维护，而十年后转向设备更新和老龄化改造。但现有技术方案多采用固定架构，当某项目交付十年后欲增加独居老人关怀模块时，发现原系统接口已不兼容新技术，彻底解决问题的改造费用很高。所以，这种刚性技术框架正在加剧“投入即过时”的行业焦虑，迫使部分物企重新退回到人工基础服务模式。

2. 破局策略：统一接口标准，模块化服务适配

面对上述问题，物业企业需从源头切入，联合上游硬件厂商及行业组织，优先推动高频使用设备（如监控摄像头、传感器、门禁闸机等）的通信协议规范化。通过建立统一数据接口标准，将原本分散的品牌设备纳入统一管理平台，既避免重复开发成本，又能通过集中管控界面实现设备联动，例如火灾报警自动开启应急照明并锁停电梯等。实际操作中，建议物业企业优先在新建项目中推行标准接入模式，并在老旧项目改造中分批替换非标设备，以控制智能化建设成本和风险。

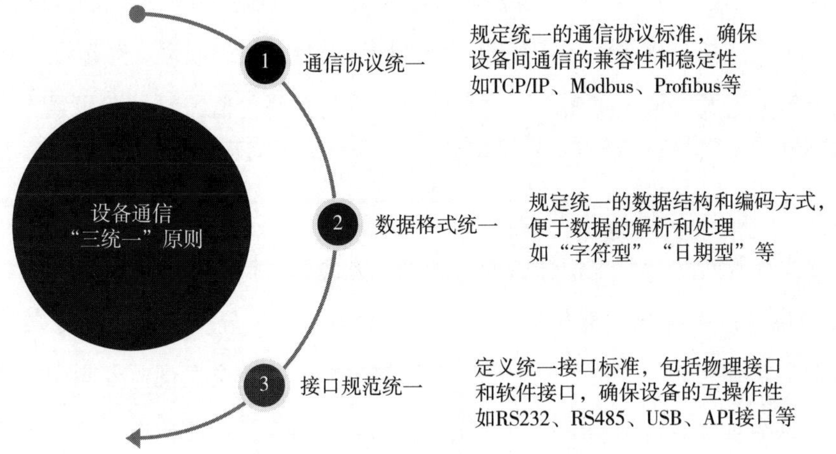

图10-24 物业科技设备通信“三统一”原则

资料来源：中指研究院。

对于设备配置碎片化问题，推行模块化智能设备采购是关键。这类“即插即用”功能组件设备能够自由搭配，物业企业可根据不同类型项目的需求选择基础功能包，例如，在高层住宅配置高空抛物监测和电梯困人预警模块，在写字楼侧重能耗监测和会议室预约模块。在管理端，通过搭建可扩展的技术平台，允许后续增补功能模块而无需更换整套设备，例如，碧桂园服务研发的“天石物联”通行管理系统能够对所服务的住宅社区实现全覆盖，实现人行、车行、门岗一体化管理，并保留了后续增补新功能的技术模块。

（四）守住数据安全底线，规范使用与价值释放并进

物业企业科技化转型过程中，隐私保护与技术效用的现实冲突成为亟待解决的难题。一方面，数据采集是实现智能化管理的基础，但过度采集却会触碰隐私红线；另一方面，为满足隐私合规要求，物业企业可能需额外投入高昂成本，削弱技术应用带来的效益，导致数据治理陷入僵局。

1. 面临问题：数据需求与隐私风险冲突，合规成本与收益倒挂

物业科技化的核心依赖对社区数据（如人员轨迹、设备运行、能耗信息等）的采集与分析，但这一过程往往直接触及业主的隐私权边界。智能化系统为实现精准管理，需要持续收集环境监测、设备状态等数据，甚至间接关联到业主生活习惯的细节。比如智慧停车系统记录车辆进出时间，可能暴露用户作息规律；垃圾分类摄像头拍摄的影像，虽用于监管违规行为，却也记录了居民的生活场景。技术需求驱动的数据“全量收集”，难免与个人信息保护的“最小必要原则”产生冲突。

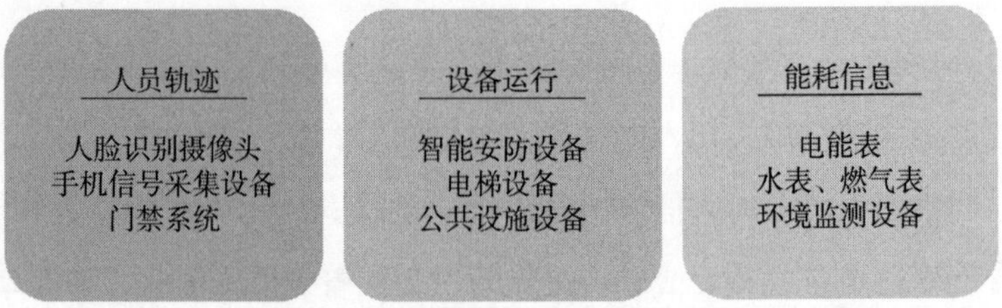

图10-25 社区数据采集部分内容

资料来源：中指研究院。

《中华人民共和国个人信息保护法》要求企业仅能收集与提供服务直接相关的数据，且需征得用户同意。然而，物业的安防、能耗管理等服务往往涉及公共区域监控或设施联动，难以逐一获取个体授权。此外，许多重要数据，例如公共区域人员密度、电梯使用频率的关联价值需要长期积累才能体现，但前期采集时却无法精准定义其必要性。这种模糊性使得企业在实际操作中“进退两难”：过于谨慎会导致技术效用打折，稍显激进又可能触碰法律红线。

隐私与效用的博弈最终转嫁到业主信任层面。居民一方面期待技术升级带来更安全、高效的服务，另一方面又警惕自身信息被过度曝光。部分物企采用“全数据加密 + 分级使用”的方案试图调和矛盾，但这种技术处理既增加了系统复杂性，也可能削弱实时监控效果。当业主发现监控画面因脱敏处理而无法清晰识别外来人员时，原本对智能化的期待极易转化为对物业“不作为”的质疑，使技术投入与用户满意度背离。

在隐私合规压力下，物业企业须投入大量资源重构技术框架。从数据存储环节的加密改造到访客系统的权限分级管理，每个环节都需要引入专业团队和配套工具。以常见的社区人脸识别门禁系统为例，合规要求其不得存储原始生物信息，需采用“特征值脱敏”技术，仅保留不可逆的加密数据。这类改造不仅需要升级硬件设备，还需对接第三方安全认证平台，导致前期建设成本增加 30%~50%。但技术升级后，系统可能因加密算法误差导致识别失败率上升，实际用户体验反而下降。

图10-26 法律层面对个人信息保护的九大关键词

资料来源：中指研究院。

合规要求与技术功能的冲突在运维阶段更加凸显。例如，为满足“数据最小化存储”原则，许多物业缩短监控录像保存周期至 7 天，然而当发生纠纷需调取历史画面时，超期数据已自动删除，客观降低了技术工具的实用价值。再比如，为防止信息泄露而设置的严格权限审批流程，可能导致设备故障维修响应时间延长：维修人员需层层审批才能调取设备运行日志，延误问题诊断效率。这些隐性损耗使得技术应用的“性价比”被持续摊薄。

更深层的矛盾则指向长期投入的效益不确定性。物业企业原本期望通过科技化实现降本增效，但隐私合规的升级加码（如地方性法规细化执行标准）迫使企业陷入“反复改造”的循环。而这些投入既无法直观提升服务质量，也难以计入物业费定价核算体系。最终，企业不得不在法律风险控制与技术价值兑现之间寻找脆弱的平衡点，甚至被迫延缓部分新技术的落地节奏，间接制约行业整体升级进程。

2. 破局策略：隐私脱敏分级采集，合规增效降本增益

物业管理数字化转型中，部分企业可能因过度采集业主行为数据引发投诉，或因数据存储漏洞导致信息泄露，最终陷入“投入越多，风险越大”的困境。企业可遵循“分级授权 + 透明机制 + 效率导向”三个原则，在保障数据收集和使用安全合规的同时，释放数据对服务的最大支撑力。

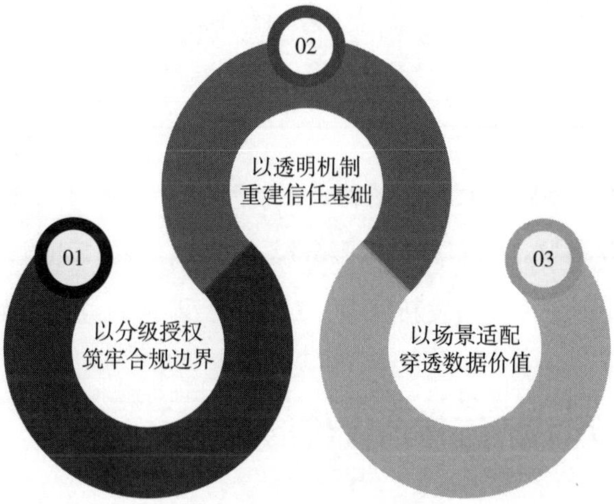

图10-27　物业企业项目数据收集和使用三原则

资料来源：中指研究院。

以分级授权筑牢合规边界。明确“敏感数据不越界”的原则，针对数据类别设置差异化管控规则：基础运营数据可定向服务于工单调度、设备维护等日常场景；涉及业主隐私的信息（如身份、行为记录）则需执行审批留痕、动态脱敏等保护机制。此外，部分物企引入了“内控三方联审”制度：新增数据调用需求需由业务、法务、技术部门联合评估，避免因过度采集或滥用引发法律纠纷。

以透明机制重建信任基础。建立数据使用的“双向知情”通道，通过业主端App、公告栏等公示数据采集类型、用途及存储周期，并提供沟通协商渠道。定期生成数据安全报告，向业主委员会展示数据脱敏处理流程及安全审计结果。当业主发现门禁系统误识别人脸时，可通过独立投诉通道要求复核并删除相关记录。这种“可控的开放”既能消除业主疑虑，也为数据价值的合理释放创造社会共识。

以场景适配穿透数据价值。物业数据的应用需锚定“风险可控、效用显著”的核心场景。金科服务利用数字化平台对物业服务中的维修成本、绿化及清洁费用等进行精准监控和分析，通过数据驱动的方式优化资源配置，同时严格控制风险，确保数据应用的安全性和合规性。苏新服务通过智慧物业管理系统的建设，将数据应用于城市服务和物业管理服务的优化中，公司利用数字化手段对供应链管理、财务管理、人力资源管理等领域进行全面梳理和优化，通过数据穿透提升了服务质量和运营效率。

数据应用的真正价值，在于通过规范治理将“风险点”转化为“信任点”。当企业用技术手段守住法律底线，用场景思维激活数据效能时，看似矛盾的合规要求与效率目标便能实现共生：既避免触碰隐私红线，又能让数据真正服务于物业企业的品质提升与成本优化，形成可持续的数字化转型闭环。

报告十一　万物云三款产品价值透视与行业思考

引言

在物业管理行业激烈竞争且不断革新的市场背景下，万物云于2024年12月发布“智选”“灵石”“丹田物业”三款产品，备受行业瞩目。它们分别从服务模式创新、科技赋能管理及细分市场拓展三个维度，为行业发展注入新活力、开辟新路径、引发新思考，对重塑行业格局意义深远。

一、“智选”产品：服务定制与弹性定价的革新

1. 产品架构与服务体系

服务事项全景梳理：“智选”产品以“项目物业服务全周期”为核心脉络，对社区服务要素展开精细化梳理，构建起严密的服务架构。精准识别社区内95个服务空间，涵盖人行出入口、配电房、电梯间、公共走廊、垃圾处理站等多元功能区域，全面覆盖社区公共服务范畴。深度细化至1530个作业对象，包含各类设施设备、公共区域及服务触点，如门禁系统、电梯轿厢、路灯、绿化植被、游乐设施等，为服务规划提供微观基础。在此基础上，整合生成508项作业SLA（服务事项）全集，每项服务事项皆明确服务标准、流程、频次及质量指标，形成清晰可量化的服务执行蓝本，为构建结构化、层次化服务体系筑牢基石。

必选服务核心价值锚定：158项必选服务构成社区基础服务框架，紧密贴合法律法规强制要求及企业服务理念。于法规遵循层面，严格确保消防设施设备定期巡检维护，依据消防法规设定月度、季度、年度检查频次及项目明细，保障消防安全合规；公共区域卫生清洁严格执行环境卫生标准，每日定时清扫、定期深度清洁消毒，防控疾病传播。于企业核心价值彰显方面，关怀特殊人群，为孤寡老人构建专属关怀体系，每月定期拜访慰问、提供生活协助，每年开展水电气安全专项检查及居家设施安全隐患排查；儿童游乐区域每日开园前、闭园后实施安全巡检，每周深度维护设施结构与运行性能，保障儿童游乐安全。以普适性与特色化融合的必选服务，守护社区公共服务底线。

自选服务多元定制生态：350项自选服务为业主开辟个性化服务定制天地。在设备设施维护维度，业主依据设备老化程度、使用频率、功能重要性定制维护计划，高端智能设备可选原厂深度维保、关键部件定期更换；普通设施可按需调整日常巡检与预防性维护周期，实现设备运维成本与使用寿命的动态平衡。绿化景观服务中，业主依审美偏好与功能诉求选择绿化风格，从欧式规整园林到中式禅意景观；可定制植

被种类、修剪频次、灌溉方案，塑造专属绿色空间。社区文化活动服务按需定制频次与主题，从月度亲子手工坊、季度文艺汇演到年度邻里节，以丰富活动选项促进社区文化繁荣、邻里关系和谐，满足业主多元生活向往。

2. 弹性定价机制与市场意义

定价模式创新："智选"产品突破传统"数人头"定价范式，重塑业主主导的弹性定价机制。通过直观呈现透明化、精细化服务清单，业主精准洞察小区服务事务总量、复杂度及对应成本构成，深度参与定价决策。业主依据自身需求层次与经济承载能力，在必选服务确保基础保障前提下，于自选服务菜单灵活搭配服务项目，精准调控服务频次，自主锚定契合自身预期与支付意愿的服务组合及费用层级，使物业费定价精准映射服务价值感知，化解传统定价模式供需错配矛盾，为社区经济关系注入公平、高效、透明、活力，引领行业定价机制革新走向。

市场适应性与行业引领性：契合存量市场竞争逻辑与业主多元需求趋势，"智选"产品为行业提供全新价值参考系。在物业费限价与市场波动语境下，其以需求导向的定价策略增强了企业价格竞争力与服务适配度，有望重塑行业定价规范，驱动物业服务从同质化低价竞争迈向品质化差异发展新征程，催化市场良性生态构建。但是，本报告认为，项目弹性定价机制目前仍处于初期探索阶段，具体落地情况还受限于项目业委会决策能力和企业服务能力，未来仍有完善空间。

3. 技术支撑与服务交付优化

"智选"产品可能将为万物云构筑起新的竞争壁垒，依托企业长期的服务积累和技术投入，实现"人 + 机器 + 远程"的高效协同作业范式，因此，中小物业企业短期内难以跟进。"灵石"系统智能驱动工单流转，"黑猫"系列通行设备无感畅行，"凤梨一号"自助设备 7 × 24 小时在线业务处理，借科技之力化解人力局限，保障服务质量稳定输出、精准交付，提升运营效率与成本效益平衡度，塑造行业服务效能新标杆。

4. 数字服务报告：质量监督与透明沟通的桥梁

行业首创的数字服务报告，以月为周期精准呈现服务全景。报告精准量化公共资源收益、维修进度、安全巡检频次、文化活动成效等核心指标，涵盖工单人员、时间、照片等细节，经"住这儿"App 实时共享，为 720 个项目、69 万业主打造可视化监督窗口。此举能够深度赋能业主的知情权与评价权，反向鞭策物业持续优化服务质量、精进内部管理，以透明沟通稳固信任基石，革新行业服务监督机制，引领服务品质透明化、标准化发展浪潮。

二、"灵石"产品：智能决策与作业变革的核心驱动力

1. 技术架构与功能特性

"灵石"作为不动产管理的 AI 中枢，集空间数据采集、AI 智能决策、资源智能调配于一体。硬件端以边缘算力服务器为核心，设计理念聚焦于强大的扩展性与适配性，达成即插即用便捷部署。技术能力层面，对视频、音频、信息、算力、地理信息及能源流高效处理，借 AI 节能算法优化能源配置，贯穿人行、

车行、安防、环境、客服等业务流程，构建全域覆盖物联感知与“云调度、边计算、端智群”数据架构，驱动不动产管理向智能集约蜕变。

多流融合感知洞察：“灵石”具备卓越的多流数据融合处理能力，将视频流、音频流、信息流、算力流、地理信息流以及能源流汇聚为一体，构建起不动产空间的全方位数字感知网络。视频流智能分析技术可实时监测人员行为轨迹、车辆行驶路径、设备运行状态，如在停车场精准识别车位占用、车辆违停，于园区安防监控中实时追踪可疑人员动向；音频流处理算法解析异常声响特征，敏锐捕捉设备故障噪声、紧急呼救信号以触发即时警报响应；信息流整合来自业务系统、物联网设备的结构化与非结构化数据，深度洞察运营态势；算力流智能调配确保各任务按需获取计算资源，优化处理效率；地理信息流融合定位数据，优化空间资源管理与服务路径规划，提升响应速度；能源流监测剖析，助力精准能耗管控与节能策略实施。从多元数据融合视角全方位、实时化感知不动产运营脉搏，为智能决策奠定精准数据基石。

智能决策精准调控：依托强大的AI技术架构与海量数据储备，“灵石”的智能决策模块能够对复杂数据进行深度挖掘与实时分析，从而驱动精准高效的资源配置策略制定与执行。在设施设备管理领域，通过持续学习设备运行参数历史数据、故障模式及关联因素，智能预测设备故障发生概率与时间节点，提前生成精准维修工单，调配专业技术人员与所需备件资源，如精准预测电梯关键部件老化故障，提前安排预防性维护，规避运行风险；于环境管理范畴，依据实时环境监测数据（温湿度、空气质量、光照强度等）及区域功能设定，自动调控暖通空调、照明系统运行参数，优化能源消耗同时确保环境舒适度达标，如智能调节商场空调分区温控、办公区照明亮度；在人力资源调度方面，依据服务需求时空分布规律（如社区高峰时段门禁通行流量、医院就诊人流潮汐），动态优化安保、客服、保洁人员排班部署，实现人力资源利用效率最大化与服务响应及时性平衡，全方位提升不动产运营管理的精细化、智能化决策水平，以数据智能驱动价值创造与服务品质跃升。

我们认为，“灵石”产品作为物业管理行业拥抱AI技术的创新成果，将为行业可持续发展注入新动力。一方面，它深度革新了物业企业的运营服务模式，凭借强大的数据集成与智能分析能力，精准洞察并高效处理社区多元需求，优化人力与设备资源配置，大幅提升服务效率与质量；另一方面，它在成本管控上成效显著，能够有效降低人力、设备及能源成本，增强企业盈利能力，其广泛应用可能将加速行业智能化转型，重塑竞争格局。

2. 物业服务作业机制重塑

“灵石”产品以数据为驱动，以智能决策为核心，将打破传统物业服务中人力主导的静态模式，全方位重塑物企作业机制，进而为物业管理行业与企业格局带来深刻变革。“灵石”产品能够精准调配资源，依据设备状态智能派单维修，根据环境情况规划保洁路径，实现人力与机械动态协同，大幅提升效率与质量。物业企业能够降低人力依赖，优化成本结构，拓展增值业务边界，增强市场竞争力与抗风险力；于行业而言，其树立智能作业新标杆，促使行业从劳动密集加速转向技术集约，催生服务模式创新、管理流程再造浪潮，激发企业科技投入热情，提升整体行业形象与专业度，引领行业在数字化时代稳健迈向高质量发展新征程。

3. 多业态应用实践与价值释放

“灵石”产品的通用性能够赋能物业多业态场景。万物云相关资料显示，目前，“灵石”在万科幸福誉（住宅）、创智云中心（商写）、中山大学系列校园及医院等多元空间实证成效卓越。在医院场景中，智能轨道运送系统革新标本运输流程，大幅压缩运输时长，降低人力成本，提升医疗效率；在校园场景中，精准分析人流优化设备调配与空间引导，提升校园设施利用率与人员通行效率“灵石”全方位挖掘多业态不动产价值潜能，拓宽“智能 + 物业”价值边界，为行业智慧转型提供可复制范例。

能够多业态应用的“灵石”产品不但赋予了万物云“弹性定价”物业费的底气，而且能够助力其进一步下沉价格，挖掘更大的市场。根据万物云提供的数据，在万科物业 3402 个价值街道内，超七成小区物业费处于 2 元以下区间。如果物业费能下探到 1~2 元，市场商机将增加 110%。在物业管理行业服务边界极大延展的背景下，某项能够在多业态应用的技术或产品相较于单一业态产品将更具市场潜力和竞争力。

三、“丹田物业”：高校与医院赛道的专业深耕者

1. 市场定位与行业洞察

聚焦高校、医院专属赛道，丹田物业精准锚定超千亿元规模的高潜市场。此赛道特性鲜明，在财政资金支持下服务质量受公众严格审视，管理空间广袤，人流密集且运营时长全年无休，设备运维与服务稳定性要求严格，与住宅、商写物业迥异。专业壁垒与发展机遇并存，需深度定制服务策略与专业运营能力方可破局深耕。

2. 核心竞争力：经验沉淀与科技加持

经验传承与资源整合：整合万科物业深厚的行业经验、广泛的内外部资源及收并购企业专业积累，丹田物业厚植服务根基。多年高校、医院服务实践锤炼团队服务敏锐度与问题解决专长，从设施运维到人文关怀全方位满足特定场景复杂需求，奠定坚实市场口碑与竞争底蕴，实现资源协同放大服务效能。

“灵石”赋能智慧服务升级：“灵石”系统深度嵌入，为丹田物业智慧升级注入强劲动能。于医院场景，智能优化标本运输、设备监测、环境管理等流程；校园场景中，精准剖析人流潮汐实现资源动态调配、教学辅助智能响应。借科技之力提升服务精准度、效率与创新力，塑造专业赛道智慧服务领先优势，筑就行业竞争护城河。

3. 业务布局与市场拓展前景

丹田物业当下服务 138 个高校与 46 个三甲医院项目，覆盖中山大学、厦门大学等名校及安徽省立医院、江西省中医院等名院，品牌影响力辐射全国。伴随万物云技术迭代与市场拓展战略推进，丹田物业将以“灵石”为核心竞争力倍增器，持续深耕存量项目、开拓新兴项目，优化服务品质与成本结构，提升财政资金投入产出效益，引领高校、医院物业服务品质升级，拓展规模与价值增长新蓝海，塑造行业细分领域标杆品牌。

四、三款产品协同效应与行业影响

1. 协同价值：构建物业服务生态闭环

“智选”“灵石”“丹田物业”相互耦合、协同共进，铸就物业企业不动产服务完整生态。“智选”重塑服务消费端模式，“灵石”夯实科技赋能中台，“丹田物业”拓展专业服务边界，三者数据互通、能力协同。“智选”服务反馈优化“灵石”决策模型，“灵石”升级反哺“智选”服务交付与“丹田物业”专业运营，资源共享、技术共用、能力互补，共促万物云服务品质跃升、运营效能优化、市场版图扩张，驱动生态体系良性循环、协同进化。

2. 行业示范与变革引领

三款产品合力为物业管理行业树立创新典范多维度重塑行业格局。“智选”弹性定价革新定价逻辑，“灵石”智慧变革作业模式，“丹田物业”深耕细分赛道，共同推动行业从传统人力密集型向科技驱动、定制化、专业化转型。激发企业创新动能，提升整体服务质量与运营效率，加速行业迭代升级，迈向智慧、品质、高效的发展新纪元。

报告十二　梳理ESG新规主要变化，上市物业将受到哪些影响

一、ESG 新规主要变化梳理

1. 国内主要资本市场 ESG 披露最新政策

资本市场对 ESG 披露要求提高，新政策不断出台。2024 年 4 月 19 日，香港联合交易所有限公司（简称“联交所”）发布其就优化环境、社会及管治框架下的气候相关信息披露的咨询总结，并随附《实施指引》，以协助联交所发行人了解附录 C2《环境、社会及管治报告守则》D 部分气候相关披露规定。

表12-1　我国主要资本市场ESG披露相关政策

部门	时间	相关政策	具体内容
上海证券交易所	2023.08.04	上交所修订发布《上海证券交易所上市公司自律监管指引第 9 号——信息披露工作评价（2023 年 8 月修订）》	将上市公司履行社会责任的披露情况纳入评价范围。大力引导上市公司完整、准确、全面贯彻新发展理念，积极融入国家重大战略，履行好社会责任，推动形成重回报、有担当、受尊敬的上市公司群体。
上海证券交易所	2024.02.09	上海证券交易所制定完成《上海证券交易所上市公司自律监管指引第 14 号——可持续发展报告（试行）（征求意见稿）》	报告期内持续被纳入上证 180、科创 50 指数样本公司，以及境内外同时上市的公司，应当披露《可持续发展报告》。披露议题方面，按强制披露、不披露即解释、引导披露和鼓励披露的层级对不同议题设置披露要求。
上海证券交易所	2024.04.12	《上海证券交易所上市公司自律监管指引第 14 号——可持续发展报告（试行）》	终版发布
深圳证券交易所	2024.02.09	《深圳证券交易所上市公司自律监管指引第 17 号——可持续发展报告（试行）（征求意见稿）》发布	报告期内持续被纳入深证 100、创业板指数样本公司，以及境内外同时上市的公司，应披露《可持续发展报告》，鼓励其他上市公司自愿披露。
深圳证券交易所	2024.04.12	《深圳证券交易所上市公司自律监管指引第 17 号——可持续发展报告（试行）》	终版发布。
香港联交所	2023.03.13	香港联交所发布《2022 上市委员会报告》	提出着重将气候披露标准调整至与气候相关财务披露小组（TCFD）的建议及国际可持续发展准则理事会（ISSB）的新标准一致。

续表

部门	时间	相关政策	具体内容
香港联交所	2024.04.19	发布其就优化环境、社会及管治框架下的气候相关信息披露的咨询总结，并附《实施指引》	经修订的《上市规则》将于2025年1月1日生效；对不同发行人制定了不同要求；新增宽免措施，包括能力宽免、商业敏感宽免、财务影响宽免和合理资料宽免等。
北京证券交易所	2024.02.09	发布《北京证券交易所上市公司持续监管指引第11号——可持续发展报告（试行）（征求意见稿）》	考虑到创新型中小企业的发展阶段特点，不作强制披露规定，鼓励公司“量力而为”。此外，还设置了缓释措施，平衡信息质量和成本控制。
北京证券交易所	2024.04.12	《北京证券交易所上市公司持续监管指引第11号——可持续发展报告（试行）》	终版发布。

2. 联交所ESG新规生效时期与适用对象

联交所ESG新规于2025年1月1日起生效，对不同发行人的要求如下：

①大型股发行人（恒生综合大型股指数成分股的发行人）：范围1和范围2温室气体排放强制披露；范围1和范围2温室气体排放以外的披露，2025年不遵守就解释，2026年起强制披露。

②主板发行人（大型股发行人除外）：范围1和范围2温室气体排放强制披露，范围1和范围2温室气体排放以外的披露2025年起不遵守就解释。

③ GEM发行人：范围1和范围2温室气体排放强制披露，范围1和范围2温室气体排放以外的披露自愿披露。

④根据“不遵守就解释”机制，如发行人未能披露《上市规则》所要求的资料，必须提供经过审慎考虑的理由。同时，鼓励此类发行人披露其工作计划、进度以及时间表。

新增如下宽免措施：

①能力宽免（Capabilities Relief）：ISSB气候准则下可因应发行人的技能、能力和资源而给予比例相称的宽免。

②商业敏感宽免（Commercial Sensitivity Relief）：在有限情况下，如果气候相关机遇的资讯属于商业敏感的未可公开获得的资讯，则毋须披露。

③财务影响宽免（Financial Effects Relief）：在符合若干条件的情况下，允许披露定性资料代替量化财务资料。

④合理资料宽免（Reasonable Information Relief）：ISSB气候准则下的比例宽免，获宽免的发行人可使用在汇报之日其可以毋用付出不必要成本或努力即可获得的一切合理且有依据的资料来作出若干披露。评估何谓不必要的成本或努力取决于发行人的情况，同时需要发行人权衡成本效益以及该额外资料为持份者带来的好处。

尽管新气候规定提供了上述四类宽免措施，但新规的目的是强制规定上市发行人在其ESG报告中根据ISSB气候准则披露气候相关信息（即提升目前的“不遵守就解释”要求），而上述宽免措施亦需要符合具体前提条件才能予以使用，并若使用宽免条款，发行人亦需提供评估或解释，并鼓励就其作出所需披露其后续的工作计划、进度及时间表提供相关资讯。

3. 重要变化梳理

引入宽免措施后，取消了过渡期；

发行人需要同时披露气候风险和机遇（此前气候机遇非强制披露）；

策略：要求披露发行人与气候相关的任何转型计划或否定声明；披露有关预期财务影响的定性或定量信息（财务影响可宽免）；

风险管理：要求披露发行人识别、评估气候风险的流程中使用的输出资料和参数；披露发行人如何通过气候相关情景分析来识别相关风险，或适当的否定声明；

指标披露：披露用于计量温室气体排放量的输入和假设的相关信息（会比当前指引多披露一些初始数据和参数）；要求以地域基准披露范围 2 温室气体排放（即拆分各区域范围 2 温室气体排放）；要求披露范围 3 温室气体排放，但可提供合理资料宽免措施，且允许在计量范围 3 温室气体排放时提供与汇报期时间不同的资料；

若设有薪酬政策或内部碳定价则予以披露，或提供适当否定性声明（物业企业通常适用否定性声明）；

气候目标：披露制定和审阅目标的方法；围绕温室气体排放目标细节披露，如须按当地法例达成的温室气体排放目标。

4. 要点解析

范围 3 温室气体的定义如下：发生在发行人价值链中、范围 2 温室气体排放中没有涵盖的间接温室气体排放，包括上游排放和下游排放。范围 3 温室气体排放包括《温室气体核算体系：企业价值链（范围 3）核算与报告标准（2011 年）》中的范围 3 类别，共包括以下 15 种。

①购买的商品和服务；

②资本商品；

③范围 1 温室气体排放或范围 2 温室气体排放中未包含的燃料和能源相关活动；

④上游运输和配送；

⑤运营中产生的废弃物；

⑥商务旅游；

⑦员工通勤；

⑧上游租赁资产；

⑨下游运输和配送；

⑩ 销售产品的加工；

⑪ 销售产品的使用；

⑫ 已售产品的报废处理；

⑬ 下游租赁资产；

⑭ 特许经营权；

⑮ 投资。

表12-2　2023年披露范围3温室气体排放的物业企业的计算依据

企业名称	范围 3 温室气体排放计算依据
华润万象生活	包括售出的产品或服务过程中碳排放，以及员工通勤、商务出行、采购商品的隐含碳等，参考 GHG Protocol《温室气体核算体系》和 ISO14064
保利物业	员工公干商务行程，量化过程及排放因子参考国际民航组织碳排放计算器
中海物业	员工公干商务行程，量化过程及排放因子参考国际民航组织碳排放计算器
朗诗绿色生活	外购商品和服务、资本商品、商务旅行、雇员通勤，参考 GHG Protocol《温室气体核算体系》
合景悠活	披露了范围 3 温室气体排放量，但未披露具体计算依据

来源：中指研究院综合整理。

当前仅有少数物业企业披露了范围 3 温室气体排放数据，可参考案例有限。已披露的企业目前数据测算采取的排放因子并不统一，覆盖范围不尽相同，但已走在行业前列。

二、ESG 发展策略展望

1. 新规对披露内容与质量提出更高要求

2023 年 6 月，国际可持续准则理事会（ISSB）正式发布了首批国际可持续披露准则（S1、S2），加速了全球 ESG 披露的标准化、统一化。以统一的方式披露非财务信息，可以使信息标准化、可量化，增加企业信息的可比性和透明度，帮助利益相关者更加清晰全面地了解企业。2024 年 4 月 19 日，联交所发布其就优化环境、社会及管治框架下的气候相关信息披露的咨询总结，并随附《实施指引》，以协助联交所发行人了解附录 C2《环境、社会及管治报告守则》D 部分气候相关披露规定。

新准则必然会给物业服务企业带来新的挑战，但同时也存在发展机遇。在新的规则下，企业需要披露的内容与信息质量都有了扩充和提升，如在战略方面，企业需要披露其战略和商业模式对气候相关变化、发展和不确定性有关的韧性分析；在指标和目标方面，要求主体披露的目标既包括主体设定的目标，也包括法律法规要求主体实现的目标。虽然港交所给予了过渡期，但企业的披露成本必然增加，例如碳核算、雇用专业团队等，企业的商业活动、业务经营也可能受到影响。

与挑战并存，新规则必然带来新机遇。深化践行 ESG 理念、统筹加强 ESG 管理，既是接轨国际规则、更好开展市场竞争的客观需要，也是物业服务企业实现高质量发展的必然要求。上市公司良好的 ESG 表现有助于企业获得资本市场的认可，提升物业企业资本市场的定价，为股东和投资者创造长远价值。

2. ESG 生态体系逐渐形成

通过各利益相关方循序渐进、不断迭代的探索、突破与创新，物业行业 ESG 生态圈体系正在加速构建。这些利益相关方既包括物业服务企业、客户、供应商及合作伙伴等直接利益相关方，也包括政府监管机构、媒体、测评机构等非直接利益相关方。在 ESG 生态圈体系中，在推进可持续发展及社会责任的议程中，参与者因角色不同，发挥的作用也各不相同。

物业服务企业作为物业管理行业 ESG 生态圈体系的起点、主要建设者与实践者，其稳健的 ESG 主张是与各利益相关方之间“社会契约”的体现，在追求经济价值的同时，做好 ESG 信息披露更能凸显生产经营活动对社会和环境的价值。ESG 信息披露是 ESG 生态圈建设的重要根基之一。ESG 信息可以展示物业服务企业业务的运行情况，是投资者投资参考的重要因素，也是众多利益相关者了解企业社会责任、环境责任的窗口。

政府等监管机构作为主要监管者与服务者，更需要不断培育、支持和引导多元 ESG 参与主体参与进来，加强互动合作，共推可持续发展。监管者制定政策，评级者制定标准，投资者及股东作为 ESG 等非财务信息使用者，持续提升投资端对 ESG 生态体系建设的撬动作用，业主在参与的同时也是受益者。在市场各主体的共同努力下，推动建立一套可持续发展的规则体系，生态圈闭环结构已经形成。

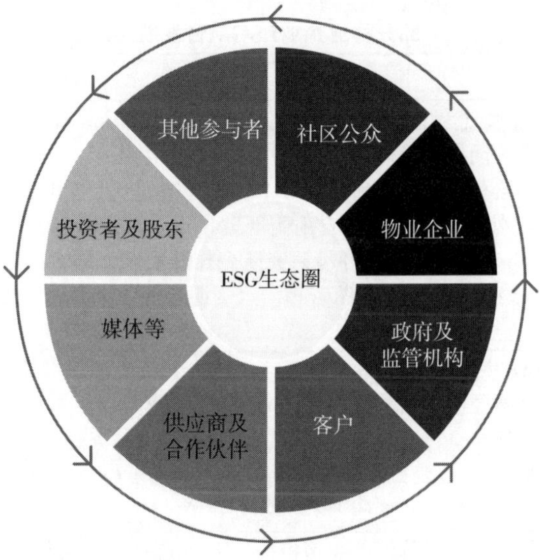

图12-1　物业管理行业ESG生态圈体系参与方

3. 摒弃“为披露而披露”

物业服务企业践行 ESG 经历了三个阶段：从被动接受到主动融入企业管理，再到将 ESG 理念全面融入企业发展全业务流程。ESG 报告作为企业向外界披露其在环境、社会、治理方面的绩效与表现的载体，最能直观地展现这一发展进程。

初期的 ESG 报告，无论从篇幅、数据、排版等多个维度都呈现出“非情愿”“应付”“为披露而披露”的特征，被企业视为负担；随着越来越多的物业企业认同可持续发展的理念，主动将 ESG 融入企业管理，“实质重于形式”成为该阶段最重要的特征之一；如今，物业服务企业从建立以董事会为首的 ESG 管治架构到关爱员工、为业主提供高品质服务，再到打造阳光绿色产业链，ESG 已全面融入企业业务运营，融合发展成为时代主题。

4. 将 ESG 融入物业企业全业务链条

当前，头部物业企业大都处于“主动将 ESG 融入管理”到“全面将 ESG 融入业务”的过渡期，可持续发展战略正在全面融入业务管理，从节能减碳、社区运营、员工关怀、社会责任、企业治理等多维度出发，提升全链条专业服务品质，多赛道并进，ESG 可持续战略正逐渐深植于物业行业。

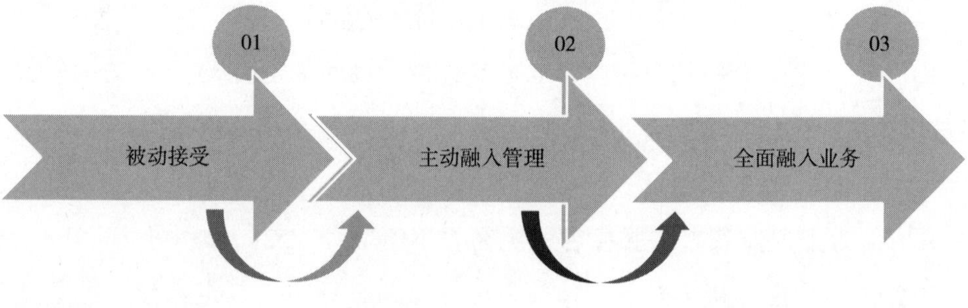

■监管机构出台规则要求
■企业被动接受
■披露信息质量不高

■思维转变，企业主动实践
■设立相关部门
■高层推动
■披露信息质量逐渐提高

■企业相关治理机构完善，走向成熟
■ESG理念融入业务
■全员参与
■披露信息质量高

图12-2　物业服务企业ESG发展演变

表12-3　　部分物业企业ESG融合发展实践案例

领域	主要表现
环境（E）方面	• 万物云城在深圳市河流水质科技管控项目中利用智慧化平台、科技化手段、精细化理念，通过建立“海陆空”立体监测网络，实施网格化管理，为治水决策提供有力支撑。 • 旭辉永升服务落地电动自行车充电桩项目 415 个，落地电动汽车充电桩项目 112 个。 • 朗诗绿色生活采用“红外线感应 + 区域自由组网”技术，对南京部分在管项目地库进行节能改造，节能效果达 80% 以上。公司与南京大学生态环境研究院合作开展“低碳社区朗诗模式”探索研究，研发“低碳社区智慧管理平台”，从碳排放管理、能源管理、水资源管理、废弃物管理等维度构建社区减碳与绿色运维新体系。
社会（S）方面	• 保利物业探索“RADAR 智能服务系统”，通过生产工具优化生产关系，提升生产力，让数字化、信息化、智能化的管理与服务“响应度”重新诠释客户满意度。 • 融创服务指定专职人员及时进行客户投诉接单、响应、跟进与处理，投诉回应率为 100%。 • 东原仁知服务在社区配备 AED 紧急急救设备，助力小区居民应急意识提升；安装高空抛物监控、道路监控、楼栋人脸识别、楼栋无线消防烟感探测器等，安全守护家园。
公司治理（G）方面	• 京城佳业以董事会作为集团可持续发展决策机构，下辖 ESG 委员会，承担集团 ESG 事宜的整体落实。 • 远洋服务具备完善的公司治理结构，董事局下设审核委员会、提名委员会和薪酬委员会；重视与股东的沟通，保障股东权益，及时回应投资者诉求；坚守披露准则，在合理、切实可行的范围内，及时有效地对外披露信息。

来源：中指研究院综合整理。

5. 发展绿色物业成为必修课

绿色物业是指在保证服务质量的前提下，运用科学管理理念，借助科技手段提高物业管理效率，节约资源、降低能耗、保护环境，打造低碳生活、生产和工作环境的物业管理活动。其主要内容涉及能源管理、资源管理、环境绿化、垃圾分类、污染防治、温室气体排放等方面。

在环境效益方面，绿色物业有助于企业减少能源和资源的使用，减少废弃物产生，降低碳排放，缓解温室效应，综合提升环境品质；在社会经济发展方面，绿色物业使得整个行业向低投入、低能耗、低污染和高效益方向转变，从而促进产业结构转变，改变行业增长方式，为行业带来持续的经济效益；从使用者的角度，绿色物业可为人们提供更加舒适的生活、工作与休息环境，改善生活品质，降低生活成本。

物业服务企业推行绿色物业的具体措施，包括采取技术回收水资源、采用新技术降低能耗、调整能源使用结构、加大新能源使用占比、响应国家号召开展垃圾分类等。

表12-4　部分物业服务企业绿色物业开展案例

企业名称	技术创新	采用新能源	垃圾分类
保利物业	采用红外线雷达感应控制照明设备，回收利用空调冷凝水，使用节能型冷却塔，安装电梯能源反馈系统等。	使用太阳能加热装置，部分公共区域照明改造为光电两用，设置新能源汽车充电站等。	设立垃圾分类小组，进行规范管理，合理分布投放点位，常态化管理与积极宣传等。
越秀服务	精细化管理，提升能源使用效率，降低全流程能耗；收集雨水，改造冷却塔等。	安装新能源汽车充电设备等。	成立绿色健康委员会，为国内首个写字楼绿色健康组织，开展垃圾分类培训，定期拜访宣传。
万物云	在商企节能方面，在员工中推行“海豚行动”，2022年评选出“金海豚”提案：谷期电价预冷、波动水温控制办法。该提案在某高端制造项目试点运行，预计每年为该项目节省用电成本约112万元。	使用太阳能光伏电池地灯。	设施设备建设方面投放桶、站、垃圾清运车等；创新激励机制方面设立“垃圾分类PK赛”“垃圾分类红黑榜”等运营管理机制；社会文化营造方面开展多形式的宣传教育活动。

来源：中指研究院综合整理。

6. 建立风险防控“三道防线”

在风险应对方面，依据“总部—城市—项目”三层次管治架构，头部物业服务企业一般都搭建了风险管理“三道防线”。“三道防线”组织架构清晰、规范，分工明确，有力保障了企业内部管理合规的有效性。

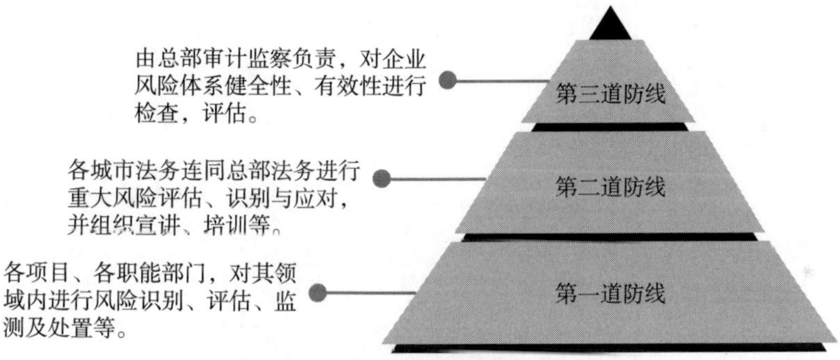

图12-3　物业服务企业风险防控三道防线

应对气候变化带来风险的措施逐渐融入企业风险管控中。对于气候变化带来的风险，物业服务企业和防控其他风险一样，采取风险识别、风险评估、风险应对等一系列程序与流程，设立专门的组织架构、配置专业人员，制定相关政策制度，配以技术支撑。

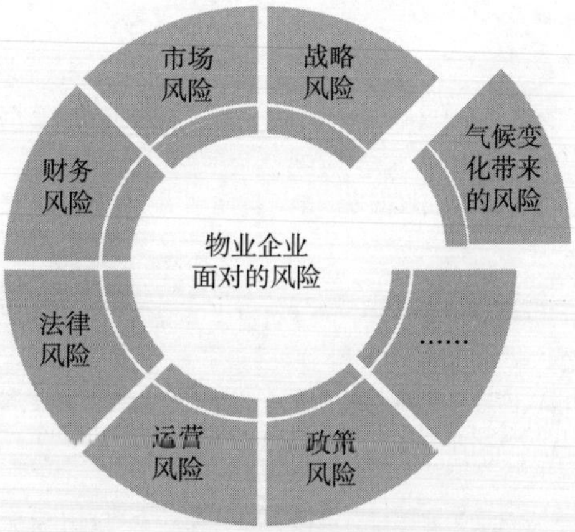

图12-4　物业服务企业所面对的风险

报告十三 物业视角下的TOD：如何实现轨道交通与物业的良性互动

一、什么是TOD？

TOD（Transit-Oriented Development）是指以公共交通为导向的城市综合开发模式。在城市规划中，倡导以大运量公共交通站点为核心，在其辐射范围尤其是站点周边400~800米核心区（约10~15分钟步行舒适距离）进行紧凑的、功能混合的、步行环境友好的高密度开发利用，以促进城市集约效应的发挥，鼓励绿色出行，促进健康和可持续发展。

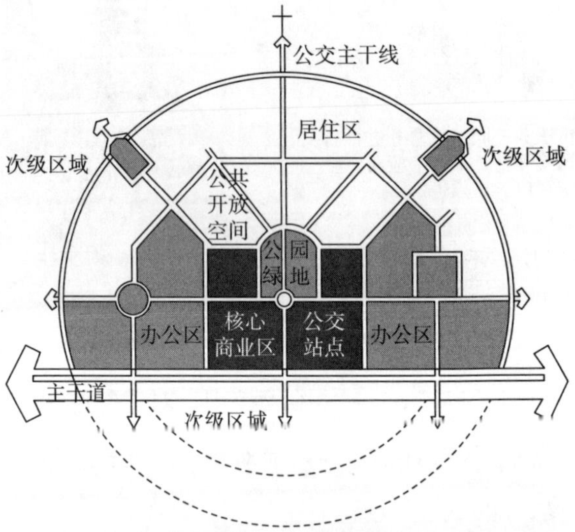

图13-1 TOD模式

提高交通效率	TOD模式通过提供高质量的公共交通服务，增加公共交通的运营频率和可靠性，是人们能够更加便捷地使用公共交通出行，从而提高城市的交通效率和运营效率。
提高土地利用效率	TOD模式通过高密度开发、地下空间利用等手段，实现土地利用效率的最大化。
降低碳排放和能源消耗	TOD模式鼓励人们减少对私人汽车的依赖，促进步行和非机动车出行，并通过优化交通网络、设计节能建筑、利用可再生能源等，有效地降低碳排放和能源消耗。
提高城市的生活质量	TOD模式创造了便捷的出行方式、多功能的社区、便利的生活配套设施、安全与舒适的城市环境以及社交和互动机会，对提升居民生活的幸福感意义重大。
促进城市可持续发展	TOD模式通过交通减排、能源节约、提高土地利用效率，促进城市可持续发展、实现经济、社会和环境的协调发展。

图13-2 TOD模式主要优点

TOD沿轨道交通线路、围绕站点打造“串珠式”疏密有致的城市空间结构，将居民的出行、居住、工作与生活有效融合。

从城市角度，TOD模式通过提升城市用地与交通系统之间的耦合度提升城市运营效率、降低城市综合运营成本、提升居民生活质量。从项目角度，TOD强调站点周边土地的综合开发、空间混合利用、高品质慢行空间的营造、项目投融资模式，乃至通过综合开发收益补偿轨道交通建设运营资金不足，以期实现轨道交通及物业之间的良性互动和发展。

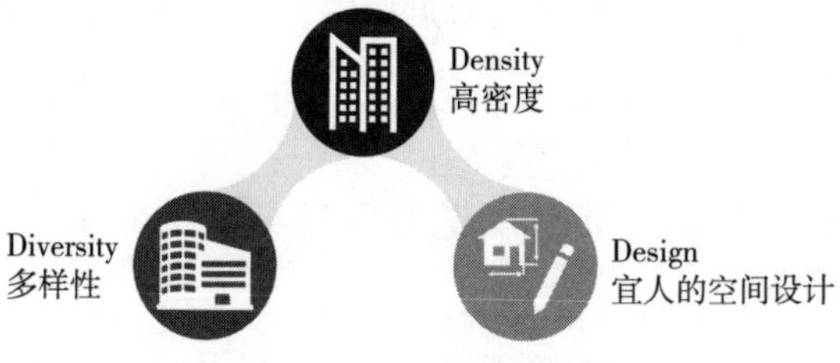

图13-3　TOD模式的显著特征

二、国外TOD发展经验

1. 日本奇迹

在美国提出TOD概念70多年前，东京就开始了铁路沿线综合开发实践，历经百年形成了以轨道为主体的城市交通系统和土地利用模式。东京成为无与伦比的轨道都市：人口密度、家庭拥车率都高居世界前列，却很少堵车，被称为“日本奇迹”。

日本是全球轨道交通最发达的国家，仅东京23区就有轨道线路40余条，运营里程超过2200公里，日均客流1000余万人次。东京80%的居民习惯步行前往轨道场站，90%以上的居民通过轨道和巴士出行，私家车出行率仅6%。

东京的土地利用以轨道站点为中心，开发强度向外梯度递减，形成大疏大密的城市格局，区域“极核”效应非常明显。六本木、涩谷、新宿等枢纽站点，500米范围内容积率为8~15，500~800米范围间容积率也达到5~8。东京23区60%的人口、55%的住房、80%的商业及写字楼，都位于轨道站点800米范围内。

东京TOD模式已远远超越了最初满足城市轨道交通需求的层次，不仅破解了轨道交通“资金投入大、运行效率低、企业盈利难”的问题，还显著优化了城市空间，塑造了城市形态，提升了城市能级，成为助推经济发展、引领城市格局、提升城市品质的重要力量，为世界提供了城市精明增长的经典范本。日本的TOD模式也成为诸多内地城市效仿的对象。日本TOD在技术、体制、文化等层面，形成了有利于TOD发展的“生态”。

技术层面，轨道一直是东京交通主干，未像美国那样受到私家汽车的巨大冲击，因而也不需要倡导TOD来进行“公共交通导向发展”的纠偏。日本的铁路系统高效且可靠，在城市规划和发展中发挥着重要作用，成为实施TOD的客流基础和空间基础。轨道新线建设与东京人口和城市扩张同步，TOD迎合了轨道和城市发展两方面的需求。

体制层面，日本绝大部分土地私有，且轨道市场对民间开放，私营企业在买地修建轨道的同时也购买开发田地，然后把全部土地进行整体规划设计、按照市场规律统筹实施。

文化方面，日本有浓郁的铁路文化和强烈的珍惜土地意识，加上对私产的尊重以及工匠精神，十分有利于多方协作精心打造 TOD。日本紧凑的城市规划风格与 TOD 理念十分契合。日本的城市规划一直以来都强调紧凑性和高密度，为交通和城市发展的有机结合提供了条件。城市规划师通过在交通节点周围规划多功能区域，实现城市高效利用。混合用途和步行友好在日本得到重视，这一点与其他 TOD 实践地区类似。日本的许多 TOD 项目中，不仅仅是在交通节点周围，也在铁路沿线规划了商业、文化、娱乐设施，使人们能够在短距离内满足多种需求，同时鼓励步行和自行车出行。

2. 新加坡：通过强规划和强落实，实现轨道交通引领城市发展

（1）城市规划

1991 年，新加坡确定了以中心区为主体的多层级星座状的城市结构，提出在新市镇周边开发商业中心、工业区和科学园区等能吸引就业人口的项目；将轨道交通建设与新城开发结合，于市中心外建立新市镇和商业中心，疏解市中心过度密集的职住人口，实现人口、产业的重新布局，提升城市整体运营效率。

1996 年，新加坡陆路交通管理局发布交通发展白皮书，指出未来要打造一个“世界级的陆路交通系统”，为通勤者提供一个高效率、舒适、便利且通行无阻的交通环境；在地铁沿线进行新市镇开发，以提高轨道出行比例，支持轨道运营，同时舒缓市中心过度密集的职住人口。

（2）轨道交通建设

1972—1981 年，政府开展了 10 个轨道交通研究，探讨建设地铁（MRT）的必要性和可行性；1983 年 10 月，新加坡地铁公司（MRTC）成立，开始第一条地铁的建设；1987 年，南北线（North South Line）开始运营；1983 年至今，新加坡完成了 6 条地铁和 3 条轻轨的建设，形成了“扇形放射状 + 环线”的轨道交通网络结构，线路全长超 200 公里。

（3）轨交建设保障

2010 年，《公共交通系统法》通过，对现有的公交运营及财务政策做了重大的变革。轨交建设与土地开发整合规划、同步开发，清楚界定轨道与物业整合的界面，通过开发控管落实；轨道建设完全依赖政府财政拨款，线路以专营权方式委托给公共交通企业经营管理，自负盈亏，政府不进行补助。政府通过土地拍卖计划，将土地开发权以一定期限授予给开发商，开发商缴纳轨道建设的地价金间接支持轨道建设。

三、国外 TOD 成功经验总结

日本、新加坡等国家 TOD 的成功，是在城市规划和土地利用政策、公共交通发展政策、土地综合开发政策、规划和建筑设计标准、财政政策、监督及执行机制等政策法规和制度支持下获得的。

1. 宏观布局

规网协同发展，实现城市土地利用与城市轨道交通发展的正向反馈。通过高效便捷的公共交通网络串

联城市功能组团，降低城市总体出行成本、缩短社会平均出行时间，使得轨道交通周边能够聚拢更多的城市资源、服务更多的人口和工作岗位，实现城市的可持续发展。

2. 中观规划

站点周边的土地开发强度及公共设施配套与公共交通系统的服务能力相匹配，即：距离站点近的地区配备高强度和高混合度的开发，距离站点远的地区安排较低强度开发。

3. 微观设计

在站点周边打造紧凑、适宜步行的混合利用社区，以站点为核心组织城市生活、构建公共空间，引导轨道站点地区成为为周边区域服务的设施配套中心和公共生活活动中心。

四、中国 TOD 发展概况

1. 香港 TOD 模式

香港 TOD 可以概括为公交都市战略下的港铁“轨道 + 物业”模式，是在特定的政治、经济、地理和文化环境下孕育产生的。香港一直以公交都市作为城市发展战略，并在 20 世纪 70 年代开始大规模兴建地铁时推行“轨道 + 物业”模式，逐步形成了政府、轨交企业、市民和地产商共赢的局面。

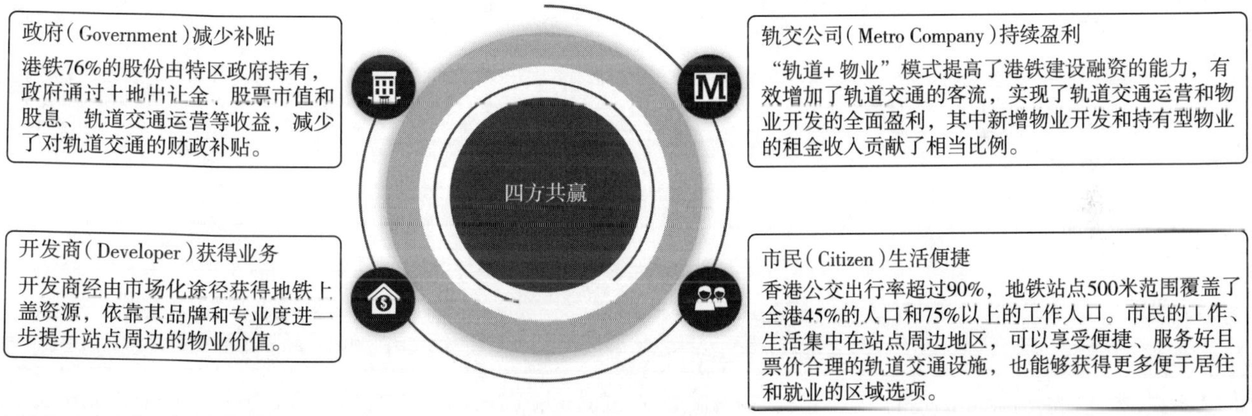

图13-4　香港TOD模式

2. 内地 TOD 发展理念

中国内地的 TOD 发展经历了四个阶段。

（1）20 世纪 90 年代：TOD+ 轨道富余空间利用

将公交毗邻发展与轨道富余空间利用相结合。北京、上海、深圳等开始自发性探索，主要体现在对轨道交通富余空间的利用，以及相邻地块与车站的连接。

（2）2005 年：“DOT+TOD” 整合规划设计

2005 年，国内提出 DOT（开发导向的交通设施优化）理念，将交通设施与周边物业和城市环境作为一个整体，进行整合规划、城市设计和建筑布局，对交通设施进行功能、工艺、形态、建设时序、结建工程等方面的优化，使其能更好支撑 TOD 发展。

（3）2010 年后："T+TOD" 投融资模式

发展通过轨道交通沿线的综合开发收益反哺轨道交通建设的投融资模式。从全生命周期来考虑，坚持多元化筹资，用轨道交通建设带来沿线土地的增值反哺轨道交通，建设"轨道 + 物业""轨道 + 社区""轨道 + 小镇""轨道 + 新城"等。

（4）2018 年左右：TOD 城市战略

TOD 从被投融资压力倒逼的被动举措上升为通过 TOD 战略实现城市高质量发展的主动作为。成都 TOD 模式是轨道交通时代城市发展的一场思想解放运动，是城市开发理念的更新和城市运营方式的重构。

报告十四　从传统到全域：大物业模式的兴起与发展

一、行业发展趋势

2013 年 9 月，《关于政府向社会力量购买服务的指导意见》颁布，进一步推动政府职能转变与公共服务改善。2021 年，国家层面进一步提出深入推进以人为核心的新型城镇化战略，使更多人民群众享有更高品质的城市生活。近几年，在政府加大“放管服”和基层治理精细化的政策推动下，商办、公建、城市服务等非居服务需求加速释放，再加上住宅市场深度调整，非居市场逐渐成为物业行业增长的重要引擎。

2024 年初，国家发展改革委公布《产业结构调整指导目录（2024 年本）》，将物业服务纳入“鼓励类—商务服务业”，“物业服务”内容更为细化，发展方向更为明确，定位更为清晰。物业管理行业近几年备受社会关注，行业地位不断提升，行业价值不断刷新、重塑，服务空间升维，业务多元延伸，业态全域拓展。

国家政策鼓励物业企业进入更多服务领域，社区治理要求物业企业发挥更大作用，经济发展催生更多高品质、多样化的生活需求，科技发展促进物业企业服务全面优化提升。

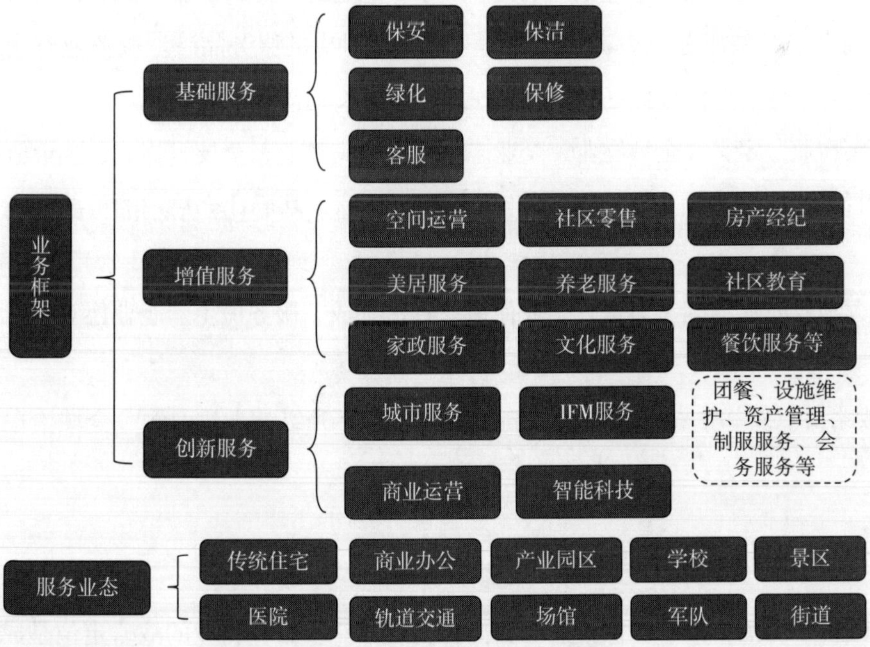

图14-1　物业服务业务框架及服务业态

二、“大物业”的提出与探索

“大物业”代表行业一种新的业务发展模式应运而生，它是指物业管理公司不再局限于传统的对不动产的日常管理和维护，而是拓展服务边界，向生活服务、产业服务、城市服务、社区治理等多个领域延伸，是坚持党建引领下的大规模、全域化、多元化、多业态、智能化、平台化的物业发展理念和服务模式。

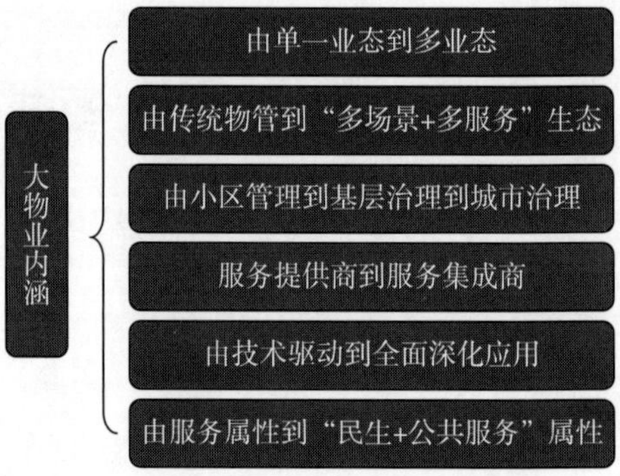

图14-2 “大物业”内涵

不同企业“大物业”战略内涵不尽相同，行业尚不存在统一的定义。提出“大物业”发展战略的企业有三类：传统物业公司，如保利物业；由国企改革演化而来，如宝石花物业；城市发展需要，如厦门市“大物业”探索。

三、部分优秀企业“大物业”实践

1. 保利物业：行业首个提出“大物业”发展战略的物业公司

提出最早，产品品牌化：保利物业在2019年6月率先提出了“大物业”概念，其典型标志就是多业态，明确住宅、商办和公共服务三大赛道，并建立了与之对应的服务品牌。服务业态涵盖住宅、工业园区、写字楼、酒店、商业、旅游度假区、学校、医院、轨道交通等。

保利物业“大物业”定义：全域物业、全业态物业、全民物业、全技术物业、全价值物业。

“大物业”时代的发展机遇：高品质城市生活的重要保障，基层社会治理的重要补充，增进民生福祉的重要力量。

企业定位：大物业时代的国家力量。企业使命：善治善成、服务民生。企业愿景：成为大物业生态平台首席运营商。

“大物业”战略要点及举措：深耕区域、高质发展、数字升级、党建引领、全域治理、服务民生、人才培养等。

2. 宝石花物业：“大物业”战略部署

宝石花物业诞生于中国石油“三供一业”分离移交改革。宝石花物业的战略定位是成为大物业的“国家队”，建成大物业高地，成为大物业的引领者、示范者、推动者。

宝石花物业的战略部署如下：

①综合一体化服务：开展物业服务、生活服务、生产服务、社会治理等一体化服务，努力成为石油石化企业生活服务“大管家”；

②多业态、多元化战略布局：在改革接收住宅物业的同时，还承揽了部分企业的办公物业、工地物业、宾馆酒店及其他后勤服务业务，围绕“衣食住用行医教娱养财”等十个方面延伸 9 类业务、27 项服务项目；

③产业服务赛道：油气勘探开发和炼油化工企业生产服务，为国企、医院、高校、政府、工业园区等提供仓储物流、车辆服务、设备维护、分析检测等；

④建立发展联盟：整合业主共有资源、物业企业资源、专业公司资源、电商资源和政府公共资源，创新大物业发展模式；

⑤红色物业生态：加强党建引领，积极承担责任。

报告十五　物业费“限价令”蔓延，如何看待“物业费一刀切”

2024 年 11 月 13 日，武汉市新洲区发布了《新洲区住宅前期物业服务费定价社会稳定风险征询意见公示》，或将对住宅前期物业收费标准作出新的分级定价。新的定价方案中，五星级物业（有电梯的最高星级）的最高收费标准被限定为 2.3 元 / 平方米 / 月。基准价最高可以上浮 20%（即 2.3 × 0.2=0.46 元 / 平方米 / 月），意味着新洲区最高物业服务费将不会超过 2.76 元 / 平方米 / 月。

表15-1　　**武汉市新洲区住宅前期物业服务费定价方案**

物业服务等级	有电梯基准价（元 / 平方米 / 月）	无电梯基准价（元 / 平方米 / 月）
五级	2.30	1.80
四级	1.85	1.40
三级	1.55	1.10
二级	1.15	0.85
一级	0.90	0.65

资料来源：公开资料，中指研究院整理。

这并非年内第一次出台关于住宅前期物业服务费限价政策。2024 年，重庆市、银川市、青岛市城阳区、武汉市江夏区均开始执行（或出台）相关政策，物业费降价成为社会民生的热门话题，在局部地区引起了一定市场风波，也对业主、物业服务企业、物业管理市场的运行产生了一定影响。那么，这些政策究竟产生了哪些反响？不同利益相关方如何看待这个问题？政策限价“一刀切”能否解决市场问题？武汉市新洲区再次跟进是否代表了某种趋势？物业费定价，是行业比较重要的议题。这一系列问题值得研究，更值得深思。本报告将深入盘点 2024 年各地物业费限价政策的情况，探寻这些问题的答案。

一、住宅前期物业费限价政策并非新政

2024 年，多个城市或地区出台了普通住宅前期物业费指导价格政策。根据中指研究院监测，年内执行物业费指导价相关政策的城市分别是重庆市、银川市、青岛市城阳区、武汉市江夏区。最近武汉市新洲区发布的《新洲区住宅前期物业服务费定价社会稳定风险征询意见公示》为征求意见稿，并未真正执行，因此未统计在下表中。

表15-2　　2024年部分城市执行普通住宅前期物业费指导价格相关政策

指导价执行时间	地区	文件	相关规定
2024.06.01	重庆市	《重庆市物业服务收费管理办法》	明确规定了住宅前期物业的收费标准。最高价格不超过 1.9 元 / 平方米 / 月。
2024.07.01	银川市	《银川市普通住宅前期物业服务和停车收费政府指导价标准方案》	普通住宅前期物业服务收费限价最高 2.20 元 / 平方米 / 月；地上停车位服务费 50 元 / 位 / 月，租赁使用费 60 元 / 位 / 月，地下停车位服务费 60 元 / 位 / 月，租赁使用费 230 元 / 位 / 月。
2024.02.01	青岛市城阳区	《关于对普通住宅前期物业服务收费超出政府指导价进行自查整改的通知》	收费建筑面积 8 万平方米以内（含 8 万平方米），上浮幅度不超过 20%；收费建筑面积 8 万 ~15 万平方米以内（含 15 万平方米），上浮幅度不超过 10%；收费建筑面积 15 万平方米以上，收费标准不得上浮。
2024.07.01	武汉市江夏区	《关于制定江夏区住宅前期物业服务收费标准的通知》	新建住宅前期物业服务收费标准参照《武汉市住宅物业服务等级标准》，实行分级定价。江夏区普通住宅前期物业服务收费最高 2.4 元 / 平方米 / 月，上浮最高 20%，即最高 2.88 元 / 平方米 / 月。

资料来源：公开资料，中指研究院整理。

虽然住宅物业费指导价政策在市场上热度较高，但是物业费指导价格的提出以及制定是很早就出台过相关政策的，并非新政。比如重庆市住宅物业费 1~1.9 元 / 平方米 / 月的标准，在 2015 年《重庆市物业服务收费管理办法》的配套文件中就已经出现，并非新规定；青岛市发改委于 2019 年印发了《关于公布〈青岛市普通住宅物业服务等级标准〉的通知》（青建办字〔2019〕58 号），规定了物业费指导价基准并明确物业服务等级的划分标准。

由此来看，住宅前期物业费指导价及定价标准是个老生常谈的话题，尤其像重庆市住宅物业费 1~1.9 元 / 平方米 / 月的标准已有九年历史，并且价格没有变化过。青岛市城阳区《关于对普通住宅前期物业服务收费超出政府指导价进行自查整改的通知》也不过是对几年前政策的进一步规范而已。

二、住宅物业费限价问题为何在 2024 年成为热点

既然住宅前期物业服务费指导价并非首次出现，甚至有的地区新出台的政策中指导价与多年前一样并未调整，为何物业费问题在 2024 年引起了较大的风波，成为社会民生热点话题？首先，从政策的披露层面看，限价政策似乎在态度上更加严格和正式。如重庆市重新修订的《重庆市物业服务收费管理办法》（渝府办发〔2023〕104 号）以及 2024 年 3 月价格主管部门发布的《重庆市政府定价的经营性服务收费目录清单（2024 版）》，明确列出住宅前期物业费 1~1.9 元 / 平方米 / 月的标准，但并未像之前一样做出任何解释，让业主理解出了政府彻底严格执行限价的意味；青岛市城阳区《关于对普通住宅前期物业服务收费超出政府指导价进行自查整改的通知》表明了要自查、整改的态度；武汉市江夏区专门启用了远城区住宅物业费定价权，规定了低于《武汉市民生收费标准目录清单》中物业费标准的价格。其次，当前经济正处于结构调整和转型升级的关键时期，部分群体对未来预期持谨慎态度，消费市场潜力有待进一步释放，民众在面对生活成本时表现出一定的压力，所以对价格问题的敏感程度提高，反应比较激烈毕竟能成功争取降低物业费就是真正节省生活成本。最后，这几项政策出台或执行的时间较为集中，产生一定的叠加效应，一时间热度较高，甚至网上频频出现“取消物业”的舆论。

三、政策反响

各地的住宅前期物业服务费限价政策在当地都产生了一些反响，包括业主端、物业企业及物管市场层面。

表15-3　2024年度各地区普通住宅前期物业费指导价格政策影响

城市/区域	业主层面	物业企业	当地物管市场
重庆市	成立业委会、临时业主大会争取降低物业费。业主反应非常激烈，很多业主拒绝缴纳物业费，持续抗争。	极个别项目主动降价，造成进一步市场风波； 绝大多数企业并没有主动降低项目的物业费价格； 履行法律程序收缴已拒缴的物业费，等待新政策出台； 很大程度上影响项目运营和公司收入。	物业企业与业主之间僵持状态； 政府并未对物业费调价采取强制“一刀切”的方法，最近专家组在介入和评审，正在完善补救措施，拟定新政策。
银川市	降费幅度较大的项目，业主会认为之前是暴利，降低后的价格也不是低价，对物业的诚信产生怀疑。	中海、万科、建发等物业企业的63个小区，在党建引领下于政策正式实施前主动进行了物业费降价； 很多项目都是受政策影响被迫降价，会影响到企业运营项目的积极性。	2023年10月27日至11月25日，《银川市普通住宅小区前期物业服务和停车收费方案（征求意见稿）》面向社会广泛征求意见和建议，共征集到396条； 通过党建引领，协调降费问题，推动起来相对容易； 服务标准明确、信用管理、监管到位，对不履责物业企业坚决清退。
青岛市城阳区	个别小区因未按规定下调物业费导致业主以此为由拒交物业费；	降价的物业企业多为中小规模企业，降费空间不大，服务项目较少； 部分企业因降低物业费导致营业收入减少、利润降低，从而出现了降薪、裁员问题。	从政策出台至今，各种关于物业费降费的问题也成为青岛政府投诉热线等各政务平台投诉的主要民生问题之一； 已经降价的物业公司也执行新的服务标准，可能会影响服务质量。
武汉市江夏区	对高物业费抵触情绪大，物业费拒缴现象普遍。	江夏区部分头部企业项目应业委会要求被迫降价，如中海锦城、招商依云华府等； 其他行政区不少企业主动提出降价，如新影华翔城、江山如画八期、中国铁建御湖、城投瀚城璞岸等； 有分期项目首期物业费较高且超限的遭江夏区发改委约谈； 迫使企业进一步压低成本，服务质量受到影响。	对其他行政区也产生影响，甚至有远城区跟进发布限价政策，如新洲区11月13日发布了《新洲区住宅前期物业服务费定价社会稳定风险征询意见公示》，或将对住宅前期物业收费标准作出新的分级定价。

资料来源：中指研究院调研并整理。

（一）业主层面

反响最强烈、最直接、舆论最多的当数业主群体。对高于限价、服务不好又未降价的项目，业主们纷纷采用各种方式维权，替自己争取利益，通过业委会投票或召开临时业主大会会议的方式降低物业费，拒缴物业费，利用网络制造舆论等。不同城市的业主反应差别较大。

1. 穷尽各种方式力争降低物业费、拒缴物业费

重庆市政策正式执行后，业主端反应最为强烈。上百家小区业主要求降低物业费，尤其六月初，聚集

到物业要求降价的业主不在少数。后来，业主们纷纷通过业委会或成立临时业主大会投票的方式力争物业费降价。由于业委会成立比例太低，组织业主们投票表决流程太慢，因此几乎没有业主成功降低物业费。这便导致很多业主拒缴物业费，持续抗争，业主和物业公司陷入僵局。武汉市江夏区反应类似，业主对高物业费抵触情绪大，物业费拒缴现象普遍。

重庆市业主反响最大主要原因是在重庆这样经济较发达的新一线城市，1.9 元 / 平方米 / 月的限价相对较低，高于限价的项目较多。对比来看，该限价显著低于银川市、青岛市城阳区、武汉市江夏区的价格基准。

2. 投诉物业服务差、质价不符等问题

青岛市城阳区政策出台后，个别小区未按规定下调物业费导致业主以此为由拒交物业费，但各种有关物业费和物业服务的投诉非常多，成为主要的民生问题之一。如青岛高新区保利红岛湾小区、保利观堂、卓越嘉悦、卓越青岚郡、红岛府、正阳府、青特悦海府、青特小镇、龙湖舜山府、绿地国科兰亭郡、鲁昊棠琳湾、青特地铁花屿城、青特赫山等多个项目均遭到投诉。

（二）物业公司

面对物理费限价，最头疼、最难处理的是物业服务企业。如果不降价，业主就会拒缴物业费，组织业委会投票降价，与企业抗争；而主动降低物业费，又可能会影响物业公司的服务积极性和质量。物业服务企业的反应在不同城市间的差异更明显。

1. 未按照限价范围降价

重庆市绝大多数企业并没有主动降低项目的物业费价格，都在等待新政策的出台。青岛市城阳区大多数企业，尤其是大中型企业，也未按规定履行政策。相关部门虽与物业服务企业沟通过，但并没有成功说服其主动降价。考虑到企业降低物业费后可能导致物业公司经营困难，出现降薪、裁员等社会问题，政府端并未真正采取强制性措施。

2. 主动降低物业费

整体看，主动下调物业费的企业还是少数。

重庆市仅个别项目主动降价。但不仅没有起到积极的表率作用，反而又引起一场风波。物业费降低后，业主并没有满意，反而认为此前的物业费太高了；个别项目的降价也给未降价小区的业主带来希望，他们纷纷采取各种方式做抗争，争取能把物业费降下来，引发更大的舆论压力。

青岛市城阳区有一些物业公司主动降价，但降价的物业企业多为中小规模企业，因此降费空间不大，且服务项目较少。大中型企业并未降价。

武汉市江夏区物业费降价案例相对较多，监测到的物业费降价项目不少于 20 个。部分头部企业应业委会要求，被迫降价，如中海锦城项目、招商依云华府等。受到江夏区物业费指导价政策影响，武汉市其他行政区，包括主城区及远城区的物业企业也出现主动降价的案例，如新洲区的新影华翔城、江山如画八期、中国铁建御湖、城投瀚城璞岸等。

表15-4　2024年武汉市江夏区物业费指导价政策影响导致物业费降价的项目

项目名称	时间	地区	物业费变化（元/平方米/月）	是否成立业委会	备注
中海锦城	2024.06.18	江夏区	住宅：3.3 降为 2.8 商业：5.0 降为 4.5	是	业委会要求
招商依云华府	2024.06.17	江夏区	住宅：3.3 降为 2.8	是	业委会要求
新影华翔城	2024.09.17	新洲区	高层：2.6 降为 1.8 洋房：2.8 降为 1.95	否	主动降价
江山如画八期	2024.09.09	硚口区	住宅：3 降为 1.6	否	主动降价
中国铁建御湖	2024.09.01	汉阳区	住宅：3.6 降为 2.9	否	主动降价
城投瀚城璞岸	2024.08.29	洪山区	高层：3.9 降为 2.52	否	主动降价

资料来源：公开资料，中指研究院调研并整理。

目前，物业费降价主要有两种情况。第一种，在业委会的要求和压力下下调物业费，这一点显示出了业委会存在的优势和价值。但目前住宅小区中成立业委会的比例很低，这也是绝大多数项目不能顺利降低物业费的重要原因。业委会在更换物业、决定物业费定价等方面发挥着重要作用，如武汉碧桂园云镜项目，虽然碧桂园服务同意降价，但仍然被业委会换掉了。第二种，物业公司主动降价，出现这种情况的项目多为一些次新房项目，维护成本相对不高。物业公司为缓解新房交付带来的投诉压力，与业主建立良好关系，提升物业费收缴率，保住在管住宅项目，综合考虑后降低物业费。

3. 通过法律程序收缴物业费的情况大幅增加，物业与业主关系变得紧张

对拒缴物业费较严重的项目，部分物业企业通过法律程序来收缴物业费。物业费收缴问题很大程度上影响了项目运营和公司收入，也使得物业公司和业主之间的关系变得更加尴尬和复杂。重庆市中交中央公园就是其中一例。据说，当时接近三分之一的业主联合申请要求把物业费从 3.5 元降到 1.9 元，但申请书交上去后杳无音信。事后，他们没有收到降价的消息，却收到了物业公司的催款函以及律所的短信，要求他们尽快完善欠费，否则“将依法提起诉讼”。

4. 降价对物业公司造成的影响

降价对物业公司产生的主要是不利影响。经调研，部分企业因降低物业费导致运营困难，出现了降薪、裁员等问题。

四、“一刀切”能否解决市场问题

物业费的高低悬殊，价格区间较大，影响因素非常多，包括但不限于地理位置、楼盘定位、项目楼龄等。尤其在商品房预售管理制度下，开发商在预售前就已经选定好物业公司，签订前期物业服务合同并确定价格，这就导致前期物业费很大程度上和项目竣工、业主入住后的物业服务品质关联度不高，业主在买房的时候多为被动接受，并没有实质的选择权和议价权。

历史上，由于住宅物业服务费存在一定的价格刚性，有一些楼龄较老的项目十几年、二十年没涨过物业费，但人工成本、物价水平多年来渐渐提高，使物业管理产生压力。因此，新楼盘往往直接给物业费定高价，以应对价格刚性带来的不利。但当项目交付后，物业管理并没有拿出清晰的服务标准，服务价值与

高昂的物业费严重不符，这也是“物业费降价争端”多发生在楼龄较新的项目上的主要原因之一。

既然现实中每个项目的情况和特点并不相同，物业费指导价“一刀切”的政策恐怕是很难应用于所有项目。本报告认为，非市场化的物业费定价有碍行业高质量发展，物业企业服务质量与价格匹配是行业市场成熟与进步的重要标志，营造质价相符的市场环境是行业良性发展的关键。只有真正做到“质价相符”，物业管理市场才能良好有序运转，业主与物业公司之间的问题才能得到缓和。

五、审慎评估，避免盲目跟进

回到开篇，2024 年 11 月 13 日，武汉市新洲区跟进住宅物业费指导价政策，意味着什么？是否代表物业费限价政策会在更多地区推行？

首先，需要明确的是，每个城市的具体情况不同，在颁布政策前需要盘点整座城市的物业费情况，要判断已存在的指导价是否合理，要对业主、物业企业、相关专业人士进行调研，然后才能判断是否需要这样的政策，而不是盲目跟进。

其次，本轮政策对物业管理市场产生了较大影响。第一，“限价”行为干扰了市场调节功能，不利于从根本上确立“质价相符”的定价机制；第二，“限价”扰乱了物业服务企业正常的项目运营，甚至影响物业服务质量和业主满意度水平；第三，物业费“一刀切”政策短期内反而引发了一定程度的市场混乱，未发挥政策本意的积极作用；最后，从长远看，建立质价相符、良性互动的市场机制是不能通过简单的“一刀切”能实现的。

最后，武汉市新洲区跟进物业费降价，一方面可能是由于江夏区的政策对新洲区产生了传导性影响，导致新洲区的部分项目已经主动降低物业费，引起其他项目的业主以及物业公司的关注和讨论；另一方面，早在 2021 年，湖北省发改委网站发布的《省发改委关于明确武汉市六个远城区定价权限的通知》中就明确规定，授权武汉市 6 个远城区，包括东西湖、江夏、黄陂、蔡甸、汉南、新洲享有部分定价权。所以，该地区有一定的特殊性。该政策仅是征求意见，并未直接执行，对于指导价政策的颁布非常审慎。

鉴于 2024 年限价政策引发的一系列问题，本报告认为，对待“物业费限价”需审慎评估，全方位思考，避免盲目跟进。当前，各地区物业管理市场面临的问题有相同之处，也有不同之处，重点在于如何结合本地区物管市场的特点建立好的机制，如何更好规范市场秩序，建立“质价相符”的市场环境，解决行业的现实问题，而不是盲目跟进“限价”政策。

报告十六　上市物企之最——2024年业绩盘点

截至 2025 年 7 月，共计 67 家企业登陆资本市场，其中港股上市物企 61 家，A 股上市物企 6 家。现从资本市场表现、管理规模、经营绩效三个维度，结合多个指标，全面解析上市物企 2024 年度业绩之“最”。

表16-1　　上市物业企业2024年度业绩之最

指标	企业名称	数据
市值最高	华润万象生活	736.0 亿元
在管面积最大	碧桂园服务	10.37 亿平方米
在管面积增速最快	兴业物联	29.4%
储备面积最大	绿城服务	3.57 亿平方米
储备面积增速最快	苏新服务	454.9%
合约面积最大	保利物业	9.88 亿平方米
合约面积增速最快	苏新服务	53.3%
营业收入最高	碧桂园服务	439.93 亿元
市盈率最高	中天服务	205.6 倍
营收增速最快	德商产投服务	33.4%
毛利润最高	碧桂园服务	84.0 亿元
毛利增速最快	浦江中国	55.5%
毛利率最高	星盛商业	46.2%
净利润最高	华润万象生活	37.3 亿元
净利增速最快	碧桂园服务	262.8%
净利率最高	祈福生活服务	26.6%

1. 资本市场表现

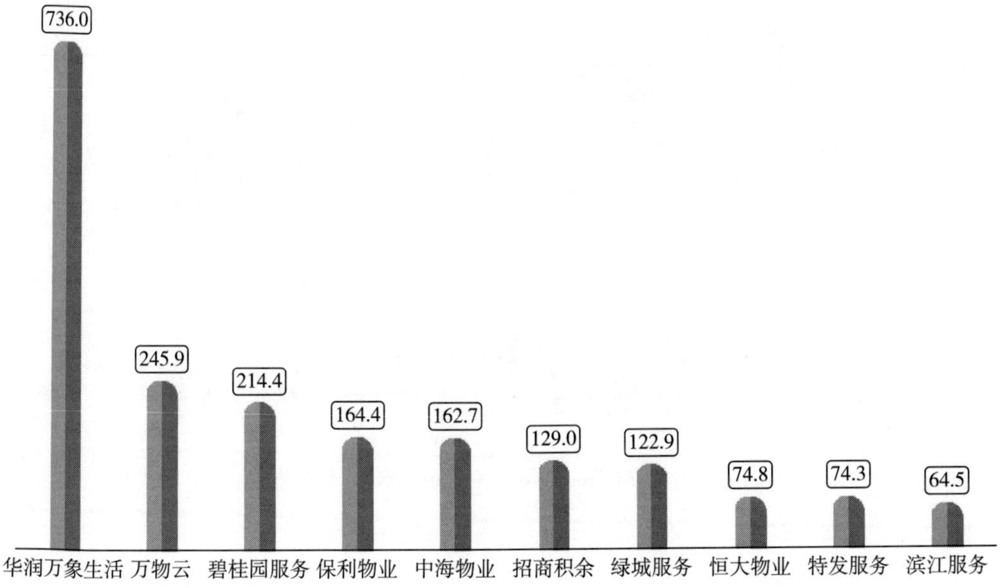

图16-1　上市物企市值TOP10（单位：亿元）

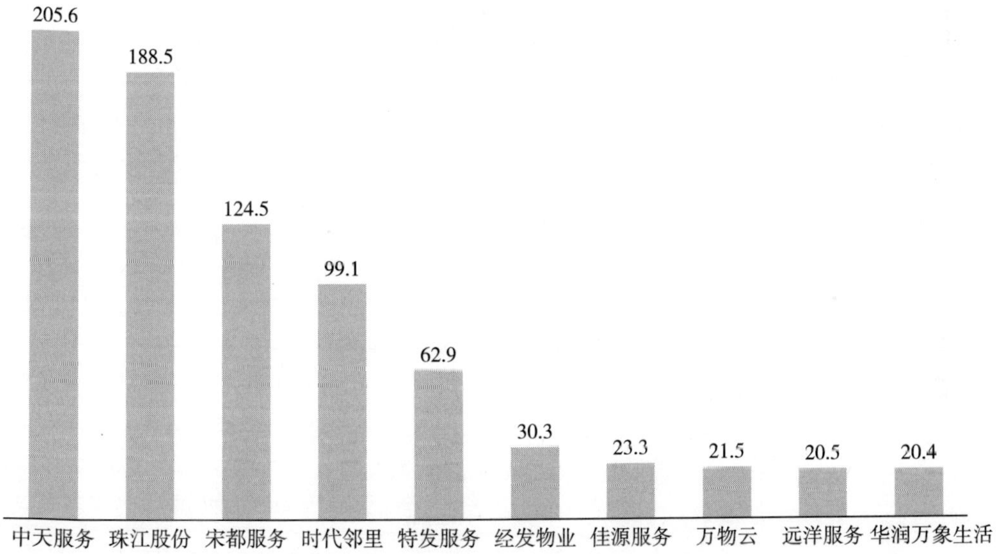

图16-2　上市物企市盈率（TTM）TOP10

收盘日期：2025 年 4 月 2 日。

从市值来看，华润万象生活市值最高，为 736.0 亿元，遥遥领先于其他上市企业。截至 4 月 2 日收盘，共 7 家物业服务企业市值突破 100 亿元。

从估值水平上看，中天服务市盈率最高，为 205.6，珠江股份紧随其后为 188.5，排名前十的上市企业市盈率水平均在 20 倍以上。

2. 规模性指标

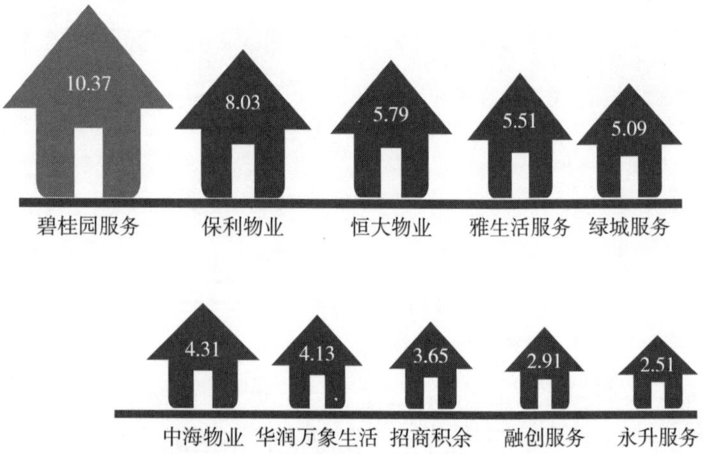

图16-3 上市物企在管面积TOP10（单位：亿平方米）

注：仅包括披露相关数据的企业。

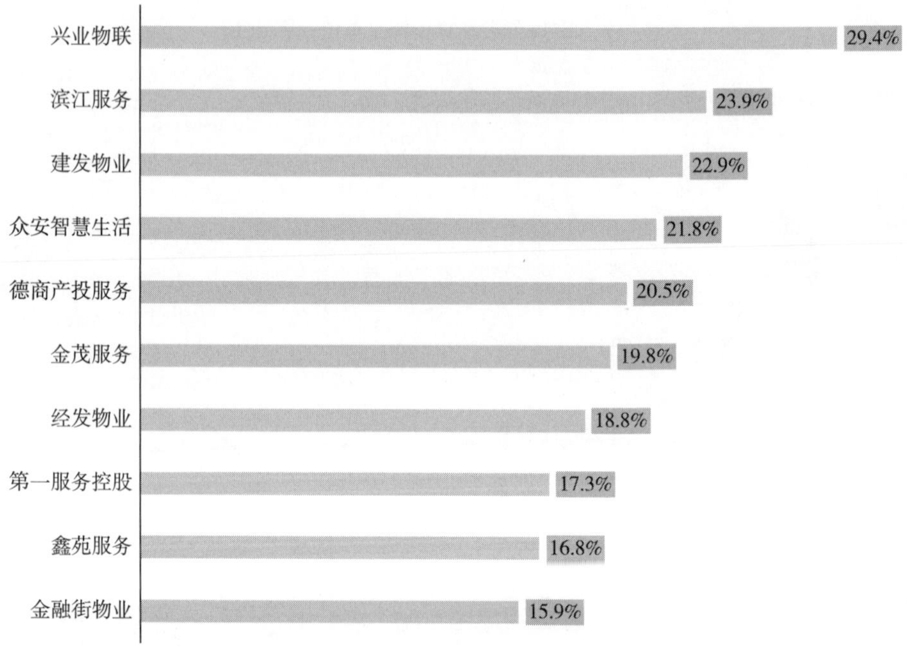

图16-4 上市物企在管面积增速TOP10

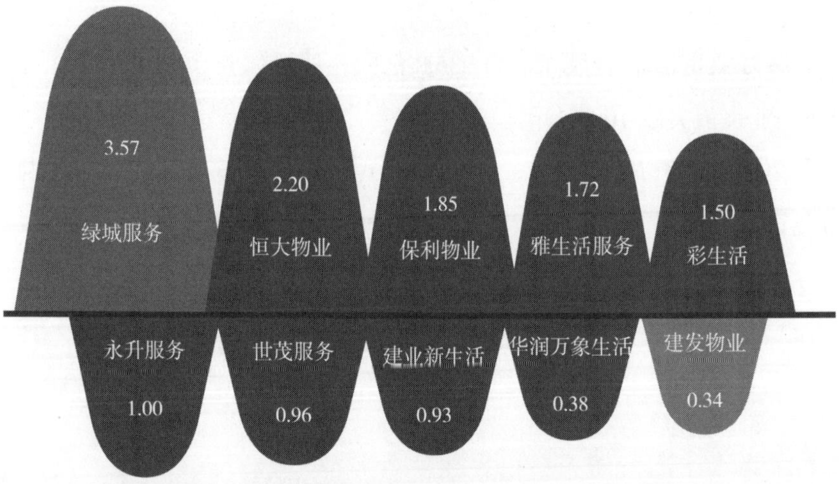

图16-5 上市物企储备面积TOP10（单位：亿平方米）

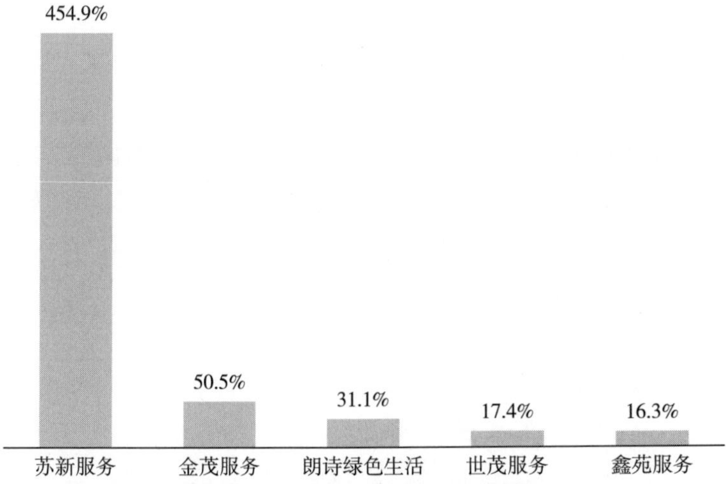

图16-6　上市物企储备面积增速TOP5

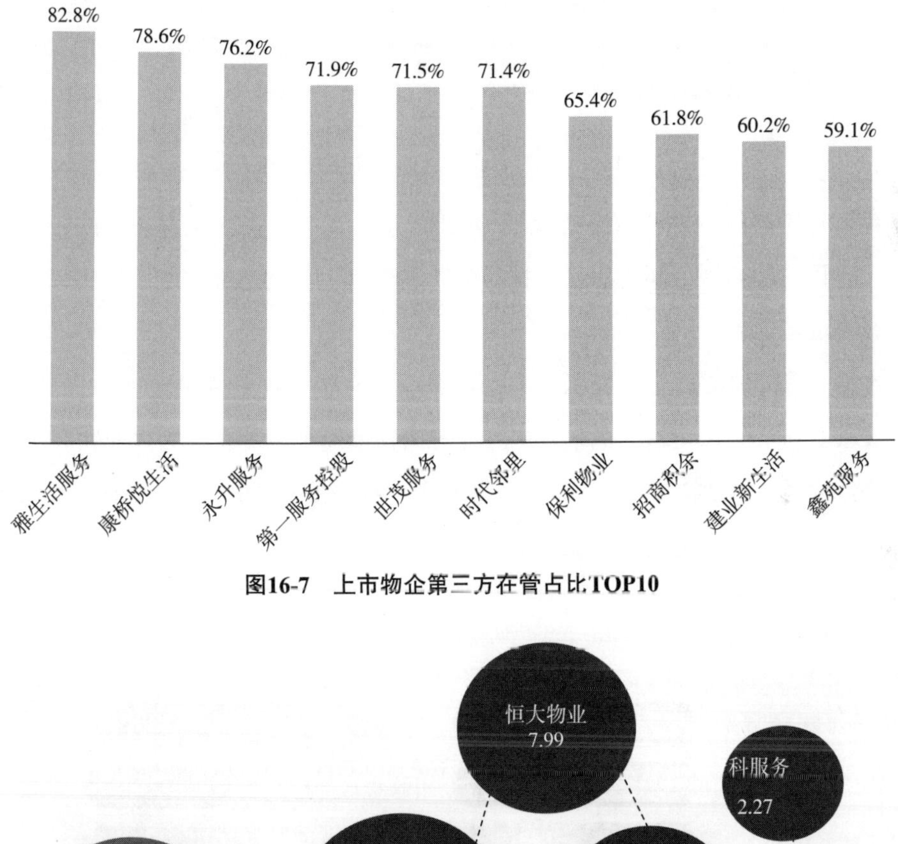

图16-7　上市物企第三方在管占比TOP10

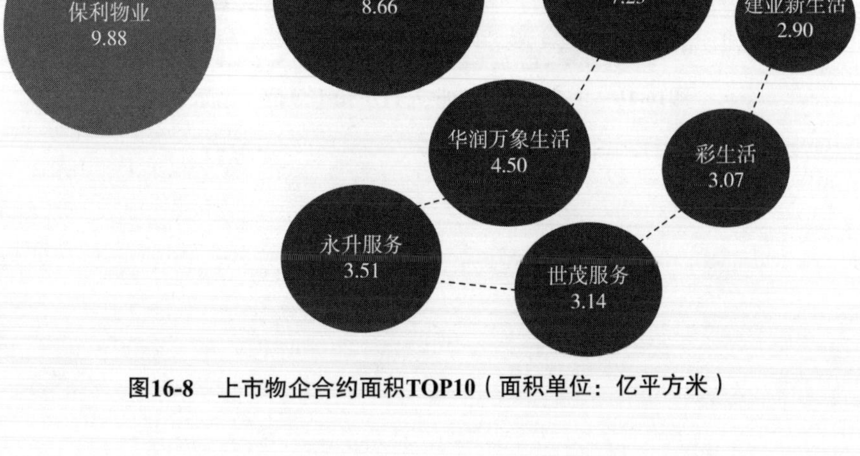

图16-8　上市物企合约面积TOP10（面积单位：亿平方米）

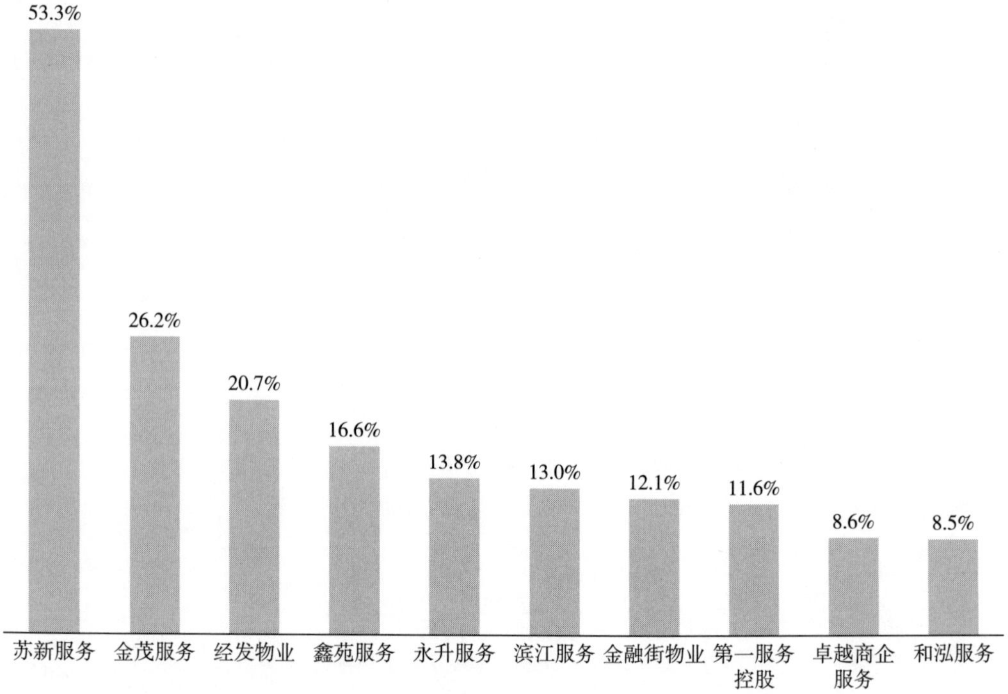

图16-9　上市物企合约面积增速TOP10

物业企业摒弃盲目追逐规模的“数字游戏”，不再以量为先，更加注重有质量的拓展，结合成本等经营要素，有选择、有目的地拓展，同时对于“拖后腿”的项目，主动选择“割舍”策略，从而“稳住”收益，为可持续发展奠定基础。

碧桂园服务在管面积约 10.37 亿平方米，是上市企业中在管规模最大的企业；保利物业、恒大物业、雅生活服务、绿城服务在管面积均超 5 亿平方米。在管面积增速最快的企业为兴业物联，达到 29.4%。

合约面积最高的企业为保利物业，达 9.88 亿平方米，绿城服务则以 8.66 亿平方米位居第二。合约面积增速最高的企业为苏新服务，增速高达 53.3%。

3. 经营绩效指标

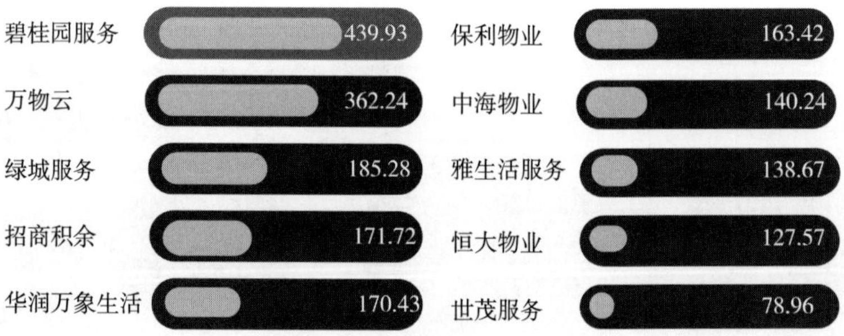

图16-10　上市物企营业收入TOP10（单位：亿元）

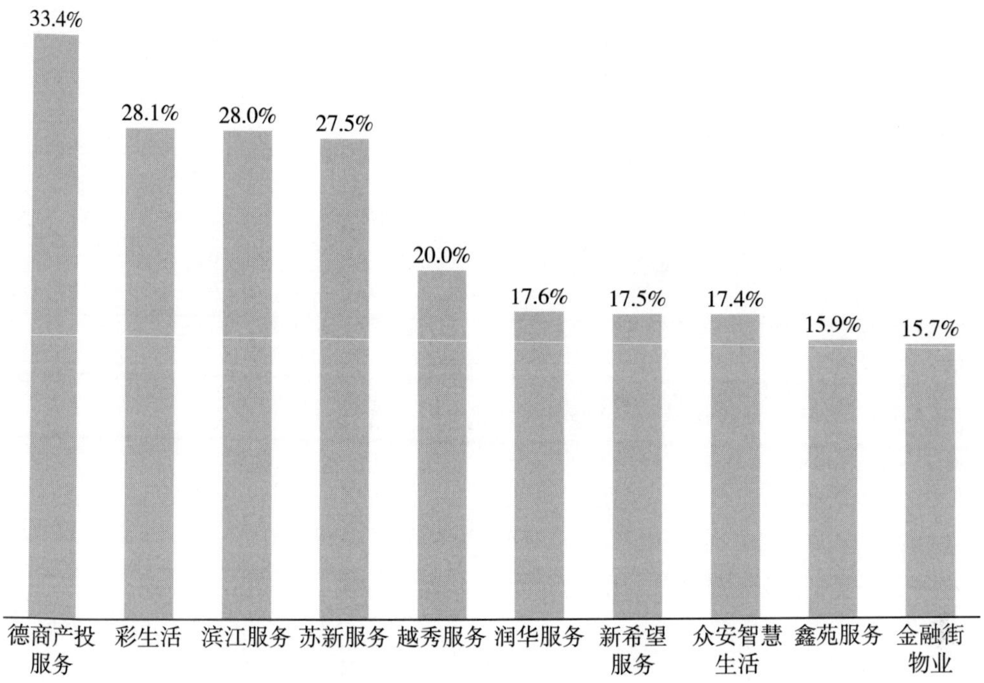

图16-11　上市物企营收增速TOP10

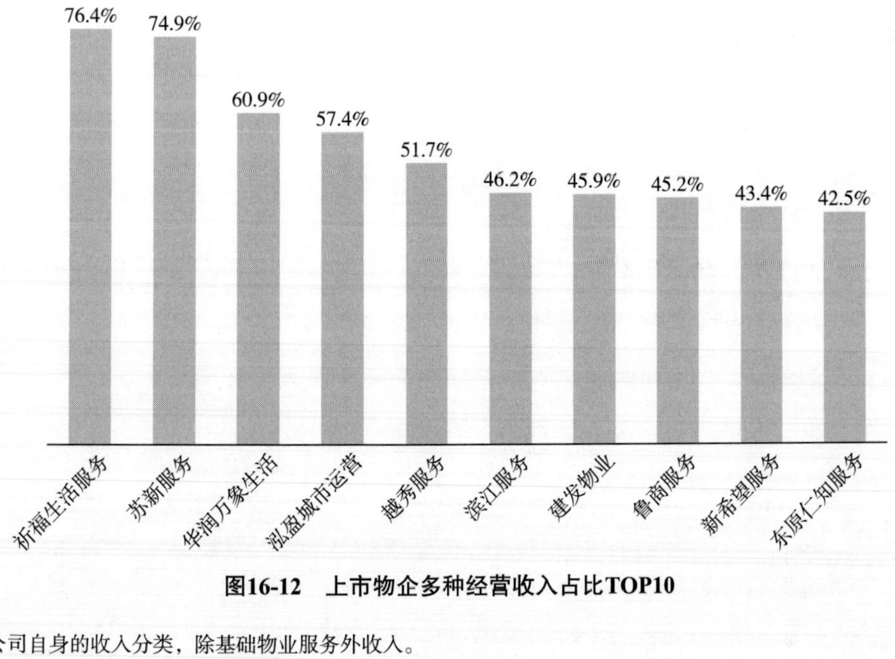

图16-12　上市物企多种经营收入占比TOP10

注：根据上市公司自身的收入分类，除基础物业服务外收入。

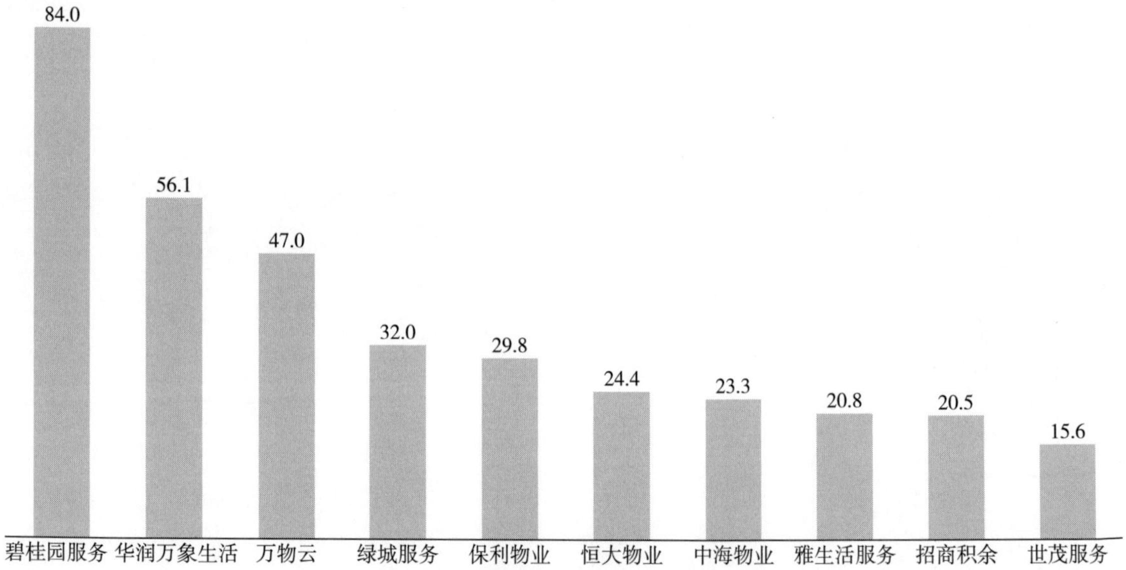

图16-13　上市物企毛利润TOP10（单位：亿元）

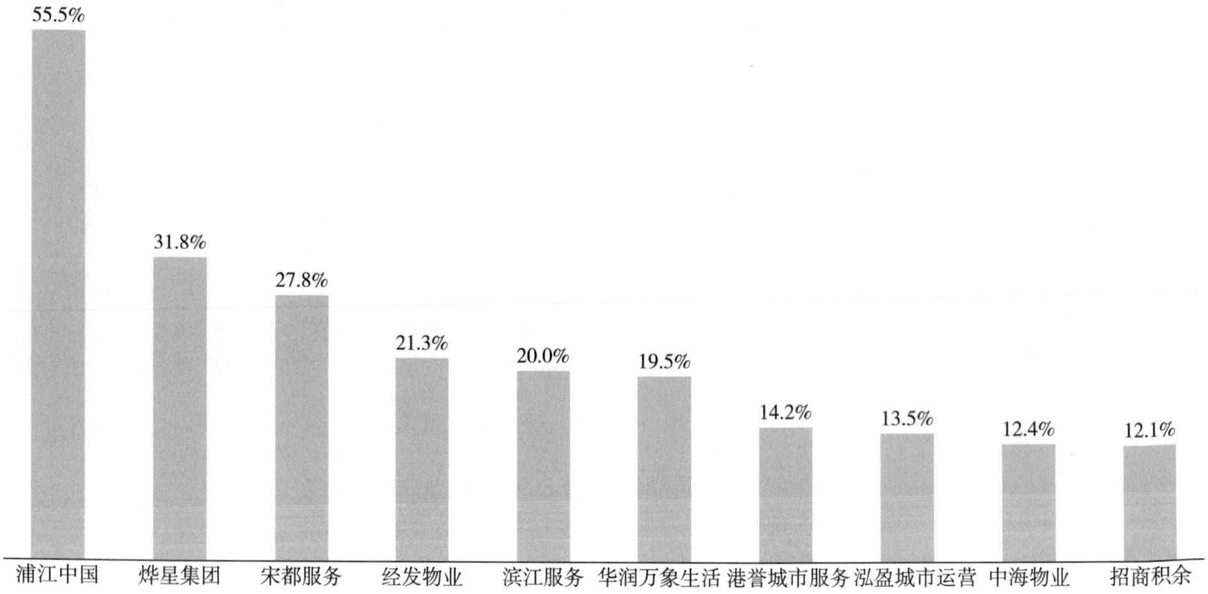

图16-14　上市物企毛利润增速TOP10

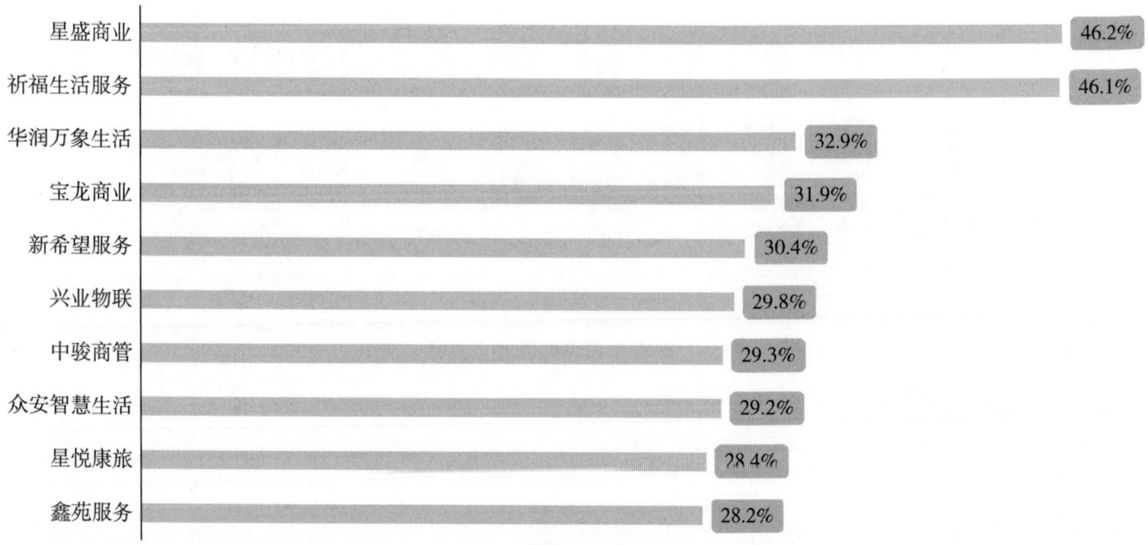

图16-15　上市物企毛利率TOP10

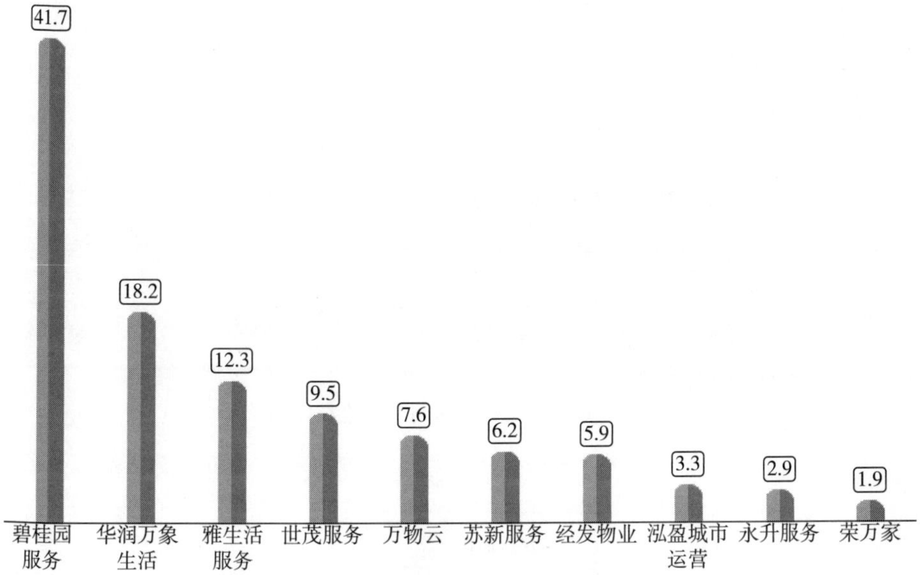

图16-16　上市物企城市服务收入TOP10

注：仅包括披露城市服务相关数据的企业。

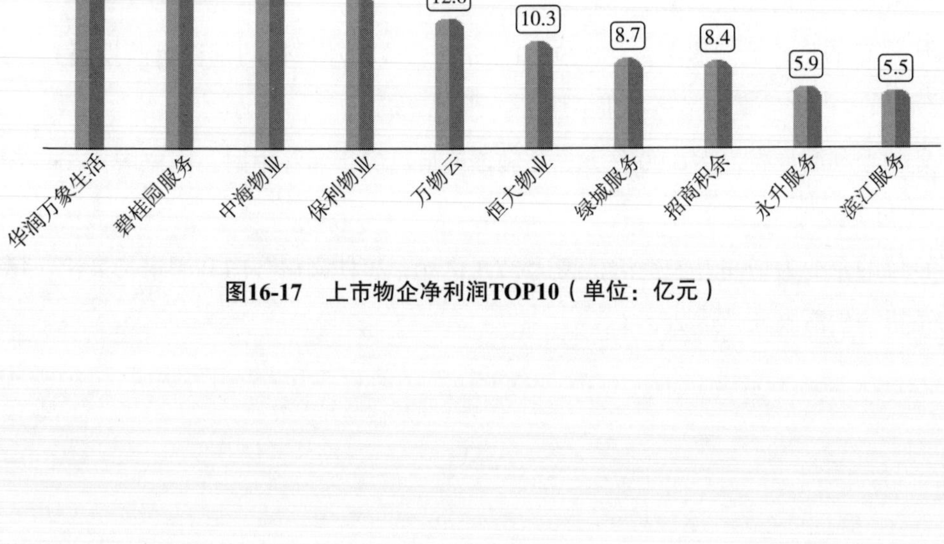

图16-17　上市物企净利润TOP10（单位：亿元）

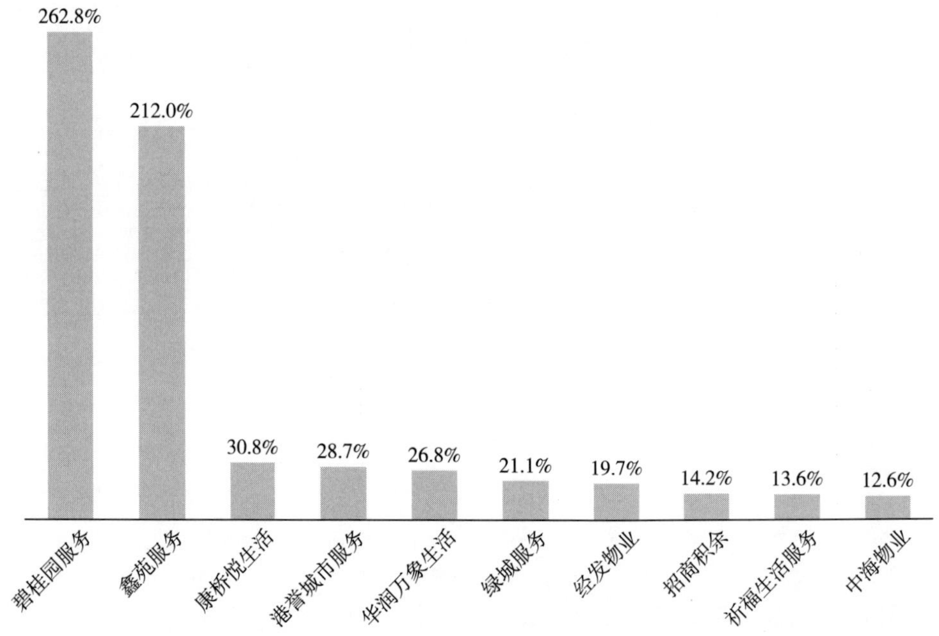

图16-18 上市物企净利润增速TOP10

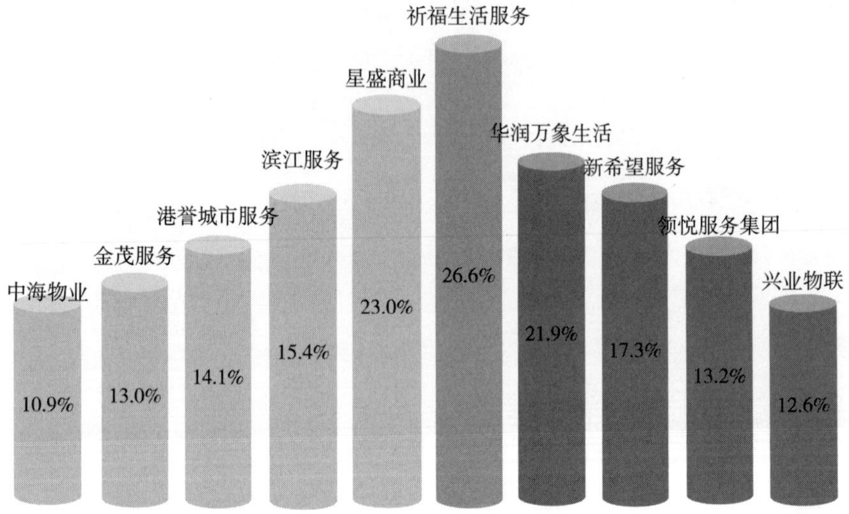

图16-19 上市物企净利率TOP10

2024年，上市物企业的经营数据整体表现如下。

营业收入居榜首的是碧桂园服务，达439.93亿元；营收增速最快的是德商产投服务，同比增速高达33.4%；多种经营收入占比最高的是祈福生活服务，达76.4%。

碧桂园服务的毛利润最高，达84.0亿元；毛利增速最高的是浦江中国，同比增长55.5%；星盛商业的毛利率最高，为46.2%。

净利润居首位的企业为华润万象生活，高达37.3亿元；碧桂园服务净利润增长最快，增速为262.8%；净利率最高的是祈福生活服务，达26.6%。

附录：指标说明

附录一　行业数据指标解释

（1）物业管理项目总管理面积是指该年度末企业依据合同提供全面管理服务已交付使用的所有物业项目管理总建筑面积，不含仅提供单项服务内容的项目面积。

（2）物业管理项目总数指该年度企业依据合同提供全面物业管理服务已交付使用的所有物业项目总数。

（3）已进入城市个数指企业提供服务的所有物业项目所在城市的数量。

（4）营业总收入指年度物业管理费和其他各类经营收入总额，包括物业基础服务收入和多元服务收入。

（5）物业基础服务收入指为客户提供如保洁、保安、绿化等全面管理的物业服务，即直接收取物业管理费的收入。

（6）毛利润指年度营业总收入扣除物业管理和各类经营活动的直接成本（营业成本）后的利润部分。

（7）净利润指年度物业管理和各类经营活动中产生的合法净利润，不含应上缴给上级公司的和属于业主权益的物业管理费的结余。

（8）人均产值本企业各类经营和物业管理费收入总额与企业员工总数（不含外包人员）的比值。

（9）物业服务费收缴率指企业在管所有物业项目实际收取物业服务费总和与在管所有物业项目按照物业服务合同约定应收物业服务费总和之间的比率（不含未清缴的）。

（10）物业管理项目留存率指企业截至本年末在管所有物业项目的数量与本年度内在管过的所有物业项目的数量的比值。

（11）合同储备项目总建筑面积指本企业已经签订物业服务合同，但还未正式进场服务的项目建筑面积。

（12）就业岗位个数指在本企业工作的人员总数，包括：在岗职工、再就业的离退休人员、在企业中工作的外方人员和港澳台方人员、兼职人员、借用的外单位人员、外包服务人员和第二职业者等。不包括离开本单位仍保留劳动关系的职工。

附录二　企业数据指标解释

（1）总资产净利润率：又称总资产收益率，是企业净利润总额与企业资产平均总额的比率，即过去所说的资金利润率。它是反映企业资产综合利用效果的指标，也是衡量企业利用债权人和所有者权益总额所取得盈利的重要指标。总资产净利润率 = 净利润 / 平均总资产。

（2）净资产收益率：又称股东权益报酬率、净值报酬率、权益报酬率，是衡量企业盈利能力的重要指标。是指利润额与平均股东权益的比值，该指标越高，说明投资带来的收益越高。

净资产收益率 = 净利润 / 平均股东权益。

（3）资产负债率：又称举债经营比率，它是用以衡量企业利用债权人提供资金进行经营活动的能力，以及反映债权人发放贷款的安全程度的指标，通过将企业的负债总额与资产总额相比较得出，反映在企业全部资产中属于负债比率。

（4）流动比率：是流动资产对流动负债的比率，用来衡量企业流动资产在短期债务到期以前，可以变为现金用于偿还负债的能力。一般来说，比率越高，说明企业资产的变现能力越强，短期偿债能力也越强；反之则弱。一般认为流动比率应在 2∶1 以上，流动比率 2∶1，表示流动资产是流动负债的两倍，即使流动资产有一半在短期内不能变现，也能保证全部的流动负债得到偿还。

（5）总资产周转率：是考察企业资产运营效率的一项重要指标，体现了企业经营期间全部资产从投入到产出的流转速度，反映了企业全部资产的管理质量和利用效率。是企业一定时期的销售收入净额与平均资产总额之比。

（6）存货周转率：又名库存周转率，是企业一定时期营业成本（销货成本）与平均存货余额的比率。用于反映存货的周转速度，即存货的流动性及存货资金占用量是否合理，促使企业在保证生产经营连续性的同时，提高资金的使用效率，增强企业的短期偿债能力。存货周转率是对流动资产周转率的补充说明，是衡量企业投入生产、存货管理水平、销售收回能力的综合性指标。

附录三　房地产开发数据指标解释

（1）本年完成投资：是指从当年1月1日起至当年最后一天止完成的全部用于房屋建设工程、土地开发工程的投资额以及公益性建筑和土地购置费等的投资。其中土地购置费在实际统计工作中如难以区分，可放在"商品房建设投资额"中。

（2）商品住宅：是指房地产开发企业（单位）建设并出售、出租给使用者，仅供居住用的房屋。

（3）土地开发投资额：是指房地产开发企业完成的前期工程投资，即路通、水通、电通、场地平整等（也称"七通一平"）所完成的投资。一般指生地开发成熟地的投资。在旧城区（老区拆迁）的开发中，如果有统一的规划，如政府有关部门批准的小区建设的前期工程中，有场地平整，原有建筑物、构筑物拆除，供水供电工程等工作量也可计算。未进行开发工程，只进行单纯的土地交易活动不作为土地开发投资统计。土地开发投资额在房屋用途分组中能分摊的部分就分摊，不能分摊的全部计入其他。

（4）土地购置费：是指房地产开发企业为取得土地使用权而支付的费用。土地购置费按当期发生数计入投资，如土地购置费为分期付款的，可分期计入投资；不计入新增固定资产。土地购置费包括：①通过划拨方式取得的土地使用权所支付的土地补偿费、附着物和青苗补偿费、安置补偿费及土地征收管理费等；②通过出让方式取得土地使用权所支付的出让金。

（5）住宅：是指专供居住的房屋，包括别墅、公寓、职工家属宿舍和集体宿舍（包括职工单身宿舍和学生宿舍）等。但不包括住宅楼中作为人防用、不住人的地下室等。

经济适用房：是指根据国家经济适用房计划安排建设的住宅。由国家统一下达计划，用地一般实行行政划拨的方式，免收土地出让金，对各种经批准的收费实行减半征收；出售价格实行政府指导价，按保本微利的原则确定。

（6）办公楼：指企业、事业、机关、团体、学校、医院等单位使用的各类办公用房（又称写字楼）。

（7）商业营业用房：是指商业、粮食、供销、饮食服务业等部门对外营业的用房，如度假村、饭店、商店、门市部、粮店、书店、供销店、饮食店、菜店、加油站、日杂等房屋。

（8）本年资金来源合计：是指房地产开发企业（单位）实际拨入的，用于房地产开发的各种货币资金。包括国家预算内资金、国内贷款、债券、利用外资、自筹资金和其他资金。

（9）国内贷款：指报告期房地产开发企业（单位）向银行及非银行金融机构借入的用于房地产开发与经营的各种国内借款，包括银行利用自有资金及吸收的存款发放的贷款、上级主管部门拨入的国内贷款、国家专项贷款（包括煤代油贷款、劳改煤矿专项贷款等），地方财政专项资金安排的贷款、国内储备贷款、周转贷款等。

（10）利用外资：是指报告期收到的用于房地产开发与经营的境外资金（包括外国及港澳台地区），包括外商直接投资、对外借款（外国政府贷款、国际金融组织贷款、出口信贷、外国银行商业贷款、对外发行债券和股票）及外商其他投资（包括补偿贸易和加工装配由外商提供的设备价款、国际租赁）。不包括我国自有外汇资金（包括国家外汇、地方外汇、留成外汇、调剂外汇和中国银行自有资金发放的外汇贷款等）。

（11）自筹资金：是指各地区、各部门及企事业单位筹集用于房地产开发与经营的预算外资金。

（12）定金及预收款：指房地产开发企业（单位）预收的购买者用于买房的定金及预收款。定金是为了使签订合同的甲乙双方履行经济合同，根据有关规定由购房单位在报告期交纳的押金。预收款是甲乙双方签订购销房屋合同后，由于经营活动的需要，在报告期由购房单位提前交付的购房款（包括预收购房款中的外汇）。

（13）本年完成开发土地面积：是指报告期内对土地进行开发并已完成“七通一平”等前期开发工程，具备进行房屋建筑物施工或出让条件的土地面积。

（14）本年购置土地面积：是指在本年内通过各种方式获得土地使用权的土地面积。

（15）房屋施工面积：是指报告期内施工的全部房屋建筑面积。包括本期新开工的面积和上年开工跨入本期继续施工的房屋面积，以及上期已停建在本期恢复施工的房屋面积。本期竣工和本期施工后又停建缓建的房屋面积仍包括在施工面积中，多层建筑应填各层建筑面积之和。

（16）房屋新开工面积：是指在报告期内新开工建设的房屋面积。不包括上期跨入报告期继续施工的房屋面积和上期停缓建而在本期恢复施工的房屋面积。房屋的开工应以房屋正式开始破土刨槽（地基处理或打永久桩）的日期为准。

（17）竣工房屋面积：是指报告期内房屋建筑按照设计要求已全部完工，达到住人和使用条件、经验收鉴定合格（或达到竣工验收标准）、可正式移交使用的各栋房屋建筑面积的总和。

（18）实际销售面积：是指报告期已竣工的房屋面积中已正式交付给购房者或已签订（正式）销售合同的商品房屋面积。不包括已签订预售合同正在建设的商品房屋面积，但包括报告期或报告期以前签订了预售合同，在报告期内又竣工的商品房屋面积。

（19）空置面积：是指报告期末已竣工的可供销售或出租的商品房屋建筑面积中，尚未销售或出租的商品房屋建筑面积，包括以前年度竣工和本期竣工的房屋面积，但不包括报告期已竣工的拆迁还建、统建代建、公共配套建筑、房地产公司自用及周转房等不可销售或出租的房屋面积。

（20）实际销售额：指报告期内出售房屋的总收入（即双方签署的正式买卖合同中所确定的合同总价）。该指标与实际销售面积同口径，包括正式交付的商品房屋在建设前期预收的定金、预收的款项及结算尾款和拖欠款。不包括未交付的商品房所预收的款项。收取的外汇按当时外汇调节市场价折算在其中。如果商品房是跨年完成的，应包括以前年度所收的定金及预收款。

中指控股

CHINA INDEX HOLDINGS

中指控股（China Index Holdings）致力于以大数据和创新科技赋能中国地产行业，拥有近千位优秀的数据研发人员和专业分析师，分支机构遍布中国主要城市。

依托三十年来积累的海量房、地、人、企等详实数据，中指控股整合空间、宏观、移动、规划、POI等多维信息，构建扎实的数据底层，充分运用新技术，结合行业各类应用场景，提供AI应用智能体、SaaS工具、数据分析、研究及市场推广、调查咨询等多项产品和专业服务，全方位服务房地产开发商、金融机构、物业公司及上下游企业，为合作伙伴提供高效解决方案，助力行业健康持续发展。

北京中指信息技术研究院

Beijing China Index Academy

北京中指信息技术研究院(Beijing China Index Academy，简称“中指研究院”)是中指控股(China Index Holdings Ltd)历时最长的下属研究机构。

中指研究院建立了庞大的数据库——CREIS中指数据库，涵盖土地、住宅及商用物业、企业、宏观经济等数据。基于长期深厚的数据积累，中指研究院的研究成果已成为房地产及上下游相关行业的重要决策参考，出版的专著填补了多项行业研究空白，对中国房地产行业产生了深远的影响。

中指控股CIII
中指研究院总部
地址：北京市丰台区郭公庄中街20号院A座
邮编：100070

中指控股CIH

中国房地产指数系统（CREIS）

中国房地产指数系统（China Real Estate Index System，简称CREIS）是一套以价格指数形式来反映全国各主要城市房地产市场运行状况和发展趋势的指标体系和分析方法。它由国务院发展研究中心、中国房地产开发集团等于1994年发起，1995年通过部级评审，2005年再次通过由国务院发展研究中心、建设部、国土资源部、中国银监会、清华大学和北京大学等单位的著名专家学者组成的鉴定委员会的学术鉴定。

中国房地产指数系统（CREIS）目前覆盖全国主要城市，定期发布中国主要城市房地产价格指数，包括新房价格指数（综合指数、住宅指数、写字楼指数、商铺指数）、百城新建住宅价格指数、百城二手住宅价格指数及租赁价格指数等。2010年起，中国房地产指数系统启动“百城价格指数”研究，每月发布100个城市新建住宅价格指数，成为中国覆盖范围广、城市数量多的房屋价格指数系统。2020年7月起，每月发布100个城市二手住宅价格指数；2022年7月起，每月发布50个城市住宅租赁价格指数，进一步丰富“百城价格指数”体系。

中指控股CIH

中国房地产TOP10研究组

为了促进中国房地产行业健康持续发展，2003年1月，由国务院发展研究中心企业研究所、清华大学房地产研究所和中指研究院三家机构正式发起成立中国房地产TOP10研究组，致力于对中国规模大、效益佳、品牌优的房地产企业群体进行研究。2019年9月，研究组特邀国务院发展研究中心设立的、民政部注册、唯一具备企业评价资质的国家级社团法人组织——中国企业评价协会作为研究主办单位之一，全面升级中国房地产相关研究工作。

研究组本着客观、公正、准确、全面的基本原则，排除主观因素的影响，以客观数据为唯一依据，充分借鉴国外TOP10研究的理论框架和操作实务，结合中国房地产发展特点，开展TOP10系列研究工作。旨在发掘中国房地产优秀企业群体，打造中国房地产品牌，引领房地产业平稳健康发展。中国房地产TOP10研究组办公室设于北京中指信息技术研究院。

系列成果报告

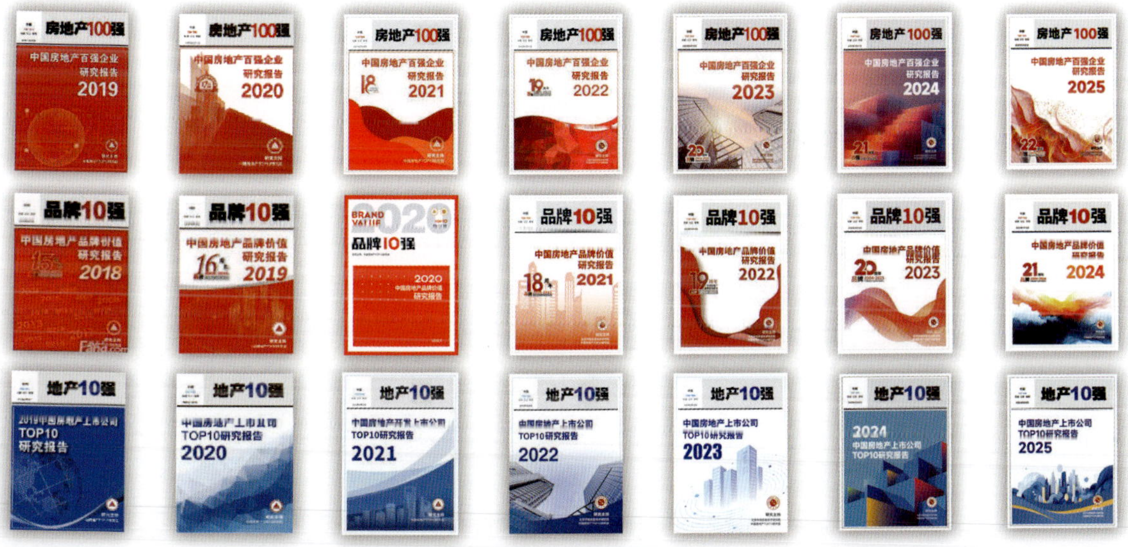

CREIS中指数据

全行业覆盖　颗粒度细　可追溯期长

中指研究院基于强大的数据基础和技术能力，建立了中国历时长、信息全、覆盖范围广的CREIS中指数据库，被发改委和国家统计局指定为数据第二轨。

中指数据二十年来，持续扩大数据覆盖面，服务了中国95%以上的房地产品牌企业，以及国内外主流金融机构、高校和房地产上下游企业，是企业市场研究和投资决策的重要基础。

25 年+ 数据沉淀	**2300** 城 土地覆盖	**2300** 城 宏观经济覆盖	**50** 城 地块航拍	**218** 城 新房成交
290 万宗 地块档案	**60** 万 住宅项目	**10** 万 商办项目	**1.2** 亿 企业数据	**3800** 万 POI位置信息

通过数据API接口服务，赋能企业数字化升级

助力企业快速搭建自有数据平台

- 海量的数据底层，通过丰富的标准数据API接口服务，实现用户按需调取
- 帮助企业打通数据链路，助力企业科学决策

丰富的数据应用场景拓展

- 提供行业用户典型使用场景的数据结论输出，辅助用户高效获取高价值信息
- 灵活支持在标准产品基础上进行二次开发，可快速部署上线，无须大量开发工作

数据服务

土地	住宅	商办	行业	宏观	POI	信令	潜客
城市规划	项目信息	项目信息	经营动态	宏观经济	教育	居住人口	购房偏好
地块信息	一二手成交	品牌信息	财务状况	开发经营	医疗	工作人口	工作地
出让文件	供应库存	租户数据	新闻舆情	指数研究	交通	迁徙数据	居住地
四至标点	精装部品	大宗交易	招标资讯	政策法规	商业	消费偏好	
地块航拍	法拍数据	租赁交易					

CREIS中指数据库

数据产品

城市版

整合218个城市的房产交易、土地供求、政策规划、宏观经济等数据，同时提供地图检索、BI报表等功能，助力企业投资和营销决策。

土地版

每日更新全国2300城土地推出成交信息，为290万宗土地建立全生命周期“地块档案”，实现地块、项目和企业三级信息互通互查，帮助企业掌握拿地机会。

二手房

整合中国主要城市的二手房交易、中指评估评级系统、租赁和法拍数据等多维信息，加入统计、查询、地图可视化等分析功能，为存量房市场投资和决策提供依据。

宏观版

覆盖全国及200余个城市房地产宏观数据，包含开发经营、指数研究、宏观经济、政策法规、城市规划等六大类，是跟踪宏观形势及房地产市场变化的专业工具。

租赁版

租赁行业投研决策工具，帮助企业或投资者全面系统地研究房屋租赁的行业现状、了解租赁品牌企业的运行状况、从而有效地挖掘城市区域投资机会，准确把握房屋租赁市场的发展趋势。

家居版

融合了土地、项目楼盘、部品配套等数据，全流程动态监测，打通了地产全产业链，为家居企业精准营销提供策略支持。

企业版

包含3000多家标杆房地产企业的最新经营数据、财务数据和资讯信息，帮助用户掌握企业的核心数据、了解企业布局战略与市场重心，紧跟行业最新发展趋势。

商办云

覆盖全国100个城市的商业大数据，35个重点城市写字楼市场监测；随时查阅写字楼租售动态更新情况，多样分析工具帮助挖掘市场潜在商机，辅助市场调研和经营决策。

AI招投标Agent

精准匹配企业资质和招标需求，剔除低效标讯；对标书结构化内容实现秒级填充,大幅压缩标书编制周期，有效提升参标数量；同时精准覆盖物业服务场景评分点，严控废标风险，大幅提升企业中标率。

好房子案例库

好房子的全息图谱，一库尽览优质项目精髓；整合项目设计、材料、建造、服务相关信息，形成4人维度200+关键指标，助力全行业充分学习借鉴好房子做法，解码优质项目底层逻辑。

服务客户&服务方式

中指数据库拥有全面广泛的客户群体，二十多年来累计服务客户超万家，覆盖中国95%以上的房地产百强企业，以及国内外主流金融机构、高校和房地产上下游企业。中指数据库紧跟行业步伐，以灵活多样的服务方式满足不同场景的数据需求。

手机APP查询

提供移动端数据查询服务
一键掌握全国最新的房产土地和政策信息

PC账户下载

提供数据库账号服务
通过PC端即时查询下载数据
满足日常研究和分析需求

API接口传输

提供标准的API接口和定制化的数据打包
满足企业自建系统的地产数据需求

咨询热线 400-630-6618

01 开发云

集中国房地产数据与工具之大成

提供的服务

开发云全面整合中指大数据和SaaS分析工具，依托2300城290万+土地信息、60万+住宅项目、10万+商办项目以及人口、潜客、交通、配套等数据，通过构建场景化解决方案，搭建了完整的房地产大数据综合查询和一站式分析平台。通过开发云强大的综合查询、灵活的多维度统计分析等功能，用户可以实现宏观-中观-微观数据的逐层下钻，查看土地-项目-企业联动信息，辅助用户进行更加客观、科学、精细化的决策。

地块研判

- 实时查询全国 2300 城土地动态，掌握土地交易信息
- 自建地块、踏勘竞调、综合测评、团队协作一应俱全
- 土地资料全方位审视，标书、航拍、竞价记录一览无余
- 全面洞察地块周边环境，深入分析配套资源与竞品布局

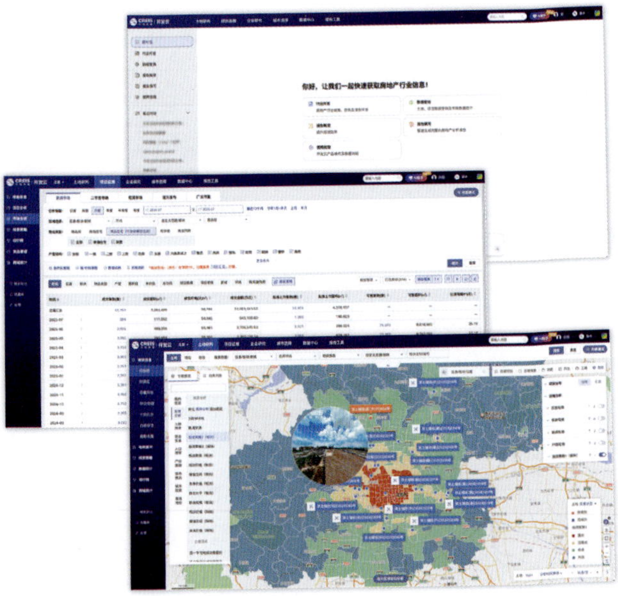

项目监测

- 全量查询城市项目信息，支持单套房产交易状态查看
- 交易数据可按户型、面积、价格等维度快捷交叉分析
- 项目周边竞品项目、全市潜在竞品项目数据快速对比
- 实现跨城市项目、土地数据的一张表统计分析与下载

城市选择

提供大批量、快捷的全国及各城市开发经营、指数研究、宏观经济、交易数据的提取与下载功能，全面掌握宏观市场形势及房地产市场变化

企业研究

一键查询目标企业的拿地布局、项目分布情况，掌握标杆房企的经营数据、财务数据、融资信息，快速对比分析企业的货值与房产销售表现

数据中心

包括政策、交通、配套、控规、竞品、人口、产业等11大维度数据全方位覆盖

解决的问题

全栈数据赋能企业科学布局、精准拿地、把握营销节奏

科学布局 | 基于4个层面19个指标分析城市吸引力，对目标城市给出定量得分，为用户研判城市布局提出投资策略建议

精准拿地 | 从地块区位、配套、规划、负面要素四个方面评价地块投资价值，可按既定策略标注地块，领先竞争对手做出决策

营销节奏 | 详细展示市场供求、销售去化、产品结构、客户画像等数据，帮助企业动态监测市场、了解市场竞争强度

AI Agent | 通过自然语言对话实现高效获取市场数据、辅助撰写专业报告、快速解读行业政策

物业云 02

提供的服务

全面整合行业数据，依托物业企业数据、合约到期项目、新增项目、招标项目等模块，支持物业服务企业拓展业务，提高优质物业覆盖率。为物业企业打通数据通道，提供系统性数据服务，加速物业行业数字化进程。

新增项目

解决的问题：帮助用户紧抓新增项目拓展机会。

功能：联动各城市的土地信息，匹配拿地开发商与物业企业信息；根据成交土地价格等信息，推算未来房价，测算未来物业管理费收费情况，预估收入；进行多项目对比分析，联动推进业务。

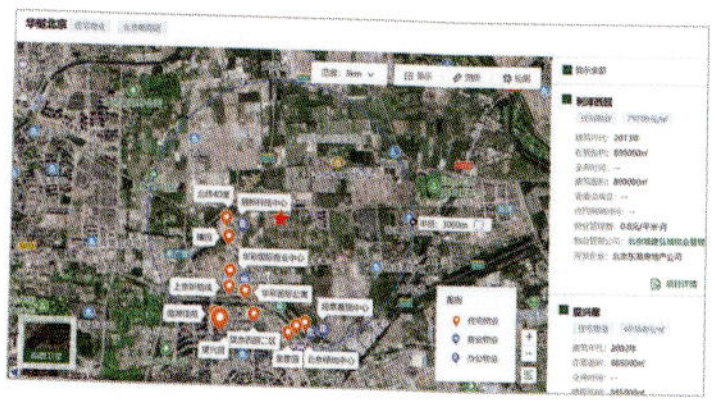

合约到期项目

解决的问题：监测存量项目合约到期时间，助力用户快速筛选更具价值标的。

功能：整理底层数据，监测、测算合约到期时间。根据合约到期时间、城市、物业类型等信息可倒排三个月内合约到期项目，并通过是否成立业委会进行筛选，再根据物业费情况确认拓展目标；通过查看、对比周边项目，进行集中拓展。

招标项目

解决的问题：为用户提前介入拟招标项目提供精准信息，助力企业外拓。

功能：监测、筛选、整合、清洗、优化招中标信息并实时更新，多方位、组合筛选招中标项目，并直接链接原始招标网站，便于企业直接参与投标。

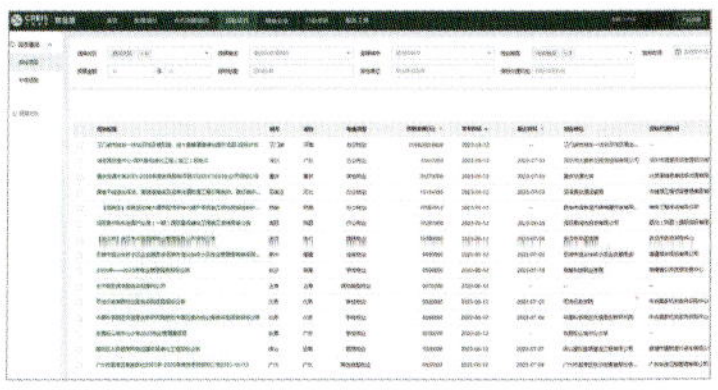

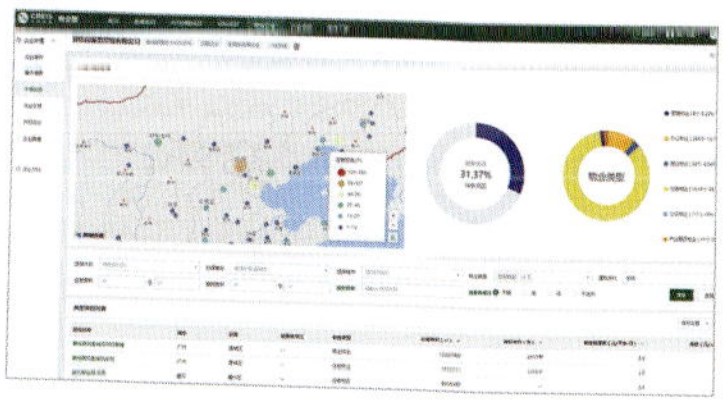

物业企业

解决的问题：了解标杆、学习标杆。

功能：了解标杆企业项目，与自身项目进行对比，找出差距，自我提升。

报告工具

解决的问题：结合用户个性化需求，帮助用户更好地应用数据，快速输出定制化报告。

功能：预生产上千个报告图表素材，提供在线编辑功能，支持实时调取、更换数据，支持修改图表条件及展示形式，通过模块组合，一键生成报告。

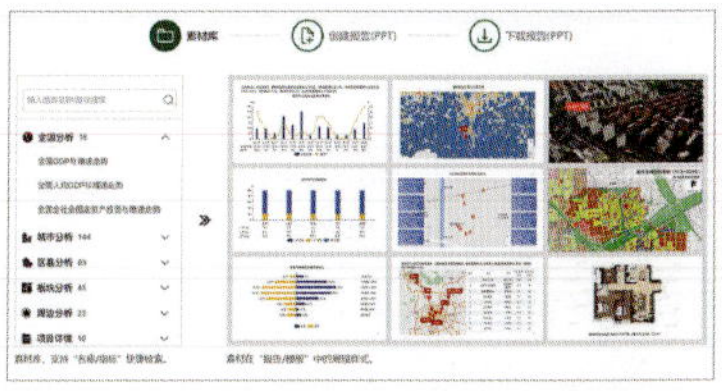

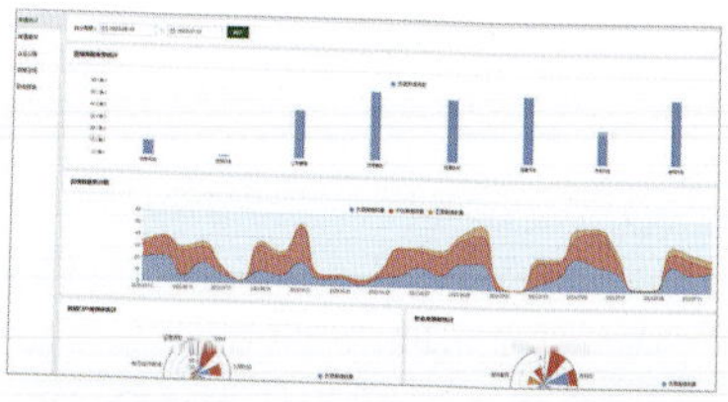

行业资讯

解决的问题：为用户把握行业动态、研判政策走向提供全方位支持。

功能：实时更新行业政策法规，动态监测企业信息。

物业云已收录全国大部分物业服务企业基本信息，覆盖600+城市各业态共计40万+在管项目数据，监测55万+新增项目和160万+招中标项目，并收录上市公司所有经营数据、400+收并购信息及7万+舆情信息，已涵盖2000+行业政策法规及300+行业研究报告。

03 中指地产企业研究与推广

中指研究院建立了具有权威性和影响力的企业评价标准体系

中国房地产百强企业研究（2004年至今）— 企业综合实力与行业地位认证

中指研究院百强企业研究，发掘综合实力强、经营稳健以及具备较强社会责任感的优秀企业，相关研究成果已成为评判房地产企业经营实力及行业地位的重要依据。

中国房地产品牌价值研究（2004年至今）— 量化品牌价值、彰显企业软实力

品牌彰显投资价值、品牌增强发展动力。中指研究院客观量化企业品牌价值，综合评价企业品牌实力，促进企业无形资产的保值增值，助力企业提升品牌建设水平。

中国房地产上市公司研究（2003年至今）— 资本市场的投资参考

中指研究院挖掘成长质量佳、投资价值大的优秀上市企业，为投资者提供科学全面的投资参考依据。相关研究成果成为投资者评判上市公司综合实力、发掘证券市场投资机会的重要标准。

与时俱进，开展相关领域的理论研究与实践探索

● **轻资产代建研究**

中国房地产行业专业化、市场化、精细化趋势日趋明显。房地产代建作为房地产行业轻资产化的重要方向，有更广阔的发展空间。中指研究院在2017年就研究撰写了《中国房地产代建行业发展蓝皮书》，填补了中国房地产代建服务研究的空白，2020年中指院助力绿城管理成为港股代建第一股。

● **产业+地产**

中指研究院已经开展了近10余年产业园区、产业新城领域专项研究，构架相关评价指标体系、调研产业新城、产业园区实践案例，形成了《中国产业新城运营理论与实践》等专著。

● **TOD模式研究**

以轨道站点周边开发为契机，以TOD发展为导向，引导城市房地产业从住宅建设向综合服务转变，是我国城市化提质增效的重要内容。在此背景下，中指研究院与中国城市轨道交通协会、西南交通大学TOD研究中心/西南交通大学公共管理学院，三方共四家单位共同开展“中国城轨TOD指数”研究，并于2020年开始定期发布《中国城轨TOD指数报告》，成为政府部门、轨道公司、城市运营商、房地产开发商等各参与主体进行TOD项目开发建设的重要参考依据。

资本市场–上市行业顾问服务

中指研究院拥有多年房地产、商管、代建、策划代理、物业等研究经验与数据积累，帮助企业实现资本价值，丰富的上市行业顾问经验得到资本市场及企业的广泛认可。先后推动港股代建第一股“绿城管理”、商业运营服务第一股“星盛商业”、物业第一股“彩生活”等成功登陆资本市场。

扫描二维码
获取物业资讯

中指物业研究与推广 04

权威评价物业服务水平及行业地位

物业服务百强企业研究（2008年至今）—— 认证企业综合实力与行业地位

中指研究院自2008年起，开展“物业服务百强企业研究”，科学评价企业综合实力，发掘一批服务水平优、业主满意度高的优秀物业服务企业，相关研究成果已成为评判物业服务企业综合实力及行业地位的重要标准。

物业服务品牌价值研究（2011年至今）—— 沉淀企业“软实力”

作为典型的服务行业，物业服务企业更需要品牌的力量。中指研究院进行深入研究，客观量化企业品牌价值，剖析优秀品牌的成功要素，积极探索品牌可持续发展之路，为企业定位品牌、规划品牌、管理品牌提供科学依据。

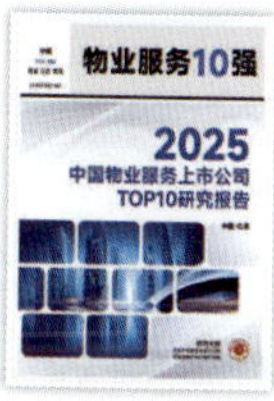

物业服务上市公司研究（2015年至今）—— 资本市场的投资参考

中指研究院深入研究物业服务上市公司经营规律，发掘成长质量佳、投资价值大的优秀上市公司，扩大上市公司在机构投资者中的影响力，拓宽融资渠道，同时也为投资者提供科学全面的投资参考依据。

专业解决企业发展痛点难点

中指研究院针对企业痛点、难点，输出定制化顾问咨询服务，为不同规模、类型的物业服务企业发展提供针对性建议，包含标准化体系建设、对标研究、发展战略规划、品牌战略规划、上市行业顾问、非住宅业态研究及多种经营研究等。

标准化体系建设

中指研究院汇集优秀企业各业态、各服务类型的“标准化体系”，构建了全面的“标准化体系”库，并在此基础上，梳理各层级服务标准；基于专业深耕，为企业量身定制适配其发展的标准化体系，助推企业加速标准化体系建设进程，并帮助企业树立在特定领域服务标准的权威性。

业务发展战略规划

明确企业业务战略发展方向与目标，结合经营现状及管理情况，定量、定性深度剖析。

分析企业外部环境，与优秀企业进行对标，挖掘优势，指出劣势。

协助企业整合优质资源，明晰实现战略目标的具体保障措施，助力企业高质量发展。

上市行业顾问

基于多年的专业深耕与深厚的数据积累，中指研究院充分发掘了物业服务企业及生态链相关服务商的优势与核心竞争力，并进行充分论证，为企业赴港上市提供了有力支撑。截至2024年8月，港交所主板市场已有60多家物业服务上市公司，其中40多家是由中指研究院担任行业顾问并提供相关服务，占比近70%。

05 调查咨询

客户调研

三大核心产品

客户满意度调查

通过第三方视角量化客户在全生命周期内对产品和服务的满意程度，深入挖掘企业在产品与服务方面的优势及需要改进之处。为企业持续提升产品和服务质量提供科学依据，同时有助于培养和稳固新老客户的品牌忠诚度。

神秘客暗访调查

以潜在消费者和真实消费者的体验为核心，全面监测产品与服务标准的落实情况。通过整合“顾客”体验，推动案场服务与社区物业服务标准的有效落地，确保每一个环节都能满足消费者的高标准，从而帮助企业提升客户满意度。

客户需求调查

以需求调查为核心，通过定量访谈与深度访谈相结合的方式，向委托方提供全面的调查服务。包括城市客群置业研究、板块客户特征分析、户型需求评估、精装修市场调查、车位需求分析、居民置业信心调查以及其他定制化服务。旨在为企业提供切实可行的产品及营销建议，助力产品实现快速去化。

城市调研

城市/板块研究	房地产行业监测报告	“十五五”相关规划报告	项目定位/可研报告	城市更新/城中村改造	项目价格调研报告	其他热点/深度专题
• 多城投资价值评价及投资组合建议 • 新进城市市场机遇及进入时点研判 • 板块价值及风险评价	• 销售市场定期监测 • 企业定期监测 • 土地市场定期监测 • 其他类型监测报告	• 企业“十五五”规划专题 • 住房“十五五”规划专题 • “十五五”相关子课题研究	• 项目定位报告 • 地块可研分析报告 • 项目收购市场调研	• 城市更新白皮书 • 企业对标与发展策略 • 城市更新/城中村监测报告 • 盈利路径研究 • 优秀城市更新企业/优秀项目测评	• 项目一房一价定价 • 项目阶段性价格调整论证报告	• 热点政策专题报告 • 市场运行相关专题 • 相关细分领域专题 • 新赛道、新模式相关专题研究

服务优势

科学的理论体系

最早将满意度引入中国房地产行业，构建了中国房地产顾客满意度的理论体系，出版专著《中国房地产顾客满意度指数系统理论与实践》；根据6大市场研究模块、20余年历史数据，构建完善的市场需求预测模型；依托市场变化、政府调控规律、城市运行特性，建立各城市市场运行监测体系。

全方位的数据支持

连续十八年组织全国唯一、公益满意度普查，覆盖全国200多个城市，200多家房企，成功建立了领先的房地产专业数据库，形成了全国、行业、省市等各层面的权威评价标准，可为房地产市场研究提供全方位数据支持。

强大的智能平台支持

CREIS 中指 ·云调研系统贯穿于客户调研的全流程：问卷创建–数据采集–实时质控–BI统计–AI报告，利用该系统平台，用户可以实时查看进度、进行AI复核，并进行多维度智能统计，确保数据的真实性与准确性。

深刻的行业视角，丰富的服务经验

二十余年专注中国房企研究、房地产市场研究、城市研究，具有深刻的行业视角；持续发布《百城价格指数》、《政策评估报告》、《房地产市场研究报告》、《城市投资吸引力研究》、《百强房企研究报告》系列研究报告，积累了丰富的方法论和实操经验，能够针对性为企业提供数据采集及服务提升解决方案，帮助企业在竞争中脱颖而出，提供全面深入的洞察。

2025 中国房地产优秀企业

企业名称

保利发展控股集团股份有限公司	湖北联投集团有限公司	天地源股份有限公司
中海企业发展集团有限公司	杭州市城建开发集团有限公司（大家房产）	陕西建工房地产开发集团有限公司
华润置地有限公司	北京城建投资发展股份有限公司	上海建工房产有限公司
招商局蛇口工业区控股股份有限公司	中建智地置业有限公司	成都轨道城市投资集团有限公司
绿城中国控股有限公司	金融街控股股份有限公司	天正地产集团有限公司
龙湖集团控股有限公司	中能建城市投资发展有限公司	润达丰控股集团有限公司
越秀地产股份有限公司	象屿地产集团有限公司	成都天投地产开发有限公司
金地（集团）股份有限公司	中建信和地产有限公司	山西建投城市运营集团有限公司
新城控股集团股份有限公司	厦门国贸地产集团有限公司	北京建工地产有限责任公司
珠海华发实业股份有限公司	中建玖合发展集团有限公司	武汉恺德控股集团有限公司
中国铁建房地产集团有限公司	深业集团有限公司	苏州城投地产发展有限公司
中国金茂控股集团有限公司	星河地产集团有限公司	安徽省高速地产集团有限公司
建发房地产集团有限公司	中国旅游集团投资运营有限公司	京投发展股份有限公司
北京首都开发控股(集团)有限公司	上海城投控股投资有限公司	北京首钢房地产开发有限公司
中交房地产集团有限公司	深圳地铁置业集团有限公司	京基集团有限公司
保利置业集团有限公司	深圳市天健地产集团有限公司	上海城建置业发展有限公司
大悦城控股集团股份有限公司	成都城投置地集团有限公司	绿城房地产建设管理集团有限公司
中铁置业集团有限公司	浙江建杭置业集团有限公司	河南中原建业城市发展有限公司
上海中建东孚投资发展有限公司	众安集团有限公司	蓝城房产建设管理集团有限公司
中建壹品投资发展有限公司	成都兴城人居地产投资集团股份有限公司	金地集团开发管理公司
联发集团有限公司	重庆海成实业（集团）有限公司	成都龙湖龙智造工程建设管理有限公司
新希望五新实业集团有限公司	石家庄国控城市发展投资集团有限责任公司	蓝绿双城科技集团有限公司
武汉城市建设集团有限公司	武汉市城市建设投资开发集团有限公司	浙江兴元建设管理有限公司(而今管理)

续表

企业名称

旭辉管理集团有限公司	眉山环天发展有限公司	腾云筑科科技发展有限公司
中天美好集团有限公司	浙江祥新科技控股集团有限公司	腾云当代绿建工程管理集团有限公司
新城建管（上海）企业管理有限公司	浙江英冠控股集团有限公司	重庆金科金建管企业管理集团有限责任公司
浙商绿建建设管理集团有限公司	青岛君一控股集团有限公司	北京联东投资(集团)有限公司
建发房地产集团更新建设公司	江苏海晟控股集团有限公司	深圳市星河产业投资发展集团有限公司
成都华天文化旅游开发有限责任公司	太仓市上禾置地有限公司	山西园区建设发展集团有限公司
五矿地产有限公司	常熟市恒嘉置业有限公司	北京科技园建设(集团)股份有限公司
中信城市开发运营有限责任公司	天津泰达建设集团有限公司	绿城美好产业发展有限公司
华侨城集团有限公司	天津轨道交通城市发展有限公司	武汉东湖高新集团股份有限公司
华中集团	宜昌城发地产集团有限公司	苏州新建元控股集团有限公司
南光置业有限公司	西安高科地产有限公司	苏州苏高新科技产业发展有限公司
中建国际投资发展有限公司	郑州绿都地产集团股份有限公司	大悦城控股产业
中铁投资集团有限公司	河南信友置业集团有限公司	杭州商旗科技有限公司
中交投资有限公司	周口城投城市运营	杭州新天地集团有限公司
厦门地铁上盖投资发展有限公司	河南省中成房地产开发集团有限公司	太仓联达产业投资发展有限公司
方正商业地产有限责任公司	河南常绿集团置业有限公司	苏州城投产业发展有限公司
甘肃令牌房地产开发有限公司	重庆科学城高新置业有限公司	园动力产业发展集团
北京大兴发展国有资本投资运营有限公司	重庆两江新区产城融合发展有限公司	成都陆港枢纽投资发展集团有限公司
北京中交景通置业有限公司	中铁二十局集团房地产开发有限公司	深圳招商商置投资有限公司
北京城建房地产开发有限公司	广西北投产城投资集团有限公司	星盛商业管理股份有限公司
北京市华远置业有限公司	深圳招商建设管理有限公司	上海中建东孚资产管理有限公司
河北深保投资发展有限公司	蓝城控股集团有限公司	苏州工业园区邻里中心发展有限公司
四川众恒置地集团有限公司	浙江绿发房地产建设管理有限公司	成都圣瑞商业管理有限公司

2025中国物业服务优秀企业

企业名称		
碧桂园服务	荣万家生活服务股份有限公司	湖北联投城市运营有限公司
中海物业管理有限公司	广州敏捷新生活物业管理有限公司	曙一物业服务有限公司
龙湖智创生活	第一服务控股有限公司	苏新美好生活服务股份有限公司
雅生活智慧城市服务有限公司	宝石花物业管理有限公司	鲁商生活服务股份有限公司
绿城物业服务集团有限公司	福建伯恩物业集团有限公司	上海中建东孚物业管理有限公司
融创物业服务集团有限公司	江苏银河物业管理有限公司	上海复医天健医疗服务产业股份有限公司
金科智慧服务集团股份有限公司	天骄智慧服务集团股份有限公司	大华集团上海物业管理有限公司
长城物业集团股份有限公司	弘阳服务集团（南京弘阳物业管理有限公司）	伟星物业
越秀服务集团有限公司	广东康景物业服务有限公司	力高健康生活有限公司
上海永升物业管理有限公司	路劲物业服务集团有限公司	潍坊恒信物业管理有限公司
河南建业新生活服务有限公司	幸福基业物业服务有限公司	厦门国贸城市服务集团股份有限公司
时代邻里控股有限公司	新希望物业服务集团有限公司	云南鸿园电力物业服务有限公司
新城悦服务集团有限公司	青岛海尚海生活服务集团有限公司	江苏中住物业服务开发有限公司
卓越商企服务集团有限公司	德信盛全物业服务有限公司	南京新鸿运物业管理股份有限公司
广州天力物业发展有限公司	中天城投集团物业管理有限公司	河南正弘物业管理有限公司
杭州滨江物业管理有限公司	世邦泰和（上海）物业管理有限公司	北京科住物业管理有限公司
金茂物业服务发展股份有限公司	成都蜀信物业服务有限公司	阳光壹佰物业发展有限公司
中铁建物业管理有限公司	深圳市莲花物业管理有限公司	众安智慧生活服务有限公司
广东省合景悠活控股集团有限公司	南京朗诗物业管理有限公司	北京网信物业管理有限公司
南京银城物业服务有限公司	康桥悦生活服务集团有限公司	深圳历思联行物业管理有限公司
高地城市服务产业集团（复悦生活）	中交物业服务集团有限公司	成都德商产投物业服务有限公司
广州珠江城市服务集团管理股份有限公司	阳光恒昌物业服务股份有限公司	重庆海源怡生活服务集团有限公司
深业物业运营集团股份有限公司	新日月生活服务集团股份有限公司	深圳第一亚太物业管理有限公司
深圳市彩生活物业管理有限公司	山东绿地泉物业服务有限公司	西安高科物业服务管理有限公司
金融街物业股份有限公司	正商服务	深圳市华创生活股份有限公司
鲁能物业服务有限公司	大悦城控股集团物业服务有限公司	金服物业服务集团有限公司
鑫苑科技服务集团有限公司	永旺永乐服务管理集团有限公司	深圳市赛格物业管理有限公司
重庆新东原物业管理有限公司	融通地产物业管理有限公司	西安经发物业股份有限公司

续表

企业名称		
重庆两江新区物业管理有限公司	广西安信物业服务有限公司	中國國信服務集團
绘生活服务（巨和物业服务有限公司）	深圳市鸿荣源物业服务有限公司	四川旅投商汇物业服务集团有限责任公司
河南绿都物业服务有限公司	山西锦地物业管理有限公司	四川蜀道物业服务集团有限责任公司
宁波荣安物业服务有限公司	安徽省高速地产物业管理服务有限公司	万怡物业服务有限公司
重庆海泰管理服务有限公司	成都励志一行物业服务有限公司	上海地益物业管理有限公司
浙江大家物业服务集团有限公司	杭州新天地园区运营服务有限公司	上海锦江城市服务有限公司
四川保利物业服务有限公司	北京北控物业管理有限责任公司	大连德泰城市服务集团有限公司
贵州绿地物业管理有限责任公司	贵阳市物业集团有限公司	龙祥物业管理有限公司
河南亚新物业服务有限公司	武汉百步亭花园物业管理有限公司	杭州萧山城市服务管理有限公司
青岛天泰爱家物业服务有限公司	苏州市天翔物业管理有限公司	成都城投资产经营管理有限公司
中天美好生活服务集团有限公司	浙江金昌物业服务有限公司	许昌恒达物业管理有限公司
上海合创嘉锦物业管理有限公司	中能未来智慧城市服务集团(浙江)有限公司	杭州市安居城市服务有限公司
昆明银海物业服务有限公司	浙江鸿城物业股份有限公司	苏州工业园区建屋物业发展有限公司
北京北大资源物业经营管理集团有限公司	重庆通邑卫士智慧生活服务有限公司	南光服务（上海华高物业有限公司）
成都嘉善商务服务管理有限公司	武汉嘉信物业管理有限公司	苏州工业园区圆融商业物业管理有限公司
中信泰富（上海）物业管理有限公司	江山智联(江苏)物业服务有限责任公司	中新苏州和乔物业服务有限公司
武汉城市服务集团有限公司	江苏雨润物业服务有限公司	中建七局物业管理有限公司
山西建投城市运营集团有限公司	绿益物业服务集团有限公司	成都花园物业管理有限责任公司
奥联服务集团股份有限公司	重庆渝地康田智慧生活服务有限公司	河南港投城市运营管理有限公司
上海复瑞物业管理有限公司	上海科箭物业服务有限公司	成都瑞升橡树林物业管理有限公司
中建壹品物业运营有限公司	融信世欧物业服务集团有限公司	成都航兴城市管理服务有限公司
长春赢时物业服务股份有限公司	上海高力国际物业服务有限公司	成都优品道物业管理有限公司
惠之美生活服务集团有限公司	云南城建物业运营集团有限公司	四川滨江鼎信物业服务有限公司
浙江彩虹物业服务集团有限公司	北京长峰新联工程管理有限责任公司	抱朴物业集团有限公司（深圳市抱朴物业服务有限公司）
苏州书香服务股份有限公司	重庆高新数智安防科技有限公司	深圳市恒基物业管理有限公司
四川邦泰物业服务有限公司	上海中建智地物业服务有限公司	安徽新地锐意物业服务有限公司
深圳德诚物业服务有限公司	中信资产运营有限公司	深圳市万厦世纪物业管理有限公司
宁波城广物业管理有限公司	北京亦庄城市服务集团股份有限公司	天正云生活服务集团有限公司

续表

企业名称		
北京东亚时代物业管理有限公司	湖北襄投物业管理有限公司	湖北楚天中大物业管理有限公司
深圳市赤湾物业管理有限公司	江苏洁霸物业管理有限公司	河北雄安城市发展生活服务有限公司
上海海鸿福船物业管理有限公司	南京亿文物业管理有限责任公司	宁波普罗物业服务有限公司
成都智荟生活服务有限公司	河南华信玖邻好生活服务有限公司	北京鼎兴物业管理有限公司
苏州工业园区综保产业服务有限公司	武汉正阳物业管理有限公司	一爱城市建设服务有限公司
安徽超禾物业有限公司	湖北长运物业服务有限公司	中建三局云服科技武汉有限公司
贵阳欣和逸居物业管理有限公司	深圳市金众物业管理有限公司	宜昌城投物业服务有限公司
南京汇仁恒安物业管理有限公司	浙江绿荣智慧城市运营服务有限公司	山西信通联物业管理有限公司
重庆瑞盈实业有限公司	中铁十一局集团（湖北）城市运营服务有限公司	武汉智园科技运营有限公司
深圳企生活运营服务有限公司	浙江蓝城乐居物业服务集团有限公司	石家庄市物业服务集团有限责任公司
武汉宜居宜业服务管理有限公司	苏州城投物业管理有限公司	成都易典物业管理有限公司
苏州中锐华田物业管理有限责任公司	浙江嘉兴幸福嘉城市管理股份有限公司	成都鱼凫物业服务有限公司
深圳市绿景物业管理有限公司	济南成家物业管理有限公司	北京首佳物业管理有限公司
北京首钢物业管理有限公司	河南华启金管家物业服务有限公司	安徽华安物业管理服务有限公司
上海复欣物业管理发展有限公司	河南鸿宝物业服务有限公司	北京鲁能物业服务有限责任公司
天津滨海一号物业管理有限公司	武汉迅和物业管理有限公司	中国旅游集团投资和资产管理有限公司
湖州湖城投物业管理有限公司	北京丰汇物业管理有限责任公司	智达基业物业管理（北京）有限公司
广东钧明物业服务有限公司	湖北交投智城发展有限公司	北京万通鼎安国际物业有限公司
吉林省力旺智慧生活物业服务有限公司	北京中航大北物业管理有限公司	北京京龙大厦物业管理有限责任公司
深圳市城投物业管理集团有限责任公司	苏州金狮大厦发展管理有限公司	珠海九洲现代服务有限公司
宜昌城投物业服务有限公司	杭州西湖乐居物业服务有限公司	青岛红叶谷物业管理有限公司
江苏万邦物业服务有限公司	重庆经开区物业管理有限公司	上海古北物业管理有限公司
天津城投物业管理有限公司	上海城建物业管理有限公司	凯家生活服务集团有限公司
贵州深盛佳物业管理有限公司	重庆渝高物业管理有限责任公司	上海农工商旺都物业管理有限公司
武汉万嘉弘泰物业服务有限公司	上海外滩科浦工程管理有限公司	晶龙物业有限公司
安居（深圳）城市运营科技服务有限公司	宁波天宁物业有限公司	重庆朵力物业管理有限责任公司

2025中国房地产关联优秀企业

企业名称

有巢住房租赁(深圳)有限公司	中国建设银行	中保产业基金
深圳招商伊敦酒店及公寓管理有限公司	中国邮政储蓄银行	建信住房租赁基金
上海城方租赁住房运营管理有限公司	招商银行股份有限公司	江苏洛德股权投资基金管理有限公司
苏州工业园区恒泰租赁住房有限公司	平安银行股份有限公司	中粮信托有限责任公司
华发租赁住房	华夏银行	华泰期货有限公司
上海浦发有家房屋租赁有限公司	北京银行	保利健康产业投资有限公司
西安高新安居投资建设运营有限公司	中国工商银行山东省分行	物产中大金石集团有限公司
福州安住发展有限公司	中国长城资产	江苏耘林养老发展集团有限公司
成都锦东不动产投资管理有限公司	中国东方资产	杭州老板电器股份有限公司
保利和润房地产投资顾问有限公司	中国信达资产	宝山钢铁股份有限公司
深圳世联行集团股份有限公司	中信金融资产	郑州和尔解商业管理有限公司
同策房产咨询股份有限公司	新华资产管理股份有限公司	奥普智能科技股份有限公司
新联康（中国）有限公司	浙江省浙商资产管理股份有限公司	宁波柏厨集成厨房有限公司
广州越秀兴业地产代理有限公司	深圳资产管理有限公司	宁波方太厨具有限公司
深圳市戴德梁行土地房地产评估有限公司北京分公司	华润渝康资产管理有限公司	富俊汇赢科技(上海)有限公司
若缺集团	中国建银投资有限责任公司	吉博力(上海)投资管理有限公司
莱坊测量师行有限公司	中金公司	奥的斯电梯管理(上海)有限公司
中国工商银行	信保基金	西安卓越软件开发有限公司